World Book 109

Simone de Beauvoir
MÉMOIRES D'UNE JEUNE FILLE RANGÉE
LA FORCE DE L'ÂGE
처녀시절/여자 한창때
시몬 드 보부아르/이혜윤 옮김

동서문화사

디자인 : 동서랑 미술팀

처녀시절/여자 한창때
차례

처녀시절
제1부 … 11
제2부 … 104
제3부 … 180
제4부 … 302

여자 한창때
프롤로그 … 391
제1부 … 394
제2부 … 466
제3부 … 504
제4부 … 588
제5부 … 666
제6부 … 762
제7부 … 862
제8부 … 950

보부아르의 생애 사상 작품 … 1007
보부아르 연보 … 1014

Mémoires d'une jeune fille rangée
처녀시절

제1부

나는 1908년 1월 9일 새벽 4시, 라스파유 거리 하얀 에나멜 가구가 있는 침실에서 태어났다. 이듬해 여름에 찍은 가족사진에는 긴 옷을 입고 타조 깃털 장식 모자를 쓴 젊은 부인들과, 밀짚모자나 파나마모자를 쓴 신사들이 한 아기에게 미소를 보내고 있다. 사진 속 인물들은 부모님과 할아버지, 숙부와 숙모들, 그리고 나. 그때 아버지는 30세, 어머니는 21세였다고 한다. 나는 부모님의 첫아이였다. 앨범을 더 펼쳐 보면 엄마는 내가 아닌 한 아기를 팔에 안고 있다. 나는 주름치마를 입고 베일을 썼다. 나는 2살 반으로 여동생이 갓 태어난 때였다. 동생이 태어나서 분명 질투를 했겠지만 그것도 잠깐이었다. 기억 속의 나는 내가 맏딸이라는 사실에 자부심을 가졌던 듯싶다. 가장 첫아이라는 것에 말이다. 파이와 버터가 든 항아리를 담은 바구니를 들고 빨강 앞치마를 두른 내가, 요람 속에서 꼼짝 못하고 붙박혀 있는 젖먹이보다 훨씬 처지가 나은 것 같았다. 나는 어린 여동생을 내 마음대로 할 수 있었지만 인형 같은 이 아기는 나를 제 맘대로 하지 못했다.

아주 어릴 적 기억은 희미하게만 떠오른다. 뭔가 붉은 것과 거무스름한 것이 있고, 따뜻하고 부드러웠다. 아파트는 붉은 빛깔이었다. 카펫도, 앙리 2세 풍 식당도, 유리창을 가리고 있는 오글오글한 비단도, 그리고 아버지 서재의 벨벳 커튼도 모조리 붉었다. 또한 동굴 같은 집 안의 가구는 거무스름한 배나무로 만든 것이다. 나는 책상 밑 옴팡진 곳에 웅크리고 앉아 어슴푸레한 어둠 속을 뒹굴곤 했다. 따뜻한 그곳에서 카펫의 붉은빛을 보았다. 이렇게 나의 어린시절은 흘러갔다. 이 피난처에서 보고, 만지고, 세상을 배우고 익혔다.

나를 일상적으로 보살펴 준 이는 루이스였다. 그녀는 아침이면 잠옷을 벗기고 옷을 입혔으며, 나와 한방에서 잤다. 루이스는 젊었지만 예쁘거나 신비로운 느낌을 주지는 않았다. 그녀는 오직 나와 내 동생을 보살피는 일만 했다. 적어도 나는 그렇게 알고 있었다. 루이스는 결코 소리를 내는 법이 없었고, 또한 이유 없이 나를 혼내지도 않았다. 내가 뤽상부르 공원에서 모래로 빵을 만들거나, 인형 블론딘―이 인형은 어느 해 크리스마스 밤에 옷가방과 함께 하늘나라에서 내려왔다―을 안고 재우는 동안 그녀는 푸근한 눈길로 줄곧 나를 지켜봐 주었다. 저녁 무렵이면 루이스는 내 곁에 앉아서 온갖 그림을 보여주며 재미있는 이야기도 들려주었다. 내게 그녀는 발밑의 땅만큼이나 필요하고, 또 언제나 곁에 머물러 있어야 하는 사람이기도 했던 것이다.

어머니는 루이스보다도 먼 존재였으며, 성격이 변덕스럽기까지 해서 짝사랑 같은 묘한 감정을 일으키곤 했다. 나는 엄마 무릎에 앉거나, 달착지근한 향수 냄새가 나는 가슴에 안겨서 젊은 엄마의 피부에 키스를 하기도 했다. 밤이면 엄마는 이따금 보라색 꽃무늬가 있는 초록 드레스나, 반짝거리는 검정 구슬이 달린 옷을 입은 채 그림처럼 아름다운 모습으로 내 침대 곁에 나타났다. 때때로 어머니는 화가 나면 나를 노려보았다. 나는 어머니의 얼굴을 흉하게 만드는, 거친 무늬의 번갯불이 무서웠다. 내게는 어머니의 미소가 필요했다.

아버지는 어떤 분이었을까? 나는 아주 드물게 아버지를 보았다. 아버지는 매일 아침, 만져서는 안 되는 서류가 가득 든 접이식 가방을 옆구리에 끼고 '법원'으로 나갔다. 아버지는 턱수염도 콧수염도 없었으며, 눈동자는 파랗고 밝은 색이었다. 저녁나절이면 엄마에게 줄 제비꽃을 들고 돌아왔고, 둘은 키스를 하며 웃음 지었다. 아버지는 내게도 미소를 띠워 보냈다. 가끔은 〈회색 자동차〉나 〈의족 아가씨〉 같은 노래를 부르게 했다. 또 마술을 부려서, 보이지 않던 구리 동전을 내 앞에서 찾아내어 깜짝 놀라게 하곤 했다. 아버지는 나를 즐겁게 해주었다. 나는 나에게 쏟아지는 아버지의 관심이 만족스러웠다. 그러나 아버지는 내 삶 속에서 확고한 역할을 하지는 못했다.

루이스와 엄마의 주된 일은 내게 밥을 먹이는 것이었다. 그녀들의 노력은 결코 쉽지 않았다. 세상은 눈이나 손보다도 입을 통해 훨씬 직접적으로 전해지는 것이었다. 나는 그것들 전부를 받아들이지 않았다. 푸른 밀로 만든 크림은 너무나 맛이 없었고, 오트밀이나 빵, 죽을 먹어야 할 때에는 눈물까지 쏟을 정도였다. 비계나 조개 따위에서 나는 꺼림칙할 정도로 끈적거리는 느낌이 불쾌해서 울고, 소리 지르고, 토해댔다. 너무나 고집스럽게 그 음식들을 거부하자 그녀들도 끝내 두 손을 들고 말았다. 그와는 반대로 나는 먹는 것이 아름다움이자 사치, 행복이 되는 어린아이의 특권을 교묘하게 써먹었다. 바뱅 거리 과자가게에서는 반짝반짝하는 과일 설탕조림과 비단벌레 색으로 빛나는 과일 단팥묵, 그리고 초록, 빨강, 오렌지, 보랏빛 갖가지 사탕에 현혹되어 그 자리를 떠나지 못했다. 나는 그것들이 약속해 주는 기쁨에 취하듯 그 색채에 흠뻑 빠졌다. 운 좋게도 나의 바람은 어쩌다 쾌락으로 이어지기도 했다. 엄마는 복숭아를 으깨어 노란 크림에 섞었고, 사탕이 지닌 장밋빛을 훌륭한 색깔을 연출했다. 나는 숟가락을 저녁 노을 풍경 같은 간식에 푹 꽂았다. 부모님이 손님을 초대한 날이면, 응접실의 거울은 크리스털 샹들리에 빛을 받아 반짝반짝 빛났다. 엄마는 그랜드 피아노 앞에 앉고, 망사 옷을 입은 한 부인이 바이올린을, 그리고 사촌오빠가 첼로를 연주했다. 나는 잇새로 과일을 감싼 과자를 똑똑 깨물어 먹었다. 블랙베리와 파인애플 맛이 나는 거품이 퐁 하고 터져 나왔다. 나는 갖가지 색채와 온갖 불꽃을 마음껏 즐겼다. 얇은 실크 스카프, 다이아몬드, 레이스 등등…… 파티 모두가 나의 것이었다. 나는 시냇물 대신 우유가 흐르거나 꿀이 흐른다는 따위의 동화에 현혹된 적은 한 번도 없었지만, 과자 나라에 사는 타르틴 할머니의 과자로 만든 집은 부럽기 짝이 없었다. 우리가 사는 이 세상이 만약 몽땅 먹을 것으로 되어 있다면 단연코 이 세상을 내 손아귀에 넣을 수 있으련만! 어른이 된 뒤에 나는 아몬드 꽃을 우적우적 먹어 보고 싶었으며, 또 복숭아 같은 저녁 해를 깨물어 보고 싶었다. 뉴욕 하늘을 배경으로 한 네온사인은 커다란 과자처럼 보였지만 먹을 수 없다는 것이 두고두고 안타까웠다.

먹는다는 것은 하나의 탐험이나 정복이 아니라, 내가 성취해야만 하는 가장 중요한 임무였다.

"자, 엄마 생각해서 한 숟갈, 작은엄마 생각해서 한 숟갈…… 안 먹으면 키가 안 큰단다."

가족들은 나를 현관 벽 앞에 세워 두고 키 높이에 금을 그은 뒤 예전의 금과 비교해 보았다. 2, 3센티가 자란 날에 칭찬과 격려가 쏟아졌고 그럴 때면 으쓱해하곤 했다. 그러면서도 나는 이따금 공포에 사로잡혔다. 햇빛이 비쳐 들어와 마룻바닥과 하얀 에나멜 가구를 부드럽게 어루만지면, 나는 엄마의 팔걸이의자를 바라보며 생각했다. '이제 더 이상 엄마 무릎 위에 앉을 수 없게 되어 버렸어.' 느닷없이 그곳에 미래가 존재하고 있었다. 미래는, 나이기는 하지만, 더 이상 내가 아닌 다른 한 사람의 나로 변하게 하고 말리라. 나는 온갖 예속과 거부, 포기, 잇따라 일어날 나의 죽음에 대해 제법 조숙하게 예감하고 있었다.

"할아버지 생각해서 한 숟가락만······."

나는 영양을 섭취하고 성장하는 일이 자랑스러웠다. 나는 영원히 어린애로 남고 싶지는 않았다. 루이스가 내게 읽어 줬던 샤를로트 그림책을 그토록 자세히 기억한 것은 내가 어지간히 이 싸움 이야기에 빠져 있었기 때문일 것이다. 어느 날 아침, 샤를로트는 침대 베갯머리 의자 위에서 자기하고 비슷한 크기 분홍색 사탕으로 만든 달걀 하나를 발견했다. 얘기를 듣던 나도 그 달걀에 완전히 매료되었다. 그것은 내 배처럼 둥근 모양의 요람이었지만 먹어치울 수가 있었다. 그렇지만 그 달걀만 먹고 다른 음식에는 눈길도 주지 않던 샤를로트는 날이 갈수록 작아져 갔고, 마침내는 콩처럼 쪼그매지고 말았다. 그래서 샤를로트는 냄비 속에서 삶기는 신세가 되거나, 요리사 부주의로 쓰레기통에 처박혀 쥐들의 먹이 신세가 되기도 했다. 그러다가 간신히 살아났다. 샤를로트는 편식한 것을 후회했고, 게걸스레 먹기 시작하는 바람에 풍선처럼 부풀고 말았다. 그녀의 엄마는 풍선 같은 괴물을 의사에게 데려갔다. 나는 식욕을 절제할 수 있도록 의사가 처방한 식이요법 첫 장의 그림을 바라보았다. 초콜릿 1컵, 반숙 달걀, 갈색 커틀릿. 샤를로트는 마침내 본디 크기로 돌아왔고, 그 이야기를 듣는 나도 태아로 줄어들거나 거인으로 변신하기도 했던 이 모험으로부터 무사히 탈출할 수 있었다.

이어 나는 성장을 거듭해 유년 시간에서 벗어나게 되리라는 것을 스스로 알고 있었다. 나는 내 이미지가 바뀌기를 원했다. 어느 날 아침, 루이스는 내 머리를 말아 올렸다. 나는 곱슬거리는 머리카락이 돋보이는 거울 속 내 얼굴을 만족스럽게 바라보았다. 밤색 머리칼에 푸른 눈동자를 지닌 사람은 보기 드물다고 남들이 말했고, 나는 이미 이때부터 비범한 것을 소중히 여기는 법을 배웠다. 나는 나 자신이 마음에 들었고, 다른 사람의 환심을 사려고 노력했다. 부모님의 친구들은 나의 공주병을 더욱 부추겼다. 그들은 교양 있는 말로 나를 칭찬했고, 내게 듣기 좋은 소리를 했다. 나는 여자들의 모피와 새틴 블라우스에 둘러싸이는 것을 즐겼지만, 그러나 남자 어른들을 더 존경했다. 그들의 콧수염과 담배 냄새, 낮고 무거운 목소리, 그리고 나를 바닥에서 들어올리는 팔뚝 등이 좋았다. 나는 특히 남자 어른들에게 귀엽게 보이려고 애를 썼다. 바보처럼 행동하거나 떼를 쓰기도 하면서 그들의 세계에 영원히 참여할 수 있는 그런 특별한 방법이 없을까 궁리했다. 어느 날 저녁, 아버지의 친구 분이 보는 앞에서 나는 삶은 채소가 담긴 접시를 고집스럽게 거부했다. 그러자 여름휴가 때 그 친구 분이 보낸 그림엽서에 '시몬은 여전히 삶은 채소를 좋아하나요?'라고 쓰여 있었다. 내게 글자는 말보다도 훨씬 권위가 있는 것처럼 보였다. 나는 너무나 기뻐했다. 우리가 노트르담데샹 앞뜰에서 다르델 씨와 다시 만났을 때, 나는 그의 유쾌한 조롱을 예상하고는 조롱을 당하려고 먼저 수작을 걸었다. 그런데도 아무런 반응이 없었다. 내가 얌전히 다시 돌아왔으므로 그는 끝내 입을 다물고 말았다. 그때 나는 화를 참으면서도 기대란 얼마나 덧없는 것인지를 깨달았다.

　하지만 이런 종류의 실망은 특별히 마음에 새겨질 틈도 없이 지나갔다. 집에서는 별일이 아닌 것도 커다란 화제가 되어 가족들은 내 이야기를 기쁘게 들어주고, 반복해서 말하곤 했다. 할아버지, 할머니, 숙부들, 숙모들, 사촌 형제 등 엄청난 수의 가족들이 내가 얼마나 중요한 존재인지를 증명해 주었다. 게다가 한 무리의 천사들이 나를 둘러싸고 있었다. 내가 막 걸음마를 시작할 즈음에 엄마는 나를 교회로 데려갔다. 엄마는 밀랍과 석고, 벽에 그려진 예수님, 아버지 하느님과 마리아, 천사들—그중 한 천사는 루이스처럼 특별히 나를 돌보기 위해 존재했다—을 보여주었다. 하늘에는 호의로 가득 찬 수천수만의 눈동자들이 박혀 있었다.

　지상에서는 어머니와 이모가 분주하게 나를 보살펴 주었다. 외할머니는 장밋빛 볼에 머리는 하얗고, 다이아몬드 귀고리를 하고 있었다. 할머니는 실로 짠 구두 단추처럼 딱딱하고 동그란 사탕을 먹곤 했는데, 사탕의 갖가지 색깔과 투명한 빛은 나를 황홀하게 했다. 나는 나이가 많아서 할머니를 좋아했고, 릴리 이모는 젊어서 좋았다. 릴리 이모는 다 커서도 외가에 얹혀살았다. 그녀는 어느 누구보다 내게 가까운 존재였다. 외할아버지는 불그스름한 얼굴에 벗겨진 머리, 쥐색 수염 때문에 지저분해 보였지만 내가 당신 다리를 끊임없이 넘나들어도 내버려두셨다. 하지만 할아버지 목소리는 어찌나 거칠었는지 농담을 하는 건지, 아니면 꾸지람을 하는 건지 분간하기가 어려웠다.

나는 수요일마다 할아버지 집에서 점심을 먹었다. 할머니는 전채 요리와 화이트소스를 뿌린 음식, 달걀흰자로 거품 낸 디저트 등을 차려 주셨다. 식사가 끝나면 할아버지는 직물로 된 팔걸이의자에 앉아 졸았고, 나는 테이블 밑에서 조용히 놀았다. 할아버지가 외출하시면 할머니는 장식장에서 쇠로 된 팽이를 꺼내 주셨다. 팽이가 도는 동안 색색의 동그랗고 딱딱한 종이를 던진다. 할머니가 '큰 창자 아저씨'라고 부르는 납으로 된 인형은, 뒤쪽 하얀 캡슐에 불을 붙이면 갈색의 구불구불한 것이 안에서 나왔다. 또 할머니는 나와 도미노를 하거나 2인용 트럼프, 또는 나무쌓기 놀이를 했다. 골동품 가게 창고보다도 훨씬 잡동사니가 많은 이 식당에 있으면 나는 숨이 막힐 것만 같았다. 갖가지 태피스트리와 사기 접시들, 그리고 죽은 칠면조 1쌍이 초록색 양배추 더미 속에 뒹구는 그을린 색깔의 그림 등이 있었고, 몇몇 둥근 탁자는 비로드나 깃털, 레이스로 덮여 있었다. 붉은 구릿빛 화분 속에 담긴 난초는 내게 쓸쓸한 기분을 느끼게 했다.

이따금 릴리 이모는 나를 데리고 외출했다. 어떤 우연 때문이었는지 이모는 몇 번인가 나를 마술(馬術)경기에 데려갔다. 어느 날 오후, 이시레물리노 스탠드에서 이모 옆에 앉아 있노라니 하늘에 쌍날개 비행기와 외날개 비행기가 나는 것이 보였다. 릴리 이모와 나는 마음이 맞았다. 내가 기억하는 가장 오랜, 그리고 가장 즐거웠던 추억은 오트마른의 샤토빌랭 할머니 동생네 집에 릴리 이모와 머물렀던 때이다. 오래전에 딸과 남편을 잃고, 고령에 벙어리로 지내는 알리스 숙모는 정원으로 둘러싸인 널따란 집에서 홀로 조용히 살고 계셨다. 그 작은 마을의 좁은 길과 낮은 집들은 내 책 첫 장을 베낀 것 같았다. 클로버와 하트 무늬에 구멍이 난 덧문은 마치 난쟁이처럼 보이는 못으로 벽에 걸린 듯 보였다. 노커(현관문에 달린 쇠장식)에는 손이 달려 있었다. 엄청나게 큰 문이 사슴들이 뛰노는 정원을 향해 활짝 열려 있었고 들장미가 돌탑을 휘감아 피었다. 마을 할머니들은 나를 반겨 주었다. 엘리즈 양은 내게 꿀이 든 하트 모양 빵을 주었다. 마르트 양은 유리 상자에 들어 있는 마법 생쥐를 갖고 있었다. 틈새로 질문이 적힌 종이를 집어넣으면 생쥐는 빙빙 돌다가 책장을 코끝으로 톡 친다. 인쇄된 종이에는 답이 나와 있었다. 내가 가장 감탄한 물건은 의사 마스 선생님이 목탄으로 데생한 달걀이었는데, 그 달걀들이 마스 선생님네 암탉들을 낳았다고 한다. 그래서 나는 내 손으로 직접

둥지에서 그 예쁜 달걀들을 꺼냈고, 나중에는 의심이 많은 어린 친구에게 당당히 반박까지 했다.
"아, 글쎄 직접 내 손으로 달걀을 꺼내 왔다니까!"
알리스 숙모네 정원에서 내가 좋아했던 것은 잘 다듬어진 주목과 회양목의 경건한 향, 소사나무 묘목 밑에 있던 쇠고기로 만든 시계(달리가 그린 쇠고리로 된 말랑말랑한 시계) 모조품 등이었다. 그리고 가구처럼 생긴 바위라든가 돌로 된 테이블도 내 시선을 끌었다. 어느 날 아침, 폭풍이 불었다. 내가 릴리 이모와 식당에서 놀고 있을 때, 집에 벼락이 떨어졌다. 이것은 내게 커다란 자부심을 심어 준 중대 사건이었다. 무슨 사건이 일어날 때마다 나는 위대한 사람이 된 듯한 느낌에 사로잡혀 매우 짜릿한 쾌감을 맛보았다. 창고로 쓰는 오두막 벽에 야생 포도가 열려 있었다. 그날 아침, 알리스 숙모가 무서운 목소리로 나를 불렀다. 꽃이 바닥에 한가득 떨어져 있었다. 숙모는 내가 딴 것이라며 꾸지람을 했다. 정원의 꽃을 따는 것이 나쁜 일이라는 것쯤은 나도 모르지는 않았다. 그렇지만 내가 한 짓은 아니었다. 그래서 나는 고집스럽게 저항했다. 하지만 알리스 숙모는 나를 믿지 않았다. 릴리 이모는 드러내놓고 나를 감싸 주었다. 릴리 이모는 아빠 엄마의 대리인이자 나의 유일한 심판관이었다. 주름투성이의 추한 얼굴을 한 알리스 숙모는 아이들을 괴롭히는 못된 요정과 비슷했다. 나는 선한 힘이 나를 위해 실수와 부정에 맞서 싸우는 것을 만족스레 바라보고 있었다. 파리로 돌아오자 아빠 엄마 할머니 할아버지는 그 일에 분개하셨는지 내 어깨를 잡아 주었다. 그래서 나는 나를 감싸고 있는 덕(德)의 승리를 마음껏 누렸다.
모두들 나를 귀하게 대해 주고, 귀여워해 주었다. 끊임없이 새로운 일을 벌였던 나는 매우 명랑한 여자아이였다. 하지만 몸이 좋지 않았는지 심한 짜증을 부렸고, 새파랗게 질린 얼굴로 상대를 몰아붙이기도 했다. 내가 3살 반 때 일이다. 우리는 어느 큰 호텔—그것은 디본레뱅이었다—의 햇볕이 드는 테라스에서 점심을 먹고 있었다. 빨간 살구가 있어서 나는 껍질을 벗기기 시작했다.
"안 돼."
엄마가 말했다. 나는 울부짖으면서 시멘트 바닥 위를 뒹굴었다. 언젠가는 라스파유 거리를 내내 울면서 걷기도 했다. 왜냐하면 루이스가 부시코 광장에서 모래놀이를 하던 나를 억지로 끌어냈기 때문이다. 이럴 때는 엄마의 험악한 눈초리도, 루이스의 엄격한 목소리도, 아버지의 평소 같지 않은 간섭도 소용이 없었다. 얼마나 심하게 오랫동안 울부짖었는지 뤽상부르 공원의 사람들은 내가 학대받는 어린이인 줄 알았을 것이다.

"불쌍하게도!"

어떤 부인이 내게 엿을 내밀면서 말했다. 나는 고맙다는 인사 대신에 그 부인을 발로 차 버렸다. 이 에피소드는 커다란 물의를 일으켰다. 엄청난 뚱보에다가 머리숱이 적으며, 온갖 일에 참견하지 않으면 직성이 풀리지 않는 큰어머니가 계셨는데, 이 분이 《모범적인 인형》이라는 책에서 이 사건을 소개했던 것이다. 부모님과 마찬가지로 나도 활자화된 것에 엄청난 존경심을 품고 있었기 때문에, 루이스가 이 글을 읽어주었을 때 나는 내가 위대한 인물이 된 듯한 착각이 들었다. 하지만 듣고 있는 동안 차츰 기분이 언짢아지기 시작했다. 큰어머니는 이렇게 썼다.

"가련한 루이스는 때때로 자기 어린 양을 생각하고 슬픔의 눈물을 흘리는 것이었다."

그러나 루이스는 결코 운 적이 없었다. 그녀는 새끼 양을 가졌던 적도 없다. 그녀는 나를 귀여워해 주었다. 게다가 어떻게 여자아이를 양 따위에 비할 수 있단 말인가? 나는 그때, 문학이란 막연하게나마 진실을 배반하는 것이 아닐까 의심했다.

나는 자주 짜증을 부렸는데, 그 이유와 의미에 대해 자문해 보았다. 그것을 삶에 대한 치열한 욕구와, 내가 마지막까지 끝내 단념하지 못했던 일종의 과격주의로 설명할 수 있을 것 같다. 싫어지면 구역질이 날 정도였고 좋아지면 집념으로까지 변해, 좋아하는 것과 싫어하는 것이 깊은 골로 나뉘었다. 나는 만족에서 허무로, 행복감에서 혐오감으로 굴러 떨어지는 현상을 아무렇지도 않게 받아들일 수는 없었다. 그것을 운명으로 여겼다면 체념했으리라. 나는 결코 사물에 대해 화낸 적은 없었다. 그러나 그 감지할 수 없고 힘도 없는 '언어'란 것에는 양보하지 않았다. 나를 반발하게 한 것은 생각도 없이 터져 나오는 '하면 안 돼⋯⋯ 하지 말아라'가, 내가 하던 일이나 내 기쁨을 한순간에 몽땅 허사로 만들어 버리는 것들이다. 나를 제지하던 부당한 명령과 구속은 일관되지 못했다. 어제 나는 복숭아 껍질을 벗겼다. 그런데 왜 살구는 안 된다는 말인가? 어째서 이 순간에 놀이를 그만두어야 하는가? 나는 사방에서 구속과 맞닥뜨렸지만, 어디에서도 고개를 끄덕일 만한 이유를 찾지 못했다. 나를 짓누르고 있는 바위처럼 단단한 법칙 속에서 나는 늘 눈이 핑핑 도는 부재를 보았다. 이 어두운 늪 속에 갇히고 만 것이다. 절규로 입을 쫙 벌린 채······. 나는 대지에 착 달라붙어 다리를 달달 떨면서 내게 폭력을 휘두르는 공기 같은 힘에게 온몸으로 저항했다. 나는 그 힘이 물질의 형태를 띠도록 만들었다. 가족들은 나를 붙잡아 빗자루와 털이개 따위가 들어 있는 어두운 창고에 가두었다. 나는 도저히 파악이 불가능한 의지에 대항해 발버둥 치는 대신에 실제로 손발을 벽에 부딪칠 수 있었다. 나는 이 싸움이 아무 소용도 없다는 것을 알고 있었다. 엄마가 과즙이 뚝뚝 떨어지는 살구를 내 손에서 거둬가는 순간에, 또 루이스가 바구니에 내 삽과 모래놀이 도구를 챙겨 넣는 순간에 나는 패배한 것이다. 그렇지만 나는 항복하지 않았다. 그러나 패배자로서 취해야 할 행동을 해야만 했다. 경련과 눈앞을 가로막는 눈물은 시간과 공간을 초월해서 내가 바라는 것과 나 사이에 있는 장애물을 마침내는 없애고야 말았다. 나는 도저히 어쩔 도리가 없는 암흑 속에 가라앉아 적나라한 내 존재만이 남은 채로 오랜 공포의 울부짖음으로 폭발하는 것이었다.

어른들은 내 의지를 꺾을 뿐만 아니라, 그들 자의식의 희생물로 만든 것 같은 기분을 내게 느끼게 했다. 그들의 자의식은 자주 붙임성 있는 거울 역할을 하며, 또한 내게 저주를 걸기도 했고 나를 동물이나 물건으로 변모시키기도 했다.

"이 아인 장딴지가 아주 튼튼하네요!"

어떤 부인이 나를 만지려고 몸을 굽히면서 말했다. 만약 내가 '이 아줌마 순 바보잖아! 내가 강아지인 줄 아나 봐'라고 말할 수 있었더라면 좋았을 텐데. 하지만 3살 먹은 아이로서는 이 아첨과, 게걸스런 미소에 어쩔 도리가 없었다. 쇳소리를 질러가며 보도 위를 뒹구는 일밖에는······. 성장한 뒤로 나는 몇 가지 대답할 말을 익혔다. 하지만 나는 차츰 신경질적으로 변해 갔다. 나를 어린애 취급하는 것만으로도 상처를 입었다. 내 지식과 능력의 범위 안에서 나는 나 자신이 한 사람으로서 구실을 하지 못한다고 생각한 적이 없었다. 생쉴피스 광장에서 내게 무슨 말을 해야 좋을지 몰라 허둥지둥하는 마그리트 큰어머니와 손을 잡으면서 나는 돌연 이렇게 생각했다. '큰엄마에게는 내가 어떻게 보일까?' 그리고 나는 강한 우월감을 느꼈다. 왜냐하면 나는 내 마음을 알고 있었으니까. 그러나 큰어머니는 그것을 모르는 것이다. 겉모양에 현혹된 그녀는 미완성인 내 체구만을 믿고 있었지만 나의 내부는 조금도 부족할 것이 없었다. 나는 스스로에게 맹세했다. 사람은 5살에 이미 완전한 인간이라는 것을 내가 어른이 되었을 때도 잊지 않으리라. 어른들은 그들이 내게 친절을 베풀면서도 내 자존심에 상처를 주고 있다는 사실을 인정하지 않았다. 나는 불구자의 감수성을 지니게 되었다. 할머니가 내게 져주려고 카드를 속이거나, 릴리 이모가 너무 쉬운 수수께끼를 내거나 하면 나는 불안해져서 어른들이 연극을 하는 게 아닐까 자주 의심했다. 나는 그들이 실수하고 있다고 상상할 정도로 그들을 지나치게 믿고 있었다. 그들이 나를 놀리기 위해 일부러 그렇게 한다고 생각했다. 어느 날 만찬이 끝난 뒤 할아버지가 나와 건배를 하려고 했을 때 나는 짜증스런 발작을 일으켰다. 또 다른 날 내가 달리기를 한 뒤에 루이스가 내 이마의 땀을 닦아 주려고 했을 때는 퉁명스럽게 밀쳐냈다. 루이스의 동작이 내게는 꾸며낸 것처럼 보였기 때문이다. 내게 도덕적 이성이 있었는지는 모르겠으나 사람들이 나를 조종하면서도 내 천진난만함을 남용했다고 느끼는 순간 나는 반항했다.

나의 치열함은 집안사람들을 두렵게 했다. 그들은 나를 꾸짖거나 살짝 벌을 주었다. 하지만 손바닥을 때리는 일은 거의 없었다. 엄마는 이렇게 말했다.

"시몬은 손바닥을 때리면 새파래진다."

언젠가는 삼촌 한 분이 화가 나서 이런 내 성향을 무시한 적이 있었다. 너무나 깜짝 놀란 나는 그 자리에서 발작을 멈춰 버렸다. 사람들이 나를 항복시키기는 사실 쉬운 일이었을지도 모른다. 하지만 부모님은 나의 불 같은 성격을 부정적으로만 생각하지는 않으셨다. 아버지는 기쁜 듯이 말씀하셨다.

"누구를 닮았는지 모르지만, 이 아이는 비사교적이야."

몇몇 집안사람들은 자랑스럽게 말했다.

"시몬은 당나귀처럼 고집이 세다니까."

나는 더 고집스러워졌고 자주 떼를 썼다. 말을 듣지 않는다는 단 한 가지 기쁨을 위해 말을 듣지 않았다. 가족사진을 찍을 때는 혀를 내밀거나 등을 돌리거나 하는 일을 서슴없이 했다. 이 모습에 주위에서는 모두 웃고 말았다. 이러한 작은 승리들을 통해 나는 법칙과 습관, 관례 따위는 극복할 수 있다는 것을 깨달았고 스스로를 격려했다. 이러한 일들은 모든 예의범절에 줄곧 존재했던 어떤 낙천주의에 원인이 있다.

  투쟁에서 패배한 경우에도 나는 굴욕감이나 원한은 품지 않았다. 눈물을 흘리고 소리를 지르다가 마침내 항복할 때면, 나는 회한에 잠기지 못할 정도로 잔뜩 피곤해지고 만다. 자주 반항의 대상조차 잊고 있거나 나 자신을 정당화할 이유를 잃어버렸다. 지나친 내 행동이 부끄러워서 나는 후회했다. 하지만 그것들도 이내 사라져 버렸다. 왜냐하면 나는 별로 어렵지 않게 용서를 받았기 때문이다. 즉 내 분노는 나를 복종하게 하는 부당한 법칙과 서로 비겼던 것이다. 이런 분노 덕분에 나의 내부를 공격하는 정체 모를 원한을 품지 않아도 되었다. 그리고 단 한 번도 권력을 의심해 본 적이 없었다. 어른들의 행동은 그들이 나를 어린애 취급할 때에만 거짓이 있는 것 같았다. 실제로 내가 반항한 것은 바로 이 때문이었다. 하지만 나는 나에게 부과된 의견이나 가치들은 받아들였다.

  나의 세계를 지배하는 주된 카테고리는 선과 악이었는데, 나는 선의 지역에 살고 있었다. 그곳에는 단단히 맺어진 행복과 도덕이 지배하고 있었다. 하지만 나는 부당한 고통을 경험했다. 몸을 부딪치거나 피부가 까질 때가 있었고, 종기가 생겨서 얼굴이 완전히 변해 버린 적도 있다. 나는 의사가 초산은으로 고름주머니를 태울 때 울부짖었다. 그렇지만 이런 악의 순간은 이내 끝나고 내 신조는 흔들리지 않았다. 인간의 기쁨과 고통은 모두 그들이 감내할 수 있는 정도였다.

  나는 선(善) 속에서 살았지만, 곧 그 내부에는 여러 단계가 있음을 알았다. 나는 착한 아이였다. 하지만 실수를 저질렀다. 알리스 숙모는 자주 기도를 했으니 분명 천국에 가리라. 그러나 나에게는 부당한 태도를 취했다. 내가 사랑하거나 존경할 만한 사람들 중에도 부모님이 비난하는 몇 가지 단점을 지닌 이가 있었다. 할아버지나 할머니조차도 부모님의 비평에서 벗어나지 못했다. 엄마는 할아버지와 할머니를 자주 만났지만 내가 무척 친절하다고 믿는 사촌 형제들과는 사이가 틀어진 채로 지냈다. 사이가 멀어진다는 말은 복잡한 다툼과 거의 비슷한 것으로 마음에 들지 않았다. 왜 사람들은 서로 사이가 멀어지는 것일까? 어째서? 싸우고 만나지 않는 것이 유감으로 여겨졌다. 나는 분연히 일어나 엄마 편을 들었다.
"어제 어디에 갔었어?"
릴리 이모가 물었다.
"말 못해요. 엄마가 말하지 말라고 하셨거든요."
이모와 할머니는 오랫동안 의미심장한 눈빛을 교환했다. 숙모들은 이따금 별로 유쾌하지 않은 말을 했다.
"아휴, 너희 엄만 여전히 나돌아다니는구나?"
그녀들의 심술은 엄마에게 상처를 입히지 못한 채 자기들 평판에만 해를 끼쳤다. 그렇지만 그것이 숙모들에 대한 내 애정에 변화를 주지는 않았다. 나는 그것을 자연스럽다고 믿었다. 즉 어떤 의미에선 만족하고 있었다. 이런 이류 인물들이 가장 숭배하는 사람처럼 완벽해야 한다는 생각에서……. 루이스와 아빠, 엄마는 절대로 잘못을 저지르지 않는 독점권을 쥐고 있었다.
선과 악은 확연하게 나뉘어 있었다. 나는 이 둘이 서로 맞서는 것을 아직 한 번도 본 적이 없다. 때때로 부모님 음성이 거칠어질 때가 있었다. 부모님의 분개나 분노로 미루어 그분들 주위에도 정말로 속이 시꺼먼 사람들이 있음을 알았다. 나는 그들이 어떤 사람들인지 알지 못했고, 또 그들의 허물도 몰랐다. 악은 멀리 있었다. 나는 악의 손길을 신화적인 인물들을 통해서만 상상했다. 악마, 카라보스 요정, 신데렐라의 언니들……. 그런 사람들과 만나지는 못했으므로 나는 그들을 순수한 실체로 승화시켰다. '심술궂은 사람'은 변명할 것도 없이 구원도 받지 못하며, 타는 불꽃처럼 죄를 범하는 것이었다. 지옥은 그들이 나면서부터 활동하던 곳이며, 고문은 운명이었다. 그리고 그들의 고뇌를 동정하는 일은 모독이라고 믿었다. 사실을 말하건대 백설공주의 난쟁이들이 험악한 계모에게 신기는 새빨갛게 달궈진 쇠 장화나, 뤼시페를 태우는 불꽃 등은 나에게 육체가 고통을 당한다는 이미지를 준 적이 단 한 번도 없었다. 사람을 잡아먹는 귀신, 마법을 쓰는 여자, 악마, 계모, 살인범들, 이런 비인간적인 사람들은 하나의 추상적인 권력을 상징했으며, 그들이 받는 벌은 그들의 패배를 추상적으로 나타내고 있었다.
내가 루이스와 여동생과 함께 리옹에 갔을 때, 나는 적과 맨 얼굴로 상대하리라는 기대를 은근히 품고 있었다. 왜냐하면 리옹 교외의 커다란 정원으로 둘러싸인 집에 살고 있는 먼 친척에게서 초대를 받았기 때문이다. 시르미온 집안 아이들은 이제 어머니가 없고, 똑똑하고 어른스러운 아이들도 아니며, 기도도 잘 하지 않는다고 엄마는 미리 내게 주의를 주었다. 그러므로 내가 기도할 때 그 애들이 비웃더라도 주눅 들지 말라고 말씀하셨다. 나는 그곳 아이들의 아버지인 나이 든 외과 교수가 하느님을 하찮게 여긴다는 것을 알았다. 나는 사자 먹이가 되는 성 블랑딘의 하얀 상의를 입은 듯한 기분이었다. 하지만 이내 실망했다. 왜냐하면 아무도 나를 공격하지 않았기 때문이다. 시르미온 숙부는 집을 나갈 때, 수염 속으로 중얼거렸다.

"안녕, 신의 가호가 있기를."

그렇다면 그는 불신자가 아니었다는 걸까? 사촌들—10세에서 20세까지 7명—은 물론 무턱대고 장난을 치고 있었다. 정원에 숨어서 오가는 아이들에게 돌을 던지거나 서로 싸우기도 하고, 그들과 함께 사는 백치 여자아이를 놀리기까지 했다. 밤에는 그 여자아이를 놀래 주기 위해 아버지 진료실에서 해골을 꺼내다가 시트로 씌워놓기도 했다. 나는 황당했지만 이런 돌출 행동에서 큰 중요성을 느끼지 못했고, 그곳에서 바닥 모를 악의 음험함을 발견하지도 못했다. 나는 수국이 우거진 사이에서 얌전하게 놀았다. 그러면 세상의 속속은 여전히 나에게 평온한 그대로였다.

부모님은 우리를 만나려고 이곳으로 왔다. 어느 오후엔가는, 루이스가 나와 여동생을 축제에 데려가서 무척 즐겁게 놀았다. 축제가 끝나자 이미 저녁나절이 되었다. 우리는 재잘대기도 하고 웃기도 했다. 나는 무척 마음에 들었던 엿으로 만든 채찍 모양 과자를 오물오물 먹고 있었다. 바로 그때, 엄마가 길모퉁이에 나타났다. 엄마는 머리 위에 초록색 얇은 시폰 실크를 둘렀고, 윗입술은 도드라져 있었다. 우리는 몇 시에 돌아온 것일까? 엄마는 가장 연장자에다 '사모님'이었다. 엄마는 루이스를 나무랄 권리가 있었다. 하지만 나는 엄마의 부은 얼굴과 성난 말투가 싫었다. 그리고 루이스의 참을성 있는 눈동자 속에 우정이 아닌 무언가가 비치는 것이 보기 싫었다. 그날 밤—또는 다른 밤이었는지도 모른다. 하지만 내 기억에는 이 두 사건이 밀접하게 이어져 있다—나는 정원에서 루이스와, 그리고 누군지 모르지만 다른 한 사람과 함께 있었다. 건물 바로 앞 어두운 벽에 불 켜진 침실 창문이 열려 있었다. 창에 두 사람의 그림자가 보이고, 거친 음성이 들려왔다.

"어머? 주인님과 사모님이 싸우고 계셔."

루이스가 말했다. 그때 하늘이 뒤집어졌다. 아빠와 엄마가 적이라니 말도 안 된다. 그리고 루이스가 아빠와 엄마의 적이라니⋯⋯. 가능한 일이 아니라고 여겨온 것이 가능해졌을 때, 천국은 지옥으로 바뀌고 암흑이 빛을 빨아들였다. 나는 천지창조의 혼돈 속으로 빠져 들어갔다.

하지만 이 악몽은 그다지 오래 가지 않았다. 다음 날 아침, 부모님은 언제나처럼 미소를 짓거나 웃고 있었다. 루이스의 비웃음은 내 가슴에 남았지만 다른 일이 생겨서 흐지부지 잊어버리고 말았다. 이처럼 대충 묻혀 버린 작은 사건들은 많이 있었다.

유년시절을 떠올릴 때, 결코 잊지 못할 정도로 강하게 각인된 사건을 잠자코 흘려보내는 능력은 나의 가장 특징적인 면모가 되었다. 사람들이 내게 가르쳐 준 세계는 정해진 질서와 확실하게 구별된 카테고리 주위에 조화롭게 존재하고 있었다. 중립적인 관념은 추방되었다. 반역자와 영웅 중간쯤 되는 어중간한 것은 없었다. 배교자 아니면 순교자였다. 먹지 못하는 모든 과일에는 독이 있었다. 집안사람들은 내가 가족 모두를 '사랑해야' 한다고 말했다. 가장 믿음이 가지 않는 큰어머니를 포함해서 말이다. 내가 더듬더듬 말을 시작할 무렵부터 내 경험은 이 본질주의를 무색하게 했다. 흰 빛은 어쩌다가 보면 새하얀 것이 아니라 시커먼 악에 물들어 있었다. 나는 늘 회색을 띤 것밖에는 보지 못했다. 다만, 나는 불명확한 말뜻을 이해하려고 애쓰면서 동시에 언어를 사용해야 했다. 그러나 그럴 때면 격렬히 저지당하는 개념의 세계 속에 내던져진 나 자신을 발견했다. 내 눈으로 보는 것, 내가 좋다고 믿는 것은 좋든 나쁘든 틀 속의 그림에 넣어야만 했다. 신화나 그림 따위가 진실보다도 힘이 세었던 것이다. 진실을 고정할 수가 없어서 나는 그것을 하찮은 것들 속에 팽개쳐 두었다.

이렇게 언어의 도움을 빌리지 않고 생각하는 일에 실패한 나는, 언어가 현실을 몽땅 포장한다고 믿었다. 절대적 보호자라고 믿었던 어른들이 그런 식으로 가르쳤던 것이다. 한 가지 일을 가리키면서 그들은 그 실체를 보였다. 과일즙이 과일의 실체로서 보이는 것처럼. 그래서 나는 언어와 사물 사이에 전혀 간격이 없다고 굳게 믿었으며, 그곳에 잘못이 파고들 수 있다는 생각은 하지 못했던 것이다. 이것은 내가 비판도 하지 않고, 검토도 하지 않고 그저 '동사'에 복종한 결과라고 설명할 수 있다. 비록 여러 상황에 따라 내가 의심을 품은 때에도. 시르미온 사촌들은 사과 막대사탕을 먹고 있었다.
"이건 설사약이야."
그들은 놀림 섞인 어조로 내게 말했다. 그들의 비웃음에 나는 바보 취급을 당한 기분이었다. 그럼에도 그 말은 새하얀 막대와 일체가 되고 말았다. 나는 이 하얀 막대를 갖고 싶은 마음을 접었다. 왜냐하면 현재로선 그것이 과자와 약의 의심스런 조합인 것처럼 보이기 시작했기 때문이다.
그런데도 언어가 나를 이해시키지 못한 경우가 한 번 있었다. 여름휴가 때 가족들이 나를 먼 친척뻘 되는 시골 어린아이 집에 데려갔다. 그 아이는 한가운데에 커다란 정원이 있는 아름다운 집에 살고 있었다. 나는 아이와 비교적 재미있게 놀았다.
"그 아이는 불쌍하게도 바보야."
어느 날 밤, 아버지가 나에게 말했다. 나보다 훨씬 나이가 위였던 상드리는 내 기준으로 봤을 때는 정상이었다. 바보가 어떤 것인지를 이전에 누군가가 보여주었는지 아니면 설명해 주었는지 모르지만, 나는 바보란 침을 질질 흘리면서 실실 웃고, 눈에 초점이 없는 멍한 사람으로 알고 있었다. 그 뒤에 상드리를 만났을 때, 나는 그 애의 얼굴에서 그런 이미지를 찾으려고 온갖 애를 써보았지만 허사였다. 어쩌면 상드리는 겉으로 보기에는 그렇지 않더라도 속은 바보였는지 모른다. 하지만 나는 그것을 믿기가 싫었다. 확실하게 해두고 싶은 마음에서, 다른 한편으로는 나의 소꿉친구를 아버지가 모욕했다는 막연한 원망 때문에 나는 상드리의 할머니에게 물어보았다.
"상드리는 정말로 바보인가요?"
"당치도 않다!"
그녀는 자존심 상한 표정으로 대답했다. 그녀는 자기 손자를 잘 알고 있던 것이다. 아빠가 틀릴 수도 있을까? 나는 곤혹스러워서 한동안 그 자리에 망연자실해 서 있었다.
내가 상드리에게 그다지 관심을 가졌던 것은 아니었기 때문에 이 사건은 나를 놀라게 하기는 했어도 그리 강하게 마음을 흔들지는 않았다. 언어가 내 심장에 깊이 파고든 기억이 아니었더라면, 나는 언어의 요술을 발견하지 못했을 것이다.
엄마가 오렌지색 옷을 처음 입었을 때였다. 루이스는 앞집 하녀에게 말했다.

"사모님이 잔뜩 모양을 냈어. 너 봤니? 제정신이 아닌가 봐!"
또 어느 날인가 루이스는 거실에서 문지기 딸과 수다를 떨고 있었다. 3층에서 엄마가 피아노 앞에 앉아 노래하고 있었다.
"아휴, 사모님이 또 족제비처럼 꽥꽥거리기 시작했어."
'제정신', '족제비', 내 귀에 이런 말들은 아주 불쾌하게 들려왔다. 아름답고 우아한 음악가인 엄마에게 어째서 그런 말을 하는 것일까? 그렇지만 이 말을 한 사람은 루이스다. 어떻게 하면 그 말의 가시를 뽑아낼 수 있을까. 다른 사람이라면 모르지만 루이스는 나에게 정의요, 진실이었다. 이런 존경심 때문에 그녀를 재판할 수는 없었던 것이다. 그녀 취향에 반대하는 것만으론 부족했다. 그녀의 심술을 이해하려면 히스테리 발작 탓으로 여기는 수밖에 도리가 없었다. 때문에 그녀가 엄마와는 취향이 다르다는 사실을 인정하는 것 말고는 다른 수가 없었다. 이 경우에 둘 중에 어느 쪽인가는 잘못되었다. 하지만 나는 둘 다 결점 같은 것은 없다고 믿고 싶었다.

나는 루이스의 말에서 그 가시 돋친 알맹이를 빼 버리려고 노력했다. 내가 모르는 이유에서, 기묘한 음성이 그녀 입에서 튀어나왔을 뿐이다. 하지만 나는 정말로 그렇게 믿을 수는 없었다. 그 뒤부터 엄마가 화려한 옷을 입거나 소리 높여 노래를 부르거나 하면, 나는 일종의 불안감을 느꼈다. 한편으로 루이스의 모든 말에 무게를 두어서는 안 된다는 걸 깨달은 뒤에는 예전처럼 고분고분 그녀의 말을 듣지 않게 되었다.

안전에 위협을 느끼면 나는 재빨리 몸을 피했고, 위험이 예상되지 않을 만한 쪽으로 나를 이끌고 갔다. 아기의 탄생은 나를 흔들어 놓을 만큼 그리 큰 문제가 아니었다. 어른들이 말하기를, 부모님이 아이들을 사오는 것이라고 말해주었으므로 처음엔 그런 줄만 알았다. 이 세상은 너무나도 넓고 미지의 멋진 일들로 가득 차 있기 때문에 아기를 파는 곳이 있다고 해도 이상하지 않았다. 그러나 서서히 그런 생각은 사라지고, 나는 막연한 결론으로 만족했다. '아기들을 만드는 것은 하느님이다.' 하느님은 혼돈으로부터 지구를, 그리고 흙으로 아담을 빚어냈다. 그러므로 하느님이 모세에게서 젖먹이를 창조한다 해도 결코 이상하지 않다고 나는 믿었다. 모든 것은 하느님 마음먹기에 달렸다고 생각하니 내 호기심은 가라앉아 버렸다. 그로써 모든 세상사가 대충 해결되었던 것이다. 자잘한 것들에 대해서는 서서히 알게 되리라고 나는 믿고 있었다. 내게 호기심을 불러일으킨 것은 부모님이 어떤 얘기를 내게 숨기려고 조심한다는 사실이었다. 내가 다가가면 부모님은 목소리를 낮추거나 입을 다물었다. 그러니 그것은 내가 이해할 수 있는 일이지만 알아서는 안 되는 것이라고 짐작했다. 그게 뭘까? 왜 사람들은 내게 그것을 감추는 걸까? 엄마는 루이스에게 세귀르 부인이 쓴 어떤 콩트는 내게 읽어주면 안 된다고 말했다. 그 콩트로 인해 내가 악몽을 꿀 수도 있기 때문이었다. 삽화에 나오는 짐승 가죽을 걸친 소년이 대체 어쨌다는 것인가. 나는 그것들에 대해 질문했지만 아무 대답도 얻지 못했다. 나에게 《곰 소년》은 비밀의 화신 그 자체로 보였다.

    종교의 커다란 신비는 나를 놀라게 하기에는 너무나도 멀고 어려웠다. 그렇지만 크리스마스라는 친숙한 기적을 통해 나는 깊은 상념에 빠지게 되었다. 나는 전능한 그리스도가 비천한 청소부처럼 굴뚝으로 내려오길 즐긴다는 얘기를 당치도 않다고 생각했다. 이 의문은 오랫동안 내 머릿속을 맴돌았다. 그래서 마침내 나는 부모님이 사실을 털어놓게 하고야 말았다. 나를 놀라게 한 점은 진실이 아닌 것을 굳게 믿었었다는 사실, 즉 잘못된 확신도 있을 수 있다는 것이었다. 그렇다고 그것으로 실제적인 결론을 내리지는 않았다. 나는 부모님이 나를 속이고, 또 앞으로도 속이리라고는 생각지 않았다. 그것이 내가 바라는 것을 주지 않거나, 또는 깊이 상처를 줄 만한 거짓말이었다면 나는 부모님을 용서하지 않았으리라. 반항을 하고 깊이 의심했을 것이다. 그러나 나는 마술사의 속임수에 속아 넘어간 관객만큼도 자존심이 상하지 않았다. 그러기는커녕 내 신발 옆, 옷이 든 트렁크 위에 앉아 있는 인형 블론딘을 발견했을 때 더할 나위 없이 감격했으므로, 부모님의 속임수에 그냥저냥 만족하고 있었다. 만약 부모님이 진실을 말해 주지 않았더라면 불만을 품었을지도 모른다. 하지만 부모님은 나를 속였던 것을 인정하고 매우 솔직했기 때문에 나도 이해를 했다. 부모님은 어른을 대하듯이 나와 대화를 해주었다. 새로운 관록이 붙어 의기양양해진 나는 가족들이 아기―나는 더 이상 아기가 아니니까―를 속이는 것도 받아들일 수 있었다. 가족들은 동생에게는 아직 진실을 감추는 것을 당연하게 여겼다. 하지만 나는 어느새 어른의 세계로 옮겨가 있었다. 그러니까 앞으로는 내게 진실이 보장되어 있다는 추측을 나름대로 했던 것이다.

부모님은 질문에 기꺼이 대답해 주었고, 몰랐던 것들이 말로 표현됨과 동시에 사라져 버렸다. 하지만 나는 거기에 뭔가 빠져 있다는 것을 알고 있었다. 어른들 눈에는 책 속에 줄줄이 나오는 검은 점들이 언어로 바뀐다. 나는 그것들을 바라보았다. 나에게도 그 활자들이 보이기는 하지만, 보는 방법을 몰랐던 것이다. 가족들은 내게 일찍부터 글자와 놀게 했다. 3살 때, 나는 O는 O라고 읊조렸다. 테이블을 테이블이라고 하듯이 S는 S다, 라고. 나는 알파벳을 거의 알고 있었지만 인쇄된 글을 읽을 수는 없었다. 어느 날, 내 머릿속 톱니바퀴가 덜컹 하고 멈췄다. 엄마는 식당 테이블 위에 르젱보 교본을 펼쳐놓았다. 나는 암소(vache) 그림과 '쉬'로 소리나는 C와 H, 2개의 글자를 비교했다. 갑자기 나는 물건과 마찬가지로 글자는 이름만 갖고 있는 것이 아니라 소리를 나타낸다는 사실을 깨달았다. 나는 빠르게 읽는 법을 익혔으나, 내 생각은 도중에 제동이 걸리고 말았다. 나는 기호의 이미지 속에 정확히 일치하도록 재단된 소리를 볼 수 있었다. 기호와 소리는 그것이 나타내는 물건을 함께 쏟아내고 있었다. 그것이 너무나도 완벽했기 때문에 이 둘의 관계에 불완전함은 없었다. 기호는 매우 똘똘하게 생겨서 습관과는 달랐다. 그래서 나는 할머니가 내게 악보를 가르쳐 주려고 했을 때 고집 세게 거부했다. 할머니는 뜨개바늘로 악보 위 둥근 기호를 가리키며 '이 줄은 피아노의 어디어디를 가리키는 거란다'라고 설명했다. 왜 그런데? 어째서? 나는 피아노와 오선지 사이에서 어떤 공통점도 찾을 수 없었다. 나는, 사람들이 내게 이해할 수 없는 속박을 강요한다며 반항했다. 그와 마찬가지로 절대성을 갖지 않은 진실에도 이의(異議)를 제기했다. 나는 필요 이외의 타협은 하지 않았다. 사람들이 정한 일에는 뭐랄까 변덕스러움이 깃들어 있었다. 내 동의를 강요할 만큼의 중압감은 없었다. 며칠이고 나는 고집을 부렸지만 끝내는 항복했다. 어느 날은 음계를 외었다. 하지만 내게는 지식을 획득했다기보다 놀이 규칙을 익혔다는 생각만 들 뿐이었다. 그에 반해 산수는 별 어려움 없이 배워 나갔다. 왜냐하면 나는 수의 현실성을 믿었으니까.

내가 5살 반이던 1913년 10월, 가족들은 나를 이상한 이름의 사립학교에 입학시키기로 했다. 데지르(欲望) 학교였다(데지르는 이 학교의 설립자 이름). 초등학교 주임인 페이에 선생님은 가죽으로 씌운 문이 달린 으리으리한 서재에서 나를 맞이했다. 그녀는 엄마와 이야기하면서 내 머리를 쓰다듬었다.

"저희는 교사가 아니랍니다. 교육자이지요."

그녀는 설명했다. 그녀는 목까지 올라오는 가슴받이를 하고 긴 치마를 입었는데 매우 붙임성 있게 보였다. 나는 약간 저항감이 드는 쪽을 좋아했다. 하지만 첫 수업이 시작되기 전날 밤, 나는 기뻐서 현관홀에서 깡충깡충 뛰었다.

"나는 내일 학교에 간다!"

"그렇게 재미나지만은 않을걸?"

루이스가 말했다. 이번만큼은 루이스가 잘못 생각한 거라고 확신했다. 내 인생을 갖는다는 생각에 나는 황홀하기까지 했다. 지금껏 나는 어른들의 그늘에서 살아왔다. 하지만 앞으로는 내 가방을 들고, 내 책을 가지며, 내 공책으로 공부를 할 수 있는 것이다. 일주일과 하루는 나만의 시간표에 의해 나뉘리라. 나는 줄곧 미래를 보았다. 그것은 내게서 떠나가는 대신에 내 기억 속에서 차츰 자라날 것이다. 나는 하루가 다르게 풍성해지리라. 이 순간 내가 축복하고 있는, 갓 태어난 초등학생인 나에게 성실하게 머물면서도⋯⋯.

나의 기대는 무너지지 않았다. 매주 수요일과 토요일 1시간 동안 그리스도교 예배에 참석했다. 이 식(式)은 내 일주일을 완전히 바꿔놓았다. 학생들은 타원형 테이블 주위에 앉았다. 주교의 자리 같은 곳에 앉아 있는 페이에 선생님이 사회를 보고 있었다. 그녀 머리 위에 놓인 액자 속에서 설립자인 아드린 데지르 선생님—로마 교황청에서 복자의 반열에 넣으려고 하는 꼽추 부인—이 우리를 굽어보고 있었다. 어머니들은 검은 가죽을 씌운 긴 의자에 앉아서 수를 놓거나 뜨개질을 하고 있었다. 우리가 똑똑하게 행동하는가 어떤가를 보고 엄마들이 품행 점수를 매겨 수업이 끝날 때 그것을 발표했고, 선생님은 학적부에 기입했다. 엄마는 언제나 10점 만점을 주었다. 9점이었다면 우리 둘 다 창피했으리라. 선생님은 우리에게 '우등' 기장(旗章)을 나눠 주었다가 학기마다 금테를 두른 책과 교환해 주셨다. 그런 다음 문 앞에 서서 우리 이마에 키스를 하고 아낌없는 충고를 해주었다. 나는 읽고 쓸 줄 알며 산수도 어느 정도 할 줄 알았다. 나는 '초급반' 스타였다. 크리스마스 무렵에는 금줄을 두른 하얀 옷을 입고 아기 예수로 분장했다. 다른 여자아이들은 내 앞에 무릎을 꿇었다.

엄마는 숙제를 봐 주었고, 학교에서 배운 내용을 죄다 외게 했다. 나는 공부가 좋았다. 성서는 페로의 이야기보다 훨씬 재미있었다. 왜냐하면 이야기에 나와 있는 기적은 실제로 일어난 일이니까. 나는 또 지도에 열중했다. 섬들의 고독함과 곶의 대담성, 좁은 반도를 대륙과 간신히 잇고 있는 헛바다 같은 육지의 허약함 등에 매료되었다. 어른이 된 뒤에도 푸른 바다 속에 코르시카와 사르데냐가 우뚝 솟은 모습을 보았을 때, 또 칼시스에서 2개의 바다에 목이 졸리고 진짜 태양이 비추는 전형적인 지협을 새롭게 발견했을 때 나는 또다시 그 지리적인 희열을 느꼈다. 단호한 형태, 세기의 대리석 속에 단단히 새겨진 일화들. 세상은 내가 황홀하게 펼쳐 가는, 호화로운 색채들로 가득한 앨범이었다.

왜 그렇게 공부를 좋아했을까 곰곰이 생각해 보면, 이미 나는 일상생활에서 만족감을 느끼지 못했던 것 같다. 나는 파리에 살았는데 그곳은 사람 손이 만들어낸 장치로 완전하게 닦여져 있었다. 거리, 집, 전차, 가스등, 기구로 말이다. 모든 사물은 개념처럼 평범하게 단지 그 기능을 발휘하는 데 지나지 않았다. 만지면 안 되는 것들이 가득했다. 잔디에 들어가면 안 되는 뤽상부르 공원은 내게 놀이터 외에 어떤 의미도 지니지 않았다. 곳곳마다 색을 입힌 화폭의 찢어진 틈으로 깊은 혼돈이 엿보였다. 지하철 터널은 대지의 비밀스런 심장 속으로 끝없이 도망갔다. 오늘날에는 카페 쿠폴이 자리한 몽파르나스 부지에 '쥐글라르' 석탄 창고가 있었다. 거기서 지저분한 얼굴에 황마 자루를 뒤집어쓴 남자들이 나왔다. 코크스(공업용 연료)와 무연탄이 쌓인 틈으로 마치 굴뚝의 그을음 속에서처럼, 신이 빛으로부터 분리한 어둠이 대낮 속을 방황하고 있었다. 그렇지만 나는 그들에 대해 아무 힘도 없었다. 반짝반짝 닦인 세상에 둘러싸여 있는 나는 어떤 일에도 그다지 놀라지 않았다. 왜냐하면 인간의 영향력이 어디서 시작되고 어디서 끝나는지를 몰랐기 때문이다. 이따금 파리 하늘을 나는 비행기나 비행선은 나보다도 어른들을 몹시 감탄하게 했다. 또한 오락으로 말하자면 거의 아무런 혜택을 입지 못했다. 부모님은 영국 왕과 여왕의 퍼레이드를 구경하자며 나를 샹젤리제 거리에 데려가 주셨다. 나는 사순절 행렬을 몇 번인가 구경했고, 훨씬 나중에는 갈리에니 장군 장례식에도 갔다. 또 그리스도교 행렬을 따르거나, 제단에 참배하러 가기도 했다. 서커스에는 거의 가지 않고 이따금씩 인형극 구경을 했으며, 재미있는 장난감도 몇 개 갖고 있었다. 극히 소수의 것만이 진정으로 내 마음을 사로잡았다. 나는 평면 사진 2장을 입체적인 하나의 광경으로 바꿔

주는 입체경을 매우 좋아했고, 또 키네토스코프(일인 일회용 영화 감상 기구) 속에서 테이프를 돌리면 나오는 말이 달리는 장면에도 열광했다. 가족들은 엄지손가락으로 살짝 누르면 움직이기 시작하는 앨범 같은 것을 내게 주었다. 그것은 종이 위에 고정되어 있는 여자아이가 춤추기 시작하거나, 권투 선수가 권투를 시작하거나 하는 하찮은 것들이었다. 그림자 장난, 광선 투사 등……. 모든 렌즈의 환영에서 눈길을 끈 부분은, 눈앞에 갖가지 형태가 차례로 등장하는 것이다. 전체적으로 보면 시민으로서 나의 존재는 별로 풍요롭지 않아서 책 속에 담겨 있는 것과는 도저히 비교할 수 없었다.

 그렇지만 내가 도시를 떠나 동물이나 식물 사이로, 그리고 그 수많은 변화가 있는 자연 속으로 옮겨가면 모든 것은 한순간에 바뀌었다.

 우리는 여름이면 늘 리무쟁에 있는 할아버지 댁에 가 있었다. 할아버지는 증조부가 구입한 위제르쉬 근방에서 살고 계셨다. 할아버지는 하얀 볼수염을 기르고, 사냥 모자를 쓰고, 레종 도뇌르 훈장을 달고 다니면서 온종일 노래를 부르곤 했다. 할아버지는 내게 나무와 꽃, 새 이름을 가르쳐 주셨다. 공작이 등나무와 베고니아 꽃으로 뒤덮인 집 앞에서 꽁지를 펼치고, 머리가 빨간 홍작(참새목 단풍조과 새)과 황금색 병아리가 새 우리에 있었다. 군데군데 인공 연못으로 구획이 지어져 있고, 수련이 흐드러지게 핀 '영국 풍경화 같은 도랑'에서는 금붕어가 헤엄쳤으며, 그 물은 작고 둥근 나무다리 2개가 놓여 있는 작은 섬을 둘러싸고 있었다. 서양 삼나무, 아메리카 삼나무, 너도밤나무, 일본 분재, 능수버들, 목련, 남양 삼나무, 상록수, 활엽수, 관목, 덤불, 떨기나무가 우거진 숲이었다. 하얀 울타리가 쳐진 정원은 넓지는 않아도 매우 변화무쌍해서 아무리 탐험을 해도 끝이 보이지 않았다. 여름 방학 중간쯤에, 우리는 근처 시골 신사와 결혼한 고모네 집으로 떠났다. 고모에게는 아이가 둘 있었다. 고모네 식구들은 4마리 말이 끄는 '커다란 사륜마차'로 우리를 데리러 왔다. 가족끼리 단란한 점심을 마치고 우리는 먼지와 햇볕 냄새가 나는 파란 마차의 가죽 좌석에 앉았다. 고모부는 말을 타고 우리를 따라왔다. 20킬로미터쯤 가자 라그리에르가 그 모습을 드러냈다. 정원은 메리냐크보다 훨씬 넓고 야생적이었지만 너무 단조로웠고, 볼썽사나운 저택 주위에는 돌지붕의 작은 탑들이 즐비했다. 엘렌 고모는 내게 무관심했다. 모리스 고모부는 수염을 기르고, 장화를 신은 채 손에는 늘 채찍을 들고 있었다. 그는 말이 없거나 때로는 화를 내서 무서웠다. 하지만 나는 5살과 3살 위인 로베르와 마들렌과는 사이가 좋았다. 고모네 집에선 할아버지 집과 마찬가지로 잔디 위를 마음껏 뛰어다닐 수 있는 자유가 있었다. 흙을 파거나 도랑을 만들고, 잎이나 꽃을 만지작거리거나 나무 열매를 으깨며, 부푼 콩깍지를 발뒤꿈치로 짓이기면서 나는 책이나 어른들이 가르쳐 주지 않는 것들을 배웠다. 민들레와 토끼풀, 풀협죽도, 형광 빛을 내는 파랑 메꽃과 나비들, 지렁이, 이슬, 거미집 등에 대해서도 알게 되었다. 호랑가시나무 붉은빛은 협죽도나 마가목의 빨강보다도 붉고, 가을은 복숭아를 금빛으로 물들이고 잎을 적동색으로 바꾸며, 태양은 움직이는 것처럼 보이지 않는데도 떴다가 진다는 것을 배웠다. 흘러넘치는 색채와 향기가 내 가슴을 두근거리게 했다. 사람들이 낚시를 하는 초록 물속, 목초가 우거진 들판 속, 덤불진 양치 잎 아래와 잡목 숲 속, 어디에나 내게 발견되기를 열망하는 보물들이 숨겨져 있었다.

 내가 학교에 다니기 시작하면서부터 아버지는 나의 우수한 성적과 진보에 관심을 보였고, 내 생활에서 더 중요한 역할을 차지하게 되었다. 아버지는 보통 남자들과는 다른 부류에 속하는 것 같았다. 볼수염과 콧수염이 유행하던 시절에도 아버지는 수염을 기르지 않았으며, 흉내를 잘 내는 장기로 사람들을 즐겁게 해주기도 했다. 아버지 친구들은 그가 희극 배우를 닮았다고 말했고, 또 주변 사람들 가운데서 아버지만큼 익살맞고 재미있고 재기에 넘치는 사람은 없었다. 아버지만큼 책을 많이 읽은 사람도, 시를 많이 욀 줄 아는 사람도 없었으며, 또 그 정도로 열띠게 토론하는 사람도 없었다. 아버지는 벽난로에 기대어 손짓 몸짓과 함께 많은 이야기를 했고, 모두들 넋을 잃고 아버지 얘기를 들었다. 친척이 모이면 아버지는 단연 스타였다. 아버지가 독백이나 자마코이스의 〈원숭이〉를 낭독하면 다들 박수갈채를 보냈다. 아버지의 가장 독특한 점은 틈날 때마다 연극을 한다는 것이었다. 피에로나 카페 종업원, 보병, 비극 여배우 등으로 분장한 아버지 사진을 보노라면 마치 마법사 같다는 생각이 들었다. 아버지가 여자 옷에 하얀 앞치마를 두르고, 머리에 보닛을 쓰고, 푸른 눈동자를 휘둥그렇게 뜨는 로잘리라는 백치 요리사 흉내를 낼 때면 눈물이 날 만큼 우스웠다.

 부모님은 해마다 카지노 무대에 나오는 아마추어 극단 공연이 있을 때 3주일 동안을 디본레뱅에서 보냈다. 그들은 피서객에게 웃음을 선사했고, 그랜드 호텔의 지배인은 극단 단원들을 공짜로 재워 주었다. 1914년, 루이스와 동생과 나는 메리냐크에 가서 부모님을 기다리고 있었다. 우리는 거기서 가스통 큰아버지와 마그리트 큰어머니—얼굴색이 어찌나 창백하고 깡말랐던지 나는 깜짝 놀랐다—, 나보다 1살 아래인 사촌동생 잔을 다시 만났다. 그들은 파리에 살고 있어서 자주 만날 기회가 있었다. 동생과 잔은 나의 폭력적인 행동에 다소곳이 복종했다. 메리냐크에서는 두 동생에게 내가 탄 작은 마차를 정원 오솔길로 이리저리 끌고 다니게 했다. 나는 또한 그 애들 공부까지 봐 주었다. 하지만 놀이에도 자주 데리고 다녔다. 그러나 놀이터는 정원의 큰길까지만 이어져 있어서 그곳까지 갔다가 조심스럽게 돌아오곤 했다.

어느 날 아침, 우리는 장작과 신선한 톱밥 사이에서 놀고 있었는데, 바로 그때 종이 울렸다. 전쟁이 시작된 것이다. 1년 전에 나는 전쟁이라는 말을 처음 들었다. 전쟁 때 사람들은 서로 죽인다고 했다. 나는 어디로 도망쳐야 할까 생각했다. 아버지는 내게 전쟁이란 외국인이 우리나라로 쳐들어오는 것이라고 설명해 주셨다. 그래서 나는 당시 사거리에서 종이 부채 등을 팔던 일본인들을 의심했다. 하지만 그렇지 않았다. 우리 적은 앙시의 앨범에서 본 적이 있는, 철모를 쓴 못생기고 괴기스러운 독일인들이었다. 그들은 당시 알자스와 로렌 지역까지 빼앗은 상태였다.

그 무렵에 이미 나는 전쟁에서는 군인들끼리만 서로 죽인다는 것을 알고 있었고, 리무쟁에서 한참 떨어진 곳에 국경이 있다는 정도의 지리적 지식도 있었다. 주위 사람들은 아무도 두려워하지 않는 것 같아서 나도 걱정하지 않았다. 아빠와 엄마가 먼지를 뒤집어쓴 채 불시에 돌아와서 전쟁에 대한 많은 얘기를 해주셨다. 부모님은 48시간이나 기차 안에서 보냈다고 했다. 창고 문 위에 징발 명령이 나붙었다. 그리고 할아버지의 말 몇 마리가 위제르쉬로 끌려갔다. 〈중앙신문(Courrier de Centre)〉에는 '전체적 동요'라는 커다란 머리기사가 났고, 그 일은 나를 흥분시키기에 충분했다. 뭔가 사건이 발생할 때마다 나는 항상 기뻐하며 그 상황에 적합한 놀이를 발명해냈다. 나는 푸앵카레, 사촌동생은 조지 5세, 내 동생은 차르가 되었다. 우리는 삼나무 밑에서 회의를 열고 프로이센 병사들을 칼로 쳐 죽였다.

9월에 라그리에르에서 나는 프랑스 여성도 의무를 다해야 한다는 것을 배왔다. 엄마를 도와 거즈를 접거나 방한모자를 뜨기도 했다. 엘렌 고모가 영국풍 마차에 말을 매고, 우리는 터번을 두른 덩치 큰 인도 병사들에게 사과를 나눠 주러 근처 역으로 갔다. 그들은 우리에게 메밀을 한 움큼 주었으며, 우리는 부상병들에게 치즈를 바른 빵과 고기 파테를 갖다주었다. 마을 여자들은 양팔 가득히 식료품을 안고 수송 열차 주위로 모여들었다.

"뭐, 기념이 될 만한 것 좀 주세요. 그런 것은 없을까요?"

여자들의 채근에 병사들은 외투 단추나 탄피를 주었다. 어느 날, 그 여자들 중 하나가 독일 부상병에게 포도주를 한 잔 준 일이 있었다. 주위에서는 소란이 일었다.

"왜 안 돼요? 이 사람들도 사람이라고요!"

그 여자가 말했다. 소란은 차츰 심해졌다. 엘렌 고모의 무심한 눈초리가 갑자기 신성한 분노에 의해 번쩍 뜨이는 순간이었다. 보슈(독일인을 경멸하여 부르는 말)들은 나면서부터 죄인이다. 그들은 분개가 아니라 증오를 일으킨다. 악마에게는 분개 따위는 어울리지 않는다. 하지만 배신자나 스파이, 나쁜 프랑스 사람은 우리의 고귀한 마음을 화나게 했다. 그 뒤로 사람들은 그녀를 '독일 여자'라 불렀고 나는 깊은 혐오감을 느끼며 그녀를 바라보았다. 마침내 '악'의 화신이 나타나는 순간이었다.

나는 열렬히 '선(善)'의 편을 들었다. 전에 심장이 약하다는 이유로 병역을 면제받았던 아버지는 다시 소집되어 알제리 보병대에 들어갔다. 나는 엄마와 함께 빌타뇌즈에서 군복무를 하고 있는 아버지를 면회하러 갔다. 아버지는 수염을 기르기 시작했고, 아랍식 붉은 모자 아래로 심각한 얼굴을 하고 있었다. 그 모습은 내게 깊은 인상을 주었다. 나도 아버지에게 걸맞은 태도를 보여야만 할 것 같았다. 나는 즉각 '독일제' 셀룰로이드 인형—더구나 그 인형은 동생 것이었는데—을 발로 짓밟음으로써 모범적 애국주의의 증거를 보였다. 가족들은 내가 수치스런 마크가 새겨진 은제 나이프 통을 창밖으로 내던지려는 걸 말리느라 애를 썼다. 나는 연합군 깃발을 꽃병마다 꽂고, 용감한 알제리 보병이나 영웅적인 어린이 놀이를 했다. 색연필로 '프랑스 만세'라고 썼을 때 어른들은 나의 맹종을 칭찬했다.

"시몬은 대단한 애국자야."

가족들은 반농담 삼아 자랑스럽게 이렇게 말했다. 나는 미소를 머금으며 찬사를 맛보았다. 누가 엄마에게 하늘색 장교용 모직물을 선물했는지 모르지만, 재단사가 군용 외투를 그대로 본떠 모직물로 나와 동생을 위해 외투를 만들어 주었다. 엄마 친구들은 놀라워하며 감탄사를 연발했고, 엄마는 그들에게 이렇게 말했다.

"이것 좀 보라니까. 장식 벨트까지 달려 있어."

내 외투만큼 독창적이고 프랑스적인 것을 입은 아이는 없었다. 나는 내가 마치 조국에 몸을 바치고 있기나 한 듯이 우쭐댔다.

어린애가 원숭이로 바뀌는 데는 그리 큰 사건이 필요치 않다. 전에 나는 보란 듯이 나다니기를 좋아했지만 이번에는 어른들이 모여서 하는 연극에 참가하기를 거부했다. 어른들에게서 귀여움이나 쓰다듬을 받거나 마음에 없는 말을 듣기에는 너무 커버렸지만, 나는 더욱더 칭찬을 받고 싶었다. 그들은 손쉽고도 가장 눈에 띄는 역할을 내게 제공해 주어서 나는 크게 기뻐하며 그 임무를 받아들였다. 하늘색 외투를 입고서, 엄마 친구가 경영하는 프랑스 벨기에 회관 입구의 큰길에서 기부금을 거두었다.

"불쌍한 벨기에 피난민을 위해서!"

꽃으로 장식된 바구니에는 동전이 비처럼 쏟아졌고, 거리를 지나는 사람들의 미소는 내가 사랑스런 애국자임을 확신하게 해주었다. 그럼에도 불구하고 검정 옷을 입은 한 여자가 나를 뚫어져라 쳐다보더니 말했다.

"어째서 벨기에 사람들이지? 프랑스인들은 어떻게 해줄 건데?"

나는 낭패하여 어쩔 줄을 몰랐다. 벨기에 인들은 우리의 영웅적인 동맹국 사람이다. 하지만 만약 애국주의자를 자처한다면 그들보다 프랑스인들을 먼저 생각해야만 했다. 나는 홈그라운드에서 패배한 기분이 들었고, 다른 뒷말들이 나올까 두려웠다. 저녁때가 되어서 회관으로 돌아오자 사람들이 내게 온통 칭찬의 말을 건넸다.

"이걸로 석탄을 살 수가 있겠네?"

여주인이 말했다. 나는 항의했다.

"이 돈은 피난민을 위한 거예요."

나는 회관 사람들의 이해타산을 좀처럼 이해할 수 없었다. 나는 더 화려한 자선을 꿈꾸었다. 더구나 페브리에 양은 간호사에게 모금 전액을 약속해 놓고는 그중에서 반액이나 자기가 챙긴 사실을 털어놓지 않았다.

"12프랑이야. 굉장하구나!"

간호사는 정중하게 내게 말했다.

하지만 실제로 내가 모은 금액은 24프랑이었다. 부아가 치밀었다. 사람들은 나의 참된 가치를 인정하지 않는다. 게다가 나는 내가 스타인 줄만 알았는데 사실은 일개 액세서리에 지나지 않았고, 게다가 속임수에 넘어갔던 것이다.

그런데도 그날 오후의 일은 상당히 찬란한 추억으로 남아 있고, 또한 오래 간직될 것이다. 나는 다른 소녀들과 성심껏 깃발을 흔들고 노래하면서 교회 안을 빙빙 돌았다. 친애하는 병사들을 위해 로사리오를 되뇌면서 종알종알 기도를 했다. 나는 갖가지 슬로건을 복창했고, 모든 명령을 준수했다. 지하철과 전차 안에는 '입을 조심하라, 주의하라, 적의 귀는 듣고 있다'는 표어가 붙어 있었다. 사람들은 여자 엉덩이에 바늘을 찌르거나 독이 든 사탕을 아이들에게 뿌리는 스파이 이야기를 했다. 나는 신중을 기했다. 수업이 끝난 뒤에 반 친구의 어머니가 사탕을 권했지만 거절했다. 그녀는 향수 냄새를 풀풀 풍기고, 입술은 새빨갛게 칠했으며, 손가락에는 화려한 반지를 끼고 있었다. 거기다가 그녀 이름은 말렝(악마)이었다. 나는 그녀의 사탕이 정말로 목숨을 거둬 가리라고 생각하지는 않았지만 의심할 만한 가치는 충분히 있다고 보았다.

데지르 학교의 일부는 병원이 되었다. 복도에는 약품 냄새에 왁스 냄새가 뒤섞여 풍겼다. 붉은 표시의 하얀 베일을 쓴 젊은 여자들은 성녀처럼 보였고, 그녀들이 내 이마에 키스를 할 때면 무척이나 감동적이었다. 북부에서 피난 온 여자아이가 우리 반에 들어왔다. 그 아이는 정신적으로 심한 충격을 받았는지 불안해하기도 하고 말도 더듬었다. 나는 어린 피난민 이야기를 많이 들은바 있어서, 불행한 그 사람들을 도와주고 싶었다. 선물로 받은 과자를 빈 상자에 모았는데, 바삭바삭한 과자와 하얘진 초콜릿, 그리고 바짝 마른 자두로 상자가 가득 차면 엄마와 함께 끈으로 묶어 병원에 있는 흰 옷 입은 여자들에게로 가져갔다. 그녀들은 과장된 내 행동을 칭찬하지는 않았지만 내 머리 위로 칭찬의 속삭임이 들리곤 했다.

미덕이 나를 이겼다. 더 이상 화를 내거나 떼를 쓰지 않게 된 것이다. 가족들은 내가 영리해지고 신앙심이 깊어지면 하느님이 프랑스를 구해 주신다고 설명했다. 데지르 학교의 교회 사제가 나를 담당하게 되자 나는 모범적인 여자아이가 되었다. 그는 젊고 창백하며 매우 섬세했다. 그는 내가 가톨릭 교리반에 들어가도록 허락했고, 나에게 처음으로 참회의 훈련함을 느끼게 해주었다. 나는 작은 예배당 안에서 그의 앞에 무릎 꿇고 앉아 질문에 열심히 대답했다. 그에게 무슨 얘기를 했는지 기억나지 않지만 동생 앞에서 그것을 반복했더니, 동생은 엄마에게 나의 맑은 영혼을 칭찬했다. 나는 내가 하얗다고 상상하던 성체 빵처럼 찬란하게 빛나는 이 영혼에게 매료되었고, 선행을 거듭 쌓았다. 마르탱 신부님은 대림절 초반에 우리에게 아기 예수상 채색화를 나눠 주셨다. 착한 일을 할 때마다 우리는 자주색 잉크로 그린 그림 주위에 바늘로 구멍을 뚫었다. 크리스마스에는 커다란 예배당 안에서 빛나고 있는 흔들 바구니 속에 이 두꺼운 종이 그림들을 넣도록 되어 있었다. 나는 내 것에 가장 많은 구멍이 나도록 온갖 고행과 희생, 교화적인 행동을 생각해내어 루이스를 질리게 했다. 하지만 엄마나 선생님들은 힘을 북돋워 주었다. 나는 '수난의 천사들'이라는 어린이 종교 단체에 가입했으므로 스카플라리오(수녀에게 내리는 천)를 늘어뜨려도 되고, 동정녀 마리아의 7가지 고뇌에 대해 명상해도 된다는 허락을 받았다. 피오 10세의 최근 지시에 따라 나는 개인적인 성체 예배를 준비하며, 내 방에 틀어박혔다. 나는 바리새인들—불안하리만큼 파리지앵과 비슷한 이름이다—이 왜 그토록 혹독하게 예수님을 박해했는지 잘 이해되지 않았다. 하지만 나는 그들에게 나쁜 일이 일어나지 않기를 바라고 있었다. 망사 옷을 입고 아일랜드풍 레이스 관을 머리에 쓰고서 나는 최초의 성체 빵을 먹었다. 그 뒤로 엄마는 일주일에 3번, 노트르담데샹 교회로 성체 예배를 드리러 갔다. 나는 회색으로 칠해진 아침 거리에 울려 퍼지는, 포석이 깔린 길 위를 걷는 우리 발소리를 좋아했다. 향기로운 냄새를 마시면서 어슴푸레한 신전의 촛불에 감동적인 시선을 보내며 십자가 아래에서 무릎을 꿇는 것은 기분 좋은 일이었다. 집에서 나를 기다리고 있을 뜨거운 초콜릿 잔을 막연히 기대하면서 말이다.

 이러한 종교적 일들은 나와 엄마 사이를 더욱 친밀하게 했다. 엄마는 내 인생에서 가장 중요한 위치를 차지하고 있었다. 엄마 형제들은 각자 집으로 갔고, 루이스는 농사일을 돕기 위해 자기 집으로 돌아갔다. 곱슬머리에 잔뜩 거드름을 피우는 새로운 하녀 레이몽드는 나에게 경멸감만을 안겨 주었다.

엄마는 이제 거의 외출하지 않았고, 누구를 초대하는 일도 없었다. 그 대신 동생과 나를 매우 세심하게 보살펴 주셨다. 엄마는 당신 생활 속으로 동생보다 나를 훨씬 많이 끌어들여 주셨다. 엄마 역시 맏딸이고, 모두들 내가 엄마를 무척 닮았다고 말했다. 나는 엄마를 특권적으로 소유하고 있다는 느낌을 갖고 있었다.

아빠는 10월에 전선으로 출발했다. 나는 지하철 지하도에서 있었던 일을 기억한다. 엄마는 두 눈에 눈물이 고인 채 내 옆에서 걷고 있었다. 엄마의 아름다운 호두 색깔 눈동자에서 두 줄기 눈물이 얼굴을 타고 흘러내리는 것을 보자 가슴이 뭉클했다. 그럼에도 아버지가 위험에 처해 있다는 것을 실감한 적은 단 한 번도 없었다. 나는 부상병들을 보았다. 전쟁과 죽음 사이에 어떤 관계가 있는지 알고 있었지만 이러한 집단적 모험이 나와 연관되어 있다고는 전혀 생각하지 않았다. 그리고 하느님이 특별히 아버지를 보호해 주신다고 굳게 믿었음이 분명하다. 불행을 상상할 수는 없었다.

다양한 사건들이 나의 낙관주의를 뒷받침해 주었다. 아버지는 심장 발작을 일으켜 쿨롱미에 병원으로 후송되었고, 그 뒤 육군성 부관으로 발령받아 제복을 바꿔 입고 콧수염도 깎았다. 거의 같은 시기에 루이스가 집으로 돌아왔다. 다시 예전 생활이 시작되었다.

나는 대단히 똑똑한 아이로 변해 있었다. 처음엔 나라는 인물을 꾸몄다. 그러고는 그 인물로 인해 많은 찬사를 받고, 또 그로써 매우 깊은 만족감을 맛볼 수 있었기 때문에 결국에는 그 인물과 하나가 되고 말았다. 그것은 나의 유일한 진실이 되어, 예전 같은 과격함이 사라졌다. 그러나 성장과 홍역 등으로 빈혈을 일으켜서 유황 온천욕을 하거나 강장제를 먹기도 했다. 난리를 피워 어른들을 당황케 하는 일은 이제 하지 않아서, 생활에 순조롭게 적응하는 내 모습에 오히려 가족들이 초조해할 지경이었다. 무슨 일이 일어나도 이젠 질문하거나 토론할 수 있었다. 가족들은 이따금 말했다.

"그러는 게 아니란다. 안 된다고 하면 안 되는 줄 알아야지."

그렇게 말할 때조차도 나는 업신여김을 당한다고는 생각하지 않았다. 부모님이 오직 나를 위해 존재하고, 또 그 말은 부모님의 입을 빌려서 전달하는 하느님 마음이라고 굳게 믿었다. 주께서 나를 창조하셨고, 나를 위해 목숨을 버리셨다. 그러므로 주님은 절대 복종을 요구할 권리가 있었다. 그리고 적당한 평온을 주는 그 무게를 내 두 어깨 위로 느끼고 있었다.
 이와 같이 나는 유년시절에 굳게 지키고자 했던 독립을 포기하고, 몇 년 동안 순순히 부모님의 의지대로 움직였다. 이제 내가 아는 한, 부모님이 어떤 사람들이었는지 말할 때가 왔다고 생각한다.

 아버지의 유년시절에 대해서는 별다른 자료가 남아 있지 않다. 아르장통 세무서 검사관이던 증조할아버지는 아들들에게 상당한 재산을 남겼음이 분명하다. 왜냐하면 막내할아버지도 그 금리로 살아갈 수 있었으니까. 맏이인 나의 할아버지는 다른 재산을 합쳐 200헥타르의 땅을 상속받은 데다가 북부에 있는 부유한 집안 딸과 결혼했다. 할아버지가 원했는지, 아니면 세 자녀가 있었기 때문인지 할아버지는 파리 시청에서 근무하게 되었는데, 오랫동안 그곳에서 일하여 과장 직위를 얻고 훈장도 받았다. 할아버지의 살림살이는 사회적 지위보다 훨씬 번듯했다. 아버지는 유년시절을 생제르맹 거리 아름다운 아파트에서 보냈고, 호화롭지는 않아도 안락하게 살았다. 아버지에게는 누나와 형이 있었다. 그런데 형은 열등생에 수선스럽고 자주 소란을 피워 동생에게 걱정거리였다. 허약하고 폭력을 싫어한 아버지는 육체적인 허약함을 매력으로 보상하려 노력하며 할머니와 선생님들의 사랑을 독차지했다. 아버지의 취미는 하나에서 열까지 모두 형과는 정반대여서 운동과 체조를 싫어하고, 독서와 공부에 열중했다. 할머니는 아버지를 격려했다. 아버지는 할머니 말씀을 잘 들었으며 할머니 마음에 들 생각만 했다. 엄격한 부르주아 가정에서 자란 할머니는 하느님을 굳게 믿었고, 학생은 일과 책임, 재능 등에서 책임을 다해야 한다고 평소 말씀하셨다. 아버지 조르주는 해마다 콜레주 스타니슬라스 우등상을 받았다. 여름휴가 동안 아버지는 농가 자녀들을 한데 모아놓고 공부를 봐 주었다. 메리냐크 안뜰에서 10명가량의 여자와 남자아이들에게 둘러싸인 아버지 사진이 있다. 하얀 머릿수건과 앞치마를 두른 하녀가 오렌지에이드가 든 컵을 가득 얹은 쟁반을 들고 있다. 할머니는 아버지가 13살 때 돌아가셨는데, 그때 아버지는 극심한 슬픔을 느꼈을 뿐만 아니라, 갑작스레 홀로 남겨진 자신을 발견했다. 아버지에게 할머니는 권력화된 모든 법칙이었던 것이다. 할아버지가 그 빈자리를 맡기에는 역부족이었다. 분명 할아버지는 올바른 생각의 소유자였으리라. 할아버지는 사회주의를 증오하고, 폴 데룰레드(애국시인)를 좋아했다. 하지만 자기 책임보다 권리를 더 앞세웠다. 할아버지는 귀족과 부르주아, 지주와 관리의 중간 존재였고, 종교를 숭배하지만 종교적 의례는 지키지 않았으며, 사회의 일원인 것에 대해 확신도 갖지 않았고, 또한 중대한 책임감도 없었다. 그리고 고상한 취미 생활을 옹호했다. 할아버지는 '라 칸'이라는, 펜싱과 거의 비슷한 고급 스포츠를 즐겼다. 그리고 칭호를 획득하고는 그것을 매우 자랑스러워했다. 토론이나 근심은 싫어해서 자식들을 멋대로 크게 내버려두었다. 아버지는 라틴어나 문학 등, 좋아하는 과목에서는 여전히 뛰어났지만 이제 우등상을 받지는 못했다. 더 이상 스스로를 옥죄는 일을 그만둔 것이다.

한편, 상당한 재정적 보상으로 메리냐크의 땅은 가스통 큰아버지에게 돌아갔다. 미래가 보장된 탓이었는지 큰아버지는 빈둥빈둥 놀기만 했다. 막내라는 환경, 어머니에 대한 애착, 우수한 학교 성적 등이 아버지—장래가 보장되어 있지 않았던 아버지—를 더욱 능동적으로 만들었다. 아버지는 자기 재능을 알고 있었으며, 그것을 잘 살리려고 했다. 웅변을 잘했기에 변호사라는 직업이 마음에 들었고, 또 화술에 매우 능숙했기 때문에 법과에 등록했다. 하지만 남들의 시선만 아니었다면 국립 연극학교에 들어갔을 거라고 나에게 자주 말씀하셨다. 그것은 일시적 감정이 아니었다. 아버지 인생에서 연극에 대한 애정만큼 진실된 것은 없었다고 한다. 대학시절에 아버지는 당시를 주름잡던 문학을 열광적으로 섭렵했다. 알퐁스 도데, 모파상, 부르제, 마르셀 프루스트, 쥘 르메트르 등을 밤새워 읽었다. 그런데도 코미디 프랑세즈 극장이나 바리에테 극장 바닥에 앉아 있을 때, 그 이상의 강한 희열을 느꼈던 것이다. 아버지는 모든 연극을 관람하러 갔고 모든 여배우에게 매료되었으며, 대배우들을 숭배했다. 아버지는 그들과 비슷해지려고 수염을 깎았다. 그 시절에는 상류사회 살롱에서 자주 연극이 상연되었다. 아버지는 대사의 표현 방식과 억양을 배우고 무대 분장 기술을 연구했으며 아마추어 극단에 참여했다.

자기 처지를 모르는 이러한 예술가적 기질은 그의 사회적 신분으로 설명할 수 있을 것 같다. 아버지의 이름, 친척 관계, 유년시절 친구들이나 청년이 된 뒤의 친구 관계를 바탕으로, 아버지는 자신이 귀족 계급에 속한다고 굳게 믿었다. 그리고 그 장점을 받아들여, 우아한 태도, 신사도, 소탈함, 반

어법 등을 존중했다. 부르주아 계급의 착실한 미덕은 아버지를 따분하게 했다. 기억력이 좋은 덕분에 시험에는 합격했지만 학창시절을 연극, 경마, 카페, 살롱 등 노는 일에 바쳤고, 세속적 성공 따위엔 관심이 없었으므로 학위를 하나 얻은 뒤로는 더 이상 논문을 쓰려 하지 않았다. 아버지는 고등법원에 등록하여 노련한 변호사의 비서로 들어갔다. 그는 이 일과 노력으로 얻는 성공을 경멸하면서, '출신'만 좋았더라면 정신, 재능, 노력, 혈통의 모든 면에서 완벽했으리라, 고 말하는 것이었다. 안됐지만 스스로 귀족 계급에 속한다고 자위하고 있었음에도 당신이 하찮은 존재라는 사실을 깨달았던 것이다. 아버지는 De(귀족의 이름에는 De가 붙는다)가 붙는 이름을 갖고 있었지만 대단한 가문은 아니라서, 이 이름으로는 클럽에도, 격이 높은 상류 살롱에도 드나들 수 없었다. 호화롭고 사치스런 영주처럼 살기에는 경제력이 부족했던 한편, 부르주아 계급으로 아버지가 될 수 있었던 것은 품격 있는 변호사, 한 집안의 가장, 훌륭한 시민이었다. 하지만 아버지는 그런 것들에 무게를 두지 않고 맨손으로 인생을 헤쳐 나갔고, 그러면서 거기서 획득한 이득을 경멸했다. 아버지에게 있어서는 이 빈곤에서 벗어나기 위한 방책은 단 한 가지밖에 없었는데, 그것은 가장(假裝)하는 일이었다.

가장하려면 증인들이 필요했다. 아버지는 자연도 고독도 좋아하지 않았고, 사람들 사이에 있을 때만 즐거워했다. 아버지에게 변호사라는 직업은 변론이 극적인 광경을 만들어낸다는 점에서만 오로지 흥미가 있었던 것이다. 청년시절 아버지는 꽤나 멋을 부렸다. 어린시절부터 다분한 배우 기질과 매력으로 사람들을 끄는 데 익숙하던 아버지는 능숙한 화술에 멋쟁이로 유명했다. 하지만 이런 명성을 누리면서도 여전히 불만이었다. 왜냐하면 이것들로는 재산과 가문을 가장 중요시하는 상류사회 살롱에서 극히 평범한 지위밖에는 획득할 수 없었기 때문이다. 자신이 속한 사회에서 용인된 계급을 기피하려면 그 사회를 부인해야만 한다. 즉 자기가 속한 사회 바깥에 자신을 두어야 한다. 하층 계급은 아버지 안중에 없었다. 문학은 허구에 현실을 예속시킴으로써 현실에 보복할 수가 있다. 그러나 열렬한 독서광인 아버지에게도 글쓰기는 힘든 일인 데다 노력과 인내를 필요로 했고, 또한 그 점을 잘 알고 있었다. 그것은 희망 속에서만 관중이 존재하는 고독한 작업인 것이다. 사람들은 배우에게 이미 만들어진 가공의 세계를 제공해 주고, 그곳에는 배우를 위한 장소가 존재한다. 배우는 그곳에서, 살아 있는 관중 앞에서 몸으로 보여주면 되는 것이다. 다만 거울 역할을 할 뿐인 관중은 순순히 배우의 이미지를 반영한다. 무대 위에서 그는 왕이요, 진정으로 존재했다. 진실로 자신을 왕으로 느끼는 것이다. 아버지는 특히 무대 분장 하기를 좋아하셨다. 가발이나 볼수염 등을 다듬고, 분장의 배후에 자신을 숨겼다. 이처럼 아버지는 모든 대결을 교묘하게 피해 나갔던 것이다. 귀족도 아니고 평민도 아닌 불확실한 상태가 어떤 형태를 띤 것이다. 본질적으로는 존재하지 않음으로써 아버지는 어떤 인간이든 될 수가 있었고, 그로써 모두를 능가할 수 있었다.

아버지가 주위 사람들의 편견을 무시하고 결코 배우가 될 생각을 하지 않았던 것은 충분히 이해할 수 있는 일이다. 아버지가 연극을 한 것은 당신의 변변치 못한 사회적 지위에 만족하지 않았기 때문이었다. 아버지는 세속의 지위를 버릴 생각이 없었기 때문에 이 일석이조의 효과를 얻을 수가 있었던 것이다. 자신을 별로 환영하지 않는 상류사회의 문을 있는 힘껏 열려 했다. 아버지는 그 아마추어 예술 덕분에 당신이 태어난 계급보다 나은, 더 우아한 귀족 무리에 끼어들었는데, 거기서는 재기 넘치는 사람들과 아름다운 부인들, 그리고 쾌락이 존중되었다. 배우임과 동시에 사교계의 신사……. 아버지는 자신에게 적합한 길을 찾아낸 것이다. 틈만 나면 연극과 무언극을 하여, 결혼식 전날 밤에도 무대에 올랐다. 신혼여행에서 돌아오자마자 엄마에게도 연극을 하게 했다. 엄마는 경험은 없었지만 당신만의 기량으로 어느 정도 해내었다. 해마다 디본레뱅에서 부모님은 아마추어 극단이 상연하는 연극에 참가하기도 하면서 자주 연극을 보러 다녔다. 아버지는 〈코미디〉지를 읽어 연극계의 온갖 소문과 이야기에 막힘이 없었다. 아버지 친구 중에는 오데옹 극단의 배우도 있었다. 쿨롱미에 병원에 있을 때 아버지는, 역시 의무병이었던 가브리엘로라는 젊은 샹송 가수와 합작으로 시나리오를 만들어 상연한 적이 있다. 아버지는 이따금 가브리엘로를 집으로 초대했다. 아버지에게 사교계 생활을 계속할 만한 경제적 여유가 없어진 뒤에도, 그분의 무슨 후원회 같은 데서 무대에 설 기회를 찾아내곤 했다.

연극에 대한 강한 열정으로 아버지는 유별난 사람이 되었다. 아버지의 생각으로는, 아버지는 자기 시대와 계급에 속해 있었다. 그리고 이상적인 사고방식의 왕정복고 지지자였다. 공화제는 아버지에게 혐오감만 가져다주었다.

'악시옹 프랑세즈'(샤를 모라스를 우두머리로 하는 왕당파 단체)에 가입하지는 않았지만 친구들 중에 '카믈로 뒤 루아'(악시옹 프랑세즈에 속하는 당원 명칭)가 있었고, 모라스와 도데를 예찬했으며, 국가주의에 대해 토론하는 것을 금했다. 누군가가 그것을 모른 채 논하려 들면 언제나 큰 소리로 웃으며 거절하는 것이었다. 조국에 대한 아버지의 애정은 토론이나 언어의 영역 밖이었던 것이다.

"이것이 나의 유일한 종교다."

아버지는 이렇게 말했다. 아버지는 프랑스 거주 외국인들을 무척이나 싫어해서 유대들의 국정 관여에 크게 분개했다. 그리고 엄마가 신의 존재에 대해 확신하는 것과 마찬가지로 드레퓌스의 유죄에 확신을 갖고 있었다. 아버지는 〈르 마탱〉지를 구독했다. 그러던 어느 날, 시르미온의 사촌 하나가 〈외브르〉지를 읽는 것을 보고는 '걸레 같은 신문'을 집 안에 들였다며 노발대발했다. 아버지는 르낭을 위인으로 간주하기는 했지만 가톨릭교회를 존경하고, 콩브(1835~1921. 반종교파의 정치가)의 법령을 질색했다. 아버지의 개인적인 도덕관념은 가족주의를 향한 것이어서, 아버지에게 여자는 어머니이고 신성한 존재였다. 아내에게는 정절을, 딸에게는 순결을 요구했지만, 남자에게는 그러지 않았다. 아버지는 매춘부들에게 관대한 편이며 고전파여서 이상주의와 냉소적 회의주의가 뒤섞여 있었다. 《시라노》에 크게 감동했고, 클레망 보텔을 음미했으며, 카뮈·도네·사샤·기트리·플레르·카이야베 등을 매우 즐겼다. 국가주의자인 동시에 통속적 멋을 알았던 아버지는 권위와 부박함, 즉 실없고 경솔한 것을 높이 평가했다.

내가 아주 어릴 적에 아버지는 그 명랑함과 세련미로 나를 매료했다. 성장한 뒤로 나는 더 깊이 아버지를 존경하게 되었다. 아버지의 교양과 총명함, 절대로 실수를 하지 않는 그 양식에 감탄했다. 집안에서 아버지의 지위는 말할 것도 없었다. 아버지보다 8살 아래인 엄마는 기쁘게 그것을 받아들여, 아버지에 의해 비로소 인생과 책을 만났던 것이다.

"여자란 남편하기 나름이지. 아내를 완성하는 것은 남편의 할 일이야."

아버지는 자주 그렇게 말했다. 아버지는 엄마에게 텐의《현대 프랑스의 기원》이라든가 고비노의《인종 불평등론》등을 소리내어 읽어주셨다. 아버지는 절대로 잘난 체 같은 것은 하지 않았다. 오히려 당신의 한계를 아는 것에 자부심을 가지고 계셨다. 전선에서 단편 글감을 갖고 돌아왔을 때 엄마는 그것을 매우 아름답다고 생각했지만, 아버지는 너무 평범하지 않을까 하는 우려 때문에 글로 써 보려고 하지는 않았다. 아버지는 이렇게 겸손했어도 매우 분명하고 매사 정확했다. 때문에 모든 문제에 대해 틀림없고 확정적인 판단을 내릴 수 있었다.

내가 성장함에 따라 아버지는 더욱 내게 관심을 쏟았다. 특히 철자법을 돌봐 주셨는데, 내가 아버지에게 편지를 쓰면 문장을 고쳐서 내게 다시 보내 주셨다. 여름휴가 기간에는 대개 빅토르 위고의 글에서 골라낸 어려운 텍스트를 내게 쓰게 하셨다. 하지만 내가 상당한 독서를 한 참이어서 별로 틀리지 않고 해내면, 딸이 철자법 실력을 타고났다면서 만족스러운 마음에 내게 문학에 대한 취미를 길러 주고 싶어서 검은 가죽 표지로 된 수첩에 책 이름을 골라 기록했다. 코페의 복음서, 드 방빌의 〈잔의 꼭두각시 인형〉, 에제지프 모로의 〈아, 만약 내가 알았더라면!〉과 다른 몇몇 시를 골랐다. 아버지는 내게 억양을 넣어 낭독하는 법을 가르쳐 주셨다. 고전 《뤼 블라스》, 《에르나니》, 로스탕의 희곡, 랑송의 《프랑스 문학사》, 그리고 라비슈(1815~1888. 프랑스의 극작가)의 희곡 등을 읽어 줄 때 내가 여러 가지 질문을 하면, 아버지는 기꺼이 대답해 주셨다. 나는 아버지가 무섭지 않았으므로, 아버지 앞에서 불편하다는 생각을 한 번도 한 적이 없었고, 아버지와 나 사이에 놓인 거리를 뛰어넘으려 애쓰지도 않았다. 아버지한테 말할 엄두도 못 낼 문제들이 잔뜩 있었다. 아버지에게 나는 하나의 육체도 영혼도 아닌, 단지 하나의 정신이었던 것이다. 우리의 관계는 투명한 천구(天球) 속에 있었고, 그 안에서는 충돌이 일어날 수 없었다. 아버지는 나를 어린아이로 배려하지 않고 당신 수준으로까지 끌어올려 주었다. 그럴 때면 나는 마치 어른이 된 듯해서 기분이 으쓱했다. 그렇지만 내가 다시 어린아이의 수준으로 떨어졌을 때 좋아하는 쪽은 엄마였다. 아버지는 나에 대한 양육과 도덕 교육을 완전히 엄마에게 맡겼다.

어머니는 베르뙹이라는 신앙심 깊고 부유한 부르주아 가정에서 태어났다. 은행가인 외할아버지는 젊은시절에는 예수파 학교에서 교육을 받았고, 어머니는 가톨릭 여학교에서 교육을 받았다. 어머니 프랑수아즈에게는 남동생과 여동생이 하나씩 있었는데, 육체적·정신적인 면에서 모두 헌신적으로 남편을 사랑했던 외할머니는 자녀들한테는 거리를 두고 비교적 냉담한 애정밖엔 보이지 않았다. 외할아버지가 가장 귀여워한 자식은 막내 릴리였다. 엄마는 부모님의 매정함이 싫었다. 가톨릭인 우와조 여학교 학생이었던 엄마는 수녀들의 사랑을 독차지했으므로, 거기서 많은 위안을 얻었고 공부와 신앙에 깊이 빠졌다. 초등 교육을 마친 뒤에는 수녀원장의 지도 아래 교양을 익혔다. 이밖에도 실망스러운 사건이 있어서 엄마의 소녀시절은 암울했다. 유년기와 청소년기는 엄마 마음에 영원히 치유될 수 없는 상처를 남겼다. 고래뼈가 든, 목까지 오는 가슴받이를 한 20살의 엄마는 정열을 억누르고 쓰디쓴 비밀의 침묵에 잠기는 데 길들여져 고독했지만 위로해 주는 이조차 없었다. 미모에도 불구하고 엄마에겐 자신감과 명랑함이 없었다. 그런 상태에서 엄마는 생판 모르는 청년과 내키지도 않는 맞선을 보기 위해 울가트로 갔던 것이다. 두 사람은 서로에게 호감을 느꼈다. 아버지의 넘치는 활기와 엄마에 대한 격렬한 감정의 영향을 받고 엄마는 꽃피었던 것이다. 내가 엄마에게 갖고 있는 맨 처음 기억은 자주 웃고, 늘 즐거운 듯 보이는 젊은 여성의 모습이다. 또한 결혼 뒤에 비로소 표면에 드러난 것이지만 엄마에게는 어딘가 독재적이고 자기중심적인 데가 있었다. 아버지에게는 절대적 권위가 있으며, 아내는 남편에게 복종해야 한다고 엄마는 믿었지만 루이스나 동생과 나에 대해서는 독재적이어서 때로는 울화통을 터뜨리는 경우도 있었다. 가까운 사람들 가운데 누군가가 엄마에게 반대하거나 기분을 상하게 하기라도 하면 엄마는 곧잘 화를 내고는 노골적으로 분개하는 것이었다. 그럼에도 불구하고 사람들 틈에 있을 때는 항상 소심했다. 당신이 자란 지방의 환경과는 상당히 다른 파리 사람들 사이에 갑작스레 이식된 엄마는 노력도 하지 않았고, 파리 사람들과 쉽게 융화되지도 못해서 미숙함이나 무경험, 남편에 대한 애정 때문에 쉽게 상처를 받았다. 그리고 비난을 받는 것이 두려워서 그것을 피하기 위해 매사 '무난하게' 하려고 무진 애를 썼다. 엄마가 속하게 된 새로운 사회에서는 가톨릭 여학교의 도덕관념이 반도 존중되지 않았다. 엄마는 고지식한 여자라는 인상을 주고 싶지 않아서 당신 방식으로 사물을 판단하기를 단념하고, 파리의 습관에 맞추려고 했다. 아버지의 한 친구는 여자와 동거하는 죄를 범하고 있었다. 그 친구를 가끔 초대하기는 했지만, 동거녀는 부르지 않았다. 엄마는 사교계 관습이 인정하는 파격적 행동에 대해 어떤 의미로든 불평을 하는 따위는 꿈에도 생각지 않았고, 이밖에 많은 것과도 타협했다. 그렇다고 해서 그것이 엄마의 주의에 손상을 입히지는 않았다. 오히려 엄마 내부에 비타협성을 강화하는 결과를 낳았다. 분명 젊고 행복한 아내였을 엄마에게는 악덕과 성욕을 구별하기가 어렵지 않았을까 싶다. 엄마는 언제나 육체를 죄악과 밀접하게 관련짓고 있었다. 남자의 방탕은 관습으로 허용되어 있었으므로 오직 여자에게만 엄격했다. '정숙한 여자'와 '놀기 좋아하는 여자' 사이의 중간 존재를 인정하지 않았다. '육체적'인 문제는 엄마에게 엄청난 혐오감을 일으키는 것이어서 결코 그런 문제에 대해서는 나와 이야기한 적이 없었다. 사춘기시절에 경험하는 그 놀라움에 관해서도 내게 한마디도 하지 않았다. 다른 모든 점에서 엄마는 아버지와 생각을 같이하면서, 그런 생각들을 종교와 관련짓는 데 어려움을 느끼지 않은 것 같았다. 아버지는 인간 감정의 모순이나 유전, 꿈의 불가사의함 등에 늘 놀랐다. 하지만 나는 엄마가 그런 면에 관심을 가지고 놀라는 모습을 한 번도 본 적이 없다.

아버지가 회피하던 교육의 책임을 엄마는 열성적으로 도맡아서, '그리스도교도의 어머니'라는 단체에 이야기를 들으러 갔고, 그곳 선생님들과 자주 대화를 했다. 엄마는 손수 나를 학교에 데려가서 수업에 참석해 숙제와 예습을 챙겼고, 또 그것이 가능하도록 영어와 라틴어를 배우기 시작했다. 또한 나의 독서를 지도하고, 미사와 성체 예배에도 데리고 다녔다. 엄마와 동생과 나는 아침저녁으로 함께 기도했다. 언제나 내 속 깊은 비밀까지도, 엄마는 나의 증인이었으므로 엄마 눈길과 하느님 눈길에 나는 손톱만큼의 차별을 두지 않았다. 숙모들 중 어느 누구—성심여학원을 졸업한 마그리트 큰엄마조차—도 이토록 신앙심이 깊지는 않았다. 엄마는 자주 성체 예배를 드리고, 열심히 기도했다. 많은 신앙 서적을 읽는 엄마의 행동은 동시에 그 신앙과 일치되어 있었다. 언제 어느 때라도 당신을 희생할 준비가 되어 있었으며, 가족을 위해 헌신했다. 하지만 나는 엄마를 성녀처럼 생각하지는 않았다. 왜냐하면 엄마는 내게 무척 친절하면서도, 또 지독하게 화를 잘냈기 때문이다. 하지만 이런 인간적인 엄마이기 때문에 내게 감동을 주었다. 나도 할 수 있다, 그러니까 그렇게 해야만 한다, 신앙이나 도덕에서 엄마처럼 되어야 한다, 고 나는 다짐했다. 엄마의 따뜻한 애정은 그 변덕스런 성정을 메워 주었다. 만약 엄마가 보다 완전하고, 또 더 멀리 떨어져 있었다면 이렇게 깊이 나에게 영향을 주지는 않았을 것이다.

확실히 모녀 사이가 좋았던 것은 대부분 엄마의 영향력 덕분이었다. 아버지는 나를 완성된 하나의 인격체로 대우했던 반면, 어린애였던 나를 어린애답게 보살펴 준 엄마는 아버지보다 훨씬 너그러웠다. 내가 얼토당토않은 얘기를 하면 엄마는 그러려니 했지만 아버지는 화를 냈다. 엄마는 농담이나 서툰 그림 등을 재미있다고 했지만 아버지는 좋아하지 않았다. 나는 가족들이 나를 인정해 주기를 바랐다. 있는 그대로의 내 모습과 나이의 부족함 모두를 엄마는 애정을 담아서 전면적으로 변호해 주었다. 나를 가장 칭찬해 주는 쪽은 아버지였지만, 내가 서재를 어지럽힐 때면 벼락같이 화를 내거나 이렇게 소리를 치기도 했다.

"이 바보 같은 아이 좀 봐!"

나는 아버지가 분명 중요하게 생각하지 않았을 이런 말들에 개의치 않았다. 그와는 반대로 엄마가 조금이라도 잔소리를 하거나 눈살을 찌푸리면 쩔쩔맸다. 나는 엄마의 찬성 없이는 살아갈 권리가 없는 듯이 여겼던 것 같다.

엄마의 꾸중을 어째서 그토록 강하게 받아들였는가 하면, 엄마가 내게 큰 기대를 걸고 있었기 때문이다. 6, 7살쯤 되었을 때, 나는 엄마 앞에서 거리낌 없이 뭐든 자유롭게 지껄여댔다. 그런 기억을 분명히 떠올릴 수 있다. 홍역을 앓고 난 뒤 나는 가벼운 척추 옆굽음증을 앓았는데, 의사는 내 등이 칠판이기나 한 듯이 척추를 따라서 금을 긋고, 내게 스웨덴 체조를 처방해 주었다. 그래서 키가 큰 금발 체조 교사에게서 몇 번인가 개인교습을 받게 되었다. 어느 오후에 선생님을 기다리면서 철봉에 기어오르는 연습을 하다가 위에 다다랐을 때, 가랑이 사이로 야릇한 간지러움을 느꼈다. 그것은 쾌감임과 동시에 부족함이었다. 나는 몇 번 더 반복해 보았다. 같은 현상이 일어났다.

"이상하네."

나는 엄마에게 말했다. 그러고는 어떤 것을 느꼈는지 설명했다. 엄마는 못 들은 척 이야기를 흘려버렸다. 그래서 나는 내가 대답을 들을 수 없는, 그런 쓸데없는 말을 또다시 지껄였나 보다, 라고 생각했다.

그런데도 그 이후 내 태도에는 변화가 있었다. 그로부터 1년인가 2년쯤 뒤에 자주 책 속에서 '핏줄'이라든가, 기도문에서도 '뱃속의 열매' 따위의 말이 나와 의문을 가졌지만, 나는 엄마에게 이런 의혹을 털어놓지 않았다. 지금은 기억나지 않지만 이렇게 되기까지는 반항기 섞인 나의 몇몇 질문에 대해 어쩌면 엄마의 금지가 작용했는지도 모른다. 하지만 내 침묵은 더 일반적인 금기에서 오는 것이었다. 그 뒤로 나는 조심했다. 엄마는 아주 드물게만 내게 벌을 주었다. 이따금 매를 맞기도 했지만 엄마 손은 그리 맵지 않았다. 그런데 전보다 엄마를 좋아하지 않게 된 것은 아니지만 나는 엄마가 두려워지기 시작했다. 동생과 나를 떨게 하는, 엄마가 즐겨 쓰는 말이 있었다.

"바보 멍청이 같으니!"

엄마가 아버지하고 누군가를 비난할 때 자주 내리는 이러한 판결이 우리를 향해 터져 나올 때마다, 우리는 단란한 우리 가정이 천국에서 인간쓰레기들이 우글대는 밑바닥으로 추락한 듯이 생각되었다. 우리는 어떤 행동이나 어떤 말을 할 때 엄마의 입에서 이 말이 튀어나오는지 예측할 수가 없었기 때문에 스스로 뭔가를 할 때마다 조심스러웠다. 그래서 그저 조신하게 가만히 있는 것이 좋겠다고 생각했다. 피서를 떠나기 전에, 인형을 가져가도 되느냐고 엄마에게 물었다가 깜짝 놀랐던 일을 기억한다. 엄마는 대답했다.

"왜 안 되겠니?"

그 뒤로 오랫동안 우리는 인형을 가져가고 싶은 욕망을 억눌렀다. 물론 이러한 노력의 가장 큰 이유는 엄마에게서 경멸을 당하지 않겠다는 속마음 때문이었다. 그러나 또한 엄마의 눈동자가 험악하게 반짝이거나 입술이 살짝 일그러지기만 해도 사랑을 잃을지 모른다는 걱정이 앞섰고, 동시에 엄마 마음을 수선스럽게 만든 일을 걱정해야 했던 것이다. 만약 엄마가 내게 거짓말을 해서 설득했더라면 나는 나의 치욕 이상으로 엄마를 부끄럽게 생각했으리라. 거짓말을 한다는 것은 참을 수 없는 일이었으므로 나는 늘 진실을 말했다. 다른 것과 새로운 것을 빨리 결정하는 엄마가, 혼돈으로 갈등을 겪었다고 말할 때 나는 물론 이해하지 못했다. 엄마도 실례의 말이나 뜻밖의 계획 등으로 인해 평정심이 흔들릴 때가 있다고 느끼기는 했지만 말이다. 나는 책임감을 느낄 때마다 엄마의 판단에 더욱 의존하게 되었다.

이렇게 엄마와 나는 식물 같은 일종의 공생을 영위하고 있었다. 엄마를 흉내낼 노력도 하지 않은 채, 나는 엄마에 의해 형태가 만들어졌다. 엄마는 내게 의무관념, 자기부정, 엄격함 등을 가르쳤다. 아버지는 앞장서서 행동하는 것을 싫어하지 않았지만, 나는 엄마에게서 튀지 말 것, 입조심을 할 것, 욕망을 억누를 것, 또한 말하는 것 역시도 관습에 따를 것 등을 배웠다. 나는 권리를 주장하지 않았고, 감히 뭔가를 해볼 생각도 거의 하지 않았다.

부모님 금슬이 좋았으므로 내가 엄마와 아버지에게 각각 품고 있던 존경심도 차츰 더해졌다. 그래서 어쩌면 나를 지독히도 곤혹스럽게 했을지 모르는 갈등에서 도피할 수 있었다. 예를 들면 아버지는 미사에 가지 않았으나 마그리트 큰어머니가 루르드(성모 마리아의 발현지)의 기적 이야기를 하면 웃곤 했다. 아버지는 하느님을 믿지 않았다. 그렇지만 아버지의 회의주의가 나에게까지 영향을 미치지는 않았다. 왜냐하면 나는 하느님의 존재를 깊게 믿고 있었으니까. 그런데도 아버지는 결코 잘못을 저지르는 법이 없었다. 그러면 가장 명확한 진실을 아버지가 인정하지 않는 것은 어떻게 설명해야 좋을까? 이런 것들과 정면으로 맞부딪쳤더라면 매우 의아했을 것이다. 그러나 그토록 신앙심 깊은 엄마가 그것을 자연스럽게 인정했으므로, 나는 아버지의 태도를 그대로 받아들이는 지적인 생활—아버지가 담당하고 있었다—과 정신적인 생활—엄마가 지도하고 있었다—을 근본적으로 다른 두 영역으로 여기는 데 익숙해졌다. 이 두 생활은 아무런 간섭도 받지 않는다고 믿었다. 신성의 질서는 지식의 질서와는 다른 것으로, 인간적인 일들—문화·정치·사업·관례·풍습 등—은 종교에 의해 재건되는 것이 아니라고 믿었다. 이렇게 해서 나는 하느님을 세상 바깥으로 밀어냈던 것이다. 이것은 그 뒤로 이어지는 나의 성장에 깊은 영향을 주게 된다.

아버지도 나와 비슷한 성장 과정을 겪었다. 아버지는 할아버지의 소탈한 회의주의와 할머니의 부르주아적 견실함 사이에서 흔들리며 자랐다. 나 또한 마찬가지로, 아버지의 개인주의와 불경스런 도덕관은 엄마가 가르쳐 준 전통적이고 엄격한 도덕관과 대조를 이루었다. 이런 불균형은 나를 반발하게 했지만, 나중에 나를 지식인이 되게 해주었다.

한동안 나는 보호를 받는다는 편안한 느낌을 가지면서 지상과 천국의 길에 동시에 인도되고 있다고 생각했다. 그리고 의지할 데 없이 어른들 손에 내맡겨져 있지 않다는 것에 기뻐했다. 나 홀로 살고 있지 않았던 것이다. 내 곁에는 나와 마찬가지인 어린애가 있었다. 바로 동생인데, 동생의 존재는 내가 6살 적에 커다란 역할을 했다.

가족들은 동생을 푸페트라고 불렀다. 그 애는 나보다 2살 아래였다. 사람들은 동생이 아버지를 닮았다고 했다. 금발에 푸른 눈동자로, 어린시절 동생의 사진을 보면 눈에 눈물이 가득 고여 있는 것 같다. 동생이 태어났을 때,

가족들은 모두 사내아이를 바랐으므로 무척 실망했다. 물론 아무도 동생을 원망하지는 않았지만, 그녀의 요람 주위에서 가족들이 한숨을 쉬는 것은 의미 없는 행동은 아니었다. 가족들은 우리를 매우 공평하게 대하려 노력했다. 우리는 비슷하게 꾸며져 거의 함께 외출하는, 말하자면 똑같은 생활을 했다. 그래도 내가 맏딸로서 얼마간 더 나은 대우를 받았다. 루이스가 내 방을 함께 썼지만 나는 무리요 성모 승천 복제 그림 아래에 고풍스러워 보이는 목각 침대에서 잤고, 동생은 좁은 복도에 놓인 아기용 침대에서 잤다. 아버지가 군대에 가 있는 동안 엄마와 함께 아버지를 면회하러 간 것도 나였다. 주변적 위치로 밀려나 있던 동생은 자신을 여분의 존재로 여기고 있었다. 부모님에게 나는 하나의 새로운 경험이었던 탓에 동생이 부모님을 놀라게 하거나 허둥대게 하기는 쉬운 일이 아니었다. 가족들은 나를 아무하고도 비교하지 않았지만, 동생은 끊임없이 나와 비교당했다. 데지르 학교에서 선생님들이 상급생을 하급생의 모범으로 삼는 습관이 있었듯이, 푸페트가 어떤 행동을 하든 그 애는 늦게 태어났다는 것과, 큰아이가 잘한다는 어른들의 고정관념 때문에 언제나 나보다 열등하게 대우를 받았다. 아무리 애를 써도, 또 아무리 잘해도 푸페트는 이 장애를 도저히 뛰어넘지 못했다. 막연한 저주의 희생물이 되었던 동생은 그것이 괴로워서 저녁나절이면 작은 의자에 앉아 울곤 했다. 그러면 가족들은 그녀의 우유부단한 성격을 나무랐고, 이것 또한 결점의 하나로 보태졌다. 동생은 나를 원망할 수도 있었을 텐데 반대로 나와 함께하지 않으면 자기 자신에게 흥미를 갖지 않았다. '손위'라는 역할의 흐뭇함에 오랫동안 익숙해진 나는 내가 손위라는 것 말고는 전혀 잘난 체하지 않았다. 나는 푸페트가 나이에 비해 매우 영리하다고 생각했고 있는 그대로의 푸페트를 좋아했다. 나와 비슷하지만 단지 나이가 조금 아래인 푸페트를 말이다. 푸페트는 내가 자기를 인정하는 것이 고마워서 절대적인 헌신으로 내게 보답했다. 동생은 나의 충실한 신하요, 조수이며, 또 다른 나이기도 했다. 우리는 서로 떨어질 수 없는 존재였다.

나는 외동아이를 동정했다. 혼자서 노는 것은 재미없게 생각되었기 때문이다. 그런 아이들은 그냥 시간을 죽이는 것이 고작이다. 둘이서는 공던지기와 사방치기도 하나의 비즈니스가 되고, 굴렁쇠 굴리기도 하나의 경기가 되며, 더욱이 베껴 그리거나 카탈로그 색칠하기는 협력자가 필요했다. 경쟁하고 협력하면서 상대방으로 인해 목적을 발견하기 때문에 대가 없이 끝나는 경우는 없었다. 나는 변신놀이를 가장 좋아했다. 그 다양한 인물들에게는 상대가 필요했다. 우리는 장난감이 별로 없었다. 그중에서 가장 재미난, 호랑이가 뛰어오르거나 코끼리가 발을 들어올리는 장난감에는 자물쇠가 채워져 있었다. 부모님은 손님이 왔을 때만 그 장난감들을 꺼내와서 자랑했지만 그래도 나는 별로 안타까워하지 않았다. 왜냐하면 재미있는 장난감을 갖고 있다는 것만으로도 자랑스러웠으니까. 그래서 그 장난감들을 소중하게 간직해 두는 편이 만지며 노는 것보다도 좋았다. 늘 갖고 노는 다른 장난감들, 즉 식료품이나 소꿉놀이, 의사놀이 도구 등 액세서리는 그다지 상상력을 불러일으키지 않았다. 내가 생각해내는 이야기에 생명을 불어넣으려면 아무래도 상대가 필요했다.

지어낸 이야기나, 이런저런 시시한 놀이들은 우리도 잘 아는 것들이었다. 모자가게 놀이를 하거나, 독일 사람들과 전쟁놀이를 할 때면 어른들이 있어도 별 상관이 없었지만 다른 시나리오…… 우리가 좋아하는 시나리오는 비밀리에 감춰 두지 않으면 안 되었다. 언뜻 보기에 그런 것들은 매우 단순하기는 해도 유년시절의 모험을 정화하거나 미래를 예측할 때면 우리에게 어떤 친밀하고 은밀한 감정을 불러일으켰다. 나는 이 시나리오들 가운데 가장 상징적으로 여겨지는 것에 대해 이야기를 꺼내고자 한다. 확실히 그 시나리오들을 통해 나 자신을 표현하고 있었다. 나는 동생에게 그것을 강요하면서 그녀가 맡아야 할 역할까지 정해 주었는데, 동생은 순순히 내 말을 들었다. 부르주아 집안의 고요함과 음영, 나른함이 현관홀에 흘러넘칠 시간이 되면 나는 갖가지 환각들을 내어놓았다. 우리는 몸짓이나 말의 도움을 빌려서 이 환각들에게 형태를 부여하고 때로는 서로에게 주술을 걸었다. 우리는 이 세상을 날아오르는 데 성공했다. 누군가의 명령 한 마디에 현실로 돌아올 때까지 날아오르다가, 다음 날이 되면 놀이는 처음부터 다시 시작되었다.

"그 놀이 하지 않을래?"

우리는 앞다퉈 말했다. 그러나 너무 똑같은 주제만 반복했는지 다음 날은 더 이상 새로운 영감이 떠오르지 않았다. 그럴 때면 다른 방식의 놀이를 골라 다시 몇 시간, 몇 주일 동안 그것만 반복했다.

동생과 이런 놀이를 하면서 수많은 꿈을 대리만족할 수 있었다. 동생은 또한 나의 일상을 침묵에서 구해 주었다. 나는 동생 덕분에 의사를 전달하는 습관을 길렀고, 동생이 없을 때는 두 극단 사이에서 갈팡질팡했다. 언어는 내가 말로 하는 무의미한 소리이거나, 아니면 부모님을 대하는 얌전한 동작이었다. 하지만 푸페트와 내가 이야기를 나눌 때는 말에 의미가 있기는 해도 그렇게 무거운 느낌은 아니었다. 나는 동생과 의견을 교환하는 기쁨을 맛본 적이 없었다. 왜냐하면 우리에겐 모든 것이 공통되었으니까. 하지만 새로 생긴 일이나 깜짝 놀란 일 등에 대해 큰 소리로 이야기를 나누면 더 큰 즐거움을 느꼈다. 우리 이야기에는 불명확하거나 수상쩍은 부분은 없는데도 우리들 사이에 은근한 공모감을 만들어 주어 어른들에게서 분리되었다. 우리는 둘만의 비밀 정원을 갖고 있었던 것이다.

이 비밀 정원은 우리에게 매우 편리했다. 특히 1월 무렵이면 우리는 여러 따분한 관례를 따라야만 했는데, 큰집에서 치르는 브르타뉴식의 끝도 없이 긴 식사 모임에 가야만 하거나, 검버섯이 핀 늙은 부인들을 방문해야 했다. 우리는 자주 따분함에서 벗어나 현관홀로 피난을 가서는 '무슨 놀이'를 하며 놀곤 했다. 여름이 되면 할아버지는 샤빌이나 메동 숲으로 하이킹 가기를 좋아했다. 오래 걸리는 이 하이킹의 무료함을 털어내리려면 수다를 떠는 수밖에 없어서, 계획을 세우거나 추억을 더듬기도 했다. 이럴 때면 푸페트는 내게 많은 것을 물었고, 나는 동생에게 로마나 프랑스 역사의 일화들과 내가 지어낸 이야기 등을 들려주었다.

나와 동생과의 관계에서, 나는 내가 동생에게 실제적인 영향력을 갖고 있다는 점이 가장 자랑스러웠다. 어른들은 자기들 생각대로 나를 다루었다. 내가 그들에게 칭찬을 받고 싶었어도 나를 칭찬하느냐 마느냐는 어른들이 정하는 것이다. 나의 몇몇 행동은 직접 엄마에게 걱정을 끼쳤지만, 내가 의도한 바는 아니었다. 동생과 나 사이에는 모든 것이 영원했다. 우리는 가끔 다투었다. 동생은 울고 나는 버럭버럭 화를 내면서, 서로 최고로 모욕적인 언사를 퍼부었다.

"이 바보야!"

그러다가도 금세 화해했다. 동생의 눈물은 거짓이 아니었고, 농담을 듣고 웃는 것도 아첨이 아니었다. 동생만이 내 권위를 인정해 주었다. 어른들은 내게 이따금 양보해 주었지만, 동생은 늘 진심으로 내 말에 따랐다.

우리의 가장 견고한 관계는 스승과 제자 사이였다. 나는 공부를 굉장히 좋아했으므로 가르치는 일에 무척 만족했다. 그렇지만 인형들과 학교놀이를 하는 것만으로는 전혀 만족하지 못했다. 단지 가르치는 흉내를 내는 것이 아니라 정말로 내 지식을 전달하고 싶었던 것이다.

동생에게 읽기와 쓰기, 셈하기 등을 가르치면서 이미 6살에 효과가 나타나는 것을 눈으로 확인하고 자랑스러움을 느꼈다. 나는 백지 위에 아무렇게나 글자를 쓰고 데생하는 것을 좋아했다. 가짜 오브제밖에는 창조해내지 못했지만 무지를 지식으로 바꾸고 맑은 정신에 진실을 새길 때, 나는 뭔가 진실한 것을 창출하고 있었던 것이다. 나는 어른들을 모방하지 않았다. 나는 그들과 대등했으며, 나의 성공은 어른들의 변덕에 의한 것이 아니었다. 그것은 내게 허영보다 훨씬 진지한 갈망을 채워 주었다. 지금껏 나는 사람들이 보살펴 주는 대상물로 어떻게 그 성과를 올릴까 하는 것에 관심이 머물러 있었다. 그러나 처음으로 내가 남을 위해 뭔가를 했다. 나는 유년시절 수동적 자세에서 벗어나 인간의 커다란 우주로 들어간 것이며, 그곳에선 각자가 모든 사람에게 유익하다고 믿었다. 본격적인 공부를 시작하면서 시간은 이제 헛되이 흘러가지 않았다. 내 지식을 기억에 맡겨놓은 뒤 다시 그것을 이용했다. 공범자이자 신하이며 나의 창조물인 동생 덕분에 나는 내 자치권을 확신했다. 내가 동생에게 '차이 속의 평등'만을 인정했던 것은 분명하다. 그것은 나의 지위를 자부하는 한 방법이었다. 그것을 확고하게 스스로 설명하지 못하면서도 나는 부모님이 우리 자매의 계급을 인정한다고 믿었다. 그리고 내가 부모님에게 훨씬 더 많이 사랑을 받고 있다고 생각했다. 내 침실 문은 동생이 자는 복도를 향해 열려 있고, 그 복도 맨 끝에 아버지의 서재가 있었다. 밤이면 부모님이 나누는 이야기 소리가 내 침대에까지 들려와서 그 평화로운 속삭임이 나를 부드럽게 흔들어 주었다. 어느 날 밤, 나는 심장이 거의 멎어 버릴 정도로 놀랐다. 차분하지만 그다지 호기심이 없는 것도 아닌 어조로 엄마가 물었다.

"당신은 두 아이 중에 누구를 더 좋아하죠?"

아버지의 음성에서 내 이름 소리를 들었다. 하지만 순간, 그 한순간은 무한처럼 길게만 느껴졌다. 아버지는 망설이고 계셨다.

"시몬은 참 생각이 깊은 아이야. 하지만, 푸페트는 정말로 사랑스럽단 말야……."

　부모님은 두 아이의 장단점을 비교하면서 생각나는 대로 이야기하고 있었다. 둘 다 똑같이 좋아한다는 말로 의견이 일치하는 결론을 내렸다. 그것은 책에서 읽은 것과 같았다. 부모님에게 아이들이란 모두 똑같이 사랑스러운 존재들이었던 것이다. 그런데도 나는 얼마간 분했다. 만약 둘 중 한 분이라도 동생을 선택했더라면 나는 참지 못했으리라. 공평하게 나눈 애정의 몫을 그나마 견뎠던 것도 내 것이 더 크다고 확신했기 때문이다. 나는 손위에다 지식이 있고 동생보다 아는 것이 많으니까, 비록 부모님이 똑같은 애정을 갖고 있다 하더라도 동생보다는 나를 더 인정해야만 하고, 또한 어른인 부모님에게 더 근접한 존재로 봐 주어야만 한다고 생각했다.

　나는 하늘이 내게 이런 부모님과, 이런 동생, 이런 삶을 부여해 주신 것을 더없는 행운으로 여겼다. 내게는 운명을 기뻐할 만한 이유가 분명했고 게다가 흔히 말하는 타고난 '낙천가'의 성향이 있었다. 그리고 늘 현실이 환상보다 풍요롭다고 믿었다. 왜냐하면 내게 가장 분명하게 존재하는 것은 내가 소유하는 물체로, 그것들에게 내가 부여한 가치는 나를 실망이나 노스탤지어, 후회 따위로부터 지켜 주었기 때문이다. 나의 애착은 욕망보다 훨씬 강했다. 인형 블론딘은 낡아 있었다. 색이 바래고 옷은 촌스러웠다. 하지만 나는 쇼윈도에 꼼짝 않고 진열되어 있는, 가장 호화스런 인형과 나의 블론딘을 결코 바꾸지 않으리라. 블론딘에 대한 내 애정은 블론딘을 세상에 다시없는 특별한 존재로 만들었다. 나는 메리냐크의 정원을 어떤 낙원과도 바꾸지 않을 것이고, 우리 아파트를 어떤 궁전하고도 바꾸지 않으리라. 루이스나 동생, 부모님이 현재와 다른 사람이고, 또 그럴 수 있다는 생각은 내 머릿속을 스친 적조차 없었다. 나부터도 다른 나를 상상할 수 없었고, 또 다른 신체도 생각할 수가 없었다. 나는 내 몸에 만족하고 있었다.

　나는 내면적인 만족을 느끼고, 내가 차지하고 있는 위치에 만족하며, 그것을 특권이라고 생각했다. 나의 부모님은 특별한 인물들이고, 우리 가정은 모범적이라고 믿었다. 아버지는 남을 놀래 주는 것을 좋아했고, 엄마는 비판을 즐겨했다. 단 몇 사람만이 둘의 비평에서 자유로웠다. 하지만 나는 부모님이 남에게 욕먹는 것을 한 번도 본 적이 없었다. 그러므로 부모님의 생활방식은 완벽히 모범적이었다. 부모님이 다른 사람들보다 뛰어나다는 것이 내게 영향을 주었다. 뤽상부르 공원에서, 부모님은 내게 낯선 여자아이들과 놀지 못하게 했다. 그것은 물론 우리가 그들보다 상류층이었기 때문이다. 우리는 일반인들이 하듯 샘터에 줄로 매여 있는 알루미늄 컵으로 물을 마시면 안 되었다. 할머니는 내게 진주조개 껍데기를 주셨는데, 우리의 하늘색 외투와 마찬가지로 특제품이어서 나는 그것을 기억한다. 어느 해인가 참회의 화요일(사육제의 마지막 날)에 우리 바구니 속에는 다른 사람들이 사용하는 색종이 조각 대신 장미 꽃잎이 가득 들어 있었다. 엄마가 유명한 제과점에서 과자를 사오면, 동네 빵집에서 파는 보통 슈크림은 마치 석고로 만든 과자처럼 먹을 수 없는 것으로 느껴졌다. 우리의 위장은 약해서 일반인들의 위장과는 달랐던 것이다. 다른 아이들이 대부분 〈쉬제트의 일주일〉이라는 주간지를 구독한 데 반해 나는 〈에투알 노엘리스트〉라는, 엄마가 도덕적 수준이 높다고 판단한 잡지를 보았다. 그리고 여러 면에서 공립학교와는 차원이 다른 사립학교에서 공부했다. 예를 들면 학년 구분에 0학년, 1학년, 2학년, 3학년 1급, 3학년 2급, 4학년 1급, 이런 식으로 색다른 번호를 붙이고 있었다. 나는 사립학교 예배실에서 가톨릭 교리를 배우고, 구역 성당의 아이들과는 함께 놀지 않았다. 선택된 사람들에 속해 있었던 것이다.

이 선택된 무리 가운데서도 부모님의 친구 분 중에는 매우 혜택받은 사람들이 있었다. 그들은 부자였다. 당시 이등병이던 아버지가 받던 월급 5수우로 겨우겨우 살아가고 있던 우리는 이따금 동생과 나의 눈이 휘둥그레질 만한 호화로운 파티에 초대받을 때가 있었다. 샹들리에와 새틴, 벨벳으로 가득한 널따란 아파트에서 어린아이들은 아이스크림과 쿠키를 배가 부르도록 잔뜩 먹었다. 우리는 인형극과 마술 등의 오락을 구경하고, 크리스마스트리 주위를 돌았다. 어떤 여자아이들은 번쩍이는 실크 옷과 레이스로 멋을 냈지만 우리는 수수한 색깔의 모직 옷을 입고 있었다. 나는 좀 거북한 느낌이 들었다. 저녁때 완전히 지치고 땀으로 범벅이 된 데다 너무 먹어서 속이 좋지 않았던 탓이었는지, 카펫과 샹들리에와 호박단에 메스꺼움을 느꼈다. 집으로 돌아와서야 겨우 괜찮아졌다. 나는 도덕이나 교양이 재산보다 중요하다고 배웠다. 그리고 성격상으로도 그렇게 믿었기 때문에 우리의 검소한 생활에 만족하여 내 자신의 편파적인 낙천주의에 충실했었다. 그래서 나는, 우리 환경이 선망의 대상이라고까지 믿고 있었다. 그 평범한 생활 속에서 나는 평범하게 살고 있었다. 가난한 사람들이나 부랑배들은 삶에서 제외된 존재들로 여겼다. 그렇지만 귀족들이나 백만장자들 또한 동떨어져 있었다. 그들의 특별한 환경이 그들을 세상으로부터 분리시킨다고 생각했던 것이다. 그럼 나는 어디에 속할까? 원한다면 나는 최상류사회에도, 최하류사회에도 들어갈 수 있다고 생각했다. 사실상 전자의 문은 굳게 닫혀 있었고, 후자와는 근본적으로 단절되어 있었다.

그렇지만 나의 평온한 생활은 별로 방해를 받지 않았고, 인생은 운 좋은 모험처럼 생각되었다. 신앙이 나를 죽음으로부터 지켜 주고 있었다. 내가 두 눈을 감으면 눈 깜짝할 사이에 천사의 구름 같은 손이 나를 하늘로 데려갈 것이었다. 나는 금테를 두른 책 속에서 한 우화를 읽고 크게 자신감을 얻었다. 어떤 연못 바닥에 사는 작은 애벌레가 속을 태우고 있었다. 친구들이 밤마다 한 마리씩 물 위의 밤하늘로 사라졌다. 자기도 또한 사라질 것인가? 갑자기 애벌레는 어둠 너머 저편에 있는 자신을 발견했다. 날개가 돋고, 태양의 애무를 받으면서 멋진 꽃들 사이를 날아다녔다. 이 이야기는 분명 나와 비슷했다. 진정한 빛이 찬란하게 빛나는 천국과 나 사이에는 옅은 하늘색 카펫 한 장이 가로놓여 있는 것이다. 나는 자주 카펫 위에 누워서 눈을 감고 두 손을 모으고는 영혼에게 나가라고 명령했다. 그러나 이것은 놀이일 뿐이었다. 만약 내가 진짜로 생의 마지막 순간을 맞는다고 생각했더라면, 나는 두려움에 놀라 소리를 쳤으리라. 적어도 죽는다는 생각은 나를 두렵게 하지 않았다. 그런데도 어느 날 밤, 허무가 나를 두려움에 떨게 했다. 나는 책을 읽고 있었는데, 어느 바닷가에서 인어 한 마리가 죽었다. 아름다운 왕자에 대한 사랑 때문이었다. 그녀는 불멸의 영혼을 왕자에게 바치고 자기 몸을 거품으로 바꾸었다. 그녀에게 끊임없이 반복되던 그 목소리…… '내가 여기 있어요'는 영원히 침묵한 것이다. 우주 전체가 침묵 속에 빠진 것 같았다. 아니다. 하느님은 내게 영원을 약속해 주신다. 나는 앞으로도 계속해서 하느님의 모습을 보고, 음성을 듣고, 하느님과 이야기를 나눌 수 있으리라. 끝은 없으리라.

하지만 시작은 있었다. 이 사실이 이따금 나를 동요하게 만들었다. 나는 아이들이 하느님의 결단에 의해 태어난다고 생각했다. 하지만 가톨릭 정통 교의와는 반대로 나는 '전지전능한 하느님'의 힘을 제한하고 있었다. 누구의 그림자도 아닌 나 자신이라고 확인해 주는 내 안의 존재는, 누구에게도 의지하지 않으며, 그 존재에 도달할 수 있는 것은 아무것도 없다고 생각했다. 그 내적 존재를 누군가 만들었다고 하는 것은 불가능했다. 비록 하느님이라 할지라도 말이다. 그 내적 존재는 외적 육체를 채우기 위해 태어난 것이다. 초자연의 공간 속에서 눈에 보이지 않는 미세하고도 무수히 작은 영혼들이 구체화되기를 기다리고 있었다. 나도 그중 하나였는데, 이제 나는 그것을 모조리 잊었다. 수많은 영혼이 하늘과 땅의 중간을 방황하다가 구체화되지 못한 채 잊히리라. 나는 이 기억의 부재가 허무와 같다는 것을 깨닫고는 걱정이 되었다. 요람 속에 나타날 때까지 내가 전혀 존재하지 않았던 것처럼 모든 것이 지나가 버렸다. 이 균열을 메워야만 한다. 나는 헛된 빛 한 줄기도 비추지 않고 덧없이 사라지는 반딧불 같은 생각들을 붙잡으리라. 나는 이들 고독한 불에게 눈길을 주고, 그 어둠을 깨뜨리리라. 그렇게 하면 내일 태어날 아이들은 틀림없이 기억할 텐데…… 나는 이런 무익한 환상에 머리가 핑핑 돌 정도로 푹 빠졌다. 붙잡았던 의식을 수치로 다시 떨쳐 버리는 과정, 즉 나의 의식과 시간의 결별을 헛되이 거부하면서.

  적어도 나는 어둠에서 빠져나온 것일까? 그러나 주위의 사물들은 아직도 매몰된 상태였다. 나는 사물에 영혼이 있는 것처럼, 바늘에는 바늘처럼 뾰족한 사상을, 숲에는 숲의 묵직한 사고(思考)를 부여하는 이야기를 좋아했다. 하지만 이런 것들은 지난 이야기였다. 불투명한 수많은 사물이 까닭도 모른 채 대지 위를 무겁게 짓누르고 있었다. '나는 여기에 있다'고 속삭이지도 못한 채 말이다. 나는 메리냐크에서 의자 위에 팽개쳐져 있던 낡은 웃옷을 멍하니 바라보면서 옷을 대신해, '나는 낡은 웃옷이다'라고 너무나 외치고 싶었지만 그렇게 할 수가 없었고, 또 갑자기 두려워지고 말았다. 흘러간 세월 속에서, 그리고 생명 없는 인간들의 침묵 속에서 나는 스스로의 부재를 예감했던 것이다. 나는 나의 죽음의 진실을 털어내려 헛된 노력을 했다.

  내 눈동자는 빛을 창출했다. 특히 여름휴가 동안에 나는 수많은 발견을 하면서 황홀해하기도 하고 때로는 의문에 사로잡히기도 했다. 세상의 비밀을 캐냈다기보다는 차라리 세상을 변모시킨 셈이다. 물론 내가 잠자는 동안에 응접실의 꽃이 무도회에 나간다거나, 책장 안에서 사랑이 꽃핀다고는 믿지 않았다. 그렇지만 나는 이따금 낯익은 들판이 어떤 마법의 숲처럼 침입자가 들어옴과 동시에 모습이 바뀌지는 않을까 생각한 적이 있었다. 갖가지 환영이 침입자의 발끝에서 솟아오르고, 그는 헤매고 다닌다. 숲의 빈터나 커다란 나무가 그들의 비밀을 밝혀낸다. 한 그루의 나무 뒤에 몸을 숨기고서 나는 고요하고 고독한 숲을 기습하려 했지만 성공하지 못했다. 《발랑탱, 또는 호기심의 악마》라는 이야기는 내게 깊은 감명을 주었다. 한 요정이 발랑탱을 마차에 싣고 산보하고 있었다.

"바깥 경치가 멋져요."

그녀는 말했다. 유리창에 가리개가 내려져 있었는데도 발랑탱은 가리개를 걷지 않았다. 문득 악마가 씌운 발랑탱이 명령을 지키지 않게 되었다. 발랑탱에게는 어둠밖에 보이지 않았다. 그의 시선은 그 대상물을 모두 거둬가 버린 것이다. 나는 그 뒷이야기에는 관심이 없었다. 발랑탱이 악마와 싸우는 동안 나는 밤에 대항해서 있는 힘을 다해 바동거리고 있었다.

이따금 불안이 찾아왔지만 그것도 이내 사라졌다. 어른들이 세상을 보장해 주고 있었다. 나는 어른들의 도움을 빌리지 않고 그 안으로 끼어들려 한 적은 거의 없었다. 차라리 어른들 뒤에서 그들이 나를 위해 만들어 준 상상의 세계를 따라가는 편이 훨씬 좋았다.

나는 현관홀의 노르망디 풍 옷장과, 2개의 적동색 태엽과, 시간의 어둠을 뱃속에 간직하고 있는 목조 기둥 시계 앞에 앉았다. 벽에는 난로가 입을 벌리고 있었다. 나는 그 금빛 철망을 통해 나오는 역겨운 숨결을 들이쉬었다. 기둥 시계의 째깍째깍하는 소리로 조각난 심연과 침묵이 나를 두려움에 떨게 했다. 그와 반대로 책은 나를 안심하게 해주었다. 책은 내게 말을 걸고, 아무것도 감추지 않았다. 내가 없을 때 책은 입을 다물고 있었다. 내가 페이지를 펼치면 책은 하고픈 말을 했다. 하나라도 모르는 낱말이 있으면 엄마가 설명해 주었다. 붉은 카펫 위에 엎드려서 나는 세귀르 부인과 제나이드 플리오, 샤를 페로, 그림 형제, 도누아 부인, 교회 참사회원 슈미트, 퇴퍼의 그림책, 베카신,《프누이야르 가족》과《카망베르 병사의 모험》,《집 없는 소년》, 쥘 베른, 폴 디부아, 앙드레 로리, 그리고 라루스 출판사가 편집한 세계 각국의 전설과 전쟁 영웅담인 장미 문고 시리즈를 읽었다.

가족들은 신중하게 고른 어린이용 도서를 선별해 주었다. 이 책들은 부모님과 선생님들이 인정하는 것과 똑같은 진실과 가치를 옹호했다. 착한 사람들은 상을 받고, 나쁜 사람들은 벌을 받았다. 재앙이란 잘못이 있거나 어리석은 사람들에게만 닥쳐왔다. 나는 이런 본질적인 원칙이 보호받을 수만 있으면 만족했던 것이다. 대부분 책 속의 판타지와 현실이 일치하는지를 탐구해 보지 않았다. 인형극을 보고 재미있어 하듯이 거리를 두고 그것을 즐겼다. 그런 까닭에 이상한 배경이 나오는 어른들 이야기인 세귀르 부인의 소설에 놀란 적은 결코 없었다. 봉베크 부인, 두라킨 장군과 마찬가지로 크립토감 씨나 크라크 남작, 베카신 등은 단지 요괴 같은 존재였다. 하나의 이야기는 그것 자체로서 충분히 아름다운 예술적 오브제였다. 그것은 인형극이나 그림과 마찬가지 의미였다. 나는 시작과 배열과 끝으로 완성되는 구조물이 필요하다는 것을 감지했는데, 그 구조물에서는 화폭 위의 색채처럼 낱말과 글귀들이 그것 자체의 빛으로 빛나는 것이었다. 그런데도 이따금 책은 나를 둘러싸고 있는 세상, 또는 나 자신에 대해 막연하게 표현했다. 책은 나를 공상에 빠지게 하고 생각게 하지만, 때때로 내 확신을 흐리게도 했다. 안데르센은 멜랑콜리를 가르쳐 주었다. 그의 이야기 속에선 주인공이 부당하게 괴로움을 겪다가 좌절하여 죽어간다. 불쌍한 인어는 거품이 되어 사라지기 전에 한 발짝 내디딜 때마다 새빨갛게 타오르는 석탄 위를 걷는 듯한 고통을 겪었다. 그러나 인어에게는 아무도 잘못이 없었다. 그녀의 고통과 죽음은 내 마음을 불편하게 했다. 메리냐크에서 읽은 《밀림의 탐험가》라는 소설은 나를 깜짝 놀라게 했다. 작가는 독자가 그 모험에 실제로 참가하고 있는 듯한 착각을 일으킬 정도로 매우 솜씨 있게 상황을 묘사하고 있다. 주인공에게는 봅이라는 친구가 있었다. 뚱뚱하고 인생을 즐기며, 친구에게 충실한 봅에게 나는 매우 호감을 느꼈다. 인도의 감옥에 갇힌 그들은 사람 하나가 겨우 기어서 빠져나갈 정도의 지하도를 발견했다. 봅이 먼저 갔다. 갑자기 그는 날카로운 비명을 질렀다. 커다란 구렁이와 마주친 것이다. 손에 땀을 쥐고 가슴을 두근대면서 나는 이 비극을 읽었다. 결국 구렁이는 봅을 삼켜 버렸다. 이 이야기는 오랫동안 내 머리에서 떠나지 않았다. 물론 커다란 뱀에게 먹힌다는 생각만으로도 내 피는 얼어붙었지만, 만약 뱀에게 먹힌 것이 내가 싫어하는 사람이었다면 그토록 큰 충격을 받지는 않았으리라. 봅의 무시무시한 죽음은 모든 법칙에 어긋나 있었다. 어떤 일이든 일어날 수 있는 것이다.

  책은 일정한 형식을 갖추고 있지만 세상을 보는 시야를 넓혀 주었다. 게다가 책에 대해 초보이던 나는 인쇄된 활자가 이야기로 바뀌는 그 마술에 푹 빠졌다. 나는 이 마법을 거꾸로 부려 보겠다는 욕망에 사로잡혔다. 나는 책상 앞에 앉아서 머릿속에서 모락모락 피어오르는 글귀들을 종이 위에 옮겨 보았다. 하얀 종이는 이야기를 하는 보라색 얼룩으로 뒤덮였다. 현관홀 주위의 고요함은 장엄함으로 바뀌어 갔다. 내가 엄숙해진 것 같았다. 현실을 문학에 반영하려 하지 않았으므로 나는 경험이나 꿈을 쓸 생각은 하지 않았다. 나를 즐겁게 한 것은 말로 사물을 조립해내는 것이었다. 그 옛날 내가 나무 쌓기로 갖가지 것들을 조립했던 것처럼 말이다. 적나라한 이 세상보다는 책이 내게 다양한 본보기를 제공해 주었다. 나는 책을 쓰는 흉내를 내보았다. 최초의 작품은 《마그리트의 불행》이라는 제목을 달고 나왔다. 한 용감한 알자스 처녀—더구나 그녀는 고아였다—가 프랑스에 가기 위해 많은 형제를 만나고 라인 강을 건넌다는 이야기였다. 하지만 소설 속에서 라인 강이 흘러야 할 장소에 강이 흐르지 않는다는 것을 알고 무척 안타까워했다. 그래서 나의 소설은 중단되었다. 나는 다들 좋아하는 《프누이야르 가족》을 표절해 보았다. 프누이야르 가의 가장과 부인, 두 딸은 우리 가족과는 정반대였다. 어느 날 밤 엄마가, 아버지에게 내가 지은 《코르니숑 가족》을 읽어주시면서 재미있지 않느냐는 듯 웃으시자 아버지도 미소 지으셨다. 할아버지는 노란 표지에 금박이 둘린 백지로 된 책을 내게 선물해 주셨다. 릴리 이모는 가톨릭 여학생다운 또박또박한 글씨로 내가 쓴 글을 옮겨 주었다. 나는 자랑스럽게 나로 인해 존재하게 된 거의 진짜 같은 책을 바라보았다. 이밖에도 2, 3개의 작품을 썼지만 그리 호평을 받지 못했다. 나는 이따금 제목을 생각해내는 것에 만족했다. 시골에선 책가게 놀이를 하며, 자작나무 은색 잎에는《푸른 하늘의 여왕》, 반짝이는 목련 꽃잎에는 《눈꽃》이라는 제목을 붙였다. 나는 그렇게 솜씨 좋게 서가를 꾸몄다. 좀더 큰 다음에 책을 쓰고 싶었는지, 아니면 책을 팔고 싶었는지는 알 수 없지만 내 눈에는 그만큼 귀중한 것은 세상에 없어 보였다. 엄마는 생플라시드 거리 독서회 회원이었다. 책들이 빼곡히 차 있는 복도는 뛰어넘지 못할 서가들로 들어차서 마치 지하철 터널처럼 저 멀리 이어져 있었다. 나는 평생토록, 빨강과 초록으로 제목이 쓰인 검정 커버의 책들을 만지던 그 부인들을 부러워했다. 고요 속에 묻혀서, 어둡고 단조로운 표지에 가려진 모든 언어가 사람들이 읽고 판단해 주기를 기다리며 그곳에 존재하고 있었다. 나는 그 먼지 쌓인 복도에 틀어박혀 영원히 밖으로 나올 수 없게 되기를 꿈꾸었다.

1년에 한 번쯤 우리는 샤틀레 극장에 갔다. 시의원인 알퐁스 드빌 씨는 변호사이던 시절에 아버지가 비서로 일했던 사람인데, 파리 시청 앞에 예약된 좌석을 우리에게 제공하곤 했다. 나는 〈행복에의 달음박질〉, 〈80일간의 세계일주〉 같은 과장되지만 환상적인 연극을 관람했다. 붉은 막과 전기, 무대 장치, 꽃으로 분장한 여자 등이 황홀했지만 무대 위에서 전개되는 모험담에는 그다지 몰입할 수 없었다. 배우들은 너무도 현실적이어서 충분히 현실을 반영하지 못했다. 가장 아름다운 귀부인들의 의상도 콩트 속 보석처럼 빛나는 언어들만큼은 눈부시지 않았다. 나는 손뼉을 치고 감탄의 소리를 지르기는 했지만, 사실은 인쇄된 종이와의 고요한 만남 쪽이 훨씬 좋았다.

부모님은 영화를 비속한 오락으로 생각했다. 채플린은 어린이에게도 너무 유치하다는 의견이었다. 그럼에도 어느 날, 아버지의 친구가 특별 시사회 초대장을 보내와서 오전에 우리는 큰길의 한 극장에서 〈친구 프리츠〉를 보았다. 모두들 그 영화를 재미있다고 했다. 몇 주일이 지난 뒤에 우리는 또 그렇게 〈카마르그 왕〉을 보았다. 금발 농부 아가씨의 약혼자인 주인공은 말을 타고 바닷가를 산책하고 있다. 그는 빛나는 눈동자를 가진 알몸의 집시 여자와 마주친다. 그녀는 자기 말을 손바닥으로 때린다. 그는 잠깐 멍하니 서 있더니, 아름다운 갈색머리 아가씨와 습지 한가운데에 있는 작은 오두막으로 들어가 버린다. 나는 휘둥그레진 눈빛을 교환하는 엄마와 할머니를 보았다. 그들의 당황한 모습에 이 이야기가 나에게 적합하지 않다는 것을 알아챘다. 하지만 거기에 어떤 문제가 있었는지는 알지 못했다. 한편, 금발 농부 아가씨는 절망적으로 습지를 가로질러 달리다가 늪에 빠져 버리는데, 이때 내가 알 수 있었던 것은 가장 무서운 죄가 저질러지고 있다는 것뿐이었다. 나는 집시 여자의 대담하고 점잖지 못한 모습에 별다른 흥미를 느끼지 못했다. 《황금의 전설》이나 슈미트의 단편소설을 통해 더 요염한 나체 묘사를 알고 있었던 것이다. 그런데도 우리는 그것을 마지막으로 다시는 영화 관람을 하지 않게 되었다.

나는 그런 점을 별로 아쉽게 생각하지 않았다. 내게는 책과 장난감이 있어서 밋밋한 영화보다 훨씬 가치 있는 명상을 할 수 있었기 때문이다. 그 밖에도 명상을 하게 하는 것들이 얼마든지 주위에 있었다. 그 가운데 하나는 살아 있는 사람들이었다. 내 관심을 끄는 것은 나와 똑같은 사람이었다. 집들의 벽이 투명해지는 시각, 나는 등이 켜진 창문들을 보았다. 그다지 특별한 일도 일어나지 않았지만 만약 어떤 아이가 책상에 앉아 책을 읽기 시작한다면, 나는 마치 나 자신의 인생이 눈앞에서 극을 펼치는 것처럼 바뀌는 장면에 감격했을 것이다. 한 여자가 식사 준비를 하고 있다. 한 쌍의 부부가 대화를 나누고 있다……. 샹들리에나 촛불 아래, 또는 멀리서 그런 장면이 펼쳐질 때면 일상생활의 광경은 샤틀레 극장의 환상과 비슷하게 찬란히 빛났다. 내가 거기에서 소외되어 있다고는 생각하지 않았다. 다양한 무대 장치와 배우들에 의해 오직 하나의 이야기가 펼쳐지고 있는 듯한 느낌이 들었다. 집에서 집으로, 마을에서 마을로 영원히 반복되면서. 나는 그 이야기의, 수많은 반영의 풍요로움과 함께 살아가고 있었던 것이다.

오후가 되면 오랫동안 식당 발코니에 앉아, 라스파유 거리에 그늘을 드리우는 가로수 잎 높이에서 오가는 조그만 사람들을 눈으로 좇았다. 그들이 어떤 볼일로 서두르고 있는지, 어떤 걱정거리가 있는지, 어떤 희망을 품고 있는지, 어른들의 생활을 잘 알지 못하는 나로서는 상상하기 힘들었다. 그렇지만 그들의 눈, 그들의 실루엣, 그들의 웅성거림이 내 마음을 사로잡았다. 사실 그들이 내게 준 행복감을 지금은 그렇게 잘 설명할 수가 없다. 그러나 부모님이 렌 거리 5층으로 이사하기로 결정했을 때의 낙담은 뚜렷하게 기억하고 있다.

"거리를 지나다니는 천사들을 이제는 볼 수가 없잖아!"

나는 세상에서 격리되고 유배를 당한 꼴이었다. 시골에선 사람들과 만나지 않는 생활이라도 전혀 상관이 없었다. 자연에 만족할 수 있었다. 하지만 파리에선 사람들의 존재가 절실히 필요했다. 도시의 진실은 그곳에 사는 사람들이다. 좀더 친밀한 관계를 가지지 못한다 하더라도 적어도 그들을 바라보기만 해도 좋다. 지금까지도 가끔은 내가 갇혀 있는 그룹에서 등을 돌리고 싶을 때가 있다. 저쪽, 밖에 있는 사람들의 별것 아닌 걸음걸이와 동작, 미소가 내 마음에 깊은 인상을 주었다. 나는 길모퉁이를 돌아가는 저 낯선 사람…… 지금이 아니면 다시는 마주치지 못할 사람을 따라가 보고 싶었다.

어느 날 오후, 뤽상부르 공원에서 초록 옷을 입은 키 큰 아가씨가 아이들에게 줄넘기를 시키고 있었다. 그녀는 장밋빛 볼과 반짝이는 부드러운 미소를 지녔다. 저녁에 나는 동생에게 선언했다.

"난 말야, 사랑이 뭔지 알아!"

나는 확실히 새로운 뭔가를 끊임없이 보았던 것이다. 아버지, 엄마, 동생, 내가 좋아하는 이 사람들은 모두 피붙이였다. 나는 외부에서 온 황홀함으로도 가슴이 설렐 수 있음을 이때 처음 알았다.

그렇지만 이런 한순간의 정열도 내 그룹과 확고하게 맺어져 있다고 느끼는 것을 방해하지는 않았다. 타인에 대한 호기심이 있었지만, 다른 운명을 꿈꾼 적은 없었다. 특히 내가 여자란 사실을 불만으로 여기지 않은 것은, 전에도 말했듯이 쓸데없이 헛된 것을 바라지 않았고, 나에게 주어진 바를 흔쾌히 받아들였으며, 내가 운수 사나운 제비뽑기를 했다는 생각이 들 만한 분명한 이유도 전혀 없었기 때문이다.

나는 남자 형제가 없었다. 그래서 남자에게는 허용되는 어떤 자유가 여자이기 때문에 금지되는지 알 수 없었다. 가족들이 강요하는 속박은 모두 나이 탓으로 돌렸다. 내가 어린아이라는 사실은 강하게 인식했지만 여자라고 느낀 적은 없었다. 내가 아는 소년들은 특별히 뛰어난 구석이 없었다. 그중에서 가장 나았던 남자아이는 르네였다. 그는 데지르 학교에서 예외적으로 초등 교육을 허락받았는데, 나는 그 애보다도 우수한 성적을 받았다. 그래서 나의 영혼도 남자아이들의 영혼만큼이나 귀중한 것으로 하느님 눈에 비쳤다고 생각했다. 어떻게 그들을 부러워할 수가 있으랴!

어른들을 보아도 내 경험은 애매했다. 어떤 점에서 아버지, 할아버지, 아저씨들은 그들의 아내보다 훌륭한 것처럼 보였다. 하지만 나의 일상생활에서는 루이스, 엄마, 그리고 학교 선생님들이 훨씬 중요한 위치를 차지하고 있었다. 세귀르 부인이나 제나이드 플뢰리오는 어린이들을 주인공으로 삼고, 어른들을 조연으로 쓰고 있다. 그러므로 그녀들의 책 속에서 엄마들은 월등한 지위를 차지하고 아버지들은 2차적인 존재였다. 나는 근본적으로 어른들을 어린아이들과의 관계에서만 바라보았다. 그런 점에서 내가 여자라는 사실은 우월성을 확보해 주었다. 놀이나 사색, 계획 속에서 내가 남자로 변신한 적은 단 한 번도 없었다. 나의 모든 상상은 여자로서의 내 운명을 미리 예상하는 데 동원되었을 뿐이다.

나는 그 운명을 내 방식대로 바꾸어 보았다. 어떤 이유에서인지는 모르지만 유기적 현상은 나의 흥미를 끌지 못했다. 시골에서 나는 마들렌을 도와 토끼나 닭에게 먹이를 준 적이 있지만, 그 일에 곧 싫증이 나서 토끼털이나 닭의 깃털이 지닌 부드러움에 별 관심을 갖지 못했다. 나는 동물을 사랑했던 적이 없었다. 불그죽죽하고 주름진, 멍한 눈의 갓난아기는 내게 성가신 존재였다. 간호사 놀이를 할 때, 전쟁터에서 부상병을 운반하는 역할을 하더라도 간호는 하지 않았다. 어느 날, 메리냐크에서 고무 스포이트로 사촌동생 잔에게 관장을 해준 적이 있었다. 잔의 얌전하고 미소 띤 얼굴이 내게 가학적인 기분을 느끼게 했다. 이와 비슷한 다른 기억은 하나도 떠오르질 않는다. 놀이에서 나는 양육에 관련된 것을 제외한 모성애에만 찬성했다. 무턱대고 떼를 쓰는 아이들은 경멸했다. 동생과 나에겐 인형을 대하는 나름의 방식이 있어 인형들은 말도 하고, 변명도 하고, 우리와 동시대를 같은 리듬으로 살면서 24시간마다 나이가 들었다. 인형들은 이제 하나의 자기 자신이었던 것이다. 현실에서 나는 조직적이라기보다는 호기심이 강하고, 작은 일에 얽매이기보다는 정열적이었다. 하지만 엄밀하고 헛되지 않은 꿈도 기꺼이 좇았는데, 이 독특한 버릇을 충족하기 위해서는 인형 블론딘을 이용했다. 나는 여자아이의 완벽하고 모범적인 엄마로서 그녀에게 이상적인 교육을 했고, 그녀는 충분히 그것을 살려 나갔다. 나는 하루를 필요한 일에 할애했다. 그다지 변변치 못한 동생의 협력을 받으면서 그 애가 자녀들을 교육하는 방식에 대해 대단히 명령조로 충고했다. 그렇지만 남자가 내 책임 영역에 간섭하는 것을 거부했다. 우리의 가상 남편들은 여행 중이었다. 실생활은 전혀 이렇지 않다는 것을 우리도 알고 있었다. 한 가정의 어머니에게는 항상 남편이 있기 마련이다. 그리고 그녀의 임무로 정해진 쓸데없는 일들이 잔뜩 있었다. 미래를 상상할 때, 이런 예속은 너무나도 무거운 짐으로 여겨졌으므로 나는 자녀 갖기를 단념했다. 내게 중요한 것은 정신과 영혼을 완성해내는 일이었던 것이다. '나는 선생님이 되겠다'고 마음먹었다.

그런데 학교 선생님들이 학생에게 미치는 영향력은 결정적이지 않았다. 하지만 나는 학생에 대해 오만한 독점력이 있어야 한다고 생각했다. 학생의 하루를 세세한 부분에 이르기까지 계획을 세워 주거나 또는 삭제하리라. 공부와 오락을 매우 조화롭게 병행해 가면서 말이다. 나는 1초도 헛되이 보내지 않도록 효과적으로 지도하여 학생의 재능을 발휘하게 하리라. 이 계획을 제대로 수행하려면 단 한 가지 방법밖엔 없었다. 가정교사가 되리라. 부모님은 크게 반대했다. 하지만 나는 가정교사를 신분이 낮은 직업이라고 생각하지 않았다. 나로 인한 동생의 진보를 눈앞에서 목격한 뒤부터 무에서 유를 창조하는 지상 최고의 기쁨을 느꼈던 것이다. 나는 미래의 어떤 일도 인간 존재를 교육하는 것보다 훨씬 고상한 일을 내게 제의할 수는 없을 거라고 생각했다. 그런 일이면 뭐든 다 괜찮은가 하면, 또 그렇지도 않다. 오늘 나는 인형 블론딘에게처럼, 미래의 창작에서 내 감정을 불어넣을 곳은 나 자신이라는 것을 알게 되었다. 이것이 나에게 보낸 하늘의 계시였던 것이다. 훗날 나는 나의 유년시절을 결함이 없는 걸작으로 다시 완성해내리라. 나는 나 자신의 절대적인 기초와 예찬을 꿈꾸었다.

이처럼 현재와 미래에서 나는 내 인생에 홀로 군림할 것을 굳게 믿고 있었다. 그런데도 종교나 역사, 신화 등은 다른 역할을 시사했다. 나는 자주 나 자신을 긴 머리칼로 그리스도의 발을 씻는 막달라 마리아라고 상상했다. 대부분 현실 또는 전설의 영웅들—성 블랑딘, 화형대 위의 잔 다르크, 그리젤리디스, 주느비에브 드 브라방—은 남자들보다 더한 형을 받는 고뇌와 시련을 통해 비로소 이 세상의, 또는 전생의 영광과 행복에 도달할 수 있었던 것이다. 나는 자진해서 수난자의 역할을 맡았다. 이따금 나는 그녀들의 승리를 강조했다. 사형 집행인은 순교자와 그녀들에게 영예를 전해 주는 매개자와 같았다. 이런 식으로 흉내를 내어 나와 동생은 인내력 다툼을 했다. 우리는 각설탕 집게로 몸을 꼬집고, 작은 깃대로 살갗을 문질러 벗겼다. 신념을 굽히지 않고 죽어가야만 했다. 나는 부끄럽지만 속임수를 써서 처음 상처를 입자마자 이내 죽은 것으로 하고, 동생은 항복할 때까지 가능한 한 오래 살아 있게 했다. 어두운 독방에 갇힌 수녀로 분장한 나는 찬송가를 부르며 감옥의 교도관을 비웃었다. 여자로 태어남으로써 부여된 수동성을 무시하면서도 가끔은 그것에 만족을 느꼈다. 불행이나 굴욕의 감미로움을 맛보고, 지나친 신앙심으로 자학하기까지 했다. 금발의 젊은 신 곁에 가서 발밑에 몸을 던지거나, 저녁나절 고해실 안에서는 친절한 마르탱 신부님에게 내 죄를 드러내고 정신이 아득해질 정도로 후련함을 느꼈다. 눈물이 내 볼을 타고 흐르고, 나는 천사들의 팔에 안겨 있다. 성 블랑딘의 피로 얼룩진 속치마를 입고 사자의 발톱과 군중의 시선에 내 몸을 드러냈을 때는 감동의 발작마저 일으킬 뻔했다. 아니면 그리젤리디스나 주느비에브 드 브라방에게서 영감을 받아 살해되는 아내의 처지가 되기도 했다. 《푸른 수염》(많은 아내를 죽인 남자의 이야기)을 재생하는 역할을 맡은 동생은 잔혹하게 나를 궁전에서 내쫓고, 무죄가 밝혀질 때까지 밀림 속을 헤매게 했다. 가끔 줄거리를 바꿔서 내가 신비로운 잘못을 저지른 것으로 상상하고, 아름답고 순결한 내가 잔혹한 청년의 발밑에서 후회에 휩싸이는 장면을 떠올려 보았다. 참회와 참혹함, 사랑에 지고 고개 숙인 나의 머리 위에 남자가 손을 얹는다. 나는 정신이 아득해지는 것을 느꼈다. 내 환각들 중 어떤 것은 광선을 견디지 못해서 나는 그것들을 비밀스럽게만 불러내었다. 동양의 폭군이 말에 오를 때 디딤대 노릇을 하는 죄수가 된 왕의 운명에 심하게 마음이 흔들리기도 했고, 그 죄수 왕이 나로 변신해, 반라의 노예가 된 내 등에 박차가 가해져 사정없이 상처를 내는 듯하여 벌벌 떨 때도 있었다.

　분명 그런 주술 같은 장면엔 나체가 등장했다. 성 블랑딘의 찢어진 옷은 하얀 옆구리를 고스란히 드러내고 있었다. 주느비에브 드 브라방은 머리카락만으로 몸을 가리고 있었다. 나는 어른들이 완전히 옷을 입고 있을 때 말고는 몸을 본 적이 없었다. 나 자신도 목욕할 때 말고는 맨몸을 보지 않았다. 그리고 루이스는 때를 세게 벗겼으므로 기분이 좋다는 생각은 도저히 들지 않았다. 나는 내 몸을 보아서는 안 된다고 배웠으며, 속옷을 갈아입을 때도 알몸이 되지 않게 했다. 나의 세계에 있어 육체는 존재하도록 허락되지 않았다. 그런데도 나는 어머니 팔의 아름다움을 알고 있었다. 어떤 코사지 옷깃 사이로 어슴푸레한 고랑이 보일 때면 당황이 되었고, 강한 인상을 받았다. 체조할 때 잠깐 느꼈던 그 쾌감을 다시 시도할 만큼 재주가 좋지는 않아도 이따금 피부에 닿는 보드라운 감촉, 목에 가볍게 스치는 손길에 전율을 일으켰다. 애무를 생각해내기에는 너무나도 무지했던 나는 먼 길을 돌아갔던 것이다. 디딤대가 되었던 남자의 이미지를 통해 나는 몸을 사물로 변모시켰다. 최고 권한을 지닌 주인의 발치에 쓰러져 엎드릴 때, 나는 스스로 변신했던 것이다. 나를 용서하기 위해 그는 내 목덜미 위에 심판자로서 손을 올리고, 나는 용서를 애원함으로써 관능적 쾌락을 얻었다. 하지만 그런 유쾌한 일들에 몸을 맡길 때, 그것이 놀이라는 것과 나 자신의 주인이 나라는 것을 결코 잊지 않았다.

적어도 나는 유년시절에 내가 특별하다고 생각했었다. 사교적인 기질이 있어서 몇몇 급우들과 기꺼이 트럼프를 치거나, 제비뽑기 파티를 하거나, 책을 바꿔 읽기도 했다. 하지만 나는 모든 면에서 남자든 여자든 어린 친구 중의 어느 누구도 그다지 존경하지 않았다. 그저 규칙을 함께 지키고, 열심히 경쟁하며, 재미있게 놀고 싶었다. 동생은 내 요구대로 해주었다. 하지만 나는 늘 쓸데없는 놀이 상대들에게 짜증이 났다. 그 앙갚음으로 종종 그들을 녹초가 되게 했다. 언젠가 수업 시작 30분쯤 전에 데지르 학교에 갔던 적이 있는데, 교정을 가로지르는 나를 본 한 여자아이가 풍부한 표정을 담은 채 턱을 쓰다듬으며 말했다.

"그때 그 애잖아! 보기 싫어!"

그 아이는 못생기고, 바보처럼 보이는 데다가, 안경을 끼고 있었다. 나는 약간 놀랐지만 분개하지 않았다. 어느 날, 우리는 교외에 있는 부모님 친구 집을 방문했다. 그 집 아이들은 크리켓 도구를 갖고 있었다. 라그리에르에서 그것은 우리의 가장 즐거운 놀이거리여서, 나는 간식을 먹을 때나 산책을 할 때도 줄곧 크리켓에 대해 이야기했다. 크리켓이 하고 싶어 좀이 쑤셨다.

"네 언니가 크리켓, 크리켓 하고 어찌나 떠들어대는지 시끄러워 죽겠다!"

친구들이 동생에게 말한 모양이었다. 저녁에 동생이 그 얘기를 전해 주었을 때 나는 아무렇지도 않았다. 나만큼 열렬히 크리켓을 좋아하지 않는 뒤떨어진 아이들로 인해 자존심이 상할 이유가 없었기 때문이다. 우리만의 취향과 기이한 버릇, 주의, 가치관 등을 고집하는 동생과 나는 한데 뭉쳐 다른 아이들의 아둔함을 비난했다. 어른들은 유년시절을 하나의 종속적인 것으로 바꿔놓고서 아이들은 모두 똑같다고 여긴다. 이보다 나를 안달하게 하는 것은 없었다. 라그리에르에서 내가 개암나무 열매를 먹고 있을 때, 마들렌의 가정교사인 노처녀가 아는 척하며 이렇게 단정적으로 말했다.

"아이들이란 개암나무 열매를 무척 좋아하죠."

나는 푸페트와 함께 그녀를 비웃었다. 나의 취향은 내 나이하고는 상관이 없다. 나는 '어린아이'가 아니라 바로 나인 것이다.

동생은 신하라는 지위로, 내가 그녀에게 제공한 지상권을 누리고 있었다. 동생과 나는 그 지상권을 놓고 다투지 않았다. 만약 내가 그것을 누군가와 나눠 가져야만 한다면 내 인생의 모든 의의는 상실된다고 믿었다. 우리 반엔 쌍둥이가 있었는데 무척 사이가 좋았다. 나는 그 애들이 둘로 나뉘어 산다는 것에 어떻게 만족할 수 있는지 도저히 이해가 가지 않았다. 내가 쌍둥이였다면 반쪽 인간이라는 느낌밖엔 들지 않았을 것이다. 게다가 다른 한 개체와 내가 똑같이 행동함으로써 나의 경험이 전적인 내 소유가 되지 않을 듯한 걱정마저 들었다. 쌍둥이가 있었다면 내 존재 가치를 이루는 것을 빼앗고 말리라. 그 찬란한 특성을.

내 인생의 처음 8년 동안, 내가 존경한 아이는 단 1명뿐이었다. 그 애가 나를 경멸하지 않았던 것은 다행이었다. 인중 부위에 털이 거뭇거뭇 자란 나의 큰 대고모님은 손자인 티티트와 자크를 《모범적인 인형》이라는 책에서 주인공으로 삼았다. 티티트는 나보다 3살 위, 자크는 6개월 위이다. 자동차 사고로 아버지를 잃은 뒤 그들의 어머니는 재혼하여 샤토빌랭에서 살고 있었다. 내가 8살 즈음에 우리는 알리스 숙모 집에 꽤 오랫동안 머물렀다. 두 집은 엎드리면 코 닿을 곳에 있었기 때문에, 나는 친절한 금발 아가씨에게 개인 지도를 받는 사촌들을 옆에서 지켜볼 수 있었다. 그들보다 지식이 없었던 나는 총명함으로 가득한 자크의 작문 실력과 지식, 자신감에 완전히 매료되고 말았다. 붉은 볼에 황금색 눈동자, 칠엽수 열매 껍질처럼 반짝이는 머리칼의 자크는 매우 아름다운 소년이었다. 2층으로 올라가는 층계참에는 책장이 있었는데, 그는 내게 책을 골라 주었다. 계단에 나란히 앉아서 나는 《걸리버 여행기》를, 그는 《대중 천문학》을 읽었다. 우리가 정원으로 내려가면 그는 항상 놀이를 생각해냈다. 그는 조르주 기네메에게 경의를 표하고는 '친애하는 샤를'이라고 미리 이름을 지어놓은 비행기 제작에 착수했다. 재료를 구하기 위해 나는 길에서 빈 깡통들을 주워 모았다.

비행기는 사전 제작조차 되지 않았는데도 자크의 위신은 떨어지지 않았다. 그는 파리의 보통 아파트가 아닌, 스테인드글라스를 제조하는 몽파르나스 거리의 낡은 단독 주택에 살고 있었다. 아래층에는 사무실이 있고 위층이 주택이었는데, 더 위에는 작업장이 있고 다락은 전시실이었다. 그는 어린 주인다운 위엄으로 나를 대접했다. 내게 스테인드글라스 기술을 설명하고, 보통 유리와 어떻게 다른지도 말해 주었다. 그는 직원들에게 고용주 같은 태도로 말을 걸었다. 나는 멍하니 입을 벌린 채, 벌써부터 한 무리의 어른을 감독하는 듯한 작은 소년에게 귀를 기울였다. 그는 나에게 존경심을 품게 했다. 그는 어른들과 대등하게 대화를 나눴다. 자크가 자기 할머니에게 큰 소리를 칠 때는 약간 놀랐을 정도였다. 평소 그는 여자아이들을 바보로 알았으므로 나는 그의 우정을 더욱 소중하게 생각했다.

"시몬은 조숙한 아이야."

그는 이렇게 선언했다. 이 말은 무척 내 마음에 들었다. 어느 날, 그는 스테인드글라스를 직접 만들었다. 파랑과 빨강, 하양의 마름모꼴 유리가 납 틀에 끼워져 있고, 검은색으로 헌정하는 글이 쓰여 있었다.

'시몬에게,'

나는 지금껏 이토록 가슴 두근거리는 선물을 받아 본 적이 없었다. 우리는 '연애결혼을 했다'고 치고, 나는 자크를 '나의 피앙세'라고 불렀다. 우리는 신혼여행으로 뤽상부르 공원의 회전목마를 타러 갔다. 나는 이 약속을 매우 중요하게 여겼지만 그가 없을 때는 별로 그를 생각하지 않았다. 그를 만날 때마다 기쁘기는 했어도, 그가 없어서 쓸쓸하다고 느낀 적은 없었다.

이처럼 철이 들기 시작할 무렵 내 이미지는 가정교육을 잘 받은 여자아이였다. 행복하고, 꽤 거만한……. 이런 두세 가지 기억이 나의 초상화를 배반하고 있다. 8살 즈음, 나는 어릴 때처럼 기운 없이 허약하고 소심했다. 앞에서 말했던 체조 시간에는 쪼그라들고 질이 나쁜 수영복을 입고 있었다. 숙모 한 분이 엄마에게 말했다.

"꼭 새끼 원숭이 같네."

내 치료가 끝날 무렵, 선생님은 나를 우리 반 아이들에게로 데려갔다. 선생님 한 분이 남자아이들과 여자아이들을 지도했다. 여자아이들은 연하늘색 저지로 우아하게 주름이 잡힌 짧은 치마의 체조복을 입고 있었다. 늘어뜨린 머리는 윤기가 자르르 흘렀으며, 말씨와 예의범절이 모두 완벽했다. 그런데도 그 아이들은 자유롭고 대담하게 뛰어다니거나 펄쩍 뛰어오르거나, 웃는 것이었다. 그때까지 나는 그런 자유로움이나 대담함은 불량소년들의 전유물이라 생각했다. 갑자기 내가 예의가 없고 겁쟁이에 못생긴 것처럼 느껴졌다. 새끼 원숭이. 분명 그 예쁜 아이들은 나를 그렇게 보았으리라. 나를 경멸하고, 더욱이 그 이상으로 나를 무시했을 것이다. 나는 어찌할 바를 모르고 그들의 승리와 나의 무가치함에 대해 골똘히 생각했다.

몇 달 뒤, 부모님의 친구 부인이 나를 빌레르쉬르메르로 데려갔다. 그 집의 아이들은 별로 마음에 들지 않았다. 동생과 처음으로 헤어지게 된 나는 팔다리가 떨어져 나간 것 같았다. 나는 바다를 시시하게 생각했다. 해수욕은 고역스러웠으며, 물이 숨을 멎게 하여 겁에 질렸다. 어느 날 아침 침대 위에서 울고 있었는데, 롤랭 부인이 난처하다는 표정으로 나를 안아 일으키더니 왜 우느냐고 물었다. 둘 다 연극을 하고 있는 듯한 느낌이 들어서 뭐라고 대답해야 좋을지 몰랐다. 아무도 나를 괴롭히지 않았고, 모두 친절했던 것이다. 사실은 가족에게서 떨어져, 내 재능을 인정해 주던 가족의 애정이 없어졌기 때문이었고, 이 세상에 존재할 분명한 이유를 잃은 내가 어디에 있어야 좋을지, 또한 무엇하러 세상에 태어났는지 알 수 없게 되어 버렸기 때문이었다. 나는 나의 존재를 정당화해 주는 확고한 틀 안에 나를 끼워 넣을 필요가 있다는 것을 깨달았다. 왜냐하면 변화가 두려웠기 때문이다. 나는 슬픔도 환경의 변화도 시도한 적이 없으며, 그것이 비교적 오랫동안 내가 유년기다운 시절을 간직할 수 있었던 이유 중 하나였다.

하지만 제1차세계대전이 끝나던 해에 나의 평온함은 사라졌다.

그해 겨울은 지독히 추웠고, 게다가 석탄이 부족했다. 그다지 따뜻하지 않은 아파트에서 나는 동상에 걸려 부어오른 손을 증기 난방기에 갖다 댔다. 통제의 시대가 시작된 것이다. 우리는 잿빛을 띠거나 터무니없이 하얀 빵을 먹어야 했고, 아침에는 초콜릿 대신에 맛없는 수프를 마셨다. 엄마는 달걀이 빠진 오믈렛을 만들거나, 설탕 대신 사카린이 든 마가린 앙트르메(크림이나 튀김 또는 파일로 만든 과자)를 만들어야 했다. 엄마는 우리에게 냉동 고기나 말고기 스테이크, 냉이나 죽순, 근대처럼 이름도 모르는 여러 가지 야채를 먹였다. 포도주를 아끼기 위해 릴리 이모는 무화과를 발효시킨 '라 피게트'라는 질이 떨어지는 음료를 만들었다. 식사시간에는 예전 같은 즐거움이 없어졌다. 밤이면 자주 사이렌이 울렸고, 밖에는 가로등과 창문의 불빛이 사라졌다. 우리는 서두르는 발소리와 공공 경비원 다르델의 다급한 목소리를 들었다.

"소등!"

두세 번쯤 엄마는 우리를 지하실로 데려갔다. 그러나 아버지는 완강하게 침대를 지켰기 때문에 엄마도 마침내 숨지 않기로 했다. 위층의 몇몇 세입자들은 우리 현관홀로 대피해서 우리가 그곳에 놓아둔 소파에 앉아 있었다. 그들 중 몇 사람은 밤늦게까지 브릿지 게임(4인이 2조로 하는 카드놀이의 일종)을 했다. 나는 이 소동을 굳게 닫힌 창문 너머 도시의 고요함과 함께 놀이처럼 즐겼고, 사이렌 소리와 함께 갑작스레 잠에서 깨어나는 어리둥절함도 겪었다. 리옹드벨포르 옆 5층에 살던 할아버지와 할머니는 독일군의 단엽 비행기를 굉장히 무서워했는데, 이 일은 상당히 곤혹스러웠다. 그들은 급하게 지하로 대피하곤 해서 다음 날이면 우리는 할아버지와 할머니가 무사한지 보러 가야 했다. '베르타포'의 최초 포격과 함께 할아버지는 독일인들이 지척에 와 있기라도 한 것처럼 샤리테쉬르루아르로 할머니와 딸을 대피시켰다. 그리고 할아버지도 만일 독일인들이 오게 되면 걸어서 롱쥐모까지 피신할 작정이었다. 할아버지가 너무나도 허둥대고 채근을 하는 바람에 할머니는 잔뜩 지쳐서 병이 나고 말았다. 할머니를 간병하기 위해 파리로 모셔 와야 했지만, 공습 때 이미 5층에서 내려오는 것조차 힘들어 할 정도였기 때문에 할머니는 우리 집으로 오게 되었다. 할머니가 간호사의 부축을 받아 집에 도착했을 때, 달아오른 볼과 멍한 눈동자는 나를 두렵게 했다. 할머니는 말도 하지 못했고, 나를 알아보지도 못했다. 내 방은 할머니가 써야 했고, 루이스와 동생과 나는 임시로 거실에서 지냈다. 릴리 이모와 할아버지는 집에서 식사를 하기로 했다. 할아버지는 큰 소리로 대재앙을 예언하거나, 느닷없이 하늘에서 행운이 쏟아졌다고 말하기도 했다. 확실히 할아버지의 파국주의는 상식을 벗어난 낙천주의에 의해 점차 심해지고 있었다. 베르됭에서 은행가였던 할아버지는 투기를 했다가 파산하는 바람에 당신의 자산과 다른 많은 사람의 돈을 잃었다. 지금은 구두 공장을 운영하는데 군대 주문 덕분에 비교적 짭짤한 소득을 올리고 있다. 하지만 이 소규모 기업은 거창한 사업과 계획, 금전 등을 다루고 싶어 했던 할아버지의 갈망을 가라앉혀 주지 못했다. 불행히도 이제는 아내 동의 없이는 재산을 마음대로 쓸 수 없었던 것이다. 할아버지는 아버지의 힘을 빌려 허락을 받으려고 하셨다. 어느 날, 할아버지는 아버지에게 작은 금괴를 가지고 왔다. 그것은 한 연금술사가 할아버지가 보는 앞에서 납을 가지고 만들어낸 것이라고 했다. 이 기술로 우리는 모두 백만장자가 될 수 있으리라. 다만 거기에는 그 발명자에게 착수금을 지급해야만 한다는 조건이 있었다. 아버지는 빙글빙글 웃었다. 할아버지는 흥분한 나머지 얼굴이 벌겋게 달아올라 있었다. 엄마와 릴리 이모는 할아버지 편을 들었고, 저마다 목소리를 높여 자기주장을 했다. 이런 광경은 종종 재연되었다. 과로한 루이스와 엄마는 걸핏하면 말다툼을 했다. 엄마가 아버지와 입씨름을 벌이는 일조차 있었다. 엄마는 동생과 나를 나무라고, 운이 나쁠 때는 우리에게 매를 들기도 했다. 나는 이제 5살짜리 여자아이가 아니었다. 부모님의 다툼을 하늘이 무너지는 것처럼 느낄 정도로 자라 있었다. 나는 더 이상 짜증과 부조리를 혼동하지 않았다. 그렇지만 밤에 살롱과 식당 사이에 있는 유리문을 통해 분노와 증오의 목소리가 들려오면 슬픔으로 가슴이 뻐근해져서 시트 아래 얼굴을 파묻곤 했다. 그리고 잃어버린 낙원처럼 사라져 간 세월을 그리워했다. 지나간 모든 것이 다시 돌아올까? 이제 이 세상은 확고한 장소로 생각되지 않았다.

특히 나의 상상이 차츰 성숙해지면서 이 세상은 어둡게 보이기 시작했다. 책이나 언론, 그리고 내가 듣는 대화를 통해 전쟁의 진실이 명확히 드러났다. 추위와 진창, 공포, 흐르는 피, 고통, 단말마 등에서. 우리는 전선에서 친구와 사촌들을 잃었다. 천국이라는 약속이 있는데도 사랑하는 사람들이 죽음으로 지상에서 영원히 사라진다고 생각하니 두려움에 숨이 막힐 지경이었다. 사람들은 때때로 동생과 내 앞에서 이렇게 말했다.

"아이들이라서 좋겠어! 아직 아무것도 모르니 말야……."

나는 속으로 항의했다.

'확실히 어른들은 우리에 대해 아무것도 모른다니까!'

가끔 나는 매우 절망적이고 결정적인 상념에 잠길 때가 있었는데, 아무도 이토록 절망을 느끼지 못하리라고 믿었다. 어쩌면 이렇게 많은 고통이 있을까? 자문했다. 라그리에르에선 독일인 포로들과 비만 때문에 징병 해제를 받은 벨기에의 젊은 피난민이 프랑스 노동자들과 나란히 부엌에서 수프를 먹고 있었다. 그들은 모두 사이가 무척 좋았다. 독일인들도 사람인 것이다. 그들도 피가 흐르고 죽기도 하는 것이다. 왜일까? 나는 절망적인 이 불행이 끝나기를 기도하기 시작했다. 평화는 나에게 승리보다 중요했다. 언젠가 계단을 오르면서 나는 엄마와 이야기를 나누었다. 엄마는 전쟁이 곧 끝날 것 같다고 했다.

"그래요."

나는 힘주어 말했다.

"전쟁이 끝났으면 소원이 없겠어! 어떻게 끝나든 상관없어, 단지 끝나 주기만 하면 좋겠다니까!"

엄마는 그 자리에 우뚝 서더니 깜짝 놀란 듯이 나를 보았다.

"그런 말 하면 못 써! 프랑스가 꼭 승리해야 해!"

나는 내가 창피했다. 당치도 않은 실언을 했을 뿐만 아니라 그런 생각을 한 것이 부끄러웠다. 그래도 생각에 죄가 있다는 사실은 이해할 수 없었다. 우리 아파트 아래에는 다르델 씨가 늘 도미노를 하며 유유자적 시간을 보내는 카페가 하나 있었다. 그곳의 돔 맞은편에 라 로통드라는 소란한 카페가 최근 개업을 했다. 화장을 한 짧은 머리 여자와, 이상한 복장을 한 남자들이 그곳을 드나들었다.

"프랑스 거주 외국인들과 패전주의자들의 소굴이야."

아버지는 말했다. 나는 패전주의자가 뭐냐고 물었다.

"프랑스의 패배를 믿는 못된 프랑스인이지."

아버지는 대답했다. 그러나 나는 이해하지 못했다. 우리 머릿속에는 여러 가지 생각이 자유롭게 오가고 있다. 우리가 믿는 것은 억지로 해서 되는 게 아니다. 어쨌든 아버지의 딱딱한 말투와 엄마의 비난에 찬 표정은 사람들이 걱정스레 소곤소곤 이야기하는 것을 무심코 드러내놓고 말해서는 안 된다는 점을 내게 암시하고 있었다.

하지만 나의 자신 없는 평화주의도 부모님의 애국주의를 자랑스레 여기는 내 마음을 방해하지는 못했다. 독일의 단엽 비행기와 베르타포가 무서워서 학교 아이들 대부분은 학년 말이 되기 전에 파리를 떠났다. 나와 12살짜리 덩치 큰 얼간이 단둘만 반에 남았다. 우리는 공트랑 선생님과 셋이서 인기척 없는 커다란 테이블에 앉았다. 선생님은 특히 내 공부를 봐 주었다. 나는 공개수업 같은, 또 개인교습 같은 친근한 수업에 특권을 누리는 기쁨을 느꼈다. 어느 날 엄마와 동생과 함께 자코브 거리에 가 보니 건물은 텅 비어 있었다. 모두들 지하로 내려가 버린 것이다. 이 사건은 우리를 무척이나 웃음 짓게 만들었다. 활기와 용기 면에서 우리는 특별한 사람임이 분명했다.

한편, 할머니는 몸을 추스르고 당신 집으로 돌아갔다. 여름 방학 동안에도, 이후 새 학년이 시작된 학교에서도 프랑스를 독일에 팔아 치우려 하던 말비와 카이요라는 두 매국노 이야기로 세상은 온통 들끓었다. 마땅히 총살해야 했지만, 그들은 무사했고 단지 계획이 좌절되었을 뿐이었다. 11월 11일, 엄마의 감독 아래 피아노 연습을 하고 있는데 휴전을 알리는 교회 종소리가 울렸다. 아버지는 다시 평상복을 입었다. 이모는 소집 해제가 있은 지 얼마 뒤 스페인 독감으로 돌아가셨다. 나는 이모부를 잘 알지 못했다. 그래서 엄마의 눈물이 말랐을 때에야 비로소 행복이, 적어도 나에게는…… 되살아나기 시작했다.

    집에서는 어떤 것이든 함부로 해서는 안 되었다. 빵 부스러기나 털실 한 오라기, 우대권 한 장, 무료 식권 한 장도 소홀히 다루지 않았다. 동생과 나는 옷이 다 해질 때까지, 아니 그 이상 오래 입었다. 엄마는 단 1초도 헛되이 쓰지 않고, 책을 읽으면서 뜨개질을 했다. 또 아버지나 친구들과 이야기를 나눌 때도 바느질을 하거나, 깁거나, 수를 놓았다. 지하철이나 전차 안에서는 우리 페티코트에 달려고 몇십 킬로미터나 될 듯한 기다란 레이스를 떴다. 밤이면 엄마는 가계부를 적었다. 지난 몇 년 동안, 엄마의 손을 거쳐 간 동전 하나까지도 크고 검은 장부에 기록되어 있었다. 나는 시간이든 돈이든 여유가 없으므로—우리 집에서뿐만 아니라 어디서든—무척 아껴야 한다고 생각했고, 또 그 생각이 마음에 들었다. 왜냐하면 나는 질서 있는 세상을 바라고 있었기 때문이다. 푸페트와 나는 사막을 헤매는 탐험가들이나, 무인도에 표류한 난파선 사람들 놀이를 자주 했다. 그렇지 않으면 포위당한 도시 안에서 굶주림과 싸웠다. 우리는 매우 빈약한 자원에서 최대 이익을 이끌어내는 교묘한 기술을 고안했다. 이것들이 우리가 즐겨 했던 놀이 주제 중 하나였다. 모든 것을 활용할 것. 나는 이 명령을 끝까지 지킬 작정이었다. 매주 시간표를 적는 노트에 나는 작은 글씨로 조금의 공백도 없이 빼곡하게 쓰기 시작했다. 깜짝 놀란 선생님들은 내가 구두쇠가 아니냐고 엄마에게 물었다. 그래서 나는 비교적 일찌감치 이 괴이한 버릇을 집어치웠다. 대가도 없이 궁상을 떠는 것은 모순이고, 재미도 없다. 하지만 모든 것을, 그리고 나 자신마저도 샅샅이 활용해야 한다고 굳게 믿고 있었다. 라그리에르에서는 식사 전후, 또는 미사가 끝나고 돌아오는 길이 따분할 때가 있었다. 그럴 적마다 나는 좀이 쑤셨다.

    "이 아인 잠시도 가만있질 못하는 모양이야?"

모리스 숙모가 짜증스럽게 물으면 부모님은 나와 함께 웃었다. 부모님은 아무것도 하지 않고 가만히 있는 것을 죄악으로 여겼고, 나는 가만히 있는 것은 따분하므로 더더욱 비난받아 마땅하다고 믿었다. 나의 의무는 내 즐거움과 한데 섞여 있었던 것이다. 그래서 이 무렵 나는 무척이나 행복했다.

아드린 데지르 학교에는 기숙학생, 반기숙학생(점심을 학교에서 먹는 학생), 학교에 남아서 숙제를 하는 학생, 그리고 나처럼 그냥 수업에만 나오는 학생들이 있었다. 일반교양 과목이 일주일에 2번, 과목마다 2시간씩 있었는데, 나는 영어와 피아노, 가톨릭 교리 수업을 더 들었다. 학교에 입학하던 당시의 감동은 별로 줄어들지 않았다. 선생님이 교실에 들어서자마자 시간은 신성한 것으로 바뀌었다. 선생님들은 가슴을 설레게 할 만한 얘기는 전혀 하지 않았다. 우리는 배운 것을 암송하고, 선생님들은 숙제를 고쳐 주었다. 하지만 나는 선생님들이 공정하게 내 존재를 인정해 주는 것 이외에는 아무것도 바라지 않았다. 나의 성적은 기억에 오래 남을 기록부에 새겨졌다. 기록이 아니더라도 적어도 내 실력보다 매번 나은 성적을 내야만 했다. 그 경쟁은 새롭게 반복되어, 실패하면 풀이 죽고 성공하면 잔뜩 들떴다. 나의 1년은 찬란한 시간의 증거들로 장식되어 있었다. 매일매일이 나를 어딘가로 이끌어 주었다. 나는 빛바랜 일요일을 보내고 그럭저럭 일주일을 버티는 어른들을 가엾게 생각했다. 어떤 의미도 없이 살아가는 것은 견딜 수 없는 일이었다.

나는 기다렸다. 내가 어떻게 살아 있는 것인지를 스스로에게 묻지 말아야 한다는 요구에 시달렸다. 아버지 책상 앞에 앉아 영어책을 번역하면서, 또는 작문을 베끼면서 나는 내 위치를 확인했다. 나는 그렇게 내가 할 일을 했던 것이다. 재떨이, 잉크병, 종이칼, 연필, 펜대 등이 옹기종기 모여서 나의 집필 욕구를 돕는 듯했다. 이 집필 욕구는 내 세계 전체로 스며들고 있었다. 성실하게 의자에 앉아서 하늘에서 들리는 목소리에 귀를 기울이고 있었던 것이다.

그럼에도 모든 일에 똑같은 열성을 지니고 일하지는 않았다. 관례에 따르라고 배우기는 했지만 그것으로 나의 취향이 바뀌지는 않았다. 라그리에르에서 엘렌 고모가 호박 요리를 내놓았을 때, 나는 손도 대지 않고 울면서 식탁을 떠났다. 협박을 받거나 매를 맞는 일이 있어도 나는 고집스레 치즈를 먹지 않았다. 나에겐 그보다 심각한 편집증이 있었는데, 따분함을 죽을 만큼 싫어해서 그것은 순식간에 걱정거리로 바뀌기까지 했다. 앞에서도 말했지만 아무 할 일 없는 무위 상태를 증오했기 때문이다. 그렇지만 내 정신을 빨아들이지 않고도 육체를 마비시킬 만한 일 역시 공허감을 주기는 마찬가지였다. 할머니는 내가 태피스트리와 자수에 흥미를 갖게 하는 데 성공했다. 자수와 천의 종류에 따라 털실이나 면실을 나눠 사용해야만 했는데, 나는 이런 규칙을 지키는 일에 몰두하여 의자 등받이 12개를 만들고, 또 내 방 의자 하나에는 지독히 악취미적인 태피스트리를 씌웠다. 하지만 공그르기나 가장자리 꿰매기, 휘감치기, 단춧구멍 만들기, 십자수, 마크라메 레이스 짜기 등은 하기가 싫어서 꾀를 부렸다. 그러자 내 흥미를 돋우기 위해 페이에 선생님은 어떤 일화를 얘기해 주었다.

신붓감을 찾는 청년 앞에서 사람들은 학식이 있으면서도 갖가지 재주에 뛰어난 음악가 아가씨를 칭찬했다. 그랬더니 청년이 물었다.

"바느질은 잘하나요?"

아무리 그래도 낯선 청년의 변덕 이야기에 내가 좌지우지되려니 생각한 사람들이 멍청하게 보였다. 나는 고쳐 보려고 노력했다. 어떤 면에서 나는 교양을 높이는 데 급급하면서도 그것을 실행하는 일은 따분하게 여겼다. 영어책을 펼치면 여행을 나선 듯한 기분이 들었다. 그 책들을 열심히 공부했지만 정확한 악센트로 발음하려는 노력은 하지 않았고, 소나티네를 연구하는 것이 재미있었지만 연습할 마음은 내키지 않았다. 음계와 연습을 어찌나 싫어했던지, 피아노 시험 성적은 바닥을 맴돌았다. 음계 발성 연습은 이론에만 흥미가 있을 뿐, 엉터리로 노래하고 악보 받아쓰기도 엉망이었다. 나의 문학은 형태가 이루어져 있지 않아서 가족들은 개인교습으로 그것을 교정해 보려 했지만 허사였다. 이를테면 강이나 나라 등의 윤곽을 묘사해야 할 때도 어찌나 솜씨가 없었는지 사람들은 나무랄 마음도 생기지 않았던 듯하다. 이 특징은 나중까지도 계속되었다. 나는 만들기에는 재주가 없었고, 기교를 잘 부려 칭찬을 받은 기억도 없다.

나는 분하기는 했지만 이러한 단점을 받아들일 수밖에 없었다. 모든 방면에 뛰어나다면 좋겠지만 이런 결점들에는 너무나도 깊은 이유가 뿌리내려 있었으므로 단순히 일시적인 의지력만으로 고쳐질 게 아니었다. 내가 깊이 생각하는 것을 알게 된 때부터, 나는 무한한 힘과 하찮은 한계를 발견했다.

내가 잠들면 세상은 사라졌다. 그리고 세상은 보이기 위해, 알려지기 위해, 이해받기 위해 나를 필요로 하고 있었다. 어떤 사명이 지워진 느낌이 들어 자랑스러웠다. 하지만 지금까지 완성되지 않은 신체가 그 사명과 연관된다고는 생각하지 않았다. 오히려 육체가 개입할 때는 모든 것이 허사가 될 우려가 있었다. 하나의 곡이 진정으로 존재하게 하려면 그 느낌을 살려야지 죽여서는 안 된다. 어쨌든 음악에서 최고도의 완전함을 내 손가락으로 실현하기는 불가능했다. 그렇다면 열심히 해봤자 무슨 소용이 있겠는가? 어차피 한계가 있으니 상대적인 능력을 살려 나가는 편이 낫지 않을까? 시도해 볼 자신감이 없어서 나는 싫증이 났다. 절대성과 만나기 위해 내가 할 수 있는 일은 보고, 읽고, 생각하는 것뿐이었다. 영어책을 번역하면 나는 그 영어의 완전하고 유일한, 보편적인 의미를 발견하지만, 내 입속의 TH 발음은 다른 몇 백만 사람들이 발음하는 것과 큰 차이가 없었다. 나는 그런 것에 신경을 쓰지 않기로 했다. 그것 말고도 해야 할 일이 있었으므로 하찮은 일에 얽매여 있을 수 없었다. 할 일은 잔뜩 쌓여 있었다! 과거를 되살리거나, 오대륙을 소상히 알거나, 지구의 축까지 내려다보거나, 달 주위를 돈다든가 하는 그런 일들 말이다. 쓸데없는 공부를 억지로 하면 나의 정신은 결핍에 시달리고, 귀중한 시간을 허비했다는 느낌이 들게 될 것이다. 원하는 바는 얻지 못할 것이고, 그것은 내 책임으로 돌려질 테니 신속하게 정리하고 싶었다. 모든 명령은 나의 초조함에 부딪혀 산산조각 났다.

 그것은 연주자의 일을 쓸데없다고 여겼기 때문이기도 했다. 왜냐하면 겉보기뿐인 창출로 생각되어서였다. 소나타의 진리는 인쇄된 책 속에 적힌 맥베스의 진리처럼 오선지 위에 쓰인 영구불변의 것이라고 생각했다. 창조한다는 것은 별개의 일이다. 이 세상에 진실로 새로운 무언가를 용솟음치게 하는 것에 나는 감탄했다. 나는 오직 하나의 부문에서만 그것을 시도할 수 있었다. 바로 문학이다. 그림을 그리는 것은 흉내내는 일로 여겨져서 열심히 해도 잘되지 않았다. 나는 지각의 섬세한 부분에 주의를 기울이지 않고, 사물 전체에 반응했다. 가장 간단한 꽃을 재현하는 데도 곧잘 실패를 하는 것에 비해 언어의 사용 방법은 잘 알고 있었다. 언어는 사물의 실체를 표현하기 때문에 그 본질을 선명히 드러낸다. 나는 스스로에게 일어난 모든 일을 솔직하게 말하는 경향이 있었다. 말하고 쓰는 것이 무척 좋았다. 내 생활 속

일화를 작문으로 써놓으면 그것은 잊히지 않고 남아 사람들의 흥미를 끌 것이므로 영원히 살아 있게 된다. 또한 이야기를 지어내는 것도 좋아했다. 나의 경험 안에서 영감을 얻었지만 말이다. 그것은 내 경험을 증명한다. 어떤 의미에서 그 이야기들은 아무 도움도 되지 않았지만, 특별하고 둘도 없는 것으로 존재했다. 아무것도 아닌 것에서 그 이야기들이 이끌려 나왔다는 점이 무척 자랑스러웠다. 그런 까닭에 나는 '작문'에 항상 세심한 주의를 기울였고, 예쁜 앨범에 몇몇 작품을 베끼기도 했다.

7월, 여름 방학이 되어 나는 미련 없이 데지르 학교에 작별을 고할 수 있었다. 그러다가도 파리로 돌아올 때면 새 학년이 시작되기를 손꼽아 기다리곤 했다. 나는 검게 길이 든 배나무 책장 옆 가죽 팔걸이의자에 앉아서 두 팔 사이에 새 책을 놓고 팔랑팔랑 넘겼다. 책 냄새를 맡고, 그림과 지도를 보면서 역사의 페이지를 넘나들었다. 검정색과 하얀색 페이지의 그늘에 감추어져 있는 모든 경치와 모든 사람은 내가 눈길을 주기만 하면 되살아났던 것이다. 그 소리 없는 존재, 그것들에 대한 나의 지배력이 나를 사로잡는 한……

학교 공부 이외에는 독서가 내 삶에서 중요한 부분을 차지했다. 그 무렵 엄마는 생쉴피스 광장 카디날 도서관을 이용했다. 커다란 홀 한가운데에는 테이블이 놓여 있고 그 위로 잡지와 화보들이 잔뜩 쌓여 있었다. 그 방을 중심으로 책이 가득 꽂힌 복도가 방사형으로 이어져 있었는데 회원들은 그곳을 자유롭게 돌아다녔다. 어린시절, 가장 기뻤던 기억은 어느 날 엄마가 나를 그곳 회원으로 가입해 주었다고 말했던 것이다. 나는 '어린이용'이라고 쓰인 표시판 앞에 멈춰 서서 꼼짝하지 않았다. 그곳에 100권 가량의 책이 꽂혀 있는 것을 보고 '이게 전부 내 거란 말이야!'라며 나는 몽롱해진 정신으로 생각했다. 현실은 내가 가장 갈망하던 꿈을 훨씬 능가했던 것이다. 그 때까지 내게 미지의 세계이기만 했던 천국이 눈앞에 풍요롭게 펼쳐져 있었다. 나는 카탈로그를 집으로 가져가서, 부모님의 도움으로 J(JEUNESSE, 소년소녀의 J) 표시가 있는 책 가운데서 읽을 책을 골라 목록을 만들었다. 매주 어떤 책을 고를까 하는 갖가지 욕망 사이에서 기쁨과 한숨을 맛보았다. 더구나 엄마는 영어 소설을 사러 가끔 학교 근처 작은 책방으로 나를 데려가 주었다. 그 책들을 오랫동안 읽었다. 왜냐하면 독해 속도가 아주 느렸기 때문이다. 사전으로 언어 위에 씌워진 불투명한 베일을 거두는 일에 크나큰 기쁨을 느꼈다. 묘사와 이야기에는 아직 얼마간 신비가 감돌고 있었다. 그것들은 프랑스어로 읽는 것보다 훨씬 깊이와 매력이 있는 것처럼 느껴졌다.

그해에 아버지는 마들렌 르메르의 삽화가 담긴 《콩스탕 신부》를 내게 주었다. 어느 일요일, 아버지는 이 소설을 각색한 희곡을 보러 코미디 프랑세즈 극장으로 나를 데려갔다. 처음으로 어른들만 가는 진짜 극장에 가도 된다는 허락을 받은 것이다. 나는 빨강 보조석에 앉아 경건한 마음으로 배우들의 대사에 귀를 기울였다. 하지만 그들은 나를 약간 실망시켰다. 머리에 물을 들이고, 지어낸 악센트로 말하는 세실 소렐은 내가 상상하던 스코트 부인의 이미지에 걸맞지 않았다. 그러나 2, 3년 뒤에 〈시라노〉에 눈물을 흘리고, 〈새끼 수리〉에 오열하고, 〈브리타니쿠스〉에 전율할 나는 무대의 마술에 몸과 마음을 완전히 내맡겼다. 그날 오후, 나를 매료했던 것은 연극보다도 아버지와 단둘이서 어깨를 나란히 하고 있다는 사실이었다. 아버지와 둘이서, 아버지가 나를 위해 골라 준 연극을 관람하는 일은 우리 사이에 뭐라고 할 수 없는 일종의 공범 관계를 형성했다. 그러므로 나는 몇 시간 동안이나마 아버지가 오직 내 것이라는 도취감에 빠지곤 했다.

그 무렵, 나는 아버지에 대해 아주 좋은 감정을 가지고 있었다. 아버지는 자주 걱정스럽게 말했다. 포슈 장군은 제멋대로 해버렸지만, 우리는 베를린까지 가야만 했다고. 아버지는 볼셰비키에 관해서도 많이 언급했다. 볼셰비키는 아버지를 파산시켰던 보슈와 우연하게도 비슷한 면을 지녔던 것이다. 아버지는 미래를 무척 비관적으로 내다보았으므로 변호사 사무실을 열 생각을 하지 않았다. 그때까지도 지독한 일들을 잔뜩 겪은 참이어서 대신 외할아버지 소유의 공장에서 중역을 맡았다. 할아버지가 파산하는 바람에 엄마의 지참금은 끝내 지불되지 않았다. 경력은 중단되고, 재산의 대부분을 쏟아부은 러시아 주식이 폭락해 버린 지금, 아버지는 한숨을 쉬면서 '신빈곤인들' 범주 안에 들어가 있었다. 그런데도 아버지는 평상심을 유지했고, 사적인 일보다 세계정세에 더 큰 관심을 보였다. 나는 아버지처럼 훌륭한 사람이 이처럼 빈곤한 생활을 순순히 받아들이는 것에 감동했다. 어느 날, 나는 아버지가 어떤 기금 모금을 위해 쿠르틀린의 〈우리 집의 평화〉라는 연극무대에서 공연하고 있는 것을 보았다. 아버지는 어린애 같은 젊은 아내의 사치스런 변덕에 잔뜩 시달리면서 갖가지 금전상의 걱정거리에 휩싸인 가난한 신문 소설가 역을 연기했다. 그 아내는 우리 엄마와는 전혀 비슷하지 않았다. 그런데도 나는 아버지가 연기하는 인물에서 아버지를 찾아볼 수 있었다. 아버지는 그 등장인물을 통해, 포기한 세상에 대한 조롱을 표현했다. 그것은 눈시울을 뜨겁게 할 정도로 나를 감동시켰다. 아버지의 체념 속에는 우수가 감돌고 있었고, 내가 간파해낸 아버지의 소리 없는 고통은 아버지에게 새로운 위신을 더해 주었다. 나는 낭만적 감정으로 아버지를 사랑했다.

아름다운 여름날에 간혹 우리는 저녁을 먹고나서 뤽상부르 공원을 거닐었다. 메디시 광장 테라스에서 아이스크림을 먹은 다음에도 문 닫을 시각을 알리는 나팔 소리가 울려 퍼져서야 공원을 가로질러 나왔다. 나는 호젓한 오솔길을 걸으면서, 뤽상부르 공원에 이어 있는 상원 의사당 건물에 사는 사람들을 부러워했다. 내 일상적인 습관은 계절의 리듬만큼이나 엄격했기 때문에 그것이 조금이라도 길을 벗어나면 크게 경탄하는 것이었다. 평소 같으면 엄마가 현관문을 잠글 시간인 저녁나절의 온화함 속에서 산책을 하는 것이, 나에게는 어디까지나 한겨울에 피어난 꽃을 보는 듯한 경이이기도 하고 시적인 일이기도 했다.

언제였는지 매우 특별한 밤이 있었다. 우리는 마탱 신문사 앞 프레보 카페 테라스에서 초콜릿을 마시고 있었다. 전광뉴스가 뉴욕에서 벌어지고 있는 카르팡티에와 뎀프시의 시합을 중계하고 있었다. 마탱 신문사 주위는 온통 사람들로 가득했다. 카르팡티에가 KO당하자 울음을 터뜨리는 사람들도 있었다. 나는 이 대사건을 목격했다는 커다란 자부심을 안고 집으로 돌아오기는 했지만 서재에 틀어박혀서 보내는 우리 가족이 정말 좋았다. 아버지가 우리에게 《페리숑 씨의 여행》을 읽어주었고, 그렇지 않을 때는 모두 나란히 앉아 각자 책을 읽었다. 그런 부모님과 동생을 차례로 쳐다보면 가슴이 뭉클해졌다. '우리 네 식구!' 나는 속으로 황홀하게 외쳤다. 그러고는 생각했다. '우리는 얼마나 행복한가!'

단 한 가지 일 때문에 이따금 마음이 심란했다. 나는 언젠가 내 인생의 이 시절이 끝나리란 것을 알고 있었다. 그것은 진실인 성싶지 않았다. 20년 내내 부모님을 사랑했던 사람이 어떻게 죽을 만큼의 슬픔 없이 낯선 남자 뒤를 따라갈 수 있으랴! 20년 동안 그 남자 없이도 살아왔건만, 아무 연관도 없는 그를 느닷없이 사랑할 수 있을까? 나는 아버지에게 물었다.

"남편이란 다르단다."

아버지는 의미 있는 미소와 함께 대답했지만 나는 개운하지 않았다. 결혼을 생각하면 늘 불쾌한 마음이 먼저 들었다. 결혼에 속박과 복종이 있다고 생각하지는 않았다. 왜냐하면 엄마가 억압이나 강요를 당하는 모습을 본 적이 없기 때문이다. 단지 혼란스러운 것이 싫었다.

"밤에 침대에서 실컷 울지도 못할 거야!"

두려운 마음이 들었다. 내 행복이 가끔 슬픔의 발작으로 인해 차단되어 있었는지도 모른다. 하지만 밤이면 나는 우는 게 좋아서 그냥 울었다. 이런 눈물을 억누른다는 것은 내가 가장 원하는 최소한도의 자유를 거부하는 일이다. 나는 언제나 내게 쏟아지는 시선들을 느끼고 있었다. 주변 사람들이 좋았지만 잠자리에 들면 아무도 보는 이가 없다는 생각에 매우 홀가분했다. 그럴 때면 스스로에게 질문하고, 나를 돌아보면서, 홀로 감동하고, 어른들이 있을 때 억압되었던 수줍은 속삭임들에 귀를 기울일 수가 있었다. 이런 휴식을 나에게서 빼앗아 버린다면 그것은 너무한 일이다. 아주 잠깐이라도 사람들의 관심에서 벗어나 누구의 방해도 받지 않고 느긋하게 나 자신과 이야기하고 싶었다.

나는 매우 신앙심이 깊었다. 한 달에 2번 마르탱 신부님에게 고해성사를 하고, 일주일에 3번 성체 예배를 했으며, 아침마다 《그리스도 본받기》를 읽었다. 학교에서는 쉬는 시간이면 기도실에 살며시 들어가 두 손으로 머리를 감싸 쥐고 오랫동안 기도를 했다. 하루에 몇 번이고 하느님에게 기도를 올렸다. 나는 이제 아기 예수에게는 흥미가 없었지만, 그리스도를 열심히 찬미했다. 복음서 이외에도 그리스도가 주인공인, 마음을 뒤흔들 만한 소설책을 읽고, 연애를 하는 여인의 눈길로 그리스도의 부드럽고 슬프고 아름다운 얼굴을 물끄러미 바라보았다. 나는 올리브 나무로 뒤덮인 언덕을 오르는 그리스도의 흰 옷에 어린 찬란함을 좇으며 그 맨발을 눈물로 적셨다. 그리스도는 막달라 마리아에게 미소를 보낸 것처럼 나에게 미소 지었다. 나는 마음껏 그리스도의 무릎에 입을 맞추고, 피로 얼룩진 그 몸에 눈물을 흘리고 나서야 다시 그리스도를 하늘로 올려 보냈다. 그러면 그리스도는 나에게 새로운 생명을 부여해 주었고, 또 언젠가는 영원히 나를 거두어 갈 가장 신비로운 존재의 그 광채와 함께 하늘 속으로 잠겼다.

하느님이 그곳에 있다는 것은 얼마나 큰 위안인가! 하느님은 창조한 피조물 하나하나에 매우 특별한 사랑을 품고 있다고 들었다. 나는 이런 생각을 했다. 단 한 순간도 하느님의 눈길은 내게서 떠나지 않는다, 그리고 다른 사람들은 하느님과 내가 마주한 관계에서 제외되어 있다고. 그래서 다른 사람들이 지워진 이 세상에는 하느님과 나, 단둘만 있었다. 하느님의 영광에 내가 필요하다, 나라는 존재는 무한한 가치가 있고, 하느님은 어떤 것도 놓치지 않는다. 하느님은 학교 선생님들의 생활기록부보다 훨씬 결정적으로 나의 행동, 사상, 장점 등을 기록하고 있는 것이다. 물론 내 단점까지이지만 그것은 나의 후회와 그리스도의 자비에 의해 아주 깨끗하게 씻겼으므로 나의 덕과 마찬가지로 빛나고 있었다. 나는 시작도 끝도 없는 이 맑은 거울 속 나를 질리지도 않고 황홀하게 바라보았다. 하느님 마음속에 용솟음치는 기쁨으로 빛나고 있는 나의 이미지는 지상에서 받은 모든 환멸을 위로해 주었다. 그것은 무관심, 부정, 인간 사이의 오해를 나에게서 거둬가 주었다. 왜냐하면 하느님은 늘 내 어깨를 붙들어 주었으니까. 내게 약간의 잘못이 있더라도 하느님에게 용서를 비는 순간 내 영혼은 깨끗해져 다시 광택을 찾는 것이다. 평소 다른 사람들이 내게 넘겨씌운 잘못은 하느님의 광채로 소멸되었다. 하느님은 나를 심판하고 정당화했다. 나에게 하느님은 언제나 이치가 통용되는 최고의 장소였기 때문에 나는 모든 정열을 바쳐서 하느님을 사랑했다.

해마다 심령 수업을 받을 때면 온종일 설교사의 지시를 따라 예배에 출석해 묵주를 넘기며 명상을 했고, 학교에서 점심을 먹을 때는 감독이 우리에게 성인의 일생을 읽어주었다. 저녁에 엄마는 집에서 나의 명상을 배려해 주었다. 나는 수첩에다 내 영혼을 토로하고 성녀 같은 맹세를 적었다. 하느님에게 다가가기를 열망했지만 그 방법을 알지 못했다. 내 행동은 더할 나위가 없었으므로 그것을 개선하는 것은 거의 불가능했다. 그리고 어떤 범위에서 하느님과 관계가 있는지 스스로에게 물었다. 엄마가 동생과 나를 나무랄 때 대부분의 잘못은 부주의나 경솔함에서 나온 것이었다. 푸페트는 털가죽 색깔을 더럽혔다는 이유로 지독히 혼나고 벌을 받았다. 언젠가 개울에서 가스통 큰아버지와 가재잡이를 할 때 내가 가재를 물속에 떨어뜨려서 크게 당황했던 적이 있었는데, 그 일로 꾸지람을 듣기는 했지만 용서를 받았다. 이런 실수는 죄하고는 아무 관계도 없었고, 그것을 피한다고 내가 완성되는 것도 아니었다. 곤혹스러운 점은 하느님이 많은 것을 금지하고 있는데도 분명한 무언가를 전혀 요구하지 않는다는 것이었다. 그저 몇 번의 기도, 아니면 우리 습관을 변경하지 않는 정도의 몇 가지 의례뿐이었다. 나는 사람들이 성체 예배에 왔다가 이내 평범한 생활로 돌아가는 것을 보고 의아하게 생각했다. 나도 그들과 똑같은 식이었지만 왠지 개운치가 않았다. 결국, 하느님을 믿든 믿지 않든 다 비슷비슷하게 살고 있는 것이었다. 나는 차츰 속세에는 초자연적인 생활을 할 곳이 없다고 믿게 되었다. 그렇지만 이 생활은 중요했다. 이 생활만이 말이다. 어느 날 아침, 나는 느닷없이 깨달은 것이 있는데, 미래의 천상의 복을 믿는 그리스도 교도라 해도 이 세상의 이런 일시적인 초자연적 생활에 조금이라도 중요성을 두어야만 한다는 사실이다. 어째서 사람들 대부분은 이 시대에 머물겠다고 수락했을까? 생각할수록 놀라웠다. 어쨌든 나는 그들을 흉내내지 않기로 결정했다. 무한과 유한 중 어느 쪽을 택할지, 나의 선택은 정해져 있었다.

'나는 수도원에 들어가겠다'고 결심했다. 자선 수녀들의 활동은 여전히 경박하게 느껴졌다. 하느님의 영광을 때때로 명상하는 것만큼 합리적인 일은 없었다. 카르멜 수녀회의 수녀가 되리라. 나는 이 계획을 다른 사람에게 말하지 않았다. 사람들은 내 말을 진지하게 받아들이지 않으리라. 나는 자랑스레 이렇게 선언하는 데 그치기로 했다.

"나는 시집가지 않을 거야."

아버지는 미소 지으며 말했다.

"그 일에 대해선 네가 15살이 되면 다시 얘기하기로 하자."

나는 아버지의 미소를 되새겼다. 그러나 흔들림 없는 의지로 내가 수도원으로 가리라는 것을 나는 알고 있었다. 어떻게 모든 것을 제치고 무(無)를 선택할 수가 있으랴!

이 미래는 나에게 편리한 알리바이였다. 몇 년 동안, 나는 거리낌 없이 세상의 온갖 재물과 영화를 능히 감당할 수가 있었던 것이다.

매년 여름 시골에서 2달 반을 보낼 때면, 나는 행복의 절정에 있었다. 엄마 기분은 파리에서보다 훨씬 유쾌했고, 아버지는 평소보다 나를 더 많이 배려해 주셨다. 나는 동생과 책을 읽거나 놀 시간이 많았다. 데지르 학교는 전혀 그립지 않았다. 생활 속에서 공부는 필수여서 여름 방학 동안 나의 공부 욕구는 왕성했다. 시간은 빈틈없이 꽉 짜이거나 반드시 해야만 하는 갖가지 일들로 규제되지는 않았다. 그것은 내 호기심 어린 눈동자 앞에 펼쳐진 다양한 지평선의 무한한 광대함으로 충분히 보상받았다. 어느 누구의 도움도 받지 않고 그것들을 탐험하리라. 어른들의 명상은 이제 세상과 나 사이에 개입하지 않았다. 고독과 자유……, 지난 1년 동안 아주 조금밖에 내게 주어지지 않았던 이런 것들에 나는 흠뻑 취했다. 나의 모든 열망이 하나가 되었다. 과거에 대한 성실성, 새로운 것에 관한 기호, 부모님에 대한 애정, 독립에 대한 욕망…….

우리는 몇 주일을 라그리에르에서 보내곤 했다. 집은 매우 넓고 고색창연한 것 같았지만 겨우 50년밖에 되지 않았다. 그렇지만 지난 반세기 동안 가구든 수집한 도구든 일단 집에 들여오면 그것을 끝으로, 그 이후에는 절대로 밖으로 끌어내지 않았다. 아무도 감히 시간의 더께를 닦아내려 하지 않았다. 소멸된 오랜 생명의 냄새가 났다. 돌을 끼워 맞춘 현관 벽에는 번쩍이는 붉은빛 구리 사냥나팔이 걸려 있어서 호화롭던 옛 사냥—아무래도 가짜 같았지만—이 연상되었다. 우리가 평소 지내는 '당구실'에는 여우와 꿩, 수리 등의 박제가 있어서 살생의 전통을 불멸의 것으로 만들어 놓았다. 당구대는 없었지만 커다란 난로와 꼼꼼하게 자물쇠가 채워진 서가, 〈샤세르 프랑세〉지가 흩어져 있는 테이블이 있었다. 누렇게 바랜 사진, 공작의 깃털, 자갈, 초벌구이 도자기, 기압계, 침묵하고 있는 기둥 시계, 항상 꺼져 있는 램프 등이 둥근 테이블 위에 옹기종기 모여 있었다. 식당 이외의 다른 방은 가끔씩만 사용했다. 나프탈렌 냄새가 풍기는 살롱, 작은 살롱, 공부방. 그리고 덧문이 언제나 내려져 있는 서재 같은 것이 있었는데 창고로 쓰였다. 가죽 공장처럼 지독한 냄새가 나는 작은 창고에는 몇 세대에 걸친 장화와 부인용 뜨개신이 조용히 쉬고 있었다. 2개의 계단이 위층으로 통하고, 복도는 12개쯤 되는 침실과 연결되어 있었다. 침실의 대부분은 이제 침실로 사용하지 않고 먼지를 뒤집어쓴 잡동사니로 가득했다. 나는 침실 하나를 동생과 함께 썼다. 우리는 기다란 기둥이 달린 고풍스런 침대에서 잤다. 〈일뤼스트라시옹〉지에서 오린 삽화가 액자에 끼워져 벽을 장식하고 있었다.

집 안에서 가장 활기 넘치는 곳은 지하실 넓이의 반을 차지하고 있는 부엌이었다. 나는 거기서 밀크 커피와 검은 빵으로 아침을 먹었다. 들창 밖으로 닭과 개, 때로는 사람의 발도 보였다. 나는 테이블과 의자 등, 오래되고 두꺼운 목재가 좋았다. 요리를 하는 화로에서는 불꽃이 타고, 적동이 반짝이며, 구리냄비, 망 국자, 손잡이가 달린 물주머니, 크기가 다른 냄비, 유치한 색채의 화려한 도자기 접시와 대접, 컵, 오르되브르용 접시, 항아리, 항아리 모양 주전자, 술 항아리 등 여러 그릇들이 내게 흥밋거리를 제공해 주었다. 주조, 초벌구이, 도자기, 알루미늄, 주석 등등! 프라이팬, 찜용, 일반용, 스튜용, 수프용, 평평한 냄비, 파이 굽는 접시, 거르는 기계, 으깨는 기계, 제분기, 과자틀, 우유접시! 비둘기가 구구거리는 복도 맞은편에는 우유와 버터를 만드는 곳이 있었다. 유약을 발라 구운 반짝이는 항아리와 그릇, 나무로 된 버터제조용 착유기, 산더미처럼 쌓인 버터, 희고 얇은 천 아래 프로마주 블랑(치즈이름)의 보드라운 표면이 내 시선을 끌었다. 이 위생적인 알몸과 젖먹이 같은 냄새에 나는 도망쳤다. 하지만 나는 사과와 배가 울타리 위에서 익어가는 과수원에 있기를 좋아했다. 그리고 술 창고에서 술통과 술병, 햄, 소시지, 양파, 말린 버섯들 사이에 있는 것도 좋아했다. 이런 지하실에는 라 그리에르의 사치스러움이 한데 모아져 있었다. 정원은 집 내부와 마찬가지로 살풍경이었다. 화단 하나, 정원용 의자 하나 없어서, 이곳에 있으면 편리하다든지 기분이 좋다든지 하는 생각이 들 만한 구석이 한 군데도 없었다. 현관 정면 빨래터에는 하녀들이 와서 세탁물을 힘껏 두들겨 가며 빨래를 하고 있었다. 잔디의 급경사면을 내려간 곳에 집 한 채가 더 있었다. 본채보다 오래된 집이었다. 이 '아래채'는 마구와 거미집으로 가득했다. 3, 4마리의 말이 옆 마구간에서 히힝 대고 있었다.

고모부와 고모, 사촌들은 이 배경에 걸맞은 생활을 하고 있었다. 엘렌 고모는 아침 6시에 일어나면 장롱을 모조리 점검했다. 많은 일꾼을 거느린 고모는 어쩌다가 요리를 할 뿐, 집안 청소와 바느질, 독서도 하지 않았지만 늘 자기 시간은 1초도 없다고 투덜댔다. 고모는 연신 술 창고와 헛간을 바삐 오갔다. 고모부는 9시쯤 아래층으로 내려와서는 신발장에서 각반을 꺼내 차고 말에게 안장을 얹으러 나갔다. 마들렌은 동물들을 보살폈고, 로베르는 자고 있었다. 점심은 매우 늦게 먹었는데 식탁에 앉기 전에 모리스 고모부는 샐러드드레싱을 목제 주걱으로 정성 들여 저으며 만들었다. 처음 식사를 할 때는 캉탈루프 멜론에 대해 열심히 이야기하고, 나중에는 여러 가지 배 맛을 비교했다. 그 사이에 사람들은 먹느라 별로 말을 하지 않았다. 식사가 끝나면 고모는 설거지를 하고, 고모부는 채찍 소리를 획획 내가며 마구간으로 돌아갔다. 마들렌은 푸페트와 나와 함께 크리켓을 했다. 로베르는 보통 아무것도 하지 않았다. 이따금 낚시를 하러 갔고, 9월에는 사냥도 조금 했다. 낮에는 월급제 가정교사들에게서 산수와 받아쓰기 기초를 배웠다. 피부가 노란 노처녀가 마들렌의 공부를 가르쳤다. 마들렌은 별로 고집이 세지 않고 집안에서 유일하게 독서를 하는 사람이었다. 그녀는 소설을 많이 읽은 탓인지, 아주 예쁘게 자라서 사랑받기를 꿈꾸고 있었다. 밤이면 모두 당구실에 모였다. 아버지가 불을 켜 달라고 하면 고모는 반대하며 말했다.

"아직 환하잖아요!"

하지만 아버지 말에 따라 테이블 위에 석유램프를 켰다. 저녁식사 뒤에 고모가 어두운 복도를 지나는 발소리가 들렸다. 로베르와 고모부는 말없이 잘 시간을 기다리고 있었다. 둘 중 하나가 예외적으로 잠깐 동안 〈샤세르 프랑세〉지를 뒤적였다. 다음 날도 똑같은 하루가 반복되었다. 다만 일요일만큼은 문이란 문을 죄다 엄중하게 닫은 다음에 말 한 마리가 끄는 마차에 타고 미사를 드리러 생제르맹레벨로 갔다. 고모는 절대로 손님을 초대하지 않고, 또 누구의 집도 방문하지 않았다.

나는 이런 습관들에 매우 원만히 맞춰 갔다. 하루의 대부분을 동생과 사촌과 함께 크리켓 운동장에서 보내고, 독서를 했으며, 이따금은 우리 셋이 밤나무 숲 속으로 버섯을 캐러 갔다. 우리는 들판의 맛없는 버섯과 피엘 버섯, 긴수염버섯과 지롤 고프레 버섯에는 눈길도 주지 않았고, 붉은 기둥의 그물버섯과 수수한 빛깔에 딱딱한 모양의 가짜 세프 버섯은 세심하게 가려냈으며, 또 너무 익은 세프 버섯도 멀리했다. 몸통이 무른 데다 초록곰팡이가 피어 있기 때문이다. 우리는 기둥이 굵고 진한 밤색이나 보라색을 띤, 멋진 비로드 같은 갓 모양의 어린 버섯을 땄다. 이끼 속을 뒤지고, 양치를 헤치면서 부서질 때 꺼림칙한 오물이 흩어지는 '때버섯'을 발로 찼다. 이따금 우리는 로베르와 함께 가재를 잡으러 갔다. 그렇지 않으면 마들렌의 공작에게 먹이를 주러 가기도 하고, 삽으로 개미집을 파헤쳐 손수레에 하얀 알을 싣고 돌아오기도 했다.

사륜마차는 늘 차고에 박혀 있었다. 그래서 메리냐크까지 이 마차를 타고 갈 때면 10분마다 정차하는가 하면 1시간이나 흔들려 있어야 했다. 트렁크는 당나귀가 끄는 짐마차에 싣고, 우리는 집까지 들판 한가운데를 걸어서 갔다. 이 세상에 이토록 즐겁게 살아가는 곳은 없다는 생각이 들었다. 어떤 의미에서 우리가 그곳에서 보낸 날들은 매우 소박한 것이었다. 크리켓도, 다른 옥외 게임 도구도 전혀 갖고 있지 않았다. 엄마는 아버지가 우리에게 자전거를 사주는 데에 반대했다. 우리는 헤엄을 칠 줄 몰랐다. 게다가 베제르 강은 그다지 가깝지 않았다. 가끔 길에서 자동차의 굉음이 나면 엄마와 마그리트 큰어머니는 화장을 하러 서둘러 마당에서 집으로 뛰어들어가곤 했다. 방문객 중에 어린이가 있었던 적은 없었다. 하지만 놀거리가 없어도 좋았다. 독서와 산책, 그리고 동생과 발명한 놀이만으로도 충분했으니까.

내가 가장 행복한 순간은 아침 일찍 초원이 눈뜨는 것을 문득 느낄 때였다. 한 손에 책을 들고 아직 잠에 취한 채 집을 나왔다. 하얗게 얼어붙은 아침 이슬이 내린 풀 위에 앉는 것은 도저히 불가능했다. 나는 할아버지가 '풍경화처럼 만든 정원'이라고 부르는, 우량의 나무가 심어진 초원을 따라 가로수 길을 걸었다. 책을 읽으며 걸을 때면 상쾌한 공기가 부드럽게 내 피부에 와 닿았다. 대지를 뒤덮고 있던 엷은 서리가 조금씩 녹기 시작했다. 붉은 너도밤나무와 파란 삼나무, 은빛 포플러 등이 천국에서 맞이한 최초의 아침처럼 상쾌하게 빛나고 있었다. 나는 홀로 세상의 아름다움과 하느님의 영광을 꼬르륵대는 배와 토스트, 초콜릿 꿈과 함께 떠받치고 있었다. 꿀벌이 붕붕 날기 시작하고, 햇빛에 피어나는 등꽃 사이의 초록 빈지문이 열릴 무렵, 나는 이 하루—다른 사람들에게는 이제야 겨우 시작된—와 함께 은밀하고 긴 과거를 나눠 가졌다. 가족들과 이야기하면서 아침식사를 마치면 나무 그늘 아래 철제 테이블 앞에 앉아서 '여름 방학 숙제'를 했는데, 그 순간들이 얼마나 좋았는지 모른다. 언뜻 보기에 착하게 공부에 전념하는 모습이었지만, 사실은 여름의 수런거림에 몸을 맡기고 있었던 것이다. 꿀벌들의 붕붕거림, 닭 울음소리, 공작의 걱정스러운 듯한 울음소리, 우거진 나뭇잎이 속삭이는 소리……. 부엌에서 바람이 불어올 때마다 협죽도 향기에 섞인 캐러멜과 초콜릿 냄새가 나에게까지 닿았다. 내 공책 위에는 태양의 둥근 얼룩이 춤추고 있었다. 모든 것이, 심지어 나 자신마저도 현재에, 그리고 영원히 있어야 할

곳에 정확히 자리를 잡은 것이다.

할아버지는 점심 무렵 내려오셨다. 흰 볼수염 사이의 턱선에 면도 자국이 나 있었다. 할아버지는 점심때까지 〈에코 드 파리〉지를 읽으셨다. 할아버지는 말랑한 음식, 즉 닭고기와 양배추, 닭고기 파이, 오리 올리브 찜, 산토끼 고기, 파테, 타르트, 고기 파이, 편도향 크림과자, 플로냐르드, 구운 체리 과자 등을 좋아했다. 그래서 각 요리 접시 아래서 나는 소리가 〈코르느빌의 종〉을 연주하는 동안 할아버지는 즐거워하며 아버지와 농담을 주고받았다. 두 분은 식사 내내 이야기를 하고, 웃으며 문학적 어조로 말하거나 노래했다. 추억이나 일화, 낭독, 농담, 조상 대대로 전해오는 유머 등 이야깃거리가 다 떨어질 때까지 계속했다. 그런 다음 나는 언제나 동생과 산책을 나갔다. 우리는 양치와 덤불에 다리와 팔뚝을 긁혀 가며 밤나무 숲과 들판, 황무지 주위를 몇 킬로미터나 탐험하고 다니다가 연못과 폭포 같은 대발견을 했고, 또한 모네디에르의 푸르고 먼 경치를 보기 위해 히스가 가득 핀 들판 한가운데 회색빛 바위 위를 기어올랐다. 그러다 개암과 오디, 산복숭아, 산수유의 시큼한 열매 등을 먹어 보고, 사과나무마다 열린 사과를 맛보았다. 하지만 '솔로몬의 육각별'이라는 대단히 수수께끼 같은 이름을 지닌 식물은 즙만 빨아 보고, 납 색깔을 띤 아름다운 이삭은 만져 보기만 했다. 새로 난 풀냄새와 인동덩굴 냄새, 꽃이 무성한 호밀 냄새에 취한 채로 우리는 이끼와 풀밭 위에 앉아서 책을 읽었다. 가끔 나는 풍경화 같은 정원에서 홀로 오후를 보냈다. 그림자가 차츰 넓어지거나, 나비가 팔랑팔랑 춤추는 광경을 보면서 독서에 푹 빠졌다.

비 오는 날에는 집에 있었다. 나는 인간 의지에 의한 명령에는 저항했지만, 사물의 경우에는 싫지 않았다. 나는 객실에 있기를 좋아했는데, 그곳에는 초록색 벨벳이 깔린 소파와 빛이 누레진 얇은 실크로 덮인 유리창이 있었다. 대리석 난로 위, 테이블 위, 식기 찬장 위에는 생명 없는 많은 것이 죽음을 완성하고 있었다. 박제된 새는 깃털이 빠져 있었고, 시든 꽃은 너덜너덜했으며, 조개껍데기는 광택을 잃었다. 나는 디딤대에 올라가 책장을 훑고 다녔는데, 언제나 페니모어 쿠퍼의 저서 몇 권과 내가 아직 몰랐던 곰팡이 핀 페이지의 〈피토레스크〉지를 발견했다. 그 방에 있는 피아노 건반 몇 개는 소리가 나지 않고 조율도 엉망이었다. 엄마는 악보대 위에 〈그랑 모골〉과 〈자네트의 결혼식〉 등 악보를 펼쳐놓고 할아버지가 좋아하는 곡을 연주했다. 할아버지는 우리와 함께 후렴구를 노래했다.

날씨가 좋을 때면 나는 저녁을 먹은 뒤 정원을 산책했다. 은하수 아래로 별똥별이 없을까 두리번거리면서 마뇰리아의 감동적인 향기를 들이마셨다. 그러고는 한 손에 초를 들고 2층으로 자러 올라갔다. 나는 내 방을 갖고 있었다. 내 방은 안뜰로 향해 장작 헛간과 세탁장, 창고를 정면으로 마주하고 있었다. 창고에는 아름다운 구식 사륜마차처럼 유행에 뒤떨어진 지붕 없는 사륜마차와 베를린식 마차가 보관되어 있었다. 방이 좁아서 물건을 조금밖에 두지 않은 것이 매우 마음에 들었다. 그것은 독방으로서 나에게 딱 맞는 크기였다. 전에 내가 웅크리고 몸을 숨기던 아버지의 책상 아래처럼. 동생에게 미안하긴 했지만 고독은 나를 들뜨게 했다. 성스러운 기분이 들 때는 판자 사이에서 잤고, 잠자리에 들기 전에 오랫동안 창가에 서서 밤의 평화로운 숨결을 염탐하기도 했다. 창밖으로 몸을 내밀고 상쾌한 체리 월계수 덤불 속으로 두 팔을 넣었다. 샘물은 가장자리에 놓인 돌 위로 퐁퐁 솟아 흐르고, 가끔 소가 발굽으로 외양간 문을 찼다. 짚과 여물에서 냄새가 풍겨왔다. 단조롭게 고동치는 심장처럼 단단히 외양간의 쇠고리가 걸려 있었다. 이 무한한 침묵에, 그리고 무궁한 하늘 아래서 내 안에 끊임없이 속삭이는 '나는 여기에 있다……'는 소리에 대지가 대답하는 것 같았다. 내 몸의 따뜻함이, 내 심장의 얼어붙은 불꽃으로 옮아가는 듯했다. 저 위에 하느님이 있다. 그리고 나를 보고 있다. 미풍의 애무를 받고 향기에 취한, 내 핏속의 이 축제는 내게 영원을 주었다.

어른들이 자주 쓰는 표현이 있다. '그건 점잖지 못하구나'라는 말인데, 자세히 생각하면 그 의미는 약간 불분명했다. 처음에 나는 그것을 분뇨와 관계된 뜻으로 생각했다. 세귀르 부인이 쓴 《여름 방학》에는 귀신과 악몽, 시트를 더럽힌 이야기가 나온다. 그것은 부모님에게도 그랬지만 나에게도 충격적인 일이었다. 그래서 나는 점잖지 못하다는 것과 신체 하부의 기능을 결부하여 생각했다. 마침내 나는 몸 전체가 하찮은 것이라고 배웠다. 몸은 가려야 하고, 확실하게 정해진 장소가 아닌 곳에서 속옷이나 살갗을 보이는 것은 점잖지 못한 일이었다. 옷의 어느 부분이나, 어떤 자세는 몸을 무분별하게 노출하는 것과 마찬가지로 몹쓸 문제가 되었다. 이런 금기 사항은 특히 여자에게 적용되어, '점잖은' 부인은 가슴이 너무 깊이 파인 옷이나 짧은 치마를 입으면 안 되며, 머리를 물들이거나 짧게 잘라도, 또 화장을 해도 안 되고, 긴 의자 위에 드러눕거나 지하철 통로에서 남편에게 키스를 해도 안 되었다. 만약 이런 규정들을 어기면 예의에 어긋나는 것이었다. 점잖지 못하다는 것이 곧 죄악으로 간주되지는 않았지만, 가혹한 비난의 대상이 되었다. 나와 동생은 겉으로는 대수로워 보이지 않는 어떤 중대한 사실이 감춰져 있다고 느꼈다. 그래서 이 이해할 수 없는 것에서 우리를 지키려고 자진해서 그것을 조롱하기로 했다. 뤽상부르 공원에서 우리는 연인들의 앞을 지나면서 옆구리를 쿡쿡 찔렀다. 무례하다는 것은 나의 정신적인 면과 어떤 상관관계가 있었는데, 또 하나의 수수께끼로 인해 내게는 매우 모호한 것이 되었다. 이를테면 그것은 금지된 작품들 때문인데, 엄마는 가끔 내게 책을 건네기 전에 몇몇 페이지를 핀으로 고정해놓곤 했다. 웰스의 소설 《우주 전쟁》에도 엄마에게 불가 판정을 받은 장(章)이 있었다. 나는 핀을 떼려 하지는 않았지만 의아했다. 뭐가 문제인 것일까? 이상했다. 어른들은 내 앞에서 자유롭게 이야기를 했고, 나는 장애물에 부딪치지 않고 세상을 오가고 있었는데도 이 투명함 속에 뭔가 감춰져 있었다. 뭘까? 그리고 어디에 있을까? 나의 시선은 지평선을 샅샅이 탐색했지만 헛일이었다. 어디에도 막이 처져 있지 않았다. 그럼에도 눈에 보이지 않는 지대를 확인하려는 내 노력은 계속되었다.

어느 날, 아버지 책상 앞에 앉아서 공부를 하다가 우연히 노란 표지의 《코스모폴리스》라는 소설을 발견했다. 사실 피곤해서 머리가 텅 비어 있던 터라 기계적으로 그 책을 펼쳤다. 한참 동안 나는 책을 읽을 마음이 없었다. 하지만 문장을 구성하고 있는 단어를 다 읽지 않고도, 책 내부에 언뜻 눈길을 준 것만으로 그 비밀이 밝혀지는 것 같았다. 그때, 엄마가 갑자기 내 등 뒤에 나타났다.

"뭘 하고 있니?"

나는 머뭇거렸다.

"안 돼!"

엄마는 말했다.

"네게 허락되지 않은 책에는 절대로 손대면 안 된다."

엄마 목소리는 애원하는 것 같았고, 얼굴빛은 평소보다 훨씬 걱정스러워 보였다. 《코스모폴리스》에는 커다란 위험이 나를 기다리고 있는 것이다. 나는 다시는 그 책에 손대지 않겠다고 수도 없이 맹세했다. 이 일과 그보다 더 오래된 사건 하나가 내 기억 속에서 단단히 연결되었다. 아주 어렸을 적에, 나는 소파에 앉아 있다가 전기 콘센트의 검정 구멍 속으로 손가락을 넣었다. 찌릿찌릿한 충격에 놀라서, 그리고 아파서 소리를 질렀다. 엄마가 주의를 주는 동안, 내가 또다시 도자기 중앙의 그 검정 콘센트 구멍을 바라보았을까? 아니면 먼 훗날에 또 접촉을 시도했을까? 그건 그렇고, 책장에 꽂힌 졸라나 부르제의 책 내용도 내게는 예기치 못할, 번개 같은 충격을 안겨줄 성싶다. 나를 매료하는 지하철 레일처럼 말이다. 왜냐하면 그 눈동자는 살인적인 에너지를 드러내지 않고 매끄러운 표면을 미끄러져 가기 때문이다. 등짝이 지쳐빠진 오래된 책은 그 해악의 마력을 전혀 나타내지 않는 만큼 더욱 나를 주눅 들게 했다.

　나의 공식적인 성체 예배가 있은 후 심령 수업 시간에, 설교사는 호기심을 조심해야 한다면서 우리에게 한 일화를 얘기해 주었다. 그 이야기는 내 호기심을 한층 들쑤셔 놓았다. 놀랄 만큼 총명하고 조숙한, 그러나 무신경한 양육 방식으로 자라난 한 소녀가 어느 날 그에게 고해성사를 하러 왔다. 나쁜 책을 잔뜩 읽는 바람에 신앙을 잃었고, 인생이 싫어졌다는 것이다. 그는 소녀에게 희망을 주려 했지만 이미 깊은 병에 걸려 있었다. 얼마 뒤 그는 소녀의 자살 소식을 들었다. 그 이야기를 듣고 내가 느낀 첫 번째 감정은, 겨우 한 살 위인데 나보다 훨씬 많은 것을 알았던 소녀에 대한 질투 섞인 감탄이었다. 그 뒤로 나는 뭐가 뭔지 알 수 없게 되고 말았다. 이제 신앙은 나를 지옥으로부터 지켜주는 보증 수표이며, 나는 지옥이 너무 무서워서 치명적인 죄는 절대로 저지르지 않으리라. 그렇지만 만약 믿음을 버린다면 갖가지 암흑의 늪이 입을 벌리고 다가올 것이다. 내가 잘못을 하지 않아도 그런 무서운 불행이 닥칠 수 있을까? 그 어린 자살자는 복종하지 않은 죄를 저지른 것도 아니다. 그녀는 단지 부주의해서 알 수 없는 힘에 휘둘렸을 따름이었다. 그 힘이 그녀의 영혼을 황폐하게 한 것이다. 어째서 하느님은 그녀를 구하지 않았을까? 어떻게 인간들이 만든 언어가 초자연의 명백한 사실을 파괴할 수가 있으랴! 가장 이해할 수 없었던 점은 지식이 절망에 휘둘리는 것이었다. 설교사는 나쁜 책이 인생을 거짓된 색으로 다듬어 놓았다고 말하지는 않았으나 손쉽게 그 책들의 거짓을 쓸어버렸다. 설교사가 구하지 못한 한 소녀의 비극은 그 아이가 현실의 진정한 모습을 너무나 일찍 발견했다는 데 있었다. 그것도 정면으로. 그렇지만 나는 그것 때문에 죽지는 않는다고 스스로에게 다짐했다. 진실 때문에 죽는 나이가 있다는 생각은 합리주의자인 내게 혐오감만 불러일으켰다.

게다가 나이만 문제는 아니었다. 릴리 이모는 '소녀들을 위한' 책만 읽지는 않았고, 엄마는 언젠가 루이스에게서 《학교에서의 클로딘》(콜레트가 지은 소설)을 빼앗은 적이 있다. 그리고 저녁에 아버지에게 그 사실을 이야기했다.

"다행히 그 애가 아무것도 모르긴 했지만!"

결혼은 지혜의 나무 열매를 위험 없이 먹을 수 있는 해독제였다. 나는 무슨 까닭인지 전혀 알지 못했다. 이런 문제들에 대해 반 친구들과 얘기해 보려 한 적도 없었다. 한 아이가 '점잖지 못한 이야기'를 했다는 이유로 퇴학을 당했다. 설령 그 아이가 나를 끌어들이려 했더라도 귀 기울이지 않았을 거라고, 나는 고결한 심정으로 내 자신에게 말했다.

사촌 마들렌은 뭐든지 읽었다. 아버지는 12살인 마들렌이 《삼총사》에 푹 빠진 것을 보고 개탄했다. 엘렌 고모는 어쩔 도리가 없다는 듯 어깨를 으쓱했다. 하지만 '나이에 걸맞지 않은' 소설을 읽은 마들렌이 그렇다고 자살을 꿈꾸는 것 같지는 않았다. 1919년, 부모님은 렌 거리에서 몽파르나스 거리 아파트보다 훨씬 싼 집을 찾아내고는 이사할 결심을 했다. 그리고는 아이들 때문에 거치적거리는 일이 없도록 10월 초 2주 동안 동생과 나를 라그리에르로 보냈다. 우리는 아침부터 저녁까지 마들렌과 셋이서 놀았다. 어느 날, 크리켓을 하다가 쉬는 참에 나는 문득 금지된 책에는 대체 어떤 것들이 쓰여 있느냐고 마들렌에게 물었다. 그 내용을 확실히 알아야겠다고 작정한 것은 아니었지만, 단지 무슨 이유로 금지하는지 알고 싶었던 것이다.

우리 셋은 나무망치를 내려놓고서 활 모양의 크리켓 문이 세워져 있는 운동장 잔디에 앉았고, 마들렌은 망설이다가 킥킥 웃음을 터뜨리더니 이야기를 시작했다. 마들렌은 우리에게 자기 개를 가리키면서 가랑이 사이의 둥근 물체 2개를 보여주었다.

"그런데 남자들에게도 저런 게 있단 말야."

그녀는 《장편과 단편》이라는 제목의 소설집에서, 멜로드라마들을 읽은 적이 있다고 말했다. 어느 후작 부인이 질투 때문에 남편이 잠든 사이에 그 둥근 것을 잘라 버렸다는 것이다. 나는 무슨 쓸데없는 해부학 강의를 하느냐는 생각만 했지, 바야흐로 '저속한 이야기'를 꺼내고 있는 것을 알아채지 못했다. 나는 마들렌을 다그쳤다. 또 어떤 게 있어? 그녀는 남자 정부(情夫, amant)와 여자 정부(情婦, maitresse)가 뭘 의미하는지 설명해 주었다. 만약 엄마와 모리스 고모부가 서로 사랑한다면 엄마는 고모부의 정부이고, 고모부는 엄마의 애인이 된다고 하면서. 마들렌은 사랑한다는 말의 뜻을 정확히 하지 않아서 그녀의 '점잖지 못함'에 대한 가설은 나를 깨우치기는커녕 얼떨떨하게만 했다. 마들렌이 아기는 어떻게 태어나는지를 가르쳐 주었을 때, 비로소 그녀 이야기에 흥미가 생겼다. 하느님 뜻이라고 얼버무리는 방식은 이제 나를 이해시키지 못했다. 왜냐하면 기적을 빼고는 하느님은 언제나 자연의 원인과 결과를 바탕으로 행동하고 있기 때문이다.

지상에서 벌어지는 일에는 세속적인 설명이 필요하다. 나의 의혹은 마들렌에 의해 확인되었다. 아기는 엄마 뱃속에서 만들어지는 것이다. 며칠 전에 요리사가 토끼 배를 갈랐을 때, 뱃속에 6마리의 새끼가 들어 있었다고 한다. 여자가 아기의 탄생을 기다리는 것을 임신이라고 하며, 아이를 가졌을 때는 배가 불러온다. 마들렌은 자세한 것은 거의 가르쳐 주지 않고 설명을 계속했다. 1년이나 2년쯤 지나면 내 몸에 변화가 일어날 것이며, 냉이 흐르게 되고, 매달 출혈을 하며, 사타구니에 일종의 붕대 같은 것을 대어야만 한다고 했다. 나는 그 출혈을 '붉은 냉'이라고 하는지 물었고, 동생은 붕대를 어떻게 착용하는지 알고 싶어했다. 오줌을 눌 때는 어떻게 해? 그 질문에 마들렌은 완전히 질려서 우리를 보며 바보라고 하더니, 구제 불능이라는 듯 어깨를 으쓱한 뒤 닭에게 먹이를 주러 가 버렸다. 아마도 그녀는 우리의 유치함을 파악하고는 더 이상 가르쳐 주는 것은 좋지 않다고 생각했는지도 모른다. 나는 그저 놀랍기만 하고 머릿속이 복잡해서 멍하니 있었다. 어른들이 감추는 비밀은 이보다 훨씬 중요한 일일 거라고 짐작했다. 마들렌의 소곤소곤하고 놀리는 듯한 말투와, 쓸데없이 가르쳐 준 것들은 서로 들어맞지 않았다. 뭔가 살짝 엇박자이긴 한데 그것을 도통 알 수가 없었다. 마들렌은 임신에 관한 어려운 문제까지는 말하지 않았기 때문에 나는 그때부터 며칠 동안 골똑히 그 생각을 했다. 원인과 결과는 필연적으로 동질의 것이라고 알고 있는데, 결혼이라는 의식에 의해 느닷없이 여자 뱃속에 살아 있는 신체가 생겨난다는 사실은 이해가 되지 않았다. 두 사람 사이에 뭔가, 기관을 매개로 한 일이 벌어져야 한다. 동물의 동작이 나를 깨우쳐 줄 수도 있었을 것이다. 나는 폭스테리어 종인 마들렌의 개 크리켓에게 커다란 셰퍼드가 붙어 있는 것을 보았다. 마들렌은 울상을 지으며 개를 떼어놓으려 했다.

"새끼가 너무 커서 크리켓은 죽어 버릴 거야!"

그런데도 나는 이런 소동—닭이나 파리 등일 때도—과 사람의 풍습을 연관지어 생각해 보지 않았다. '혈연'이라든가 '같은 피를 나눈 아이들', '역시 내 피가 들어 있으니까' 하는 따위의 말로 추측하건대, 결혼식 날 신랑의 피를 신부 혈관 속에 조금 수혈하는가 보다고 생각했다. 나는 신랑 신부가 꼼짝 않고 똑바로 서서 신랑의 오른 손목을 신부의 왼 손목에 대고 있는 모습을 상상했다. 그것은 공식적인 수술로서 신부님과 몇몇 선발된 증인들의 입회하에 이루어진다.

마들렌이 해준 말은 생각보다 재미도 없고 실망만 안겨 주었지만, 우리 마음을 크게 흔들어 놓았던 것 같다. 왜냐하면 나와 동생은 열심히, 그리고 터무니없이 많은 질문을 해댔기 때문이다. 친절하지만 별로 도덕적이지 않은 엘렌 고모는 늘 딴전을 피웠지만 우리는 별로 주눅 들지 않았다. 그래서 우리는 고모 앞에서 온갖 '점잖지 못한' 이야기들을 하기 시작했다. 커버를 씌운 가구가 있는 응접실에서 엘렌 고모는 이따금 피아노 앞에 앉아 우리와 함께 1900년대 샹송을 불렀는데, 고모의 샹송 집에는 많은 곡이 있었다. 우리는 그중에서 가장 이상야릇한 곡을 골라서 좋아라 흥얼거렸다.

"너의 하얀 젖가슴은/나의 굶주린 입에/숲 속의 산딸기보다 달콤하고/내가 먹는 그 젖은……"

이 연애 이야기의 시작 부분은 무척이나 우리 흥미를 끌었다. 글자 그대로 받아들여야 할까? 남자가 여자의 젖을 먹는 일이 있을 수 있을까? 애인끼리 으레 하는 일일까? 어쨌거나 그 가사는 '점잖지 못한' 것임이 분명하다. 우리는 김이 서린 유리창에 손가락으로 그 가사를 쓰기도 하고, 엘렌 고모 앞에서 큰 소리로 읊기도 하며, 느닷없는 질문을 퍼부어 고모를 곤경에 빠트리기도 했다. 사람들이 우리에게 그런 종류의 질문에 대해 대답해 주지 않는 것을 넌지시 암시하면서. 우리의 터무니없는 원기 왕성함은 고의적이어서 숨어서 소곤거리는 법이 없었다. 어른들에게 그들의 비밀을 드디어 간파해 냈다는 사실을 알리고 싶어 입이 근질근질했지만 용기가 없었다. 우리의 솔직함은 도발적인 형태를 띠어 끝내 일이 터지고야 말았는데, 파리로 돌아온 뒤에 나보다 감정을 억누를 줄 모르는 동생이 엄마에게 배꼽으로 아기가 나오느냐고 물었던 것이다.

"왜 그런 걸 묻니?"

엄마는 약간 쌀쌀맞게 말했다.

"너희 둘 다 이미 알고 있잖아!"

엘렌 고모가 일러바친 게 분명했다. 우리는 결단을 내려 물어본 것에 안도하면서 좀더 용기를 내 보았다. 엄마는 관심 없다는 투로 아기는 항문으로 아프지 않게 나온다고 둘러댔다. 대화는 그것으로 끝이 났다. 이런 문제에 대해 엄마하고는 더 이상 절대로 이야기를 나누지 않았고, 엄마도 그 뒤로는 입을 다물어 버렸다.

임신과 출산 현상을 반박하거나, 그것들을 내 미래에 끼워 넣을 생각을 한 기억은 없다. 나는 결혼과 모성을 순순히 받아들이려 하지 않았다. 나 자신과 그런 것은 아무런 연관이 없다고 생각했던 것 같다. 이 불충분한 지식의 시작이 나를 혼란에 빠트린 것은 다른 완곡한 방법에 의해서였다. 그런 간접적인 방법이 다른 많은 수수께끼를 남겼던 것이다. 이 중대한 사실과 아기의 탄생, 그리고 점잖지 못한 일은 무슨 관계가 있을까? 만약 아무 관계도 없다면 어째서 마들렌의 말투는 그러했으며, 엄마는 구태여 대답을 피하려고 했던 것일까? 엄마가 그런 얘기를 꺼낸 것도 우리 성화에 못 이겨서일 뿐이었다. 그것도 너무 간단하게만 말했고, 결혼에 대해선 설명해 주지 않았다. 땅을 번갈아 경작하는 것처럼, 생리학적인 사실에 관해 지식을 통해 후련하게 알 수 없는 까닭은 뭘까? 한편, 사촌 마들렌이 암시했다시피 만약 금지되어 있는 책 속에 단지 우스꽝스럽고 추잡한 것들만 있다면, 대체 그 독소는 어디에 있는 것인가? 이런 의문을 분명하게 품지는 않으나 그 생각에 골몰하기는 했다. 육체는 내 안에 있는 위험한 것임이 분명했다. 왜냐하면 육체의 어떠한 암시도, 그것이 엄격한 것이든 경박한 것이든 위험하게 느껴졌기 때문이다.

어른들이 침묵하는 이면에는 뭔가 감춰져 있다고 추측은 했지만, 그들이 별나게 뽐을 낸다며 비난하지는 않았다. 하지만 나는 어른들이 가진 비밀의 성질에 대해 환멸을 느끼고야 말았다. 그들은 나의 세계보다 훨씬 광대한 지평선과, 더 휘황찬란한 빛을 내뿜는 비밀 우주에 근접해 있지는 않은 것이다. 나는 실망하여 우주와 모든 인간을 일상의 평범함 속으로 돌려놓았다. 곧바로 깨닫지는 못했지만, 어른들의 위신은 이것으로 현저하게 떨어졌으리라.

사람들은 내게 허영이 얼마나 헛되고, 경박함이 얼마나 가볍고 부질없는지를 가르쳤기 때문에, 액세서리에 무게를 두거나 오랫동안 거울을 들여다보는 일을 부끄럽게 생각했던 것 같다. 하지만 그럴 기회가 있으면 나는 내 얼굴을 흡족하게 바라보았다. 수줍어했지만 전처럼 연극 놀이 하는 것을 무척 좋아했다. 나의 공식 성체 예배가 있던 날, 나는 매우 기뻤다. 오래전부터 성체 예배대에 익숙했던 나는 느긋하게 예배의 속된 매력을 음미하고 있었다. 사촌에게 빌려 입은 옷은 이렇다 하게 내세울 것은 없었지만, 전에 쓰던 망사로 된 보닛 대신 데지르 학교에서 쓰는 장미 화관을 썼다. 별것 아닌 이 일로, 나는 교회로 가는 길목에서 마주치는 아이들이 나와 똑같지 않다는 것을 확인했다. 마르탱 신부님은 선발된 아이들에게 성체 빵을 주었다. 세례를 받던 날, 악마를 부인하는 선서를 다시 하기 위해 대표로 내가 뽑혔다. 마그리트 큰어머니는 나를 정식 손님으로 맞아 성대한 오찬회를 열어 주었다. 그날 오후에 집에서는 티 파티가 있었는데, 나는 내가 받은 선물들을 죄다 그랜드 피아노 위에 진열해 놓았다. 모두들 나를 축하해 주었고, 내가 예쁘다고 생각하는 듯했다. 밤에 나는 아쉬운 마음으로 옷을 벗었다. 순간, 나는 결혼에 대한 생각을 바꿨다. 언젠가 신부의 새하얀 새틴 옷과 오르간, 촛불의 휘황함 속에서 나는 다시 여왕으로 변신하리라.

다음 해에 나는 결혼식에서 신부 들러리라는 겸손한 역할을 아주 기쁜 마음으로 해냈다. 릴리 이모의 결혼이었는데, 화려한 결혼식은 아니었지만 나는 멋을 부리느라 한껏 들떠 있었다. 하늘색 실크 옷의 보드라운 촉감이 좋았다. 곱슬머리를 검정 비로드 리본으로 묶고, 양귀비 꽃과 수레국화로 장식한 챙 넓은 밀짚모자를 썼다. 내 짝은 19살 미소년으로, 그는 어른 여자를 대하듯 나를 대했다. 그가 나를 매력적으로 본 것은 분명했다.

나는 나의 미래 모습에 흥미를 갖기 시작했다. 도서실에서 읽는 모험담이나 믿음직한 서적 말고도, 나는 '아가씨 총서'를 읽었다. 이것은 엄마가 소녀시절에 애독하던 책들로 내 책장 한 단을 모조리 차지했다. 라그리에르에서 마들렌이 흠뻑 빠져 읽던 《오두막의 밤 모임》이나 스텔라 문고본 등을 읽어도 된다는 허락을 받았다. 델리, 귀 샹트플뢰르, 《콜레트의 9일간의 기도》, 《나의 삼촌과 나의 신부님》 등 도덕적 성격의 연애물은 별로 재미가 없었다. 나는 여주인공들을 바보라고 생각했으며, 연인들을 얼간이로 보았지만 어떤 책은 나의 모습과 운명을 깨닫게 해준다고 믿었다. 그것은 루이자 메이 올컷의 《작은 아씨들》이었다. 마르슈 가의 여자아이들은 개신교도로 아버지는 목사였다. 엄마는 아이들 침대 머리맡에 《그리스도 본받기》 대신에 《천로역정》을 가져다 놓았다. 우리 집과 사정이 비슷했고, 오히려 더 심하다고 할 수 있었다. 다른 애들이 모두 실크 옷을 입고 극장에 갈 때 메그와 조는 누런 포플린 옷차림이어서 나는 감격했다. 그들은 나와 마찬가지로 교양과 도덕이 부귀보다 중요하다고 배우고 있었다. 그 가정은 우리 집과 마찬가지로 뭔가 특별한 데가 있었다. 나는 책에 푹 빠져서 인텔리인 조에게 나를 견주었다. 무뚝뚝하고 모난 성격의 조는 나무 꼭대기에 올라가 책을 읽는다. 그녀는 나보다 훨씬 남자 같고, 훨씬 용감했다. 하지만 바느질과 집안일을 싫어하고, 책에 애정을 갖는 점은 나와 공통되었다. 조는 글을 썼다. 나는 조를 흉내내어 과거를 회상하면서 단편 2, 3개를 썼다. 내가 자크와의 옛 우정을 되살리려 했는지는 확실하지 않다. 아니면 더 막연하게 남자아이들 세계를 가로막고 있는 장애물을 없애려 했는지도 모르지만, 조와 로리의 관계는 내게 깊은 인상을 주었다. 나는 두 사람이 반드시 결혼하리라고 믿었다. 이 생각은 나를 희망으로 가득 차게 했다. 그렇지만 나를 특히 기쁘게 한 것은 루이자 메이 올컷이 조의 편이라는 점이었다. 전에도 말했지만, 나는 어른들이 친절한 듯하면서 어린이라는 종속을 균일화하는 것이 무척이나 싫었다. 작가들이 주인공 소년 소녀들에게 부과하는 장단점은 대부분 하찮은 우연의 결과처럼 보였다. 어른이 되면서 그들은 모두 선량한 사람이 되었고, 도덕관만 달랐지 각자가 지닌 총명함은 결코 다르지 않았다. 이렇게 보면 나이에 따라 모두 똑같은 것이 되고 만다. 반대로 조는 지식욕이 있고 용감했기 때문에, 그녀보다 훨씬 품행이 방정하고 예쁜 동생들보다 비범할 수 있었다. 조는 어떤 어른들과도 견줄 수 있을 만큼 뛰어났고, 대단한 운명이 약속되어 있었으며, 또한 선택된 존재였다. 책에 대한 기호와 우수한 학교 성적으로 볼 때, 나에게도 미래를 약속할 가치가 충분히 있을 것 같았다. 내 눈에는 내가 소설의 주인공으로 비쳤다. 모든 소설 줄거리에는 장애물과 실패가 따르기 마련이므로 나는 그것들을 일부러 꾸며냈다. 어느 날 오후에는 푸페트와 잔, 마들렌과 크리켓을 했는데, 우리는 가장자리에 꽃줄을 장식하고 체리를 수놓은 베이지색 면 앞치마를 두르고 있었다. 월계수가 햇빛에 반짝이는 대지에는 그윽한 향내가 풍겼다. 갑자기 나는 우뚝 멈춰 섰다. 지금 내가 주인공인 조의 책 첫 장을 살고 있다는 생각이 들어서였다. 주인공은 겨우 유년기를 벗어난 참이다. 그러니 우리는 앞으로도 자라날 것이고, 아름답고 우아하며 친절한 동생과 사촌들은 나보다 인기가 있으리라. 그녀들은 남편을 만나겠지만 나는 그럴 일이 없을 것이다. 그래서 쓰디쓴 경험을 하지 않으리라. 내가 보기에 사람들이 그녀들을 선택하는 것은 옳았다. 하지만 무슨 일이 반드시 일어나서, 그것이 사랑을 받는 것보다 훨씬 나를 매료하리라. 그것이 어떤 형태를 띨지, 또한 누가 될지 알 수 없지만 나는 인정을 받을 것이다. 또한 나는 크리켓 운동장과 여자아이 4명을 물끄러미 바라보는 시선을 상상했다. 그 시선은 내 위에 머물러 속삭였다.

"이 아이는 다른 여자아이들과 달라."

전혀 자의식을 지니지 않은 동생과 사촌들, 그리고 나를 이런 식으로 거창하게 비교하는 것은 우습다. 하지만 나는 그녀들을 통해 나와 꼭 닮은 모습을 보았다. 나는 미래의 나와 현재의 나는 비범하다고 주장했다.

그러나 아주 드물게만 이런 거만한 요구에 자신을 내맡겼다. 사람들이 내 가치를 인정해 주므로 그렇게 하지 않아도 되었다. 그리고 가끔 나는 예외라고 여기기는 했어도 특별하다고까지 생각한 적은 없었다. 그 뒤, 나의 자부심은 한 소녀에게 느꼈던 여러 가지 감정에 의해 누그러졌다. 우정을 경험했던 것인데, 그것은 나에게 큰 행복이었다.

10살이 되어 4학년에 올라간 어느 날, 내 옆자리에 신입생이 앉아 있었다. 가무잡잡하고 머리를 짧게 자른 아이였다. 수업이 끝난 뒤에 선생님을 기다리면서, 우리는 이야기를 했다. 이름은 엘리자베트 마비유였고 나와 동갑이었다. 집에서 공부를 했었지만 심각한 사고 때문에 중단했다고 한다. 시골에서 감자를 삶다가 옷에 불이 붙어 다리에 3도 화상을 입고 며칠 밤을 울부짖었다는 것이다. 그녀는 1년 동안 병상에 있었는데, 주름치마 밑의 피부는 아직도 부풀어 있었다. 이런 중대한 사건은 아직껏 일어난 적이 없었으므로 그녀가 위대하게 보였다. 또 선생님들을 대할 때의 그녀 태도에도 놀라운 데가 있었다. 그녀의 자연스런 말씨는 다른 아이들의 틀에 박힌 말투와 대조되었다. 그 다음 주에는 완전히 그녀에게 매혹되어 있었다. 그녀는 보데 선생님 흉내를 기막히게 잘 냈으며, 그녀의 말은 모두 재미있고 익살맞았다.

사고로 어쩔 수 없이 학교를 다니지 못해서 공부에 지장이 있었겠지만 엘리자베트는 이내 우등생 반열에 올랐다. 나는 작문에서 그녀를 이겼다. 선생님들은 우리의 경쟁심을 마음에 들어 하며 우정을 격려해 주었다. 해마다 크리스마스 때가 되면 열리는 학예회를 위해 우리는 촌극을 함께 준비했다. 장밋빛 옷을 입은 나는 어린시절의 세비녜 부인으로 분장했다. 엘리자베트는 세비녜 부인의 산만하고 어린 사촌 역을 맡았다. 소년 의상이 그녀에게 아주 잘 어울렸고, 발칙함과 동요되지 않는 태도가 청중을 매료했다. 무대 연습과 조명 아래의 연기는 우리 사이를 한층 긴밀하게 해주었다. 그 뒤로 다들 우리를 '단짝'이라 불렀다.

아버지와 어머니는 마비유 가문에 대해 남들에게서 얘기를 듣고 나서 오랫동안 고민을 하다가 마침내 엘리자베트의 부모와는 먼 관계를 유지하는 방향으로 결론을 내렸다. 엘리자베트의 아버지는 매우 지위가 높은 철도 기사였다. 엘리자베트의 외가는 라리비에르라는 신앙심 깊은 가톨릭 가문이었다. 마비유 부인은 자녀가 9명이었으며, 성 토마스 아퀴나스의 자선사업에서 활약하고 있었다. 그녀는 이따금 자코브 거리에 나타났다. 아름다운 사십대의 흑발 부인으로 타는 듯한 눈동자와 지어낸 듯한 미소를 띠었다. 목에 두른 벨벳 리본은 유행하는 보석으로 고정한 것이다. 마비유 부인의 여왕 같은 관대한 모습은 세심한 붙임성에 의해 얼마간 느슨해져 있었다. 그녀는 우리 엄마를 '사랑스런 사모님'이라 부르고, 내가 엘리자베트의 언니처럼 보인다는 말로 사로잡아 버렸다. 엘리자베트와 나는 서로 집을 오가며 놀아도 좋다는 허락을 받았다.

처음 간 날은 동생이 바렌 거리까지 데려다주었다. 엘리자베트—친한 사람들 사이에선 자자라고 불렸다—의 집안에는 언니와 오빠가 1명씩, 동생들이

6명, 그리고 사촌과 친구들이 바글대고 있었다. 그들은 달리고, 뛰어오르고, 서로 때리고, 테이블 위에 기어오르고, 고함을 질러가며 가구를 넘어뜨렸다. 저녁때가 다 되어 마비유 부인이 응접실로 들어왔다. 넘어진 의자를 일으키더니 웃으면서 땀에 전 한 아이의 이마를 닦아 주었다. 나는 마비유 부인이 혹이나 얼룩, 깨진 접시에 전혀 개의치 않는 것을 보고 깜짝 놀랐다. 그녀는 결코 화를 내는 법이 없었다. 나는 마비유 부인의 비상식적인 연극이 별로 마음에 들지 않았고, 또 자자도 무척 지긋지긋해하고 있었다. 우리는 난리 법석의 장소를 떠나 마비유 씨 서재로 피난하여 얘기를 나누었는데, 그것은 새로운 기쁨이었다. 부모님은 내게 말을 걸고 나도 부모님에게 이야기를 했지만, 함께 수다를 떨지는 않았다. 동생과의 교류에 거리낌이 없었던 한편, 자자하고는 진정한 대화가 이루어졌다. 밤에 아빠와 엄마가 나누는 대화처럼. 우리는 공부와 책, 반 친구들, 선생님들, 아는 모든 것에 대해 지껄였다. 하지만 우리 자신에 관해서는 아무 얘기도 하지 않았다. 우리는 비밀스러운 얘기까지 털어놓지는 않았다. 그리고 편지로만 키스(프랑스에서는 친한 친구끼리 양 볼에 키스하는 습관이 있다)를 나누었다.

  자자도 나처럼 책과 공부를 좋아했다. 게다가 그녀에게는 나에게 없는 재능이 많았다. 가끔 내가 바렌 거리의 벨을 누르면 자자는 사블레나 캐러멜을 만들고 있었다. 그녀는 꼬챙이에 넷으로 자른 오렌지나 감귤, 마른 자두 등을 꿰어 뜨거운 식초 냄새가 나는 시럽 냄비 속에 넣어서 디저트를 만들었다. 이 과일 조림은 과자 가게에서 파는 것처럼 맛있어 보였다. 자자는 매주 파리에 없는 할머니와 큰아버지, 큰어머니를 위한 '가족통신문'을 편집해 직접 등사로 인쇄했다. 나는 그녀의 생생한 문장과 진짜 신문처럼 인쇄물을 만들어내는 솜씨에 감탄했다. 자자는 나와 함께 피아노 연습을 했는데, 어느새 상급반으로 올라가 버렸다. 허약하고 깡마른 자자는 그런 몸으로 온갖 일을 해냈다. 마비유 부인은 이른 봄 어느 날, 우리 둘을 파릇파릇한 교외로 데려갔다. 아마도 낭테르였던 것 같다. 자자는 풀밭 위에서 줄넘기를 하거나 다리를 좌우로 크게 벌리는 곡예를 흉내 내며 갖가지 공중제비를 넘고, 나무에 올라 두 다리로 가지에 버틴 채 몸을 늘어뜨리기도 했다. 이런 모든 동작 가운데 나를 완전히 탄복케 한 것도 있었다. 10살 때부터 그녀는 혼자 다녔다. 데지르 학교에서 그녀는 결코 나의 부자연스럽고 태를 부린 모습을 따라 하는 법이 없었다. 그녀는 선생님들에게 공손했지만 거리낌 없는 투로 거의 대등하게 말했다. 어느 해, 그녀는 피아노 오디션 중에 스캔들을 일으킬 정도로 용감한 일을 벌였다. 강당에 사람들이 가득한 가운데, 첫 번째 줄에는 가장 예쁜 옷을 골라 입고 멋을 부린 머리에 리본을 맨 학생들이 재능을 펼칠 차례를 기다리고 있었다. 학생들 뒤에는 선생님들과 감독들이 실크 블라우스에 흰 장갑을 끼고 앉아 있었다. 학부형과 초대 손님들은 그 뒷자리에 앉았다. 자자는 파란 호박단 옷을 입고서, 마비유 부인이 그녀에게는 조금 어렵다고 판단한 대로, 평소에 박자를 잘 맞추지 못하던 곡을 연주했다. 그런데 자자는 정확하게 연주를 마치더니 마비유 부인 쪽을 향해 자랑스러운 시선을 보내고는 혀를 쏙 내밀었다. 어린 여학생들은 긴장하여 안절부절못하고, 선생님들의 표정은 못마땅한 듯한 비난으로 굳어졌다. 자자가 단상에서 내려왔을 때, 자자의 엄마가 매우 기쁜 듯이 그녀에게 키스했으므로 아무도 자자를 나무랄 용기를 내지 못했다. 내 눈에 이 행동은 후광처럼 그녀의 영광을 감쌌다. 규율과 일정한 틀, 편견 따위에 따르던 나였는데도 뭔가 새롭고 성실하며 솔직한 것이 좋았다. 자자의 활발함과 자주성은 나를 정복했다.

나는 내 인생에서 이 우정이 차지하는 위치를 당시에는 깨닫지 못했다. 나의 내부에서 일어난 이 일에 대해 뭐라 이름을 붙여야 할지 몰랐고, 어린시절부터 이런 일에는 그다지 익숙지가 않았던 것이다. 나는 그래야만 하는 것과 현재 그런 것이 뒤섞이도록 배웠고, 언어의 관습 뒤에 감춰져 있는 것을 검사하려 하지 않았다. 먼 친척 형제들을 포함해 가족 전체에게 따뜻한 애정을 가졌던 것은 분명했다. 부모님, 동생…… 나는 그들을 사랑했다. 이 말 자체가 모든 것을 감싸고 있었던 것이다. 내 감정의 차이와 높낮이는 존재할 수가 없었다. 자자는 나의 가장 좋은 친구였다. 그 이상 아무런 말이 필요 없었다. 아주 잘 정돈된 마음속에서 우정은 존경할 만한 지위를 차지하고 있었다. 그러나 그것은 연애의 신비로운 찬란함도 아니거니와 혈연간의 애정도 아니었다. 나는 이 애정의 등급에 의문을 갖지 않았다.

올해도 다른 해와 마찬가지로 10월은 나에게 새 학기의 들뜬 흥분을 가져다주었다. 새 책은 손가락 사이에서 사각거리며 좋은 냄새를 풍겼다. 가죽 팔걸이의자에 앉으면서 나는 미래의 다양한 약속에 취해 있었다.

하지만 어느 약속도 지켜지지 않았다. 나는 뤽상부르 공원에서 다시 가을 향기를 맡고 낙엽을 보았으나 그것들은 이제 내 마음에 와 닿지 않았다. 하늘의 푸른빛은 어슴푸레했고, 수업은 따분했다. 마지못해 복습과 숙제를 하고 무관심하게 데지르 학교 문을 밀었을 때 나의 과거가 분명 되살아난 것인데, 난 그 사실을 알아채지 못했다. 생생하던 색채는 빛을 잃고, 내 시간들은 맛이 없었다. 모든 것이 나에게 주어졌건만 나의 두 팔은 텅 비었다. 엄마와 나란히 라스파유 거리를 걷다가 갑자기 걱정에 휩싸여 자문해 보았다.

"대체 어떻게 된 일일까? 내 생활 탓일까? 겨우 이것뿐이었단 말인가? 앞으로도 줄곧 이렇게 계속되는 것일까?"

어떤 희망도 없는 몇 주일, 몇 달, 몇 년인가를 상실해 가는 삶의 길에 접어드는 일을 생각하니 가슴이 답답해졌다. 예고도 없이 온 세상이 죽어 버렸다고나 할까. 이 비통함 역시 나는 뭐라고 이름 붙여야 할지 몰랐다.

10일인가 15일 동안, 나는 1시간 1시간마다 무거운 몸을 질질 끌고 다녔다. 급격히 두 다리에 힘이 빠졌다. 어느 날 오후, 내가 학교 탈의실에서 옷을 갈아입고 있을 때 자자가 나타났다. 우리는 수다를 떨면서 여러 사건에 대해 이야기하고 비평하기 시작했다. 할 말이 꼬리에 꼬리를 물고 내 입술에서 흘러나왔다. 내 가슴속에는 수많은 태양이 빙글빙글 돌았다. 기쁨으로 어지러워하면서 나는 속으로 외쳤다.

"내가 원하던 사람은 자자였던 거야!"

진정한 연애에 대해 너무나도 무지했던 나는 스스로에게 이렇게 말하는 것조차도 생각해 본 적이 없었던 것이다. 이 아이가 없었으면 나는 어떻게 됐을까? 그녀를 만날 때까지 그녀가 나에게 필요한 존재임을 몰랐었다. 갑자기 모든 것이 분명해졌다. 습관도 관례도, 상투적인 말도 한순간에 다 달아났다. 나는 어떤 규율에도 적혀 있지 않은 감동 속으로 빠져 들어갔다. 내 안에 부풀어 오르는 기쁨이 내 몸을 밀어 올리는 대로 내버려두었고, 폭포처럼 강렬하고 신선하게, 화강암처럼 거짓 없이 있는 그대로의 기쁨에 몸을 맡겼다. 며칠 뒤에 나는 조금 일찍 학교에 도착했다. 그러고는 어떤 망연한 기분으로 자자의 의자를 바라보았다.

"만약 자자가 영원히 저곳에 앉지 않는다면…… 만약 자자가 죽어 버린다면…… 나는 어떻게 하지?"

그리고 다시 명백한 사실이 섬광처럼 나를 때렸다.

"자자 없이는 이제 살아갈 수 없어!"

그것은 조금 무서운 일이었다. 그녀는 내게서 멀리 떨어져 오락가락하고 있었다. 나의 모든 행복, 나의 존재 자체가 그녀의 수중에 있었다. 나는 공트랑 선생님이 긴 치마로 바닥을 쓸면서 교실로 들어와 우리에게 이렇게 말하는 장면을 상상했다.

"여러분, 기도하도록 해요. 여러분의 친구 엘리자베트 마비유는 어젯밤에 하느님의 부름을 받았답니다."

그렇게 되면……, 나는 속으로 외쳤다. 나는 그 자리에서 죽어 버리리라! 나는 의자에서 미끄러져 바닥에서 숨을 거두리라. 이 해결법이 나를 안심시켰다. 나는 내 목숨이 하느님의 뜻에 따라 거두어지리라고 언제까지나 믿은 것은 아니었다. 또한 정말로 자자의 죽음을 두려워하는 것도 아니었다. 단지 그녀에 대한 집착에서, 내가 얼마나 자자에게 의존하고 있는지를 스스로에게 고백할 만큼 절절한 상황에까지 와 있었던 것이다. 하지만 내게는 어떤 결과에도 맞서 나갈 만큼의 용기가 없었다.

나는 자자가 나와 똑같이 확고한 마음이기를 바라지는 않았다. 그녀 마음에 드는 친구로서 만족했다. 내가 그녀에게 바친 찬미가 나를 비하하지는 않는 듯했다. 사랑은 선망이 아니다. 내가 존재한다는 것, 그리고 자자를 사랑한다는 것, 그 이상의 것은 세상에 없다고 나는 생각했다.

제2부

우리는 이사를 했다. 새 집은 전에 살던 집과 거의 비슷한 구조에 가구도 똑같이 놓였지만, 좁아서 불편했다. 목욕탕이 없고 세면대도 하나뿐이었다. 그리고 수도가 나오지 않았다. 아버지는 날마다 세면대 아래에 있는 무거운 대야의 물을 비워야 했다. 난방도 제대로 되지 않아서 겨울에는 집 안이 얼어붙은 것처럼 추웠는데, 어머니가 피운 난로 덕분에 서재만 따뜻했다. 나는 여름에 공부할 때는 항상 서재를 이용했다. 동생과 함께 쓰는 방—루이스는 6층에서 잤다—은 좁아서 꼼짝할 수가 없었다. 예전에 내게 좋은 피난처가 되어 주던 널따란 홀 대신 좁은 복도만 있는 정도였다. 침대에서 나온 뒤에 있을 만한 장소는 이제 어디에도 없었다. 소지품을 정돈할 책장도 하나 없었다. 손님이 오시면 어머니는 자주 서재로 안내했다. 밤에 아버지와 대화를 나누는 장소도 그곳이었다. 시끌벅적한 가운데서 숙제를 하거나 복습을 하는 데 익숙해졌지만 혼자 지낼 공간이 없다는 사실이 무척 괴로워서, 나와 동생은 자기 방을 가진 다른 여자아이들이 진심으로 부러웠다. 우리 방은 잠만 자는 곳에 불과했다.

루이스는 슬레이트 기술공과 약혼했다. 어느 날 나는 그녀가 빨강 머리 사내의 무릎 위에 거북하게 앉아 있는 모습을 보았다. 루이스의 피부는 새하얗고, 그 남자는 볼이 붉었는데, 나는 왠지 모를 슬픈 기분에 사로잡혔다. 하지만 가족들은 루이스의 선택을 칭찬했다. 그녀의 약혼자는 노동자임에도 불구하고 제대로 된 사람으로, 정신적 지주였다. 루이스는 우리 집 일을 그만두었고, 대신 메리냐크에서 우리와 놀아 준 적이 있는 카트린이라는 농부 아가씨가 왔다. 그녀는 가정부라기보다는 차라리 친구 같은 존재였다. 하지만 밤이 되면 카트린은 외출하여 길 건너 소방서의 젊은이들과 어울려 다녔다. 어머니는 그녀를 꾸중하여 내쫓은 뒤 가정부 없이 살아 나갈 결심을 했다. 사실 재정적인 문제도 있었다. 아버지 사업이 그리 잘되지 않았기 때문이다. 구두 공장이 위험한 상태여서 아버지는 먼 친척뻘 되는 사람을 통해 광고 신문사에 취직했다. 처음엔 〈골루아〉지에서 일하다가 다른 여러 신문사로 옮겼으나 별로 큰 돈벌이가 되지 못해 따분해했다. 대신 밤이 되면 아버지는 전보다 자주 카페나 친구 집으로 브릿지 게임을 하러 갔다. 여름에는 일요일마다 경마장에 가는 바람에 엄마 혼자 집에 있었지만 불평은 하지 않았다. 엄마는 집안일을 무척 싫어한 데다가 가난이 무겁게 그녀를 짓누르고 있어서인지 매우 신경질적으로 변해 갔다. 아버지도 차츰 그 온화하던 성품을 잃어 부모님은 큰 싸움은 아니어도 사소한 일로 언성을 높였고, 걸핏하면 동생과 내게 야단을 쳤다.

어른들을 대할 때, 우리는 완벽한 동맹을 맺었다. 우리 중 누군가가 잉크병을 엎지르면 둘이서 저지른 일로 만들어 함께 책임을 졌다. 그렇지만 내가 자자를 알게 된 뒤로 동생과 나의 관계에는 이상 징후가 나타났다. 나는 친구만을 맹목적으로 믿었고, 자자는 다른 사람을 모두 바보로 알았다. 푸페트도 예외가 아니어서 자자는 그녀를 어린애 취급했는데, 나도 자자를 따랐던 것이다. 이런 점을 무척 괴로워한 동생은 내게서 멀어지려 했다. 어느 날 오후, 동생과 내가 단둘이 서재에 있을 때 분위기가 냉랭한 가운데 동생이 격앙된 어조로 말했다.

"언니한테 할 말이 있어!"
나는 장밋빛 흡수지 위에 영어책을 펴놓고 공부를 막 시작하려던 참이었다.
나는 거의 본체만체할 정도로 아주 살짝 고개를 움직였다.
"그럼 말하겠는데."
동생이 말했다.
"난 이제 언니를 전처럼 좋아하지 않아."
동생은 차분한 목소리로 최근 심경을 얘기했다. 나는 묵묵히 듣고 있었다. 눈물이 두 볼을 타고 흘러 내렸다. 갑자기 동생이 다가왔다.
"아니야 거짓말이야! 거짓말이라고!"
동생은 울부짖으면서 키스를 했다. 우리는 서로 껴안았고, 나는 울음을 그쳤다.
"그런데 있잖아."
나는 동생에게 말했다.

"네가 한 말을 진짜로 믿지는 않았어!"

하지만 그녀가 느닷없이 거짓말을 할 리는 없었다. 생각해 보면, 그녀는 막내라는 지위에 반항하기 시작한 것이다. 내가 그녀에게 더 이상 관심을 보이지 않자 그 반항의 대상에 나를 집어넣은 듯했다. 동생은 사촌 잔과 같은 반으로, 잔을 비교적 좋아하긴 했지만 취미가 달라서 가족들은 동생을 억지로 다른 친구와 사귀게 했다. 푸페트의 반 친구들은 별로 머리가 좋지 않고 거만한 아이들이어서 동생은 그 애들을 싫어했다. 그래서 가족들이 자신과 그런 아이들을 동급으로 취급한 것에 분개하고 있었지만 어른들은 그런 일에 전혀 개의치 않았다. 한편, 데지르 학교에서 푸페트는 여전히 나의 그림자, 물론 언니보다는 불완전한 그림자로 간주되었다. 푸페트는 자주 굴욕감을 느꼈고, 사람들은 애가 거만하다고 말했다. 선생님들은 우수한 교육자로서 본분을 다하여 그녀에게 굴욕을 느끼게 하는 것을 잊지 않았다. 첫째인 데다가 성적도 우수했던 나는 아버지의 관심을 독차지했다. 아버지의 헌신적인 애정을 나와 나눠 갖지 못하는 동생은 이런 편애를 괴로워하고 있었다. 그런데 어느 여름날, 메리냐크에서 동생은 나와 같은 우수한 기억력이 자신에게도 있다는 사실을 입증하려고 나폴레옹 지휘 아래 장군들 이름이 적힌 명단을 통째로 외워서 읊었다. 부모님은 옅은 미소를 지을 뿐이었다. 화가 난 동생은 차츰 전과 다른 눈초리로 나를 보게 되어, 내 결점을 찾아내려 했고, 비록 겉으로 드러내지는 않아도 나와 경쟁하고 나를 비판하면서 내게서 도망치려 했다. 이런 점은 나를 초조하게 만들었다. 우리는 지금까지도 그랬지만 늘 쓸데없는 일로 말다툼을 했다. 그럴 때 나는 매몰차서, 동생은 눈물을 흘리곤 했다. 동생은 점차 울지 않게 되었지만, 우리 싸움은 보다 심각해졌다. 게다가 거기에는 자존심이 개입되어 있었다. 처음에는 서로 자기가 옳다고 주장했지만 언제나 화해로 끝났다. 우리는 서로에게 필요한 존재로서, 같은 관점에서 친구들과 선생님들, 가족들을 비판했고, 우리 사이에는 아무것도 감출 게 없었다. 그리고 여전히 함께 노는 것이 좋아 밤에 부모님이 외출하면 축제가 시작되듯이 법석을 떨었다. 오믈렛 수플레 과자를 만들어 먹거나, 집이 떠나가도록 고함을 지르기도 했다. 이제는 한방에서 자게 되었으므로 잠자리에 든 뒤에도 오랫동안 떠들었다.

렌 거리로 이사한 뒤부터 나는 편안한 잠을 자지 못했다. 마들렌이 밝혀낸 비밀 때문이었을까? 이번 집에선 내 침대와 부모님 침대 사이에 칸막이 벽 하나만이 놓여 있었다. 어떤 때에는 아버지의 코고는 소리가 들리기도 했다. 부모님이 가까이에서 잔다는 것에 예민했던 탓인지 나는 악몽에 시달렸다. 어떤 남자가 침대 위를 덮친 후 무릎으로 내 위장을 누르는 것처럼 숨이 막혀 죽을 것만 같았다. 나는 꿈속에서 잠을 깨려고 필사적으로 버둥거렸지만 나를 누르는 남자의 무게에 여전히 짓눌리고 있었다. 마침 그 무렵에 나는 아침에 일어나는 것이 아주 고통스러웠는데, 잠들기 전에 다음 날 아침을 생각만 해도 목이 졸리는 듯하고, 두 손은 땀으로 끈적였다. 아침에 엄마 목소리를 들으면 나는 어둠의 마비 상태로부터 내 몸을 떼어내는 것이 싫어서 차라리 병이라도 났으면 좋겠다고 생각했다. 낮에는 현기증이 나면서 빈혈 증세를 일으켰다. 엄마와 의사 선생님은 말했다.

"몸에 변화가 올 시기니까."

나는 이 말과, 내 몸 속에서 일어나는 보이지 않는 작용을 증오했다. '어른 여자'의 자유를 부러워했지만, 가슴이 부풀어 오르는 신체적 변화는 참을 수 없이 싫었다. 어른 여자들은 폭포 같은 소리를 내며 소변을 보기 마련이라고 옛날에 들은 적이 있다. 그녀들 뱃속에 물이 가득 든 가죽주머니가 있을 거라는 생각이 들어, 걸리버의 거인국 여자들의 유방을 보았을 때만큼이나 끔찍했다.

비밀을 어느 정도 눈치챈 뒤로는 예전에 금기시된 책들이 두렵지 않았다. 나는 자주 화장실에 걸려 있는 4장으로 자른 신문지에 시선을 떨어뜨리고 글자를 더듬었다. 이런 식으로 소설 속 남자 주인공이 여주인공의 새하얀 젖가슴 위에 타는 듯한 입술을 누르는 연재소설의 단편을 주워 읽었던 것이다. 이 키스의 묘사는 나를 흥분시켰다. 나는 때로는 남자가 되고 때로는 여자가 되어, 또 때로는 남의 교제를 훔쳐보는 변태적인 사람이 되어 키스를 하고 키스를 받는 등 온통 그 장면을 눈앞에 떠올렸다. 물론 이 정도로 뜨거운 감동을 받았다는 것은 나의 육체가 이미 눈떠 있기 때문이었다. 그렇지만 온갖 환상이 이 이미지에 응결되어 있었다. 잠들기 전에 나는 몇 번이나 이런 장면을 떠올렸는지 모른다. 그리고 다른 이미지도 만들어냈다. 어디에서 힌트를 얻어 그런 것을 만들었는지는 모르겠다. 왜냐하면 이전까지는 부부가 거의 옷을 입지 않은 채 한 침대에서 잔다는 사실은 물론이고, 포옹이나 애무를 한다는 것조차 상상한 적이 없었기 때문이다. 나는 내가 원하는 대로 이런 것들을 창작했던 듯한데, 한동안 고통스런 욕망에 사로잡혀 있었다. 나는 침대 안에서 몸을 뒤척이면서 가쁜 숨결로 내 몸 위에 남자의 육체를, 내 피부 위에 남자의 손을 그렸다. 나는 절망적으로 손꼽아 보았다.

"15살이 되기 전엔 결혼할 수 없다니!"

그것도 결혼을 할 수 있는 최저 연령이다. 이런 고통이 끝나려면 아직도 몇 년이나 더 기다려야 했다. 그것은 처음엔 격렬하지 않게 천천히 다가왔다. 시트의 푸근함 속에서, 두근대는 나의 혈관 속에서 다양한 환각이 감미롭게 심장을 고동치게 하는 것이었다. 이런 환각들이 정말로 나타나는 것은 아닐까 걱정될 정도였다. 하지만 그런 일은 일어나지 않았고 그것들은 사라져 갔다. 나의 안달하는 육체를 가라앉혀 줄 손도 입술도 없었다. 목면 잠옷은 독이 묻은 옷으로 변했고, 잠만이 나를 해방해 주었다. 이 혼란들을 죄의식과 연관 지은 적은 한 번도 없었다. 그 혼란은 너무나도 난폭하고 완력이 세어서 나를 죄인으로 몰기보다는 오히려 피해자로 느끼게 했다. 다른 여자 아이들도 이런 고통을 경험했는지 물어보고 싶은 마음이 들지 않았고, 다른 아이들과 나를 비교하지도 않았다.

숨 막힐 듯이 무더운 6월, 우리는 아는 이의 집에 머물고 있었다. 어느 날 아침, 나는 깜짝 놀라서 눈을 떴다. 잠옷이 더러워져 있었다. 잠옷을 빨고 옷을 입었는데도 다시 속옷이 더러워졌다. 마들렌의 예언을 이미 까맣게 잊고 있었으므로 나는 뭔가 창피한 병에 걸린 줄만 알았다. 걱정하면서 막연히 나쁜 짓이라도 저지른 듯한 기분으로 엄마에게 달려갔다. 엄마는 내가 이제 '다 컸다'고 설명해 주면서 거북스러운 것을 팬티에 대어 주었다. 나는 내 잘못이 아니라는 사실에 안도하고, 중요한 사건이 발생했을 때 느끼는 그런 일종의 자랑스러운 기분마저 들었다. 엄마가 친구들과 소곤거리는 것도 그다지 괴롭지 않았다. 그렇지만 밤에 집으로 돌아와서, 아버지가 내 몸에 대해 넌지시 농담을 할 때는 어디 쥐구멍에라도 들어가고 싶을 만큼 굴욕감을 느꼈다. 나는 여자들이 모두 조심스럽게 그 육체의 결함을 남자들에게 감추고 있다고 상상했다. 아버지와 마주할 때면 나는 아버지가 나를 하나의 순수한 정신체로 바라보고 있다고 생각했었다. 그런데 이제 아버지가 곧 나를 생물체로 보게 되지는 않을까 두려웠다. 나는 영원한 낭떠러지로 떨어진 것 같았다.
　점점 못생겨져서 코가 빨개지고 얼굴과 목덜미에는 여드름이 솟았다. 나는 안달을 하면서 신경질적으로 긁어댔다. 엄마는 일에 쫓겨 내 옷차림을 신경 써 줄 틈이 없었다. 아무런 치장도 하지 않은 옷차림 때문에 나의 볼썽사나운 생김새는 한층 두드러져 보였다. 내 몸을 주체하지 못한 나는 온갖 공포증을 앓았다. 한 번 마신 컵은 다시 사용하지 않았고, 갖가지 유별난 버릇이 생겼는데, 끊임없이 어깨를 들썩이거나 코를 실룩거리기도 했다.
　"여드름을 긁으면 안 돼. 코를 실룩거리지 마라."
　아버지는 거듭 내게 말했다. 장난으로 하는 말은 아니었지만 배려가 담겨 있는 것도 아니었다. 아버지는 내 피부색이나 여드름, 바보스런 행동들을 악의는 없지만 신중함도 없이 나무랐는데, 그것은 나의 어색함이나 특별난 버릇들을 한층 두드러지게 했다.
　언젠가 아버지의 취직자리를 알선해 준 부자 친척이 아이들과 친구들을 위해 파티를 연 적이 있었다. 그는 시 낭독 순서를 마련했고, 동생이 사회자로 뽑혔다. 별을 점점이 박은 하늘색 망사 옷을 입고, 아름다운 머리카락을 허리까지 늘어뜨린 동생은 '밤의 미녀'로 분장하고서, 운에 맞춰 무대 위로 나오는 아이들을 소개했다. 스페인 여자로 분장한 내가 부채를 부치면서 걸어 나오자 동생은 〈후니쿨리 후니쿨라〉 노래를 했다.

　　오, 저기 사랑스런 사람이 오네.
　　새침하게도, 새침하게도
　　바르셀로나의 완벽한 여인
　　스페인 발걸음, 스페인 발걸음,
　　그 커다란 눈망울은 결코 예사롭지 않아,
　　너무도 용감하게…… 어쩌고 저쩌고.

　시선이 일제히 내게 쏟아졌다. 나는 얼굴이 화끈 달아오르는 것을 느끼며, 고문이라도 당하고 있는 듯했다. 그로부터 며칠이 지나 나는 북부에 있는 사촌언니 결혼식에 참석했다. 릴리 이모의 결혼식 날에는 내 모습에 매우 만족했지만 특별한 마음의 상처를 받았다. 결혼식 날 아침에 엄마는 내가 입은 베이지색 크레이프 옷이, 이미 어린애처럼 납작하지 않은 나의 가슴선을 너무 두드러지게 한다고 말했던 것이다. 천으로 가슴을 둘둘 감고 있자니 온종일 성가신 혹을 옷 속에 감추고 있는 기분이었다. 따분한 결혼식과, 끝도 없이 계속되는 잔치 한가운데서 나는 사진에 찍힐 내 모습을 슬프게 예상하고 있었다. 촌스럽고 세련되지 못한 나는 아이와 여자 사이에서 혼돈스러워했던 것이다.

밤이 평온을 되찾아 주었다. 그에 비해, 분명하게 말할 수는 없지만 세상이 다시 동요하기 시작했다. 이 변화는 자자에게 영향을 주지 않았다. 자자는 인간이지 변하는 물체가 아니었으니까. 그즈음 나는 내게 아름다운 우상이 될 만한, 웃음 띤 얼굴의 상급생을 발견했다. 그녀는 금발에 방글방글 웃는 얼굴과 장밋빛 볼을 갖고 있었다. 이름은 마그리트 드 테리쿠르라고 했다. 그녀의 아버지는 프랑스 굴지의 부자였다. 운전기사가 딸린 커다랗고 검은 자동차로 가정교사가 아이들을 학교까지 데려다주고 다시 데려가곤 했다. 마그리트는 10살 때부터 머리카락을 예쁘게 말아 올리고, 완벽하게 치장한 옷을 입었으며, 교실에 들어올 때까지 장갑을 벗지 않아서 공주처럼 보였다. 그녀는 아름다운 소녀로 성장했다. 윤기 있는 금발 머리와 도자기 같은 눈동자, 우아한 미소, 그녀의 여유로움과 겸손한 태도, 차분한 억양의 목소리가 강한 인상을 주었다. 그녀는 모범학생으로 선생님들에게도 매우 공손했다. 선생님들은 그녀의 재산이 주는 화려함에 들떠서 그녀를 애지중지했다. 그녀는 항상 아주 친절한 어조로 내게 말을 걸어 주었다. 들리는 말에 따르면, 그녀의 어머니는 중병에 걸렸다고 한다. 마그리트가 이런 시련을 견디고 있다고 생각하니, 그녀가 점점 더 공상적인 휘장에 둘러싸여 있는 것만 같았다. 가끔 나는 만약 마그리트가 나를 집으로 초대한다면 너무 기뻐서 기절할 거라고 생각했다. 하지만 그런 가당치도 않은 일을 꿈꿀 용기조차 없었다. 그녀는 영국 황실보다도 훨씬 동떨어진 곳에 살고 있는 존재여서 그녀와 친해지려는 생각은 하지 않았다. 다만 좀더 가까이에서 바라보고 싶었을 뿐이다.

사춘기에 접어들면서, 그녀에 대한 내 감정은 확고해졌다. 여학교 3학년 말에 나는 4학년들이 교내에서 치르는 공식 시험에 응시했다. 이 시험을 통과하면 '아드린 데지르 졸업장'을 받을 수 있었다. 마그리트는 회색 크레이프의 근사한 옷을 입고 있었다. 그녀의 아름답고 통통한 팔이 소매를 통해 비쳤다. 이 얌전한 노출에 나는 심하게 동요했다. 비록 작은 욕망일지라도 그것을 실천에 옮기기에 나는 너무나도 무지했고, 또 그녀를 존경하고 있었다. 그 하얀 어깨가 누군가의 손에 의해 더럽혀질 수 있다는 생각은 해보지도 않았다. 하지만 시험 중간에 나는 그녀에게서 눈을 뗄 수가 없었고, 무엇인가에 나의 목이 짓눌리는 듯한 느낌을 경험했다.

내 몸에는 변화가 왔다. 그것은 내 생활에서도 마찬가지였다. 과거가 내게서 멀어져 갔고, 우리는 다시 이사를 했다. 루이스도 그만두었다. 나는 동생과 함께 옛날 사진을 보다가 갑자기 얼마 안 있어 메리냐크도 잃게 되리라는 생각이 들었다. 할아버지는 나이가 많아서 앞으로 오래 살지 못한다. 소유지가 가스통 큰아버지에게 돌아간다면—집은 이미 큰아버지 소유였다—메리냐크에 가도 이제 우리 집처럼 평온한 느낌을 가지지 못하리라. 그러면 낯선 메리냐크에는 결국 가지 않게 될 것이다. 나는 망연자실해졌다. 부모님은 항상 고된 인생은 유년시절의 우정을 완전히 허물어뜨린다고 말했으며, 또 예로써 확인해 주었다. 나는 자자와 헤어지게 될까? 나이가 들어도 푸페트와 나의 애정이 변치 않을는지 걱정스러웠다. 어른들은 우리의 놀이와 기쁨에 동참하지 않았다. 세상이 재미나 죽겠다는 어른을 한 명도 알지 못한다. 인생은 즐겁지 않다, 인생은 소설 같지 않다, 라고 이구동성으로 말하고 있었다.

어른들의 단조로운 생활에 대해 나는 연민의 정을 느꼈다. 그리고 그것이 가까운 시일에 나의 숙명이 된다는 생각이 들 때마다 불안에 휩싸이곤 했다. 언젠가 나는 엄마의 설거지를 돕고 있었다. 엄마가 접시를 닦고, 나는 닦은 접시의 물기를 훔쳤다. 창밖으로 소방서 벽이 보였고, 다른 집 부엌에서 여자들이 냄비를 닦거나 야채를 다듬는 모습이 보였다. 여자들은 날마다 점심 저녁으로 설거지를 한다. 이런 시간들은 끝도 없이 거듭되고, 어디에도 도달하지 않는다. 나도 이렇게 살아가는 것일까? 하나의 인상이 내 머릿속에서 형태를 이루어 갔다. 그것은 불행히도 너무나도 뚜렷하게 남아서 지금도 기억한다. 저 멀리 지평선으로 깊은 창처럼 겹쳐진 사각의 틀이 끝없이 이어져 있었다. 원근법에 따라 차츰 작아지기는 했지만 전부 똑같이 평범한 모양이었다. 그것은 무수한 매일매일과 매 주일이 계속되는 듯한 광경이었다. 나는 태어난 이래로 밤마다 어제보다 조금씩 풍요로워진 상태로 잠들었다. 나를 점차 높은 단계로 끌어올려 왔건만 저 위에는 하찮고 단조로운 초원밖에 없다고 한다면 목적도 없이 무엇을 향해 걸어갈 것인가? 그런 것을 해봤자 아무 소용이 없지 않은가?

산더미처럼 쌓인 접시들을 찬장에 넣으면서 아니다, 틀렸다, 고 나 자신에게 말했다. 내 인생은 어딘가에 도달할 것이다. 다행히 나는 주부의 재능은 타고나지 않았다. 아버지는 페미니스트가 아니어서인지 콜레트의 소설에 나오는 여변호사나 여의사가 가정을 위해 자기 능력을 희생하는 현명함을 칭찬했다. 그러나 필요가 법률을 만드는 것이다.

"너희는 시집가지 마라."

아버지는 자주 말했다.

"너희에겐 지참금이 없으니까 일을 해야만 한다."

나는 결혼보다 일에 관심이 많았다. 그것은 희망을 품게 해주었다. 뭔가를 이룩해낸 사람들이 있다. 나도 해 보이리라. 하지만 무엇을 해야 할지는 아직 몰랐다. 천문학, 고고학, 고생물학에 차례로 빠져들었다. 그리고 글을 쓴다는 생각을 막연하게나마 계속했다. 하지만 이런 계획들에는 견실함이 결여되어 있었다. 자신 있게 미래로 향할 만큼 나는 그것들을 믿지 않았다.

《작은 아씨들》 속편인 루이자 메이 올컷의 소설 《착한 아내들》을 읽었을 때, 결혼에 대한 거부감은 더욱 확고해졌다. 조와 로리가 앞날을 바라보며 향해 함께 미소 짓는 곳까지 읽은 지 1년, 또는 그 이상의 시간이 지나 있었다. 이야기의 마지막 권인 타우흐니츠 문고의 작은 책을 손에 넣고, 나는 그냥 아무 페이지나 펼친 다음 로리가 조의 동생인 경박하고 머리나쁜 금발의 에이미와 결혼하는 장면에 우연히 맞닥뜨리고는 아연했다. 나는 책을 내던졌다. 마치 손을 불에 덴 것 같았다. 며칠 동안 나는 내 몸의 급소를 찔린 듯이 그 불행한 사건에 낙담하고 있었다. 내가 사랑하는 남자는, 그리고 나를 사랑한다고 생각하던 그 남자는 멍청한 여자를 위해 나를 배신했던 것이다. 나는 루이자 메이 올컷을 증오했다. 나중에야 조가 스스로 로리의 청혼을 거절한 사실을 알았다. 오랜 독신생활과 잘못, 시련 뒤에 조는 한 교수를 만난다. 그는 조보다 나이가 위이고, 인간으로서 가장 훌륭한 재질을 갖추고 있었다. 그는 그녀를 이해하고, 위로하며, 이끌어 주었고, 결국 둘은 결혼한다. 젊은 로리보다 훨씬 나은 이 멋진 남자는 불현듯 조의 인생으로 들어왔고, 최고 재판관을 마음에 두고 있는 상태였다. 그래서 나도 언젠가 이런 남자에게 인정받는 날을 꿈꾸었다. 그렇지만 이야기 전개에 있어서는 그가 끼어든 것이 불만이었다. 전에 세귀르 부인의 《여름 방학》을 읽으면서 나는 소피가 어릴 적 친구인 폴과 결혼하지 않고 낯선 젊은 성주와 결혼하는 장면에 크게 실망했었다. 우정과 애정은 일시적인 모험이 아니라 결정되고 영구한 것으로 내 눈에 비쳤었다. 미래가 나에게 절교를 강요하는 일은 없어야 했다. 미래는 나의 과거 전체를 감싸야만 한다.

나는 유년시절의 편안함을 잃은 대신 아무것도 얻지 못했다. 부모님의 권위의식은 여전했고, 내 비판 정신이 깨어나기 시작했으므로 그것을 견디기가 차츰 어려워졌다. 방문, 친척이 모이는 점심식사, 부모님이 의무라고 믿는 이런 모든 성가신 일을 나는 무의미하다고 생각했다.

"이렇게 해야 된단다. 그렇게 해선 안 돼."

이런 충고는 이제 조금도 나를 이해시키지 못했다. 엄마가 나를 보살펴 주는 것이 짐스러웠다. 엄마에게는 엄마 생각이 있었을 텐데도 자신의 생각이 어떤 이유에서 올바른지 설명하지 않았고, 엄마의 결단은 종종 변덕스럽고 일관되지 못했다. 나는 동생의 성체 예배식 때 선물하려 했던 기도서 문제로 엄마와 크게 다투었다. 나는 학교 친구들 대부분이 가진 것과 똑같은, 갈색 사슴 가죽 제본을 택하고 싶었다. 그러나 엄마는 하늘색 마직 표지로도 충분하다고 했다. 나는 저금통의 돈은 내 것이니 내 의견대로 하자고 항의했다. 그래도 엄마는 14프랑이면 될 것을 20프랑이나 쓸 필요가 있느냐고 말했다. 우리가 가게에서 빵을 사는 동안에도, 아파트 계단을 오르면서도, 그리고 집으로 돌아온 뒤에도 나는 물러서지 않았다. 끝내 양보하고 말았지만 화가 나서 분을 삭이지 못했고, 이것은 권력남용이므로 결코 용서하지 않겠다고 맹세했다. 만약 엄마가 내 의견에 자주 반대했더라면 분명 나는 반항했겠지만 이제까지 중요한 일―공부라든가 친구의 선택 등―에 엄마는 별로 참견하지 않았다. 내 공부와 여가까지도 존중해 주었고, 커피콩을 간다든가 쓰레기를 버리러 아래층에 내려가는 정도의 아주 간단한 일밖에 시키지 않았다. 나는 순종하는 습관이 있었고, 또 하느님이 내게 순종을 바란다고 믿었다. 엄마와 아직 정면으로 충돌하지는 않았지만 나는 암암리에 그것을 자각하고 있었다. 엄마는 엄마가 받은 교육과 자라난 환경 때문에 여자의 가장 훌륭한 임무는 엄마가 되는 것이라고 믿었다. 내가 어린애 역을 맡지 않는 한, 엄마는 그런 엄마 역할을 연기할 수 없었다. 하지만 나는 5살 때처럼 고집스럽게 어른들의 연극에 참여하기를 거부했다. 데지르 학교에서는 학생들의 성체예배식 전날, 엄마 발밑에 꿇어 엎드려서 과거의 잘못에 용서를 빌도록 권고한다. 나는 그것을 실행하지 않았을 뿐만 아니라 동생에게 차례가 왔을 때도 못하게 했다. 엄마는 화가 났다. 엄마는 나의 말 없는 반항과 불만을 느끼고 기분이 상해서 내게 자주 꾸지람을 했다. 엄마가 언제까지라도 당신의 지배 아래 나를 두고, 나에 대한 권리를 주장하는 것이 싫었다. 게다가 아버지 마음을 차지하고 있는 엄마에게 질투가 일었다. 그만큼 아버지에 대한 나의 정열은 차츰 강해져 갔다.

　아버지의 삶이 추락할수록 훌륭한 점만이 내 눈에 띄었다. 아버지 인생은 부에 의한 것도, 성공에 의한 것도 아니었다. 나는 아버지가 일부러 그것들을 무시한다고 믿었다. 아버지를 암울한 대변혁기의 이해받지 못하는 희생자라고 생각했다. 그런 만큼 이따금 보이던 아버지의 갑작스런 쾌활함이 나는 기쁘고 고마웠다. 아버지는 옛날이야기를 하거나, 많은 사람을 조롱하거나, 기지(機智)로 가득 찬 말을 하기도 했다. 집에 있을 때, 아버지는 우리에게 빅토르 위고와 로스탕을 읽어주었다. 당신이 좋아하는 작가들과 연극, 옛날의 대사건 등 고상한 이야기들을 많이 들려주어 나를 회색빛 일상생활로부터 멀리 떨어져 있을 수 있게 해주었다. 나는 아버지만큼 총명한 사람은 이 세상에 없다고 생각했다. 내가 목격한 논쟁에서 아버지는 늘 상대를 쓰러뜨렸다. 아버지는 몇몇 위인을 존경했지만, 이 사람들은 너무 먼 세계에 속해 있었으므로 나에게는 신화처럼 들렸고, 게다가 그들도 결코 완전하지는 않았다. 그들의 과도한 재능 자체는 결점과 연관된 것이다. 그들은 오만에 빠지고, 정신은 왜곡되어 갔다. 아버지가 열중하여 시를 낭독하던 빅토르 위고의 경우도 그랬다. 허영이 결국 그를 망가뜨렸고, 졸라와 아나톨 프랑스, 그밖의 많은 사람도 마찬가지였다. 아버지는 명철하게 그들의 착오를 비판했다. 아버지가 기탄없이 옹호하는 사람들조차도 그 작품에는 한계가 있었다. 그에 반해 아버지는 생생한 어조로 자신에게, 그의 사상은 압류불가이며 무한하다고 말하는 것이었다. 아버지 앞에 사람과 사물이 등장하면 아버지는 왕처럼 재판했다.

　아버지가 내 의견을 지지하면 나는 금세 자신감을 가졌다. 오랜 세월, 나는 언제나 칭찬만 받아왔지만 사춘기에 접어들면서부터 아버지를 실망시켰다. 아버지는 여성의 우아함과 아름다움을 감상하고 있었다. 당신의 실망을 내게 감추기는커녕 여전히 귀여운 동생에게 더 많은 관심을 보였다. 언젠가 동생이 '밤의 미녀'로 분장하고 무대를 밟았을 때, 아버지 얼굴은 매우 자랑스럽게 빛나고 있었다. 아버지는 이따금 친구인 자노 씨—그리스도교도 극장에 열중한 친구—가 주최하는 파리 교외의 목요회(매주 목요일에 갖는 가톨릭 신부와 어린이의 모임)에서 공연을 했다. 그때 푸페트도 함께 출연하게 했다. 긴 금발머리를 세 갈래로 따서 늘어뜨린 푸페트는 막스 모레이의 희곡 《약국》에 나오는 소녀 역을 맡았다. 아버지는 동생에게 대사를 읊듯이 한마디 한마디에 힘주어 효과적으로 우화를 낭독하는 법을 가르쳤다. 당시 나는 내 심정을 솔직하게 말하지 않았지만 두 사람의 의기투합이 괴로워서 막연히 동생을 미워했다.

　하지만 진정한 라이벌은 엄마였다. 나는 아버지와 둘만의 관계를 갖고 싶었지만, 아주 드물게 단둘이 있을 때도 우리는 엄마가 그곳에 함께 있는 듯이 말하곤 했다. 내가 엄마와 이야기하다가 아버지에게 도움을 청하면 아버지는 이렇게 대답했으리라.

　"엄마 말씀대로 하거라!"

　내가 아버지에게 공범을 요청한 적은 단 한 번밖에 없었다. 아버지가 우리를 오테이 경마장에 데려갔을 때의 일이다. 잔디밭은 사람들로 가득하고 날씨도 더운 데다 아무것도 시작되지 않아 따분했다. 마침내 시작 신호가 울리자 사람들은 울타리 쪽으로 몰려갔다. 사람들 등에 가려 코스가 보이지 않게 되었다. 아버지가 우리를 위해 빌린 삼각대가 있었으므로 나는 그 위에 올라가려 했다.

　"안 돼!"

　엄마가 말했다. 엄마는 혼잡한 것을 싫어하는 데다가 이리저리 밀고 밀치는 곳은 질색했다. 나는 물러서지 않았다.

　"안 된다면 안 되는 줄 알아."

　엄마가 반복해서 일렀는데도 나는 동생을 돌보는 틈을 타서 아버지 쪽을 돌아보며 분개해 외쳤다.

"엄마는 바보야! 어째서 그 위에 올라가면 안 된다는 거야?"

아버지는 난처한 표정으로 어깨를 으쓱했다. 아버지의 이런 애매한 행동은, 아버지도 엄마가 너무하다고 생각하는 것은 아닐까 하는 의심을 품게 했다. 아버지와 나 사이에 묵시적 동맹이 생겼다고 굳게 믿었지만 그 환상은 곧 깨졌다. 어느 점심식사 때, 자기 엄마를 무능한 사람으로 취급한 나의 방탕한 사촌에 대한 이야기가 나왔다. 사실 큰엄마가 그런 사람이라는 것은 아버지도 인정하고 있었지만, 그래도 아버지는 열띤 어조로 선언했다.

"자기 엄마를 비난하는 놈은 바보야."

나는 얼굴이 빨개져서 속이 좋지 않다는 핑계로 식탁을 떠났다. 나는 엄마를 비난하고 있었는데, 아버지는 내게 이중의 타격을 주었던 것이다. 한편으로는 엄마와의 결속을 보여주었고, 다른 한편으로는 나를 바보 취급했다. 그보다 더 당황스러운 일은 이 말이 아버지 입에서 나왔고, 동시에 내가 아버지의 말을 비판했다는 사실이었다. 큰어머니의 아둔함이 명백한데 아들이 그것을 인정하면 왜 안 될까? 진실을 말하는 것은 나쁜 짓이 아니다. 악의 없는 경우가 대부분이다. 이를테면 현재 나는 내 생각을 멈출 수 없다. 내가 틀린 것일까? 어떤 의미에선 틀리지 않다. 그렇더라도 아버지의 말은 너무나도 강한 충격을 주었으므로, 나는 내가 비난받을 점이 조금도 없다고 믿으면서도 그렇게 생각하는 나 자신이 무서웠다. 이 사건이 있은 뒤로 나는 아버지가 절대로 잘못을 하지 않는 사람이라는 생각을 버린 것 같다. 하지만 부모님은 여전히 내 잘못을 판단할 권한을 갖고 있었다. 나는 부모님의 판결을 감수하면서도 그분들과는 다른 시각으로 나 자신을 보았다. 나라는 인간의 진실은 나 자신에게 속해 있는 것과 마찬가지로 그들에게도 속해 있었다. 그러나 반대로 부모님에게는 나의 진실이 하나의 환상이나 속임수로 보였을 수도 있다. 이 기묘한 혼란을 피하려면 한 가지 방법밖에 없었다. 그럴듯한 겉모습으로 내 생각을 부모님에게 감추는 것이다. 조심스럽게 이야기하는 습관이 있었지만 이 시기에는 더욱 신중해졌다. 모든 것을 털어놓지 않는 이상, 감추지 못할 것도 없었다. 나는 남의 눈을 피해 행동하는 방법을 익히기 시작했다.

나는 여전히 독서거리에 대해 엄격한 검열을 받고 있었다. 어린이를 위해 특별히 쓴 책이나 어린이에게 적합하지 않은 부분을 삭제한 책 말고는, 단 몇 권의 선택된 책만이 주어졌다. 게다가 부모님은 자주 내용을 살펴보았다. 《아기 독수리》(로스탕의 희곡)마저도 아버지는 일부분을 잘라냈다. 그렇지만 부모님은 나를 믿고 책장에 자물쇠를 채우지는 않았다. 라그리에르에서 부모님은 내가 읽어도 되는 책 제목을 지정한 다음, 제본된 《프티트 일뤼스트라시옹》 문고는 봐도 좋다고 허락했다. 방학 동안 나는 늘 책에 목말라 있었다. 《프림로즈》라든가 《어릿광대》를 다 읽었을 때, 나는 내 눈과 손이 닿는 곳에서 뒹굴고 있는, 잔디 위의 책을 탐욕스런 눈으로 바라보았다. 오래전부터 나는 스스로에게 감미로운 불복종을 허락하고 있었다. 엄마는 내게 간식을 금지했지만, 시골에서 나는 아침마다 사과 12개쯤을 앞치마에 넣고 집을 나섰다. 이런 일을 저지르고도 벌을 받아 기분이 상했던 적은 없다. 마들렌과 대화한 이후부터 나는 사샤 기트리, 플레르, 카이야베, 알프레드 카퓌, 트리스탕 베르나르가 해롭다는 사실을 믿지 않게 되었고, 금지된 구역에서 모험을 감행했다. 그때는 베른슈타인이나 바타유에게까지 다가갈 만큼 용감해져 있었다. 그들의 책은 전혀 불손한 내용을 담고 있지 않다고 생각했다. 파리에서 뮈세의 《밤》을 읽는 듯한 표정으로 나는 그의 두터운 작품집 앞에 앉아서 희곡을 모조리 읽었다. 《롤라》, 《세기아의 고백》 등. 그 뒤로 집에 혼자 있을 때마다 자유롭게 서가에서 책을 꺼냈다. 가죽 소파에 몸을 묻고 청년시절 아버지 세대를 열광시켰던 부르제, 알퐁스 도데, 마르셀 프루스트, 모파상, 공쿠르 형제 등, 1권에 90상팀짜리 소설 문고를 닥치는 대로 읽음으로써 멋진 세월을 보냈던 것이다. 그들은 나의 성지식을 보충해 주기는 했지만 그다지 논리정연하지는 않았다. 어떤 때는 성애 행위가 밤새 계속될 때도 있고, 또 어떤 때는 몇 분으로 끝날 때도 있으며, 때로는 무미건조하고, 때로는 놀랄 만큼 관능적이었다. 그것은 도무지 깨달을 수 없는 절묘함과 다양함을 지니고 있었다. 참으로 괴이하다는 생각이 드는 파레르의 《문명인》과 그의 급사들, 그리고 클로딘과 그 여자 친구들의 '동성애'는 차츰 문제를 복잡하게 진전시켰다. 작가들의 재능이 부족한 탓인지, 옛날에 내가 슈미트에게서 받은 만큼 감명을 주는 작가는 하나도 없었다. 전체적으로 보아 나는 이 책들을 나 자신의 경험과 연관짓지 않았다. 대부분의 소설은 이미 존재하지 않는 사회를 묘사하고 있었다. 클로딘과, 파레르의 닥스 양을 제외하면 여주인공들—멍청한 소녀들 아니면 경박스런 사교계 부인들—은 흥미를 끌지 못했다. 남자들은 평범했고, 작품들은 모두 만족할 만큼의 연애 이미지도, 미래의 본보기도 제시해 주지 못했다. 그렇지만 이 작품들은 내가 찾던 바를 제공해 주었다. 나를 현실세계에서 동떨어진 세계로 데려가 주었던 것이다. 덕분에 나는 유년을 뛰어넘어 복잡하고 풍문으로 가득한, 생각지도 않던 세계로 들어갈 수 있었다. 저녁에 부모님이 외출할 때면 밤늦게까지 도피의 기쁨을 만끽했다. 동생이 잠든 동안에는 베개를 등에 받치고 책을 읽었다. 그러나 현관문 여는 소리가 나면 곧바로 불을 껐다. 다음 날 아침이면 침대 정리를 하면서, 매트리스 밑에 감추었던 책을 제자리로 돌려놓을 기회를 엿보았다. 이런 책략을 엄마는 전혀 눈치채지 못했지만, 이따금 《반(半)처녀》라든가 《여인과 꼭두각시 인형》 같은 책들이 내 매트리스 밑에서 뒹구는 것을 엄마가 알아챘다는 생각만으로도 오싹해졌다. 내 처지에선 이런 행동이 비난받을 일은 아니었다. 그것은 무료함을 없애 주고, 교양을 높여 주기도 했다. 부모님은 나를 위해 금지하지만 내게 해를 끼치지 않으므로 엄밀히 말해 부모님의 뜻을 거스르는 것은 아니다. 그렇지만 일단 공개되고 나면 그 순간에 나쁜 짓으로 변질되리라.

공교롭게도, 나를 배반의 고통에 맞부딪치게 한 것은 합법적인 독서였다. 나는 반에서 《사일러스 마녀》에 대해 설명한 적이 있다. 피서를 떠나기 전에 엄마는 내게 《애담 비드》를 사다 주었다. '영국 풍경화 같은 정원'의 포플러 밑에 앉아서 나는 참을성 있게 며칠동안 조금은 밋밋한 이야기 전개를 따라갔다. 여주인공—미혼 여성이었다—은 숲으로 산책을 나갔다 온 뒤로 자신이 임신한 사실을 발견한다. 그때 내 심장은 크게 고동치기 시작했다. 제발 엄마가 이 책을 읽지 않기를! 내가 뭔가를 알고 있다는 사실을 엄마는 깨닫게 될 것이다. 나는 견딜 수가 없었다. 꾸중이 두려워서가 아니었다. 꾸지람을 들을 만한 짓은 하지 않았지만, 엄마가 어떻게 받아들일지 생각하니 두려워서 당황했던 것이다. 엄마는 나와 대화를 해야 한다고 생각할까? 이런 짐작만으로도 나는 두려움에 떨었다. 왜냐하면 엄마가 늘 함구했던 것으로 생각건대, 이런 문제에 다가가는 것을 얼마나 싫어하는지 알 수 있었기 때문이다. 나에게 미혼모라는 존재는 객관적인 사실인 반면에, 이것은 내가 알고 있는 사실과 정반대의 것으로 나는 이해할 수가 없었다. 하지만 내가 그런 것을 안다는 사실이 엄마에게는 충격이 되어 우리 모두 상처를 입게 되리라.
 이런 걱정을 하면서도 나는 숲에서 책을 잃어버렸다는 손쉬운 핑계를 대지 않았다. 왜냐하면 우리 집에서 물건을 잃어버리는 것은, 비록 그것이 칫솔 1개라도 엄청난 폭풍이 휘몰아치기 때문이다. 이 방법 역시 좋지 않았다. 게다가 나는 태연히 입을 다물 수 있을지는 몰라도 적당한 거짓말로 둘러대는 일에는 익숙하지 못했다. 얼굴이 빨개지고 머뭇거리다가 들통 날 것이 분명하다. 나는 《애담 비드》가 엄마의 수중에 들어가지 않게만 신경을 썼다. 엄마는 이 책을 읽을 생각을 하지 않았으므로 나는 엄마의 낭패를 목격하지 않아도 되었다.
 이처럼 가족과의 관계는 예전보다 훨씬 힘들어졌다. 동생은 전처럼 하나에서 열까지 나를 믿고 따르지 않았고, 아버지는 내가 못생겼다고 불만스러워했으며, 엄마는 나의 어렴풋한 변화를 눈치채고 경계하기 시작했다. 만약 부모님이 내 속을 읽었더라면 나는 유죄 선고를 받았으리라. 부모님의 시선이 전처럼 나를 보호하는 대신에 오히려 내가 그들의 위험한 시선에 노출되어 있었던 것이다. 부모님의 위치도 이전에 머물던 천계에서 하계로 내려왔다. 그렇다고 그 점을 이용해 부모님의 판단에 이의를 제기하려 하지는 않았다. 나는 이중의 도전을 받고 있었다. 이제 나는 특권을 누릴 수 없었다. 유년시절의 완전함은 사라진 지 오래되었다. 나는 자신이 없었고 쉽게 상처를 입었다. 나와 타인과의 관계에 변화가 생긴 것이 틀림없었다.

 자자의 타고난 재주는 뚜렷이 드러나기 시작했다. 나이에 비해 매우 능숙하게 피아노를 치는 데다가 바이올린도 배웠다. 조잡하고 어린애 같은 내 글씨와 달리 그녀의 글씨는 너무도 우아해서 나를 깜짝 놀라게 했다. 아버지도 그녀가 쓴 편지의 문체와 활기 있는 대화를 칭찬했다. 아버지는 농담할 때도 자자를 정중하게 대했고, 그녀도 품위 있게 말을 받았다. 사춘기였으나 빈틈이 없었다. 옷이나 머리 모양에 특별히 거드름을 피우지는 않았지만 처녀티가 났다. 그렇다고 자자 특유의 남자 같은 용기를 잃은 것도 아니었다. 여름방학 동안 그녀는 랑드 지방 숲 속을 말을 타고 돌아다녔다. 나뭇가지에 볼이 긁히는 것도 상관하지 않았다. 자자는 이탈리아 여행을 했다. 파리로 돌아와서 그녀는 자기가 좋아하는 기념비라든가 동상, 그림 이야기를 해주었다. 나는 그녀가 동화의 나라에서 맛보고 온 기쁨들이 부러웠다. 그래서 그런 아름다운 이미지를 간직하고 있는 자자의 검은 머리칼을 경탄의 눈으로 바라보았다. 그녀의 독특한 점이 나를 매혹했다. 깊이 있게 판단하기보다는 그저 알고 있는 것에 관심이 갔고, 그녀의 모든 점이 흥미로웠다. 그녀의 판단으로 그리스는 매혹적이었지만, 로마는 따분했다. 그녀는 프랑스 왕조의 불행에는 전혀 무관심했고, 나폴레옹의 운명에는 애를 태웠다. 또한 라신을 존경했지만, 코르네유에 대해서는 규탄했다. 《오라스》나 《폴리왹트》는 지독히 싫어했지만, 《인간 혐오》는 무척 좋아했다. 자자는 전부터 누군가를 놀려 주기를 즐겼다. 12살에서 15살 사이에 그녀는 비웃음에 하나의 체계를 만들어 사람들 대부분을 바보 취급했을 뿐만 아니라, 기존의 습관이나 사상마저도 무시했다. 그녀는 라로슈푸코의 《잠언집》을 애독했고, 무슨 일이 있을 때마다 인간을 좌우하는 것은 '이해득실'이라고 거듭 말했다. 나는 인간성에 대해 보편적인 사고를 갖지 않았으므로, 그녀의 완고한 비관론은 내게도 강요되었다. 그녀의 의견에는 과거의 질서를 뒤집을 만한 것들이 많았다. 그녀는 작문에서 필랭트에 대항해 알세스트(둘 다 〈인간 혐오〉에 나오는 인물)를 변호하고, 언젠가는 나폴레옹을 파스테르보다 위에 놓아 데지르 학교를 들끓게 했다. 그녀의 대담성에 어떤 선생님들은 화를 내고, 어떤 선생님들은 용기 있다며 재미있어했다. 어떤 선생님들에겐 바퀴벌레이고, 어떤 선생님들에겐 지지자였다. 나는 대개 그녀보다 좋은 성적을 받았다. 작문이나 구상도 그녀보다 위였지만, 내 생각에 그녀는 자신이 1등 하는 것을 경멸하는 듯이 보였다. 나보다 점수는 좋지 않았지만, 그녀에게는 내 근면함에는 없는 대담함이 있었다. 사람들은 그녀가 개성적이라고 했는데, 그것이야말로 그녀가 가진 최고 특권이었던 것이다. 그에 반해 나는 막연히 나 자신에게 만족했기 때문에 확실하거나 특징적인 윤곽이 없었다. 나에겐 모든 것이 어슴푸레하고 쓸모없었지만, 자자에게는 확고한 존재가 떠올라 있었다. 그것은 샘물처럼 솟아 넘치고, 대리석처럼 단단하며, 뒤러의 데생처럼 또렷하게 묘사되어 있었다. 나는 자자의 그러한 면을 내 안의 공허함과 비교하면서 스스로를 경멸했다. 자자는 나에게 이 대결을 강요했던 것이다. 왜냐하면 자자는 자주 그녀의 무신경함과 나의 열중, 그녀의 단점과 나의 완전함—그녀는 그것을 비웃었다—을 비교했기 때문이다. 나는 그녀의 냉소로부터 벗어날 수가 없었다.

"나에겐 개성이 없어."
나는 슬프게 혼잣말을 했다. 나는 모든 것에 호기심을 품었다. 진실의 절대성, 도덕률의 필요성을 믿었다. 나는 사고의 대상에 따라 형태를 만들어 갔다. 만약 어떤 생각이 나를 놀라게 했다면 뭔가 놀랄 만한 것이 그 생각에 반영되어 있기 때문이었다. 나는 '좋은 것'보다 '더 좋은 것'을 선택하고, '최악의 것'보다는 '덜 나쁜 것'을 선택했으며, 경멸할 만한 것은 경멸했다. 내 주체성의 발자취는 어디에도 없었다. 나는 내 존재에 한계가 없이 크게 성장하기를 바랐다. 나는 무한인 것과 마찬가지로 무형이었다. 이상하게도 내가 나의 개성을 발견한 순간, 내 정신적 결함을 알아챘던 것이다. 지금까지 나의 일반적인 의도는 당연한 것이었다. 그것이 이제 '시몬은 뭣에든 흥미를 갖는' 개성으로 변해 버린 것이다. 나는 많은 제한을 거부함으로써 오히려 제한된 나를 발견했다. 내게 매우 자연스럽게 부과된 행동과 사고에는 나의 비판적 감각의 수동성과 결점이 나타나 있었다. '모든 것'의 중심에 박힌 순수한 의식에 머무는 대신 나는 변신을 했는데, 그것은 씁쓸한 추락이었다. 내 탓으로 돌려진 추한 얼굴은 나를 실망시킬 따름이었다. 그 모습은 마치 하느님인양 인간적인 형체가 없이 살아온 나였다. 그래서 나는 재빨리 내 몸을 비하하게 되었다. 그러나 내가 다른 사람들 가운데 한 개인일 뿐이라면, 그들과의 모든 차이점은 나의 우수성을 확인해주는 대신에 오히려 열등성으로 변질될 위험이 있었다. 부모님은 나에게 더 이상 확실한 보증인이 아니었고, 그런 만큼 나는 자자를 너무나 좋아해서 그녀를 나 자신보다도 현실적으로 느끼게 되었으나 나는 그녀에 비하여 부정적인 측면의 존재였다. 나 자신의 고유한 특수성을 주장하기보다는, 그 특수성을 경멸하면서 따랐다.
내가 13살 즈음에 읽은 책 한 권이 내게 하나의 신화를 불어넣었고, 나는 오랫동안 그것을 믿었다. 그것은 앙드레 로리의 《아테네의 학생》이었다. 성실하고 근면하며 분별 있는 학생 테아젠은 잘생긴 유포리온에게 완전히 빠져든다. 사람들은 이따금 그의 무책임함과 거침없음을 비난하기는 했지만 젊은 귀족 유포리온은 우아하고 섬세하며 세련된 예술가에다, 기지가 풍부하고 행동에 거리낌이 없어 학우들과 선생님들은 그에게 현혹되었다. 그런데 유포리온은 요절하고, 테아젠은 50년이 흐른 뒤에 두 사람에 관한 이야기를 한 것이다. 나는 자자를 아테네의 잘생긴 금발 청년에 비유하고, 나를 테아젠에 견주었다. 화려한 재능과 착실한 재능 중 나는 후자의 범주에 나를 넣었던 것이다.

하지만 나의 겸손은 애매했다. 착실한 재능을 가진 사람들은 화려한 재능의 사람들을 숭배하고 그들에게 충성해야 한다. 그러나 살아남아서 친구 이야기를 한 사람은 테아젠이었다. 그는 회상이자 의식이고, 주인공이었다. 만약 남이 나에게 자자가 될 것을 제안한다면 나는 거절했으리라. 나는 한 인물을 소유하기보다는 우주를 갖는 편이 더 좋다. 나는 줄곧 나 혼자 원형을 잃지 않고, 축소하지 않았으며, 현실의 모습을 분명히 하는 일에 성공했다고 확신했다. 다만 자자를 상대할 때만 내 평범함을 마음 아프게 여기곤 했다.

나는 신기루에 현혹되기에 이르렀다. 느끼는 것은 나의 내부이고 보이는 것은 나의 외부에 있는 상대방이었던 것이다. 상대는 나와 달랐다. 자자는 복숭아를 보거나 만지기만 해도 몸서리를 치는데, 그 모습을 보면 이상하게 느껴졌지만 내가 굴을 싫어하는 것은 자연스럽게 받아들여졌다. 어떤 급우도 그녀만큼 나를 경탄하게 만든 사람은 없었다. 자자는 정말이지 예외였다.

마비유 부인의 자녀 9명 중에, 자자는 셋째로 차녀였다. 그래서 자자의 어머니는 그녀를 귀여워할 여유가 없었다. 자자는 형제들과 사촌들, 친구들과 함께 놀았으므로 그들의 남자다운 동작을 흉내냈다. 일찍부터 가족들은 그녀를 어른으로 대하여 언니로서의 책임을 맡겼다. 독실한 가톨릭 신자로 사촌오빠와 25살에 결혼한 마비유 부인은 자자가 태어날 때 이미 존경받을 만한 중년부인처럼 행동했다. 그리스도교의 정통 사상을 지닌 중산층의 더할 나위 없는 본보기로서, 마비유 부인은 예의범절을 잘 아는 훌륭한 부인들이 하는 것처럼 이따금 그 습관을 깨뜨리고 자신 있게 자기 길을 나아갔다. 때문에 그녀는 거리낌 없고 난폭한 자식들에게 너그러웠다. 자자의 솔직함과 꾸밈없는 태도는 엄마의 자신감 넘치는 관대함을 반영하는 것이었다. 나는 피아노 오디션 중에 엄마를 향해 혀를 내민 자자의 용감함에 어안이 벙벙할 정도였다. 그것은 자자에게 엄마가 공범이 되어줄 거란 기대가 있었기에 가능했던 일이다. 관중 따윈 안중에 없이 두 사람은 인습을 조롱하고 있었다. 내가 만약 그런 행동을 했다면 우리 엄마는 수치로 여겼으리라. 나의 순응적인 태도는 엄마의 소심함에서 비롯된 것이다.

나는 마비유 씨를 별로 좋아하지 않았다. 마비유 씨는 우리 아버지와 너무나 달랐고, 아버지도 그에게 호감을 갖지 않았다. 마비유 씨는 기다란 턱수염을 기르고 코안경을 끼고 있었다. 매주 일요일에 성체 예배를 드리고, 여가의 대부분을 사회사업에 바쳤다. 실크처럼 광택이 나는 수염과 그리스도교적인 미덕은 그를 여자처럼 보이게 해서, 내 눈에는 별로 훌륭한 사람처럼 느껴지지 않았다. 자자가 갓 친구를 사귀었을 무렵, 자기 아버지가 몸짓을 해가며 큰 소리로 《상상병 환자》를 읽어주어 아이들이 웃느라 눈물을 쏟기까지 했다는 것이다. 얼마 뒤, 마비유 씨가 루브르 박물관의 널따란 회랑에서 콜라주의 아름다움을 설명할 때나, 〈삼총사〉를 본 뒤 영화는 예술을 죽일 거라는 따위의 예언을 할 때 자자는 뜨거운 존경심으로 아버지의 말을 듣고 있었다. 그녀는 내게 부모님이 신혼 초에 어느 호숫가에서 손을 잡고 가곡 〈아름다운 밤 오 사랑의 밤〉에 귀를 기울인 이야기를 감격스럽게 말했다. 그러나 그러는 동안에도 그녀는 문득 전혀 다른 이야기를 꺼내곤 했다.

"아버진 너무 곧이곧대로야!"

어느 날, 그녀는 원망스레 이렇게 말했다. 맏딸 릴리는 마비유 씨를 닮아서 질서를 좋아하고, 답답하고 소심한 데다 단정적이었으며, 수학을 잘했다. 아버지와 맏딸은 찰떡궁합이었다. 자자는 실리적이고 잔소리 잘하는 언니를 좋아하지 않았다. 마비유 부인은 이 모범적인 딸을 높게 평가하고 있음을 공공연히 말했지만, 그녀들 사이에는 암묵적 경쟁심이 있어서 적대 관계가 자주 나타났다. 마비유 부인은 자자에 대한 편애를 감추지 않았다.

"자자는 나를 꼭 닮았다니까."

그녀는 행복한 목소리로 말하곤 했고, 자자는 자자대로 엄마를 매우 사랑했다. 옛날, 아버지 마비유 씨가 예쁘고 정열적이며 생명력 넘치는 사촌누이 귀트 라리비에르에게 여러 차례 청혼을 했지만, 그녀는 근엄한 이공대학생이 싫어서 받아들이지 않았다고 자자는 이야기해 주었다. 그런데 자자의 엄마는 그 뒤 바스크 지방으로 이사했기 때문에 혼담이 별로 없었다. 그래서 25살 때, 친정 엄마의 닦달에 못 이겨 결국 그 결혼을 승낙했다. 자자는 또한 마비유 부인—자자는 그녀를 엄청난 매력과 감수성, 판타지의 소유자로 생각했다—이 수학 교과서처럼 따분하기만 한 남편의 몰이해에 괴로워한다고 내게 말하면서, 그 점에 대해 실제 이상으로 깊이 생각했다. 지금 와서 생각하니 자자는 아버지에게 육체적 혐오를 느꼈던 것 같다. 그녀의 엄마는 매우 일찍, 그리고 아주 노골적으로 그녀에게 성의 현실을 가르쳤다. 자자는 어렸을 때도, 마비유 부인이 결혼 첫날밤부터 줄곧 부부의 포옹을 증오하고 있다는 사실을 알고 있었다. 자자는 아버지에게서 받는 혐오감을 아버지 쪽 친척 전체로 돌렸다. 반면에 외할머니를 무척 좋아해서 외할머니가 파리에 오면 늘 자기 침대에서 함께 잤다. 라리비에르 씨(자자의 외할아버지)는 예전에 루이 뵈이요와 함께 지방의 신문 잡지사에서 일했다. 그는 기사 몇 편과 방대한 장서를 남겼다. 자자는 아버지와 수학에 반항하여 문학을 선택했다. 그러나 외할아버지가 돌아가신 뒤에는 라리비에르 부인도, 마비유 부인도 교양에 별 관심이 없고 교양을 자랑하는 유형도 아니어서 자자에게 그 원리와 취미를 지도해 줄 사람이 없었다. 그녀는 홀로 생각해야 했던 것이다. 실제로 그녀에게는 그다지 독창성이 없었다. 자자도 근본적으로는 나와 마찬가지로 자기가 속한 계급의 특성을 보여주었다. 하지만 우리는 데지르 학교나 집에서 편견과 진부한 생각에 너무 굳게 속박되어 있었으므로 별것 아닌 성실성의 발로에도, 또한 별것 아닌 독창적 사고에도 놀라곤 했다.

 자자의 성격 가운데 가장 인상 깊었던 점은 냉소주의였다. 몇 년인가 지난 뒤에 그녀가 내게 그 이유를 말했을 때 나는 깜짝 놀랐다. 그녀에 대한 내 평가와는 한참 동떨어진 생각을 자자는 하고 있었던 것이다. 요컨대 마비유 부인에게는 자식이 너무 많았고, 사회사업과 사교에 신경을 쏟느라 자식들을 돌봐 줄 틈이 없었다. 마비유 부인의 강한 참을성과 미소는 냉정함을 은폐하고 있었던 것 같다. 아주 어렸을 때 자자는 자신이 방치되었다고 느꼈다. 그 뒤로 어머니는 그녀를 특별히 귀여워하기 시작했지만 그 애정은 매우 한정된 것으로, 엄마에 대한 자자의 정열적인 애정은 행복하고 평화롭다기보다 질투 어린 것이었다. 아버지에게 품은 원한으로 앞에서 말한 혐오감이 뒤섞였는지는 모르겠지만, 그렇다 해도 마비유 씨가 릴리를 편애하는 것에 자자가 무관심했을 리는 없다. 어쨌든 9남매 중 셋째 아이가 다른 형제들 사이에서 자기만 특별한 존재라고 믿기는 어렵다. 또 그 속에서 자기만 뛰어난 인물이라고 격려를 받기도 힘들다. 마비유 집안 딸들은 결단력이 없었다. 그녀들은 자기 가족을 높게 평가했으므로 다른 사람들 앞에서 움츠러들지 않았다. 그러나 자자가 집안의 일원으로 행동하는 대신에 자기 자신으로서만 온전히 돌아왔을 때, 그녀는 스스로에게 많은 단점이 있음을 발견했다. 재주가 없으며, 소외되고, 붙임성이 없으며, 남들이 좋아하시 않는다고 생각했다. 그녀는 열등감을 비웃음으로 감추었다. 당시는 몰랐지만 그녀는 내 결점을 비웃은 적은 결코 없었다. 나의 미덕만을 조롱하는 것이었다. 자자는 결코 자기의 재능이나 성공을 내세우지 않았고, 결점만을 드러냈다. 봄방학 때, 그러니까 우리가 14살 때 그녀는 물리를 공부할 능력이 없어서 다음 시험에 떨어질 생각을 하니 걱정이라며 편지를 보냈다.

"너는 이해하지 못할 거야. 만일 시험공부를 해야 한다면 넌 모르는 것을 괴로워하는 대신에 배우고 공부할 테니까."

우등생인 나의 미련한 공부벽을 비웃는 듯한 이 편지를 읽으면서 나는 슬퍼졌다. 하지만 자자의 이 조심스런 공격은 자기의 게으름을 나무라는 것이기도 했다. 내가 자자를 초조하게 했다면 그것은 그녀가 나를 옳다고도 생각하고 틀렸다고도 생각하기 때문이었다. 그래서 그녀는 하는 수 없이 우등생인 나에게 불운한 아이로 비치는 자신을 보호하고 있는 것이었다.

게다가 인간애에 대한 경멸감 속에는 그녀의 원한도 섞여 있었다. 그녀는 자기를 별로 평가하지 않았고, 따라서 다른 사람들도 평가할 수 있다고 생각하지 않았다. 그녀는 지상에서 얻지 못한 애정을 하늘에서 찾고 있었기에 매우 신앙심이 깊었다. 그녀 주위의 사람들과 한마음으로 종교의 가치를 과장되게 인정하였던 만큼, 교의에 어긋나는 행동은 그녀에게 더더욱 부정적으로 비쳤다. 마비유 집안은 종교 사업에 기부를 하고 있었다. 그래서 해마다 전국 영지 참배 때는 루르드에 갔다. 아들들은 들것꾼이 되고, 딸들은 순례 구호소 부엌에서 설거지를 했다. 주위 사람들과는 자주 하느님이나 자선, 이상에 대해 이야기했다. 그렇지만 자자는 그들이 돈과 사회적인 체면만 생각한다는 것을 재빠르게 간파했다. 이 위선이 그녀를 반항하게 했고, 그녀는 냉소주의에 골몰함으로써 위선으로부터 자신을 보호했다. 데지르 학교에서 자자의 역설보다 더 분열되고 씁쓸한 것을 나는 결코 본 적이 없다.

자자는 다른 친구들과도 친한 말투로 이야기를 하곤 하여, 튈르리 공원에서는 상대가 누구이든 상관없이 태도가 매우 자유스럽고 조금은 뻔뻔스럽기까지 했다. 그런데도 나와의 교제는 비교적 딱딱했다. 포옹하거나 공손한 말을 쓰지는 않았으나 우리는 여전히 남남처럼 거리를 두고 말했다. 나는 내가 그녀를 생각하는 만큼 그녀가 나를 중요하게 생각하지 않는다는 사실을 알고 있었다. 물론 자자는 다른 급우들보다는 나를 좋아했지만 그녀에게 있어 학교생활은 나처럼 중요하지는 않았던 것이다. 다만 가족, 주위 사람들, 피아노, 방학 따위에 애착했다. 나는 그녀의 삶에서 내가 어떤 위치를 차지하는지 몰랐다. 처음엔 별로 신경쓰지 않았으나 차차 스스로에게 되묻게 되다. '그녀는 나를 어떻게 평가했던 것일까?' 나의 근면함과 순종이 그녀를 따분하게 만든다는 사실을 알았다. 내 감정을 알리거나, 그녀의 감정을 알려고 시도하는 것은 다른 차원의 일이었다. 나는 어른들이 아이들에게 부과하는 다양한 틀에서 내면적으로 해방되는 것에 성공했다. 내 속에서 감동과 꿈, 욕망, 그리고 반항적인 말까지도 감히 시도했던 것이다. 그렇지만 그 사람들이 나 아닌 다른 사람과 진심어린 교류를 할 수 있다는 생각은 해보지도 않았다. 책에서 사람들은 사랑과 증오를 고백한다. 그리고 마음을 말로 표현하지만, 심각한 말은 결코 밖으로 내놓지 않는다. '해도 되는 말'은 '해도 되는 행동'과 마찬가지로 규정되어 있는 것이다. 우리가 주고받는 편지는 매우 틀에 박힌 것이었다. 자자는 나보다 좀더 품위 있게 글을 썼지만, 둘 다 진실이라고 느끼는 것은 전혀 표현하지 않았다. 양쪽 어머니가 편지를 검열했으므로 자유롭게 자기 의지를 나타내기 어려웠던 것도 당연하다. 하지만 대화를 할 때에도 우리는 일종의 예의를 지켰다. 그것은 점잖을 빼는 것 이상이었다. 둘 다 마음 깊은 곳에 도사리고 있는 진실은 확고하게 표현해서는 안 된다고 굳게 믿었다. 그래서 나는 불확실한 것들을 판별해야 했다. 자자의 사소한 칭찬의 말에도 크게 기뻐하는가 하면 그녀가 자주 보내는 조소적 미소에는 무척 마음 아파했다. 우정에 좌우되는 나의 행복은 자자의 기분을 상하게 해서는 안 된다는 두려움으로 일관했고, 이런 대가 없는 몇 년의 세월을 보내왔던 것이다.

 어느 해, 여름 방학도 반쯤 지난 무렵에 나는 자자의 비아냥거림에 몸이 갈기갈기 찢기는 듯한 고통을 맛보았다. 언젠가 나는 가족과 함께 지멜 폭포를 보러 갔었는데, 회화적이라고 정평이 난 이 폭포를 보고 감격해 마지않았다. 말할 것도 없이 자자에게 보낸 내 편지는 공적인 생활을 위한 것이었으므로 전원생활이 가져오는 고독의 기쁨에 대해서는 조심스럽게 입을 다물고 있었다. 그 대신, 가족과 함께한 소풍의 아름다움과 열의를 묘사했다. 나의 평범한 문장은 가련하게도 내 감동의 불확실성을 강조하고 있었다. 자자는 답장에, 내가 실수로 여름 방학 작문 숙제를 보낸 것이 아니냐고 교묘하게 에둘러서 비꼬았다. 나는 울고 말았다. 그녀가 내 문체의 어색한 고상함을 실제보다 더 심하게 비난한 사실을 알아챘다. 나는 어딜 가나 우등생이라는 남루한 옷을 걸치고 다녔고 그것이 얼마간 사실이기도 했지만, 여하튼 정말 나는 자자를 뜨겁게 사랑했고, 이것은 형식적인 것도 진부한 것도 아니었다. 자자가 나에게 품고 있었을 인물상과 나의 실제가 일치하지 않는데도, 자자에게 내 마음을 내보이며 반박할 방법을 알지 못했다. 이 오해가 나를 절망에 빠뜨렸다. 나는 농담을 가장하여 자자의 심술궂음을 나무라는 편지를 보냈다. 그녀는 내 마음을 아프게 한 것을 알았다. 즉각 사과의 답장이 왔으니까.

"마침 기분이 좋지 않을 때 편지를 읽었어."

그녀는 이렇게 써서 보냈다. 나는 개운해졌다.

자자는 내가 얼마만큼 자기를 숭배하고 있는지 짐작도 못했다. 또 그녀를 위해서라면 나의 자랑거리 모두를 내던져도 좋다고 생각한다는 것을 전혀 눈치채지 못했다. 데지르 학교 바자회에서 필적학자가 우리 글씨를 감정했다. 자자의 글씨는 조숙함과 감수성, 교양, 놀랄 만한 예술적 재능을 나타내고 있었다. 내 글씨는 성숙하지 못하다고 했다. 나는 이 판결을 달게 받아들였다. 나는 근면하고 똑똑한 학생이지 그 이상은 아니었다. 자자가 몹시 화가 나서 맹렬한 항의를 퍼부어 주었으므로 위로가 되었다. 또다시 호의적이지 않은 다른 필적학자에 대한 나의 반박을 편지로 자자에게 알렸더니, 자자는 그렇지 않다며 내 인물됨을 살짝 나타내 주었다.

"너는 약간은 겸손하고 순종적으로 사상과 예법을 따르고 있지. 네가 무척 따뜻한 마음의 소유자라는 것과 친구에게 비할 데 없이 관대하다는 사실을 덧붙이겠어."

우리는 이처럼 확실하게 자신에 관해 이야기한 적은 별로 없었다. 그것은 나 때문이었을까? 자자가 나의 '겸손함'을 호의적으로 빈정거린 것은 사실이다. 그녀는 더 격의 없는 교제를 바랐던 것일까? 그녀에 대한 나의 애정은 열광적이었고, 나에 대한 그녀의 애정은 침묵에 가까웠다. 하지만 우리의 지나친 거리두기와 물러섬은 분명 내게도 책임이 있으리라.

그런데도 그것은 내게 무거운 짐이 되었다. 무뚝뚝하고 신랄한 자자는 감수성이 강한 사람이었다. 어느 날, 그녀는 매우 까칠한 얼굴로 학교에 왔다. 지난밤 먼 친척의 죽음을 알았다고 했다. 그녀에 대한 나의 열렬한 사랑을 자자가 알았다면 그녀는 감동했으리라. 그녀가 그것을 모른다는 사실이 나로선 참기 힘들었지만 도저히 말로 표현할 수가 없어서 나는 어떤 의사 표시를 생각해냈다. 거기에는 엄청난 위험이 뒤따랐다. 만일 엄마가 안다면 바보 같은 생각이라고 할 것이다. 아니면 자자가 깜짝 놀랄지도 모른다. 하지만 나는 무슨 일이 있어도 내 기분을 전달하고 싶었으므로 이때만큼은 단연코 해냈다. 엄마에게 계획을 털어놓았더니 흔쾌히 찬성해 주었다. 바로 자자의 생일날 내가 만든 손가방을 선물하는 것이었다. 나는 빨강, 파랑의 금실이 섞인 양단 옷감을 샀다. 그것은 최고로 사치스럽게 보였다. 〈실용 모드〉의 본을 대고 재단하여 꿰맸으며, 가방속주머니는 체리 색 새틴으로 만들었다. 나는 내 작품을 고급 종이에 포장했다. 드디어 그것을 자자에게 건넬 날이 왔다. 탈의실에서 자자를 기다리다가 그녀에게 선물을 내밀자 그녀는 깜짝 놀라 나를 쳐다보고는 두 볼이 상기되었다. 우리는 잠깐 마주선 채였다. 서로 감동한 나머지 어찌할 바를 몰랐다. 평소 쓰던 말이나 행동으로 그 분위기에 딱 맞는 것을 골라내기는 불가능했다. 다음 날, 마비유 부인은 그 특유의 은근한 투로 말했다.

"얘, 보부아르 부인께 감사 인사를 하거라. 이건 어머니의 배려가 분명해."

마비유 부인은 내 행동을 어른들의 예의 범주로 끌어넣으려 한 것이다. 순간, 나는 이제 마비유 부인을 전혀 좋아하지 않으리라는 사실을 깨달았다. 게다가 마비유 부인은 형식적 배려에도 실패하여 이때, 영원히 지워질 수 없는 실례를 범했다.

그런데도 나는 여전히 머뭇거리면서 자자를 지켜보았다. 자자가 터놓고 우정을 드러내 주어도, 나와 함께 있어 즐거워 보일 때도 나는 자자를 방해하는 게 아닐까 걱정했다. 자자는 내게 그녀 안에 감춰진 '개성'을 아주 조금밖에는 보여주지 않았다. 나는 자자가 자기 자신을 대할 때의 이미지를 거의 종교적이라고 해도 될 만큼 신성한 것으로 상상했다. 한번은 자자가 빌려주기로 한 책을 받으러 바렌 거리로 갔는데, 그녀는 집에 없었다. 나는 그녀 방으로 안내되었다. 그녀가 곧 돌아올 거라면서 나더러 방에서 기다리라고 했다. 하늘색 벽지와 레오나르도 다빈치의 〈성 안나〉, 십자가가 있었고, 책상 위에 애독서 하나가 펼쳐져 있었다. 몽테뉴의 《수상록》이었다. 나는 그녀가 펼쳐 놓은 페이지부터 읽어 보았다. 자자는 무엇을 읽었던 것일까? 인쇄된 기호는 내가 아직 알파벳을 모르던 시절처럼 판독할 수 없을 듯이 느껴졌다. 나는 자자가 되어 방을 바라보려고 했다. 자자가 스스로에게 하는 모놀로그(독백) 속에 내 몸을 바꿔 넣으려 했지만 허사였다. 나는 그녀라는 존재가 새겨놓은 이 모든 것을 만져볼 수 있었다. 하지만 이것들은 나에게 자자를 밝혀 주지 않았다. 내게 자자의 존재를 알리면서도 감추었다. 절대로 접근하지 못하게 하는 것 같기도 했다. 자자의 존재는 빈틈없이 밀봉되어 있는 듯해서 극히 사소한 곳마저도 내가 파고들 여지가 없었다. 나는 빌리려던 책을 들고 도망치듯 돌아왔다. 다음 날 자자를 만났는데 그녀는 깜짝 놀라는 모습이었다. 왜 그렇게 일찍 돌아갔느냐면서. 나는 무슨 말을 해야 좋을지 몰랐다. 자자가 주는 행복 때문에 내가 얼마나 열에 들뜬 고통을 겪어야 하는지 털어놓지 않았다.

내가 알던 남자아이들 대부분은 성격이 거칠고 편협해 보였다. 하지만 나는 그들이 특권을 누린다는 것은 알고 있었다. 그들의 작은 매력이나 활기에도 나는 즉각 그 영향을 받았다. 사촌오빠 자크는 그런 영향력을 결코 잃어버린 적이 없었다. 그는 누이동생과 가정부와 함께 몽파르나스 거리에서 살았는데, 저녁때면 자주 우리 집으로 놀러 왔다. 그는 13살에 벌써 청년의 모습을 드러냈다. 혼자서 산다는 점과 토론에서 보여주는 독단적인 행동은 어른처럼 보였으므로, 나를 어린 누이동생으로 취급해도 당연하게 받아들였다. 동생과 나는 초인종이 울리면 자크가 왔다는 것을 알고 매우 기뻐했다. 어느 날, 그는 우리가 잠자리에 든 너무 늦은 시간에 왔다. 우리는 잠옷 바람으로 서재로 뛰어나갔다.
"에구머니, 그게 뭐냐!"
엄마가 말했다.
"그게 무슨 꼴이니! 너흰 이제 다 컸단다!"
나는 자크를 순전히 오빠로 생각했으므로 엄마의 말에 놀랐다. 그는 나의 라틴어 번역문을 고쳐 주거나, 독서할 책을 선택하는 일에 대해 평가하거나,

내 시를 낭독해 주기도 했다. 언젠가 발코니에서 그는 〈올림피오의 슬픔〉(빅토르 위고의 시)을 낭독했다. 나는 가슴이 벅차오르는 것을 느끼면서 우리가 약혼자였음을 떠올렸다. 그는 이제 진지한 이야기는 아버지하고만 했다.

자크는 스타니슬라스 고등학교 학생으로 공부를 아주 잘했다. 14살 무렵에 그는 문학 선생님에게 깊이 빠졌는데, 그 선생님의 영향으로 로스탕(프랑스의 극작가·시인, 액션과 서정을 배합하여 시라노라는 실재인물을 주인공으로 하는 이상적 남성의 희비극을 창조해냈다)보다 말라르메(프랑스의 상징파 시인, 언어의 순수성을 존중하는 난해한 내용의 상징시를 썼지만 근대시의 최고봉으로 인정받는다)를 좋아하게 되었다. 아버지는 체념한 듯 어깨를 살짝 으쓱했지만 속으론 못마땅해했다. 자크는 《시라노 드 베르주라크》라는 작품에 어떤 결점이 있는지 설명도 않은 채 헐뜯는가 하면, 나로선 그 아름다움을 확연하게 느낄 수 없는 불가해한 시를 기분 좋아라 하며 낭독하기도 해서, 나와 부모님은 모두 자크가 잘난 체한다고 생각했다. 나는 그의 취향을 줄곧 부정하면서도 늠름한 태도로 자기 취향을 지키는 그를 존경했다. 그는 내가 모르는 많은 시인과 작가를 알고 있었다. 그가 오면 나에겐 닫혀 있던 바깥 세계의 웅성거림이 집 안으로 들어오는 것이었다. 아, 얼마나 그 세계로 들어가고 싶었던가! 아버지는 자주 이렇게 말했다.

"시몬은 사내 같은 두뇌를 갖고 있어. 시몬은 남자야."

그렇지만 가족들은 나를 계집애로 취급했다. 자크와 그의 친구들은 진정한 책을 읽고, 진정한 문제에 통달해 있다. 그들은 활짝 열린 푸른 하늘 아래에서 살고, 나는 육아실에 맡겨져 있었다. 그래도 나는 포기하지 않았다. 내 앞날에 자신이 있었다. 여자들은 지식이나 재능으로 남자의 세계에 자기 위치를 새긴다고 하지만 나는 사람들이 강요한 이 느낌에 초조해했다. 스타니슬라스 고등학교 앞을 지날 때마다 내 가슴은 벅차올랐다. 나는 이 벽 뒤에서 진행되는 신비로운 의식을 상상했다. 남자들로부터 소외당한 느낌이었다. 그들은 총명함으로 빛나는 남자 선생님들에게서 견줄 데 없이 찬란한 지식을 배운다. 나의 늙은 여교사들은 내게 삭제된, 무미건조하고 김빠진 지식밖엔 주지 않는다. 사람들은 내게 대용식을 주고, 새장 안에 가둬 놓았던 것이다.

확실히 나는 이제 여교사들을 제대로 된 지식의 사도로 여기지 않았고, 비웃어 마땅한 편협한 사람들로 생각했다. 예수파 수도회와 조금 관계가 있는 그녀들은 견습수녀인 동안에는 옆가르마를, 종신서원을 한 다음에는 앞가르마를 탔다. 그녀들은 이 기묘한 차림새를 함으로써 신앙의 돈독함을 나타낸다고 믿었다. 비단벌레 색 태피터 옷감의 부푼 소매 블라우스를 입고, 고래뼈가 든 가슴받이를 했으며, 긴 치마는 걸을 때마다 바닥을 쓸고 다녔다. 그녀들은 학위증보다 덕을 많이 지녔다. 사람들은 검은 머리칼의 뒤부아 선생님이 영어 학사 학위를 받은 것을 대단하게 여겼다. 30살쯤 된 비옹 선생님은 장갑을 꼭 낀 채로 얼굴이 시뻘게지면서 소르본 대학에서 바칼로레아(대학입학자격시험) 구두시험을 치렀다고 말했다. 아버지는 신앙심 깊은 이 여자들을 드러내놓고 아둔하게 여겼다. 학교 작문 시간에 산책이나 축제일에 대해 쓸 때는 반드시 끝에 '하느님께 이 좋은 하루를 감사드리며'라고 적어야 했는데, 아버지는 그것을 멍청한 짓이라고 했다. 아버지는 볼테르(프랑스 계몽사상가)나 보마르셰(프랑스의 극작가)를 높이 평가하고, 빅토르 위고를 줄줄 외었다. 그리고 데지르 학교에서 프랑스 문학사를 17세기까지밖에 가르치지 않는 것에 반대했다(왜냐하면 18세기부터 진보적인 작가와 사상가가 나오기 때문에). 아버지는 엄마에게 동생과 나를 공립 중학교에 넣으라고 했다. 만약 그것이 실현되었더라면 우리는 더 진지한 공부를 적은 비용으로 할 수 있었으리라. 하지만 나는 이 제안에 맹렬하게 반대했다. 자자와 헤어진다면 더 이상 살아갈 보람이 없을 테니까. 엄마는 내 어깨를 잡아 주었다. 한편으로 내 마음은 둘로 나뉘어 있었다. 데지르 학교에 남고 싶기도 했으나, 그곳에 있는 것이 싫기도 했다. 변함없이 열심히 공부했지만, 나의 품행은 나빠졌다. 중학부 사감인 키가 크고 비쩍 마른 르죈 선생님은 엄격하고 따발총 같은 말투로 나를 위압했다. 그렇지만 나는 자자와 다른 친구들과 함께 선생님들의 아둔함을 비웃었다. 자습 감독은 우리를 제압하려 했지만 허사였다. 수업 중간 휴식 시간을 '자습실'이라고 불리는 커다란 방에서 보낼 때는 자습 감독을 흥분하게 만들었다. 그는 떠들거나 웃는 학생을 조용히 공부시키는 역할을 맡았는데, 학생들은 그에게 '허수아비'라는 별명을 붙여 주었다. 더 이상 참지 못한 동생은 도저히 감당 못할 학생이 될 마음을 먹고서 친구 안마리 장드롱과 함께 〈데지르 학교신문〉을 창간했다. 자자는 동생에게 등사판을 빌려주었고, 나도 이따금 참가했다. 우리는 섬뜩한 팸플릿을 편집했다. 학교에선 이제 학생들의 품행 점수를 매기지 않았지만, 여교사들은 우리에게는 설교하고 엄마에게는 일러바쳤다. 엄마는 조금 걱정했지만 아버지가 우리와 함께 웃어넘기는 것을 보더니 별로 신경을 쓰지 않았다. 나는 이런 말괄량이 짓에 도덕적인 의미를 부여할 생각은 해보지도 않았다. 여교사들을 아둔하다고 느낀 순간부터 우리는 선과 악의 문을 여는 열쇠를 지니지 않게 된 것이다.

동생과 나는 우리를 귀찮게 하는 아이들의 바보스런 행동을 책망했었는데 지금은 어른들을, 특히 여교사들을 비난하게 되었다. 숙연케 하는 설교, 잘난 척하는 끝도 없는 이야기, 대단한 말투, 잰 체하는 등…… 이런 것들은 모두 멍청한 짓이다. 하찮은 일에 무게를 두거나, 관례나 습관을 고집하는 것, 명백한 사실보다 상투적인 어구나 편견을 좋아하는 것은 바보짓이다. 그 중에 가장 압권인 것은 장황하게 늘어놓는 도덕적 헛소리를 우리가 유념하여 듣고 있다고 믿는다는 사실이었다. 이 바보짓은 우리를 웃게 하는 동시에 흥분시키는 가장 훌륭한 소재 가운데 하나였다. 그렇지만 이 바보스러움은 또한 두렵기도 했다. 만약 바보스러움이 이긴다면 우리는 생각하거나, 비웃거나, 진실에 대한 욕구와 쾌락을 맛볼 권리를 갖지 못하게 되는 것이다. 그에 대항해 싸우거나, 아니면 살기를 포기해야 했다.

결국 여교사들은 나의 반항을 견디지 못하고 그것을 겉으로 드러내게 되었다. 아드린 데지르 학교는 다른 일반 학교—무종교 학교에서는 영혼을 형성하지 않고 정신을 아름답게 가꿀 뿐이다—와 차별을 두기 위해 세심한 주의를 기울이고 있었다. 학년 말에 성적이 좋은 학생들에게 상을 주는—이것은 학생들 사이에 속된 경쟁심을 일으킬 위험이 있었다—대신에, 3월에 주교님의 사회 아래 특히 열성적이고 온순한, 그리고 전부터 학교에 다녔던 학생들을 포상과 메달로 표창을 했다. 행사는 바그람 회장에서 있었고, 매우 성대했다. 최고 표창은 '명예포장'이었는데, 각 반에서 가장 뛰어난 극히 소수의 학생에게 주어졌다. 다른 학생들에게는 '특별포장'밖엔 없었다. 물을 끼얹은 듯 조용한 가운데 내 이름이 장엄하게 울려 퍼진 순간, 르쾡 선생님의 〈수학, 역사, 지리과목 '명예포장'〉 발표에 나는 깜짝 놀랐다. 학생들의 수군거림이 들려왔다. 우리반 친구들 가운데 반은 분개하고, 반은 만족해했다. 나는 다른 학생이 받을 줄 알았다. 당시 나는 그 어색함을 어떻게든 견뎌 보려 애를 썼다. 출구에서 역사 선생님이 엄마에게 다가가서 자자가 내게 나쁜 영향을 주므로 앞으로는 수업시간에 나란히 앉히지 않겠다고 했다. 온몸이 딱딱하게 굳어졌다. 눈물이 솟구쳤다. 공트랑 선생님은 내가 '명예포장'을 받은 감격의 눈물을 흘리는 줄 알고 기뻐했다. 하지만 나는 선생님들이 자자를 내게서 떼어놓으려는 것에 화가 나서 숨이 막힐 듯했다. 나의 슬픔은 훨씬 심각했다. 이런 쓸쓸한 풍경의 복도에서 나는 막연히 유년시절이 끝나고 있음을 절실히 느꼈다. 어른들은 아직 나를 보호하고 있었다. 내 마음의 평화를 더 이상 보장해 주지 않은 채……. 나는 오만함을 억누르고 고독하게 따랐던 나의 자유의사에 의해 그들로부터 떨어져 나갔다.

나는 이제 세계를 발밑에 두지 않았다. 도시의 석조 건물과 거리를 오가는 사람들의 무관심한 눈동자는 나를 먼 곳으로 쫓아 보냈다. 그러다 보니 시골에 대한 나의 애정은 신비로운 색채를 띠게 되었다. 내가 메리냐크에 도착할 때쯤 점차 성벽이 없어지고, 지평선이 뒤로 물러섰다. 나는 나 자신에게 머문 채로 영원한 존재 속에서 길을 잃었다. 모든 것을 위해 빛나고 있는 태양의 따뜻함이 눈꺼풀 위에서 느껴졌다. 그리고 이 순간, 여기에서는 그 햇빛이 나만을 어루만지고 있는 것이었다. 바람이 포플러 나무 주위를 불어 지나갔다. 바람은 공간을 뒤흔들면서 어디에서나 불어 왔다. 나는 조용히 대지 끝까지 선회했다. 하늘에 달이 뜨면 같은 시간에 달빛을 받고 있을 저 먼 도시와 사막, 바다, 마을들과 함께 느끼고 또 살았다. 더 이상 텅 빈 의식과 방심으로 공허한 눈을 뜨지 않았다. 호밀의 상큼한 향기와 히스의 친밀한 냄새, 숨막히게 하는 정오의 더위, 그리고 저녁나절의 전율에 떨었다. 내 몸은 무거웠다. 그런데도 나는 공기 속으로 증발해 갔다. 끝도 없이…….

인간으로서의 내 경험은 짤막했다. 좋은 곳만을 비추는 조명과 적절한 언어 덕분에 나는 모든 것을 파악하고 있지 않았지만, 자연은 내가 지금까지 다가가려고도 하지 않았던 살아 있는 수많은 길을 선명하게 보여주었다. 나는 내려다보이는 풍경화와 같은 정원의 훌륭한 측백나무에 감탄했다. 풀숲에서 공동생활의 고독이 느껴져 슬펐다. 천진난만한 아침을, 해질녘 우울함을, 승리의 허무함을, 부활과 단말마를 배웠다. 내 안의 무엇인가는 언젠가 인동덩굴의 향기와 통하리라. 매일 저녁, 나는 똑같은 히스 풀밭에 앉아 있었다. 그리고 모네디에르의 뾰족하고 푸른 산등성이를 바라보았다. 매일 저녁, 해는 똑같은 구릉 저편으로 사라졌다. 하지만 빨강, 분홍, 진홍, 보랏빛은 결코 똑같지 않았다. 변함없는 목장에선 아침부터 저녁까지 늘 새로운 생명이 솟아났고, 변화하는 하늘 앞에서는 성실성만이 관례를 벗어나 있었다. 나이를 먹는다는 것은 부인할 일만은 아니었다.

여전히 나는 유일한 존재이고, 필요한 존재가 되었다. 너도밤나무의 붉은색이 서양 삼나무의 푸른빛과 포플러의 은빛과 뒤섞이는 광경은 내 눈동자가 없으면 아무런 의미가 없었다. 내가 사라지면 풍경은 자취를 감춰 누구를 위해서도 존재하지 않고, 완전히 존재하지 않는 것이었다.

그렇지만 나는 파리에 있을 때보다 훨씬 명백하게 하느님의 존재를 주변에서 느꼈다. 파리에서는 사람들과 산더미 같은 공론들이 하느님을 가리고 차단했다. 그러나 이곳에서는 하느님이 혼돈의 세계로부터 자연스레 벗어난 모습을 풀밭과 구름으로 확인할 수 있었다. 거기에 하느님의 자취가 새겨져 있었다. 대지에 단단히 발을 딛고 서 있을수록 나는 하느님과 가까워졌다. 그래서 산책은 하느님에 대한 예배가 되었다. 하느님의 지상권은 나의 지상권을 박탈하지 않았고, 모든 사물을 있는 그대로의 모습으로 알고 있었다. 바꿔 말하면 완전하게 통달한 것이지만, 나무들이 색채를 띠려면 어떤 형태로든 하느님이 내 눈동자를 필요로 하리라는 생각이 들었다. 살갗을 태우는 태양과 아침 이슬의 상쾌함을 내 육체를 통하지 않고서 어떻게 경험할 수 있으랴! 하느님은 인간을 위해 이 대지를 창조했고, 그것들의 아름다움을 보증하기 위해 인간을 창조했다. 언제나 막연히 느끼던 나의 사명은 하느님이 내게 내린 것이다. 하느님은 나를 옥좌에서 내쫓기는커녕 나의 통치를 보장해 주었다. 내가 없으면 창조물은 어두운 잠 속으로 끌려들어 갔기 때문에 나는 창조물을 일깨움으로써 가장 신성한 임무를 다했던 것이다. 그에 비해 어른들은 무관심하고, 하느님의 뜻을 거역했다. 아침에 내가 하얀 울타리를 뛰어넘어 숲 속으로 달려갈 때, 나를 부른 존재는 하느님이다. 그분은 매우 기쁘게 나를 본다. 내게 보이기 위해 창조한 이 세상을 바라보는 나를 말이다.

배가 고파 참지 못할 때에도, 독서나 생각으로 지쳐 있을 때에도 나는 내 몸을 늘려서 닫힌 공간, 즉 어른들의 경직된 세계 속으로 들어가고 싶지 않았다. 라그리에르에서 어느 날 밤, 나는 황홀경에 빠졌다. 오랫동안 연못가에서 아시시(이탈리아 움브리아 주의 도시)의 성 프란체스코 이야기를 읽고 있었다. 저녁나절에 나는 책을 덮었다. 그리고 풀밭 위에 누워 달을 바라보았다. 달은 밤의 첫 눈물에 젖은 움브리아 위를 비추고 있었다. 이 시간의 여유로움에 나는 숨이 막힐 것 같았다. 이 시간을 흘러가는 공간으로부터 붙잡아 내어 언어로 종이 위에 영원히 남겨 두고 싶었다. 아직 시간이 있으리라고 스스로에게 말했다. 그 광경을 담아 두는 법을 배우게 되리라. 나는 대지에 못 박힌 채로 가만히 하늘을 바라보았다. 집으로 돌아갔을 때는 저녁식사가 끝난 참이었다. 기다리던 식구들 모두가 법석이었다. 아버지마저도 큰 소리로 몰아세웠다. 엄마는 벌로 다음 날, 정원 밖으로 한 발짝도 나가지 못한다고 선언했다. 나는 거역할 용기가 없어서, 온종일 잔디 위에 앉거나 한 손에 책을 들고 터벅터벅 오솔길을 걸으며 시간을 보냈다. 저 너머에선 나 없이도, 어떤 증인 없이도 연못물이 잔물결을 일으켰다가 가라앉고, 햇빛이 반짝이거나 부드럽게 빛나고 있으리라. 그것은 견딜 수 없는 일이었다.

"만약 비가 내린다면, 만약 이유가 있다면 나는 단념하리라."

나는 스스로에게 말했다. 하지만 전에 나를 놀라게 했던 그 반항이 되살아나서, 우연히 튀어나온 한마디가 기쁨과 만족스런 행복감을 방해하기에 충분했다. 그래서 세상과 나 자신에 대한 좌절감은 아무에게도, 그 무엇에도 도움이 되지 않음을 돌이켜 생각했다. 다행히 이런 반항 행위는 반복되지 않았고, 식사 시간에는 반드시 돌아와야 한다는 조건으로 낮에는 대개 자유롭게 보낼 수 있었다.

여름 방학 덕분에 나는 명상하는 기쁨을 따분함과 혼동하지 않고 지냈다. 파리에서는 박물관에서 거짓으로 감동하기도 했다. 적어도 나는 강요된 찬탄과 성실한 감명의 차이를 알고 있었다. 또한 사물의 비밀로 파고들려면 우선 온 마음을 쏟아야 한다는 것도 배웠다. 평소 나의 호기심은 탐욕적이었다. 나는 대강 훑어보는 것만으로 사물을 알게 되었다고, 또 알자마자 그것을 소유해 버렸다고 믿었다. 그러나 시골 한구석에 익숙해지려면 다음 날도, 그 다음 날도 한적한 오솔길을 헤매야 했다. 오랫동안 나는 한 그루의 나무 발치에 서 있었다. 그렇게 하면 아주 미세한 공기의 떨림도, 가을의 느낌도 하나하나 내게 와 닿았다.

나는 파리로 돌아왔지만 좀처럼 적응할 수가 없었다. 발코니로 나가 보았다. 지붕들밖엔 보이지 않았다. 하늘은 기하학적인 장소로 축소되어 있었다. 공기는 향기롭지도 쓰다듬어 주지도 않고, 알몸의 공간과 뒤섞였다. 오가는 잡음은 내게 말을 걸지 않았다. 나는 허전한 마음으로 눈물이 가득 고인 채,

그곳에 가만히 서 있었다.

파리에서 나는 다시 어른들이 원하는 대로 행동했다. 그들의 세계관을 비판도 않고 달게 받아들였다. 내가 받은 가르침만큼 편협한 교육은 없을 것이다. 교과서, 서적, 강의, 회화, 모든 것이 한 지점에 집중되어 있었다. 그것이 저 멀리에 있건, 소리를 축소하는 장치를 달았건 다른 종소리는 일절 들려오지 않았다.

나는 지리와 마찬가지로 순순히 역사를 공부했다. 그것이 논란의 여지가 있다는 생각은 하지도 않았다. 어릴 때, 그레뱅 박물관(역사적인 인물의 밀랍인형이 전시되어 있다)에서 사잣밥이 된 순교자들과, 마리 앙투아네트의 고귀한 자태를 보고 감동했었다. 그리스도 교도들을 박해한 황제들과, 프랑스 혁명재판소에 나온 서민 여자들, 과격 공화파들은 가장 추악한 '악'의 화신으로 보였던 것이다. '선'은 교회이고 프랑스였다. 학교에선 교황들과 종교회의에 대해 배웠다. 그러나 나는 조국이 걷는 길에 더 흥미를 가졌다. 프랑스의 과거·현재·미래는 집에서 온갖 대화의 원천이 되었다. 아버지는 마들랭과 르노트르, 펑크 브렌타노 등의 작품을 매우 좋아했다. 가족들은 많은 역사 소설과 이야기, 그리고 카렛트 부인의 삭제된 《회상록》을 내게 읽게 했다. 9살 무렵, 나는 루이 17세의 불행에 눈물을 흘리고, 슈앙(올빼미당)의 영웅적 행동을 찬미했다. 하지만 나는 일찍이 왕정제를 팽개쳤다. 권력이 세습되고, 대부분 그것이 아둔한 사람들의 손에 떨어지는 상황은 어이가 없다고 생각했다. 능력 있는 사람들에게 정부를 맡기는 것이 당연했다. 불행하게도 프랑스는 그 경우에 해당되지 않음을 알게 되었다. 우리는 악당을 지도자로 두도록 저주받은 운명인 것 같았다. 게다가 프랑스는 다른 여러 나라에 비해 본질적으로 우수함에도 그에 합당한 위치를 차지하지 못했다. 아버지의 몇몇 친구들은 우리의 오랜 적이 독일이 아니라 영국이라며, 아버지 의견에 반대했다. 그러나 그들의 논쟁은 그 이상 진전되지 않았고, 외국이란 존재는 모조리 비웃어 마땅하고 위험하다는 데 의견이 일치했다. 윌슨의 범죄적 이상주의의 피해자이자, 독일인들과 볼셰비키들의 흉포한 사실주의에 미래를 위협받고 있는 프랑스는 고집 센 수상 때문에 추락해 가고 있었다. 게다가 문화 전체가 침체해 있었다. 가진 돈을 조금씩 잃어버리고 있던 아버지는 온 세계가 파멸의 길을 걷고 있다고 했다. 엄마도 그 말에 동조했다. 적화(공산주의로 인해 입는 화)와 황화(황인종이 번창하여 백인종에게 화를 입히는 일)가 존재했다. 가까운 시일에 과격분자들과 하층민들이 새롭고 야만적인 물결로 세상을 뒤덮어 버리리라. 혁명은 세상을 암흑 속으로 떨어뜨릴 것이다. 이런 재앙들에 대한 아버지의 열정적인 예언에 나는 너무 놀랐다. 아버지가 그리는 이 험악한 미래는 곧 나의 미래였다. 나는 인생을 사랑하고 있었다. 장래가 희망 없는 근심과 한탄으로 변질되는 것에 무조건 따를 수 없었다. 언젠가 나는 황폐한 광경과 거침없이 토해져 나오는 말을 잠자코 받아들이는 대신에 이렇게 되받았다.

"그러나 어쨌든 인간들이 승리할 거예요."

아버지 말을 듣고 있으면 무형의 괴물들이 당장에라도 인간 세계를 산산조각 내어 버릴 것 같다. 하지만 그렇지는 않았다. 인간들이 둘로 나뉘어 싸우고 있었다. 어찌 됐든 숫자가 많은 쪽이 이긴다. 소수는 불평분자가 될 것이다. 행복의 소유자가 바뀌기만 하는 거라면 재앙은 일어날 리 없다. 갑자기 적이 절대적인 악으로만 비치지는 않게 되었는데, 나는 어째서 사람들이 세상사가 내게 이익이 된다고 말하기를 좋아하는지는 몰랐다. 나는 안심했다. 세상은 위험에 처해 있지 않았던 것이다.

불안감으로 나는 분발하게 되었다. 절망에 대항하여 해결책을 발견한 것은 열심히 그것을 탐구했기 때문이다. 그러나 나는 보장된 삶을 살고 있었고, 안락한 환상을 지녔으므로 사회문제에 대해 무감각했고, 기존 질서를 부인하기엔 아직 까마득했다.

나에게 소유란 신성한 권리인 것처럼 보였으며 그렇다고 믿기도 했다. 옛날 나는 언어와, 언어가 지시하는 사물과 마찬가지로 소유자와, 소유자가 가진 사물 사이에는 동질의 관계가 형성된다고 생각했다. '내 돈', '내 동생', '내 코'처럼 어떤 위력도 파괴하지 못할 하나의 연결 고리가 존재했다. 왜냐하면 그 연결 고리는 모든 관례를 한참 초월한 것이었기 때문이다. 나는 위제르쉬로 가는 철도 부설을 위해 국가가 농부와 지주의 땅을 강제로 사들인다는 얘기를 들었다. 그들이 피를 흘렸다는 말을 들었어도 그만큼 놀라지 않았으리라. 메리냐크는 할아버지 목숨이 할아버지의 것이듯 할아버지에게 속해 있는 땅이었다.

그에 비해 나는 부(富)가 권리의 바탕이 되며, 가치가 있다는 것을 명백한 사실로 인정하지 않았다. 그리스도 교리는 가난을 찬양한다. 나는 수많은 부유한 부인들보다 루이스를 존경했다. 짐마차를 타고 빵을 배달하러 라그리에르로 오는 사람에게 인사하지 않는 사촌언니 마들렌에게 화를 냈다.
"저쪽에서 먼저 나한테 인사해야 해."
마들렌은 단언했다. 나는 인간은 평등하다고 추상적으로 믿고 있었다. 어느 여름날, 메리냐크에서 나는 유료 투표를 지지하는 어떤 역사책을 읽고서 고개를 들고 말했다.
"돈이 없으면 투표도 못한다니 이런 수치가 어디 있어!"
아버지는 미소를 지었다. 아버지는 국가란 부의 총체인 까닭에 재산을 지닌 사람들에게 그것을 다스릴 권리가 돌아가는 것은 당연하다고 했다. 아버지는 '부자가 되어라'고 외치는 프랑수아 기조(7월왕정 때의 입헌왕당파의 지도자)의 말을 인용해 결론을 내렸다. 아버지의 논증에 나는 갈팡질팡했다. 아버지는 부자가 되는 것에 실패했다. 아버지의 권리가 박탈된다면 아버지는 그것을 정당하다고 판단하겠는가? 만약 내가 아버지의 말에 반발한다면 그것은 아버지가 내게 가르친 가치관 때문이다. 아버지는 인간의 가치가 은행예금 액수에 달려 있다고 믿지는 않았다. 그는 '졸부'들을 즐겨 비웃었다. 그의 주장에 따르면, 엘리트란 총명함, 교양, 정확한 철자, 훌륭한 교육, 건전한 사상을 두루 갖춘 사람이다. 아버지가 투표하는 사람들 대부분의 무지와 아둔함을 들어 보통선거에 반대론을 펼 때, 나는 쉽게 따를 수 있었다. 지식이 있는 사람들만이 발언권을 가져야 한다는 이론 앞에 고개를 숙였다. '지식'은 부르주아 계급의 특성이었다. 하층 계급 출신 중에도 지적인 성공을 서둔 사람이 있지만, 왠지 천하고 상스러운 데가 있고 대개 잘못된 정신을 갖고 있다. 그에 비해 출신이 우수한 사람들은 서민과는 '어딘가 다른 데'가 있다. 나는 인간의 가치가 출생이라는 우연과 관련된 것에 그리 놀라지 않았다. 왜냐하면 하느님이 각자의 기회를 결정하니까. 어쨌거나 그것은 명백한 사실로 보였다. 그러므로 도덕적으로, 절대적으로 내가 속한 계급은 다른 계급보다 훨씬 뛰어났다. 엄마와 함께 할아버지의 소작농들을 만나러 갈 때면, 나는 거름 냄새나 닭이 돌아다니는 농부 집 내부, 촌스러운 가구 등이 그들의 거칠고 비천한 정신을 나타내는 것 같다고 생각했다. 농부들은 진흙투성이가 되어 땀 냄새를 풍기며, 들판에서 일하느라 아름다운 경치의 조화 따윈 절대로 쳐다보지도 않고, 노을의 아름다움도 몰랐다. 그들은 책도 읽지 않고 꿈도 없다. 아버지는 그들이 거칠고 막된 자들이라고 했다. 아버지가 고비노의 《인종 불평등론》을 읽어주었을 때, 나는 그들의 두뇌와 우리의 두뇌가 다르다는 생각을 재빨리 받아들였다.

나는 시골을 무척 좋아했으므로 농부들의 생활은 행복하게만 보였다. 만약 내가 노동자의 생활을 보았다면 스스로에게 의문을 제기할 수밖에 없었을 테지만, 나는 그런 생활을 전혀 알지 못했다. 결혼을 할 때까지 빈둥거리던 릴리 이모는 자선사업을 했다. 이모는 이따금 가난한 아이들을 선별해서, 나를 데리고 그들에게 장난감을 갖다 주러 가곤 했다. 가난한 사람들이 불행하게 보이지는 않았다. 많은 선량한 심성의 소유자들이 자선을 행하고, 생뱅상드폴 교회수녀들이 그들을 보살피고 있었다. 가난한 이들 가운데는 불만인 사람들도 있었다. 그들은 가짜 가난뱅이들로서, 크리스마스 밤에 칠면조 구이를 배가 부르도록 잔뜩 먹는 자들이었다. 못된 가난한 사람들은 술을 퍼마셨다. 몇몇 책들―디킨스, 엑토르 말로의 《집 없는 소년》―은 그들의 고통스런 생활을 묘사했다. 나는 날마다 어두운 갱도에 묻혀서 가스 폭발에 목숨을 거는 광부들의 운명을 딱하게 생각했다. 하지만 시대 덕분에 그들의 생활도 바뀌었다고 들었다. 노동자들은 옛날보다 훨씬 적게 일하고, 많은 급료를 받는다. 조합이 생긴 뒤로 진정한 피압제자는 자본가들이라는 것이다. 우리보다 더 우대를 받는 노동자들은 체면이라는 게 없었다. 일요일마다 닭고기를 먹을 수도 있었다. 아내들은 시장에서 최고급 고기와 비단양말을 산다. 고된 노동이나 열악한 주택 상태에는 익숙하다. 그들은 이미 그런 생활에 길들어져 있다. 고통으로 보이는 것을 그렇게 느끼지 않는다. 그들의 고생과 불평은, 필요한 것이 없다는 변명과는 거리가 멀었다. 게다가 아버지는 어깨를 으쓱하면서 말하는 것이었다.

"인간은 굶어죽는 일 따윈 없어!"

노동자들이 부르주아들을 증오한다면 그것은 그들이 부르주아 계급의 우수성을 의식하기 때문이다. 공산주의, 사회주의는 단순한 선망 때문에 생긴 것이다.

"그리고 선망은……"

아버지는 말했다.

"하등한 감정이야."

단 한 번, 나는 이런 생각이 완전치 않다고 생각한 적이 있다. 루이스는 슬레이트 기술공인 남편과 함께 마담 거리 다락방에서 살고 있었다. 그녀가 아기를 낳아서 엄마와 함께 보러 갔었다. 보통 하인들이 사는 6층에는 발을 들여놓은 적이 없어서, 12개쯤 되는 문이 달려 있는 음울한 복도를 보고 나는 가슴이 뻐근했다. 루이스의 좁은 방에는 철제 침대가 하나, 요람과 화로를 올려놓은 테이블이 하나 있었다. 그녀는 이 네 귀퉁이 벽 속에서 자고, 음식을 만들어 먹으며, 한 남자와 살고 있는 것이다. 복도 양 옆에는 가난한 세대들이 똑같이 열악한 환경 속에서 질식할 듯이 틀어박혀 있었다. 나는 이미 내가 살고 있는 복잡한 세계와 부르주아 생활의 단조로움에 압박을 받고 있었다. 줄곧 그을린 공기를 마시고, 어떤 광선도 들어오지 않는 먼지투성이 세계를 보았던 것이다. 산다는 것은 기나긴 단말마였다. 그 뒤로 얼마 안 있어 루이스는 아기를 잃었다. 나는 오랫동안 오열했다. 이때 처음으로 불행과 맞닥뜨렸다. 아기를 잃고 모든 게 부족한 어두운 방에서 사는 루이스를 상상했다. 이런 비탄은 지구를 폭파하기에 충분했다.

"너무나 불공평해!"

나는 외쳤다. 죽은 아기 생각만 한 것은 아니었다. 6층에 있는 그 다락방 복도가 떠올랐다. 사회에 의문을 갖지 않고 마침내 울음을 그쳤다.

스스로 그런 생각을 한다는 것은 매우 힘든 일이었다. 나를 가르친 교육 시스템은 일률적이며 지리멸렬했기 때문이다. 만약 그것이 단 하나의 강하고 굳은 교리였다면 나의 어린 이론에 확고하고 단단한 응결을 부가했겠지만, 엄마의 가톨릭 학교 도덕과 아버지의 애국주의 아래서 자란 나는 모순 속에 젖어 있었다. 엄마나 여교사들 모두가 교황이 하느님에 의해 선택되었다고 믿어 의심치 않았다. 그런데도 아버지는 교황이 정치문제에 관여하는 것을 반대했다. 엄마도 아버지와 같은 생각이었다. 교황 레오 13세는 사회문제를 거론함으로써 교황의 사명을 어겼다. 반면 사회문제에 대해 한 마디도 언급하지 않았던 피오 10세는 성인(聖人)이었다. 나는 이 모순을 스스로에게 이해시켜야만 했던 것이다. 하느님을 지상에서 재현하기 위해, 하느님에 의해 선택된 사람은 이 땅의 문제에 골머리를 썩여서는 안 되었다. 프랑스는 교회의 맏이로서 어머니 교회를 따라야만 했다. 그런데도 국가 가치는 가톨릭 교리보다 우선이었다. 생쉴피스 교회에서 '중앙 유럽의 굶주린 어린

이들'을 위해 모금을 했을 때, 엄마는 분개하며 '보슈' 따위에겐 주지 않겠다고 거절했다. 어떤 경우든 애국심과 사회 질서가 그리스도교의 자선보다 우위에 있었다. 거짓말을 하는 것은 하느님을 욕되게 하는 일이었는데도 아버지는 거짓말을 한 앙리 대령을 정직하고 훌륭한 사람이라고 공공연하게 말했다. 사람을 죽이는 것은 죄악이지만 사형을 폐지해서는 안 되었다. 나는 어릴 적부터 양심의 문제에서 타협을 배웠다. 하느님과 황제를 근본적으로 나누고, 각자 인정할 점을 인정했다. 그런데도 늘 황제가 하느님을 이기는 것에는 어지간한 혼란을 겪어야 했다. 성경 구절과 〈르 마탱〉지만으로 세상을 본 나는 시야가 좁았다. 권력의 그늘 아래 눈을 감고 몸을 움츠릴 도리밖에 없었던 것이다.

나는 맹목적으로 복종했다. 언젠가 〈악시옹 프랑세즈〉(왕당파의 신문)와 〈데모크라시 누벨〉(좌익신문)이 충돌한 적이 있다. 악시옹 프랑세즈 파는 수적 우세함에 기세가 올라서 마르크 상니에(그리스도교 좌파 사람으로 〈에스프리〉지의 창간인) 파를 습격해 그들에게 강제로 아주까리 기름을 먹였다. 아버지와 아버지 친구들은 이 사건을 무척 재미있어 했다. 나는 어릴 적부터 악당들의 고통을 비웃도록 배웠고, 깊이 생각해 보려고도 않고 아버지를 믿었으므로, 이 못된 장난을 즐거워했다. 나는 자자와 생브누아 거리를 걸으면서 쾌활하게 그 사건에 대해 이야기했다. 그러자 자자는 얼굴이 굳어지면서 화난 어조로 말했다.

"역겨워. 뭐가 재미있다는 거지?"

나는 낭패하여 어찌할 바를 몰랐으며, 생각 없이 아버지의 태도를 흉내내고는 내 머리가 텅 비었다는 것을 깨달았다. 자자는 자기 가족의 의견에 관해서도 말했다. 자자 아버지는 시온파(그리스도교 좌파)가 교회로부터 규탄받기 전까지 이 파에 속해 있었다. 그는 가톨릭교도들에게는 사회적 의무가 있다고 믿고, 모라스(〈악시옹 프랑세즈〉지의 우두머리)의 이론을 거부했다. 자자가 취한 태도는 14살 소녀로서는 조숙하고도 일관되었다. 자자의 분개와 폭력에 대한 혐오감은 성실했지만, 나는 앵무새처럼 흉내만 냈던 것이다. 나에겐 그에 응답할 만한 게 조금도 없었다. 나는 자자에게 경멸당한 사실이 괴로웠지만, 그보다 더 나를 동요시킨 것은 아버지와 자자의 견해 차이였다. 나는 어느 쪽도 틀렸다고 생각하고 싶지 않았다. 아버지에게 그 얘기를 했더니 아버지는 어깨를 살짝 으쓱하면서 자자는 어린애라고 말했다. 그 대답에 나는 만족하지 못했다. 이때 나는 처음으로 내 의견을 결정해야만 하는 상황에 이르렀으나 이 일에 대해 아무것도 몰라 결심이 서지 않았다. 이 사건에서 이끌어낸 유일한 결론은 아버지의 의견과 다른 의견도 존재한다는 사실이었다. 이제 진실조차도 보증되어 있지 않았던 것이다.

볼라벨의 《왕정복고사》를 읽으면서 나는 자유주의로 기울었다. 두 해 여름 동안에 할아버지 서가에 있는 책 7권을 다 읽고서 나폴레옹의 실패에 눈물을 흘리고 왕정제와 보수주의, 반계몽주의를 증오하게 되었다. 나는 이성이 인간을 통치하기를 바랐기에, 모든 사람에게 평등한 권리와 자유가 주어지는 민주주의에 매료되었다. 여기서 내 생각은 멈췄다.

나는 도덕, 나의 내적 생활, 나와 하느님과의 관계 등 나와 직접 관련된 문제 말고는 원대한 정치사회적 문제에 별로 흥미가 없었다. 나는 그런 주제에 깊이 빠져들기 시작했다.

자연은 내게 하느님을 대변했다. 하지만 그것은 인간들이 와글와글 떠들어대는 세상과는 전혀 다른 일처럼 느껴졌다. 게다가 교황청에 기거하는 교황조차도 속세에서 일어나는 사건에 대해 속을 끓이지 않았다. 하느님은 무한한 천상에서 지상의 온갖 세부적인 사건에 별 흥미가 없음이 분명하다. 오래전부터 나는 하느님의 규율과 권력을 구별하는 법을 배웠다. 학교에서의 오만한 태도와 나의 비밀스런 독서 사이에는 서로 연관이 없었다. 해가 갈수록 신앙심은 돈독해지고 순수해져 나는 신비신학의 가면을, 불분명한 도덕을 경멸했다. 기도하고 묵상하여 내 마음이 하느님의 존재에 대해 민감해지도록 노력했고, 12살 즈음에는 고행을 생각해냈다. 화장실에서 가벼운 돌로 피가 날 때까지 몸을 문지르거나, 목에 건 사슬로 나를 때리기도 했다. 나의 열정은 별 성과를 내지 못했다. 내가 읽던 신앙 서적은 정신적인 진보와 승천을 말하고 있었다. 영혼은 깎아지른 길을 올라가며 장애물을 뛰어넘는다. 때로는 불모의 사막을 가로지른다. 그러면 천상의 이슬이 내려와 영혼을 위로한다. 그것은 대단한 모험담이었다. 날이 갈수록 내 지식이 향상되었으나 하느님에게 가까워진 느낌은 들지 않았다. 나는 하느님을 보거나, 황홀감에 젖거나, 어쨌든 나의 내부 또는 외부에서 뭔가가 일어나기를 바라고 있었다. 하지만 아무 일도 없었다. 결국 내 고행이 우스꽝스럽게 느껴지기 시작했다.

나는 인내해야 한다고 스스로를 다그쳐, 언젠가 지상과 현격하게 동떨어진 영원의 품속에 간직되어 있는 자신을 발견할 날을 기대하고 있었다. 그날을 고대하면서 나는 편하게 지냈다. 왜냐하면 내 온갖 노력은 정신적으로 높은 단계에 있으므로 저급한 일에는 마음의 평정함이 흔들릴 리가 없었던 것이다. 하지만 나의 체계는 거부되었다. 지난 7년 동안 나는 한 달에 2번씩 마르탱 신부님에게 고해를 했다. 열의 없이 성체를 예배한 일, 말로만 기도한 일, 하느님을 생각하지 않았던 일을 자책했다. 이런 지순한 과실에 대해 마르탱 신부님은 고상한 말씨로 설교를 했다. 어느 날, 마르탱 신부님은 평소와 다른 스스럼없는 투로 말을 꺼냈다.

"사랑스런 시몬이 요즘 완전히 변해 버렸다는 말이 내 귀에 들어왔단다. 말을 듣지 않고, 소동 피우기를 좋아하고, 꾸중을 들으면 말대꾸를 한다고…… 앞으론 그런 일이 없도록 조심해야만 한다."

나는 얼굴이 빨개졌다. 오랫동안 하느님을 대리한다고 믿었던 사람을 혐오의 눈으로 응시했다. 돌연 그는 신부의 긴 옷을 걷어붙이고 편협한 신자의 치마를 드러냈다. 이런저런 소문을 듣고 좋아라 하는 떠버리 성직자의 옷을 입고 있었던 것이다. 나는 화가 머리끝까지 나서 두 번 다시 이곳에 발을 들이지 않겠다는 마음을 먹고 고해실을 나왔다. 그 이후로 나는 허수아비 앞에 무릎을 꿇는 것만큼이나 마르탱 신부님 앞에 무릎 꿇는 일을 불쾌하게 여겼다. 학교 복도 같은 데서 그의 검정 옷을 보기라도 하면 나는 가슴을 두근거리면서 도망쳐 버렸다. 신부님의 검정 수단은 내게 육체적 혐오감을 주었다. 마치 그의 기만이 나에게 어떤 세속적이고 외설스런 짐을 지운 듯이 느껴졌다.

신부님은 무척 놀랐던 모양이지만 직업적인 비밀을 지켜야 한다고 생각했는지, 나의 배반에 대해 누군가에게 이야기했다는 말은 듣지 못했다. 그는 내게 설명하려 애쓰지도 않았다. 마르탱 신부님과의 절교는 시간과 함께 그럭저럭 해결되었다.

이 사건에도 불구하고 하느님은 여전히 무사했지만 가까스로 의혹을 모면한 상태였다. 어째서 내가 서둘러 교회 사도를 비난했는가 하면, 한순간에 하늘을 암흑으로 만드는 무서운 의심을 피하기 위해서였다. 혹시 하느님은 쩨쩨하고 귀찮게 굴기를 좋아하여 신앙심 깊은 노파처럼 고시랑대는 분은 아닐까? 하느님은 어리석고 아둔할지도 모른다! 마르탱 신부님이 말하는 동안 어떤 멍청한 손길이 나의 목덜미 위에 놓여 내 머리를 숙이게 하고, 땅으로 내 얼굴을 내리눌렀다. 그 손은 오물과 암흑으로 인해 앞이 보이지 않는 나를 죽도록 내리찍으려 하리라. 진실에게, 자유에게, 기쁨에게 영원한 이별을 고해야 했고, 산다는 것은 재앙이자 수치로 변했다.

나는 납덩이처럼 무거운 손에서 도망치듯 빠져나왔다. 나의 증오를 성스러운 매개자 역할을 횡령한 배반자에게만 집중했다. 예배실에서 밖으로 나오자 하느님은 다시 전지전능한 존엄함 속으로 돌아와 있었다. 나는 천상의 메시지를 불순한 인간들의 언어로 바꿔 버리지 않는 참회승을 찾기 위해 생쉴피스 교회 돔 밑을 헤매고 다녔다. 빨강 머리 수사에게 시도하고, 이어 갈색 머리칼의 수사에게 물어, 내 영혼에 관심을 갖게 하는 데 성공했다. 그는 내게 명상의 테마를 제시하고 《수도 신비신학》 개설서를 빌려주었다. 하지만 크고 텅 빈 교회 안은 학교 예배실에서와 같은 열에 들뜨게 만들지는 않았다. 나의 새로운 교도자는 어린시절 내게 정해진 교도자와 달리 뭐랄까, 내가 무작정 고른 사람이었다. 그는 신부님이 아니라서 진심으로 그의 생각을 따를 수는 없었다. 나는 수사 한 사람을 비판하고 경멸한 셈이었다. 이젠 어떤 수사도 내 눈에 지상의 심판관처럼 들어오지 못하리라. 지상의 어느 누구도 완전하게 신으로 변하지 않는다. 나는 하느님 앞에 마주선 오직 한 사람이었다. 내 마음 저 밑바닥에 하느님은 불안으로 남아 있는데, 그는 누구일까? 정확히 말해 하느님은 대체 무엇을 바라는 것일까? 하느님은 어떤 진영에 속해 있을까?

아버지는 하느님을 믿지 않았다. 일류 작가들과 우수한 사상가들은 아버지의 회의주의에 일조하고 있었다. 전반적으로 보면 교회에 다니는 사람은 보통 여자들이었다. 나는 그 사실을 기묘하게 여겼고 불안해하기도 했다. 진실은 여자들의 특권이지만, 남자들은 분명 여자들보다 월등한 존재이지 않은가. 신앙심을 잃는 것 이상의 커다란 재앙은 없으므로 나는 이 위험에 동요되지 않으려 애를 쓰는 한편, 나의 종교 교육을 정면으로 돌파하려고 그리스도교 변증론 강의를 들었기 때문에, 분명한 진실에 가해진 반론에 대항해 치밀한 논쟁에서 맞설 수가 있었다. 그러나 그러한 분명한 진실을 실제로 보여주는 어떤 것도 알지 못했고, 시계와 시계 제조상 사이처럼 실질적 비교 관계도 알지 못했기 때문에, 신의 섭리에 대항하는 논쟁을 펼치기 전에 거치는 고통을 너무 성급히 무시했던 것이다. 더구나 세계의 조화는 내게 있어 명백하지가 않았다. 그리스도와 다수의 성인들은 지상에서 초자연적 행적을 보였고, 성서와 복음서, 기적, 환영 등은 교회의 권위에 의해서만 보증이 된다는 것을 알았다.

"루르드의 최대 기적은 루르드 그 자체란다."

아버지는 말했다. 종교적인 사건은 믿는 사람들에게만 이해가 되는 것이다. 나는 동정녀 마리아가 흰 옷과 파란 옷을 입고 베르나데트 앞에 나타났다고 믿는다. 내일은 어쩌면 그것을 믿지 않을지도 모른다. 신자들은 악순환 논법의 존재를 인정하고 있었다. 왜냐하면 그들은 믿음에 은총이 필요하다고 역설하기 때문이다. 나는 하느님이 심술궂은 장난을 쳐서 내게 은총을 내리지 않는다고는 생각하지 않았다. 그러면서도 반박할 수 없는 증거에 매달리고 싶었다. 나는 그것을 하나 찾아냈다. 바로 잔 다르크가 들은 하느님의 음성이었다. 잔 다르크는 역사 속 인물이다. 아버지도 엄마처럼 그녀를 숭배했다. 거짓말쟁이도, 망상광도 아닌 그녀인데……, 어떻게 그 증언을 기피할 수 있으랴! 그녀의 경탄해마지 않을 모험이 그것을 입증하고 있었다. 그녀는 하느님의 음성을 들었던 것이다. 그것은 과학적으로 확립된 사실인데, 어째서 아버지가 그에 대해 말하기를 꺼리는지 알 수 없었다.

어느 날 저녁, 메리냐크에서 나는 창가에 팔을 괴고 있었다. 헛간에서는 뜨거운 연기가 경사지게 하늘로 피어올랐다. 나의 기도는 여리디여리게 하늘을 향해 날아올랐지만, 이내 땅으로 떨어졌다. 그날, 나는 온종일 금단의 사과를 먹거나, 발자크의 금지된 소설에 나오는 한 남자와 암표범과의 기이한 사랑 이야기를 읽으며 보냈다. 잠들기 전에 이상한 기분이 들게 하는 그 기괴한 이야기를 떠올렸다.

"그건 죄악이야."

나는 스스로에게 말했다. 더 이상 사기를 치는 것은 불가능했다. 끊임없이 이어지고 있는 나의 조직적인 반항, 헛말, 불순한 몽상은 순수한 행동이 아니었다. 나는 두 팔을 상쾌한 체리나무 안으로 집어넣었다. 그리고 졸졸 흐르는 물소리에 귀를 기울이는 순간, 지상의 기쁨을 포기할 어떤 이유도 없음을 깨달았다.

"이제 신을 믿지 않겠어."

나는 별로 놀라지도 않고 이렇게 외쳤다. 명백한 사실은, 만약 내가 신을 믿는다면 신을 배신하는 일에 기쁜 마음으로 동의하지 않았을 것이라는 점이다. 영원과 비교해 볼 때 이 세상은 무가치하다고 나는 늘 생각했었다. 그렇지만 이 세상이 중요해지기 시작했다. 나는 세상을 사랑했기 때문이다. 그리고 신은 중요하지 않게 되었다. 신의 이름은 환영을 둘러싼 것이었다. 내가 오랫동안 신에게 품었던 생각은 너무나도 정화되고 숭고했으므로 하느님의 얼굴도, 인간 세계와의 구체적인 관련도, 또한 인간적인 것조차도 잃어버리고 있었던 것이다. 하느님은 완전무결했기 때문에 그곳에 현실이 제외되어 있었다. 바로 그 때문에 내 마음속에도, 하늘에도 신이 존재하지 않음을 확인했을 때 그리 놀라거나 고통스러워하지 않았던 것이다. 나를 혼란스럽게 하는 존재를 없애려고 신을 부정한 게 아니었다. 그러기는커녕 이제 신이 내 인생에 개입하지 않음을 깨닫고, 신이 나를 위해 존재하기를 그만두었다고 결론내렸다.

어차피 결정해야 하는 시기에 도달한 것이다. 나는 하느님의 시선 아래서, 현재 살아가고 있는 세대에 대해 '예'와 '아니오'를 동시에 말하기에는 너무 지나친 극단주의자였다. 반면에 성의도 없이 속세에서 신성으로 도약하거나 하느님 없이 살아가면서 신의 존재를 주장하는 일이 나로선 도저히 불가능했다. 나는 천상과 타협할 마음이 없었다. 만약 신이 존재하지 않는다면, 설사 티끌만큼이라 해도 신을 인정해서는 안 된다. 자기 양심과 쾌락에 궤변을 늘어놓는 이런 거래는 내게 분노를 일으켰다. 그래서 나는 뻔뻔스럽게 여기저기 참견하려고 하지 않았다. 내 마음이 확고할 때 단호하게 잘라냈던 것이다.

아버지의 회의주의가 내게 길을 열어 주었다. 나는 혼자 위험에 뛰어든 것은 아니었다. 나를 발견한 데에 깊은 안도감마저 느꼈다. 내 유년시절과 성에서 해방되어 내가 숭배해 마지않던 사상과 합류한 것이다. 잔 다르크가 들었다는 신의 음성은 그다지 내 마음을 동요하지 않았다. 또 다른 수수께끼가 나의 호기심을 불러일으켰지만 나는 종교 덕분에 신비적 현상에 익숙해져서, 창조자 없는 세상을 생각하는 일이 온갖 모순으로 가득 찬 창조자를 생각하는 것보다 쉽다고 여겼으므로 내 무신앙은 절대로 흔들리지 않았다.

그런데 세상의 모습이 변해 버렸다. 그 뒤부터 자주색 너도밤나무와 은색 포플러 나무 발치에 앉아, 나는 불안함 속에서 천상의 공허함을 느꼈다. 전에는 신이 선택한 색채와 빛이 살아 있는 화폭 한가운데에 서 있었고, 모든 것이 신의 영광을 차분한 저음으로 읊조리고 있었다. 그러다 돌연 모든 것이 입을 다물었다. 엄청난 정적이었다! 지구는 광대한 공간 속을 돌고 맹목의 천공에는 나 혼자였다. 오직 혼자라는 것, 처음으로 나는 이 말의 무서운 의미를 알았다. 오직 혼자라는 것은 증인도, 말상대도, 기댈 데도 없는 것이다. 내 가슴속의 호흡, 내 정맥 속의 피, 내 머릿속의 이 대변동은 나 혼자를 위해서일뿐 누구를 위해서도 존재하지 않았다. 나는 일어나서 정원 쪽으로 걸어갔다. 그러고는 오동나무 아래 엄마와 마그리트 큰엄마 사이에 앉았다. 그만큼 누군가의 말소리를 듣고 싶었던 것이다.

나는 또 다른 발견을 했다. 어느 오후, 파리에서 문득 내가 죽음의 선고를 받았다는 사실을 깨달았다. 집에는 아무도 없었고 내 절망을 억누르지 못했다. 나는 울부짖으며 붉은 카펫을 쥐어뜯었다. 그러다 멍하니 일어서서는 스스로에게 물었다.

"다른 사람들은 어떻게 할까? 나는 어쩌면 좋지?"

평생을 공포 속에서, 심장을 쥐어짜는 가운데서 살아가는 일은 불가능했다. 인생의 종말이 다가온다면…… 이제 30살이 되고, 40살이 되어 '드디어 내일이다'라는 생각이 들 때, 사람은 어떻게 견딜 수 있을까? 죽음 자체보다도, 가까운 시일 내에 나의 영원한 숙명이 될 이 세찬 공포가 두려웠다.

다행히도 학교에 있는 동안은 이런 형이상학적 생각의 습격이 드물게 나타났다. 나에겐 그럴 짬도, 혼자 있는 시간도 없었다. 심적 변화가 실생활에 영향을 주지는 않았다. 신이 내 행동에 대해 아무런 힘도 미치지 못함을 발견한 순간부터 믿음을 내팽개쳤는데도 나의 행동은 변하지 않았다. 도덕적 규율이 신에게 그 필요성을 절실히 요구했던 것이다. 그러나 규율은 내 안에도 너무나 깊이 새겨져 있었으므로, 그 존재를 폐지한 뒤에도 그대로 남아 있었다. 엄마의 권위는 초자연적 힘의 그늘과는 거리가 멀지만, 그녀에 대한 존경심으로 엄마의 명령은 신성시되었다. 나는 여전히 엄마의 명령에 따랐다. 책임, 평가, 성적인 금기 등이 모두 유지되었다.

나는 아버지에게 과감하게 마음을 열지 못했다. 그랬다면 아버지는 무척이나 당황했으리라. 그래서 혼자 이 비밀을 지켰는데 굉장한 중압감을 느꼈다. 태어나 처음으로 선이 진실과 일치하지 않는 경험을 했다. 나는 타인의 눈으로 나를 볼 수밖에 없었다. 엄마와 자자, 반 친구들, 선생님들의 눈으로, 그리고 과거의 또 한 명의 내 눈으로……. 이듬해 철학 수업에 키가 큰 학생이 있었다. 그녀가 '무신론자'라는 소문이 자자했다. 이 학생은 공부를 잘했고 때와 장소에 맞지 않는 이야기도 하지 않았으며 학교에서 퇴학을 당한 적도 없지만, 나는 그녀를 복도에서 마주칠 때마다 일종의 공포를 느꼈다. 물끄러미 한곳을 바라보는 그녀의 유리 렌즈가 더더욱 그녀를 불안해 보이게 했기 때문이다. 마치 내게 옴이 옮은 듯한 기분이었다. 내 처지가 더욱 힘들었던 것은 내가 감정을 감추고 있었기 때문이다. 미사에 가고 성체 예배도 드리면서 성체 빵을 무심하게 받아먹었지만 신앙이 있는 사람들에게 그것은 신에 대한 모독으로 보일 것임을 나는 알고 있었다. 나는 나의 죄를 줄곧 은폐한 채 번식시키고 있었던 것이다. 그러나 그것을 어찌 고백할 수 있으랴! 남에게서 지적을 받고, 학교에서 쫓겨나고, 자자의 우정을 잃게 되리라. 또 엄마에게는 얼마나 큰 사건이겠는가! 나는 거짓말을 할 수밖에 없었다. 그것은 나쁜 영향이 전혀 없는 거짓말은 아니어서 내 생활 전체를 더럽혔다. 때때로, 특히 자자와 마주보고 있을 때면 그것은 정신적인 결함이나 되는 듯이 무겁게 내 마음을 짓눌렀다. 나는 벗어나지 못할 요술의 제물이 되어 있었던 것이다. 아무런 나쁜 짓도 하지 않았는데 나는 내게 죄가 있다고 생각했다. 만약 어른들이 나를 위선자에다 불신앙자이며, 뱃속이 시커멓고 비뚤어진 아이라고 비난했다면, 나는 그 선고를 매우 부당하다고 여기면서도 근거가 있다고 생각했으리라. 내가 이중생활을 하고 있다고 말하겠지. 나를 위한 나와, 타인들을 위한 나 사이에는 어떤 연관도 없었던 것이다.

때때로 나는 내가 눈에 띄게 두드러져 지적을 받고, 비난받고, 소외되어 있다고 느껴 과거의 오류 속으로 다시 떨어지기를 바랐다. 룰랭 신부님이 빌려준 《수도 신비신학》을 돌려줘야만 했다. 나는 생쉴피스 교회 고해실에서 무릎을 꿇었다. 몇 달 전부터 성체 예배와 고해와 담쌓고 지냈던 것은 이제 신을 믿지 않게 되었기 때문이라고 말했다. 신부님은 내가 들고 있는 개설서를 보더니, 내가 이렇게 추락한 것에 깜짝 놀라 짐짓 과장된 난폭한 어투로 물었다.

"무슨 큰 죄를 저질렀나요?"

나는 아니라고 했다. 신부님은 나를 믿지 않고 기도를 많이 하라고 충고했다. 나는 추방당한 자로 살기로 했다.

　그 무렵에 나의 추방과 매우 비슷한 이미지의 어떤 소설을 읽었다. 조지 엘리엇의 《플로스 강변의 물방앗간》은 전에 읽었던 《작은 아씨들》보다 더 깊은 감명을 주었다. 메리냐크의 밤나무 숲 이끼 위에 누워서 그 책을 영어로 읽었다. 여주인공 매기 튤리버는 자연과 독서와 인생을 사랑했고, 주위 사람들이 지키는 사회 규율을 준수하기에는 너무나 솔직했다. 그러나 존경하는 오빠의 비난에는 민감하여 그녀는 나처럼 타인들과 자기 자신으로 분리되어 있었다. 나는 그녀에게서 나를 발견했다. 매기 튤리버는 자신에게 책을 빌려 준 꼽추 청년과 우정을 쌓았고 그들의 우정은 조와 로리의 것만큼이나 나를 감동시켰다. 나는 그녀가 그와 결혼하기를 바랐지만 이번에도 역시 사랑은 유년시절과 함께 깨어지고 말았다. 매기는 사촌의 약혼자인 스테판에게 반해 본의 아니게 그를 사랑의 포로로 만든다. 스테판과의 일이 소문나자 그녀는 사촌 루시에 대한 우정 때문에 그와의 결혼을 거절한다. 합법적 결혼이라면 마을 사람들은 우정의 배신 정도는 용서했으리라. 스테판은 매기가 외부 시선 때문에 자기의 진실한 마음을 희생한 것에 상심하여 그녀를 용서하지 않았고, 그의 형도 그녀를 비난했다. 나는 사랑과 우정을 인정했다. 소년과 소녀가 책을 교환하거나, 그에 관해 함께 토론한 일은 둘 사이에 영원한 관계를 만든 것 같았다. 매기가 어째서 스테판에게 반했는지 이해가 가지 않았지만, 그녀는 스테판을 사랑하기 때문에 그를 포기해서는 안 되었다. 아무도 매기를 이해해 주지 않고 몰이해와 중상으로 비난하였으므로 나는 그녀가 낡은 물방앗간에 틀어박혔을 때 그녀에 대한 연민으로 가슴이 뭉클했고, 매기의 죽음이 안타까워서 몇 시간이나 울었다. 다른 사람들이 매기를 유죄라고 선고한 이유는 그녀가 그 사람들보다 훌륭했기 때문이다. 나는 그녀와 비슷하다. 그 뒤로 나는 고립되어 살았는데, 그것은 치욕의 증거가 아니라 선택되었다는 증거였기 때문에 나는 죽을 마음이 없었다. 소설의 여주인공을 통해 작자와 나를 동일시했다. 언젠가는 청소년기의 또 다른 나 자신이, 내가 이야기할 나의 전기소설 속에서 눈물을 쏟으리라.

　나는 오래전부터 일생을 지적인 일에 바칠 작정이었다. 언젠가 자자가 도전적인 투로 이렇게 말했을 때, 나는 분노를 느꼈다.

"엄마처럼 자식 9명을 낳는 것은 책을 쓰는 일과 마찬가지로 가치가 있어."

 이 두 가지 삶의 방식에 공통점이라곤 없었다. 자식을 낳는 것, 줄줄이 자식을 낳는 것…… 그것은 무한히 따분하고 반복적인 일이다. 학자, 예술가, 작가, 사상가들은 찬란한 기쁨으로 넘치는 색다른 세계를 창조하고, 그 세계에선 모든 것이 존재 이유를 갖는다. 나는 그런 세계에서 살고 싶어 그곳에 내 자리를 새기고자 굳게 마음먹었다. 신의 존재를 포기했을 때, 나는 나의 세속적인 야심을 보았고 세상에서 튀어 보일 필요성을 느꼈다. 풀밭에 누워서 눈높이에 있는, 바람에 나부끼는 풀을 바라보니 모두가 하나같이 똑같은 모양으로 작은 밀림 속에 파묻혀서 다른 것들로부터 차단되고 단절되어 있었다. 끝없이 반복되는 이런 무지와 무관심은 죽음과 같았다. 나는 측백나무를 올려다보았다. 측백나무는 주변 경치를 굽어보고 있었는데, 그곳에는 그와 비슷한 나무조차 없었다. 나도 측백나무처럼 되는 것이다.

 나는 왜 글쓰기를 택했을까? 어린시절엔 내가 쓴 서툰 글 따위에 별로 관심을 두지 않았었다. 나의 진정한 관심은 지식이었다. 작문을 좋아하기는 했지만 선생님들은 딱딱한 내 문장을 비평했다. 나는 내게 재능이 있다는 생각을 하지 않았다. 그런데 15살 때, 친구들의 앙케트에 '너는 장래 무엇이 되고 싶은가?'라는 질문이 있었는데, 나는 단숨에 '유명한 작가'라고 대답했다. 좋아하는 음악가, 좋아하는 꽃 등의 질문에 대해서는 심드렁하게 답했어도 이 질문에는 주저하지 않았다. 나는 모든 것을 제치고 작가라는 미래를 갈망하고 있었다.

 첫째는 작가들이 내게 존경심을 품게 했기 때문이다. 아버지는 작가를 학자나 전문가, 교수들보다 훨씬 우위에 두었다. 나 또한 이들보다 내가 우수하다고 믿었다. 전문가의 작품은 널리 알려진 사람이 아니면 소수의 독자를 위해서 존재하지만, 보통 책은 누구나 읽는 것으로 상상력과 감정에 호소하며, 가장 보편적이고 쉽게 다가갈 수 있는 영광을 작가에게 가져다주기도 한다. 여자인 나로서는 이런 험준한 봉우리가 평원 산악 지대보다 도달하기 쉬울 성싶었다. 내 주변의 여자들 중 유명한 이들이 문학사를 장식하고 있었던 것이다.

 게다가 나는 감정 교류에 꾸준히 관심을 가졌다. 친구들 앙케트의 '좋아하는 오락' 란에 독서와 대화를 써 넣었다. 나는 수다쟁이여서 깊은 인상을 준

하루의 사건들에 대해 사람들에게 이야기하곤 했다. 적어도 그런 노력을 기울였다. 밤이, 그리고 망각이 두려웠다. 내가 보고, 느끼고, 사랑한 것……그것을 침묵 속에 팽개치는 것은 견딜 수 없었다. 달빛에 감동한 나는 펜과 종이를 들고 그 광경을 묘사하고 싶었다. 15살 때는 편지와 일기―이를테면 외제니 드 게랭의 일기―처럼 시간을 붙잡아 두는 그런 글을 좋아했다. 또한 장편과 단편, 콩트가 인생과 관계없는 게 아니라 나름의 방식으로 인생을 표현한다는 사실을 알았다.

한때 교사가 되고 싶었던 것은, 나 자신이 내 본디 동기가 되고 내 본디 목적이 되기를 꿈꾸었기 때문이다. 지금은 문학이 그 꿈을 실현해 주리라고 생각했다. 문학은 내게 잃어버린 영원을 보상하는 작품으로 불멸을 보장해 주리라. 나를 사랑하기 위해 이제 내 속에 신은 존재하지 않았다. 하지만 나는 몇 천만의 가슴속에서 계속 불타오르리라. 내 인생에서 소재를 얻은 작품으로 나는 새로운 나를 창조하고, 나의 존재 방식을 정당화하리라. 그와 동시에 나는 전 세계에 봉사하는 것이다. 이보다 아름다운 선물이 있을까? 나는 나 자신과 타인들에게 흥미를 가졌다. 나는 나의 '거듭남'을 받아들였지만, 보편적인 사람이 되기를 포기했다. 이 계획은 내 모든 것과 양립되어 15년 세월 동안 성장해 온 내 열망을 만족시켜 주었다.

나는 늘 사랑이라는 것을 높게 평가했다. 13살 즈음에, 주간잡지 〈에투알 노엘리스트〉 이후 구독하던 〈노엘〉이라는 잡지에서 나는 〈니농 로즈〉라는 교훈적인 제목의 단편 소설을 읽었다. 신앙심이 깊은 니농은 앙드레와 서로 사랑하고 있었다. 그러던 어느 날, 그녀는 잠옷 바람에 기다란 머리칼을 늘 어뜨린 사촌자매 테레즈가 눈물 범벅이 되어서 앙드레에게 사랑고백하는 것을 듣게 된다. 고민과 기도를 거듭한 끝에 니농은 자기 사랑을 희생하기로 결심한다. 그녀가 앙드레와의 결혼을 거부하자, 앙드레는 분한 마음에 테레즈와 결혼한다. 그렇지만 니농은 보답을 받는다. 베르나르라는 훌륭한 청년을 만나 결혼하게 되는 것이다. 이 이야기를 읽다 보니 부아가 치밀었다. 주인공은 자기가 사랑하는 대상이나 자기의 감정을 도외시할 권리가 있다. 거짓된 연애, 또는 충족되지 않는 사랑―《데이비드 코퍼필드》에서 아내에 대한 데이비드의 어린아이 같은 사랑―은 참된 사랑으로 교체될 수 있을지도 모르지만, 진정한 사랑은 인간의 마음속에서 폭발하는 순간부터 움직일 수가 없는 법이다. 어떠한 관용도, 어떠한 희생도 그 가치 있는 사랑을 거절하지는 못한다. 자자와 나는 《다니엘레 코르티스》라는 포가차로의 소설을 읽고 무척 놀랐다. 다니엘레는 명망 있는 가톨릭 정치가였다. 그가 사랑하는 여자는 다른 남자와 결혼한 상태였다. 두 사람은 만남이 반복될수록 서로 이끌려 둘의 심장은 동시에 고동쳤고, 생각도 일치했다. 그들은 마치 서로를 위해 태어난 존재인 것 같았다. 그러한 정신적인 우정이었지만 뒤에서 비난의 소리가 들려오자 다니엘레의 명망은 무너졌으며, 그의 일생은 파멸에 빠지게 되었다. 두 사람은 서로 정절을 맹세한다.

"죽을 때까지, 그리고 죽어 저 세상에 간 뒤에도……"

그러면서 그들은 영원히 이별한다. 나는 너무나 슬프고 화가 났다. 경륜이나 인생의 목적은 추상적이다. 나는 행복이나 인생보다도 그런 것들을 존중하는 게 어리석게 여겨졌고, 죄악으로 생각되었다. 내가 그토록 두 사람의 인간적 결합에 무게를 두었던 까닭도 어쩌면 자자에 대한 우정에 원인이 있었는지 모른다. 둘이서 세상을 발견하고, 상대방을 위해 자기 자신을 바침으로써 특권적인 방법으로 세상을 소유하는 것이라고 나는 믿었다. 그와 동시에 저마다 결정적인 존재 이유를 발견하리라. 연애를 포기하는 일은 영원을 믿으면서도 자기 자신의 구원에 흥미를 잃는 것과 마찬가지로 어리석은 짓이라고 생각했다.

나는 이 세상 보물 가운데 단 하나라도 잃고 싶지 않았다. 내가 수도원에 들어가기를 단념했을 때, 나는 나를 위한 연애를 꿈꾸었다. 그리고 혐오감 없이 결혼을 생각했다. 하지만 모성에 대한 생각은 불가사의했다. 털북숭이의 갓 태어난 아기에게 황홀해하는 자자를 보고 놀랐다. 하지만 내가 선택한 남자 곁에서 지낸다는 것은 옛날처럼 상상도 하지 못할 일은 아니었다. 우리 부모님 집은 감옥이 아니거니와, 만약 내가 지금 당장 집을 떠나야만 한다면 나는 공포에 휩싸이리라. 그렇지만 때가 되어 집을 떠난다는 것이 이제는 견디기 힘든 이별처럼 생각되지는 않았다. 집이 조금씩 나를 숨 막히게 했다. 그래서 언젠가 우연히 초대되어 보러 갔던 베른슈타인의 《나의 집》을 각색한 영화를 보고 커다란 충격을 받았던 것이다. 영화의 여주인공은 마비유 씨만큼이나 재미없는 남편과 아이들에게서 권태를 느끼고 있었으며, 그녀 발목에 감겨 있는 무거운 사슬은 그녀의 예속을 상징했다. 어떤 정열적이고 잘생긴 청년이 그녀를 유혹해 가정에서 빼낸다. 두 팔을 고스란히 드러낸 마직 옷을 입고 머리카락을 바람에 나부끼던 젊은 여자는 애인과 손을 맞잡고 들뜬 마음으로 들판을 달려간다. 두 사람은 마른풀을 서로의 얼굴에 흩뿌리며 기뻐서 웃고 희롱한다. 나는 건초 향내를 맡은 듯한 기분이 들었다. 그들의 눈동자가 웃고 있었다. 지금껏 이런 열광적인 환희를 느낀 적도, 본 적도, 상상한 적도 없었다. 어떤 급격한 변화가 있었는지 모르지만 상처 입은 여주인공은 가정으로 돌아가고, 남편은 너그럽게 그녀를 맞아들인다. 잘못을 뉘우친 그녀는 무겁고 벗겨지지 않는 사슬이 장미꽃 목걸이로 변하는 것을 보았다. 이 기적으로 나는 신에 대해 회의적이 된 동시에, 뭐라고 불러야 할지 모르겠지만 언젠가는 나를 풍족하게 해줄 미지의 감미로운 것에 현혹되었는데, 그것은 자유와 쾌락이었다. 어른들의 생기 없는 예속과 굴종은 나를 두려움에 빠뜨렸다. 반전은 일어나지 않았다. 그들은 미리 짜인 생활방식에 만족하고, 한숨을 쉬며 그렇게 살아가는 것이었다. 베른슈타인이 쓴 《나의 집》 여주인공은 하나의 행동을 과감하게 실천에 옮겼다. 그래서 태양이 빛났으리라. 내 불안정한 성숙기의 세월을 되돌아볼 때, 오랫동안 들판에서 희롱하던 남녀 한 쌍의 영상이 나를 희망에 부풀어 떨게 했던 것이다.

 15살 되던 해 여름, 학년 말에 나는 자자와 다른 친구들과 함께 2, 3번 부아 숲으로 보트를 타러 갔다. 우리는 오솔길을 걸어가는 젊은 남녀 한 쌍에게 눈길이 쏠렸다. 청년은 여자 어깨 위에 가볍게 손을 얹고 있었다. 나는 갑작스럽게 감동을 받았다. 내 어깨 위에도 무게가 느껴지지 않을 정도로 친근한 손이 올려져 함께 인생을 걸어간다면 얼마나 행복할까, 마음이 든든해 고독은 영원히 사라지겠지……라고 생각했다. '하나로 맺어진 두 사람', 나는 이 단어를 꿈꾸었다. 나와 아주 가까운 여동생도, 그토록 남 같기만 한 자자도 이 말의 참된 의미를 내게 느끼게 해주지 못했다. 나는 그 뒤로 서재에서 책을 읽다가 고개를 들고 자주 스스로에게 묻곤 했다.

 '내가 꿈꾸는 남자를 만날 수 있을까?'

 내가 읽던 책에는 이상형의 남자가 없었다. 마르셀 티네르의 소설에서 여주인공 엘레가 나와 무척 닮았다고 생각했다.

 "엘레, 너 같은 아이는 영웅의 아내가 되기 위해 태어난 것이란다."

엘레의 아버지는 말했다. 나는 이 예언에 강한 충격을 받았다. 하지만 결국 엘레가 결혼하게 된 빨강 머리의 수염투성이 전도사에게는 뭐랄까 혐오감이 일었다. 나는 미래의 남편 모습을 확고하게 그렸던 것은 아니지만, 정신적인 관계에 대해서는 어떤 확실한 생각을 갖고 있었다. 나는 그에게 정열적인 존경심을 가지리라. 이 점은 다른 모든 것과 마찬가지로 내게 반드시 필요한 사항이었다. 선택된 내 남자는 자자처럼 내게 존경심을 일으켜야 한다. 그렇지 않다면 나는 의문을 품을 것이다.
'어째서 이 남자이지? 다른 남자는 왜 안 돼?'
이런 의혹은 진정한 사랑과 양립할 수 없다. 언젠가 한 남자가 그의 지성과 교양으로, 또 위엄과 신망으로 나를 굴복시킬 때 나는 사랑하리라.
이 점에서 자자는 나와 의견을 달리했다. 그녀도 연애에 존경과 이해가 필요하다고 인정했지만, 만약 남자에게 감수성과 상상력이 있다면, 만약 그가 예술가이고 시인이라면 그가 교양이 없거나 그다지 총명하지 않아도 상관없다는 것이었다.
"그렇게 되면 모든 점에서 서로 대화가 이루어지지 않을 것 같아!"
나는 이렇게 반대했다. 화가나 음악가는 나를 진정으로 이해하지 못하리라. 나의 일부분은 불분명한 채로 남을 것이다. 나는 남편과 아내 사이에서 모든 것이 공유되기를 바랐다. 옛날에 내가 하느님에게 바라마지 않던 정확한 증인의 역할을 서로에게 다해야 한다. 그러나 이런 생각은 사람들이 자신과는 다른 인간을 사랑한다는 사실을 배제하고 있었다. 나는 나 자신보다도 완전하고, 나와 비슷하지만 나보다 두 배 더 나은 사람을 만나지 않는 이상 절대 결혼하지 않으리라.
어째서 나는 남편이 나보다 뛰어나기를 바랐던 것일까? 내가 남편에게서 아버지를 대신할 무엇인가를 바랐던 것은 아니다. 나는 자립심을 지키고 싶었다. 직업을 갖고, 글을 써서 내 생활을 해 나가리라. 나는 나를 남성의 부속물로 생각한 적이 결코 없었으며 서로의 동반자가 되리라고 마음먹었다. 그럼에도 내가 꿈꾸는 부부의 모습은 아버지에게 품던 감정에서 간접적인 영향을 받았다. 나의 교육, 나의 교양, 내가 본 그대로의 사회…… 모든 것이 내게 여성은 열등한 계급에 속한다는 사실을 증명하고 있었다. 자자가 그에 대해 의문을 갖게 된다는 것은 그녀가 아버지 마비유 씨보다 어머니를 훨씬 사랑했기 때문이지만, 나의 경우는 반대로, 아버지의 권위가 여성의 지위에 대한 이런 견해를 더욱 확고하게 만들었다. 나의 강력한 바람은 부분적으로 이런 견해에 토대하고 있다. 특권계층의 사람이고, 출발 지점에서 훨씬 앞서 나가 있어야 한다. 남성이 절대적인 진실에서 나보다 더 뛰어나지 않다면 그는 비교적 나보다 가치가 떨어진다고 할 수 있다. 그와 내가 동등하다고 인정되려면 그가 나보다 우수해야 한다.

한편 나는 나 자신을 내 안에서 스스로를 조망하면서 한창 자라나는 과정의 인간이라고 생각했다. 나는 무한히 발전할 야심을 지녔다. 그러나 내가 선택한 남성은 외부에서 볼 때 완성된 인간이기를 바랐다. 그를 언제나 나보다 높은 곳에 존재토록 하기 위해, 내게는 아직 희망에 불과한 완전성을 그에게는 처음부터 보장해야 했다. 그는 내가 앞으로 되고 싶은 인간의 전형이므로 나보다 뛰어나야 했던 것이다. 나는 우리 사이에 너무 틈이 벌어지지 않도록 조심했다. 왜냐하면, 내가 만약 그의 사상이나 일을 파악하지 못한 채 그것을 수용한다면 나는 내 무능함에 괴로워할 것이기 때문이다. 나 자신을 틀에 가두지 않고, 사랑이 나를 정당화해 주어야만 한다. 내가 그리던 모습은 나보다 조금 더 민첩하고 강건한 배우자가 나를 계단에서 계단으로 이끌어 올려주는 것이었다. 나는 너그럽고 푸근하기보다는 탐욕적이었다. 주기보다는 받으려 했다. 내가 만약 뒤떨어진 사람을 잡아끌어야 한다면 나는 초조하고 안달이 나서 견디지 못하리라. 그러느니 차라리 독신으로 지내는 편이 훨씬 낫다. 공동생활은 나의 기초 사업―세계를 나의 것으로 하는―에 이익을 초래해야 하며 방해가 되어서는 안 된다. 내 남자는 나보다 뒤떨어지지 않고, 나와 달라서도 안 되며, 그렇다고 해서 지나치게 뛰어나서도 안 된다. 그리고 그의 영역을 유지한 채로 나의 생활방식을 보장해 줄 사람이어야만 했다.

2, 3년 동안 내가 머릿속으로 그렸던 이런 영상이 내 꿈의 방향을 이끌어 갔다. 나는 그것에 어느 정도 중요성을 부여했다. 언젠가는 살짝 걱정이 되어 동생에게 물었다. 나는 정말 못생긴 걸까? 다른 사람에게 사랑받을 정도로 아름다워질 기회가 찾아올까? 아버지가 '시몬은 남자'라고 하던 말을 들으며 자란 푸페트는 내 질문의 의미를 이해하지 못했다. 동생은 나를 사랑하고 있었다. 자자도 나를 사랑했다. 대체 무슨 걱정이 있으랴? 솔직히 말해

서 나는 적당히 걱정하고 있었다. 공부, 문학, 나와 관계된 것들이 내 근심거리의 중심에 있었다. 가까운 장래 일들이 어른이 된 뒤의 운명보다도 훨씬 더 큰 관심거리였던 것이다.

내가 15살 6개월이 되었을 때, 부모님과 함께 파리 축제 휴가를 샤토빌랭에서 보내기로 했다. 알리스 숙모가 돌아가셔서 나는 티티트와 자크의 어머니인 제르멘 큰어머니 집에 묵었다. 자크는 바칼로레아 구술시험에 한창 매달리고 있었다. 나는 티티트가 좋았다. 그녀의 눈은 물기 어린 아름다움으로 빛났고, 입술은 섹시하고 아름다웠으며, 피부는 어찌나 투명한지 그 아래로 정맥이 고동치는 것이 비쳐 보일 듯했다. 그녀는 어릴 적 친구인, 기다란 속눈썹을 지닌 멋진 청년과 약혼을 했다. 결혼을 무척 기다렸고 그것을 감추려고도 하지 않아서, 큰어머니와 고모는 티티트가 약혼자와 단둘이 있을 때면 행실과 몸가짐이 '무척이나' 바르지 못하다며 수군댔다. 내가 도착하던 날, 저녁식사 뒤에 티티트와 나는 정원으로 이어지는 가로수 길을 산책했다. 우리는 말없이 돌 벤치에 앉았다. 원래 우리 사이에는 별다른 이야깃거리가 없었다. 티티트는 생각을 한참 하더니, 느닷없이 호기심을 갖고 내 얼굴을 뚫어져라 쳐다보았다.

"정말로 공부만 하고도 만족하니? 다른 것을 바랐던 적은 한 번도 없는 거야?"

나는 고개를 끄덕였다.

"응, 공부만으로 충분해."

그것은 사실이었다. 나는 새 학년과 반드시 합격해야만 하는 바칼로레아 생각으로 머릿속이 꽉 차 있었다. 티티트에게는 안된 이야기지만 그의 약혼자는 약간 어리석어 보였다. 다음 날 자크가 왔다. 그는 시험에 합격하여 의기양양해 있었다. 그는 나를 테니스장으로 데려가서 테니스공 몇 개를 서로 날려 보자고 해 나를 기진맥진하게 해놓고는, 나를 '펀치볼'처럼 취급해서 미안하다며 순수한 마음으로 사과했다. 나는 자크의 흥미를 별로 끌지 못했고, 나 스스로도 그것을 알고 있었다. 그리고 자크로부터, 그가 학사 학위를 준비하는 스마트한 차림의 아가씨들과 테니스를 치거나 외출하여 춤을 추기도 한다는 말을 들었다. 그렇지만 자크에게 무시를 당하고도 나는 아무렇지 않았다. 단 1초라도 미숙한 게임 솜씨와 나의 분홍빛 옷을 한탄한 적이 없었다. 자크가 좋아하는 세련된 여학생들보다 내가 훨씬 가치 있음을 언젠가 깨닫게 되리라고 나는 믿고 있었다.

나는 사춘기에서 벗어나, 유년시절을 그리워하는 대신 미래로 시선을 돌렸다. 미래는 나를 두려움에 떨지 않게 하기 위해 얼마쯤 떨어져 있었지만, 이미 나를 현혹했다. 그해 여름에는, 어느 때보다도 멋진 여름에 황홀해하면서 라그리에르에서 찾아낸 연못가 회색 화강암 바위에 앉아 있었다. 흘러가는 구름이 비친 수면에 물레방아가 그림자를 떨어뜨리고 있는 가운데, 나는 가스통 부아시에의 《고고학 산책》을 읽었다. 언젠가는 고대 로마의 팔라티노 언덕을 산책하리라고 다짐했다. 연못 속 구름이 장밋빛으로 물들었다. 나는 일어서기는 했지만 그 자리를 떠날 마음이 선뜻 들지 않았다. 개암나무 울타리에 비스듬히 등을 기댔다. 저녁나절 산들바람이 참빗살나무를 쓰다듬다가 내 볼에 가볍게 스치고, 이윽고 내 볼을 때렸다……. 나는 그 부드러움과 강렬함에 온전히 몸을 내맡기고 개암나무들의 속삭임이 말하는 계시를 이해했다. 기다리고 있는 것이다, 나 자신을……. 절친하고 덩치 큰 털북숭이처럼 웅크린 세계를 발아래 내려다보고, 반짝이는 빛을 온몸에 받으면서 내일 죽어갈 소녀, 그리고 나의 영광 속에서 다시 태어날 소녀를 향해 미소 지었다. 어떠한 인생도, 인생의 어떠한 순간도 쉽게 믿는 내 마음을 좌지우지할 약속은 해주지 못하리라.

9월이 끝나갈 즈음, 나는 동생과 함께 묄랑에 있는 동생 친구 집에 초대를 받았다. 안마리 장드롱의 집은 형제자매가 많고, 매우 화목하고 부유했다. 절대 싸우거나 화내며 소리 지르는 일 없이 모두가 늘 미소를 짓고 친절했다. 나는 모조리 잊고 있던 천국에 있는 나를 다시 발견했다. 남자아이들은 우리를 배에 태우고 센 강을 구경시켜 주었다. 20살인 큰언니 클로틸드는 베르농까지 우리를 택시로 데려다주었다. 우리는 강이 내려다보이는 절벽 위의 길을 따라 지나가며 아름다운 풍경에 매료되었고, 클로틸드의 친절이 더 고맙게 여겨졌다. 또 그녀는 저녁에 자기 방으로 우리를 초대하여 함께 담소를 나누었다. 그녀는 바칼로레아에 합격한 뒤 독서를 소홀히 하는 대신 열심히 피아노를 쳤다. 자신의 음악적 정열과 스웨친 부인, 그리고 그의 가족의 애정에 대해 이야기해 주었다. 책상 속에는 리본으로 묶어놓은 편지 다발, 수첩(분명 일기이리라), 음악회 프로그램, 사진, 8살 생일에 엄마가 그려서 선물한 수채화 등 추억이 가득 들어 있었다. 자기 과거를 소유한다는 사실이 매우 부럽게 느껴졌다. 클로틸드는 내게 책을 몇 권 빌려주었고, 나를 동등하게 대우하면서도 연장자로서 배려와 충고를 잊지 않았다. 나는 그녀에게 매료되었다. 자자만큼 존경하지는 않았지만, 그녀는 마그리트처럼 내게 애매한 욕망을 불러일으킬 만큼 너무나 청순한 여자였다. 하지만 그녀 모습은 몽상적으로 느껴졌다. 그녀는 미래에 내가 만들어 갈 매력적인 처녀상을 보여주었던 것이다. 클로틸드는 우리를 집까지 데려다주었는데 그녀가 문을 닫는 순간 엄청난 소동이 벌어졌다. 깜박 잊고 묄랑에 칫솔을 두고 왔다! 며칠동안의 청명하고 즐거운 시간은 사라지고 나를 맞는 가시 돋친 분위기에 갑자기 실신할 것만 같았다. 나는 현관 옷장에 머리를 기대고 울음을 터뜨렸다. 동생도 따라 울었다.

"잘들 하는 짓이다. 돌아오자마자 울음을 터뜨리다니……."

화가 난 부모님은 말했다. 평소 같으면 꾸중이나 비난, 벌 따위를 얼마든지 말없이 받아들였겠지만 지금은 그런 것들이 너무 고통스러웠다. 몇 달 동안 억눌렸던 눈물이 한꺼번에 터져 나왔다. 내가 내적으로 엄마에게서 멀어지기 시작한 것을 엄마가 알아챘는지는 모르겠다. 하지만 나는 엄마를 초조하게 했고, 엄마는 내게 이따금씩 화를 냈기 때문에, 나는 클로틸드에게서 나를 위로해 줄 언니의 존재를 찾고 있었던 것이다. 나는 비교적 자주 그녀 집에 놀러 갔다. 그녀의 예쁜 옷과 세련된 방 장식, 친절함, 자유로움에 매료되었다. 나를 음악회에 데려갈 때 그녀는 택시를 탔는데, 내 눈에 그것은 엄청난 호사로 비쳤다. 더구나 그녀는 능숙한 솜씨로 팸플릿에다 자기가 좋아하는 곡을 표시했다. 클로틸드와의 교제는 자자를 놀라게 했다. 또한 그 이상으로 클로틸드의 친구들을 놀라게 했다. 대개는 동갑, 설사 차이가 나더라도 한 살 정도 안에서 교제하는 것이 소녀들의 습관이었으니까. 언젠가 나는 릴리 마비유, 그리고 나보다 나이가 많은 다른 사람들과 함께 클로틸드의 집 티 파티에 초대를 받았다. 나는 잘못 온 듯한 기분이 들었고, 따분한 대화에 무척이나 낙담했다. 게다가 클로틸드는 매우 신앙심이 깊었다. 그녀로서는 신을 더 이상 믿지 않게 된 나를 지도하는 일이 거의 불가능했고, 또 내가 너무 어리다고 생각했으리라. 그녀는 차츰 나를 만나지 않게 되었고,

나도 구태여 만나려 하지는 않았으므로 몇 주일쯤 지나자 우리 만남은 끝이 났다. 얼마 있다가 그녀는, 말로는 연애결혼이라고 했지만 사실 중매결혼을 했다.

학년 초에 외할아버지가 몸져누웠다. 할아버지 사업이 모두 실패로 돌아갔던 것이다. 오래전에 외삼촌 한 분이 구리 동전으로 열 수 있는 통조림을 고안해내서 할아버지는 이 발명을 이용해 사업을 하고 싶어 했지만, 다른 사람에게 특허를 도용당했다. 그를 고소했으나 소송에서 지고 말았다. 할아버지의 말에는 시종 불안한 용어가 반복되고 있었다. 채권자, 수표, 저당 등등. 이따금 내가 할아버지 집에서 점심을 먹을 때 초인종이 울리면 할아버지는 입술에 손을 갖다 댔고, 우리는 숨을 죽여야 했다. 그럴 때 할아버지 얼굴은 새파래지고 눈동자는 공포로 굳었다. 어느 날 오후, 할아버지는 당신 집으로 가려고 일어서면서 알아듣지 못할 만큼 빠른 소리로 더듬댔다.

"내 우, 우산은 어디 갔지?"

내가 그 다음 뵈었을 때, 할아버지는 팔걸이의자에 가만히 앉아서 눈을 감고 있다가, 간신히 걸음을 떼거나 거의 온종일 꾸벅꾸벅 졸았다. 그러다 이따금씩 눈을 뜨고는 할머니에게 말했다.

"기발한 아이디어가 떠올랐어."

"이제 우리도 부자가 될 수 있을 거야."

하지만 결국 몸이 완전히 마비되어 나선형의 네 기둥 침대에 누워 있어야 했고, 온몸에 욕창이 생겨 지독한 악취를 풍겼다. 할머니는 할아버지 수발을 들면서 종일 뜨개질을 했다. 할아버지에게는 언제나 큰 사건이 예고되어 있었기 때문에 할머니는 당신 운명을 완전히 체념했다. 그래도 두 분 모두 매우 고령이었으므로 조부모의 불행은 나에게 별다른 영향을 미치지 않았다.

나는 어느 때보다 훨씬 열심히 공부했다. 시험도 코앞에 닥쳤고, 이제 곧 대학생이 된다는 희망에 더욱 분발하게 되었다. 지난 1년은 풍요로운 한 해였다. 얼굴 생김새는 제 모습을 갖췄고, 이젠 더 이상 신체 문제로 고민하지 않았다. 내 비밀은 전보다 무겁지 않았으며, 자자에 대한 우정에도 이제 번뇌하지 않았다. 나는 스스로에게 또다시 자신감을 가진 반면 자자는 변했다. 나는 그것이 어떤 이유 때문인지 생각해 보지 않았지만, 냉소적이던 그녀는 몽상적이 되었다. 그녀는 뮈세나 라코르데르, 쇼팽을 즐기기 시작했다. 그녀는 아직도 자기가 속해 있는 계급의 형식주의를 비난하기는 했으나, 그렇다고 온 세상을 비판적으로 보는 것은 아니었다. 이 무렵부터 그녀는 내게 빈정거리는 말을 하지 않았다.

데지르 학교에서 자자와 나는 학급 말고도 다른 그룹에서 공부했다. 학교는 라틴어와 외국어밖에 가르치지 않았는데, 마비유 씨는 딸이 과학적인 교육을 받기를 원했다. 나는 뭐랄까 저항감 있는 것을 좋아했다. 학교는 임시 교사를 초빙하여 4학년부터 대수, 삼각법, 물리를 가르쳤다. 젊고 발랄하고, 잘 가르치는 샤생 선생님은 도덕적인 설교로 시간을 흘려보내지 않았으므로 우리는 효율적으로 공부할 수 있었다. 샤생 선생님은 우리를 아껴 주었다. 자자가 너무 오랫동안 꿈꾸고 있으면 선생님은 부드럽게 그녀에게 물었다.

"엘리자베트, 생각이 어디에 가 있죠?"

자자는 퍼뜩 놀라 미소 지었다. 우리 말고는 쌍둥이 학생뿐이었는데, 그들은 언제나 슬픈 표정이었으며 거의 입을 열지 않았다. 나는 친밀감이 샘솟는 이 반이 무척이나 마음에 들었다. 라틴어에서 우리는 월반을 허락받아 4학년 초부터 상급반으로 올라갔다. 5학년 학생들과의 경쟁은 숨 막힐 정도는 아니었다. 바칼로레아 시험을 치를 해가 되어서 보통반 급우들에게로 다시 돌아왔을 때, 새로운 자극은 없었고 트레쿠르 신부님의 지식은 조금 부족하게 느껴졌다. 신부님이 언제나 맞는 말만 한 것은 아니지만 그래도 붉은 얼굴에 살찐 이 남자는 여교사들보다는 훨씬 솔직하고 유쾌했기 때문에 우리는 신부님에게 호감을 가졌고, 신부님도 명랑하게 그 호감에 응해 주었다. 자자와 나의 부모님들은 라틴어와 외국어 시험도 치르는 게 좋겠다고 생각했기 때문에, 1월부터 우리는 이탈리아어도 배우기 시작했다. 우리는 얼마 안 있어 《사랑의 학교》와 《나의 옥중기(獄中記)》를 해석할 수 있게 되었다. 자자는 독일어를 공부했다. 나의 영어 선생님은 종교 단체에 속하지 않았던 데다가 내게 우정을 보여주었으므로 나는 기쁜 마음으로 수업을 들었다. 그에 반해 역사 교사인 공트랑 선생님의 애국적이고 장황한 설교는 엄청난 인내를 필요로 했다. 또한 르쥔 선생님의 편협한 문학관에는 짜증이 났다. 자자와 나는 시야를 넓히기 위해 많은 책을 읽고 토론을 했다. 수업 중에 우리는 자주 자기 의견을 완강하게 변호했다. 르쥔 선생님이 나를 간파해낼 만큼 혜안을 가진 분인지는 모르지만, 그 시절엔 자자보다도 나를 경계하는 것 같앉다.

　우리는 몇몇 급우들과 사귀었다. 트럼프를 치거나 수다를 떨기 위해 한자리에 모이곤 했는데, 여름이면 토요일 오전마다 불라르 거리 옥외 테니스장에서 만났다. 하지만 자자와 나는 그녀들 중 어느 누구에게도 참된 우정을 느끼지 못했다. 사실 데지르 학교 상급생들은 전혀 매력적이지 않았다. 나는 11년간의 열성적인 학업 끝에 금으로 도금된 은메달을 받게 되었다. 아버지는 그리 크게 기뻐하지는 않았지만 수상식에 참석했고, 그날 저녁 집으로 돌아와서 수상식에는 온통 못생긴 아이들뿐이더라고 말했다. 내 친구들 중에는 괜찮게 생긴 아이도 몇몇 있었다. 그러나 우리는 거북한 차림새를 해야 했다. 엄격한 머리 모양에다 새틴과 태피터의 요란한 옷차림은 얼굴색을 온통 칙칙하게 보이도록 했다. 아버지가 특히 놀랐던 것은 활기 없이 억눌린 소녀들의 모습이었음이 분명하다. 나는 그것에 너무나도 익숙해져 있었다. 언젠가 한 신입생이 들어와서 환하게 웃는 모습을 보고 나는 깜짝 놀라 눈을 크게 떴다. 그녀는 국제적인 골프 선수로 많은 여행을 했었다. 짧게 자른 머리, 잘 재단된 셔츠블라우스와 폭이 넓은 주름치마, 운동선수다운 태도와 힘찬 목소리는 그녀가 성 토마스 아퀴나스 파로부터 동떨어져 자라났음을 보여주었다. 그녀는 완벽한 영어를 구사했고, 15살 반에 첫 번째 바칼로레아 시험을 치를 정도로 라틴어 지식이 있었다. 17세기 대극작가들, 코르네유나 라신은 그녀를 따분하게 했다.

　"문학은 죽을 만큼 지겹다니까."

　그녀는 내게 말했다.

　"아유, 얘! 그런 말 하는 게 아냐."

　나는 외쳤다.

　"어째서 안 되는데? 하지만 사실인걸 어떡해?"

　그녀의 존재는 음산한 자습실을 활기차게 했다. 그녀에게는 많은 것이 따분해서 뭔가 다른 것을 사랑하고 있었다. 그녀 인생에 쾌락이 있었고, 미래의 뭔가를 기대하고 있음이 곁에서도 보였다. 다른 급우들에게서 풍겨져 나오는 을씨년스러운 분위기는 그녀들의 윤기 없는 겉모습에 기인한다기보다 체념에서 나오는 것이었다. 바칼로레아를 치른 뒤 그녀들은 역사나 문학 강의를 듣거나, 루브르 박물관 학교나 적십자에 다니리라. 아니면 도자기, 염색, 서적의 장정을 배우기도 하고, 몇몇 자선사업에 관여하게 될 것이다. 이따금 청년과 맞선을 보기 위해 〈카르멘〉을 보러 가거나, 나폴레옹의 무덤가를 거닐지도 모른다. 운이 조금 좋으면 청년과 결혼하리라. 마비유 집안의 맏딸도 이런 식으로 하루하루를 보내고 있었다. 요리를 하거나, 춤을 추거나, 아버지의 비서 노릇 또는 동생들의 양복장이 노릇을 했다. 어머니는 그녀에게 맞선을 여러 번 보게 했다. 자자는 내게 숙모 한 분이 '첫눈에 반하는 신성한 사랑'에 대한 이론을 늘어놓았다고 말했다. 그 이론에 따르면, 가톨릭 사제 앞에서 두 사람을 맺어주는 승낙의 말을 주고받으면 신의 은총이 두 사람 머리 위에 내려서 둘은 서로 사랑하게 된다. 이런 풍습은 자자를 분개하게 했다. 어느 날, 그녀는 돈 때문에 결혼하는 여자와 매춘부 사이에는 차이가 없다고 선언했다. 그리스도교 신자는 자기 육체를 존중해야 한다고 배운다. 만약 애정 없이, 편의상, 돈 때문에 몸을 바친다면 그것은 육체를 존중하지 않는 게 된다. 자자가 너무나 격렬하게 비판해서 나는 놀랐다. 마치 그녀 자신의 육체 속에서 그런 거래의 치욕을 느끼는 것처럼 보였다. 하지만 나는 이 문제에 대해 생각할 필요가 없었다. 나는 일을 하고 독립할 테니까. 하지만 자자 주위의 사람들은 시집을 가든가, 수도원에 들어가든가 둘 중 하나로, 독신은 신의 뜻이 아니라고 보았다. 자자는 앞날을 걱정하기 시작했다. 그녀가 불면증을 겪는 원인은 거기에 있었을까? 그녀는 잠을 이루지 못했다. 자주 밤중에 일어나서는 머리끝에서 발끝까지 향수를 발랐고, 아침이면 힘을 얻기 위해 백포도주와 커피를 섞은 음료를 마셨다. 그녀가 그런 이야기를 내게 했을 때, 나는 자자 안에 있는 많은 것에 관해 내가 얼마나 무지했는지 깨달았다. 그렇지만 나는 그녀에게 힘을 북돋워 주었고, 자자는 고마워했다. 내가 그녀의 유일한 아군이었다. 우리에게는 싫어하는 것들이 많았던 한편, 행복에 대해서도 커다란 욕망을 갖고 있었다.

 성격 차이에도 불구하고 우리는 종종 같은 식으로 반응했다. 언젠가 아버지는 배우인 친구 분에게서 오데옹 극장의 낮 공연 표를 받아서 우리에게 주었다. 폴 포르의 〈샤를 6세〉라는 연극이었다. 자자와 나는 단둘이서 칸막이 관람석 중앙에 앉아 기쁜 마음으로 연극을 기다렸다. 막이 오르는 신호음이 울리고, 음산하고 무서운 연극이 시작되자, 샤를은 실성하여 1막 끝 무렵에 산만한 모놀로그를 주절거리면서 지독한 형상으로 무대 위를 헤맸다. 나는 자자를 보았다. 그녀는 창백해져 있었다.
"만약 이 장면이 또 나오면 나가자."
내 제안에 자자도 찬성했다. 막이 오르자 잠옷을 입은 샤를이, 사제 망토를 두르고 복면을 한 남자의 두 팔 안에서 버둥대고 있었다. 우리는 밖으로 나왔다. 안내 직원이 우리를 제지하며 물었다.
"왜 그냥 돌아가시죠?"
나는 대답했다.
"너무 무서워요."
그녀는 웃음을 터뜨렸다.
"하지만 아가씨, 이건 실제 사건이 아니에요. 연극이랍니다."
우리도 알고 있었다. 그렇기는 해도 우리는 무서운 광경을 보았던 것이다.
자자와의 마음의 일치, 나에 대한 그녀의 평가 등은 어른들에게서 나를 해방했고, 나 자신의 눈으로 스스로를 보는 데 도움이 되었다. 하지만 어떤 사건을 통해서 나는, 내가 아직 얼마나 어른들의 판단에 의존하고 있는지를 깨달았다. 이 사건은 내가 어른들에게 구애받지 않게 될 무렵에 예기치 않게 벌어졌다. 나는 매주, 라틴어 책을 성심껏 한 자씩 번역해 두 줄로 옮겨 썼다. 그런 다음 가장 훌륭한 프랑스어 문장으로 고쳐 보았다. 이 문장들은 《라틴 문학사 개론》에 번역되어 실려 있었다. 그것은 아주 우아한 번역문이어서 나의 글과는 도저히 비교가 되지 않았다. 내 머릿속에 떠다니는 모든 말은 매우 서투르고 거칠게만 느껴졌다. 의미상 하나도 틀리지 않았고, 좋은 점수를 받을 자신도 있었다. 나는 약삭빠르게 계산을 했던 것은 아니다. 하지만 제재와 문장으로 보건대 더 완벽한 번역이 필요했다. 나는 《라틴 문학사 개론》에 실려 있는 이상적 번역문을 나의 서툰 문장으로 바꿔 넣고 싶지 않았다. 그래서 《라틴 문학사 개론》의 문장을 한 자 한 자 베꼈다.
우리 교실에는 트레쿠르 신부님 말고도 반드시 여교사 한 명이 창가 작은 테이블에 앉아서 우리를 감독했다. 신부님이 우리에게 번역문을 돌려주기 전에, 여교사는 생활기록부에 우리 성적을 기록했다. 그날은 문학사 학위를 가진 뒤부아 선생님 담당이었다. 사실 정상적으로는 지난해와 같이 뒤부아 선생님의 라틴어 강의를 들어야 했지만, 자자와 나는 그녀를 경멸하여 신부님을 택했던 것이다. 뒤부아 선생님은 나를 싫어했다. 선생님이 내 뒤에서 뭐라고 타박하는 소리가 들렸다. 잘 들리지는 않았지만 탐탁지 않은 눈치였다. 마침내 선생님은 숙제 용지 다발을 신부님에게 내기 전에 쪽지에 무엇인가를 적어서 위에 올려놓았다. 신부님은 코안경을 쓰고 메시지를 읽더니 미소 지었다.

"그렇군요. 키케로의 이 구절은 여러분의 《라틴 문학사 개론》에 번역문이 실려 있군요. 여러분 가운데 많은 학생이 그것을 알고 있었던 모양입니다. 가장 개성 있는 번역문을 쓴 학생에게 최고점수를 주었습니다."

신부님의 너그러운 어조에도 불구하고 뒤부아 선생님의 화난 표정과 급우들의 걱정스런 침묵이 나를 공포에 빠뜨렸다. 습관 때문인지, 무심코 그랬는지, 아니면 우정에서인지 신부님은 내게 가장 좋은 점수를 주었다. 나는 20점 만점에 17점이었다. 어느 한 사람도 12점 이하는 없었다. 자신의 편애를 정당화하기 위해서인지 신부님은 내게 원문을 한 문장씩 설명하라고 했다. 나는 또박또박한 어조로 틀리지 않게 해냈다. 신부님은 나를 칭찬했고, 분위기는 느슨해졌다. 뒤부아 선생님은 내가 읽은 프랑스어 문장을 다시 읽게 하지는 못했다. 내 옆에 앉아 있던 자자는 이 일에 조금도 시선을 주지 않는 듯했다. 자자는 매우 양심적이고 정직했기 때문에 나를 의심하기를 거절했다고 생각했다. 하지만 다른 급우들은 교실을 나가면서 수군댔다. 뒤부아 선생님은 나를 옆으로 불렀다. 나의 부정행위를 르쾬 선생님에게 보고하겠다는 것이다. 내가 평소 두려워하던 일이 기어코 일어나고 말았다. 순수한 마음으로 은밀하게 한 일이 남에게 알려졌을 때, 내 체면은 엉망으로 구겨지게 되리라. 나는 아직 르쾬 선생님을 존경하고 있었는데 이제 선생님이 나를 경멸할 것이라는 생각에 괴로웠다. 일은 돌이킬 수 없게 되고 나는 영원히 낙인이 찍히고 말았다! 나는 이 일을 예감하고 있었다. 진실이 정당치 못할 수도 있다. 그날 저녁, 밤새도록 나는 경솔함 때문에 빠진 구렁텅이에서 빠져나오려고 애썼지만 소용이 없었다. 평소에 나는 어려운 문제에 부닥칠 때마다 도망이나 침묵, 망각으로 벗어나곤 했다. 아주 드물게만 자진해서 행동했다. 하지만 이때만은 싸울 결심을 했다. 나를 악인으로 바라보는 시선을 물리치려면 거짓말을 해야만 했다. 그렇다, 거짓말을 하자. 나는 르쾬 선생님 방에 가서 번역문을 베끼지 않았다고 울면서 맹세했다. 내 번역문 속에 무의식적인 기억이 들어간 것이라고 하면서. 나쁜 짓을 전혀 하지 않았다는 자신감이 있었던 나는 열심히, 분명하게 나를 변호했다. 그러나 내 행동은 서툴렀다. 만약 내가 정말로 책을 베끼지 않았다면 숙제를 증거로 갖고 있어야 했지만 나는 입으로만 말했을 뿐이었다. 르죈 교장선생님은 내 말을 믿지 않았다. 선생님은 그렇게 말하면서, 이 사건은 여기서 끝맺겠다고 초조하게 덧붙였다. 선생님은 내게 설교도, 꾸지람도 하지 않았지만 그 무관심함과 차가운 목소리에서 나는 나에 대한 어떠한 애정도 없음을 알 수 있었다. 사실 나의 잘못으로 인해 선생님이 내게 가진 인상이 손상될까 봐 두려웠었는데, 이미 훨씬 전부터 선생님은 내게 애정 따위 조금도 없었던 것이다. 그것을 깨닫자 오히려 내 기분은 빠르게 맑아지며 회복되었다. 선생님은 나에 대한 평가를 단호하게 거절했으므로, 나는 평가받고 싶다는 생각조차 하지 않게 되었다.

바칼로레아를 치르기 전 몇 주일 동안 나는 남들과 뒤섞이지 않는 기쁨을 누렸다. 날씨가 좋았다. 엄마는 뤽상부르 공원에 가서 공부하는 것을 허락해 주었다. 나는 영국풍 정원 속 잔디 근처나 메디치 분수 옆에 앉았다. 그 무렵, 나는 아직 머리를 허리까지 늘어뜨려 묶고 있었는데, 쓰던 물건을 곧잘 주곤 하던 사촌 아니가 그해 여름에는 내게 하얀 주름치마와 하늘색 블라우스를 물려주었다. 나는 밀짚모자를 쓴 성숙한 처녀가 된 듯한 기분이었다. 파게, 브륀티에르, 쥘 르메트르를 읽으며 잔디 향을 가슴 가득 들이마시고, 뤽상부르 공원을 어슬렁거리며 가로지르는 학생들과 마찬가지로 자유를 만끽하고 있었다. 공원 울타리를 나와서 오데옹 극장 아케이드 밑을 거닐고 싶었다. 그 시절 나는 10살 때 카디날 도서관에서 느꼈던 것과 똑같은 집중력과 열정을 경험했다. 책방 진열대에 나란히 놓여 있는 두꺼운 금박 장정 책들을 나는 점원의 방해를 받지 않고 2, 3시간 동안 서서 읽었다. 아나톨 프랑스, 공쿠르 형제, 콜레트 등등 손에 잡히는 대로 모든 책을 읽었다. 책이 존재하는 한, 나의 행복은 보장된다고 생각했다.

당시에 나는 밤늦게까지 깨어 있어도 된다는 허락을 받아서, 매일 밤 아버지가 트럼프를 하러 '베르사유'로 나가고 나면 홀로 서재에 남아 창밖으로 몸을 내밀곤 했다. 그러면 한 줄기 바람이 이따금 내게 초록 잎의 향내를 가져다주었다. 멀리 유리창이 빛나고 있을 때는 아버지의 망원경을 벽에서 떼어내어 옛날에 자주 그랬던 것처럼 낯선 인생들을 관찰했다. 비록 그것이 통속적이라 하더라도 전혀 상관이 없었다. 지금도 그렇지만 이 작은 풍경화에 매력을 느꼈다. 밤의 깊은 바닥에 빠진 방⋯⋯. 내 시선은 집에서 집으로 옮겨갔다. 나는 밤의 안온함에 감동하면서 스스로에게 말했다.

"이제 얼마 후면 나는 진정한 삶을 살 수 있을 거야."

바칼로레아를 치르는 일은 매우 기뻤다. 소르본 대학 강당에서 나는 사립학교와 낯선 중학교, 공립 중학교 등에서 공부한 남녀 학생들과 마주쳤다. 데지르 학교에서 벗어나 세상 속 진리에 한 발짝 다가선 것이다. 필기시험을 잘 치렀다는 선생님들의 말에 마음이 놓인 나는 구술시험에는 엄청난 자신감을 갖고 임한 나머지 나의 터무니없이 긴 하늘색 옷조차도 우아하다고 믿었을 정도였다. 서로 자기 재능을 뽐내려고 줄줄이 앉아 있는 잘난 남자아이들 앞에 나서자 어린시절의 허영심이 되살아났다. 특히 문학시험 담당관은 대화하듯이 말을 시켰으므로 나는 편안했다. 시험관이 내게 작가 로제 드 보부아르의 친척이냐고 묻기에 단지 성이 같을 뿐이라고 대답했다. 그는 롱사르(프랑스 대표 시인, 플레야드파의 대표자)에 대해 질문했다. 내가 알고 있는 지식을 늘어놓는 순간 내 쪽으로 몸을 기울인, 생각이 깊어 뵈는 잘생긴 얼굴에 매료되었다. 아, 마침내 내가 인정할 수 있는, 그동안 갈망하던 우수한 한 남성과 마주친 것이다! 하지만 라틴어와 외국어 시험 때, 시험관은 냉소적인 어조로 말했다.

"저런 아가씨! 학점을 수집하고 있군요?"

낯이 뜨거워진 나는 돌연 뛰어난 능력이 조소를 살 수도 있다고 생각했다. 그렇지만 개의치 않았다. 나는 바칼로레아를 '우등' 성적으로 합격하고, 이 성적을 게시판에 적을 수 있어 기뻐하는 데지르 학교 여선생님들의 환영을 받았다. 부모님은 기뻐하는 빛이 역력했다. 여전히 도도한 태도의 사촌 자크는 단정적으로 말했다.

"'우등'으로 합격을 하지 못할 바에는 떨어지는 게 낫지."

제 딴에는 따뜻한 축하를 하려고 이렇게 말한 것이다. 자자도 합격했다. 하지만 이 기간에 나는 그녀보다 나 자신에게 훨씬 많은 신경을 썼다.

클로틸드와 마그리트는 애정을 담은 편지를 써 보냈다. 하지만 엄마가 봉투를 뜯어서 그 편지들을 의기양양하게 읽어 버린 탓에 나의 기쁨이 반감되었는데도, 이 습관은 너무나 깊게 뿌리내려 있었으므로 나는 항의조차 하지 않았다. 당시에 우리는 노르망디에 있는 발뢰즈의 친척집에 있었다. 이집 사람들은 매사를 깊이 생각하는 경향이 있었다. 나는 지나치게 손이 많이 간 이곳을 좋아하지 않았다. 움푹 팬 오솔길도 없고, 잡목 숲도 없으며, 풀밭에는 철조망이 둘러쳐져 있었다. 어느 날 저녁, 나는 울타리 밑을 빠져나가 풀밭을 뒹굴고 있었는데 어떤 부인이 내 곁으로 다가와서 어디가 아프냐고 물었다. 나는 다시 정원으로 돌아갔다. 그렇지만 그곳은 질식할 것만 같았다. 아버지가 없었으므로 엄마와 나의 사촌들은 한결같은 신앙심을 갖고 성체 예배를 드렸다. 이 완벽한 의견 일치를 깨는 목소리 하나 없이 일제히 같은 주의를 제창하고 있었다. 모두가 나를 집단에 끌어넣었으며, 나는 반대 목소리를 낼 용기가 없었다. 폭력을 당하는 기분이었다. 어느 날, 우리는 자동차를 타고 루앙 시로 나갔다. 오후에는 교회들을 방문하며 보냈다. 많은 수의 교회가 저마다 대단한 찬사를 불러일으킬 만했다. 레이스 돌 조각 앞에 섰을 때는, 모두의 뜨거운 마음이 절정에 이르렀다. 대단한 작품이군! 하지만 나는 침묵했다.

"아휴! 네 눈에는 이게 아름다워 보이지 않니?"

모두들 나무라며 내게 반문했다. 나는 그것을 아름답다거나 추하다고 생각하지 않았다. 나는 아무 느낌이 없었다. 사람들이 집요하게 물어도 이를 악물고 있는 힘을 다해 들려오는 말들을 참아냈다. 모두들 비난에 찬 시선을 내 고집스런 입가에 퍼부었다. 분노와 고통으로 나는 여차하면 눈물을 쏟을 참이었다. 결국 사촌이 부드러운 어조로, 내 나이 때는 괜히 어깃장을 놓는 법이라고 설명했으므로 죄책감도 그것으로 끝이 났다.

고향 리무쟁으로 돌아온 뒤 나는 내게 필요했던 자유를 다시 찾았다. 온종일을 홀로, 아니면 동생과 보내고, 밤에는 기꺼이 가족들과 마작을 했다. 세르티앙주 신부의 《지적 생활》을 읽고 처음으로 철학에 열중했다. 올레 라프륀의 《도덕적 확실성》은 매우 따분했다.

아버지는 결코 철학에 대해 혹평하지 않았다. 나와 자자의 주변 사람들은 의혹의 눈길로 철학을 바라보았다.

"유감이로구나! 너는 사리가 밝은 아이였는데 앞으로 사리에 맞지 않는 법을 배우게 될 테니 말이다."

자자의 큰아버지는 이렇게 말했다. 그렇지만 자크는 철학에 흥미를 갖고 있었다. 나는 새로운 것이면 뭐든 마음이 설렜다. 그리고 새로운 학창 생활을 고대하고 있었다.

트레쿠르 신부님은 심리, 논리, 도덕, 형이상학 프로그램을 주 4시간 강의로 재빨리 해치웠다. 신부님은 우리 작문을 돌려주고, 숙제를 고쳐 쓰게 하고, 개론서에서 배운 부분을 읽게 할 뿐이었다. 각 문제에 대해서는 교과서의 작자인 라르 신부님이 인간의 잘못을 죽 나열하면서 성 토마스의 진실을 우리에게 가르쳤다. 라르 신부님도 정교하고 섬세한 일에는 머리를 쓰지 않았다. 이상주의를 반박하기 위해 신부님은 촉감의 확실성을 시각의 착각과 대립시켰다. 신부님은 테이블을 두드리며 선언했다.

"존재하는 것은 존재하는 것이다."

교과서는 무미건조했다. 리보의 《주의(注意)》, 귀스타브 르봉의 《군중심리학》, 푸이에의 《생각의 힘》 등이었다. 그럼에도 나는 열심히 했다. 이 책들에는 유년시절 호기심을 불러일으켰던 문제가 철학자들에 의해 거론되어 있었다. 갑자기 어른들의 세계가 옛날처럼 자연스러워 보이지 않았다. 그 세계에는 드러나지 않은 이면과 내막이 있어 의문이 일기 시작했다. 계속 깊숙이 안쪽으로 숨긴다면 밖에는 무엇이 남을까? 더 이상 진전은 없었지만 그래도 12년 세월 동안, 결코 고치려 하지 않는 독단주의가 다양한 문제들을 제기하고 또 그 문제들을 내게도 부과했다는 사실은 이미 대단히 놀라웠다. 사람들은 공적인 장소를 통해서만 말을 했기 때문에, 나 자신의 문제를 찾아낸 것은 바로 나였다. 내 양심은 어디서 나온 것일까? 어디서 그런 힘을 이끌어냈을까? 콩디야크의 동상은 7살 시절의 낡은 상의와 마찬가지로 현기증 나는 꿈을 꾸게 했다. 나는 또한 우주를 표현하는 여러 가지 좌표들이 동요하기 시작하는 것을 보았다. 앙리 푸앵카레의 공간, 시간, 계량 단위의 상대성에 대한 사색은 나를 무한한 명상에 빠지게 했다. 맹목적인 우주를 가로지르는 인간의 항해는 나에게 강렬한 감동을 주었다. 그것은 단지 섬광일 뿐이었지만, 모든 것이기도 한 섬광이었다! 어둠 속에 불타는 이 커다란 불꽃의 심상은 오랫동안 내게서 떠나지 않았다.

철학에서 특히 매력을 느꼈던 까닭은 철학이 본질을 향해 곧장 나아가는 것이라고 생각했기 때문이다. 나는 지금까지 세세한 부분에 흥미를 갖지 않았다. 사물의 특이성보다는 사물의 총체성을 인지했다. 보는 것보다 이해하는 게 좋아서, 늘 모든 것을 알고 싶어 했다. 철학은 이 욕망을 채워 주리

라. 철학이 겨냥하는 것은 실재의 총체이기 때문이다. 기만적인 혼, 즉 사실이나 경험, 하나의 질서·이유·필요 등의 법칙이 가져오는 기만적인 혼란 대신에 철학은 즉각 철학의 심장에 자리잡고 나를 발견했던 것이다. 과학, 문학, 그밖의 학문은 철학의 가난한 친척쯤으로 보였다.

하루하루가 흘렀다고 대단한 것을 배운 건 아니었지만, 자자와 나는 매우 뜨겁게 토론을 하게 되었으므로 따분함에서 벗어날 수 있었다. 언젠가 플라토닉이라 불리는 연애와, 우리가 공공연히 입에 담지 않는 다른 연애에 대해 옥신각신 논쟁을 벌인 적이 있다. 급우 하나가 트리스탄과 이졸데를 플라토닉한 연인들의 범주에 넣었을 때, 자자는 벌컥 화를 냈다.

"플라토닉이라고 했니? 트리스탄과 이졸데가? 전혀 아니야!"

그녀는 사정을 다 꿰고 있다는 투로 이렇게 말했으므로 반 전체가 와글와글 웅성대기 시작했다. 신부님은 우리에게 연애결혼보다는 분별이 있는 결혼을 권하면서 다음과 같은 결론을 내렸다. 상대가 매고 있는 넥타이가 어울리기 때문에 그 청년과 결혼해서는 안 된다는 것이다. 우리는 이 얼토당토않은 이유를 너그럽게 받아넘겼다. 그러나 우리가 늘 이렇게 타협한 것은 아니다. 흥미를 끄는 문제가 있으면 단호하게 토론을 했고 다양한 것들을 다루었다. 조국, 의무, 선, 악 등의 단어에 의미가 있다고 생각했다. 우리는 단지 그 의미를 정의하려 했었다. 어떤 것도 파괴하려 하지 않고, 논리를 나열하기를 즐겼다. 그런데도 이것만으로 '악한 정신'이라고 비난당하기에 충분했다. 모든 수업을 참관하던 르쥔 선생님은 우리가 위험한 경로를 향해 나아가고 있다고 선언했다. 신부님은 학기 중간에 우리만 따로 불러서 너무 까다롭고 거칠어지지 말라고 했다. 그렇지 않으면 결국에는 저 여교사들처럼 된다면서, 그들은 성스러운 부인들이긴 하지만 그 전철을 밟지 않는 편이 좋겠다는 것이다. 나는 신부님의 친절에 감동했으며, 동시에 신부님이 가진 견해의 차이에 놀랐다. 종교 단체에는 절대로 들어가지 않을 테니 걱정 말라고 신부님을 안심시켰다. 나는 자자가 놀랄 정도로 종교 단체에 혐오감을 지니고 있었던 반면, 자자는 비웃으면서도 선생님들에게 애정을 갖고 있었다. 때문에 내가 아무런 미련 없이 선생님들에게서 떠나겠다고 잘라 말했을 때, 자자는 약간 경악했던 듯하다.

나의 여고시절은 끝나가고, 뭔가 다른 일이 시작되려 하고 있었다. 그것은 무엇일까? 《연대기》에서 나는 어떤 강연을 읽었고, 그것은 내게 꿈을 가져다주었다. 세브르 여자고등사범학교 졸업생이 쓴 추억담으로, 지식욕에 불타는 아름다운 여자들이 묘사되어 있었다. 달빛 아래 교정을 거니는 학생들의 목소리가 분수의 속삭임에 섞인다……. 하지만 엄마는 세브르 여자고등사범학교를 경계했다. 나도 곰곰이 생각해 보니 파리에서 떨어진 곳에서, 여자들뿐인 장소에 갇히다시피 하는 것에 집착이 가지 않기도 했다. 그러면 어떻게 결정해야 할까? 모든 선택에는 갈등이 따르는 법이지만, 나는 그것을 두려워하고 있었다. 50세가 되어 불안정한 미래를 코앞에 두고 있던 아버지는 내가 뭐든 안전한 직업을 갖기 바랐기 때문에 고정 수입과 퇴직금이 있는 공직을 권했다. 어떤 사람이 아버지에게 고문서 학교가 좋다고 해서 엄마와 함께 소르본 대학에서 일하는 한 부인에게 의견을 들으러 갔다. 나는 카드 상자로 뒤덮인 사무실로 이어지는, 서적이 빼곡히 들어찬 복도를 걸어갔다. 어린시절에는 학문 냄새가 나는 이런 먼지 속에서 살기를 꿈꾸었지만 지금은 그것이 성인의 세계로 들어가는 듯한 느낌을 주었다. 부인은 도서관 사서 경력이 지닌 장점을 이야기하고, 그 일의 어려움도 설명했다. 산스크리트어를 배워야 한다는 사실이 나를 뒷걸음질 치게 했다. 그리고 고증학적인 연구는 내 흥미를 끌지 못했다. 내가 계속 하고 싶었던 것은 철학 공부였다. 나는 어떤 잡지에서 잔타라는 여류 철학자에 관한 기사를 읽은 적이 있다. 차분하고 무게 있는 표정으로 책상 앞에 앉은 그녀 사진이 실려 있었다. 그녀는 박사 학위를 땄고, 양녀로 들인 조카와 함께 살았다. 이렇게 그녀는 지적인 삶과, 여성의 본능이 요구하는 감수성을 화합시키는 일에 성공했던 것이다. 아, 언젠가 나에 대한 이런 찬미의 글들이 나온다면 얼마나 좋을까! 당시만 해도 대학교수 자격과 철학박사 학위를 지닌 여성은 손가락으로 꼽을 정도였다. 나는 그들 중 하나가 되기를 바랐다. 이런 선구자의 자격증을 줄 수 있는 유일한 경력은 교직이었다. 나는 이 직업에 반대할 이유가 하나도 없었다. 아버지는 이런 계획을 반박하지 않지만, 멀리 통근하는 것에는 반대했다. 공립학교에 직장을 얻으리라. 안 될 이유가 없다. 이 해법은 내 취향에도, 만약을 대비한 아버지의 생각에도 딱 들어맞았다. 어머니는 데지르 학교 선생님들에게 그 사실을 미주알고주알 알렸다. 선생님들의 얼굴은 이내 굳어졌다. 그녀들은 무신론과 싸우기 위해 평생을 바쳐왔기에, 그들에게 있어 공립학교와 사창가는 별나른 차이가 없었다. 게다가 이들은 철학이 영혼을 치명적으로 갉아먹는 학문이라고 엄마에게 설명했다. 소르본 대학을 1년만 다니면 신앙과 도덕심을 모조리 잃으리라고 말했다. 엄마는 걱정했다. 아버지는 고전학사 학위를 받을 경우 훨씬 취직자리가 많다고 주장했다. 또한 자자도 부모님에게서 고전을 이수해도 된다는 허락을 받을지도 모르기 때문에 나는 철학·문학과를 희생해도 좋다고 생각했다. 하지만 공립학교에서 교편을 잡을 생각은 여전히 갖고 있었다. 이 무슨 배은망덕이란 말인가! 11년 동안의 보살핌, 훈화, 열정적인 가르침에도 불구하고 나는 나를 가르쳐 준 은인의 손을 물어 버린 것이다! 태연하게 선생님들의 눈동자 속에 있는 나의 배은망덕함과 비열함, 배신을 읽었다. 악마가 나를 농락했다.

7월에 나는 초등 수학과 철학 국가시험을 치렀다. 우리가 받은 신부님의 수업은 너무 수준이 낮았으므로, 데지르 학교에서라면 20점 만점에 16점 정도는 받을 것을 겨우 11점밖에 얻지 못했다. 나는 과학으로 만회했다. 구술시험이 있던 날 저녁에 아버지는 디죄르 극장으로 나를 데려갔다. 나는 그곳에서 도랭과 콜린, 노엘-노엘을 들었다. 무척 재미있었다. 데지르 학교와 끝장을 낸 것이 어찌나 기쁘던지! 그런데 그로부터 2, 3일이 지난 뒤 혼자 집에 있는데, 갑자기 기분이 이상하게 나빠졌다. 나는 현관홀 한가운데에 우뚝 선 채로 움직일 수 없었다. 마치 다른 별로 옮겨간 것처럼 망연하기만 했다. 피붙이도 친구도 없고, 기댈 데도 없으며, 희망도 없는 처지처럼 느껴졌다. 심장은 멎고 세상은 텅 비었다. 이런 공허함을 채우는 일이 도대체 가능할 것인가? 나는 두려웠다. 다시 시간이 흐르기 시작했다.

내가 받은 교육이 남긴 흔적이 하나 있었다. 그 많은 독서에도 불구하고 성적인 부분에서는 매우 순진했던 것이다. 16살 즈음에, 숙모 한 분이 나와 동생에게 기록영화를 보여주려고 플레옐 홀로 데려갔는데 자리가 없어 우리는 서서 보았다. 그런데 모직 코트 위로 낯선 손이 더듬더듬 다가와 깜짝 놀랐다. 나는 핸드백을 훔치려는 줄 알고 가방을 단단히 끌어안았다. 그런데 그 손은 여전히 더듬고 있었다. 나는 뭐라고 해야 좋을지, 어떻게 해야 할지 몰라 가만히 있었다. 영화가 끝났을 때, 밤색 펠트 모자를 쓴 남자가 자기 친구에게 나를 가리키며 웃었고, 그 친구도 웃기 시작했다. 둘은 나를 놀렸던 것이다. 하지만, 어째서? 나는 아무것도 이해하지 못했다.

그로부터 얼마 지나지 않아 누군가―누구였는지 기억나지 않는다―가 생쉴피스 교회 옆 가톨릭 서점에 가서 학예회에서 상연할 희곡을 사오라고 심부름을 보냈다. 길고 검은 작업복을 입은 성숙해 보이는 금발의 점원이 은근한 말투로 내가 원하는 책에 대해 물었다. 그는 가게 안 깊숙한 곳으로 이끌며 나더러 따라오라고 손짓했다. 내가 곁으로 가자 그는 작업복을 열더니 불그스름한 물체를 보였다. 그는 무표정했고, 나는 순간 어리둥절했다. 나는 돌아서서 나와 버렸다. 점원의 갑작스런 행동은 오데옹 극장 무대에서 보았던 가짜 샤를 6세의 정신착란보다 나를 더 고통스럽게 하지는 않았지만, 이 사건은 이상한 일들이 뜻밖의 순간에 일어난다는 인상을 내게 남겼다. 그 뒤로 가게나 지하철 안에서 낯선 남자와 단둘이서만 있게 되면 조금은 불안한 마음이 들었다.

철학반 초기에, 마비유 부인은 내게 사교춤을 가르치라고 엄마를 설득했다. 나는 일주일에 1번 어떤 살롱에 다녔다. 그곳에서는 소년 소녀들이 중년 부인의 지도 아래 박자에 맞춰 몸을 움직이는 연습을 했다. 자자도 와 있었다. 우연히도 나는 사촌 아니에게서 물려받은 몸에 꼭 맞는 실크 저지의 하늘색 옷을 입고 있었다. 화장은 전연 금지되었다. 집안에서 유일하게 사촌 마들렌만이 이 법도를 어겼다. 마들렌은 16살쯤부터 멋을 부리기 시작했다. 아버지, 엄마, 마그리트 큰어머니 등은 마들렌을 가리키며 말했다.

"마들렌, 너 화장했구나."

"아뇨, 숙모. 정말 안 했어요."

그녀는 뻔뻔스럽게 말했다. 나는 어른들과 함께 웃었다. 인공적인 수단은 늘 우스꽝스럽고 바보스러워 보인다. 아침마다 가족들은 마들렌을 공격했다.

"마들렌, 거짓말하지 마라. 누가 봐도 화장한 게 다 보여."

언젠가 결국 수세에 몰린 마들렌이―그녀는 당시 18, 9세였다―이렇게 반발했다.

"그러면 안 되나요?"

그녀는 마침내 실토한 것이다. 가족들이 승리를 거두었지만 그녀의 대답은 나에게 많은 것을 생각하게 했다. 여하튼 우리는 자연 상태로부터 한참 동떨어져 살아가고 있다. 가족들은 '화장이 피부를 상하게 한다'고 잘라 말하지만, 나는 사촌과 숙모들의 거친 피부를 보면서, 조심해 봤자 그리 큰 효과는 없는 것 같다고 동생에게 말했다. 하지만 그런 의견을 고집하지는 않았다. 그래서 윤기 없는 머리칼에다 번들거리는 뺨과 코의 촌스러운 모습으로 사교춤 교실에 갔다. 나는 몸을 움직이는 방법조차 알지 못했다. 수영도 못했고 자전거도 탈 줄 몰랐다. 나는 스페인 여자로 분장하고 무대에 올랐을 때처럼, 꿔다 놓은 보릿자루같이 굴었다. 하지만 나는 다른 이유에서 이 교습이 싫었다. 파트너가 나를 자기 팔 안에 끌어안으면 묘한 기분에 휩싸였다. 그것은 뱃속이 비었을 때 느끼는 울렁거림과 비슷했는데, 그런 때와는 달리 아무리 해도 그 느낌이 잊히지 않았다. 집으로 돌아오면 뭐라 형언하지 못할 고통스런 나른함 때문에 마비되다시피 하여 가죽 팔걸이의자에 몸을 던지곤 했다. 단지 울고 싶은 기분만 들었다. 나는 공부를 핑계 삼아 교습을 잠시 중단했다. 자자는 나보다도 많은 것을 알고 있었다.

"우리가 춤추는 걸 어른들이 마음 놓고 바라보고 있다고 생각하면…… 그분들은 참 순진해!"

그녀는 언젠가 내게 이렇게 말했다. 그녀는 릴리 언니나 손위 사촌들을 비웃었다.

"아니, 전혀 달라! 형제들이나 여자들끼리 춤춰도 똑같이 재미있을 것 같아? 천만의 말씀!"

나로서는 한참 막연한 일이지만 자자는 춤추는 기쁨과 쾌감을 연결하고 있는 듯했다. 12살 무렵에는 나도 모르게 욕망과 애무를 어렴풋이 짐작했지만, 17살이 된 지금은 이론적으로는 알고 있어도 심적인 이상스런 동요와 그것을 동일시하지는 못했다.

그것이 악의적으로 나의 순진한 마음으로 파고들지 어떨지는 모르지만, 어쨌든 성적인 것은 나를 두렵게 했다. 오직 한 사람, 티티트만은 육체적 사랑이 자연스럽게, 그리고 기쁨 속에서 이루어질 수 있다는 사실을 내게 보여주었다. 그녀의 원기 왕성한 체구는 부끄러움을 몰랐다. 그녀가 결혼에 대해 이야기할 때, 그 눈동자 속 빛나는 욕망은 그녀를 눈부시게 만들었다. 시몬 숙모만이 티티트는 약혼자와 있을 때 '정도가 지나치다'고 넌지시 비추곤 했는데, 그러면 엄마는 티티트를 감싸주었다. 나는 이 논쟁이 쓸데없다고 생각했다. 결혼을 하고 안 한 것이 무슨 상관이랴! 아름다운 두 젊은이의 포옹은 전혀 혐오스런 느낌을 주지 않았다. 그들은 서로 사랑하고 있었기 때문이다. 그렇지만 내 주위에서 요구하는 금기를 무너뜨리려면 이 유일한 경험만으로는 부족했다. 나는 빌레르에 있던 이래로 바닷가나 풀장, 체조장에 발을 들여놓은 적이 없을 뿐만 아니라, 알몸을 천박하고 음란한 것과 혼동하고 있었다. 내가 속한 계층에서는 솔직한 욕구나 과격한 행동이 결코 인습과 관례의 틀을 깨지 못했다. 어른들은 어떻게 동물적 노골성이나 쾌락 같은 본능에 여지를 남길 수 있을까? 데지르에서 최고 학년일 때, 마그리트 드 테리쿠르는 곧 결혼한다고 르쥔 선생님에게 알리러 왔다. 마그리트는 어릴 적부터 알고 지내는, 아버지의 공동 출자자이면서 부자에다 그녀보다 나이가 한참 위인, 작위가 있는 남자와 결혼하기로 되어 있었다. 모두 그녀에게 축하를 해주었고, 그녀는 순수한 행복감에 젖어 있었다. '결혼'이라는 단어가 내 머릿속에서 파열했다. 그렇지만 어느 날, 한창 수업 중에 한 친구가 일으킨 혼란은 더한 것이었다. 그녀가 묻기를, 언제나 장갑과 모자를 착용하고 품위 있는 미소를 짓는 이 착실한 아가씨와, 남자의 두 팔에 안겨 누워 있는 야한 여자의 모습을 동시에 상상할 수 있느냐고 했다. 나는 마그리트의 벗은 몸을 상상하지는 않았지만, 헝클어진 머리를 한 마그리트의 긴 잠옷 속 육체는 남자에게 바쳐져 있었다. 이 갑작스런 음란함은 정신착란에 가까웠다. 섹스는 발광의 짧은 발작일까? 아니면 어딜 가나 가정교사가 따라다니는, 그 참하게 자란 아가씨와 마그리트는 동일하지 않은 것일까? 우리는 겉모습에 속고 있었다. 나를 가르친 모든 세계는 사기였던 것이다. 나는 이 가정 쪽에 기울어져 있기는 했지만, 너무나도 오랫동안 속아왔다. 환각이 의혹에 저항하고 있었다. 진짜 마그리트는 집요하게 모자를 쓰고 장갑을 끼고 있었는데, 남자의 눈앞에 고스란히 드러나 있는 반라의 마그리트를 떠올리노라면, 나는 도덕의 모든 규범도 양식도 모조리 날아가 버린 사막의 열풍에 몸을 내맡겨 버린 듯한 기분이 드는 것이었다.

  7월 말, 여름 방학에 들어갔다. 방학 동안 성생활의 새로운 국면을 맞이했는데, 그것은 평온한 감각의 기쁨도 아니며, 그렇다고 미혹도 아니었다. 다만 일종의 장난처럼 비쳤다.

  한편, 모리스 고모부는 위암으로 2, 3년 동안 샐러드만 먹으면서 연명하다가 무서운 고통 끝에 돌아가셨다. 고모와 마들렌은 오랫동안 슬퍼했지만 마음이 가라앉자, 라그리에르의 생활은 전보다 더 활기를 띠게 되었다. 사촌 로베르는 자유롭게 친구를 초대할 수 있었다. 당시에 리무쟁 지방의 시골 신사 아들들은 자동차의 매력을 막 발견한 터여서, 50킬로미터 바깥에 사는 청년들이 춤을 추거나 사냥을 하기 위해 모여들었다. 그해에 로베르는 이웃 마을에 피서를 온 25살가량의 미인을 따라다니고 있었다. 그녀는 분명 남편감을 찾을 목적인 것 같았다. 이본은 거의 날마다 라그리에르로 놀러 왔다. 각양각색의 옷을 자랑하고 높이 부풀린 머리카락을 늘어뜨린 그녀는 늘 똑같은 미소를 지었으므로, 나는 이본이 벙어리인지 아니면 바보인지 도무지 종잡을 수가 없었다. 어느 오후에 마침내 의자 커버를 벗겨낸 라그리에르 응접실에서 이본의 어머니가 피아노를 치자, 안달루시아 옷을 입은 이본이 부채를 부치거나 윙크를 해 가며, 히죽거리는 청년들 한가운데서 스페인 춤을 선보였다. 로베르와 이본의 로맨스를 계기로 라그리에르와 그 근방에선 파티가 한층 늘었고, 나는 실컷 파티를 즐겼다. 부모님들은 파티에 오지 않았으므로 우리는 거리낌 없이 웃거나 떠들 수 있었다. 파랑돌, 론도, 뮤지크 체어에 맞추어…… 춤은 다른 놀이 못지않게 나를 유쾌하게 했다. 나는 의과대학을 졸업한 파트너에게 깊은 호감을 느꼈다. 한번은 이웃의 커다란 별장에서 새벽녘까지 놀고, 주방에서 양파 수프를 먹은 적이 있었다. 또 일출을 보기 위해 가르강 산에 올랐는데, 자동차로 산기슭까지 가서 산장에서 밀크커피를 마셨다. 이것이 나에게는 최초의 밤샘이었다. 나는 자자에게 편지로 이런 유희들을 알렸는데, 그녀는 내가 그런 일들을 그토록 재미있어 하고, 어머니도 너그럽게 봐 주는 것에 꽤나 놀란 듯했다. 나도 동생도 정조를 잃어버릴 만한 일은 절대 하지 않았다. 모두 우리를 '두 꼬마'라고 불렀는데, 우리는 남이 볼 때 세상에 때묻지 않은, '섹스어필'과는 거리가 먼 사람들이었다. 그렇지만 모두의 대화 속에 외설스런 암시나 의미심장한 말들이 섞여 있어서 나는 그런 음란함에 깜짝 놀랐다. 마들렌은 이런 파티의 밤에, 나무가 우거진 곳이나 자동차 안에서 온갖 일들이 벌어진다고 알려 주었다. 아가씨들은 처녀성을 지키기 위해 조심했다. 이본은 그렇게 조심을 하지 않았으므로 로베르의 친구들이 그녀를 돌아가며 데리고 놀았다. 그러고는 친절하게도 로베르에게 그 사실을 알리는 바람에 둘의 결혼은 이루어지지 않았다. 다른 아가씨들은 이 유희의 규칙을 알고 있어서 이본을 그저 관찰하고 있었다. 조심을 한다 해도 그것이 즐거운 놀이에 방해가 되지는 않았던 것이다. 그렇지만 정당하다고 느끼지는 않았는지 소심한 처녀들은 다음 날 참회를 하러 곧바로 교회로 가곤 했다. 그리고 그곳에서 맑고 깨끗한 마음을 되찾았다. 나는 두 사람의 입술이 겹쳐질 때 어떤 쾌감을 느끼게 되는지 알고 싶었다. 남자와 여자들의 입술을 자주 바라보면서, 옛날에 사람들의 목숨을 앗아간 철로나 위험한 책 앞에 섰을 때와 같은 기분을 가졌다. 마들렌이 가르쳐 준 것은 언제나 복잡하고 기묘했다. 그녀는 쾌락이란 것이 저마다의 기호에 따라 다르다고 했다. 예를 들어 그녀의 친구인 니니는 상대에게 키스를 받거나, 자기 발바닥을 간질여 주기를 바란다는 것이다. 나는 호기심과 어색한 마음으로, 내 몸속에 감춰진 샘이 있어 언젠가 그곳에서 뜻밖의 감동이 솟아나지 않을까 스스로에게 흥미진진하게 되묻곤 했다.

하지만 무슨 일이 있어도, 아무리 사소한 경험일지라도 해볼 생각은 하지 않았다. 마들렌이 이야기해 준 남녀 관계는 반발심을 일으켰다. 내가 생각하던 연애는 그런 육체적인 게 아니었다. 나는 육체가 사랑의 바깥에서 채워지는 것은 거부했다. 아버지가 일하던 〈르뷔 프랑세즈〉지의 부장인 앙투안 르디에만큼 강경하지는 않았지만, 나 역시 그에 비슷한 생각을 하고 있었다. 앙투안 르디에는 진실로 참하고 감동적인 처녀 이야기를 썼다. 그 여주인공은 언젠가 한 남자에게 단 한 번 입술을 허락했는데, 그녀는 이 비열한 행위를 약혼자에게 털어놓는 대신에 결혼을 포기한다. 나는 이 이야기를 우습다고 생각했다. 그러나 같은 반 친구인 장군의 딸이 약간 침울한 말투로, 외출할 때마다 댄스 파트너 중에 적어도 한 명은 그녀에게 키스를 한다고 말하기에, 나는 그것을 허락하는 그녀를 나무랐다. 그런 행동이 한심하고 바보스러워 보였다. 한마디로 말해서 사랑하지도 않는 남자에게 입술을 바치는 것을 심각한 죄라고 여겼다. 나의 이 정숙함의 한 원인은 통상적으로 남자가 처녀에게 불러일으키는 공포와 뒤섞인 혐오감일지도 모른다. 나는 특히 나 자신의 감각과 변덕을 두려워했다. 내가 한창 댄스 교습을 받았을 때 느꼈던 현기증에 초조해했던 것은, 내 의지와는 상관없이 그런 기분이 들었기 때문이다. 나는 단순한 접촉, 압박, 포옹 따위로 처음 다가온 남자가 나를 현기증 나게 할 수 있다는 말에 승복할 수 없었다. 언젠가 나도 남자의 팔에서 황홀해할 날이 찾아올 것이다. 하지만 나는 스스로 그 시기를 선택하리라. 그리고 그 결심은 내 격렬한 사랑으로 정당화되리라. 이 합리주의적인 자존심 위에 내가 받은 교육의 향기가 침투해 있었다. 나는 이 순결한 성체 빵—나의 영혼—을 사랑했던 것이다. 내 기억 속에는 더럽혀진 담비 모피(유럽의 왕이 두르는 값비싼 하얀 모피)와 망가진 하얀 백합의 영상이 오래도록 이어졌다. 만약 즐거움이 정열의 불꽃에 의해 변하지 않는다면 그것은 더럽혀지리라. 반면에 나는 과격주의자로, 전부이거나 아니면 제로였다. 만일 사랑을 한다면 그것은 일생을 걸어야 하므로 나의 육체, 마음, 두뇌, 과거, 내 모든 것과 함께 돌진해 나가리라. 나의 이런 마음에 어긋나는 관능적인 쾌락이나 감동의 군것질을 거부했다. 하지만 사실 나는 이런 생각의 견고함을 확인해 볼 기회가 없었다. 왜냐하면 그것을 뒤흔들려는 유혹자가 단 한 사람도 나타나지 않았기 때문이다.

내 행동은 내가 속한 계층의 도덕에 적합했다. 그렇지만 나는 두 팔을 들어 이것을 환영하지는 않았다. 남자도 여자와 똑같은 법률 아래 놓여 있음을 주장했다. 제르멘 숙모는 부모님 앞에서 자크가 너무 순진하다고 털어놓았다. 내 아버지, 그리고 대부분의 작가나 세상의 통념은 청년들이 젊은 혈기에 엉뚱한 짓도 하기를 권장한다. 적당한 때가 되면 청년들은 집안의 딸과 결혼하리라. 그때까지는 그들이 가난한 딸들—창녀나 여공, 재봉사들—과 노는 것을 인정해 주었다. 이런 관습에는 화가 치밀어 오른다. 사람들은 내게 하층민들은 도덕관념이 없다고 거듭 말했다. 그래서 나는 하녀나 꽃집 아가씨의 나쁜 행실을 지극히 자연스러운 일로 간주했으므로 특별히 놀라지 않았다. 나는 작가들이 즐겨 감동적인 이야깃거리로 삼는 불운한 여자들에게 호의를 갖고 있었다. 그런데도 그녀들의 연애는 애당초 출발점부터 미래가 없었다. 그녀들의 애인은 그들의 변덕이나 형편에 따라서 양갓집 규수와 결혼하기 위해 오늘이나 내일 당장에라도 그녀들을 버리리라. 나는 민주주의자이고 낭만주의자였다. 그렇지만 남자라는 이유로, 그리고 돈이 있다는 이유로 여자의 마음을 농락하는 일이 허락된 것에 반발을 느꼈다. 또한 순결한 약혼자라는 말에 대해서도 단연코 저항했다. 나는 내게 주어지지 않은 권리를 상대에게 허락할 이유는 하나도 없다고 생각했다. 내가 상대방을 위해 내 육체의 순결을 지킨다면, 그 또한 나를 위해 육체의 순결을 지켜야 하는 것이며, 그렇지 않다면 우리의 연애는 필수적인 것, 완전한 것이 아닌 게 되리라. 그래서 성생활은 그 본질 자체에 한정되어야 했고, 모든 사람에게 심각한 문제가 되어야만 했다. 그렇지 않으면 나는, 내가 점잖은 태도를 고수하다가 어느 한순간에 태도를 급전환할 수 없었던 것처럼—이를테면 영화관에서 겪었던 일처럼—, 매우 당혹스러운 상황을 겪곤 했으리라. 그래서 나는 세상의 사고방식을 무시하고 남자나 여자에게 모두 동등한 정절을 요구했던 것이다.

9월 말에 한 친구 집에 일주일간 놀러 갔다. 자자도 이따금 나를 로바르동에 초대해 주었지만, 그때 나는 아직 어려 혼자 여행하는 것이 곤란해서 계획은 취소되었다. 현재 나는 17살이 되었고, 엄마는 파리에서 주아니행 직행 기차를 타는 일에 동의했다. 주아니 역까지는 누가 마중을 나오기로 되어 있었다. 그것이 가족과 떨어져 내가 혼자한 첫 번째 여행이었다. 나는 머리를 올리고, 회색 펠트 모자를 썼다. 나의 자유가 자랑스러웠지만 조금 걱정도 되었다. 나는 기차 칸막이 안에 낯선 승객과 단둘이 있는 것은 질색이었으므로 기차가 역에 설 때마다 승객들의 동정을 살폈다. 테레즈가 주아니 역 플랫폼에 마중 나와 있었다. 슬픈 표정을 한 그 소녀는, 아버지가 돌아가신 뒤 자매들 몇 명과 어머니 슬하에서 침울한 생활을 하고 있었다. 신앙심 깊고 감수성이 예민한 그녀는 자기 방을 희고 얇은 실크로 장식해 놓았는데 그것이 자자를 미소 짓게 했다. 그녀는 비교적 자유로운 나를 부러워했고, 내가 세상에서 가장 활기찬 사람이라고 생각하는 듯했다. 그녀는 벽돌로 지은 매우 아름답고도 음산한 커다란 성에서 여름 방학을 보내고 있었다. 그 성은 훌륭한 숲으로 둘러싸여 있어서, 나는 우뚝 솟은 커다란 나무들과 포도밭으로 뒤덮인 언덕 비탈에서 초가을 경치를 발견했다. 보라색, 오렌지색, 빨간색, 그리고 모든 것이 황금색으로 눈부셨다. 우리는 산책하면서 다가올 새 학년에 대해 이야기했다. 테레즈는 나와 함께 문학과 라틴어 과정을 밟기로 허락을 받아 놓은 상태였다. 나는 지독하게 공부할 준비를 하고 있었다. 아버지는 내가 문과와 '어떤 경우에나 늘 도움이 되는' 법과도 겸하기를 바랐지만, 나는 메리냐크에서 《민법전》을 한 번 읽고는 꿈무니를 빼고 말았다. 그에 반해 과학 선생님은 수학을 해보지 않겠느냐고 권했고, 나도 이 생각이 마음에 들었다. 그래서 가톨릭 학교에서 자격시험을 준비했다. 문학은 마비유 씨의 권유로 파리 교외 뇌이유에 있는 다니엘루 여사의 학교에서 강의를 듣게 되었다. 이런 식으로 소르본과 우리의 인연은 최소한으로 제한되었다. 엄마는 다니엘루 부인의 협력자인 랑베르 선생님과 이야기를 나누었다. 만일 내가 지금처럼 충분히 공부한다면 대학교수 자격시험을 무난하게 치를 수 있을 거라고 했다. 자자에게서 편지가 왔다. 르죈 선생님이 자자의 엄마에게 편지를 보내 그리스어와 라틴어 고전문학이 너무 노골적이라며 주의를 주었다는 것이었다. 마비유 부인은 젊은이들의 상상력에 낭만주의는 위험하지만 현실주의는 위험하지 않다고 답장을 보냈다고 했다. 열렬한 가톨릭 신자에다가 악의 없는 기지에 찬 우리 미래의 문학 스승 로베르 가릭 씨는, 마비유 씨에게 타락하지 않고도 문학사 학위를 딸 수 있다고 잘라 말했다.

이처럼 우리의 모든 꿈은 실현되었다. 꽃피는 새로운 인생을 나는 다시 자자와 함께 나누었다. 새로운 인생, 다른 인생을……. 나는 데지르 학교 예비 학년에 들어가기 전날 밤보다도 훨씬 감개가 무량했다. 마른풀 위에 누워 포도밭의 불타는 듯한 색채에 어질어질해하면서 문학사 학위, 대학교수 자격시험…… 같은 엄숙한 말들을 되뇌었다. 모든 벽이, 모든 울타리가 사라졌다. 나는 장애가 제거된 창공 아래로, 세계의 진실 속으로 나아갔다. 이제 미래는 희망이 아니었다. 나는 미래에 닿아 있었다. 4년 또는 5년 동안의 공부, 그 뒤에 나는 나의 두 손으로 하나의 삶의 방식을 만들어 나가리라. 내 인생은 내가 말하는 것에 따라 진정 아름다운 말이 되리라.

제3부

생트주느비에브 도서관 계단을 올라감으로써 나는 새로운 인생에 발을 내디뎠다. 나는 여성 열람자들을 위해 마련된, 데지르 학교처럼 가죽으로 뒤덮인 커다란 테이블 앞에 앉아서 《인간 희극》과 《어느 귀족의 회상록》 등을 탐독했다. 내 맞은편엔 작은 새가 가득 그려진 커다란 모자를 쓴 나이 든 부인이 낡은 〈공보(公報)〉를 팔랑팔랑 넘기면서, 작은 목소리로 혼잣말을 하며 웃고 있었다. 당시 도서실에는 누구나 자유롭게 드나들 수 있었다. 그래서 약간 괴벽이 있는 남자나, 반(半)부랑자인 듯한 남자도 들어와 있었다. 그들은 혼잣말하거나, 작은 소리로 웃거나, 빵을 뜯거나 했다. 그 가운데 한 사람은 종이로 접은 모자를 쓰고, 실내를 활보하고 있었다. 이전 학교의 자습실과는 한참 동떨어진 곳이었다. 마침내 나는 잡다한 군상들의 세계에 섞여 들었던 것이다.

"드디어 나는 여대생이 되었어!"

나는 들떠서 스스로에게 외쳤다.

나는 체크무늬 옷을 입었다. 그것은 내 손으로 아랫단을 감친 것이었는데, 치수에 맞춰서 새로 만들어졌다. 카탈로그를 뒤지거나 왔다 갔다 하며 분주한 내 모습이 남들의 눈에도 분명 사랑스러워 보이리라 생각했다.

그해 대학 강좌 프로그램에는 루크레티우스(로마의 시인·철학자), 유베날리스(로마의 풍자시인), 《에프타멜롱》('7일 이야기' 나바르 여왕 작), 디드로가 있었다. 부모님이 바라던 대로 성장한 나는 성적인 면에선 전혀 무지했으므로 이 문학 작품들을 통해서 받은 충격은 굉장한 것이었다. 부모님은 그것을 알아차렸다. 어느 오후 홀로 서재에 있으려니 엄마가 다가와 앉았다. 엄마는 한참 망설이다가 얼굴을 붉혔다.

"네가 알아 두어야만 할 것이 있단다."

엄마가 말했다. 내 얼굴도 새빨개졌다.

"전, 알고 있어요."

나는 활발하게 말했다. 엄마는 내가 어디서 알게 되었는지 묻지 않았다. 둘은 안도하고, 대화는 그것으로 끝이 났다. 며칠 뒤에 엄마는 나를 방으로 부르더니 조금 어색한 듯이 내가 가진 신앙에 대해 물었다. 내 심장은 두근대기 시작했다.

"그래요. 이미 오래전부터 믿지 않아요."

엄마 얼굴이 대번에 일그러졌다.

"가련하게도!"

엄마는 말했다. 엄마는 동생에게 들리지 않도록 방문을 닫았다. 그러고는 애원하는 목소리로 하느님의 존재에 대해 설교하기 시작했는데, 도중에 자기 힘으로는 어쩌지 못하겠다는 듯, 두 눈에 눈물이 잔뜩 고인 채로 말을 멈췄다. 나는 엄마를 괴롭힌 것이 안타까웠지만 마음은 편했다. 마침내 나는 얼굴을 똑바로 들고 살아갈 수가 있게 된 것이다.

어느 날 저녁에 버스에서 내리니 집 앞에 자크의 차가 있었다. 자크는 몇 달 전부터 작은 자동차를 가지고 있었다. 나는 계단을 4개씩 뛰어올라갔다. 자크는 예전처럼 집에 오지 않았다. 우리 부모님이 자크의 문학적 기호를 인정하지 않았고, 자크도 부모님에게서 조롱을 당하는 것이 싫었기 때문이리라. 아버지는 당신이 젊었을 적에 동경하던 작가들에게만 재능이 있다고 믿었다. 아버지의 말에 따르면, 외국 작가들이나 현대 작가들의 성공은 오직 속물근성에 의한 것이다. 아버지는 알퐁스 도데를 디킨스보다 훨씬 우위에 놓았고, 사람들이 러시아 문학을 이야기하면 조롱하는 듯 어깨를 으쓱해 보였다. 어느 저녁에는 아버지와 함께 자노의 《흙으로 돌아가는 사람들》이라는 희곡을 연습하던 국립 음악연극학교 학생이 흥분해서 주장했다.

"입센에게는 최고의 경의를 표하지 않으면 안 됩니다!"

아버지는 큰 소리로 웃었다.

"나는 고개 따윈 숙이지 않아."

아버지에게는 영국 문학과 슬라브 문학, 북유럽 문학, 그리고 국경 저편의 작품은 모두 따분하고 모호하고 유치하게만 보였다. 또한 전위파 작가나 화가들은 인간의 어리석음을 겨냥해 잇속을 따진다고 했다. 아버지는 가비 모를레이, 프레스네이, 블랑샤르, 샤를 부아예 같은 젊은 배우들의 자연스런 연기를 인정했지만 코포, 샤를 뒬랭, 주베 등의 탐구를 헛수고로 보았고, 거류 외국인인 피토에프 등에는 질색했다. 아버지는 당신과 의견이 다른 프랑스인은 비국민이라고 믿고 있었다. 그래서 자크는 교묘하게 토론을 피했다. 능변가에다 사람 비위를 잘 맞추는 자크는 아버지와 농담을 주고받고, 어머니에게는 재미난 얘기를 해서 웃겼다. 하지만 진심이 담긴 말은 하지 않도록 매우 조심했다. 나는 그것이 유감이었다. 왜냐하면 이따금 자크가 무심코 자기표현을 할 때 내 호기심을 부추길 만한 일이나 흥미로운 것을 말하기 때문이었다. 나는 더 이상 자크가 잘난 척한다고는 생각하지 않았다. 세계와 인간, 회화, 문학에 대해 그는 나보다 훨씬 깊게 알고 있었다. 나는 자크가 그의 경험을 나에게도 나눠 주기를 바랐다. 그날 저녁, 언제나처럼 그는 나를 어린 사촌동생 취급했지만, 그 목소리와 미소에는 대단한 부드러움이 스며들어 있었다. 나는 그를 만난 것만으로도 행복했다. 그날 밤 베개에 머리를 묻은 내 두 눈에 눈물이 솟기 시작했다.

"나는 울고 있어. 그러니까 사랑하고 있는 거야."

나는 황홀해서 스스로에게 외쳤다. 17살…… 사랑할 나이가 된 것이다.

나는 자크에게 인정받을 방법을 생각해냈다. 자크는 생트마리 학교에서 프랑스 문학을 가르치는 로베르 가릭과 아는 사이였다. 가릭은 하층 계급이 교양을 넓힐 수 있도록 '사회단체'를 세워 그것을 지휘하고 있었다. 자크는 그곳 회원으로서 가릭을 존경했다. 만일 내가 이 새로운 선생에게 인정을 받고, 그가 자크에게 내 칭찬을 하면, 자크도 나를 쓸모없는 여학생이라고는 생각하지 않을 것이다. 가릭은 옅은 금발에 30살을 갓 넘겼으며, 오베르 지방의 가벼운 악센트로 명랑하게 말하는 남성이었다. 롱사르에 관한 그의 설명은 나를 현혹했다. 나는 열심을 다해 첫 번째 작문을 썼지만, 사복으로 강의를 들으러 온 도미니크 파의 수녀만이 칭찬을 했다. 자자와 나는 반 친구들과 조금 격차를 두어 겨우 11점을 받았다. 테레즈는 우리보다 훨씬 뒤처져 있었다.

생트마리 학교의 수준은 데지르 학교보다 훨씬 위였다. 상급반의 권력을 장악하고 있던 랑베르 선생님은 내게 존경심을 불러일으켰다. 그녀는 철학 교수 자격을 지닌 35, 6살의 여성으로, 검은 앞머리가 얼굴을 더욱 작아 보이게 하고, 날카로운 눈초리에 푸른 눈동자가 빛나고 있었다. 그러나 나는 랑베르 선생님을 만날 일이 전혀 없었다. 나는 그리스어부터 배우기 시작했는데 라틴어로는 수업을 아무것도 알아듣지 못했고, 선생님들은 내 존재를 무시했다. 새로운 반 친구들은 옛날 급우들보다 그리 명랑한 것 같지도 않았다. 그녀들은 공짜로 수업을 받으며 기숙하고 있었다. 대신에 중학부를 가르치고 감독을 맡았다. 그녀들 대부분은 한창때를 넘긴 노처녀들로 이제 결혼하는 일은 없으리라고 씁쓸하게 생각하고 있었다. 평범한 생활을 할 유일한 기회는 시험에 합격하는 일뿐이었다. 이것이 늘 그녀들의 걱정거리였다. 나는 그중 몇 사람과 이야기를 시도해 보았지만, 그녀들은 내게 아무런 할 말이 없었다.

11월이 되어서 나는 가톨릭 학교에서 수학시험 준비를 했다. 여학생들은 첫 번째 줄에서, 남학생들은 뒷줄에서 하나같이 지루한 표정으로 앉아 있었다. 소르본 대학의 문학 강의도 따분했다. 교수들은 활기 없는 목소리로 옛날 박사 학위 논문에서 쓴 내용을 그저 반복하고 있었다. 포르튀나 스트로스키 선생님은 이따금 그 주에 극장에서 본 연극 이야기를 해주었지만, 그의 낡아빠진 정열은 내 흥미를 그리 오래 끌지 못했다. 나는 심심풀이로, 교실에 앉아 있는 주위의 남녀 학생들을 관찰했다. 그중 몇 사람에게 호기심이 일었고 흥미도 생겼다. 교실을 나올 때, 나는 낯선 여학생의 우아한 자태와 세련된 태도에 마음을 빼앗겨 물끄러미 그 뒷모습을 바라보았다. 그녀는 아름답게 칠한 입술의 미소를 누구에게 바치기 위해 나가는 것일까? 이들 낯선 인생과 접촉함으로써 나는 어린시절 라스파유 거리 발코니에서 맛보던 친밀하고 정겨운 행복감을 다시 발견했다. 다만 나는 누구에게 말을 걸 용기가 없었고, 또 아무도 내게 말을 걸어 주지 않았다.

오랜 고통 끝에, 할아버지는 그해 가을에 돌아가셨다. 엄마는 검정 크레이프 상복을 입고, 우리 옷을 검은색으로 염색했다. 이 상복은 나를 미워 보이게 하고, 다른 사람들로부터 고립시키며, 결정적으로 나를 엄격한 길로 운명지어 버릴 듯했다. 나는 그것을 고통스럽게 느끼기 시작했다. 학생 구역인 생미셸 거리에서는 남녀가 무리지어 산책하며 웃고 있었다. 그들은 카페에 드나들거나, 연극을 보거나, 영화를 관람하기도 했다. 하지만 나는 온종일 논문을 읽고, 카툴루스(로마의 시인, BC 1세기에 활약)를 번역하고 나서, 밤엔 숙제를 했다. 부모님은 세상의 관습을 버리고, 나를 결혼이 아닌 경력으로 이끌어 주었다. 그럼에도 나는 여전히 부모님에게 복종해야 했다. 부모님과 함께가 아니면 외출하지 못했고, 집안일에서도 빼 주지 않았다.

지난해, 나의 주된 즐거움은 친구들을 만나 수다를 떠는 것이었는데, 이제 자자를 제외한 친구들은 나를 질리게 했다. 나는 3, 4번인가 트레쿠르 신부님이 감독하는 공부 모임에 갔었는데, 따분하고 멍청한 논쟁에 도망을 치고 말았다. 데지르 학교의 급우들도, 나도 그리 많이 변한 것은 아니었다. 그러나 과거에 우리를 맺어 주었던 공부로부터 우리는 각기 다른 길로 나아갔다. 나는 계속 전진했지만, 그녀들은 예비 신부 생활에 맞춰져 있었으므로 차츰 아둔해지기 시작했다. 서로 다른 우리 미래가 벌써부터 나를 그녀들에게서 떼어 놓고 있었다.

하지만 나는 이 해가 내가 기대하던 바를 가져다주지 않았다고 곧 실토할 수밖에 없었다. 장소가 바뀌고, 과거에서 멀어지고, 막연하게 방향을 잃은 나였지만, 그런데도 진정으로 새로운 지평선을 발견하지는 못했던 것이다. 그때까지 나는 새장 안에서 만족하며 살았다. 왜냐하면 그날은 날마다 가까워지고…… 언젠가 문이 열릴 것임을 알고 있었기 때문이다. 나는 그것을 넘어섰건만 아직도 갇혀 있었다. 아, 실망! 나를 지탱해 줄 확실한 꿈이 하나도 없었다. 이 감옥에는 문살문이 없어 출구를 가늠할 수 없었다. 아니, 출구가 있기는 한 것일까? 매일 밤마다 나는 쓰레기를 버리려고 아래층으로 내려갔다. 야채 껍질이나 재, 휴짓조각 등을 쓰레기통에 버리면서 작은 뜰 위쪽 네모진 방을 향해 물었다. 문득 아파트 건물 입구에서 발을 멈추면 가게 진열장이 반짝반짝 빛나고, 거리에는 자동차가 줄지어 있고, 지나는 사람이 많았다. 밖에는 밤이 살고 있었다. 나는 약간 끈적거리는 쓰레기통을 마지못해 들고서 다시 계단을 올라갔다. 부모님이 저녁식사를 하러 외출할 때면 나는 동생과 서둘러 거리로 뛰쳐나왔다. 우리를 따돌리던 성대한 축제의 반향과 반응을 붙잡아 보려고 정처 없이 헤매곤 했다.

나는 집에 있는 것을 별로 좋아하지 않았으므로 종일 틀어박혀 있는 것이 한층 괴로웠다. 엄마는 하늘을 올려다보면서 내 영혼을 위해 기도하고, 지상에선 나의 방황에 고함을 치고 있었다. 엄마와 나 사이의 모든 교류는 단절되었지만, 적어도 나는 엄마가 혼란스러워하는 이유를 알고 있었다. 그렇지만 아버지가 무뚝뚝해진 것은 의외서서 그것이 훨씬 내 가슴을 아프게 했다. 아버지는 나의 노력과 진보에 흥미를 가져왔으니 내가 공부하는 작가들에 대해 사이좋게 이야기해 줄만도 한데 전혀 무관심하고, 막연한 적대감마저 느끼는 듯했다. 사촌 잔은 공부가 별로였는데, 무척 애교가 많고 예의가 바른 편이었다. 아버지는 지나가는 말로 형은 사랑스러운 딸을 가졌다며 한숨을 쉬었다. 분했다. 부녀 사이를 갈라놓는 오해가 존재하리란 생각은 꿈에도 하지 않았는데, 그것이 내 청춘시절에 무겁게 닥쳐온 것이다.

당시 내가 속한 계층에선 여자가 대학 교육을 받는 것이 바보짓으로 여겨졌고, 직업을 갖는 일은 하층 계급으로 떨어지는 것을 의미했다. 아버지는 원래가 대단한 반페미니스트였다. 앞에서도 말했다시피 아버지는 콜레트의 소설에 매료되어 있었다. 여자가 마땅히 있어야 할 곳은 가정과 살롱이라고 생각했다. 물론 콜레트의 스타일과 시몬의 유희를 칭찬하기는 했지만 아버지는 일류 유희 여성의 아름다움을 단지 먼 곳에서 즐길 따름이지, 결코 자기 집 지붕 아래 들이려 하지는 않았다. 제1차세계대전 이전에는 미래가 아버지에게 미소를 지어 보였다. 아버지는 대단한 경력을 쌓을 계획이었고, 투기로 돈을 벌어 우리 자매를 귀족 사회에 시집보낼 생각이었다. 아버지는 귀족 사회에서 눈에 띄려면 여자는 미모와 말솜씨와 지적 능력이 있어야 하고, 또 대화에 능숙해야 하며, 책을 읽어야만 한다고 생각해 왔다. 때문에 초등학교 1, 2학년 무렵의 내 성적에 매우 기뻐하셨다. 생김새로 보아도 나에겐 희망이 있었다. 거기에다 머리가 좋고 교양이 있으면, 나는 최상류사회에서 빛나는 지위를 차지하게 되리라. 하지만 아버지는 지혜가 풍부한 여자를 좋아했고, 여류 학자나 유식한 체하는 여자는 질색이었다.
"너흰 시집가지 말거라. 그러니까 공부를 해야만 해."
아버지가 이런 말을 할 때, 그 음성에는 쓸쓸함이 담겨 있었다. 그 까닭이 아버지가 우리를 불쌍히 여기기 때문인 줄 알았는데 그렇지가 않았다. 아버지는 우리의 뼈를 깎는 험난한 미래 속에서 당신의 실패를 간파하고 있었던 것이다. 하층 계급으로 떨어진 딸을 갖게 만든 불공평한 운명을 탓했으리라. 그러나 아버지는 물러설 수밖에 없었다. 전쟁이 나고, 그 탓에 아버지는 파산했다. 꿈도, 신화도, 정당화할 근거도, 희망도 다 날아가 버렸다. 아버지가 체념했다는 내 생각은 잘못이었다. 아버지는 당신의 새로운 생활 조건에 줄곧 반항했다. 아버지는 무엇보다도 훌륭한 교육과 예의범절을 중요시했다. 그렇지만 레스토랑이나 지하철, 기차 안에 있을 때는 주위를 개의치 않고 거만하게 큰 소리로 몸짓을 해가며 이야기를 해서, 나는 신경이 쓰였다. 아버지는 이 도발적인 노출증으로 당신이 주위 사람들과 같은 족속이 아니라고 시위했던 것이다. 아버지가 일등석을 타고 여행하던 무렵에는 그 세련된 매너로 당신의 출신을 과시했다. 삼등석에 타게 된 뒤로는 공중도덕의 초보적 규정을 부정함으로써 당신의 출신을 나타냈던 것이다. 어딜 가나 아버지는 당신이 진정으로 있어야 할 곳은 여기가 아니라고 낭패하며 동시에 도전적인 태도를 취했다. 전쟁 중 참호 속에서 아버지는 물론 전우들과 같은 언어를 사용했는데, 어떤 전우가 한 말을 재미있다는 듯 우리에게 말한 적이 있다.

"보부아르가 '메르드(merde : 프랑스어로 '똥'을 의미함)'라고 하면 품위 있는 말이 되어 버린단 말야."

당신의 품위를 나타내기 위해 아버지는 자주 '메르드'라는 말을 쓰게 되었다. 지금 아버지는 '서민'으로 간주하던 사람들하고만 교제한다. 그리고 그들보다 훨씬 천박하게 행동했다. 당신이 속해 있던 귀족 계급 사람들에게서 이미 귀족으로 인정받지 못하게 된 아버지는 하층 계급 사람들에게 당신의 출신을 들키지 않는 것에서 그나마 쾌락을 느꼈다. 이따금—우리가 연극을 보러 가서 오데옹 극장의 아버지 친구가 유명한 여배우에게 소개하는 그런 때—아버지는 사교계 풍의 우아한 태도를 보였다. 다른 때는 당신을 너무나도 야비하게 보이려고 노력했으므로, 끝내는 아버지 자신 말고는 아버지를 모두 야비하다고 생각하게 되고 말았다.

집에서 아버지는 고단한 시절을 한탄했다. 어머니가 생활비를 요구할 때마다 화를 벌컥 내고, 특히 딸들을 위해 당신이 얼마나 희생하는지를 푸념했다. 우리는 아버지의 자비심에 억지로 기대고 있는 듯한 느낌이 들었다. 사춘기의 내 추한 외모에 대해 그토록 신경질적으로 나무랐던 것도 이미 나에게 원망을 품고 있었기 때문이었다. 나는 단지 아버지의 무거운 짐일 뿐만 아니라 아버지의 패배를 생생하게 구현하고 있었던 것이다. 아버지의 친구나 형제자매의 딸들은 귀부인이 된다. 그러나 나는 그렇게 되지 않는다. 물론 내가 바칼로레아에 합격했을 때, 아버지는 성공을 기뻐해 주었다. 그것은 아버지의 자존심을 높여 주고, 많은 걱정거리를 덜어 주었다. 바칼로레아에 합격한다는 것은 내가 벌어서 살아갈 수 있다는 것을 의미하기 때문이다. 아버지의 만족감에 섞여 있는 씁쓸한 아쉬움을 나로선 이해할 수 없었다.

"시몬이 남자가 아닌 게 유감이야. 이공 대학에 갈 수 있었는데!"

부모님이 이렇게 한탄하는 것을 누군가 들었다.

그들의 눈에 이공대 출신은 훌륭한 사람으로 비친 모양이지만, 여자인 내게는 스스로 이런 야심을 갖는 것조차 허락하지 않았다. 그래서 아버지는 신중하게 내게 공무원이 되라고 권했다. 아버지는 원망스럽다는 듯 이렇게 말했다.

"적어도 연금은 받을 수 있을 거다!"

교직을 택함으로써 나의 입지는 차츰 약화되었다. 아버지는 실제적으로는 내 선택에 동의했지만, 진심은 아니었다. 아버지는 교수란 인간은 모조리 잘난 체하는 것들이라고 몰아붙였다. 아버지의 스타니슬라스 고등학교 동창 중에 발자크 연구의 대가인 마르셀 부트롱이 있었다. 아버지는 그 사람을 불쌍하다는 듯 말했다. 곰팡내 나는 학문을 하면서 일생을 허비하는 바보라고 생각한 것이다. 교수에 대해서는 더 심한 불만을 품고 있었다. 그들은 드레퓌스의 어깨를 지닌 위험한 분파—지식인들—에 속했다. 그들은 책에서 얻은 지식에 도취되고, 추상적인 자존심과 보편주의의 허망한 주장을 고집하며, 구체적인 현실—국가, 인종, 계급, 가정, 조국—을 부질없는 것에 희생시켰다. 그 때문에 프랑스를 비롯해 문명은 빈사 상태에 빠져 있었다. 만약 내가 교수로 살아간다면 그들의 의견은 내 것이 될 터였다. 아버지의 눈에 쌍심지가 돋았다. 내가 단박에 수상쩍은 존재로 보이기 시작한 것이다. 나중에 알고 깜짝 놀랐지만, 아버지는 동생에게 나처럼 착실한 공무원을 권하지 않고 모험적인 예술가의 길을 선택하게 했다. 딸 둘을 적으로 만드는 일은 견딜 수 없었던 것이다.

다음 날, 나는 나의 계급을 배신하기로 했다. 그리고 이미 나는 나의 성을 부정하고 있었다. 그에 대해서도 아버지는 아직 포기하지 못했다. 아버지는 아가씨란 것—훌륭한 가정교육을 받은 참한 아가씨에 대해—에 동경심을 품고 있었다. 사촌 잔은 아버지의 이상형이었다. 잔은 아직도 아기가 양배추 속에서 태어났다고 믿는다. 아버지는 나를 순진한 채로 두려 했다. 언젠가 그는 내가 18살이 되어도 프랑수아 코페의 콩트를 읽지 못하게 하겠다고 했다. 지금은 내가 어떤 책을 읽어도 다 용서했다. 하지만 온갖 것에 통달한 딸은 아버지에게 빅토르 마그리트가 묘사한 부끄러운 소설 《라 갸르손》의 주인공과 별 차이가 없었던 것이다. 만약 겉으로나마 내 모습을 가장할 수 있었더라면! 유별난 딸이지만 그것을 유념하기라도 했더라면 아버지도 참을 수 있었으리라. 하지만 나는 그러지 못했다. 어중간한 나이에서 벗어났다. 거울 속에 비친 내 모습은 그리 나쁘지 않았다. 그렇지만 사람들 틈에 있을 때는 못생겨 보였다. 내 친구들, 그리고 자자조차도 지극히 자연스럽고 사교적으로 행동하면서 어머니들의 모임이 있을 때는 살롱에 나와 차를 따르고, 미소 지으며, 붙임성 있게 말을 했으나 나는 미소가 자연스럽게 나오지 않았다. 세련되게 행동하는 법을 몰랐고, 기지에 찬 말도 하지 못했으며, 맞장구마저도 칠 줄 몰랐다. 부모님은 자자나 나의 친구들이 '대단히 지성적'이라며 내게 견주었는데, 사실 그녀들은 응접실에서 빛이 나기도 했다. 나는 부아가 치밀었다. 왜냐하면 그녀들과 나 사이에는 전혀 공통점이 없었기 때문이다. 그녀들은 초보자로서 공부했지만 나는 전문가가 되어 있었다. 그해에 나는 문학과 라틴어, 일반대수를 이수할 준비를 하면서 그리스어를 배웠다. 직접 이 프로그램을 짰다. 어려운 만큼 꽤 재미가 있었다. 자진해서 이런 노력을 스스로에게 부과한 것도 공부가 내 인생에 부업이 아니라 인생 자체여야 하기 때문이다. 주위에서 하는 말들은 나의 흥미를 끌지 못했다. 파괴적인 생각을 하지는 않았으나 실제로 어떤 것에 대해서도 생각이라는 게 별로 없었다. 그렇지만 온종일 깊이 생각하거나, 이해하거나, 비평하거나, 자문하거나 하는 연습을 하여 스스로를 단련하면서 엄밀하게 진실을 추구했다.

주도면밀한 이러한 정신적인 훈련을 하는 내게 사교계는 맞지 않았다. 한마디로 말해 시험에 합격했을 때 말고는 아버지에게 자랑스러운 딸이 아니었기 때문에 아버지는 나의 자격증에 대단한 무게를 두었고, 내게 여러 자격증을 따라고 권했다. 그런 아버지이고 보면 인텔리 여성을 딸로 가진 사실이 자랑스러워야 하건만 그 반대였다. 왜냐하면 경이적인 성공만이 아버지 마음속에 있는 응어리를 녹일 수가 있었기 때문이다. 내가 만약 단번에 학사학위를 3개쯤 취득한다면 나는 이나우디(천재적 수학
자의 이름) 같은 사람으로 간주되어 관례의 규범에서 돌출한 특별한 수재가 될 것이다. 내 운명은 가정의 몰락에 의해서가 아니라 하늘로부터 받은 불가사의한 재능에 의해서 결정되리라.

나는 물론 아버지를 분열시켰던 이 모순을 알지 못했다. 하지만 나 자신의 상황을 정확히 이해했고 아버지의 의지에도 매우 정확히 따랐다. 그렇지만 아버지가 화를 내는 것 같았다. 아버지는 나를 학문의 길로 이끌었으면서도, 내가 언제나 책 속에 고개를 박고 있다고 비난했다. 아버지의 못마땅한 모습을 보면 마치 내가 아버지의 뜻을 거스르고 이 길을 택한 듯했지만, 실제로는 아버지가 선택한 것이었다. 나의 어디가 잘못되었는지 생각해 보았다. 나는 마음이 편치 않았고, 속으로 원망하고 있었다.

일주일 동안 내가 가장 좋아한 것은 가릭의 강의였다. 나는 차츰 그를 존경하게 되었다. 생트마리 학교 사람들은 가릭이 대학에서 화려한 경력을 쌓았을 거라고 수군댔다. 그렇지만 그에게 개인적인 야심은 손톱만큼도 없었다. 그는 논문도 내팽개친 채, 자기가 속한 사회단체에 몸과 마음을 바쳤다. 그는 벨빌 노동자 거리에 있는 아파트에서 고행하듯 살며 보급 선전 집회를 수시로 열었는데, 자크 덕분에 엄마와 나는 함께 그 집회에 가게 되었다. 자크는 금색 등받이에 빨강 의자가 여러 줄 놓여 있는 일련의 객실로 구성된 강연회장으로 우리를 안내해 앉히더니 사람들과 악수를 하러 가 버렸다. 자크는 그곳의 모든 사람과 안면이 있는 듯했다. 나는 자크가 무척이나 부러웠다. 장내는 어찌나 더운지 상복을 입은 나는 질식할 것만 같았다. 아는 얼굴이 아무도 없었다. 마침내 가릭이 나타났는데 나는 다른 모든 것을, 나 자신조차도 깡그리 잊고 말았다. 그의 위엄에 찬 목소리는 나를 정복했다. 20살 때, 그는 참호 속에서 사회적 장벽을 초월한 동지 의식의 기쁨을 발견했다. 종전과 함께 학문으로 돌아와서도 우정이 단절되는 일은 결코 없었으나, 그는 중산 계급 청년층과 젊은 노동자 계층을 분리하는 차별을 뼈에 사무치도록 느끼게 되었다. 한편, 가릭은 누구나 문화에 대해 권리가 있다고 여겼다. 모로코에서 리요테(모로코를 프랑스 보호령으로 만든 육군 대장)가 한 연설 가운데 보인 사상의 진실성을 가릭은 믿고 있었다. 서로의 차이를 뛰어넘어 사람들 사이에는 반드시 어떤 공통분모가 있다. 이것을 바탕으로 그는 학생과 노동자 자녀들 사이에 교환 시스템을 만들 결심을 했다. 이로써 학생은 이기적인 고독에서, 노동자 자녀들은 무지에서 벗어날 수 있을 것이다. 서로를 알고 사랑함으로써 계급의 화해를 위해 함께 일할 수 있게 되리라.

가릭은 박수갈채를 받으며 이렇게 잘라 말했다.

"사회 진보는 증오를 낳는 투쟁이 있는 한 이루어질 수 없다. 그것은 우정을 통해 수행되기 마련이다."

가릭은 최초의 문화센터에 협력할 몇몇 동지를 프로그램에 동참시켰다. 그들은 사방에서 원조를 얻고, 기금을 모아 이 운동을 확대할 예정이었다. 현재 전국에는 1만 명의 청년 남녀 회원이 있으며, 1200개의 학교가 가맹했다. 가릭은 개인적으로는 가톨릭 신자였지만 선교 활동은 하지 않았다. 그의 협력자 중에는 무신론자들도 있었다. 인간은 인도적인 면에서 서로 돕지 않으면 안 된다고 가릭은 믿었다. 민중이란 제대로 된 대접만 받으면 모두가 선량하다. 부르주아가 민중에게 손 내밀기를 거부한다면 그것은 중대한 잘못이며, 그 결과는 그들에게 닥쳐오리라는 감명 깊은 연설로 끝을 맺었다.

나는 가릭의 연설에 매료되었다. 그의 말은 나의 세계를 방해하지 않았고, 나에게 아무런 의혹도 품게 하지 않았다. 그런데도 그 말들은 아주 새롭게 내 귀에 울려 왔다. 확실히 내 주위에서는 희생정신을 주장하고 있었다. 그러나 그것은 가정의 한계 안에 머물렀다. 가정 바깥의 타인은 이미 가까운 사람이 아니며, 특히 노동자들은 독일인이나 볼셰비키들처럼 다른 종족에 속해 있었다. 가릭은 그런 경계들을 깡그리 없앴다. 지상에는 나와 형제인 하나의 커다란 공동체만이 존재한다. 모든 경계와 격리를 부정하고, 계급에서 벗어나며, 나의 껍질에서 탈피해야 한다. 그의 주장은 번갯불처럼 내게 충격을 주었다. 전 세계에 빛과 아름다움을 주는, 이보다 더 효과적으로 전 세계에 영향을 미치는 일은 있을 수 없다. 나는 이 단체에 가입하기로 마음먹었다. 무엇보다 가릭이 보여준 모범적 행동에 황홀하게 매료되었다. 자기 운명을 감수하는 대신에 스스로 자신의 인생을 선택한 남자를 드디어 만난 것이다. 목적과 의의를 가지고 그 존재는 하나의 사상을 구현하고 있었다. 그리고 그 사상은 단연코 필요한 것이다. 잘 정돈된 얼굴, 활기 있지만 소박한 미소는 초인간적인 영웅의 모습이었다.

나는 흥분하며 집으로 돌아왔다. 현관홀에서 외투와 검정 모자를 벗고 나서 나는 우뚝 멈춰 섰다. 낡은 카펫에 두 눈을 고정한 채로 내 안에서 명령하는 목소리를 들었다.

"내 일생을 바치지 않으면 안 된다! 삶 전체가 봉사여야 한다!"

그렇다. 이렇게 생각하니 꼼짝할 수가 없었다. 무한한 노력이 나를 기다리고 있다. 나의 모든 것을 요구하고 있는 것이다. 극히 사소한 시간 낭비도 사명을 배신하는 게 되리라. 그것은 전 세계에 해를 입히게 될 것이다.

"모든 것을 바쳐 봉사하리라."

나는 감격하여 목이 콱 잠긴 채 이렇게 스스로에게 읊조렸다. 그것은 공명정대한 맹세여서, 나는 마치 하늘과 땅을 향해 미래를 결정적으로 서약한 듯한 감동을 느꼈다.

나는 시간을 허비하는 것이 싫었으면서도 지금까지 미래를 그리 깊이 생각하지 않고 그냥 무의미하게 살았다. 하지만 이 시간 이후로 나는 매 순간을 유효하게 사용했다. 잠자는 시간도 줄이고 치장도 대충했기에 이제 거울 속 내 모습에 황홀해하는 일도 없었다. 이를 닦는 게 고작이었고 손톱 정리도 하지 않았다. 경박한 책이나 무의미한 지껄임, 모든 오락을 스스로 금지했다. 엄마가 반대만 하지 않았더라면 토요 테니스 파티도 그만두었으리라. 나는 식탁에까지 책을 들고 가서 그리스어 동사를 외고, 숙제의 결론을 생각했다. 아버지는 역정을 냈지만 나는 고집스레 밀고 나갔다. 결국 아버지는 포기하고 나를 그냥 내버려두었다. 엄마가 친구를 초대해도 나는 응접실에 나오지 않았다. 이따금 엄마가 화를 낼 때는 어쩔 수 없이 기를 꺾고 나와서 이를 악문 채로 의자 한구석에 앉아 있었지만, 나의 뾰로통한 얼굴을 본 엄마는 이내 나를 쫓아 보냈다. 친척이나 친한 지인들은 나의 형편없는 차림새와 침묵, 무례함에 놀랐다. 그러는 사이에 나는 괴물 같은 존재로 인식되었다.

내가 이런 태도를 취한 까닭은 대부분 원망스런 마음 때문이었으리라. 나는 부모님의 취미에 맞지 않았다. 그래서 나는 단호하게도 나를 추하게 만든 것이다. 엄마는 내게 촌스런 옷차림을 하게 했고, 아버지는 내가 촌스럽다고 비난했다. 그렇게 나는 점점 못생긴 처녀가 되었다. 부모님은 나를 이해하려고 하지 않았다. 나는 침묵과 괴이한 습성 속으로 가라앉아 갔고, 남의 눈에 완전히 알 수 없는 존재로 보이기를 바랐다. 동시에 따분함에서 나를 지켰다. 원래 쉽게 포기하지 않는 성격이었던 나는 선택한 엄격함을 극단적으로 밀어붙였고, 그것을 천직으로 삼았던 것이다. 쾌락을 멀리하고 고행을 선택했다. 단조로운 일상을 느슨하고 조는 듯이 보내는 대신, 침묵한 채로 한 점을 응시하며 눈에 보이지 않는 목적을 향해 외곬으로 나아갔다. 공부로 녹초가 되고 피로해도 만족감을 얻었다. 과격한 행동에도 긍정적인 면이 있었다. 오래전부터 나는 일상의 지긋지긋한 평범함으로부터 벗어나려 했었는데, 가릭이라는 모범이 이 희망을 의지로 바꾸었다. 이제 더 이상은 참을 수 없었다. 나는 즉각 영웅주의의 길로 접어들었다. 가릭을 만날 때마다 나는 맹세를 새롭게 했다. 테레즈와 자자 사이에 앉아 나는 가릭이 나타나기를 손꼽아 기다렸다. 반 친구들이 그에게 무관심한 것이 놀라울 따름이었다. 나는 모두의 심장 고동 소리가 들려야만 한다고 생각했지만 자자는 무조건적으로 가릭을 높게 평가하지는 않았다.

자자는 그가 언제나 지각을 한다며 못마땅해했다.

"시간을 지키는 것은 최상의 예의이다."

어느 날 그녀는 칠판에 그렇게 썼다. 가릭이 자리에 앉아 다리를 포개자 그의 양말 끈이 보였다. 자자는 이런 무신경한 태도를 비난했다. 그녀가 어째서 그런 사소한 일에 신경을 쓰는지 이해하기 어려웠다. 그러나 나는 그것이 기뻤다. 왜냐하면 내가 존경하는 사람의 말과 미소를 나처럼 헌신적으로 받아들이는 친구가 있다면 그것은 분명 견디지 못할 일일 테니까. 나는 그의 모든 것을 알고 싶었다. 유년시절부터 터득한 명상법으로 나는 가릭이 말하는 내면 풍경을 그려 보았다. 하지만 그의 강연이나 〈청소년〉지에 급히 실린 그의 평론은 매우 빈약한 재료를 바탕으로 연구해 놓은 것이었다. 나는 종종 그것들에서 무엇을 끄집어내야 할지 종잡을 수가 없었다. 가릭이 자주 거론하는 한 작가가 있었다. 샤를 페기였다. 그는 누구인가? 어느 오후, 가릭이 자기의 대담함을 변명하기 위해 슬며시 언급한 지드란 인물은 또 어떤 사람인가? 수업이 끝난 뒤 그는 랑베르 선생님 사무실로 들어갔다. 그들은 무슨 이야기를 하고 있을까? 나는 언제 가릭과 대등하게 대화할 만큼 성장할까? 나는 꿈꾸었다.

"엘레, 너 같은 여자야말로 영웅의 반려자가 되기 위해 태어난 거란다."

언젠가 내가 생쉴피스 광장을 가로지르고 있을 때, 비에 젖은 초저녁의 이 예언이 느닷없이 섬광처럼 스쳤다. 마르셀 티네르가 나의 별점을 맞췄던 것일까? 처음에 엘레는 부자에다 게으른 젊은 시인에게 이끌리지만, 그 후에 훨씬 나이가 많고 진실성 있는 전도사의 장점에 끌린다. 가릭의 인간적 가치는 지금 자크의 매력을 능가하고 있었다. 나는 내 일생의 남자를 만난 것일까? 하지만 나는 매우 조심스럽게 이런 예상을 했다. 가릭이 이미 결혼했다고는 생각하고 싶지 않았다. 단지 조금이라도 괜찮으니 그를 위해 존재하고 싶었다. 가릭에게 인정받으려고 애를 썼다. 그리고 성공했다. 롱사르에 관한 작문, 〈엘렌에게 보내는 소네트〉(롱사르의 시)에 대한 설명, 달랑베르(1717~1783, '백과전서'파의 중심인물)에 관한 발표 등으로 나는 하늘을 날 듯한 찬사를 받았다. 나는 반에서 선두를 달렸고, 그 뒤를 자자가 이었다. 가릭은 3월 시험 기간이 시작됨과 동시에 우리에게 문학 수업을 받을 수 있게 하겠다고 약속했다.

자자는 사람들이 자신의 어조가 지나치게 격렬하다는 사실을 알아채지 못하듯이, 내가 가릭에게 너무 빠져 있다고 생각했다. 그녀는 드물게만 외출하고 착실하게 공부하느라 여가의 대부분을 가족과 함께 보내며 여전히 인습에서 벗어나지 못했다. 자자는 나처럼 새로운 전환점을 열광적으로 받아들이지 않아서 나는 그녀에게서 조금 멀어졌다. 바스크 지방에서 크리스마스 휴가를 보낸 뒤에 자자는 기묘한 무감각 상태에 빠졌다. 그녀는 수업 중에도 생기 없는 눈을 하고 웃는 일도 없었으며 거의 말도 하지 않았다. 자기 인생에 무관심했고, 내가 인생에 갖는 흥미에도 아무 반응을 보이지 않았다.

"내가 가장 하고 싶었던 일, 그건 영원히 깨어나지 않고 잠들어 버리는 거야."

어느 날 그녀는 내게 말했다. 자자는 이따금 지독히 비관적일 때가 있었기 때문에 그때 나는 특별히 주의를 기울이지 않았다. 자자가 미래를 두려워해서 그러는 줄 알았다. 공부를 하는 올 한 해가 자자에게는 시집가기 전의 집행유예 기간이었다. 그녀가 두려워하는 운명은 차츰 다가왔고, 그녀는 틀림없이 거기에 저항할 힘도, 포기할 힘도 느끼지 못했으리라. 그래서 잠들어 잊고 싶었던 것이다. 나는 속으로 그녀의 패배주의를 비난했다. 그런 것은 오래전에 내다버려야 한다고 생각했다. 반면 자자는 나의 낙천주의가 사회의 기성 질서에 손쉽게 순응할 수 있기 때문이라고 보았다. 자자는 그 절망으로 인해, 나는 무아지경의 꿈으로 인해 세상에서 차단되어 있었다. 그래서 둘 다 고독했지만 서로 공감대를 이루지는 못했다. 오히려 우리는 서로에게 막연히 조심하게 되었다. 우리의 침묵은 차츰 깊어졌다.

한편, 내 동생은 그해에 무척이나 행복해했다. 동생은 바칼로레아 준비를 하고 있었는데 훌륭한 결과를 얻었다. 데지르 학교에서는 모두가 그녀에게 친절했고, 새 친구들을 그녀는 매우 좋아했다. 그녀는 내 걱정을 조금 했지만, 자신 또한 가까운 장래에 평온한 가정부인이 되리라고 짐작하고 있었다.

"푸페트는 시집을 보내야지."

부모님은 단호한 어조로 말했다. 나는 동생과 함께 있는 게 좋았지만, 어쨌든 동생은 어린애라고 생각해서 나에 대해 아무 이야기도 하지 않았다.

누군가 나를 도와줄 수도 있을 텐데. 자크……. 나는 어느 밤에 내가 가볍게 흘린 눈물을 부정했다. 아니, 나는 그를 사랑하지 않는다. 만약 사랑한다 하더라도 대상은 그가 아닐 테지만 나는 그의 우정을 갈망했다. 하루는 그의 집에 저녁 초대를 받았다. 자크와 나는 응접실에서 시시콜콜한 얘기를 하느라 식탁에 조금 늦게 앉았는데, 엄마는 짧은 말로 내게 주의를 주었다.

"죄송합니다." 자크는 엷은 미소를 지으며 우리 엄마에게 말했다. "우리는 샤를 모라스의 내면 음악에 대해 이야기하고 있었어요."

나는 울적한 마음으로 수프를 먹었다. 어떻게 하면 자크에게 알릴 수 있을까? 내가 전처럼 이해할 수 없는 상황들을 비웃는 버릇을 고쳤다는 것을……. 자크에게 그가 좋아하는 시나 책에 대해 얘기해 준다면 내 말에 귀를 기울일 텐데…….

"우리는 내면 음악에 대해 이야기하고 있었어요……"

나는 때때로 이 말을 되뇌었고, 얼마간의 희망은 있는 그 말의 씁쓸함을 되씹곤 했다.

3월에 나는 매우 훌륭한 성적으로 문학 과목을 이수했다. 가릭은 축하한다고 말했고, 랑베르 선생님은 자기 방으로 나를 불러다 놓고 유심히 살펴보더니, 나에 대한 평가를 내리며 찬란한 장래를 약속해 주었다. 그로부터 며칠 뒤에 자크가 집으로 식사를 하러 왔다. 그는 돌아갈 즈음에 나를 옆에 불러 세우더니 말했다.

"어제 가릭을 만났어. 우린 너에 대해 많은 얘기를 했어."

그는 조심스런 어조로 내 공부와 계획에 대해 물었다. 그러더니 뜻밖의 말로 대화를 마무리했다.

"내일 아침 불로뉴 숲으로 드라이브하러 가지 않을래?"

나는 가슴이 두근거렸다! 계획이 성공을 거둔 것이다. 자크는 내게 관심이 있다! 봄날의 아름다운 아침이었다. 나는 자크와 단둘이서 호숫가를 드라이브하고 있었다.

"급브레이크 밟는 거 좋아해?"

자크가 웃으며 놀려댔다. 순간 나는 차 앞유리에 코를 박았다. 우리는 아직 어린애처럼 들뜰 수도 있는 나이인 것이다! 우리는 어린시절의 추억을 이야기했다. 샤토빌랭 할머니, 대중천문학, 샤를 할아버지, 내가 주워 모은 주석 깡통 등등…….

"나는 널 꽤나 놀려 먹었는데. 아, 불쌍한 나의 심(시몬의 애칭)!"

그는 쾌활하게 말했다. 나도 직면해 있는 곤란한 문제를 띄엄띄엄 말하려 했다. 자크는 무겁게 고개를 끄덕였다. 11시쯤 그는 나를 불라르 거리 테니스장에서 내려 주었다. 그러고는 장난스럽게 싱글거렸다.

"문학사가 되더라도 훌륭한 사람이어야 해."

훌륭한 사람들, 대단히 훌륭한 사람들……. 그들 선택된 사람들 속으로 들어가리라. 그 이상의 승진은 없었다. 나는 승리감에 취한 발걸음으로 테니스장을 가로질렀다. 무슨 일인가 일어난 것이다. 뭔가가 시작되었다.

"불로뉴 숲에 다녀오는 길이야."

나는 어깨에 힘을 주고 친구들에게 보고했다. 내가 들뜬 마음으로 드라이브에 대해 두서없이 지껄이자 자자는 수상쩍은 눈길로 나를 살폈다.

"너, 오늘 아침에 무슨 일이 있었지?"

나는 행복했다.

다음 주에 자크가 우리 집 초인종을 눌렀을 때, 부모님은 집에 없었다. 여느 때 같으면 자크는 동생과 나와 농담을 하고는 이내 돌아갔을 텐데, 그날은 집 안으로 올라왔다. 그러고는 콕토의 시를 읊고, 내가 독서할 책의 이름을 말했다. 그는 내가 지금까지 단 한 번도 들은 적이 없는 작가들의 이름을 말했고, 특히 《그랑 몰》(알랭 푸르니에 작 《그랑 몬》을 보부아르는 '그랑 몰'로 잘못 들었다)과 내가 아는 소설을 권했다.

"내일 오후에 집에 오지 않겠니? 책을 빌려줄게."

돌아가는 길에 그가 말했다.

나이 든 가정교사 엘리즈가 나를 맞아주었다.

"자크는 집에 없지만 아가씨에게 전해 주라면서 방에 뭘 놓고 갔어요."

급히 갈겨 쓴 쪽지가 있었다.

"심, 미안하다. 이 책을 가져가도록 해."

나는 자크의 책상 위에서 사탕처럼 선명한 색깔의 책을 10권가량 보았다. 은행 열매 같은 초록색의 몽테를랑, 산딸기 색깔의 콕토, 레몬색의 바레스, 눈처럼 새하얀 바탕에 진한 빨간색 제목이 두드러진 클로델과 발레리. 나는 파라핀지 위로 제목을 몇 번이고 읽었다. 《포토막》(콕토작), 《지상의 양식》(지드작), 《마리아에의 수태고지(受胎告知)》(클로델작), 《칼 그늘의 천국》(몽테를랑작), 《피, 쾌락과 죽음에 대하여》(바레스작), 지금까지 나는 많은 책을 읽었다. 그러나 이것은 전혀 새로운 책들이었다. 나는 이 작품들이 뭔가 놀라운 것들을 밝혀 주리라는 기대를 했다. 하지만 책을 펼쳐 보니 익숙한 말들이 많이 있고 비교적 쉽게 읽어 나갈 수 있었으므로 깜짝 놀랐다.

이 책들은 나를 실망시키지 않았다. 나는 당황하고, 현혹되고, 매료되었다. 내가 앞에서 말했던 극히 적은 예외를 빼고 나는 문학 작품을 기념물로 간주하고 있었다. 그래서 많든 적든 흥미를 갖고 그것을 탐구했었는데, 이따금 찬미하기는 했지만 사실상 나와는 무관한 것들이었다. 하지만 이번엔 갑작스레 살아 있는 인간들이 그들의 얘기를, 나의 얘기를 직접 내 귀에 속삭였다. 그들은 갈망을, 내가 스스로 인정하면서도 표현하지 않았던 온갖 반항을 표현해내고 있었다. 나는 생트주느비에브 도서관을 훑고 다녔다. 감동하여 질식할 것 같은 마음으로 지드를, 클로델을, 프랑시스 잠을 읽었다. 관자놀이가 욱신거리고, 머리는 타는 듯했다. 나는 자크의 서가에 있는 책을 모조리 읽고는 '독서 친구회'의 일원이 되었다. 거기서는 검소한 회색 옷을 입은 아드리엔 모니에가 군림하고 있었다. 나는 매우 탐욕스러워서 정기적인 2권의 책만으로는 만족하지 못했다. 6권 이상의 책을 몰래 가방에 넣고 그것들을 다 읽은 다음 서가에 반환하곤 했다. 날씨가 좋을 때는 뤽상부르 공원으로 책을 읽으러 갔다. 햇빛 아래서 고조된 기분으로 분수 주위를 걸으며 좋아하는 문장을 읊조렸다. 이따금 집에서 가까운 가톨릭 학교 자습실에 가서 앉았다. 그곳은 아주 조용한 피난처였다. 독실한 신앙의 학생들과 긴 소맷자락의 신학생들 사이에 섞여 검정 책상을 앞에 두고 두 눈에 눈물을 머금으며, 자크가 가장 좋아하는 소설 《커다란 방파제》(그랑작)가 아닌 《대장 몬(그랑작)》을 읽었다. 옛날, 기도에 푹 빠졌던 것처럼 나는 독서에 몰두했다. 신앙이 있던 자리를 문학이 차지했다. 문학은 그것을 뒤덮고 변모시켰다. 내가 좋아하는 책은 내게 성서와 같았고, 그 책들에서 충고와 구원을 얻었다. 나는 새로운 찬송가를, 새로운 기도를, 시편을, 격언을, 예언을 암송하고, 이 성스런 텍스트들을 읊조리면서 내 인생의 모든 사건을 신성화했다. 나의 감동과 눈물, 희망도 그것들 못지않게 성실했다. 언어와 운율, 시구, 절(節)은 내 눈을 현혹하지 않았지만, 아무에게도 말하지 못해 가슴속에 감춰 두었던 침묵에서 나를 구해 주었다. 손이 닿지 않는, 어딘가에 존재하는 형제의 영혼과 나는 일종의 정신적 합일을 이룩해내고 있었다. 나만의 작은 인생을 사는 대신에 나는 하나의 위대한 정신적 영웅 서사시에 참여했던 것이다. 나는 몇 달 동안 문학으로 배양되었다. 그것은 당시에 내가 도달할 수 있었던 유일한 현실이었으리라.

부모님은 눈살을 찌푸렸다. 엄마는 책을 두 부류, 즉 진지한 작품과 소설로 나눠 생각했다. 엄마는 소설류가 온당치 못한 것, 아니면 오락을 목적으로 하는 것, 적어도 무익한 것이라고 믿었다. 내가 벨루치스탄(이란의 지명)이나 랑발 공작부인, 뱀장어의 습성, 여자의 영혼, 피라미드의 비밀 등을 읽고 교양을 높이는 대신 모리아크나 라디게, 지로두, 라르보, 프루스트 등에 시간을 낭비한다고 비난했다. 내가 좋아하는 작가들의 이름을 힐끗 살펴본 아버지는 그들이 과장되고 기교적이며, 괴상야릇하고 퇴폐적이며 부도덕하다고 단정했다. 아버지는 특히 마르셀 아를랑의 《에티엔》을 빌려주었다고 자크를 한참 나무랐다. 이미 부모님은 내가 읽는 책을 감독할 방법이 없었다. 하지만 자주 화를 내고 언성을 높였다. 나는 이 비난들이 못마땅했고, 우리 사이에 잠재해 있던 충돌은 격렬해졌다.

나의 유년과 청소년시절은 이렇게 별일 없이 지나갔다. 1년마다 나는 내가 어떤 사람인지를 정리했는데, 갑자기 내 인생에서 결정적인 전환점이 생긴 듯했다. 데지르 학교와 신부님과 반 친구들을 떠올려 보았더니, 몇 달 전만 해도 평온한 학생이었던 나를 지금은 전혀 이해할 수가 없었다. 현재의 나는 외부 세계보다 나의 정신세계에 더 많은 관심을 갖고 있는 것이다. 나는 일기를 쓰기 시작했다.

"누구든지 이 일기를 훔쳐 읽는 사람은 절대로 용서치 않겠다. 그것은 추악한 행위이다. 이런 경고가 우스꽝스럽고 호들갑스럽게 보이겠지만 어쨌든 이를 엄중히 지키기 바란다."

일기 첫머리에 이렇게 썼다. 또한 나는 일기가 남의 눈에 띄지 않도록 세심한 주의를 기울여 감추었다. 좋아하는 책의 여러 구절을 뽑아 일기에 썼다. 나는 스스로에게 묻고, 나 자신을 분석하고, 내게 일어난 변화를 축복했다. 정확히 말해 어떤 변화가 있었던 것일까? 일기엔 그것이 충분히 설명되어 있지 않다. 나는 침묵으로 세세한 일들을 흘려보냈고, 한발 물러서서 사물을 바라보지는 않았다. 하지만 그 일기를 다시 읽어 보면 몇 가지 일들이 일목요연하다.

"나는 고독하다. 인간은 늘 혼자다. 나는 영원히 혼자이리라."

일기에는 이런 생각이 끊임없이 반복된다. 하지만 사실 그런 생각을 한 적은 결코 없었다. '나는 다른 사람과 다르다'고 때때로 거만하게 말하면서도, 언젠가는 모든 사람이 내가 타인과 다른 점을 인정해 줄 우수성의 증거라고 믿었다. 반항의 흔적은 전혀 없었다. 그저 훌륭한 사람이 되고 싶었다. 뭔가를 이룩해내고, 계속해서 무한한 상승을 해나가고 싶었던 것이다. 그래서 나는 내 눈을 덮고 있는 눈가리개를 걷고, 관례를 제거해야만 했다. 그렇지만 나는 부르주아 계급을 버리지 않고도 부르주아적 범용성을 극복할 수 있으리라고 믿었다. 나는 부르주아 계급의 보편적 가치를 성실성으로 알았다. 전통, 습관, 편견, 그리고 모든 배타심을 이성이나 아름다움, 선, 진보를 위해 청산해도 된다고 생각했다. 만약 내가 전 세계의 영광이 될 만한 훌륭한 인생과 작품을 쌓아 올린다면 사람들은 내가 영합의 전력을 가졌던 것도 축복해 주리라. 여류 철학자 잔타처럼 사람들은 나를 받아들이고 존경하리라. 나는 갑작스레 내가 착각했음을 깨닫고는 경악했다. 사람들은 나를 존경하기는커녕 수용해 주지도 않았다. 내게 영광의 관(冠)을 짜 주는 대신에 쫓아냈다. 나는 갑자기 불안에 휩싸였다. 사람들이 현재의 내 태도보다 내가 정한 미래를 비난한다는 사실을 알았다. 이 추방은 무한히 이어지리라. 내 계급과 다른 계층이 달리 존재한다는 것은 상상도 못했었는데, 몇몇 개인이 군중에게서 여기저기 튀어나와 있었을 뿐이며 그들을 만날 기회도 거의 없었다. 설사 한두 사람과 우정을 맺는다 해도 이 추방으로 이미 고통을 받아온 나를 위로해 주지는 못했다. 나는 늘 특별대우를 받았으며, 사람들에게 둘러싸여 칭찬을 들어 왔다. 사람들한테 사랑받는 것이 좋았기 때문에 이 운명의 냉혹함이 너무나 무서웠다.

그것은 맨 먼저 아버지에 의해 알려졌다. 나는 아버지의 도움을, 호의를, 찬동을 바랐다. 그러나 아버지가 거부했으므로 무척 실망했다. 아버지의 어두운 비관론과 나의 야심적인 목표 사이에는 커다란 간격이 있었다. 아버지의 도덕은 제도에 대한 존중을 요구하는 것으로서, 개인은 뭐랄까 적을 피하고, 가능한 한 인생을 즐기는 것 말고는 이 세상에서 할 일은 없다는 의견이었다. 아버지는 이상을 가져야만 한다고 자주 말했다. 그래서 이탈리아인을 혐오하면서도 무솔리니가 이탈리아인에게 하나의 이상을 가져다준 점을 부러워했다. 그러면서도 아버지는 아무런 이상도 내게 제시해 주지 않았다. 나로서도 아버지에게 많은 것을 기대하지는 않았다. 아버지의 나이와 환경으로 미루어 보아, 그분의 태도는 일반적이었다. 하지만 나는 아버지가 내 태도를 이해해 줄 수도 있을 것 같았다. 이즈음에 여러 가지 문제—국제연맹, 좌익 진영의 카르텔, 모로코 전쟁—에 대해서 나에게는 이렇다 할 의견이 없어서 아버지의 말에 전적으로 동의했었다. 이제 생겨난 우리의 의견 차는 그리 중요하게 보이지도 않았으므로 나는 그 차이를 축소시킬 노력도 하지 않았다.

아버지는 아나톨 프랑스를 금세기 최고의 작가로 보았다. 여름 방학이 끝날 무렵이면 아버지는 《붉은 백합》과 《신들은 목마르다》를 내게 읽게 했으나 그다지 감동받지 않았다. 아버지의 집요한 주장에 따라 나는 18살 생일 선물로 《문학생활》 4권을 받았다. 아나톨 프랑스의 쾌락설에 부아가 치밀었다. 아나톨 프랑스는 예술 속에서 이기적인 쾌락만을 추구하고 있었다. 너무나 비열하다! 나는 또한 아버지가 걸작이라고 했던 모파상 소설의 평이함을 경멸했다. 나는 다소곳하게 내 의견을 말했지만, 아버지는 얼굴색이 달라졌다. 아버지는 나의 혐오감이 다른 많은 것에게도 미쳐 있음을 느꼈던 것이다. 내가 세상 풍습을 비난하면, 아버지는 정색하며 화를 냈다. 1년에 몇 번인가 친척 집에서 열리는 오찬이나 만찬을 나는 못마땅해하면서 참아냈다. '가장 중요한 것은 감정이지, 혈연이나 인척 관계 같은 우연한 사건이 아니다'라고 나는 단정 지었다. 아버지는 가정을 신성시했으므로 내가 인정머리 없다고 생각하는 듯했다. 나는 결혼에 대한 아버지의 생각에도 찬성하지 않았다. 아버지는 마비유 집안 사람들보다는 융통성이 있어서 결혼에서 사랑의 중요성을 상당 부분 인정했다. 나는 사랑과 우정을 떼어놓고 생각하지 않으나 아버지에게 이 두 감정은 아무런 공통점도 없었던 것이다. 나는 부부간에 어느 한쪽이 바람피우는 것을 인정하지 않았다. 만약 둘 사이가 원만하지 않을 때는 헤어져야 한다. 아버지가 남편으로서 '배신행위'의 권리를 인정하는 것에 화가 났다. 나는 정치적인 의미에서 페미니스트는 아니어서 여성 참정권은 아무래도 좋았지만, 남자나 여자는 똑같은 이유에서 인간이므로 양성간의 진정한 상호성이 요구된다고 생각했다. 아버지의 남존여비적 태도는 내 자존심을 상하게 했다. 전체적으로 부박한 정사나 바람기, 부르주아적 간통 따위는 나를 화나게 했다. 언젠가 가스통 큰아버지가 사촌동생과 나와 내 동생에게 미랑드의 〈정열적으로〉라는 오페라를 보여준 적이 있다. 집으로 돌아오면서 내가 이 오페라에 대해 격앙된 어조로 지나치게 혹평하자 부모님은 깜짝 놀랐다. 그런데도 나는 눈 하나 깜짝하지 않고 지드나 프루스트를 읽었던 것이다. 현재 인정되고 있는 성도덕은 너무나 관대하면서도 동시에 지나치게 엄격하여 나를 분개하게 했다. 나는 사회면 기사에서 인공유산이 위법임을 알고 깜짝 놀랐다. 자기 몸속에서 일어나는 일은 자기만이 안다. 어떠한 주장도 이러한 내 생각을 꺾지는 못했다.

아버지와 나의 언쟁은 눈에 띄게 악화되었다. 만약 아버지가 관대한 태도로 대해 주었더라면 나는 그대로 아버지를 받아들였으리라. 그러나 나는 아직 미완성의 인간으로서 장래에 무엇이 될지를 결정했다. 그리하여 아버지에 대한 반대 의견과 취미를 갖게 되었다. 아버지는 내가 일부러 아버지를 거부한다고 생각한 모양이다. 한편으로 아버지는 내가 어떤 길로 나아갈지 나보다 훨씬 잘 알고 있었다. 나는 엘리트를 구별 짓는 계급과 가치, 의식을 인정하지 않았다. 나의 비판은 헛된 유물을 제거하는 데만 초점이 맞춰져 있었는데, 이 비판은 사실 그런 비판의 연속을 청산하기 위한 일이었다. 나는 개인만이 현실이자 중요한 것이라고 생각했다. 결정적으로 나의 계급보다는 사회 전체를 좋아할 운명에 놓여서 내 쪽에서 먼저 적의를 보였던 것인데, 어째서 아버지나 주위 사람들이 나를 비난하는지 알지 못했다. 나는 간계에 속았다. 부르주아는 내게 그 이익과 인간 전체의 이익은 하나라고 주입했다. 모든 사람을 위한 효과적인 진실을 부르주아와 함께 기대할 수 있다고 믿었으나 그것에 다가가자마자 부르주아는 내 기대에 맞서는 보호복을 입고 있었다. 나는 '놀라서 어찌해야 좋을지 모른 채 고통스럽기만 했다.' 누군가 나를 기만했던 것일까? 왜? 어째서? 어쨌든 나는 부당함에 희생되었고, 원한은 서서히 반항으로 변질되어 갔다.

이런 나를 누구 한 사람 인정해 주지 않았고, 어느 한 사람도 사랑해 주지 않았다. 다른 사람들에게서 버림받아도 그것을 보상할 수 있을 만큼 나는 나를 사랑하겠노라고 굳게 마음먹었다. 옛날에는 나 자신에게 만족하긴 했지만, 스스로에 대해 별로 알려고 하지는 않았다. 그러나 이후로 나는 나를 둘로 나누어, 조망하고, 관찰하려 했다. 일기에서 나는 나 자신과 문답을 한다. 나는 하나의 세계로 들어갔고, 그곳의 신선함이 나를 현기증 나게 만들었다. 나는 우울의 슬픔이 평정이나 고갈과 다르다는 것을 배웠다. 나는 망설임을, 열광을, 커다란 체념의 작열을, 땅속 은밀한 희망의 속삭임을 배웠다. 푸른빛 도는 언덕 너머 흘러가는 하늘을 보던 그 저녁나절처럼 격해진 마음으로, 조용히 움직이는 하늘을 응시했다. 나는 풍경임과 동시에 그것을 바라보는 시선이었다. 나 자신에 의해서만, 또 나를 위해서만 존재했다. 나는 이런 깊은 환희 속으로 쫓겨난 것을 축복했다. 이 기쁨을 모르는 사람들을 경멸하고, 오랫동안 그것을 모른 채 살아올 수 있었던 나 자신에게 놀랐다.

그렇지만 나의 계획에서 '봉사'라는 항목을 지키리라. 나는 일기에서 르낭에게 이렇게 항의했다. '인간 최후의 목적은 위대한 인간이 되는 것만이 아니다, 인류 전체의 정신적·지적 수준을 끌어올리는 일에 협력해야 비로소 그것은 인정받을 수 있다, 그리고 가톨릭주의는 비록 낙오한 사람이라 하더라도 좌시해서는 안 된다'고 스스로에게 말했다. 모든 인간은 이른바 영원이라는 것의 본질을 실현할 동등한 권리가 있다. 내가 나아갈 길의 방향은 분명했다. 나를 완벽히 갈고 닦아 풍요롭게 만든 다음 타인들에게 살아갈 힘을 주는 작품으로 나 자신을 표현하는 것, 바로 그것이다.

나는 현재 경험하는 이 고독을 전해야만 했다. 4월에 조금 쓰기 시작한 소설에서 나는 엘리안이라는 이름으로 등장하는데, 어느 공원에서 사촌들과 산책을 하다가 덤불 속에서 풍뎅이 한 마리를 잡는다.

"나 좀 보여줘."

모두 말한다. 나는 풍뎅이를 쥔 손에 힘을 준다. 모두가 무슨 일이냐며 모여든다. 나는 모두의 손을 뿌리치고 도망친다. 모두가 내 뒤를 따라온다. 숨이 차고 두근거리는 가슴으로 나는 숲의 덤불 속에 숨는다. 마침내 모두에게서 도망쳤을 때 조용히 울기 시작한다. 조금 있다가 나는 이렇게 중얼거리면서 울음을 그친다.

"절대로 아무에게도 알리지 않겠어."

나는 천천히 집으로 돌아온다.

"엘리안은 그녀의 유일한 보물을 사람들의 손과 애무로부터 지켜낼 수 있다고 강하게 느끼고 있었다. 언제나 손을 꼭 쥐고서……."

이 우화는 '타인에게서 나를 지킨다'는, 나를 가장 집요하게 괴롭히던 근심을 보여주는 것이다. 왜냐하면 부모님은 나를 비난하는 일은 자제하는 한편, 나의 신뢰를 바라고 있었기 때문이다. 엄마는 내게 외할머니의 냉정함 때문에 힘들었다는 말을 자주 했고, 자신은 딸들에게 친구가 되어 주고 싶다고 했다. 그러나 어떻게 엄마가 인간 대 인간으로 나와 이야기할 수 있으랴! 엄마 눈에 비친 나는 위험에 빠진 영혼이고, 구해야만 하는 영혼, 즉 사물이었던 것이다. 엄마의 신념은 단호했으므로 양보할 마음은 털끝만큼도 없었다. 엄마가 내게 뭔가를 묻는 일이 있더라도 그것은 둘 사이에 이해점을 찾기 위함이 아니라 오로지 조사하기 위해서였다. 엄마가 내게 질문할 때마다 나는 열쇠 구멍으로 나를 들여다보는 듯한 기분이 들었다. 엄마가 내게 권리를 주장한다는 단 한 가지가 나를 냉정하게 만들었다. 엄마는 이 실패에 분통을 터뜨리며 방법을 바꾸어 가면서 나의 저항을 무찌르려 했지만 점점 더 악화되기만 할 뿐이었다.

"시몬은 머릿속에 있는 것을 말하느니 벌거벗는 편이 낫다고 생각하나 봐요."

엄마는 화난 어조로 말했다. 실제로 나는 거의 아무 말도 하지 않았다. 아버지와도 토론하기를 포기했다. 아버지의 의견에 내가 영향을 미칠 기회는 전혀 없었다. 내 의견은 벽에 부딪혀 부서질 뿐으로, 아버지는 영원히, 그리고 엄마 만큼 합리적으로 내가 나쁘다고 단정했다. 아버지는 이제 나를 설득하려고도 않고, 단지 나의 결점만을 찾아냈다. 매우 순수해 보이는 대화에도 올가미가 숨겨져 있어서 부모님은 내 말을 당신들 식으로 해석하고는, 나와는 전혀 관계가 없는 생각을 내게 뒤집어씌웠다. 나는 언제나 언어의 압제에 대항해 발버둥쳤다. 나는 바레스의 말을 되뇌었다.

"왜 언어는, 그 투박한 묘사는 우리의 복잡하게 뒤얽힌 사고를 요령껏 표현해내지 못하는 것일까?"

나는 입을 열기가 바쁘게 나를 지킬 도리가 없었고, 사람들은 내가 몇 년에 걸쳐 빠져나온 세계로 또다시 나를 가둬 버렸다. 그곳에는 하나하나의 사물에 명확한 이름과 장소와 움직임이 있었고, 미움과 사랑, 선과 악이 흑백처럼 확실하게 구별되어 있었다. 모든 사물은 미리 분류되고, 선별되고, 알려지고, 이해되고, 불응 없이 정해져 있었다. 확연히 구별된 세계, 엄연한 빛으로 가득 찬 그 세계에는 의혹의 그림자가 드리워지는 일이 결코 없었다. 나는 침묵을 택했지만 부모님은 그것에 만족하지 않고 나를 배은망덕한 아이로 대했다. 그럴 때면 나는 아버지가 생각하는 만큼 냉혹한 마음의 소유자는 아니었기에 슬픔에 잠겼다. 그날 저녁 침대에서 울거나 때로는 부모님 앞에서 왈칵 울음을 터뜨리기도 했다. 부모님은 그것을 불쾌하게 생각해서 이전보다 심하게 나의 배은망덕을 꾸짖었다. 나는 다소곳하게 대답하고, 거짓말을 해볼 생각도 했다. 하지만 그렇게 하는 것은 여간 어렵지가 않았다. 나 자신을 배신하는 듯한 기분이 들어서 '난폭하게, 설명 없이 진실을 말하겠다'고 결심했다. 이렇게 하면 위장하지 않아도 되었고 동시에 내 생각을 상대에게 밝히지 않아도 되었기 때문이다. 이것은 그다지 세련된 방법은 아니었다. 왜냐하면 이 방법이 부모님의 호기심을 누그러뜨리기는커녕 점점 더 화나게만 했기 때문이다. 사실 해결법도 없이 나는 이러지도 저러지도 못하는 궁지에 빠졌다. 부모님은 내가 말하고자 하는 것에도, 또 침묵에도 참지 못했고, 내가 이따금 위험을 무릅쓰고 설명하려 하면 놀라움으로 이내 얼굴빛이 바뀌었다. 엄마는 말했다.

"너는 인생을 순수하게 보고 있지 않아. 인생은 그리 복잡하지가 않단다."

내가 내 세계 속으로 들어가 빗장을 잠그고 아무 말도 하지 않으면 아버지는 한탄했다. 부모님은 내가 차츰 메말라서 두뇌만 남게 되었다고 생각했다. 가족들은 나를 외국으로 유학 보내면 어떻겠느냐고 말하기도 하며 주위 사람들에게 의견을 구했다. 나는 방호벽을 치기로 했다. 어떤 비난이나 비웃음, 오해도 두렵지 않다고 스스로에게 다짐했다. 그러므로 사람들이 나를 어떻게 생각하든, 그것이 옳든 그르든 큰 문제가 되지 않았다. 이 정도로 주변 반응에 무관심해진 뒤에야 나는 웃고 싶지 않을 때도 웃고, 남이 하는 말에도 동의할 수 있었다. 그렇지만 다른 사람과 완전하게 격리되어 있음을 느꼈다. 그들의 눈에 내가 어떻게 보이는지 거울에 비춰 보았더니 그것은 내가 아니었다. 나는 그곳에 없었다. 어디에도 없었다. 나를 어디에서 발견할 수 있을까? 나는 길을 잃은 채 헤매고 있었다.

"산다는 것, 그것은 거짓말을 하는 것이다."

나는 풀이 죽어 혼잣말을 했다. 원칙적으로 나는 거짓말을 하는 데 반감이 없었으나 실제로 언제나 가면을 쓰는 것은 무척이나 피곤한 일이었다. 이따금 나는 기진맥진하여 다른 사람들과 그냥 똑같이 되어 버릴까 체념할 생각도 했었다.

다른 사람들이 내게 보이는 적의를 내 쪽에서도 되갚고 있는 지금, 이 생각은 나를 두렵게 했다. 전에 그들과 닮지 않겠다고 맹세했을 때, 나는 그들의 관점에서 연민을 느꼈었지만 증오는 아니었다. 그러나 지금 그들은 나와 그들 간의 차이를 만드는 내 안의 것을 증오하고 있었다. 그건 내가 가장 귀중하게 여기는 것이므로 나의 감정은 연민에서 분노로 옮아갔다. 그들은 자기들이 옳다고 자신만만해하지 않는가! 그들은 모든 개혁, 모든 이의도 거부하고, 부정하고 있다. 세계를 이해하려면, 또 나 자신을 발견하려면 그들에게서 도망쳐야 한다.

승리의 길로 나아가고 있다고 생각할 즈음 나는 돌연 전투에 돌입한 것을 깨닫고 무척 난감했다. 큰 충격을 받았고, 그것이 치유되기까지는 긴 세월이 필요했다. 하지만 적어도 문학만은 고뇌의 밑바닥에서도 자신감을 가지고 도약할 수 있도록 해주었다.

"가족 여러분, 나는 당신들을 증오한다! 폐쇄된 가정, 꽉 닫힌 문이여."

메날크(지드의 《지상의 양식》에 나오는 인물 이름)의 저주는 내가 집에서 견뎌내는 이 권태가 신성한 대의에 봉사하는 일임을 확신시켜 주었다. 나는 바레스의 초기 작품을 읽고, '자유인'은 반드시 '야만인'의 증오를 초래하기 마련이며, 자유인의 첫째 의무는 그것에 맞서는 일이라고 배웠다. 나는 막연한 불행을 겪고 있는 게 아니라 정의의 투쟁을 벌이고 있었던 것이다.

바레스, 지드, 발레리, 클로델, 나는 이 신세대 작가들의 신앙을 함께 나누었다. 젊은 선배들의 여러 소설과 에세이를 읽고 내가 그들 속에서 나 자신의 모습을 발견한 것은 당연했다. 왜냐하면 우리는 같은 편에 서 있었으니까. 나와 같은 처지에 있던 부르주아 출신들도 괴로웠으리라. 제1차세계대전은 그들을 부르주아 사회에서 끌어내지도 못한 채 그들의 안정감을 파괴했다. 그들은 항거했지만 그 반항은 단순히 부모, 가정, 전통의 범위에 머물렀다. 그들은 제1차세계대전 중에 억지로 주입된 '과대선전'을 혐오하고, 사건이나 사물을 정면으로 바라보았으며, 그것들을 자체의 이름으로 부를 권리를 주장했다. 사회를 혼란에 빠트릴 생각은 전혀 없었다. 그저 자기들의 내면을 세심하게 연구하는 데 그쳤다. 그들은 '자신에 대한 성실성'을 드러내어 말했다. 틀에 박힌 세상의 관례를 내다버리고, 낡은 가르침을 경멸로써 거부하면서 이를 파산으로 보았다. 하지만 새로운 가르침을 만들어내려 하지는 않았다. 그들은 어떤 것에든 절대로 만족하려 하지 않고 불안을 고조시켰다. 당시에 첨단을 달리던 청년은 모두가 불안한 인간이었으며, 1925년 사순절에 상송 신부는 노트르담 대성당에서 '인간적 불안'에 대해 설명했다. 낡은 가르침에 대한 혐오감 때문에 용감한 사람들은 선과 악을 문제 삼기 시작했다. 그들은 도스토예프스키의 《악령》을 숭배하고, 그것을 우상으로 삼았다. 어떤 사람들은 경멸적 성향을 지닌 미학주의로, 또 어떤 사람들은 반도덕주의로 흘렀다.

나는 방향을 잃은 이들 양갓집 자제들과 완전히 똑같은 입장이 되어, 내가 속해 있는 계급에서 이탈해 갔다. 그러나 어디로 가야 한단 말인가! 하층 계급으로 내려가자는 것은 아니었다. 그들을 위로 끌어올릴 수 있어야 하고, 또 끌어올리지 않으면 안 된다. 그렇지만 그 시기, 나의 노트에는 아나톨 프랑스의 쾌락주의와 영화관으로 몰려가는 노동자들의 물질주의에 대한 똑같은 혐오감이 뒤섞여 있었다. 이곳 지상에 머물 적당한 장소를 찾지 못했으므로, 결코 어디에도 있지 않겠다는 결심으로 불안에 빠져 있기로 했다. 성실성에 관해서 말하자면, 나는 어릴 적부터 그것을 갈망해 왔다. 주위 사람들은 거짓말을 비난하면서도 교묘하게 진실로부터 도망치고 있었다. 오늘날 내가 이토록 대화에 곤란을 겪는 까닭은 내 주위에서 유통되는 위조지폐를 사용하는 것이 혐오스러웠기 때문이다. 나는 여전히 반도덕주의를 신봉하고 있었다. 물론 나는 사람들이 이익을 위해 훔치고, 쾌락을 위해 침대에 들어가는 일에는 찬성하지 않았지만, 만약 그들이 절망과 반항 때문에 그런 행위들을 했다면—물론 가상의 얘기지만—나는 크게 흔들림 없이 그들의 온갖 죄악과 강간, 살인을 참아 주었으리라. 악을 행하는 것, 그것은 훌륭한 양육 환경에서 자란 사람들과의 모든 공모를 추방하는 가장 극단적인 방법이었다.

무의미한 말, 위선적인 도덕, 안락의 거부 등 부정적인 태도로서의 문학은 그런 점을 실증적인 윤리로 제시해 주었다. 문학은 우리의 불안 속에서 탐색을 하였고, 그럼으로써 우리는 스스로 구원을 찾았다. 우리가 우리 계급을 부정했던 것은 불변의 '절대성' 속에 머물 곳을 찾기 위해서였다.

"죄악이란 신에게로 열려 있는 구멍이다."

스타니슬라스 퓌메는 《우리의 보들레르》에서 이렇게 말했다. 이처럼 반도덕주의는 단순히 사회에 대한 도전일뿐만 아니라 신에게 도달하는 수단이기도 했다. 신자도, 무신론자도 신의 이름을 자주 이용했다. 신은 어떤 이에게는 근접할 수 없는 존재이고, 어떤 사람에게는 현기증 나는 부재 상태였다. 그것에는 거의 차이가 없어서, 나는 클로델과 지드를 어렵지 않게 혼합했다. 이 두 사람의 작품에서 신은 부르주아 사회가 '타인'이며, 그 타인은 신성한 뭔가를 나타낸다고 말했다. 가톨릭 작가 페기가 그려낸 잔 다르크의 심리적 공허감, 그리고 비올렌(클로델의 《마리아에의 수태고지》 여주인공)을 좀먹은 나병 속에서, 나는 나타니엘(지드의 《지상의 양식》에 나오는 인물)을 삼킨 갈망을 인정했다. 초인간적인 희생과 동기가 없는 죄악 사이에 커다란 차이는 없다. 나는 시뉴(클로델의 희곡 《촉》에 나오는 인물)에게서 라프카디오(지드의 《교황청의 지하도》)의 여동생을 보았다. 중요한 일은 지상으로부터 벗어나는 것이고, 그렇게 함으로써 영원과 접촉해야 한다.

몇몇 젊은 작가들—라몽 페르난데스, 장 프레보—은 이런 신비주의에 등을 돌리고 새로운 휴머니즘을 세우려 했으나 나는 그들의 뒤를 따르지 않았다. 그런데도 지난해 나는 천상의 침묵을 인정하고, 앙리 푸앵카레를 감동적으로 읽었다. 나는 지상에 있는 것이 좋았다. 그러나 휴머니즘—그것이 혁명적이지 않는 한, 적어도 〈신프랑스 평론〉에 게재된 휴머니즘은 혁명적이지 않았다—은 부르주아인 채로 보편에 도달할 수 있다는 점을 인정했다. 나는 이런 희망이 환상에 불과하다고 생각했다. 앞으로 나는 나의 지적 생활에 상대적 가치만을 부여하리라. 왜냐하면 그것은 모두의 존경을 받는 데 실패했기 때문이다. 나는 다른 사람들의 판결에 이의를 제기하기 위해 상급재판소에 항소하려고 '나 자신의 깊은 심연'으로 몸을 피했다. 그리고 나의 모든 존재는 그 심연에 속해야 한다고 결심했다.

이 변화는 내게 새로운 방법으로 미래를 생각하게 했다. '나는 행복한, 열매가 많은 영광된 인생을 살겠다'고 15살 때 다짐했었는데, 현재는 '결실이 많은 인생으로도 충분하다'고 마음먹었다. 전 세계에 봉사하는 일이 중요하다는 생각은 지금도 유효하지만, 타인들의 의견은 내게 의미가 없으므로 인류가 나를 인정해 주기를 기대하지는 않았다. 이 체념으로 인해 별다른 대가를 치르지는 않았다. 왜냐하면 영광은 이미 미래의 바닥에 깔려 있지 않은 불확실한 환상이었기 때문이다. 나는 행복을 경험했고, 늘 그것을 갈망했다. 그래서 행복을 외면하거나 포기하는 일은 쉽지 않았다. 이런 결심에 이르기까지 나는 내게 영원히 행복이 주어지지 않으리라고 믿었다. 나는 행복을 연애나 우정, 부드러움과 분리해서 생각하지 않았기 때문에 '단호한 고독'을 자원했던 것이다. 다시 행복을 얻으려면 뒤로 물러서야 했다. 나는 내 안의 모든 행복이 사라졌다고 선언했다. 행복과 불안을 어떻게 양립할 수 있을 것인가? 나는 대장 몬과 알리사(지드의 《좁은 문》 여주인공), 비올렌, 마르셀 아를랑의 모니크를 좋아했다. 이 사람들의 길을 따라갔다. 그러나 기쁨을 느끼는 일이 금지되어 있지는 않아 기쁨은 자주 나를 찾아왔다. 이번 학기 중에 많은 눈물을 흘렸지만 그와 동시에 멋진 황홀도 느껴 보았다.

나는 문학 이수 자격증을 획득했지만, 가릭의 강의를 그만 들을 생각은 하지 않았다. 토요일이면 여전히 맨 앞자리에 앉아 열정적으로 귀를 기울였다. 존경할 사람이 없다면 이 땅에선 도저히 살기 힘들 것 같았다. 자자나 테레즈와 함께 있지 않을 때는 뇌이유에서 홀로 걸어 돌아왔다. 이 시기에 나는 개선문 광장에서 멈추지 않고 그곳을 곧장 가로지르는 등, 그때만 해도 그리 위험한 일이 아닌 즐거움을 누렸다. 샹젤리제 거리를 오가는 군중을 헤치고 크게 발을 내딛으면서 다른 사람들과 구별되는 그 남자, 낯선 구역, 거의 이국적이라고 할 수 있는 파리 노동자 거리 벨빌에 사는 남자를 생각했다. 그는 불안해하지 않았지만 잠들어 있지도 않았다. 자기가 가야 할 길을 찾아낸 것인데, 그것은 가정도 직업도 관례도 아니었다. 그의 삶에 쓸모없는 것은 하나도 없었다. 그는 혼자이고 자유로웠으며, 또 아침부터 저녁까지 행동하고 계발하며 열정을 불태웠다. 나는 얼마나 그 사람처럼 되고 싶었던가! 내 마음속에 '공동체 정신'을 일깨우며, 거리를 지나는 모든 사람을 사랑의 마음으로 바라보았다. 뤽상부르 공원에서 책을 읽을 때, 누군가가 말을 걸어오기라도 하면 나는 매우 기쁘게 대답했다. 과거에는 낯선 여자아이들과 놀면 안 된다고 배웠는데 이 낡아빠진 금기를 깨뜨리는 것에 쾌감을 느꼈다. 특히 서민들과 우연히 대화할 기회라도 있으면 나는 대만족이었다. 그럴 때면 가릭의 가르침을 실천하는 기분이었다. 그의 존재는 나의 일상을 환하고 밝게 비추었다.

그러나 얼마 안 있어 가릭에게서 받은 이 기쁨에 우려의 그림자가 깃들기 시작했다. 그가 발자크나 빅토르 위고에 대해 하는 얘기를 듣고는, 사실 죽은 과거를 연장시키는 데 힘들게 노력하고 있다는 것을 인정할 수밖에 없었다. 나는 가릭의 청중이기는 했지만 이제 그의 학생은 아니었다. 그리고 그의 인생에 속하기를 그만두었다.

"몇 주 지나고 나면 이제 그를 만날 일도 없을 거야!"

나는 이렇게 말하며 이미 그를 잃고 있었다. 지금까지 귀중한 것을 잃어본 적이 없었다. 뭔가가 내 손에서 벗어날 때, 나는 그보다 먼저 그것에게서 떠나 있었다. 그러나 이번엔 극구 저항했다. 아니라고, 싫다고 외쳤다. 내 의지는 문제가 아니었다. 어떻게 싸워야 좋을까? 가릭에게 '사회단체'에 가입할 생각이라고 말했을 때, 그는 나를 칭찬해 주었다. 그러나 그는 여성부에는 거의 관여하지 않았다. 틀림없이 내년엔 그를 전혀 만날 수 없게 되리라. 그렇게 생각하니 견딜 수가 없어서 무척이나 방황했다. 그에게 말을 하거나 편지를 쓸 용기가 없었을까? 그 없이는 살 수 없다고 말할 수 있었을까? 만약 내가 그렇게 할 수 있었다면 대체 어떻게 되었을까, 나는 스스로에게 물었다. 하지만 결국 그렇게 하지 못했다.

"여름 방학이 끝나면 다시 만날 수 있을 거야."

이런 희망은 조금 위로가 되었다. 한편으로는 가릭을 내 인생 속에 담아두려 하면서도 다른 한편으로는 가릭이 차지하고 있던 지위가 차츰 허물어져 가는 것을 바라보고 있었다. 그 대신 자크가 점점 중요한 존재가 되었다. 가릭은 이제 머나먼 저편의 우상이었다. 자크는 내 문제를 걱정해 주었고, 나는 그와 이야기하는 것이 편했다. 곧 나는 자크가 내 마음에서 첫 번째 자리를 되찾았다는 사실을 깨달았다.

당시에 나는 사물을 이해하는 것보다 거기에 놀라는 쪽을 더 좋아했다. 나는 자크가 내게 어떤 위치를 차지했는지, 그가 어떤 사람인지를 나 자신에게 설명하려 하지도 않았다. 지금에 와서야 비로소 그에 대해 얼마간 정리할 수 있을 듯하다.

자크의 친할아버지는 내 할아버지의 누나와 결혼했다. 야심가에 도박을 즐기던 자크의 할아버지는 엄청난 투기로 자기 재산을 위태롭게 했고, 그로 인한 이자 등의 문제로 처남 매부 사이가 심각해졌다. 나의 할아버지는 파산에 파산을 거듭한 상황이어서, 내가 자크를 약혼자라고 부르던 무렵에 지당하게도 이렇게 선언했다.

"내 손녀 중에서는 어느 누구도 절대로 레귀용 집안과 결혼하지 못한다. 아무렴, 그렇고 말고."

에르네스트 레귀용이 죽었을 때, 스테인드글라스 공장은 가까스로 버티고 있었다. 하지만 친척들 사이에서는, 불쌍한 샤를로가 그 무서운 사고로 요절하지 않았더라면 틀림없이 공장을 파산시켰을 거라고 수군댔다. 그는 극단적으로 무턱대고 뛰어드는 자기 아버지와 마찬가지로 무작정 자기의 운세를 믿었다. 제르멘 숙모의 오빠(자크의 외삼촌)는 조카가 성인이 될 때까지 가게 경영을 맡고 있었다. 그는 매우 신중하게 관리했는데, 레귀용 집안 사람들과는 반대로 플랑댕 집안 사람들은 시야가 한정된 데다가 사소한 이익에 만족하는 편이었다.

자크는 2살 때 아버지를 여의었다. 자크는 아버지를 닮아 반점이 있는 반짝이는 눈동자에 육감적인 입술, 똑똑해 보이는 외모를 지녔다. 레귀용 집안의 할머니는 끔찍하게도 그를 귀히 여겨 자크가 말을 시작하기도 전부터 가장으로 대우했다. 그는 티티트와 불쌍한 어머니를 보호해야 한다는 말을 귀에 못이 박이도록 들었고, 그 역할을 진지하게 받아들였다. 누이와 엄마는 그의 비위를 맞추었다. 그러나 5년 동안 과부로 살던 제르멘 숙모는 샤토빌랭의 한 관리와 재혼했다. 제르멘 숙모는 줄곧 그곳에서 살면서 아들 하나를 얻었다. 초기에는 큰 아이들 둘도 데리고 있었지만, 공부를 위해 티티트를 반기숙생으로 발통 학교에, 자크를 스타니슬라스 중학교에 넣었다. 남매는 나이 든 가정교사 엘리즈와 함께 몽파르나스 거리 아파트에서 살았다. 부모에게서 버림받은 것을 자크는 어떻게 견뎌냈을까? 쫓겨나고 내팽개쳐진 이 작은 도련님만큼 자기를 변장해야만 하는 아이도 없었을 것이다. 그는 의붓

아버지와 동생에게도 엄마나 여동생에게 하듯 붙임성 있는 태도를 보였다. 훨씬 나중에서야 티티트에 대한 애정만이 그의 진심이었음을 알게 되었다. 틀림없이 자크는 원망스러운 일도 말하지 않았으리라. 하지만 그가 플랑댕 할머니에게 난폭한 말을 한 것은 단순한 우연이 아니었다. 그는 늘 외가에 적의 섞인 경멸을 나타냈다. 빛나고 훌륭한 스테인드글라스로 가게 정면에 새겨진 레귀용의 이름은 그의 눈에 문장(紋章)처럼 위엄 있게 비쳤다. 그가 자기 가게를 여봐란듯이 자랑했던 것도 친가 사람들만을 인정함으로써 암암리에 어머니에 대한 원망을 없애기 위해서였던 것이다.

그는 요절한 아버지를 대신하여 한 집안의 가장이 되어야만 했다. 그 대가로 자기의 상속권을 공공연하게 주장했다. 8살 때, 외삼촌을 후견인으로 어쩔 수 없이 받아들이면서도 경멸 섞인 어조로 오직 자신만이 가게의 주인이라고 떠벌렸다. 어릴 적부터 거드름을 피우던 그의 태도는 이렇게 설명될 수 있다. 그가 어떤 절망과 질투, 원한, 공포를 가슴에 감추고서 레귀용 집안의 텅 빈 다락방을 헤맸을지는 아무도 모른다. 그곳에 쌓여 있던 과거의 먼지가 그의 미래를 말해 주고 있었다. 그의 자만, 침착, 허세의 뒤에는 깊은 비탄이 감춰져 있었음이 틀림없다.

아이들은 반항한다. 어린 자크는 자신이 어른처럼 분별 있기를 바랐다. 자유를 쟁취하려 하지 않고 거절했다. 아버지가 살아 있었다면 틀림없이 그에게 요구했을 규범이나 해서는 안 될 일을 스스로에게 부과했던 것이다. 그는 활기차고 소탈하면서도 거만했으며 학교에서는 자주 소란을 피웠다. 언젠가 그는 웃으면서 내게 노트 위에 쓰인 누군가의 낙서를 보여주었다. 그것은 자크가 소란 피우는 '스페인식의 잡다한 소음'을 힐난한 것이었다. 그는 모범적인 소년을 자처하지 않았다. 자기는 성숙한 어른이므로 유치한 법률을 지키지 않는다는 식이었다. 12살 때는 집에서 벌어진 즉흥 연극에서 가난한 아가씨와의 결혼을 거부하는 청년 역을 맡았는데, 중매결혼에 찬사를 보내 관객들을 놀라게 했다.

"만약 내가 가정을 이룬다면 아이들이 안락한 생활을 할 수 있도록 하겠어."

자크는 다짐했다. 소년 자크는 기성 질서에 대해 의문을 가진 적이 없었다. 혼자서 가슴에 그리고 있었던 돌아가신 아버지의 모습에 어찌 먹칠을 할 수 있었으랴! 착한 아들이자 배려 깊은 오빠였던 자크는, 무덤 속 아버지의 목소리가 명령하는 일에 성실했다. 그는 부르주아의 인습을 매우 존중하여, 언젠가 나한테 가릭 얘기를 하면서 이렇게 말한 적이 있었다.

"그는 좋은 사람이야. 하지만 아내를 얻고 직업을 갖지 않으면 안 돼. 왜냐고? 남자란 직업을 가져야 하기 때문이지."

그도 역시 자기의 장래 직업에 골몰하고 있었다. 그는 장식 예술이나 법률 강의를 듣고, 곰팡내 나는 사무실에서 사무 수습을 시작했다. 그러나 사무와 법률 모두가 그에게는 따분했고, 대신 그림 그리는 것을 좋아했기 때문에 목판화를 배우고, 회화에도 큰 흥미를 가졌다. 이런 일에 전념하는 게 그의 당면 문제는 아니었다. 그의 숙부는 예술과는 완전히 담을 쌓고 지냈지만 그래도 원만하게 가게를 경영하고 있었다. 한편 자크는 자신의 색채가 주변 작은 가게 주인들의 것과 큰 차이가 없자 아버지와 할아버지의 과감하고 앞뒤 가리지 않는 계획을 재현하여 원대한 계획을 세우기로 했다. 시골 사제 따위의 검소한 손님은 성에 차지 않았다. 레귀용의 스테인드글라스는 예술적 가치로 세계를 놀라게 하고, 레귀용 제조소는 대규모 사업이 되리라. 자크의 어머니와 우리 부모님은 걱정했다.

"외삼촌에게 경영을 맡겨 두는 편이 나았는데."

아버지는 말했다.

"당장에라도 가게를 파산시킬 것 같아."

실제로 그의 열성에는 뭔가 수상쩍은 데가 있었다. 18살 무렵 그가 보인 착실함은 8살 때의 그 착실함과 너무나도 닮아 있었으므로 꾸밈이나 거짓이라는 생각은 들지 않았다. 마치 자기가 내세우는 신분의 권리를 부정이라도 하는 것처럼 그는 지나치게 순응주의에 따랐다. 확실히 그는 아버지의 위치를 효과적으로 대신하는 일에 실패했다. 자기의 목소리에만 귀를 기울였고 그 목소리에는 위엄이 없었다. 그에게 주어진 현명함과 겨루는 일을 신중하게 삼갔던 만큼 쓸데없는 위엄을 마음에 담아두지 않았다. 목소리 높여 그가 나타내려 했던 인물상, 즉 레귀용 집안의 아들과는 달랐던 것이다.

나는 이런 약점을 간파했다. 자크가 '스스로를 괴롭히면서 탐색하는' 그의 태도, 내가 보기에 유일하게 효력 있는 태도를 선택했다고 결론을 내렸다. 그가 열변을 토해도 나는 그의 야심을 이해할 수 없었고, 침착한 목소리로 설명해도 그의 체념을 이해할 수 없었다. 자크는 안정된 기반의 사람들 사이에 머무는 대신, 순응하지 않는 편리함을 거부하는 곳까지 가 있었다. 인생에 질린 듯한 그의 미지근함, 그 망설이는 눈길, 나에게 빌려주었던 책, 반쯤 고백하듯 들려주었던 자신의 이야기, 이 모두는 그가 막연한 내세를 향해 살고 있음을 내게 확인시켰다. 그는 《대장 몬》을 좋아했고, 나도 그렇게 되도록 유도했다. 나는 이런 점을 알아차렸다. 나는 자크에게서 잘 드러나지 않는 불안한 감정을 느낄 수 있었던 것이다.

나는 가족들과 함께 몽파르나스 거리 자크네 집에 자주 저녁을 먹으러 갔는데, 그런 시간이 싫지 않았다. 다른 친척들과 달리 제르멘 숙모와 티티트는 내가 괴물로 변했다고는 생각하지 않았다. 그녀들 곁에서, 내게 익숙한 그 어둡고 커다란 아파트에서 내 인생의 끈은 다시 이어져 갔다. 나는 내가 별난 운명을 지닌 것도, 추방당한 것도 느끼지 못했다. 이따금 나는 자크하고만 조용히 이야기를 나누었다. 부모님은 그런 우리 사이를 나쁜 눈으로 보는 것 같지는 않았다. 부모님은 자크에 대해 상반된 감정을 갖고 있었다. 자크가 집에 자주 오지 않는다고 화를 내는가 하면, 당신들보다 나를 더 배려해 준다면서 노여워했다. 또한 은혜를 모른다며 자크를 비난하기도 했다. 그러나 그에게는 부유한 지위가 보장되어 있었다. 만약 자크가 나와 결혼해 준다면 지참금 없는 신부로서 다시없는 행운이다. 엄마가 자크의 이름을 말할 때마다 의미심장한 미소를 짓는 것에 나는 무척 화가 났다. 나와 자크가 의기투합한 까닭은 부르주아적인 세계에 대한 공동의 부정이었건만, 부모님은 그것을 부르주아적 기업으로 바꿔 버리려 한다! 그렇지만 우리의 우정이 합법적이고, 자크와 단둘이서 만날 수 있다는 것은 매우 편리하다는 생각이 들었다.

저녁나절이면 대개 나는 자크네 집 초인종을 눌렀다. 그러고는 아파트로 올라갔다.

"방해가 되는 거 아니야?"

"넌 내게 방해가 되는 일이 절대로 없어."

"잘 지내?"

"널 만날 때는 언제라도 잘 있지."

그의 부드러움은 내 마음을 따뜻하게 했다. 그는 책상이 있는 기다란 중세

풍 회랑으로 나를 이끌었다. 그곳은 늘 어두웠다. 스테인드글라스 창문이 빛을 차단하고 있었다. 이들 옆은 어둠과 두꺼운 나무 상자와 오래된 물건들이 좋았다. 나는 진한 빨강 벨벳을 씌운 소파에 앉았다. 그는 시가를 입에 문 채로 연기의 소용돌이 속에서 자기 생각에 깊이 빠져 있었고, 눈을 깜박이면서 회랑을 왔다 갔다 했다. 내가 그에게서 빌린 책을 돌려주자 그는 다시 다른 책을 빌려주었다. 그는 내게 말라르메, 라포르그, 프랑시스 잠, 막스 자코브 등을 읽어주었다.

"자넨 시몬에게 현대문학을 가르칠 생각인가?"
아버지는 빈정거림과 노여움이 반씩 섞인 어조로 그에게 물었다.
"저에게 그보다 더 기쁜 일은 없습니다."
자크는 대답했다.
"어쨌든 난 네게 아름다운 걸 알게 해준 거야!"
자크는 이따금 자랑스럽게 말했다. 더구나 자크는 매우 신중하게 나를 인도했다. 자크 리비에르의 소설을 돌려주러 갔을 때, 그는 말했다.
"애메를 사랑하다니, 애메! 멋진걸?"
우리는 가끔 논평을 했다. 자크는 남에게 자기 의견을 강요하는 것을 무척 싫어했다. 내가 이해되지 않는 곳을 물어보면 웃으며 콕토의 말을 인용했다.
"그것은 철도 사고 같은 거야. 느끼는 것이지 설명할 수 있는 게 아니거든."
자크가 나와 엄마를 오전 중에 위르쉴린 극장으로 데려가서 전위 영화와 될랭의 최신 연극을 보여준 적이 있다.
그는 이렇게 말했다.
"이걸 놓치면 안 돼."
때때로 그는 화면 구석 노란 빛이나 화면에 나타나는 주먹 같은, 그런 세세한 부분까지 내게 설명해 주었다. 경건하고 즐거운 그의 목소리는 무한을 암시하고 있었다. 어쨌든 그는 피카소의 그림을 보아두었어야 이해가 갈 방법으로 소중한 설명을 해주었다. 자크는 사인을 보지 않고도 조르주 브라크인지 앙리 마티스인지를 구별했으므로 나는 깜짝 놀랐다. 그가 내게 가르쳐준 이러한 신기한 것들로 인해 나는 현기증이 날 지경이었다. 그리고 자크가 그 작가들인 것 같은 느낌마저 받았다. 콕토의 〈오르페〉나 피카소의 〈마술사〉, 르네 클레르의 〈휴식〉 등 많든 적든 그것들이 자크의 작품인 듯한 기분이 들었다.

그러나 그는 실제로 무엇을 했던 것일까? 그의 계획과 걱정거리는 무엇이었을까? 그는 공부는 별로 하지 않고 밤이면 즐겁게 자동차로 파리 시내를 돌아다녔다. 학생 구역의 음식점이나 몽파르나스의 바에 드나들었다. 바는 언제나 반드시 사건이 일어나는 가공의 장소인 듯이 자크는 내게 말했다. 그러나 그가 자기 생활에 만족한 것은 아니었다. 그는 뚜벅뚜벅 회랑을 걷고, 금발 섞인 아름다운 밤색 머리칼을 손가락으로 빗어 넘기면서, 미소 지으며 내게 이런 말을 했다.

"난 무척이나 복잡한 녀석이야! 나 자신의 복잡함 속에서 헤매고 있지."
언젠가 자크는 웃음기도 없는 얼굴로 말했다.
"들어 봐, 내게 필요한 건 뭔가를 믿는 일이야!"
"사는 것만으론 아직 부족해?"
내가 물었다. 왜냐하면 나는 인생을 믿고 있었으므로.
"아무것도 믿지 못하고 산다는 건 쉬운 일이 아니야."

그는 그렇게 말하고는 화제를 바꾸었다. 자크는 아주 단편적으로만 자기를 내보였고, 나 또한 그 이상으로 집요하게 묻지는 않았다. 자자와의 대화에서도 본질적인 문제에까지 나아간 적은 결코 없었는데, 자크하고는 그런 문제에 다가가더라도 매우 조심스러웠고, 그것이 내게는 당연하게 생각되었다. 그에게는 뤼시앵 리오쿠르라는, 리옹 은행가의 아들인 친구가 있었는데, 나는 자크가 그와 밤새워 이야기하는 것을 알고 있었다. 둘은 몽파르나스 거리나 본 거리에서 만났고, 이따금씩 리오쿠르는 자크 집 빨간 소파에서 잤다. 이 청년은 콕토도 만났고, 뒬랭에게는 희곡 초안을 맡기고 있었다. 또한 자크가 만든 목판 삽화가 든 시집도 냈다. 나는 이런 훌륭한 재능들에 고개가 숙여졌다. 자크 같은 사람이 짬이 날 때 나를 만나 주다니 나는 얼마나 행운아인가! 평소에 그는 여자와는 별로 맞지 않았다. 자크는 여동생을 사랑하지만 그녀는 지나치게 감성적이라고 말했다. 우리처럼, 그가 여자와 대화하는 것은 정말로 예외였다.

때때로 나는 자크에게 내 이야기를 하고, 자크는 충고를 해주었다.
"밝고 맑게 보이도록 노력해라."

그는 말했다. 또한 인생의 하루하루를 받아들여야 한다면서 베를렌을 낭송했다.
"지루하고 쉬운 일들로 가득 찼어. 너무나 소박한 인생이야."
나는 거기에 진심으로 동의할 수 없었지만, 자크가 내 말에 귀를 기울이고 이해하며 힘을 북돋아 주는 것을 중요하게 여겼다. 그리고 한순간이나마 나를 고독에서 벗어나게 해주는 것도 기뻤다.
자크는 나를 자기 인생에 더욱 가깝게 하고 싶은 것 같았다. 그는 친구에게서 온 편지들을 내게 보여주면서, 내가 그 친구하고도 알고 지내기를 바라는 듯했다. 어느 오후에 나는 그를 따라서 롱샴 경마장에 갔다. 언젠가 자크는 내게 러시아 발레를 보러 가자고 했지만 엄마가 단호하게 반대했다.
"우리 시몬은 밤에 혼자서 외출하지 않는단다."
엄마가 나를 믿지 않았기 때문은 아니었다. 저녁식사 전이라면 그의 아파트에서 자크와 몇 시간이고 마주하고 있어도 괜찮았지만 식사 후에는 부모님과 함께 있지 않은 한, 어떤 장소든 위험한 곳이 되는 것이다. 그래서 우리 교류도 오랜 침묵으로 단절되어 불충분한 대화나 책 낭독만으로 축소되었다.

한 학년이 끝나고, 나는 대수와 라틴어 시험에 통과했다. 이런 식으로 빠른 성공을 향해 나아가니 더없이 기분 좋은 일이었으나 분명히 나는 엄격하고 정확한 과학에도, 또 죽은 라틴어에도 취미가 없었다. 랑베르 선생님은 애초의 계획으로 돌아가면 어떻겠느냐고 나에게 권했다. 생트마리 학교의 철학 강의는 랑베르 선생님이 담당했으므로, 내게 그곳 학생이 되어 주면 기쁘겠다고 했다. 선생님은 내가 대학교수 자격시험에 수월하게 합격할 테니 걱정 없다고 잘라 말했다. 나도 이렇게 결정한 것에 매우 만족했다.
지난 몇 주 동안, 가릭의 그림자가 조금 옅어지기는 했지만 생트마리 학교의 음침한 복도에서 가릭에게 작별을 고한 뒤에 나는 무척이나 슬펐다. 나는 한 번 더 그의 강연을 들으러 가기로 했다. 가릭은 생제르맹 거리에 있는 회장에서 강연회를 열었고, 거기에는 앙리 마시와 마비유 씨도 참가했다. 마비유 씨는 가장 마지막에 연설을 했다. 마비유 씨의 턱수염 사이에서 머뭇머뭇 말이 흘러나오고, 강연하는 내내 자자는 창피한 듯이 새빨개져 있었다. 나는 가릭을 뚫어져라 쳐다봤다. 엄마의 당혹스런 시선을 느꼈지만, 내 기분을 억누르려 하지 않았다. 영원히 사라지려 하는 그 얼굴을 머리에 새겨 둘 생각이었다. 그것은 그토록 완전한 가맹이자, 그토록 급진주의자다운 탈퇴였다. 이 둘 사이에는 잠시의 머무름도 가능할 것 같지 않았다. 마비유 씨의 말이 끝나고, 강연자들은 단상에서 내려왔다. 모든 게 끝났다.

하지만 나는 여전히 가릭의 그림자를 붙들고서, 어느 날 아침 지하철에 오른 뒤 낯선 곳에 내려섰다. 벨빌이었다. 너무 멀어서 몰래 국경을 넘은 듯한 기분이 들었다. 나는 가릭의 집 주소를 알고 있었다. 벽을 따라 가릭의 집으로 다가갔다. 만약 그와 마주치면 창피한 나머지 기절할 결심까지 하고 집 앞에 서 있었다. 그리고 그 음침한 벽돌집 정면과 현관을 바라보았다. 아침마다, 저녁마다 그가 건너다닐 그 현관을……. 나는 걸음을 떼었다. 가게들과 카페, 광장은 가릭에게는 익숙한 것이라서 눈에 들어오지도 않을 게 분명했다. 나는 대체 무엇을 바라고 왔을까? 어쨌든 나는 빈손으로 집에 돌아왔.

자크와는 여름 방학이 끝나는 10월에 다시 만날 것을 알고 있었기에, 슬퍼하지 않고 작별을 고할 수 있었다. 그는 법학 시험에 떨어져서 조금 침울해했다. 그의 작별의 악수와 미소가 매우 열정적이었으므로, 나는 감격했다. 자크와 헤어진 뒤에, 그가 나의 평온한 태도를 무관심으로 오해하지는 않을까 걱정되어 마음이 편치 않았다. 그는 내게 많은 것을 주었다. 그가 가르쳐 준 책과 그림, 영화는 내게 별로 중요하지 않았고, 단지 내가 나 자신에 대해서 그에게 이야기할 때 그의 눈동자 속에 떠오르는 애무하는 듯한 빛만이 중요했다. 갑자기 자크에게 고맙다는 말이 하고 싶어서 단숨에 짧은 편지를 썼다. 그러고는 펜을 내려놓은 채 봉투 위에서 망설였다. 자크는 신중함을 가장 중요하게 생각해서, 언젠가는 신비롭고 의미 있는 미소를 지으면서 콕토가 번역한 괴테의 말을 읊어 준 적이 있다.

"나는 그녀를 사랑한다, 이건 너와 상관있는 일일까?"

자크는 내가 마음속에 담고 있는 애기를 조심스럽게라도 내보이면 정숙하지 못하다고 여길까? 속으로 '나와 무슨 상관이 있을까?'라며 투덜거릴까? 하지만 내 편지가 조금이라도 자크를 위로할 수 있다면 보내지 않는 것은 비겁하다. 망설였다. 멍청하게 보이지 않을까 하는, 어린시절 나를 사로잡았던 공포가 나를 망설이게 했으나 어린애 같은 행동도 하고 싶지 않아 추신에 이렇게 덧붙였다.

"당신은 나를 바보 같다고 여길지도 모르지만, 바보처럼 보여도 좋다는 용기가 없다면 나는 나를 경멸할 거야."

편지를 부치러 갔다.

코트레에서 아이들과 여름휴가를 보내고 있던 마그리트 큰어머니와 가스통 큰아버지는 나와 동생에게 놀러 오라고 했다. 1년 전만 해도 나는 산에 매료되었으리라. 하지만 지금은 나 자신 속에 깊숙이 들어가 버려서, 외부 세계에 감동을 받지 못했다. 게다가 자연과 너무나 친밀한 관계를 가졌던 적이 있기 때문에, 별장 인종들의 오락 수준으로 떨어진 자연을 보기가 안타까웠다. 사람들은 자연에 대해 그럴듯하게 내게 이야기해 줄 뿐, 자연에 다가가기 위해 필요한 여가와 고독은 부여해 주지 않았다. 이처럼 자연에게 나 자신이 충분히 다가가지 못했으므로 나 또한 자연으로부터 아무것도 받지 못했다. 소나무와 계곡물은 침묵하고 있었다. 우리는 가바르니의 둥근 골짜기와 고브 호수로 하이킹을 갔고, 사촌 잔과는 사진을 찍었다. 내게 그것은 음산한 투시화로만 보였다. 길 양쪽에 늘어선 추악한 호텔과 무의미하고 요란스러운 장식도 울적한 마음을 달래 주지 못했다.

왜냐하면 나는 불행했으니까. 가릭은 영원히 사라졌다. 자크와의 관계는 어느 정도까지 나아간 것일까? 나는 편지에 내 주소를 코트레로 써놓았다. 그는 답장이 다른 사람에게 들어가는 것을 바라지 않을 테니 이곳으로 답장을 하거나, 아니면 전혀 하지 않거나 둘 중 하나이리라. 자크는 편지를 보내지 않았다. 나는 하루에 10번쯤 호텔의 40번 열쇠함을 보러 갔다. 왜 편지를 보내지 않을까? 나는 자크와의 우정을 단단히 믿었는데, 내게 그는 어떤 존재일까? 내 편지가 유치하다고 여겼을까? 아니면 엉뚱한 말을 한다고 생각했을까? 단지 나를 잊어버렸을까? 나는 무척 괴로웠다. 자크를 다시 평온한 마음으로 생각할 수 있기를 얼마나 바랐던가! 하지만 단 1초도 마음이 편한 적이 없었다. 나와 푸페트, 잔은 한방을 썼다. 우리는 늘 무리 지어 외출했다. 온종일, 끊임없이 나는 사람들이 떠드는 소리를 듣고 있어야 했다. 밤에 랄리에르 호텔 살롱에서는 신사 숙녀들이 초콜릿 잔을 들고 이야기꽃을 피웠다. 여름휴가철이었다. 그들은 책을 읽고, 그 책에 대해 서로 담소했다.

"잘 쓴 글이에요. 그런데 너무 긴 곳이 있어서요."

"좀 긴 곳이 있기는 해도 잘 쓴 글이잖아요?"
때로는 멍한 눈길로 의미심장하게 말했다.
"아주 독특하군요."
그렇지 않으면 좀더 단호한 어조로 말했다.
"이건 매우 특별해요."

나는 밤이 오기를 기다렸다가 울었다. 다음 날에도 편지는 오지 않았다. 신경을 곤두세우고 아픈 가슴을 안고 다시 밤을 기다렸다. 어느 날 아침에 내 방에서 왈칵 울음을 터뜨렸다. 깜짝 놀란 큰어머니를 어떻게 안심시켰는지 지금은 기억나지 않는다.

메리냐크로 가기 전에 우리는 이틀 동안 순례 성지인 루르드에 머물렀다. 나는 강한 충격을 받았다. 다 죽어 가는 병자, 외다리, 저능한 사람들의 무시무시한 행진을 코앞에서 보고, 갑자기 세계는 단지 영혼만의 집합이 아님을 자각했던 것이다. 인간들은 육체를 지니고, 그 육체 속에서 고뇌하고 있었다. 소리 높여 부르는 찬송가와 환희에 취한 신자들의 시큼한 체취에 섞여 종교 행렬을 따라 걸으면서, 나 자신의 자기변호가 부끄러웠다. 이 흐리멍덩한 참혹함이야말로 진실이었다. 나는 순례 성지에 머무르는 동안 병자들의 접시를 닦는 자자를 막연하게 부러워했다. 헌신한다. 잊는다. 하지만 어떻게? 무엇 때문에? 기괴한 희망으로 위장된 불행은 지금 내 눈을 뜨게 하기에는 체감적 의미가 너무 부족했다. 나는 며칠 동안 두려움 속에서 고뇌했다. 그런 뒤에 다시 내 복잡한 고민의 실낱 같은 고삐를 잡았다.

나는 고통스런 여름 방학을 보냈다. 밤나무 숲 속을 서성거리면서 울었다. 이 세상에 오직 나 혼자인 듯했다. 그해에 동생은 내게 꼭 남 같았다. 나는 도전적이고 엄격한 태도를 취해 부모님을 못마땅하게 했다. 부모님은 의심스러운 눈길로 나를 관찰하고 있다가 내가 가져온 소설을 읽고 서로 의논하고, 마그리트 큰어머니와도 상의했다.

"이건 병적이야. 세상을 비뚤게 보고 있어. 그렇지 않니?"

이런 말을 자주 들었다. 부모님이 내 성미에 대해 이러쿵저러쿵 말을 하거나, 내 머릿속의 생각을 마음대로 상상하는 것은 자존심을 상하게 했다. 여기서는 파리에서보다 여가가 더 많아서 부모님은 나의 침묵에 견디지 못했고, 또 나도 2, 3번은 끝내 짜증을 내어 좋은 결과를 얻지 못했다. 내 노력에도 불구하고 나는 쉽게 상처를 입었다. 엄마가 고개를 저으면서 말했다.
"정말이지 골치 아파!"
이 말에 나는 버럭 성을 냈다. 하지만 내가 엄마를 속이는 일에 어느 정도 성공해서, '웬만큼 좋아졌구나!' 하며 엄마가 만족스러운 듯 한숨을 쉬면, 나는 그것이 또 못마땅했다. 나는 부모님에게 애정을 갖고 있었다. 그토록 화목하던 과거를 생각하면 우리의 의견 차이는 파리에서보다 더욱 고통스럽게 느껴졌다. 게다가 나는 아주 조금밖에 책을 가져갈 수가 없었기 때문에, 별로 읽을 것이 없었다. 칸트를 공부하면서 비판적 관념론에 푹 빠지고, 베르그송의 학설 '사회적 자아와 심층적 자아' 속에서는 나 자신의 경험을 발견했다. 그러나 철학의 개성 없는 목소리는 내가 애독하는 작가들만큼 위로를 주지 못했다. 이제는 내 주위에 따뜻한 형제 같은 존재를 느낄 수가 없었다. 오직 하나, 의지가 되는 것은 일기였다. 일기에 걱정거리나 슬픔을 미주알고주알 털어놓고 나면 다시 쓸쓸하고 따분해졌다.

어느 날 저녁, 라그리에르에서 시골풍의 커다란 침대에 들어가 있을 때, 나는 갑자기 불안에 휩싸였다. 지금까지도 울 정도로, 또 비명을 지를 만큼 죽음을 두려워한 적이 있었지만 이번엔 그 이상이었다. 이미 인생이 허무 속에 쓰러져 있었으나, 그 허무의 실체는 허무가 아니라는 것을 알고 있었다. 그래도 지금 이 순간은 공포가 너무나도 강렬해 아프다는 핑계로 엄마의 방 앞에 가서 문을 두드릴까 망설였다. 결국 다시 잠들 수 있었지만 이 발작은 무서운 기억으로 내 가슴에 남았다.

메리냐크에서 돌아와서는 뭔가를 쓰려고 했다. 나는 철학보다는 문학이 좋았다. 만약 내가 베르그송처럼 될 거라고 남이 예언했다면 조금도 만족하지 않았으리라. 나는 이 추상적인 목소리와 대화하고 싶지 않았다. 그 목소리가 들릴 때도 그것은 내 마음에 전혀 와 닿지 않았다. 나는 '내적 생활의 소설'을 써서 내 경험을 다른 사람에게 전하고 싶었다. 나는 망설였다. 내 안에 '하고픈 말이 잔뜩' 있는 듯했으나 글을 쓰는 것은 하나의 기술이었고, 나는 그것에 숙련되어 있지 않았다. 그래도 어쨌든 소설의 주제를 몇 가지 써 놓고, 결국은 쓰고야 말겠다는 결심으로 첫 번째 작품을 구성했다. 그것은 실패로 끝난 가출 이야기로, 여주인공은 나와 동갑인 18살이었다. 여주인공은 가족과 함께 시골 별장에서 여름휴가를 보내고 있다. 그곳에 그녀의 약혼자도 오기로 되어 있었다. 그녀는 평범한 애정으로 약혼자를 사랑했다. 그때까지 그녀는 자기 생활의 평범함에 만족했지만 갑자기 다른 발견을 하게 되는데, 한 천재 음악가가 예술, 성실, 불안 등의 참된 가치를 그녀에게 밝혀 주는 것이다. 그녀는 자기가 허위 속에서 살아 왔음을 깨닫는 동시에 지금까지 알지 못했던 욕망과 열정으로 용솟음친다. 그러나 음악가는 떠나고 약혼자가 도착한다. 그녀는 2층 자기 방에서 약혼자를 맞이하는 가족의 떠들썩한 환영의 소리를 듣는다. 그리고 고민한다. 한순간 언뜻 엿본 그것을 취할 것인가, 버릴 것인가……. 하지만 그녀에겐 용기가 없었다. 그녀는 아래층으로 내려가 미소 지으며 모두가 기다리고 있는 응접실로 들어간다. 나는 이 소설의 구성이 훌륭하다는 생각은 꿈에도 하지 않았지만, 내 경험을 말로 표현한 것은 이때가 처음이었고, 쓴다는 일에 기쁨을 느꼈다.

나는 학생이 스승에게 보내는 식으로 상투적인 짧은 편지를 가릭에게 썼다. 가릭 또한 스승이 제자에게 보내는 그런 엽서로 답장을 했으므로, 그로써 나는 더 이상 그를 생각하지 않았다. 가릭은 모범을 보임으로써, 나를 나의 계층과 과거에서 빠져나오도록 자극을 주었던 것이다. 고독을 선고받은 나는 그를 따라 영웅주의로 돌진해 갔으나, 그것은 거친 자갈길이어서 이 선고가 취소되기를 분명 바랐으리라. 자크에 대한 우정이 내게 이런 희망을 갖게 했다. 히스 초원 속을 구르거나 오솔길을 방황하면서 나는 자크를 그리워했다. 그는 내 편지에 답장을 해주지 않았다. 그렇지만 시간이 흐를수록 내 실망은 누그러지고 추억으로 보상되었다. 나를 맞아줄 때 자크의 미소, 우리의 공모, 그의 곁에서 보낸 정다운 한때……. 나는 우는 데도 지쳤기 때문에 꿈을 꾸기로 했다. 자크의 집 램프에 불을 켜고, 빨강 소파 위에 앉는다. 나는 내 집에 있는 거야. 그런 다음 자크를 바라본다…… 자크는 나의 것……. 확실히 나는 자크를 사랑했던 것이리라. 왜 그가 나를 사랑하지 않겠는가? 나는 행복한 계획을 머릿속에 그리기 시작했다. 내가 자크를 포기한다면 그것은 희망이 없다고 믿었기 때문이며, 약간의 가능성이라도 보이는 순간 나는 이내 자크를 갈망했다.

자크는 미남이었다. 어린애 같은 아름다움을 지녔으면서도 섹시했다. 하지만 자크는 조금도 나를 동요시킨 적이 없었고, 또 내게 욕망의 그림자조차 드리우지 않았다. 나는 나 자신에게 조금 놀라면서 스스로를 속이며 일기에 이렇게 썼다.

"만약 자크가 내게 애정의 몸짓을 보였다면 내 안의 뭔가가 움츠러들고 말았으리라."

이것은 적어도 상상으로 자크와의 거리를 염두에 두고 있음을 의미했다. 나는 지금까지 늘 자크를 조금 거리감 있는 오빠처럼 여겼었다. 가족들은 적의로든 호의로든 줄곧 우리를 탐색했다. 자크에 대한 내 감정이 천사를 대하듯 플라토닉한 성질을 갖게 된 것은 그런 이유 때문이었으리라.

그런데 내가 그러한 온갖 감정에 부여한 불치의 성격, 즉 우리의 사촌 관계로 인해 오히려 그 감정들은 오래 지속되었다. 내가 소설의 주인공인 조와 마지를 심하게 나무랐던 것도 그들이 유년시절에 등을 돌렸기 때문이었다. 나는 자크를 사랑함으로써 나의 운명적 계획을 이행할 생각이었다. 나는 지난날에 했던 자크와의 결혼약속, 그리고 자크가 선물로 준 스테인드글라스를 떠올렸다. 우리가 청소년기에 따로따로 성장한 것은 다행이었다. 그 덕분에 우리는 엄청난 환희에 차서 서로를 발견할 수 있었다. 확실히 이 연애는 숙명적이라고 나는 믿었다.

사실 내가 자크와의 관계를 숙명이라고 믿은 까닭도, 분명하게 설명할 수는 없지만 이렇게 하는 것이 모든 어려움을 해결하는 환상적인 수단이었기 때문이다. 부르주아의 관례를 증오하고 있었음에도 부모님 곁을 결코 떠날 수 없다고 믿던 시절, 빨강 카펫과 검정 책상이 있던 아버지의 서재에서 보낸 저녁나절에 대해 나는 향수를 갖고 있었다. 레귀용 집안, 두꺼운 카펫이 깔린 훌륭한 아파트, 밝은 응접실, 조금 어두운 복도…… 그것은 이미 내게는 우리 집이나 마찬가지였다. 나는 자크 곁에서 책을 읽으리라. 지난날에 '우리 네 사람……'만의 결속을 생각했었듯이 '우리 두 사람……'만의 공간을 꿈꾸리라. 자크의 엄마와 동생은 애정으로 우리를 감싸줄 테고, 그렇게 되면 부모님의 태도도 누그러지리라. 나는 다시 모두에게 사랑받는 존재로 돌아갈 것이다. 이 사회에서 예전에 차지했던 지위를 다시 누리리라. 사회의 바깥은 내게 추방과도 같았다. 하지만 나는 아무것도 팽개치지 않는다. 자크 곁에선 행복이 절대 잠들지 않는다. 우리는 서로 사랑하며 하루하루를 보내리라. 그러면서 날마다 탐색을 계속해 나갈 것이다. 길을 잃고 방황할 때도 우리는 함께 한다. 공통된 불안으로 맺어진 우리는 결코 서로를 잃지 않고,

고뇌 속이 아닌 마음의 평화 속에서 영혼을 구원하리라. 눈물과 권태로 잔뜩 지친 나는 정열적으로 이 기회에 일생을 걸었다. 열에 들떠서 파리로 돌아갈 날을 기다렸고, 파리로 가는 기차 안에서 내 심장은 고동치고 있었다.

나는 빛바랜 카펫이 깔린 아파트에 있는 나를 바라보고, 갑자기 잠에서 깨어났다. 자크의 집으로 돌아온 게 아니었다. 그곳은 우리 집이었다. 앞으로 1년 동안 나는 이 네 벽 안에서 시간을 보낼 것이다. 순간 나는 다가올 세월을 머릿속에 그려 보았다. 너무나 적막한 나날이다! 나는 옛 우정과 기쁨들을 백지로 돌려 버렸다. 가릭을 다시 만날 희망은 없었다. 자크는 잘해야 한 달에 2, 3번 만날 수 있으리라. 자크가 내게 주는 것 이상을 그에게서 기대할 수는 없다. 기쁨도 아무것도 없는, 실망으로 가득 찬 현실을 깨달았다. 그리고 밤은 비워내야 할 먼지 상자 같은 것이었다. 피로와 권태가 밀려오고, 작년에 밤나무 숲에서 내게 힘이 되던 그 광신적 열정의 불꽃은 꺼졌다. 모든 것이 반복되려 하고 있었다. 내게 모든 것을 견디게 한 그 광기를 제외한다면 말이다.

나는 너무 두려워서 당장에라도 자크의 집으로 달려가고 싶었다. 자크만이 나를 도울 수 있었다. 자크에 대한 부모님의 생각은 전에도 말했다시피 두 가지였다. 그날 아침, 엄마는 나를 자크네 집에 가지 못하게 했고 자크에 대해, 또 자크가 내게 미친 영향에 대해 격렬하게 화를 냈다. 그 무렵에 나는 아직 엄마의 명령을 어길 만큼의 용기도, 또 거짓말을 할 요령도 없었다. 엄마에게 하루 일정을 알리거나, 저녁이면 그날 일어난 일을 이야기하면서 복종했다. 하지만 화가 났고, 그보다는 슬퍼서 숨이 막힐 듯했다. 몇 주일 동안 자크를 만날 기쁨에 들떠 있었건만 엄마의 변덕 때문에 그 행복은 사라져 버린 것이다. 내가 얼마나 엄마에게 의존하고 있는지를 절실히 깨닫고 두려워졌다. 가족들은 내게 추방형을 선고했을 뿐만 아니라 내 운명의 냉혹함에 대항할 자유조차 주지 않았다. 내 행동, 동작, 언어, 모든 것이 감독 아래 있었기 때문에 생각은 들통 나고, 가장 하고 싶었던 일조차 한마디에 튕겨 나가 버리며, 기댈 수단은 모두 단절되고 말았다. 지난해는 내 안의 커다란 변화에 깜짝 놀라던 시기였기 때문에 어떻게든 운명에 순응할 수 있었다. 그러나 지금은 그 모험도 끝나고 다시 비탄의 구렁텅이에 빠졌다. 나는 다른 사람이 되었다. 내 주위에는 다른 세계가 필요했다. 그럼 그것은 어떤 세계일까? 분명하게 나는 대체 무엇을 바랐던 것일까? 나는 그것을 상상조차 하지 못했고, 그런 수동적인 나 자신에게 절망했다. 기다림 말고는 없다. 앞으로 얼마나? 3년? 4년? 18살이 된다는 것은 너무 긴 세월이다. 만약 그 세월 동안 손발이 묶인 채 감옥 안에서 보낸다고 한다면, 앞으로는 밖에 나가더라도 사랑도, 열정도, 아무것도 없이 이전처럼 여전히 고독하리라. 나는 지방 학교에서 철학을 가르치겠다. 하지만 과연 그것이 무엇에 보탬이 될까? 글을 쓴다면? 메리냐크에서 쓴 수필은 아무런 가치도 없었다. 만약 내가 똑같이 살아간다면, 같은 관습과 권태에 괴로워하면서 절대로 진보하는 일은 없을 테니 결코 좋은 작품을 쓰지 못하리라. 아니, 피상적인 지식 한마디도 쓰지 못할 것이다. 태어나서 처음으로 나는 사는 것보다 죽어서 존재하는 편이 낫겠다고 생각했다.

일주일이 지나서야 나는 자크를 만나러 가도 좋다는 허락을 받았다. 그런데 그의 집 문 앞에서 나는 갑자기 두려워졌다. 자크는 내 유일한 희망이었는데, 지금 나는 그가 내게 답장을 하지 않은 것 말고는 그의 상황에 대해 아무것도 모르고 있다. 자크는 편지에 감동한 것일까, 아니면 화난 것일까? 그는 나를 어떻게 대할까? 나는 무감각한 상태에서 한두 차례 집 주위를 맴돌았다. 벽 속에 박혀 있는 초인종이 두렵고, 어린시절에 무심코 손가락으로 눌러 보던 검정 구멍처럼 아무것도 아닌 듯이 보였다. 벨을 눌렀다. 언제나처럼 문은 자동으로 열렸고, 나는 계단을 올라갔다. 자크는 웃음을 지어 보이며 빨간 소파 위에 앉았다. 그는 내 앞으로 쓴 편지 한 통을 내밀었다.

"이건 부치지 않았어. 우리 둘만의 일로 담아두고 싶었거든."

이렇게 말하는 자크 얼굴은 눈언저리까지 빨개졌다. 나는 편지를 펼쳤다. 추신에 이렇게 쓰여 있었다.

"이건 너와 상관있는 일일까?"

자크는 바보처럼 보일까 봐 두려워하지 않고 용감하게 행동한 나를 칭찬해 주었다. '고독하고 더운 여름날 오후에' 나를 자주 생각했다고 말하며 이렇게 충고해 주었다.

"네가 좀더 인간적이 되면 주변 사람들도 그렇게 화를 내지 않을 거야. 아니, 더 거만했더라면…… 그렇게 말하고 싶었어."

"행복해지는 비결이나 가장 좋은 기술은 아무런 흉내도 내지 않고 모두와 똑같이 살아가는 거야."

편지는 다음 문장으로 끝맺고 있었다.

"나를 네 친구라고 생각해 주겠니?"

거대한 태양이 내 마음속에 떠올랐다. 어둠이 내리고 자크는 띄엄띄엄 말을 시작했다.

"안 돼. 절대 안 돼."

그는 지독히도 어려운 상황에 처해 있었다. 자신을 완벽한 인간이라고 생각했지만 지금은 그렇지 않았다. 자신을 경멸하고 어떻게 살아가야 할지 몰라 전전긍긍했다. 나는 자크의 겸손함에 감동받고, 그의 신뢰에 매료되었으며, 그의 번뇌에 마음 아파하면서 귀를 기울였다. 나는 불덩이 같은 마음으로 그의 곁을 떠났다. 자크에게서 받은 선물이 궁금하고, 또 만져 보고 싶어 나는 벤치에 앉았다. 그것은 보라색 잉크 기호가 가득하고 가장자리가 뾰족뾰족한 두껍고 고급스런 편지지였다. 그의 몇 가지 충고는 나를 놀라게 했다. 나는 나 자신이 비인간적이라고 생각하자 않는다. 또한 주변 사람들을 굳이 화나게 만들 생각도 없다. 그리고 남들과 똑같이 사는 그런 방식에는 전혀 매력을 느끼지 못한다. 그러나 나는 자크가 이런 점에 대해 충고해 준 것이 감격스러웠다.

"이건 너와 상관있는 일일까?"

나는 그가 쓴 문장을 10번쯤 반복해서 읽었다. 이 말들은 자크가 전에 없이 내게 관심이 있음을 분명하게 보여주었다. 그러나 또 한 가지 사실은 확실했다. 자크는 나를 사랑하지 않았다. 그렇지 않다면 그가 이처럼 의기소침해할 까닭이 없었다. 나는 너무 일찍 속마음을 드러내는 실수를 한 것이다. 연애와 불안을 양립시키는 일은 불가능했다. 자크는 나를 현실 세계로 되돌아가게 했다. 왜냐하면 백합이나 장미 다발처럼 등불 아래서 머리를 맞대고 마주해 있는 두 사람은 우리에게 어울리지 않기 때문이다. 연애의 위장된 평화 속에 몸을 쉬게 하기에 우리는 너무나도 명석했고, 또 바라는 것이 너무 많았다. 자크는 결코 불안한 발걸음을 멈추지 않으리라. 자크는 절망한 나머지 자기 자신에게 혐오감을 보였다. 나는 그를 따라 이 고통스런 길을 가야만 한다. 나는 알리사나 비올렌에게서 구원을 바라고 체념해 갔다.

"나는 그이 말고 어느 누구도 결코 사랑하지 않겠어. 하지만 우리 사이에 연애는 불가능해."

나는 결심했다. '자크는 내 운명'이라고 여름 방학 동안 굳힌 신념을 부인하지는 않았지만, 내가 자크의 운명에 내 운명을 연관 지은 일로 해서 자크가 나를 행복하게 한다는 항목은 빼 버렸다. 나는 그의 인생에서 하나의 역할을 하고 있으나 그것은 자크를 무기력 속으로 끌어들이기 위함이 아니라 그가 낙담을 이겨내고, 탐색을 계속하는 데 도움을 주는 것이어야 했다. 나는 그에게 새로운 편지를 써서 훌륭한 작가들의 사상에서 따온 이런저런 삶의 이유들을 얘기해 주었다.

우리의 우정을 다른 사람들에게는 알리지 않으려고 했으므로 그가 답장하지 않은 것을 당연하게 여겼다. 그런데도 나는 늘 신경을 곤두세웠다. 그의 집에서 가족과 저녁을 먹을 때도 내내 자크의 시선에서 어떤 공모의 빛을 찾아내려 했지만 실패했다. 그는 여느 때보다 쓸데없이 익살을 떨어 자크의 어머니는 웃으며 이렇게 말했다.

"어릿광대 흉내는 그만 내는 게 좋지 않겠니!"

자크는 무척이나 무신경하고 나에게도 전혀 무관심했으므로, 이번에야말로 내 계획이 실패로 돌아갔다고 확신했다. 자크는 내가 서투르게 써 내려간 글을 못마땅하게 읽은 것이 분명하다.

"고통스러운, 너무나 고통스러운 시간이었다. 그의 가면은 너무나도 완벽하게 그의 얼굴을 가리고 있었다……. 나는 괴로운 심정을 이렇게라도 토해 내고 싶다."

다음 날 아침 나는 이렇게 일기에 썼다. 땅속으로 기어들어가 그를 잊고 싶었다. 하지만 일주일 뒤 엄마는 자크 가족에게서 자크가 이번 시험에 떨어져 낙담하고 있다는 소식을 들었다고 전하면서, 가서 위로해 주는 것이 어떻겠느냐고 말했다. 서둘러 위로할 말을 생각한 뒤 자크네 집으로 달려갔다. 분명 그는 아주 침울한 모습이었다. 면도도 제대로 안 하고, 와이셔츠 단추가 풀어진 단정하지 못한 모습으로 팔걸이의자에 앉아 있었다. 나를 보고도 미소조차 짓지 않았다. 자크는 내 편지에 대해 고마운 마음을 전했지만 진심에서 우러나오는 것 같지 않았다. 그러면서 자기는 아무짝에도 쓸모없는 인간이며, 아무런 가치도 없다고 거듭 말했다. 그는 자기혐오에 빠져 있었다. 나는 그를 위로하려 했지만 진심에서 우러나오지 않아 건성으로 대충 했다.

"와줘서 고마워."

자크가 진심 어린 투로 속삭였으므로 조금 감동을 받았지만, 그래도 역시 매우 실망하며 집으로 돌아왔다. 이번엔 자크의 혼란을 숭고한 색채로 칠해 주는 일에 완전히 실패했다. 지난여름에 자크가 무엇을 했는지는 모르겠지만, 어쨌든 최악의 상황을 예상했다. 도박, 술, 그리고 내가 막연히 방탕이라고 생각하는 것……. 그에게도 분명 핑계가 있으리라. 하지만 나는 그를 용서해야 한다는 점에 실망했다. 15살 즈음 내 가슴에 새긴 커다란 존경의 꿈을 떠올리고, 그것을 현재의 자크에 대한 나의 애정과 비교해 보았다. 아니, 나는 이제 그를 존경하지 않았다. 모든 존경은 기만일지도 모른다. 모든 마음 밑바닥에는 똑같이 불확실한 가면밖에 없을지도 모른다. 아마도 두 영혼을 이어주는 유일한 연결고리는 연민일 것이다. 그렇지만 이 비관론도 나를 위로하지는 못했다.

그 뒤 자크를 다시 만났을 때, 나는 또다시 방황했다. 새롭게 활기를 되찾은 그는 웃으며 깊은 생각이 배어 있는 듯한 목소리로 나름대로 분별 있는 계획을 말했다.

"나도 언젠가는 결혼할 거야."

이 말에 나는 울화통이 터질 것만 같았다. 그냥 무심코 입에서 나온 소릴까, 아니면 계획적으로 한 말일까? 만약 그렇다면 약속을 의미한 것일까? 아니면 경고일까? 내가 아닌 다른 여자가 자크의 아내가 되는 것은 견딜 수 없었다. 그런데도 그와 결혼한다는 생각은 어쩐지 나를 곤혹스럽게 했다. 여름 내내 나는 마음속으로 자크를 애틋이 생각하고 있었다. 그런데 지금, 부모님이 그토록 바라마지 않는 이 결혼에 대해 생각하니 도망치고 싶어졌다. 이젠 거기서 나의 구원을 찾지 못했고 패배밖에는 보이지 않았다. 나는 며칠 동안 공포 속에서 지냈다.

그 후 자크의 집에 갔을 때, 그는 친구들과 함께 있었다. 그는 나를 소개하더니 다시 친구들과 이야기를 계속했다. 바와 바텐더, 돈 걱정, 확실하지 않은 정사 등에 관한 화제였다. 내 존재가 그들의 잡담에 방해가 되지 않는다는 것은 기뻤지만, 이 대화는 나를 우울하게 했다. 자크는 친구들을 차까지 배웅하고 돌아올 테니 기다리라고 했다. 나는 참지 못하고 빨간 소파 위에 엎드려 오열했지만, 그가 돌아왔을 때는 평정을 되찾았다. 자크는 표정을 바꾸어 매우 다정한 배려를 담은 목소리로 말했다.

"너도 알겠지만, 우리 사이의 우정은 아주 특별한 거야."

그는 나와 함께 라스파유 거리로 내려갔다. 우리는 후지타의 하얀 화폭이 걸려 있는 진열창 앞에서 오랫동안 서 있었다. 자크는 샤토빌랭에 3주 정도 머물 예정으로 내일 출발하기로 되어 있었다. 나는 안도하면서 그가 없는 동안 오늘 저녁의 다정함은 마지막 추억으로 남으리라 생각했다.

그런데도 동요는 가라앉지 않았다. 나는 나를 이해할 수 없었다. 때로는 자크가 모든 것이었고, 때로는 아무것도 아니었다. '이따금 그에 대한 증오'를 느끼는 나 자신에게 놀라 자문했다.

"어째서 기다림이나 후회, 연민 속에서만 나의 애정은 폭발하는 것일까?"

우리가 서로 사랑하고 있다고 생각하면 나는 차가워지고, 또 그를 갈망하는 마음이 가라앉으면 약해지는 느낌이 들었다. 나는 일기에 썼다.

"내가 필요로 하는 것은 그 사람이지 그를 보는 게 아니다."

우리 대화는 작년처럼 나를 분발하게 하기보다 위축시켰다. 그와 얼굴을 마주하기보다는 떨어져서 생각하는 편이 더 좋았다.

자크가 떠난 지 3주일쯤 된 어느 날, 나는 소르본 대학 광장을 가로지르다가 아르쿠르 테라스 앞에 세워져 있는 그의 차를 보았다. 머리를 한 대 얻어맞은 기분이었다. 나는 자크의 생활이 나와 다르다는 것을 알고 있었고 그 점에 대해 자크와 얘기한 적도 있었다. 내가 그의 인생 바깥에 있기는 했으나, 자크가 우리 대화에 자신의 가장 진실한 것을 담고 있다고 믿고 싶었다. 하지만 길가에 놓인 이 작은 차는 그것이 사실이 아님을 내게 증명하고 있었다. 이 순간, 아니 매 순간 자크는 다른 사람을 위해 존재했지, 나를 위해 존재하지는 않았다. 몇 주, 몇 달을 거듭한 시간 동안 우리의 수줍은 만남은 어느 정도의 무게를 지녔던 것일까? 어느 날 저녁 자크가 우리 집을 방문했을 때 그는 매력적이었지만 나를 아프도록 실망시켰다. 어째서? 나는 점점 더 혼란스러웠다. 그의 어머니와 동생이 파리에 한동안 와 있었으므로, 나는 그와 단둘이서만 만날 수가 없었다. 숨바꼭질하는 것 같았다. 그러다 결국엔 영원히 서로를 찾아내지 못할 수도 있다. 나는 그를 사랑하는 것일까, 아닐까? 그는 나를 사랑할까? 엄마는 애매한 웃음을 지으며, 자크가 그의 어머니에게 했다는 말을 내게 연신 반복했다.

"시몬은 굉장히 예뻐. 프랑수아즈 숙모가 저렇게 옷을 입히는 게 안타깝다니까."

이런 평가는 내 마음에 동요를 일으키지 못했다. 내 얼굴이 자크의 마음에 든다는 사실만 가슴에 담았다. 자크는 겨우 19살이었고, 학교도 졸업하지 않았으며, 병역도 마쳐야 했다. 때문에 결혼에 대해 막연하게만 암시할 수 있음이 당연했다. 그렇지만 이 조심스런 태도는 그의 따뜻한 환영이나 미소, 힘준 악수를 부정하지는 못했다. 자크는 이렇게 썼다.

"이건 너와 상관있는 일일까?"

그해에 제르멘 숙모와 티티트가 내게 보인 애정 속에는 일종의 공모가 담겨 있었다. 그의 가족도 우리 집과 마찬가지로 우리를 약혼자처럼 생각하는 듯했다. 그러나 자크는 도대체 무슨 생각을 하는 것일까? 그는 이따금 내게 지독히 무관심했다! 11월 말에 양가 부모님과 함께 식당에서 식사를 할 때 자크는 허풍을 떨고 우스갯소리를 했다. 그는 너무나도 완벽하게 자신의 부재를 가장하고 있었다. 나는 이 가면 속에서 나를 잃었다. 나는 그날 밤새도록 목놓아 울었다.

그로부터 며칠 뒤 나는 난생처음으로 사람이 죽는 것을 보았다. 가스통 큰아버지가 장폐색으로 갑자기 돌아가신 것이다. 큰아버지는 밤새 고통스러워했다. 마그리트 큰어머니는 큰아버지의 손을 꼭 쥐고 무슨 말인가 했지만 큰아버지에겐 들리지 않는 듯했다. 아이들도 베개 아래에 모이고, 부모님과 나와 동생도 곁에 있었다. 큰아버지는 겨우 숨을 쉬며 말을 했고, 검은 것을 토해냈다. 호흡이 멈췄을 때는 턱이 밑으로 늘어진 상태였으므로 붕대로 턱을 고정했다. 아버지가 우는 모습을 본 적이 없었는데, 그런 아버지가 오열을 하고 있었다. 나는 어찌나 슬퍼했는지 모든 사람과 나 자신까지도 놀랄 정도였다. 나는 큰아버지를 사랑했다. 우리가 메리냐크에서 새벽 사냥을 함께 나갔던 추억도, 사촌 잔도 사랑했다. 고아가 되었다고 푸념하는 그녀의 소리가 듣기 싫었다. 그렇지만 나의 애석함도, 동정도 이틀 동안 나를 그렇게까지 비탄의 바닥으로 떨어뜨린 이유가 되지는 않았다. 나는 큰아버지가 죽기 직전에 큰어머니에게 쏟았던, 다 죽어가는 시선을 견딜 수가 없었던 것이다. 이 순간에 이미 돌이키지 못할 일이 일어났다. 다시는 돌이킬 수 없다, 돌이키지 못한다, 이런 생각들이 머릿속을 쾅쾅 울려대어 머리가 깨질 것만 같았다. 또 다른 말이 그것에 답했다. 불가피하다, 어쩌면 나도 오래도록 나를 사랑하던 남자의 눈동자에서 그런 시선을 보아야 하는 건 아닐까? 나를 위로해 준 이는 자크였다. 그는 퉁퉁 부은 내 눈을 보고 무척 감동했는지 매우 친절하게 대해 주었다. 나는 울음을 그쳤다. 자크의 플랑댕 할머니 집에서 점심을 먹는데 할머니가 느닷없이 내게 이런 말을 했다.

"만약 네가 공부를 하지 않았더라면 지금 네 모습이 이렇지는 않았을 거다."

자크는 부드럽게 나를 쳐다보았다.

"그래도 시몬은 지금과 같을걸요."

'그를 의심했던 것은 잘못이다. 자크는 나를 사랑하고 있다.' 나는 이런 생각이 들었다. 다음 주에 그의 집에서 저녁을 먹었다. 그는 걱정거리에서 벗어나기는 했지만, 이번에는 자신이 다시 부르주아적으로 되는 것 같아 걱정이라고 내게 털어놓았다. 그러더니 식사가 끝나자마자 외출해 버렸다. 많은 이유를 찾아보았지만 나는 이해할 수가 없었다. 만약 내게 애정이 있다면 그런 식으로 밖에 나가지 않았으리라. 자크는 대체 무엇에 저리도 집착하는 것일까? 확실히 그는 변덕스러웠다. 그는 사소한 우정과 걱정거리 속으로 사라져 갔다. 나를 고통스럽게 하는 문제 따위는 개의치 않았다. 그에게는 지적 확신이 없었다. 나는 또다시 혼란에 빠졌다.

"결코 그에게서 벗어날 수 없는 것일까? 나는 이따금 그에게 반항한다. 나는 그를 사랑한다. 나는 무분별하게 그를 사랑하고 있다. 그렇건만 그가 내게 맞는 사람인지 모르겠다."

사실 자크와 나 사이에는 너무나도 다른 점이 많았다. 완연한 가을날, 나는 내 초상을 그리면서 나 자신의 성실함에 대해 기록했다.

"엄격하고 흔들림 없는 성실함. 나는 그 이유를 모르겠지만 절대적인 필요처럼 나는 그것에 따르고 있다."

나는 어린시절부터 늘 나를 드러내고 극단적이었으며, 그것이 자랑스러웠다. 다른 사람들은 신앙이나 회의주의, 욕망, 계획의 중간쯤에서 멈춰 서 있었기 때문에 나는 그들의 흐리멍덩함을 경멸했다. 나는 내 감정과 사상, 기획의 마지막까지 돌진했고, 어떤 일도 결코 가볍게 다루지 않았다. 어린시절처럼 내 인생의 모든 것이 필요성에 의해 정당화되기를 바랐다. 이런 고집 때문에 나의 몇 가지 성품을 잃었으나 그런 됨됨이와의 단절이 문제되지는 않았다. 내게 있어 진지한 문제는 '온통 나 자신'이었기에, 스스로에게 매우 집착하고 있었다.

나는 자크의 방자함, 역설, 비약적 대화를 비난하지 않았다. 자크가 나보다 더 예술적이고 예민하며, 자발적이고 재능이 있다고 믿었다. 때로는 테아게네스와 유포리온의 신화를 떠올리고는 자크 안에 내재한 우아함을 나의 많은 가치 위에 두기까지 했다. 하지만 지난날 자자에 대해서는 아무런 비판거리가 없었음에 반해, 자크의 어떤 점은 마음에 걸리는 데가 있었다. '그의 정해진 틀에 대한 취향, 지나친 열중, 약간 잘난 체하는 경멸' 등이 그랬다. 그는 깊이와 인내력이 부족했고, 때로는 성실함—이것이 훨씬 중대하게 생각되었는데—이 결여되어 있었다. 자크의 도피에 나는 화가 나기까지 했다. 이따금 그의 비관론이 노력을 포기하는 적당한 핑계가 아닐까 의심하기도 했다. 그가 아무것도 믿을 수 없다고 불평하면 나는 그에게 목표를 설정해 주는 데 온 힘을 기울였다. 자기를 발전시키도록 노력하고, 또 자신을 풍요롭게 만드는 것이 내게는 흥미진진하고도 멋진 일로 보인다고 말해 주었다. 나는 지드의 계율을 그런 의미로 해석했다. '자신을 다시없는 인간이게 할 것'. 그렇지만 자크에게 그 말을 거듭해도 그는 단지 어깨를 으쓱이며 이렇게 말할 따름이었다.

"그러려면 잠자리에 들어 잠을 자는 도리밖에 더 있겠니?"

나는 또한 자크에게 글쓰기를 권했다. 만약 그가 그럴 마음만 먹는다면 틀림없이 훌륭한 책을 쓰리라고 나는 확신했다.

"그런 걸 하면, 뭐가 어떻게 되는 거지?"

그는 대답했다. 그럼 데생은? 그림은? 그에겐 재능이 있었다. 그는 내 제안에 늘 이렇게 말하곤 했다.

"그런다고 달라지는 건 아무것도 없어!"

어느 날 나는 순수한 마음으로 일기에 이렇게 썼다.

"자크는 무엇이든 절대적인 것 위에 구축하기를 바란다. 그는 칸트의 철학을 실행하는 게 분명하다. 이 방향으로 가면 어떤 것에도 도달하지 못하리라."

하지만 자크의 태도와 형이상학은 아무 관계도 없다는 생각이 들었다. 평소에 나는 그의 태도를 혹독하게 비판했고, 게으름도, 지독한 가벼움도, 변덕도 싫어했다. 자크는 나름대로 내 성실성에 자주 진저리가 났던 모양이다. 이런 차이를 우정으로 맞추어 갈 수 있었으나 밖에서의 사생활이 어떨지는 훤히 내다보였다.

그것이 단지 성격 차이였다면 그렇게까지 걱정하지 않았겠지만, 나는 다른 게 문제임을 알았다. 그것은 생활방식의 차이였다. 자크가 결혼이라는 말을 입 밖에 내던 날, 나는 자크와 나를 분리하고 있는 것들을 오랫동안 생각해 모두 결론을 내 보았다.

"그는 아름다움을 누리는 것으로 만족하고, 사치와 안락한 인생을 받아들이며, 행복을 사랑한다. 하지만 나는 끝없는 허기로 모든 것을 소유하는 인생이 필요하다. 나는 행동하고, 자신을 소비하며, 실현해야 한다. 나에겐 도달할 목표가, 극복해야 할 고난이, 완성해야 할 작품이 필요하다. 나는 사치를 위해 태어나지 않았다. 자크를 만족시키는 것만으로는 결코 충분하지 않으리라."

레귀용 가문의 사치라고 해서 놀랄 만한 것은 없었다. 내가 실제로 거부하고 자크를 비난했던 점은, 그가 부르주아 생활을 받아들인다는 사실이었다. 우리 우정의 공모 관계는 내 마음속 모순점들이 엇갈리는 애매한 토대 위에 서 있었다. 내가 보기에 자크는 불안했기 때문에 자기 계급에서 도망쳐 나온 듯했다. 나는 그 불안이 이 시대 부르주아의 자기 회복 수단임을 알아채지 못했다. 그래도 자크가 결혼한 날로부터 불안에서 해방될 것이고, 내가 머릿속에서 그리던 젊은 남편과 가장이라는 인물에 적합하게 살아가리라는 예감이 들었다. 사실 그가 바라던 모든 것은 그의 출생이 그에게 부여한 역할에 확신을 갖고 충실하는 것이었다. 파스칼이 성수에 기대를 걸었듯이, 자크는 결혼을 통해 자기에게 결여되었던 확신을 획득하려 했으리라. 나는 아직 그것을 분명히 깨닫지 못했지만, 그가 결혼을 출발점으로 보지 않고 해결책으로 생각한다는 사실은 알고 있었다. 높은 봉우리를 향해 함께 상승하는 것은 확실했다. 만약 내가 레귀용 부인이 된다면 '폐쇄된 가정'을 지켜나갈 운명에 맞서게 되리라. 하지만 그것은 나의 개인적인 갈망과 타협할 여지가 전혀 없지 않은가? 나는 타협을 불신했고, 특히 이 타협은 위험해 보였다. 나는 그의 염세주의에 이미 감염되어 있었기 때문에 자크와 함께 생활하면서 그에게서 나를 지키는 일은 쉽지 않으리라. 나는 내 열정이나 의지에 기대어 타협을 거부하려 했다. 그리고 때로 성공했다. 그런데도 낙담할 때면 무심결에 그가 옳다며 나를 꺾고 말았다. 자크의 영향에 의해, 그의 마음에 들기 위해서 나는 '나의 가치'였던 것을 희생시키는 건 아닐까? 나는 내 팔다리를 비트는 것에 반항했다. 그래서 그해 겨울 자크에 대한 내 사랑은 무척이나 힘들었던 것이다. 자크는 자기를 낭비하고, 나와 멀리 떨어져 방황했다. 나는 그것으로 고통을 겪었다. 어쩌면 자크는 '소시민화'됨으로써 마음의 평정을 찾으려 했을지도 모른다. 그런 점이 그와 나를 가깝게 해줄 수도 있었겠지만 나는 그것을 실추라고 보았다. 그의 무질서함을 따라갈 수도 없었다. 그렇다고 내가 경멸하는 질서 속에서 그와 함께 있고 싶지도 않았다. 우리는 둘 다 관습적인 가치를 믿지 않았다. 나는 달리 믿을 것을 찾거나 뭔가 다른 것을 창출해내려 마음먹고 있었지만, 자크는 그런 것은 전혀 생각하지 않았다. 그는 방탕과 침체 사이를 오가며 흔들렸고 그가 택한 지혜의 방식은 그저 '동의'하는 일이었다. 그는 생활방식을 바꿀 생각도 않고 환경에 순응해 가려 했다. 그러나 나는 내 생활을 뛰어넘어 나아갈 길을 찾고 있었다.

나는 자주 우리 사이에 양립할 수 없는 부분을 예감하고 슬퍼했다.

"행복, 인생, 그건 바로 그 사람이다! 아, 행복과 인생은 모든 것이어야 하는데!"

그런데도 나는 내 마음에서 자크를 흔들어 떨어뜨릴 결심을 하지 못했다. 그는 한 달 예정으로 프랑스 순례여행을 떠났다. 레귀용 스테인드글라스를 팔기 위해 사제와 교회를 방문하러 간 것이다. 그때는 겨울이어서 매우 추웠다. 나는 다시 그의 따뜻함을, 평화로운 애정을, 우리 둘의 가정을, 나의 가정을 원했다. 나는 스스로에게 묻기를 멈추고 모리아크의 《청춘에의 결별》을 펼치고서 그 길고 창백한 문장을 암기하며, 오가는 길에 스스로에게 읊조렸.

왜 나는 그와의 사랑에 이렇게 집착할까? 우선은 망설임 속에서도 늘 자크에 대해 감동 어린 애정을 간직하고 있기 때문이다. 그는 매력적인 사람이었고, 다른 사람을 매료하는 데가 있었다. 변덕스럽기는 해도 현실적인 그 친절함에 사람들은 당황하기도 했다. 내 마음은 무방비 상태였다. 그가 별 뜻 없이 한 말의 억양이나 눈길에도 나는 현기증이 날 정도로 고마움을 느꼈다. 하지만 자크는 이제 나를 매혹하지 못했다. 책이나 그림을 이해하는 데도 그의 도움은 필요치 않았다. 그러나 나는 그의 신뢰와 겸손함에 감동했다. 다른 사람들—편협한 청년들이든 사려 깊은 어른들이든—은 모든 사물에 대한 모든 것을 알고 있는 듯했으며, 그들이 '잘 모르겠어'라고 말할 때도 그 말은 반드시 그들의 진언이 아니라 잘못 말한 것이 되었다. 나는 얼마나 자크의 자신 없음을 감사해했던가! 그가 나를 도와주었던 것처럼 나도 그를 돕고 싶었다. 나와 자크의 관계가 과거보다는 일종의 동맹처럼 이어져 있는 듯했다. 동맹에 의해 자크를 구원하는 일이 나를 구원하는 것보다 훨씬 내게 필요했다. 나이가 많든 적든 간에 나와 조금이라도 대화가 가능한 남자는 단 한 사람도 없었으므로, 자크와의 숙명을 굳건하게 믿었다. 만약 자크가 나를 위해 태어난 게 아니라면 그는 아무도 아닐 것이며, 그때 나는 다시 쓰디쓴 고독으로 돌아가야만 하리라.

내 운명을 또다시 자크와 연관 짓던 무렵에 나는 그의 인간상에 옷을 입혀 보았다.

"자크에게서 내게로 오는 모든 것은 유희, 용기의 결여, 비겁으로밖에 보이지 않는다. 그리고 나는 그가 내게 한 말의 진실을 재발견하는 것이다."

자크의 회의주의는 그의 밝고 맑은 성정을 나타내고 있었다. 내가 인간의 목적지까지 이르려면 슬픈 상대성을 겪는다는 사실을 스스로에게 속이려 했을 때, 나야말로 용기가 없었다. 하지만 자크는 어떠한 목적도 노력할 가치가 없다고 본심을 토로했다. 그는 바에서 시간을 소비하지 않았는가? 그는 절망에서 도망치기 위해 그곳에 갔던 것이다. 그리고 거기서 때때로 시를 만나기도 했으리라. 그의 방탕을 탓하는 대신 그가 낭비벽에 빠질 수밖에 없었던 까닭을 알아야만 한다. 자크가 즐겨 인용하는 툴레(Thulé)의 왕과 그는 닮았다. 낭비와 방탕을 위해 가장 아름다운 금잔을 바다에 내던지는 일도 마다하지 않았던 툴레 왕을 닮았던 것이다. 내가 이런 세련된 행동을 하기란 절대 불가능했으나 그 행동의 가치를 무시하는 일은 허용되지 않았다. 나는 언젠가 자크가 그런 온갖 세련미를 작품으로 표현하리라고 굳게 믿었다. 그는 나를 완전히 실망시킨 게 아니었다. 때때로 그는 멋진 제재를 찾았다는 식의 말을 했다. 참을성 있게 기다리고 그를 믿어야 한다. 나는 실망에서 다시 그에 대한 열광으로 뛰어올라야 할 힘든 길을 가고 있었다.

내가 이토록 열심이었던 주된 이유는 이 연애를 빼면 내 인생이 너무나 절망적이고 공허하기 때문이다. 자크는 그 자신일 뿐이었다. 그러나 멀리서 볼 때, 그는 모든 것이었다. 그는 내가 소유하지 않은 것의 전부였고, 그 덕분에 환희와 고뇌를 알았다. 그것들이 지닌 치열함만이 나를 무미건조한 권태에서 구해 주었던 것이다.

자자는 10월 초에 파리로 돌아왔다. 그녀는 아름답고 긴 검정 머리를 잘랐는데, 야윈 얼굴을 돋보이게 했다. 성 토마스 아퀴나스 풍의 옷은 우아하지는 않았지만 편해 보였으며, 자자는 언제나 작은 종 모양의 모자를 눈썹이 덮이도록 깊게 쓰고 대개는 장갑을 끼고 있었다. 자자를 다시 만나던 날, 우리는 센 강변과 튈르리 공원에서 오후를 보냈다. 그녀는 평소의 단아한 모습에다 요즘엔 거의 습관이 되다시피 한 약간 슬픈 표정을 하고 있었다. 그녀는 아버지가 직장을 옮겼다고 했다. 라울 도트리 씨가 국영철도 기사장이라는 직위에 오르자 분개한 마비유 씨는 전부터 이야기가 있던 시트로엥 회사의 청을 받아들인 것이다. 마비유 씨는 막대한 수입을 얻게 되었다. 마비유 집안은 베리 가의 호화로운 아파트로 이사했다. 자동차도 샀다. 초대를 하거나 초대받는 일도 전보다 훨씬 많아질 터였다. 자자는 이런 일들이 별로 기쁜 것 같지 않았다. 그녀는 강요되는 이런 사교 생활이 못마땅하다고 내게 말했고, 나는 자자가 결혼식이나 장례식, 그밖에 세례, 성체 예배, 티타임, 오찬, 바자회, 가족 회식, 약혼 피로연, 댄스파티 등에 다니기는 해도 결코 진심으로 기뻐서가 아님을 이해했다. 그녀는 전과 다름 없이 단호하게 자기 계층을 비판했고, 그것을 이전보다 더 고통스럽게 느끼고 있었다. 여름 방학이 시작되기 전에 나는 책 몇 권을 자자에게서 빌렸다. 자자는 이 책들을 통해 많은 것을 생각하게 되었다고 했다. 그리고 《대장 몬》은 3번이나 읽었다고 한다. 그녀를 이토록 감동시킨 소설은 지금껏 없었다. 나는 갑자기 자자에게 상당한 친밀감을 느껴서, 내 일에 대해서도 조금 말해 주었다. 그녀는 나와 많은 점에서 완전히 생각이 같았다.

"나는 자자를 되찾았어!"

저녁나절 그녀와 헤어진 뒤 잔뜩 들뜬 마음으로 이렇게 외쳤다. 우리는 매주 일요일 오전에 함께 산책을 하기로 했다. 그녀의 집이나 우리 집이나 툭 터놓고 얘기할 만한 장소는 아니었던 데다가, 우리는 전혀 카페를 이용할 생각이 없었던 것이다.

"저 사람들은 모두 뭘 하고 있는 걸까? 가정이 없나 봐!"

언젠가 카페 레장스 앞을 지나면서 자자가 그렇게 말한 적이 있다. 우리는 뤽상부르 공원 오솔길과 샹젤리제 거리를 돌아다녔다. 날씨가 좋을 때는 잔디 위 철제 의자에 앉았다. 가끔씩 아드리엔 모니에 도서관에서 똑같은 책을 빌렸는데, 알랭 푸르니에와 자크 리비에르가 주고받은 편지는 푹 빠져서 읽었다. 자자는 푸르니에를 좋아했고, 나는 리비에르의 조직적인 탐욕에 매료되었다. 우리는 토론하고, 서로의 일상생활에 대해 많은 대화를 했다. 자자는 마비유 부인과 사이가 좋지 않았다. 그녀는 자자가 공부와 독서, 음악 등에 너무 시간을 허비하고, '사회적 의무'를 소홀히 한다며 불만스러워했다. 자자가 좋아하는 책은 마비유 부인에겐 수상쩍은 것으로 보여 걱정을 끼쳤다. 자자는 엄마에게 여전히 헌신적인 애정을 갖고 있었으므로, 엄마의 마음을 아프게 할 만한 일을 무척이나 못 견뎌했다.

"하지만 이 세상에는 포기하고 싶지 않은 것도 있어!"

자자는 걱정스러운 듯한 목소리로 말했다. 그녀는 앞으로 벌어질 더 심각한 의견 충돌을 두려워했다. 맞선을 거듭 보았다는 릴리 언니는 이제 23살이 되었으므로 머지않아 결혼을 하게 될 테고, 그렇게 되면 가족들은 이번엔 자자를 시집보낼 생각을 할 것이다.

"난 그런 짓 못 하겠어. 그렇게 되면 엄마와 싸울 거야."

그녀는 말했다.

나는 그녀에게 자크나 종교적인 심정 변화에 대해서는 말하지 않지만, 많은 것을 이야기했다. 자크의 집에서 저녁을 먹고 와서 밤새워 울고 난 다음 날, 저녁까지 홀로 있는 것을 도저히 견딜 수 없어서 나는 자자네 집 초인종을 눌렀다. 자자 앞에 앉자마자 나는 와락 울음을 터뜨렸다. 그녀가 너무 깜짝 놀라서, 나는 모든 것을 털어놓았다.

나는 하루 대부분을 평소와 같이 공부로 보냈다. 그해에 랑베르 선생님이 논리와 철학사 강의를 했는데, 나는 이 두 과목에 통과할 준비를 하고 있었다. 철학 공부를 다시 시작하고 나서 나는 비교적 만족감을 느꼈다. 꼭 어린 시절처럼, 이 지상에 내가 존재하는 기묘한 현상에 대해 잔뜩 예민해져 있었다. 나는 대체 어디서 와서 어디로 가는 것일까? 나는 때때로 그것에 대해 생각했다. 망연하게……. 나는 노트에 그렇게 자문하고 있다. '간단하지만 좀처럼 간파할 수 없는 마술'에 속고 있는 듯한 기분이 들었다. 비록 비밀을 캐내지 못하더라도 적어도 그것을 포위하고 싶었다. 트레쿠르 신부님이 가르쳐 준 것이 내가 지닌 유일한 철학 지식이었으므로 데카르트나 스피노자의 체계를 더듬어 나가기가 정말 힘들었다. 그들은 자주 나를 매우 높은 곳으로, 영원으로 데려갔다. 발밑에 지구가 개미집처럼 보이고, 문학조차 헛된 빗줄기 소리로 바뀌었다. 때로는 문학이 현실과는 아무 상관도 없는 어수룩한 허상으로 보였다. 나는 칸트를 공부했다. 칸트는 내게 아무도 발견하지 못하는 카드의 뒷면을 가르쳐 주었다. 칸트의 비판은 꼭 들어맞는 것 같았으므로 그것을 이해하는 일은 대단한 기쁨이었고, 그 순간 나는 슬프지 않았다. 그러나 만약 칸트의 비판이 내게 우주를 설명하는 데 실패한다면 나는 더 이상 철학에 무엇을 요구해야 좋을지 몰랐으리라. 처음부터 내가 인정하지 않은 학설에 나는 상당한 흥미를 보였다. 나는 '데카르트의 실체적 증명'에 대해 논문을 썼는데, 비록 랑베르 선생님이 그것을 평이하다고 평가했지만 내게 흥미를 보이기 시작한 듯해서 기뻤다. 논리 강의 동안에 나는 랑베르 선생님을 바라보면서 마음을 달랬다. 그녀는 늘 파란 옷을 입는데, 단순하기는 해도 매우 세심히 고른 것이었다. 나는 랑베르 선생님의 차갑지만 정열적인 눈길이 조금 단조롭다고 생각했으나 단호한 표정을 단숨에 생생한 얼굴로 바꿔 버리는 그 미소에 늘 깜짝 놀라곤 했다. 사람들은 랑베르 선생님이 전쟁으로 약혼자를 잃고 나서 세상을 포기했다고 말했다. 그러나 그녀는 사람을 끄는 매력이 있었고, 자기의 영향력을 남용한다는 비난을 받기도 했다. 또한 다니엘루 부인의 뜻을 받아들여 수도회를 관리하고 있었는데, 간혹 그녀를 좋아해서 수도회에 가입하는 여학생들도 있었다. 그렇지만 랑베르 선생님은 소녀들의 마음을 유혹해 놓고는 나 몰라라 하는 것이었다. 나에게 그런 일은 별로 중요하지 않았다. 나는 단지 생각하고, 살아가는 것만으로는 불충분했다. 나는 '자기 인생에 대해 생각하는' 사람들만을 완전하다고 인정했다. 랑베르 선생님은 '살고' 있지 않았다. 그녀는 강의를 하고 논문을 썼다. 나는 이런 삶의 방식이 무척이나 살풍경하다고 생각했다. 그래도 그녀의 눈동자나 옷처럼 푸른빛의 사무실에 들어가 앉는 것이 좋았다. 그녀의 책상 위에는 크리스털 꽃병에 늘 차향이 나는 장미꽃 한 송이가 있었다. 랑베르 선생님은 내게 읽을 책을 이것저것 권하고, 앙드레 말로라는 무명의 청년이 쓴 《서구의 유혹》이라는 책을 빌려주었다. 또 상당히 강하지만 주눅 들게 하지 않는 어조로 나에 대해 물었다. 그리고 내가 신앙을 잃은 것을 쉽게 이해해 주었다. 나는 선생님에게 많은 이야기를 하고, 또 내 연애에 대해서도 말했다. 선생님은 연애나 행복을 포기해야만 한다고 생각했던 것일까? 그녀는 걱정스러운 듯이 나를 보았다.

"시몬, 너는 연애나 결혼 말고도 여자가 해낼 수 있는 일들이 있다고 생각하니?"

분명 그녀도 나름대로의 문제를 갖고 있었으리라. 하지만 오직 이때 한 번만 암시했을 따름으로, 선생님의 역할은 나를 돕고 내 문제를 해결하는 것이었다. 나는 그녀가 하는 말을 듣고 있었지만 바로 이해할 수는 없었다. 선생님은 조심하느라 확실하게 자신의 의견을 드러내 보이지 않았지만, 그녀가 신앙에 헌신하고 있음을 잊을 수가 없었다. 그러나 선생님이 이토록 열심히 내 걱정을 해주는 게 고마웠고, 그녀의 믿음은 내게 힘이 되었다.

나는 7월에 '사회단체'에 가입했다. 뚱뚱하고 붉은 보랏빛 얼굴을 한 여성 부장이 내게 벨빌 사회운동 지부 조장을 맡겼다. 10월 초순에 그녀는 이런저런 지시를 내리기 위해 책임자 회의를 열었다. 거기서 만난 여자들은 별로 바람직하지 못한 점에서 데지르 학교의 옛 학우들과 비슷했다. 나와 함께 일을 하는 여성이 두 명 있었는데 한 사람은 영어를 담당하고, 다른 한 사람은 체조를 책임졌다. 그녀들은 30살 즈음의 나이로 밤에는 부모님과 함께가 아니면 절대로 외출하지 않았다. 우리 모임은 일종의 사회사업 센터에 들어 있었다. 이 센터는 키가 크고 매우 예쁜 25살가량의 여자가 관리했다. 쉬잔 부아그라는 이름의 이 여인은 내게 호감을 느끼게 했다. 하지만 새로운 일들은 별다른 만족을 주지 못했다. 일주일에 1번, 2시간씩 나는 수습 여직원들에게 발자크나 빅토르 위고를 설명하고, 책을 빌려주거나 함께 이야기를 했다. 많은 사람이 열심히 나왔지만, 그것은 동료를 만나거나 그녀들에게 더 실질적인 서비스를 해주는 센터와 우호 관계를 갖기 위한 목적이었다. 센터에는 남자부도 있었으므로 오락 모임이나 댄스파티 등에서 남녀가 함께 자주 만났다. 춤이나 유희, 그에 따르는 여러 가지가 공부 모임보다도 훨씬 그녀들을 사로잡았다. 나는 그것을 당연하게 생각했다. 우리가 그녀들에게 주는 지식은 통일되어 있지 않은 데다가 생활상의 경험과는 아무런 관계가 없다 보니 전혀 도움이 되지 않았다. 나는 그녀들에게 《레미제라블》이나 《고리오 영감》을 읽게 하면 괜찮을 것 같다고 생각했는데, 만일 그랬다면 가릭은 내가 그녀들에게 교양 공부를 시켰다고 오해했으리라. 그녀들과 인간성의 위대함이나 고통의 가치에 대해 이야기하라는 지시를 받았지만, 나는 따르기가 싫었다. 마치 내가 그녀들을 비웃는 듯한 기분이 들 것 같아서였다. 한편 우정에 대해서 이야기하자면, 그 점에 있어서는 가릭은 나를 속였다. 센터의 분위기는 아주 밝았다. 그러나 벨빌 노동자 거리의 젊은이들과 나처럼 외부에서 온 사람들 사이에는 친밀감은 물론 소통도 없었다. 단지 함께 시간을 보낼 뿐 그 이상 아무것도 없었다. 나의 환멸은 가릭에게로 쏟아졌다. 어느 날 가릭이 강연을 하러 왔는데, 그날 저녁 대부분은 쉬잔 부아그와 가릭과 함께 보냈다. 언젠가 가릭과 대등하게 성인으로서 대화하기를 열렬히 바랐건만, 그와 나눈 대화는 따분했다. 가릭은 늘 같은 생각을 주절주절 되풀이했다. 우정은 증오로 바뀌었다. '당이나 조합, 혁명을 생각하는 대신에 직업, 가정, 종교를 생각해야 한다, 문제는 모든 인간의 인간적 가치를 찾는 것에 있다'고 그는 주장했다. 그가 하는 일에 대한 나의 신뢰가 사라짐과 동시에 그에 대한 동경심도 없어졌다. 그로부터 얼마 안 있어 쉬잔 부아그가 베르크 환자들에게 공부를 가르쳐 달라고 편지를 보내왔다. 나는 승낙했다. 이 일은 평이하면서도 효율적일 듯했다. 그러나 나는 이를 환멸적인 해결책이라고 결론 내렸다. 인간은 거짓 알리바이를 만들어 타인을 위해 봉사하는 것처럼 가장한다는 생각 때문이었다. 나는 행동이란 것이 내가 비난하는 바와 아주 다를 수 있다고는 생각하지 않았다. 왜냐하면 만약 내가 '사회단체'에서 일종의 속임수를 간파했더라도, 나 역시 그 희생자가 되어 있었을 것이기 때문이다. 나는 서민과 진실한 교류를 가졌다고 믿었다. 서민은 성실하고 순종적이며, 특권 계급과 협력할 용의가 있는 듯이 보였다. 이 기만적 경험은 내 무지를 더 심화시켰다.

개인적으로 '사회단체'에 가입해 가장 좋았던 점은 하룻밤 집을 비울 수 있었던 일이었다. 나는 다시 동생과 사이가 매우 좋아졌다. 동생과 함께 연애, 우정, 행복, 그것들의 간교한 계략과 기쁨, 내면적 삶의 아름다움을 이야기했다. 그녀는 프랑시스 잠이나 알랭 푸르니에를 읽고 있었다. 그에 비해 나와 부모님 사이는 좋아지지 않았다. 부모님의 태도가 얼마나 내게 상처를 주었는지 알았다면 부모님도 분명 가슴 아파했으리라. 하지만 부모님은 그런 일은 꿈에도 생각지 않았다. 내 취미나 의견을, 상식이나 부모님에 대한 도전이라 굳게 믿고, 매사에 나를 공격했다. 그러고는 당신들의 친구에게까지 거들어 달라고 부탁했다. 그들은 한목소리로 현대 예술가들의 사기꾼 기질을, 대중의 속물주의를, 프랑스 및 문명의 퇴폐주의를 들추어냈다. 이런 비판 도중에 모두의 시선은 일제히 내게로 향했다. 프랑쇼 씨는 능변가로 문학에 심취하여 소설 2권을 자비로 출판한 사람이었는데, 어느 날 저녁에 막스 자코브의 《주사위 통》이 어느 부분이 좋으냐고 빈정거리며 물었다.

"아, 그건 겉만 읽어서 금세 알 수 있는 건 아니에요."

나는 차갑게 쏘아붙였다. 그랬더니 모두가 와 하고 웃었고, 나는 내가 한 대 얻어맞았음을 인정했다. 하지만 이런 경우에 나로선 학자인 체하거나, 아니면 무례한 말을 하는 것 말고는 달리 방법이 없었다. 나는 거슬리는 자극을 받아도 반응을 보이지 않으려 애를 썼는데, 부모님은 내가 죽은 체하는 것도 못 견뎌했다. 그리고 내가 불길한 영향을 받고 있는 것이 틀림없다고 믿고 수상쩍다는 듯 나를 몰아붙였다.

"너의 랑베르 선생인가 뭔가 하는 작자가 대체 어디가 그토록 잘났다는 게냐?"

아버지가 물었다. 아버지는 내가 가정에 대한 개념이 없다고 했고, 아버지보다 남을 더 생각한다고 나무랐다. 엄마는 사실 먼 친척보다는 내가 사귀는 친구들이 더 좋다고 인정했지만, 자자에 대한 감정은 지나치다고 생각했다. 언젠가 나는 끝내 참을 수가 없어서 자자의 집으로 가서 울음을 터트렸다. 그러고는 집으로 돌아와서 말했다.

"자자네 집에 갔었어요."

그랬더니 엄마는 말했다.

"지난 일요일에도 만나지 않았니! 늘 그렇게 자자네 집에 들어가 죽치고 있지 마라!"

그 뒤로 다시 한바탕 소동이 일어났다. 이 다툼은 책 때문에 벌어졌다. 엄마는 내가 읽는 책에 대해 그럭저럭 참아내고 있었는데, 장 리샤르 블로크의 《쿼르드의 밤》을 주워 읽고는 새파래졌다. 엄마는 내가 얼마나 걱정거리인지를 아버지와 마비유 부인, 숙모들, 사촌들, 친구들, 모든 사람에게 하소연했다. 나는 주위에서 느끼는 이런 불신을 도저히 감당할 수 없었다. 매일 밤이, 매주 일요일이 얼마나 길게 느껴졌던지! 엄마는 내 방 난로에 불을 지필 수가 없다고 했다. 그래서 나는 석탄 난로를 피워 놓은 응접실 카드 테이블에서 공부했다. 문은 가족들의 오감으로 인해 언제나 활짝 열려 있어서, 엄마는 응접실을 드나들거나 왔다 갔다 하며 내 어깨 위를 넘겨다보았다.

"뭘 하고 있는 거니? 이 책은 뭐냐?"

정력적인 활력을 타고난 엄마는 그런 것을 소비할 기회가 거의 없었어도 밝고 활기찬 미덕을 좋다고 믿었다. 엄마는 노래하거나, 웃거나, 농담을 하면서 옛날 화기애애하던 시절, 아버지가 밤마다 외출하지 않던 시절에 집 안을 가득 채우던 그 명랑하고 시끌벅적하던 분위기를 다시 살리려고 홀로 노력하고 있었다. 엄마는 내게도 협력을 바랐지만, 나는 활기가 없었으므로 엄마가 걱정했다.

"넌 대체 무슨 생각을 하는 거니? 무슨 일이야? 어째서 그런 퉁퉁 부은 얼굴인 거냐? 물론 너는 엄마와 아무 말도 하고 싶지 않겠지……"

마침내 엄마가 잠자리에 들었을 때는 이미 너무 지쳐서 그 휴식 시간을 이용할 기운도 없었다. 나는 그냥 영화라도 보러 가고 싶었다! 한 손에 책을 들고 카펫 위를 뒹굴었지만, 머리가 무거워서 자꾸만 눈이 감겼다. 어두운 마음으로 잠자리에 들었다. 권태와 함께 잠에서 깨어나고, 무거운 하루하루를 슬프게 끌려다녔다. 이제 책이 싫었다. 틀에 박힌 말만 반복하는 책을 너무 읽다 보니 거기서는 새로운 희망을 구할 수가 없어 센 강가나 보에티 거리 화랑에서 시간을 보내는 편이 훨씬 나았다. 그림은 나 자신으로부터 밖으로 나올 수 있게 해주었다. 나는 나에게서 벗어나 보고 싶었다. 이따금 저녁노을 속에서 나를 잊거나, 빛바랜 초록 잔디가 옅은 누런색 국화와 대조를 이루어 강렬히 빛을 발하는 모습을 바라보기도 했다. 가스등 불빛이 카루젤 광장의 나뭇잎을 오페라 장치로 바꿀 시각에, 분수의 솟아오르는 물소리에 귀를 기울였다. 열정이 없어서가 아니라 나의 피가 약동하기에는 약간의 햇빛으로도 충분했던 것이다.

그러나 가을이었고, 안개비가 내렸으며, 나의 기쁨은 드문 일인 데다가 그것도 이내 사라져 버렸다. 권태와 절망이 다시 찾아왔다. 작년 가을, 새 학년에도 그다지 좋은 출발을 하지 못했다. 나는 기쁨이 솟구쳐 세상으로 들어가려 했지만, 사람들은 나를 새장 속에 가두더니 도로 쫓아내었다. 나는 내 과거와 내가 속한 계층과 결별하는 부정적인 일에 의해 그곳에서 벗어날 수가 있었다. 나는 또한 중요한 발견도 했다. 가릭, 자크의 우정, 책을 찾아낸 것이다. 나는 다시 미래에 대해 자신을 갖고 하늘 저 높이 떠서 영웅적인 숙명을 향하고 있었다. 추락이 아닌가! 미래는 또다시 현재가 되었고, 모든 약속은 기다리지 않아도 이루어지게 되어 있었다. 그러나 도움이 되어야 하는데, 무엇에게? 누구에게? 나는 많은 책을 읽고, 생각하고, 습득했다. '나는 준비가 되어 있다, 나는 풍부하다'고 스스로에게 말했다. 하지만 아무도 내게 그러라고 요구하는 사람은 없었다. 인생은 너무도 충만한 것처럼 보였기 때문에 나는 그 무한한 손짓들에 대답하기 위해, 나의 모든 것이 쓰일 수 있도록 편집광적인 궁리를 했다. 그러나 인생은 비어 있었다. 실제로 나를 부르고 원하는 목소리는 하나도 없었다. 대지를 휘두를 만큼의 힘을 몸 안에서 느끼고 있었지만, 움직일 자갈돌 하나도 찾아내지 못해서 나의 실망은 충격적이기까지 했다.

"나에게는 너무 많은 일이 있기 때문에, 더욱 아무것도 할 수가 없어."

영광이나 행복을 포기하는 것만으론 부족했다. 나는 내 인생에서 결실이 많기를 바라지 않았고, 이제 아무것도 원하지 않았다. '쓸모없는 존재'임을 고통과 함께 배웠다. 나는 직업을 갖기 위해 공부하고 있었지만 직업은 하나의 수단일 뿐이다. 어떤 목적을 위해서? 그리고 결혼, 그건 무엇 때문에 하지? 아기를 낳고, 숙제를 고쳐 주고……. 이 또한 하릴없는 똑같은 일의 반복이 아닌가? 자크가 한 말은 지당하다. 그런 일을 한다고 무슨 소용이 있을 터인가. 사람들은 허무하게 살아가는 것에 만족하고 있다. 하지만 나는 싫다. 랑베르 선생님도 엄마와 마찬가지로 무미건조한 나날을 보내고, 하루를 메워 나가는 것에 만족하고 있다.

"나는 다른 일은 아무것도 하지 못할 정도로 혹독한 의무를 원해!"

그러나 나는 그런 희망은 만나지 못하고, 끝내 참지 못해 나의 특수한 경우를 일반화해 버렸다.

"어떤 것도 나를 필요로 하지 않아. 또 다른 누구를 필요로 하지도 않아. 왜냐하면 아무것도 존재할 이유가 없으니까."

이처럼 나는 〈신프랑스 평론〉에 실려 평판의 대상이 되었던 마르셀 아를랑의 '새로운 세기병'을 내 안에서 발견했다. 우리 세대는 신의 부재로 인해 위로받지 못한다고 그는 말했다. 우리 세대는 절망적인 슬픔을 안고 평범한 직업을 갖는 것 말고는 아무것도 할 일이 없다. 나는 몇 달 전에 이 수필을 흥미 깊게 읽었지만, 별로 동요되지는 않았다. 나는 신이 존재하지 않아도 아무렇지 않았다. 비록 내가 신의 이름을 사용한다 해도, 그것은 내 눈에 풍요롭고 만족스런 반짝임으로 비치는 공간을 나타내기 위해서였다. 현재로선 신이 존재하기를 조금도 바라지 않았다. 또 내가 신을 믿는다고 해도 신을 증오할 것 같았다. 작은 우회로마저도 신이 다 알고 있는 수많은 길을 나는 더듬더듬 찾아가고, 신의 변덕으로 이리저리 끌려다니고, 절대 착오 없는 신의 판단에 잔뜩 몸을 움츠린다……. 이런 삶은 어리석고 쓸모없는 시련과 다름없다. 어떠한 궤변도 전능한 신이 나의 불행을 필요로 한다는 사실을 내게 이해시키지 못했다. 그렇지 않으면 그것은 유희였을 것이기 때문이다. 과거에 어른들이 재미 삼아 내 인생을 친절하게도 유치한 희극으로 바꾸던 무렵, 나는 분노로 경련을 일으켰다. 오늘날 나는 신의 어릿광대가 되는 것을 똑같은 분노로 거절하리라. 유년시절부터 나를 억누르던 광대한 그 가공할 취약성과 엄격함, 변덕과 위장된 필요의 불순한 혼합물을 만약 또다시 하늘에서 발견하게 된다면, 나는 하늘을 찬미하는 대신 나를 지옥에 떨어뜨리는 쪽을 택할 것이다. 신은 교활한 자애로움으로, 빛나는 눈동자로 내게서 대지를, 생명을, 다른 사람들을, 나 자신마저도 훔쳐 가리라. 나는 신의 손에서 벗어난 것을 커다란 행운이라고 생각했다.

그러나 그렇다고 해도 어째서 나는 실망과 함께 '모든 것은 허무하다'고 반복하는 걸까? 사실 내가 괴로워하던 불행은, 어린이의 낙원에서 쫓겨났지만 어른들 사이에 마땅히 머물 곳을 아직도 찾지 못한 데 있었다. 나는 이 세상을 위에서 조망하려고 절대 속에 있으려 했다. 현재, 만약 내가 행동하고 작품을 쓰고 나를 표현하려 한다면 지상으로 다시 내려와야만 했다. 하지만 내 경멸감이 그것을 지워 버렸기 때문에 주위의 텅 빈 것밖에는 눈에 들어오지 않았다. 솔직히 나는 어떤 것에도 손을 대지 않고 있었다. 연애, 행동, 문학작품도……. 나는 머릿속의 개념을 요동치게 하는 데 머물렀다. 추상적인 가능성을 이론적으로 부인하고, 그것은 현실을 말하기에는 개탄스러울 정도로 무의미하다고 결론지었다. 나는 뭔가 단단히 붙들기를 바랐지만, 불확실한 욕망의 폭력에 휘둘려 무한을 향한 욕망과 혼동했던 것이다.

만일 내가 아직도 얼마나 편협하고 배운 바가 없는지를 알았더라면, 내 빈곤함이나 무력함을 그리 걱정하지 않았으리라. 또 알고자 하는 노력이 가득했으리라. 그리고 달리 어떤 노력을 해야 하는지 속속 발견했을 것이다. 하지만 형태 없는 감옥에 있는 자에게 최악인 것은, 지평선이 막으로 둘러쳐져 있음을 알아채지 못하는 일이다. 나는 짙은 안개 속을 헤매면서 그것이 투명하다고 믿고 있었다. 내가 모르는 일들이 존재한다는 사실을 꿈에도 생각지 않았던 것이다.

역사는 내 흥미를 끌지 않았다. 볼라벨의 왕정복고에 관한 작품 말고, 내가 읽었던 회상록이나 연대기 등은 공트랑 선생님의 수업처럼 무의미한 이야기 더미로 보였다. 현재 일어나는 일도 내 주의를 거의 끌지 못했다. 아버지는 친구들과 한결같이 정치 이야기를 했으므로 모든 일이 제대로 돌아가지 않는다는 것도 알고 있었다. 나는 이 어두운 혼란 속에 전념하고 싶지 않았다. 화폐 개혁, 라인란트에서의 철수, 국제연맹의 유토피아 등 그들을 흥분시키는 문제는 내게 집안의 자질구레한 돈 걱정과 다를 바 없어 보였다. 나하고는 무관했다. 자크나 자자도 그런 문제로 골머리를 썩이지 않았고, 랑베르 선생님도 절대로 정치에 대해 말하지 않았다. 〈신프랑스 평론〉의 작가들—나는 다른 작가들은 거의 읽지 않았다—은 정치를 언급하지 않았다. 가끔 드리외 라 로셸은 예외였지만, 그것도 내가 전혀 이해하지 못할 문구들이었다. 러시아에서 무슨 일이 일어났는지도 모르지만 러시아는 너무 먼 나라이기도 했다. 사회문제에 관해서는 '사회단체'가 내 사고를 흐리게 했고, 철학은 사회문제를 무시했다. 소르본 대학에선 교수들이 헤겔이나 마르크스를 외면했다. 브룅슈비크 선생님은 《서구에서의 양심의 진보》라는 두꺼운 책에 마르크스에 대한 내용으로 3페이지 가량을 할애했지만, 그것도 무명의 반동 사상가와 나란히 다루었다. 브룅슈비크 선생님은 과학적 사상사를 가르쳤는데, 어느 누구도 인류의 모험에 대해 말하는 사람이 없었다. 인간이 지상에 끊임없이 초래하는 혼란은 전문가들의 흥미를 끌지도 모르지만 그 혼란은 철학자를 끌어들이지는 못한다. 즉 철학자가 아무것도 모른다는 사실을 깨달았을 때, 그리고 아무것도 알 것이 없음을 알았을 때 그는 모든 것을 안 것이다. '나는 모든 것을 안다, 나는 모든 것의 주위를 돌았다'고 그해 1월 일기에 쓴 까닭도 이것으로 설명된다. 내가 추종하던 주관주의적 관념론은 세상에서 두터운 맛과 특이성을 빼앗았다. 때문에 상상으로라도 꽉 붙들 만큼 확고한 것을 발견하지 못한 일도 놀랍지는 않았다.

  나의 처지, 자크의 영향, 사람들이 내게 가르친 학설, 그리고 당시의 문학 등 모든 것이 일제히 내게 인간적인 것의 무능함을 말하고 있었다. 작가들 대부분은 '우리의 불안'을 지겹게 되풀이했고, 분명한 절망으로 나를 유혹했다. 나는 이 염세주의를 극단으로 밀어붙였다. '나에 대한 신앙'을 포함해 모든 종교, 모든 도덕은 기만이다. 극히 최근까지도 내가 기분 좋게 간직하고 있던 열의를 인공적이라고 여겼다. 거기에는 전혀 이유가 없는 것은 아니지만 말이다. 나는 지드와 바레스를 내버렸다. 모든 시도에는 회피가 있는 듯이 보였고, 또한 공부도 무가치한 기분전환으로 생각되었다. 모리아크의 젊은 주인공이 그의 우정과 쾌락을 허무 위의 자기를 일시적으로 지탱하는 가지로 본다고 한 말을 빌렸다. 인간은 그렇게 붙들 권리가 있다. 그러나 그것은 절대성과 상대성을 혼동하지 않을 것, 즉 절대적인 의미와 상대적인 의미에서의 승리와 패배를 혼동해서는 안 된다는 조건이어야 한다. 나는 다른 사람들을 이런 기준으로 판단했으므로, 내겐 모든 것을 좀먹는 사소한 일들을 속임수를 쓰지 않고 정면으로 응시하는 사람들만이 존재하는 것이었다. 나머지 사람들은 내게 존재 의미가 없었다. 나는 선험적으로 대신(大臣)들, 아카데미 회원들, 훈장을 받은 신사들, 그밖의 위인들을 모두 야만인으로 간주했다. 작가는 저주받아야 했다. 모든 성공은 수상하게 보였고, 쓰는 것 자체가 연약함에 이끌리는 일이라고 생각했다. 테스트 씨(발레리의 산문집 《테스트 씨》의 주인공)의 침묵만이 인간의 절대적 절망에 적합한 표현으로 보였다. 신의 부재로써 시대를 포기하는 생각을 되살려 보았으나 이런 고행은 어떤 구원의 길도 열어 주지 않았다. 결국 가장 솔직한 태도는 자신을 포기하는 데 있다. 나는 그 생각을 인정하고 추상적인 자살을 찬미했다. 그러나 나는 자살할 생각은 하지 않았다. 죽음이 너무나도 두려웠다. 집에 혼자 있을 때, 15살 때와 똑같이 공포에 질려 허둥댔다. 손에 땀을 쥐고 바들바들 떨면서 어떻게 해야 할지 몰라 비명을 질렀다.

  "죽고 싶지 않아!"

하지만 이미 죽음이 나를 좀먹고 있었다. 나는 이렇다 할 일을 하고 있지 않았으므로 시간은 순간으로 분할되었고, 그 순간들은 정해져 있지 않은 부정형의 모습들이었다. 나는 그 '자질구레하게 조각난 죽음과 같은 순간들'을 받아들일 수 없었다. 쇼펜하우어나 바레스의 책, 노아유 부인의 시구를 베껴 썼다. 살아야 하는 이유를 몰랐던 만큼 죽는 것도 무척이나 싫었다.

그렇지만 나는 정열적으로 삶을 사랑했다. 사소한 일이 삶과 나 자신에 대한 신뢰를 돌려주었다. 베르크의 학생에게서 온 편지 한 통, 벨빌의 수습직 소녀가 보내는 미소 한 자락, 뇌이유 학우의 고백, 자자의 눈길, 감사의 말, 부드러운 한 마디⋯⋯. 내가 도움이 된다고, 사랑받고 있다고 느끼는 순간에 나의 지평선은 확대되고, 나는 다시 나에게 맹세하는 것이었다.

"사랑받고 존경받고, 도움이 될 것, 그리고 훌륭한 인간이 될 것."

내게 '하고픈 말이 많다'는 것은 차츰 확실해졌다. 나는 그 말들을 하리라. 내가 19살이 되었을 때, 소르본 대학 도서관에서 긴 대화를 하나 읽었다. 2개의 음성이 교대로 나오는데 그 목소리는 둘 다 내 것이었다. 하나는 모든 것이 허무하고 혐오스러우며 피로하다고 말하는 반면, 다른 하나는 결실이 없는 인생이라도 산다는 것은 아름답다고 주장했다. 하루하루, 한 순간 한 순간, 나는 의기소침에서 자존심으로 변해 갔다. 그러나 그해 가을부터 겨울까지 줄곧 나를 지배했던 것은 언젠가 내가 '인생에 패배하지는 않을까' 하는 걱정이었다.

이들 동요와 의혹이 나를 당황하게 했다. 권태가 나를 숨 막히게 하고 내 마음을 예민하게 만들었다. 불행에 휘말릴 때, 나는 청춘과 건강의 격렬함을 오롯이 갖고 있었다. 정신적인 고뇌는 육체적인 고통과 마찬가지로 난폭하게 나를 할퀴었다. 며칠이고 파리 중심가를 걸어다니며 눈물로, 흐릿한 시선으로 낯선 거리를 향하곤 했다. 걷다가 배가 몹시 고파지면 가게로 들어가 빵을 먹으면서 빈정거리는 투로 하이네의 시를 읊조렸다.

"무슨 까닭으로 눈물을 흘리든 끝내는 반드시 울음은 그치기 마련이다."

센 강가에서 나는 오열하면서 쥘 라포르그의 시를 떠올리며 나 자신을 위로했다.

　　아아, 사랑하는 사람이여

이미 때는 늦었다
나의 심장은 너무 지쳐서
그 속에는 너를 원망할 수가 없으나,
그토록 나는 무척이나 울었었다……

나는 눈이 따끔거리는 느낌이 좋았다. 그러나 이따금 막다른 길에 다다랐다는 기분이 들 때가 있었다. 나는 마음껏 울기 위해 교회 한구석에 몸을 숨겼다. 그리고 두 손으로 머리를 감싸 쥐고 쓸쓸한 어둠 속에 질식당한 채 엎드려 있었다.

자크는 1월 말 파리로 돌아왔고, 그 다음 날 우리 집을 찾아왔다. 나의 19살 생일에 부모님이 찍은 내 사진을 한 장 달라고 했다. 그의 목소리에는 전에 없던 애정이 담겨 있었다. 그로부터 일주일 뒤 자크네 집 초인종을 눌렀을 때, 나는 또다시 지독한 환각을 맛보게 될 것 같아 두려움에 떨었다. 하지만 무척이나 즐거운 대화를 나눈 뒤 기분이 정말 좋았다. 자크는 《젊은 부르주아들》이라는 소설을 쓰기 시작했다고 말했다.
"이 글은 대부분 너를 위해 쓴 거야."
그는 그 책을 내게 바친다는 말도 했다.
"당연히 그래야만 할 것 같아서……"
며칠 동안 나는 흥분 상태에 있었다. 그 다음 주에 나는 자크에게 나의 권태에 대해 이야기했다. 삶의 의의를 찾지 못하고 있다는 말도 했다.
"그렇게 탐색하지 않아도 돼."
그는 무거운 어조로 말했다.
"그냥 너의 하루를 보내면 되는 거야."
잠깐 침묵하더니 이렇게 덧붙였다.
"인간은 혼자서는 아무것도 할 수 없다는 걸 인정할 만큼 겸손해야 해. 다른 사람을 위해 살아가는 편이 쉽거든."
자크는 내게 웃어 보였다.
"해결법은 둘이서 이기주의를 실천하는 것이지."
나는 이 말과 미소를 속으로 몇 번이고 되뇌었다. 이제 의심의 여지는 없었다. 자크는 나를 사랑하고 있다. 우리는 결혼하는 것이다. 하지만 뭔가 개운치가 않았다. 내 행복은 채 사흘이 가지 않았다. 자크는 다시 집으로 놀러 왔다. 나는 무척 유쾌하게 하룻저녁을 보냈지만, 그가 돌아간 뒤에 울음을 터뜨렸다.

"행복해질 수 있는 모든 것을 가지고 있지만, 나는 죽고 싶어질 것이다! 저길 봐, 인생은 나를 노리고 있어. 우리 위에서 습격할 거야. 무서워. 나는 혼자야, 어쩌면 영원히 혼자일 거야. 아, 도망칠 수만 있다면…… 하지만 어디로 도망치지? 어디든 상관없어. 우리를 휩쓸어 갈 커다란 홍수라도."

자크에게 결혼이란 결국 하나의 결말이었지만, 나는 아직 그렇게 빨리 끝내고 싶지 않았다. 그 뒤로 한 달 동안 나는 나 자신과 싸웠다. 때로는 자크 곁에서 내 재능을 살릴 수 있을 듯한 기분이 들다가도 갑자기 두려워질 때도 있었다.

"다른 사람의 틀 속에 나를 가둬 버린다! 나를 자유롭게 하고 싶다. 속박하는 사랑 따윈 질색이야."

"자크와의 관계를 끊고, 그를 잊고, 새로운 생활을 시작하고픈 욕망……"

"아니, 나는 아직 내 모든 걸 희생하고 싶지 않아."

그런데도 나는 자크에게 정열적이고 깊은 애정을 느끼고 있었.

'나와 자크는 맞지 않는다'는 생각이 들 때가 있었지만, 그것은 이따금 머리를 스치는 정도였다. 그보다 연애나 행복에 맞지 않는 듯해 반대하고 싶었던 것이다. 나는 일기에다 그에 대해 썼는데, 그것은 마치 글감이 일단 완전히 구성되면 그것을 거부하거나 수락하는 일은 나의 자유이지만 내용은 바꾸지 못하는 것처럼, 이상한 말투였다. '자크와 함께 행복해진다는 사실이 점점 믿기지 않는다'고 쓰는 대신, '나는 차츰 행복을 두려워하고 있다'는 식으로 말했던 것이다.

"행복에 대한 긍정과 부정 앞에는 모두 비탄이 있다."

"내가 가장 그를 사랑할 때, 나는 그 애정을 증오한다."

나는 그에 대한 애정 때문에 그의 아내가 되는 것을 두려워했다. 그리고 미래의 레귀용 부인의 삶을 가차없이 물리쳤다.

자크는 그대로 변덕을 부렸다. 그는 내게 현기증 나는 미소를 던졌다.

"세상에는 무엇과도 바꿀 수 없는 사람들이 있지."

이렇게 말하며 그는 감동적인 눈길로 나를 감쌌다. 그러고 나서 며칠 있다 놀러 오라고 해놓고는, 막상 내가 가면 매우 쌀쌀맞게 맞이하는 식이었다. 3월 초에 그는 아팠다. 나는 몇 번이나 문병을 갔다. 늘 숙부와 숙모들, 자크의 할머니가 침대 주위를 지키고 있었다.

"내일 와 줘. 둘이서 천천히 이야기하자."

하루는 그가 말했다. 다음 날 오후, 나는 몽파르나스 거리를 향해 걸으면서 평소보다 훨씬 감동하고 있었다. 나는 작은 오랑캐꽃 다발을 사서 깃에 핀으로 꽂으려고 했으나 좀처럼 잘되지 않았고, 그렇게 안절부절못하는 동안에 핸드백을 떨어뜨려 잃어버렸다. 가방 속에 대단한 것은 없었지만 자크의 집에 닿았을 때는 신경이 어지간히 날카로워져 있었다. 나는 오래전부터 그의 침실의 희미한 어둠 속에서 서로의 마음을 털어놓는 광경을 상상했었다. 하지만 자크는 혼자가 아니었다. 뤼시앵 리오쿠르가 침대 옆에 앉아 있었다. 전에 나는 그를 만난 적이 있었다. 지적이고 세련된 청년으로 말솜씨가 좋았다. 그들은 내 존재 따위는 아랑곳하지 않고 자기들이 다니는 바나 그곳에 오는 사람들에 대해 이야기를 계속했다. 다음 주에 함께 외출하자는 계획도 세우는 것 같았다. 나는 방해꾼이 된 느낌이었다. 나에겐 돈도 없고, 밤엔 외출하지도 않았다. 나는 자크의 실제 삶을 나눠 갖지 못하는 단지 평범한 여학생일 뿐이다. 게다가 자크는 기분이 좋지 않은지 내게 상당히 도전적이고 조롱하는 듯한 태도를 보였다. 나는 도망치다시피 나와 버렸는데, 그는 만족스럽다는 듯이 잘 가라고 했다. 분노가 치밀어 그를 증오했다. 대체 그의 어디가 그토록 멋있었지? 그와 비슷한 가치를 가진 사람들은 수두룩하다. 그를 《대장 몬》과 같은 부류의 인간으로 여겼던 것이 큰 착각이었다. 그는 불안정하고 이기적이며 노는 것만 좋아한다. 나는 큰길을 걸으면서 나의 삶을 그에게서 떼어놓기로 마음먹었다. 다음 날, 나는 다시 차분해졌지만 그의 집에는 절대 발을 들여놓지 않으리라 결심했고, 또 그것을 실천에 옮겼다. 나는 6주 이상이나 그를 만나지 않았다.

철학은 내게 신앙의 문을 열어 주지도 않고, 또 지상에 뿌리를 내리게 해 주지도 않았다. 그런데도 1월에 들어서서 첫 곤란을 극복하고 난 뒤로는 진지하게 철학에 흥미를 갖게 되었다. 나는 베르그송, 플라톤, 쇼펜하우어, 라이프니츠, 아믈랭을 읽고 니체에 열중했다. 과학, 인생, 물질, 시간, 예술

등의 가치 같은 산적한 문제들에 푹 빠졌다. 이렇다 한 학설을 결정한 것은 아니지만 나 자신이 아리스토텔레스, 성 토마스 아퀴나스, 자크 마리탱, 그리고 모든 경험주의와 유물론을 부정한다는 사실은 알고 있었다. 대체로 나는 브룅슈비크 선생님이 우리에게 보이던 비판적 사상론에 공감했지만, 많은 점에서 나의 의문은 해결되지 않았다. 나는 다시 문학에 흥미를 가졌다. 생미셸 거리 피카르 서점은 학생들이 자유롭게 드나들 수 있는 곳이었다. 나는 거기서 당시에 파리처럼 무수하게 생겨났다가 이내 사라져 버리는 부르통이나 아라공 등의 전위 잡지들을 훑었다. 나는 초현실주의에 푹 빠졌다. 불안은 시간이 흐름에 따라 차츰 가라앉기 시작했다. 나는 순수한 부정의 과격함을 좋아했다. 예술·도덕·언어의 파괴, 조직적인 불규칙, 자살까지도 강요하는 절망을 좋아한 것이다. 이들과 어우러짐에 나는 매료되었다.

　나는 누군가와 이런 것들을 화제로 이야기를 나누고 싶었다. 나는 자크와는 반대로 성실하게 끝까지 이야기하는 사람들과 많은 대화를 하고 싶었다. 그런 사람을 만들려고 열심히 찾았다. 생트마리 학교에서 나는 학우들의 고백을 부추겼다. 물론 흥미를 끌 만한 얘깃거리는 하나도 없었다. 벨빌에서 쉬잔 부아그와 이야기하는 편이 훨씬 즐거웠다. 그녀는 밤색 머리칼을 싹둑 잘라 넓은 이마를 내보였고, 매우 밝고 파란 그녀의 눈동자는 어딘가 대담무쌍한 그림자를 드리웠다. 앞에서 말했다시피 그녀는 연구소 사무장으로 일하고 있었다. 그녀의 나이와 경제적 독립, 주어진 책임, 권력은 그녀에게 어떤 영향력 같은 것을 갖추게 했다. 그녀는 가톨릭 신자였지만, 신과의 관계가 모든 해결책이 되지 않는다는 사실을 내게 암시했다. 우리는 문학적으로 거의 같은 취미를 가지고 있었다. 나는 그녀가 '사회단체'나 일반적 '행동'에 속지 않은 것을 보고 만족했다. 그녀 또한 게으른 잠에 빠지지 않고 살고 싶다고 털어놓았다. 그녀도 절망하고 있었다. 우리는 둘 다 건강하고 혈기왕성했으므로 비판적인 대화를 하더라도 의기소침해지기보다는 새로운 활력을 찾았다. 그녀와 헤어진 뒤에 나는 뷔트쇼몽 공원을 힘차게 뚜벅뚜벅 걸었다. 그녀는 환자들을 위해 평생을 바친 성녀와 같은 사람을 만나러 베르크로 갔다. 돌아와서 그녀는 단호한 태도로 내게 말했다.

　"성덕(聖德), 그건 나의 길이 아니야."

　이른 봄에 쉬잔 부아그는 사회단체 회원 중에 신앙심 깊은 한 청년을 만나

자마자 사랑에 빠져 결혼하기로 했지만, 여러 가지 사정으로 2년을 기다려야 했다. 하지만 그녀는 사랑할 때는 시간 따윈 문제가 아니라고 말했다. 그녀는 행복감으로 빛나고 있었는데, 몇 주일 뒤에 약혼을 취소했다는 말에 나는 깜짝 놀랐다. 그들은 너무나도 육체적으로 끌렸던 반면, 남자는 격렬한 키스에 두려움을 느껴 서로 만나지 말고 순결을 지키자고 제안했다. 그래서 그녀는 그와 거리를 두고 기다렸으나 분명한 선을 긋는 편이 더 좋다고 생각했다는 것이다. 나는 이야기가 조금 이상하다고 여겼지만 진실은 끝내 밝혀지지 않았다. 그러나 나는 쉬잔의 실망에 충격을 받았고, 다시 자신을 추스르려는 그녀의 노력이 가상하다고 생각했다.

소르본 대학에서 내가 가까이하던 학생들은 여자든 남자든 대단치 않게 보였다. 그들은 무리 지어 행동하며, 큰 소리로 웃고, 어떤 것에도 흥미를 보이지 않으며, 그 무관심함에 만족하고 있었다. 그러나 철학사 강의 때, 나보다 나이가 훨씬 위인, 짙푸른 눈동자의 청년이 눈에 띄었다. 그는 검정 양복을 입고, 검정 펠트 모자를 쓴 채로 누구와도 이야기를 나누지 않았다. 다만 진한 밤색 머리칼의 왜소한 여자와는 예외적으로 친하게 지내며 자주 그녀와 마주 웃는 것이었다. 어느 날, 이 청년이 도서관에서 엥겔스의 편지를 번역하고 있을 때, 그의 테이블에서 학생들이 소란스럽게 떠들어댔다. 갑자기 그의 눈동자가 반짝 빛나면서 매우 위엄 있는 목소리로 조용히 하라고 명령하자 이내 모두 입을 다물어 버렸다.

"굉장한 사람이네!"

나는 감탄했다. 그에게 말을 거는 데 성공한 뒤부터 나는 밤색 머리칼 여자가 없을 때면 늘 그와 이야기를 나누었다. 언젠가 함께 생미셸 거리를 잠깐 걸었다. 저녁에 동생에게 내 행동이 잘못된 것이냐고 물었더니 동생은 그렇지 않다며 나를 안심시켜 주었다. 그 뒤에도 나는 자주 그와 이야기했다. 피에르 노디에는 모랑주나 프리드만, 앙리 르페브르, 폴리체르가 속해 있는 '철학' 모임에 들어 있었다. 그들 가운데 한 명은 부자 은행가의 아들이었는데, 그의 보조금 덕분에 잡지를 출간할 수 있었다. 그러나 잡지에 게재한 모로코 전쟁 반대 기사에 분개한 출자자가 돈을 회수해 갔으므로 일을 망쳤다. 얼마 안 있어 이 잡지는 〈정신(Eaprit)〉이라는 이름으로 다시 발간되었다. 피에르 노디에는 나에게 그 잡지를 2권 갖다주었다. 이때 처음 좌파 지식인들과 접촉했는데, 별로 낯선 느낌이 들지 않았다. 잡지에는 당시 문학에서 자주 찾아볼 수 있던 말들이 쓰여 있었다. 이 청년들 또한 영혼, 구원, 기쁨, 영원에 대해 말했다. 사상은 '관능적이고 구체적'이어야 한다면서 추상적인 언어로 이를 표현했다. 그들에 따르면 철학은 혁명과 다르지 않으며, 혁명 속에 인간성의 유일한 희망이 존재했다. 하지만 그 즈음에 폴리체르는 '진리의 견지에서 볼 때, 역사적 유물론은 혁명과 떼어놓을 수 없다'고 생각하고 있었다. 그는 이상주의적 관념의 가치를 믿었는데, 그것은 추상 단계에 머무르지 않고 총체적 구상 속에서 그것을 파악한다는 조건에 한했다. 그들은 무엇보다 정신이 취하는 자세에 흥미를 가졌다. 그들의 눈에는 경제와 정치가 부수적인 역할밖에 하지 않았다. 자본주의를 규탄하는 까닭은 자본주의가 인간 내부에 있는 '존재의 의의'를 파괴하기 때문이다. 그들은 아시아나 아프리카 민중의 봉기에 의해 '역사가 지혜를 섬기리라' 믿었다. 프리드만은 부르주아 청년들의 관념과 불안에 대한 취미와 그 소용을 조각조각 해부하여 그것을 신비적 사상으로 대체하려 했다. 인간들에게 '그들 속의 영원한 부분'을 복원해 주기 위해서였다. 그들은 요구나 일의 견지에서 인생을 생각하지 않고, 인생에 낭만적인 가치를 부여하고 있었다. '여기에 인생이 있다. 우리의 사랑은 인생을 향해 간다'고 프리드만은 썼다. 폴리체르는 인생을 정의하면서 다음과 같은 말을 하여 소란을 일으켰다. '크렘린 궁 고블랭 카펫 위에서 시가를 밟아 끄는 수병의 승리로 빛나는 난폭한 생명력은 당신들을 질겁하게 한다. 당신은 이것이 듣기 싫을 것이다. 그러나 그럼에도 이것이야말로 인생이다.' 이곳 사람들은 초현실주의에 가깝고, 대부분 혁명 신자가 되려 하고 있었다. 혁명은 나를 매료했다. 하지만 혁명의 부정적인 면에만 매료된 것이었다. 나는 근본적으로 누군가 사회를 뒤집어엎기를 바랐다. 그렇지만 전보다 사회를 이해한 것은 아니었다. 그래서 세상에서 일어나는 사건에 대해 여전히 무관심했다. 신문들, 그중에서 〈캉디드〉지마저도 일제히 중국에서 발발한 혁명으로 지면을 채웠지만 나는 신경 쓰지 않았다.

   그러다 노디에와의 대화 덕분에 나의 정신은 깨어나기 시작했다. 나는 그에게 많은 질문을 했다. 그는 흔쾌히 내게 대답해 주었는데, 이 대화들이 매우 유익하게 생각되었다. 그리고 이따금 쓸쓸히 스스로에게 물었다. 어째서 나는 이런 남자를 사랑할 운명으로 태어나지 않은 것일까? 이 사람이라면 사상이나 공부에 대해 흥미를 공유할 수 있고, 감동도 비슷하며, 지성으로도 또는 감성으로도 일치감을 느낄 수 있으련만……. 5월 말에 그가 소르본 대학 교정에서 내게 이별의 말을 했을 때 무척 속상했다. 그는 오스트레일리아로 직장을 구해 떠나는데, 짙은 밤색 머리칼 여자도 그를 따라간다고 했다. 나와 악수를 하면서 그는 친밀하게 말했다.

"당신에게 좋은 일들이 많이 생기길 바랍니다."

3월 초에 나는 철학 과목을 통과했는데, 그때 좌익 학생들 그룹과 알게 되었다. 그들은 내게 청원서에 서명해 달라고 했다. 폴 봉쿠르가 여성 징병 군사법을 제안하자, 〈유럽〉지가 반대운동을 시작했던 것이다. 나는 혼란스러웠다. 성 평등에는 찬성한다. 그렇다면 위급한 일이 있을 때 조국을 지키기 위해 모든 것을 바쳐야만 하지 않겠는가?

"하지만 이건 정당한 국가주의 같은데."

나는 법안을 읽고 말했다. 청원서를 돌리고 있는 뚱뚱한 대머리 청년이 비웃었다.

"국가주의란 것이 올바른지 어떤지 알고나 있어야 말이지!"

나는 이 문제에 대해 생각해 본 적이 없었다. 뭐라고 대답해야 할지 몰랐다. 이 법령은 결국 양심자들을 징집하는 결과가 되리라는 설명이었으므로 나도 마침내는 결심이 섰다. 생각할 자유는 어쨌든 신성하니까. 다른 사람들도 모두 서명하기에 나도 이름을 썼다. 사코와 반제티의 구명운동 때는 별로 주저하지 않고 찬성했다. 그들에 대해 아는 바가 없었지만 그들은 절대로 잘못이 없다는 얘기였다. 어찌 됐든 나는 사형에 반대였다.

내 정치활동은 그 언저리에서 머물렀다. 나의 사고는 여전히 불분명했다. 다만 한 가지 확실했던 것은 극우 세력이 무척 싫었다는 사실이다. 어느 날 오후, 몇몇 학생들이 '외국인과 유대인들은 밖으로 나와라!' 외치면서 소르본 대학 도서관 안으로 들어왔다. 그들은 손에 굵은 막대를 들고 피부가 가무잡잡한 학생들을 쫓아냈다. 이 폭력의 승리, 어리석은 행위의 승리가 나를 엄청난 공포와 분노에 빠뜨렸다. 나는 순응주의도 몽매주의도 싫고, 이성이 인간을 지배하기를 바랐다. 그래서 좌익이 내 흥미를 끌었으나 모든 간판은 불쾌하게 느껴졌다. 사람들이 목록화되는 것이 싫었다. 급우들 몇몇은 사회주의자였다. 이 사회주의자라는 말은 내 귀에 그리 탐탁하게 들리지는 않았다. 사회주의자는 고민하는 인간일 수 없기 때문이다. 사회주의자는 세속적이며 동시에 제한된 목표를 추구한다. 선험적으로 이러한 중용이 나를 따분하게 했다. 공산주의 과격주의자들이 더 마음에 끌렸지만, 나는 그들도 신학생과 마찬가지로 독단적이며 틀에 박힌 게 아닐까 하는 의혹을 가졌다. 그런데도 5월에, 전에 알랭의 학생이었던 말레라는 공산주의자와 알고 지내게 되었다. 당시에 이 결합은 이상할 것이 없었다. 그는 알랭의 강의를 격찬하고, 그 사상을 말했으며, 알랭의 저서를 빌려주었다. 그는 나에게 로맹 롤랑도 가르쳐 주고, 단호하게 평화주의를 예찬했다. 말레는 그 밖에도 많은 것에 흥미가 있었다. 그림, 영화, 연극, 그리고 음악당에까지 흥미를 보였다. 그의 눈동자와 목소리에서 열기가 느껴져서 그와 이야기하는 것이 좋았다. 나는 깜짝 놀라 이렇게 일기에 썼다.

"나는 우리가 지성적이 되는 동시에 정치에 흥미를 느낄 수 있다는 사실을 발견했다."

사실 말레는 이론적으로는 별로 아는 게 없어서 나는 그에게서 아무것도 배우지 못했다. 나는 여전히 사회문제를 형이상학이나 도덕에 종속된 것으로 여기고 있었다. 인류의 행복을 걱정해 봐야 소용이 없지 않은가, 만약 그것에 존재이유가 없다면 말이다. 내 생각은 이와 같았다.

이런 고집 덕분에 어렵사리 시몬 베유와 만났건만 얻은 바가 없었다. 당시에 그녀는 고등사범학교 시험 준비를 하면서 소르본 대학에서 나와 똑같은 과목의 자격증 시험을 치렀다. 그녀의 우수한 두뇌와 특이한 차림새에 나는 관심이 갔다. 시몬 베유는 전에 알랭의 제자이던 학생들에게 둘러싸여 소르본 대학 교정을 휘젓고 다녔다. 그녀의 점퍼 주머니에는 항상 〈자유 발언〉지와 〈휴머니티(공산당기관지)〉가 들어 있었다. 때마침 그 무렵 중국에 대기근이 발생했다. 이 소식을 접한 시몬 베유는 오열했다고 한다. 그녀의 철학적 재능보다도 이 눈물이 내게 존경심을 불러일으켰다. 우주 전체와 투쟁할 정도가 되는 그녀의 정신이 부러웠다. 어느 날, 나는 그녀에게 가까이 갈 기회를 얻었다. 대화가 어떻게 시작되었는지 기억나지 않지만, 그녀는 단호한 어조로 모든 인간에게 먹을 것을 주는 혁명만이 오늘날 지상에서 유일하고 중대한 일이라고 했다. 나도 지지 않고 단호한 투로 반박했다. 문제는 인간들을 행복하게 하는 것이 아니라 존재의 의의를 발견하는 일이라고. 그녀는 경멸하는 눈길로 나를 빤히 쳐다보면서 말했다.

"당신은 한 번도 굶어 본 적이 없다는 걸 단박에 알 수 있어."

우리 관계는 그것으로 끝이 났다. 그녀가 나를 '정신론자 부르주아' 범주에 넣은 것을 알고 나는 편치 않았다. 전에 리트 양이 내 취미를 소아병으로 치부했을 때처럼 기분이 나빴다. 나는 내 계급을 뛰어넘었다고 믿었다. 그런 사람이 내가 아닌 다른 누구이기를 바라지도 않았다.

한편, 내가 어떤 이유로 블랑쉬트 바이스와 친교를 맺었는지는 잘 모르겠다. 그녀는 땅딸막하고, 언제나 자신만만한 표정에 악의 있는 눈동자를 바삐 굴리고 있었다. 나는 철학적으로 지껄이는 그녀의 연기에 휘말려 들었다. 그녀는 내가 지적이라고 여기는 능변에다 형이상학적 사변과 잡담을 뒤섞었다. 무가치한 방식들은 무한한 절대가치의 중개에 의해서만 서로 통할 수 있으므로, 모든 인간적 사랑은 비난받을 만하다고 설명했다. 그녀는 아는 모든 사람의 험담을 하기 위해 영원성의 권위를 빌렸다. 나는 그녀에게서 선생들이나 장래가 촉망되는 학생들이 어떤 야심과 괴이한 버릇, 약점, 악덕을 지녔는지를 배우며 재미있어 했다.

"나는 프루스트적 문지기의 영혼을 지니고 있거든."

그녀는 그렇게 말하면서 기뻐했다. 그녀의 말에 모순이 없는 것도 아니었지만, 그녀는 내가 절대에 대한 향수를 버리지 않는다고 비난했다.

"난 말야, 나 자신의 가치를 창조하는 거야."

그럼 어떤 가치를? 그 점에 대해서는 무척이나 막연했다. 그녀는 내면생활에 가장 큰 무게를 두고 있었고 나도 찬성이었다. 그녀는 부를 경멸했고 나도 역시 그랬다. 그러나 그녀는 돈을 생각하지 않으려면 충분한 돈을 가질 필요가 있다고 하면서, 그래서 자기는 부자와의 결혼에 동의한다는 것이었다. 나는 매우 분개했다. 또한 그녀에게서 기묘한 나르시시즘을 발견했다. 그녀는 그 곱슬곱슬한 머리카락에 술 장식들을 매달고서 자기를 소설 속 여주인공 클라라 엘레뵈즈의 자매라고 여겼던 것이다. 그런데도 나는 참을 수 없을 만큼 사상의 교류를 원했으므로 이따금 그녀를 만났다.

진정하고 유일한 친구는 변함없이 자자였다. 그렇지만 그녀의 어머니는 악의에 찬 눈길로 나를 보게 되었다. 나 때문에 자자가 집안일보다 공부를 좋아하고, 내가 그녀에게 추잡한 책들을 빌려준다는 것이다. 마비유 부인은 모리아크를 격렬히 증오했다. 그녀는 모리아크가 쓴 부르주아 가정의 묘사를 마비유 부인 개인에 대한 모욕으로 받아들였다. 그녀는 자자가 좋아하는 클로델에게도 의혹의 눈길을 멈추지 않았다. 클로델은 자자가 하늘과 땅을 화해시키는 일을 도왔고, 그래서 자자는 클로델을 사랑했기 때문이다.

"고대 교회의 교부들에 대해 읽도록 하거라."

마비유 부인은 못마땅한 듯이 말했고, 몇 차례 우리 집에 와서 엄마에게 불평하기도 했다. 그리고 자자에게도 나를 만나지 말았으면 하는 바람을 감추지 않았으나 자자는 꿈쩍도 하지 않았다. 우리 우정은 자자가 포기하고 싶지 않은 부분이었다. 우리는 자주 만나 함께 그리스어를 배우고, 음악회와 그림 전시회에도 갔다. 이따금 그녀는 내게 쇼팽과 드뷔시를 연주해 주었고, 산책도 자주 했다. 어느 날 오후, 자자는 우리 엄마에게 억지로 승낙을 얻어내어 나를 미용실로 데려가서 머리를 자르게 했다. 나는 전보다 볼품이 없어졌다. 왜냐하면 승낙을 강요해 화가 난 엄마가 세트 비용은 사치라면서 웨이브 머리를 허락하지 않았기 때문이다. 부활절 방학을 로바르동에서 보내던 자자에게서, 내 마음 밑바닥까지 감동시킨 편지가 왔다.

"나는 15살 때부터 정신적으로 깊은 고독 속에 살았어. 모든 것에서 이탈되고 나를 잃었다고 생각해 괴로워했지. 그런데 네가 이 고독을 깨뜨려 주었단다."

그런데도 당시의 자자는 지독하게 의기소침했다.

"나는 지금껏 이토록 나 자신에게 타격을 입힌 적이 없었어. 나는 너무나 과거만을 바라보며 살아 왔어. 유년시절에 맛본 아름다운 추억에서 나를 떼어놓지 못한 채……"

이때도 역시 나는 별로 고민하지 않았다. 어른이 되는 것은 수긍하기 힘든 일이라고 생각했다.

자크를 다시 만나지 않게 된 나는 마음의 안정을 얻을 수 있었고, 이제 고민하지 않았다. 따스한 햇살이 내 피를 따뜻하게 해주었다. 공부를 계속하면서 놀기도 하리라고 마음먹었다. 오후에는 자주 영화를 보러 갔다. 나는 특히 위르쉴린, 비유콜롱비에, 시네라탱에 갔다. 시네라탱은 팡테옹 뒤에 있었는데, 작은 극장 안 객석은 나무로 되어 있고, 오케스트라는 피아노 한 대뿐이었다. 저렴한 입장료에, 최근의 좋은 영화들을 상영했다. 나는 여기서〈황금광 시대〉와 채플린 영화를 많이 보았다. 때로는 엄마도 우리와 함께 연극을 보았다. 나는 미셸 시몽이 처음 무대에 섰던 〈바다〉에서 주베를, 〈행복의 희극〉에서 될랭을, 〈잔 다르크〉에서 피토에프 부인을 보았다. 나는 외출하기 며칠 전부터 손꼽아 기다렸다. 외출은 일주일을 즐겁게 해주었다. 내가 외출에 이렇게까지 무게를 둔 것을 보면 2학기 동안의 혹독한 생활이 얼마나 무겁게 나를 짓눌렀는지를 짐작할 수 있다. 낮에는 전람회를 돌아다니고, 루브르 화랑을 방황했다. 울지 않고 모든 것을 구경하면서, 파리 시내를 산책했다. 저녁식사 뒤에는 혼자서 지하철을 타고 도시 반대편으로 나갔는데, 나는 그 밤들이 좋았다. 뷔트쇼몽 공원 옆은 습했고 풀냄새가 났다. 나는 자주 걸어서 집으로 돌아왔다. 라샤펠 거리 고가철로 밑에서 창부들이 손님을 찾고 있었다. 남자들은 비틀거리면서 불 밝힌 선술집에서 나왔다. 영화관 정면의 포스터가 어서 들어오라며 손짓하고 있었다. 내 주위의 세상은 하나의 혼란스런 존재였다. 나는 짙은 숨을 내뱉으며 큰 걸음으로 걸었다. 그리고 결국 산다는 것은 아주 재미있는 일이라고 혼자 중얼거렸다.

내 야심은 다시 살아났다. 친구의 우정, 나의 불확실한 사랑에도 불구하고 나는 늘 나를 외톨이라고 생각했다. 있는 그대로의 나를 아는 사람이, 사랑하는 사람이 없었다. 아무도 나에게 '결정적이고 전적으로 뭔가'가 되어주지 못했고, 또 장래에 그리 될 사람도 없으리라. 그에 대해 줄곧 괴로움을 느끼느니 차라리 다시 오만함을 선택했다. 고립은 나의 우월성을 나타냈다. 나는 이제 그것을 의심하지 않았다. 나는 뛰어난 인간이고, 뭔가를 해낼 것이다. 나는 소설의 줄거리를 짰다. 어느 날 아침, 소르본 대학 도서관에서 그리스어 번역을 하는 대신 '나의 저서'를 쓰기 시작했다. 6월에 있을 시험 준비를 해야 한다. 지금은 시간이 없지만 내년이 되면 여유가 있으니 더 이상은 기다리지 않고 내 작품을 완성하겠다는 각오를 했다.

"하나의 작품…… 거기에 나의 모든 것을, 모두를 말하리라."

나는 결심했다. 일기에도 '모든 것을 밝히겠다'는 의지를 강조했다. 그것은 내 짤막한 경험과 기묘한 대조를 보이고 있다. 철학은 사물을 본질에서 근원까지, 총체적인 각도로 파악하고자 하는 나의 경향을 더욱 강화시켰다. 나는 추상적 관념 속에서 헤엄치고 있었으므로, 이제 결정적인 방법으로 세상의 진리를 발견했다고 믿었다. 이따금 그 진리가 내가 아는 범위 밖에 있다고 의심되기도 하지만 그런 일은 드물었다. 다른 사람들을 제압하는 우월성은 실로 내가 어떤 것도 그냥 지나치게 두지 않는 것에 있었다. 내 작품의 가치는 이러한 예외적인 특권을 활용하게 되리라.

가끔 나에게는 망설임이 찾아들 때가 있었다. 모든 것은 허무하다는 생각 때문이었다. 그러나 나는 이내 그런 생각을 떨쳐냈다. 자크와의 공상적인 대화 속에서 나는 그의 '그런 걸 한다고 뭐가 달라지겠니?'라는 말을 부정한다. 내겐 단 한 번의 인생밖에 없다. 나는 이 인생을 성공작으로 만들어야 한다. 어떤 사람도 그것을 방해하지 못한다. 설령 그가 자크라 하더라도. 나는 절대의 견지를 버리지 않았다. 하지만 그쪽은 가망성이 없었으므로 더 이상 매달리지 않기로 했다. 나는 라뇨의 '나의 절대적 절망 이외에 나를 지탱하는 것은 없다'는 말이 무척 마음에 들었다. 내가 존재함으로 해서 일단 이 절망이 수립된 바에는, 이 세상을 가능한 한 잘 돌파해 나가야만 한다. 즉 내가 하고 싶은 일을 하는 것이다.

나는 이토록 손쉽게 자크를 생각하지 않게 된 사실에 스스로 놀랐다. 그를 만나지 않아도 아무렇지도 않았다. 4월 말쯤, 엄마는 자크가 나를 지금껏 한 번도 볼 수 없었던 것에 놀라더라고 말했다. 그래서 나는 그의 집 초인종을 눌렀다. 아무 일도 일어나지 않았다. 이 애정은 이제 사랑이 아닌 듯했다. 그리고 그것은 아주 약간 괴롭게까지 느껴졌다.

"나는 이제 그를 만나고 싶지 않다. 그는 정말 별것 아닌 일로 나를 피곤하게 하고, 나는 그것을 도저히 어떻게 할 수가 없다."

그는 이제 자기 책을 쓰지 않았다. 앞으로도 결코 쓰지 않으리라.

"왜냐하면 몸을 파는 것 같은 기분이 들어서야."

그는 내게 뻐기는 투로 말했다. 자크와 함께 드라이브하러 갔을 때, 나는 그의 말 속에서 진심으로 그가 자신에 대해 고민하는 것을 느꼈고, 친근감이 들었다. 결국 나는 인생 자체의 모순이기도 한 모순을 그에게 씌울 권리는 없다고 생각했다. 그것은 우리에게 목적을 향해 전력하게 만든 다음, 결국 허무를 발견하도록 해준다. 나는 내 엄격함을 나무랐다.

"그라는 사람은 그의 인생보다 훨씬 괜찮아."

나는 이렇게 말했다. 그러나 그의 인생이 그를 퇴색시키면서 끝나지는 않을 거라고 생각하면서도 한편 그것이 두렵기도 했다. 때때로 어떤 예감이 머리를 스치는 것이었다. '자크, 당신을 생각하는 순간 내 마음은 고통스러워. 왜 당신의 인생이 비극적 드라마인지 모르겠어.'

6월의 시험 기간이 다가왔다. 시험 준비는 다 되어 있었으나 공부에 지쳐서 마음이 느슨해졌다. 나는 벨빌에서 바자가 열린다는 핑계를 대고 엄마에게서 밤 12시까지 외출해도 된다는 허락과 함께 20프랑을 받아내서, 러시아 발레를 공연하는 극장 꼭대기의 싸구려 좌석을 샀다. 20년 뒤 어느 날 새벽 2시에 느닷없이 타임 스퀘어 한가운데에 홀로 있었을 때도, 나는 사라 베르나르 극장 꼭대기 아래에 좌석을 잡고 있던 이날 저녁보다는 덜 놀랐다. 실크, 모피, 다이아몬드, 향수…… 아래쪽 좌석 사람들이 이야기를 나누며 호사스러움으로 빛나고 있다. 부모님이나 마비유 집안 사람들과 외출할 때면 언제나 그들과 나 사이에는 뛰어넘을 수 없는 얇은 막이 처져 있었다. 지금 나는 이렇게 밤의 성대한 잔치에 내 몸을 담그고 있다……. 옛날, 나는 자주 밤하늘을 올려다보며 이와 비슷한 잔치를 엿보곤 했었다……. 내가 아는 사람들 중 어느 누구도 모르게 이곳에 왔다. 나와 팔꿈치를 맞대고 있는 이들은 낯선 사람들이다. 나는 내가 투명하고, 동시에 어디에든 나타날 수 있는 작은 요정처럼 느껴졌다. 그날의 프로그램은 앙리 소게의 〈암고양이〉, 프로코피예프의 〈강철 행진〉, 누구의 것인지 모르겠는데 〈넵튠의 개선〉이었다. 무대장치, 의상, 음악, 무용, 모든 것이 내게는 놀랍고 신기했다. 5살 이후로 지금껏 이만한 황홀경을 경험한 적은 없었던 것 같다.

나는 똑같은 일을 되풀이했다. 내가 어떻게 돈을 손에 넣었는지 기억나지 않지만, 아마도 '사회단체' 활동이 알리바이에 도움이 되었던 듯하다. 그 뒤로도 나는 2번이나 러시아 발레를 보았다. 검정 야회복을 입은 신사들이 콕토의 가사로 스트라빈스키의 〈오이디푸스 왕〉을 노래하는 것을 듣고 깜짝 놀랐다. 말레는 내게 흰 팔의 다미아(낮고 쉰 목소리로/유명한 샹송가수)와 그의 목소리에 대해 말한 적이 있다. 나는 그 후에도 보비노 극장으로 다미아의 노래를 들으러 갔다. 내레이터, 가수, 곡예사…… 모든 것이 새로웠으므로 나는 모두에게 박수를 보냈다.

시험 뒤에 성적 발표를 기다리면서 몇몇 급우들—거기엔 말레와 블랑쉬트 바이스도 끼어 있었다—이 소르본 대학 교정에서 시간을 보내고 있었다. 공던지기나 수수께끼를 하기도 하고, 중국인 얼굴 그리기 놀이를 하거나 토론을 하기도 했다. 나는 학생들 속에 섞여 있으면서도 이들 대부분과 한참 동떨어져 있음을 느끼고 있었다. 그들의 너무나도 자유로운 교제가 나를 뒷걸음질치게 했다. 이론적으로 모든 퇴폐와 손을 끊은 나는 사실 극단적으로 신중했다. 누군가가 내게, 어떤 남자와 어떤 여자가 함께 있었다는 말이라도 할라치면 내 몸은 뻣뻣하게 굳는 것이었다. 블랑쉬트 바이스가 정평이 난 고등사범학교 학생을 가리키면서, 저 남자는 안타깝게도 게이라고 속삭였을 때 나는 전율했다. 해방된 여학생들, 특히 그중에도 동성애 취미를 가진 사람들은 나를 오싹하게 만들었다. 나의 이런 반응은 내가 받은 교육 때문이라고 설명할 수밖에 없지만, 나는 그런 반응들을 굳이 마다할 마음도 없었다. 천박한 농담, 노골적인 말들, 추파, 정숙지 못한 행동 따위를 싫어했고 또한 블랑쉬트 바이스가 소개한 소규모 그룹에도 별 관심이 없었다. 블랑쉬트 바이스는 인맥이 넓어서 훌륭한 집안의 고등사범학교 학생들을 많이 알았다. 그들은 학교의 칠칠치 못한 학생들에 대한 반동으로 품위 있는 태도를 일관하면서 때로는 내게 빵집에서 차를 마시자고 했다. 그들은 카페에는 자주 드나들지 않았고, 어쨌든 아가씨를 데리고 카페에 가는 따위의 일은 절대 하지 않았다. 나는 내가 그들의 관심 대상이 된 것에 우쭐해했지만, 나의 허영심을 책망했다. 왜냐하면 나는 그들을 야만인의 부류에 넣지 않았으니까. 사실 그들은 정치와 사회적 성공, 미래 직업에만 흥미를 갖고 있었기 때문에 우리는 살롱에서 하듯이 차를 마시고, 대화는 학자와 사교계 사이를 오갔다.

어느 날 오후에 소르본 대학 교정에서 우울한 표정을 한 긴 얼굴의 청년과 논쟁을 하고 있었는데, 무슨 문제였는지는 모르겠지만 나는 그의 의견에 강하게 반대했다. 그는 깜짝 놀라서 나를 쳐다보고는 아무 대답도 하지 않겠다고 한 뒤, 나와 대화를 계속하기 위해 날마다 포르트 도핀에 왔다. 그는 미셸 리스만이라고 문과 수험준비반 2학년을 마친 참이었다. 그의 아버지는 미술계의 중요한 인물이었다. 미셸은 자칭 지드의 제자로, 아름다움을 신앙으로 삼고 문학에 심취해 짧은 소설의 집필을 막 끝마쳤다. 나는 초현실주의를 찬미함으로써 그를 화나게 했다. 그가 고루하고 쓸모없는 인물로 보였다. 그러나 그의 역겨운 사색 뒤에 어쩌면 영혼이 감춰져 있을 수도 있지 않은가? 게다가 그는 내게 글을 쓰라고 권했고, 나는 격려가 필요했다. 그는 예의를 잔뜩 차리고 예술적으로 멋을 부린 편지를 보냈는데, 여름 방학 동안 서로 편지를 하자고 제안하여 나는 승낙했다. 블랑쉬트 바이스와도 편지를 주고받기로 했다. 그녀가 나를 티타임에 초대해 주어서 나는 클레베르 거리의 사치스런 아파트에서 딸기 타르트를 먹었다. 그녀는 훌륭한 가죽 장정의 베르하렌과 프랑시스 잠의 시집을 빌려주었다.

그 학년에 나는 모든 목적의 허무함에 대해 괴로워했다. 그러면서도 내 목적을 향해 완강하게 나아가 철학 시험에 통과했다. 시몬 베유가 합격자 명단에서 선두를 차지하고, 나는 그녀 다음을, 고등사범학교 학생인 장 프라델이 내 뒤를 이었다. 나는 그리스어 자격증도 획득했다. 랑베르 선생님은 매우 기뻐했고, 부모님도 만족스럽게 미소 지었다. 대학과 집에서 모두들 축하해 주었다. 나는 무척 기뻤다. 이 성공들은 나 자신에게 가졌던 생각을 더욱 굳건히 하게 해서, 나는 내 미래에 대해 확신을 가졌다. 나는 무슨 일이 있어도 세상을 아무 대가 없이 단념할 마음이 없었다. 그러나 나는 성공은 모든 권위를 버림으로써 얻는 것임을 잊지 않았다. 울지 않을 수 없었다. 나는 마르탱 뒤 가르가 자크 티보에게 했던 말, '그들은 나를 이렇게 축소해 버렸다!'를 연방 되뇌었다. 사람들은 나를 재능 있는 여대생, 번득이는 인물로 만들었다. 절대성을 비장하게 배제해 버린 이런 나를! 그렇지만 내 눈물에는 이중의 감정이 있었다. 그것은 단순한 연극이 아니었다. 학년 말의 어수선함 속에서 나는 마음의 공허함을 쓰디쓰게 곱씹어야 했다. 여전히 다른 어떤 것을 열정적으로 원했으나 그것을 뭐라고 정의해야 할지 몰랐다. 유일하게 적합한 이름…… 행복이라는 명칭을 그 어떤 것에 붙이기를 거부하고 있었기 때문이다.

장 프라델은 웃으면서, 두 여학생에게 1, 2등을 빼앗겨 너무나도 분해 도대체 누군지 알고 싶었다고 내게 말했다. 그는 블랑쉬트 바이스가 소개한 학우와 함께 만나러 왔다. 그는 나보다 한참 나이가 아래로, 1년 전부터 고등사범학교에 다니고 있었다. 그도 또한 훌륭한 가정의 아들다웠으나, 뻐기거나 점잔을 빼는 구석은 조금도 없었다. 매우 순수하고 잘생긴 얼굴에 벨벳 같은 눈길, 그리고 초등학생 같은 미소를 지닌 데다 솔직하고 명랑한 성격이었다. 이내 그에게 호의를 갖게 된 차에, 2주일 뒤 내가 입학시험 발표를 보러 울름 가^(고등사범학교가 있는 거리)에 갔을 때 다시 만났다. 리스만과 다른 급우들도 이 시험을 치렀다. 프라델은 고등사범학교 교정으로 나를 안내했다. 소르본 대학 여학생에게 그곳은 무척이나 권위 있는 장소였는데, 그와 이야기하면서 그 위대한 곳을 둘러보았다. 다음 날 아침에 또 그곳에서 프라델을 만났다. 우리는 철학 구술시험을 본 날에도 함께 뤽상부르 공원으로 산책하러 갔다. 이미 여름 방학이 시작되었다. 내 친구들은 모두, 그리고 그의 친구들도 거의 파리를 떠나고 없었다. 우리는 날마다 여왕의 석상 아래서 만났다. 솔직히 나는 언제나 제시간에 정확히 도착했다. 약속 시간에 늦은 곤혹스러움을 감추려고 웃으며 뛰어오는 프라델을 보는 것이 무척 재미있어, 그가 늦은 게 오히려 고마울 정도였다.

프라델은 신중한 모습으로 가만히 내 말에 귀를 기울이다가 진지하게 대답했다. 이런 행운이라니! 나는 재빨리 심경을 밝혔다. 도전적인 말투로 야만인들에 대해 말했다. 그러나 그가 내 의견에 찬성하지 않아 깜짝 놀랐다. 아버지가 안 계신 그는 어머니, 누나와 매우 사이가 좋았으므로, 나의 '폐쇄적인 가정'에 대한 혐오감에 공감하지 않았다. 사교적인 외출도 싫어하지 않았고, 때로는 무도회에서 춤도 추었다.

"왜 안 된다는 거죠?"

그가 천진난만한 투로 물어서 나는 맥이 쑥 빠졌다. 내 흑백논리는 극소수의 엘리트와 존재가치가 없는 무수한 사람을 구분하고 있었다. 그의 말로는 어떤 사람에게나 좋은 점과 나쁜 점이 있으므로 사람을 그런 식으로 구분하지 않는다는 것이다. 그는 나의 엄격함을 나무라고, 나는 그의 너그러움에 놀랐다. 이 점을 빼면 우리에게는 공통되는 구석이 많았다. 나와 마찬가지로 종교적 색채가 강한 교육을 받은 그는, 지금은 신을 믿지 않지만 그리스도교적 도덕관에 물들어 있었다. 고등사범학교에서 그는 '정통파'에 속해서, 급우들의 비속한 태도나 외설스런 노래, 음담패설, 난폭성, 방탕, 감정과 감각의 낭비를 비난했다. 그는 나와 거의 같은 종류의 책, 특히 클로델을 좋아했다. 프루스트는 '본질적'이지 않다고 보고 경멸감 같은 것을 품었다. 그는 《위비 왕》을 내게 빌려주었지만, 나는 그 책에서 나의 편집적 심리를 발견하지 못했기 때문에 왕이 나와는 한참 동떨어진 성격이라고 생각하고, 반밖에 제대로 평가하지 않았다. 내게 특별히 중요했던 사실은 클로델 또한 열렬하게 진실을 추구했다는 것에 있었다. 그는 언젠가 철학이 그에게 와서 진실을 발견하게 해주리라 믿는다고 말했다. 그것에 대해 우리는 2주일 동안이나 맹렬하게 토론했다. 그는 내가 너무나 일찍 절망을 선택했다고 했고, 나는 그가 덧없는 희망에 매달려 있다며 비난했다. 모든 체계가 조리에 맞지 않는다고 하면서 말이다. 나는 하나씩 그에 대한 고정관념을 깨뜨려 나갔다. 그는 그때마다 양보했지만 인간의 이성만큼은 신뢰하고 있었다.

사실 프라델은 자기 말처럼 합리주의자는 아니었다. 그는 나보다 더 잃어버린 신앙에 대해 그리움을 갖고 있었다. 그는 우리가 가톨릭주의를 버리려면 깊이 연구하고 재검토해야 한다고 말했다. 나는 우리가 불교에 대해서는 더욱 모르지 않느냐고, 그리고 조상의 종교만 특별대우를 하는 것은 우습지 않느냐고 말했다. 그는 따지는 듯한 눈길로 나를 뚫어져라 쳐다보더니, 내가 진리 그 자체보다도 탐색을 좋아한다고 나무랐다. 나는 아주 고집이 셌지만 표면적으로는 금세 영향을 받는 성격이었으므로, 그의 비난은 랑베르 선생님이나 쉬잔 부아그의 비난과 합쳐져 심적으로 나를 동요시키는 데 상당한 영향력을 발휘했다. 나는 자크 또한 존경하던 보댕 신부님을 만나러 갔다. 이 신부님은 신앙을 잃은 지식인들에게 다시 신앙심을 불어넣어 주는 전문가였다. 나는 우연히 손에 쥘리앵 방다의 책을 들고 있었다. 신부님은 그 책에 대해 신랄히 공격할 뿐, 내게는 신경도 쓰지 않았다. 그러다가 우리는 막연한 대화를 나누었다. 나는 이런 행동을 한 자신이 부끄러워서 신부님 곁을 떠났다. 왜냐하면 내 무신앙이 바위보다 단단하다는 것을 알기에, 이렇게 해봤자 아무 소용이 없음을 미리부터 깨달았기 때문이다.

우리의 유사성에도 불구하고, 나는 곧 프라델과 나 사이에 커다란 틈새가 있음을 발견했다. 나는 그의 순수하고 지적인 불안 속에서 나의 치열한 고뇌를 발견하지 못했다. 나는 그를 '복잡하지도 신비롭지도 않고, 초등학생처럼 영리하다'고 판단했다. 그렇지만 그의 착실함이나 철학적인 재능은 자크보다 한 수 위였다. 한편, 자크에게는 프라델한테 없는 뭔가가 있었다. 뤽상부르 공원 오솔길을 산책하면서 나는 생각했다. 둘 중에 누군가가 나와 결혼하겠다고 하더라도 둘 다 나에게 맞지 않을 것 같다고. 내가 아직도 자크에게 끌렸던 까닭은 자크의 계층과 자크 사이를 단절시키는 그 비약하는 결점 때문이었다. 인간은 결점 위에 아무것도 세우지 못하기에 나는 그 대신 하나의 사상을, 하나의 작품을 건설하고 싶었다. 프라델도 나와 마찬가지로 지식인이었다. 그러나 그는 자기 계급과 생활에 순응하고, 너그럽게 부르주아 사회를 받아들였다. 나는 자크의 염세주의보다 그의 천진한 낙천주의를 따르지는 않았다. 게다가 각기 다른 이유로 그들 둘을 조금은 두려워하고 있었다.

"남자들이 과연 나 같은 여자와 결혼을 할까?"

나는 결혼과 연애를 같은 것으로 보았으므로 조금은 우울하게 자문했다.

"내게 진정으로 모든 것이 되고, 모든 일을 이해해 주는, 실제로 형제 같은, 나와 똑같은 사람이 존재하지 않는 것은 분명하다."

다른 사람들과 나를 구분 짓는 것은 내게서만 볼 수 있는 일종의 격렬함이었다. 프라델과의 대결을 통해, 나는 고독에 바쳐졌다는 신념을 한층 굳히게 되었다.

하지만 그와 나는 우정일 뿐 정말로 문제가 되지 않는 정도에서 서로를 경청했다. 나는 그의 진리에 대한 사랑과 엄격함을 존중했다. 감정과 생각을 혼동하지 않는 공명정대한 견해 덕분에, 나는 이따금 내 영혼의 상태가 사상으로 변하고 있음을 느꼈다. 그는 내게 깊이 생각하게 하고, 자리매김하게 했던 것이다. 나는 내가 모든 것을 안다는 따위의 자만심을 갖지 않게 되었다. 도리어 이렇게 되뇌었다.

"나는 아무것도 모른다, 아무것도……. 대답은커녕 제대로 질문하는 방법조차 알지 못한다."

나는 앞으로 나를 속이지 않겠다고 다짐했다. 프라델에게 모든 거짓으로부터 나를 지켜 달라고 부탁했다. 그는 나의 '살아 있는 양심'이 되는 것이다. 나는 이제부터 진리를 탐구하는 데 온 힘을 기울이기로 했다.

"나는 죽기 살기로 공부를 하리라. 진실을 발견해낼 때까지."

프라델은 내게 많은 도움이 되었다. 내가 다시 철학에 흥미를 갖게 해주고, 또 내게 명랑함을 되찾아 주었기 때문이다. 이것이 그가 내게 준 가장 큰 도움이었는지도 모른다. 왜냐하면 지금껏 나는 명랑한 사람을 단 한 명도 만나지 못했으니까. 프라델은 세상의 무게를 매우 유쾌한 듯이 감내하고 있었고, 그 덕분에 지금껏 나를 억누르던 무게도 해소되었다. 뤽상부르 공원의 아침, 파란 하늘, 초록 잔디, 태양 등이 그 좋은 모든 날을 빛내고 있었다.

"요즘 나뭇가지에 새순이 돋아나서, 저 밑 심연을 온전히 은폐하고 있다."

이 말은 내가 산다는 것에 기쁨을 느끼고 형이상학적인 번민을 잊고 있다는 의미이다. 어느 날 프라델이 나를 집에까지 데려다주었을 때, 엄마와 마주쳤다. 나는 엄마에게 그를 소개했다. 그는 엄마의 마음에 들었고, 우리 우정은 승인을 받았다.

자자는 그리스어 자격시험에 합격한 뒤 로바르동으로 떠났다. 7월 말에 나는 그녀에게서 편지를 받았는데, 그것을 읽고 숨이 막힐 정도로 깜짝 놀랐다. 자자는 자신이 불행한 이유에 대해 썼다. 소녀시절의 연애를 이야기했는데, 나는 그동안 줄곧 그녀 곁에 함께 있었어도 전혀 눈치채지 못했던 것이다. 25년 전에 자자 아버지의 사촌형이 바스크 지방의 관례에 따라 아르헨티나로 돈을 벌러 떠났다. 그는 그 나라에서 막대한 재산을 모았다. 자자가 12살 때, 아버지의 사촌형은 로바르동에서 500미터쯤 떨어진 고향으로 돌아왔다. 그에게는 자자와 동갑인 아들이 있었다. '고독하고 쓸쓸해 보이는, 붙임성 없는' 그 남자아이는 자자와 깊은 우정을 나누게 되었다. 부모님은 그를 스페인의 기숙학교에 보냈는데, 여름 방학이면 둘은 다시 만나곤 했다. 언젠가 자자가 내게 눈을 빛내면서 말해 주던 승마를, 둘은 함께했다. 15살 즈음, 그들은 서로 사랑한다는 것을 알았다. 부모님의 세심한 보호를 받지 못하고 멀리 고립되어 있었던 앙드레는 이 세상에서 오직 자자만을 의지했다. 한편, 못생기고 소외되고 경멸받고 있다고 느끼던 자자는 그의 품으로 뛰어들었다. 그들은 키스를 나누었고, 정열적으로 하나가 되었다. 그 뒤로 일주일에 1번씩은 서로 편지를 주고받았다. 물리 시간이나 트레쿠르 신부님의 쾌활한 눈길 아래서 자자가 꿈꾸던 것은 앙드레였으리라. 자자의 부모님과 앙드레의 부모님 사이—그의 부모가 훨씬 부자였다—는 틀어져 있었다. 그들은 아이들의 우정에 반대는 하지 않았지만 성장한 이후부터는 간섭하기 시작했다. 앙드레와 자자의 결혼을 승낙하지 않는 게 문제가 아니라 아예 서로 만날 수도 없도록 마비유 부인은 결정을 내렸다.

자자는 이렇게 썼다.

"1926년 1월의 일요일에 나는 앙드레와 단 하루 만났어. 그리고 그에게 우리 사이는 끝났음을 알렸지. 하지만 지독히도 잔혹한 말을 잔뜩 퍼부었는데도 그가 내게 얼마나 소중한 사람인지, 그 이별이 싫었지만 우리가 어떻게 맺어져 왔는지를 그에게 말할 수밖에 없었어."

자자는 다음과 같이 덧붙이고 있다.

"앙드레와 어쩔 수 없이 절교하게 된 지금, 나는 너무나도 괴로워서 몇 번이나 자살할 생각을 했어. 어느 날 저녁에는 지하철이 들어오는 것을 보면서 뛰어들까도 했었어. 이제 사는 것에 손톱만큼의 흥미도 갖고 있지 않아."

그로부터 18개월이 지났다. 자자는 앙드레를 만나는 것은 물론 편지도 주고받지 않았다. 그런데 자자가 로바르동에 도착했을 때, 돌연 그와 마주친 것이다.

"우리는 20개월이나 서로 만나지 못했어. 그리고 너무나 다른 길을 걸어 왔기 때문에 이 갑작스러운 만남에 당황해서 고통을 느낄 정도였지. 그와 나처럼 서로 다른 성격의 사람들 만남에는 희생과 고통이 따르는 것이 분명해. 그렇지만 현재 나는 이렇게 행동할 수밖에 없어. 나는 내 모든 청춘의 꿈과 그 숱한 그리운 추억을 포기할 수가 없어. 나를 필요로 하는 사람을 배신하지 못하겠어. 앙드레의 가족도, 우리 가족도 이런 식의 만남을 원하지 않아. 그는 10월에 1년 예정으로 아르헨티나로 떠나. 그 뒤에 프랑스로 돌아와 병역을 마쳐야 해. 그래서 우리 앞날에는 많은 역경과 기나긴 이별이 가로놓여 있단다. 우리 계획이 실현된다면 적어도 10년쯤은 남미에서 살게 될 거야. 좀 우울한 얘기지? 오늘 밤에 엄마에게 이런 얘기를 털어놓을 생각이야. 2년 전까지만 해도 엄마는 매우 단호하게 '안 된다'고 했기 때문에 말을 꺼내기도 전에 벌써 걱정부터 앞선단다. 엄마를 정말 사랑하니까 마음 아픈 이야기를 하고 뜻에 어긋나는 행동을 하는 것이 너무 괴로워. 나는 어릴 때 나 때문에 괴로워하는 이가 아무도 없게 해달라고 늘 기도하곤 했지. 정말 이루기 어려운 소망 아니니!"

나는 목이 메어 편지를 10번이나 되풀이해 읽었다. 15살 때 있었던 자자의 변화를 이제야 안 것이다. 남의 일처럼 그 건성건성 하던 모습과 낭만주의, 그리고 그녀의 연애에 대한 이해 못 할 통찰 등등을 말이다. 자자는 이미 사랑을 알았던 것이다. 그래서 그녀는 반 아이들이 트리스탄과 이졸데의 연애를 '플라토닉'하다고 했을 때 장난치듯 웃었으리라. 그리고 돈을 바라고 하는 결혼에 대해 지독한 혐오감을 품었던 것이다. 나는 자자에게 얼마나 무지했던가! 자자가 '잠들어 영원히 깨어나고 싶지 않아'라고 말했건만 그다지 신경 쓰지 않았었다. 그러나 사람의 마음이 얼마나 암담해질 수 있는지 나는 알고 있었다. 모자를 쓰고 장갑을 낀 착한 자자가 지하철 홈에 서서 빨려들듯 선로를 노려보는 모습을 상상하는 일은 견디기 어려웠다.

나는 며칠 뒤에 자자에게서 두 번째 편지를 받았다. 마비유 부인과의 대화는 매우 험악했다고 한다. 그녀는 자자가 앙드레와 만나는 것을 다시 금지했다. 자자는 독실한 신자였으므로 엄마의 명령을 어기는 일은 생각도 못 했으나 사랑하는 남자와 500미터 떨어져 있을까 말까 한 지금, 만나선 안 된다는 명령은 한층 고통스러웠다. 자자를 가장 괴롭힌 것은 그녀가 앙드레를 밤낮으로 생각함에도 그가 그녀 때문에 괴로워한다는 사실이었다. 이 불행은 내 모든 경험을 능가하는 것이었기에, 나로서는 어찌 해야 좋을지 몰랐다. 올해 나는 드디어 바스크 지방에서 자자와 함께 3주일을 보내도 된다는 허락을 받았다. 어서 빨리 그녀 곁으로 가고 싶었다.

메리냐크에 도착하고 나니 '지난 1년 반 동안 이렇게 편안한 기분'이 들었던 적이 없었던 것 같았다. 프라델과 자크를 비교해 보니, 자크가 좀 뒤떨어진다는 생각이 들었다. 나는 엄격하게 자크를 떠올려 보았다.

"그 경박스러움, 불성실, 바에서의 연애, 트럼프와 돈……! 자크는 다른 사람에게 없는 귀중한 뭔가를 지니고 있지만, 그와 동시에 딱할 정도로 뭔가가 빠져 있다."

내 마음은 그에게서 멀어졌다. 프라델의 존재는 나의 일상을 밝게 한다. 하지만 그가 없어도 내 일상이 어두워지지는 않을 정도로 나는 그에게 적절한 애정을 품고 있었다. 우리는 자주 편지를 주고받았다. 리스만과 블랑쉬트바이스, 랑베르 선생님, 쉬잔 부아그, 자자에게도 편지를 썼다. 다락방에 책상을 갖다 놓고, 밤이면 하늘로 난 창문 아래에 피종 석유램프를 켜 놓았다. 편지지 여러 장에 나의 심경을 털어놓았다. 내게 오는 편지, 특히 프라델에게서 오는 편지 덕분에 나는 이제 고독하지 않았다. 나는 또한 동생과도 많은 이야기를 했다. 동생이 바칼로레아의 철학 시험에 합격하면서 그해에 우리는 매우 친밀해져서, 종교에 관한 생각을 제외하고 동생에게 아무것도 감추지 않았다. 나와 마찬가지로 동생도 자크를 위대하게 보았고, 또 내가 펼치는 신화에 공감했다. 동생 역시 데지르 학교와 급우들 대부분, 그리고 우리 계층의 편견을 증오하고 있었으므로, 아주 기꺼이 야만인들에 대한 나의 전쟁에 동참했다. 더구나 동생은 나만큼 행복한 유년시절을 보내지 않아서인지 나보다 용감하게 우리를 무겁게 짓누르던 굴종에 반항하고 있었다.

"바보같이!"

어느 날 밤에 그녀는 난처한 모습으로 내게 말했다.

"나한테 오는 편지를 엄마가 뜯어보는 게 불쾌해. 그래서 편지를 읽는 즐거움도 사라지고 말았어."

나도 동감이며 그런 게 싫다고 말했다. 우리는 용기를 냈다. 바야흐로 우리는 19살, 17살이었다. 우리는 엄마에게 편지를 검열하지 말아 달라고 부탁했다. 엄마는 딸들의 영혼을 지킬 의무가 있다고 했지만, 결국엔 양보했다. 이것은 중대한 승리였다.

전체적으로 보아 나와 부모님과의 관계는 조금 누그러졌다. 나는 평온한 나날을 보냈다. 철학 공부를 하고, 저술할 생각도 했다. 결심하기 전까지는 무척 힘이 들었다. 전에 프라델은 내게 진리를 탐구하는 일을 하라고 설득한 적이 있었는데, 문학이 나를 진리에서 떼어놓는 것은 아닐까? 그것은 내 처음 기획과 모순되는 건 아닐까? 나는 모든 것의 허무함에 대해 말하고 싶었다. 그러나 작가는 자기 절망으로 책을 만듦과 동시에 그 절망을 부정하게 드러내야 한다. 테스트 씨의 침묵을 흉내내는 편이 나을지도 모른다. 또한 나는 저술을 시작하면 성공이나 유명세 등, 내가 경멸하는 것에 질질 끌려다니지 않을까 두려웠다. 그러나 이런 추상적인 의혹들도 나를 단념하게 할 정도는 아니었다. 나는 편지로 친구들에게 의견을 물었다. 내가 바라던 대로 그들은 나를 격려해 주었다. 나는 방대한 소설을 쓰기 시작했다. 여주인공은 내 경험을 모두 겪는다. 그녀는 '참된 인생'을 바라고 주위 사람들과 충돌한다. 행동, 연애, 지식 등을 둘러싼 모든 것에서 쓰디쓴 경험을 한다. 하지만 나는 끝내 이 이야기를 끝까지 쓰지 못하고 시간이 없어서 포기하고 말았다.

그 무렵에 자자에게서 편지가 왔는데, 7월에 쓴 것과는 분위기가 달랐다. 자자는 지난 2년 동안에 지적으로 엄청난 진보를 했다고 썼다. 그녀는 성숙하게 변했다. 그리고 앙드레와의 짧은 만남에서 자신이 앙드레에게 돌아와 있지 않다는 느낌을 받았다. 앙드레는 여전히 청년다운 데가 있고 거친 채 그대로였다. 자자는 그녀의 정절이 '언제까지나 사라지지 않기를 바라는 것은 꿈에 대한 고집이고, 성실성과 용기의 결여'가 아닐까 생각하기 시작했다. 그녀는 너무나 극단적으로 《대장 몬》의 영향에 빠진 게 분명하다.

"나는 거기서 사랑과 꿈에 대한 신앙을 추구했던 거야. 하지만 그 꿈은 어느 것 하나 현실을 토대로 하는 것이 없어서 나를 방황하게 하고, 내게서 멀어진 것인지도 모르겠어."

그녀는 물론 앙드레에 대한 사랑을 후회하고 있지는 않았다.

"15살에 경험한 이 감정은 나라는 존재에 대한 진정한 각성이었어. 내가 사랑하던 날부터 나는 사물들의 무한한 신성을 이해하게 되어 어떤 것도 바보스럽게 보이지 않았어."

그러나 1926년 앙드레와의 결별 이후로 그녀가 이 과거를 인위적인 '의지력과 공상에 의해' 영원한 것으로 만들었음을 인정할 수밖에 없었다. 게다가 어찌 됐든 앙드레는 아르헨티나로 떠나야 했다. 그가 프랑스로 돌아온 다음에 마음을 정하는 것이 적절하다. 지금 자자는 이 문제에 대해 생각하기가 싫었다. 그녀는 무척이나 화려하고 사교적인 여름 방학을 보내고 있었다. 초반에 그녀는 그것 때문에 기진맥진했지만, 지금은 '이제 노는 일 말고는 아무것도 생각하고 싶지 않아'라고 썼다. 이 말에 너무 놀란 나는 답장에다 조금 나무라는 투로 말해 주었다. 자자는 맹렬히 자기변호를 했다. 그녀도 논다고 해서 어떤 일도 해결되지 않는다는 걸 알고 있었다.

"얼마 전에 친구들과 바스크 지방으로 하이킹을 갈 계획을 세웠어. 나는 너무나 고독을 갈망했기 때문에, 이 하이킹을 하지 않기 위해 도끼로 발에 상처를 냈단다. 덕분에 일주일 동안 장의자에 누워 있어야만 했고, 모두에게서 위로의 말을 듣는 신세가 되었지만, 적어도 나는 조금은 혼자 있는 걸 즐기고 수다를 떨거나 놀지 않아도 될 권리를 갖게 되었어."

나는 충격을 받았다. 사람이 얼마나 절망적으로 고독과, '말하지 않아도 되는 권리'를 갈망하는지를 나는 알고 있었다. 그러나 발을 도끼로 찍을 용기는 없었다. 아니, 자자는 흐리멍덩한 사람도 아니고 더욱이 모든 걸 체념한 사람도 아니었다. 그녀 안엔 나를 두렵게 할 정도의 격렬한 침묵이 있었다. 그녀의 말 어느 한 마디도 가볍게 받아넘길 게 없었다. 그만큼 자자는 나보다 훨씬 말수가 적었다. 만일 내가 이 사건을 이야기할 계기를 만들지 않았더라면 입을 다물고 있었을 것이 분명하다.

나는 이제 아무것도 그녀에게 감추고 싶지 않았다. 신앙을 잃은 사실을 고백했다. 그녀도 그런 낌새를 챘었다고 답장했다. 그녀 또한 언젠가 종교적인 위기를 겪은 적이 있었다.

"신앙과 내 유년의 행동과 가톨릭 교시를 나의 모든 새로운 사상과 비교해 보면, 이 두 사상에 불균형과 차이가 너무나 심각해서 현기증마저 느낄 정도였단다. 클로델은 내게 커다란 구원이었어. 내가 얼마나 그의 은혜를 입었는지 표현할 수 없을 정도야. 나도 신앙을 6살 때와 마찬가지로 지혜보다도 감정으로 믿고 있어. 이성을 완전히 내버리고……. 신학 토론은 언제나처럼 어리석고 기이하게만 느껴졌지. 특히 신은 우리에게 무척이나 이해하기 어렵고, 너무 은폐되어 있다고 생각해. 그래서 신이 우리에게 주는 신앙은 초자연의 선물이자 은혜라고 믿고 있어. 나는 이 은혜를 받지 못한 사람들을 진심으로 동정해. 그들이 성실하게 진리를 갈망할 때, 언젠가 이 진리가 그들에게 주어지겠지? 하지만 신앙은 만족을 가져다주지는 않아. 믿는 사람도 믿지 않는 사람과 마찬가지로 마음의 평화에 도달하기는 어려워. 단지 내세에 평화를 얻을 수 있으리라는 희망을 갖게 되는 게 아닐까?"

이처럼 자자는 있는 그대로의 나를 받아들일 뿐만 아니라 자기가 더 우월하다는 암시를 신중하게 피했다. 비록 그녀에게는 하늘에 어렴풋한 희망이 빛나고 있더라도, 지상에서는 나와 마찬가지로 어둠 속을 더듬더듬 걷고 있었다. 우리는 여전히 나란히 걷고 있었다.

9월 10일에 나는 들뜬 가슴으로 로바르동을 향해 출발했다. 아침 일찍 위제르쉬에 도착했고, 이어 보르도로 갔다. 왜냐하면 '모리아크의 고향을 그냥 지나칠 수 없다'고 나는 자자에게 썼기 때문이었다. 난생처음으로 혼자서 낯선 도시를 거닐었다. 그곳에는 커다란 강이 흐르고 강기슭이 부옇게 흐렸다. 어느새 플라타너스 나무들은 가을 냄새를 피우고, 좁은 골목에는 그림자와 빛이 서로 어우러져 있었다. 그리고 커다란 상가가 광장을 향해 길게 이어져 있다. 나는 꿈꾸는 듯 몽롱하게, 거품처럼 가볍게 떠다녔다. 공원에 새빨갛게 우거진 칸나 사이에서 불안한 청춘의 꿈을 꾸었다. 사람들에게 물어서 투르니 거리에서 초콜릿을 마시고, 역 근처 '르 프티 마르그리'라는 식당에서 점심을 먹었다. 부모님과 함께가 아니라 혼자서 음식점에 간 것은 처음이었다. 기찻길을 따라 소나무 가로수가 끝도 없이 이어지는, 어질어질 현기증이 날 것 같은 쭉 곧은 선로를 따라갔다. 나는 기차를 좋아했다. 칸막이 문에 기대고 있자니 바람과 석탄재가 얼굴을 때렸다. 칸막이 속 열기에 무기력하게 빨려드는 여행객들의 모습은 절대로 흉내내지 않겠다고 맹세했다.

나는 저녁나절에 도착했다. 로바르동의 정원은 메리냐크의 정원보다 훨씬 덜 아름다웠지만, 그래도 초록 포도밭으로 둘러싸인 벽돌집은 느낌이 좋았다. 자자는 나를 방으로 안내했다. 이 방을 자자와 주느비에브 드 브레빌이라는 소녀와 함께 쓰게 되었다. 마비유 부인은 이 신선한 느낌의 소녀에게 흠뻑 빠져 있었다. 가방을 풀고 세수를 하기 위해 잠깐 혼자 있을 때 아래층에서 설거지하는 소리와 아이들 목소리가 들려왔다. 낯선 장소에 와서 조금 쓸쓸해진 나는 방 안을 괜히 빙빙 돌았다. 그러다가 작은 원탁 위에 검정 가죽이 씌워진 수첩을 발견하고 무심코 열어 보았다.

"내일 시몬 드 보부아르가 도착한다. 전혀 기쁘지 않다. 왜냐하면 분명히 말하건대 나는 그녀를 좋아하지 않기 때문이다."

나는 망연자실했다. 이건 처음 겪는 불쾌한 경험이었다. 내가 타인에게 적극적으로 나쁜 감정을 준다는 따위는 생각해 본 적도 없었기 때문이다. 주느비에브의 눈에 적으로 비친 내 얼굴이 조금 무서워졌다. 그러나 누군가 문을 두드리는 바람에 오랫동안 생각할 수가 없었다. 마비유 부인이었다.

"시몬, 잠깐 할 말이 있단다."

나는 마비유 부인의 부드러운 목소리에 깜짝 놀랐다. 이미 오래전부터 그녀는 내게 웃음을 보이지 않았기 때문이다. 그녀는 어색한 듯이 벨벳 끈이 달린 목장식의 카메오를 만지작거리며 자자가 '털어놓더냐'고 물었다. 나는 그렇다고 했다. 마비유 부인은 딸의 감정이 약해진 것을 모르는지, 자신이 반대하는 이유를 내게 설명하기 시작했다. 앙드레의 부모는 이 결혼에 반대하고, 게다가 그들은 매우 유복하며 사치스럽고 비속한 계층에 속하기 때문에 자자와는 전혀 맞지 않는다, 그러니 반드시 앙드레를 잊게 해야 한다고 했다. 마비유 부인은 나의 도움에 기대를 걸고 있었다. 나는 마비유 부인이 내게 강요한 공범이 끔찍하게도 싫었지만, 그녀가 평소 싫어하던 나에게까지 협조를 구해야 하는 사정에 마음이 흔들렸다. 나는 할 수 있는 데까지 해보겠다고 막연하게 약속했다.

자자가 미리 내게 알려준 것처럼, 별장에서의 일정은 소풍을 시작으로 티

파티, 댄스파티 등의 끊임없는 반복이었다. 별장은 넓고 활짝 열려 있어서 점심때와 오후 3시가 되면 많은 사촌과 친구들이 테니스, 트럼프 등을 하러 쉴 새 없이 밀려왔다. 그도 아니면 마비유 부인이나 릴리, 자자가 운전하는 시트로엥을 타고 우리는 근처 별장으로 춤을 추러 갔다. 이웃 마을에서도 자주 파티가 있었다. 나는 바스크 지방 특유의 스포츠인 펠로트(바구니처럼 생긴 라켓을 들고 벽 앞에 서서 공을 받아내는 놀이)를 구경하거나, 젊은 농부들이 공포에 질려 창백해진 모습으로 비쩍 마른 수소의 등에 기를 꽂는 놀이를 보러 가기도 했다. 이따금 소뿔이 그들의 새하얀 바지를 찢기라도 하면 모두 웃음을 터뜨렸다. 저녁식사 뒤에 누군가가 피아노를 치기 시작하면 가족 모두는 노래를 불렀다. 그렇지 않으면 수수께끼나 시 짓기 놀이를 했다. 오전에는 집안일로 바빴다. 꽃을 꺾어 꽃다발을 만들고, 주로 요리를 했다. 릴리, 자자, 베벨은 케이크나 카스텔라, 사블레, 브리오슈를 만들었다. 또는 어머니와 할머니를 도와 몇 톤이나 되는 과일과 야채를 병에 저장했다. 늘 콩을 따거나 까고, 호두를 까거나, 매실 씨를 제거하는 등 할 일이 있었다. 먹는다는 것은 오래도록 고생을 해야 하는 엄청난 일로 변했다.

  나와 자자는 거의 만나지도 못해서, 나는 약간 따분한 기분이 들었다. 내가 심리적으로 위축되어 있는데도 마비유 가족이나 친구들이 나를 경계하는 느낌이 들었다. 나는 차림새도 촌스럽고 잘 가꾸지도 못한 데다 나이 든 부인들에게 능숙하게 인사할 줄도, 또 행동이나 웃음을 조절할 줄도 몰랐다. 돈이 없어 일할 준비를 해야 하는 것만으로도 충분히 세련되지 못한 일인데, 게다가 나는 공립중학교(종교 교육을 하지 않는 중학교) 교사가 될 것이었다. 이 사람들은 몇 대에 걸쳐 무종교 교육에 대항해 싸워 왔다. 그들의 눈에 나는 부끄러워해야 할 미래를 준비하는 것으로 비쳤다. 나는 가능한 한 말을 삼가고 조심하느라 애를 썼으나 소용없는 일이어서 내 말 한 마디 한 마디가, 나아가 침묵마저도 부조화였다. 마비유 부인은 억지로 붙임성 있게 대해 주었다. 마비유 씨와 라리비에르 노부인은 은근히 나를 무시했다. 맏아들은 신학교에 입학할 참이고, 베벨은 종교적인 일에 평생을 바칠 생각을 하고 있었다. 그들은 거의 내게 관심을 두지 않았다. 그런데 내가 식구 중 가장 어린아이들에게는 조금은 놀랍게 비쳤었는지 그들은 막연하게 나를 비난했다. 그리고 릴리도 나를 드러내놓고 배척했다. 자기 계층에 딱 어울리는 이 모범적인 소녀는 모든 것에 답을 갖고 있어서, 내가 그녀를 자극할 무슨 질문을 해도 모든 것이 만족스럽게 해결되었다. 내가 15, 6살이었을 때, 마비유 집안에서 점심을 먹으면서 큰 소리로 묻기를, 사람들은 다 똑같이 생겼는데 어째서 토마토나 생선의 맛이 입에 따라 다르냐고 했다. 릴리는 비웃었다. 지금은 더 이상 순수하게 나 자신을 드러내지 않지만, 내가 입을 다물어 버린 것만으로도 그녀의 감정을 상하게 하기에 충분했다. 어느 날 오후에 정원에서 여성의 선거권에 대해 토론이 벌어졌다. 술을 마시는 노동자보다 마비유 부인에게 투표할 권리가 있다고 누구나 인정했다. 그러나 릴리는 하층 계급 거주지에서는 남자보다 여자들이 빨갱이라고 주장했다. 만약 그런 여자들이 투표할 수 있게 된다면 대의는 망가진다는 것이다. 토론은 교착상태에 빠졌다. 나는 아무 말도 하지 않았지만, 찬성하는 마음으로 침묵하는 것은 더 강한 효과를 냈다.

　마비유 집안 사람들은 거의 날마다 뒤물랭 라바르테트 사촌들과 만났다. 디딘이라는 소녀는 릴리와 매우 친했다. 그 밖에도 사촌형제가 3명 있었다. 앙리는 재무성 시찰관으로 야심적인 향락주의자인 데다 미련하게 생겼다. 에드가는 기병대 장교였다. 자비에는 20살이 되는 신학생으로 유일하게 내 흥미를 끌었다. 그는 섬세한 이목구비에 생각이 깊은 듯한 눈동자의 청년인데, 가족들이 그를 '무위증(無爲症)'이라고 부를 정도로 그의 성격은 가족들을 걱정시켰다. 그는 일요일 아침이면 허탈한 듯이 팔걸이의자에 깊이 묻혀서 미사에 나갈지 말지를 고민하다가 너무 오래 생각하는 바람에 미사 시간을 놓치는 일이 자주 있는가 하면, 책을 읽거나 명상에 잠기거나 해서 주위 사람들에게서 자신을 격리시키는 것이었다. 나는 자자에게 어째서 자비에와 친하지 않느냐고 물었더니 그녀는 당황한 듯 대답했다.

　"그런 생각은 한 적도 없어. 집안 사람들이 이해해 주지 않아."

　그러나 자자는 그에게 호의를 갖고 있었다. 언젠가 대화 중에 릴리와 디딘이 질렸다는 투로—아무래도 고의로 그랬던 것 같지만—어떻게 사려 분별이 있는 사람들이 신의 존재를 부정할 수가 있느냐고 했다. 릴리는 내 눈을 물끄러미 쳐다보면서 시계와 시계제조상의 관계에 대해 말했다. 나는 어쩔 수 없이 칸트의 이름을 입 밖에 내기로 마음먹었다. 자비에는 나에게 가세했다.

　"아, 철학을 하지 않는 것이 좋다는 이야기군그래. 이런 식의 토론으로 만족할 수 있다니!"

릴리와 디딘은 뒤로 물러섰다.

로바르동에서 가장 논쟁거리였던 문제는 당시 악시옹 프랑세즈와 교회의 충돌이었다. 마비유 집안 사람들은 가톨릭 신자들이 모두 교황을 따라야만 한다고 완강하게 주장했다. 라바르테트들—아무 말도 하지 않던 자비에 외에는—은 모라스와 도데 편을 들었다. 나는 그들의 열띤 목소리를 들으면서 왕따가 된 기분이 들어 괴로웠다. 일기에다 나에게 있어 사람들 대부분은 '존재하지 않는다'고 쓰기는 했지만, 실제로는 내 앞에 누군가 등장하자마자 모든 사람이 문제가 되었다. 나는 일기에 다음과 같이 썼다.

"자비에 뒤물랭 앞에서의 절망의 발작. 그들과 나와의 틈새, 그들이 나를 가두려 하는 궤변을 너무나도 분명하게 감지해냈다."

이러한 감정 폭발의 원인은 기억나지 않는다. 물론 이것은 비밀에 묻혀 있지만 의미는 분명하다. 나 자신은 다른 사람들과 다르다는 것, 그들에게서 마치 피부병에 걸린 암양 취급받는 일을 달가워하지 않았다는 것이다. 자자는 가족들에게 애정을 갖고 있었다. 나도 그런 때가 있었다. 그리고 아직도 그 과거가 내게 무겁게 드리워져 있었다. 어릴 때 나는 정말로 행복한 아이였기 때문에 쉽사리 증오나 원한의 감정을 키우지 못했다. 또한 악의에 대항해 나 자신을 지킬 줄을 몰랐다.

만약 내가 자자와 이야기를 나눌 수 있었다면, 그녀의 우정이 나를 지탱해 주었으리라. 그러나 밤에도 우리 사이에는 다른 사람이 끼어 있었다. 나는 잠자리에 들자마자 자려고 애썼고, 주느비에브는 내가 잠들었다고 생각되면 이내 자자와 긴 대화를 나눴다. 주느비에브는 자기가 엄마에게 친절했는지를 물으면서 자기는 이따금 엄마가 참을 수 없이 못마땅한데, 이것이 나쁘냐고 했다. 자자는 건성으로 대답하고 있었다. 자자는 아주 조금밖에 자기의 본심을 드러내지 않았는데도 재잘거리는 말소리 때문에 평소의 그녀답지 않고 이방인처럼 느껴졌다. 가슴이 답답했다. '역시 자자는 신과 어머니, 그녀의 의무를 믿고 있구나'라고 생각하면서 또다시 무척 쓸쓸해졌다.

다행히 자자가 비교적 일찍 단둘이서만 있을 수 있는 기회를 만들었다. 그녀는 내 기분을 알아챘던 걸까? 자자는 조심스럽지만 솔직하게 주느비에브에 대한 자기 우정은 한정된 것이라고 했다. 주느비에브는 자자를 친한 벗이라고 믿지만 그런 관계는 일방적이었던 것이다. 나는 안도했다. 게다가 주느비에브는 돌아갔고 여름 방학도 끝나가고 있었으므로 사교적인 들썩임도 가라앉았다. 나는 자자를 독점했다. 어느 날 밤, 온 집 안이 조용해진 뒤에 우리는 잠옷 위에 숄을 걸치고 마당으로 내려섰다. 그러고는 소나무 밑에서 오랫동안 이야기를 했다. 자자는 이제 앙드레를 사랑하지 않는다는 것을 거의 확신하고 있었다. 그녀는 자신의 연애담을 자세히 말해 주었다. 이때 처음으로 나는 자자의 유년시절과 내가 조금도 예감하지 못했던 그 깊은 고독을 알았다.

"나는 널 사랑하고 있었어."

나는 그녀에게 말했다. 그녀는 깜짝 놀랐다. 자자는 그녀의 우정 가운데 내가 그리 확고한 위치를 차지하지 않았다고 고백했다. 그녀에겐 어떤 우정도 그다지 귀중하지가 않았던 것이다. 하늘에는 달이 하릴없이 사위어 가고 있었다. 우리는 어릴 적 이야기를 했다. 우리 유년의 서툰 마음들이 우리를 슬프게 했다. 나를 고통스럽게 하고 무시하던 그녀는 완전히 뒤바뀌어 있었고, 나는 나대로 지금에서야 겨우 이런 이야기를 자자에게 하는 것이 괴로웠다. 왜냐하면 그런 것들은 더 이상 진실이 아니었기 때문이다. 나는 이제 그녀를 세상에서 가장 사랑하고 있지는 않았다. 그런데도 이런 회한 속에는 마음에 와 닿는 감미로움이 있었다. 지금까지 우리가 이토록 친밀했던 적은 없으며, 이곳에서의 마지막 시간들은 무척 즐거웠다. 우리는 도서관에 앉아서 루이 뵈이요, 몽탈랑베르 전집, 〈두 세계〉지를 보며 이야기를 나누었다. 또는 무화과나무의 쌉쌀한 냄새를 풍기는 먼지투성이 거리에서 대화했다. 우리는 프랑시스 잠과 라포르그, 라디게, 그리고 우리 자신에 대해 이야기했다. 나는 자자에게 나의 소설 몇 쪽을 읽어주었다. 책 속의 대화가 그녀를 조금 혼란스럽게 했지만, 그녀는 내게 계속 쓰라고 했다. 그녀 또한 좀더 세월이 흐른 뒤에 글을 쓰고 싶다고 하면서 격려해 주었다. 내가 돌아갈 날이 되자 자자는 기차로 몽드마르상까지 배웅해 주었다. 우리는 벤치 위에서 식어 딱딱해진 작은 오믈렛을 먹으면서 별로 아쉬워하지 않은 채로 헤어졌다. 머잖아 파리에서 다시 만나기로 되어 있었기 때문이다.

나는 아직도 편지를 통한 설명 효과를 믿는 나이였으므로 로바르동에서 엄마에게 나를 신뢰해 달라고, 훗날 훌륭한 사람이 될 테니 안심하라고 편지를 썼다. 엄마는 무척 상냥한 답장을 보냈다. 그러나 렌 거리 아파트로 돌아온 순간, 나는 아찔했다. 앞으로 3년 동안이나 이 벽 속에서 지내야 한단 말인가! 하지만 지난 3학기는 나에게 좋은 추억을 남겨 주었기에 나는 계속 낙천적이기로 했다. 랑베르 선생님은 생트마리 학교 입시반 수업 가운데 심리학을 맡아달라고 했다. 나는 돈도 좀 벌고 가르치는 실습도 할 겸 승낙했다. 4월에는 철학 학사 학위를, 6월에는 문학 학위를 받을 예정이었다. 이 두 학위를 받기 위해서는 많은 공부를 해야 했다. 글을 쓰거나 읽고 또 중요한 문제를 깊이 파고들 짬도 있을 터였다. 나는 방대한 공부 계획을 세우고, 정밀한 시간표를 짰다. 미래를 카드에 써 낸다는 것에 어린애 같은 희열을 느끼면서 신학기인 10월에 느끼던, 그 성실한 흥분에 가까운 뭔가가 되살아났다. 나는 소르본 대학 친구들을 빨리 만나고 싶어 파리를 가로질렀다. 뇌이유에서 렌 거리, 렌 거리에서 벨빌로 향하는 보도 가장자리의 낙엽 더미를 맑은 눈길로 바라보며 걸었다.

나는 자크의 집에 가서 내 생각을 말했다. 인간이 왜 사는지를 탐구하기 위해서는 평생을 바쳐야 한다. 그때까지는 결코 사물을 옳은 것으로 받아들여서는 안 되며, 사랑의 행동과 무한히 재생되는 의지 위에 그 가치를 두어야만 한다고 말했다. 그는 내 이야기를 착실히 들어주었지만 고개를 저었다.

"그렇게 살 수는 없을 거야."

내가 완강하게 버티자 그는 빙그레 웃었다.

"20살 젊은이들에게 그것은 너무나 추상적이라고 생각하지 않니?"

자크가 말했다. 그는 자기 존재가 당분간은 무모한 놀이이기를 바라고 있었다. 그 뒤로 나는 때에 따라 자크가 옳다고도, 틀렸다고도 생각했다. 나는 그를 사랑한다고 확신했다. 그리고 그를 사랑하지 않는다고도 믿었다. 나는 분해서 두 달 동안 그를 만나지 않았다.

나는 장 프라델과 불로뉴 숲 호숫가를 산책했다. 우리는 가을을, 백조 떼를, 배를 젓는 사람들을 바라보며 다시 토론을 계속했지만 열기는 전혀 없었다. 나는 프라델에게 상당한 애정을 갖고 있었던 반면, 그는 고민도 마음의 흔들림도 없는 사람이었다! 그 평정심이 내 자존심에 상처를 입혔다. 리스만은 자기가 쓴 소설을 내게 읽어주었는데 유치하게 생각되었고, 또 그에게 내 소설 몇 쪽을 읽어주었더니 그는 무척이나 따분해했다. 말레는 여전히 알랭에 대해, 쉬잔 부아그는 자기의 연애에 대해, 그리고 랑베르 선생님은 신에 대해 이야기했다. 동생은 응용미술학교에 들어갔는데, 그곳이 너무 싫다며 징징댔다. 자자는 복종을 실천해 백화점에서 쇼핑을 했다. 권태와 고독이 나를 다시 덮쳤다. 전에 내가 뤽상부르 공원에서 내 숙명에 대해 자문했을 때, 주위의 자연은 온통 기쁨으로 충만했고 나는 그다지 슬프지 않았다. 그러나 지금, 가을의 옅은 안개를 통해 바라보는 미래는 나를 두려움에 빠지게 했다. 나는 아무도 사랑하지 않으리라. 사랑할 가치가 있는 훌륭한 인간은 하나도 없다. 가정의 포근함을 다시 발견하는 일은 없으리라. 나는 지방의 한 구석진 방 안에서 나날을 보낼 것이다. 일용품을 사러 외출할 때 말고는 말이다. 너무나도 살풍경한 삶! 어떤 사람과도 진실한 화합의 가능성 따위는 이제 바랄 수도 없었다. 있는 그대로의 나를 가슴 밑바닥에서부터 받아들여 줄 친구는 하나도 없었다. 나를 위해 기도해 주는 자자도, 나를 너무나 추상적이라고 생각하는 자크도, 나의 정신적 동요와 선입관을 탄식하는 프라델도……. 그들을 뒷걸음질치게 한 것은 내 안에 있는 가장 완고한 무엇이었다. 그것은 평범한 삶의 거부와 그것에서 도망치려 하는 무질서한 노력이다. 그들은 저마다 다른 형태로 평범한 삶의 방식에 동의하고 있었다. 나는 나에게서 합리성을 찾으려 했다.

"나는 다른 사람들과 같지 않다. 나는 그것이 좋다."

나는 그렇게 마음먹었다. 그러나 나는 그 정도로 만족하지 않았다. 타인과 동떨어진 나는 이제 세상과의 연결고리를 갖지 못했다. 그것은 나와 무관한 정경으로 변했다. 나는 영예와 행복, 봉사를 차례로 내버렸다. 지금으로서는 산다는 것에조차 흥미가 없었다. 때때로 나는 현실감을 완전히 잃어 길, 자동차, 통행인 등은 허상들의 행렬일 뿐이고, 그 사이에서 이름도 없는 나라는 존재가 떠다니고 있다고 느꼈다. 내가 미쳤다는 자부심과 공포심을 동시에 느낄 때도 있었다. 냉혹한 고독과 미친 짓의 간격은 그다지 멀지 않았다. 나에겐 정신착란을 일으킬 이유가 많았다. 지난 2년 동안 나는 올가미에 걸려서 출구를 찾지 못하고 발버둥을 쳤다. 눈에 보이지 않는 장애물에 끊임없이 부딪치고 그로 인해 결국에는 현기증이 났다. 두 손엔 아무것도 쥔 것이 없으나 언젠가는 모든 것을 소유하리라고 확신하다가도, 어떤 것도 무가치하다며 실망하여 우물쭈물 덮어 버렸다. 이들 모순으로 인해 머리가 멍해지곤 했다. 특히 나는 끓어넘치는 건강과 젊음을 지녔는데도 집과 도서관에 갇혀 있었으므로, 소비되지 않은 모든 생명력이 헛되이 내 머리와 가슴속에서 폭풍을 일으키고 있었던 것이다.

지상은 내게 아무 의미도 없었다. 나는 '생명의 바깥'에 있었다. 이제는 글쓰기에 대한 꿈도 없어지고 모든 것의 허무함이 다시 내 목을 졸랐다. 그렇지만 괴로워하는 것은 이것으로 충분했다. 작년 겨울에 나는 엄청나게 많은 눈물을 흘리고 나서야 스스로 희망을 만들어냈다. 급기야 완벽한 초탈의 순간에, 우주가 하나의 환각 놀이인 것처럼 축소되어 보이기 시작할 때, 본래의 나는 허물어지고 다른 무언가가 그것을 대체했다. 파괴하지 못할 영원한 무엇인가가. 나의 초연함은 어쩌면 도달할 수 없는 것에까지 어떤 존재를 확장하는 듯이 보였다. 가톨릭주의가 점점 싫어졌다. 그러면서도 나는 유(有)에 도달할 가능성을 단언하는 랑베르 선생님이나 프라델의 영향을 받고 있었다. 나는 플로티노스(그리스 철학자·신비사상가, 신플라톤주의 대표자)와 신비적 심리주의 학설에 관한 연구서를 읽었다. 이성의 한계를 초월한 어떤 종류의 경험도 내게 절대성을 주지 못한다고 나는 믿었다. 불친절하고 냉담한 세계를 분쇄해 버린 이 추상 세계에서 나는 차고 넘치기를 바랐다. 신비주의는 어째서 불가능하단 말인가!

"신을 만지고 싶다, 아니 그가 되고 싶다!"

나는 이렇게 선언하고 1년 동안 지속적으로 이 망상에 몰두해 왔다.

그러나 나는 내 자신에게 지쳐 있었다. 일기를 쓰는 것도 거의 중단하고 일을 했다. 벨빌과 마찬가지로 뇌이유에서도 나는 학생들과 마음이 맞았고, 가르치는 것이 재미있었다. 소르본 대학에서는 사회학이나 심리학 강의를 듣는 사람이 아무도 없었다. 그만큼 그런 수업들은 우리에게 무미건조하게 느껴졌던 것이다. 나는 조르주 뒤마 교수가 일요일과 화요일 오전에 생트안 정신병원에서 하는 임상 강의에 출석했다. 조증 환자, 편집증 환자, 조발성 치매 환자 등이 교단 위에 차례로 나왔다. 교수는 환자들의 과거에 대해 전혀 설명하지 않았고, 환자들이 머릿속으로 무슨 생각을 하는지도 상상하지 않는 듯했다. 단지 그들의 이상한 행동이 교수의 개론서 도표대로 되어 있음을 우리에게 보일 따름이었다. 교수는 질문을 통해 환자에게서 생각했던 바의 반응을 능숙하게 이끌어냈고, 그 밀랍같이 나이 든 얼굴에 띤 교활함은 너무 노골적이어서 간신히 웃음을 참아야 했다. 광기는 이제 농담처럼 보였다. 하지만 이러한 관점에서조차 광기는 나를 매료했다. 망상 환자, 환청 환자, 저능한 환자, 깔깔 웃는 환자, 고뇌하는 환자, 협박증 환자, 이들은 다른 사람들과 달랐다.

나는 또한 〈십자가의 성 요한〉이라는 훌륭한 논문의 작자인 장 바루지 교수의 강의를 들으러 갔다. 교수는 생각이 떠오르는 대로 모든 근본 문제를 논했다. 피부와 털이 모두 석탄처럼 새카맣고, 어두운 밤을 꿰뚫는 듯한 교수의 눈빛은 불꽃처럼 빛나고 있었다. 그의 목소리는 침묵의 심연에서 떨리며 터져 나오고, 우리에게 다음 주의 비통한 계몽을 약속하는 것이었다. 고등사범학교 학생들은 몇몇 아웃사이더들이 들으러 오는 이 강의를 경멸했다. 이 아웃사이더 중에는 르네 도말, 로제 바이양 등의 얼굴이 섞여 있다. 그들은 전위 잡지에 투고하고 있는데, 르네 도말은 심원한 정신의 소유자로, 로제 바이양은 날카로운 지성의 소유자로 주목을 받았다. 바이양은 깜짝 놀라게 하는 일을 좋아했다. 그는 생김새만으로도 사람을 놀라게 했다. 옆얼굴은 당장에라도 찢어질 듯한 매끈한 피부로 덮여 있는데, 앞에서 보면 목 언저리밖에 보이지 않았다. 불만스럽고 감정 없는 표정은 그의 젊음과 배치되어서, 마치 악마의 미약으로 젊음을 되찾은 노인처럼 보였다. 그는 보기 흉하게도 어깨동무를 하며 데리고 다니는 젊은 여자가 있었는데, 그녀와 함께 있는 것이 자주 눈에 띄었다. 그는 소개했다.

"내 암컷이야."

《외인부대》에는 어떤 부사관이 암퇘지에게 그 짓을 하는 병사를 발견한 뒤 벌을 내리는 이야기가 나오는데, 나는 그 부사관을 비방하는 바이양의 글을 읽었다. 바이양은 모든 인간에 대해, 즉 시민이나 군인에게도 수컷 본성의 권리를 주장했다. 나는 골똘히 생각에 잠겼다. 나는 대담한 상상력을 지녔지만, 앞에서도 말했다시피 현실은 쉽사리 나를 뒷걸음질치게 했다. 도말이나 바이양은 나를 무시했으나, 나도 그들에게 다가갈 마음은 없었다.

나는 그때 새로운 우정을 맺었다. 리사 케르마데크라는 생트마리 학교 기숙생으로 철학 학사 학위를 딸 준비를 하고 있었다. 그녀는 브르타뉴 출신이며, 가냘프고 작은 체구에 짧게 자른 머리 아래로 남자 같은 야무진 얼굴이었다. 그녀는 또한 뇌이유의 집과 랑베르 선생님의 신비주의를 싫어했고, 신을 믿었지만 신을 사랑한다는 사람들은 허풍쟁이이거나 잘난 체하는 사람이라고 확신했다.
"알지도 못하면서 누군가를 사랑하는 따위가 가당키나 해?"
나는 그녀가 마음에 들긴 했지만 매사 못마땅해하는 그녀의 회의주의는 내 인생을 밝게 해주지 못했다. 나는 소설을 쓰기 시작했다. 바루지 교수를 위해 〈개성〉이라는 방대한 논문을 계획하고, 거기에 나의 지식과 무지를 모조리 쏟아부었다. 나는 일주일에 1번 정도, 혼자 또는 자자와 함께 음악회에 갔다. 〈봄의 제전〉을 들으며 2번이나 감동하기는 했으나, 전반적으로 봤을 때 나는 거의 어떤 것에도 열광하지 않았다. 리비에르와 푸르니에의 《왕복서한》 제2권을 읽고 무척 실망했다. 그들 젊은 시절의 정열은 비겁하고 자질구레한 고민, 반감, 씁쓸함으로 변질되어 있었으므로 똑같은 추락이 나를 기다리고 있지 않을까 자문해 보았다.
나는 자크의 집을 방문했다. 그는 옛날처럼 성큼성큼 회랑을 걸어와, 변함없는 동작과 미소로 나를 맞아 주었다. 과거가 되살아났다. 나는 다시 자주 그의 집으로 놀러다니게 되었다. 그는 무척이나 많은 말을 했다. 희미한 푸른빛을 띤 담배 연기의 소용돌이 속에서 다채로운 언어가 파도치고 있었다. 어딘가에서, 낯선 곳에서, 다양한 사람들과 마주치리라. 그러면 뭔가 재밌는 일이 벌어질 것이다. 약간은 비극적이고 때로는 매우 아름다운 일들이……. 어떤 일? 문이 닫히면서 언어도 사라졌다. 그러나 일주일 뒤 나는 다시 반짝이는 무지개 위에서 모험의 자취를 발견했다. 모험, 도피, 먼 여행으로의 출발. 그곳에 구원이 있을지도 모른다! 그해 겨울 대단한 호평을 받던 마크 샤두른의 《바스코》가 제안하는 바도 그것이다. 나는 《대장 몬》을 읽을 때와 같은 열성으로 그 책에 빠져 들었다. 자크는 대양을 횡단한 적은 없지만, 많은 젊은 소설가들—그중에서도 특히 필리프 수포—은 파리를 떠나지 않아도 여행할 수 있다고 주장했다. 그들은 자크가 매일 밤마다 다니는 그 바의 놀랄 만한 시정(詩情)을 말했다. 나는 다시 자크를 사랑하게 되었다. 그간 완전한 무관심 상태에서 경멸마저 하고 있었으므로 그에게서 한참 동떨어져 있었다. 그래서 또다시 찾아온 이 정열은 나를 깜짝 놀라게 했으나 나는 나의 변화를 설명할 수 있을 것 같았다. 우선 옛 추억이 깊이 드리워져 있었고, 내가 자크를 사랑한 적이 있었기 때문에 다시 그를 사랑할 수 있게 된 것이다. 게다가 그동안 내 마음은 무미건조했으며, 이제 절망은 지긋지긋했다. 부드러움과 안정에 대한 갈망이 찾아왔던 것이다. 자크는 내게 무척 다정히 대해 주면서 변덕을 부리는 일 따윈 하지 않았고, 나를 위해 돈을 쓰면서 내 기분을 즐겁게 해주었다. 그러나 단지 이런 점들 때문에 내가 자크에게 돌아간 것은 아니었다. 그보다 더 결정적인 이유는 자크가 여전히 자기에게 만족하지 않고, 자기 계급에 순응하지 못하는 불확실한 존재였기 때문이다. 그의 곁에 있는 순간은 인생에 순응하는 사람들과 함께 있을 때보다 훨씬 덜 거북했다. 내게는 무엇보다 인생을 거부하는 일이 가장 중요하게 여겨졌다. 내가 그와 같은 종족에 속한다는 결론을 내리고, 내 운명을 다시 그에게 이야기했으나 그것으로는 그다지 마음의 위로를 얻지 못했다. 우리가 얼마나 다른 인간인지 알고 있었으므로, 사랑이 나를 고독에서 구해 주리라고는 생각지 않았다. 자유롭게 행복을 향해 간다기보다 왠지 하나의 숙명을 감수하는 듯한 기분이었다. 나는 20살 생일을 맞아 애조 띤 풍자 문구를 읊조렸다.

"나는 오세아니아에 가지 않겠다. 성 요한의 십자가 행적을 되풀이하지 않으리라. 아무것도 슬프지 않다. 모든 것이 예견되어 있었다. 미리 치른 광란이 하나의 해결법이 되었을 것을. 살려고 했다면 내가 어떻게 했을까? 하지만 나는 데지르 학교에서 교육을 받았었다."

나도 자크나 젊은 소설가들이 자랑하는 그런 '무모하고 부질없는' 존재를 맛보고 싶었다. 그렇지만 어떻게 하면 나의 일상에 돌발적인 사건을 끼워 넣을 수가 있단 말인가? 동생은 차츰, 엄마가 감시하는 저녁나절에서 빠져나가는 데 성공을 거두었다. 밤에 동생은 자주 그랑드 쇼미에르 아틀리에에서 데생을 했으므로 그것은 무척 편리한 구실이 되었고, 나는 나대로 알리바이를 만들어냈다. 뇌이유에서 받는 돈으로 우리는 스튜디오 샹젤리제에서 전위극을 보거나, 카지노 드 파리(뮤직홀)에 서서 모리스 슈발리에의 노래를 듣기도 했다. 우리는 오고 갈 때 걸으면서 각자의 인생에 대해 이야기했다. 눈으로 확인할 수는 없어도 사방에 있는 모험이 우리 앞길을 스쳐 지나갔다. 그 장난기가 우리를 쾌활하게 만들었다. 그러나 그것은 내내 지속될 수 없어서 일상생활의 단조로움이 여전히 나를 짓누르고 할퀴었다.

"아, 우울한 자각이여, 욕망도 사랑도 없는 인생. 이렇게나 빨리 모든 것이 고갈되어 버린 삶, 지독한 권태. 이런 것들이 오래 지속될 리가 없다! 나는 무엇을 바라는 것인가? 무엇을 할 수 있지? 모든 것은 무(無)이다. 나의 저서? 헛되다. 철학? 싫증난다, 싫증 나. 사랑? 나는 너무나 지쳤다. 하지만 나는 20살이고, 살고 싶다!"

이런 상태는 오래 지속되지 않았다. 나는 나의 저서와 철학, 사랑으로 되돌아가서 다시 시작했다.

"해결책이 없을 것 같은 이 두 기분의 충돌! 한쪽에는 내 능력에 대한 강한 자신감, 모든 이를 죄다 합친 것보다 나은 나의 우월성, 내가 이룩해낼 수 있는 일, 다른 한쪽에는 전혀 무익하다는 생각! 아니, 이런 식으로 지낼 수는 없다."

그렇지만 그런 상태는 계속되었다. 어쩌면 영원히 이어질지도 모른다. 고장 난 시계추처럼 나는 무감각과 환희 사이를 미친 듯이 오가고 있었다. 밤이면 사크레쾨르 성당의 계단을 올라 파리의 적막한 공간에서 소멸하는 허무한 오아시스를 바라보았다. 그것이 어쩌나 아름답고, 또 어쩌나 쓸모없던지 나는 울어 버렸다. 몽마르트 언덕의 좁은 거리를 내려가면서 모든 불빛을 향해 미소를 던졌다. 메마름 속으로 추락했는가 싶다가도 평화 속으로 뛰어오르곤 하면서 나는 기진맥진했다.

우정은 자꾸만 나를 실망시켰다. 블랑쉬트 바이스와의 사이가 틀어졌으나 무슨 까닭인지 알지 못했다. 느닷없이 내게 등을 돌리기에 그 이유를 편지로 물었지만 답장이 없었다. 그녀가 나를 음모꾼이라고 떠들고 다니고, 내가 자신을 질투해서 빌려준 훌륭한 장정의 책에 잇자국을 냈다고 욕한다는 얘기를 들었다. 나는 리스만과도 서먹한 관계가 되었다. 한번은 그가 나를 집으로 초대한 적이 있었는데, 미술품이 가득 장식되어 있는 넓고 화려한 응접실에서 나는 장 바루지 교수와, 비교(祕敎)에 관한 책을 쓴 그의 동생 조제프를 만났다. 그 밖에도 파리를 왜곡한 작품을 만들어 유명해진 조각가와 학계 명사들이 와 있었다. 그 자리의 대화에서 나는 분개했다. 리스만조차도 그의 심미주의와 감상으로 나를 언짢게 했다. 다른 사람들, 내가 아주 좋아하는 사람들은 나를 이해하지 못해서 그들과의 대화도 만족스럽지 않았다. 그들의 존재, 그들이 그곳에 있다는 것조차 아무런 해결책이 되지 못했다.

이미 오래전부터 고독은 나를 교만으로 몰아가, 마침내 나는 완전히 자만에 빠졌다. 바루지 교수는 내가 쓴 논문을 돌려주면서 매우 칭찬을 했다. 수업이 끝난 뒤에 나를 불러서 이 논문에는 무게 있는 작품에서 볼 수 있는 미끼가 들어 있다는 말을 기어들어가는 목소리로 말했다. 나는 제정신이 아니었다.

"내가 그들 전체보다 더 수준 높은 곳을 향해 올라가고 있는 건 확실해. 거만하다고? 만약 내게 천부적 재능이 없다면, 그렇다고 하지. 하지만 내가 재능이 있다—때때로 나는 그렇게 믿었고 확신을 가지기도 했다—면 그건 나의 통찰력이야."

나는 느긋한 심정으로 이렇게 썼다. 다음 날 채플린의 〈곡마단〉을 관람했다. 영화관을 나와서 튈르리 공원을 산책했다. 오렌지 빛깔 태양이 옅은 하늘 속을 돌면서 루브르 박물관 유리창을 달구었다. 나는 전에 보던 저녁 풍경을 떠올렸다. 그때, 느닷없이 아주 오래전부터 간직해 온 내적인 욕구가 번갯불처럼 나를 때리는 것을 느꼈다. 내 작품을 써야만 한다. 이 계획은 전혀 새로울 게 없었다. 그렇지만 뭔가 사건이 일어나기를 바랐는데도 아무 일 없었으므로, 이로 인한 흥분을 하나의 사건으로 만들고 싶었다. 나는 다시 하늘과 땅을 향해 정식으로 맹세했다. 어떤 일에도, 어떤 경우에도, 나의 저술은 절대 중단되지 않으리라. 그 뒤로 이 결심을 다시는 문제 삼지 않았다. 나 또한 자신에게 환희를 바라고, 그것을 획득할 것을 약속했다.

다시 봄이 찾아왔다. 나는 윤리학과 심리학 자격시험에 합격했다. 언어학은 생각만으로도 어찌나 지긋지긋하던지 아예 포기해 버렸다. 아버지는 못마땅해하면서도 학사 학위는 2개면 충분하다고 생각했다. 그러나 나는 이제 16살 소녀가 아니었으므로 진로를 신중히 생각할 수 있었다. 한 가지 좋은 생각이 떠올랐다. 마지막 학기에 시간 여유가 있으니 졸업장 받을 준비를 곧바로 시작하지 말란 법이 어디 있는가? 당시는 대학교수 자격시험과 동시에 졸업 준비를 해도 지장이 없었다. 만약 내가 서둘러 졸업 준비를 시작한다면 신학기에는 경쟁시험을 준비할 수가 있다. 그렇게 하면 1년을 버는 것이다! 그러면 1년 반 동안에 소르본 대학을 마치게 될 테고, 집의 구속에서도 자유로워지리라. 뭔가 색다른 일이 시작될 수도 있을 것이다. 나는 망설이지 않았다. 브룅슈비크 교수에게 상의를 하러 갔더니, 내가 이미 과학 과목의 자격증을 획득했고, 그리스어와 라틴어에서도 상당한 실력을 갖췄으므로 이 계획에 문제가 없으리라는 의견을 내놓았다. 교수는 내가 '라이프니츠의 개념'에 대해 논문을 쓰는 것이 좋겠다고 권했고, 나는 그 말에 따랐다.

그렇지만 고독은 여전히 나를 좀먹고 있었다. 4월 초에는 한층 심해졌다. 장 프라델은 학우들과 함께 며칠을 솔렘에서 보냈다. 프라델이 파리로 돌아온 다음 날, 우리는 회원으로 가입한 '독서 친구의 집'에서 만났다. 홀에서는 수도자 옷을 입은 아드리엔 모니에가 파르그, 장 프레보, 조이스 같은 유명한 작가들을 맞이하고 있었다. 안쪽 작은 방은 늘 비어 있어 우리는 의자에 앉아서 이야기를 했다. 프라델은 약간 주저하는 목소리로 솔렘에서 영세를 받았다고 고백했다. 그는 학우들이 영성체 제단 앞으로 다가가는 것을 보고, 자기는 쫓겨나 왕따를 당하고 버림받으리란 느낌이 들었다고 한다. 그래서 학우들과 함께 영성체 제단으로 갔고, 다음 날엔 고해성사를 했다. 그리고 신을 믿기로 결심했다고 한다. 나는 목이 꽉 잠긴 채 그의 말에 귀를 기울이고 있었는데 버림받고, 소외되고, 배신당한 기분이었다. 자크는 몽파르나스의 바에서, 프라델은 성당 감실의 발치에서 피난처를 찾았다. 내 곁에는 이제 아무도 없었다. 나는 버림받은 내 처지가 딱해서 밤에 눈물을 흘렸다.

그로부터 이틀 뒤에 아버지는 라그리에르로 출발했다. 무슨 문제 때문이었는지 지금은 기억나지 않지만 숙모를 만나러 간다고 했다. 기관차의 천둥 같은 소리와 석탄처럼 새카만 밤하늘에 퍼지는 붉은 연기는 오랜 이별의 비애를 충분히 느끼게 해주었다.

"아버지와 함께 가겠어요."

나는 말했다.

가족들은 칫솔도 없지 않느냐며 반대했지만 결국 이 변덕스러운 착상은 받아들여졌다. 여행하는 동안 나는 객차 문에 기대서 암흑과 바람에 흠뻑 취했다. 나는 지금껏 봄의 시골 정경을 본 적이 없었다. 토끼풀, 앵초, 초롱꽃 사이를 거닐었다. 나는 유년시절을, 인생을, 죽음을 생각했다. 죽음에 대한 공포가 사라지지 않았다. 그것에 익숙해질 수가 없어서 공포에 사로잡혀 울기도 했다. 지금 이 순간, 여기에 존재한다는 사실은 찬란한 번득임이 되어, 그 며칠 동안 자연의 정적은 때로 나를 공포로 밀어 떨어뜨리기도 하고, 또 때로는 환희에 젖게도 했다. 나는 더 멀리 갔다. 인간의 발자취가 보이지 않는 이들 목장과 수풀 속에서 내가 갈망하던 초인간적인 현실과 만났다고 믿었다. 나는 한 줌의 풀을 뜯으려고 무릎을 꿇었다가 돌연 하늘의 무게에 짓눌린 듯이 꼼짝할 수가 없었다. 하나의 불안과 도취가 내게 영원을 가져다주었으므로 나는 그 신비로운 경험을 했다는 확신을 가졌고, 파리로 돌아와서는 다시 그것을 되풀이하려고 〈십자가의 성 요한〉을 읽었다.

"네가 알지 못하는 곳으로 가려면 낯선 길을 통해 가거라."

이 말을 뒤집어 보면, 나는 길의 어둠 속에서 성취로 향하는 이정표를 보았던 것이다. 내 마음속 심연까지 내려가 온몸으로 하늘 꼭대기를 향해 오르고, 그곳에서 모든 것을 끌어안았다. 길을 잘못 든 나의 이러한 방황에는 성실함이 있었다. 나는 너무나 깊이 고독에 빠져 있었기 때문에, 때때로 세상에 대해 완전한 이방인의 모습이 되었고, 또 세상은 그 기이한 모습으로 나를 놀라게 했다. 사물도, 얼굴도, 나 자신도 의미를 잃었다. 나는 아무것도 인정하지 않았으므로 내가 미지에 도달했다고 믿고 싶었다. 나는 지나칠 정도로 편안하게 이 상태를 키워 나갔으나, 역시 나를 속이고 싶지는 않았다. 나는 프라델과 랑베르 선생님에게 이 점에 대해 의견을 물었다. 프라델은 잘라 말했다.

"별것 아니야."

선생님은 더 조심스러운 말을 골랐다.

"그것은 형이상학적 직관이야."

나는 이런 현기증 나는 높은 곳에 인생을 건설할 수는 없다고 결론을 내리고, 더 이상 알려 하지 않았다.

나는 여전히 공부를 계속했다. 학사가 된 지금, 나는 소르본 대학 한구석에 있는 빅토르 쿠쟁 도서관 출입을 허락받았다. 이 도서관은 방대한 철학서를 소장하고 있었는데, 오는 사람은 거의 없었다. 나는 날마다 그곳에 가서 참을성 있게 소설을 썼다. 라이프니츠를 읽고, 시험 준비에 유익한 책들을 보았다. 밤이면 공부로 잔뜩 지쳐 내 방에서 녹초가 된 채 누웠다. 만약 이 땅을 마음대로 산책해도 된다고 누군가 허락한다면, 이 지상을 떠날 수 없는 것에 위안을 받으련만⋯⋯. 아, 나는 얼마나 밤 속에 잠겨 재즈를 듣고, 사람들과 어깨를 부딪치고 싶었던가! 그러나 나는 갇혀 있었다! 숨이 막힐 것 같았다. 나를 닳아 문드러지게 하고, 사방 벽에 머리를 부딪쳐 산산조각 내고 싶은 욕구에 시달렸다.

　자크는 1년 반 동안의 군 복무를 위해 알제리로 떠날 예정이었다. 나는 자주 그를 만났다. 그도 전에 없던 진심을 보여주었다. 그는 친구들 얘기를 많이 했다. 나는 리오쿠르가 올가라는 젊은 여성과 사귀고 있는 것을 알고 있었다. 그가 그들의 연애에 대해 어찌나 소설처럼 이야기하는지 나는 이때 처음으로 비합법적인 결혼에 호의를 가졌다. 자크 또한 무척 예쁘게 생긴 마그다라는 여자 얘기를 하면서 내게 소개하고 싶다는 마음을 은근히 비쳤다.

　"바에서 상당한 대가를 치르고 얻은 사연이야."

　마그다는 밤에 바에서 만나는 그 불안한 천재들 가운데 하나였다. 그녀가 자크의 인생에 어떤 역할을 하는지 생각해 보지도, 묻지도 않았다. 현재로서는 자크가 내게 애정을 갖고 있다는 확신이 있었고, 그의 곁에서 기쁘게 살아갈 수 있다고 믿었다. 나는 자크와의 이별이 두려웠다. 그렇지만 자크와 가까이 지내는 것을 행복해할수록, 이별이 우리 사이에 자극이 된다는 점을 전혀 생각지 못했다.

　자크가 떠나기 일주일 전에 나는 가족과 함께 그의 집에서 저녁식사를 했다. 식사가 끝나자 그의 친구인 리케 브레송이 그를 부르러 왔다. 자크는 내게 〈선원들〉이라는 영화를 보러 가자고 제안했다. 아무리 기다려도 결혼 얘기가 나오지 않자 화가 난 엄마는 이제 우리 우정을 전혀 인정하지 않았다. 엄마는 안 된다고 잘라 말했다. 나는 가고 싶다며 고집을 피웠고, 숙모가 내 편을 들어주었다. 자크가 떠난다는 사정도 있어서 엄마도 마침내 뜻을 굽혔다.

　우리는 영화를 보러 가지 않았다. 자크는 호이겐스 거리 단골 바, 스트릭스로 나를 데려갔고, 나는 리케와 자크 사이에 앉았다. 자크는 바텐더를 미셸이라 부르며 나를 위해 드라이 마티니를 주문했다. 나는 단 한 번도, 카페에 발을 들여놓은 적조차 없었건만 이렇게 두 남자와 바에 와 있었던 것이다. 하물며 시간은 밤이었으니, 이것은 나에게 정말 놀랄 만한 사건이었다. 옅은 색깔 혹은 강렬한 색깔의 병, 올리브나 짠맛이 나는 아몬드가 담긴 접시, 작은 테이블, 이런 모든 것에 놀랐는데 그중에서도 가장 놀란 점은 자크에게는 이 상황이 매우 익숙하다는 사실이었다. 나는 칵테일을 단숨에 비웠다. 지금까지 단 한 방울도 술을 마신 적이 없었고 포도주조차 싫어했기 때문에 나는 단박에 취하고 말았다. 바텐더를 미셸이라고 그냥 이름으로 부르는 등 온갖 코미디를 했다. 자크와 리케는 포커를 치기 위해 테이블을 둘러싸고 앉아, 나와는 모르는 사이인 것처럼 행동했다. 나는 북유럽의 매우 점잖아 뵈는 청년들을 붙들고 질문을 했다. 그중 하나가 내게 마티니를 2잔째 사 주었지만 자크가 눈짓을 해서 바텐더 앞에서 그것을 부어 버렸다. 나는 바의 분위기에 이끌려 솜씨를 보이기 위해 잔을 2, 3개 깨뜨렸다. 자크는 웃었고 나는 한없이 유쾌했다. 우리는 다시 바이킹으로 갔다. 그러면서 나는 오른팔을 자크에게, 왼팔은 리케에게 맡기고 걸었다. 왼편은 없는 것이나 마찬가지이고, 나는 오로지 자크와의 육체적인 친밀감에 황홀해하고 있었다. 그것은 우리 영혼의 결합을 상징했다. 그는 내게 포커를 가르쳐 주고, 진을 아주 조금 넣은 진피즈를 주문해 주었다. 나는 자크의 세심한 보살핌에 정답게 따르며 시간이 흐르는 것도 잊었다. 로통드의 바에서 페퍼민트를 마셨을 때는 이미 새벽 2시라서 주위에는 전혀 다른 세계에서 솟아오른 온갖 얼굴들이 아른거리고 있었다. 길거리마다 기적이 일어났다. 나는 분리될 수 없는 공모로 자크와 결합된 것처럼 느끼고 있었다. 함께 살인을 저질렀거나, 아니면 사하라 사막을 걸어서 횡단하기라도 한 듯했다.

그는 나를 렌 거리 71번지에 내려주었다. 나는 아파트 열쇠를 갖고 있었지만 부모님이 기다리고 있다가 문을 열어주었다. 엄마는 울고, 아버지는 뭔가 중대한 일이 있을 때 짓는 근엄한 표정을 보였다. 부모님은 몽파르나스 가의 자크 집에서 막 돌아온 참이었다. 엄마는 숙모가 창밖으로 얼굴을 내밀 때까지 계속해서 벨을 울려대면서 큰 소리로 딸을 내놓으라고 소리치고, 자크가 딸의 체면을 더럽혔다고 막말을 하고 온 것이다. 나는 영화를 본 다음에 로통드에서 밀크커피를 마셨다고 둘러댔지만 부모님의 역정은 가라앉지 않았다. 나도 전처럼 격렬한 감정은 아니었지만 결국 울고 말았다. 다음 날 셀렉트 테라스에서 자크를 만나기로 되어 있었다. 자기 어머니에게 지난밤에 벌어진 사건의 전말을 들은 자크는 붉게 충혈된 내 눈을 보고 분개하면서 전에 없이 정다운 눈길을 보냈다. 그는 내게 실례가 될 만한 행동을 하지 않았다고 자기변호를 했다.

"너에겐 표현하기 힘든 존경심을 품고 있어."

그는 말했다. 나는 우리의 그 축제 때보다 훨씬 그와 가까워진 듯한 느낌을 가졌다. 4일 뒤에 우리는 작별을 했다.
 "너에겐 유독 안녕이란 말을 하고 싶지가 않구나."
 그는 나를 소르본 대학까지 데려다주었다. 나는 차에서 내렸고, 우리는 오랫동안 서로 마주보았다.
 "그럼……."
 그의 목소리가 내 가슴을 뒤흔들어 놓았다.
 "이젠 너를 못 보게 되겠지?"
 그는 시동을 걸었고, 나는 어떻게 해야 좋을지 몰라 망연히 서 있었다. 그러나 마지막 며칠의 추억이 내게 시간을 극복할 용기를 주었다. 나는 생각했다.
 "내년이야."
 그러고는 라이프니츠를 읽으러 갔다.

 "만약 술이 마시고 싶거든 리케에게 연락해."
 자크는 말했다. 나는 젊은 브레숑을, 어느 날 저녁 6시쯤에 스트릭스 바에서 발견하고 연락을 부탁했다. 누군가가 자신이 좋아하던 자크 이야기를 했다. 그러나 바는 쓸쓸할 뿐 아무 일도 일어나지 않았다. 다른 날, 내가 로통드 바 카운터에 앉아서 아페리티프를 마셨을 때도 별일은 없었다. 청년 대여섯이 절친한 듯 자기들끼리 이야기를 했다. 하얀 목재 테이블, 노르망디 풍의 의자, 빨강과 하양 커튼은 빵가게 차 판매대 이상의 신비로움은 주지 않았다. 그러나 내가 쉐리-고블렛 값을 치르려 하자 빨강 머리에 뚱뚱한 바텐더는 돈을 받으려 하지 않았다. 까닭은 모르겠지만 이 사건은 얼마간 놀라운 일이어서 나는 용기를 얻었다. 벨빌로 가는 날은 바이킹에서 1시간을 보낼 수 있도록 항상 일찍 출발하고, 연구소에 늦게 도착해도 괜찮게 미리 조정을 했다. 한번은 진피즈를 2잔 마셨는데 조금 지나쳤는지 지하철 안에서 토하고 말았다. 연구소에 들어섰을 때는 두 다리가 후들거리고 얼굴에 식은땀이 흘렀다. 사람들은 내가 아픈 줄 알고 나의 용기를 잔뜩 칭찬하면서 장의자에 눕혔다. 사촌 마들렌이 며칠 머물 예정으로 파리에 왔다. 나는 이 기회를 놓치지 않았다. 그녀는 23살이었으므로 엄마는 우리가 연극 구경하는 것을 허락해 주었다. 집에서 나오려 할 때, 마들렌이 장난 삼아 내게 화장을 해주어 무척 예쁘다고 생각했는데 엄마가 지우라고 하기에 화장한 그대로 외출하겠다고 고집을 부렸다. 엄마는 내 얼굴에서 악마의 표시라도 보았는지 뺨을 때려 정신을 차리게 해주었다. 나는 이를 악물고 자존심을 꺾었다. 이런 소동 속에서도 엄마는 외출을 허락했고 우리는 몽마르트르로 향했다. 우리는 오랫동안 네온 불빛 아래를 거닐었다. 어디로 가야 할지 결심이 서지 않았다. 그래서 결국은 우유 가게처럼 재미없고 따분한 바에 잘못 들어가고 말았다. 그러고는 마지막에 레픽 가의 작고 허름한 가게로 들어갔다. 거기서는 몸을 파는 소년들이 손님을 기다리고 있었다. 우리의 출현에 놀란 그들 중 2명이 우리 테이블에 와서 앉았는데 장사 대상으로 본 것은 아니었다. 우리는 오랫동안 따분해서 하품을 했다. 혐오감이 내 가슴을 후볐다.

그런데도 나는 집요하게 이런 행동을 계속했다. 부모님에게는 벨빌 연구실에서 7월 14일 파리 축제 준비를 하는데, 내가 학생들에게 연극 연습을 시키기 때문에 일주일에 며칠은 그곳에 가야 한다고 말했다. 내가 사회단체를 위해 썼다는 돈은 모두 진피즈 값으로 소비해 버렸다. 대개는 몽파르나스 가의 자키로 갔다. 이곳은 자크가 내게 말한 적이 있는 곳으로, 벽 위 칼라 포스터 속에 있는 슈발리에의 캉캉 모자, 채플린의 다 떨어진 구두, 그레타 가르보의 미소 등이 좋았다. 나는 반짝이는 병, 여러 가지 색깔의 작은 깃발, 담배와 알코올 냄새, 사람들의 목소리, 웃음소리, 색소폰 소리를 좋아했다. 여자들도 나를 매료했다. 내가 아는 말 중에 그녀들이 입는 옷의 옷감이나 머리칼 색깔을 나타내는 단어는 없었다. 나는 그녀들의 스타킹, 펌프스, 립스틱을 상점에서 살 수 있다는 것을 상상도 하지 않았었다. 그녀들이 남자들에게 주는 쾌락과, 밤의 가격을 흥정한다는 얘기도 들었다. 나의 상상력은 반응을 나타내지 않았다. 나는 그것을 이미 폐쇄해 버렸던 것이다. 특히 유년시절부터 내 주위에는 살을 지닌 사람, 뼈를 지닌 사람보다는 비유적인 성향이 있는 사람들이 있었다. 불안, 경박, 둔함, 절망, 어쩌면 천재성을 가진 온갖 얼굴을 지닌 악덕 인물 말이다. 나는 여전히 죄는 신에게로 열린 구멍이라고 확신했다. 어릴 적에 성체 발밑에 엎드리던 그 열정으로 나는 스탠드 의자에 걸터앉았다. 재즈는 오르간의 엄숙한 소리를 대신하고, 그 옛날 황홀함을 기다렸듯이 나는 모험이 없을까 두리번거리고 있었다.

"바에서는 뭐든 괜찮으니까, 일단 해보면 뭔가 사건이 일어나지."

자크가 말한 적이 있다. 나는 아무 짓이나 해보았다. 어떤 손님이 모자를 쓰고 들어오면 '모자를 벗어!'라고 외치고 모자를 빼앗아 허공에 던졌다. 아무 때나 컵을 깨뜨리고, 손님들을 붙들고 장광설을 늘어놓거나 질문을 해댔다. 나는 순수하고 장난스럽게 이 손님들을 바보 취급해 보려고 모델이거나 매춘부인 척했으나 나의 빛바랜 옷과 살찐 두 팔, 납작한 구두, 화장 안 한 맨 얼굴로는 아무도 속이지 못했다.

"당신은 그런 여자 하고는 어울리지 않아."

두꺼운 안경을 쓰고 다리를 저는 사내가 말했다.

"당신은 보헤미안인 척하고 싶은 부르주아 아가씨로군."

연재소설을 쓰는 매부리코 남자가 말했다. 나는 그렇지 않다고 완강히 부인했다. 다리를 저는 사내가 종잇조각 귀퉁이에 무슨 그림을 그렸다.

"매춘부의 직업 세계에선 이런 걸 해야만 하거든."

나는 냉정함을 유지하며 이렇게 말했다.

"그림이 아주 서투르군."

"그렇지만 비슷해."

그러면서 그가 바지 앞부분을 열어젖히는 바람에 나는 어쩔 수 없이 눈을 돌렸다.

"그런 건 흥미 없어."

그들이 와아 웃었다.

"그것 봐!"

연재소설 작가가 말했다.

"진짜 창녀라면 '별로 자랑할 것도 못 되는군!'이라고 했을 거야."

나는 알코올의 도움을 받아 비속한 말도 냉정하게 받아들였다. 게다가 다른 손님들은 내게 전혀 신경 쓰지 않았다. 때로는 술을 사 줄 때도 있고, 춤을 신청하는 경우도 있었지만, 그 이상은 없었다. 나는 확실히 음란한 분위기를 깨뜨리는 존재였다.

동생은 이런 모험에 몇 번인가 참가했다. 노련한 여자처럼 보이기 위해 모자를 삐딱하게 쓰고, 다리를 크게 꼬기도 했다. 우리는 큰 소리로 비웃거나 동생과 따로따로 바에 들어가 서로 모르는 사람인 양 싸우는 시늉을 했다. 서로 머리채를 붙잡고 욕지거리를 해대기도 했다. 그러다 이 전시가 한순간이라도 사람들을 놀라게 할라치면 무척이나 행복해했다.

밤에 집에 있을 때는 방 안의 고요함을 견디기가 괴로워 다시 신앙의 길을 추구했다. 어느 날 저녁, 나는 신을 향해, 만약 신이 존재한다면 모습을 나타내 달라고 졸랐다. 하지만 신은 아무 대답도 하지 않기에 그 뒤로 다시는 신에게 말을 걸지 않게 되었다. 마음 깊은 곳에서는 신이 존재하지 않음을 무척 기뻐하고 있었다. 왜냐하면 이곳 지상에서 이루어지는 승부가 이미 천상에서 해결되어 있는 것이라면 심하게 증오했을 테니까.

어쨌든 현재로서는 지상에서 내가 편히 머물 수 있는 장소가 있었다. 자키가 마음에 들었고, 낯익은 사람들과 만나는 그곳이 차츰 편안하게 느껴졌다. 진피즈 1잔으로 나의 고독은 사라지고 모든 사람이 형제인 듯이, 우리는 서로 이해하고 사랑했다. 어려운 문제도, 후회도, 기다림도 없이 현재가 나를 채우고 있었다. 나는 춤추었다. 남자의 팔이 나를 끌어안고, 내 육체는 망상보다 훨씬 편하게, 한층 안온한 망아(忘我)와 도피를 느꼈다. 16살 때처럼 불쾌감을 느끼기는커녕 목덜미에 닿는 낯선 손이 애정과 비슷한 부드러움과 열기를 가져다줄 수 있음을 알고 위로받았다. 주위 사람들을 전혀 이해하지 못했지만 그런 것은 아무래도 좋았다. 나는 별천지에 있는 것 같은 느낌이었다. 마침내 손끝으로 자유를 만진 듯한 기분이 들었던 것이다. 젊은 남자와 함께 길을 걷기를 주저하던 시절로부터 한참 진보하여 호쾌하게 예의와 권력을 업신여겨 주었다. 바나 댄스홀에 빠진 주된 원인은, 해서는 안 되는 일을 한다는 데 있었다. 엄마는 바 따위에 발을 들여놓는 것을 절대로 거부했을 테고, 아버지도 그런 곳에서 나를 봤다면 노발대발했으리라. 그리고 프라델은 엄청 가슴 아파할 것이다. 나는 내가 완전한 법률 위반자임을 알고 매우 흡족해했다.

조금씩 용기가 생기기 시작했다. 거리에서 남자들이 따라오도록 내버려두었고, 낯선 남자들과 선술집에서 술을 마셨다. 어느 저녁에는 큰길에서부터 줄곧 따라오던 자동차에 올라탔다.

"우리 로뱅송 쪽으로 드라이브나 할까?"

운전대를 쥔 사내가 말했다. 그는 전혀 매력이 없는 데다 혹시라도 파리에서 한참 떨어진 곳에 나를 내려놓고 가버리면 어쩐다? 하는 생각이 들었다. 그러나 나에겐 원칙이 있었다.

"위험한 인생을 살고, 어떤 일도 거부하지 말 것."

지드와 리비에르, 초현실주의자들, 그리고 자크는 그렇게 말했었다.

"좋아."

나는 대답했다. 바스티유 광장 카페 테라스에서 우리는 찌푸린 얼굴로 칵테일을 마셨다. 다시 자동차에 타자 사내는 내 무릎에 손을 올렸다. 나는 얼른 몸을 피했다.

"뭐야? 차에 올라탔으면서 만지지도 못하게 하는 거야?"

남자의 목소리가 변했다. 그는 차를 세우고 내게 키스하려 했다. 욕지거리를 퍼붓고 뒤로 냅다 도망을 쳤다. 간신히 지하철 막차에 올라탔다. 위기일발의 순간에서 벗어났음을 알았다. 그렇지만 나는 무보수의 행위를 해낸 나 자신이 정말로 대견했다.

또 어느 날에는 클리쉬 거리 오락장에서 볼에 붉게 상처가 난 불량 청년과 미니 축구 놀이를 했다. 우리는 공기총 사격을 했는데, 그 청년은 자기가 전부 지불하겠다고 우기고 친구에게 나를 소개하며 크림커피를 사 주었다. 마지막 버스가 떠나려는 것을 보고, 안녕이란 말과 함께 내달리기 시작해서 버스에 뛰어오르려는 순간 그들에게 붙잡히고 말았다.

"야, 그런 법이 어딨어?"

그들은 내 어깨를 붙잡고 말했다. 승무원은 망설이다가 마침내 출발신호를 냈고 버스는 떠나 버렸다. 나는 바락바락 대들었다. 두 청년은 이런 식으로 아무 말도 없이 가 버리는 법은 없다며, 내가 나쁘다고 완강히 주장했다. 결국 우리는 화해를 하고, 둘은 걸어서 나를 집까지 데려다주겠다고 했다. 나는 그들에게 아무것도 기대하지 말라고 미리 다짐을 했는데도 그들은 굽히지 않았다. 카세트 거리와 렌 거리 모퉁이에 왔을 때, 볼에 상처가 있는 녀석이 내 허리에 팔을 둘렀다.

"언제 다시 만날까?"

"언제라도 상관없어."

나는 비겁하게도 이렇게 말했다. 그는 내게 키스하려 했고, 나는 발버둥을 쳤다. 바로 그때, 자전거를 타고 순찰하는 4명의 경찰이 다가왔으나 나는 그들을 불러 세울 용기가 없었다. 청년은 내게서 떨어졌고, 우리는 집을 향해 대여섯 걸음 옮겼다. 경찰들이 가 버리자 그가 다시 나를 붙잡았다.

"넌 약속 장소에 오지 않을 게 분명해! 나를 데리고 놀았어? 그래서야 쓰나. 너 같은 건 당연히 맛을 봐야 해."

그는 악당처럼 보였다. 나를 때리거나 거칠게 키스를 하겠지. 나는 이 둘 중에 뭐가 더 두려울지 판단이 서지 않았다. 친구가 중재에 나섰다.

"기다려! 좋은 게 좋은 거라고. 얘는 네가 돈을 쓰게 해서 화가 난 거야. 그뿐이야."

나는 핸드백 바닥을 뒤지기 시작했다.

"돈 따위엔 관심 없어! 맛을 보여주겠어."

결국 전 재산인 15프랑을 내놓고 해결이 났다.

"여자를 살 돈도 되지 않는군!"

불량청년은 으깨어 씹듯이 말했다. 무사히 집으로 돌아왔지만 정말 무서웠다.

학년이 끝났다. 쉬잔 부아그는 모로코에 있는 언니네 집에서 몇 달을 보낸 뒤 거기서 평생을 함께할 남자를 만났다. 결혼식 피로연은 교외의 커다란 정원에서 펼쳐졌다. 그녀의 남편은 붙임성 있는 사람이었고, 쉬잔은 매우 기뻐 보여서 행복은 내게 매력적으로 다가섰다. 그런데 내 자신이 불행하다고 생각하지 않았던 것은, 자크의 부재와 그의 사랑에 대한 확신이 내 마음에 평정을 찾아주었기 때문이었다. 이제 서로 만나서 생겨나는 충돌이나 변덕스러운 감정에 의해 위태로워질 일은 없었다. 나는 동생과 자자, 리사, 프라델과 숲으로 보트를 타러 갔다. 친구들은 서로 마음이 맞았다. 그래서 그들과 함께 있을 때는 그들 중의 누군가와 마음이 맞지 않더라도 그리 불만스럽지 않았다. 프라델은 자기가 매우 높게 평가하는 고등사범학교 급우 한 사람을 내게 소개했다. 솔렘에서 프라델에게 영성체 예배를 권하던 친구 중 하나였다. 피에르 클레로는 '악시옹 프랑세즈'에 공감하고 있었다. 작은 체구에 가무잡잡해서 마치 귀뚜라미와 같은 인상이었다. 그는 다음 해에 있을 철학 교수 자격시험을 준비하고 있었으므로, 우리는 학우가 될 터였다. 그는 냉혹하고 거만한 데다가 자신만만해서, 나는 새 학년이 시작되면 그 껍데기 속에 무엇이 감춰져 있는지 기필코 찾아내리라고 마음먹었다. 나는 그와 프라델과 함께 구술시험을 치르러 소르본 대학에 갔다. 학생들은 훌륭한 철학자로서 장래가 촉망되는 레몽 아롱의 과제 발표를 듣기 위해 밀치면서 소란을 피웠다. 나는 심리분석 전문가인 다니엘 라가슈가 어떤 사람인지도 알게 되었다. 일반의 예상과는 달리 장 폴 사르트르가 필기시험에서 떨어졌다. 경쟁시험은 어렵게 보였지만 내 용기를 꺾지는 못했다. 공부가 필요한 한 계속 공부하리라. 그렇지만 지금부터 1년 뒤면 그것도 끝날 것이어서 나는 벌써부터 자유로워진 기분이었다. 동시에 공부를 팽개치고 놀며 기분전환을 한 것은 매우 유익했다고도 생각했다. 나는 일기 쓰기를 그만둘 정도로 평정을 되찾았다.

"나는 외부와의 더 깊은 친밀감만을 원해. 그리고 이 세계를 작품 속에 표현하고 싶어."

자자에게 보내는 편지에 이런 내용을 적었다. 리무쟁에 도착했을 때는 상쾌한 기분에 날아갈 것 같았다. 게다가 자크에게서 편지 한 통을 받기까지 했다. 그는 작은 당나귀와 태양이 만들어낸 반점의 그림자, 또 여름에 대해 썼다. 그는 우리의 만남을 회상하면서 그것을 '당시의 자신이 유일하게 깨어 있던 모습'이라고 했다. 그러고는 '내년에 함께 좋은 일을 만들자'고 약속했다. 나보다 암호문 해독에 훈련이 되어 있지 않은 동생은 이 마지막 글귀의 뜻을 내게 물었다.

"이건 우리가 결혼할 거라는 의미야."

나는 잔뜩 폼을 내며 대답했다.

아름다운 여름이었다. 이제 눈물도, 고독한 마음도, 편지의 폭풍도 없었다. 5살이나 12살에 느꼈던 것처럼 시골은 나를 충만케 했다. 그리고 푸른 빛만으로 하늘을 채우기에 충분했다. 나는 이제 인동덩굴 냄새가 무엇을 약속하는지를 알았다. 아침 이슬이 무엇을 뜻하는지도……. 꼬불꼬불한 오솔길 위에 무성하게 자란 밀밭을 가로지르면서, 히스와 다리를 붙드는 갈대 사이에서 나는 과거에 경험한 괴로움과 행복의 다양한 느낌을 떠올렸다. 동생과 함께 자주 산책도 하고, 곧잘 베제르 강 갈색 물속에서 페티코트 차림으로 헤엄을 치기도 했다. 그런 다음 박하향이 나는 풀 위에서 젖은 옷을 말렸다. 동생은 그림을 그리고, 나는 책을 읽었다. 이제 느긋한 방심조차도 나를 성가시게 하지 않았다. 부모님은 근처의 성에서 휴가를 보내고 있는 옛 친구와 다시 친분을 맺었다. 그 집에는 매우 잘생긴 아들이 셋 있는데, 장래에 변호사가 될 것이다. 우리는 그들과 이따금 테니스를 쳤다. 나는 마음을 열고 실컷 즐겼다. 청년들의 어머니는 우리 엄마에게 지참금이 있는 신부 말고는 받아들일 생각이 없다고 은근히 비쳤다. 그 말을 듣고 우리는 깔깔대고 웃었다. 왜냐하면 우리는 이 훌륭한 교육을 받고 자란 청년들을 갈망하는 눈길로 바라보지 않았기 때문이다.

그해에도 역시 나는 로바르동에 오라는 초대를 받았다. 엄마는 보르도 부근에서 휴가를 보내고 있는 프라델과 그곳에서 만나도 된다고 흔쾌히 허락해주었다. 무척 유쾌한 하루였다. 확실히 프라델은 내게 소중한 친구였다. 그리고 자자는 그 이상이었다. 나는 잔뜩 들뜬 마음으로 로바르동에 도착했다.

자자는 6월에 본 언어학 시험에서 단번에 합격하는 비범한 능력을 발휘했다. 그해에 그녀는 아주 적은 시간밖에는 공부하지 않았는데도 합격을 했으니 더욱 그랬다. 그녀의 어머니는 차츰 거칠게 자자를 독점했고, 사교 모임에 나가게 했으며, 온갖 일을 시켰다. 마비유 부인은 절약을 주된 덕목으로 믿고 있어서 과자, 잼, 속옷, 옷, 외투 등 집에서 만들 수 있는 것들을 가게에서 사는 일은 매우 부도덕하다고 생각했다. 날씨가 좋은 계절에 마비유 부인은 아침 6시부터 딸들을 데리고 시장에 가서 싼 과일과 야채를 사들였다. 마비유 집안 아이들이 새 옷을 장만해야 할 때면, 자자는 가게를 열 군데 정도 돌아야 했다. 각 상점에서 견본을 얻어 오면 마비유 부인은 옷감의 질과 가격을 비교하고 그중 괜찮은 것을 골랐다. 그 때문에 자자는 고른 옷감을 사러 다시 가게로 가야 했다. 이런 갖가지 일에 더하여, 마비유 씨가 승진한 뒤로 부쩍 늘어난 사교적이고 번거로운 만남이 자자를 지치게 했다. 자자로서는 응접실과 백화점 안을 돌아다니면서 복음서의 규율을 충실하게 지키는 것이 정말 힘들었다. 물론 그리스도교 교도로서 그녀의 의무는 어머니의 명령에 따르는 것이었다.

그러나 자자는 포르루아얄(얀센파수녀원)에 관한 책을 읽고, 복종 또한 악마의 올가미일 수도 있다고 제창하는 니콜의 말에 강한 충격을 받았다. 자기를 낮추고 바보 취급하는 것을 받아들임으로써 신의 의지를 배반하는 건 아닐까? 신의 의지를 확실히 알려면 어떻게 해야 하는가? 자자는 자기 판단을 믿을 때 오만함으로 인해 잘못을 저지르지는 않을지, 외부의 압력에 굽힐 때 비겁함 때문에 죄를 짓게 되는 것은 아닌지 두려워하고 있었다. 이 의문이 오랫동안 그녀의 마음을 괴롭혔다. 그녀는 엄마를 사랑했지만 엄마가 싫어하는 일 중에는 그녀가 좋아하는 것이 많았다. 그녀는 자주 슬픈 듯이 라뮈의 말을 내게 읊조렸다.

"내가 사랑하는 것들은 서로를 사랑하지 않는다."

자자의 미래에는 결코 그녀에게 위로가 되는 것이 없었다. 마비유 부인은 이듬해에 자자가 학위를 따는 일에 극구 반대했다. 그녀는 딸이 인텔리가 되는 것을 두려워했다. 자자는 다시는 연애를 할 생각이 없었다. 그녀 주위에는 연애결혼을 하는 사람이 가끔 있었다. 나의 사촌 티티트의 경우가 그랬다. 그러나 마비유 부인은 말했다.

"보부아르 집안은 계급 바깥의 사람들이야."

자자는 나보다 훨씬 확고하게 중심적인 사고를 지닌 부르주아 계급을 따르고 있었다. 당시 부르주아 계층에서는 모든 결혼이 가족에 의해 정해졌고, 얌전하게 중매결혼을 받아들이는 청년들은 모두 놀랄 만큼 평범했다. 자자는 정열적인 인생을 사랑했기 때문에, 미래가 기쁨이 없는 삶이 될 거라는 생각은 이따금 그녀에게서 살아갈 희망을 빼앗곤 했다. 유년시절과 마찬가지로, 그녀는 자기 계층의 거짓 이상주의에 대항하는 역설로써 자신을 지키고 있었던 것이다. 〈바다〉에서 술에 취한 역할을 하는 주베를 보고 그녀는 주베에게 반했다고 선언하고는, 침대 위 벽에 그의 사진을 붙였다. 그의 빈정거림, 무뚝뚝함, 회의주의가 어느새 그녀에게 스며들었다. 여름 방학 초에 그녀가 내게 보낸 편지에는, 근본적으로 이 세상을 포기해 버리고 싶은 생각이 들 때가 있다는 대목도 있었다.

"지적이고 육체적인 인생을 사랑한 후에 나는 갑자기 이 모든 것의 허무함에 휩싸여, 모든 사물과 모든 사람이 내게서 떠나가는 것을 느끼곤 해. 나는 우주 전체에 너무나도 무관심하기 때문에 이미 죽음 속에 있는 듯한 생각이 들어. 나 자신에 대한, 사는 것에 대한, 모든 것에 대한 포기. 현세에서 이미 초자연적인 삶을 시작하려 시도하는 수도사의 체념. 이것이 나를 얼마나 유혹하는지 네가 안다면……. '여러 가지 유대관계' 속에서 참된 자유를 찾으려는 이 욕망은 하늘의 계시라고 생각해. 그런가 하면 또 어떤 순간에는 인생과 사물이 다시 생생히 살아나고, 수도원 생활은 팔다리가 끊긴 것처럼 느껴지고, 신이 내게 바라는 것이 그런 삶은 아니라는 생각이 들어. 그렇지만 내가 갈 길이 어떻든 간에, 나는 너처럼 내 모든 것을 바쳐서 인생으로 나아갈 수가 없어. 다른 때에도 인생과 사물들이 나를 다시 사로잡아서 수도원 생활은 내게 오히려 실제보다 훼손된 것으로 보였단다."

이 편지가 나를 조금 두렵게 했다. 자자는 나의 무신앙이 우리를 떼어놓고 있지는 않다고 반복해 말했다. 그러나 만약 그녀가 수도원에 들어가 버린다면 나는 그녀를 잃게 되고, 그녀 자신도 잃게 될 것 같았다.

내가 로바르동에 도착하던 날 밤에 실망스런 일이 있었다. 나는 자자의 방이 아닌, 여름 방학 동안 가정교사로 고용된 폴란드인 여학생 아브디코비치의 방에서 자기로 되어 있었던 것이다. 이 여학생은 마비유 집안의 어린아이 3명을 돌보고 있었다. 그녀가 마음에 들어서 그나마 위안이 되었다. 자자는 내게 보낸 편지에서 그녀에 대해 매우 호의적으로 말했었다. 그녀는 아름다운 금발, 고뇌의 빛과 함께 웃음기가 어린 푸른 눈동자, 육감적인 입술, 그리고 아주 독특한 매력을 지니고 있었다. 당시에 나는 그것을 섹스어필이라고 말할 정도로 거리낌 없는 표현을 했다. 그녀의 나풀거리는 옷은 매력적인 어깨를 고스란히 드러내고 있었다. 밤에 그녀는 피아노 앞에 앉아서 우크라이나의 연가를 불렀다. 자자와 나는 그 교태가 매우 마음에 들었지만 다른 사람은 모두 나무라는 태도를 보였다. 나는 그녀가 네글리제가 아니라 파자마로 갈아입는 것을 보고 두 눈을 크게 떴다. 그녀는 금세 마음을 터놓고 많은 이야기를 해주었다. 그녀의 아버지는 르보브에서 커다란 사탕 공장을 운영하고 있었다. 그녀는 공부하면서 우크라이나 독립운동을 위해 싸우다가 며칠 감옥에 갇혔다. 더 높은 교양을 쌓기 위해 그녀는 우선 베를린으로 가서 2, 3년을 보낸 뒤, 파리에 왔다. 그리고 소르본 대학에서 강의를 들으면서 부모님에게 지원을 받고 있으며, 여름 방학을 이용해 프랑스 가정에서 생활하고 있었던 것이다. 프랑스 가정을 둘러본 그녀는 깜짝 놀랐다. 다음 날, 나는 더할 나위 없이 완벽한 교육을 받은 그녀가 교양 있는 사람들에게 어떻게 충격을 주는지 알 수 있었다. 우아하고 여성스런 그녀 곁에서 우리—자자와 친구들 그리고 나—는 어린 수녀 같았다. 오후에 그녀는 트럼프를 하러 모인 사람들의 운세를 봐 주었다. 그중에는 자비에 뒤물랭도 있었다. 그녀는 그의 사제 복장에도 개의치 않고 은밀하게 꼬리를 치고 있었다. 그도 그녀의 태도에 무관심하지는 않은 듯 자주 웃어 보였다. 그녀는 그를 위해 운세를 봐 주면서 그가 이제 곧 운명적인 부인과 만나리라고 예언했다. 어머니들, 누이들은 노발대발했다. 그녀 뒤에서 마비유 부인은 스테파가 자신의 처지를 모른다며 나무랐다.
"게다가 저 아인 교양이 없는 게 분명해."
마비유 부인은 말했다. 마비유 부인은 자자가 외국인과 너무 친하다며 야단을 쳤다.
그렇다면 마비유 부인은 나를 어떻게 초대할 수 있었던 것일까? 분명 딸과 정면으로 충돌할 일을 피하기 위해서였으리라. 그러나 그녀는 나와 자자와의 만남을 제지하려고 극구 애쓰고 있었다. 자자는 오전에 부엌에 있었다. 베벨이나 마테의 도움을 받아 가며 많은 잼 항아리에 종이 마개를 덮는 일에 몇 시간씩이나 매달렸다. 그런 자자를 보고 있자니 가슴이 아팠다. 온종일 그녀는 1분도 혼자 있을 시간이 없었다. 마비유 부인은 혼기를 놓친 릴리 언니의 결혼을 추진할 희망으로 초대 연회에 참석하거나 외출하는 횟수를 늘리고 있었다.
"네게 이러는 것은 올해가 마지막이야. 맞선 비용으로 상당한 돈이 들었으니까. 다음번엔 동생 차례다."
마비유 부인은 스테파가 동석한 만찬 자리에서 공공연하게 이렇게 잘라 말했다. 이미 이공 대학 학생들은 마비유 부인에게 기꺼이 막내딸인 자자와 결혼할 마음이 있다고 신청을 했다. 나는 결국 자자가 그리스도교 교도의 의무는 가정을 갖는 일이라고 수긍하지 않을까 걱정이 되었다. 그녀가 수도원에서 점점 아둔해지는 것을 바라지 않을 뿐 아니라 체념하여 단조로운 결혼 생활에 임하는 것도 받아들일 수 없어서였다.
내가 도착하고 며칠 뒤 아두르 강가에서 그 지방 양갓집 자제들이 모여서 성대한 잔치를 벌였다. 자자는 내게 분홍빛 실크 옷을 빌려주었다. 그녀는 하얀 실크 옷에 초록색 벨트와 비취 목걸이를 했다. 늘 두통에 시달리고 깊은 잠을 이루지 못해서인지 자자는 야위어 있었다. '건강 볼연지'를 발라 얼굴색을 감추려 했으나 그녀의 신선함은 회복되지 않았다. 그렇지만 나는 그녀의 생김새를 좋아했다. 그녀가 그런 얼굴로 누구에게나 상냥하게 대하는 것이 가슴 아팠다. 그녀는 사교계의 규수 역할을 정말로 자연스럽게 연기하고 있었다. 우리는 조금 일찍 도착했고, 차츰 사람들이 모여들면서 자자의 미소 하나하나, 그녀의 인사 하나하나가 내 마음을 조여들게 했다. 나는 다른 사람들과 바쁘게 돌아다녔다. 풀밭 위에 식탁보를 깔고, 접시와 음식을 나르고, 아이스크림 만드는 기계 손잡이를 돌렸다. 그때 스테파가 와서 나를 불렀다. 라이프니츠의 학설에 대해 설명해 달라는 것이었다. 1시간 동안 나는 따분함을 잊었다. 그러나 하루는 길고 길게 이어지면서 달걀 젤리, 코르네, 아스픽, 배 모양 과자, 발로틴, 갈랑틴, 파테, 쇼프루아, 고기찜, 테린, 거위고기 조림, 투르트, 타르트, 프랑지판 크림 등등이, 이곳에 모여 사회적 의무를 수행하는 부인들의 손으로 가득 준비되었다. 사람들은 음식을 잔뜩 먹고, 그다지 쾌활하진 않지만 웃으면서 건성으로 대화를 했다. 아무도 즐거워 보이지가 않았다. 저녁나절에 마비유 부인이 자자가 어디 갔는지 아느냐고 내게 물었다. 그녀는 자자를 찾으러 나갔고, 나도 그 뒤를 따랐다. 우리는 폭포 밑에서 아두르 강에 들어가 첨벙대는 자자를 발견했다. 그녀는 수영복 대신에 방수 외투를 두르고 있었다. 마비유 부인은 자자를 웃는 소리로 나무랐고, 쓸데없는 일에 자기의 권력을 낭비하지 않았다. 자자가 고독과 격렬한 감정을 느끼고 싶어 하는 것도 무리는 아니었다. 어쩌면 이 끈적거리는 오후가 되자 몸을 깨끗이 하고 싶었는지도 모른다. 나는 기분이 개운해졌다. 아직 자자는 주부들의 만족스러운 잠에 빠져들 준비가 되어 있지 않았던 것이다.

그런데도 자자의 어머니는 그녀에게 커다란 영향력을 행사하고 세련된 정치적 수완으로 자녀를 길렀다. 어릴 때는 쾌활한 관대함으로 바라보고, 자란 뒤에는 소소한 일은 내버려두었지만, 일단 중대한 문제에 대해서는 완강하게 물러서지 않았다. 때에 따라서 그녀는 활발한 매력을 보였다. 그녀는 늘 막내딸 자자에 대해 특별한 애정을 가지고 있었다. 그리고 딸도 그 미소에 매료되어 있었던 것이다. 존경과 더불어 애정이 그녀의 반항을 마비시켰다. 그런데도 어느 날 저녁 그녀는 반항했다. 마침 저녁식사가 한창이었는데 마비유 부인은 단호한 어조로 말했다.

"신자가 아닌 사람들과 사귀는 이유를 모르겠다니까."

나는 불안에 휩싸여 피가 얼굴로 몰리는 것이 느껴졌다. 자자는 분개하여 그 말을 되받았다.

"남을 재판할 권리는 아무에게도 없어요. 신은 손수 선택하신 길로 사람들을 이끌고 가시는 거예요."

"나는 재판하지 않는다. 우리는 길 잃은 영혼을 위해 기도하지 않으면 안 돼. 하지만 그 영혼들을 이용해 오염시키지 말아야……"

끓어오르는 분노로 숨이 막힐 듯한 자자의 모습을 보고 나는 안도했다. 그렇지만 로바르동의 공기가 작년보다도 훨씬 내게 적의를 품고 있다고 느꼈다. 나중에 파리에서, 스테파는 내게 마비유 집안 자녀들이 나의 촌스러운 몰골을 비웃더라는 말을 했다. 또 그들은 자자가 이유도 말하지 않고 내게 옷을 빌려준 일에 대해서도 비웃었다고 했다. 나는 자존심도 없고, 사람을 꼼꼼히 관찰하는 성격도 아니며, 게다가 남이 모욕을 주어도 무관심하게 잘 넘어갔다. 그런데도 이따금 우울한 기분이 들 때가 있었다. 언젠가 스테파가 호기심으로 루르드에 가 보자고 했을 때, 나는 왠지 더욱 외톨이가 된 느낌이 들었다. 어느 날 저녁식사 뒤에 자자가 피아노를 치기 시작했다. 쇼팽이었다. 그녀는 매우 훌륭한 연주를 했다. 나는 자자의 검은 머리칼을 바라보았다. 반듯하게 가르마를 탄 부분은 놀랄 만큼 희었다. 이 정열적인 음악이야말로 그녀의 진실을 표현하는 것이라는 생각이 들었다. 그러나 그녀의 어머니와 가족이 우리 사이에 가로놓여 있었다. 언젠가 그녀는 자기를 부정할 지도 모른다. 그렇게 되면 나는 그녀를 잃게 되리라. 하지만 그녀는 아직 무사했다. 나는 너무나 극심한 고통을 느꼈으므로 벌떡 일어나서 응접실을 나왔다. 그러고는 울면서 침대에 엎드렸다. 문이 열리고, 자자가 침대로 다가와 고개를 숙여 내게 키스를 했다. 우리 우정은 늘 딱딱했기 때문에 자자의 행동에 나는 기뻐 어쩔 줄을 몰랐다.

스테파는 루르드에서 돌아왔다. 그녀는 아이들을 위해 커다란 사탕 상자를 선물로 사 왔다.

"아가씨, 친절에 정말 고맙지만 이런 데 괜히 돈 쓰지 않아도 돼요. 우리 아이들에게 당신이 사온 사탕 같은 건 필요 없답니다."

마비유 부인은 얼어붙은 듯한 태도로 말했다. 나와 스테파는 자자 일가와 그 친구들을 한참 헐뜯었다. 그랬더니 조금 분이 풀어졌다. 그해에도, 머무는 동안 처음보다 마지막이 훨씬 지내기에 수월했다. 자자가 엄마에게 말했는지, 아니면 교묘하게 조종을 했는지는 모르지만 간신히 둘이서만 있을 수가 있었다. 우리는 다시 긴 산책을 하거나 대화를 나누었다. 자자는 나보다 훨씬 깊이 프루스트를 이해하고 이야기했다. 그녀는 프루스트를 읽자마자 글을 쓰고 싶은 심정이었기 때문에, 그래서 내년엔 날마다 반복되는 평범한 일로 스스로를 지치게 하지 않을 것이라고 했다. 그녀는 책을 읽을 테고, 우리는 함께 이야기를 나누리라. 내게 한 가지 생각이 떠올랐다. 자자도 적극 찬성해 준 일로, 매주 일요일 아침에 자자, 언니, 나, 장 프라델, 피에르 클레로와 그들의 친구들이 모여 테니스를 치자는 것이었다. 자자와 나는 거의 모든 점에서 의견이 일치했다. 다른 사람에게 폐가 되지 않는다면, 신자가 아니라 해서 그들의 행동이 비난받아서는 안 될 듯했다. 그녀는 지드의 반(反)도덕주의를 인정했다. 악덕은 그녀의 반감을 사지 않았던 반면에, 신을 믿고 아는 상태에서 신의 명령을 어기는 일은 그녀로서는 생각할 수 없었다. 나는 이 태도가 타당하다고 생각했다. 그것은 내 견해와 거의 같았다. 왜냐하면 나는 타인들에게 관용적이었으나 나 자신의 경우, 나와 친한 사람들, 특히 자크의 경우는 여전히 그리스도교적 도덕규범을 적용하고 있었기 때문이다. 어느 날, 나는 스테파가 하는 말을 어색한 기분으로 들었다.

"아유, 자자는 어찌나 순진한지!"

스테파는 가톨릭 신자들 사이에서도 결혼할 때까지 동정인 청년은 없다고 단언했고, 자자는 신을 믿는다면 각자 신앙에 따라 살아야 한다면서 그 주장을 반박했다.

"그녀의 사촌들, 특히 뒤물랭을 봐요."

스테파는 말했다.

"그래서 일요일마다 영성체 예배를 하지 않나요? 그들이 치명적인 죄 속에서 살아가지 않는다는 건 내가 보장해요."

스테파는 더 이상 집요하게 굴지 않았다. 그러나 스테파는 내게, 수상한 여자들과 함께 있는 앙리와 에드가를 몽파르나스에서 수도 없이 보았다고 했다.

"그건 여자들의 차림새만 봐도 대번에 안다고요!"

그녀는 말했다. 확실히 그들은 교회 소년 합창단 같은 생김새는 아니었다. 자크를 생각해 보니 그는 전혀 다른 용모였다. 그는 완전 다른 사람이었다. 그가 비속하게 주정을 부리거나 행동하는 것은 생각할 수도 없었다. 스테파는 내게 자자의 순진함을 깨우쳐 주었지만 내 경험은 인정해 주지 않았다. 내가 바나 카페에 드나들면서 은밀히 과도한 행동을 한 것은 그녀에게 너무나 평범하게 보였다. 확실히 그녀는 매우 색다른 각도에서 사람들을 바라보는 반면, 나는 있는 그대로 받아들이고 있음을 알았다. 나는 그들에게 공개적인 진실 말고 다른 것이 있으리라고는 생각해 본 적도 없다. 스테파는 이처럼 문명화된 세상 뒤에는 속사정이 있음을 내게 알려주었다. 스테파와 얘기를 하면서, 나는 걱정에 사로잡혔다.

그해에 자자는 나를 몽드마르상까지 배웅해 주지 않았다. 나는 갈아탈 기차를 기다리는 동안에 자자를 생각하며 산책했다. 그리고 그녀 안에서 생명이 승리하도록 내 힘닿는 데까지 싸울 결심을 했다.

제4부

올해 신학기는 다른 해와 달랐다. 시험을 치를 결심을 하고서 3년 넘게 먼 길을 돌아온 나는 마침내 미궁에서 벗어날 수 있었다. 미래를 향해 나아가기 시작했던 것이다. 이때부터 하루하루는 의미를 갖게 되어 나는 나날이 결정적인 자유를 향해 가고 있었다. 이 계획이 시작되고부터는 어리석고 모호한 질문으로 더욱 괴롭힘을 당하는 등, 어려움을 겪으면서 자극을 받았다. 뭔가 할 일이 있는 지금으로선 지상의 모든 것이 만족스러웠다. 걱정거리, 절망, 온갖 향수에서 나는 해방되었다.

"더 이상 나는 이 일기장에 비극적인 논쟁을 쓰지 않겠다. 단지 그날그날의 단순한 사건들을 적겠다."

힘든 수습 기간을 끝낸 뒤 나의 진정한 인생이 시작된 듯하여 기뻐서 그 속으로 뛰어들어갔다.

10월에는 아직 소르본 대학이 개강하지 않았기 때문에 나는 날마다 국립도서관에서 시간을 보냈다. 점심때 집에 돌아오지 않아도 된다는 허락을 받고서 나는 빵과 돼지고기 파테를 사서 팔레루아얄 정원에 펼쳐놓고, 더디게 핀 장미꽃이 시드는 모습을 바라보며 식사를 했다. 내 주위에는 벤치에 앉은 노동자들이 커다란 샌드위치를 먹으면서 붉은 포도주를 마시고 있었다. 안개비가 내릴 때는 도시락을 먹는 석공들과 섞여 카페 브리아르에서 비를 피했다. 불편하기만 하던 집에서의 식사 시간에서 벗어나 날아갈 것 같았다. 식사의 의미가 본래 가치로 줄어들으니, 나는 자유를 향해 한 걸음 나아간 듯한 기분이었다. 점심을 먹고 난 뒤에는 도서관으로 돌아왔다. 나는 그 무렵에 상대성 이론을 공부했는데, 이 이론에 흠뻑 빠져 있었다. 도서관에 오는 사람들을 이따금씩 죽 살펴보고는 만족스럽게 내 팔걸이의자로 돌아오기도 했다. 이들 전문가, 학자, 연구가, 사상가들 사이에서 나는 내 자리에 앉아 있었다. 이제 내가 나의 계층으로부터 내팽개쳐진 것처럼 느끼지는 않았다. 내 쪽에서 이 사회에 편입하기 위해 떠나온 것이다. 이곳에는 기나긴 여러 세기의 시간과 공간을 통해 진실을 추구하는 모든 정신이 결집되어 있다. 전 세계가 알려 하며, 이해하려 하고, 표현하고자 하는 노력에 나도 참여하리라. 나는 방대한 공동 기획에 참가함으로써 고독에서 영원히 벗어났던 것이다. 얼마나 굉장한 승리인가! 나는 다시 공부로 돌아왔다. 6시 15분 전이 되면 관리인이 짐짓 거드름을 피우며 돌아다녔다.

"여러분, 이제 곧 도서관을 닫을 시간입니다."

책을 갖다놓고 밖으로 나와서 다시 상점들과 전등, 오가는 사람들, 프랑스 극장 옆에서 오랑캐꽃을 파는 사람들을 보노라면 매번 깜짝 놀라곤 했다. 나는 천천히 걸었다. 저녁노을과 거리를 더듬는 향수에 내 몸을 맡기면서 말이다.

스테파는 내가 파리로 돌아온 뒤에 곧바로 따라 올라왔다. 그녀는 괴테나 니체를 읽으러 국립도서관에 자주 왔다. 세심한 시선과 미소로 주위를 둘러보는 그녀는 남자들에게 인기가 많았으며, 남자들 또한 그녀에게 흥미로웠다. 스테파는 도서관에 자리를 잡자마자 외투를 어깨에 걸치고는 남자들을 만나기 위해 밖으로 나갔다. 스테파를 둘러싸고 있는 사람들은 유들유들한 독일인이나 프러시아 학생, 루마니아 박사들이었다. 나는 스테파와 함께 점심을 먹었다. 그녀는 돈이 넉넉하지 않았지만, 빵집의 과자나 바의 맛있는 커피 등을 사주었다. 6시가 되면 우리는 별 목적 없이 큰길을 싸돌아다니거나 하면서, 대개는 그녀의 집에서 차를 마셨다. 그녀는 생쉴피스 거리 호텔의 짙은 파랑색 작은 방에 살고 있었다. 벽에는 세잔, 르누아르, 그레코의 복사그림과 그녀의 친구이자 화가 지망생인 스페인 사람의 데생이 붙어 있었다. 나는 그녀와 함께 있는 것을 좋아했다. 스테파가 입은 모피 깃의 부드러움과 작은 토크 모자, 드레스, 향수, 비둘기처럼 구구대는 목소리, 상냥한 몸짓이 좋았다. 나의 친구들, 자자·자크·프라델과는 늘 극단적으로 딱딱한 교제를 했다. 그러나 스테파는 길을 걸으면서 내 팔을 잡거나, 영화관에서 내 손에 자기 손을 미끄러뜨려 넣기도 하고, '예스'나 '노'라고 할 때마다 내 볼에 키스를 했다. 나에게 많은 이야기를 했고, 니체에 열광하기도 했다. 그렇지만 마비유 부인에 대해서는 분개했으며, 그녀에게 맥을 못 추는 남자들을 비웃었다. 스테파는 남의 흉내를 잘 내서 이야기 도중에 몸동작을 섞어

나를 매우 즐겁게 해주곤 했다.

스테파는 자기에게 남아 있는 종교심을 청산하려 하고 있었다. 루르드에서 고해성사와 영성체 예배를 드리고, 파리에서는 봉 마르셰 백화점에서 작은 미사 경본을 샀다. 그리고 생쉴피스 교회에서는 기도를 읊조리려고 무릎을 꿇었는데 효과가 없었다. 교회 앞을 1시간이나 왔다 갔다 했지만 안으로 들어갈 결심도, 그곳에서 떠날 결심도 하지 못했다. 스테파는 뒷짐을 지고 이마에 주름을 모으고는 걱정스런 모습으로 뚜벅뚜벅 그녀의 방 안을 돌아다니면서, 그 감정적인 폭발을 너무나도 생생한 몸짓으로 설명하는 바람에 나는 그것이 정말로 그렇게 심각할까 하는 의심을 했다. 사실 스테파가 사랑하는 신들은 사상이며 예술이며 천재였다. 그것이 여의치 않을 때는 총명과 재능을 평가했다. 그녀는 흥미 있는 남자를 찾아낼 때마다 그 남자와 아는 사이가 될 기회를 만들고, 있는 힘을 다해 그 남자를 자기 발밑에 두려 했다. 이것이 영원한 여자다움이라고 내게 설명하면서 말이다. 스테파는 가벼운 연애보다는 지적인 대화와 우정을 바랐기 때문에, 파리에서 산만하게 공부를 하거나 신문 잡지에 기사를 쓰는 우크라이나인 그룹과 매주 몽파르나스의 카페 클로즈리 데 릴라에서 여러 시간 동안 토론을 했다. 스테파는 여러 해 전부터 알고 지내는, 그녀에게 결혼 신청을 했던 스페인 친구와 날마다 만났다. 나는 그녀의 집에서 그 남자와 몇 번인가 마주쳤는데, 같은 호텔에 살고 있는 페르낭이라고 했다. 백 년쯤 전에 스페인에서 쫓겨난 유대계 자손으로, 콘스탄티노플에서 태어나 베를린에서 교육을 받았다. 그의 머리는 벗겨지고 얼굴과 머리는 온통 동그랬다. 자기의 '악마'에 대해 낭만적으로 이야기하지만 유머도 있어서, 나는 그에게 무척 호감이 갔다. 스테파는 그가 무일푼인데도 어떻게든 그림 그릴 궁리를 한다며 기특해했다. 그리고 그의 사고방식에 전적으로 공감하고 있었다. 그들은 단호한 국제주의자에다 평화론자요, 유토피아적인 형태로는 혁명가이기도 했다. 스테파가 결혼을 망설였던 이유는 단지 자기 자유에 집착해서였다.

나는 그들에게 동생을 소개했고 그들은 이내 동생과도, 내 친구들과도 친하게 지냈다. 프라델은 다리에 골절상을 입어서, 10월 초에 뤽상부르 공원 테라스에서 그를 다시 만났을 때는 가볍게 다리를 절고 있었다. 스테파에게 그는 너무 착하게만 보여서 그녀는 그를 능변으로 몰아세워 쩔쩔매게 만들곤 했다. 스테파는 리사와 뜻이 잘 맞았다. 한편, 리사는 당시 뤽상부르 공원 옆 여학생 기숙사에 살면서 개인교습으로 적은 돈을 벌고 있었다. 그녀는 과학 시험과 철학자 멘 드 비랑에 관한 논문을 준비하고 있었다. 대학교수 자격시험을 치를 생각은 전혀 없었다. 그녀는 허약했다.

"아, 불쌍한 나의 두뇌여!"

그녀는 짧게 자른 머리카락 사이로 작은 머리를 두 손으로 감싸 쥐며 이렇게 말하는 것이었다.

"생각해 봐. 나는 이것에 매달릴 수밖에 없어! 모든 걸 여기서 이끌어내야 한다고! 비인간적이야. 얼마 안 가서 못 쓰게 될 거야."

그녀는 멘 드 비랑에도, 철학에도, 자기 자신에게도 흥미를 갖지 못했다.

"나와 사귀어서 뭐가 재미있는지 통 모르겠어!"

리사는 작고 연약한 미소를 지으며 내게 이렇게 말했다. 리사가 나를 따분하게 한 적이 없었던 것은 그녀가 단지 말로만 친절했던 게 아니라 깊은 배려를 보였기 때문이었다.

나는 여전히 로바르동에 머무르고 있는 자자에 대해 스테파와 자주 이야기했다. 《진실한 물의 요정》과 몇 권의 책을 자자에게 보냈더니, 마비유 부인이 노발대발했다고 스테파가 나에게 말해 주었다.

"나는 인텔리는 딱 질색이라니까!"

자자는 본격적으로 엄마에게 걱정을 끼치기 시작했다. 중매결혼을 시키는 일은 쉽지 않게 되었다. 마비유 부인은 자자에게 소르본 대학 입학을 허락한 일을 후회하고 있었다. 하루빨리 딸을 자기의 손아귀로 되돌려야만 한다고 생각한 그녀는, 내 영향으로부터 딸을 지키려 했다. 자자는 편지에서 우리의 테니스 계획을 엄마에게 이야기했더니 엄청나게 반대하더라고 알려 주었다.

"엄마는 소르본 대학의 그런 분위기는 인정하지 않는다고 선언했어. 할 일 없는 20살 여대생이 계획한 테니스를 치기 위해 어떤 집안의 자식인지도 모르는 남자아이들과 만나는 것은 안 될 일이라고 잘라 말했어. 나는 있는 그대로의 진실을 얘기하는 거야. 나와 끊임없이 부딪치는 엄마의 마음 상태를 너는 이해할 수 있겠지. 그리스도교에 복종해야만 한다는 생각 때문에 나도 가만히 견디고 있는 거야. 하지만 오늘은 울고 싶어. 내가 사랑하는 것들은 서로를 사랑하지 않아. 도덕상의 주의라는 구실 아래 나는 도저히 잊지 못할 말을 듣고 말았어. 나는 어쩔 수 없이…… 프라델, 클레로, 그리고 그들의 어떤 친구하고도 결혼하지 않겠다는 각서에 서명하겠노라고 말했는데, 그런데도 엄마의 화는 풀리지 않았어." 자자는 그 다음 편지에서, 소르본 대학과 확실히 손을 떼게 하기 위해 엄마가 이번 겨울에 자신을 베를린으로 보내기로 결정했다고 썼다. 자자의 고향에서는 과거에 이런 식으로 스캔들이나 처치 곤란한 애정 문제를 청산했으며, 자식을 남미로 보내기도 했다고 한다.

지난 몇 주일만큼 내 심정을 솔직히 밝힌 편지를 자자에게 쓴 적이 없었다. 자자도 이토록 숨김없이 내게 모든 것을 털어놓은 적은 없었다. 그렇지만 그녀가 10월 중순에 파리로 돌아왔을 때, 우리 우정은 원만하지가 않았다. 헤어져 있는 동안에 자자는 내게 고충과 반항을 드러냈고, 그때마다 나는 그녀의 동맹자라고 생각했었으나 실제 그녀의 태도는 애매했다. 자자는 아직도 엄마에 대해 진심으로 존경심과 애정을 갖고 있었고, 자기 계층과도 굳게 연결되어 있었다. 나에게 타협이란 것은 이제 불가능했다. 나는 마비유 부인에게 반감을 품게 되었다. 그리고 우리가 속해 있는 두 진영에 어떤 타협도 불가능하다는 점을 깨달았다. '정통파의 사고를 지닌 사람들'은 '지식인들'의 전멸을 바라고, 그것은 맞은편도 마찬가지였다. 내 편에 서서 결심을 하지 않았던 자자는 내게 격렬한 증오를 품고 있는 적과 합심했고, 사실 그것은 내가 바라던 바였다. 자자는 베를린으로 떠나야 한다는 것에 대해 무척 걱정하고 있었다. 하지만 나는 나의 원망을 표시하기 위해 그녀의 걱정에 신경 쓰지 않은 척했다. 내 마음대로 행동하여 자자를 난감하게 했다. 나는 스테파와 매우 친밀하다는 것을 노골적으로 드러냈고, 스테파와 합심하여 터무니없이 밝게 웃거나 수다를 떨었다. 이따금 우리 대화는 자자를 화나게 했다. 스테파가 총명한 사람들일수록 국제주의자라고 말했을 때, 자자는 눈살을 찌푸렸다. '폴란드 여학생' 티를 내는 우리의 태도에 반발하여 그녀는 '예의 바른 프랑스 젊은 여성'을 어색하게 연기했고, 나의 의혹은 한층 커져만 갔다. 마침내 자자는 적의 편에 서고 마는 것일까? 나는 그녀와 거리감 없이 자유롭게 이야기할 용기가 없어서 단둘이 얼굴을 마주하기보다는 프라델이나 리사, 동생, 스테파와 함께 있는 것이 편했다. 자자는 우리 사이의 거리를 느꼈음이 틀림없다. 게다가 그녀는 출발 준비로 정신없이 바빴다. 11월 초에 우리는 서로 간에 이렇다 할 감격도 느끼지 못하고 그저 그렇게 헤어졌다.

　새 학기가 시작되었다. 나는 1년을 월반했으므로 클레로 말고는 아는 급우가 없었다. 아마추어, 딜레탕트(예술이나 학문을 취미 삼아 하는 사람)도 섞여 있지 않았다. 모두들 나처럼 경쟁시험을 염두에 둔 악착스런 사람들뿐이었다. 그들은 말도 붙이기 힘든 표정을 지으며 꽤나 잘난 체를 하는 것 같아서 무시하기로 작정하고, 여전히 온 힘을 다해 공부했다. 소르본 대학과 고등사범학교의 대학교수 자격시험 준비를 위한 모든 강의를 듣고, 시간이 나는 대로 생트주느비에브나 빅토르 쿠쟁, 국립도서관 등으로 공부를 하러 갔다. 밤이면 소설을 읽거나 외출을 했다. 이제 나이가 들었으니 얼마 안 있으면 부모님에게서 독립을 해야 했다. 그해에 부모님은 내가 홀로, 또는 여자친구와 밤에 연극 보러 가는 것을 허락해 주었다. 나는 맨 레이의 〈바다의 별〉이나 위르쉴린 극장, 스튜디오 28, 시네라탱의 프로그램 모두를, 그리고 브리기트 헬름, 더글라스 페어뱅크스, 버스터 키턴 등의 영화를 다 보았다. 카르텔(주베, 뒬랭, 피트에프, 바티의 신극운동) 극장에도 자주 갔다. 스테파의 영향 덕분에 나는 전보다 더 세련되어졌다. 그도 그럴 것이 대학교수 자격시험 준비를 하는 독일인이 스테파에게 내가 늘 책 속에 파묻혀 산다고 흉을 봤다고 한다. 20살 여자가 학자티를 내는 것은 너무 이르다, 오랫동안 그렇게 하다가는 매력이 없어지리라는 얘기였다. 스테파는 반박하며 분개했다. 그녀는 자기 친구가 촌스럽고 못생기기를 바라지 않았으리라. 그녀는 내게 얼굴이 못생긴 것은 아니니, 장점을 잘 살리면 된다고 격려해 주었다. 그래서 나는 자주 미용실에 다녔고, 모자를 사거나 옷을 짓거나 하는 일에 흥미를 가지게 되었다. 또한 여러 친구들과의 우정을 회복했다. 랑베르 선생님은 더 이상 내 흥미를 끌지 못했다. 쉬잔 부아그는 아버지를 따라 모로코로 가 버렸다. 하지만 나는 리스만을 다시 만난 일이 결코 싫지 않았고, 생제르맹 중학교의 복습교사 노릇을 하면서 바루지 교수 밑에서 졸업시험 준비를 하는 장 말레에게도 호감이 갔다. 클레로는 국립도서관에 자주 왔다. 프라델은 클레로를 존경하여 그가 훌륭한 사내라고 내게 말했다. 클레로는 가톨릭 신자로 토마스와 모라스 파였는데, 그가 가만히 한 곳을 응시하면서 깊은 인상을 남기는 단호한 어조로 말할 때면 나는 내가 정말로 성 토마스나 모라스를 얕보았던 적이 있었던가 싶기도 했다. 그러나 그들의 학설은 여전히 내 마음에 들지 않았다. 그래도 나는 그들이 어떤 세계관을 갖고 있으며 어떤 식으로 자기 자신을 받아들이는지, 그리고 언제 그런 학설들을 받아들이는지 알고 싶었다. 클레로는 내게 호기심을 보였다. 그는 내가 대학교수 자격시험을 치르는 것이 잘하는 일이라고 말했다.

"당신은 바라는 일에 모두 성공할 거야."

이 말에 나는 자신을 얻었다. 스테파도 격려해 주었다.

"넌 훌륭한 삶을 살고 있어. 넌 항상 바라는 일을 이룰 거야."

나는 내 운명을 신뢰했고, 나 자신에게 만족하여 줄곧 앞으로 나아갔다. 아름다운 가을이었다. 책을 보다가 고개를 들면 하늘이 이토록 아름다운 것을 축복하게 되었다.

그러는 동안에도 나는 도서관에만 틀어박혀 있는 사람이 아니란 걸 스스로에게 증명하기 위해 자크를 생각했다. 그를 위해 일기의 지면을 할애하고, 그에게 편지를 쓴 뒤 보내지는 않은 채 보관했다. 11월 초에 자크의 어머니를 만났는데, 그녀는 내게 무척 호의를 보였다. 자크는 '파리에서 자기의 흥미를 끄는 유일한 사람'이 어떻게 지내는지 늘 묻는다는 것이었다. 자크의 어머니는 이렇게 말하면서 내게 의미 있는 듯한 미소를 지었다.

나는 맹렬하게 공부를 하다가 기분전환을 위해 놀았다. 마음의 평형을 되찾은 것이다. 그리고 흥에 겨워 도를 넘어섰던 여름날의 행동들을 화들짝 놀라며 되새기곤 했다. 매일 밤 싸돌아다니던 바와 나이트클럽은 이제 내게 혐오감을 일으킬 뿐만 아니라 일종의 전율마저 느끼게 했다. 이 도덕적인 반발은 과거 나의 자기만족적 태도와 거의 비슷한 정도의 의미가 있었던 것이다. 나의 합리주의에도 불구하고 육체적인 것은 여전히 내게 금기사항이었다.

"너는 굉장한 이상주의자야!"

스테파는 내게 자주 말했다. 그러나 그녀는 내가 질겁하지 않도록 세심한 배려를 했다. 어느 날, 페르낭이 하늘색 방 벽에 붙어 있는 여자의 나체 크로키를 가리키면서 장난기 가득한 어조로 말했다.

"이건 스테파가 포즈를 취해 준 거야."

나는 당황했다. 스테파는 움찔하며 그를 보았다.

"무슨 얼토당토않은 소리예요!"

그는 서둘러 농담이라고 말했다. 나는 한순간도 마비유 부인이 했던 말—'진짜 처녀가 아닐 거야'—을 스테파에게 적용하려 생각한 적은 없었다. 하지만 스테파는 자기 딴은 신중한 태도로 나를 어색한 분위기에서 구하려고 이렇게 말했다.

"있잖아, 이건 진심으로 하는 말인데 육체적 사랑은 정말로 중요한 거야. 특히 남자에게는……"

어느 날 밤, 아틀리에 극장에서 나왔을 때, 클리쉬 광장에 사람들이 모여 있는 것을 보았다. 말쑥하게 차려입은 젊은이를 경찰이 막 체포한 참이었다. 남자는 모자를 웅덩이에 빠트린 채 창백한 얼굴로 버둥대고 있었고, 군중은 그를 향해 욕을 하고 있었다.

"더러운 포주 놈……"

그는 도로에 쓰러질 듯했다. 나는 스테파를 잡아끌었다. 네온 불빛과 거리의 웅성거림, 짙은 화장을 한 창녀들…… 그런 모든 것이 나를 소리 지르고 싶게 했다.

"뭐야 이게? 시몬, 이런 게 인생이야."

스테파는 훈계하는 투로 인간은 성인(聖人)이 아니라고 말했다. 물론 사람은 불결하기는 해도 분명 존재하는 것이고, 게다가 모든 사람을 위해 무척 중요하다고 했다. 그녀는 자기 말을 강조하기 위해 많은 이야기를 들려주었다. 나는 완고한 태도로, 이따금은 있는 힘껏 성심으로 저항해 보았다. 나의 이런 저항과 편견은 도대체 어디서 생겨난 것인가?

"조금이라도 육체에 관한 일이 암시되면 나는 뭐라 할 수 없는 고뇌를 느낀다. 그것은 기독교주의가 순결에 대한 강한 집착을 내게 남겼기 때문일까? 나는 순결을 지키기 위해 연못에 몸을 던진 알랭 푸르니에의 여주인공 콜롱브를 생각했다. 그러나 그것은 자존심이 아니었던가?"

물론 나는 영원히 처녀성을 간직해야만 한다고 고집하는 것은 아니었다. 하지만 순결한 미사의 침대만이 축복받으리라는 확신을 갖고 있었다. 진정한 사랑은 육체적인 포옹을 순화하고, 깨끗한 처녀는 선택된 남성의 품안에서 기쁨과 함께 투명한 여자로 변할 수 있다. 나는 시인 프랑시스 잠을 좋아했는데, 그가 관능적 쾌락을 계곡물처럼 담담한 색채로 묘사하기 때문이다. 나는 또한 클로델을 좋아했다. 그는 육체 안에 있는 섬세한 영혼의 존재를 멋지게 찬미하기 때문이다. 쥘 로맹의 《육체의 신》은 다 읽기도 전에 내던졌다. 거기엔 쾌락이 정신의 화신으로 묘사되어 있지 않았다. 나는 당시에 〈신프랑스 평론)이 출간한 모리아크의 《그리스도교 교도의 고뇌》를 읽고 짜증이 났다. 어떤 사람의 경우에는 육체가 승리를 구가하고 어떤 이에게는 모욕인데, 여하튼 두 사람 모두에게 육체는 너무나도 중요한 지위를 차지하고 있었다. 나는 〈신문학〉지 앙케트에 '남루한 육체와 그의 운명적 지배'라는 답을 낸 클레로에게도, 또 성의 방종을 당연한 권리라고 주장하는 폴 니장과 그의 아내에게도 분개했다. 내가 17살 때 느끼던 혐오감과 동일한 방식으로 나의 혐오감은 정당화되었다. 만약 육체가 두뇌와 감정에 따른다면 그것으로 족하다. 육체가 그것들보다 앞서 가서는 안 된다. 그러나 쥘 로맹의 주인공들은 연애에 적극적이고, 니장 부부는 자유를 변호했기에 나는 갈팡질팡했다. 게다가 17살인 나의 분별 있는 신중함과, 나를 곧잘 얼어붙게 하던 그 알 수 없는 '혐오'와는 아무 관계도 없었던 것이다. 나는 직접적인 위협을 받고 있다고 느끼지는 않았지만 이따금 동요될 때가 있었다. 이를테면 자키에서 어떤 남자의 품에 안겨 춤출 때라든가, 메리냐크의 풍경화 같은 정원 풀숲에서 동생과 껴안았을 때 등등……. 하지만 그런 현기증은 기분이 좋았다. 나는 내 육체와 잘 협조하고 있었다. 그런 것들의 원천과 비밀을 캐 보고 싶은 호기심이 일었고, 큰 염려 없이 여자가 될 때를 기다리기까지 했다. 한편으로는 자크를 통해 에둘러서 나 자신을 문제 삼고 있었다. 만약 성애가 순수한 유희라면 그것을 부정할 까닭은 하나도 없다. 그렇다면 자크가 다른 여자들과 경험한 쾌활하고 격렬했던 익숙함을 고통스러워할 필요가 없다. 나는 자크와의 교제에서 순결함과 고귀함을 찬미하고 있었지만, 이 교제는 사실은 불완전하고, 미적지근하며, 무미건조하다. 자크가 내게 보인 존경은 단지 관례적인 도덕관에서 나온 것이었다. 나는 다시 '귀여운 사촌 여동생'이라는 석연치 않은 역할을 연기해야 했던 것이다. 이런 미숙한 처녀와 남자로서 풍부한 경험을 쌓은 사람 사이에는 얼마나 차이가 나는 것일까? 그런 열등한 위치로 물러서 있고 싶지 않았다. 차라리 방탕 속에서 더러운 얼룩을 보는 편이 나았다. 그래서 자크가 그런 오점을 그대로 지니기를 바랄 수도 있었다. 그렇지 않으면 그가 내게 동경 대신에 연민을 일으켰으리라. 나는 그의 쾌락에서 제외되기보다는 그의 결점을 용서하는 편이 나았던 것이다. 그러나 이런 예상을 하는 것 역시 두려웠다. 나는 두 영혼의 투명한 융합을 갈망하고 있었다. 만약 그가 수상쩍은 실수를 저지른다면, 과거에도 또한 미래에도 그는 내게서 벗어난 존재가 되어 버리리라. 왜냐하면 출발점에서부터 왜곡된 우리는 내가 만든 연애 이야기와는 결코 일치하지 않을 테니까.
 "인생이, 나의 것이 아닌 다른 사람의 의지를 갖게 되는 것을 바라지 않는다."
 나는 일기에 이렇게 썼다. 이것이 내 깊은 근심의 원인이었던 듯하다. 나는 현실이란 것을 거의 알지 못했다. 내가 자란 환경에서 현실은 인습과 관례에 의해 가려지고 단절되어 있었다. 그런 관습들은 나를 따분하게 했지만, 나는 인생을 뿌리부터 파악하려 하지 않았다. 그러기는커녕 구름 속으로 도피해 있었다. 나는 영혼이고, 순수한 정신이었다. 그리고 정신과 영혼에만 흥미를 가졌다. 성(性)의 틈입은 이런 천사주의를 망가뜨렸다. 갑자기 성은 내게 욕구와 격렬함이라는, 두려움과 일치하는 이미지로 보였던 것이다. 나는 클리쉬 광장에서 충격을 받았다. 왜냐하면 매춘 거래와 경찰의 난폭한 행위 간에 가장 밀접한 연관관계를 감지했기 때문이다. 이것은 나 자신의 문제가 아니라 세계와 관계되는 일이었다. 만약 인간이 기아로 절규하는 육체를 지녔다고 한다면, 그래서 그로 인해 고통받는다면 그것은 내가 머릿속에서 생각하는 인간이 아니다. 나는 나를 위협하는 빈곤, 죄, 압제, 전쟁의 지평선을 막연하지만 끊임없이 보고 있었던 것이다.
 11월 중순에 나는 몽파르나스로 되돌아갔다. 공부하고, 잡담하고, 영화를 보러 다녔다. 그런데 갑자기 이런 삶의 방식이 싫어졌다. 이것이 사는 것일까? 이런 생활을 한 사람이 진정 나였을까? 과거에는 눈물, 열정, 모험, 시, 사랑이 있었다. 비장한 삶의 방식이었다. 나는 추락하고 싶지 않았다. 그날 밤 나는 동생과 위브르 극장에 가기로 되어 있었는데, 동생을 카페 돔에서 만나 자크로 끌고 갔다. 신자가 신앙의 위기에서 벗어나는 경우 신 앞에 바쳐진 향과 촛불 사이에 몸을 담그는 것처럼, 나는 알코올과 담배 연기 속에 몸을 내맡겼다. 그것은 단박에 내 머리를 몽롱하게 했다. 우리는 전처럼 시끄러운 욕지거리를 주고받으며 말다툼을 했다. 나는 내 마음에 더 상처를 내고 싶어서 동생을 스트릭스로 데려갔다. 우리는 거기서 리케 브레송과 그의 친구인 40대 남자를 만났다. 그 중년 사내는 푸페트의 비위를 맞추려고 그녀에게 오랑캐꽃 한 다발을 사주었고, 나는 그동안 자크를 무척이나 칭찬하는 리케와 이야기를 나누었다.

"자크는 심한 타격을 입은 적도 있었지만 늘 그런 시련을 딛고 일어섰어."

그는 자크의 연약함 속에 어떤 힘이 있었는지, 또한 자크의 과장된 행동 중에 어떤 성실함이 숨겨져 있었는지를 내게 말해 주었다. 마치 칵테일 2잔을 사이에 두고 심각하고 고통스러운 일을 이야기할 줄 아는 듯이, 자크가 모든 헛된 허영을 어떤 분명한 정신으로 헤아렸는지에 대해서도 이야기했다. 그리고 리케는 감탄 섞인 어조로 결론을 내렸다.

"자크는 결코 행복해질 수 없을 거라니까."

나는 가슴이 답답해졌다.

"그럼 어떤 자가 모든 것을 바쳤다면?"

내가 물었다.

"그는 굴욕을 느꼈을 거야."

공포와 희망이 내 목을 조였다. 라스파유 거리를 걸으면서 나는 오랑캐꽃 속에 얼굴을 묻고 오열했다.

눈물과 희망, 공포가 좋았다. 다음 날, 클레로가 내 눈을 가만히 들여다보더니 말했다.

"당신은 스피노자에 관한 논문을 쓸 거야. 인생에는 그것 말고 없거든. 결혼하는 것, 논문을 쓰는 것 외엔……"

화가 치밀었다. 경력을 쌓는 것, 결혼하는 것, 이것은 포기를 위한 두 가지 방법이다. 공부도 마약일 수 있다는 나의 의견에 프라델도 동의했다. 나는 자크가 진심으로 고마웠다. 자크에 대한 환상 덕분에 이런 어리석음을 피할 수 있었던 것에 감사하고 싶다. 소르본 대학의 학우들은 자크보다 지적인 가치가 있었는지도 모른다. 하지만 그런 건 큰 문제가 아니었다. 클레로나 프라델의 미래는 이미 방향이 정해져 있는 듯 보였다. 자크와 그 친구들의 삶의 방식은 주사위에 운을 맡긴 것과 비슷했다. 결국 그들은 자기들을 파멸시키고 인생을 엉망진창으로 만들어 버리리라. 그렇지만 나는 모든 종류의 생명이 정리정돈된 것보다 이런 위험이 좋았다.

한 달 동안 나는 일주일에 1, 2번은 스테파와 페르낭, 그리고 그들의 친구인 우크라이나의 한 신문기자를 스트릭스로 데려갔다. 이 신문기자는 틈만 나면 일본어 공부를 하는 사람이었다. 동생이나 리사, 말레도 데려갔다. 당시 나는 수업을 하고 있지 않은데 그해에 어떻게 돈을 마련했는지 모르겠다. 분명 엄마가 날마다 점심 값으로 주는 5프랑을 아껴 쓰고, 여기저기에서 긁어모았으리라. 항상 나는 유흥을 위해 이렇게 돈을 모았다.

"피카르 책방에서 알랭의 《플라톤 11장》을 서서 읽었다. 칵테일 8잔 값이다. 너무 비싸다."

내 일기에 쓰여 있던 글이다. 스테파는 바에서 여급 자리를 얻어 미셸을 도왔다. 그녀는 손님에게 마실 것을 나르고, 4개 국어로 손님과 농담을 주고받고, 우크라이나의 멜로디를 노래했다. 나는 리케와 그녀의 연인과 함께 지로두, 지드, 영화, 인생, 여자, 남자, 우정, 사랑을 이야기했다. 우리는 재잘거리며 생쉴피스 광장으로 내려갔다. 다음 날, 나는 일기에 이렇게 썼다.

"얼마나 멋진 저녁이었던가!"

그러나 나는 이런 글을 쓰면서도 괄호 안에는 전혀 딴소리를 적어놓았다. 리케는 자크에 관해 다음과 같이 말한 적이 있다.

"언젠가 그도 결혼하겠지. 갑자기 결심하면서 말이야. 그리고 한 집안의 좋은 아버지가 될지도 모르지만 분명 모험을 그리워하며 애석해할 거야."

이러한 예상이 내 마음을 그다지 동요시킨 것은 아니었다. 마음에 걸렸던 점은 자크가 지난 3년 동안 리케와 거의 똑같이 살아왔다는 사실이었다. 리케는 여자들에 대해 함부로 이야기해서 내 마음을 언짢게 했었다. 그런데도 자크가 《대장 몬》의 형제라고 믿을 수 있을까? 그것은 매우 의심스러웠다. 결국 나는 자크의 말을 들어 보지도 않고 내 멋대로 자크의 영상을 만들었던 것이며, 결국 그가 아마도 리케의 모습과 전혀 닮지 않은 듯하다고 생각하기 시작했으리라. 생각은 이쯤에서 멈추지 않았다.

"모든 것이 나와 어울리지 않아. 나와는 어울리지 않는 자크의 환영 때문에 괴로워."

요컨대 공부가 마약이었다면, 알코올이나 유희도 더 이상의 가치는 없는 것이다. 내가 있을 곳은 바도 아니거니와 도서관도 아니었다. 그럼 어디일까? 아무리 생각해도 구원은 문학밖에 없었다. 나는 새로운 소설을 구상했다. 나와 같은 여주인공과, 자크와 비슷한 '강한 자존심을 지닌 파괴광'을 주인공으로 대치시키리라. 하지만 불안한 마음은 좀처럼 누그러지지 않았다. 어느 날 밤, 나는 스트릭스 구석에서 리케와 리오쿠르, 그리고 그의 여자친구인 올가와 마주쳤다. 올가는 아주 지적이었다. 그들은 방금 받은 편지에 대해 이야기를 하고 있었다. 자크에게서 온 것인데 그들이 먼저 자크에게 엽서를 보냈다고 했다. '어떻게 이 사람들에게는 편지를 쓰면서 나한테는 편지 한 장 없는 걸까?' 나는 이런 생각을 하지 않을 수 없었다. 오후 내내 거리를 쏘다니다가 결국엔 극장에 들어가 울고 말았다.

다음 날 저녁, 부모님에게 호감을 얻은 프라델이 식사를 하러 왔다. 식사 뒤에 우리는 시네라탱 극장에 갔다. 수플로 가에서 나는 느닷없이 자키에 같이 가자고 제안했다. 그는 크게 좋아하는 모습은 아니었지만 승낙했다. 우리는 얌전한 손님들처럼 테이블을 잡고 앉았다. 진피즈를 마시면서 자크가 어떤 사람인지를 그에게 설명하기 시작했다. 하소연이 아니면 자크에 관해 그에게 별로 이야기한 적이 없었다. 프라델은 조심스럽게 내 이야기를 듣고 있었다. 그는 좀 불편해 보였다. 내가 이런 곳에 드나드는 것이 놀랍지 않으냐고 그에게 물었다. 그렇진 않지만 자기는 이런 곳을 음침하게 생각한다고 말했다. 온갖 비행을 변명할 수 있는 고독이나 절망을 그는 경험하지 않았던 것 같았다. 그런데 이렇게 프라델 옆에 앉아, 내가 자주 소란을 피우던 스탠드에 거리를 두고 있으려니 새로운 시각으로 바가 보였다. 프라델의 정확한 시선은 모든 시적인 정취를 깡그리 소멸시켰다. '뭐하러 여기에 왔을까!' 내가 늘 작은 목소리로 이렇게 스스로에게 묻듯이, 그도 나와 같이 생각해 주기를 바라는 마음에서 그를 끌고 온 것인지도 모른다. 어쨌든 나는 그에게 일리가 있다고 말하고 자크에 대해서도 혹독하게 비판했다. 왜 자크는 오락에 시간을 허비하는 것일까? 나는 방탕과 손을 끊었다. 부모님은 아라스에서 며칠 동안 지내기로 되어 있었는데, 나는 그들의 부재를 이용해 방탕에 빠지지 않았다. 몽파르나스에 가자는 스테파의 제안을 받아들이지 않은 것도 그 때문이었다. 나는 그녀의 간청도 못마땅해하며 거절했다. 집에 틀어박혀 난롯가에서 메러디스의 작품을 읽었다.

나는 자크의 과거에 대해 자문하는 것을 그만두었다. 결국은, 설령 그가 잘못을 저질렀다 해도 세상의 표면에는 아무 변화도 없다. 현재로선 나는 거의 그를 괘념치 않았다. 자크는 지나치게 입을 다물고 있다. 이 침묵은 결국 적의와 비슷해지기 시작했다. 12월 말에 자크의 할머니인 플랑댕 부인이 자크의 근황을 알려주었을 때 무관심하게 흘려들었다. 그러면서 무슨 일에건 손을 떼기 싫어하는 경향 때문에 자크가 돌아오기만 하면 우리 사랑도 다시 살아나리라고 생각했다.

　나는 숨 쉴 새도 없이 공부했다. 날마다 9시간에서 10시간을 책과 씨름했다. 1월에 나는 로드리그라는 아주 친절한 노신사의 감독 아래 장송드사이 중학교에서 교생 실습을 했다. 이 신사는 인권옹호연맹 회장으로, 1940년 독일군이 프랑스에 들어왔을 때 죽었다. 나의 동료로는 메를로 퐁티와 레비 스트로스가 있었다. 나는 두 사람을 조금 알았다. 메를로 퐁티는 늘 내게 간접적인 공감을 갖게 했고, 레비 스트로스는 차분하게 가라앉아 있어서 나를 주눅 들게 했지만 그런 모습은 너무나 꾸민 듯이 보였다. 언젠가 강당에서 맛도 멋도 없는 목소리로 죽은 듯한 얼굴을 하고는 정열의 착란에 대해 이야기했을 때는 무척 재미난 사람이라는 생각이 들었다. 흐린 날 아침에 감동적인 인생 따윈 아무래도 상관없다고 생각할 게 분명한 40여 명의 중학생 앞에서 그런 이야기를 하는 것이 바보짓이라고 여겨졌지만, 맑게 갠 날에는 내 말을 믿는 몇몇 눈동자 속에서 지적인 조각을 잡아냈다고 생각하기도 했다. 옛날 스타니슬라스 고등학교 콜라주 벽을 만졌을 때의 감동이 떠올랐다. 당시에 남학생 반은 멀리 손에 닿지 않는 것처럼 여겨졌었다! 현재 나는 여기에 있다. 교단에 서서, 그리고 강의를 하고 있다. 이 세상의 어떤 일이건 손에 닿지 않는 것은 없다고 느꼈다.

　물론 나는 여자임을 후회하지 않았고 오히려 여자임에 매우 만족했다. 나는 공부하면서 여성이 지적으로 열등하다고 느꼈다. 이 점은 나의 많은 친구들도 인정하는 바였다.

　"여자는 5, 6번 떨어지지 않으면 대학교수 자격시험을 통과하지 못해."

　이 시험에서 벌써 2번이나 떨어진 룰랭 양이 말했다. 여자라는 약점이 있었기 때문에 나의 성공은 남학생의 성공보다도 귀중하고 눈부셨다. 그들과 동등하다고 보이는 것만으로도 나는 특별하게 생각되었다. 사실 나를 놀라게 할 만한 남학생을 만난 적이 없었고, 미래는 그들과 마찬가지로 내 눈앞에 광대하게 펼쳐져 있었다. 그들은 무엇 하나 특권을 쥐고 있지 않았다. 더구나 남자들도 그렇게 생각하지 않았다. 그들은 관대하게 나를 대하기보다는 오히려 특별히 친절하게 대해 주었는데, 그것은 나를 경쟁상대로 보지 않았기 때문이다. 경쟁시험에서 여학생을 남학생과 똑같은 채점표에 따라 분류하되 그들을 정원수 외로 뽑았다. 때문에 여학생이 남학생과 자리를 다투는 경우는 없었다. 그래서 나의 플라톤에 관한 논문은 학우들—특히 장 이폴리트—에게서 사심 없는 찬사를 받았다. 나는 그들에게서 평가받았다는 사실이 자랑스러웠다. 그들이 보여준 호의 덕분에, 훗날 나를 초조하게 하던 미국 여성의 그 도전적인 태도에도 나는 결코 개의치 않았다. 출발점에서 남자는 내게 동료이지 경쟁상대가 아니었다. 그들을 부러워하기는커녕 내 상황이 특수했기 때문에 내가 흡사 특권을 가진 것처럼 느껴졌다. 어느 날 저녁, 프라델은 친구들과 동생들을 집으로 초대했다. 내 동생도 나를 따라왔다. 여자들은 모두 프라델의 동생 방에 틀어박혔지만 나는 청년들과 남았다.

그러나 나는 내가 여자라는 사실을 부정한 것은 아니다. 그날 밤, 동생과 나는 꼼꼼하게 화장을 하고, 나는 빨강 실크 옷을, 동생은 파랑 옷을 입었다. 실제로 우리는 아주 촌스러웠을 테지만 다른 아가씨들도 거기서 거기였다. 몽파르나스에서 나는 우아한 미인들을 만났었다. 비교하면 주눅이 들 정도로 그녀들의 생활과 내 생활은 한참 달랐다. 하지만 자유롭고, 쓸 돈만 있다면 흥내내지 못할 것도 없다. 나는 자크가 내게 예쁘다고 말했던 것을 잊지 않았고, 스테파와 페르낭도 내게 희망을 갖게 해주었다. 있는 그대로의 모습으로 거울 속 나를 바라보고 있으면 내가 마음에 들었다. 내가 다른 여자들보다 운이 나쁘다고 생각지 않았다. 그녀들의 시선에서 아무런 비난도 느끼지 못했고 그녀들을 경멸하지도 않았다. 많은 점에서 나는 자자나 동생, 스테파, 리사 등을 남자친구들보다 우위에 두었다. 그녀들은 더 감수성이 예민하고 관대하며, 꿈이나 눈물과 사랑에도 재능이 있었다. 나는 '여자의 마음과 남자의 두뇌'를 동시에 가진 것이 자랑스러웠다. 나 자신을 또다시 특별하다고 생각하게 되었다.

그러나 특히 나 자신 중에서 좋아했던 부분은 내가 타인에게 불러일으키는 감정이었다. 나는 나 자신보다도 타인에게 훨씬 흥미가 있었으므로 이 터무니없는 자신감도 얼마쯤 누그러져 있었다. 적어도 나는 그렇게 생각하고 싶었다. 내가 외부에서 격리되어 발버둥을 치고 있을 즈음에 나는 친구들과 동떨어져 있다고 느꼈으며, 그들도 나에게 어떻게 해줄 수가 없었다. 지금 나는 내가 획득한 이 공동의 미래로 인해 그들과 맺어져 있었다. 내가 다시 이 인생의 수많은 약속을 발견한다면, 그 삶은 친구들 속에서 나타날 것이다.

내 심장은 한 사람을 위해, 또는 다른 한 사람을 위해, 아니면 모두를 위해 고동쳤다. 누군가가 내 심장을 늘 차지하고 있었다.

나의 애정 가운데 1위는 동생이었다. 당시에 그녀는 카세트 광고예술학교에 다니고 있었다. 언젠가 학교에서 축제가 있었는데, 동생은 양치기 소녀로 분장해 옛 샹송을 노래했다. 동생이 멋지게 보였다. 이따금 동생은 이브닝 파티에 갔다. 파랑 망사 옷을 입고, 장밋빛 볼에 생기발랄한 금발의 그녀가 돌아오면 우리 방은 순식간에 밝아졌다. 우리는 그림 전시회, 살롱 도톤, 루브르 박물관에 다녔다. 저녁이면 그녀는 몽마르트의 아틀리에에서 데생을 했다. 나는 자주 그곳으로 동생을 마중 나갔고, 파리 시내를 함께 돌아다녔다. 우리가 단어를 간신히 말하던 시절부터 줄곧 해오던 대화를 계속하면서 말이다. 우리는 잠들 때까지 침대 속에서 수다를 떨었다. 그러고는 다음 날 얼굴을 마주치면 또다시 지껄이기 시작하는 것이었다. 동생은 나의 모든 우정과 동경, 열광에 관여했다. 자크에 대한 화제만은 신성하게 옆으로 치워 놓았지만, 나는 아무에게도 동생만큼 애착을 느끼지 않았다. 내 삶을 도울 정도로 동생은 너무나 가까이에 있었으니까. 그녀가 없으면 내 인생은 무미건조하리라고 믿었다. 비통한 심정이 들 때마다 나는 자크가 죽는다면 자살할 생각을 하곤 했지만, 만약 동생이 없어지면 자살하지 않더라도 죽었을 것이다.

리사에게는 친구가 없고 언제나 한가했기 때문에 나는 자주 그녀와 함께 있었다. 12월의 어느 비 오는 날 아침, 수업이 끝나고 나서 리사는 자기 하숙집까지 함께 가지 않겠느냐고 했다. 나는 집으로 돌아가 공부하고 싶었기 때문에 거절했다. 메디시스 광장에서 내가 버스에 오르려 할 때, 리사는 이상한 목소리로 내게 말했다.

"그럼 됐어. 너한테 하고 싶었던 얘기는 목요일에 할게."

나는 귀를 쫑긋 세웠다.

"지금 얘기해."

그녀는 나를 뤽상부르 공원으로 데려갔다. 축축한 오솔길에는 아무도 없었다.

"아무한테도 말하지 마. 너무 바보 같은 얘기라서."

그녀는 잠깐 망설였다.

"있잖아, 나 프라델하고 결혼하고 싶어."

나는 산디밭에 둘러 쳐진 철세 경계 위에 앉아 있다가 낌찍 놀라시 그녀를 쳐다봤다.

"난 그를 정말 좋아해! 지금까지 이렇게 좋아한 사람이 없었어!"

그들은 똑같은 과학 자격시험을 준비하고 있었고, 몇몇 철학 강의를 함께 들었다. 우리가 무리 지어 외출할 때, 나는 그들 사이에서 특별한 기운을 전혀 눈치채지 못했다. 그렇지만 프라델이 그 벨벳 같은 눈동자와 상냥한 미소로 여자들을 매혹하는 것 정도는 알고 있었다. 클레로에게서 들었는데, 그의 친구 동생들 가운데 적어도 2명이 그에게 반했다는 것이었다. 1시간 남짓, 인기척 없는 공원의 물방울이 똑똑 떨어지는 나무 밑에서 리사는 인생의 새로운 보람을 느꼈다고 내게 말했다. 닳은 외투를 입은 그녀는 얼마나 연약하게 보였던가! 나는 꽃받침처럼 작은 모자 아래로 그녀의 얼굴에서 매력을 느꼈지만, 그녀의 약간 투박한 호의에 프라델이 감동했는지 의심스러웠다. 그날 저녁, 스테파는 우리가 프라델과 함께 리사의 고독함과 쓸쓸함에 대해 이야기했을 때 프라델이 무관심하게 화제를 바꾸지 않더냐며 내게 기억을 되살려주었다. 나는 프라델의 본심을 알려고 애를 썼다. 언젠가 그는 어떤 결혼식에서 돌아온 참이었는데, 그때 우리는 잠깐 토론을 했다. 그는 결혼식도 꽤 괜찮은 일이라고 했고, 나는 개인적인 일을 공공연하게 펼쳐 보이는 의식 같은 건 싫다고 했다. 가끔 그에게 자신의 괜찮은 결혼에 대해 생각한 적이 있느냐고 물으면 그는 '막연하게' 떠올려 보았다고 대답했다. 그러나 한 여자를 진정한 애정으로 사랑할 수 있을 성싶지는 않았다. 그는 너무나 독점적으로 어머니를 사랑했기 때문에 우정에서도 자기는 약간 냉정하다고 스스로를 나무랐다. 나는 가끔씩 눈물이 솟구칠 정도로 마음이 애정으로 가득 찰 때가 있다고 했더니 그는 고개를 저었다.

"그것도 과장이야."

그는 결코 과장되게 말하지 않았다. 나는 문득 그런 사람을 사랑하기는 쉽지 않다고 생각했다. 어쨌든 그의 안중에 리사는 없었다. 그래서 그녀는 프라델이 소르본 대학에서 자기에게 전혀 관심을 보이지 않는다고 슬픈 듯이 말했다. 우리는 로통드의 바에서 오랫동안 사랑과 연애에 대해 이야기했다. 지하 댄스홀 쪽에서 재즈 음악과 사람들의 속삭임이 희미하게 들려왔다.

"난 불행에 익숙한 걸 뭐. 그렇게 타고났어."

리사는 말했다. 그녀는 바라는 것을 얻은 적이 없었다.

"하지만 단지 그 얼굴을 내 두 손으로 안을 수만 있다면…… 그것만으로도 충분해. 그러면 아무것도 바랄 게 없을 것 같아."

그녀는 식민지에 직장을 구해 사이공(호찌민)이나 타나나리브(안타나나리보의 옛 이름)에 갈 생각이라고 말했다.

나는 언제나 스테파와 재미있게 놀았다. 내가 그녀 방에 올라가면 페르낭이 곧잘 와 있었다. 그녀가 칵테일을 만드는 동안에 그는 나에게 수틴이나 세잔의 복사그림을 보여주었다. 당시만 해도 아직 서툴렀던 페르낭의 그림은 무척 내 마음에 들었다. 나 또한 그가 물질적인 어려움을 무릅쓰고 그림에 일생을 거는 것에 찬사를 보냈다. 이따금 우리 셋은 함께 외출했다. 우리는 샤를 뒬랭의 〈볼포네〉를 보고 감격한 반면, 코미디 샹젤리제 극장에서는 바티의 작품과 강티용의 〈출발〉에 대해 신랄하게 비판했다. 수업이 끝나면 스테파는 크낭에서 점심을 사주었다. 음악을 들으면서 폴란드 요리를 먹고 나서 그녀는 내 의견을 물었다.

"페르낭과 결혼해야 할지 말아야 할지……"

나는 결혼해야 한다고 말했다. 지금까지 남녀 사이에 이만큼 완벽한 화합을 본 적이 없었을 정도로 그들은 내가 생각하는 이상적인 부부였다. 그러나 스테파는 망설이고 있었다. 이 땅에는 '흥미 있는' 남자들이 잔뜩 있다! 이 말은 약간 불쾌하게 들렸다. 나는 스테파가 성애의 장난을 하고 있는 불가리아인들이나 루마니아인들에게는 별로 마음이 끌리지 않았다. 이따금 나의 국수주의가 싹트는 것이었다. 어느 날, 우리는 국립도서관 식당에서 어떤 독일 학생과 점심을 먹었다. 금발에다 볼에 칼로 벤 상처가 있는 그 학생은 끈질기게 조국의 위대함에 대해 이야기했다. '이 남자는 언젠가 자크나 프라델과 대적해 싸울지도 몰라.' 갑자기 이런 생각이 들자 테이블을 박차고 나가고 싶은 기분에 휩싸였다.

12월 말쯤에 나는 스테파의 인생을 흔들어놓은 헝가리 신문기자와 친하게 지내게 되었다. 그 남자는 키가 무척 크고, 단단한 덩치에 엄청난 면적의 커다란 얼굴과 끈적끈적해 보이는 입술을 지녔으며, 별로 웃지도 않았다. 그는 부다페스트에서 가장 큰 극장을 관리하는 양아버지 얘기를 자랑스럽게 했다. 또한 그는 프랑스 멜로드라마에 관한 논문을 쓰고 있는데, 프랑스 문화와 스탈 부인, 샤를 모라스에 푹 빠져 그들을 찬미했다. 헝가리를 제외하면 중앙 유럽 나라들 전부를, 특히 발칸 반도의 여러 나라를 야만국으로 간주하고, 스테파가 루마니아인과 이야기하는 것을 보면 벌컥 화를 냈다. 그는 쉽게 성을 잘 냈다. 그럴 때마다 두 손은 떨리고, 왼쪽 다리는 경련이 난 듯 바닥을 때리고, 말을 더듬었다. 나는 그의 부족한 자제력이 거슬렸다. 게다가 '세련'이라든가 '우아함', '세심한 배려' 같은 단어가 끊임없이 그의 두꺼운 입술 밖으로 튀어나왔는데, 그것 또한 못마땅했다. 그가 어리석은 것은 아니었기 때문에 나는 문화나 문명에 대한 그의 의견에 호기심을 갖고 듣기는 했다. 그러나 전체적으로는 그의 말을 그리 중요하게 여기지 않았다. 그는 분통을 터뜨렸다.

"내가 헝가리어로 말할 때 얼마나 기지가 넘치는지 당신이 알아야 할 텐데!"

언젠가 그는 분개하면서도 유감스럽다는 어조로 말했다. 그가 스테파의 관심을 끌려고 나를 농락하려 들면 나는 그를 몰아세우곤 했다.

"말이 안 돼!"

그는 밉살맞다는 듯 말했다.

"여자들은 모두 친구에게 사랑의 상대가 생기면 그 사이에 끼어들기를 무척 좋아한다니까."

나는 스테파에 대한 그의 사랑 따위에는 관심 없다고 연거푸 말했다. 그것은 이기적인 소유욕과 정복욕이라고 하면서. 게다가 나는 그의 사랑의 감정이 과연 확고한 것인지조차 의심스러웠다. 그는 스테파와 가정을 이룰 마음이 있기나 한 것일까? 그는 입술을 달달 떨었다.

"당신에게 작센의 도자기 상(像)을 주면 당신은 그것이 깨지는지 아닌지 보려고 땅바닥에 내동댕이칠 거야!"

나는 방디―스테파는 그를 이렇게 불렀다―에게 이 일에 관해서는 페르낭 편임을 감추지 않았다.

"난 그 페르낭 따위 딱 질색이야! 우선 그는 유대인이잖아!"

방디는 말했다. 나는 몹시 분했다.

스테파는 그에 대해 많은 불평을 늘어놓았다. '자기의 지배 아래 두고픈'

마음이 일어날 정도로 무척 머리가 좋은 사내지만 너무 끈질기게 들이댄다는 것이다. 하지만 우연한 기회에 스테파의 말대로 내가 순진했음을 알았다. 어느 날 밤 내가 장 말레와 파리에서 처음 상연된 '피콜리'(이탈리아의 인형극)를 보러 샹젤리제 극장에 갔을 때였다. 나는 스테파가 방디에게 꼭 안겨서 특별히 거부하지도 않는 모습을 보았다. 말레는 스테파를 꽤 좋아하고 있었는데, 그녀의 눈이 모르핀 주사를 맞은 표범의 눈과 닮았다고 말했다. 그러고는 그들에게 아침 인사를 하러 가자고 했다. 방디는 황급히 몸을 떼기는 했지만, 그렇다고 특별히 난처해하지도 않고 내게 웃어 보였다. 스테파가 그녀와 사랑에 빠진 남자들을 대할 때, 그녀가 내게 상상하도록 내버려두었던 것보다 훨씬 관대하다는 사실을 나는 알고 있었다. 또 내게 배신행위로 보이는 그런 태도로 그녀가 일관하기를 바라기도 했는데, 일시적인 사랑 이야기를 듣고 싶지 않았기 때문이다. 스테파가 페르낭과 결혼할 결심을 했을 때, 나는 무척 기뻤다. 방디는 노발대발하며 그녀를 몰아붙였다. 그러고는 어떤 명령도 듣지 않은 채 그녀의 방까지 따라갔다. 그러는 동안에 방디도 마침내 진정이 되었다. 스테파는 국립도서관에 오지 않게 되었다. 방디는 여전히 포카르디에서 내게 커피를 사주었지만 더 이상 스테파 이야기는 하지 않았다.

그 뒤로 방디는 헝가리 신문사 특파원으로 프랑스에서 생활했다. 10년 뒤 제2차세계대전이 발발하던 밤에, 나는 카페 돔에서 그를 만났다. 다음 날 그는 외국인 의무병만으로 편성된 부대에 참가할 예정이었다. 방디는 무척 아끼던 물건 하나를 내게 맡겼다. 유리로 만든 공 모양의 탁상시계였다. 그리고 자신이 유대인이며 사생아이고, 변태 성욕자임을 고백했다. 그는 100킬로그램 이상 나가는 뚱뚱한 여자만 좋아했는데 스테파만이 예외였다. 그는 스테파의 작은 체구에도 불구하고 그녀의 총명함 덕분에 강한 인상을 받을 수 있으리라고 기대했던 것이다. 그러나 전쟁이 그를 삼켜 버려서 그는 탁상시계를 다시 찾아가지 못했다.

자자가 베를린에서 보낸 긴 편지를 나는 스테파에게 띄엄띄엄 읽어주었다. 그녀가 파리를 떠날 때는 독일인을 보슈라고 경멸해 불렀다. 그래서 크나큰 걱정과 함께 적국의 수도에 입성했던 것이다.

"피오벨 호스피츠에 도착했을 때는 비참했어. 나는 여자들만 묵는 호텔을 기대했었거든. 그런데 그곳은 상인이 묵는 커다란 여관으로, 뚱뚱한 독일인이 가득했어, 그래도 점잖은 사람들이기는 했지만. 나를 방까지 안내하면서 안내원이 스테파가 말한 대로 열쇠꾸러미를 건네주더라. 거울 달린 옷장, 방, 내가 묵는 건물 등의 열쇠였는데, 새벽 4시가 넘어서 돌아왔을 때를 위한 거였어. 나는 여행에 너무나 지쳤고, 또 자유와 베를린의 광대함에 놀라고 설레어서 저녁을 먹으러 아래층으로 내려갈 기운도 없었어. 깃털이불 말고는 시트도 담요도 없는 기묘한 침대 속에 있자니 말똥말똥한 정신에 눈물이 베개를 적실 정도였단다. 13시간이나 잔 뒤에 가톨릭교회 미사에 갔다가 호기심에 이끌려 거리를 돌아다녔어. 그랬더니 낮에는 기분이 좀 가라앉더구나. 그 뒤로 나는 하루가 다르게 익숙해졌어. 이따금 갑작스럽게 가족과 너, 그리고 파리가 참을 수 없을 만큼 그리울 때가 있지만 베를린 생활은 마음에 들어. 나는 누구하고나 잘 지내고 있고, 앞으로 여기서 보낼 석 달은 무척 재미있을 것 같아.”

외교관들로만 이루어진 베를린 거주 프랑스인 중에 자자가 아는 이는 없었다. 베를린에는 프랑스인 학생이 3명밖에 없고, 자자가 강의를 들으며 한 학기를 보내러 왔다는 말에 다들 깜짝 놀랐다.

“영사가 독일인 교수 앞으로 써준 소개장은 다음과 같이 마무리가 되어 있어서 무척 우스꽝스러웠지. ‘마비유 양의 매우 흥미 깊은 제안에 모쪼록 용기를 북돋아 주시기를 …….’ 마치 내가 북극 위를 날아서 오기라도 한 것 같잖아!”

그녀는 서둘러 독일인들과 사귀기로 했다.

“수요일에 나는 우연히 만난 사람들과 함께 베를린의 연극을 보았단다. 스테파가 들으면 충분히 상상이 갈 거야. 그날 호스피츠 지배인인 뚱뚱하고 나이 든 폴락 씨가 내 곁에 와서 아주 품위 있게 미소를 지으며 말했어. ‘사랑스러운 프랑스 아가씨, 오늘 밤 저와 연극을 보러 가시지 않겠습니까?’ 처음엔 깜짝 놀랐지만 연극 줄거리가 괜찮은지 묻고, 폴락 노인의 행동이 점잖아서 그냥 가기로 했단다. 8시에 우리는 오랜 친구처럼 이야기를 나누면서 베를린 거리를 걷고 있었지. 뭔가 돈을 내야 할 때마다 뚱뚱한 독일인은 정중하게 말하는 거야. ‘당신은 나의 손님입니다. 제게 맡기십시오.’ 세 번째 휴식 시간에 커피 한 잔으로 기운을 차린 그는 아내가 절대로 함께 연극을 보러 오지 않고, 또 자신과 취미도 전혀 다르며, 35년의 결혼생활 중에 단 한 번도 그를 기쁘게 하려 애쓰지 않았다고 말하는 거야. 딱 한 번, 2년 전에 그가 다 죽게 되었을 때 말고는……. 하지만 그렇다고 늘 죽는시늉을 할 수도 없지 않느냐고 독일어로 말했어. 무척 재미있더라. 알렉상드르 뒤마 스타일의 문제소설 《명예》를 연기한 쉬더만보다도 뚱뚱한 폴락 씨 쪽이 훨씬 재미있더라고. 트리아농 극장을 나와서 그날 저녁을 독일식으로 끝내려고 나의 독일인은 양배추 절임과 소시지를 먹으러 가자고 하는 거야!"

나와 스테파는, 마비유 부인이 남자들과 함께 테니스도 치지 못하게 하기 위해 딸을 독일로 유배 보냈건만, 자자는 남자와 단둘이서 밤에 외출을 한다며 깔깔대고 웃었다. 그것도 낯선 외국인인 데다가 하물며 독일인이라니! 자자가 연극의 도덕성에 대해 빠뜨리지 않고 묻기는 했지만. 다음 편지들을 보면, 그녀는 요령 있게 에둘러 가는 방법을 어느새 익힌 듯했다. 대학 강의를 듣고, 음악회와 연극과 박물관에 다니고, 학생들과 스테파의 친구와도 아는 사이가 되었다. 그는 한스 밀러라고 하는데, 스테파에게서 자자의 주소를 받았었다. 한스 밀러는 처음에 자자가 꽤 깍쟁이인 줄 알았다고 웃으며 이렇게 말했다.

"당신은 송아지 가죽 장갑을 낀 채로 인생길을 가려는 모양이야."

그녀는 이 말에 충격을 받아서 그 뒤로는 아예 장갑을 끼지 않기로 결심했다.

"나는 지금까지 내가 모르고 있던 계층, 나라, 다른 성향의 사람들을 만나고 있기 때문에 안타깝게도 내 모든 편견이 산산이 깨지는 것을 느끼고 있어. 과거에 내가 어떤 계층에 속한 적이 있었는지, 그것이 어떤 계층이었는지도 모를 정도란다. 때때로 낮에는 대사관에서 외교가의 유명인들, 브라질이나 아르헨티나의 호사스런 대사 부인들과 점심을 먹고, 밤에는 혼자서 매우 대중적인 식당인 아싱거에 가서 뚱뚱한 기술자들, 또는 그리스나 중국 학생들과 팔꿈치를 부딪치며 저녁을 먹을 때가 있어. 나는 어떤 그룹에도 속박되어 있지 않고, 흥미 있는 것을 해보려 할 때 얼토당토않은 야성에 의해 느닷없이 저지당하는 일도 없어. 불가능한 일, 용납되지 않는 일은 하나도 없더라. 날이면 날마다 벌어지는 낯설고 새로운 모든 것을 경탄과 신뢰로써 받아들인단다. 처음엔 나도 외형에 치우쳤었어. 사람들에게 '해도 되는 일'과 '해서는 안 되는 일'을 물었지. 사람들은 미소 지으며 내게 답하더구나. 각자

자기가 하고 싶은 일을 하면 된다고 말이야. 그래서 나는 이 교훈을 마음에 새기고 있어. 현재는 내가 폴란드 여학생보다 더해. 낮이든 밤이든 원하면 아무 때나 외출을 하지. 나는 한스 밀러와 음악회에 가고, 새벽 1시까지 그와 산책을 했어. 그는 그것을 지극히 자연스럽게 생각하기 때문에 내가 이런 일로 또다시 깜짝 놀라는 것은 왠지 겸연쩍을 듯해."

또한 자자의 사상도 수정되어 그녀의 민족적 국수주의도 사라졌다.

"여기서 내가 가장 놀란 것은 평화주의란다. 아니, 그보다 일반 독일인의 친불 감정이야. 얼마 전에 극장에서, 전쟁의 무참함을 다룬 평화주의적 경향의 영화를 상영한 적이 있었어. 관객들은 모두 손뼉을 치더구나. 작년에는 〈나폴레옹〉을 상영했는데, 엄청난 호평을 받아서 오케스트라가 프랑스 국가를 연주할 정도였다고 해. 어느 날엔 우파(Ufa) 광장에서 우레 같은 박수가 쏟아져서 뜨거운 갈채 속에 3번이나 연주했대. 내가 파리를 떠나기 전 같았으면 전쟁에 대해 독일인과 거리낌 없이 말하지 못했을 거야. 하루는 한스 밀러가 포로였던 때의 이야기를 해주었어. '당신은 너무 어려서 기억하지 못하겠지만 그 무렵엔 어느 쪽이나 다 비참했죠, 그런 일을 되풀이해서는 안 돼요!' 또 언젠가 나는 그에게 《지크프리트와 리무쟁 사람》(지로두의 작품)에 대해 이야기했어. 틀림없이 그가 이 책에 관심을 가지리라 믿고 있었으니까. 그런데 그는 이렇게—독일어의 어감에 훨씬 강하게 표현되기 때문이겠지만—말했어. '그 책은 정치적입니까? 아니면 인간적입니까? 사람들은 국가나 인종에 대해서는 이미 많은 이야기를 하지 않았나요? 좀 일반적인 인간 얘기를 하면 어떨까요?' 이런 종류의 사고방식이 독일 청년층에게는 강한 것 같아."

한스 밀러는 일주일 예정으로 파리에 왔다. 그는 스테파와 함께 외출했을 때 자자가 베를린에 온 뒤로 무척 달라졌다고 말했다. 마비유 집안에서 냉대를 받은 그는 자자와 가족 사이의 깊은 골에 놀랐던 것이다. 자자도 차츰 그 골을 의식하고 있었던 바였다. 자자는 내게 보낸 편지에서, 어머니가 베를린으로 자신을 만나러 왔을 때 그녀의 얼굴을 기차 창으로 보고 기뻐서 오열했다고 썼는데, 그런데도 집으로 돌아갈 생각에 겁부터 난다고 했다. 릴리는 마침내 공립 공업대학 수재의 청혼을 받아들였고, 한스 밀러에 따르면 마비유 가는 매우 어수선한 상태였다.

"집에서는 모두 축하 인사와 축하 선물, 결혼반지, 혼수, 들러리 여자아이들의 옷 색깔로 정신이 없을 거야. 그런 의례적인 법석을 생각하면 그다지 집에 돌아가고 싶지가 않아. 나는 그런 습관을 완전히 내버렸거든! 게다가 나는 여기서 정말로 멋지고 재미있게 생활하고 있는데…… 돌아간다면 너를 만난다는 사실만이 내겐 기쁨이야. 솔직히 말하면 나는 석 달 전의 내 생활을 다시 시작하는 게 두려워. 우리 계층 사람들이 지키고 있는 존경스런 형식주의는 지금의 나로선 견딜 수가 없어. 바로 얼마 전까지만 해도 내가 무의식적으로 그 속에 젖어 있었다는 건 생각만 해도 참을 수가 없단다. 그래서 다시 그 틀 속으로 돌아갈 때가 두렵기만 해."

베를린 체류가 마비유 부인이 기대한 만큼의 결과를 초래하지 않았음을 자자가 이해했는지는 모르겠다. 어쨌든 마비유 부인은 원래대로 딸을 자기의 손아귀에 쥘 준비를 하고 있었다. 어느 날, 푸페트와 함께 엄마를 만난 마비유 부인은 퉁명스런 어조로 이런 이야기를 나누었다. 엄마가 스테파의 이름을 거론하자 그녀는 말했다.

"나는 스테파라는 사람은 알지 못해요. 아이들의 가정교사 노릇을 하던 아브디코비치 양이라면 알지만요."

그리고 이렇게 덧붙였다.

"부인은 부인의 생각대로 시몬을 키우셨겠지요. 나에겐 다른 방침이 있답니다."

마비유 부인은 내가 자자에게 미친 악영향을 불평한 뒤 이렇게 결론을 내렸다.

"다행히 자자는 나를 무척 사랑하고 있어요."

그해 겨울엔 파리 전체가 온통 유행성 독감에 걸려 있었다. 그래서 자자가 파리로 돌아왔을 때는 나도 몸져누운 상태였다. 나의 베갯머리에 앉은 자자는 베를린에서 있었던 일들, 오페라, 음악회, 박물관 등의 얘기를 해주었다. 그녀는 통통해지고, 얼굴빛도 좋아졌다. 스테파와 프라델도 나와 마찬가지로 자자의 변화에 적잖이 놀랐다. 나는 10월 무렵 그녀의 굳게 닫힌 태도를 걱정했었다고 말했다. 자자는 완전히 다른 사람으로 다시 태어났다면서 오히려 쾌활하게 내게 힘을 북돋워 주었다. 단순히 사고방식만 바뀐 게 아니었다. 죽음에 대해 깊이 생각하거나 수도원에 들어갈 꿈을 꾸는 대신 생기가 넘쳤다. 자자는 언니가 결혼하여 집을 떠난 뒤에는 집안에서의 생활도 좋아지지 않겠느냐며 기대하고 있었다. 그렇기는 해도 언니 릴리를 안타깝게 생각했다.

"이것이 너의 마지막 기회야."

마비유 부인은 릴리에게 선언했다. 릴리는 친구들 모두와 상의해 보았다.

"승낙하도록 해."

체념하며 사는 젊은 기혼 부인들과 남편 없이 고생하는 독신녀들은 이렇게 충고했다고 한다. 자자는 언니와 그녀의 약혼자 이야기를 듣고 가슴이 답답했다. 왜 그런지는 모르겠으나 자기는 현재 이러한 위험에 처해 있지 않다고 확신했다. 지금 그녀는 진지하게 바이올린을 배우고, 많은 독서를 하며, 교양을 높이는 데 필요한 자유로운 시간을 보내고 있었다. 그녀는 슈테판 츠바이크의 번역에 관여할 계획을 짰다. 자자의 어머니는 자자에게서 급격하게 자유를 거둬 갈 엄두는 내지 못하고 있었다. 그녀는 자자가 일주일에 2, 3번 나와 외출하는 것을 허락해 주었다. 우리는 러시아 오페라단이 연주하는 〈이고르 대공〉을 들었다. 알 졸슨의 최초 영화 〈재즈 가수〉, '레포르' 그룹이 주최한 제르멘 뒬라크의 필름 상영을 보러 갔다. 영화가 끝난 뒤에 순수 영화와 발성영화에 대해 활발한 토론이 있었다. 오후에 내가 국립도서관에서 공부하고 있노라면 장갑을 낀 손이 내 어깨 위에 닿는 일이 자주 있었다. 자자가 종 모양의 분홍 펠트 모자 아래서 미소 짓고 있었다. 우리는 커피를 마시러 가거나 산책을 했다. 그러나 운 나쁘게도 그녀는 바욘으로 떠났고, 그곳에서 한 달 동안 아픈 사촌을 돌보았다.

나는 자자가 없어서 무척이나 쓸쓸했다. 신문을 보니 파리에 이렇게 혹독한 추위는 15년 만에 처음 있는 일이라고 했다. 센 강에는 얼음덩이가 떠다녔다. 나는 이제 산책하러 나가지 않고 공부에만 열중했다. 학사 과정을 끝내고, 라포르트 교수에게 제출하기 위한 흄과 칸트의 논문을 정리하고 있었다. 오전 9시부터 오후 6시까지 국립도서관 의자에 붙박여 있었고, 30분 될까 말까 한 휴식조차도 샌드위치를 먹기 위해서였다. 오후에 나는 꾸벅꾸벅 졸기도 했다. 때로는 엎드려 잘 때도 있었다. 밤에는 집에서 괴테나 세르반테스, 체호프, 스트린드베리 등을 읽으려 했지만 머리가 아팠다. 이따금 너무 피곤해서 울고 싶을 때도 있었다. 확실히 소르본 대학에서 가르치는 철학은 전혀 위안이 되지 않았다. 브레이에 교수는 스토아학파 철학자들에 대해 훌륭한 강의를 했지만, 브룅슈비크 교수는 언제나 똑같은 말만 반복했고, 라포르트 교수는 흄 이외의 학설을 모조리 우습게 여겼다. 라포르트는 교수 가운데서 가장 젊었다. 콧수염을 기르고 하얀 행전을 두른 그는 거리에서 여자들 뒤를 따라다녔다. 언젠가는 실수로 자기 학생을 따라간 적도 있었다. 그는 내 논문에 B를 매기고 빈정거리는 주석을 달아서 돌려주었다. 내가 흄보다 칸트를 좋아하기 때문이었다. 그는 논문에 대해 이야기를 하고 싶다면서 보스케 거리의 깔끔한 아파트로 나를 불렀다.

"논문의 수준은 아주 훌륭하지만 느낌이 너무 나빠. 문체가 어둡고 지나치게 깊고 심각해. 철학으로 받아들이기에는 말이야!"

그는 자기 동료들 전부를, 특히 브룅슈비크 교수를 깎아내렸다. 그러고는 원로 학자들을 한 사람씩 비평했다. 고대 철학자들은? 바보들이다. 스피노자는? 괴물이다. 칸트는? 위선자이다. 마지막으로 흄이 남아 있었다. 나는 흄은 실제적이고 실용적인 문제를 전혀 해결하지 않고 있다고 반박했다. 그는 어깨를 으쓱해 보이며 말했다.

"실용이란 것은 문제를 만들지 않기 마련이니까."

아니, 철학 속에서 기분전환 이외의 것을 바라서는 안 된다. 우리는 다른 어떤 것보다도 기분전환을 바랄 권리가 있다.

"요컨대, 단지 관습이 문제라는 거군요?"

나는 비웃었다.

"아! 아냐, 틀려. 학생, 그건 지나친 과장이야."

그는 화난 어조로 서둘러 말했다.

"알고 있어, 기존의 것에 대한 회의주의는 유행하고 있지 않아. 물론이야. 그러니 가서 내 것보다 더 낙관적인 철학을 찾아봐도 좋겠지."

그는 이렇게 덧붙이고 문까지 배웅해 주었다.

"그럼 이만…… 만나서 반가웠어. 학생은 대학교수 자격시험에 합격할 거야."

그는 매우 불쾌한 듯이 말하고는 문을 닫았다. 그 말은 장 바루지 교수의 예언보다 조금은 건강한 것이었는지도 모르지만 기운을 북돋아 주지는 않았다.

나는 기운을 차리려고 애썼다. 그러나 스테파는 시집갈 준비와 새 가정을 꾸밀 계획으로 바빠 거의 만날 수가 없었다. 한편, 동생은 축 저저 있고, 리사는 절망해 있었으며, 클레로는 멀리 있고, 프라델은 여전히 똑같았다. 말레는 경쟁시험 논문에 좋은 아이디어가 떠오르지 않아 고민하고 있었다. 나는 룰랭이나 다른 급우들 몇 명에게 관심을 가져 볼까 했지만 허사였다. 어느 날 오후에 나는 루브르 박물관 회랑을 따라 아시리아에서 이집트로, 이집트에서 그리스로 긴 여행을 했다. 그러고는 비에 젖은 파리의 저녁나절에 다시 나 자신을 발견했다. 사상도 없고, 사랑도 없이 나는 무거운 몸을 질질 끌다시피 걸었다. 나 자신을 경멸했다. 나는 잃어버린 자존심을 생각하기라도 하듯 멀리서 자크를 생각했다. 모로코에서 돌아온 쉬잔 부아그는 희미하지만 이국적인 냄새가 나는 밝은 아파트에서 나를 맞이했다. 사랑받고 있고 행복해 보이는 그녀가 부러웠다. 내 마음을 가장 무겁게 하는 것, 그것은 내가 기력을 잃었다고 느끼는 것이었다.

"나는 다 잃어버린 듯해. 그리고 가장 힘든 것은 그 때문에 고통스러워하지도 않는다는 사실이야……. 나는 무기력해. 공부나 자질구레한 일들, 순간적인 희망에 따라 움직이고 있어. 나는 어떤 것에도 몰입하지 않아. 어떤 사상에도, 또 오랫동안 온갖 것과 나를 묶었던 열광적이고 잔혹한, 그 긴밀한 유대감에도 집착하지 않아. 나는 어떤 일에든 절도를 지키고 흥미를 갖는 거야. 아! 나는 내 존재에 대해 고통을 느끼지 않을 정도로 이성적이다."

나는 이런 상태가 일시적이리라는 희망에 매달렸다. 4개월 뒤면 경쟁시험에서 해방되어 다시 인생에 흥미를 가질 수 있으리라. 나는 책을 쓰기 시작할 것이다. 하지만 외부로부터 구원의 손길이 오기를 바라고 있었다.

"새로운 애정이나 모험에의 욕망, 뭐든 좋으니까, 다른 어떤 것이라도 좋아!"

술집에서 피어오르던 시적 정취는 이미 김이 빠져 있었다. 하지만 국립도서관이나 소르본 대학에서 하루를 보낸 뒤에 집에 틀어박혀 있는 것은 괴로웠다. 어디로 가야 할까? 나는 다시 몽파르나스를 기웃거리기 시작했다. 어느 날 밤은 리사나 페르낭, 스테파 등과 함께 갔다. 동생은 한 급우와 사이가 좋았다. 17살이 되는 예쁘고 나긋나긋하며 용감한 아이로 어머니가 초콜릿 가게를 하고 있으며, 이름은 제제라고 했다. 그녀는 외출이 자유로웠기 때문에 나는 자주 카페 돔에서 동생과 함께 있는 그녀와 마주치곤 했다. 어느 날 밤, 우리는 자키 맞은편에 갓 개점한 정글에 가기로 했지만 돈이 부족했다.

"상관없어."

제제가 말했다.

"저기서 기다려. 우리가 어떻게든 해볼 테니까."

나는 혼자서 나이트클럽에 들어가 스탠드에 걸터앉았다. 거리 벤치에 앉은 푸페트와 제제는 큰 소리로 탄식하고 있었다.

"단돈 20프랑이 부족하다니. 어휴!"

지나던 사람 하나가 그 말을 듣고 불쌍히 여겼다. 그 사람이 그녀들에게 뭐라고 했는지 기억나지는 않지만, 얼마 뒤 그녀들은 진피즈를 앞에 놓고 내 곁에 앉았다. 제제는 남자들에게 추파를 던지는 데 능숙했다. 그들은 우리에게 마실 것을 사주거나 춤을 신청하기도 했다. 전에 자키에서 그 활약상에 대해 들은 바 있는 쉬퐁이라는 난쟁이 여자가 치마를 걷어 올리면서 음란한 동작과 함께 노래를 불렀다. 그녀는 멍이 잔뜩 든 넓적다리를 드러내 보이면서 자기 애인이 어떻게 깨무는지를 말했다. 어떤 의미에서 그것은 청량제 같은 이야기였다. 우리는 술집 순례를 시작했다. 어느 날 밤엔 자키의 바에서 옛 친구들을 만나 작년 여름에 그들과 재미나게 놀았던 일을 이야기했다. 국립도서관에서 늘 만나는 어린 스위스 학생이 줄기차게 내게 강연을 해댔다. 나는 술을 마시고 신이 나서 떠들었다. 밤이 더 깊어지자 우리 3인조를 비판적인 눈길로 관찰하던 어떤 젊은 의사는 풍속 연구를 위해 술집에 왔느냐고 내게 물었다. 동생이 밤 12시에 돌아가자 그는 내게 동생의 분별력을 칭찬했으나, 제제에게는 나이트클럽 같은 곳에 드나들기에는 너무 어리다며 약간 나무랐다. 새벽 1시쯤에 그는 우리를 택시로 데려다주겠다고 했다. 우리는 먼저 제제를 보냈는데, 그 뒤 내가 그와 단둘이 있는 것을 어색해하니까 재미있어했다. 그가 내게 보인 관심에 나는 자신을 얻었다. 하나의 만남과 하나의 예기치 않은 사건만으로도 내 기분은 충분히 회복되었다. 하지만 내가 이런 쓸데없는 모험에 끼었다는 것은 다시 나쁜 곳에 드나드는 유혹에 빠졌다는 뜻이어서 나 스스로 놀라고 있었다.

"재즈, 여자, 춤, 저속한 말들, 알코올, 접촉…… 다른 어떤 곳에서도 받아들이 못할 일을 어떻게 여기서는 수락하고, 화내지 않을 수가 있으며, 남자들과 농담을 할 수가 있단 말인가? 어째서 이런 것을 이만한 정열을 갖고 사랑할 수가 있지? 이 정열은 멀리서 온 것이건만 나를 단단히 붙들고 있다. 이렇게 위험하고 매혹적인 곳에 나는 대체 무엇을 찾으러 가는 것일까?"

며칠 뒤 나는 룰랭의 집에 초대를 받았다. 너무도 따분한 시간이었다. 그녀와 헤어진 뒤 유로피언 극장에 갔다. 모자를 쓰지 않은 여자들(당시 제대로 된 가정의 부인은 모두 모자를 썼다.)과 단정치 못한 차림을 한 젊은이들 사이에 섞여서 4프랑짜리 좌석에 앉았다. 남녀 한 쌍이 어깨에 팔을 두르거나 키스를 하기도 했다. 진한 향수를 뿌린 여자들이 멍하니 입을 벌리고, 포마드로 머리를 찰싹 붙인 남자 가수에게 귀를 기울이고 있었다. 그러다 음란한 농담 부분이 나오면 깔깔 웃었다. 나도 감동해서 웃고, 기분이 좋아졌다. 왜일까? 나는 오랫동안 바르베 거리를 거닐었다. 나는 매춘부나 부랑자를 혐오감이 아니라 일종의 선망의 눈길로 바라보았다. 또다시 나 자신에게 놀라고 있었다.

"내 속엔 뭔가 알 수 없는 두려운 욕망이 늘 존재했었는지도 모른다. 잡음, 투쟁, 야만성, 특히 진흙탕에 빠지는 것……. 오늘날, 나 또한 마찬가지이지만, 마약중독이나 알코올중독, 그리고 내가 알지도 못하는 그보다 더 나쁜 것들에 빠지게 하려면 무엇이 더 필요한 것일까? 어쩌면 단 하나의 기회, 지금까지 내가 알았던 갈증보다 아주 조금 격렬한 갈증만으로도 충분할지 모른다……."

이따금 나는 나에게서 이 '퇴폐', 이들 '하등한 본능'을 발견하고는 놀라곤 했다. 과거에 내가 인생을 너무나도 고귀하게 바라본다고 비난하던 프라델은 어떻게 생각할까? 나는 나 자신이 이중인격자이며 위선자임을 자책했다. 그러나 그것을 부정할 생각은 하지 않았다.

"나는 생명을 바라고 있다. 생명의 모든 것을. 나는 모든 것에 흥미를 갖는다. 누구보다도 정열적으로 타오르기를 갈망한다. 그것이 어떤 불꽃이든."

나는 살짝만 건드리면 진실을 고백할 참이었다. 맑은 정신의 소유자인 것이 혐오스러웠다. 사춘기 전후처럼 욕망이 나를 괴롭히는 건 아니었다. 나는 격렬한 육체적 욕망, 그 노골성이 현재 내가 빠져 있는 이 맥 빠진 허공에서 구해 주리란 사실을 알고 있으면서도 직접 경험할 생각은 하지 않았다.

자크에 대한 내 감정과 편견이 이를 제지하고 있었다. 나는 차츰 드러내놓고 기독교주의를 증오하게 되었다. 리사나 자자가 이 '순교적인 종교'로부터 발버둥쳐 달아나려는 것을 보고, 나도 거기서 도망친 것을 기뻐했다. 하지만 나는 실제로 기독교주의에 몸담고 있었다. 성에 대한 금기가 여전히 존재했기 때문에 나는 마약중독자나 알코올중독자가 될 수는 있을지언정 성적 방종은 생각해 본 적도 없었다. 괴테의 저서와 루트비히가 쓴 괴테에 관한 책을 읽으면서 나는 그의 도덕관에 항의했다.

"고뇌도 근심도 없는 관능적 생활 속의, 너무나 평온한 이 자리로 인해 나는 놀라고 화가 난다. 최악의 방탕일지라도 그것이 지드처럼 자기 정신의 양식, 방어, 도전을 추구하는 것이라면 그것은 나를 감동시킨다. 괴테의 사랑은 불쾌하다."

육체적인 욕구는 너무나 짧게 지속되는 사랑에 속하게 되는데, 그럴 경우 모든 것은 당연한 것이거나, 그렇지 않으면 비극적인 패배가 된다. 나는 그 속으로 뛰어들 용기가 없다.

확실히 나는 계절에 좌우된다. 올해도 역시 최초의 봄바람과 함께 나는 훨훨 날개를 펴고 뜨거운 아스팔트 냄새를 쾌활하게 들이마셨다. 하지만 나는 긴장을 늦추지 않았다. 경쟁시험이 다가오고 있었지만 아직도 채워야 할 빈 틈투성이였다. 그러나 피로가 쌓여서 그걸 핑계로 휴식을 취했다. 나는 동생과 함께 마른 강변을 산책했다. 뤽상부르 공원 마로니에 나무들 아래서 프라델과 토론하는 것도 좋았다. 나는 작고 빨간 모자를 하나 샀는데, 그걸 본 스테파와 페르낭은 미소를 지었다. 부모님을 유로피언 극장으로 모셔 갔는데 아버지는 웨플레르 테라스에서 우리에게 아이스크림을 사주었다. 엄마는 나와 함께 자주 영화를 보러 갔다. 물랭루즈 극장에서 나는 엄마와 〈바르베트(수녀의 가슴수건)〉를 보았다. 장 콕토의 찬사만큼 놀랄 만한 작품은 아니었다. 자자가 바욘에서 돌아왔다. 우리는 루브르 박물관 프랑스 회화 전람실에 갔다. 나는 모네를 좋아하지 않았다. 겸손하게 르누아르를 감상하고, 마네에게 크게 감탄했다. 그리고 세잔에게 열광적으로 감동했는데, 왜냐하면 그의 그림에서 '정신이 감각적인 마음으로 하강하는 것'을 보았기 때문이다. 자자는 나와 거의 비슷한 감상 시각을 갖고 있었다. 나는 별로 따분하지 않게 그녀의 언니 결혼식에 참석했다.

부활절 휴가 때는 날마다 국립도서관에 틀어박혀 지냈다. 나는 거기서 조금 학자인 체하지만 변함없이 흥미로운 인물인 클레로를 만났다. 검은 머리칼에 몸집이 작은 이 냉정한 사내가 정말로 육체적 쾌락의 '비극적인 지배'에 대해 고뇌했단 말인가? 어쨌든 이 문제가 그를 괴롭힌 것은 분명했다. 그는 때로 모리아크의 기사를 화제로 삼았다. 그리스도교 신자 부부에게는 어느 정도까지 육체적 쾌락이 허용될 것인가? 그러면 약혼자끼리는? 어느 날 그가 자자에게 이 질문을 하는 바람에 그녀가 화를 냈다.

"그런 것은 노처녀나 사제들의 걱정거리야!"

그녀는 그에게 대답했다. 며칠 뒤에 그는 나에게 개인적으로 괴로운 경험을 했다고 말했다. 학년 초에 그는 어떤 급우의 언니와 약혼했던 것이다. 그녀는 그를 매우 존경했고, 정열적인 성격의 소유자였다. 만약 그가 경계를 긋지 않았더라면 그녀의 정열은 그를 어디까지 끌고 갔을지 알 수 없다! 그는 그녀에게 결혼 첫날밤까지 몸을 지켜야 한다고 설명했다. 그때까지는 두 사람에게 순결한 키스만이 허용된다고 말했다. 그녀는 그에게 입술을 달라고 고집했고, 그는 줄곧 거절했다. 마지막엔 그녀가 그를 미워하게 되어 파혼하고 말았다. 겉보기엔 이 실연이 그를 괴롭히기라도 하는 것처럼 결혼이나 연애, 여성들에 대해 궤변을 늘어놓곤 했다. 나는 그의 이야기가 우습게 느껴져 쉬잔 부아그의 말을 떠올렸다. 그렇지만 그가 내게 그런 고백을 했다는 사실은 기분 좋았다.

부활절 휴가가 끝났다. 고등사범학교 교정에는 라일락과 금잔화, 붉은 산사나무 꽃이 피어 있었다. 나는 급우들 사이로 되돌아와 기뻤다. 그들은 거의 아는 얼굴이었다. 사르트르와 니장과 에르보로 이루어진 그룹만이 고립되어 누구와도 교제하지 않으면서, 몇몇 강의만 선별해서 출석하고 다른 급우들과는 떨어져 앉았다. 그들의 평판은 나빴다. 그들은 '사물에 대한 호의가 없다'고 급우들이 말했다. 또한 지독한 '반(反)타라'('타라'는 미사에 가는 학생들을 가리키는 학생 용어)인 데다, 대부분 알랭의 옛 제자들이 차지하는, 난폭하기로 소문난 하나의 그룹에 속해 있었다. 이 그룹 회원들은 밤에 턱시도 차림으로 돌아오는 품위 있는 고등사범학교 학생들에게 물 폭탄을 던지곤 했다. 니장은 기혼자로, 방방곡곡 여행을 했는데 일부러 골프 바지를 입고 다녔다. 그의 두꺼운 안경 너머에는 사람을 두렵게 만드는 시선이 있었다. 사르트르는 꽤 괜찮게 생기긴 했지만, 셋 중에 가장 지독하다는 평판을 얻었고 술꾼이라는 말도 있었다. 그 중에 단 한 사람만이 비교적 접근 가능하다고 여겨졌다. 그는 에르보이며 기혼자였다. 그는 사르트르와 니장과 함께 있을 때는 나를 무시했지만, 혼자 있을 때 만나면 얼마간 대화가 통했다.

브룅슈비크 교수의 수업 시간에 그는 리포트를 제출했다. 그러고 나서 토론 시간에는 모두를 즐겁게 했다. 나는 그의 조롱하는 투의 목소리가 지닌 매력과 냉소적인 아랫입술을 민감하게 바라보았다. 대학교수 자격시험을 준비하는 사람들의 회색빛 띤 얼굴을 보다가 기운을 잃은 나의 시선은, 어린애 같은 푸른 눈동자와 함께 밝게 빛나는 에르보의 장밋빛 얼굴 위에서 자주 머물곤 했다. 그의 금발머리는 짙고 촘촘한 여린 풀처럼 생기가 넘쳤다. 어느 아침에 그는 국립도서관으로 공부하러 왔다. 그런데 푸른 외투와 옅은 색깔의 스카프, 잘 손질된 양복 등에도, 나는 그가 왠지 시골사람 같은 구석이 있음을 발견했다. 그러던 중 나는 문득 국립도서관 안에 있는 식당으로 점심을 먹으러 갈 마음이 생겼다……. 그런 습관이 있었던 것도 아닐 텐데, 에르보는 마치 우리가 그곳에서 만나기로 되어 있기라도 한 듯이 매우 자연스럽게 자기 테이블로 나를 초대했다. 우리는 흄과 칸트에 대해 이야기했다. 언젠가 내가 라포르트 교수 방에서 그와 스쳤을 때, 교수는 지나치게 격식을 차린 어조로 말했다.

"그럼, 잘 가게, 에르보 군."

그래서 나는 그가 기혼자로 나와는 동떨어진 존재이며, 크나큰 간격이 있고, 그에게 나는 결코 존재하지 않는다는 점을 안타깝게 여기게 되었다. 어느 오후에 나는 수플로 가에 있는 그를 보았다. 그는 쥐색 옷을 입은 여자에게 팔을 내맡긴 채, 사르트르와 니장과 함께 있었다. 나는 소외감을 느꼈다. 그 셋 가운데 브룅슈비크 교수의 강의를 듣는 사람은 에르보 혼자였다. 부활절 휴가 직전에 그는 내 곁에 와서 앉았다. 그러더니 콕토가 《포토막》에서 만들어낸 것들에 영감을 얻어 '외젠'을 묘사하거나, 짧고 신랄한 시를 짓기도 했다. 그는 아주 재미난 사람인 듯했다. 그리고 소르본 대학에서 콕토를 좋아하는 사람과 만난 것도 감동적이었다. 어떤 점에서 에르보는 내게 자크를 연상시켰다. 이따금 그는 말보다 미소로 자신의 마음을 표현했다. 책만 읽지 않고 다른 무언가에도 관심이 많아 보였다. 국립도서관에 올 때마다 그는 상냥하게 인사를 했다. 그래서 나는 그에게 뭔가 멋진 말을 하려고 무진 애를 썼지만 불행히도 내 입에서는 아무 말도 나오지 않았다.

휴가가 끝나고 브룅슈비크 교수의 강의가 시작되자 그는 다시 내 곁에 와서 앉았다. 그리고 나에게 '교수 후보생의 초상'이나 다른 데생, 시 등을 건네며 느닷없이 자기는 개인주의자라고 말했다.

"나도 그래요."

나는 말했다.

"그래?"

그는 의심스런 눈길로 나를 뚫어져라 쳐다봤다.

"하지만 나는 당신을 가톨릭 신자에다 토마스학파, 사회개혁론자라고 믿었는데도?"

나는 그렇지 않다고 분명히 말했다. 그는 우리가 생각이 같다며 기뻐하면서 두서없이 우리의 선각자들에게 찬사를 보냈다. 쉴러, 바레스, 스탕달, 그리고 그가 푹 빠져 있는 알키비아데스 등을 좋아했다. 나는 그가 말해 준 모든 것을 기억하지 못하지만 그는 차츰 나를 재미있게 해주었다. 그는 스스로를 완전히 확신하는 태도를 보였고 또 조금도 거만하지 않았다. 그것이 나를 매료했던 당당함과 냉소의 혼합물이었던 것이다. 헤어질 때면 그는 다음에 다시 얘기하자고 약속했다.

"그에겐 내 마음을 빼앗는 그런 지성이 있다."

그날 밤 일기에 그렇게 적었다. 어느새 나는 에르보를 위해 클레로나 프라델, 말레 등 모두를 포함한 다른 사람들을 팽개칠 태세였다. 물론 그에겐 새로 알게 된 사이라는 신선한 매력이 있었고, 나는 내가 빨리 끓었다가 금세 식는 성격이라는 것도 알고 있었다. 그렇더라도 나는 이 심취의 강도에 놀랐다.

"앙드레 에르보와의 만남인가 아니면 나 자신과의 만남인가? 어느 것이 나를 이렇게 강하게 감동시켰던 것일까? 정말 무슨 일이 일어나기라도 한듯이, 어째서 나는 이렇게 흥분해 있는 걸까?"

내게 무슨 일이 일어났던 것이다. 그리고 그것은 간접적으로 나의 일생을 결정했다. 그러나 나는 좀더 시간이 흐른 뒤에 그것을 알았다.

그 뒤로 에르보는 열심히 국립도서관에 나왔다. 내가 그를 위해 옆자리를 맡아놓았고, 우리는 함께 빵집 2층에 있는 런치 룸 같은 곳에서 점심을 먹곤 했다.

나는 그날 밥값을 겨우 치를 만큼의 돈밖엔 없었지만, 그는 내게 딸기 타르트를 억지로 먹게 했다. 언젠가 그는 루부아 광장에 있는, 백합꽃이라는 식당에서 나에게 초호화판 식사를 사주었다. 팔레루아얄 정원을 산책하다가 샘가에 앉았을 때, 바람이 분수의 물을 흩트려 물안개가 우리 얼굴에 닿았다. 나는 공부하러 돌아가자고 꾀었다.

"우선 커피를 마신 다음에 하지."

에르보가 말했다.

"그렇지 않으면 공부가 잘 안 돼. 당신이 침착하지 않으면 나도 책을 볼 수가 없게 되거든."

그는 나를 이탈리아 식당 포카르디에 데려가 주었다. 마지막 커피잔을 비우고 내가 일어나자, 그는 애정을 담아서 말했다.

"아, 섭섭한데!"

에르보는 툴루즈 근방 교사의 아들로 고등사범학교 시험을 준비하기 위해 파리에 와 있었다. 그는 고등사범학교 예비 1학년 때 사르트르와 니장과 알고 지내게 되었는데, 그들 이야기를 내게 자주 했다. 그는 니장의 쾌활한 품위를 존경했다. 특히 사르트르와 가까웠는데 사르트르를 무척이나 재미난 사람이라고 말했다. 그는 다른 급우들은 모두 개인적으로나 전체적으로 경멸하고 있었다. 클레로가 현학적이라면서 그에게는 절대로 인사를 하지 않았다. 어느 날 오후에 클레로는 한 손에 책을 들고 내게 다가왔다.

"보부아르 양."

클레로는 심문하는 듯한 어조로 내게 물었다.

"당신은 아리스토텔레스의 신이 쾌락을 느꼈을 거라고 주장하는 브로샤르의 의견에 대해 어떻게 생각하지?"

에르보는 뚫어져라 그를 보았다.

"그를 위해 그렇기를 바라네."

에르보는 건방진 투로 말했다. 에르보와 나는 처음엔 우리가 아는 몇몇 사람들에 대해 이야기했다. 급우들이라든가 교수들, 시험 등에 대해⋯⋯. 그는 내게 고등사범학교 학생들이 전통적으로 재미있어하는 논문 제목인 '철학적 관념에 대한 지식과 지식에 대한 철학적 관념은 어떻게 다른가?'를 인용했다. 그는 다른 제목도 생각해냈다. '프로그램 제작자들 가운데 누구를 선택할 것인지와 그 이유를 쓰라' '정신과 육체의 유사점과 차이점, 그리고 그 장점과 단점은 무엇인가.' 실제로 그는 소르본 대학과도, 고등사범학교와도 밀접한 관계가 없었다. 그의 인생은 다른 곳에 있었다. 그는 내게 살짝 귀띔해 주었다. 여성의 온갖 모순을 지닌 것으로밖엔 생각되지 않는 아내, 신혼여행을 갔던 로마, 눈물을 쏟을 만큼 감동했던 포럼, 그 도덕적인 조직, 그가 쓰고 싶어하던 책 등에 대해. 그리고 나에게 〈형사와 자동차〉라는 잡지를 갖다주었다. 그는 자전거 경주라든가 탐정소설적인 미스터리 사건 등에 열중했다. 또한 재미난 이야기나 뜻밖의 사건의 연관 등을 들려주어 나를 깜짝 놀라게 했다. 그는 과장이나 쌀쌀함, 서정성, 냉소주의, 순진함, 오만함 등을 매우 능숙하게 구사했기 때문에 그가 이야기하는 것은 절대 평범하지 않았다. 그러나 그의 모든 것 중에서도 가장 저항하기 어려운 것은 그 웃음이었다. 마치 그것은, 그가 살던 별에서 갑자기 다른 별로 떨어져 새롭게 보고 듣는 모든 것에 신기해하고 재미있어하고, 즐거워하는 듯이 보였다. 그의 웃음이 한 번 폭발하면 나에겐 모든 것이 새롭고 경이적이며 감미롭게 느껴지는 것이었다.

에르보는 다른 친구들과 달랐다. 내 친구들의 얼굴은 너무나 이성적이어서 정신적인 형태로 보였다. 사실 자크의 얼굴에는 천사다운 구석이 손톱만큼도 없었지만, 부르주아적 기질이 투명하게 나타나면서도 넘치는 관능미를 감추고 있었다. 하지만 에르보의 얼굴은 하나의 상징으로 축소해 나타내는 것이 불가능했다. 앞으로 나온 턱, 차분하고 서글서글한 미소, 광택 나는 각막으로 굽이치는 푸른 눈동자, 살, 뼈, 피부 등이 그곳에 엄연히 존재하고 그것으로 충분했다. 게다가 에르보에게는 덩치가 있었다. 초록 나무들 사이를 걸으면서 에르보는 자신이 죽음을 얼마나 싫어하는지를 말해 주었다. 그래서 절대로 병이나 노쇠를 받아들이지 않겠다고 했다. 정맥 속에 흐르는 자기 피의 신선함을 그는 얼마나 자랑스럽게 느끼고 있었던가! 나는 어색하지만 우아한 걸음걸이로 성큼성큼 정원을 산책하는 그를 바라보았다. 장밋빛 설탕 같은, 햇빛으로 투과된 그의 귀를 바라보았다. 내 곁에 있는 것은 천사가 아니라 사람의 아들임을 알았다. 나는 천사주의에 지쳐 있었으므로 외로운 스테파가 그랬듯이, 에르보가 나를 지상의 창조물로 대해 주는 것이 기뻤다. 왜냐하면 내게 보이는 그의 호의는 내 영혼을 향한 것이 아니었기 때문이다. 그는 나의 가치를 따지지 않았다. 솔직하고 대가 없이 나의 모두를 받아들이고 있었던 것이다. 다른 사람들은 정중하게 나와 이야기했다. 적어도 근엄함으로 거리를 두고……. 에르보는 내게 미소 짓고, 내 팔에 손을 얹기도 하고, 손가락으로 나를 위협하면서 이렇게 불렀다. '나의 귀여운 여자친구!' 그는 나에 대해 때로는 친절하고 때로는 조롱 섞인 비평을 했지만 그것은 언제나 뜻밖의 것들이었다.

철학적으로 그는 나를 현혹하지 않았기 때문에, 나는 일기에다 조금은 지리멸렬하다고 썼다.

"모든 것에 대해 자기 나름의 이론이란 것을 가진 그의 능력을 존경한다. 그가 철학을 많이 알고 있지는 않기 때문일지도 모른다. 그가 무척 마음에 든다."

그에겐 확실히 철학적인 엄정함이 없었다. 그러나 그보다 더 나에게 중요했던 것은, 아직껏 용기가 없어서 돌진하지 못했었지만 걷고 싶었던 열망의 길을 그가 내게 열어준 것이었다. 내 친구들 대부분은 신을 믿었다. 그래서 나는 그들과 나의 의견 사이에 타협점을 찾기를 망설이고 있었다. 나는 감히 그들에게서 멀어질 용기가 없었다. 그런데 에르보는 그에게서 나를 분리시키는 이런 과거를 청산하고픈 마음이 일어나게 해주었다. 그는 나와 '타라'들과의 친교를 못마땅해했다. 그리스도교적 수도생활은 그에게 혐오감을 불러일으켰다. 에르보는 의식적으로 형이상학적인 번민을 무시하고 있었다. 그는 반(反)종교가에 반승려주의자, 반국수주의자, 반군국주의자였다. 그는 모든 신비주의를 끔찍이 싫어했다. 나는 그가 읽기를 바라면서, 내가 무척 자랑스럽게 여기는 '개성'에 대한 논문을 건넸다. 그는 씁쓸한 표정을 지었다. 그는 거기에 가톨릭주의와 낭만주의의 악취가 난다고 지적하고, 한시라도 빨리 그것들을 씻어내라고 권고했다. 나는 당연히 동의했다. '가톨릭적 복잡성', 정신의 막다른 곳, 초자연적인 헛소리 등은 이제 정말 싫다. 지금 나는 견실한 것과 만나고 싶었다. 그렇기 때문에 에르보를 만나 나 자신을 발견한 듯했다. 그는 나의 미래를 보여주었다. 그는 정통파적 사상의 소유자도 아니거니와 도서관의 공부벌레도 아니고, 꾸준히 바에 드나드는 사람도 아니었다. 그는 낡은 틀의 밖에다, 자긍심 높은 기쁨으로 넘치고 깊이 생각하는 인생을 건설할 수가 있음을 스스로 증명했던 것이다. 그것은 바로 내가 바라던 바였다.

이 신선한 우정은 봄의 기쁨을 한층 더 고양해 주었다. 1년 중에 단 한 번뿐인 봄이다. 그리고 인생에는 오직 한 번의 청춘이 있다. 청춘의 봄을 조금이라도 헛되이 보내서는 안 된다. 나는 논문 작성을 끝내고 칸트에 관한 책을 읽었다. 하지만 가장 중요한 공부는 이미 끝을 냈고, 합격할 자신도 있었다. 합격하리란 예감이 나를 도취감에 빠지게 했다. 나는 동생이 데생을 하러 다니는 보비노나 라팽 아질, 카보 드라볼레(상송을 노래하는 카페나 술집들) 등에서 유쾌한 밤을 보냈다. 자자와 함께 플레옐 회관에서 열리는 레이턴과 존스턴의 음악회에 갔고, 리스만과 함께 위트릴로의 전람회에도 갔다. 《달님, 장》(마르셀 아샤르의 희곡)의 발랑틴 테시에에게 박수를 보냈다. 그리고 《뤼시앵 뢰방》(스탕달의 작품)을 읽고서 감격했다. 《맨해튼 트랜스퍼》(도스 파소스의 작품)는 흥미 깊게 읽었지만, 너무 도식적이어서 내 취미에는 맞지 않았다. 또 뤽상부르 공원에서 햇볕을 흠뻑 쬐고, 밤이면 센 강의 검게 흐르는 물을 따라 걸었다. 빛에, 냄새에, 나의 심장에 나는 민감해져서 행복이 나를 질식시킬 것만 같았다.

4월 하순의 어느 날 밤에는 생미셸 광장에서 동생과 제제를 만났다. 근처에 새로 문을 연 바에서 칵테일을 몇 잔 마시고 재즈 레코드를 들은 다음 우리는 몽파르나스로 향했다. 네온의 파란 광고 글자가 어릴 적 보았던 메꽃을 방불케 했다. 자키에서는 아는 얼굴들이 내게 미소 지었다. 색소폰 소리가 부드럽게 내 심장을 찢었다. 리케가 있었다. 우리는 《달님, 장》에 대해, 또 늘 그렇듯 우정과 연애에 대해 이야기를 나누었다. 리케는 따분했다. 그와 에르보는 얼마나 다른가! 리케는 호주머니에서 편지 한 통을 꺼냈다. 자크의 필체가 언뜻 보였다.

"자크는 많이 변했어."

그는 이렇게 말하며 덧붙였다.

"나이가 들었어. 8월 중순이나 되어야 파리에 온다더군."

"10년 안에 그 녀석은 틀림없이 기상천외한 일을 해낼 거야."

나는 꼼짝도 할 수가 없었다. 내 심장이 마비된 듯했다.

하지만 다음 날 나는 울음을 터뜨릴 듯한 기분으로 눈을 떴다. '왜 자크는 다른 사람들에게는 편지를 하면서 나한테는 전혀 쓰지 않는 것일까?'

나는 생트주느비에브 도서관에 갈 예정이었지만 공부를 팽개쳤다. '나와 나의 특수한 고통 사이에 인간성을 개입시키려고'《오디세이아》를 펼쳤다. 이 치료제는 별 효과가 없었다. 자크에 대한 나의 심정은 어떤 것이었을까? 2년 전 나를 맞이하던 그의 냉담한 태도에 실망한 나는 거리를 헤매면서 그에게 항거하여 '나를 위한 인생'을 살기로 했었다. 그 인생을 이제 가졌다. 그러나 내 청춘의 영웅이었고, '상상도 못할 일들'이 약속되어 있었던 가공의 형제 '대장 몬'을 이제 나는 잊으려는 것인가? 그 번득이는 천재성으로 아마도 자신이 눈에 띄리라 생각한 그를 잊을 것인가? 아니, 과거가 나를 붙잡고 있다. 나는 얼마나 오랫동안 그의 모든 것을 나와 함께 미래로 가져가기를 바랐던가!

나는 다시 후회와 기다림 속에서 암중모색을 시작했다. 어느 날 밤, 스트릭스의 문을 밀고 들어가는데 리케가 자기 테이블로 나를 불렀다. 바에는 리오쿠르의 여자친구인 올가가 반쯤 은색으로 뒤덮인 밤색 머리를 한 여자와 이야기를 하고 있었다. 그녀의 모습이 무척 아름다워 보였다. 검정 머리띠를 두른 머리에, 얼굴은 조각해 놓은 듯 날카롭고 입술을 새빨간 데다 다리는 매끄럽고 길었다. 나는 그녀가 마그다임을 대번에 알아보았다.

"자크에게서 편지가 와?"

그녀는 물었다.

"혹시 내 얘기 안 해? 그 사람 1년 전에 달아난 뒤로는 내가 어떻게 지내는지 묻지도 않아. 우리 만남은 2년도 채 되지 않았지. 아! 나는 운이 없어! 그 바보 자식!"

그녀의 말은 내게 충격이었지만 나는 곧장 반응을 보이지는 않았다. 나는 리케와 그들 무리와 함께 새벽 1시까지 조용히 이야기를 나누었다.

하지만 침대에 눕자마자 울음이 터져 나왔다. 그날 밤은 처참했다. 다음 날은 온종일 뤽상부르 공원 테라스에서 보내면서 내가 차지하는 위치를 알려고 애를 썼다. 나는 전혀 질투를 느끼지 않았다. 그들의 사랑은 끝나 버린 것이고 오래 이어지지도 않았다. 그녀는 자크에게 무거운 짐이었다. 그가 먼저 절교했던 것이다. 내가 바라던 우리 사랑은 이 일과는 아무 관련도 없었다. 어떤 기억이 문득 떠올랐다. 자크가 내게 빌려주었던 피에르 장 주브의 책에서 그는 한 문구에 밑줄을 그었다. '내 마음을 맡기는 것은 이 친구인데, 내가 키스하는 것은 다른 사람이다.' 그래서 나는 생각했었다. '아무래도 상관없어, 자크. 나는 그 다른 사람을 동정해.' 그는 내게 자기는 여자를 그다지 높이 평가하지 않지만, 나만은 예외라며 내 자존심을 치켜세워 주었다. 그렇다면 이 슬픔은 무슨 까닭이지? 왜 나는 눈물을 흘리고 오셀로의 대사를 되풀이했던 것일까?

"안타깝다, 이아고여! 아, 이아고, 안타깝다!"

그것은 뼈아픈 발견을 했기 때문이다. 내 삶이기도 한 이 아름다운 말은 내가 그것을 스스로에게 말함에 따라 점차 거짓된 것으로 바뀌어 갔다.

나는 얼마나 맹목적이었던가? 그럼으로써 자존심에 상처를 입고 얼마나 괴로워했던가? 자크의 우울, 혐오감, 나는 그것들을 뭔지 모를 갈증 탓으로 여겼었다. 나의 추상적인 응답이 자크에게 얼마나 바보같이 들렸을까? 우리 둘이 가깝다고 믿었던 때에 나는 자크에게서 얼마나 떨어져 있었는지! 그렇지만 실제로 그런 낌새를 알아차리게 해준 것은 그의 친구들과의 대화였는데, 그 대화는 어둡고 지겨웠지만 명확했었던 것이다. 다른 한 가지 기억이 떠올랐다. 언젠가 나는 자크의 차 안에서 자크 옆에 앉아 있는 너무나 우아하고 아름다운 밤색 머리칼의 여인을 본 적이 있다. 나는 믿음과 덕을 배가하면서, 교묘하게, 그리고 고집스럽게 나를 속여 왔었다! 3년 동안 나는 혼자서 이런 식의 우정을 꿈꾸었던 것이고, 지금은 과거 때문에 이 우정에 집착하고 있다. 하지만 과거는 허위다. 모든 것이 허물어졌다. 나는 모든 연결고리와 끈을 싹둑 잘라 버리고 싶었다. 누군가 다른 사람을 사랑하든가 아니면 세상 끝으로 가 버리든가.

나는 스스로를 책망했다. 나의 꿈이 거짓이었지 자크가 거짓은 아니었다. 그를 비난할 일이 무엇이겠는가? 그는 결코 자신을 영웅시하지도, 성인처럼 보이려 하지도 않았다. 오히려 자기 자신이 나쁘다고까지 했다. 주브의 인용구는 하나의 경고였다. 그는 내게 마그다의 경우를 얘기해 주려 한 것이다. 그래도 나는 그에게 마음 편히 솔직한 얘기를 해주지 않았다. 게다가 나는 훨씬 전부터 그들(자크와 마그다) 사랑의 실상을 예감했고, 사실 진실을 알고 있었다고 할 수 있다. 가톨릭의 낡은 편견이 아니라면 내 안에 정신적으로 타격을 주는 것이 무엇이겠는가? 나는 평온을 되찾았다. 인생을 미리 만들어진 이상과 일치시키려 한 내가 잘못이었던 것이다. 인생이 내게 보여주는 수준에 나를 맞춰야만 한다. 나는 늘 환영보다는 실제를 좋아했다. 힘든 사건에 부딪혀 그것을 극복했다는 자신감을 얻은 것으로 나는 이 명상을 끝맺었다.

다음 날 아침, 메리냐크에서 온 편지에는 할아버지가 위독하다고 적혀 있었다. 나는 할아버지를 좋아했지만 이미 너무 연세가 많았기 때문에 할아버지의 죽음은 그리 슬프게 느껴지지 않았다. 사촌 마들렌은 파리에 있었다. 나는 샹젤리제에 있는 카페 테라스에서 그녀에게 아이스크림을 사주었다. 그녀는 내게 많은 이야기를 해주었지만, 나는 건성으로 들으면서 자크 생각에 빠졌다. 혐오감이 들었다. 그와 마그다와의 관계는 내가 평소 혐오하던 흔해 빠진 도식에 딱 들어맞았다. 훌륭한 집안의 아들이 우선 신분이 낮은 정부에게 인생 경험을 한 다음 제대로 된 신사가 되고자 결심한다. 그러고는 여자를 버린다. 그것은 평범하고 꼴사나웠다. 자나 깨나 경멸감이 목을 조르는 듯했다. 나는 고등사범학교 강의 도중에, 그리고 이블린이라는 생미셸 광장 우유 가게에서 프라델과 점심을 먹으면서, '사람은 자신이 일구어낸 땅의 수준에 산다'는 장 사르망의 말을 되뇌었다. 프라델은 자크에 대해 이런저런 평가를 내렸다. 그는 자크가 친구들이 생각하는 것만큼 온건하고 중용을 지키는 인물이 아니라고 주장했다. 다만 그는 겉으로 자신의 생각을 드러내길 극구 싫어하여 확실치 않은 감정이나 생각 등을 표현하지 않은 것뿐이다. 나는 자크가 양심적이고 남들에게 세심한 배려를 한다는 사실을 시인했다. 이따금 자크는 타인들에게는 너무나 관대해 보였지만, 자기 자신에게는 혹독했다. 그 반대의 경우보다는 낫다고 나는 씁쓸히 생각했다. 그 뒤로도 프라델은 존경하는 사람들에 대해 차례로 평가했는데, '바의 탐미주의자들'을 한마디로 제외했다. 프라델의 말이 옳았다. 나는 버스로 그를 파시까지 배웅한 다음에 숲으로 산책하러 갔다.

나는 새로 깎은 풀 냄새를 들이마셨다. 흐드러지게 핀 데이지, 노랑 수선화, 꽃을 피운 과일나무들을 황홀하게 바라보면서 숲 속 바가텔 공원을 걸었다. 고개를 숙인 빨강 튤립 꽃밭과 라일락 담장, 거대한 나무들이 있었다. 나는 개울가에서 호메로스의 작품을 읽었다. 크게 물결치며 흔들리는 나뭇가지들을 햇볕과 바람이 애무하고 있었다. 우주의 아름다움에 저항할 수 있을 정도의 슬픔이 존재하는 걸까? 자크는 결국 이 정원에 있는 한 그루의 나무만큼도 중요하지 않았던 것이다.

  나는 말하고 싶었다. 내게 일어나는 모든 사건에 대해 선전하고 싶었다. 자크에 대해서도 누가 냉철한 견해를 내놓아 주기를 바랐다. 에르보에게 말하면 빙긋이 웃을 것이 분명했다. 자자와 프라델, 그들에게 막상 자크에 대한 평가를 맡기려니 내가 그들을 너무 높이 평가하지 않나 하는 생각이 들었다. 그에 비해 클레로는 이제 겁나지 않았다. 클레로는 지금껏 내가 나의 뜻과 다르게 고개 숙이고 있던 그리스도교적 정신에 비추어 사실들을 평가했다. 나는 클레로에게 자크와의 사정을 털어놓았다. 그는 무척 열심히 내 말에 귀를 기울였지만, 이야기가 끝나자 한숨을 쉬었다. 여자들이란 얼마나 비타협적인 존재들인가! 사실 그는 약혼녀에게 과거의 잘못—고독감 때문이었다고 그는 내게 암시적으로 말했다—을 고백한 적이 있다. 그러자 그녀는 그의 솔직함을 칭찬하기보다는 매우 불쾌한 표정을 지었다고 한다. 나는 그녀가 좀더 명예로운 고백을 듣고 싶었을 것이라 생각한다. 아니면 차라리 침묵하는 편이 나을 뻔했다, 그는 그러지 못할 사람이지만. 어쨌든 이런 것은 문제가 아니었다. 클레로는 나를 그 문제에 개입시킨 것이다. 나의 엄격함을 책망하면서 결국은 자크의 잘못이 아니라고 했다. 나는 그의 의견에 따르기로 마음먹었다. 자크의 연애가 너무나도 부르주아적이고 평범해서 그로 인해 내가 받은 충격을 잊으려 애쓰고, 추상적인 원칙을 통해서 그를 비난했던 점을 후회했다. 하지만 실제로 나는 어두운 터널 속 온갖 그림자 사이에서 버둥대고 있었다. 자크의 환영과 죽은 과거를 향해 나 자신도 더 이상 믿지 않는 이상을 부르짖고 있었던 것이다. 그러나 내가 그것마저 던져 버린다면 어떤 기준으로 비판해야 할 것인가? 사랑을 지키기 위해 나는 자존심을 억눌렀다. 어째서 자크가 다른 사람들과 달라야 한단 말인가? 만약 그가 모두와 똑같다고 한다면, 또한 많은 점에서 뒤처진다는 걸 알고 있다면 그를 좋아할 이유가 있겠는가? 관대함은 무관심으로 끝이 났다.

  언젠가 자크의 부모님 집에 저녁을 먹으러 갔을 때, 혼란은 한층 더해졌다. 그처럼 무겁고 괴로운 시간을 보낸 회랑에서 숙모는 자크에게서 편지가 왔다고 말했다.

  "시몬을 만나거든 부디 전해 주십시오. 저는 시몬에게 그다지 친절하게 대하지 못했습니다. 하지만 저는 누구에게나 친절한 사람은 못 됩니다. 사실 그녀는 제 말에 별로 놀라지도 않을 겁니다."

그럼 나는 그에게 평범한 한 사람에 불과했던가? 그보다도 더 걱정스러웠던 점은, 그가 자기 어머니에게 그다음 해에는 남동생을 자신에게 맡겨 달라고 부탁한 점이었다. 그럼 줄곧 독신으로 지낼 작정인가? 아, 정말로 나를 구제해 줄 이는 없다. 나만이 우리 둘의 과거를 만들어냈던 것이다. 나는 손가락을 깨물었다. 나만이 우리 둘의 미래를 건설하고 있었다. 나는 그와의 미래에 대한 구상을 포기했다. 드디어 올 것이 오고야 말았다. 나는 이 낡은 연애 사건을 끝맺고, 전혀 새로운 인생을 살아야 한다. 그러나 아직은 진심으로 그렇게 다시 태어나기를 바라지 않았다. 그런데도 그렇게 하고 싶었다. 어쨌든 살고, 글을 쓰고, 행복해지기 위해 자크는 아무 의미도 없는 존재라고 생각했다.

일요일에 날아온 한 통의 전보는 할아버지의 죽음을 알렸다. 확실히 나의 과거는 무너지기 시작했다. 자자와 숲을…… 파리를 혼자서 발길 닿는 대로 돌아다녔다. 월요일 오후에 뤽상부르 공원 볕 좋은 테라스에 앉아서 이사도라 덩컨의 《나의 생애》를 읽고, 나라는 존재에 대해 생각했다. 내 일생은 요란하지도 찬란하지도 않으리라. 나는 사랑하며, 좋은 책을 쓰고, 몇몇 아이들과 '나의 책을 바칠 친구들, 나의 아이들에게 사상과 시를 가르쳐 줄 친구들'을 갖게 되기를 바랐다. 남편의 영상에는 아직도 자크의 그림자가 드리워져 있었으므로, 남편에겐 아주 작은 역할밖엔 부여하지 하지 않았다. 나는 채울 수 없는 것을 우정으로 메우려 악착을 떨고, 이제 그것을 나에게 감추려고도 하지 않았다. 내가 감지하기 시작한 미래에 대한 이런 절박감 속에 문학이 크게 자리잡고 있었다. 너무 이른 시기에 절망에 관한 책을 쓰지 않아도 된다고 생각했다. 현재 나는 인생의 비극과 동시에 그 아름다움에 대해서도 말하고 싶었다. 내가 운명에 대해 명상하고 있는데 에르보가 사르트르와 나란히 분수가를 따라 걷는 것이 보였다. 에르보는 나를 보고도 모른 체했다. 일기에는 신비와 거짓이 있다. 나의 일기는 이 사건에 대해 적지 않았다. 그런데도 이 사건은 내 마음에 아로새겨져 있었다. 나는 에르보가 우리 우정을 다른 사람에게 감추는 것에 상처를 입었다. 그리고 무엇보다 싫어하는 그 추방의 기분을 맛보았다.

메리냐크에 집안 전체가 모였다. 그 북새통 때문인지 할아버지의 죽음도, 집도, 정원도 나를 감동시키지 않았다. 13살 때, 나는 메리냐크가 언젠가는 내가 지낼 수 없는 곳이 될 거라는 생각에 눈물 흘린 적이 있었다. 이제 그 시간이 오고야 말았다. 소유지는 큰어머니와 사촌들의 것이 되었다. 올해부터 나는 이곳의 손님으로 오게 되리라. 그리고 얼마 후면 더 이상 이곳을 찾는 일이 없을 것이다. 나는 한숨 한 번 쉬지 않았다. 유년시절, 소녀시절, 달빛 아래 외양간 문에 나동그라져 있던 우유 짜는 나막신들……. 그런 모든 것은 나의 뒤에 있었다. 아주 오랜 과거 속에 말이다. 나는 이제 뭔가 다른 것을 기다리고 있다. 이 기다림 속에 메리냐크에 대한 회한도 사라졌다.

나는 상복을 입고 파리에 돌아왔다. 내 모자는 검정 베일로 덮여 있었지만 마로니에는 꽃이 만발해 있었고, 아스팔트가 발밑에서 녹고 있었다. 나는 옷 틈새로 햇볕의 부드럽고 말랑말랑한 열을 느꼈다. 앵발리드 광장에 시장이 섰다. 동생, 제제와 함께 손가락에 끈적끈적 달라붙는 누가를 먹으면서 그곳을 돌아다녔다. 그러다 동생들의 친구와 만났는데, 그 청년이 우리를 자신의 작은 아파트로 초대했으므로 우리는 그곳에서 레코드를 듣거나 포트와인을 마셨다. 겨우 반나절 동안 얼마나 재미난 일들이 많이 있었던가! 하루하루가 내게 뭔가를 가져다주었다. 튈르리 살롱의 물감 냄새, 말레와 함께 가기로 한 유로피언 극장에서 들은 다미아의 샹송, 자자나 리사와의 산책, 여름의 푸른 하늘, 태양……. 나는 다시 일기장을 메워 나갔다. 이 페이지들은 무한한 기쁨을 말하고 있다.

국립도서관에서 클레로를 만났다. 그가 내게 조의를 표하고는 눈을 반짝이면서 나의 심경에 대해 물었을 때, 내 잘못이기는 하나 나는 너무 많이 지껄여서 기분이 좀 언짢아졌다. 그는 약혼녀와의 갈등에 대해 타자기로 시시콜콜 두드린 짤막한 소설을 내게 읽어주었다. 교양 있고 머리 좋다는 소리를 듣는 청년이 이런 하찮은 소설을 생기 없는 언어로 늘어놓느라 소중한 시간을 허비하다니……! 난 그가 문학적 재능이 없다는 의견을 감추지 않았다. 그렇지만 클레로는 나를 원망하지 않는 것 같았다. 클레로는 나의 부모님이 끔찍이 여기는 프라델과 매우 사이가 좋았기 때문에 어느 날 우리 집에 저녁 초대를 받았다. 그때 아버지는 그를 너무나 마음에 들어했다. 그는 동생의 매력에 끌렸는지 자기가 변변치 못한 사내가 아님을 보이기 위해 열변을 토하기 시작했고, 우리는 그 내용의 아둔함에 경악했다.

파리로 돌아온 일주일 뒤에 소르본의 복도에서 에르보를 다시 만났다. 밝은 베이지 여름옷을 입고 사르트르와 함께 창가에 앉아 있었다. 그는 애정이 담긴 유유한 동작으로 손을 내밀었다. 그러더니 내 검정 옷을 물끄러미 응시했다. 나는 강의 시간에 리사 옆에 앉았고, 에르보 일행은 몇 줄 뒤에 앉았다. 다음 날 국립도서관에 온 에르보는 내가 보이지 않아 걱정했었다고 말했다.

"시골에 간 줄 알았어. 그런데 상복을 입고 있는 당신을 만난 거야."

그의 배려가 무척 기뻤다. 그가 뤽상부르에서 만났을 때를 기억해서 나는 뛸 듯이 기뻤다. 에르보는 사르트르에게 나를 소개하고 싶었으리라.

"클레로가 되새김질하면서 걱정하는 소리를 존중하지는 않지만, 당신이 깊은 생각에 잠겨 있을 때 내가 방해가 된다는 건 용납할 수가 없군."

그는 내게 사르트르가 보낸 것이라면서 데생을 건넸다. '라이프니츠가 모나드(당시 유행하던 만화 인물)와 함께 목욕하는 그림'이었다.

대학교수 자격시험을 코앞에 둔 3주 동안 에르보는 날마다 도서관에 왔다. 그는 공부하러 오지 않을 때도 도서관 문이 닫히기 전에 나를 마중하러 와서, 우리는 곳곳에서 차를 마셨다. 그는 시험 걱정을 조금 하긴 했지만 우리는 칸트와 스토아학파 철학자들은 제쳐 두고 잡담을 했다. 에르보는 내게 《포토막》에 처음 나온 '외젠 우주론'을 가르쳐 주었다. 그 우주론에 사르트르와 니장도 합류시켰다. 셋 모두 소크라테스와 데카르트 등이 있는 가장 높은 외젠 계급에 속해 있었다. 그는 다른 학우들을, 무한 속을 헤엄쳐 다니는 마란(옛날 스페인에서 추방된 유대인을 가리킴. 스피노자도 그의 하나. 외젠이 개인적인 데 반해 마란은 일반적)이나, 창공을 떠다니는 모르티메르(《포토막》의 만화 속 인물로 뚱뚱하고 평온한 부르주아를 가리킴)들과 같이 낮은 카테고리 속에 넣었다. 그들 중에는 심각하게 분개하는 사람도 있었다. 나는 나 자신을 변덕스런 여자들(《포토막》에 나오는 만화의 인물로 인간을 잡아먹는 외젠 여자), 숙명을 지닌 여자들 속에 포함시켰다. 그는 또한 주요한 추상적 동물 그림—자기 다리를 먹고 있는 카토블레파스(이 말이 쏘아보는 눈빛을 받으면 죽는다는 상상의 동물), 배에서 나는 소리로 표현하는 카토보릭스(학자인 체하여 무의미한 말을 늘어놓는 상상의 동물)—을 보여주었다. 이 그룹에는 샤를 뒤 보스, 가브리엘 마르셀, 대다수의 〈신프랑스 평론〉지 협력자들이 속해 있었다.

"질서에 관한 모든 생각은 견딜 수 없는 비애이다."

이것이 외젠의 최초 가르침이었다. 그는 과학과 공업을 멸시하고, 우주의 모든 도덕을 비웃었다. 또한 라랑드 교수의 이론과 에드몽 고블로의 《논리학 개론》에 침을 뱉았다. 외젠은 자기 인생을 독특한 오브제로 삼으려 하며, 또 기이하고 특별한 것에 대한 어떤 '이해'에 도달하려 한다고 에르보는 설명했다. 나는 그것에 반대하지는 않았다. 그리고 자크, 자자, 에르보의 각 태도와 마찬가지로 여러 가지 인생관을 정당화하도록 허락한 도덕적 다원론자들을 지지하기 위해 나는 이 사상을 이용하기까지 했다. 그들은 각자 특유의 법칙을 지니고 있다. 그 법칙은 보편적이지 않음과 동시에 절대적 명령인 것처럼 까다롭다. 사람은 이 독특한 규범을 사용할 수 있을 뿐, 비난하거나 칭찬할 권리는 없다. 에르보는 나의 이런 체계화의 노력을 전혀 알아주지 않았다.

"그건 내가 가장 싫어하는 방식이야."

에르보는 화난 목소리로 말했다. 하지만 내가 열심히 그의 이야기에 몰입했으므로 용서를 받기는 했다. 나는 우리 대화에서 중요한 역할을 차지하는 외젠이 무척 좋았다. 물론 외젠은 콕토의 창작이었다. 그러나 에르보는 소르본 대학의 철학이나 질서, 이성, 중요성, 어리석은 것, 모든 저속함에 대처하여 능란하게 그의 권위를 이용했다.

에르보는 3, 4명의 인물을 끔찍이 존경했지만 나머지 사람들은 모두 경멸했다. 나는 그의 엄격함이 좋았다. 그가 블랑쉬트 바이스에 대해 형편없다고 말하는 것이 기분 좋았고, 클레로를 헐뜯는 일도 그에게 맡겼다. 그는 프라델을 높여 말하지는 않았지만 공격도 하지 않았다. 그러나 소르본 대학이나 고등사범학교에서 내가 다른 학우와 이야기하는 모습을 보면 샐쭉해져서는 내 곁을 떠나갔다. 그는 나의 관대함을 못마땅해했다. 어느 날 오후 국립도서관에서 헝가리인이 두 차례에 걸쳐 내게 프랑스어의 미묘한 어감에 대해 물으러 왔다. 그는 '기둥서방'이라는 단어를 논문 머리말에 써도 되는지 알고 싶어했다.

"당신에게 접근하는 녀석들이라니!"

에르보는 내게 말했다.

"기가 막혀서! 그 헝가리인은 2번이나 당신을 불러냈잖아! 게다가 클레로, 그리고 당신의 여자친구들! 당신은 무가치한 인간들 때문에 시간을 허비하고 있어. 당신은 심리학자이거나 아니면 용서하기 힘든 인간이거나 둘 중 하나야!"

그는 자자에게는 나쁜 감정이 없었다. 자자가 지나치게 예의 바르다고 생각하는 듯했지만. 내가 그에게 스테파 얘기를 하자 그는 나를 힐난하는 투로 말했다.

"그 여잔 내게 추파를 던지더군!"

그는 도발적인 여자들을 싫어했다. 그건 여자가 해서는 안 되는 일이었다. 어느 날, 그는 약간 기분 나쁜 듯이 말했다.

"당신은 이 패거리에 사로잡혀 있어. 대체 당신 세계에 내가 있을 곳이 있기나 한 걸까!"

나는 그를 안심시켰다. 그가 알다시피 내 마음에 커다란 위치를 차지하고 있다고 했다. 에르보가 점점 마음에 들었다. 기분 좋게도 그를 통해 나 자신을 더욱 좋아하게 되었다. 다른 사람들은 나를 고지식하다고 여겼지만, 에르보에게 나는 재미있는 사람이었다. 국립도서관에서 나오면서 그는 쾌활하게 말했다.

"걸음이 무척 빠른데! 그게 좋아. 어딘가로 쑥쑥 나가는 것 같거든."

또 어느 날엔가는 말했다.

"당신의 묘하게 쉰 목소리가 정말 마음에 들어. 좀 쉬기는 했지만…… 우리는 그 목소릴 듣는 것이 재미있다니까. 사르트르와 나 말이야."

나는 그를 통해 내가 독특한 걸음걸이와 목소리를 지녔다는 것을 알았다. 이런 경우는 처음이었다. 나는 최선을 다해 멋을 부리기 시작했다. 그는 내 노력을 이런 말로 칭찬해 주었다.

"당신, 새로운 머리 모양이 무척 잘 어울리는데. 그 하얀 옷깃도."

어느 오후에 팔레루아얄 정원에서 그는 당혹스런 모습으로 말했다.

"우리 교제는 이상해. 적어도 내겐……. 나는 여자와 우정을 나눈 적이 없었어. 아마도 그건 내가 별로 여성적이지 않기 때문이겠지만. 당신은 어때?"

그는 자존심을 긁는 듯한 웃음을 지어 보였다.

"아니, 그보다도 당신이 뭐든 쉽게 받아들이기 때문일 거야. 그래서 사람들은 곧 동등한 위치에 서게 된다니까."

알고 지낸 지 얼마 안 되었을 무렵, 그는 꼬박꼬박 나를 마드무아젤이라고 불렀다. 언젠가 그는 내 노트에 대문자로 BEAUVOIR＝BEAVER(보부아르=비버)라고 썼다.

"당신은 비버야. 비버는 무리 지어 서식하고, 건설적인 정신을 지녔지."

우리 사이에는 많은 공감대가 존재해서 상대의 말을 반만 듣고도 서로 이해했다. 그렇다고 늘 모든 걸 똑같이 느끼지는 않았다. 에르보는 위제르쉬를 알고 있었다. 그는 아내와 며칠을 그곳에서 지낸 적이 있었다. 그는 리무쟁 사람을 좋아했다. 그가 선돌이나 고인돌, 드루이드 사제들이 숲 속에서 호랑가시나무를 꺾는 랑드 지방의 이야기를 소리 높여 할 때, 나는 깜짝 놀랐다. 그는 역사적 환상에 즐겨 빠져들었다. 그에게 팔레루아얄 정원은 위인들의 그림자로 가득 차 있었다. 나에게 과거는 얼음처럼 차가웠다. 무관심한 에르보의 말투나 건방진 듯한 태도 때문에 나는 에르보를 냉정한 사람으로 생각했었는데, 그가 내게 《진실한 물의 요정》이나 《플로스 강변의 물방앗간》, 《대장 몬》을 좋아한다고 말했을 때는 감동을 받았다. 우리가 알랭 푸르니에에 대해 이야기를 할 때 그는 감격하여 말했다.

"부러운 사람들이야."

그는 잠깐 침묵했다.

"사실 말이지……."

그는 계속했다.

"나는 당신보다 훨씬 인텔리지만 근원을 캐 보면 그것은 내 안에 있는 감각이란 말이야. 난 그런 건 원치 않아."

나는 그가 아주 단순히, 존재하는 것에 취(醉)하는 것처럼 보인다고 가끔 말했다.

"내겐 순간순간이 멋있거든!"

그는 고개를 끄덕였다.

"또 나는 그렇기를 바라, 마드무아젤. 당신에겐 그런 즐거운 순간들의 가치가 있어. 하지만 나로 말하면, 내겐 그러한 것이 없어. 불쌍한 놈이야. 그래도 내가 하는 일은 훌륭하지!"

에르보는 이렇게 말하면서도 미소 지으며 마지막 말로써 자신의 허세를 인정하지 않았다. 그렇지만 그는 얼마만큼이나 이 말을 믿었던 걸까?
"나를 판단해선 안 돼."
그는 때때로 이렇게 말했다. 그렇게 하기를 그가 내게 바라는 것인지, 아니면 명령하는 것인지 나로선 알 수 없었으나 나는 기꺼이 그를 믿었다. 그는 앞으로 쓸 책에 대해서도 말했다. 어쩌면 그것들은 실제로 '훌륭할'지도 모른다. 에르보에게 단 한 가지 마음에 걸리는 점이 있다. 그는 자신의 개인주의를 완수하기 위해 모든 것을 사회적 성공에 걸고 있었다. 나에겐 이런 종류의 야심은 철저하리만큼 없었다. 나는 돈도 명예도, 유명해지는 것도 갈망하지 않았다. 일기장에 가끔 되풀이되는 '구원'이라든가 '내면적 성취' 등을 거론할 때, 그것이 '학자인 척'하는 것으로 들릴까 봐 두려웠다. 하지만 내가 아직도 '나의 숙명'이라고 부를 정도로 종교적인 생각을 갖고 있는 것은 사실이었다. 에르보는 자신이 다른 사람들에게 어떻게 비치는지에 흥미를 느꼈다. 그의 미래 저서도 단지 자신의 인물적 요소들로밖엔 보지 않았다. 이 점에 대해 나는 완강하게, 그리고 절대 굽히지 않았다. 그의 일생을 어째서 믿지 못할 대중의 찬동과 결부해야만 하는지 나로선 이해가 되지 않았다.

우리는 개인적인 문제에 대해서는 결코 이야기한 적이 없었다. 그런데 어느 날, 에르보는 무감각함은 외젠이 도달하지 못한 이상이기 때문에 외젠은 행복하지 않다고 은근히 비쳤다. 나는 내 인생에 외젠은 한 사람이기 때문에 그것을 더 잘 이해할 수 있다고 털어놓았다. 외젠와 변덕스런 여자들 사이의 관계는 대체로 힘들다고 그는 잘라 말했다. 왜냐하면 변덕스런 여자들은 모든 것을 집어삼키려 하고, '외젠은 저항하기' 때문이라고 했다.
"아, 나도 그걸 알고 있었어요!"
나는 말했다. 그는 몹시 웃었다. 나는 조금씩, 대강 자크와의 일을 그에게 털어놓았다. 에르보는 나더러 자크와 결혼하라고 강력하게 말했다. 그렇지 않으면 다른 누구와 하라고 덧붙였다. 여자는 결혼해야 한다. 그에 관해서는 그의 의견이 아버지와 큰 차이가 없음을 깨닫고 깜짝 놀랐다. 그가 보기에, 남자가 18살이 넘었는데도 아직 동정이라면 그것은 신경증 환자라는 거였다. 그러나 여자는 정식 결혼을 통해서만 비로소 몸을 허락해야 한다고 주장했다. 나는 이런 두 가지 저울과 잣대를 인정하지 않았다. 이제 나는 자크를 원망하지 않는다. 하지만 이번엔 남자와 마찬가지로, 육체에 대한 여자의 자유로운 결정권에 동의했나. 나는 마이클 알런의 《초록 모자》라는 제목의 소설을 무척 좋아했다. 어떤 오해로 인해 여주인공 아이리스 스톰은 청춘시절의 영원한 연인 네피어와 헤어진다. 그녀는 여러 남자와 동침을 하지만 네피어를 잊지 못한다. 결국은 붙임성 좋고 사랑스러운 네피어의 아내에게서 네피어를 빼앗는 대신 자동차로 나무를 들이받고 자살하고 만다. 나는 아이리스의 고독, 대담성, 고귀한 순결함을 존경했다. 에르보에게 그 책을 빌려주었다.

"너무 쉽게 몸을 허락하는 여자에겐 호감이 안 가."

그는 책을 돌려주면서 말했다. 그는 내게 미소 지었다.

"한 여자가 내 마음에 들면 들수록 내가 소유했던 여자를 존경하는 건 불가능해."

나는 분개했다.

"아이리스 스톰 같은 여자는 소유하지 못해요. 어떤 여자도 남자와의 접촉을 아무렇지도 않게 여기지는 않아요."

우리 사회에서는 기혼 여성밖엔 존경하지 않는다고 그는 거듭 말했다. 나는 존경받는 일 따위 전혀 개의치 않았다. 자크와 함께 사는 것과 그와 결혼하는 것이 내겐 마찬가지였다. 그러나 현재로선 연애와 결혼을 떼어놓고 생각할 수 있다면 그편이 훨씬 나을 듯했다. 어느 날 나는 뤽상부르 공원에서 유모차를 밀고 있는 니장 부부와 마주쳤다. 그때 나는 이 광경이 나의 미래가 아니기를 강하게 희망했다. 부부가 물질적인 부자연스러움 때문에 서로 결속되는 것은 안타까운 일이었다. 서로 사랑하는 사람들의 유일한 연결고리는 사랑이어야만 하지 않겠는가.

이처럼 나와 에르보는 마음으로부터 의기투합할 수는 없었다. 나는 그가 품은 야심의 경박스러움이라든가 몇몇 인습에 대한 존경, 또 때로는 탐미주의에 당황해야 했다. 만약 우리가 둘 다 자유로운 처지였다고 해도 나는 내 삶을 그의 인생에 맡기고 싶지 않았으리라. 나는 연애를 전면적인 서약으로 간주했기 때문에 그를 사랑하고 있지 않았다. 그럼에도 내가 그에게 느끼는 감정은 이상하게도 자크에 대한 감정을 떠올리게 했다. 그와 헤어지는 순간부터 나는 어느새 다음 만남이 기다려졌다. 내게 일어나는 모든 일, 나의 뇌리를 스치는 모든 것을 나는 그에게 말하기 위해 따로 모아놓았던 것이다. 우리가 대화를 끝내고 책상에 나란히 앉아 공부할 때면, 내 마음은 죄어드는 듯했다. 우리는 이미 이별을 향하고 있었기 때문이다. 다음에 언제 에르보를 다시 만날 수 있을지 확실히 안 적이 없었다. 그 불확실성이 나를 슬프게 했다. 이따금 나는 절망적인 슬픔으로 이 우정의 덧없음을 사무치게 느껴야 했다.
"당신 오늘은 많이 우울해 보이는걸."
에르보는 부드럽게 말해서 내 기분을 돌리려 노력하고 있었다. 나는 희망도 거짓도 없이 단지 그날그날의 환희만을 가져다주는 이 이야기 속에서 살려고 발버둥쳤다.
그와의 우정은 기쁨으로 가득 차 있었다. 어느 더운 날 아침, 방에서 시험 과목을 살피면서 나는 바칼로레아를 준비하던 무렵에 지금과 매우 비슷한 시간들을 보냈음을 떠올렸다. 그때 나는 이와 똑같은 편안한 마음에, 똑같은 정열을 가졌었다, 그 16살 적에 비하면 지금의 나는 얼마나 풍요로워진 것인가! 나는 프라델에게 만날 장소와 시간을 알리는 편지를 썼다.
"우리 서로 행복하게 지내자!"
나의 맺음말이었다. 2년 전에 나는 그에게 행복으로부터 나를 보호할 수 있게 해달라고 한 적이 있었는데, 그가 그 말을 환기시켜 주었으므로 나는 그의 경계에 충격을 받았다. 그러나 이 '행복'이라는 단어의 의미가 변하여, 이제 포기도 무기력 상태도 아니며, 나의 행복은 더 이상 자크에게 달려 있지도 않았다. 나는 마음먹었다. 내년에 만약 시험에 떨어지더라도 집에 남지 않으리라. 만일 합격하더라도 취직하지 않고, 파리를 떠나지도 않을 것이다. 어쨌든 나는 편안한 거처를 찾아내어 개인교사를 하면서 살아가리라. 할머니는 할아버지가 돌아가신 뒤에 하숙을 쳤다. 할머니 집에 방을 하나 빌리면 부모님에게 걱정을 끼치지 않고 완벽하게 독립생활을 즐길 수 있을 터이다. 부모님도 승낙했다. 돈을 벌고, 외출하고, 친구를 부르고, 글을 쓰고, 자유롭게 지내리라. 이번에야말로 진정한 인생의 길이 열리는 것이다.
이러한 앞날의 야무진 계획에 동생을 끌어들였다. 저녁나절, 어두워진 센 강변에서 우리는 숨을 몰아쉬면서, 나의 책과 동생의 그림, 우리의 여행, 세상에 대해 승리로 빛나는 미래를 이야기했다. 수면에 기둥이 아른거리고, 그림자가 예술교(橋) 돌단 위를 미끄러지듯이 지나갔다. 우리는 무대장치를 더 환상적이게 하려고 두 눈에 검은 베일을 썼다. 때로는 자크를 우리 계획에 넣었다. 우리는 그를 나의 평생 연인으로서가 아니라 우리 청춘시절의 영웅이던 훌륭하고 인기 있는 사촌으로 이야기하는 것이었다.
"난 내년이면 이곳에 없을 거야."
마침내 가까스로 학위를 마친 리사가 나에게 말했다. 그녀는 사이공에 취직자리를 의뢰했다. 프라델은 그녀의 비밀을 알았는지 그녀를 피하고 있었다.
"아! 나는 너무 불행해!"
리사는 옅은 미소를 띠며 중얼거렸다. 우리는 국립도서관이나 소르본 대학에서 만났다. 뤽상부르 공원에서 레모네이드를 마시거나, 초저녁에 분홍 또는 하양 가시나무 꽃으로 장식된 그녀의 방에서 귤을 먹기도 했다. 어느 날, 소르본 대학 교정에서 클레로와 이야기할 때였는데, 그는 감동한 목소리로 우리에게 물었다.
"당신들은 자신의 어떤 점이 가장 좋아요?"
나는 심한 거짓말로 이렇게 선언했다.
"내 안에 있는 다른 누군가를요."
"난 그가 나가는 문이고요."
리사가 말했다. 한번은 그녀가 이렇게 이야기한 적이 있었다.
"너의 좋은 점은 절대로 거절하지 않는다는 거야. 너는 모든 문을 열어놓지. 나로 말하면 나는 언제나 외출 중이었어. 그리고 나갈 때 모든 걸 다 가지고 갔어. 대체 나는 무슨 생각에 너의 문으로 들어갔던 걸까? 아니면 그때 네가 내게 와서, 나를 기다릴 생각을 했던 것일까? 집주인이 없으면 순간 다른 집으로 갈 거라고 생각할 수 있는 것도 사실이야. 하지만 많은 사람은 그런 생각을 하지 않거든……."
가끔 그녀는 예쁘게 보일 때도 있었다. 밤에 그녀가 마직 잠옷을 입고 있을 때는 말이다. 그러나 피로와 절망이 그녀의 얼굴을 야위게 했다.
프라델은 결코 그녀의 이름을 거론하지 않았다. 그러기는커녕 자자 이야기를 자주 했다.
"그럼 당신 친구도 데려와."
그는 가릭과 게에노 등이 나오기로 한 모임에 나를 부르면서 말했다. 자자는 우리 집에서 저녁을 먹고 나와 함께 뒤푸르 거리로 갔다. 막상스가 사회를 보는 그 모임에 장 다니엘루와 클레로, 다른 정통파 사고를 지닌 고등사범학생이 나와 있었다. 3년 전, 내게는 가릭이 반쯤 신으로 보이던 시절의 그 강연이 떠올랐다. 그리고 자크가 근접하기 어려울 성싶은 세계의 사람들과 악수를 하던 일도 생각났다. 오늘 나는 많은 사람과 악수를 했고, 한편으로 가릭의 뜨겁고 생명력 있는 목소리를 기대했다. 하지만 불행히도 그의 연설은 우습게 느껴졌고, 나를 모든 과거와 잇는 그 '미사에 다니는 사람들'도 마찬가지였다. 어쩐지 나는 그들과 다른 이방인으로 생각되었던 것이다. 게에노가 말을 시작하자 악시옹 프랑세즈의 불한당들이 야유했다. 그들의 입을 다물게 하는 것은 도저히 불가능했다. 가릭과 게에노는 함께 한잔하러 인근 음식점으로 가고 청중은 흩어졌다. 비가 내리는데도 프라델과 자자와 나는 생제르맹 가에서 샹젤리제까지 걸어갔다. 내 두 친구는 평소보다 많이 웃고, 사이좋게 동맹을 맺어 내게 저항하고 있었다. 자자는 나를 '무도덕 여성'이라고 했다. 이것은 《초록 모자》에 나오는 아이리스 스톰의 별명이었다. 프라델은 한술 더떠서 '당신은 고독한 양심'이라고 했다. 나는 그들과의 공모관계가 재미있었다.

 그날 저녁은 무참히 실패했지만, 자자는 며칠 뒤에 감동한 목소리로 내게 고맙다고 했다. 별안간 자자는 자기가 속한 계급이 그녀에게 요구하는 정신과 마음의 위축을 그녀가 결코 받아들이지 않을 결정적인 방법을 알게 되었던 것이다. 프라델과 나는 학위 구술시험을 함께 치렀는데, 여기에 자자도 왔다. 우리 셋은 이블린에서 축하의 차를 마셨다. 나는 에르보가 이름 붙인 '불로뉴 숲의 성대한 파티'를 열었다. 어느 희뿌연 저녁나절에 우리는 호수에서 보트를 탔다. 자자, 리사, 동생, 제제, 프라델, 클레로, 자자의 둘째오빠, 그리고 나였다. 누가 빠른지 겨루고, 웃으며, 노래를 불렀다. 자자는 분홍 실크 옷에, 작은 여름용 모자를 쓰고 있었다. 그녀의 검은 눈동자가 어찌나 빛나던지 나는 그토록 예쁜 자자를 본 적이 없었다. 한편, 나는 프라델의 상쾌한 모습 속에서, 우리가 처음 친구가 되었을 무렵, 내 마음을 밝혀 주던 그런 쾌활함을 다시 발견했다. 홀로 그들과 보트를 타고 있을 때, 나는 또다시 그들의 공모감을 강하게 느꼈다. 그날 저녁, 그들의 나에 대한 애정이 이처럼 노골적임에 적잖이 놀랐다. 그들은 아직 그들 서로간에 나눌 용기가 없는 눈길과 미소, 애무의 말 등을 나에게는 던지는 것이었다. 다음 날 나는 자동차로 쇼핑을 나선 자자를 따라갔는데, 그녀는 프라델에 대해 진심을 담아 이야기했다. 조금 지나서 그녀는 시집을 간다는 생각이 차츰 끔찍해진다고 말했다. 체념하고 평범한 사람과 결혼하지는 않겠지만, 자기는 진정으로 훌륭한 사람에게서 사랑받을 자격이 없다고 했다. 나는 그녀가 우울해진 정확한 까닭을 간파해내는 데 실패했다. 사실 그녀에 대한 내 우정에도 불구하고 나는 조금은 건성이었던 것이다. 모레면 교수 자격시험이 시작된다. 나는 에르보에게 작별을 고했다. 이별의 시간은 얼마 동안이었을까? 시험 시간 중에 그를 보았다. 그는 파리를 떠날 예정이었고, 파리로 돌아온 뒤에는 사르트르와 니장과 구술시험 준비를 하기로 되어 있었다. 국립도서관에서의 우리 만남은 이제 끝이다! 나는 그 시간을 얼마나 그리워하게 될 것인가! 그럼에도 다음 날 '불로뉴 그룹'이 모인 퐁텐블로 숲 야유회 때 나는 아주 기분이 좋았다. 프라델과 자자는 한창 신이 나 있었다. 클레로만 홀로 울적해 보였다. 그는 내 동생에게 열심히 환심을 사려 했지만 전혀 반응이 없었다. 그런데 클레로는 환심을 사는 데 이상한 수단을 썼다. 이를테면 그는 우리에게 음식을 사주겠다며 빵집 안으로 데려가서는 홍차 3잔이라고 위엄 있게 주문했다.

"저는 레모네이드가 좋은데요."

푸페트가 말했다.

"홍차가 개운하고 좋아요."

"저는 레모네이드를 마시겠다고요."

"그럼 레모네이드 3잔."

그는 마지못해하면서 말했다.

"홍차를 드시지 그러세요."

"나만 다른 건 싫습니다."

그는 내내 실패를 거듭하고는 분통을 터뜨렸다. 이따금 동생에게 속달을 보내서 실례를 용서하라고도 했다. 유쾌한 친구가 되기로 맹세하며, 앞으로 더욱 솔직해지도록 노력하겠다는 것이었다. 그런데 다음에 다시 만나면, 입이 동동 뜰 정도로 지껄여대는 통에 오히려 우리가 냉담해지도록 만들었다. 그러면 그의 얼굴은 후회로 일그러졌다.

"행운을 빌어, 비버."

우리가 시험장인 소르본 대학 도서관의 자리에 앉자 에르보는 매우 부드러운 목소리로 내게 말했다. 나는 옆자리에 커피가 가득 든 보온병과 비스킷 상자를 놓았다. 라랑드 교수가 '자유와 우발성'이란 주제를 발표했다. 모두의 시선이 생각하듯이 천장을 향했다. 만년필이 움직이기 시작했다. 나는 여백을 메워 나갔다. 수월하게 풀려 가는 느낌이었다. 오후 2시에 자자와 프라델이 나를 마중 나왔다. 카페 플로르에서 레모네이드를 마신 우리는 노랑과 보라색 붓꽃이 피어 있는 뤽상부르 공원을 오랫동안 산책했다. 나는 온건하기는 하지만 프라델과 약간 가시 돋친 토론을 했다. 몇 가지 점에서 우리는 늘 의견이 달랐다. 그는 행복과 불행, 신앙과 무신앙, 감정과 무감정 사이에는 차이가 전혀 없다고 주장했다. 나는 그와 반대되는 견해를 고집스럽게 믿고 있었다. 내가 누구와 교제하든 에르보는 비난을 했는데, 내가 사람들을 두 카테고리로 나누고 있었기 때문이다. 몇몇 사람들에게는 아주 강한 애착을 느끼지만, 대부분에게는 콧방귀도 뀌지 않을 정도로 무관심하게 대했다. 프라델은 모든 사람을 하나로 뭉뚱그리고 있었다. 2년쯤 전부터 우리 사이는 약간 험악해졌다. 그저께 프라델은 편지로 나를 비난했다.

"우리는 많은 점에서 동떨어져 있어. 그건 당신이 생각하는 것 이상이야. 그리고 내가 생각하는 것 이상이고……. 나는 타인에 대한 당신의 호의가 너무 편협스러워 견딜 수 없어. 모든 인간을 똑같은 사랑의 범주에 넣지 않고 어떻게 살아갈 수 있다는 거지? 그런 다른 의견들에 대해 참을성이 그렇게도 없으면서 말이야."

그는 우호적으로 끝을 맺었다.

"당신의 열의가 비양심적으로 느껴지고 나와는 반대여서 괴로워도, 여전히 내 우정은 매우 깊어. 다만 설명하기 힘들 뿐이야."

그날 오후도 그는 내게 사람들에 대한 연민을 설득했다. 자자는 조심스럽게 그의 주장에 가세하고 있었다. 왜냐하면 그녀도 성서의 규율을 받아들여 모시기 때문이다. 선입견은 금물이다. 나는 미워하지 않고서는 사랑할 수 없다고 생각했다. 나는 자자를 좋아하긴 했지만 그녀의 어머니는 질색이었다. 프라델도 나도, 서로 한 발짝도 물러서지 않은 채 헤어졌다. 나는 자자와 저녁 식사 시간까지 함께 있었다.

"프라델과 너와 함께 있는데, 내가 제삼자로 느껴지지 않았던 적은 처음이야."

자자가 말했다. 그녀는 그에게 깊이 감동하고 있었다.

"프라델만큼 훌륭한 청년은 없을 거야."

그녀는 들뜬 목소리로 말했다.

이틀 뒤, 내가 최종시험을 끝내고 나왔을 때 그들은 격앙된 목소리로 이야기하면서 소르본 대학 교정에서 나를 기다리고 있었다. 시험이 끝나서 어찌나 홀가분하던지! 아버지는 그날 저녁 뢴 루스 극장에 데려다주었고, 리프에서 저녁을 먹었다. 그러고는 정오까지 잠을 잤다. 점심식사 뒤에 나는 베리 가에 있는 자자의 집으로 갔다. 그녀는 하양과 검정 무늬가 있는 파란색의 얇은 실크 옷을 입고, 커다란 밀짚모자를 쓰고 있었다. 초여름부터 더욱 성숙해진 그녀는 얼마나 아름다웠던가! 샹젤리제 거리를 걸으면서 자자는 자기 안에서 느끼는 새로운 생명에 놀라고 있었다. 2년 전에 앙드레와 헤어졌을 때, 그녀는 앞으로 단지 목숨만 이어갈 뿐이라고 믿었다. 하지만 지금은 그 즐거웠던 유년시절처럼 편안하게 들뜨고 설레는 것이었다. 그녀는 다시 독서와 사상, 자기 자신의 생각에 흥미를 갖게 되었다. 특히 미래에 대해 자신도 모르는 어떤 신뢰감을 안고 있었다.

같은 날 밤 12시쯤에 우리는 아그리퀼퇴르 극장에서 나왔다. 프라델은 내게 자자를 어떻게 평가하느냐고 물었다. 그는, 그녀는 자기가 잘 아는 것이 아니거나 진실로 느낀 바가 아니면 결코 말하는 법이 없다며, 그 때문에 그녀는 자주 침묵하지만 그녀의 말 한 마디 한 마디에는 무게가 있다고 말했다. 또, 자자가 곤란한 경우에도 의연한 태도를 보인다며 칭찬했다. 그리고 자자를 산책에 데리고 와 달라고 내게 부탁했다. 나는 집으로 돌아오면서 기쁨으로 가슴이 벅차오르는 것을 느꼈다. 그해 겨울, 내가 프라델에게 자자에게서 온 편지 얘기를 했더니 그는 주의 깊게 들었다. 자자는 자주 편지에 두세 마디 매우 호의적인 투로 프라델에 대해 썼다. 그들은 서로 사랑하기 위해 태어났다. 그들은 서로 사랑하는 것이다. 나의 가장 귀한 소망이 이루어졌다. 자자는 행복한 인생을 살리라!

다음 날 아침, 내가 아그리퀼퇴르 극장에 간 사이에 에르보가 집에 왔었다고 엄마가 알려주었다. 시험장을 나설 때 그는 자신의 성과에 상당히 불만스런 상태여서 나와 만날 약속을 하지 않았던지라 더욱 그가 그리웠고 안타까웠다. 실망감에 젖은 채 슈크림을 사러 아래층으로 내려가다가 계단 밑에서 에르보를 만났다. 에르보는 내게 점심 초대를 했다. 슈크림을 금세 산 뒤 우리는 습관대로 '백합'으로 갔다. 그는 우리 부모님의 환영에 몹시 감동한 눈치다. 아버지는 그에게 반군국주의를 이야기했고, 그도 완전히 같은 의견이었다. 그는 아버지에게 당했다는 것을 알고 크게 웃었다. 다음 날 그는 바뇰드로른에 있는 아내에게 돌아갈 예정이었다. 10일쯤 뒤에 파리로 돌아와서 사르트르와 니장과 구술시험을 준비하기로 했으니 나도 참가하라고 은근한 권유를 했다. 그 무렵, 사르트르는 나와 알고 지내기를 원해서 나를 만나고 싶다고 청해 왔지만, 에르보는 나가지 말아 달라고 내게 부탁했다. 에르보가 없는 틈을 타서 사르트르가 나를 독점하려 한다는 것이었다.

"나의 가장 소중한 감정을 다른 사람이 알게 하고 싶지 않아."

에르보는 의미심장한 어조로 말했다. 우리는 동생을 사르트르와의 약속 장소에 보내기로 결정했다. 시몬이 갑자기 시골에 내려갔기 때문에 대신 자기가 나왔노라고 말하기로 했다.

그렇다, 나는 이제 곧 에르보와 다시 만날 수 있다. 그의 동료로 받아들여진 것이 매우 기뻤다. 별로 내키지도 않는 구술시험 준비에 들어갔다. 내가 좋아하는 책을 읽고, 산책을 했으며, 하고 싶은 일을 했다. 푸페트가 사르트르와 저녁을 보내는 동안, 나는 지난 1년 세월과 나의 청춘 전체를 기분 좋게 회상하고, 밀려오는 감동과 함께 미래를 생각했다.

"불가사의한 자신감, 내 안에서 느껴지는 이 풍부함이 받아들여지리란 예감. 누군가 내 언어를 듣고 수용하리라. 이런 나의 인생은 다른 사람들이 물을 길러 오는 샘이 되리라. 천직이라는 확신과 함께……."

나는 신비로운 비상(飛翔)을 느끼던 때와 똑같이 열에 들떠 있었다. 하지만 대지에서 발을 떼지는 않았다. 나의 왕국은 분명 이 세계에 존재한다. 귀가한 동생이 내가 집에 있어 다행이라고 했다. 사르트르는 우리의 거짓말을 눈치챘으면서도 기꺼이 받아들여 주었다고 했다. 그는 동생을 데리고 극장에도 갔고, 아주 친절히 대해 주었다. 그러나 이야깃거리가 다 소진되고 말았다는 것이다.

"사르트르에 대해 에르보가 했던 말은 모두 꾸며낸 거였어."

동생은 말했다. 그녀는 에르보에 대해 조금 알게 된 뒤부터 그를 매우 재미있다고 생각하던 참이었다.

나는 시간 여유가 생겨 평소 만나지 못했던 지인에게 인사를 하러 다녔다. 랑베르 선생님에게 갔는데, 그녀는 나의 차분함에 놀라워했다. 쉬잔 부아그는 결혼생활이 어찌나 행복한지 제정신이 아닌 듯했다. 우울한 리스만과 함께 있을 때는 따분했다. 스테파는 두 달쯤 전부터 자취를 감춘 상태로, 그녀는 페르낭이 빌린 몽루즈의 아틀리에에서 지내고 있었다. 그들은 함께 살고 있는 것 같았는데 자기의 방탕을 감추기 위해 나와 만나지 않는 듯했다. 어느 날 그녀는 결혼반지를 끼고 느닷없이 내 앞에 나타났다. 아침 8시에 나를 만나러 왔다. 우리는 몇 주일 전에 몽파르나스에 개점한 도미니크라는 러시아 식당에서 점심을 먹은 다음, 종일 산책을 하거나 수다를 떨었다. 저녁은 옅은 빛깔의 우크라이나산 카펫이 깔린 그녀의 아틀리에에서 먹었다. 페르낭은 아침부터 밤까지 그림을 그리면서, 자신의 작품 세계에서 큰 진보를 이루었다. 며칠 뒤에 그들은 결혼 축하연을 열었다. 러시아인들, 우크라이나인들, 스페인 사람들이 왔고, 모두 미미하지만 그림을 그리거나 조각 또는 음악을 했다. 스테파는 가까운 시일에 페르낭과 마드리드로 떠날 예정인데, 그곳에서 눌러 살 계획이었다. 그녀는 여행 채비와 집안일로 정신이 없었다. 우리의 우정—뒷날 이 우정은 신선하게 분출될 것이다—은 무엇보다도 추억에 의해 자라고 있었다.

나는 여전히 프라델, 자자와 자주 외출을 했다. 이제는 내가 마치 끼어든 사람처럼 느껴졌다. 그들은 어찌나 죽이 잘 맞던지! 아직 자자는 자신이 원하는 바를 솔직하게 인정하지 않았지만, 어머니의 간청에 저항할 용기를 얻은 것이다. 마비유 부인은 그녀에 대한 혼담을 진행하고 있었고, 끊임없이 자자를 닦달했다.

"대체 그 청년이 어디가 그렇게 마음에 안 든다는 거냐?"

"글쎄 뭐 특별히…… 하지만 엄마, 그 사람을 사랑하지 않는걸요."

"들어 봐, 여자란 자고로 자기가 사랑하기보다는 남편의 사랑을 받아야 하는 거란다."

마비유 부인은 설명을 하면서 안절부절못하고 애를 태웠다.

"청년에게 이렇다 할 흠이 없다면 그럼 어째서 결혼을 하지 않겠다는 게냐? 네 언니는 자기보다 머리가 뒤떨어진 청년과 결혼해도 저렇게 잘 살고 있지 않니?"

자자는 이런 말다툼을 빈정거리는 투로, 아니 의기소침한 어조로 내게 하소연했다. 사실 어머니의 불만은 자자가 가볍게 받아들일 수 있는 것이 아니었다.

"저항하는 것도 이젠 지긋지긋해. 아마 두세 달 전이었다면 틀림없이 양보했을 거야."

자자는 구혼자를 매우 친절한 사람이라고 생각했지만 내가 보기에 그 청년은 프라델이나 나의 친구처럼 될 수 있을 성싶지 않았다. 우리 동아리에서 그는 꿔다 놓은 보릿자루가 되리라. 자자는 다른 사람들보다 떨어져 보이는 남자를 남편으로 맞는 일에 승복할 수 없었다.

마비유 부인은 자자가 강하게 고집을 피우는 진짜 이유가 뭘까 의심했음이 분명하다. 어느 날 내가 베리 가의 초인종을 눌렀을 때, 그녀는 냉정한 얼굴로 나를 맞았다. 얼마 안 있어 마비유 부인은 자자가 프라델과 만나는 것에 반대했다. 그런 와중에 우리는 두 번째 보트 놀이를 계획했다. 전전날 밤에 자자에게서 속달이 왔다.

"지금 엄마와 이야기를 했는데, 목요일에 너희와 보트 놀이를 가는 건 절대 불가능해. 엄마는 내일 아침에 파리를 떠나. 엄마가 집에 있다면 설득하거나 반항할 수도 있겠지만 엄마가 없을 때를 이용해 싫어하는 행동을 하지는 못하겠어. 불로뉴 숲에서 프라델과 너와 함께했던 그때처럼 멋진 순간을 다시 보낼 수 있으리라는 기대를 잔뜩 품었는데, 목요일 모임을 포기해야 한다니 너무 괴로운 일이야. 엄마 때문에 나는 너무나 심각한 상태에 빠져 버렸어. 그래서 앞으로 어디라도 좋으니 나를 조용히 내버려두기만 하는 수도원이 있다면 그곳에 3개월쯤 틀어박혀 버리고 싶은 심정이야. 당장에라도 그렇게 하고 싶어. 나는 정말 슬프단다……."

프라델은 안타까워했다.

"마비유 양에게 부디 잘 말해줘. 우리는 그녀가 약속을 잊지 않으면 낮에 만날 수도 있고 또 우연히 만날 수도 있다고 생각하는데……."

자자와 프라델은 내가 다시 공부를 시작한 국립도서관에서 만났다. 우리는 함께 점심을 먹었고, 그들은 단둘이서 산책을 했다. 그들은 2, 3번 더 둘이서만 만나더니, 7월 말쯤에 자자는 돌변한 모습으로 서로 사랑한다고 내게 털어놓았다. 프라델이 대학교수 자격시험에 합격하고, 병역을 마치면 결혼하겠다고 했지만 한편으로 자자는 엄마의 반대를 두려워하고 있었다. 나는 자자의 비관적인 생각을 비난했다. 그녀는 더 이상 어린애가 아니거니와 마비유 부인도 그녀의 행복을 바라므로 자자의 선택을 존중할 것이다. 반대할 이유가 없지 않느냐? 프라델은 아주 좋은 집안의 자제이고 가톨릭 신자였다. 틀림없이 훌륭한 경력을 쌓을 테고, 대학교수 자격시험은 반드시 그에게 품위 있는 환경을 보장해 주리라. 자자의 언니 릴리의 남편도 더 이상 검소한 생활을 하지 않았다. 자자는 고개를 저었다.

"그게 문제가 아니야. 우리 계층에서 결혼은 이런 식으로 진행되는 게 아니거든."

프라델은 나를 통해 자자를 알게 되었는데, 이것이 그들의 연애 이야기에서 나쁜 요건이 되었다. 게다가 오랜 약혼 기간은 마비유 부인을 초조하게 하리라. 하지만 자자는 고집스럽게도 '결혼은 이런 식으로 해서는 안 된다'고 거듭 강조하는 것이었다. 그녀는 여름 방학이 끝날 때까지 어머니에게 이야기를 하지 않기로 했다. 그러나 마비유 부인이 그전에 눈치챌 위험이 있고, 또 그렇게 되면 무슨 일이 벌어지겠는가? 자자는 그런 걱정에도 불구하고 로바르동에 도착했을 때 희망에 가득 차 있었다.

그녀는 내게 편지를 보냈다.

"믿음을 갖고 기다릴 거야. 아무리 걱정거리가 생기고 반대가 있더라도 참을 수 있다는 확신이 생겨. 인생은 멋진 거야."

에르보가 7월 초에 파리로 돌아와서 나를 저녁에 초대하고 싶다며 편지를 보냈다. 부모님은 내가 기혼 남성과 외출하는 것을 탐탁해하지 않았지만, 그때 나는 부모님의 영향에서 벗어난 상태였으므로 내 생활에 간섭하는 것은 거의 단념하신 듯했다. 나는 에르보와 〈순례자〉라는 연극을 본 뒤 저녁을 먹으러 리프로 갔다. 에르보는 내게 외젠의 최근 모험담을 들려주었고, 또 그가 매번 이길 수 있게 고안한 '브라질식 트럼프'를 가르쳐 주었다. 그는 자기 '패거리'가 일요일 아침에 대학도시(파리 남단에 있는 학생 거주 지역)에서 나를 기다린다고 말했다. 그들은 라이프니츠를 공부하는데, 내게 기대를 걸고 있다고도 했다.

사르트르의 방에 들어섰을 때, 나는 조금 어리둥절했다. 책과 종이들이 정신없이 흩어져 있었고, 담배꽁초가 널려 있는 데다 담배 연기가 자욱했다. 사르트르는 점잔을 빼며 나를 맞이했다. 그는 파이프 담배를 피우고 있었다. 한편, 말수가 적고 입을 다문 채 미소를 지으며 담배를 물고 있는 니장은 깊은 생각에 잠긴 듯한 모습으로 그 두꺼운 안경 너머로 나를 관찰하고 있었다. 온종일 나는 수줍음으로 굳어 버린 채, 딱딱하게 얼어 '형이상학'에 대해 비평했다. 밤에 에르보가 집까지 데려다주었다.

나는 날마다 사르트르의 방을 방문하게 되었다. 잔뜩 굳어 있던 나는 얼마 지나지 않아 익숙해지기 시작했다. 라이프니츠는 우리를 따분하게 했으므로 우리는 이제 그에 대해서는 충분히 알았다는 판정을 내렸다. 사르트르는 루소의 《사회계약론》에 대해 설명했다. 그는 이 저서에 대해 특별한 견해를 갖고 있었다. 실제로 모든 저자, 프로그램의 모든 장에 대해 타의 추종을 불허할 정도로 상세히 아는 사람은 그였다. 우리는 사르트르에게 귀를 기울일 따름이었다. 나는 이따금 논쟁을 시도했다. 이리저리 지혜를 쥐어짜 둘러대거나 내 의견을 고집하기도 했다.

"그녀는 교활해!"

에르보는 쾌활하게 말했고, 니장은 토론에 열중해 있는 듯 자기 손톱을 바라보고 있었다. 그러나 늘 사르트르가 한 수 위였다. 그를 공격하는 것은 불가능했다. 그는 자기 지식이 다른 사람에게 도움이 되도록 모든 노력을 다하고 있었다.

"그는 훌륭한 지성의 조련사다."

나는 일기에 적었다. 그의 관대함에 상당히 놀랐다. 왜냐하면 이런 연구 동아리에서 그가 배울 것은 아무것도 없었기 때문이다. 그런데도 잇속을 따지지 않고 그는 몇 시간이나 자신을 소모하는 것이었다.

우리는 주로 오전에 공부했다. 오후에는 대학도시 식당이나 몽수리 공원 옆 '셰 샤뱅'에서 점심을 먹은 뒤에 긴 휴식 시간을 가졌다. 건강미 넘치는 갈색 미인인 니장의 아내가 우리와 자주 만났다. 대학도시 근처 포르트 도를레앙에는 시장이 서 있었다. 우리는 일본식 구슬치기를 하거나 미니 축구 또는 사격을 하고, 복권에 당첨되어 빨간 꽃병을 받기도 했다. 그리고 니장의 작은 자동차에 끼어 타고는 각지의 카페테라스에서 맥주를 마셔가며 파리를 일주했다. 나는 고등사범학교 기숙사와 살풍경한 방 등을 구경하고, 관례에 따라 지붕에도 올라가 보았다. 산책 도중에 사르트르와 에르보는 즉흥적으로 작곡한 멜로디를 큰 소리로 노래했다. 두 사람은 데카르트의 제1장 '신, 다시 그 존재에 대하여'를 제목으로 작곡했다. 사르트르는 목소리가 좋고, 레퍼토리도 풍부했으며, 〈올드 맨 리버〉를 비롯해 유행하는 온갖 재즈 멜로디를 알고 있었다. 그의 희극적 재능은 학교에서도 유명했다. 해마다 열리는 축제에서 언제나 낭송 교수 역을 맡았다. 그는 〈아름다운 엘렌〉이나 1900년의 가곡 등을 연주하여 대성공을 거두었다. 사르트르는 자신의 몫을 다한 뒤에는 레코드를 축음기에 올려놓았다. 우리는 소피 터커, 레이턴과 존스턴, 잭 힐턴, 레블러스, 흑인영가 등을 들었다. 그의 방 벽은 날마다 새로운 데생으로 다채롭게 꾸며지고 있었다. 형이상학적 동물이나 외젠의 새로운 무용담 등이 주제였다. 니장은 오로지 라이프니츠의 초상을 그렸는데, 그에게 사제복을 입히거나 티롤 지방의 모자를 씌우고, 등에 스피노자의 발자국을 찍어놓기도 했다.

이따금 우리는 대학도시를 나와 니장의 공부방으로 갔다. 그는 바뱅 거리에 위치한, 온통 타일을 붙인 처가의 아파트에서 살고 있었다. 그의 방 벽에는 레닌의 커다란 초상화와 카상드르의 포스터, 보티첼리의 〈비너스의 탄생〉이 걸려 있었다. 나는 초현대식 가구와 좋은 책이 즐비한 서가를 보며 감탄했다. 니장은 3인방의 전위파였다. 그는 문학계를 드나들고, 공산당에도 가입했다. 그리고 우리에게 아일랜드 문학과 미국의 신진작가들을 소개해주었다. 최신 흐름과 미래의 흐름에까지 정통했다. 그는 우리를 어둡고 우울한 카페 플로르로 데려가더니 짓궂게 손톱을 깨물며 말했다.

"두 바보에게 장난 좀 치려고……."

공인철학에 항거하는 팸플릿과 '마르크스주의적 지혜'에 관한 연구를 준비하고 있는 그는, 별로 웃지 않았지만 자주 놀리는 듯한 미소를 지었다. 그의 말은 나를 매료하기는 했어도 놀리는 듯한 건성건성 하는 태도 때문에 쉽게 다가갈 수 없었다.

나는 어떻게 이토록 빨리 환경에 적응할 수 있었을까? 에르보는 나와 부딪히지 않도록 조심했지만, 3인방 '패거리'가 함께 있을 때는 스스럼이 없었다. 그들의 언어 구사는 도전적이고, 생각은 명백했으며, 판결은 확정적이었다. 또한 부르주아적인 규율을 비웃으며, 예비사관학교 시험 응시를 거부했다. 그때까지는 어려움 없이 나는 그들을 따라갈 수 있었지만, 많은 점에서 부르주아적인 추상적 만족감에 얽매여 있었다. 그러나 그들은 모든 이상주의를 가차 없이 짓밟았고, 훌륭한 영혼, 고귀한 영혼, 모든 영혼, 정신상태, 내면생활, 초자연, 신비, 선택된 사람들을 조롱했다. 그들은 기회가 있을 때마다—대화나 태도, 농담 속에서—인간은 정신이 아니라 욕구에 괴로워하는 육체이며, 거친 모험 속에 내던져진 존재라고 했다. 1년 전이었다면 그들이 나를 속일 수 있었으리라. 그렇지만 나는 학기가 시작된 이후로는 진보해 있었기 때문에, 나를 연명하게 하는 음식물보다 더 풍부한 음식을 먹고 싶다는 생각을 자주 했다. 새 친구들이 나를 초대하는 세계가 비록 험난해 보여도, 그것은 그들이 이 세계를 조금도 위장하고 있지 않기 때문임을 금세 이해했다. 그들은 결국 내가 늘 하고 싶어하던 일들을 감행하도록 요구했을 뿐이다. 즉 현실을 정면에서 똑바로 응시하는 것이었다. 그것을 실행할 결심을 하는 데는 긴 시간이 걸리지 않았다.

"당신이 '패거리'와 잘 어울려서 기뻐."
에르보는 말했다.
"하지만……"
"알아요. 그만 해요."
나는 말했다.
"당신은 당신이에요."
그는 미소 지었다.
"당신은 결코 패거리가 되지 못해. 당신은 비버야."
에르보는 애정 면에서처럼 우정으로도 나를 질투하고 있으며, 자기가 특별히 취급받기를 바란다고 말했다. 그는 자신의 특권을 단단히 유지하고 있었다. 동아리에서 밤에 함께 외출하자는 제안이 처음 나왔을 때, 그는 고개를 저으며 말했다.
"안 돼! 나는 오늘 밤에 보부아르 양과 극장에 갈 거야."
"좋고말고."
니장이 히죽 웃으며 말하자, 사르트르는 흔쾌히 덧붙였다.

"좋겠어!"

그날 에르보는 침울한 기분이었다. 왜냐하면 그는 시험에 떨어질지 모른다는 예상을 했고, 또 뭔가 분명치는 않으나 아내에 관한 어떤 이유가 있는 것 같았다. 버스터 키턴의 영화를 보고 우리는 작은 카페에 앉았지만 대화에는 활기가 없었다.

"따분하지 않아?"

그는 약간 걱정스러운 듯이, 그러면서도 매우 상냥하게 말했다.

"아니오."

나는 대답했지만 그의 염려 때문에 그에게서 조금 멀어진 듯한 기분이었다. 《니코마코스 윤리학》 번역을 돕는다는 핑계로 그와 시간을 보낼 때는 서로 다시 가까워진 듯한 느낌이 들었다. 그는 바노 가의 작은 호텔방 하나를 빌려 지냈는데, 우리는 그곳에서 공부했다. 하지만 그리 긴 시간 동안 공부를 하지는 못했다. 왜냐하면 우리는 아리스토텔레스에게 머리를 한 대 크게 얻어맞았기 때문이다. 그는 내가 전혀 알지 못했던 생종 페르스(프랑스의 외교관·시인, 1960년 노벨 문학상 수상)의 미완성 원고 《아나바즈(Anabase)》를 읽게 하고, 미켈란젤로의 《시빌(Sibylles)》 복제품을 보여주었다. 그리고 사르트르와 니장의 다양한 인간적 특색에 대해서도 내게 이야기했다. 에르보는 솔직하게 이 세상의 환희에 몸을 맡기고 있었다. 미술작품, 자연, 여행, 연애 책략, 쾌락 등에……

"그들은 늘 이해하려고 하지. 특히 사르트르는 더해."

그는 내게 말했다.

"사르트르가 생각하지 않을 때는 잘 때밖에 없을지도 몰라. 그때 말고는 항상 생각한다니까!"

에르보는 감탄과 두려움이 섞인 어조로 말했다. 그는 사르트르가 7월 14일 혁명기념일 밤을 함께 보내자고 제안하자 승낙했다. 알자스의 식당에서 저녁을 먹은 뒤에 우리는 대학도시 잔디 위에서 불꽃놀이를 구경하고 있었다. 사르트르—그의 인심은 화젯거리만큼이나 넉넉했다—는 우리를 택시에 태워 몽파르나스의 팔스타프로 데려가 새벽 2시까지 칵테일을 사주었다. 그들은 앞다투어 내게 친절을 베풀었고, 많은 이야기를 들려주었다. 나는 기분이 좋아 하늘을 날 듯했다. 동생은 잘못 본 것이다. 사르트르가 에르보보다 더 재미있었다. 그러나 내 우정에서 에르보가 첫 번째 자리를 차지한다는 것에는 세 사람이 같은 생각이어서, 에르보는 거리에서 여봐란듯이 내 어깨를 감쌌다. 그로부터 며칠 동안, 에르보가 이토록 공공연하게 나에게 애정을 표시한 적이 없었다.

"나는 널 정말로 좋아해, 비버."

그는 내게 이렇게 말했다. 니장의 집에서 내가 사르트르와 저녁을 먹게 되었는데, 에르보에게는 다른 일이 있었다. 그는 부드럽지만 위엄 있게 내게 부탁했다.

"오늘 밤, 내 생각을 해주겠어?"

나는 그의 목소리의 아주 미묘한 억양에도, 또 눈썹을 까딱하기만 해도 민감했다. 어느 날 오후, 국립도서관 홀에서 그와 이야기를 나누고 있을 때, 프라델이 우리 곁으로 다가와서 나는 흔쾌히 맞이했다. 그러자 에르보는 화난 모습으로 내게 인사를 하더니 횡허케 가 버렸다. 그 일로 나는 오후 내내 마음이 편치 않았다. 자기 행동의 효과에 크게 만족하고 있는 에르보를 밤에 다시 만났다.

"사랑스러운 비버! 내가 심술궂었지?"

그는 명랑하게 말했다. 나는 그를 스트릭스로 데려갔는데, 그는 그곳을 매우 쾌적하게 생각했다. 나는 나의 여러 가지 무모한 행동들에 대해 이야기해 주었다.

"당신은 정말 엉뚱해!"

그는 웃으며 내게 말했다. 그는 나에게 시골에서 보낸 소년시절과 파리에 온 일, 자기의 결혼생활 등에 대해 말했다. 우리는 전에 없이 친밀하게 이야기를 나누었으나 초조했다. 왜냐하면 다음 날, 필기시험 결과가 발표되기 때문이다. 에르보는 떨어지면 곧장 바놀드로른으로 떠나야 했다. 그리고 어쨌거나 내년엔 지방이나 외국으로 가서 직장을 찾기로 되어 있었다. 그는 올 여름에 리무쟁으로 나를 만나러 오겠다고 약속했다. 그런데 뭔가가 끝나 가려 하고 있었다.

다음 날, 나는 두근거리는 가슴으로 소르본 대학 쪽으로 발길을 옮겼다. 교문에서 사르트르와 마주쳤다. 니장과 사르트르와 나는 합격을 했으나 에르보는 떨어졌다. 에르보는 그날 저녁, 나를 만나기도 전에 파리를 떠났다.

"비버의 영원한 행복을 기원한다고 전해 줘."

그는 출발 전에 사르트르에게 보낸 속달 편지에 이렇게 썼다. 에르보는 일주일 뒤에 다시 나타났지만, 단 하루뿐이었다.

그는 나를 발자르에 데려갔다.

"뭘 마시겠어?"

그가 물었다.

"나의 시절엔 레모네이드였는데."

이렇게 덧붙이면서.

"지금도 당신의 시절이에요."

내가 말하자 그는 빙긋 웃었다.

"당신이 그렇게 말해 주길 바랐어."

그러나 우리 둘은 내가 거짓말을 하고 있다는 것을 알고 있었다.

"지금부턴 내가 당신을 인수하겠어요."

나의 합격을 알리면서 사르트르는 말했다. 그는 여성과의 우정에 취미가 있었다. 내가 소르본 대학에서 처음 사르트르를 보았을 때, 그는 모자를 쓰고 잔뜩 긴장한 모습으로 대학교수 자격시험 지원자인 한 여학생과 이야기를 하고 있었다. 그녀는 키가 크고, 바짝 마른 말처럼 생겼는데, 그때 나는 그녀가 무척이나 못생겼다고 생각했었다. 그녀는 곧 사르트르의 마음에 들지 않게 되었다. 그 뒤 그는 더 예쁘지만 꽤 잘난 체하는 다른 여학생과 친해졌는데 이내 말다툼을 하고 말았다. 에르보가 내 얘기를 했을 때 사르트르는 즉각 나와 알고 지내기를 바랐기 때문에, 지금 사르트르는 나를 독점할 수 있게 되어 무척 흡족해하고 있었다. 나는 지금까지의 시간이, 내가 그와 함께 있지 않았던 순간들이 크나큰 시간 낭비처럼 생각되었다. 보름 동안 계속된 구술시험 기간에 우리는 자는 시간을 빼고는 함께 있었다. 소르본 대학에 가서 시험을 치르고, 학우들의 과제 발표를 듣고, 또 니장 부부와 함께 외출도 했다. 우리는 발자르 기상대에 근무 중인 레몽 아롱과 당시 공산당에 입당한 폴리체르와 차를 마셨고, 대개는 단둘이서 산책을 했다. 센 강변에서 사르트르는 내게 《파르다이양》, 《팡토마스》 등의 탐정소설을 사주었다. 그는 리비에르와 푸르니에의 《왕복서한》보다도 이런 것을 훨씬 좋아했다. 밤에 사르트르는 서부영화를 보여주었다. 나는 주로 상징파 영화나 예술영화를 보아 왔으므로 이런 영화가 신기해서 이내 매료되었다. 카페테라스나 팔스타프에서 칵테일을 마시면서 우리는 몇 시간이고 이야기를 주고받았다.

"그는 결코 생각하는 것을 멈추지 않아."

에르보가 내게 했던 말이다. 그것은 그가 끊임없이 공식이나 학설을 토해 낸다는 의미가 아니다. 사르트르는 박식한 체하는 것에는 질색이었다. 그러나 그의 정신은 언제나 깨어 있었다. 그는 무기력함이나 수면상태, 도피, 회피, 휴전, 신중함, 존경 같은 것을 알지 못했다. 모든 것에 흥미를 갖는 동시에, 어떤 일도 맹목적으로 받아들이지 않았다. 신화나 언어, 인상, 선입관을 이용해 속이려 하지 않고, 사물을 정면에서 바라보았다. 그리고 그 근원과 결과, 다양한 양상을 이해할 때까지 만족할 줄을 몰랐다. 그는 어떻게 생각해야 할까, 어떤 사고가 재치 있을까, 총명할까, 하는 것을 스스로에게 묻는 법이 없었다. 단지 그가 생각한 것만을 자문했으므로 보증된 우아함에 목말라하는 미학자들은 실망했다. 2년 전에 사르트르의 발표를 듣고 바루지 교수의 토론회에서 눈부신 활약을 한 리스만은 내게 우울하게 말했다.

"그에겐 재능이 없어!"

또한 '분류'에 대한 과제 발표 때 보인 사르트르의 치밀한 성의는 그해에 우리의 참을성을 시험하는 것이었지만, 결국은 우리에게도 흥미를 갖게 하는 데 성공했다. 왜냐하면 그는 독창성을 잃지 않으면서도 어떤 순응주의에도 빠져 있지 않기 때문이다. 싫증낼 줄을 모르고 솔직하기도 한 그의 주의력은 사물을 풍부하고도 생생하게 파악하고 있었다. 이 풍요로운 우주의 곁에서 나의 작은 세계는 얼마나 옹졸한 것이었는지! 뒷날 나는 어떤 광적인 사람들을 보고서야 이와 유사한 겸손함을 갖게 되었다. 그 광인들은 장미 꽃잎 한 장 속에서 어둡고 복잡한 줄거리를 발견한 것이었다.

우리는 많은 것에 대해 대화를 했는데, 그중에서 특히 나의 흥미를 끈 주제는 '나 자신'이었다. 타인들이 내게 설명하려 하거나, 그들의 세계에 나를 종속시키려 할 때, 나는 조바심이 났다. 그런데 사르트르는 반대로 나를 나 자신의 체계 속에 놓아두려 시도했다. 그는 나의 가치와 계획의 빛 속에서 나를 이해했다. 내가 그에게 자크 이야기를 꺼냈을 때, 그는 별로 내키지 않는다는 듯 듣고 있었다. 나 같은 환경에서 자란 여자에게 결혼은 피하기 어려운 일이었을지도 모른다. 하지만 그는 결혼의 가치를 인정하지 않았다. 여하튼 나는 내 안에서 더 존중해야 할 것을 지켜야 한다. 자유에 대한 경향, 인생에 대한 애정, 호기심, 저술할 의지 말이다. 그는 이 계획에 용기를 북돋아 주었을 뿐만 아니라 나를 돕겠다고 했다. 그는 나보다 2년 연상—그 2년 동안을 유효하게 사용하고 있었다—으로 나보다 훨씬 빨리 훌륭한 출발을 했고, 모든 면에서 깊이 알고 있었다. 그러나 그 자신이 인정하고 있고, 또 내 눈에도 분명했던 그의 참된 우월성은, 미래의 저서에 그가 전념하게 될 평정하면서도 맹렬한 정열이었다. 나는 옛날에 크리켓이나 공부를 나보다 열심히 하지 않는 아이들을 경멸하곤 했다. 그런데 지금 나는 내부의 강한 열정이 들여다보이는 사람과 만난 것이다. 확실히 나와 사르트르를 견주어 볼 때, 내 열정은 얼마나 미지근한가! 나는 글을 쓰지 않는 다른 삶의 방법을 생각하지 않으면서 나를 특별히 예외적인 존재로 믿고 있었던 반면, 사르트르는 쓰기 위해서만 살고 있었다.

그는 물론 학자가 될 생각은 없었다. 관례, 계급, 경력, 가정, 권리, 의무 등 인생에서의 모든 성실한 것을 모조리 싫어하여, 직업이나 동료, 상사, 감독하거나 강요하는 규율 등을 갖는다는 생각조차 참을 수 없어했다. 그는 한 집안의 아버지는 절대 되지 않으리라, 결혼조차 하지 않으리라. 당시의 낭만주의와 23살인 그의 나이 때문에 대여행을 꿈꾸면서, 콘스탄티노플에서 하역인부와 좋은 친구 사이가 되리라, 매음굴에서 몸을 파는 여자들과 술에 절어 있으리라. 세계일주를 하면, 인도 천민들, 아틀라스 산의 정교 사제들, 뉴펀들랜드 어부들, 그들 중 누구도 그에게는 비밀 없이 모든 이야기를 해주리라. 그는 어디에도 뿌리를 내리지 않고, 거치적거리는 것을 소유하지도 않는다. 그것은 단지 자유롭고 가벼운 차림이 되기 위해서일 뿐만 아니라 모든 것을 증언하기 위해서이다. 그의 모든 경험은 작품에 유익해야 했기 때문에, 작품 제한하는 것을 단호하게 물리쳤다. 우리는 이 점을 논쟁했다. 적어도 이론적으로는 나도, 아주 정상을 벗어난, 위험하고 모험적인 인생이나 낙오한 인간들, 알코올이나 마약, 정열의 과잉을 찬미했다. 사르트르는 뭔가 할 말을 지닌 인간에게는 모든 에너지 낭비가 죄악이라고 했다. 그가 볼 때 예술작품, 즉 문학작품은 절대적인 목적이었다. 그것은 그것 자체로서의 존재이유이며, 그것을 창조한 자의 존재이유이고, 어쩌면—사르트르는 말로는 하지 않았지만 그렇게 생각한 것이 틀림없다—우주 전체의 존재이유라고까지 생각했다. 사르트르는 추상적인 비판에는 관심을 보이지 않고 어깨를 으쓱할 뿐이었다. 그는 정치나 사회문제에 흥미가 있었다. 니장의 상황에 호의를 보이기도 했지만, 사르트르가 해야 할 일은 글쓰기였다. 다른 것은 그 다음이었다. 게다가 당시에 그는 혁명가라기보다는 무정부주의자에 훨씬 가까워서, 현 사회를 거부하고 혐오할 만하다고 보았지만, 실제로 혐오하지는 않았다. 그가 말하는 '반대파의 미학'은 바보들이나 비열한 인간들에게 딱 들어맞았고, 또한 그럴 필요가 있었다. 만약 공격하거나 싸울 대상이 아무것도 없다면 문학은 대단한 것이 못 되었으리라.

미묘한 차이가 있기는 하지만, 사르트르의 태도와 나의 태도는 같은 종류의 것이었다. 그의 야심 속에는 사회적인 야망은 조금도 없었다. 그는 나의 정신주의적인 언어를 비난했지만, 그 또한 문학에서 구원을 바랐다. 안타까울 정도로 우발적인 이 세상에, 책은 어떤 필요한 것을 가져다준다. 그 필요한 것은 작가들에게 떠오른다. 몇 가지 사실들은 그가 직접 말해야만 전면적으로 정당화된다. 사르트르는 마티니를 3잔 마시고 색소폰 소리를 들으면 자기의 운명에 감동할 정도로 연약한 사람이었다. 그러나 필요하다면 그는 무명으로 남는 일도 수락했으리라. 중요한 사실은 그의 사상이 승리를 얻는 것이지 그 자신의 성공은 아니었다. 사르트르는—내게도 그랬듯이—자기가 '훌륭한 인물'이고 '가치 있는 사람'이라고는 절대 말하지 않았다. 하지만 그는 중요한 진실을 밝히고, 또한 그것을 세상에 강요할 사명이 자기에게 있다고 생각했다. 그가 내게 보여준 노트나 친구들과의 대화, 그리고 학교 공부 속에도 친구들을 경탄케 하는 개성과 일관된 사상이 있다고 단언했다. 그는 〈신문학〉지의 '오늘날 학생 앙케트'에 체계적인 발표를 하기도 했다. '우리는 J.P. 사르트르에게서 주목해야 할 우수한 기고문을 받았다'고, 롤랑 알릭스는 답신을 쓰면서 사르트르의 기고를 많이 인용했다. 거기에는 하나의 철학이 있고, 그것은 소르본 대학에서 우리가 배웠던 바와는 전혀 달랐다.

"필요한 것을 창출하는 일이 본분인 인간이 자기 자신을 숭고한 존재로 격상시키지 않는 것은 정신의 부조리이다. 그것은 자기들을 위해서가 아니라 남을 위해 미래를 예언하는 점쟁이 같은 짓이다. 그래서 나는 자연의 심연에서와 마찬가지로 인간존재의 심연에서도 역시 슬픔과 권태를 본다. 인간이 자기 자신을 하나의 존재로서 생각하지 않는 것은 아니다. 인간은 그러한 인간의 심연에 온갖 노력을 퍼붓게 되고, 또 그곳으로부터 '선'과 '악', 즉 인간을 위해 적용되는 인간의 사고(思考)들이 생겨난다. 삶과 인간을 머릿속에서 이론적으로 종합하려는 결정론 역시 공허한 사상이다. 우리는 당신이 바라는 만큼 자유로우나 무능하다……. 그 이외의 것, 권력의 의지, 행동, 생명은 공허한 이데올로기일 뿐이다. 어디에도 권력의 의지라는 것은 없다. 모든 것이 너무나 허약하고 모든 것은 죽음을 향해 간다. 특히 모험은 하나의 환상이다. 그럼에도 이런 환상과의 필연적인 연결고리에 대한 인간의 믿음은 계속 존재할 것이다. 모험가는 스스로를 자유롭다고 믿는 부조리한 결정주의자이다."

사르트르는 자기 세대와 이전 세대를 비교해 이렇게 결론을 내렸다.

"우리는 더 불행하지만, 감성은 훨씬 뛰어나다."

이 마지막 말은 나를 웃게 했다. 그러나 나는 사르트르와 이야기를 나누면서 그가 말하는 '우연성의 학설'에 담긴 풍부함을 끊임없이 보았다. 그곳에는 이미 존재, 실재, 필연, 자유 등에 관한 그의 사상이 싹트고 있었다. 언젠가 사르트르가 중요한 철학서를 쓰리라고 나는 확신했다. 다만 그것을 어렵게 한 것은 그가 전통적인 규약에 따라 이론을 정리할 의지가 없다는 데 있었다. 그는 스피노자와 마찬가지로 스탕달을 좋아했고, 철학을 문학에서 분리하기를 거부했다. 우연성을 하나의 추상적인 개념이 아닌 세계의 실제적인 차원으로 보았다. 사르트르가 발견했던 인간이나 사물 속의 그 은밀한 '연약함'을 민감하게 느끼게 하기 위해서는 예술의 모든 근원을 이용할 필요가 있었다. 당시에 이러한 시도는 아주 두드러진 것이어서, 어떤 양식에서도 어떤 틀에서도 본뜰 수가 없었다. 사르트르의 성숙한 사상에 놀랄수록 나는 그 사상을 발표하는 그의 매끄럽지 않고 세련되지 못한 논문에 당황했다. 사르트르는 그 개성 있는 진실의 사상을 표현하는 데 신화의 도움을 빌렸다. '아르메니아인 에르'는 신들과 티탄에게 그 역할을 분담시켰다. 이 낡아 빠진 분장 덕분에 학설의 신랄함은 손상되었다. 사르트르는 그런 점을 알았지만 개의치 않았다. 어쨌든 어떠한 성공도 미래에 대한 무분별한 자신감을 확립하기에는 부족했다. 그는 자기가 무엇을 하고 싶은지를 알고 있었고, 인생은 그의 눈앞에 펼쳐져 있었다. 언젠가 그는 이룩해내리라. 그의 건강함과 낙천적인 성격이 모든 시련을 덮으리라는 것을 나는 한순간도 의심한 적이 없었다. 그의 결의는 매우 합리적이었기 때문에 언제, 어떤 방법으로든 그것이 성과를 거두리라는 것은 확실했다.

나는 처음으로 누군가에게서 지적으로 지배당한다고 느꼈다. 나는 나보다 훨씬 나이가 위인 가릭이나 노디에에게서도 그런 점을 느끼기는 했지만, 그것은 막연하고 멀기만 해서 그들과 나를 비교할 만한 것이 못 되었다. 나는 사르트르와 매일같이 겨루려 했고, 그와의 토론에서 관대하지 못했다. 어느 날 아침 뤽상부르 공원 메디시스 분수 옆에서 나는 각자에게 나름대로 논리가 있다는 도덕적 다원론을 그에게 펼쳤다. 이 이론에 의하면 그런 사람들이 되고 싶지는 않지만, 자기가 좋아하는 사람들을 변호할 수 있었다. 사르트르는 그것을 한마디로 부정했다. 그렇지만 도덕에 의해 나는 내 마음의 선악을 판결하는 심판관일 수가 있었기 때문에 고집을 부렸다. 3시간 동안이나 발버둥쳐 보았지만 패배를 인정할 도리밖에 없었다. 게다가 나는 이 대화를 하는 동안 내 의견의 대부분이 편견이거나, 아니면 불성실함, 경솔함에서 온 것임을 알았다. 나의 논리는 편협하고 내 사고는 혼돈 그 자체였다.

"나는 이제 내가 생각하는 것에, 그리고 생각하는 것조차도 자신이 없다."

놀라서 일기에 이렇게 썼다. 나는 자존심을 그곳에 개입시키지 않았다. 뽐내기보다는 호기심이 강했다. 화려하게 보이기보다는 배우고 익히는 것이 좋았다. 그렇더라도 몇 년 동안의 거만한 고독 뒤에 자신이 특별한 존재도 아니고, 또 제1급의 존재도 아니란 사실을 발견한 것은 커다란 사건이었다. 나는 단지 다른 많은 사람 가운데 하나에 불과했다. 갑자기 나의 참된 능력에 자신이 없어졌다. 왜냐하면 나를 평범한 사람으로 느끼게 하는 이는 사르트르만이 아니었기 때문이다. 니장, 아롱, 폴리체르 등 그들은 나보다 훨씬 앞서 있었다. 나는 서둘러 시험을 치를 준비에 돌입했지만, 그들의 교양은 훨씬 확고해서, 내가 모르는 많은 새로운 것에 능통해 있었다. 그들은 토론에 익숙했으나 나에게 특히 방법과 통찰력이 부족했다. 내게 지적인 세계는 더듬더듬 찾아가는 광대하고 복잡한 사상의 퇴적이었던 것이다. 하지만 그들의 탐구는 적어도 대략 말해서 방침이란 게 있었다. 이미 그들과의 사이에 커다란 차이가 있었다. 모두 아롱이 브룅슈비크의 이상주의에 지나치게 역성을 든다고 비난했다. 그러나 다들 나보다 훨씬 합리적으로 신의 존재에 대한 결론을 이끌어내고, 철학을 하늘에서 지상으로 내려놓았다. 또 나를 경탄케 한 점은 그들이 장래에 저술할 책에 대해 어느 정도 확고한 사고를 하고 있다는 사실이었다. 나는 '모든 것을 털어놓겠다'고 수도 없이 말했지만, 그것은 방대한 것인 동시에 지나치게 부족했다. 소설을 쓰기에는 생각지도 않았던 무수한 문제가 있다는 점을 발견하고 시무룩해졌다.

하지만 나는 낙담하지 않았다. 미래에는 내가 예상했던 것보다 훨씬 더한 난관이 있었지만, 더 현실적이고 더 확실했다. 온갖 무형의 가능성 대신에 눈앞에는 확고하게 정의된 들판이 그 문제와 노력, 재료, 용구, 저항과 함께 펼쳐져 있음을 보았다. 나는 무엇을 해야 할지 자문하지 않게 되었다. 모든 것을 해야만 한다. 옛날, 내가 그렇게 하고 싶다고 바랐듯이 실수와 싸우고, 진실을 탐구하며, 진실을 말하고, 세상에 밝히며, 어쩌면 이곳을 바꾸는 데 협력해야 한다. 시간을 들여야 한다. 노력하고 분발해야 한다. 이것은 내게 맹세한 것 중 극히 일부분뿐이다. 그러나 나는 두렵지 않았다. 승부는 정해지지 않았다. 모든 것은 아직 가능한 상태였다.

게다가 큰 행운이 찾아들었다. 이러한 미래 앞에서 나는 더 이상 외톨이가 아니었다. 지금까지 내가 무게를 두던 남자들—자크와 에르보—은 나와는 다른 인간들이었다. 초탈한, 붙들 것 없는, 갈피를 잡을 수 없는, 뭔가 불길한 것에 운명 지어진 남자들이었다. 그들과는 마음 편히 이야기할 수 없었다. 하지만 사르트르는 나의 15살 시절의 소망에 딱 들어맞았다. 그는 또 다른 나이고, 내 모든 열정을 극단적으로 지니고 있었다.

그와는 언제 어디서나 함께 나눌 수 있었다. 여름 방학 동안 그와 헤어져 있던 8월 초에 나는 그가 내 인생에서 이젠 절대로 떼어놓을 수 없는 존재임을 깨달았다. 그러나 이것이 확실해지기 전에 나는 먼저 자크와의 관계를 청산해야 했다.

나는 '나의 과거와 마주했을 때 어떻게 느낄까?' 9월 중순 메리냐크에서 파리로 돌아와 레귀용 가의 벨을 눌렀을 때, 나는 걱정스레 이렇게 자문했다. 자크는 1층 서재에서 나와 내게 악수를 청하며 맞이했다. 빨간 소파에 앉아서 나는 자크의 군대생활과 아프리카, 그 권태로움에 귀를 기울였다. 기쁘기는 했지만 조금도 감동하지는 않았다.

"다시 이렇게 만나니 꼭 옛날로 돌아간 것 같아!"

나는 그에게 말했다.
"우리에게는 당연한 일이지!"
그는 그렇게 말하면서 손가락으로 머리칼을 쓸어 올렸다. 회랑의 어슴푸레함과 자크가 하는 일, 그의 목소리가 되살아났다. 나는 자크를 너무나 많이 기억하고 있었다. 그날 일기에 이렇게 적었다.
"나는 결코 그와 결혼하지 않으리라. 이제 나는 그를 사랑하지 않는다."
이런 식으로 거칠게 과거를 청산한 것에 나는 놀라지 않았다.
"내가 그를 좀더 사랑하던 시절에 우리 사이에는 늘 깊은 엇갈림이 존재했었다. 그리고 그것을 뛰어넘기 위해 나는 나 자신을 희생해야만 했다. 그렇지 않으면 사랑을 거슬러야 했던 것이다."
나는 내 미래에 대해 확실한 방침을 정하기 위해서 자크와의 대면을 기다리기라도 한듯이 나를 위장했던 것인데, 사실은 몇 주일인가 전부터 이미 결심은 서 있었다.
파리는 사람들이 아직 휴가에서 돌아오지 않아 한산했다. 나는 자크를 자주 만났다. 그는 마그다와의 일을 소설처럼 이야기해 주었다. 내가 새로 사귄 친구들 이야기를 했는데도 자크는 별로 기뻐하지 않는 듯했다. 질투하는 것일까? 그에게 나는 무엇이란 말인가? 그는 나에게 무엇을 기대하는 걸까? 그의 집이나 스트릭스에서 우리는 단둘이 있었던 적이 없고 거의 언제나 제삼자가 곁에 있었으므로 나로선 더더욱 예측하기 어려웠다. 나는 조금 걱정이 되었다. 자크와 헤어져 있을 때는 그를 세상에 없는 애정으로 감쌌지만, 그와 함께 있는 지금 만약 그가 그것을 내게 바란다면 나의 두 팔은 텅텅 비어 있으리라. 그는 내게 아무것도 바라지 않았다. 그러나 이따금 막연하지만 숙명적인 어조로 자기의 미래를 말하곤 했다.
어느 날 밤, 새로 이사한 집 집들이에 자크, 리케, 올가, 동생을 초대했다. 가구 등 살림살이는 아버지가 돈을 내주었다. 나는 내 방이 무척 마음에 들었다. 동생은 테이블에 브랜디와 베르무트(혼성주), 컵, 접시, 비스킷 등을 차리는 일을 도왔다. 올가가 조금 늦게 혼자 와서 우리는 무척 실망했다. 그렇지만 2, 3잔 술이 들어가자 대화는 단연 활기를 띠었다. 우리는 자크가 어떤 사람인지, 그의 미래는 어떻게 될지 이야기했다.
"모든 것은 그의 부인 몫이야."

올가가 말했다. 그러고는 한숨을 쉬었다.

"안타깝게도 그녀는 자크에게 어울리지 않아."

"누굴 말하는 거야?"

나는 물었다.

"오딜 리오쿠르. 자크가 뤼시앵의 동생과 결혼한다는 걸 몰랐어?"

"응."

나는 망연자실해서 대답했다. 그녀는 신바람이 나서 그렇게 된 속사정을 자세히 말해 주었다. 알제리에서 돌아온 자크는 친구인 리오쿠르의 별장에서 3주일을 보냈다. 그때 리오쿠르의 동생이 자크에게 흠뻑 빠져서 부모님에게 자크와 결혼하게 해달라고 선언했다. 뤼시앵이 자크에게 의중을 물으니 그도 승낙했다. 자크는 그녀를 거의 모르는 상태지만, 올가의 말로는 막대한 지참금 외에는 이렇다 하게 내세울 장점이 없다고 한다. 이로써 자크가 왜 나와 단둘이 있는 것을 피했는지 이해할 수 있었다. 그는 나에게 침묵할 수도, 감출 수도 없었으리라. 그가 오늘 갑자기 초대에 응하지 않은 까닭도 올가에게서 그 이야기를 듣게 하기 위해서였던 것이다. 나는 무관심을 가장하고 있었다. 그러나 동생과 단둘이 있게 되자마자 분노를 터트렸다. 그리고 동생과 오랫동안 파리 밤거리를 걸으면서, 우리 어린시절의 영웅이 계산 빠른 부르주아로 변해 버렸음을 한탄했다.

내가 자크의 집을 다시 찾았을 때 그는 약혼자에 대해 조금 거북한 듯이 얘기하고, 특히 자기의 새로운 책임에 대해 힘주어 말했다. 어느 날 저녁에 나는 자크에게서 수수께끼 같은 편지를 받았다. 나의 인생길을 펼쳐놓은 사람은 그였지만, 지금으로서는 내 뒤를 따라갈 수 없어 바람 속에서 발버둥을 치고 있다고 썼다.

"그 바람은 피로와 겹쳐져서 까닭도 없이 늘 사람을 울게 만든다."

이 말은 나의 가슴 밑바닥에서 울려왔다. 그렇지만 답장은 쓰지 않았다. 아무것도 쓸 말이 없었다. 어쨌든 결말이 난 사건이었다.

이 사건은 자크에게 어떤 의미가 있었던 것인가? 그 자신은 어떤 인간이었던 것일까? 결혼으로 그의 진정한 모습이 밝혀지고, 청년기에 나타난 낭만주의의 발작 뒤에 평온하게 타고난 부르주아로 돌아가게 되리라고 생각한 것은 내 착각이었다. 나는 이따금 그의 아내와 함께 만났다. 그들은 사이가 좋으면서도 어딘가 모르게 가시 돋친 구석이 있었다. 우리는 만나지 않게 되었다. 그 뒤에 나는 몽파르나스의 바에서 얼굴은 퉁퉁 붓고 눈물에 젖은, 확연하게 알코올에 중독된 고독한 자크를 발견했다. 그는 자녀가 다섯인가 여섯이었으며, 위험한 투기에 골몰했다. 자크는 상점 물건을 동업자에게 넘기고 대대적 건축을 위해 낡은 레귀용 공장을 허물었다. 하지만 운 나쁘게도 공장을 허문 뒤에 빌딩을 지을 자금이 모이지 않았다. 그는 이 모험적인 사업에 투자하기를 거부한 장인과 자기 어머니와도 사이가 틀어졌다. 돈을 남김없이 털어 넣고, 공장 재료까지 저당 잡혔는데 결국은 그것도 팔아넘겨야만 했다. 자크는 한동안 동업자의 공장에서 일했지만 얼마 안 가서 해고당했다.

설령 신중하게 새로운 사업에 착수하여 그것에 성공했다 하더라도, 어떻게 자크가 스테인드글라스 공장을 닫을 마음을 먹었을까? 자크는 자기 공장이 쇠붙이를 제조하는 것이 아니라 훌륭한 스테인드글라스를 제작한다는 사실에 무관심하지 않았음이 분명하다. 더욱이 1925년 박람회 이후 몇 년 동안 장식예술은 약진을 했다. 자크는 근대 미학에 매료되어 스테인드글라스에 커다란 가능성이 있다고 믿었다. 이론적으로 볼 때 그것은 진실이었으나 실제로는 그것을 깨부수어야만 했던 것이다. 가구, 유리그릇, 옷감, 벽지 등의 분야에서 새로운 것을 고안할 수 있었고, 또 고안해야만 했다. 왜냐하면 고객인 부르주아는 새로운 상품을 갈망하고 있었기 때문이다. 그런데 자크는 뒤떨어진 유행 취미를 가진 시골 사제의 마음에 들 만한 상품을 만들어야 했다. 그가 할 수 있는 일은 돈을 잃거나, 옛날과 똑같은 레귀용 상점의 칙칙한 스테인드글라스를 아틀리에에서 제작하거나, 그 둘 중의 하나였다. 이런 상황에서 자크는 추악함에 정나미가 떨어져 예술과는 전혀 무관한 사업에 뛰어든 것이다.

돈도 없고, 직장도 잃은 자크는 한동안 친정에서 생활비를 받던 아내에게 휘둘려 살았다. 두 사람 사이는 원만하지 않았다. 쓸모없는 방탕자에다 여자 뒤나 쫓고, 폭음을 하며 거짓말을 하는…… 나머지는 생략하자. 자크는 미움받아도 할 말이 없는 남편이었음이 분명하다. 아내 오딜은 마침내 헤어지자는 말을 하고 자크를 쫓아냈다. 어느 날 생제르맹 가에서 나는 20년쯤 만나지 않았던 자크와 우연히 마주쳤다. 45살이건만 60살이 넘어 보였다. 머리칼은 새하얗고 눈은 충혈되어 있었다. 그에겐 시선도 미소도 없었고, 얼굴 살은 쏙 빠져 있었다. 너무나 볼이 꺼져서 광대뼈가 북 튀어나와 코가 자크의 할아버지인 플랑댕과 똑같았다. 그는 센 강변 세관에서 서기 비슷한 일을 하면서 월 2만 5천 프랑을 벌고 있었다. 내게 보여준 서류에는 도로 인부라고 기재되어 있었다. 그는 부랑인 같은 옷을 입고 초라한 방 하나를 빌려 살면서, 음식은 거의 먹지 않고 술만 마셨다. 그 뒤 얼마 안 있어 그는 그 직장마저 잃어 완전히 수입원이 끊겨졌다. 그가 어머니나 동생들의 집에 먹을 것을 구하러 가면 그들은 창피한 줄도 모른다며 나무랐다. 누이동생과 몇몇 친구만이 그에게 도움의 손길을 베풀었다. 그러나 그를 돕는 것은 쉬운 일이 아니었다. 그는 자기 자신을 구하기 위해 손가락 하나 까딱하려 하지 않을 정도로 뼛속까지 완전히 소진해 버렸다. 그는 46살에 육체적인 소모로 죽어 버린 것이다.

"아, 나는 어째서 너와 결혼하지 않았을까!"

우리가 다시 만난 날, 자크는 내 두 손을 꼭 쥐며 감개무량한 듯 외쳤다.

"안타까운 일이야! 하지만 어머니는 늘 사촌끼리의 결혼은 저주를 부른다고 거듭 말했었지."

그렇다면 자크는 나와의 결혼을 생각했던 것이다. 그럼 언제 그 생각을 바꾸었을까? 정확히 말해 무슨 까닭으로? 어째서 독신으로 계속 살지 않고 그토록 어리석고 멍청하며 분별없는 결혼에 뛰어들었을까? 나는 그것을 알 수가 없었다. 아마 자크 스스로도 머리가 혼돈으로 몽롱해져서 그 까닭을 알지 못했으리라. 나는 그가 전락한 과정을 알아내려고도 하지 않았다. 왜냐하면 자크의 가장 큰 걱정이자 관심사는 그 일을 내가 잊게 하는 것이었기 때문이다. 그가 깨끗한 셔츠를 입고 배부르게 먹은 날이면 레귀용 가의 화려했던 과거를 자랑스레 이야기해 주었고, 그때 그의 모습은 대단한 부르주아 같았다. 가끔은 비록 자기가 성공했다 하더라도 다른 녀석들과 큰 차이가 없었을 거라고 말하기도 했으나 이런 엄격함은 얘기의 핵심을 벗어나는 것이었다. 그가 그토록 요란한 실패를 겪은 것도 사실상 우연은 아니었다. 그는 평범한 실패로는 만족하지 않았다. 사람들은 여러 가지 면에서 자크를 비난했지만, 어쨌든 그는 비열했던 적은 절대 없었다. 그러다가 자크는 밑바닥 세계로 굴러 떨어져서, 내가 그의 청년시절에 이름 붙였던 그 '파괴광'에 홀려 있었음이 틀림없다. 물론 그는 책임 있게 살기 위해 결혼했으리라. 자기의 쾌락과 자유를 희생함으로써 그는 새로운 인간으로 다시 태어나고, 의무와 권리에 확신을 갖고 사무실과 가정에 순응할 수 있다고 믿은 것이다. 그러나 이런 의지는 아무런 응답을 하지 않았다. 그는 그냥 그대로일 뿐 변하지 않았다. 부르주아인 채로 있지도 못했고, 또 거기서 벗어나지도 못했다. 그는 남편이나 한집안의 가장이라는 역할에서 벗어나기 위해 바로 도피했던 것이다. 그와 동시에 그는 부르주아적인 가치의 척도 위로 올라가려고 했다. 그것도 인내심을 요구하는 일에 의해서가 아니라 단숨에 성공하는 일을 통해서였다. 그는 너무나도 신중함이 결여되어 있었으므로, 그의 은밀한 소망은 추락하여 등뼈가 부러지는 정도의 부상을 입은 것이 아닐까 여겨질 정도였다. 이 운명이, 레귀용 가의 영광과 티끌 사이에서 버림받고 공포에 시달린 7살짜리 가장의 가슴에 단단히 맺혀 있었음에 틀림없다. 어렸을 때 자크는 우리에게 '세상 사람들과 똑같이 살라'고 자주 권했는데, 그 자신이 결코 그렇게 될 수 없다는 막연한 불안감 때문이었는지도 모른다.

나의 미래가 뚜렷한 형태를 띠기 시작했을 무렵, 자자는 그녀대로 자기의 행복을 위해 분투하고 있었다. 그녀의 맨 처음 편지는 희망으로 가득했다. 다음 편지는 그보다 낙관적이지 않았다. 대학교수 자격시험 합격을 축하하는 글의 말미에 그녀는 이렇게 썼다.

"지금 너와 떨어져 있다는 건 굉장히 괴로운 일이야. 지난 3주일 동안 내가 어떻게 지냈는지 그냥 생각나는 대로 네게 이야기하고 싶구나. 때로는 기쁜 일도 있었지만, 지난주 금요일까지는 오로지 심각한 근심과 지독한 어려움만 있었어. 그날 나는 프라델에게서 비교적 긴 편지를 받았단다. 거기에는 내가 거역하지 못하고 매달릴 증언들이 약속되어 있어서, 나는 자신을 완전히 청산하지 못하게 하는 의심으로 갈등을 겪었어. 그런 다음, 비교적 마음의 고통 없이 나의 심각한 어려움을 감수하기로 한 거야. 지금으로서는 엄마에게 이 상황을 말할 수 없다는 것, P와의 관계를 구체화하기까지 상당한 시간이 걸리게 될 것이라는 예측(나로선 현재의 문제만으로도 벅차서 그런 것은 아무래도 좋다고 생각해) 등의 어려움 말이야. 그런 건 나도 비교적 편하게 받아들일 수 있어. 하지만 가장 힘든 부분은 의혹과 끊겼다 이어졌다

반복하는 공허감인데, 이런 증상들은 너무나 지배적이어서 내게 일어난 모든 일이 꿈이 아니었을까 하는 생각이 들기도 해. 그렇지만 온선한 기쁨이 다시 돌아오면 더 이상 그의 약속을 믿지 않으려 했던 내 비겁함이 너무 부끄러워. 게다가 3주일 전 P와 지금의 P를 같은 사람으로 생각하기는 정말 힘이 드는구나. 비교적 최근까지도 우리는 그토록 데면데면하고 서로를 이해하지 못했었기 때문에, 그 무렵의 우리 만남과 지금 그의 편지는 쉽게 결부되지가 않아. 때때로 나는 이것이 단지 놀이일 뿐이라서 또다시 3주일 전의 현실과 침묵으로 떨어져 버리는 것은 아닐까 생각하기도 한단다. 내가 P와 다시 만날 때 나는 틀림없이 도망칠 거야. 나는 그에게 많은 일을 시시콜콜하게 잔뜩 써 보냈는데, 그의 앞에 서기만 해도 너무 쑥스러워서 한마디도 하지 못할 거야. 아, 시몬, 나는 대체 무슨 말을 하고 있는 걸까? 글이 제대로 써지지가 않는구나. 다만 네게 한 가지 말할 가치가 있는 것이 있어. 그것은 모든 의혹, 모든 어려움이 갑자기 공허하고 의미 없는 일인 양 내게서 지워져 버리는 때가 있다는 거야. 내게는 멋진 순간이지. 그런 때 나는 변하지 않는 깊은 기쁨밖엔 느끼지 않고, 그 기쁨은 비참함을 넘어서서 내 안에 머물며 모든 것에 침투하지. 그러면 그가 살아 있다는 사실만으로도 나는 눈물이 나올 만큼 감동하고, 그가 아주 조금이라도 나를 위해, 나에 의해 살고 있다고 생각하면 나는 아주 행복해서 거의 통증을 느낄 정도로 심장이 멎어 버릴 것만 같아. 시몬, 이것이 요즘 내 상태야. 오늘 밤에는 내 생활에 대해 네게 말할 마음이 생기지 않는구나. 요즘은 내 안에서 빛나던 커다란 기쁨 때문에 때때로 극히 작은 것조차 과대평가하는 경향이 있는 듯해. 그렇지만 깊은 내면생활과 엄청난 고독이 필요한데도 부근을 산책하거나 테니스를 쳐야 하고, 차를 마시러 가거나 놀러 다녀야 하고, 그래서 나는 더욱 지쳐 버렸어. 하루 중 편지가 배달되는 때가 유일하게 중요한 시각이야……. 내가 지금껏 너를 이토록 사랑했던 적은 없어. 사랑하는 시몬, 나는 내 마음 저 밑바닥에서부터 네 곁에 있단다."

나는 그녀를 위로하려고 긴 편지를 썼다. 그 다음 주에 그녀는 답장을 보냈다.

"나는 평화롭고 행복하단다. 드디어 그렇게 된 거야. 나의 사랑하는, 너무나 사랑하는 시몬. 기분이 좋구나! 현재로선 이제 아무것도 빼앗기지 않을 듯한 확신이 들어. 하나에서 열까지 나의 온갖 반항에도 승리를 거둔 멋지고 기분 좋은 확신이야. 네 편지를 받았을 때, 나는 아직 근심 걱정에서 벗어나지 못한 상태였어. 또 프라델이 쓴 편지가 상냥하지만 침묵에 잠겨 있어 판독할 만한 자신이 없었단다. 비상식적이고 비관적인 감정에 휩싸여서 그저 과장 없이, 그의 편지를 읽고 '약간 두려웠다'는 내용의 편지를 보냈어. 네 편지는 내게 안식을 불어넣어 주어서, 네게서 편지가 온 뒤로 나는 말 없이 네 곁에 있단다. 토요일에 온 프라델의 편지도 나는 너와 함께 읽었어. 그의 편지 덕분에 나는 무척 기쁘고 들뜨고 생동감 넘친단다. 사흘 전부터 나는 8살 난 어린애처럼 신이 나 있어. 나는 나의 불길한 편지가 또다시 전망을 흐리게 하지나 않을까 걱정했었거든. 그는 자신에 대해 매우 명쾌하게 대답해 주었기 때문에 오히려 모든 것이 다시 쉽고 편하고, 멋져진 거야. 이토록 감미롭고 쾌활하며 친절하게 남을 나무라고 죄를 용서하며, 게다가 모든 것을 편하고 아름답게 믿어야 한다고 설득할 수가 있겠니?"

그러나 얼마 뒤에 다른 두려운 일이 터졌다. 8월 말에 나는 편지 한 통을 받은 뒤 마음이 어두워졌다.

"나의 너무나도 기나긴 이 침묵을 원망하지 말아 줘……. 로바르동의 생활이 어떤지 너도 잘 알겠지. 많은 사람과 만나고 5일 동안 루르드에 가야만 했어. 우리는 일요일에 돌아왔단다. 그리고 다음 날 베벨과 나는 다시 기차를 타고 아리에주의 브레빌 가 사람들을 방문해야만 했어. 너도 알다시피 나는 이런 오락 따위 없어도 전혀 상관없어. 놀고 싶지도 않은데 놀아야 한다니 이젠 지긋지긋해. 특히 멋지고 훌륭하기만 하던 인생이 어느 시기에 역경의 방향으로 흐를 때는 조용히 혼자 있고 싶어. 결국은 양심의 고뇌가 내 기쁨을 엉망으로 만들어 버려서, 나는 마침내 엄마에게 말할 결심을 했던 거야. 왜냐하면 캐묻는 듯이 불안하게 경계하는 엄마를 견딜 수가 없었거든. 하지만 엄마에게 사실을 반밖에 말하지 않았는데도 프라델에게 편지를 쓰는 것도 힘들어졌고, 또 엄마가 허락할 때까지 만날 수도 없게 되었어. 나는 몹시 괴로워서 몸이 산산조각 나는 것만 같아. 너무도 소중한 그의 편지를 이제 포기해야만 하다니. 내가 그토록 기다리던 지난 1년의 긴 세월과 그 근사한 만남의 횟수가 줄어든다고 생각하면 숨이 막힐 듯하고, 목이 메고, 통증을 느낄 정도로 심장이 오그라들 것 같구나. 완전히 그와 따로 살아가야만

한다니 이제 어쩌지! 내 생각만 하면 체념하겠지만 그를 생각하면 포기하는 일이 너무 힘들어. 그가 나 때문에 괴로워할지도 모른다고 생각하면 견딜 수가 없어. 나는 오랫동안 고통에 익숙해져 있고 그런 감정은 거의 자연스러운 일로 생각되기까지 한단다. 그러나 프라델은 그런 고통을 감수할 까닭이 없어. 언젠가 불로뉴 숲 호수에서 우리 셋이 함께했을 때 행복으로 가득 차 있던 프라델, 나는 그런 프라델을 보고 싶어. 아, 못 견디게 슬프구나. 그렇지만 불평해 봤자 무슨 소용이겠니. 내 안에서 느끼는, 이 변함없고 위대한 것을 받아들일 때, 다른 것은 모두 견뎌낼 수 있어. 내 진정한 기쁨은 외부 상황으로 좌우되지 않아. 내 기쁨은 나와 그에게서 직접적으로 오는 어려움일 경우에만 손상되지. 하지만 이제 그런 건 걱정하지 않아도 돼. 우리는 너무 완벽하게 화합해서 그가 나에게 귀를 기울일 때 그것은 그 자신의 음성이고, 내가 그에게 귀를 기울일 때 그것은 나 자신의 목소리인 거야. 겉보기에는 우리가 헤어져 있지만 정말로 헤어진다는 것은 불가능해. 나의 환희는 가장 잔혹한 생각까지도 극복하고 고양되어 모든 것 위로 내려 부어진단다……. 어제 나는 무척이나 힘들게 그에게 편지를 썼는데 그는 내게 삶의 환희로 넘쳐나는 편지를 보냈어. 지금까지 그의 삶에는 너 만한 감수성이 없었는데 말이야. 적어도 그것은 사랑스러운 무도덕 부인(그들 사이에서 통하던 시몬의 별명)이 불신앙을 찬양한 것과는 조금 달랐지. 그는 언니의 약혼에 대해 언급하고, '신은 하늘의 영광을 찬미한다'는 말이, '우주의 투명한 찬미', 그리고 '지상의 모든 감미로움과 화합한 인생'을 위해 열광적으로 용솟음쳤다고 말했어. 아! 어제 같은 멋진 편지를 스스로 단념한다는 건 너무나 괴로운 일이야, 시몬. 진정한 고뇌의 가치를 믿고, 불만도 없이 그것을 달게 받아들이는 그리스도와 함께 십자가를 등에 지고 가는 고통의 가치를 믿어야만 해. 물론 나로선 불가능해. 하지만 이 문제는 잠시 옆으로 제쳐 두자. 그렇더라도 인생은 무척 멋진 듯해. 내가 지금 감사하는 마음으로 가득하지 않다면 나는 배은망덕한 사람일 거야. 이 세상에서 너랑 내가 가진 만큼의 것을 지닌 사람들이 얼마나 있겠니? 그리고 앞으로도 이만큼 가진 사람을 알고 지내는 사람이 많이 있을까? 이 귀중하고 값진 것을 지니기 위해 겪는 고통은 너무 값비싼 대가일까? 릴리 언니와 형부는 지금 이곳에 와 있단다. 지난 3주 동안 그들의 대화는 신혼집 아파트 문제와 집 설비 비용 말고는 없는 것 같아. 그들은 정말 친절한 사람들이야. 그렇지만 현재 나의 인생과 그들의 인생에는 아무런 공통점도 없다는 확신을 갖고 안도하고 있단다. 언뜻 보기에 나는 아무것도 가진 게 없지만 그들보다 몇천 배나 넉넉해. 내게 길가의 자갈만큼이나 무관한 사람들 앞에서, 적어도 어떤 면에서 나는 이제 영원히 고독하지는 않을 거야."

나는 해결책을 제안했다. 마비유 부인은 프라델과 자자의 확실치 않은 관계를 걱정하는 것이므로 프라델이 정식으로 청혼을 하면 어떻겠느냐는 제안에 대해 나는 다음과 같은 답장을 받았다.

"어제 아리에주에서 돌아와 기다리던 네 편지를 받았단다. 아리에주에서 지낸 열흘은 모든 점에서 너무나 피곤했어. 편지를 읽은 뒤로 잡다한 일들과 피로, 남들과의 만남이 있었지만 너에게 답장을 쓰면서 너와 은밀히 대화했던 거야. 마음에도 없는 타인과의 교제는 이젠 지긋지긋해. 브레빌 가에서 지낸 열흘 동안에 베벨과 한방을 썼기 때문에 나는 1초도 혼자 있지 못했어. 내가 편지를 쓸 때, 그걸 누군가가 보는 게 싫어서 나는 그녀가 잠들기를 기다렸다가 새벽 2시에 일어나서 5시, 6시까지 편지를 썼어. 낮에는 멀리 소풍을 가야만 했고, 초대해 준 사람들의 배려와 농담에도 귀찮은 내색 없이 대충대충 때워야 했어. 마지막으로 프라델에게 보낸 편지 때문에 내가 얼마나 피곤한지 알 수 있을 거야. 그의 마지막 편지는 내가 녹초가 되어 있을 때 읽었기 때문에 지금 생각해 보면 잘 이해가 되지 않은 부분도 있었어. 내 답장이 그를 괴롭혔을 수도 있는데 나는 내가 하고 싶은 말, 또 해야만 하는 말을 알 수가 없었어. 그런 걸 생각하면 안타까워. 지금까지 내가 스스로를 표현하는 것이 낫다고 생각했더라도, 한편으로는 요즘 내가 생각하는 바를 설득하는 식의 능변으로 모조리 그에게 쓰고 싶은 욕구를 억누르는 태도를 취했을 거라는 생각이 들어. 그런 끊임없는 능변들은 그에게 자기 자신을 책망하게 하고, 무의식적으로 내게 보내려는 사죄의 마음을 일으킬 뿐인데, 나는 진심으로 그런 것을 원치 않거든. 시몬, 나는 너를 통해 그에게 편지를 쓰고 싶지는 않아. 그것은 더 이상 논의할 것이 없는 결정을 어기는 일보다 훨씬 심한 위선이라고 생각하기 때문이야. 하지만 마지막으로 온 몇 통의 편지에서 그가 한 말이 내 머리에서 떠나지 않고 줄곧 괴롭히고 있어. 나는 그것들에 대해 충분한 답글을 보내지 못했던 거야. '당신은 나의 몇몇 편지에 실망했겠지'라든가 '내가 성실하게 당신에게 말한 것 때문에 피로와 슬픔을 느꼈을 거야' 등등. 그 밖에도 내 심장을 뛰게 할 얘기들이 있겠지. 나의 환희가 P의 덕분임을 너는 알 거야. 그가 내게 말하거나 편지에 썼던 한 마디 한 마디가 나를 실망시키기는커녕 그에 대한 내 존경과 사랑을 더욱 풍부하고 단단하게 할 뿐이라는 사실도. 너는 내가 어떤 사람이었는지, 지금 어떤 사람인지, 내게 무엇이 부족한지, 그리고 그가 얼마나 훌륭하고 풍요로운 것을 내게 주었는지 알 거야. 그러니 네가 그에게 알려줘. 지금 내 인생에 차고 넘치는 모든 아름다움은 그 덕분이라고, 또 그가 가진 것 중에 내게 소중하지 않은 것은 없다고. 그런데 읽을수록 그 아름다움과 부드러움을 한층 더 느끼게 되는 그의 편지에 대해 그가 사과하는 일은 당치도 않다고 말이야. 시몬, 지난 1년 동안 내가 얼마나 설렜는지 잘 알잖니. 네가 프라델에게 이렇게 전해 주면 좋겠어. 그처럼 순수한 행복과 완전한 기쁨을 내게 가져다준 사람은 이 세상에 단 한 명도 없었고, 앞으로도 결코 없으리라고. 그 사실을 말로 할 수 없더라도 그와 같은 행복과 환희는 나 같은 사람에겐 아깝다고 생각할 따름이란다."

"시몬, 네 말대로 엄마와 교섭을 한다 해도 모든 점에서 올해 겨울까지 기다리는 게 가장 좋을 듯해. 프라델이 그런 시도를 하지 않는 이유를 나는 알겠어. 엄마는 프라델과 질교하라고까지는 말하지 않았지만, 우리 관계로 인해 닥쳐올 온갖 어려움과 제약, 그리고 반복되는 엄마의 닦달에 지쳐 내가 마침내 최악의 선택을 하게 될 경우를 예상해 보라고 말했단다. 알잖니, 내가 그에게 써야 했던 슬픈 편지에 대한 그의 답장에서 나는 그가 심적 고통의 희생을 치렀을 거라는 느낌을 받았어. 나는 지금도 그것을 바랄 용기가 없구나. 나는 만사가 원만히 정리되도록 노력해 볼 거야. 엄마가 내게, 또 우리에게 잠깐의 유예를 주도록, 나를 외국에 보내려는 생각을 바꾸도록 물밑 작업으로 참을성 있게 애써 보겠어. 시몬, 이 모든 것은 쉬운 일이 아니야. 모두가 어렵고 힘든 작업이야. 나는 그를 생각하면 슬퍼져. 프라델은 내게 2번이나 숙명론을 이야기했어. 나는 그가 에둘러서 무슨 말을 하려는지 알아. 그래서 나는 앞으로 그를 위해 우리 상황이 개선되도록 내가 할 수 있는 모든 일을 해볼 작정이야. 그렇지만 그를 위해 감내하고 얻은 그런 환희, 특히 어떤 대가를 치르더라도 절대 아깝지 않은, 내가 이미 알게 된 이 행복은 어떤 우연한 것과도 비교되지 않아. 나는 죽고 싶을 만큼 혼자가 되고 싶어서 이곳에 왔단다. 그런데 이곳엔 형부 말고도 그의 형제자매가 5명이나 있어. 너하고 스테파와 즐겁게 지내던 이 방에서 나는 형부의 첫째누나와 쌍둥이 누이들과 함께 잔단다. 가족들과 시내로 쇼핑을 가기 전 40분이 채 못 되는 시간에 이 편지를 썼어. 내일은 뒤물랭 가 사람들이 종일 여기서 보내고, 모레는 주느비에브 드 브레빌이 올 거야. 그리고 뮐로 집에서 춤을 춰야만 해. 나는 자유롭게 행동하고, 또 아무도 그것에 대해 이러쿵저러쿵 의심하지 않는단다. 나에게 모든 것은 그것들이 마치 존재하지 않는 것과 같아. 내 인생은 내 안에서 들려오는 음성에 살며시 미소 짓고, 그와 함께 영원히 도망치는 거야……"

나는 프라델이 못마땅했다. 어째서 내가 제안한 해결책을 거부하는 걸까? 나는 그에게 편지를 썼다. 사실은 누이동생이 약혼을 했고, 맏형—오래전에 결혼한 맏형에 대해 그는 말한 적이 없었다—은 아프리카로 떠나기 직전이다. 자기 또한 어머니 곁을 떠날 생각이라고 말한다면 어머니에겐 결정적인 타격이 될 것이라는 답장이 왔다. 그럼 자자는? 9월 말에 프라델이 파리로 돌아왔을 때 나는 이렇게 물었다. 자자가 그와의 일로 인한 싸움에 심신을 모두 소모하고 있음을 모르는가? 그는 자자가 자기의 태도에 찬성한다고 말하고, 내가 심하게 공격했는데도 생각을 굽히지 않았다.

자자는 원기가 없어 보였다. 그녀는 야위고 얼굴빛이 좋지 않았다. 그리고 자주 두통을 호소했다. 마비유 부인은 일시적으로 프라델을 만나도 좋다고 했다. 그러나 자자는 12월에 베를린으로 가서 1년을 보내기로 했다. 자자는 이번 베를린행을 무척이나 두려워하고 있어서 나는 다른 한 가지 제안을 했다. 프라델이 어머니에게는 말하지 않고 마비유 부인하고만 이야기를 하는 것이다. 하지만 자자는 고개를 저었다. 마비유 부인은 그것을 도망칠 핑계로밖엔 여기지 않았다. 마비유 부인 말로는, 프라델은 자자와 결혼할 결심이 서 있지 않았다. 그렇지 않으면 정식으로 청혼하지 않겠느냐고 했다. 아들이 약혼한다고 어머니가 한탄하는 법은 없고, 그런 이야기는 말도 되지 않는다는 것이다. 그 점엔 나도 동감이었다. 어쨌든 그들의 결혼은 2년 뒤로 미뤄졌다. 나는 프라델 부인의 처지가 그렇게 부정적이라고는 생각하지 않았다.

"나 때문에 프라델의 어머니를 괴롭히고 싶지 않아."

자자는 말했다. 그녀의 위대해진 영혼은 나를 안달하게 했다. 그녀는 나의 분노도, 프라델의 세심한 배려도, 마비유 부인의 신중함도 이해했다. 그녀는 서로 이해하지 못하는 이들 모든 사람을 이해하고, 그들 사이에서 나오는 오해의 말들이 그녀에게 퍼부어지는 것도 이해했다.

"1년이 뭐 그렇게 터무니없이 긴 세월은 아니잖아?"

프라델은 귀찮다는 듯 말했다. 이런 그의 분별은 자자를 위로하기는커녕 그녀의 신뢰를 무너뜨렸다. 그다지 불안하지 않게 긴 이별을 견뎌내려면 그녀가 자주 편지에서 호소했다시피 확신이 필요했던 것이다. 내 예감은 들어맞았다. 프라델은 사랑하기 쉬운 사람이 아니었다. 특히 자자처럼 정열적인 사람에게는. 프라델은 나르시시즘 비슷한 성실성으로 자기는 정열이 부족하다고 자자에게 호소하는 한편, 자자는 그의 애정이 미지근하다고 결론을 내릴 수밖에 없었다. 행동으로도 자자를 안심시키지 못한 그는 자기 가족에 대해서만 극단적인 배려를 할 뿐, 자자는 별로 걱정하지 않는 듯했다.

두 사람은 다시 만났으나 매우 짧은 시간이었으므로 자자는 함께 오후를 보낼 다음 약속 날짜를 손꼽아 기다렸다. 그렇지만 약속일 아침에 자자는 속달을 받았다. 프라델은 숙부가 돌아가셔서 슬픈 와중에 그가 자자를 만나서 기쁨을 느낀다면 옳지 못하다고 약속을 깬 것이다. 다음 날 자자는 포도주를 마시려고 동생과 스테파와 함께 내 방으로 놀러왔지만 한 번도 웃지 않았다. 그날 밤 자자는 내게 편지를 보냈다.

"베르무트를 주며 힘을 북돋아 준 너의 충고에도 불구하고, 내가 너무 우울한 이유를 변명하기 위해 이 편지를 쓰는 것은 아니란다. 너는 분명 이해해 주리라 믿어. 나는 어제저녁의 속달로 아직 망연자실한 상태에서 헤어나지 못하고 있어. 마침 좋지 않은 때에 온 거야. 내가 어떤 심정으로 이 만남을 기다렸는지 안다면 그런 속달은 보내지 않았을 테지. 그가 모르는 편이 나을 거라고 생각해. 내가 혼자서 나의 쓰디쓴 고통을 견디는 동안, 그리고 엄마가 내게 필요하다고 생각하는 그 음침한 기분전환을 조용히 홀로 견디는 동안, 내가 어디까지 실망의 바닥으로 굴러 떨어질 수 있는지 보는 일도 나쁘지 않았어. 가장 슬픈 것은 그와 소통할 수 없었다는 사실이지. 나는 그의 거처로 편지를 보낼 용기가 없었으니 말이야. 만약 집에 네가 혼자 있다면 나는 봉투에 읽기 어려운 너의 필체로 몇 줄 써서 그에게 보냈겠지. 부탁이니까 그에게 곧장 속달로 편지를 보내줘. 그가 이미 알고 있는 바를 적어 줘. 자자는 슬플 때나 기쁠 때나 언제나 그의 곁에 있다고. 그리고 무엇보다도, 그가 원하는 만큼 내게 얼마든지 집으로 편지를 써도 괜찮다고 말해 주었으면 해. 꼭 편지를 쓰라고 말이야. 당분간 그를 만나지 못하더라도, 한 마디라도 좋으니까 그에게서 편지를 받고 싶은 마음뿐이야. 게다가 지금 내가 무척이나 쾌활하다고 그가 걱정할 필요는 없을 거야. 만일 내가 그에게 우리 이야기를 한다 해도 상황은 상당히 심각해질 테니까. 그를 만나서 내가 걱정 근심에서 해방된다고 하더라도 인생에는 상중에 말할 수 있는 슬픈 이야깃거리가 충분히 있지 않겠니? 이를테면 《티끌》과 같은 슬픈 책에 대해서만 말해야 될 때가 있지. 어젯밤에 나는 이 책을 다시 읽었어. 여름 방학 초반에 읽던 것과 똑같은 감동이 느껴졌어. 그래, 여주인공 주디는 멋지고 애착을 느끼게 하는 인물이야. 그런데도 그녀는 미숙하고 얼마나 비참한지. 그녀 자신의 인생과 피조물에 대한 심미안이 삶의 역경에서 그녀를 구했다는 점을 나는 인정하고말고! 그렇지만 그녀의 기쁨은 죽음 앞에서까지 감행되지는 않을 거야. 그러고 보면 그렇게 사는 것이 무슨 충분한 해결책이 되겠어, 그가 없다면 말이야. 나는 책을 덮으면서 불평하는 나 자신을 부끄럽게 생각했단다. 이따금 나는 그런 수치심을 감추는 모든 어려움과 슬픔의 표면 위에서 환희를 느끼고 있어. 이 환희는 맛보기 어렵고, 또 나의 연약함 때문에 느끼지 못하는 경우도 가끔 있지만 적어도 이 세상의 어떤 사람도 필요로 하지 않는 동시에 나로 인해 생긴 것도 전혀 아니야. 그러니 그 기쁨은 아무것도 깎아내리지는 않아. 나를 사랑하는 사람들은 걱정할 필요가 없고, 나 또한 그들에게서 도피하지 않아. 현재 나는 지상에, 또 지금까지 느끼지 못했던 나 자신의 인생에 애착을 느끼고 있단다."

이러한 낙관적인 결론에도, 프라델의 결정에 따른다는 어색한 동의에도 불구하고 자자는 심적인 고통을 감추지 못하고 있었다. '피조물'과 대비되는 초자연적 신앙의 기쁨은 '적어도 이 세상의 어떤 사람도 필요로 하지 않는다.' 자자가 그렇게 생각하게 된 까닭은, 이 세상에서 그녀가 더 이상 어떤 사람의 가슴에서도 영원히 쉬기를 바라지 않기 때문이었다. 나는 프라델에게 속달을 보냈고, 프라델은 바로 자자에게 편지를 썼다. 자자는 내게 고맙다고 했다.

"네 덕분에 토요일부터 나를 내내 괴롭히던 환영에서 벗어났단다. 고맙다."

그러나 환영들은 오랫동안 그녀를 내버려두지 않았다. 그녀는 오직 혼자서 그것들에 대항했다. 내가 자자의 행복을 걱정하고 염려하는 것마저도 우리 둘 사이를 멀어지게 했다. 왜냐하면 나는 프라델에게 분개했고, 자자는 내가 프라델을 이해하지 않는다며 화를 냈기 때문이다. 자자는 체념을 선택하고, 내가 너 자신을 지켜야 한다고 타이르면 고집스럽게 버텼다. 게다가 자자의 어머니는 내게 베리 가의 마비유 집안 출입을 금지하고, 되도록 자자를 집에 가둬 놓을 궁리를 하고 있었다. 그런데도 우리는 어느 날, 우리 집에서 오랫동안 이야기를 나누었다. 나는 자자에게 내 생활을 말했다. 다음 날 자자는 자기가 얼마나 행복했는지 진심으로 기뻐하는 편지를 보냈다.

"하지만 길게 설명할 수 없는 집안 사정으로 한동안 너를 만나지 못할 것 같아. 조금만 기다려 줘."

한편, 프라델은 형이 알제리로 출발해서 일주일 동안은 어머니를 위로하느라 짬이 없다고 자자에게 편지를 써 보냈다. 자자는 이때도 프라델이 그녀를 희생시키는 것에 대해 매우 당연하다는 태도를 보였다. 그러나 그녀가 다시 의혹에 사로잡혀 있었던 것은 분명하다. 나는 그 일주일 동안 어느 한 사람도 마비유 부인이 힘주어 말하는 '불길한 예고'를 막을 수가 없었음을 안타깝게 생각했다.

열흘쯤 뒤에 나는 포카르디의 바에서 우연히 자자와 마주쳤다. 나는 국립도서관에 책을 읽으러 가고, 그녀는 근처에 쇼핑을 나온 것이다. 우리는 이야기를 나누었다. 나는 자자가 지극히 쾌활한 것에 깜짝 놀랐다. 지난 일주일 동안 그녀 혼자서 생각한 끝에 머릿속도, 마음속도 차츰 정리되기 시작했다고 한다. 베를린에 가는 것에 대해서도 이제는 망설이거나 겁내지 않았다. 베를린에 가면 시간도 있으니까 오랫동안 구상했던 소설도 쓸 수 있을 테고, 책도 많이 읽을 수 있을 거라고 했다. 자자가 이렇게까지 책에 목말라하는 경우는 전에 없는 일이었다. 그녀는 존경심을 갖고 스탕달을 다시 발견했다. 자자의 가족들은 하나에서 열까지 스탕달을 증오하고 있었으므로, 자자는 지금껏 그 선입관에 좀처럼 대항할 수가 없었다. 하지만 지난 며칠 동안 다시 스탕달을 읽고 마침내 거리낌 없이 스탕달을 이해하고 사랑할 수가 있었던 것이다. 자자는 자기 판단의 대부분을 재검토할 필요를 느끼게 되었다. 그녀는 중대한 발전이 자기 안에서 별안간 시작되었다는 느낌을 받았다. 자자는 흥분하며 내게 지껄이고, 거의 정상이 아닐 정도로 활발했다. 그 낙관주의에는 어딘가 광기 어린 구석이 있는 듯했다. 그런데도 나는 기뻤다. 그녀는 새 힘을 되찾고, 나에게 다가오려는 것처럼 보였다. 나는 희망으로 가슴 벅차서 '다시 만나자'고 했다.

4일 뒤에 마비유 부인에게서 편지가 왔다. 자자가 중병에 걸렸다는 것이다. 열이 높고 두통이 심하다고 했다. 의사는 그녀를 생클루 병원으로 옮겼다. 절대 안정이 필요했다. 면회가 금지되었다. 만약 열이 내려가지 않으면 희망이 없다는 것이었다.

나는 프라델을 만났다. 그는 나에게 아는 사실을 모조리 말해 주었다. 내가 자자를 만난 다음다음 날, 프라델 부인이 집에 혼자 있을 때 초인종이 울렸다. 그녀가 문을 열자 눈앞에는 모자를 쓰지 않았지만 번듯한 차림새의 아가씨가 서 있었다. 당시에 모자를 쓰지 않는 것은 대단한 결례였다.

"부인이 장 프라델의 어머니신가요? 잠깐 말씀을 나눌 수 있을까요?"

그녀는 자기 소개를 하고, 프라델 부인은 그녀를 맞아들였다. 자자는 주위를 두리번거렸다. 그녀의 얼굴은 잔뜩 상기되어 있었다.

"장은 집에 없나 보군요? 왜요? 어느새 천국에 가 계신가요?"

놀란 프라델 부인은 아들이 곧 돌아올 거라고 말했다.

"저를 미워하시겠지요, 부인?"

자자가 물었다. 프라델 부인은 그렇지 않다고 했다.

"그렇다면 왜 우리 결혼에 반대를 하시는지요?"

프라델 부인은 열심히 자자를 진정시켰다. 얼마 안 있어 프라델이 돌아왔을 때 자자는 어느 정도 안정을 되찾았지만, 이마와 두 손이 타는 듯이 뜨거웠다.

"내가 데려다줄게."

두 사람이 탄 택시가 베리 가를 향해 달릴 때 자자는 따지듯 물었다.

"키스해 주지 않겠어? 어째서 한 번도 내게 키스해 주지 않는 거지?"

프라델은 그녀에게 키스했다.

마비유 부인은 자자를 침대에 눕히고서 의사를 불렀고, 그에게 상황을 이야기했다. 딸을 불행하게 할 마음은 없으며 자기는 결혼을 반대하지 않는다고. 프라델 부인 또한 반대하지 않았고, 누구의 불행도 바라지 않았다. 모든 일이 원만히 해결되는 것처럼 보였다. 그러나 자자는 40도까지 열이 올라 줄곧 헛소리를 했다.

4일 동안 생클루 병원에서 그녀는 부르고 찾았다.

"내 바이올린, 프라델, 시몬, 샴페인……."

열은 내려가지 않았다. 자자의 어머니는 자자가 죽기 전날 밤에 그녀 곁에서 보내도 된다는 허락을 받았다. 자자는 어머니를 알아보았고 자기가 죽어가고 있음을 알아챘다.

"슬퍼하지 말아요, 사랑하는 엄마. 어떤 가정에나 못난 사람이 하나쯤 있는 법이에요. 못난이는 바로 저예요."

내가 병원 예배실에서 다시 자자를 만났을 때, 그녀는 촛불과 꽃의 한가운데에 누워 있었다. 그녀는 기다랗고 거친 무명 잠옷을 입고 있었다. 머리칼이 부쩍 자라서 노란 얼굴 위로 경직된 앞머리가 드리워져 있었다. 너무 말라서 알아볼 수 없을 지경이었다. 길고 창백한 손톱의 손가락을 십자가 위에 마주 쥐고 있었는데, 마치 무척 오래된 미라의 손톱처럼 당장에라도 바슬바슬 부서져 버릴 듯했다. 마비유 부인은 오열하고 있었다. 마비유 씨는 아내에게 말했다.

"우리는 신의 뜻대로 따랐을 따름이오."

의사들은 뇌막염, 뇌염 등의 병명을 말했지만 아무도 확실히는 알지 못했다. 전염병이었을까? 그도 아니면 어떤 사고였던 것일까? 밤에 내 베갯머리로 자자가 자주 나타났다. 커다란 장밋빛 모자 밑으로 자자는 샛노란 얼굴색에, 원망하는 듯한 눈길로 가만히 나를 응시했다. 우리는, 우리를 노리고 있던 진흙탕의 운명에 대항해 함께 싸워 왔다. 나는 자자의 죽음으로 내 자유의 대가를 치렀다고, 오랫동안 그렇게 생각하고 있었다.

La force de l'âge
여자 한창때

장 폴 사르트르에게

프롤로그

나 자신의 일에 대해서 쓰기 시작했을 때 나는 무모한 모험에 뛰어들고 말았다. 이런 일은 시작을 해도 끝이 없다. 일찍이 나는 소녀시절에 내 인생 처음 20년을 말하겠다는 희망을 품고서, 나의 몸과 마음이 점차 흡수되어 사라진 뒤 한 여성이 되어 있을 나에게 보낸 호소를 결코 잊은 적이 없었다. 그 하소연이란 다음과 같다. 현재의 내게는 무엇 하나, 재 한 줌조차도 남지 않았다. 하지만 언젠가 나는 자신을 침잠하게 한 무(無)에서 나를 떼어놓겠다고 결심했다. 내 작품은 이와 같은 지난날의 기도를 성취하기 위해서만 쓰인 것인지도 모른다. 50살인 지금, 나는 그때가 되었다고 생각했다. 그래서 잃어버린 세월 속에 버려진 어린아이와 처녀에게 나의 의식을 주었다. 그리고 그녀들을 흰 종이 위에 문자로 되살린 것이다.

내 계획은 더 이상 먼 시점에 있지 않았다. 성인이 된 뒤로 나는 미래를 내세우는 일을 그만두었다. 내가 《처녀시절》을 완성했을 당시에는 이 작업을 계속하라는 목소리가 전혀 없었기 때문에 나는 다른 일에 손을 댈 결심을 하고 있었다. 그런데 그럴 수 없게 되고 만 것이다. 마지막 행간에 보이지 않는 미래에 대한 물음표가 표시되어 있고, 나는 그 의문 부호를 외면할 수 없었다. 자유…… 이는 무엇을 위한 것인가? '처녀시절' 이후 내 인생의 연속은 시끄러움, 다툼, 도피, 승리에 어떤 의미를 부여했을까? 내가 맨 먼저 취한 동작은 내 작품의 그늘에 몸을 숨기는 일이었다. 그런데 저작은 내게 아무런 해답도 가져다주지 않는다. 오히려 작품 자체가 또다시 의문으로 남게 된다. 나는 쓸 결심을 했다. 그리고 결심한대로 썼다. 도대체 무엇을 썼을까? 이런 책 말고는 생각을 안 했을까? 나는 이보다 못한 것을 기대했을까, 아니면 더 나은 것을 기대했을까? 하나의 완성된 작품과 내 20살 무렵의 허무하고도 무한한 희망 사이에 공통 척도는 없다. 나는 더욱 많이 쓰고 싶은 동시에 더욱 적게 쓰고 싶었다. 그러다 내 추억의 1권에 속편이 필요하다는 확신이 점점 더 강해졌다. 나의 작가적 적성을 이야기한다고 해도 그것이 어떤 식으로 실현되었는지를 말하지 않는다면 무익하다고 생각한 것이다.

게다가 이 계획 자체가 흥미로웠다. 나의 삶은 끝난 게 아니다. 그러나 이미 내 인생은 미래에도 거의 수정되지 않을 성싶은 의미를 지녔다. 그러면 어떤 의미일까? 이제까지 나는 여러 이유로 그 의미를 자문하길 피해 왔는데, 이 탐색에서 그것을 명확하게 해야만 한다. 지금이 아니면 영원히 그 의미를 알 기회가 없을 것이다.

사람들은 이와 같은 문제가 나 자신하고만 관계있다고 말할지도 모른다. 하지만 나는 그렇게 생각하지 않는다. 사뮈엘 페피스이건 장 자크 루소이건, 평범한 사람이건 예외적인 사람간이건 간에 한 사람이 성실하게 자신을 드러낼 때 모든 인간은 많거나 적거나 놀이와 연관된다. 다른 사람 인생의 이곳저곳을 비추지 않고 자신의 인생을 조명하는 것은 불가능하다. 게다가 작가는 계속 질문 공세에 직면한다. 왜 당신은 저술활동을 하는가? 어떻게 하루를 지내고 있는가? 그럼으로써 사람들 대부분은 일화나 잡담보다는 글을 쓰는 삶은 어떠한 것인지 알려고 하는 듯하다. 사람들은 추상적이고 일반적인 답보다 어떤 특별한 사례의 검토에서 더욱 많이 배우게 된다. 그것이 나 자신의 경우를 검토하는 격려가 되는 것이다. 이 보고서는, 작가와 독자 사이에 반드시 개입하여 양쪽을 격리하는 몇 가지 오해를 푸는 데 도움이 될지도 모른다. 나는 가끔 곤혹스러운 경험을 했다. 한 권의 책이 어떤 상황에서, 어떤 예상 아래, 어떤 사람에 의해서 쓰였는지를 독자가 알지 못한다면 그 책은 진정한 의미를 갖지 못한다. 나는 사람 대 사람으로 독자에게 이야기하면서 내 작품에 대해서 설명하려고 한다.

그러나 '모든 것'을 말하지는 않겠다고 독자들에게 미리 알려 둔다. 나는 나의 어린시절과 청춘시절을 하나도 빠뜨리지 않고 말했다. 그리고 아무 거리낌 없이 나의 지난날을 그대로 드러낼 수가 있었는데, 성인이 된 뒤부터는 과거에서 똑같이 초탈하지 못하고 똑같이 자유롭지도 못하다. 이 책에서 나 자신이나 친구들에 대해 크게 떠들지 않을 생각이며, 또 나는 험담하는 취미도 없다. 나는 고의로 많은 일을 어둠 속에 묻어 둔다.

한편 내 삶은 장 폴 사르트르의 인생과 밀접하게 연관되었다. 하지만 사르트르의 일에 대해서는 그 자신이 쓸 생각이므로, 나는 그 수고를 그에게 맡긴다. 나는 사르트르가 내 인생에 개입한 범위 안에서만 그의 사상이나 일을 검토하고 그에 대해서 이야기하리라.

  비평가들은 내가 《처녀시절》에서 세상의 처녀들에게 하나의 교훈을 주려 한 것으로 보았다. 그렇지만 나는 무엇보다도 하나의 빚에서 자신을 해방하고자 한 것이다. 어쨌든 이 보고서에 교훈적인 목적은 전혀 없다. 나의 인생이 어떠했는지를 밝히는 데에 머문다. 나는 모든 진실이 사람들에게 흥미를 주고 도움이 된다는 사실 말고는 그 어떤 판단도 하지 않고 있다. 이 책의 각 페이지에서 표현하려고 한 진실은 과연 누구에게 도움이 될까? 나는 모른다. 다만 독자가 나와 같은 순수함으로 이 글들을 접하길 바란다.

〔원주〕
나는 이 책 가운데서 생략을 하는 것에는 찬성했으나, 거짓을 말하는 것에는 절대 동의하지 않았다. 그러나 세세한 사항 또는 내 기억이 잘못된 경우가 있을지도 모른다. 독자가 사소한 오류를 끄집어낼 수도 있지만 그것이 전체의 진실을 손상하는 일은 결코 없으리라고 생각한다.

제1부

　1929년 9월, 여름휴가가 끝나 파리로 돌아왔을 때 우선 나는 자유에 몰입했다. 여동생과 '자매 놀이'를 하던 유년시절부터 나는 자유롭게 될 날을 꿈꾸고 있었다. 학생이 된 뒤에도 내가 얼마나 자유를 갈망했는지 앞에서도 말한 바 있다. 갑자기 나는 자유롭게 된 것이다. 내 몸동작 하나하나의 경쾌함에 놀랐고, 아침에 깨어나면 기뻐서 어쩔 줄을 몰랐다. 12살 무렵에는 내 방이 없는 것에 불만이었다. 《나의 일기》란 책에서 어느 영국 여학생 이야기를 읽으며, 나는 여주인공의 방이 그려진 삽화를 향수 어린 시선으로 바라보았다. 책상, 의자, 책이 가득 채워진 책장, 화려한 색채의 벽에 둘러싸여서 그녀는 남의 이목에서 벗어나 공부를 하거나 차를 마신다. 나는 그녀가 얼마나 부러웠는지 모른다! 나는 이때서야 비로소 나보다 더 좋은 환경을 엿본 것이다. 드디어 나도 나만의 장소가 생겼다. 할머니는 객실에서 원탁과 장식품 등을 치워 주었다. 나는 칠하지 않은 가구를 산 뒤 동생의 도움을 받아 밤색 광칠을 했다. 테이블 하나에 의자 2개, 그리고 잡동사니를 넣을 수도 있고 의자로도 사용할 수 있는 커다란 상자와 책을 꽂아둘 선반 서너 단, 내가 칠한 오렌지색 벽과 맞춘 긴 의자를 두었다. 5층 내 발코니에서는 당페르로슈로 거리에 서 있는 플라타너스 나무들과 벨포르 사자 상이 내려다보였다. 나는 몹시 역한 냄새를 내뿜는 붉은 석유난로로 방을 따뜻하게 하고 있었는데, 이 냄새가 나의 고독을 지켜주고 있는 듯한 생각이 들어 그것조차 좋았다. 내 방문을 닫고 남의 시선에서 벗어나 시간을 보낼 수 있다니 얼마나 기쁜 일인가! 나는 오랫동안 실내장식 따위에는 무관심했다. 어쩌면 《나의 일기》 속 이미지 때문에 수면용 의자와 책장이 있는 방을 더 좋아했는지도 모른다. 하지만 나는 최소한으로 꾸몄다. 아직 그 당시엔 단순히 내 방문을 닫는 것만으로 만족스러웠던 것이다.
　나는 할머니에게 방세를 냈고, 할머니도 다른 하숙인을 대하듯 나를 간섭하지 않았다. 아무도 출입을 감독하는 이는 없었다. 새벽에 돌아와도, 밤새 책을 읽어도, 대낮에 잠을 자도, 24시간 틀어박혀 있다가 갑자기 거리로 뛰쳐나가도 상관없었다. 나는 도미니크 식당에서 러시아식 수프인 보르스치(borsch) 한 그릇으로 점심을 때우거나 쿠폴에서 저녁식사 대신 초콜릿을 한 잔 마시거나 했다. 나는 초콜릿이나 보르스치, 긴 낮잠이나 밤샘을 좋아했다. 그러나 나 자신의 변덕스러움도 좋았다. 내 변덕에 장애가 되는 것은 거의 아무것도 없었다. 어른들이 내 귀에 못이 박힐 정도로 되풀이한 '진지한 생활'은 실제론 중요하지 않음을 깨닫고 유쾌해했다. 하지만 시험에 붙는 것, 이것은 장난이 아니었다. 나는 많은 노력을 기울여 공부를 했고, 떨어지지 않을까 걱정도 했으며, 여러 가지 어려움에 부딪치기도 해서 지쳐 있었다. 그렇지만 현재는 전혀 저항감을 느끼지 않았다. 나는 언제까지나 끝나지 않을 휴가를 보내는 듯한 기분에 사로잡혔다. 몇 군데서 개인교습을 하고 또 빅토르뒤뤼이 고등학교를 맡아 생활비는 보장되었다. 이런 일도 싫지는 않았다. 왜냐하면 그 안에서 새로운 놀이—성인 놀이—를 하고 있는 것 같은 생각이 들었기 때문이다. 개인교사를 구하는 학생을 찾기 위해 분주히 움직이거나, 학교장이나 학부형들과 대화를 나누거나, 예산을 세우거나, 빚을 내거나, 변제를 하거나, 계산을 하는 등의 모든 활동은 처음이어서 재미있었다. 처음 월급 수표를 얼마나 설레는 마음으로 받았는지 아직도 기억한다. 나는 누군가를 책임지고 있는 듯한 생각이 들었다.

 나는 이제까지 멋을 내는 일에 그다지 흥미를 가진 적은 없었어도 내 취향에 맞는 옷차림을 하는 일은 즐거웠다. 아직 할아버지 상중이었으므로 화려한 차림은 피했다. 쥐색 외투와 모자, 펌프스를 샀다. 그리고 거기에 어울리는 드레스 한 벌과 흑백이 어우러진 옷 한 벌을 재단하게 했다. 그때까지 입던 조잡한 목면과 양모에 대한 반발심이었는지 나는 매끄러운 비단을 택했다. 중국산 크레이프와 그 겨울에 유행한 몹시 상스러운 벨벳의 색다른 직물이었다. 매일 아침 나는 형편없는 화장을 했다. 볼에 붉은 얼룩이 지게 하고, 흰 분을 바른 다음 입술연지를 칠했다. 사람들이 평일보다 일요일에 화려한 옷차림을 하는 것을 시시하게 생각했다. 내게는 일상이 축제이므로 나는 어떤 경우에도 같은 모습이었다. 중국산 크레이프나 벨벳이 중학교 복도에는 어울리지 않음을 알고 있었고, 내 무도화 뒤축도 만일 내가 파리 보도

위를 아침부터 밤까지 걷지 않는다면 그다지 닳지 않았을 것이라고 생각했지만 나는 늘 태연했다. 옷차림은 진지하게 생삭한 적이 없는 요소였다.

나는 거처를 정했고, 옷을 갖춰 입었으며, 친구들을 초대하거나 외출했다. 하지만 예비적인 사교로 그런 것은 아니었다. 10월 중반에 사르트르가 파리로 돌아왔을 때 나의 새로운 인생은 정말로 시작되었다.

여름휴가 동안 사르트르가 나를 만나기 위해 리무쟁에 온 적이 있었다. 그는 생제르맹레벨의 불 도르 호텔에 투숙했다. 사람들 입에 오르내리는 것을 피해 우리는 마을에서 상당히 벗어난 곳에서 만나기로 했다. 아침에 정원 잔디를 달려 나무 울타리를 뛰어넘어 아직 촉촉이 이슬에 젖은 목장, 내가 쓸쓸하게 고독을 곱씹곤 하던 그 목장을 얼마나 기쁜 마음에 들떠 가로질렀는지 모른다! 우리는 풀 위에 앉아 대화를 했다. 첫날 급우들에게서 벗어나 파리와 멀리 떨어진 곳에서 둘만의 대화를 가지는 것이 그렇게 즐거운 일이라고는 생각하지 않았다. 그래서 나는 한 가지 제안을 했다.
"책을 가지고 가서 읽어요."
사르트르는 화를 냈다. 그리고 산책을 하자는 나의 제의도 모두 거부했다. 그는 엽록소 알레르기가 있어 목초의 초록 잎을 견디지 못했다. 그것을 잊어버릴 수 있는 환경이어야만 하는 것이다. 우리는 파리에서 시작한 대화를 계속했다. 그리고 우리의 대화가 이 세상이 끝날 때까지 이어진다고 해도 시간이 길지 않음을 깨달았다. 아침이 막 시작되었는데 벌써 점심식사 종이 울렸다. 나는 가족에게로 돌아가고, 사르트르는 공상적인 것을 좋아하는 나의 사촌 마들렌이 '아랫집' 옆 빈 비둘기 둥지에 살며시 놓아주는 벌꿀빵과 치즈를 먹었다. 오후가 시작되자마자 황혼이 되고 밤의 장막이 드리워졌다. 사르트르는 호텔로 돌아가 외교원들 사이에서 저녁식사를 하곤 했다. 나는 부모님에게 마르크스주의를 비판하는 책을 둘이서 공부하고 있는 중이라고 말해두었다. 부모님의 공산주의 혐오증을 부추겨 회유할 생각이었는데, 그다지 내 말에 수긍하는 듯이 보이지는 않았다. 사르트르가 도착한 지 4일째 되던 날, 우리가 앉아 있는 목장 끝에 나타난 부모님이 우리 곁으로 다가왔다. 아버지는 단호한 표정이었는데, 밀짚모자 아래로 누렇게 변한 얼굴은 언짢아 보였다. 그날 지나칠 정도로 짙은 분홍 와이셔츠를 입고 있던 사르트르는 전의가 충만한 시선으로 벌떡 일어섰다. 아버지는 은근한 말로 이곳에서 떠나 달라고 부탁했다. 사람들 입에 오르내리고, 혼처를 찾고 있는 사촌언니에게 나쁜 소문이 돈다는 것이다. 사르트르는 격렬하게 반박했으나 그다지 화가 난 어조는 아니었다. 왜냐하면 이 일로 인해서 1시간이라도 출발을 앞당길 생각이 전혀 없었기 때문이다. 우리는 좀더 은밀한 장소를 선택해 멀리 있는 밤나무 숲에서 만나기로 했다. 그런 일이 있은 뒤로 아버지는 찾아오지 않았고, 사르트르는 일주일 더 불 도르에 머물렀다. 그리고 우리는 매일 편지를 주고받았다.

　10월, 사르트르와 재회했을 때 나는 이미 과거(처녀시절에 연급되어 있는 연애)를 청산한 뒤였으므로, 거리낌 없이 사르트르와의 연애에 뛰어들었다. 사르트르는 이제 곧 병역을 치르기 위해 떠나야 할 시점이어서 이를 앞두고 하는 일 없이 나날을 보내고 있었다. 그는 생자크 거리에 있는 조부모 슈바이처의 집에 살고 있었다. 우리는 매일 아침 근처 뤽상부르 공원에서 안개와 황금색으로 아로새겨진, 여왕 석상들의 흰 시선의 보호를 받으며 데이트를 했다. 그리고 밤이 이슥해진 뒤에 헤어졌다. 우리는 파리 거리를 걸으면서, 우리에 대해, 우리 관계에 대해, 우리 인생에 대해 대화를 하고 우리 미래 저서에 대한 기준을 정했다. 지금에 와서 생각해 보니 이러한 대화에서 가장 중요한 점은, 우리가 무엇에 대해 이야기했느냐 하는 것보다도 우리가 무엇에 동의하고 있었느냐 하는 사실이었다. 실제로 그런 것들은 명백하지 않았고, 우리는 거의 모든 것에 착각을 하고 있었다. 우리의 실체를 명확히 하기 위해서는 이러한 오류를 잘 검토해 봐야 한다. 왜냐하면 그러한 잘못은 하나의 현실—우리가 처한 현실—을 보여주고 있기 때문이다.

　사르트르는 저술하기 위해 살고 있다고, 나는 앞에서도 말했다. 그는 타인을 대신해 온갖 것을 증명하고, 그것들을 필연성의 빛 아래서 다시 자신의 방식으로 재검토해 보았던 것이다. 또 나는 나대로 인생의 무수한 눈부신 양상들을 시험해 보려 했다. 그리고 이 인생을 시간과 허무에서 해방하기 위해 쓸 수밖에 없었다. 우리에게 부과된 이러한 사명은 반드시 달성될 수 있을 성싶었다. 우리는 표현하지 않았을망정 칸트적인 낙천주의—"그대는 그렇게 해야만 한다. 그러므로 할 수 있다"—에 찬성하고 있었다. 게다가 왜 의지는 결정되고 확립되는 순간에 스스로를 의심하기 시작하는 것일까? 그 무렵 우리가 원하는 바와 믿는 것은 하나였다. 세계와 자기 자신을 신뢰했다. 우리는 현실 사회에 반대했는데, 그 적대감에는 음침한 그림자는 전혀 없고 오히려 흔들림 없는 낙천주의가 있었다. 인간은 재창조되어야 하며, 그 사업의 일부분은 우리 손으로 이루게 되리라 믿었다. 우리는 저서 말고는 이 사업에 공헌할 생각이 없었다. 사회문제는 우리를 진절머리 나게 했다. 그러나 그런 문제에 개입하지 않고 우리 소망대로 계획이 진행될 것으로 예상하고 있었다. 이와 같은 점에서 우리는 1929년 가을, 프랑스 좌익 전체의 낙천적인 분위기를 공유했다. 평화는 확립된 양 보였다. 독일에서의 나치 세력 확대도 보잘것없었다. 가까운 시일에 식민주의도 사라지리라. 인도에서 시작된 간디의 운동, 프랑스령 인도차이나에서의 사회운동 등이 이 전망을 보증해 주었다. 게다가 자본주의 세계를 뒤흔든 사상 초유의 대공황은 이 사회가 오래 지속될 수 없음을 짐작하게 했다. 우리는 이제 황금시대에 살고 있는 듯한 기분이 들었다. 우리 눈에 황금시대는 역사에 의해 가려진 진실이며, 오직 역사가 그 진실을 밝히기만 하면 될 성싶었다.

우리는 모든 계획에서 현실의 무게를 알지 못했다. 근본적인 '자유'를 누리고 있다고 흡족해했다. 우리는 오랫동안 이 말을 믿고 거기에 대해 확고한 신념을 지니고 있었으므로, 이 언어에 담겨 있는 의미를 가까이에서 재검토할 필요가 있었다.

이 언어는 현실의 체험을 은폐했다. 온갖 활동에서, 특히 지적 활동에서는 자유를 만끽할 수 있었다. 왜냐하면 지적 활동에서는 반복이 거의 없기 때문이다. 우리는 많은 공부를 했다. 끊임없이 이해하고 새롭게 창출해야만 했다. 우리는 자유에 대한 실용적이고도 거부할 수 없는 직관을 지니고 있었으며, 우리의 오류는 자유를 그 올바른 한계 속에 머물게 하지 않았다는 데 있다. 우리는 칸트의 비둘기 이미지—비둘기에 맞부딪히는 공기는 그 비상을 방해하기는커녕 비둘기의 비상을 지탱하고 있다—를 신봉했다. 여건은 우리가 노력해야 할 소재(물질)처럼 보였고 노력이 조건부로 인식되지는 않았다. 우리는 어떤 것에도 의존하고 있지 않은 것처럼 생각했다. 정치에 대한 맹목도, 정신주의적 자존심도 먼저 격렬한 우리 계획—저술과 창조—으로 설명된다. 자기 자신, 자신의 목적, 자신의 수단을 절대적인 것으로 생각하고 있지 않은 이상, 사람은 이와 같은 모험을 감행하지 않으리라. 우리의 대담함은 환상과 떼놓을 수가 없었다. 대담함은 환상에 의해서 지탱이 되고, 주위의 정황도 이런 환상을 키우도록 되어 있었다. 외부적인 장애 때문에 우리가 의지의 반대방향으로 무리하게 끌려가는 일은 한 번도 없었다. 우리는 알고, 우리 자신을 표현하길 원했다. 우리는 이와 같은 길에 옴짝달싹할 수 없을 정도로 빠져들고 있었던 것이다. 우리의 실존은 우리 소망에 부합하므로 그것은 마치 우리 스스로 택한 것처럼 보였다. 생활은 언제나 계획대로 된다고 낙관했었다. 우리에게 주어진 많은 기회는 이 세계에 존재하는 대립을 은폐하고 있었다. 다른 한편 내면적으로 우리는 속박을 느끼지 않았다. 나는 부모님과 원만한 관계를 유지했는데, 그분들은 나에 대한 지배력을 완전히 잃어버렸다. 사르트르는 전혀 아버지를 모르고 자랐고, 어머니나 조부모도 그에게 법칙을 제시하지 못했다. 어느 의미에서 우리 둘은 모두 집이 없었으며, 이 상황을 우리의 원칙으로 삼았다. 우리는 알랭에게서 배운 데카르트의 합리주의에 고무되었다. 우리에게 편리했기 때문에 이를 신봉한 것이다. 배려나 존경에도, 감정적인 집착에도 구애받지 않고 우리는 이성과 욕망대로 행동하면서, 자기 안에 불투명하거나 탁한 것도 인정하지 않았다. 우리는 순수한 의식과 순수한 의지로 생각하고 있었다. 이런 확신은 미래에 대한 열정으로 더욱더 강화되었다. 우리는 특정한 이익을 얻기 위해 서로 떨어져 있는 것은 아니었다. 그것은 현재와 과거가 끊임없이 서로 추월하거나 추월당해야 하기 때문이었다. 우리는 기회가 있을 때마다 모든 것을 스스로 부인하기를 주저하지 않았다. 모든 변화가 진보로 보였기에 서로 자기비판을 하고 편하게 자신의 결점을 인정했다. 우리를 걱정하게 했을 문제의 대부분도 우리의 무지에 의해서 묻혀 버리고 말았으므로 이러한 점검만으로 만족하고 우리가 용감하다고 믿었다.

 우리는 스스럼없이, 구애됨 없이, 뜻대로 두려움 없이 자신의 길을 걸었다. 하지만 아무런 장애에 직면하지 않을 리가 없었다. 결국 우리 호주머니도 비게 되었다. 나는 초라하게 돈을 벌었고, 사르트르는 할머니에게서 받은 유산을 탕진했다. 상점에는 우리 손이 닿지 않는 상품이 가득 채워져 있으며 우리는 사치스런 장소에서 내몰리고 있었다. 그러나 우리는 이러한 금지령에 무관심했고 경멸하기까지 했다. 우린 금욕주의자는 아니었다. 금욕주의자이기는커녕 그런 것과는 몹시 동떨어진 인간이었다. 오늘날에도 옛날과 마찬가지로—사르트르도 나와 비슷했다—나의 손이 닿는 것에만, 접촉하는 것에만 현실의 무게가 있었다. 나는 내 욕망과 쾌락에 모든 것을 쏟았기 때문에, 그리고 그로 인한 허무한 부러움 때문에 낭비하여 나 자신에게는 아무 것도 남아 있지 않았다. 생마르탱 운하나 베르시 강기슭을 산책하면서 우리는 수많은 발견을 했으니, 자동차로 드라이브하지 못한 것을 후회할 필요는 없지 않을까? 내 방에서 빵과 푸아그라(거위 간 요리)를 먹거나, 맥주 향과 슈크루트(양배추 절임) 냄새가 감도는 맥줏집 드 모리에서 사르트르가 좋아하는 저녁을 먹을 때도 우리가 궁색한 생활을 하고 있다는 느낌은 없었다. 밤에는 팔스타프와 콜레주 인 등지에서 브롱크스, 사이드카, 바카르디, 알렉상드라, 마티니를 마셨다. 바이킹의 벌꿀주 칵테일과 몽파르나스 거리의 아주 특별한 살구 칵테일은 내가 가장 좋아하는 것이었다. 일류 호텔 바가 그 이상 무엇을 우리에게 가져다줄 수 있을까? 우리에게는 우리만의 축제가 있었다. 저녁이면 바이킹에서 월귤을 채운 닭찜을 먹었다. 한편 오케스트라박스에서는 최신 유행곡을 연주했다. 〈페이건 러브 송(Pagan Love song)〉이었다. 이런 만찬이 특별하지 않았다면, 저렇게 훌륭하게 비치지는 못했으리라. 우리의 조촐한 자금 자체가 나의 행복에 도움이 되었던 것이다.

사람이란 고가의 물품에서 직접 향락을 추구하지는 않는다. 비싼 물건은 타인과의 매개에 도움이 된다. 그 물건의 위광은 불가사의한 매력을 지니고 있는 제삼자에 의해서 생긴다. 우리가 받은 청교도적인 교육과 지식인으로서 산다는 확고한 맹세 덕분에 우리는 고급차 이스파노 수이자의 신사들에게도, 밍크코트의 숙녀들에게도, 후작들이나 대부호들에게도 조금도 꿀리지 않았다. 오히려 우리가 경멸하는 이 사회 제도에 편승하고 있는 이런 훌륭한 분들을 지상의 쓰레기로 간주하고 있었다. 나는 그들에게 짓궂은 연민의 정을 느꼈다. 우리가 들어갈 수 없는 푸케나 맥심 등의 호화로운 음식점 앞을 지날 때, 대중과 떨어져 사치와 거드름을 피우는 곳에 틀어박혀 있는 이들이야말로 따돌림을 당하고 있는 거라고 내 자신에게 말했다. 대개의 경우 나에게 이런 사람들은 존재하지 않는 것이나 마찬가지이다. 그들의 특권이나 세련됨도, 5세기 그리스인이 영화나 라디오가 없어도 불편함을 느끼지 못했듯이 내게 별다른 지장을 주지 않았다. 물론 우리의 이러한 마음은 일류 식당의 은색 벽에 부딪쳐 깨졌다. 그러나 그것으로 초조해하지는 않았다. 왜냐하면 그들의 특유한 모습에서 배울 점은 아무것도 없으며, 그들의 의례적인 탕진도 공허함을 은폐하고 있는 것뿐이라고 생각했기 때문이다.

그런 이유로 우리를 제한하는 것, 또 우리를 한정하거나 억제하는 것은 전혀 없었다. 세계와 우리의 유대는 우리가 창출하는 것이다. 자유야말로 우리 생활의 자산이기에 우리는 매일 자유를 행사했다. 둘의 생활에서 비중이 컸던 것은 오락이었다. 대부분 새롭게 맺어진 남녀는 오락이나 우화로 공통의 가난한 과거를 보충한다. 우리는 원래 활동적인 기질의 소유자였고 현재로서는 이렇다 할 일도 없었기 때문에, 역시 오락이나 우화의 도움이 컸다. 코미디, 패러디, 우화 등, 우리가 생각해낸 오락에는 정해진 역할이 있었다. 이 오락은 우리가 니체처럼, 그리고 똑같은 이유에서 엄격히 거부하고 있는 진지한 정신으로부터 우리를 방어해 준다. 그 도움이 세계를 상상 속에 집어넣고 가볍게 하여 간격을 두고 세계를 대할 수 있게 해준 것이다.

우리 가운데 사르트르가 끝없는 재능을 지니고 있었다. 그는 애가와 동요, 경구, 연가, 즉흥 우화 등, 온갖 즉흥시를 짓고, 때로 직접 만든 엉터리 곡으로 노래를 했다. 그는 말장난이나 지껄임도 경멸하지 않았으며, 모음운(유사모음반복)이나 자음운(유사자음반복)을 생각해내고는 좋아했다. 그것은 말을 실험해 보고 탐색하는 방법임과 동시에 언어에서 일상의 무게를 제거하는 방법이기도 했다. 사르트르는 싱(Synge)의 '플레이보이'—인생의 평범함을 아름다운 이야기로 바꾸는 영원한 방랑자—이야기를 빌렸다(싱《서쪽에서 온 플레이보이》참조). 제임스 스티븐스의 《황금 항아리(The Crock of Gold)》는 우리에게 '레프리콘' 이야기를 해주었다. 나무들 밑동에 쪼그리고 있는 주인공 난쟁이는 작은 구두를 만들면서 불행이나 권태, 시기심에 도전하고 있다. 두 주인공 가운데 한 사람은 모험가이고 다른 한 사람은 집에 틀어박혀 있는 기술자인데, 둘 다 무엇보다도 먼저 문학에 대한 교훈을 보여준다. 그러나 이 표어도 주인공 덕분에 교의(教義)적인 답답함이 없었다. 한편 우리의 중대 관심사로 시간적 간격을 두고 저술할 생각인 책을 우리는 '우리의 작은 구두'라고 불렀다.

우리 둘은 말처럼 건강하고 쾌활한 기질이었다. 하지만 나는 장애에 맞닥뜨리면 참지를 못해 얼굴빛이 바뀌고 마음의 문을 닫아 고집불통이 되었다. 사르트르는 나를 이중인격자라고 했는데, 그래, 나는 비버(보부아르의 별명)였다. 때때로 이 동물은 상당히 느낌이 나쁜 젊은 여성—보부아르 양—으로 변신했다. 사르트르는 이 주제를 미화한 아이디어를 생각해내 언제나 내 비위를 맞춰 주었다. 그는 아침에 머리가 흐릿하거나 주위 사정으로 하고 싶은 말을 하지 못할 때면 자주 의기소침해지곤 했다. 그런 때 사르트르는 조금이라도 공격을 비끼듯이 몸을 오그리고 있었고, 우리가 언젠가 동물원에서 본 바다표범을 닮아 보였다. 우리는 바다표범의 고통스러워하는 모습에 가슴이 에는 듯했다. 사육사가 양동이에 가득한 작은 물고기들을 바다표범의 입에 넣고는 배 위에 올라탄 것이다. 이 잡어들의 습격으로 바다표범은 작은 눈을 하늘로 치켜떴고, 마치 그 거대한 살덩어리가 가느다란 눈의 갈라진 곳에서 하나의 애원으로 변신하고 있는 것처럼 보였다. 그러나 바다표범은 말조차 할 수 없었다. 괴물은 하품을 하고, 기름기로 찐득한 피부에서는 눈물이 흘렀다. 그러고는 고개를 흔들며 축 처지고 말았다. 사르트르 얼굴이 슬픔으로 일그러질 때마다 우리는 그 바다표범의 슬픈 마음이 사르트르에게 옮은 것이라고 말했다. 그러면 사르트르는 그렇게 변신해서 보여주곤 했다. 하늘을 우러러 하품을 하고, 말없이 애원을 하는 것이다. 이런 팬터마임을 하면 그는 다시 쾌활해졌다. 그런 이유로 우리는 우리 기분을 육체에 의해 좌우되는 숙명이 아니라, 기분 내키는 대로 벗어버릴 수 있는 타락에 의한 변장으로 여겼다. 그래서 우리의 청춘시절에, 또 청춘시절이 지난 뒤에도, 무언가 불쾌하거나 곤란한 일에 맞닥뜨릴 때마다 간단한 심리극을 했다. 그리고 이러한 심리극을 치환해 극한까지 밀고 나가 종횡으로 검토한 덕택에, 불쾌함이나 곤란함을 극복하는 데 크게 도움을 받았다.

우리의 경제 규약도 이런 심리극적 방법으로 처리했다. 우리는 파리로 돌아와 우리 둘 사이를 정의하기 전에 '귀천상혼(貴賤相婚 : 결혼 후 신분이 낮은 사람의 지위가 유지되는 것)'으로 이름을 붙였다. 우리 부부는 두 신분을 지니는 것이다. 하나의 신분은 돈도 야심도 없이 약간의 일에 만족하고 있는 관리인 M. 오르가나티크 부부였고, 다른 하나의 신분은 때때로 화려한 옷차림으로 샹젤리제 영화관이나 댄스홀에 가는 미국인 억만장자 모건 해티크 부부였다. 이것은 부호들의 쾌락을 3, 4시간 맛보기 위한 히스테릭한 연극이 아니고, 호사스런 생활에 대한 우리의 경멸을 입증하기 위한 속이 빤히 들여다보이는 어처구니없는 행동이었다. 우리는 우리의 조용한 연회로 만족했기 때문에 부(富)는 필요치 않았다. 우리는 단순히 자기 조건을 요구하고 있었던 것이다. 그러면서도 동시에 자신의 조건에서 벗어나 있다고 믿었다. 돈이 없는 소시민인 M. 오르가나티크 부부는 사실 우리가 아니었다. 그들이 된 셈치고 연기하면서 우리는 그들과 격리되어 있었다.

앞에서도 말했듯이 나는 일상의 일, 특히 교사라는 직업을 가면무도회로 간주했다. 우리는 자기 삶을 비현실화하면서 인생에 우리가 담겨 있지 않다는 결론을 내리고 말았다. 우리는 어디에도, 어느 나라, 계급, 직업, 세대에도 속해 있지 않고, 우리의 진리는 다른 데 있는 것이다. 그것은 영원 속에 기록되어 있어서 미래가 그것을 입증해 주리라. 우리는 작가이다. 다른 확정은 모두 모조품에 지나지 않는다. 우리는 우리와 마찬가지로 모든 것을 자유에 집중한 옛 스토아주의자들의 계율에 따르는 것이라 생각하고, 우리를 의지하고 있는 문학작품에 몸과 마음을 쏟았다. 그리고 이들 문학작품과 무관한 것에서는 해방되어 있었다. 하지만 우리는 너무 탐욕스러워서 다른 것을 모두 체념하지는 못했다. 그러나 다른 것은 그다지 중요하게 여겨지지 않았다. 주위 상황에서 이와 같이 초탈한 기분이나 여유로운 기분이 된 우리는 이것을 지상의 자유로 잘못 이해하기 쉬웠고, 또 그렇게 생각하고 싶었던 것이다. 이러한 올가미를 제거하려면 자기 자신과 거리를 둘 필요가 있었다. 하지만 우리는 그와 같은 수단을 거의 갖지 않은 데다가 그렇게 하려 하지도 않았다.

마르크스주의와 정신분석학이라는 두 교의(教義)가 우리를 계몽할 수 있었으리라. 그러나 우리는 이러한 교의에 대해서 대략적인 것밖에 몰랐다. 나는 발자르에서 사르트르와 폴리체르가 벌였던 격렬한 논쟁을 기억하고 있다. 폴리체르는 사르트르를 '프티부르주아(소시민계급)' 출신으로 매장하려 했고, 사르트르는 그렇게 불린다 해도 어쩔 수 없다고 버텼다. 하지만 그는 자신의 행동방식이 프티부르주아라는 표현으로 집약될 수는 없다고 주장했다. 그는 마르크스 자신도 인정하고 있듯이 부르주아 출신의 지식인은 그 계급의 견해를 뛰어넘을 수 있다는 문제를 제기했다. 그러나 어떤 상황에서, 어떤 식으로, 왜, 라는 골치 아픈 문제가 사르트르에게 남았다. 폴리체르의 붉은 머리칼은 불타는 듯했고, 말은 장황했다. 하지만 결국 사르트르를 설득하지는 못했다. 어쨌든 사르트르는 변함없이 자유 편이었으리라. 왜냐하면 현재도 그는 자유를 믿고 있기 때문이다. 그러나 확실하게 분석한다면, 우리의 자유에 대한 사고는 분쇄되어 있었을 것이다. 우리가 금전에 대해서 무관심할 수 있었던 것도 쪼들리지 않고 필요한 만큼의 돈, 즉 힘든 일을 하지 않아도 될 만큼의 돈을 가지고 있었기 때문이다. 우리의 자유로운 정신도 우리 계급의 특권에 의한 문화와 기획 덕택이었다. 아무런 외적인 구속을 받고 있지 않다는 믿음도 프티부르주아 출신의 지식인이란 처지에 의한 것이었다.

그러면 왜 우리는 다른 사치스러움을 택하지 않고 이런 사치를 택한 걸까? 왜 편안함 속에 잠들지 않고 깨어 있었던 것일까? 만일 우리가 정신분석에 해답을 추구했다면, 그 답은 이미 얻은 것이다. 정신분석학은 그 무렵 프랑스에 퍼지기 시작했고, 어느 면에서는 우리의 관심을 끌었다. 정신병리학에서 학우 대부분이 수용한 조르주 뒤마의 '내분비선적 일원론'*을 우리로서는 받아들일 수 없었다. 그렇지만 정신병, 신경증, 그 징후 등에는 의미가 있으며 환자의 유년시절로 거슬러 올라가 그 병의 원인을 안다는 설에는 찬성이었다. 그러나 그 이상, 이를테면 정상인을 검토하는 방법의 정신분석은 인정하지 않았다. 우리는 프로이트의 저작 가운데서 《꿈의 해석》과 《일상생활의 정신병리》 정도밖에 읽지 않았고, 그것도 단순히 지면만을 좇았을 뿐 그 정신은 파악하지 않았다. 우리는 프로이트의 독단적인 상징주의나 이런 것들에 스며들어 있는 관념 연합설에 저항을 느꼈다. 그의 범(汎)성욕론도 망상과 같은 것으로 생각되어 우리의 엄격주의와 충돌했다. 그 가운데서도 특히 그가 무의식에 부여하는 역할이나 그의 융통성 없는 기계적인 설명 등, 우리가 사고하는 프로이트주의는 인간 자유를 억압하는 것이었다. 즉 프로이트주의에 의하면 누구도 화해를 가르쳐 주지 않고, 또 스스로 그것을 발견할 수도 없다. 우리는 변함없이 합리주의나 의지주의의 태도 속에 응결되어 있었다. 명석한 인간이라면 자유가 정신적 외상, 콤플렉스, 추억, 영향 등을 극복할 수 있다고 생각했다. 유년시절에서 감정적으로 빠져나왔다고 믿었던 우리는 우리의 유년시절 자체가 이와 같은 정신적 무의식 성향들을 설명해 준다는 사실을 오랫동안 몰랐던 것이다.

그 무렵 상당히 많은 청년이 마르크스주의와 정신분석학에 심취해 있었는데도 우리가 그다지 정신분석학의 영향을 받지 않았던 까닭은, 그러한 학문

---

* 우리는 그의 설명을 이런 식으로 이름 붙였다. 비록 그가 데카르트적 이원론과 자신의 이론이 연관된다고 주장하더라도 말이다.

에 대해서 초보적인 개념밖에 갖지 못했기 때문이 아니었다. 우리는 멀리서 타인의 눈으로 자신을 응시하고 싶지 않았던 것이다. 우리에게 먼저 중요했던 점은 자신과 일치하는 것이었다. 자유에 이론적인 제한을 가하기보다는 실제로 자유를 지키는 것을 배려했다. 왜냐하면 자유는 위험에 빠져 있었기 때문이다.

이런 점에서 사르트르와 나 사이에는 커다란 차이가 있었다. 나로서는 내 과거에서 나를 강제로 떼어놓고 나 자신에게 만족해 인생을 스스로 결정하는 일이 기적처럼 생각되었다. 이번이야말로 나는 자립을 쟁취하고 그 무엇에도 그것을 빼앗기지는 않으리라. 그러나 사르트르는 훨씬 이전부터 스스로 혐오하던, 제 몫을 하는 한 사내의 생활을 했다. 그는 청년시절 초기의 무책임한 생활을 청산하고 성인의 세계로 접어들었다. 그의 독립은 위협받고 있었다. 먼저 18개월간 군대생활을 해야 할 상황이었으며, 이어서 교직생활이 기다리고 있었다. 그는 하나의 구원을 발견했다. 일본에서 프랑스어 교사를 구하고 있었으므로, 사르트르는 1931년 10월 거기에 응모한 것이다. 그는 2년 정도 일본에 머물고, 또 어딘가 다른 나라로 갈 생각이었다. 그의 주장에 따르면, 역사의 화자인 작가는 싱의 '플레이보이'와 닮아야 하고, 어디에도 또 어떤 사람 밑에서도 안주해서는 안 되었다. 사르트르는 일부일처제에 대한 의무감을 지니고 있지 않았다. 그는 여러 여성들과 함께 있는 것을 즐겼으며, 자신이 다른 남자들보다 재미가 없다고 생각했다. 또한 23살인 그는 다양한 여성의 매력을 체념할 생각은 전혀 없다고, 입버릇처럼 내게 이렇게 설명했다.

"우리의 사랑은 필연적이다. 하지만 우연한 사랑도 알 필요가 있다."

우리는 같은 종에 속하는 인간이고, 생명이 이어지는 한 사이좋게 지낼 것이다. 그것은 다른 성질의 인간들과 만나는 순간의 짜릿함을 능가하지는 못한다. 우리는 여러 가지 놀라움, 회한, 향수, 쾌락 등을 느낄 수 있는데 어떻게 그러한 감정을 고의로 외면할 수가 있을까? 그 점에 대해서 우리는 오랫동안 산책을 하면서 생각했다. 어느 날 오후, 우리는 니장 부부와 〈아시아의 폭풍〉이란 영화를 보러 샹젤리제에 갔다. 그들과 헤어진 뒤 우리는 카루젤 정원까지 걸어가 루브르 박물관 한 모퉁이 돌 벤치에 앉았다. 벽에서 조금 떨어진 곳에 손잡이가 있었다. 그 벽 울타리 안에는 어떻게 들어갔는지

고양이가 울고 있었다. 고양이는 너무 커서 그곳에서 빠져나오지 못했다. 어둠이 깔릴 무렵, 손에 종이 봉투를 든 한 여자가 다가와 고양이를 부드럽게 쓰다듬으면서 봉투에서 남은 밥을 꺼내 먹여 주었다. 이때 사르트르가 내게 제안을 했다.

"2년간 계약을 맺자."

이 2년 동안 나는 파리에 살 수 있도록 조치를 취해서 가능하면 서로 친밀한 사이를 유지하도록 했다. 그 다음 일은, 나도 외국에서 직장을 구하라고 사르트르가 권했다. 2, 3년이나 우리는 헤어져 살게 되는데 어딘가 세계 한구석에서, 이를테면 아테네에서 재회를 해 한동안 공동생활 같은 것을 다시 해보자고 말했다. 우리는 결코 생판 남이 되지는 않으리라. 둘 중 어느 쪽이 상대를 불렀을 경우 반드시 응할 것이며, 이 결합보다 더 가치 있는 일은 아무것도 없을 것이다. 그러나 그것이 속박이나 습관으로 빠져 버리지 않도록 해야 한다. 무슨 일이 있더라도 그런 부패에서 이 약속을 지켜야 한다는 취지였다. 나는 동의했다. 나는 사르트르가 예상하는 이별을 두려워하지는 않았다. 그것은 아득한 먼일처럼 생각되어 지금부터 끙끙 앓을 필요는 없다고 생각했다. 때때로 두려움이 마음속을 꿰뚫고 지나가도, 나는 그것을 나약함으로 보고 극복하려고 했다. 사르트르가 한 말의 굳건함을 나는 이제까지 체험하고 있었기 때문에 그것은 내 마음의 버팀목이 되었다. 그에게 있어 하나의 계획은 단순한 말장난이 아니며 현실의 어느 순간을 가리키고 있었다. 만일 그가 '정확하게 22개월 뒤 아테네 아크로폴리스 위에서 오후 5시에 만나자'고 말한다면, 나는 정확히 22개월 뒤 오후 5시에 아크로폴리스 위에서 그와 재회할 확신이 있었다. 더 일반적으로 말해서, 나는 사르트르가 나보다 먼저 죽지 않는 한 그가 내게 어떤 불행도 가져올 리 없다는 사실을 알고 있었다.

2년의 계약 기간 중에는 이론적으로 서로 인정하고 있는 자유를 행사할 마음이 전혀 없었으므로 우리 둘의 새로운 관계에 망설임 없이 모든 것을 집중할 생각이었다. 우리는 또 하나의 동맹을 맺었다. 둘 다 거짓을 말하지 않을 것, 그리고 서로 숨기는 일이 없도록 할 것. 우리 '패거리'는 이른바 '내면생활'에 대해 대단한 혐오감을 가지고 있었다. 뛰어난 정신이 은밀히 섬세한 비밀을 키우는 이런 생활의 장소를 그들은 좋지 않은 냄새로 가득 찬 늪지로 간주했다. 이곳이야말로 불성실함이 은밀하게 거래를 하고, 자기도취에 빠진 감미로움을 맛보는 장소라는 것이다. 이러한 그림자나 독기를 몰아내기 위해, 우리 '패거리'는 사생활이나 사상, 감정을 숨김없이 털어놓는 습관을 지니고 있었다. 그러나 그들에게는 호기심이 그다지 없었기 때문에 이와 같은 자기 공개도 제한적이었다. 각자가 너무 자기 일에 대해서 말을 많이 하자 남들이 싫증을 냈기 때문이다. 하지만 사르트르와 나 사이에서는 제한이 필요치 않았다. 그래서 서로 모든 것을 말하기로 했다. 나는 침묵에 익숙했기 때문에 처음에는 이 규정이 약간 거북했다. 그러나 곧 이 규칙의 유익한 점을 이해했다. 나는 이제 내 일에 신경을 쓰지 않아도 되었다. 내 눈보다도 공평한 눈이, 물론 호의로 가득 차서 내 행동 하나하나를 객관적인 이미지로 되돌려보냈기 때문이다. 이 컨트롤은 고독 속에서 쉽게 열매를 맺는 사소한 망상이나 환영, 불필요한 의혹이나 거짓된 희망, 공포에서 나를 지켜주었다. 이제 고독은 내게 존재하지 않았다. 그뿐만 아니라 나는 고독에서 벗어났음을 기뻐했다. 나 자신처럼 사르트르도 나에게 투명했다. 얼마나 평온한 기분인가! 때때로 나는 이런 기분을 이용했다. 사르트르가 내게 아무것도 숨기지 않기 때문에 그에게 더 이상 질문할 필요가 없다는 생각이 든 것이다. 뒷날 나는 2, 3번 그것이 나의 게으른 마음에서 나온 것임을 깨달았다. 비록 내게 경계심이 없음을 탓했다고 해도, 그것은 우리 둘의 규약을 비난한 것은 아니었다. 우리는 그 규정을 채택한 이래 결코 피하려 한 적이 없었다. 다른 어떤 약속도 우리에겐 적합하지 않았으리라.

  그러나 나는 성실이 누구에게나 반드시 필요한 법칙이며, 만병통치약이라고 생각하지 않는다. 그 뒤 몇 번이나 이러한 성실함의 실질적 장단점에 대해서 생각할 기회가 있었다. 나는 최근 소설 《레 망다랭》 가운데 어느 장면에서 그 위험성 하나를 보여주고 있다. 여주인공 안은 딸에게, 딸을 사랑하고 있는 청년이 그녀의 부정을 알지 못하도록 하라고 충고하는데, 나는 이런 경우의 신중함에는 찬성한다. 분명히 딸 나딘은 청년을 계몽하려는 생각은 전혀 없고 단순히 질투하게 만들려 했다. 때때로 말한다는 것은 알린다는 것뿐만이 아니라 행동한다는 것을 의미한다. 남에게 아무런 압력을 가할 수 없는 듯이 보이면서 상대에게 엄연한 사실을 밝혔을 경우 그것은 속임수와 마찬가지이다. 이와 같은 이중 의미를 지닌 언어는 솔직함을 금하는 게 아니라, 다만 약간의 신중함을 필요로 한다. 대체로 말이 효력을 잃기까지는 얼마간의 시간이 흐르는 것으로도 충분하다. 서너 걸음 물러나면 행위나 감정을 공평한 눈으로 볼 수 있다. 이러한 행위나 감정을 즉시 폭로하는 것은 하나의 행동, 적어도 하나의 간섭이 될 수 있다.

사르트르는 가끔 이 문제를 나와 논의했고, 또 《이성의 시대》(자유에의 길 제1부)에서도 언급하고 있다. 제1장에서 마티외와 마르셸은 '모든 것을 터놓고 말하는' 척하면서 얘기하는 것을 피하고 있다. 언어는 때때로 침묵보다도 잘 말하지 않는 하나의 방법이 된다. 비록 언어에 의해서 가르침을 받는 경우라도, 언어는 현실을 무력하게 하거나 말살할 수 없다. 언어는 그 가르침대로 현실에 맞서는 데 도움이 된다. 만일 두 대화자가 확신을 가지고 사건과 사람들을 지배한다고, 서로 성실하다는 핑계로 설득하려 한다면 그들은 착각을 하는 것이다. 가끔 내가 관측한 하나의 충실한 형태가 있는데, 그것은 명백한 위선에 지나지 않는 성의 영역에 한정된 것으로, 남녀 간의 친밀한 상호이해를 목적으로 하지 않고 둘 가운데 어느 한쪽—대개의 경우 남성—에 편안한 알리바이를 제공한다. 자신의 부정을 고백함으로써 사내는 부정의 보상을 한다는 환상으로 스스로 위안을 삼는데, 실은 상대에게 이중 폭력을 가하는 것이다.

결국 어떤 영구적인 준칙도 모든 남녀에게 완전한 투명성을 줄 수는 없다. 당사자들이 어떤 협정에 도달하고 싶은지 결정해야 한다. 선험적인 권리도, 의무도 그들에게는 없다. 젊은 시절에 나는 이와 반대의 것을 확신했었기 때문에, 그 무렵 나는 내게 가치 있는 것은 모든 사람에게도 마찬가지라는 사고에 지나치게 기울어져 있었다.

반면에 만일 오늘날 제삼자가, 우리가 맺은 이 관계에 대해서, 이를 설명하거나 정당화하는 특수성—우리 관계는 같은 별 아래 태어난 쌍생아란 특수성에 의해서 설명되고 정당화되기 때문이다—에 주의를 기울이지 않고 찬성하거나 비난할 때 나는 화가 난다. 우리 삶을 결속하는 결정적 동지관계는 우리가 지어내려던 구속을 헛되고 가치 없는 일로 만들어놓았다. 예를 들면, 세계가 우리 두 사람의 소유물인데 무엇 때문에 하나의 지붕 밑에 살 필요가 있을까? 우리를 결코 떼놓을 수 없는 지리적인 간격을 어찌 두려워할 필요가 있을까? 오직 하나의 기획만이 우리에게 용기를 주었다. 모든 것을 감싸 안고 모든 것을 증언하는 것이다. 때로는 이 기획이 우리에게 별도의 길을 취하게 한 적도 있었다. 그러나 아무리 작은 발견도 우리는 서로 숨기지 않았다. 우리는 함께 이 기획의 요구에 따랐다. 우리의 의견이 다른 때조차도 의지는 같았다. 그것은 우리를 결속하고 또 우리를 해방했다. 그리고 이 해방으로 우리는 마음속 깊이 굳게 맺어져 있는 자신을 발견했다.

나는 여기에서 '징조'에 대해 말하고 싶다. 《처녀시절》에서 나는 사르트르가 나와 마찬가지로 일종의 구원을 추구하고 있다고 말했다. 내가 이 낱말을 쓴 것은 우리가 신비주의자였기 때문이다. 사르트르는 예술에서 분리되지 않은 '미'에 대해 조건 없는 신앙을 지니고 있었다. 그리고 나는 생명에 최고 가치를 두었다. 우리 성향이 반드시 일치한 것은 아니었다. 나는 노트에 그 차이를 지적하고, 때때로 나 자신의 당혹감에 대해 썼다. 어느 날 나는 이렇게 기록했다.

"나는 저술하고 싶다. 지상에 언어를 나열하고 싶다. 내 인생에 관련된 여러 일들에 대해 말이다."

또 어느 날, 나는 확실하게 말했다.

"나는 예술을 나의 인생을 보장하는 것으로서만 사랑할 수는 없다. 결코 나는 사르트르처럼 무엇보다도 작가일 수는 없으리라."

사르트르는 넘칠 듯한 쾌활함에도 불구하고 행복에 그다지 가치를 두지 않는다고 말한다. 그는 대단한 어려움에 처해서도 틀림없이 저술을 계속했을 것이다. 사르트르를 잘 알고 있는 나는 그와 같은 끈기를 의심치 않는다. 나는 그런 성격이 아니었다. 만일 극도의 불행에 휩싸이게 된다면 자살하고 말리라고 나는 마음먹고 있었다. 그리고 사르트르는 그 흔들림 없는 확고한 태도에서 나를 능가한다고 생각했다. 나는 그가 자신의 운명을 남에게 의존하기보다 오직 자기 두 손에 쥐고 있는 것에 감탄했다. 사르트르가 나보다 뛰어나다는 사실에 나는 서먹하기는커녕 평안한 마음이다.

누군가와 근본적으로 화합한다는 것은 틀림없이 중대한 특권이다. 그것은 문자 그대로 무한한 가치를 지니고 있는 듯이 생각된다. 내 기억의 깊숙한 곳에는 마비유 씨 서재로 숨어들어 자자와 잡담을 나눈, 그 비길 데 없는 평안한 한때가 찬연하게 빛나고 있다. 옛날에 아버지가 내게 미소를 지을 때 나는 강렬한 기쁨에 사로잡혔었다. 다른 누구보다 뛰어난 이 남성을 어느 의미에서 내가 소유하고 있다고 나는 생각했다. 내 소녀시절 꿈은 유년기 가운데서 최고의 순간을 미래에 반사하고 있었다. 그것들은 허망한 꿈이 아니며,

내 안에서 하나의 현실이 되었다. 그렇기 때문에 이들 꿈의 실현이 기적처럼 보이지는 않았던 것이다. 물론 여러 상황이 도움이 된 것은 확실하다. 나는 누구와도 완전한 화합을 이루지 못했을지도 모른다. 그러나 그 기회가 주어졌을 때 내가 정신없이 그리고 맹렬하게 받아들였다면 그것은 과거의 호소에 대한 호응이었다. 사르트르는 나보다 겨우 3살 연상이다. 그는 자자와 마찬가지로 나와 대등했다. 우리는 함께 세계의 발견에 나섰다. 그럼에도 나는 너무나도 완전하게 사르트르를 신뢰하고 또한 그도 그것을 나에게 보증해 주었다. 그것은 옛날에 부모님이나 신이 준 결정적인 안도감과 같았다. 자유롭게 뛰어든 순간에 나는 내 머리 위에서 구름 한 점도 없는 푸른 하늘을 발견한 것이다. 나는 온갖 속박에서 벗어나 있었음에도 내가 살아온 순간은 저마다 일종의 필요성을 지녔다. 아득히 멀리 있던 소망은 모두 이루어졌다. 나에게는 더 이상 바랄 게 없었다. 승리에 빛나는 완전한 행복이 위축되는 일이 없도록 바라는 것 말고는. 자자의 죽음조차도 그 속에 침잠했다. 물론 나는 오열도 했다. 고뇌도 했다. 자신에게 반항도 했다. 하지만 그것은 훨씬 뒤의 일이고, 슬픔이 간계를 꾸며 내 안에 들어왔을 때의 일이다. 올 가을 나의 과거는 잠들고 있었다. 나는 몸 전체로 현재에 속해 있었던 것이다.

 행복이란 사람들이 상상하는 것만큼 흔히 있는 상황은 아니다. 그것을 유년기 갈망의 충족과 결부하는 프로이트 이론에는 확실히 일리가 있다. 평상시 아이들이란 우둔해질 정도로 배부르지 않는 한 식욕이 왕성해 좀이 쑤신다. 아이는 손에 쥐고 있는 것을 지각하거나 예감한다. 신변에 널려 있는 바에 비하면 약간을 예감할 뿐이다. 게다가 감정의 평형을 잃으면 자신이 지니고 있는 것, 또는 자신이 갖고 있지 않은 것에 흥미를 느낄 수 없다. 나는 이따금 그것을 깨달았다. 유년시절에 극도의 빈곤, 굴욕, 공포, 특히 원한을 맛본 사람들은 성인이 된 뒤 추상적인 보상—금전,[1] 명예, 유명, 권력, 존경—에만 만족한다. 일찍감치 타인이나 자신에 대해서 고뇌한 사람들은 과거 그들의 무관심[2]만을 반영하는 세계에 등을 돌리게 된다. 그에 비해 절대

---

[1] 프로이트는 말한다. "금전, 그 자체는 행복을 가져오지 않는다. 어떤 아이도 돈을 원하지 않기 때문이다."

[2] 《처녀시절》에 나오는 사촌오빠 자크는 행복을 받아들이지 못하는 전형적인 유형처럼 생각된다. 이것은 그가 보낸 유년시절 조건의 결과임이 명백하다.

적이라는 것에는 어떤 무게가 있을까? 그것들은 차고 넘칠 정도의 환희를 가져다주는 것일까? 나는 특별히 응석받이로 자란 소녀는 아니었다. 그러나 주위 상황으로 여러 가지 욕망을 꽃피웠다. 공부나 가정생활에 의해 억제되긴 했지만 그 때문에 도리어 욕망은 더욱 강렬하게 폭발해 나는 무엇보다도 먼저 그것을 가라앉히는 일을 긴급하게 생각했었다. 욕망은 장기적인 하나의 사업이었고, 나는 몇 년이나 거기에 온 힘을 바쳤다. 나는 일생 나만큼 행복을 경험한 사람을 만난 적이 없으며, 나만큼 완강하게 앞뒤 가리지 않고 행복을 향해 돌진해 간 사람도 알지 못한다. 내가 행복에 접한 순간 그것은 나에게 오직 하나의 관심사가 되었다. 만일 누군가 내게 영광을 제시했다고 해도 그것이 행복을 희생시키는 일이라면, 나는 그 영광을 거부했으리라. 행복은 단순히 내 마음속 흥분으로서만 머물지 않았다. 행복은 내게 이 세계와 나라는 존재의 가치를 부여해 준다고 생각했다. 이 가치를 소유하는 것에 나는 전에 없이 격렬한 요구를 했다. 사물을 있는 그대로, 이미지나 환각, 그리고 사물의 현존을 예측하는 데 도움을 주던 언어와 대조해 볼 때가 온 것이다. 나는 나에게 주어진 조건 속에서만 이 일을 시작하고 싶었다. 파리가 세계의 중심처럼 느껴졌다. 건강이 넘치고 많은 여가도 있었다. 더욱이 나는 나보다도 확실한 발걸음으로 같은 길을 나아가는 동반자를 만났다. 이와 같은 상황 덕분에 내 인생을 온 세계가 반영되는 모범적인 하나의 경험으로 만들어내는 일을 바랄 수 있게 된 것이다. 주위 상황은 세계와의 일치를 보증해 주었다. 앞에서도 말했듯이, 1929년 나는 평화를, 진보를, 그리고 이를 구가하는 내일을 믿고 있었다. 나 자신의 인생도 세계의 보조에 맞추어야 한다. 만일 이때 내가 불행했더라면 틀림없이 따돌림을 당한 것처럼 느껴 현실을 파악하지 못했으리라.

11월 초 사르트르는 병역을 치르기 위해 출발했다. 레몽 아롱의 충고에 따라 그는 기상반에 배치를 받았다. 생시르 요새에 합류하여, 그곳에서 교관으로 있는 레몽 아롱에게서 풍속계의 조작을 배웠다. 그가 출발한 날 밤, 나는 그로크의 곡예를 보러 갔는데 조금도 재미가 없었던 것으로 기억한다. 사르트르는 요새에 15일 동안 갇혀 지냈으며, 짧은 면회 시간밖에 허락받지 못했다. 그는 군인과 가족들로 북적이는 면회소에서 나를 맞았다. 사르트르는 군대에서 18개월이나 허송세월하는 것에 분노했다. 나도 마찬가지로 온갖 구속에 반감을 느꼈고, 우리는 반(反)군국수의자였으므로 사진해서 이 구속을 감수할 노력 따위는 전혀 할 생각이 없었다. 첫 면회는 음산했다. 감색 군복, 베레모, 행전 차림의 사르트르는 죄수처럼 보였다. 그동안 사르트르도 휴가를 받았다. 주 3, 4회씩 나는 오후에 그를 만나러 생시르에 갔다. 그는 역에서 기다려 주었고, 우리는 식당에서 저녁을 먹었다. 요새는 시에서 4킬로미터 떨어져 있었다. 나는 사르트르를 도중까지 바래다주고 막차 시간인 9시 30분에 맞추기 위해 서둘러 돌아왔다. 한번은 기차를 놓친 적이 있어 베르사유까지 걸어야만 했다. 가끔 어두운 밤길을 혼자서 비바람을 뚫으며 레일 사이에 희미하게 반짝이는 먼 불빛을 바라보고 걸을 때, 나는 모험을 하는 듯한 흥분을 맛보았다. 때로는 사르트르가 저녁에 파리로 왔다. 트럭이 개선문 광장까지 사르트르와 동료들을 데려다주었는데, 2시간밖에 여유가 없어 우리는 바그람 거리 카페에 들르거나 테른 거리를 어슬렁거리며, 잼이 든 도너츠를 저녁식사 대신에 먹었다. 일요일엔 꼬박 하루 휴가가 있었다. 1월에 사르트르는 투르 근처 생생포리앵에 배속되었다. 그는 기상대로 개조된 건물에서 소장과 조수 3명과 함께 근무했다. 소장은 민간인이었으므로 군인들의 근무는 군인들이 정하도록 허가해 주었다. 그래서 교대제를 두어 정규휴가와는 별도로 월 1주간 휴가를 갈 수 있도록 했다. 이렇게 해서 파리는 우리 공동생활의 중심이 되었다.

우리는 둘이서만 많은 시간을 보냈고, 친구들과 함께 집을 나설 때도 있었다. 나는 친구들 대부분을 잃고 말았다. 자자는 죽고, 자크는 결혼했으며, 리사는 사이공으로 출발했다. 또한 리스만에게는 이제 흥미가 없었고, 프라델과의 우정은 식어 가고 있었다. 쉬잔 부아그와는 사이가 틀어졌다. 쉬잔 부아그는 그녀가 대단히 우수한 인간으로 보증하는 40대 남성을 내 동생과 결혼시키려고 했는데, 푸페트는 상대의 고지식함과 우람한 목덜미에 질려 거절했다. 쉬잔은 이 혼담이 거절당한 것에 앙심을 품었다. 얼마 뒤, 나는 그녀에게서 분개한 편지를 받았다. 그녀에게 이름 모를 누군가가 전화를 걸어 자신을 바보 취급했는데, 그게 바로 내가 꾸민 일이라는 것이다. 나는 답장으로 그 사실을 부정했지만, 결국 그녀를 이해시키지는 못했다. 그런 까닭에 나는 나와 친분이 있는 사람들로서 여동생, 제제, 스테파, 페르낭만을 사르트르에게 소개할 수밖에 없었다. 사르트르는 여성과 언제나 말이 통했으며 페르낭에게도 호의를 보였다. 그러나 페르낭은 스테파와 함께 마드리드에 정착했다. 에르보는 그동안 쿠탕스에 직장을 얻고 교직을 맡는 한편 새로이 시험 준비를 하고 있었다. 나는 그에게 변함없는 우정을 느꼈지만 에르보는 가끔씩만 파리에 나타났다. 이처럼 나는 내 과거와 아주 희미한 연결고리만을 가지고 있었다. 대신 나는 사르트르의 친구들과 친하게 지내게 되었다. 우리는 생시르 요새에서 병역을 마칠 예정이던 레몽 아롱을 자주 만났다. 언젠가는 그와 단둘이서 차를 타고 행방불명이 된 관측기구를 트라프로 찾으러 간 적도 있다. 아롱은 작은 차를 한 대 가지고 있었기 때문에 가끔 사르트르와 나를 생시르에서 베르사유까지 저녁식사에 데리고 가 주었다. 아롱은 사회당 당원이었는데, 우리는 사회당을 경멸하고 있었다. 첫째는 사회당이 부르주아화되었기 때문이며, 둘째는 개량주의가 우리 기질에 맞지 않았기 때문이다. 우리 생각으로 사회는 총체적인 면에서 단숨에 폭발적인 변화를 일으킬 수 있었다. 하지만 아롱과 우리는 정치에 대해 그다지 많은 얘기를 나누지는 않았다. 평상시 사르트르와 아롱은 철학 문제에 대해 맹렬히 논쟁했다. 나는 논의에 끼어들지 않았고, 그들처럼 머리가 빠르게 돌아가지도 못했다. 나는 오히려 아롱의 의견에 찬성했다. 그와 마찬가지로 관념론에 빠지고 있었던 것이다. 정신에 지고(至高)의 힘을 부여하기 위해 세계를 가볍게 보려는 평범한 결심을 했었다. 사르트르의 사고방식은, 빛나는 독자성을 의식에 부여하면서도 자신의 모든 삶의 무게를 현실에 두었다. 즉 완전한 투명성 속에서, 더구나 현실 존재의 환원불가능한 부피 속에서 현실은 지식에 헌정되는 것이다. 사르트르는 환영과 보이는 것 사이의 차이를 인정하지 않기 때문에 대단한 곤혹에 빠져 있었다. 그러나 이 어려운 문제도 그의 확신을 방해할 수는 없었다. 그의 이 완고한 현실주의를 거만, 아니면 사랑으로 보아야 할까? 그는 겉모습에 의해 인간이 기만당하는 것을 거부했다. 사르트르는 너무나도 정열적으로 이 세상에 집착하고 있었으므로, 그것을 환상으로 여길 수는 없었다. 그의 활력이 이 낙천주의를 불어넣었고, 이 낙천주의는 똑같은 강렬함으로 생각의 주체와 대상을 명확히 해주었다. 무색의 에테르에서 여러 색채와 감동을 동시에 믿는 것은 불가능한 일이었기에 그는 과학을 거부했다. 사르트르는 비판적 관념주의를 신봉하는 다양한 후계자가 표시한 길을 따라가면서도 철저하게 일반개념을 발로 짓밟았다. 법칙이나 개념처럼 추상적인 관념의 내용은 텅 빈 바람과 같은 것이다. 사람들은 누구나 공통적으로 이러한 추상개념을 환영한다. 왜냐하면 그것들은 불안한 진실을 은폐해 주기 때문이다. 그렇지만 사르트르는 진실을 살아 있는 그대로 파악하려고 했다. 그는 사체밖에 해부하지 않는 분석을 경멸했다. 그는 구체적인 것, 다시 말해 각 개체에 대한 총체적 지식을 목표로 삼았다. 개체만이 실재하기 때문이다. 그는 형이상학 가운데서도, 우주 속에서 하나의 총체적 개체를 바라보는 형이상학적 요소들을 받아들여 스토아주의와 스피노자주의를 지향했다. 그러나 아롱은 비판적 분석으로 사르트르의 무모한 구체적 총합체를 분쇄하려고 기를 썼다. 아롱은 상대를 궁지로 모는 수법을 터득하고 있어서 상대가 거기에 빠져들면 느닷없이 바로 이때다, 해치웠다.

"이 가엾은 친구야, 둘 가운데 하나야."

이렇게 아롱은 몹시 푸르고 인생에 질린 듯한 현명한 눈에 희미하게 미소를 띠고 말하는 것이다. 사르트르는 당하지 않으려고 발버둥쳤으나 그의 사고는 이론적이라기보다 독창적이었기 때문에, 반론하는 데 힘이 들었다. 내가 기억하는 한 사르트르가 아롱을 설득한 적은 한 번도 없으며, 또 아롱도 사르트르의 확신을 흔들리게 한 적이 한 번도 없었다.

기혼자에다 아이도 있는 탓에 니장은 파리에서 군 복무를 했다. 니장의 장인, 장모는 생제르맹앙레에 집 한 채가 있었는데, 그 집에는 초현대식 세간들로 가득했다. 어느 일요일 우리는 그 집 테라스에서 영화를 촬영했다. 리레트 니장의 형은 조감독이고, 영사기를 한 대 가지고 있었다. 니장은 신부 역할을, 사르트르는 신부들의 손에 키워진 순정적인 신심이 가득한 청년 역할을 했다. 여자들이 이 청년을 유혹하는데, 그녀들이 그의 와이셔츠를 벗기자, 가슴 위에 스카풀라리오(수도사의 어깨에 걸치는 옷)가 찬연하게 빛을 발하면서 그리스도가 나타난다. 그리스도는 솔직하게 청년에게 말을 걸어 이렇게 묻는다.

"담배는 피우는가?"

그러면서 라이터 대신에 가슴에서 성심(聖心)을 꺼내 내민다. 사실 시나리오에서 이 부분의 실제 장면은 연출하기 너무 어려워 그만두기로 했다. 그래서 더 쉬운 기적에 만족했다. 스카풀라리오의 환영에 충격을 받은 여자들은 무릎을 꿇고 신을 우러르게 되는 것이다. 여자들로는 리레트와 나, 그리고 에마뉘엘 베를이 있었고, 한 멋진 젊은 기혼 여성이 분장을 했다. 그녀는 살며시 우아한 녹색 옷을 벗고 한낮에 검은 레이스 팬티와 브래지어 모습으로 나타나 우리를 어리둥절하게 했다. 촬영이 끝난 뒤, 우리는 시골 오솔길을 산책했다. 가톨릭 수도사의 긴 옷은 니장에게 잘 어울렸는데, 갑자기 그는 아내의 허리를 부드럽게 감쌌다. 지나가던 사람들은 놀라 눈이 휘둥그레졌다. 이듬해 봄 니장은 우리를 가르슈 축제에 데려다주었다. 우리는 천으로 된 공으로 은행가나 장군의 인형을 쓰러뜨리면서 놀았다. 니장이 도리오(공산당간부였는데 탈당. 1936년 인민당을 조직해 나치스에 협력)를 가리켰다. 도리오는 우애적인 겸손한 태도로 한 늙은 노동자와 악수를 하고 있었으므로, 사르트르는 도리오를 맹렬히 공격했다.

우리는 니장과는 결코 논의를 하지 않았다. 그는 진지한 문제에 대해서 정면으로 대처한 적이 없었다. 조심스럽게 선택한 이야기를 우리에게 들려주면서도 결론을 내지 않도록 세심한 주의를 기울였다. 그는 손톱을 입에 물고 애매하게 예언하거나 위협했다. 그래서 우리의 의견 차이는 겉으로 드러나지 않았다. 한편 니장은 그 무렵 많은 공산주의 지식인처럼, 혁명가라기보다는 사회를 비판하는 쪽에 속했다. 게다가 우리와 그 사이에는 많은 짬짜미가 있었다. 당연히 그 가운데 몇 가지는 오해에 따른 것이었는데, 우리는 그것을 그냥 그대로 내버려두었다. 어쨌든 우리는 니장과 함께 부르주아를 호되게 비난했다. 사르트르와 나의 경우, 우리의 반감은 개인주의적, 즉 부르주아적인 것에 머물러 있었다. 그것은 플로베르가 속물에 대해서 그리고 바레스가 야만인에 대해서 가지는 반감과 거의 다름없었다. 바레스의 생각과 마찬가지로, 엔지니어가 우리에게 특권적인 적을 대표하는 것은 우연이 아니다. 엔지니어는 생명을 철과 시멘트 속에 가두어 버린다. 그는 맹목적으로, 무감각하게, 자신의 방정식과 똑같이 스스로 확신을 가지고 똑바로 전진한다. 그리고 목적을 위해서는 어떤 냉혹한 수단이라도 사용한다. 예술, 문화, 자유의 이름으로, 우리는 엔지니어 안에 있는 보편적 인간을 비난한다. 그러나 아무리 그래도 바레스적 심미주의를 고집하지는 않았다. 부르주아 계급은 우리에게 적이고, 우리는 그들이 추방되길 바랐다. 우리는 원칙적으로 노동자에게 호감을 느꼈다. 왜냐하면 노동자는 부르주아가 지니는 몇 가지 결함을 가지고 있지 않다는 이유에서였다. 노동자는 그 적나라한 욕구와 육체로써 물질과 대처하고 있다는 의미에서 진실로 인간 조건과 정면으로 맞서고 있다. 우리는 니장의 프롤레타리아 혁명에 대한 기대를 나누어 가지고 있었다. 하지만 혁명의 부정적인 면만이 우리의 관심을 끌었다. 소비에트에서는 10월 혁명의 위대한 불꽃이 꺼진 지 이미 오래되었다. 요컨대 그 땅에서 정성껏 만들어내고 있는 것은 '엔지니어 문화'라고 사르트르는 말한다. 그는 사회주의 사회에서 우리가 결코 편안하지 않을 거라고 생각했다. 어느 사회이건 예술가와 작가는 이방인인 채 머문다. 예술가나 작가를 사회의 일원으로 편입시킨다고 당당하게 공언하는 곳에서조차 대단히 불리한 사회처럼 보였다.

사르트르와 가장 친한 친구는 피에르 파니에였다. 그는 사르트르의 고등사범학교 동급생으로 대학교수 자격시험에 합격하고 온 것이었다. 둘은 함께 기상반에 배속되었는데, 아롱의 강의 중에 종이화살을 날려 아롱을 곤혹스럽게 했다. 파니에는 우리와 함께 가끔 솔레이 도르에서 식사를 했다. 그는 다행히 파리에 배치되어서 사르트르는 파리에 갈 때마다 그와 만났다. 그는 노동자 계급 출신으로서 그들과 마찬가지로 공격적인 중용을 내세웠고, 그다지 자기를 표면에 내세우지 않았으며, 비아냥거리길 잘했다. 또한 무슨 일에나 그리 열중하지 않았지만 많은 일에 관심을 가지고 있었다. 그는 농가에 친척도 있고 전원과 시골생활을 사랑했다. 자기는 전통주의자이며 부르주아 계급의 황금시대와 그 몇 개의 가치, 직인 계급의 미덕을 믿고 있다고 웃으면서 말했다. 그는 스탕달, 프루스트, 영국 소설, 고전의 교양, 자연, 여행, 대화, 우정, 오래된 포도주, 맛있는 요리 등을 좋아했다. 모든 야심을 스스로 금하고 있던 그는 자신의 존재를 정당화하기 위해, 글을 써야 한다는 것 따위는 생각하지도 않았다. 이 세상을 지성으로써 음미하고 거기서 행복을 추구하는 것만으로 충분하다고 여겼다. 어느 순간, 이를테면 어떤 풍경을 보고 어떤 기분을 느끼는 일은 자신에게 있어서 빼놓을 수 없는 필연처럼 느껴진다고 말하기도 했다.

"나는 학설을 만들진 않아."

이같이 그는 명랑하게 말했다. 사르트르의 학설은 그에게 많은 흥미를 주었다. 파니에는 사르트르의 학설이 다른 이론 이상으로 잘못되었다고는 판단하지 않았는데, 인생은 반드시 사상을 통하여 흐른다고 인식했기 때문에 그의 흥미를 끄는 것은 다름아닌 인생이었다.

사르트르는 자신의 인생과 사상에는 흥미를 지닌 반면, 남의 인생이나 사상은 지루하게 생각했다. 그는 아롱의 논리주의에도, 에르보의 심미주의에도, 니장의 마르크스주의에도 회의적이었다. 사르트르는 선입관으로 인해 조금도 왜곡되지 않은 솔직한 주의로 체험을 받아들이려고 하는 파니에에게 호의를 품고 있었다. 그리고 그에게서 자신의 격정을 정정해 주는 그 '미묘한 차이의 감각'을 인정했다. 사르트르가 파니에의 대화를 대단히 높게 평가하고 있던 이유 중 하나가 그것이다. 우리는 여러 가지 점에서 파니에와 같은 의견이었다. 우리 또한 선험적으로 직공들의 가치를 인정하고 있었다. 직공이 하는 일은 하나의 작품에 이르는 자유로운 발명으로 우리 눈에 비쳤다. 그 작품에는 나름의 독창성이 담겨 있다. 농민에 대해 우리는 의견이 없었고, 파니에가 얘기해 주는 것을 믿었다. 파니에는 자본주의 제도를 받아들였고, 우리는 자본주의 제도를 비난했다. 그러나 파니에는 지배계급의 퇴폐를 비난함과 동시에, 세세한 점에서는 그도 우리와 같은 정도로 자진해서 지배계급을 비판했다. 우리의 경우, 자본주의 제도에 대한 비난은 이론적인 것에 머물렀다. 우리는 프티부르주아(소시민)의 생활을 희희낙락하며 보내고 있었던 것이다. 실제로 우리는 취미에서나 흥미에서 프티부르주아와 별반 차이가 없었다. 사람들을 이해하고자 하는 공통의 정열이 사르트르와 파니에 사이를 가깝게 했다. 둘은 하나의 동작이나, 목소리 억양 하나에 대해서도 몇 시간이고 말할 수가 있었다. 비슷한 성격으로 연결된 두 사람은 서로를 치켜세웠다. 이를테면 파니에는 사르트르의 뚜렷한 코, 크게 그려진 입술 등을 가리켜서 그에게 독특한 아름다움이 있다고까지 했다. 또한 사르트르도 다른 사람이라면 역겨웠을 휴머니스트 같은 태도도 파니에의 경우에는 참을 수 있었다.

그들 사이에는 또 하나의 연계가 있었다. 그것은 정도에 차이는 있지만, 르메르 부인에 대한 존경에 가득 찬 우정이었다. 지난해 에르보가 그녀에 대해서 말한 적이 있었는데, 그의 말이 내게 호기심을 불러일으켰다. 그런 이유로 라스파유 거리 아래쪽에 있는 르메르 부인의 아파트에 처음 갔을 때 나는 흥미진진했다. 그녀는 40세였다. 그 무렵의 내게 40세는 상당한 연령이었지만 드라마틱한 나이라고 생각했다. 르메르 부인은 부모가 프랑스인이고 아르헨티나에서 태어났다. 어머니가 돌아가신 뒤 광대한 농장에서 한 살 위인 언니와 함께 의사이자 자유주의 사상을 지닌 아버지의 슬하에서 자랐다. 아버지는 3, 4명의 가정교사를 붙여주어 딸들을 철저하게 교육했다. 그래서 딸들은 라틴어, 대수, 미신에 대한 혐오감, 양식의 가치 등을 배웠다. 그녀들은 넓은 초원에서 말을 타고 달리곤 했다. 그러나 누구와도 교제를 하지 않았다. 딸들이 18세가 되었을 때 아버지는 그녀들을 파리로 보냈다. 파리에서 그녀들은 숙모뻘 되는 신앙심이 깊은 대령 부인에게 인계되어, 사교계 살롱에 함께 나가게 되었다. 처음으로 그런 장소에 간 그녀들은 놀라서 자신에게 물었다. 누군가 정신이 돈 것이 틀림없다, 그런데 도대체 누가? 다른 사람들, 그렇지 않으면 우리? 르메르 부인은 결혼할 결심을 한 뒤, 상당한 자산가에다 연구가인 의사와 혼인을 했다. 언니도 동생의 뒤를 이었는데 불행하게도 아기를 낳다가 죽었다. 그래서 이제 르메르 부인에게는 세간의 관습이나 사고방식에 대한 자신의 놀라움을 함께 나눌 사람이 아무도 없게 되었다. 특히 그녀는 사람들이 말하는 성생활의 중요성에 놀라워했다. 그녀에게 있어서 그것은 우스꽝스러운 농담처럼 여겨졌던 것이다. 그러면서도 르메르 부인은 아이를 둘 낳았다. 1914년 의사 르메르는 연구소와 쥐를 뒤로 하고 전선으로 출발했다. 그는 매우 나쁜 건강상태에도 수백 명의 부상자를 수술했다. 전선에서 돌아온 그는 병상에 누워 그대로 완쾌되지 못한 채 있었다. 밀폐된 방에서 공상적인 고뇌에 시달리면서 어쩌다 방문객을 맞이했다. 르메르 부인은 아버지에게서 상속받은 쥐랑레팽의 별장이나 앙제 가까이에 있는 시골 별장으로 남편을 데려갔다. 그녀는 남편이나 아이들, 나이 든 친척들, 인생의 여러 낙오자들을 위해 몸을 바치고, 자신을 위한 삶은 단념한 것이다. 아들이 바칼로레아에 떨어졌기 때문에, 그녀는 여름 방학 동안 고등사범학교 학생을 고용해 그녀의 가족을 따라 앙주로 오게 했다. 그가 파니에였다. 르메르 부인은 사냥을 즐겼으며, 파니에도 마찬가지였다. 9월에 그들은 들이나 밭을 밟으면서 얘기를 시작했다. 그 뒤 두 사람은 끊이지 않고 대화를 했다. 르메르 부인은 파니에의 우정이 플라토닉한 데에 머무는 것을 당연하게 생각했고, 또 파니에 쪽에서도 그가 자란 청교도적인 환경으로 인해 일정한 간격을 넘는 감정은 전혀 없었던 듯하다. 그러나 둘은 아주 친밀해졌고, 르메르 씨도 그들의 우정을 격려했다. 그는 아내를 절대적으로 믿었고, 파니에는 곧바로 르메르 씨에게서 좋은 평가를 얻었다. 르메르 부부의 아들은 10월에 시험에 합격했고 파니에가 소개한 사르트르가 바칼로레아 철학시험 공부를 맡았다. 그래서 사르트르도 르메르 집안에 출입할 수 있게 되었다. 파니에는 틈만 나면 라스파유 거리 르메르 가 아파트에서 시간을 보냈는데, 그곳에는 자신의 방이 있었다. 사르트르도 그 방에 머물 때가 있었고, 니장도 한 번 묵은 적이 있었다. 르메르 가와 마침 같은 건물에 살고 있는 발레즈의 나의 사촌들은 이 같은 르메르 부인의 처사에 분개하면서, 그녀가 수상쩍은 방탕에 빠져 있다고 비난했다.

  르메르 부인은 조금 포동포동하고 수수한데, 몸치장을 잘했고 몸집이 작았다. 뒷날 내가 본 사진에서 그녀가 대단한 미인이었음을 알았다. 그녀는 젊은 시절의 눈부신 아름다움은 잃었지만 여전히 매력적이었다. 동그란 얼굴, 탐스러운 검은 머리, 몹시 작은 입술, 시원한 콧날 등이 매력을 발산했다. 그리고 그 눈동자는 색으로나 크기로나 별로 놀랄 만한 것은 아니었지만 생기가 돌았다. 머리에서 발끝까지 그녀는 활기에 넘쳤다. 시선, 미소, 동작, 그것들은 결코 동요하는 듯이 보이지 않았으며 끊임없이 움직이고 있었다. 그녀의 정신도 언제나 잠에서 깨어나 감시를 하고 있었다. 호기심이 많고 주의 깊은 그녀는 사람들로 하여금 고백하고 싶은 마음이 일게 했다. 르메르 부인은 그녀에게 접근하는 모든 사람에 대해서 상세하게 알고 있었다. 그들이 보기에 그녀는 18세 무렵의 매력을 이제껏 지니고 있는 듯 보였다. 르메르 부인은 사람들의 일을 인류학자와 같은 초탈한 상태에서 다채롭게 쾌활한 말로 이야기했다. 그래도 가끔 그녀도 격분하는 때가 있었다. 그럴 때는 예기치 않은 언어를 사용하며 흥분했는데, 약간 변덕스러운 그녀의 합리주의를 들먹이며 분개했다. 그녀와의 대화는 나를 매료했다. 전혀 다른 이유에서도 나는 그녀가 좋았다. 평판을 경멸하면서도 품행이 방정한 여성이었다. 나는 결혼이란 것을 하찮게 여겼고, 연애는 육체와 정신이 합치되어야 한다고 생각했다. 그러나 모든 성적 금기에서 벗어나지 못하고 있었다. 너무나도 가볍게 몸을 주거나 너무 멋대로 놀아나는 여성은 싫었다. 게다가 나는 흔해 빠진 평범함에서 분리된 모든 것이 좋았다. 르메르 부인과 파니에의 관계는 몹시 복잡하고 독특하게 생각되었으며 정사 따위보다는 귀중한 것으로 여겨졌다.

  르메르 부인의 인생에서 사르트르의 위치는 파니에에 비해서 중요하지는 않았지만 그래도 그녀는 사르트르를 몹시 좋아했다. 글쓰기에 대한 사르트르의 고집스러움이나 침착한 확신은 그녀를 놀라게 하면서도 기쁨을 주었다. 사르트르가 그녀를 재미있게 해주려고 노력할 때나, 또 사르트르에게 그런 의도가 없을 때도 그녀는 그를 대단히 재미있는 남자로 생각했다. 그리고 그와 같은 경우가 많이 있었다. 2년 전에 사르트르는 《패배》라는 소설—갈리마르 출판사는 현명하게도 이를 거절했다—을 썼는데, 그것은 니체와 코지마 바그너의 연애에서 영감을 얻은 것이었다. 주인공인 프레데릭은 그 도전적인 의지주의로 르메르 부인과 파니에를 즐겁게 해주었다. 그들은 사르트르에게 '가련한 프레데릭'이란 별명을 붙였다. 사르트르가 르메르 부인에게 취미나 사고, 소행, 특히 그녀의 아들 교육에 관해서 자신의 의견을 밀어붙이려고 하자, 그녀는 그를 이 별명으로 불렀던 것이다.

"가련한 프레데릭의 말을 들어다오!"

그녀는 이렇게 주변 사람들에게 말하고는 웃었다. 사르트르도 함께 웃었다. 그는 르메르 부인이 '비참한 개들'에 대해 정도를 넘어선 온정을 베푼다고 비난했고, 그녀는 사르트르가 어리석은 사람에게 위험한 충고를 해댄다고 타박했다. 사르트르는 도덕이나 관습을 경멸하고 있어서, 사람들에게 그들의 이성이나 충동에 대해서만 충고하곤 했는데, 그것은 분별 없는 짓이었다. 사르트르는 자유를 올바르게 사용할 만큼 계몽이 되어 있을지 모르지만, 보통 사람들은 그것을 판단할 만한 힘을 지니고 있지 않아 그들을 길들여진 길에서 벗어나지 않게 하는 것이 좋다고 르메르 부인은 위압적인 태도로 말했다. 두 사람은 이와 같은 논쟁을 즐겨 했다.

르메르 부인은 간단하게 좋고 나쁨을 정하는 사람이 아니었다. 그래서 나는 파니에의 호감은 빠르게 얻은 반면, 그녀 쪽은 내게 빈정거리는 태도를 은근히 나타내곤 해서 자주 난감했다. 어쨌든 르메르 부인도 파니에도 나를 위축시켰다. 그들은 신중함, 겸손함, 처세술을 존중했다. 그런데 나는 격렬하거나 치밀하고 약삭빠르다기보다는, 정열적이고 외곬에다 지나치게 정직해, 과오를 범하거나 한결같이 자기의 길을 나아가 때때로 실수를 하는 일이 있었다. 내가 확실하게 인정한 것은 아니었으나, 그래도 르메르 부인과 있을 때 나는 스스로가 서투르고 젊다는 사실을 자주 느꼈다. 르메르 부인과 파니에는 나를 그렇게 판단하고 있었으며 나도 그것을 알고 있었다. 그렇지만 대단하게 생각하지는 않았다. 왜냐하면 그들의 비판은 본질적인 것과 아무런 연관이 없었기 때문이다. 사르트르의 의견만이 나의 뼛속까지 도달할 수 있었다. 게다가 그들은 내심 나를 비판하면서도 내게 매우 친절했으므로 솔직한 나는 그것으로 만족했다.

르메르 부인, 파니에, 사르트르, 세 사람은 나름의 미묘한 대인관계를 유지하는 데 무게를 두었다. 르메르 부인과 파니에가 식사를 하고 있는 식당에 사르트르와 내가 들어갔을 때 그녀는 명랑하게 말했다.

"각자 모임을 하는 것이 어때요?"

어쩌다가 우리는 그녀 없이 파니에와 외출하기도 했고, 때로는 파니에 없이 라스파유 거리에서 차를 마시기도 했다. 또 급우들이 있는 곳에 사르트르를 혼자 가게 할 때도 있었다. 그리고 가끔 사르트르가 파니에와 둘이서만 있기도 했다. 이런 교우 관계에 나는 놀랐지만 이내 찬성했다. 우정이란 무너지기 쉬운 건물이다. 그것은 어느 정도 나누어 가질 수도 있지만, 동시에 독점을 요구하기도 한다. 우리가 둘, 셋, 또는 넷으로 그룹을 이루는 것은 저마다 다른 모습과 다른 즐거움을 지니고 있었다.

그래도 우리는 자주 넷이 함께 만났다. 얼마나 즐거운 저녁 시간을 보냈는지 모른다. 때때로 르메르 부인의 주방에서 파테와 달걀부침으로 저녁을 먹었다. 또 이탈리아 거리 피에르 식당에 가기도 했다. 나는 여러 종류의 소시지와 소스를 뿌린 생선 요리, 토끼 요리, 크레이프의 후식을 눈 한 번 깜짝하지 않고 모두 먹었다. 내 기억을 못 믿을 정도인데, 평소 나는 소식으로 만족했기 때문에 진수성찬을 만나면 무턱대고 먹어치웠다. 섣달그믐 밤, 르메르 부인의 딸 자클린과 우리는 '타피르(특별수업을 받는 학생)'로 불리는 그녀의 아들과 함께 라스파유 거리에서 야식을 했다. 이 두 사람은 나와 또래였다. 꽃과 레이스, 크리스털 유리로 장식된 식탁은 찬연하게 반짝이고 있었다. 파니에는 스트라스부르에서 가장 유명한 푸아그라와 런던에서 온 진짜 크리스마스 푸딩을 주문했고, 잘 익은 아프리카산 복숭아를 어딘가에서 구해 왔다. 이밖에 많은 요리와 과자, 포도주가 차려져 있어, 우리는 취해서 서로 넘치는 듯한 친애의 정을 주고받았다. 봄에는 파니에가 운전하는 르메르 부인의 차로 마른 강변에 자주 갔다. 식당에서 생선부침을 먹거나 생제르맹 숲과 포스르포즈 숲을 산책하기도 했다. 이런 일은 처음이었는데, 큰 나무 숲 속을 비추는 헤드라이트 불빛의 끝을 나는 아름답다고 생각했다. 집에 돌아오기 전에 우리는 자주 몽파르나스에서 칵테일 1, 2잔을 마셨다. 또 개봉 영화를 함께 보러갈 때도 있었다. 우리는 몸치장을 하고, 잭 힐튼과 그 악단의 음악을 들으러 간 적도 있었다. 그러나 주로 대화를 했다. 여러 사람들의 행위, 동기, 이유, 과오, 그리고 선악이라는, 판단이 어려운 문제에 대해서 이야기했다. 르메르 부인은 신중할 것을 역설하고, 사르트르와 나는 대담한 해결책을 권장했으며, 파니에는 대체로 중용의 도를 제안했다. 그 관심사들은 만들다 말았는데, 우리는 마치 그들의 운명을 손안에 쥔 것처럼 세심하고 면밀하게 이야기를 했다.

사르트르가 투르에 머무르는 일요일에 나는 첫 열차로 그곳에 갔다. 사르트르는 자전거를 몰고 폴로니아 마을이 굽어보이는 언덕을 올라갔다. 우리는 정오 조금 전에 역에서 만났다. 나는 '지방의 일요일'에 한정된 것이긴 하지만 색다른 매력을 발견했다. 투르에는 여자 악사만으로 구성된 오케스트라가 연주를 하는 큰 비어홀, 많은 카페, 몇몇 식당, 초라한 댄스홀, 연인들이 어슬렁거리는 그다지 손질이 잘 안 된 공원, 가족끼리 잘 가는 루아르 강변 산책로, 수많은 호젓한 옛 길 등이 있었다. 하지만 우리는 그것만으로도 상당히 즐거웠다. 그 무렵 우리에게는 모든 것이 리본이나 스카프, 기(旗) 등을 잇따라 뽑아내는 마술사의 작은 손수건을 닮아 있었다. 이를테면 커피잔은 마치 백색 안경과 같아서 우리는 그 안에 비치는 샹들리에나 천장의 다양한 반영을 오랫동안 뚫어지게 바라보았다. 바이올리니스트나 피아니스트에게 제각기 전혀 다른 과거와 미래를 멋대로 만들어 붙여 보기도 했다. 사람을 만날 때마다 언제나 온갖 일이 우리에게 생겼다. 무의미한 일은 아무것도 없는 듯이 생각되었고, 우리가 침묵으로 넘긴 일도 전혀 없었다. 나는 사르트르의 동료 한 사람 한 사람의 작은 버릇까지 속속들이 알고 있었으며, 사르트르는 파리에 있는 우리 친구들의 소행이나 동작에 대해 모르는 것이 없었다. 세계는 끊임없이 다양한 이야기를 해주었고, 우리도 싫증내지 않고 거기에 귀를 기울였다.

그렇지만 사르트르와 내가 세계에 대해 똑같은 관심을 가진 것은 아니었다. 나는 자주 사물에 감탄하거나 기뻐서 열중하곤 했다. 그럴 때 사르트르는 이렇게 말했다.

"이봐, 또 비버가 제정신을 잃고 있군."

사르트르는 냉정함을 유지하면서, 자신이 눈으로 본 것을 언어로 바꾸려고 했다. 어느 날 오후, 우리는 생클루 언덕에서 나무들과 강의 장대한 경치를 바라보고 있었다. 나는 완전히 흥분했었기 때문에 사르트르의 무관심을 나무랐다. 그는 나보다 훨씬 능숙하게 강이나 숲에 대해서 말할 수 있는데도, 아무것도 느끼지 못했다. 그는 외부로부터 자신을 지키고 있었다. 느낀다는 것은 정확하게 말해서 도대체 무엇일까? 사르트르는 심장의 고동, 전율, 현기증, 언어를 마비시키고 마는 육체의 온갖 무질서한 운동에 찬성하지 않았다. 이런 것은 순식간에 사라지고 아무것도 남지 않는다. 사르트르는 '감정적 추상'으로 불리는 쪽에 가치를 두었다. 하나의 얼굴, 하나의 광경의 의미가 영육이 분리된 형태로 그에게 도달하면, 그는 그 상태를 초연하게 어휘 속에 고정하려 했다. 사르트르는 여러 번에 걸쳐 작가에게 이것 이외의 태도는 있을 수 없다고 말하는 것이었다. 아무것도 느끼지 않는 사람은 저술할 수 없다. 그러나 우리가 기쁨이나 공포를 극복하지 못하고 질식해 버리면, 이것 또한 표현할 수는 없으리라. 때로는 사르트르 쪽이 이치에 맞다고 생각한 적도 있었지만, 나는 언어라는 것은 현실을 말살한 뒤에야 현실을 포착한다고도 생각했다. 즉 언어는 현실 속에서 가장 중요한 것이 빠져나가도록 내버려두는 것이다. '현실의 가담'을 말이다. 그래서 나는 무엇을 언어에 보태고, 무엇을 언어에서 줄여야 할지 불안한 마음으로 자신에게 물었다. 나는 버지니아 울프의 일반언어, 특히 소설에 대한 사고방식에 나 자신도 직접 개입하고 있는 듯이 느꼈다. 버지니아 울프는 책을 인생에서 분리하는 그 간격을 강조하면서도, 새로운 기술이 발견되어 그 틈을 축소해 주길 기대하고 있는 것처럼 보였다. 나는 버지니아 울프를 믿으려고 했다. 그런데 그렇게 되지 않았다. 그녀의 최근작 《댈러웨이 부인》은 그녀가 거론한 문제에 대해서 아무런 해결법도 나타내지 못했다. 사르트르는 그것은 출발점부터, 그리고 문제의 밝힘까지 잘못되어 있다고 말했다. 그 또한 모든 이야기는 현실 속에 거짓 질서를 가져오게 한다고 생각했다.* 작가가 지리멸렬한 일을 말하려고 해도, 만일 적나라한 체험을 그 체험이 분산한 상태와 우연성 속에서

---

* 사르트르는 《구토》에서 이것에 대해 설명한다.

다시 잡으려고 한다면, 그때는 필연적으로 강요된 모방밖에 생산할 수 없다. 그러나 사르트르는 언어와 사물, 창조된 작품과 기성 세계에 간격이 있다고 탄식하는 일은 무익하다고 생각했다. 또 반대로, 바로 그 간격에 문학 조건과 그 존재이유가 있다고 보았다. 작가는 그것을 이용해야 하며, 그것을 허물려는 꿈을 꿔서는 안 된다. 작가의 성공은 그가 떠맡은 이 예상된 실패—즉 간격—속에 있다.

그렇다면 그것으로 족한가 생각해 보았으나, 나는 좀처럼 포기할 수 없었다. 책을 쓰고 싶었다. 하지만 이른바 나의 '실신 상태'를 체념하고 싶지는 않았다. 나는 사르트르와 상반되는 감정에 시달렸다. 이러한 의견 충돌로 사르트르와 알기 전의, 사르트르의 것과 거리가 있는 나의 예술관을 오랫동안 지속했다. 사르트르의 사고에 따르면, 창작을 한다는 것은 세계를 다시 떠맡아 필연과 대조하는 일이다. 내 의견은 세계에 등을 돌려야 한다는 쪽이다. 나는 현실주의에 주의하고 있었을 뿐 아니라 비극적인 것, 비장한 것, 온갖 감정과도 거리를 두었다. 나는 베토벤보다도 바흐를 훨씬 우위에 두었다. 그런데 사르트르는 베토벤을 더 좋아했던 것이다. 나는 연금술적인 시, 초현실주의자의 영화, 추상영화, 낡은 채색화, 옛 태피스트리, 흑인 마스크 등을 좋아했다. 그리고 인형극에 남다른 취미를 가지고 있었다. 포드레카의 인형극은 지나치게 현실적이어서 마음에 들지 않았는데, 나는 특히 아틀리에 극단의 천진난만함을 강조한 인형극에 매료되었다. 이와 같은 편애는 소녀시절의 영향이 크다. 나는 거룩한 것을 포기했지만, 모든 초자연은 포기하지 않았다. 물론 지상에서 만들어진 작품은 지상의 언어로밖에 표현할 수 없음을 알고 있다. 그래도 그 안의 몇 작품은 작가에게서 벗어나 그가 담고자 한 의미를 비워 버리고 있다. 그리고 누구의 도움도 없이, 말 없이, 이해 불가능한 것으로서, 버려진 커다란 토템처럼 우뚝 서 있다. 이러한 작품에서만 나는 무언가 꼭 필요한 절대적인 것에 접촉하곤 했다. 그렇게 대단히 인생을 사랑하고 있으면서도 예술에 대해서 비인간적인 순수함을 계속 요구한 것은 모순처럼 보이리라. 그러나 나의 완고함에는 논리가 있었다. 예술은 인생을 부정하지 않으면 완성할 수 없다. 왜냐하면 인생은 나를 예술에서 빗나가게 하기 때문이다.

나는 사르트르보다 문학에 열중하지는 않았지만 그와 마찬가지로 탐욕스럽게 알려고 했다. 하지만 사르트르가 나보다도 훨씬 열심히 진리를 추구하고 있었다. 나는 《제2의 성》에서 오늘날 왜 여자의 상황이 세계의 근원에 도달하는 것을 방해하는지를 보여주려고 시도했다. 나는 세계를 인식하고 표현하려 했는데, 내 두뇌만으로 세계의 궁극적인 비밀을 강제로 빼앗으려는 생각은 한 번도 가질 수 없었다. 게다가 그해 나는 새로운 생활에 열중해 있었으므로 철학을 열심히 할 수는 없었다. 다만 사르트르의 사상을 논하는 게 고작이었다. 우리가 투르 역이나 오스테를리츠 역의 플랫폼에서 만날 때 사르트르는 내 손목을 꼭 잡고 이렇게 말하곤 했다.

"나는 새로운 이론을 확립했어."

그럴 때마다 나는 주의 깊게 그의 말에 귀를 기울였으며, 불신해 본 적은 전혀 없었다. 파니에는 사르트르의 훌륭한 구성은 그의 숨겨진 궤변 위에 세워진 것이라고 주장했다. 사르트르의 사상이 내 마음에 들지 않으면, 나는 그 '토대가 되는 궤변'을 찾았다. 그리고 한 번 이상은 그 궤변을 찾아냈다. 이런 식으로 나는 일종의 '코믹 논리'라는 것을 깨트렸다. 게다가 사르트르도 이 논리를 그다지 중요하게 여기지 않았다. 한편으로 그는 열중한 나머지 만일 내가 그를 추궁이라도 하면, 양식 따위는 내팽개치고 마는 것이었다. 앞서 말했듯이 그는 이 세계에서 현실을 구하는 일에 집착하고 있었다. 그는 세계의 현실은, 현실에 대한 인간의 지식과 꼭 들어맞는다고 확신했다. 만약 사르트르가 세계에 이 지식의 도구들까지 개입시켰다면 그의 상황은 더욱 견고해졌을 것이다. 그러나 그는 과학을 믿지 않았다. 어느 날 내가 사르트르를 궁지에 몰아넣었기 때문에, 그는 육안으로는 보이지 않는 옴벌레나 다른 극미동물은 단순히 존재하지 않는다고 주장한 적도 있었다. 그 주장의 부조리함을 그도 알고 있었지만 의견을 굽히지 않았다. 왜냐하면 사르트르는 명백한 사실을 손에 넣었을 경우, 비록 그것을 증명하는 일이 불가능할지라도 어떤 반론에도 굽히지 않아야 하며 때로는 이성에조차 맞서서 증거에 매달려야 한다는 사실을 알고 있었기 때문이다. 그 뒤 나는 발견이란 다른 사람들이 생각도 해보지 않은 번득임을 이곳저곳에서 엿보는 일이 아니라는 것과, 다른 것은 어떻게 되든 무턱대고 돌진해 가는 일이 중요하다는 것을 깨달았다. 그래서 나는 때때로 사르트르의 경망스러움을 나무랐는데, 그래도 나는 나의 면밀함보다도 그의 극단적인 사상 속에 더 풍부한 무언가가 있음을 알게 되었다.

사르트르는 그낭시 우리가 고집하고 있었던 몇 가지 입장에서 그의 이론을 확립했다. 자유에 대한 사랑, 기성 질서에 대한 반감, 개인주의, 직인들에 대한 존경으로 미루어 우리는 아나키스트에 가까웠다. 그렇지만 사실 통일이 안 된 우리 사상은 어떠한 꼬리표도 거부하고 있었다. 반(反)자본주의자이긴 하지만 마르크스주의자는 아니었던 우리는 순수의식과 자유의 힘을 찬양했으나 반(反)유심론자였던 것이다. 과학과 기술을 경멸하면서도 인간과 세계의 물질성을 인정했다. 사르트르는 이러한 모순에 신경을 쓰기는커녕 그것을 모순이라고조차 생각하지 않았다.

"우리가 문제를 통해 생각하려고 할 때 이미 우리는 아무것도 생각하지 않는 것이다."

사르트르는 이같이 내게 말했다. 그는 여기저기 마음 가는 대로 걸으면서 더욱더 확신을 가지고 말했다.

사르트르는 무엇보다도 인간에게 관심이 있었다. 소르본 대학에서 가르치는 분석적이고 부스러기와 같은 정신분석학에 반대하고, 개개인에 대한 구체적이고 종합적인 이해를 확립할 뜻을 품었다. 그는 이 개념을 야스퍼스가 1913년에 저술한 《정신병리학총론》에서 발견한 것이다. 이 저서는 1927년에 프랑스어로 번역되었으며, 사르트르는 니장과 함께 교정을 보았다. 야스퍼스는 여러 과학에서 사용되고 있는 바와 같은 인과관계의 설명에 대해 다른 사고 형태를 대립시켰다. 그것은 어떠한 보편원리에도 의거하지 않는 것으로서, 특수관계를 합리적이라기보다는 정서적이고 명증적인 직감으로 파악했다. 야스퍼스는 현상학의 관점에서 그것을 정의하고 정당화했다. 사르트르는 이러한 철학에 대해 전혀 몰랐는데, 그래도 인간에 대한 이해라는 사고는 마음에 담아 두고 그것을 응용하려 했고, 적용시키려 했다. 사르트르는 필상학을, 또 그 이상으로 인상학을 믿고 있었다. 그는 아주 진지하게 나의 얼굴이나 동생 얼굴, 친구들 얼굴을 연구해 해석했다. 사르트르가 왜 정치분석을 경계했는지 앞에서 말했듯이, 그는 종합적인 새로운 유형을 기대하고 있었으며, 《게슈탈트심리학》을 대중용으로 쓴 책을 탐독했다.

만일 개인이 하나의 종합적인 분할할 수 없는 전체였다면, 그 개인 행위는 총괄적으로밖에 판단되지 않는다. 즉 일반적으로 도덕적 견지에서 우리는 분석적 태도를 거부한 것이다. 우리는 어느 쪽도 원하지 않았다. 사르트르는 고등사범학교에서 '과학은 얼빠진 것이고, 도덕은 무기력하다'라는 강령을 채택했다. 나는 옛날의 절대적인 취미, 사르트르는 일반개념—우리 사회에 확립되어 있는 계율뿐 아니라 모든 사람이 지켜야 하는 것으로 간주되는 준칙—에 대한 혐오를 다른 시각으로 정립했다. 의무와 미덕은 개인을 개인 밖에 있는 법칙에 복속시킨다. 우리는 그러한 것을 부정했다. 그리고 이와 같은 허무한 관념에 대해서 살아 있는 진실로 맞서게 했다. 현인은 확실히 자기와 우주 사이에 독특하고 전체주의적인 평형을 갖는다. 예지는 구분할 수 있는 것도 아니며, 한 조각씩 가늘게 끊을 수 있는 것도 아니다. 예지는 재능을 끈질기게 축적해서 얻는 게 아니라, 선천적으로 지니고 있거나 또는 없는 것이다. 예지를 지니고 있는 인간은 자기 행위의 세밀한 부분에 더 이상 신경 쓸 필요 없이 3번 재주넘기를 하면 된다. 이처럼 스탕달의 작품에서 보면 어느 주인공들은 선천적인 우월함에 의해 두드러지며, 이 우월성은 근본적으로 비속함을 거부하는 것으로서 그 영웅들을 정당화한다. 우리는 물론 우리가 선택된 사람들 사이에 있다고 생각했다. 그리고 이 얀센파의 엄격한 도덕주의는 우리 의지를 주저 없이 나아가게 해줌과 동시에 우리의 비타협성까지도 만족시켜 주었다. 자유는 우리에게 유일한 규칙이었다. 우리는 역할, 권리, 자기만족에서 자신을 분리하는 것을 금했다. 메러디스의 《희극론》에 대해서 우리는 오랫동안 반성의 해로움을 논의했다. 자존심(라로슈푸코가 해석하는 의미의 자존심)이 인간의 온갖 행위를 타락시킨다고는 생각하지 않았지만, 자존심이 인간 행위에 끼어들자마자 그것을 완전히 좀먹게 한다고 보았다. 우리는 대상에 의해 자연히 도발된 감정, 즉 정해진 상황에 따른 행위밖에 인정하지 않았다. 인간 가치를 그가 완수한 것—행동, 작품 등—에서 추측했다. 이와 같은 현실주의에는 좋은 면도 있었다. 확실히 우리의 과오는, 누구나 선택하며 행동할 자유가 있다고 믿는 신념에 있었다. 이런 점으로 보아 우리의 도덕은 관념주의적이고 부르주아적인 것에 머물러 있다. 우리는 일반성 속에서 자기 안의 인간을 파악한다고 단정하는 것이다. 이처럼 우리는 자기도 모르게 포기했다고 생각한 특권 계급에 자신이 속해 있음을 나타내고 있었다.

나는 이와 같은 혼동에 놀라지 않는다. 우리는 복잡한 세계 속에서 어떻게 해야 할지 몰라 헷갈렸다. 그 복잡함은 우리의 힘을 능가한다. 우리가 그 가운데를 나아갈 때 초보의 도구밖에는 가진 것이 없었으나 무턱대고 길을 찾아 나아간 것이다. 한 걸음마다 새로운 충돌이 생기고 우리를 더욱 새로운 곤란으로 내몰았다. 그런 이유로 최근 수년 동안에 처음과는 동떨어진 곳으로 우리는 끌려가고 말았다.

생시르에서 사르트르는 다시 쓰기 시작했다. 오랜 기간에 걸친 작품을 쓸 수가 없기 때문에 그는 시를 창작하려 했다. 그 하나는 '나무'를 소재로 했다. 훗날의 《구토》처럼 나무는 그 허무한 번식에 의해서 우연성을 나타낸다. 사르트르는 그 시를 다시 읽어보았는데, 그다지 감동을 받을 수 없어 또 하나의 시를 썼다. 나는 그 초두를 기억한다.

> 제비꽃의 희생으로
> 은은하다.
> 큰 강철 거울은 연보랏빛 뒷맛을
> 눈에 남긴다.

파니에가 폭소를 터뜨려 사르트르의 영감은 기가 꺾이고 말았다. 파니에는 사르트르가 나의 친구인 자자의 죽음을 이야기하려고 한 소설의 제1장에 대해서도 관대하지 않았다. 그 소설 가운데서 어느 날 아침 주인공이 '태양과 역풍'에 맞서 바다를 바라보고 있다. 이 '태양과 역풍'도 '희생이 된 제비꽃'과 같은 비판을 받았는데, 사르트르는 별로 항의도 하지 않았다. 그는 담담하게 겸손함으로 그 비평을 받아들였다. 미래에 이미 확실한 기초를 세워둔 사르트르는 가장 가까운 과거 등은 매우 시대에 뒤떨어진 것으로 느끼고 있었다. 그래도 그가 '정말로 이것이다' 생각하는 계획을 가졌을 때는 끝까지 밀어붙였다. 생생포리앵에서 쓴 《진실에 대한 전설》의 경우가 그렇다.

이때도 그는 콩트 형식으로 자신의 생각을 표현했다. 그에게는 솔직하게 사물을 나타내는 일이 거의 불가능했다. 그는 보편적인 단정에 대한 신용을 완전히 거부했으며, 더구나 그 거부를 보편적인 방법으로 표현하는 것조차 받아들이지 않았기 때문이다. 그는 말하기보다 보여주어야 했다. 사르트르는 플라톤이 신화를 수단으로 사용한 것과 똑같은 이유에서 신화를 찬미하고 있었으므로, 신화를 모방하는 일을 주저하지 않았다. 그러나 이 진부한 방법은 그의 전투적인 사상을 구속해 버리고 역효과를 가져와 문체에 그대로 반영되었다. 그렇지만 이 뼈대 밑에서 새로움이 배어 나왔다. 《진실에 대한 전설》 가운데에는 사르트르의 아주 최근 이론이 나타나기 시작했다. 그는 이미 인간 집단의 구조와 사고의 다양한 방식을 서로 연결하고 있었다. '진실은 거래로써 시작된다'고 씌어 있는데, 이 거래를 민주주의와 결부했다. 즉 많은 시민이 자신을 다른 사람으로 대체할 수 있다고 생각한다면 그들은 세상 사람들이 자신과 동등하다는 판단을 가져야 하고, 과학은 이들 시민의 정신적 일치를 표현해야 한다는 것이다. 엘리트들은 이와 같은 보편성을 경멸하고 있어, 이 사고는 일반적 가설의 가능성에만 도달한다. 사르트르는 학자들의 일체주의 이상으로 이러한 수도원적인 이데올로기를 혐오했다. 그는 오히려 도시, 논리, 수학에서 버림받고 황야 속을 고독하게 방황하며, 사물을 인식하는 데 자신의 눈밖에 믿지 않은 마법사들 쪽에 호감을 가지고 있었다. 그래서 사르트르는 예술가, 작가, 철학자, 그 밖에 그가 이른바 '고독한 인간'으로 부른 사람들에게만 생생한 그대로의 현실을 파악할 특권을 인정했다. 많은 이유—이 이유에 대해서는 앞으로 또 말하겠지만—로 이 이론이 내게 도움이 되어서 나는 이것을 열심히 받아들였다.

8월에는 폴로니아 마을에서 10분 거리인 루아르 강변의 생트라드공드란 작은 호텔에 1개월 머물렀다. 메리냐크를 떠나 여름휴가를 보내고 있었다! 이것은 현실이 되었다. 옛날에 나는 이와 같은 추방을 얼마나 두려워했던가! 그러나 이것은 추방이 아니었다. 추방은커녕 드디어 나는 자신의 진실한 삶의 심장부에 닻을 내리고 있었다. 이곳은 외관상 흉했지만 그런 것은 아무래도 좋았다. 아침나절에 나는 책을 한 권 들고 가시나무와 떨기나무로 뒤덮인 섬과 같은 곳에 가서 앉았다. 강이 거의 말라서 발을 적시지 않고도 건널 수 있었다. 나는 비스킷과 초콜릿으로 점심을 때우고 사르트르와 만나기 위해 기상대에서 서너 걸음 벗어난 곳으로 올라갔다. 사르트르는 2시간마다 관측을 하려고 그곳으로 갔는데, 그가 소형 에펠탑처럼 생긴 탑 위에서 움직이고 있는 모습이 보였다. 밤에 우리는 생트라드공드 푸른 잎 정자 아래서 저녁식사를 했다. 가끔은 꼬박 하루 동안 사르트르에게 휴식 시간이 있었는데, 그럴 때 우리는 그가 상속한 유산을 많이 썼다. 그날은 언제나 가는 작은 식당보다 더 사치스런 음식짐으로 향했다. 루아르 강변 라랑테른이나 퐁 드 시세에서 소시지를 먹거나 포도주를 마시기도 했다. 그렇지 않으면 투르의 부자들이 잘 가는 셰르 강변 '호스텔촌'에 있는 생플로랑탱으로 향했다. 오후에 사르트르는 2, 3번 택시를 잡아 우리는 앙부아즈나 랑제 성을 구경하거나 부브레 부근의 혈거인(穴居人) 집터가 파져 있는 백악기의 산허리를 산책하기도 했다. 이 같은 호사스런 생활에는 가난한 내일이 기다리고 있었다. 9월의 어느 날 아침 6시, 오스테를리츠 역에 닿은 우리는 이틀 전 밤부터 아무것도 먹지 않았다. 고작 투르 역 식당에서 먹은 살구 타르트 한 조각뿐이었다. 주머니에는 1프랑도 없고, 내 오른쪽 구두는 밑창의 못이 빠져 버리고 말았다. 식물원의 고부라진 길을, 나는 거의 한쪽 발로 뛰듯이 걸었다. 평소에 자주 이용하는 카페가 문을 열자마자 우리는 초콜릿이 담긴 컵과 반달빵을 앞에 두고 자리를 잡았다. 하지만 값을 치러야 했다. 사르트르는 나를 인질로 그곳에 남겨 두고 떠났는데, 1시간이 지나서야 돌아왔다. 친구들이 모두 여름휴가로 집에 없었던 것이다. 우리를 구제해 준 이가 누구였는지는 잘 기억나지 않지만 아무튼 우리는 상당한 빚을 졌다. 그리고 그것을 갚기 위해 사르트르는 유산에서 돈을 꺼냈고, 나는 책이라든가 보석을 조금 팔아서 부모님을 크게 화나게 만들었다.

우리는 많은 책을 읽었다. 매일매일 나는 아드리엔 모니에에게서 많건 적건 합법적으로 빌려온 책을 한 아름 사르트르에게 가져다주었다. 그는 《파르다이앙》이나 《광토마》, 《셰리-비비》(모두 통속소설) 등을 좋아해서 '재미가 있으면서 시시한 소설'을 갖다달라고 졸랐다. 시시한 책이라면 얼마든지 있었으나, 재미있는 것은 한 권도 없었다. 실망한 사르트르는 책 가운데 좋은 이야기가 섞여 있어도 괜찮다고 말했지만, 프랑스에서는 이렇다 할 만한 작품이 나와 있지 않았다. 클로델에게는 반발을 느꼈는데, 그래도 《비단구두》에는 감동했다. 우리는 생텍쥐페리의 《야간비행》에 마음을 빼앗겼으나, 기술진보적 측면은 과학의 진보와 마찬가지로 우리의 관심을 그다지 끌지 못했다. 피카르 교수의 성층권 상승에도 감동하지 않았다. 그러나 비행기의 발달은 대륙 간을 근접시켜 머지않아 인간의 상호관계도 바뀔 거라고 생각했다. 그래서 코스테와 벨롱트, 메르모즈(모두 당시의 유명한 비행가)의 시범 비행 등의 진행을 주의 깊게 지켜보았다. 우리는 언젠가 상공에서 대지를 내려다볼 굳은 결심을 했다. 여행을 몹시 좋아하는 우리는 탐방기사를 애독했다. 폴 모랑을 통해서 뉴욕을, 앙드레 비올리스의 《영국인에 반항하는 인도》를 읽고 인도를 상상하기도 했다.

  외국을 알려면 그 나라 문학으로 이해하는 것이 가장 빠른 지름길이다. 우리의 흥미를 끌면서도 이해할 수 없었던 것은 소비에트였다. 우리는 프랑스어로 번역된 러시아 신진 작가들의 책은 모두 읽었다. 니장은 독특한 선견지명을 지닌 자미아틴의 소설 《우리》를 특별히 권했다. 한마디로 말해서, 이 풍자는 소비에트에 개인주의가 아직 존재하고 있음을 증명한다. 왜냐하면 이와 같은 작품을 소비에트에서 쓸 수가 있고, 인쇄할 수가 있기 때문이다. 그렇지만 거기에는 모호한 고통이 따랐다. 책 속의 어조와 결말이 기대할 만한 아무것도 남지 않았던 것이다. 자미아틴에게는, 사직 또는 죽음 이외의 선택밖에 없었는지도 모른다. 그가 불변의 푸른 하늘을 마주하도록 세운 투명한 유리 도시를 나는 결코 잊은 적이 없다. 바벨의 《붉은 기병대》는 전쟁의 고난과 부조리를 황량한 광경으로 묘사했으며, 예렌부르크의 《숨도 쉬지 않고》, 필냐크의 《볼가 강은 카스피 해로 흐른다》는 소비에트와 전기화 사업을 넘어서서 사회주의 건설에서 볼 수 있는 곤란한 인간의 모험을 우리에게 증언해 주었다. 이러한 문학이나 〈전함 포템킨〉, 〈아시아의 폭풍〉과 같은 걸작 영화를 낳은 국가는 '엔지니어 문화'에만 머물지 않는다. 그러나 다른 소설이나 영화에서는 시멘트나 트랙터에 가장 중요한 역할이 부여되어 있는 것이 사실이다. 우리의 호기심은 찬탄과 불신 사이를 오갔다.

  독일은 바서만의 《마우리치우스 사건》과 되블린의 《베를린 알렉산더 광장》을 통해 막연하게 엿볼 수 있었다. 미국은 책보다도 영화를 통해서 우리에게 매혹적인 모습을 보여주었다. 최신 미국 베스트셀러 《배빗》(싱클레어 루이스 저)은 몹시 따분했다. 나는 드라이저의 오래된, 파란만장하고 깊이 있는 소설을 선호했다. 영국 작가들에 대해서는 전혀 다른 각도에서 접근했다. 그들은 안정된 사회에서 자리를 차지하고 있기 때문에 새로운 시계를 열어주지 않았다. 우리는 오로지 그 기술을 평가했을 뿐이다. D.H. 로렌스의 초기 작품이 프랑스에서 출판되었을 때 우리는 그의 재능을 인정했는데, 그의 남근숭배적 우주론에 놀라 그 애욕의 표현을 현학적이고 유치한 것으로 간주했다. 하지만 로렌스의 개성은 우리의 흥미를 끌었다. 우리는 마벨 도지, 브렛, 프리다의 회상록을 읽었다. 우리는 그들의 싸움에 가담해 마치 이들을 알고 있는 듯한 기분이었다.*

이데올로기나 철학 면에서 거론할 수 있는 것은 별로 없었다. 그 무렵 잇따라 번역되고 있었던 카이저링의 허튼소리를 경멸했고, 키에르케고르의 《유혹자의 일기》도 특별히 주목하지는 않았다. 그 2년간 소설 이외의 작품에서 우리에게 중요했던 것은 트로츠키의 《나의 생애》, 횔덜린의 《엠페도클레스의 죽음》, 그리고 헤겔의 개념을 얼마간 우리에게 설명해 준 장 발(Jean Wahl)의 《의식의 불행》 등이었다. 우리는 열심히 〈신프랑스 평론〉지를 읽었다. 또한 당시 유행하기 시작한 추리소설을 많이 보았다. 마침 '랑프렝트 문고'가 완간된 시점이어서 평론가들은 에드거 월리스나 크로프트, 오펜하임에 대해서 진지한 기사를 썼다.

사르트르가 문학과 거의 같은 수준으로 보던 표현 형식에는 영화가 있다. 화면에 영상이 흐르는 것을 보면서 사르트르는 예술의 필요성을 느꼈고, 그것과 대조적으로 자연의 한탄스런 우연성을 발견했다. 총체적으로 말해서 그의 예술에 대한 취미는 고전적이었는데, 영화를 좋아하는 점에서 본다면 근대파에 속했다. 나의 부모님도, 사르트르의 가족도, 광범위한 부르주아 계급도, 영화를 여전히 '하녀들의 오락'쯤으로 여기고 있었기 때문이다. 고등사범학교에서는 사르트르나 그의 친구들도 좋아하는 영화를 진지하게 논할 때 자기들이 전위파에 속해 있는 것으로 의식했다. 나는 그만큼 영화광은 아니었지만, 그래도 로드쇼나 사르트르가 재미있어할 만한 프로그램이 상영되는 길거리 영화관에 갈 때는 신명이 나서 따라갔다. 우리는 기분전환을 위해서만 영화관에 간 것은 아니며, 오늘날 젊은 영화 애호가가 영화 도서관에 들어갈 때와 똑같이 진지했다.

사르트르가 예술영화 마니아인 나를 유혹해서 서부영화나 추리영화를 처음 보여준 일은 앞에서 말한 바 있지만, 어느 날 그는 전형적인 할리우드 영화에 출연하고 있는 윌리엄 보이드를 보기 위해 스튜디오28이란 영화관에 나를 데리고 갔다. 어느 정직하고 친절한 경관이, 처남이 형사범이라는 사실

---

* 이 2년간 많은 영문학이 번역되었다. 에밀리 브론테의 《폭풍의 언덕》, 베넷의 《늙은 아내 이야기》, 메리 웨브의 《산(Sarn)》, 헉슬리의 《연애대위법》, 리처드 휴스의 《자메이카의 열풍》 등.

을 발견한다는 양심 문제를 다룬 드라마였다. 우연히 이 영화 전에 뷔뉘엘과 달리—우리는 이 두 사람의 이름을 모르고 있었다—의 〈안달루시아의 개〉를 상영했는데, 처음 나오는 장면에 우리는 숨이 막힐 정도로 감동했다. 그 뒤에 윌리엄 보이드의 〈고민〉에 흥미를 갖기에는 좀 힘이 들었다. 그 2년 동안, 많은 훌륭한 영화가 있었다. 〈아시아의 폭풍〉〈결혼행진곡〉〈제복의 처녀〉〈가로등〉 등이다. 우리는 초기의 토키영화(유성영화) 〈브로드웨이 멜로디〉나 〈녹색의 망령〉을 그다지 흔쾌하지 않은 호기심으로 관찰했다. 〈노래하는 광인〉 중에서 알 존슨이 노래한 〈소니 보이〉는 사무치게 사람의 마음을 울려 영화가 끝나고 불이 켜졌을 때 보니 사르트르 눈에 눈물이 고여 있어 깜짝 놀랐다. 그가 영화를 보고 울었기 때문에, 울지 않으려고 애쓴 나의 노력을 후회했다. 〈르 밀리옹〉은 우리를 웃기고 매료했으며 기쁘게 해주었다. 이 영화가 완벽한 성공을 거두었을 때 우리는 이를 특별한 경우로 여기려 했으나, 장 프레보가 '나는 토키영화의 예술적 미래의 가능성을 믿는다'고 대담하게도 썼을 때는 반대했다. 그러나 〈할렐루야〉에서 흑인의 노래나 영가의 아름다움, 영화의 라스트신인 죽음의 추적 장면에서 진흙 소리와 비극적인 정적 속에 나뭇잎이 바람에 수런거리는 소리 등이 없었다면 그다지 감동적이지는 않았을 것이다. 그리고 〈한숨짓는 천사〉에서 마를레네 디트리히의 목소리를 지웠다면 무엇이 남았을까? 우리도 거기에는 동감이었다. 하지만 사르트르는 무성영화를 너무나도 사랑하고 있었기 때문에 토키영화가 무성영화를 능가하는 것에 대해 상당한 불만을 갖고 있었다. 토키영화도 기술적인 불완전함을 제거하고, 소리의 음향을 간격과 움직임에 잘 맞추면 성공할 것이다. 그러나 영상이 불러일으키는 언어만으로 충분하며, 또 다른 언어를 입힌다면 영상 언어는 엉망이 되리라고 사르트르는 생각했다. 그의 말대로라면 언어는 영화와 밀착하고 있는 비현실주의—희극적, 서정적, 시적—와 양립할 수 없는 것이다.

그 무렵 연극은 평범하고 시시했기 때문에 우리는 그다지 극장에 잘 가지 않았다. 1930년 10월 바티가 〈서푼짜리 오페라〉로 몽파르나스 극장을 열었다. 우리는 브레히트를 전혀 몰랐는데, 마키의 모험을 표현하는 그의 방식에 매료되었다. 무대 위에서 에피날(Épinal) 식의 이미지가 갑자기 활기를 띠었다. 이 작품은 가장 순수한 아나키즘을 반영하고 있는 것으로 생각되었다.

우리는 마르그리트 자무아와 뤼시앵 나트에게 열광적인 박수를 보냈다. 사르트르는 〈서푼짜리 오페라〉에 나오는 쿠르트 바일의 노래들을 줄줄 외우고 있었다. 그 뒤 우리는 '우선 비프스테이크, 그런 다음 모랄(도덕)'이란 강령을 되풀이해서 말하곤 했다. 뮤직홀에도 자주 갔다. 카지노 드 파리에서 조세핀 베이커가 노래와 춤을 재연하고 있었는데, 그것은 수년 전 그녀를 유명하게 만든 작품이었다. 다시 그녀는 대성공을 거두었다. 보비노에서는 케케묵은 게오르기우스 외에 관중의 열광과 웃음을 이끈 신인 스타 마리 뒤바가 이름을 날렸다. 그녀가 1900년의 샹송—그 가운데서도 〈에르네스트, 비키 세요〉를 기억한다—을 노래했는데, 몹시 우스꽝스럽고 익살스런 그 노래는 부르주아 계급의 풍자로 들렸다. 그녀는 그 레퍼토리에 서민적인 아름다운 샹송까지 곁들이고 있어, 노래의 우악스러움은 상류계급에 대한 도전처럼 느껴졌다. 우리는 그녀를 아나키스트로 간주했다. 우리 생각에 일치하는 사물이나 사람들만 사랑하기로 정한 우리는 좋아하는 것을 모두 편리한 쪽으로 갖다붙였다.

우리에게는 독서나 연극 감상 등이 중요했던 반면, 사회의 사건에는 그다지 관심이 없었다. 내각 경질도, 국제연맹의 토론도 왕당파가 정기적으로 야기하는 소동과 똑같이 허무하게 보였다. 재정상의 추문에도 놀라지 않았다. 왜냐하면 자본주의와 부패를 동의어로 생각했기 때문이다. 우스트리크는 남보다 운이 없었을 뿐이라고 여겼다. 3면 기사에도 재미있는 일은 없고, 주로 택시 기사가 습격당한 사건뿐이었다. 신문은 일주일에 2, 3번 그와 같은 사건을 보도했다. 뒤셀도르프의 흡혈귀 사건만이 우리에게 여러 가지를 생각하게 했다. 우리는 인간이 무엇인가를 이해하려면 극단적인 경우를 검토해 보아야 한다고 믿었기 때문이다. 총체적으로 보아 우리 주변 세계는 무대배경의 막에 지나지 않고, 우리의 사생활은 그 막에서 진전하고 있었다.

나에게는 사르트르와 함께 지내는 때만이 중요했다. 하지만 실제로는 그가 없이 지낸 나날들도 많았다. 그러한 시간의 대부분을 독서에 소비했다. 사르트르의 권유에 따라 또는 내 마음이 내키는 대로 독서를 했다. 나는 때때로 국립도서관에 가거나 아드리엔 모니에에게서 책을 빌리거나 했다. 그리고 실비아 비치가 관리하고 있는 영미도서관 회원이 되었다. 겨울에는 난로 옆에서, 여름에는 내 집 발코니에서 영국 담배를 어설프게 피워대면서 교양을 높였다. 사르트르와 함께 읽은 책 말고도 나는 휘트먼, 블레이크, 예이츠, 싱, 숀 오케이시, 버지니아 울프의 모든 작품, 헨리 제임스의 전권, 조지 무어, 스윈번, 스위너턴, 레베카 웨스트, 싱클레어 르위스, 드라이저, 셔우드 앤더슨, '푀 크루아제 문고'에서 나와 있는 번역서, 그리고 영어 원서로서 10권에서 12권을 침묵 상태에서 집필하는 데 성공한 도로시 리처드슨을 읽었다. 나는 알렉상드르 뒤마, 네포뮈센 르메르시에의 작품, 바우르-로르미앙의 작품, 고비노의 소설, 레스티프 드 라 브르통의 전권, 디드로가 소피 볼랑에게 보내는 편지들, 호프만, 주더만, 켈러만, 피오 바로하, 파나이 이스트라티도 읽었다. 사르트르는 신비주의자의 심리학에 흥미를 가졌고, 나는 카테리네 에머리히나 폴리뇨의 복녀 안젤라의 작품에 몰두했다. 나는 마르크스와 엥겔스도 알고 싶어서 국립도서관에서 《자본론》에 열중했는데, 내 방법은 몹시 서툴렀다. 나는 마르크스주의와 나 자신이 익숙해진 철학을 별도로 생각하지 않았다. 그래서 마르크스주의는 아주 이해하기 쉬운 것처럼 보였는데, 실은 거의 아무것도 파악하지 못하고 있었다. 그래도 잉여가치론은 나에게 하나의 계시였다. 그것은 데카르트의 코기토, 칸트의 공간과 시간의 비판과 같이 현혹적이었다. 나는 마음 깊이 착취를 비판했으며, 착취 기구를 논증하는 것에 깊은 만족감을 맛보았다. 내가 노동 속에 원천을, 그것도 가치의 실체로서의 원천을 발견한 순간부터 세계는 새롭게 밝아 왔다. 나에게 이 표현을 부정하는 것은 절대로 없었다. 《자본론》의 마지막 장에서 내가 느낀 비판도, 책에서 발견한 비판도, 가장 최근의 경제학자에 의한 정교한 학설도 부정하지 못했다.

   나는 생계를 위해 개인교수를 하고, 빅토르뒤뤼이 고등학교에서 라틴어를 가르쳤다. 나는 이전에 사려 깊고 규율이 바른 뇌이유의 학생들에게 심리학을 가르친 적이 있다. 그런데 내가 맡은 1학년생에게는 뜻밖의 일을 당했다. 만 10세의 여아들에게 라틴어 입문은 어려웠다. 나는 미소로 이 어려움을 덜어줄 생각을 했다. 학생들도 미소를 지었다. 그녀들은 내 목걸이를 더 가까이서 보기 위해 교단으로 올라오거나 나의 레이스 옷깃을 잡아당기기도 했다. 처음엔 학생들을 자리로 돌려보내자 그럭저럭 온순하게 있었는데, 그러는 동안 떠드는 소리도 어수선함도 가시지 않게 되고 말았다. 나는 큰 목소리를 내며 화가 난 눈초리를 해 보였는데, 학생들은 여전히 소란스러웠다. 나는 벌을 줄 결심을 하고 그 가운데서 가장 많이 떠드는 여학생을 지목했다. 그러자 그녀는 울부짖었다.

"아버지가 날 때릴 거예요!"

그러면서 벽을 향해 머리를 찧는 것이었다. 반 전체가 비난이 담긴 목소리로 되풀이하며 이구동성으로 말했다.

"저애 아버지가 쟤를 때릴 거예요!"

이 아이를 무자비한 아버지에게 넘겨줄 수 있을까? 그러나 만일 용서해 주면, 이런 일이 또 있을 경우 다른 학생들을 어떻게 처벌하지? 나는 오직 하나의 해결법을 찾아냈다. 학생들의 소란을 제압할 수 있을 만큼 큰 소리로 외치는 일이었다. 즉 내 강의를 듣고 싶은 학생은 내 목소리를 들었을 테니까 다른 반만큼 내 반도 라틴어를 배웠다고 생각한다. 나는 분개한 여교장에게 한 번도 아니고 여러 번이나 불려갔지만, 나의 임무를 그대로 이행했다.

나는 나에게 주어진 2년의 근무기간 뒤에 직장을 얻을 생각이었다. 그러나 파리를 떠나는 것이 싫었다. 그래서 파리에 남을 이유를 찾기 시작했다. 일찍이 아버지를 지원해 준 유력한 부자인 사촌오빠가 〈신유럽〉의 편집장인 푸아리에 부인에게 나를 추천했다. 그녀의 남편은 교장이고, 그들은 중학교 건물 꼭대기 층의 넓은 집에서 살고 있었다. 그곳은 고가구와 동양의 융단으로 꾸며져 있었다. 푸아리에 부인은 언론에 확실하게 진출하려면 무언가 아이디어를 가지고 와야 한다고 말했다. 내게 아이디어가 있을까? 없다. 그렇다면 교직에 남으라고 그들은 권했다. 푸아리에 부인의 남편은 내게 관심을 보여주었다. 키가 크고 대머리에 녹색 눈을 지닌 60대였다. 가끔 그는 고급식당에서 차를 사주었다. 나에게 도움이 될 만한 사람들을 소개해 주겠노라고 약속하고, 인생에 대해서 말하기도 했다. 그는 자주 인생의 음탕한 면에 대해서 얘기했다. 그런 때 푸아리에 씨는 의젓하게 내 눈을 바라보았으며, 목소리는 학문적인 어조를 띠었다. 푸아리에 부부는 나를 칵테일파티에 초대해 주었다. 이것이 사교계의 진출이었다. 나는 칵테일파티에서 그다지 돋보이지 않았다. 흰 피케의 나비가 달린 커다란 깃에 붉은 모직 바탕의 드레스를 입었는데, 이런 모임에는 너무나도 검소한 복장이었다. 〈신유럽〉지의 부인들은 모두 일류 디자이너의 옷을 입고 있었다. 루이스 바이스는 검은 새틴 차림을 하고 숭배자들에게 둘러싸여 이야길 하고 있었다. 푸아리에 부부는 손님 한 사람을 내 이야기 상대로 붙여주었다. 그 남성은 약간 활기를 띠면서 한 노부인을 가리켜 〈마드무아젤 닥스〉의 모델이 된 여성이라고 말했는데, 그 뒤의 대화는 지지부진했다. 나는 이런 사람들과는 결코 얘기가 통하지 않으리라는 것을 깨닫고 지방에서 교편을 잡을 결심을 했다.

그때까지 나는 파리를 즐기기로 했다. 따분한 의무적인 교제도 지속했다. 숙모들, 사촌자매들, 어릴 적 친구들과의 관계를 유지한 것이다. 나는 자주 부모님의 집에서 점심식사를 했다. 언쟁을 피하려고 했기 때문에 화제는 그다지 없었다. 부모님은 내 생활에 대해 알고 있는 것이 거의 없었다. 내가 아직 교직을 맡지 않아 아버지는 화가 나 있었다. 친구들이 내 근황을 물으면 이렇게 내뱉듯이 말했다.

"파리에서 흥청망청 지내고 있지."

내가 가능한 한 인생을 즐기고 있었던 것은 사실이다. 때때로 르메르 부인 집에서 파니에와 저녁식사를 하면 그들은 나를 영화관에 데려가 주었다. 리레트 니장과 함께 뢴 루스 극장에 갔다가, 바이킹에서 아크바비트를 마시고 헤어졌다. 나는 동생과 제제와 함께 옛날에 자주 들렀던 자키나 정글에 갔다. 나는 남이 권하기만 하면 만날 약속을 했으며, 누구건 가리지 않고 같이 외출을 했다. 페르낭은 라스파유 거리와 에드가 퀴네 모퉁이에 있는 카페의 밤 모임에 나를 데려가 주었다. 그 뒤 나는 가끔 그곳에 갔다. 화가인 로베르 들로네와 그의 아내이자 섬유디자이너인 소니아, 작은 배만 그리는 코시오, 전위음악가인 바레스, 칠레 시인 비센터 우이도브로, 그리고 어쩌다가 블레즈 상드라르도 얼굴을 보였다. 상드라르가 입을 열자마자 좌중에 감탄의 목소리가 새어 나왔다. 모임은 이런 식으로 인간의 어리석음, 사회의 부패, 유행하는 예술이나 문학을 비난하면서 흘러갔다. 누군가가 에펠 탑을 빌려 '똥(merde)!'이라는 글자를 네온으로 새겨놓자고 제안했다. 다른 한 사람은 지구를 석유에 담가 불을 붙이고 싶다고 말했다. 나는 이와 같은 저주에는 가담하지 않았고, 파리가 고요 속에 빠져 있을 때 담배 연기, 컵이 마주치는 소리, 흥분한 목소리의 웅성거림을 좋아했다. 어느 날 밤 카페가 문을 닫은 다음, 다같이 그 무렵 유명한 창녀의 집 스핑크스로 갔다. 나도 그들을 따라갔다. 툴루즈 로트레크와 반 고흐 덕택에 나는 유곽이란 것을 고상하고 시적인 장소로 상상하고 있었다. 나의 기대는 배신당하지 않았다. 실내장식은 성심교회당 내부보다도 더욱 화려한 악취미의 것이었으며, 다양한 색의 얇은 튜닉을 입은 반라의 여성들이 있었다. 그것은 바보 같은 회화나 랭보가 사랑했던 축제일의 흥행을 위한 건물을 훨씬 능가했다.

마드리드나 부다페스트에서 페르낭과 방디*는 내게 예술가와 작가를 소개해 주었다. 며칠 밤 동안 나는 그들과 함께 파리를 쏘다녔고, 그들은 내게 낯선 대도시에 대해 말해 주었다. 또 가끔 뷔르마의 판매원과 외출을 했다. 그녀는 타피르의 여자친구로 나는 그녀에게 호감을 가지고 있었다. 사르트르는 그녀를 발자크의 여주인공 이름을 따, 리스토메르 부인이란 별명으로 불렀다. 우리는 라프 거리 무도장으로 춤을 추러 갔다. 흰 가루를 바르고 입술에서 피를 흘리고 있는 듯한 화장을 한 우리는 일단 목적을 달성했다. 내 마음에 드는 무용수는 고깃간 집 오빠였다. 그는 버찌 리큐르 잔을 앞에 두고 어떻게든 나를 자기 집으로 데려가겠다고 고집을 부렸다.

"난 남자친구가 있어요."

"그게 어떻다는 거야? 당신 쇠고기 좋아하지? 어떤 때는 햄을 한번 먹어봐. 나쁠 거 없잖아?"

나는 식이요법을 바꾸지 않는다고 말해 그를 크게 실망시켰다.

새벽 2시 전에 잠드는 일은 드물었다. 그렇기 때문에 나의 하루는 그처럼 빨리 지나가고 만다. 나는 낮잠을 잤다. 월요일엔 더했다. 나는 아침 5시 30분에 투르에서 돌아오곤 했는데, 3등 객차는 만원이었으며 언제나 정해 놓고 옆자리의 사내나 맞은편의 사내가 집요하게 무릎을 밀쳐오기 때문에 나는 눈을 감지 않았던 것이다. 8시 30분에 뒤뤼리 여자 중고등학교에 갔다. 오후 그리스어 수업 시간에, 학생이 텍스트의 의미를 생각하고 있는 2, 3분간 나는 의식불명이 될 때도 있었다. 그래도 나는 내 피로를 사랑했다. 극단을 사랑했다. 그러나 만취가 되는 일은 거의 없었다. 내 위장은 그다지 튼튼하지 않았고, 2, 3잔의 칵테일을 마셔도 토하고 말았다.

사람을 취하게 하는 것에는 알코올만 있는 게 아니다. 나의 의식은 놀라움에서 경탄으로, 쾌락에서 축제로 옮아갔다. 모두가 나를 재미있게 해주고 풍

---

* 스테파를 사랑하고 있었던 헝가리인으로, 나는 도서관에서 그를 알게 되었다.

요롭게 했다. 나는 배울 것이 많았고, 무엇이건 내게 도움이 되었다. 어느 일요일 타피르가 그의 작은 차로 나를 투르에 데려다주었다. 리스토메르 부인도 함께 왔다. 우리는 밤 늦게 사르트르와 헤어졌다. 블루아에서 차가 고장이 나 멈춘 시간은 한밤중인 12시였다. 지방의 밤거리는 재난을 당한 도시처럼 고요했다. 호텔 여주인을 깨우는 데 15분이 넘게 걸렸다. 여주인은 우리 여자 둘을 더블베드 룸에 들여보내고, 타피르를 옆방에 넣었다. 우리는 대화를 하고 싶었기 때문에 타피르는 우리가 있는 곳에 매트리스를 가지고 와, 모두 그곳에서 잠들고 말았다. 이튿날 아침에는 큰 소동이 일어났다! 여주인이 풍기문란죄로 경찰에 신고하지 않을까 걱정했을 정도였다. 대모험처럼 이 작은 사건은 나를 기쁘게 했다.

또 하나, 이것도 하찮은 사건이지만 나를 매료한 일이었다. 학년이 끝나서 나는 일요일 밤 투르에 남았다. 그러나 축제일인 8월 15일이기도 하고 또 오전 1시였으므로 내가 늘 가는 호텔은 만원이었다. 호텔 두세 곳을 더 가보았으나 허탕만 쳤다. 그래서 택시로 시내를 둘러보았는데 역시 헛수고였다. 결국 운전기사는 나에게 차 안에서 자지 않겠느냐고 말을 건넸다. 나는 승낙을 했다. 운전기사는 다시 생각했다. 아내가 틀림없이 여름학교에 간 딸애 방에 나를 재워줄거라고 말했다. 나는 경솔해서라기보다는 그를 신뢰해서 따라갔다. 과연 축제라도 갈 듯이 예쁘게 옷을 차려입고 화장을 한 젊은 여자가 큰 침대에서 미소를 지은 채 운전기사를 기다리고 있었다. 이튿날 아침 그들은 나에게 밀크 커피를 대접해 주었으며, 1프랑도 받으려고 하지 않았다. 돈을 지불하지 않고는 아무것도 얻을 수 없다는 교육을 받고 자란 나였기에 더욱더 그들의 친절에 감동했다. 그들이 보여준 친절을 통해 나는 본능적으로 수용하고 있던 나 자신의 태도를 더욱 신뢰하게 되었고, 앞으로도 그와 같은 자세를 결코 버리지 않겠다고 마음먹었다. 그것은 의심 속에서도 졌다고 생각하지 않으며, 자신을 방어하기보다는 상대와 상황에 확신을 가지는 것이다.

나의 큰 즐거움 중 하나는 드라이브였다. 파니에는 3, 4번 나를 투르로 보내주었다. 그는 샤르트르 대사원과 쇼몽 성을 보여주었다. 파니에는 사르트르보다 2, 3주 전인 1931년 2월에 제대했다. 그는 프랑스에 있는 친구들과 사촌형제들을 찾아다니며 여행하고 싶다는 생각을 밝혔다. 르메르 부인이 차를 빌려주었다. 파니에는 함께 떠나지 않겠느냐고 내게 권했다. 자동차 여행, 진짜 여행, 나의 첫 자동차 여행! 그 말을 듣는 순간 가슴이 설레고 말았다. 게다가 파니에와 마주앉아 10일을 보낸다. 나는 정말 기뻤다. 그와 같이 있는 것이 좋았고, 그와 대화하는 것도, 함께 사물을 바라보는 것도 좋았다.

그런데 우연히도 출발 이틀 전에 에르보가 파리로 찾아와, 아내 없이 2주 동안 파리에 머물게 되어 나를 만날 틈이 있다고 말했다. 오랫동안 우리 둘의 관계는 애매한 채로 있었다. 그는 나와 사르트르 사이를 알려 하지 않았으며, 나 역시 그에게 알리려 하지 않았다. 2개월 전에 그는 내 방에서 편지 한 통을 발견했는데 그 뒤로 사르트르와 나의 관계가 밝혀진 것이다. 에르보는 웃었지만 화를 냈다. 그럼에도 쿠탕스에 있는 한 아가씨에 대한 강한 관심을 내게 숨기지 않았다. 에르보는 내게 최후통첩을 보냈다. 내가 그와 파리에서 함께 있지 않고 파니에와 자동차 여행을 떠난다면 다시는 나를 만나지 않겠다는 것이다. 나는 파니에와의 약속을 깰 수는 없다고 항변했다.

"할 수 있어."

에르보는 말했다.

"할 수 없어."

나는 되받았다. 그렇다면 어쩔 수 없다며 그는 나와의 절교를 선언했다. 우리는 영화를 보러 갔고, 나는 '약속을 했기 때문에'라는 말을 되풀이하면서 슬픔에 하염없이 울었다. 나중에 에르보는 사르트르에게 그때의 그 고집에 질려 버렸다고 말했다. 그리고 '여기저기를 구경하고 싶었기 때문'이라고 솔직하게 털어놓길 바랐다고 얘기했다. 사실 그때 나는 거짓이 없었다. 나는 불가항력의 경우를 제외한다면, 공동 계획을 포기하는 것은 우정에 금이 가게 하는 일이라고 평소에 생각하고 있었고, 파니에와의 우정도 지키고 싶었던 것이다. 사건의 전말은 그랬다. 당시는 에르보의 우정보다도 파니에와의 관계가 더욱 중요했기 때문이다. 에르보보다도 사르트르와 훨씬 친했던 파니에는 내게도 더욱 친밀한 사람이었던 것이다. 주위 상황으로 인해 우리의 친밀도는 한정되었지만 그것은 무한한 풍부함을 약속해 주고 있었다. 그와는 달리 에르보는 그 자신이 알고 있는 것처럼 내 인생에서 행할 역할이 없었다. 그는 과거에 속해 있고, 나는 미래를 위해 그를 희생시켰다. 나는 눈물로 그에게 이별을 고했다. 그것이 또 그를 화나게 했다. 그리고 나는 그런 그를 이해할 수 있었다. 왜냐하면 나의 과도한 절망은 내 마음속의 진정한 선택을 마치 숙명처럼 바꾸어 버렸기 때문이다.

  모르방에서는 비가 내리고 있었지만 '출발하는 것이다. 자, 우리는 출발했다.' 내 자신에게 되풀이하는 것만으로도 나는 기뻤다. 아발론의 일류 호텔, 드 라 포스트에서의 점심은 나를 기쁨으로 들뜨게 했다. 이튿날 아침 브루의 교회를 구경하고, 대리석 둘레를 와상(臥像)과 여러 가지 덕목으로 지탱하고 있는 묘에 감동했다. 게다가 생마클루의 돌과 같은 정도로 지독하게 다듬어져 있는 '광칠 된' 유화를 칭찬해야 한다고 강요하는 사람도 없었다. 리옹에서 파니에는 친구들을 만나러 가고, 나는 유학생과 결혼한 가장 연상의 사촌언니 시르미온의 집에 머물렀다. 그녀는 의대생과 결혼했다. 사촌언니의 동생 2, 3명이 우리와 함께 점심식사를 했다. 바보 같은 고아 여자아이가 식탁에서 심부름을 했으며, 사촌들은 여전히 그 아이를 괴롭히고 있었다. 사촌들은 어릴 적보다도 더 나를 놀라게 했다. 내가 남성과 함께 여행을 하고 있다는 점에서 그들은 내가 온갖 나쁜 일에 빠져 있다고 생각한 듯하다. 나는 그들의 상스러운 농담에 깜짝 놀랐다. 사촌들은 나에게 '그르노블의 호두'라는 후식을 권했다. 그것은 안에 콘돔을 넣은 호두껍데기였다. 그들이 너무나도 크게 웃어 얼버무릴 것도 없이 나는 자리를 박차고 나왔다. 그 뒤에 그들은 리옹으로 가는 길을 아주 잘 안내해 주었다. 사촌오빠 샤를은 그가 경영하고 있는 작은 전기 램프 소켓 공장을 보여주었다. 이것이 내가 노동과 접촉한 첫 경험이며, 나는 감동을 받았다. 한낮인데도 작업장 안은 암흑이었고, 그 안에서 사람들은 금속 먼지로 가득한 공기로 숨을 쉬고 있었다. 여공들이 규칙적으로 구멍이 뚫린 회전판 앞에 앉아 있다. 바닥에 놓인 상자 안에서 놋쇠로 된 실린더를 끄집어내 그것을 회전판 구멍에 끼운다. 여공의 팔은 빠른 리듬으로 상자에서 회전판으로 무한히 움직인다. 몇 시간이나 이 일이 계속되는 것일까? 8시간, 이 무더위와 취기 속에서 쉼 없이, 이 극심한 단조로운 단진동에 묶여서, 매일 8시간씩 노동을 하다니.

  "점심에 과음을 했나 보군."

  내 눈에 눈물이 괴는 것을 보고 사촌오빠는 명랑하게 이같이 말했다.

  마시프 상트랄 산맥을 통과했을 때 나는 비로소 광활한 눈의 지평선을 보았다. 파니에는 튈로 가기 때문에 나를 위제르쉬에서 내려주었다. 확실히 나는 내 과거의 사고를 검토하고 바꾼 것이다. 어릴 때는 도저히 살 수 없는 곳이라고 생각했었던 레오나르 호텔에 묵었다. 나는 그곳에서 매우 기분이 좋았다. 파니에가 나를 마중 와 주었다. 나는 프루스트가 첫 자동차 여행을 하며 '게르망트 쪽'과 '스완 가(家) 쪽'을 함께 보았을 때 느꼈을 놀라움을 떠올렸다. 우리는 오후에 정반대로 생각되는 두 장소를 둘러보았다. 튀렌의 성과 볼리외와 로카마두르의 교회였다. 어릴 적에 언제나 집안사람들에게서 대단하다는 얘기를 듣던 곳이었는데, 데려가 준 적은 한 번도 없었다. 나는 풍경을 탐하듯이 바라보았다. 위대한 발견을 한 것이다. 그것은 남프랑스였다. 어렸을 때 사람들이 남프랑스에 대해서 이야기하는 것을 아주 불가사의한 기분으로 들었다. 나무가 없이 어떻게 아름다울 수 있을까? 나는 스스로에게 묻곤 했다. 위제스 부근 가르 다리 주위에는 나무도 없었는데 매우 아름다웠다. 나는 가뭄과 떨기나무 향을 사랑했다. 또 생트마리로 내려갔을 때는 카마르그 지방의 황야를 사랑했다. 에그모르트는 바레스의 묘사처럼 나를 감동시켜, 우리는 밤과 그 정적에 귀를 기울이면서 오랫동안 성벽 아래서 있었다. 나는 태어나서 처음으로 모기장 속에서 자고, 아를르로 가는 도중 미스트랄(남프랑스의 독특한 북풍)로 인해 기울어져 인사를 하고 있는 실편백의 장벽을 처음 보았으며, 올리브 나무의 진짜 색을 알게 되었다. 내가 레 보에 닿았을 때 바람이 불고, 광야에 등불이 반짝이고 있었다. 렌 잔 호텔 난로 속에서도 불꽃이 반짝이고 있었다. 우리가 유일한 손님이었다. 난로 곁 작은 테이블에서, 지금도 기억나는 '마스 드 라 담'이라는 포도주를 마시면서 저녁식사를 했다. 그리고 난생처음으로 아비뇽 거리를 걸어 보았다. 푸른 하늘과 빛나는 태양 아래, 론 강이 내려다보이는 공원에서 우리는 과일과 과자로 점심을 먹었다. 이튿날 파리에는 안개비가 내렸다. 에르보는 내게 고약한 편지를 보내 절교를 선언했다. 르메르 부인은 내가 에르보에게 양보하지 않은 이유를 궁금하게 생각했다. 사르트르는 예상보다 늦게 제대를 하게 되었다며 군부에 대해서 분개했다. 10일간 완벽하게 한통속이 되었다가 파니에와 두어야 하는 간격이 갑자기 무한하게 느껴졌다. 이상한 기분이었다! 행복에도 까다로운 면이 있고 때로는 그늘진 면도 있다. 그로부터 후회가 얼굴을 슬쩍 내비친다. 이것이 파리로 돌아왔을 때 느끼게 된 교훈이었다.

19살인 나는 무지하고 능력이 없었지만 진지하게 쓰고 싶다고 생각했다. 추방당한 듯한 마음이었던 나의 고독을 달래줄 유일한 수단은 자신을 표현하는 일이었다. 그러나 현재 나는 나 자신을 표현할 욕구를 전혀 느끼지 않았다. 책이라는 것은 어쨌든 하나의 호소이다. 누구에게, 무엇을 호소하면 좋을까? 나는 기력이 넘쳤다. 나의 감동, 환희, 쾌락은 나를 미래로 내몰았다. 나는 이러한 감정의 열렬함에 사로잡혔다. 사물이나 사람에 대해서 거리를 두지 않았기 때문에 그런 것에 대한 견해를 가질 수도 없었고, 또 그런 것에 대해서 이야기할 수도 없었다. 아무것도 희생할 수 없었기 때문에 아무것도 택할 수 없었다. 나는 혼돈스러우면서도 감미로운 격정 속에 스스로를 잃어버리고 있었다. 나는 내 과거에 대해서 확실히 어떤 간격을 두고 있었다. 그 틈이 너무나도 넓어서 내게 과거를 되살리게 하려는 향수도 일으키지 못했으며, 결말로 내모는 듯한 원한도 느끼게 하지 않았다. 침묵만이 나의 무관심에 어울렸다.

　그렇지만 나는 지난날의 결심을 잊은 것은 아니고 또 사르트르도 그런 것을 내버려두지 않았다. 나는 소설을 쓸 결심을 했다. 오렌지색 의자에 앉아 석유난로 냄새를 맡으며 새하얀 종이를 곤혹스런 눈초리로 바라보았다. 작품을 쓴다는 것은 아무튼 세계를 보여주는 일인데, 나는 세계의 생생한 존재에 짓눌려 아무것도 보지 못했다. 보여줄 게 아무것도 없었다. 고육지책으로 다른 작가들이 세계에 제출한 이미지를 모방해 쓰는 수밖에 없었다. 나는 모방한 것을 나 자신에게는 고백하지 않았다. 나는 왜 《대장 몬》이나 《먼지》 등을 모델로 삼아 자신의 과오에 더욱 깊이 빠져드는 것일까? 나는 일찍이 이런 책들을 좋아했다. 문학이 인간적인 것에서 분리되기를 요구했으며, 이들 책은 초자연적인 세계를 부여해 나를 만족시켰다. 자크나 에르보가 이런 종류의 승화에 대한 나의 취향을 부추긴 것도 그들이 기꺼이 그 승화를 실행했기 때문이었다. 사르트르는 모든 속임수를 싫어했다. 그래도 그는 점점 나와 함께 신화에 흥미를 갖게 되었고, 그가 쓴 글에는 우화나 전설이 큰 역할을 했다. 어쨌든 그는 나에게 성실하라고 충고했다. 그 무렵 나에게는 성실밖에 방법이 없었으며, 그것은 아무 말도 하지 않는 것이었다. 어쨌든 나는 알랭 푸르니에와 로저먼드 레이먼의 세계에서 약간의 마법을 빌려 왔다. 넓은 정원이 있는 고성 안에 한 소녀가 침울하고 말이 없는 아버지와 살고 있다. 어느 날 그녀는 길을 지나가던 중 스스럼없는 미남 청년 3명과 맞닥뜨린다. 그녀는 자신이 18세가 된 것을 깨닫고 자유롭게 길을 걸어가 세상을 보고 싶다는 욕망에 사로잡힌다. 그녀는 순조롭게 파리로 출발한다. 파리에서 스테파를 닮은 젊은 여성과 르메르 부인을 닮은 연상의 여인을 만난다. 그 뒤 그녀는 시적인 모험을 체험한다는 이야기인데, 나는 그것을 어떤 모험으로 해야 좋을지 몰랐다. 나는 제3장에서 펜을 놓았다. 초자연적인 이야기가 아무래도 나에겐 적합하지 않다고 막연하게 생각했다. 그래도 오랫동안 그런 종류의 작품을 고집했다. 내 소설의 첫 초고에는 삼류소설적인 면이 확실하게 남아 있다.

나는 확신도 없이 일을 계속했다. 어느 때는 숙제를 하고 있는 것 같은, 어느 때는 우회적으로 빗댄 시문이라도 쓰고 있는 듯한 기분이었다. 어쨌든 서둘 필요는 없었다. 나는 행복하고, 지금으로서는 그것만으로도 충분했다. 아니, 행복만으로는 충분하지 않았다. 그것은 내가 기대하던 바와 대단히 달랐다. 나는 이제 일기를 쓰지 않았는데, 그래도 가끔 수첩에 기록해 둘 때가 있었다. 1930년 봄에 나는 이렇게 썼다.

"사는 것에만 만족할 수는 없다. 자신의 인생이 아무런 도움도 되지 않는다면 말이다."

그 뒤 6월에는 이렇게 썼다.

"나는 자신의 긍지를 잃었다, 그리고 그때 모든 것을 잃었다."

나는 주위 사람들과 의견을 달리하면서 살아온 적은 있지만 나 자신과 의견을 달리해 생활한 적은 결코 없었다. 최근 18개월 동안 나는 내가 원하는 것을 실제로 원하지 않고 있음을 깨닫게 되었고, 이와 같은 모순이 얼마나 마음을 불쾌하게 만드는지를 배웠다. 나는 세상의 온갖 선(善)에 열중하기를 그치지 않았다. 그럼에도 그러한 선이 나를 천직에서 멀어지게 하는 성싶었다. 나는 자신을 배신함으로써 자아를 상실하고 있었던 것이다. 이것을 나는 비극적으로 받아들였다. 적어도 매 순간 그런 생각이 들었다. 오늘에 이르러서는, 그것은 걱정할 만한 일이 아니었다고 생각한다. 그러나 그 무렵의 나는 필요 이상으로 걱정거리를 만들고 있었다.

그러면 도대체 나는 나 자신의 무엇을 비난하고 있었던 것일까? 먼저 너무나도 안이한 생활이었다. 처음에 그 생활은 나를 도취시켰다. 그러나 곧 혐오감 같은 것이 일어났다. 내 안의 우등생이 공공연히 학교 수업을 빼먹고 놀고 있는 것에 초조해하기 시작했다. 무질서한 독서는 기분전환에 지나지 않았으며, 나를 어디로도 이끌어주지 못했다. 나의 유일한 일은 쓰는 것이었다. 나는 펜 끝을 약간 사용해 보았을 뿐이고 그것도 사르트르가 강하게 권했기 때문이었다. 청년들 대부분은 야심과 용기를 가지고 돌진해 간 사람들로서, 나중에 이런 속임수에 실망을 맛본다. 하지만 노력, 승리, 매일의 발전 등은 지고의 무엇과도 바꿀 수 없는 만족감을 주는 데 비해, 시간 여유가 있을 때의 소극적인 감미로움은 따분하며, 빛나는 순간들이 가득 넘쳐나도 정당화되지 않는다.

게다가 나는 '패거리'와 대결했을 때 받은 타격에서 아직 회복되지 않고 있었다. 얼마간 자신을 되찾기 위해서는 무언가를 해야 했다. 그런데 나는 게을렀다. 나의 무위도식은 나 자신이 평범하다는 감정을 확인해 주었다. 확실히 나는 포기한 것이다. 누구에게나 남과 사이 좋게 공존하려는 것은 쉬운 일이 아니리라. 나에겐 그것이 가능했던 전례가 없었다. 나는 군림하거나 풀이 죽거나 어느 한쪽이었다. 자자에게 정복된 나는 굴욕 속에 침잠했던 것이다. 똑같은 일이 되풀이되었다. 다만 이번에는 더 높은 곳에서 떨어졌고, 자신감은 더욱 난폭하게 분쇄되었다. 어느 경우에도 나는 평정함을 유지했다. 다른 사람에게 열중한 나는 '나는 무가 아니다'라고 독백을 할 여지도 없을 만큼 자아를 잊었다. 그래도 때때로 이 독백의 목소리가 되살아나 나 자신이 자아를 위해 존재하지 않고 기생해서 살고 있음을 인정할 수밖에 없었다. 내가 에르보와 싸웠을 때, 그는 일찍이 그의 평가를 얻을 가치가 있었던 나의 개인주의를 내가 배신했다고 비난했다. 그리고 나는 그에게 일리가 있음을 인정할 수밖에 없었다. 그러나 에르보보다도 계속 나에게 반응한 사람은 사르트르였다. 그는 걱정하기 시작했다.

"비버, 그대는 일찍이 시시콜콜 여러 가지 일을 생각했는데."

그는 놀라서 말했다. 그러고는 이렇게 부탁하기도 했다.

"가정적인 여자가 되지 않도록 주의해."

물론 내가 가정주부가 될 위험은 없었지만 사르트르는 나를 메러디스의 여주인공에 비유했는데, 그녀는 자립을 위해 싸우다가 결국 사내의 반려자가 되는 것에 만족한다. 나는 사르트르를 실망시킨 나 자신에 대해서 분노했다. 확실히 나는 그와 같은 이유로 일찌감치 행복을 경멸하고 있었다. 어떤 성질의 행복이건 그것은 온갖 포기로 나를 끌어들였다. 내가 사르트르를 만났을 때 나는 모든 것에 승리했다고 믿었다. 그의 곁에 있으면 자기완성에 실패하는 일은 없다고 생각했다. 자기 말고 다른 사람에게 구원을 기대하는 것은 자신을 파멸로 빠뜨리는 가장 확실한 방법임을, 나는 이제야 깨닫게 되었다.

그런데도 왜 이러한 회한과 공포를 느끼게 되는 것일까? 나는 여권신장운동의 투사는 물론 아니며, 여성의 권리나 의무에 관해서 아무런 이론도 가지고 있지 않았다. 일찍이 내가 '여아'로 정의되는 것을 거부했듯이, 나는 현재의 자신을 '여자'로 생각하고 있지 않았다. 나는 나였던 것이다. 그런 이유로 나는 자신이 과오를 범하고 있는 듯한 생각이 들었다. 신이 내게서 사라진 뒤에도 내 안에 구원이란 관념은 남아 있었다. 그리고 나의 첫째 확신은 누구나 스스로가 자신의 구원을 보증해야 한다는 사실이었다. 내가 고뇌하던 모순은 사회적인 게 아니라, 거의 종교적이라고 할 수 있는 윤리적인 것이었다. 이차적인 존재, '상대적'인 존재로서 살아가는 데에 만족하는 것은 인간으로서 자신을 낮추는 일이었다. 그래서 나의 과거 전체가 이와 같은 타락에 대해서 반항한 것이다.*

만일 내가 이 밖에 또 하나의 가장 예민한 실추감(失墜感)을 경험하지 않았더라면, 이처럼 절실하게 느끼지는 못했으리라. 또 하나의 실추감이란 나와 타인과의 관계에서 나온 것이 아니고, 나의 내적인 불일치에서 오는 것이었다. 나는 순수정신만 추구하는 일을 그만두었다. 마음, 머리, 육체가 하나 될 때, 구체적인 형태를 취하는 것은 대단한 즐거움이다. 처음에 나는 기쁨 말고는 몰랐다. 그것은 나의 낙천주의에 걸맞고, 내 자존심에도 안성맞춤이었다. 그러나 이윽고 20살 무렵에 느낀 불안한 예감이 주변의 압력에 의해 되살아났다. 욕구라는 것도, 굶주림도, 목마름도, 졸음도 몰랐는데 갑자기 나는 욕망의 포로가 되었다. 나는 사르트르에게서 멀리 떨어져 며칠, 몇 주를 보냈다. 일요일에 투르에 가도 우리는 대낮부터 호텔방에 들어갈 용기는

---

* 물론 이 문제가 이런 형태로 제기된 것은 내가 여자였기 때문이다. 그러나 나는 한 인간으로서 이 문제를 해결하려고 했다. 페미니즘이라든가 남녀 양성 간의 투쟁이라든가 하는 것은 나에게 아무런 의미도 없었다.

없었다. 게다가 나는 연애가 미리 계획의 형태를 취하는 것을 거부해 왔고 또 자유롭기를 원했으므로 협의를 거친 연애는 싫었다. 나는 자신의 의지와는 반대로 육체의 욕망에 지는 것도, 냉정하게 쾌락을 준비하는 것도 인정하지 않았다. 사랑의 환희는 바다의 물결처럼, 복숭아 나무의 꽃피움처럼 숙명적이고 뜻밖의 일이어야만 했다. 나는 그 이유를 잘 설명할 수는 없지만, 내 육체의 감정과 내 결심과의 차이가 나를 두렵게 했다. 그리고 바로 이 두 감정의 이별이 이루어졌다. 나의 육체에는 다양한 기분이 있었고, 나는 그 기분을 제각기 제어하지 못했으며, 그 격렬함은 나의 온갖 방어벽까지도 뛰어넘었다. 나는 회한이 육체적인 것일 때, 그것이 단순한 향수가 아닌 고뇌임을 알았다. 머리끝에서 발끝까지 내 피부 위에서 독을 섞은 옷이 짜여지고 있는 듯했다. 나는 고뇌하는 것을 가장 싫어했다. 나 자신의 피에서 생긴 이 고뇌와 익숙해지는 것이 견딜 수 없었고, 혈관 속 피의 수런거리는 소리조차 싫어하게 되었다. 아침에 지하철 안에서 나는 아직 둔한 기분에서 빠져나오지 못한 채 주위 사람들을 바라보면서 자문했다.

"저 사람들은 고문과도 같은 이 고뇌를 알고 있을까? 어느 책도 이 고뇌의 잔혹함을 묘사해 주지 않은 것은 무슨 이유일까?"

독의 옷은 조금씩 벗겨져 나는 눈꺼풀에 다시 상쾌한 공기를 느꼈다. 그러나 밤이 되면 집념이 눈을 떠 무수한 개미가 입안을 기어다니고 있는 것처럼 느꼈다. 거울에 비친 나는 터질 듯이 건강한데 은밀한 병이 내 뼈를 좀먹고 있었다.

부끄러운 병이었다. 나는 육체를 향락하는 것에서만 나 자신의 청교도적인 교육을 모르는 체하고 있었지만 아직 불쾌함을 참는 데까지는 이르지 못했다. 굶주려 구걸하는 가련한 육체를 나는 혐오했다. 어릴 적부터 숨기려고 했던 어떤 진실을 인정할 수밖에 없었다. 육체는 나의 의지를 능가했다. 한 특정 사내와 맺어져 있는 열정, 동작, 행위 속에서 나는 나 자신의 마음의 움직임과 자유를 받아들였다. 하지만 버려진 나의 우울감은 이 사람 저 사람 가릴 것 없이 상대를 유혹하려 했다. 투르와 파리 간 기차 안에서 낯모르는 사내의 손이 나의 다리로 뻗어 나를 흥분시키면 나는 분해서 기겁을 했다. 나는 이러한 치욕에 대해서 말하지 않았다. 모든 것을 고백할 상황이 된 지금은 이 침묵이 흑백의 시금석처럼 생각될 따름이다. 이러한 치욕을 굳이 말할 수 없었던 까닭은 그런 것들이 고백할 수 없는 것이었기 때문이다. 내 의지와는 달리 침묵을 하게 된 결과, 육체는 사회적 융합의 유대가 되기는커녕 장애가 되어 나는 육체에 대해 심한 원한을 품었다.

나는 성(sex)을 경쾌하게 처리할 수 있는 다양한 정신을 지니고 있었는데, 나의 체험은 그러한 정신과 모순이 되고 있었다. 알랭과 그 제자들처럼 육체와 정신을 분리해 제각기 인정하기에는 너무나도 성실한 유물론자였다. 나의 사고에서, 정신은 육체에서 분리되어 있지 않으며 육체가 내 전체를 좌우한다. 나는 클로델적인 승화에다가, 특히 인간 안의 이성과 욕정의 화합 가능성을 믿는 자연주의적 낙천주의로 기울었다. 그런데 실제로 나에게 있어, 이런 화합은 실현되지 않았다. 나의 이성은 욕구와 그 포악성으로 화합할 수가 없었다. 나는 나 자신의 육체에 의해서 인류는 선의 안온한 빛 속에서 안주하는 것이 아니며, 말없이 무익하고 무참하게 무방비 상태로, 짐승들의 공격에 대한 고통을 느끼고 있는 것임을 알았다. 이 대지에 지옥이 있기 때문에, 때때로 음산한 번개가 내 육체를 그처럼 꿰뚫었으리라.

어느 날 나는 그 지옥을 엿보고 공포에 전율했다. 그와 같은 혐오스러운 면에 익숙하지 않았기 때문이다. 8월의 어느 날 오후, 나는 생트라드공드의 관목으로 뒤덮인, 섬처럼 된 강변에서 책을 읽고 있었다. 그때 등 뒤에서 묘한 소리를 들었다. 가지가 삐걱거리고 짐승이 신음하는 듯한 가쁜 숨소리가 들려왔다. 뒤돌아보자 한 부랑자가 수풀 속에 누워 가만히 나를 바라보면서 자위를 하고 있었다. 나는 놀라서 도망쳤다. 고독한 육체의 그 생생한 고뇌! 오랫동안 나는 그 일이 뇌리에서 떠나질 않아 견딜 수 없었다.

나 자신이 모든 인간의 운명과 함께 있는 것이니 어쩔 수 없다는 생각만으로는 위로가 되지 않았다. 육체를 명령하는 대신에 그 욕구를 수락해야 하는 나 자신을 발견하고 내 긍지는 손상되었다. 자기 자신에 대해 품고 있던 불만 가운데서 어떤 불만이 가장 중대한지 가려내기는 어렵다. 확실히 불만에 불만이 겹쳐 갔다. 만일 내가 총체적으로 스스로의 생활에 만족하고 있었다면, 육체의 혼란도 더 쉽게 받아들였으리라. 또 나의 자유가 육체 속에 매몰된다고 느끼지 않았다면, 나의 지적인 기생적 존재도 그다지 나를 걱정시키지는 않았을 것이다.

그러나 나의 불타는 듯한 집념, 하찮은 일, 남—사르트르—에게 넘기고

만 사명, 이런 모든 것이 공모해서 실추와 죄악감을 느끼도록 했다. 인공적인 수단을 가지고 벗어나기에는 그 감정이 너무나도 깊게 뿌리박혀 있었다. 나는 내 감정을 속일 생각이 없었다. 소유하고 있지도 않은 자유를 굳이 행동이나 언어로 표현하지 않았으며, 갑작스런 전환이 있을 것으로 기대하지도 않았다. 사람은 단순한 의지 하나로 자아로부터 자신감을 되찾는 게 아니고, 약해진 야심을 되살리는 것도 아니며, 진정한 자립을 다시 획득하는 것도 아님을 나는 알고 있었다. 내 도덕적 정신은 내가 내 생활의 중심에 머물 것을 요구하고 있었는데, 나는 솔직하게 나와는 다른 실존을 원했다. 속이지 않고 평형을 되찾으려면 장기간의 노력이 필요하다는 사실을 나는 깨달았다.

하지만 곧 그와 같은 노력을 시작해야 했기 때문에 그 전망으로 나는 안심했다. 현재 내가 정신을 잃고 버둥거리고 있는 행복은 일시적이었다. 왜냐하면 사르트르가 일본으로 출발할 예정이었기 때문이다. 나도 외국으로 가려고 결심했다. 나는 페르낭에게 편지를 써서 마드리드에서 일자리를 구해 줄 수 없느냐고 부탁을 했는데, 불가능하다는 회답이었다. 중고등학교장인 푸아리에 씨는 모로코에 곧 설립되는 연구소 얘기를 하고, 방디는 부다페스트 대학의 교직을 제안했다. 이것이 추방이나 이별이 아니면 무엇인가! 그렇게 되는 날엔 스스로 나 자신을 돌볼 수밖에 없다. 평안함 속에 영구히 잠들 염려는 없으리라. 게다가 나는 내일이면 내게서 달아나 버릴 기회를 잡아 이용하지 못한 탓에 비난받을 것이다. 미래가 나를 정당화해 주기는 했으나 나는 거기에 값비싼 대가를 치렀다. 나는 아직 젊기 때문에 2년이란 세월과 영구한 시간을 그다지 구별하지 않았다. 저 멀리 지평선에 있는 심연은 죽음과도 같이 나를 두렵게 했고, 나는 똑바로 그것을 바라볼 용기가 없었다. 도대체 무엇이 내가 혼란스러워진 진정한 원인이었을까, 생각한다. 행복을 빼앗기고 말 듯한 두려움이 없었다면, 행복으로 움직일 수 없게 된 자신을 그처럼 탄식하지는 않았을 것이 아닌가? 어쨌든 회한과 공포는 중화되기는커녕, 하나가 되어 나에게 대들었다. 어릴 적부터 거의 나의 일생을 지배해 온 리듬에 나는 스스로를 맡겼다. 기분 좋게 몇 주를 지냈는가 하면, 몇 시간 사이에 소용돌이가 나를 황폐하게 해 모든 것을 엉망으로 만들어 버리기도 했다. 자신의 절망에 가장 걸맞게 죽음의 영원한 심연으로 전락해 갔다. 나는 언제 하늘이 진정할 것인지 알고 있었던 적이 없었다. 악몽으로 깨어나는지, 다시 긴 푸른 꿈 속에 침잠하는지를…….

그러나 나는 가끔씩만 이 같은 위기에 빠져들었다. 평상시에는 과거 행위에 대해 그다지 생각하지 않았다. 다른 일로 시간이 빠듯했기 때문이다. 이렇게 말은 하지만, 이 불안한 마음은 나의 체험 대부분에 반영되었다. 특히 자아에 대해서 의혹을 지닐 때, 타인에 대해서도 똑같은 감정을 품게 된다는 사실을 배우게 되었다.

사르트르는 그가 대단히 집착하고 있던, 우리가 카미유라고 부르는 여성과 여전히 가끔씩 만났다. 언제나 사르트르가 말하는 사물이나 인간에게는 생생한 색채가 있었는데, 그가 나에게 묘사한 카미유의 초상도 상당히 멋지게 생각되었다. 에르보도 그녀를 알고 있었으며, 그녀가 놀랄 만한 인물임을 내비쳤다. 파니에는 카미유를 별로 좋아하지 않았지만, 그래도 그녀는 파니에를 놀라게 하는 데 성공했다. 카미유는 나보다 4, 5살밖에 연상이 아닌데도 여러 가지 점에서 나보다 훨씬 뛰어난 것처럼 보였다. 이런 생각은 내게 조금도 유쾌한 일이 아니었다.

이처럼 카미유는, 내게는 멀리 떨어진 곳에 있는 소설 속 주인공과 같은 매력을 발산하고 있었다. 그녀는 아름다웠다. 탐스런 금발, 푸른 옷, 고운 살결, 매력적인 몸매, 나무랄 데 없는 복사뼈와 손목……. 부친은 툴루즈에서 약국을 경영했다. 카미유는 외동딸이었는데, 그녀가 아직 어렸을 때 어머니는 몹시 아름다운 집시의 여자아이를 양녀로 삼았다. 지나는 카미유를 따라다니면서 공범자가 되었고 스스로 카미유의 노예로 자칭하면서 기뻐했다. 카미유는 중고등학교에서 아무렇게나 공부를 해, 1, 2년간 이렇다 할 목적도 없이 대학 강의에 나오고 있었다. 그러나 그녀는 책을 많이 읽었다. 그녀의 아버지는 미슐레, 조르주 상드, 발자크, 디킨스 등을 애독하게 하고, 툴루즈의 역사와 카타르(중세의 이단종파), 가스통 페뷔스 등에게 흥미를 갖도록 이끌었다. 그녀는 스스로 작은 판테온을 만들었다. 그곳에 모신 주요 신들은 루시퍼(악마의 우두머리), 푸른 수염, 잔인한 펠리페(에스파냐 왕), 세자르 보르지아(이탈리아의 악랄하고 고도 잔학한 공작), 루이 11세(간교함에 뛰어난 프랑스 왕) 등이었다. 그러나 그녀는 무엇보다도 자기 자신을 우러르고 있었다. 자신이 미모와 재치를 모두 갖추었고, 어떤 점에서도 남다른 기질을 지니고 있다며 자신에게 반해 있었다. 그리고 비범한 운명을 지녀야 한다고 결심했다. 먼저 처음으로 정사를 해보았다. 아직 어릴 때 그녀는 가족의 친구들에게 처녀성을 빼앗기고, 18세 때는 고급 '랑데부 집'에 드나들게 되었다. 잠자리에 든 것처럼 꾸며 사랑하는 어머니를 편안하게 침대에 눕게 한 뒤, 지나와 함께 몰래 집을 빠져나왔다. 지나의 첫걸음은 좀처럼 내딛기 어려웠다. 놀러오는 손님은 모두 기품 있는 신사들이고 그녀의 강인한 처녀막에 질려 있었기 때문에 카미유가 처녀막을 제거해 주었다. 둘은 한 조가 되어 벌 때도 있었는데, 카미유보다 능숙하지 않던 지나는 카미유의 손님들과는 달리 수수한 손님을 받았다. 카미유는 예민한 연출 감각이 있었다. 할당된 살롱에서 손님을 기다리면서 그 긴 머리를 풀어헤치고 알몸으로 난로 앞에 앉아 미슐레, 나중에는 니체를 읽는 식이었다. 그녀의 높은 교양과 세련된 교묘함, 아름다움에 검사와 변호사 등이 현혹되어 베갯머리에서 기쁨의 눈물을 흘렸다고 한다. 그 가운데 몇 사람은 그녀와 교제를 했으며, 많은 선물을 안겨주거나 여행에 데려가기도 했다. 카미유는 멋진 의상을 입고 있었는데, 유행을 따랐다기보다는 좋아하는 화폭에서 영감을 얻은 것이었다. 방은 오페라 무대 같았다. 그녀는 자기 집 지하실에서 모임을 열고, 때에 따라서 르네상스 궁전으로, 또는 중세 성으로 모양을 바꾸었다. 고대 로마 의상을 걸친 에르보는 로마식 대향연에 참가했다. 카미유가 사회를 보았다. 퇴폐적인 귀부인 의상을 걸친 그녀는 소파에 반쯤 누웠고, 지나가 그 발밑에 앉아 있었다. 둘은 다양한 놀이를 개발해 가발을 쓰고, 머리를 가려 누더기를 걸치고, 대사원 주위를 구걸하면서 다니기도 했다. 그러나 카미유는 몸도 마음도 터질 듯한 격렬한 사랑의 비탄을 동경하고 있었으므로, 그것에 몸을 내맡기는 시늉을 했다. 그녀는 콘라트 파이트에 열중하고, 이어서 〈늑대의 기적〉 속에서 루이 11세로 분장한 샤를 뒬랭을 보고서 그에게 정신을 쏟았다. 때로는 맨 얼굴에, 때로는 파리한 가늘고 긴 손에 매혹되었는데, 그것을 전혀 겉으로 드러내지는 않았다. 밤에 그녀는 동경하던 사내의 집 앞에서 창을 올려다보며 떨리는 손으로 철문을 만졌다. 그렇지만 사내를 간섭하지 말아야 한다. 카미유는 정열을 매우 고독한 행동으로 간주했다.

 카미유가 22세, 사르트르가 19세이던 해, 그들은 두 사람 모두에게 사촌뻘인 친척의 장례식이 치러진 페리고르에서 만나게 되었다. 사르트르는 거북한 검은 정장 차림으로, 양부에게서 빌린, 눈썹까지 가리고 말 듯한 모자를 쓰고 있었다. 권태로운 나머지 그의 얼굴은 밝지 않아 대단한 추남의 모습이었다. 카미유는 한눈에 반해 '미라보(프랑스혁명의 거물로 유명한 추남) 같다'고 생각했다. 그런데 카미유 쪽은 크레이프의 검은 베일로 가려진 그녀의 아름다움이 약간 독특해 보여 쉽게 사르트르의 마음을 끌었다. 4일 뒤, 걱정을 한 양가의 친족에게 불려갈 때까지 둘은 떨어지지 않았다. 카미유는 그 무렵 부자인 난방기구상의 아들에게 고용되어 있었고, 곧 그와 결혼할 예정이었다. 그녀는 이대로 계속 창녀로 있을 생각은 없었으나 그렇다고 해서 조신한 가정주부가 될 생각도 없었다. 사르트르는 자신만이 그녀를 시골의 평범한 생활에서 구출할 수 있다고 설득했는데, 카미유가 자신의 지성에 모든 것을 걸어 교양을 높이고 글을 써서 스스로 길을 여는 데 도움이 되어 주겠다고 말했던 것이다. 그녀는 이 좋은 기회를 놓치지 않았다. 둘이 문서를 주고받을 때 카미유는 라스티냑, 사르트르는 보트랭이란 이름으로 서명을 했다. 그녀는 사르트르에게 첫 문학적 수필을 보냈고, 그는 진실과 겉치레를 교묘하게 섞어 비평해 주었다. 그리고 인생에 관한 생각을 그녀에게 말하며, 스탕달, 도스토예프스키, 니체 등을 읽도록 권했다. 그동안 사르트르는 잔돈을 조금씩 모아 6개월 뒤에는 가까스로 툴루즈 행을 실현했다. 그 뒤, 약 2년 동안 그는 가끔 툴루즈에 갔다. 돈이 없었기 때문에 체류 기간은 짧았고, 그것도 거의 정해진 일정대로 지내게 되었다. 밤 12시쯤 사르트르가 약국 맞은편 보도에 서서 한 창문에 불이 켜지길 기다린다. 카미유가 모친을 잠들게 하고 편히 쉬라는 키스를 했다는 표시였다. 그런 뒤 지나가 내려와 문을 연다. 사르트르는 날이 밝음과 동시에 카미유의 침실을 빠져나온다는 것이 순서였다. 카미유는 오후 늦게까지 침상에 있는 것이 습관이었고, 그런 다음 자신의 일을 시작하기 때문에 사르트르는 저녁 때까지 그녀를 만날 수 없었다. 사르트르는 낮잠 자는 습관이 없었던 데다 검소하게 지낸다는 의미에서 호텔방을 잡지도 않았다. 그는 공원 벤치나 영화관 안에서 꾸벅꾸벅 졸았다. 이런 식으로 3일째 밤, 4일째 밤으로 이어져 결국에는 사르트르가 피로로 뻗어 버리고 마는 일이 보통이었다.

"좋아요, 잠을 자요. 난 니체를 읽을 테니까."

까미유는 이같이 경멸하는 어조로 말했다. 사르트르가 눈을 떴을 때 그녀는 의지에 의한 육체의 지배를 논한 《차라투스트라》의 한 구절을 큰 소리로 읽고 있었다. 그들에게는 싸울 거리가 많았다. 왜냐하면 카미유는 조르주 상드처럼 될 날을 기다리면서도 이제까지의 삶의 방식을 조금도 바꾸려 하지 않았기 때문이다. 게다가 카미유는 싸움을 일으키길 좋아했다. 그녀가 사랑에서 기대하고 있었던 것은, 몸도 마음도 찢어질 듯한 슬픔 뒤에 오는 열렬한 화해였다.

두 사람의 정사 2년째, 카미유는 2주간 파리에서 지냈으며 고등사범학교 무도회에서 대단한 인기를 얻었다. 사르트르는 카미유에게 걸맞은 환영을 하려고 여기저기에서 빚을 냈는데 그의 자금력은 매우 한정되어 있었다. 그가 데리고 가는 호텔이나 식당, 댄스홀은 너무 평범해 그녀를 실망시켰다. 게다가 파리도 마음에 들지 않았다. 사르트르는 그녀에게 문방구점에 일자리를 구해 주었지만, 카미유는 그림엽서 따위를 팔 생각은 전혀 없어 결국 툴루즈로 돌아가고 말았다. 그해 초여름에 둘은 그다지 분명하지 않은 이유로 헤어졌다.

그로부터 1년 반쯤 지난 1929년 초에 사르트르는 카미유에게서 만나고 싶다는 편지를 받고 그에 응했다. 지난해에 그녀는 부유한 사업가와 함께 파리를 방문한 적이 있었다. 그 사람은 미술에 취미를 가진 것을 자랑삼아 얘기해 카미유는 그를 '계몽된 미술 애호가'라고 불렀다. 뒬랭은 〈늑대의 기적〉 이래 그녀의 단골손님 가운데 한 사람이었기 때문에, 그녀는 아틀리에에서 〈새들〉을 연출 중인 뒬랭을 보러 갔다. 멋진 의상을 걸친 카미유는 제1열 자리에 앉아 노골적인 눈초리로 그를 뚫어지게 바라보았다. 그녀는 이 수작을 며칠 밤 되풀이한 뒤에 결국 뒬랭을 만날 수 있었다. 뒬랭도 카미유가 보여주는 동경에 무관심하지 않았고, 결국 카미유와 지나를 가브리엘 거리 아파트에 살도록 해주었다. 그래도 그녀는 때때로 1주나 2주 정도는 '계몽된 미술 애호가'와 툴루즈에서 지냈는데, 그는 상당한 관대함으로 노년의 남편 행세를 했다. 카미유는 그와 머물면서 툴루즈에 있는 부모님을 핑계로 내세웠다. 뒬랭도 아직 아내와 함께 살고 있었기 때문에 굳이 캐묻지는 않았다. 그러나 카미유는 이 상황에 만족하지 않았으며 파리를 따분하게 여겼다. 그녀는 자신의 생활에 다시 정열을 불어넣고 싶다는 생각이 들었고, 사르트르와 싸웠을 때의 일을 떠올려 다시 그를 찾았다. 사르트르는 카미유가 성숙해져서 시골 근성을 완전히 씻어내어 바뀌었다고 생각했다. 뒬랭에 의해 그녀의 취미에는 세련미가 더해졌으며, 파리 사교계와도 얼마쯤 접촉을 해 거드름 피우는 몸짓을 익히고 있었다. 그녀는 아틀리에 부속 양성소에서 강의를 듣고, 연극에도 나왔다. 하지만 여배우가 자신의 천직이라고는 생각하지 않았다. 자기 성격에 적합하지 않은 배역은 언제나 거부했다. 이를테면 아그리핀은 그런대로 좋다고 해도, 지나는 절대로 안 된다는 식이었다. 배우 일은 2차적이었다. 그녀는 창작을 하고 싶었다. 그래서 야심적인 해결법을 택했다. 자신에게 적합한 배역을 넣은 희곡을 쓰는 것이다. 그때까지는 소설을 구상하거나, 〈악마적인 이야기〉라는 제목을 붙인 단편을 준비했다. 사실 그녀는 결정적으로 루시퍼를 채용했다. 그리고 루시퍼에 대한 충성을 표시하기 위해 단정치 못한 역할을 해냈다. 그녀는 자주 술을 마셨다. 어느 날 밤 곤드레만드레 취해 무대에 나타나 큰 소리로 웃으면서 주역의 가발을 벗겼다. 또 어느 때는 스커트 자락을 걷어 올리고, 기어서 무대를 빠져나간 일도 있었다. 뒬랭은 그녀에 대한 질책을 게시판에 붙였다. 카미유는 밤에 지나와 함께 자주 몽마르트를 싸다녔다. 어느 때는 정부 2명을 가브리엘 거리 자기 집으로 끌어들였는데, 이튿날 아침 그들은 카미유의 깔개와 테이블보와 은그릇을 가져갔다. 그들은 그녀들의 항의를 발길질로 묵살하고 말았다. 이와 같은 다양한 사건에도 카미유는 자기 생활이 몹시 하찮게 생각되었다. 자신과 똑같은 수준으로 여기시는 인간과는 질세도 마주친 적이 없다. 동등하게 인정한 존재는 죽은 자들이었다. 니체, 그녀와 많이 닮은 뒤러―그녀의 자화상 중 하나를 보면―, 그리고 최근 그녀가 발견한 에밀리 브론테뿐이었다. 카미유는 그들과 밤에 만나 얘기를 하고, 또 그들도 그들 나름의 방법으로 대답을 했다. 카미유가 죽은 자들과 말을 주고받을 때 사르트르는 냉담한 태도로 그녀의 말을 듣고 있었다. 그에 반해 그녀가 연극계의 여러 가지 책략을 털어놓고, 르노르망이나 스티브 패슬의 흉내를 내면 사르트르는 재미있다는 듯이 웃었다. 그녀는 뒬랭의 연출에 관한 생각을 말하거나 사르트르가 모르는 에스파냐 희곡을 칭찬했다. 그리고 사르트르에게 아틀리에 강좌의 〈볼포네〉를 보여주기 위해 데려가서, 뒬랭이 '내 보배여!'라는 대사를 말할 때 자기 쪽을 뒤돌아본다고 알려주었다. 사르트르는 이런 만남을 즐겼지만 처음으로 되돌릴 생각은 전혀 없었다. 카미유는 실망해 둘의 교제도 오래 지속되지 않았다. 그래서 사르트르 역시 군에 복무하고 있을 때 카미유와 단속적인 우정밖에 맺지 않았다.
　나는 대략적으로만 말했으나 카미유의 이야기는 재미있는 일화로 가득 차 있었다. 그 뒤 나는 이들 얘기에 빠진 곳이 있다는 것을, 그리고 카미유가 진실을 왜곡해 말한 것이 틀림없다는 사실을 깨달았다. 하지만 어쨌든 그당시 나는 완전히 그녀의 얘기를 신뢰했다. 내가 속해 있던 옛 계층의 가장 그럴싸한 규범은 더 이상 통용되지 않았고, 나는 새로운 규범을 찾으려고도 하지 않았다. 나는 비판 관념이 아주 부족했다. 바로 신뢰해 버렸으며, 대개의 경우 그것을 고집했다.
　그런 이유로 카미유에 대해서도 사르트르의 얘기를 통해서 비치는 그녀를 받아들였다. 일찍이 카미유는 사르트르에게 중요한 사람이었다. 그렇기 때문에 사르트르는 많은 청년이 그러하듯이 그녀와의 과거를 미화하는 경향이 있었다. 그는 열정과도 비슷한 찬미로 그녀의 일을 나에게 얘기했다. '이따금은 게으른 나를 흔들기 위해 그녀의 일을 증거로 내세웠다, 카미유는 매일 밤 펜을 잡고 자신의 인생을 유익하게 하려고 열심이다, 그리고 그녀는 성공할 것이다.' 나는 카미유가 나보다 더 사르트르와 공통점이 많다고 생각했다. 그녀 역시 무엇보다도 미래의 작품에 기대를 걸고 있었기 때문이었다. 나와 사르트르는 친한 사이이고 서로 이해하고 있지만, 어쩌면 사르트르는 나보다 카미유를 높이 평가하고 있을지도 모른다. 그리고 확실히 그녀 쪽이 훨씬 뛰어난 것 같았다. 내가 질투에 시달리지 않았다면 그처럼 그녀의 일로 동요하지 않았으리라.
　나는 그녀를 어떻게 판단해야 좋을지 몰랐다. 그녀가 너무나도 쉽게 육체를 다루는 것에 놀랐다. 비난받아야 할 점은 그녀의 분방함인가, 아니면 나의 청교도적인 성향인가? 내 감정과 육체는 매우 자연스럽게 그녀에게 죄가 있다고 인정했는데, 나의 이성은 이 선고에 이의를 제기했다. 이러한 선고야말로 나 자신의 열등성의 표시로 해석해야 한다. 아아, 자신의 정직성을 의심해야 하다니 이 얼마나 불쾌한 일인가! 카미유를 나무라고 있을 때의 나는 의심스러운 품성의 인물이 된다. 왜냐하면 그녀의 과오를 꾸짖을 때 나는 너무나도 기쁨을 느끼기 때문이다. 나는 카미유가 나쁘다고 선언할 수도, 그녀를 용서할 수도, 나의 신중함을 자만할 수도 없었으며, 또한 그런 태도를 버릴 수도 없어 망설였다.

적어도 카미유의 태도에는 일관된 약점이 있었다. 자기가 사랑하지도 않는 사내와 한 침대에 들어가는 경험을 나는 좋게 볼 수 없었다. 그러나 나는 일반 사람들이 경멸하는 자들을 향해 미소를 보내는 것이 무엇을 의미하는지 알고 있었다. 나는 이 같은 매춘에는 따를 수 없다고 완강하게 저항했다. 카미유는 지나나 사르트르와 함께 '티오토치니(tiotocini)'로 불리는 사람들을 비웃었는데, 그녀는 그들에게 매력적인 겉치레 말로 접근했다. 자기를 비하하고 그런 따분한 일에 동의하는 것을 보면, 카미유는 굳이 소문으로 듣지 않더라도 비타협적이지 않고 체념한 인간으로 보였다.

확실히 이 점에서 나는 승리했다. 그렇게 고집스러운 것이 수줍기도 했지만 말이다. 내가 저항한 예속을 그녀는 감내했는지 모르지만 그 대신에 자립성을 지켜냈던 것이고, 나는 나의 희생을 자책했던 것이다. 하지만 나는 논의도 하지 않고 그녀의 유리한 상황을 피력하도록 내버려두지는 않았다. 그녀는 사랑을 거부함으로써 의존을 회피했다. 나는 사람을 사랑할 수 없다는 사실을 비정상으로 생각하고 있었다.

카미유가 아무리 훌륭한 여성이라도 사르트르와 비교할 만한 인물이 되지 못함은 의심할 여지도 없었다. 나의 논리로 말한다면, 카미유는 자신의 안락함이나 쾌락, 또는 자기 자신보다 사르트르를 택해야만 했다. 내게는 그녀의 무신경함에서 오는 그 강함 속에 나약함이 있는 것처럼 보였다. 그러나 이처럼 여러 가지 제약을 가해도 카미유의 이미지에 대항하기에는 상당히 힘이 들었다. 경험이 풍부한 이 미녀는 연극, 문학, 미술의 세계에 길을 열고, 작가로서의 경력을 쌓기 시작했다. 그녀의 행운과 재능에 나는 압도되었다. 나는 미래에서 희망을 찾고자 나 자신에게 맹세를 했다. 나도 어차피 저술을 할 테고 무언가 해 보이겠다. 다만 조금만 참는 것이다. 때가 나에게 유리하게 작용할 성싶었다. 하지만 지금으로서는 카미유 쪽에 승산이 있으리라.

나는 그녀를 만나고 싶었다. 그녀는 아틀리에 극단의 신작으로, 살라크루라는 무명 청년이 쓴 〈파출리(Patchouli)〉에 출연했다. 제2막에서 그녀는 바의 여급 역을, 제3막에서는 단역의 한 사람으로 나왔다. 두 번째로 막이 올랐을 때 나는 뚫어지게 무대를 보았다. 의자에 앉은 여자가 세 사람, 한 사람은 갈색 머리이고 나머지 두 사람은 금발이었다. 그 가운데 한 사람은 강건하고 오만한, 상당히 아름다운 옆모습의 소유자였다. 나는 대사도 제대로 듣지 않고, 그때까지 내가 머리에 그리고 있던 카미유의 희미한 윤곽을, 눈앞에 있는 의지가 강할 듯한 이목구비로 바꾸어 보면서, 카미유에 대한 얘기를 떠올리는 데 열심이었다. 막간을 이용해 겨우 그녀의 얼굴을 또렷이 볼 수 있었다. 다시 막이 올랐다. 여자들은 치마 차림이었다. 세 사람 모두 금발이고, 카미유의 이름은 프로그램에는 확실하게 첫 번째 여자, 즉 처음 대사를 하는 여자로 나와 있었다. 나는 깜짝 놀랐다. 날카로운 옆얼굴의 여자 배우는 카미유가 아니었다. 카미유는 갈색 가발을 쓰고 있었으므로 내가 알아보지 못했던 것이다. 지금 나는 카미유를 보고 있다. 탐스런 머리, 푸른 눈, 살결, 손목 등, 그녀에 대해서 들었던 것과 그녀의 모습은 전혀 일치하지 않았다. 연한 곱슬머리 아래의 얼굴은 둥글어서 어린애 같기도 했다. 목소리는 날카롭고 너무나도 억양을 붙여 유치했다. 나는 카미유의 모습을 완전히 다르게 그리고 있었던 만큼 더더욱 이 큰 도자기 인형에게는 만족할 수 없었다. 카미유는 자기 성격에 어울리는 얼굴을 가져야만 한다. 이런 얼굴은 그녀에게 어울리지 않는다. 내가 들었던 카미유의 긍지, 야심, 외고집, 대단한 악마의 거동과 내가 현실로 보는 귀여움을 가장한 웃음이나 우아한 동작과 거드름을 어떻게 하나로 일치시키면 좋을까? 나는 기만당한 기분이 들었다. 누구인지 모르지만 나는 모두를 원망했다.

  이런 모순을 확실하게 하기 위해서는 그녀와 가까워지는 것 말고는 방법이 없었다. 사르트르는 내 일을 그녀에게 말하고 있었기 때문에 그녀도 나에게 호기심을 가지고 있어 나를 초대해 주었다. 어느 날 오후, 나는 가브리엘 거리 그녀의 집 초인종을 눌렀다. 카미유는 문을 열었다. 그녀는 흰 튜닉 위에 심홍색 비단 가운을 걸치고, 온통 보석을 달고 있었다. 오래되고, 이국적인, 무겁고 찰랑거리는 보석들이었다. 머리는 둥글게 말아 중세 풍으로 어깨에 늘어뜨렸다. 그녀의 날카로운 목소리는 무대에서 들은 것과 같았으나, 얼굴은 무대에서 본 것보다도 훨씬 복잡했다. 옆얼굴은 확실히 뒤러와 비슷했는데, 앞에서 보면 그 순진무구함을 가장한 커다란 푸른 눈은 그녀를 평범하게 만들었다. 하지만 카미유가 고개를 들고 작은 코를 떨면서 내게 미소 지을 때는 불가사의한 눈부심이 있었다.

  그녀는 나를 작은 객실로 안내했다. 가구는 별로 없었지만 느낌이 좋은 방이었다. 책과 책상이 있고, 벽에는 니체와 뒤러, 에밀리 브론테의 초상화가 걸려 있었다. 작은 의자에 초등학생 윗옷을 입은 큰 인형이 앉혀 있었다. 카미유는 프리드리히와 알브레히트로 이름 붙인 그 인형들의 얘기를 살아 있는 아이들 일처럼 내게 말해 주었다. 그녀는 여유를 가지고 대화를 계속했다. 며칠 전에 상연한 일본의 〈노(能)〉에 대해서 이런저런 얘기를 하고 언젠가 《셀레스티나》를 번안해 상연하고 싶다는 등의 말을 했다. 카미유는 흥미로운 인물이었다. 그녀는 기분이 좋은 듯 자신이 말하는 것에 대해 몸짓을 곁들였다. 나는 그녀가 대단히 매력적이라고 생각했다. 그러나 동시에 신경에 거슬렸다. 대화 도중에 그녀는 약간의 연극과 교태와 겉치레 말과 익숙한 솜씨를 이용하면 여자는 어려움 없이 사내를 손 안에 넣을 수 있다고 말했다. 나는 사랑이 간계에 의해서 정복되는 것을 인정하지 않았다. 예를 들어 남자가 파니에였다면 카미유는 그를 홀리는 데 실패했으리라. 그녀는 경멸 조로 파니에에게는 정열과 고귀함이 결여되어 있다, 말할지도 모른다. 카미유는 얘기를 하면서 팔찌나 머리를 매만지며 거울 속 자신의 모습에 추파를 던지고 있었다. 나는 그와 같은 자아도취를 바보 같은 짓이라고 생각했다. 그럼에도 나는 그녀의 자아도취에 상처를 입었다. 그녀처럼 우쭐해서 자기 모습에 미소 짓는 일은 나에게는 불가능했다. 어쨌든 그때는 카미유가 이겼고, 그 자신에 대한 경탄의 증거는 그녀의 모습에 나타나 있었다. 이 경우 나의 확실한 주장만이 평형을 가져올 수 있었을 것이다.

나는 오랫동안 몽마르트르 거리를 걷고, 몹시 불쾌한 마음으로 아틀리에 주위를 서성거렸다. 이제까지 이렇게 언짢은 기분에 사로잡힌 적은 없었으며, 시샘으로 부르기에 걸맞은 것이었다. 카미유는 나와 동등한 교제를 하려고는 하지 않고 자신의 세계에 나를 추가하여 천박한 위치로 내몰았다. 하지만 나는 카미유에 대해서 그녀가 한 것과 똑같은 방법으로 반격만 하는 자존심을 이제 지니고 있지 않았다. 그것이 가능하다면 카미유 따위는 사기꾼에 지나지 않는다고 단정해 버리면 끝이다. 그런데 사르트르의 그녀에 대한 평가와 사르트르의 의견에 동의하는 나의 처지에서 봤을 때 그렇게 할 수는 없었다. 또 하나의 해결법은 그녀의 우월성을 인정하고, 진심으로 그녀를 숭배하는 것이었다. 나는 남을 숭배할 수도 있었지만 카미유의 경우에는 그것이 불가능했다. 나 자신이 어떤 부당함에 희생되고 있는 듯한 느낌이 들었다. 카미유는 이제 나를 잊고 있는데, 나는 그녀의 일이 머리에서 떠나지 않았다. 이런 점이 이 부당함을 인정하고 있는 것 같아 더더욱 화가 났다. 카미유의 존재에 사로잡혀 몽마르트르 언덕의 계단을 오르내리면서 나는 나 자신보다 그녀에게 더 많은 현실성을 주었다. 그러면서도 내가 그녀에게 부여한 우월성에 반항하고 있었다. 이 모순이 시샘을 고통으로 바꾸어놓은 것이다. 나는 몇 시간인가 고뇌했다.

그 뒤 나는 평정을 되찾았다. 그러나 오랫동안 내 안에는 카미유에 대한 대립 감정이 양립한 채로 남아 있었다. 나는 카미유의 눈으로 카미유를 바라봄과 동시에, 나의 눈으로도 그녀를 보았다. 어느 날 그녀는 사르트르와 나를 초대해 아틀리에 극단의 다음 공연에서 그녀가 춤을 추게 되었다고 했다. 카미유는 집시 여자로 출연하는데, 한쪽 눈에 반창고를 붙이는 것을 생각해냈다고 말했다. 이 착상은 집시, 춤, 연극 효과와 같은 다양하고도 미묘한 요소들을 고려한 결과라 했고, 과연 그럴듯해 보였다. 그런데 막상 무대에서 그녀를 보니 의상, 반창고, 안무까지 기괴했다. 함께 연극을 보러 온 여동생과 그의 친구들은 배를 비틀면서 웃었다. 어느 날 오후 나는 카미유와 푸페트, 그리고 마침 파리에 와 있었던 페르낭을 초대했다. 카미유는 검은 벨벳 베레모를 쓰고, 퍼프소매가 달린 흰 물방울 무늬의 검은 옷을 입고 있었다. 그녀는 르네상스의 초상화를 닮아 있었는데, 그것도 지나치게 과장된 것은 아니었다. 그녀는 뛰어난 솜씨로 활발하게 이야기했다. 카미유가 떠난 뒤에 나는 그녀가 지닌 아름다움이나 분위기를 띄우는 기교를 온갖 말로 칭찬했다.

"분위기를 띄운 것은 주로 당신이에요."

이렇게, 마음이 부드러운 페르낭이 퉁명스럽게 말했다. 나는 몹시 놀랐다. 어쩌면 카미유의 불안한 마력도 나로 인해서만 표출된 것이 아닌가, 생각하기 시작했다. 그리고 결국에는 카미유도 그렇게 드문 존재는 될 수 없었다. 나는 그녀의 결점이나 장점과 화해할 수가 있었다. 나는 점점 자신감을 되찾아 처음에 나를 강하게 지배했던 카미유의 매혹적인 힘에서 벗어날 수 있게 되었다.

1931년 봄, 가까운 미래를 결정해야 할 때가 오자 나는 조금씩 잃은 것을 되찾고 있었다.

2월의 어느 일요일, 사르트르는 편지 한 통을 받고서 다른 사람이 일본행

강사로 임명된 사실을 알았다. 그는 매우 실망했다. 대학 당국은 신경쇠약에 걸린 철학 교수를 대신해 마지막 학기 동안 르 아브르에 가도록 사르트르에게 의뢰했다. 다음 해에도 계속해서 그 직위에 머물 수 있을 것이다. 이것은 행운이었다. 사르트르는 만일 프랑스에 머물러야만 한다면 변두리라도 좋으니까 교직을 얻고 싶다고 생각했기 때문이다. 그래서 그는 수락을 했고, 나는 몹시 두려워했던 사르트르와의 이별을 모면했다. 내 마음을 짓누르고 있던 무거운 돌이 치워졌다. 그런데 그와 동시에 미래를 가능하게 한 구실이 붕괴되었다. 양심의 가책에서 나를 지켜주는 것은 이제 아무것도 존재하지 않았다. 그 무렵 로슈슈아르 거리 카페 뒤퐁에서 수첩에 적은 글을 발견했다. 과음한 밤에 쓴 성싶다.

"다시 나는 아무것도 생각하지 않게 될 것이다. 여러 가지 즐거운 자살(안데르센의 이야기 가운데서 '트득 탁' 소리를 내면서 불에 탄 나무가 죽어 간다. 그러자 어린아이들은 이제 끝장! 이제 끝장! 외치면서 손뼉을 쳤다). 결국 살아야 할 이유가 없지 않은가? 안락하고 쾌적한 생활을 위해 산다! …… 나는 고독을 되찾고 싶다. 정말로 오랫동안 혼자 있지 않았으니까!"

하지만 이러한 회의도 앞서 말한 바와 같이 단속적으로밖에 폭발하지 않았다. 실제로 나는 고독을 갈망하기보다 고독을 두려워하고 있었다. 교직을 정해야만 할 때가 왔다. 내가 가는 곳이 마르세유로 정해져 깜짝 놀랐다. 몸도 마음도 잡아 찢기는 듯한 쓰라린 추방을 예상하고 있었지만, 마음속으로는 어떤 실감도 없었다. 그런데 갑자기 현실이 되었다. 10월 2일, 나는 파리에서 800킬로미터나 떨어진 곳으로 가야만 한다. 내가 난감해하는 모습을 본 사르트르는 우리 계획을 다시 잘 검토해 보자고 말을 꺼냈다. 만일 우리가 결혼을 한다면 부부 교사를 위한 혜택을 받을 수 있고, 결혼이라는 형식이 둘의 생활에 그다지 영향을 끼치지 않을 것이라는 얘기였다. 나에게는 전혀 뜻밖의 일이었다. 이제까지 우리는 공동 습관으로 우리 자신을 속박하려는 생각은 해본 적도 없었다. 그렇기 때문에 결혼 따위가 안중에 있을 리 없다. 원칙적으로 그것은 우리 의지에 반대되는 일이었다. 많은 점에서 망설이기도 했으나, 우리의 아나키즘은 낡은 절대 자유주의자들의 것과 마찬가지로 견고했으며, 사회가 사생활에 개입하는 것을 거부했다. 사회 제도에 반감을 품었던 까닭도 자유가 거기에서 멀어져 있었기 때문이고, 부르주아에 반감을 가진 이유도 이 사회 제도가 부르주아에서 발생하고 있었기 때문이다. 자신의 신념에 바탕을 두고 행동하는 것이 당연하게 생각되었다. 그래서 독신은 우리에게 자연스러운 일이었다. 웬만큼 중요한 이유가 없으면 혐오스러운 사회의 여러 관습에 양보할 결심은 하지 않았으리라.

그러나 마르세유로 떠나야 한다는 생각이 나를 불안에 빠뜨렸으며, 심각한 이유가 발생한 것이다. 이런 경우에 자유주의를 위해 희생하는 일은 바보 같은 짓이라고 사르트르는 말했다. 그렇지만 솔직히 그의 제안을 받아들일 생각이 전혀 없었다. 결혼을 한다면, 가정적인 의무와 사회의 하찮은 여러 일들이 더욱 늘어나게 된다. 타인에 대한 우리의 관계를 바꿈으로써 필연적으로 두 사람 사이에 있던 관계까지도 변하게 되리라. 나 자신의 자립성을 유지하려는 걱정은 그다지 무겁지 않았다. 자신의 머리와 마음속에서만 발견할 수 있는 자유를 자유의 부재(不在) 속에서 추구하려는 것은 부자연스럽게 생각되었다. 하지만 여행, 자유, 청춘을 멀리하고 시골 교사가 되는 일, 그리고 결정적으로 한 성인이 되는 일이 사르트르에게 얼마나 큰 희생인지 나는 알고 있었다. 게다가 결혼한 사내들 무리에 끼는 것은 더 큰 포기를 의미한다. 설사 내가 사르트르와 결혼한다고 해도 그가 나를 원망하지 않으리라는 것은 알고 있었지만, 나는 쉽게 후회하는 기질이었고, 또 후회라는 감정이 몹시 싫었다. 그래서, 후회로 손상될 위험이 있는 미래를 택하지 않았다.

이른바 정당한 남녀 관계로 접어드는 중요한 동기가 있다고 한다면 그것은 아이를 원하는 경우였는데, 우리는 아이를 바라지 않았다. 이 점에 대해서 나는 사람들로부터 이따금 공격을 당했고 질문도 받았기 때문에 여기서 해명하려고 한다. 나는 예나 지금이나 모성에 대한 반감은 없다. 갓난아기에게 흥미를 가진 적은 한 번도 없었지만 때때로 어린아이들에게는 매료되었다. 사촌오빠 자크와 결혼하고 싶다는 생각을 하던 시절, 나는 내 아이를 갖고 싶었다. 현재 내가 아이를 가질 계획을 단념한 까닭은 행복이 너무나 충만해서 어떤 새로운 것에도 마음이 빼앗기는 일이 없기 때문이다. 사르트르와 나의 관계가 아이에 의해서 더욱 긴밀해지는 것은 아니었다. 사르트르의 존재가 타인에게 투영되거나 연장되기를 나는 바라지 않았다. 사르트르는 스스로 만족해했고, 나를 만족시켜 주었다. 나 또한 스스로 만족하고 있었기 때문에 내 피를 나눈 아이, 나를 닮은 아이를 원한다는 것은 꿈에도 생각하지 않았다. 게다가 나는 부모님과의 사이에 약간의 공통점밖에 발견하지 못했으므로, 일찍부터 내가 갖게 될 아들이나 딸들이 남처럼 느껴졌다. 나는 아이들로부터 무관심이나 적의를 예상하고 있었다. 왜냐하면 나는 가정생활에 대해서 심하게 혐오를 느꼈던 적이 있기 때문이다. 그런 이유로 어떤 애정의 환상도 나를 모성으로 이끌 수는 없었다. 더군다나 모성은 내가 일생을 걸고 있는 길과 양립하지 않는다고 생각했다. 작가가 되려면 많은 시간과 자유가 필요하기 때문이다. 나는 어려움에 맞닥트리는 일이 싫지는 않으나 작가가 된다는 것은 놀이가 아니며, 문제는 가치와 의의 자체였다. 이런 것을 걸면서까지 위험을 무릅쓰려면 아이는 작품과 같은 정도로 본질적인 완수여야만 한다고 생각했다. 그런데 이 경우는 그렇지가 않았다. 내가 15살 즈음에 자자가 아이를 갖는 것은 작품을 쓰는 것과 같은 정도로 가치가 있다고 말해 나를 화나게 했던 일을 《처녀시절》에서 말했다. 나는 아직도 변함없이 이 두 운명을 공통 잣대로 측정하지 않는다. 나는 문학에 의해서 인간이 순수한 상상의 세계에 새로운 세상을 만들어 그것을 정당화하고, 동시에 자신의 존재까지도 구하게 되리라 믿고 있었다. 그러나 아이를 낳는 일은 무턱대고 지상에 인간의 수를 늘리는 것이라 정당화되지 못한다. 카르멜 회의 수녀가 모든 인간을 위해 기도할 것을 선택하는 대신 개별적 존재를 낳는 일을 단념했다고 해서 놀랄 이는 아무도 없으리라. 나의 사명은 이제 구속에서 벗어나서, 그것에 어울리지 않는 어떤 계획이라도 따를 것을 내게 고집했다. 이처럼 내 기획은 나 자신의 도약을 제압해서는 안 된다는 태도를 취하게 했으며, 나는 이 태도를 바꾸려고 생각한 적이 한 번도 없었다. 그런 이유로 나는 모성을 거부했다는 느낌은 갖지 않았다. 모성은 나에게 적합하지 않았다. 아이를 갖지 않는 것은 내게 주어진 자연의 조건을 완수하는 일이었다.

하지만 사르트르와 나는 둘이서 주고받은 약속을 재검토해 보고, 둘 사이의 일시적인 '계약'을 파기하기로 했다. 우리 사이는 처음보다도 더 긴밀해졌으며 요구가 많아졌다. 짧은 이별이라면 몰라도 끝없이 외로운 여행은 받아들이기 어려웠다. 서로 영구히 정절을 지킬 약속은 하지 않았지만, 외도를 한다 해도 앞으로 30대에 접어든 뒤부터라는 생각을 하고 있었다.

내 마음은 밝아졌다. 마르세유는 대단히 아름답고 큰 도시라고 알려져 있다. 한 학년은 9개월이었고 기차도 빠르다. 이틀 연휴나, 공교롭게 유행성 감기에라도 걸린다면 파리에 가면 된다. 마침 마지막 학기라는 것도 생각지 못한 이득이었다. 사르트르가 르 아브르를 싫어하지 않아서 그와 함께 몇 번이나 갔었다. 나는 새로운 것을 많이 보았다. 항구, 배, 항내 정박지, 회선교, 깎아지른 듯한 절벽, 거센 파도의 바다 등. 그런데 사르트르는 틈만 나면 파리에 있었다. 우리는 반(反)식민주의적 관념을 가졌음에도 식민지 전시회를 보러 갔다. 식민지 전시회는 사르트르의 장기인 '반대파의 미학'을 실행에 옮기게 하는 좋은 기회였다. 종이로 만든 앙코르 사원이 우스꽝스런 모습이었지만, 우리는 군중의 소음과 먼지가 좋았다.

한편 사르트르가 《진실에 대한 전설》을 다 쓴 시점에 니장이 이것을 유럽 출판사에 추천하는 일을 떠맡았다. 그 발췌문이 리브몽-데세뉴가 주관하는 〈비퓌르〉지에 실렸다. 니장은 이 잡지를 도와주면서, 공동 편찬자들을 잡지에 매달 소개했다. 그는 동료인 사르트르에게도 한 줄을 할애해, '젊은 철학자, 파괴적 철학의 저서를 집필 중'이라고 썼다. 마침 파리에 와 있던 방디는 이 글에 대해서 몹시 흥분했었다. 또한 같은 호에 하이데거의 《형이상학이란 무엇인가》의 번역문이 실렸는데, 우리는 그 글을 전혀 이해할 수 없었기 때문에 흥미를 갖지 않았다. 또 니장은 자신의 처녀작인 《아댕 아라비아》를 막 출간한 참이었다. 우리는 도전적인 그 표제가 좋았다.

"나는 20세였다. 20세가 인생의 가장 빛나는 나이라고 아무에게도 말하지 않겠다."

우리는 작품 전체가 마음에 들었는데, 그 안에 담긴 성실함을 보지 못했기 때문에 작품이 심원하다기보다도 재기에 넘친다고 받아들였다. 젊음에 사로잡혔던 당시의 고집스러운 청년 사르트르는 이 책을 자신이 묘사하는 니장의 이미지와 냉정하게 비교해 보지도 않고서, 니장이 문학에 희생되었다고 생각했다. 사르트르는 고등사범학교 생활을 사랑했다. 그래서 니장의 고등사범학교에 대한 분노로 가득 찬 선언을 진지하게 받아들이지 않았다. 아댕의 모험에 니장을 뛰어들게 한 니장의 혼란이 심각한 것일 줄은 미처 생각하지 못했던 것이다. 니장은 《아댕 아라비아》에서 우리 세대에 강하게 영향을 준 알랭의 사고방식—아니라고 말하는 것—에 반항했다. 그는 무언가에 긍정을 말하고 싶었던 것이다. 그래서 그는 아라비아에서 돌아오자 공산당에 가입했다. 사르트르로서는 니장에 대한 우정 때문에 이와 같은 사상의 차이에 무게를 두기보다는 그것을 완화하는 편이 쉬웠다. 그런 이유로 우리는 교묘한 니장의 펜 맛을 보았지만, 그가 말하고 있는 것에는 그다지 큰 비중을 두지 않았다.

6월에 스테파와 페르낭이 파리에 찾아왔다. 그들은 크게 기뻐했다. 왜냐하면 많은 동요, 투쟁, 탄압 끝에 에스파냐에서 공화제가 승리를 거두었기 때문이다. 7월의 어느 날 아침, 스테파는 산달이 가까워져 아사스 거리 타르니에 산부인과에 입원했다. 페르낭은 카페 크로즈리 데 릴라 테라스로 친구들을 불러모았다. 그리고 1시간마다 병원으로 달려갔지만 매번 고개를 떨군 채 그대로 돌아왔다.

"아직, 아무 일도 없어."

친구들은 페르낭을 안심시키고 기운을 차리게 했다. 저녁 무렵이 되어서 스테파는 사내아이를 낳았다. 화가, 신문기자, 문인 등, 온갖 국적의 사람들이 모여 밤늦게까지 축하를 했다. 스테파는 갓난아기와 파리에 남았고, 페르낭은 마드리드로 돌아갔다. 페르낭은 마드리드에서 생계를 위해 라디오 장사를 마지못해 하고 있었는데, 그림을 그릴 시간은 거의 없었다. 그래도 그는 열심히 계속 그림을 그렸다. 수틴의 영향을 받고 있는 그의 화폭에는 아직 서툰 면이 있었지만 처음 그림에 비한다면 두드러진 진보를 보여주었다.

학년이 끝나서, 나와 사르트르는 함께 여름휴가를 떠날 준비를 했다. 그 뒤에 우리는 헤어지게 될 것이다. 그러나 나는 각오가 되어 있었다. 적당한 고독이라면 그 또한 매력도 있을 테고, 확실히 유익할 것이 틀림없다. 그리고 2년 동안 내게서 떠나지 않았던, 모든 것을 포기해 버리고 싶다는 유혹에서 나를 지킬 수 있지 않을까 기대하고 있었다. 내가 나의 청춘을 배신하려고 했던 그 시기의 의심스러운 추억은 확실히 평생 내게서 떠나지 않았다. 《레 망다랭》을 비평한 프랑수아즈 도본에 의하면, 모든 작가에게는 '비극의 주인공'이 있는데, 나의 경우―엘리자베트, 드니즈, 그리고 폴에 의해서 표현되는―에는 사랑을 위해 자립을 희생하는 여자라고 한다. 오늘날 이런 위기가 과연 어느 정도 실재하고 있었는지 자문한다. 만일 한 남성이 에고이스트에다 하찮은 인간이면서 나의 가치를 끌어내리려고 했다면, 나는 그를 심판하고 비난하며 외면했으리라. 내가 모든 것을 버려도 좋다고 생각하는 남성은 나에게 그런 일을 시키지 않으려고 온 힘을 다해 막으려는 남성 말고는 있을 수 없다. 하지만 그 무렵 나는 바로 그런 위기를 범할 듯한 생각이 들었기 때문에, 마르세유로 떠날 것을 승낙했을 때 그 고비를 떨쳐 버리는 첫 걸음을 내디딘 것처럼 느꼈다.

제2부

여행, 이것은 언제나 나의 가장 격렬한 욕망이었다. 일찍이 이탈리아에서 돌아온 자자의 이야기에 내가 얼마나 향수에 젖어 귀를 기울였던가! 내가 오감 중에서 가장 상위에 두는 감각이 있다. 바로 시각이다. 대화에 대한 나의 취향에도 불구하고, 청각장애는 시각장애보다 불행하다는 말을 듣고서 뜻밖인 듯이 놀랐다. 얼굴이 엉망이 된 상이군인이 실명보다는 차라리 낫다고 생각했다. 만일 어느 한쪽을 택해야만 한다면 나는 얼굴은 제쳐두고 눈을 택할 것이다. 6주간 이곳저곳을 돌아다니면서 구경을 할 생각에 나는 크게 들떴다. 하지만 내 처지를 생각해서 이탈리아, 에스파냐, 그리스 등에 언젠가는 가더라도 좀더 앞으로의 일로 미뤄두기로 했다. 그래서 그해 여름은 니장의 권유로 사르트르와 브르타뉴 지방을 여행하기로 했다. 그렇기 때문에 페르낭이 에스파냐로 오지 않겠느냐고 물었을 때는 꿈 같은 얘기로 내 귀를 의심했다. 페세타(에스파냐의 화폐단위)의 가치가 상당히 떨어져 있어서 돈도 얼마 들지 않고, 페르낭이 집에 머물게 해준다는 것이다. 사르트르도 나도 국경을 넘은 적이 없었다. 그래서인지 포르 부에서 에나멜 모자를 쓴 에스파냐 세관원을 보았을 때 마치 이국적인 정서 속에 내던져진 듯한 기분이었다. 피게라스에서 지낸 최초의 밤을 나는 평생 잊지 못할 것이다. 우리는 호텔에 방 하나를 잡고 작은 여관에서 저녁식사를 했다. 그러고는 거리 주변을 둘러보았다. 평야에 밤의 장막이 드리워지기 시작했다. 우리는 '에스파냐야'라는 말을 주고받았다.

사르트르는 상속받은 유산의 나머지를 페세타로 교환했는데, 대단한 액수는 아니었다. 페르낭의 충고에 따라 킬로메트리코스 일등표(반경 2000~3000 킬로미터 통용 차표)를 샀다. 그렇지 않았으면 보통열차밖에 탈 수 없었을 것이다. 절약해서 겨우 먹고 다닐 정도의 돈밖에 남지 않았다. 하지만 나는 태연했다. 나에게 사치는 공상으로도 존재하지 않았다. 카탈루냐를 횡단하는데도 나는 여행자용의 호화 관광버스보다도 시골버스를 선호했다. 사르트르가 나에게 시간표와 여정을 맡겼기 때문에 내 뜻대로 시간과 공간을 구성할 수 있어서 이 새로운 자유를 마음껏 활용했다. 나는 어릴 적 일을 떠올렸다. 파리에서 위제르쉬까지 가는 데도 얼마나 힘이 들었는지 모른다. 짐을 보내고 운반하고 감시하는 데 모두가 지쳐 버렸다. 어머니는 역무원들에게 화풀이를 하고, 아버지는 우리가 탄 객차의 여행자들을 욕했다. 그리고 나면 부모님은 서로 입씨름을 했다. 언제나 여유가 없이 빡빡하고 귀찮은 일 뿐이었다. 아아, 내 인생은 제발 다른 것이길! 나는 스스로에게 맹세했다. 사르트르와 나의 여행 가방은 가벼워서 순식간에 채우거나 비우거나 할 수 있었다. 낯선 곳에 와서 호텔을 찾는 일이 얼마나 재미있는지 모른다. 나는 이제 온갖 고민도 걱정거리도 일제히 해소해 버렸다.

그래도 우리는 조금은 걱정을 하면서 바르셀로나로 다가갔다. 바르셀로나는 주위에서 그르렁대며 우리를 무시하고 있었다. 우리는 그 언어를 알아듣지 못했다. 바르셀로나가 우리 생활에 스며들도록 하려면 어떤 방법을 써야 좋을까? 이 계획은 매우 곤란한 상황에 직면해 나를 정신없게 만들었다. 우리는 대성당 옆 평범하기 이를 데 없는 하숙집에 숙소를 정했다. 하지만 방은 마음에 들었다. 낮잠을 자는 동안, 햇빛이 비단 커튼을 뚫고 비쳤다. 그리고 에스파냐가 내 피부를 태우고 있었다. 우리는 에스파냐를 탐구하는 데 열중했다. 이 시대 대도시 여행자들과 마찬가지로, 우리도 어떤 장소나 도시는 제각기 비밀이나 혼, 영원한 실재를 지니고 있다고 상상했다. 그리고 여행자들이 해야 할 일은 그런 것들을 발견하는 일이라고 여겼다. 그러나 우리는 스스로 바레스보다 훨씬 현대적이라고 느꼈다. 왜냐하면 톨레도나 베네치아를 여는 열쇠는 박물관이나 기념물, 과거 속에서 찾을 게 아니라 오늘날에는 그런 것들의 그림자나 빛, 군중이나 향기, 음식물을 통해서 찾아야 하는 사실을 알기 때문이다. 발레리 라르보나 지드, 모랑, 드리외 라 로셸 등에게서 배운 것이다. 뒤아멜의 말에 따르면, 베를린의 신비는 거리에 감도는 향기로 요약되며, 그것은 다른 어떤 것과도 비교될 수 없다. 에스파냐 초콜릿을 마시는 것은 에스파냐 전체를 입에 머금는 것이라고, 지드는 《서문》에서 말하고 있다. 나는 매일 계수나무 향이 지독한 검은 소스를 몇 잔이나 마시는 게 고역이었다. 그리고 투롱(아몬드와 호도를 넣은 당과) 덩어리나 마르멜로 열매로 만든 과자, 입안에서 슬슬 녹는 과자 등을 먹었다. 우리는 랑블라스를 산책하는 사람들 사이에 끼었다. 또 정처 없이 떠돌던 길들의 눅눅한 향기에도 젖어늘었다. 태양이 없는 좁은 뒷골목은 녹색 덧창들과 집 앞쪽에 늘어뜨린 세탁물의 색채로 뒤덮여, 겉으로는 자못 활기차게 보였다. 도시의 진실은 하층사회에 있다는 것을 책에서 읽고 그것을 믿은 우리는 매일 밤 '바리오 치노'에서 지냈다. 그곳에서는 뚱뚱하면서도 우아한 여자들이 노래하거나 춤을 추었고, 옥외 테라스에서 바람을 쐬기도 했다. 우리는 여자들을 보고 있었는데, 시간이 갈수록 그녀들을 바라보고 있는 관중을 관찰하는 일에 더욱 재미를 느꼈다. 함께 공연을 본 덕분에 우리는 관중 속에 융화될 수가 있었다. 그러나 나는 여행자의 정해진 코스를 관광해 볼 결심이었다. 우리는 티비다보(바르셀로나를 내려다보는 언덕에 있는 유원지)에 올랐다. 나는 태어나서 처음으로, 커다란 수정 덩어리를 깬 듯한 지중해의 도시가 발 아래 깜박이고 있는 것을 바라보았다. 몽세라로 끌어 올려주는 공중케이블카도 처음 타 보았다.

한편 마드리드에 있는 페르낭의 집에 머물던 여동생이 바르셀로나로 3일간 쉬기 위해 왔다. 우리는 여동생과 함께 거리를 돌아다녔다. 밤에 바르셀로나로 돌아오자 랑블라스는 이상하게 떠들썩했는데, 우리는 그다지 신경을 쓰지 않았다. 이튿날 오후 우리 셋은 저지대에 있는 교회를 보기 위해 떠났다. 전차는 다니지 않고 몇 개의 가로수 길엔 사람 그림자도 거의 보이지 않았다. 무슨 일이 있었느냐고 다른 사람에게 물어 보았지만 교회를 찾는 일에 신경을 쓰느라 그리 열심히 캐묻지도 않았다. 사람들이 시끄럽게 떠들며 길 한가득 모여들었다. 그들은 벽에 등을 기댄 채 몹시 흥분한 어조로 얘기를 하고 있었다. 그때 두 순경이 수갑을 채운 한 사내를 연행하고 길 한가운데로 나왔다. 멀리 경찰차가 보였다. 우리는 에스파냐어를 몰랐기 때문에 사람들이 무슨 말을 하고 있는지 도무지 알 수가 없었다. 그들의 표정은 음산했다. 그래도 끈질기게 교회를 찾고 있었던 우리는 흥분하고 있는 한 무리에게 다가가 질문하듯이 악센트를 붙여 가며, 찾고 있는 교회 이름을 말했다. 사람들은 우리에게 미소를 지었고, 한 사내가 허공에 길을 그려 보였다. 우리가 고맙다는 인사를 하자마자 그들은 다시 논의를 계속했다. 나는 교회 일은 완전히 잊기로 했다. 그리고 그곳에서 돌아오는 길에 신문을 사서 그럭저럭 사건의 전말을 해석해냈다. 조합이 지방정부에 대해서 총파업을 일으킨 것이다. 우리가 길을 물은 거리에서 검거된 사람은 조합 간부이고, 두 순경에게 연행된 사내는 그 가운데 한 사람이었으며, 군중은 거리에 모여 그를 되찾기 위해 싸울 것인지를 협의했던 것이다. 신문은 덕의 승리로 끝났다는 논조로, 질서가 회복되었다고 끝을 맺었다. 이 일로 우리는 의기소침해졌다. 그곳에 있었지만 아무것도 눈치채지 못하고, 아무것도 보지 못한 것이다. 스탕달과 그의 워털루 싸움을 상기하면서 겨우 스스로를 위로했다.

바르셀로나를 떠나기 전에 나는 《블루 가이드》를 열심히 살펴보았다. 문자 그대로 모든 것을 보고 싶었서였으리라. 하지만 사르트르는 단호하게 레리다의 '소금 산' 관광을 거부하며 선언했다.

"자연의 미(美)라면 좋아. 그러나 자연의 기이함은 싫다!"

그래서 우리는 단 하루만 사라고사에 들른 뒤 다시 그곳에서 마드리드로 갔다. 페르낭이 역에 마중을 나와 있었다. 그는 우리를 아파트로 데리고 가서 짐을 풀게 한 다음 시내 관광을 시켜 주었다. 이곳에서의 여정이 얼마나 벅차고 힘들었는지 오후가 끝날 무렵에 나는 결국 눈물을 쏟고야 말았다. 페르낭에 대한 애정에도 불구하고 나는 바르셀로나보다도 사르트르와 실컷 대화하는 것이 그리웠다. 하지만 페르낭 덕택에 조마조마한 관광 여행이 되지 않아서 다행이었다. 그날 밤 공원 안에서, 구운 새우와 복숭아 아이스크림을 먹으면서 나는 이런 사실을 깨달았다. 이윽고 마드리드의 활기에 마음을 빼앗겼다. 에스파냐 공화국은 내가 생각하기에도 놀랄 정도로 그 승리를 매일 경축하고 있는 듯했다. 깊이 있고 어두운 느낌을 주는 카페에서는 이 무더위에도 사내들이 정장 차림으로, 새로운 에스파냐 건설에 대해서 토론하는 데 열중하고 있었다. 새로운 에스파냐는 수도승이나 부자에게 승리를 거두어, 앞으로 자유로운 가운데 나라를 건설해 정의를 쟁취하려고 했다. 페르낭의 친구들은 머지않아 노동자 계급이 권력을 장악해 사회주의를 건설할 것으로 생각하고 있었다. 현재로서는 민주주의자에게서 공산주의자에 이르기까지 누구나 기뻐하고 누구나 미래를 손 안에 넣었다고 믿었다. 우리는 검은 올리브를 씹거나 큰새우 껍질을 벗기면서, 또는 만자닐라(캐모마일)를 마시면서 이런 수런거림에 귀를 기울였다. 어느 카페 테라스에서는 수염이 덥수룩한 외팔의 대장부, 바예 인클란이 군림하고 있었다. 그는 주위 사람들에게 들으라는 듯이 팔을 잃게 된 경위를 얘기했는데, 그 내용이 매일 달라지곤 했다. 밤에 우리는 값싼 식당에서 먹었다. 그곳에는 관광객이 한 사람도 오지 않아 아주 마음에 들었다. 값싼 포도주로 가득 찬 가죽 부대가 매달려 있는 지하실을 나는 아직도 기억한다. 종업원들이 큰 소리로 메뉴를 불러댔다. 마드리드의 군중은 오전 3시까지 거리를 어슬렁거렸다. 우리는 카페 테라스에 앉아 밤의 시원함을 만끽했다.

에스파냐 공화국이 투우를 금지하고 있었는데도, 공화당원들은 모두 투우를 좋아했다. 우리도 매일 보러 갔다. 처음에 특히 마음에 든 것은 원형극장 좌석에 감도는 축제 분위기였다. 나는 눈이 휘둥그레져 거대한 구덩이 모양 극장 위에서 아래까지 꽉 들어찬 가지각색의 군중을 바라보았다. 쨍쨍 내리쬐는 햇볕 아래에서 부채나 종이로 된 모자들이 사각사각거리는 소리에 귀를 기울였다. 나도 일반 관람객과 마찬가지로, 소가 기계적인 숙명에 이끌려 계략에 굴복하고 있으며, 투우사의 역할이 지나치게 쉽다고 생각했다. 그리고 어떤 때 관중이 박수를 치거나 야유를 하는지 전혀 알 수 없었다. 그 시기에 가장 유명한 투우사는 마르시알 란란다와 오르테가였다. 마드리드 시민은 '학생'이란 별명으로 불리는 젊은 초보자의 뛰어난 용기를 칭찬하고 있었다. 나는 이런 투우사들을 세 사람이나 보았고, 소가 불가피한 덫에 걸린 것은 아니라고 생각했다. 간계에 날뛰는 소와 기다리고 있는 관중 사이에 낀 투우사는 목숨을 걸고 있는 것이다. 이 위험이 투우사가 하는 일의 주요 소재이다. 그는 많건 적건 용기와 지혜를 가지고 이 위험을 도발하거나 솜씨껏 그 경중을 조절한다. 그와 동시에 기술로 교묘하게 몸을 비껴간다. 싸움의 하나하나는 창작이었다. 서서히 나는 투우의 의미와 때로는 그 아름다움을 이해하게 되었다. 물론 모르는 것이 많았지만, 나도 사르트르도 투우에 완전히 몰입하게 되었다.

한편 페르낭은 우리를 프라도 박물관으로 안내해 우리는 그 뒤에도 자주 그곳에 다녔다. 우리는 여태껏 그다지 많은 회화를 보지 못했다. 나는 사르트르와 몇 번인가 루브르 갤러리를 두루 훑어본 적이 있는데, 사촌 자크의 도움으로 내가 사르트르보다 얼마간 더 잘 그림을 이해하고 있다는 사실을 알게 되었다. 나에게 있어 그림은 먼저 색채로 뒤덮인 표면인 데 비해, 사르트르는 주제와 인물들의 표정에 반응을 나타내면서 구이도 레니의 작품을 칭찬하기에 이르렀다. 내가 사르트르를 몹시 공격하자 그는 물러섰다. 하지만 그가 아비뇽의 〈피에타〉나 그뤼네발트의 〈이젠하임 제단화〉를 편애한 것도 곁들여 말해 둬야겠다. 나는 사르트르의 취미를 굳이 추상회화 쪽으로 돌려놓지는 않았다. 그러나 사르트르는 어떤 광경의 흥미나 얼굴 표정은, 우리가 볼거리(즉 예술의 대상물)를 제공한 스타일이나 기법, 예술과 연관되어 있다는 점을 인정했다. 반대로 그가 나에게 영향을 주었다. 왜냐하면 나는 총체적으로 '순수예술'에, 특히 '순수회화'에 매료되어, 풍경이나 얼굴 형태가 지닌 의미에 대해서는 신경 쓰지 않았기 때문이다. 우리가 프라도 박물관에 갔을 때쯤 우리 의견은 거의 일치했다. 우리는 아직 초보자였으므로 둘은 함께 암중모색을 하며 걸었다. 바레스의 말을 빌리자면, 그레코는 우리가 그에게 걸고 있었던 모든 기대를 훨씬 능가한다. 우리는 그레코를 최고로 찬미했다. 고야의 몇 작품에 있는 잔혹함이나 그의 말기 화폭의 어두운 광란에도 민감했다. 하지만 전체적으로 우리가 고야를 경시하고 있다며 페르낭은 비난했다. 그의 말에도 일리는 있었다. 그는 또 우리가 제롬 보슈에게 너무 열중해 있다고도 말했다. 확실히 우리는 보슈의 고문당하고 있는 사람들이나 괴물들을 질리지 않고 바라보았다. 보슈는 우리의 상상력을 너무나도 뒤흔들어, 우리는 그의 그림의 정확한 가치를 생각할 만한 여유가 없었다. 한편 교묘한 기법이 나를 매료해, 나는 오랫동안 티티아노의 화폭 앞에 멈추었다. 그 시점에서 사르트르는 갑자기 극단적으로 변했다. 그는 혐오를 느끼고 고개를 돌렸다. 나는 어쨌든 훌륭하게 잘 그렸다고 말했고, 사르트르는 지나친 과장이라고 했다.

"잘 그려져 있어서 어쨌다는 건가?"

사르트르가 물었다. 그러고는 이같이 덧붙였다.

"티티아노는 오페라 극단 출신이군."

그는 이제 구이도 레니의 작품에 대해 반발하면서, 인간적 동작과 표정이 희생된 화폭만을 인정하고 있었다. 이후 그의 티티아노에 대한 혐오는 완화되기는 했지만 결코 자신의 의견을 굽히지는 않았다.

우리는 마드리드를 근거지로 해서 몇 군데로 짧은 여행을 떠났다. 레스퀴리알, 세고비아, 아빌라, 톨레도 등. 뒷날 더 아름답다고 생각한 곳도 있었지만, 이처럼 신선한 아름다움은 지니고 있지 않았다.

사르트르는 나와 동일한 호기심을 지녔으나 나만큼 욕심이 많지는 않았다. 사르트르였다면 톨레도에서 바쁜 오전을 보낸 뒤, 기꺼이 소코도베르 광장에서 파이프 담배를 피우며 오후를 지냈으리라. 하지만 나는 다리가 근질근질해졌다. 일찍이 리무쟁에서 공상했을 때처럼 사물이 내 존재를 필요로 한다고 생각하지 않았는데도, 나는 세계의 모든 것에 관심을 보였으며, 시간이 제한되어 있었기 때문에 잠시라도 헛되게 보내고 싶지 않았다. 이를 실행하는 데 도움이 된 것은 예술가들과 스타일, 가시적으로 드러나지 않는 시대였다. 그러나 사르트르는 구이도 레니의 예술상의 과실을 지니고 있다고 생각되는 화가들 전부에 대해서 빈틈없는 증오를 퍼부었다. 그가 무리요나 리베라, 그밖의 많은 화가를 사정없이 짓밟아 버리는 것에 나는 크게 찬성했다. 이와 같이 불필요한 지엽이 잘려나간 우주는 나의 욕망을 꺾지 않아 나는 우주에 관한 완벽한 목록을 만들 결심까지 했었다. 나는 중도란 것을 몰랐다. 우리가 가치 없다고 여기던, 어둠에 장사 지내지 않는 우주의 부분에 나는 등급을 매기지 않았다. 나는 어느 것에서나 모든 것을 기대했다. 무엇이건 빠뜨리지 않고 받으려면 어떻게 해야 좋을까? 성당의 방 안 깊숙이 향이 배어 있는 그레코의 화폭이 바로 그의 작품을 밝히는 열쇠일지도 모른다. 그 열쇠 없이 그 누가 알 수 있을까? 회화의 세계 전체가 우리에게 닫혀진 채로 그대로일 가능성이 있다. 나는 에스파냐에 다시 올 생각이었다. 그렇지만 나는 기다리는 일에 자신이 없었다. 비록 1년 차이라도 그레코 성당 벽장식이나 교회의 작은 삼각 공간이 나에게 밝혀줄 사실들을 알 기회를 늦추는 것은 싫었다. 실제로 내가 그런 것들에서 받은 기쁨은 내 갈망에 부응했다. 마주치는 모든 현실이 나를 경탄하게 했다.

때로는 현실이 나를 나 자신에게서 떼어놓았다.

"여행을 했댔자 별수 없지 않은가? 자신에게서 떠나는 일은 결코 없다."

이렇게 누군가가 내게 말한 적이 있다. 그러나 나는 여행 중에는 나 자신에게서 이탈했다. 내가 다른 여자로 변하는 것은 아니었지만, 나 자신이 사라져 버렸다. 여행은 언제나 계획의 포로가 되고 있는 사람들—대단히 활동적이거나 야심적인—이 시간이 갑자기 정지하는 휴지상태인 때, 또는 인간 존재가 사물들의 움직이지 않는 충만함과 자신을 혼동할 때 느끼는 특권일까? 이 휴식은 얼마나 훌륭한 보상인가! 아빌라에서, 아침에, 나는 내 방 덧문을 열어젖혔다. 푸른 하늘을 등지고 멋지게 솟아 있는 탑을 보았다. 과거도 미래도 모든 것이 사라졌다. 빛나는 현재만이 있다. 이 현재는 온전히 나의 것이고, 현재 자체이기도 하며, 또한 현재는 시간에 도전하고 있었다. 가끔 첫 여행 때마다 이와 비슷한 행복감이 나를 멈추게 했다.

우리는 9월 하순에 마드리드를 떠났다. 그리고 산틸라나, 알타미라의 들소, 부르고스 대사원, 팜플로나, 산세바스티안을 보았다. 나는 카스틸리아의 고원을 좋아했지만, 고사리 향이 나는 가을 바스크 지방의 언덕을 발견했을 때는 기뻤다. 앙다예에서 사르트르와 나는 함께 파리행 기차에 올랐다. 그러나 나는 보르도-마르세유행으로 갈아타기 위해 바욘에서 내렸다.

내 인생에서 어느 순간이 결정적이었다고 말할 수는 없다. 하지만 뒤돌아보건대 몇 번의 순간은 대단히 중요한 의미를 지니고 있으므로, 그것들은 중대 사건과 함께 과거 속에서 떠오른다. 나는 마르세유에 도착했을 때의 일을 내 인생의 전혀 새로운 전환점으로서 기억하고 있다.

여행 가방을 마르세유 역 수하물 보관소에 맡기고 나는 역 앞 큰 돌계단 위에 장승처럼 서 있었다.

"마르세유."

혼자서 중얼거렸다. 푸른 하늘 아래 햇빛이 비치는 기왓장이나 움푹 파인 그림자, 가을빛을 띤 플라타너스 나무들. 아득히 저편 언덕 너머 청록색 바다가 보인다. 도시의 소음은 풀이 탄 냄새와 함께 피어오르고, 사람들이 검게 파인 듯한 골목길을 오가고 있다. 마르세유. 나는 빈손으로 그곳에 서 있었다. 과거로부터, 내가 사랑한 모든 것에서 떨어져 나와서……. 나는 도와줄 이도 없는 혼자 몸으로 앞으로 하루하루를 지탱해 나가야 할 이 낯선 대도시를 바라다보았다. 이제까지 나는 남에게 많이 의존하고 있었다. 사람들은 내게 번뇌와 목적을 부여했다. 그러고는 대단히 큰 행복을 주었다. 여기에서 나는 누구를 위해서도 존재하지 않는다. 저기 어디쯤, 한 지붕 밑에서, 나는 매주 14시간 수업을 한다. 이 밖에 나를 위해 예정되어 있는 것은 아무것도 없다. 침대조차도 준비되어 있지 않았다. 나의 일, 습관, 쾌락, 이런 것들은 내가 만들어내야만 한다. 나는 이곳의 집들, 나무들, 바다, 바위, 도로에 감동했다. 이들은 서서히 그 모습을 드러내 주리라. 그리고 나 자신에게도 스스로를 보여줄 것이다.

역 앞 가로수 길 좌우에는 유리를 높게 둘러친 식당 테라스들이 즐비했다. 나는 그중 하나에서 '셋방'이란 표찰을 발견했다. 그곳은 내가 머릿속에서 그리던 방이 아니었다. 거대한 침대와 의자들과 장롱이 있었다. 하지만 큰 테이블은 공부하기에는 편리할 것처럼 보였다. 더구나 식당 아주머니가 말하는 방세도 적당했다. 나는 역에서 여행 가방을 가지고 와서 '아미로테' 식당에 두었다. 2시간 뒤 학교 여교장을 만났는데, 내 수업 시간표는 정해져 있었다. 마르세유를 모른 채 나는 이미 그곳에 정착을 한 것이다. 그러고 나서 마르세유 탐험에 나섰다.

나는 마르세유에 한눈에 반했다. 마르세유의 모든 바위에 오르고, 모든 골목을 헤매며, 옛 항구의 콜타르와 성게 냄새를 들이마셨다. 거리 인파 속에 휩쓸리거나, 마른 잎의 촌스런 냄새가 바닷바람의 향기를 지워 버리고 있는 가로수 길과 공원, 한가로운 안뜰의 벤치에 앉기도 했다. 나는 사람들을 태우고 덜커덩거리는 전차가 좋았다. 전차 앞에 마드라그, 마자르그, 샤르트뢰, 루카스-블랑 등의 이름이 기록되어 있었다. 목요일은 학교가 쉬어서 '마테이' 버스를 탔다. 종점은 마침 내 집 바로 옆이었다. 또 카시스에서 라 시오타까지 구릿빛 벼랑을 걸었다. 이 산책에 너무나도 열중했기 때문에, 저녁에 작은 녹색 버스에 다시 탔을 때는 '또 해보자'라는 생각밖에 들지 않았다. 이 습관은 20년 이상 계속되었고 나이가 든 뒤에야 겨우 진정되었다. 나는 그해 이런 정열 덕택으로 따분함이나 후회, 우울에서 벗어날 수가 있었으며, 나의 좌천을 축제로 바꿀 수 있었다.

마르세유 부근 자연에는 이렇다 할 특색은 없다. 야성적인 동시에 다가서기 쉽고 어떤 하이커에게도 눈부실 정도의 비밀을 밝혀준다. 하이킹은 마르세유 사람들이 가장 좋아하는 스포츠였다. 하이커의 달인들은 클럽을 만들어 하이킹 코스를 상세하게 설명한 회보를 발행하고, 산책 코스에 색이 선명한 화살표를 세워, 그 유지에 힘쓰고 있었다. 나의 동료 대다수는 일요일에 그룹으로 마르세유베르 산맥이나 생트봄 연봉에 올랐다. 나는 어느 그룹에도 가입하지 않았으며, 하이킹을 시간 때우기가 아닌 의무로 여겼다. 10월 2일부터 7월 14일까지(한 학기의 기간) 목요일이건 일요일이건 오늘은 무엇을 할까 고민한 적이 없었다. 겨울도 여름과 마찬가지로 새벽에 나가서 밤까지 돌아오지 않았다. 나는 준비에 시간을 소모하지 않았고, 일반적으로 사용하는 등산용구, 배낭, 등산화, 로덴(두꺼운 모직물) 치마나 망토 같은 것은 절대로 사지 않았다. 나는 옷을 입고, 운동화를 신고, 쇼핑백에 빵 몇 개와 바나나를 넣었다. 한 번도 아니고 여러 번씩 산봉우리에서 마주 지나가던 동료들은 나를 무시하는 듯한 미소를 떠올렸다. 한편 나는 유명한 안내기 《블루 가이드》나 등산클럽 회보, 미슐랭사(社)의 안내지도에 따라 면밀한 계획을 세웠다. 처음에는 5, 6시간의 하이킹에 그쳤다. 그러다가 차츰 9시간에서 10시간씩 하게 되었고, 때로는 40킬로미터나 되는 험한 길을 끝까지 걸었다. 나는 조직적으로 이 지방을 빠뜨리지 않고 보면서 걷기로 했다. 그리고 가르다방, 오를레앙 산, 생트빅두아르, 필롱 뒤 루아 등의 모든 산봉우리를 올랐다. 또 모든 후미에도 내려가 보았고, 골짜기나 협곡, 산간도로도 탐험했다. 어디로 향할지도 모르는 청, 녹, 적, 황색 등의 표지를 찾으면서, 길인지 아닌지 분간할 수 없는 돌무더기 사이를 갔다. 때때로 나는 표지를 잃곤 해서, 그것을 찾으면서 강한 향을 내뿜는 떨기나무를 꺾거나 나에게는 아직 새로운 식물인, 진이 나는 시스터스 나무나 노간주 나무, 푸른 떡갈나무, 노랑 또는 하양 수선화 등으로 손발에 찰과상을 입었다. 해안을 따라서 세관 샛길에도 모두 가보았다. 벼랑 밑, 구불구불해진 연안의 지중해에는 내게 자주 구토를 일으키는 감미로운 나른함은 없었다. 아침 햇빛 속에서 현혹될 듯한 흰 물보라가 세차게 곶을 들이치고 있었다. 그 안에 손가락을 디밀면 절단되고 말 성싶었다. 언덕 위에서 본 지중해도 아름다웠다. 어느 봄날 발랭솔 고원에서 처음으로 아몬드 나무를 보았다. 나는 세잔의 화폭을 통해 알게 된 엑스 평야를 가로지르면서 황토색 길을 걸었다. 도시나 마을, 수도원, 성 등을 바라보면서. 에스파냐에 있을 때와 마찬가지로 호기심이 나를 잠시도 내버려두지 않았다. 하나하나의 장소에서, 하나하나의 골짜기에서 나는 무언가 새로운 것을 예기하고 있었다. 풍경의 아름다움은 언제나 추억이나 기대를 뛰어넘었다. 그리고 어둠에 침잠해 있는 것을 다시 세상에 드러내는 사명은 견고하다고 생각했다. 나는 오직 혼자서 생트빅투아르 정상의 안개 속에서, 필롱 뒤 루아의 연이은 봉우리를 따라, 내 베레모를 평야로 날려 버린 세찬 바람에 맞서며 걸었다. 또한 뤼베롱의 협곡을 방황했다. 이런 빛, 부드러움, 분노 속의 순간은 나만의 것이다. 아직 잠에 취해 밤의 장막이 채 걷히지 않은 거리를 가로질러, 낯선 시골 마을 위에 아침 해가 떠오르는 모습을 보는 것은 정말로 기분 좋은 일이었다. 나는 정오에 솔 향기 속에서 잠자는 것이 좋았다. 언덕 중턱에 기어오르거나 황무지를 누비면서 걷기도 했다. 사물이 예기하고 있었던 것처럼, 또 예기치 못한 것처럼 찾아왔다. 지도상의 한 점이나, 한 줄의 선, 가이드북에 씌어 있는 3줄의 문자가 돌멩이나 나무들, 하늘이나 물로 바뀌는 것을 보는 기쁨에 싫증나는 일은 전혀 없었다.

나는 남프랑스의 프로방스를 볼 때마다 그곳을 사랑하는 몇 가지 이유를 확인하곤 한다. 프로방스의 매력은 바보가 되어야 알 수 있을 뿐, 어떤 추억으로 나의 애착을 설명하기는 어렵다. 여동생은 11월 말에 마르세유에 놀러 왔다. 내가 예전에 동생과 함께 유희를 즐겼듯이 또다시 동생에게 나의 새로운 기쁨을 가르쳤다. 우리는 쨍쨍 내리쬐이는 태양 아래 로크파부르 수도교 (水道橋)를 보았다. 또 툴롱 근처 눈 속을 돌아다녔다. 동생은 걷는 연습을 하지 않았기 때문에 발에 물집이 생겨 몹시 아팠던 것 같은데, 아무 불평 없이 내 보조에 맞춰서 걸었다. 어느 목요일, 우리가 생트봄에 이르렀을 때 동생의 몸에서는 열이 났다. 나는 동생에게 구호소에서 잠시 쉰 다음 그로그(럼과 물을 절반씩 섞은 술)를 마시고서, 몇 시간 뒤에 지나는 마르세유행 버스를 타라고 말했다. 그리고 혼자서 하이킹을 마쳤다. 그날 밤부터 동생은 유행성 감기로 누워 버리고 말았으므로 후회가 내 마음에 가벼운 상처를 냈다. 지금 와서 생각해 보니 어수선한 식당에서 덜덜 떨고 있는 여동생을 어떻게 놔두고 왔을까 싶었다. 평소 나는 남을 배려하는 편이었고 동생을 몹시 좋아했다.

"그대는 정신분열병이야."

이 같은 말을 사르트르한테 자주 들었다. 나 자신의 계획을 현실에 맞게 고치는 대신에 나는 현실을 단순한 부속물로 여겼으며, 그 무엇에도 지지 않고 돌진해 갔다. 나는 계획을 단념하지 않고 동생의 존재를 부정한 것이다. 동생은 언제나 내 계획에 충실히 따라주었기 때문에 이번 계획에 방해가 되리라곤 생각지도 못했었다. 내 '정신분열병'은 낙천주의의 극단적이고 틀을 벗어난 형태로 생각된다. 나는 20살 때와 마찬가지로 '내 인생에는 나 자신의 의지 말고 다른 의지가 있다'는 사실을 거부하고 있었던 것이다. 나를 하이킹에 광적으로 몰두하게 만든 근원은 훨씬 전으로 거슬러 올라간다. 일찍이 리무쟁에서 울퉁불퉁한 샛길을 걸으며 언젠가 프랑스를, 어쩌면 온 세계를, 들판 하나 나무 하나도 빼놓지 않고 돌아다닐 거라고 스스로에게 말한

적이 있다. 나는 사실 그것을 믿고 있지 않았다. 에스파냐에서 무엇이건 보려고 했을 때, 나는 이 말에 대단히 폭넓은 의미를 부여했다. 이곳에서 일거리와 재력이 없는 나는, 이 계획을 실행할 수도 있을 성싶었다. 노련한 하이커보다도 더욱 우아하게 남프랑스를 철저히 탐험하려고 생각했다. 나는 스포츠를 한 적이 없었다. 내 힘이 이어지는 한, 더 교묘한 방법으로 나 자신의 몸을 움직이는 것에 더더욱 기쁨을 느꼈다. 나는 체력을 아끼기 위해 길을 지나가면서 자동차나 트럭을 얻어 탔다. 산에서는 바위 사이를 기어오르거나 비탈을 뛰어내리거나, 지름길을 발견하기도 했다. 하이킹의 하나하나는 하나의 예술품이었다. 나는 이것들을 영구히 빛나는 추억으로 만들자고 자신에게 약속했다. 그리고 그런 것들을 실천한 순간부터 나 자신의 탐험을 축복했다. 이런 식으로 긍지를 갖게 되었으므로 탐험을 계속할 수밖에 없었다. 만일 내가 무관심함에서 또는 일시적인 변덕에서 하이킹을 중지했다면, 만일 한 번이라도 '그런 일을 해봤자 아무 소용이 없지 않은가?' 생각했다면, 나의 기쁨을 신성한 의무처럼 인식했던 이런 사고방식을 완전히 쓸모없게 만들어 버렸으리라. 나는 인생에서 이따금 지금까지와 같은 술책에 따랐다. 스스로의 활동에 필요성을 부여하고, 마지막에는 그 필요성에 희생되어 함정으로 빠지고 말았다. 이처럼 나는 18살 때, 열중하는 습관에 의해서 권태에서 구원되었다. 물론 이것이 추상적인 명령에 따른 결과였다면, 마르세유에서 편집광적인 열의를 내 안에 유지해 나갈 수는 없었으리라. 그러나 앞에서도 말했듯이 그것은 내게 대단한 기쁨을 안겨주었다.*

그동안 그리 큰 어려움은 없었지만 그래도 2, 3번 두렵기도 했다. 도바뉴에서 가르다방 꼭대기로 가는 도중 개 한 마리가 내 뒤를 집요하게 따라왔다. 그래서 과자를 개에게 나눠주었는데, 나는 물을 마시지 않는 습관이 붙어 있었지만 개는 그렇지 않았다. 돌아오는 길에 나는 개가 미친 것이 아닌가 생각했다. 동물의 광기는 대단히 무섭게 보였다. 마을에 닿자 개는 짖어

---

* 이 부분은 다만 나 한 사람의 경우에만 한정되지 않고, 편집광들 전부에게 들어맞는다. 편집광은 그가 절대적이라고 믿고 있는 가치, 협정, 규율에 세워진 하나의 전체적인 세계에 살고 있는 것이다. 그러므로 편집광은 약간의 위반조차 인정할 수 없다. 위반은 그의 체계에서 벗어날 가능성을 보여주고, 필요성을 인정하는 모든 기구를 붕괴시키는 결과를 초래한다. 편집증은 되풀이되는 자기긍정에 의해서 정당화된다.

대면서 개울 쪽을 향해 달려갔다. 어느 때는 깎아지른 협곡을 기어 올라갔다. 다 올라간 건너편에는 평원이 있으리라. 그러나 자꾸만 길이 험해져 상황은 곤란해졌는데, 그렇다고 올라온 길을 다시 내려가는 것도 불가능해 보였다. 나는 계속 올라갔다. 그러다 결국 커다란 암벽에 맞닥뜨려 거기에서 멈춰야만 했다. 다시 샛길로 되돌아와 한 단 한 단 바위가 파인 곳으로 내려왔다. 어느 바위의 갈라진 틈까지 다다랐는데 그곳을 뛰어넘을 용기가 없었다. 마른 바위 위를 뱀 몇 마리가 기어가 버린 뒤에는 소리 하나 들리지 않았다. 아무도 이 협로를 지나는 사람은 없었다. 만일 내가 발이라도 삔다면 어떻게 할 것인가? 나는 큰 소리로 누군가 불러 보았다. 대답이 없었다. 15분 정도 계속 외쳐도 고요하기만 했다. 어쩔 수 없이 용기를 다해 뛰어내렸고, 무사히 땅에 발을 디뎠다.

동료들이 주의를 준 대로 위험이 도사리고 있었다. 나 혼자만의 하이킹은 이러한 여러 규율을 무시했고, 동료들은 못마땅하다는 듯이 나에게 되풀이하며 말했다.

"언젠가는 강간을 당할 거야!"

나는 노처녀의 그런 망상을 비웃었다. 나는 너무 조심을 한 나머지 인생을 재미없게 만드는, 그런 생각은 하지 않았다. 게다가 사고, 중병, 강간 따위는 내겐 일어나지 않는다는 확신이 있었다. 나는 트럭 운전사들이나, 움푹 파인 곳에 들어가 함께 장난이라도 치자는 행상인들과 옥신각신한 적도 있었다. 그래서 길 한가운데 달랑 혼자 남겨지기도 했다. 그래도 히치하이크를 그만두려고는 하지 않았다. 언젠가 나는 햇볕이 쨍쨍 내리쬐고 먼지가 펄펄 나는 길을 걸어 타라스콘을 향해 가고 있었다. 그때 자동차 한 대가 나를 추월하더니 멈춰 섰다. 차 안의 두 청년이 시내까지 데려다주겠으니 타라고 권했다. 자동차는 큰길로 나오기는 했으나 우회전 대신에 좌회전을 했다.

"조금 돌아서 가는 겁니다."

그들은 내게 설명했다. 나는 까다롭게 굴기도 멋쩍어서 어떻게 할까 머뭇거리고 있었다. 그러나 그들이 이 일대의 유일한 무인지대인 '작은 언덕' 쪽으로 가고 있음을 알았을 때 더 의심할 여지가 없었다. 차는 가도를 벗어나 철로 건널목에서 서행을 하게 되었다. 나는 차가 달리고 있는 중에 문을 열고 뛰어내리겠다고 위협을 했다. 그들은 차를 멈추어 나를 내려주고는 매우 부끄러워하는 눈치였다. 나는 이 작은 사건에 질리기는커녕 약간의 경계심과 결의만 있으면 어떤 어려움이라도 헤쳐 나갈 수 있다는 자신감을 갖게 되었다. 오랫동안 노처녀의 착각에 빠져 살아온 것을 나는 후회하지 않는다. 왜냐하면 거기에서 용기를 얻고 나의 존재를 편안하게 했기 때문이다.

나는 가르치는 일이 아주 즐거웠다. 내 지식은 아직 참신했기 때문에 많은 준비가 필요없이 쉽게 강의를 할 수 있었다. 상급생들에게는 규율이 문제가 되지 않았다. 내가 담당한 부분은 학생들이 다른 수업의 영향을 받지 않은 상태여서, 그들을 백지상태에서 가르치는 것이나 마찬가지였다. 이런 생각이 나를 자극했다. 학생들에게서 몇 가지 편견을 제거하여, 이른바 상식으로 불리는 잡다한 생각으로부터 보호해 주고 진실에 대한 기호를 갖게 하는 일이 중요하게 여겨졌다. 먼저 내가 던져 넣은 혼란에 학생들이 빠져드는 것을 보고 기뻤다. 조금씩 나의 가르침은 학생들의 머릿속에서 조립되었고, 나는 나 자신이 진보한 듯이 그녀들의 발전을 기뻐했다. 나는 학생들과 나이 차이가 별로 안 나 보였다. 그래서 처음에는 학생 감독들이 학생들과 나를 자주 혼동했다. 내가 표시한 호감에 학생들도 민감했던 것으로 생각한다. 2, 3번쯤 나는 우수한 아이들을 내 방에 초대한 적이 있다. 신출내기인 나의 이런 열성은 동료들의 비웃음을 샀는데, 나는 자기 경험 속에 정체되어 있는 중년 여성들보다도, 자신이 없어 주저하는 소녀들과 대화하는 편이 훨씬 좋았다.

그런데 학년 중반 무렵, 도덕 강의를 시작했을 때부터 상황이 나빠졌다. 나는 노동, 자본, 정의, 식민지화에 대해서 내가 생각하고 있는 바를 열렬하게 말했으나 학생들 대부분이 나에게 반항했던 것이다. 교실에서 또는 작문 속에서, 아버지에게서 정성껏 연마를 받은 듯한 논조로 나를 공격해 왔다. 학생들 가운데서 가장 머리가 좋은 아이는 맨 앞줄에 있는 자기 자리에서 일어나 끝줄로 가더니 팔짱을 낀 채 필기를 거부하며 나를 노려보았다. 게다가 나는 여러 가지 도발적인 행동을 했다. 문학 시간을 프루스트나 지드에만 할애했는데, 그당시 지방의 여학교에서 그것은 대담한 일이었다. 그보다 더욱 심한 일도 했다. 무심코 학생들에게 《사물의 본성에 대해서》(제4권에 성욕론이 있음)에서 삭제되지 않은 텍스트와 쾌락에 대해 언급된 뒤마의 《화학론》 분책을 주고 말았다. 학부형들이 항의를 해서 나는 교장에게 불려갔다. 그러나 교장과 대화를 나눈 결과 사건은 그대로 수습되었다.

총체적으로 말해서 교사들은 나를 냉대했다. 대부분이 햇빛과 하이킹을 즐기는 노처녀들이고 마르세유에서 일생을 마칠 생각으로 있었다. 그렇기 때문에 파리 태생이며, 나중에 파리로 돌아가려는 나를 처음부터 의심의 눈초리로 보았다. 나의 고독한 하이킹은 그런 상황 탓에 더더욱 박차를 가하는 결과를 낳았다. 게다가 나는 그다지 공손하지도 못했다. 억지 미소와 가식적인 말투에 어릴 적부터 혐오감을 가지고 있었다. 나는 교무실에 들어갈 때도 모두에게 인사하지 않았고, 내 짐을 책장에 넣으면 그대로 구석에 가서 앉았다. 끝내 그것이 습관처럼 되고 말았다. 나는 정해진 대로 학교에 치마와 스웨터 차림으로 왔다. 그러나 봄이 되면 테니스를 시작해 가끔 갈아입지 못한 채 흰 테니스 복장으로 올 때가 있었다. 나는 비난의 눈초리를 감지했다. 그래도 두세 동료와는 진심 어린 교우관계를 가졌다. 그녀들의 솔직한 태도가 나를 편하게 해주었다. 나는 그 가운데 한 사람과 사이가 좋아졌다.

투르멜린 부인은 35세였다. 영어를 가르치던 그녀는 영국 여성의 모습과 닮았다. 머리는 밤색에다 살결은 시원한 느낌을 주었으며 코는 불그레했다. 평평한 입술, 견갑 안경테, 밤색 울 바탕의 옷이 그 오동통한 몸을 근엄한 듯이 감싸고 있었다. 남편은 군인이었는데, 결핵으로 브리앙송에서 요양을 하고 있었다. 그녀는 휴가 동안 남편을 만나러 가고 남편도 때때로 마르세유로 그녀를 찾아왔다. 투르멜린 부인은 프라도 부근 아파트에 살고 있었다. 어느 날 오후 그녀는 '푸생 블뢰'에서 아이스크림을 먹지 않겠느냐고 권했다. 그리고 캐서린 맨스필드에 대해서 열심히 말했다. 여동생이 마르세유에 머물고 있는 동안 셋이서 바닷가의 작은 만들을 산책했으며, 그녀는 넘칠 듯한 우정을 표시했다. 그녀는 하녀 방을 스튜디오(독신아파트)로 개조해 나에게 빌려주겠다고 했다. 작은 방이었는데 나의 이상에 꼭 들어맞았다. 침대 하나에, 책장, 책상이 놓여 있었다. 발코니에서는 프라도의 플라타나스 나무와 도시의 지붕이 내려다보였다. 아침에는 비누 공장의 감미로우면서도 칙칙한 향이 자주 나를 잠에서 깨웠고, 방 안 벽은 햇빛으로 가득 차 몹시 기분이 좋았다.

나는 가끔 투르멜린 부인과 외출을 했다. 나는 테레지나와 사하로프 부부가 춤추는 광경을 보았다. 그녀는 나를 자기 친구들에게도 소개했다. 우리는 경찰청 앞 광장의 장밋빛 작은 식당에서 자주 점심식사를 함께 했다. 투르멜린 부인은 그곳 젊은 여주인의 얼굴과 검은 곱슬머리에 반해 있었다. 그녀는 아름다운 것, 자연, 판타지, 시, 최초의 충동 등을 사랑했는데, 그것은 그녀의 극단적인 숙녀티를 과시하는 데 방해가 되지는 않았다. 그러나 지드는 그녀를 경악하게 만들었다. 그녀는 악덕, 방탕, 무정부주의를 부인했다. 나는 그녀가 열중하곤 하는 잡담에 대해 이렇다 할 평가도 하지 않았으며 그녀의 편견에 대해서도 논의할 생각도 들지 않아, 대화는 그것으로 그치고 말았다. 하루는 투르멜린 부인이 주말에 함께 아를 부근에 가자고 말을 꺼내서, 나는 마지못해 승낙하고 말았다. 우리는 몽마주르 수도원을 둘러보았다. 그날 밤, 타일을 붙인 큰 침실에서 그녀가 아무런 거리낌도 없이 산뜻하고 풍만한 나체를 과시해 나를 깜짝 놀라게 했다. 그래도 그녀의 친절에는 감동했다. 흰머리가 섞이기 시작한 머리를 물들인 것도, 내 마음에 들기 위해서였다고 말했다. 그리고 그녀는 팔이 다 드러나 보이는 장밋빛 앙고라 스웨터도 샀다. 어느 날 오후, 우리는 살롱에서 차를 마시고 있었는데 갑자기 투르멜린 부인이 뜻밖의 고백을 하기 시작했다. 몹시 격한 어조로 성애에서 받는 혐오감, 남편이 그녀에게서 떨어질 때 배 위의 그 미끈미끈하고 눅눅한 감촉에는 오싹해진다고 말했다. 한동안 투르멜린 부인은 꿈을 꾸는 듯이 망연해 있었다. 그녀가 공상적으로 꿈꾸는 것도 학생시절 경험한 그 불타는 정욕이었다.

"입술 위에 하는 키스를 포함해서……."

그녀는 의미심장한 미소를 지으면서 말했다. 나는 사양하는 마음과 무관심으로 그 일에 대해 대답하지 않았다. 투르멜린 부인에게 더욱 싫증이 나게 되었다. 그래서 그녀의 남편이 마르세유에 찾아왔을 때는, 앞으로 2주 동안은 그녀를 만나지 않아도 된다고 생각해 안도했다.

그런데 그녀 쪽에선 그럴 생각이 아니었던 것이다. 그녀는 다음 목요일에 나와 함께 하이킹에 가겠다 말했고, 나는 그녀를 단념시킬 이유를 찾지 못했다. 한편 배낭에다 등산화라는 전형적인 복장을 한 투르멜린 부인은 알프스 등산가의 느긋하고 규칙적인 걸음걸이를 나에게 강요했다. 그러나 우리는 알프스를 등산하고 있는 것이 아니었기 때문에 나는 내 보조에 맞추어서 걸었다. 그녀가 내 뒤에서 숨을 거칠게 몰아쉬면서 따라와 나는 남몰래 웃었다. 이러한 하이킹의 즐거움은 한적한 자연과 마주 대하며 기분에 따라 자유를 만끽하는 데 있다. 그렇기에 투르멜린 부인은 나의 풍경도 즐거움도 모두 엉망으로 만들어 버렸다. 나는 화가 난 나머지 더욱더 빨리 걸었고 때때로 그녀가 나무 그늘에서 쉬기가 무섭게 또 걷기 시작했다. 이윽고 우리는 어느 계곡에 닿았다. 몇 미터나 깎아지른 암벽을 따라가야만 했는데, 길이 없다고는 하지만 상당히 쉬운 발판이 있었다. 투르멜린 부인은 세찬 흐름을 바라보며 이곳을 지나는 것이 싫다고 했다. 나는 그곳을 지나갔다. 그녀는 되돌아서 숲을 빠져나가겠다고 말해서, 우리는 저녁에 마르세유행 버스가 오는 마을에서 만나기로 했다. 나는 상쾌한 기분으로 하이킹을 계속했다. 약속 시간보다 일찍 도착했기 때문에 큰 광장 카페에서 신문을 들고 앉아 있었다. 마지막 버스는 5시 30분 출발이었다. 나는 먼저 버스에 탔다. 5시 32분이 되었을 때, 운전기사에게 열심히 손을 흔들면서 투르멜린 부인이 숨을 헐떡이며 나타났다. 그녀는 내 옆자리에 앉은 뒤 마르세유에 닿기까지 입을 다문 채 한 마디도 하지 않았다. 마르세유에 도착하고 나서야 사실은 길을 잃어 헤맸다고 고백했다. 이후 그녀는 6일간 앓아누웠다. 의사는 앞으로 절대 나와 함께 하이킹을 해서는 안 된다고 말했다.

하지만 그녀는 나를 원망하지 않았다. 남편이 떠나자 우리는 또 만나게 되었다. 그녀의 남편은 성령강림제 즈음 집으로 돌아와 머물렀다. 남편이 오기 이틀 전, 그녀는 '파스칼'이란 유명한 식당에 나를 초대했다. 우리는 생선구이를 먹으면서 카시스주(酒)를 마셨고, 돌아올 때는 정말 기분이 좋았다. 둘이서 영어로 잡담을 하다가 그녀는 나의 심한 악센트에 크게 화를 냈다. 나는 그녀의 집에 서류 가방을 두고 왔기 때문에 아파트에 들렀다. 집 안에 들어서자마자 그녀는 나를 두 팔로 꼭 껴안았다.

"아아, 가면을 벗어 버려요."

그렇게 말하고 그녀는 나에게 격렬한 키스를 퍼부었다. 그러고는 처음 봤을 때부터 나를 좋아했다고 말했다. 이제 위선을 버려도 좋을 시기이니, 오늘 밤 함께 자 달라고 간청을 했다. 그녀의 격렬한 고백에 당황한 나는 이렇게 말했다.

"내일 아침 일을 생각해 봐요. 우린 얼굴을 마주칠 수 없을 거예요."

"그대 앞에 무릎을 꿇고 말하는 거예요."

투르멜린 부인은 얼빠진 듯한 목소리로 대답했다.

"그렇지 않아요, 그렇지 않아요."

나는 '내일 아침 얼굴을 마주칠 수 없다'는 생각에 사로잡혀 그 자리를 도망쳐 나왔다. 이튿날 투르멜린 부인은 어색한 미소를 지으면서 말했다.

"어젯밤 내가 한 말 그대로 믿는 건 아니겠죠? 농담이었어요."

"물론 그렇겠죠."

나는 이같이 대답했다. 그러나 그녀의 얼굴은 몹시 우울해 보였다. 학교로 가는 도중 프라도 거리를 걸으면서 그녀가 불쑥 말했다.

"마치 내 장례식 행렬을 따르는 기분이군요!"

그녀의 남편은 이튿날 도착했다. 그리고 나는 파리로 떠났다. 파리에서 돌아온 뒤 우리는 둘이서만 있은 적이 거의 없었고, 그러는 동안 학년은 끝났.

투르멜린 부인이 현관홀에서 갑자기 '가면을 벗어 버려요'라고 말했을 때처럼 놀란 적은 지금껏 없었다. 하지만 이제부터 경계해야 할 고비들이 있었다. 어느 날인가 내게 온 그녀의 편지 서명 밑에 X가 나란히 적혀 있었고, '언젠가 그대에게 X의 의미를 가르쳐 주고 싶어요'라는 말이 곁들여 있었다. X는 물론 키스의 의미이고, 그녀가 젊어서 사용하던 어느 상징 기호를 표해 둔 것이었다. 얼마 전에 그녀가 머리를 염색했던 일이나 장밋빛 스웨터를 샀던 일 등, 모양을 내는 것에 짚이는 데가 있었다. 그러나 앞에서도 말했듯이 나는 쉽게 믿는 기질이었다. 투르멜린 부인은 언제나 정결한 척 말했기 때문에 나는 그녀가 정결한 사람인 줄로만 믿고 있었다. 청교도 교육을 받은 까닭에 내가 사람들에게 받는 인상은 섹스와 무관했다. 게다가—그 일에 대해서는 또다시 말하겠지만—사람들에 대한 내 모습은 심리적이라기보다도 도덕적이라고 하는 것이 더욱 알맞았다. 나는 그들을 비난하거나, 그들에게 찬성했다. 그리고 그들이 하고 있는 일을 이해하려고 힘쓰는 대신 이렇게 해야만 한다고 멋대로 정했다.

투르멜린 부인 덕택에 나는 마르세유의 한 의사와 알게 되었고, 또 그를 통해서 여러 사람들을 만나게 되었다. 이들은 특별히 유별난 점은 없었지만 간접적으로 나의 공상이 깨어나 활동하도록 자극하는 실마리가 되었다. 의사 A는 동생이 감기에 걸렸을 때 봐 준 사람이었다. 그 뒤 나는 그와 보렐리 공원에서 일주일에 1, 2번 함께 테니스를 쳤다. 의사 A의 아내는 가끔 나를 초대해 주었다. 의사 A에게는 여동생이 있었는데, 그녀의 남편은 몹시 추남인 산부인과 의사였다. 여동생 부부는 그의 아파트와 같은 가로수 길가 맞은편 건물에 살고 있었다. 의사 A의 여동생은 폐병으로 늘 누워 있었다. 그녀는 파스텔 색 실내복을 걸치고 검은 머리를 뒤로 매어, 날카로운 작은 눈이 반짝이는 야윈 얼굴 위의 넓고 흰 이마가 다 드러나 있었다. 그녀는 조부스케와 드니 소라를 존경했다. 시집도 한 권 냈는데 나는 그 가운데 하나를 아직 기억한다.

"내 마음은 마른 빵 조각과 같다."

그녀는 나에게 고상한 정신성에 대해서 말했다.

의사 A의 또 다른 여동생은 의사 부그라의 전처였다. 부그라는 사회기사를 떠들썩하게 한 어느 사건의 주인공이다. 어느 날 부그라의 자택 찬장에서 살인 사체가 발견되었는데, 아내가 불리한 증언을 해 그는 종신형을 선고받고 교도소로 보내졌다. 그러나 부그라는 처음부터 줄곧 죄를 부인했다. 그 뒤에 그는 탈옥을 해서 베네주엘라로 건너가 빈민 환자를 위해 헌신적인 봉사를 하고 있다는 것이다. 의사 A는 부그라의 학우로서, 부그라는 그 총명함이나 성격으로 보아 비범한 인물이라고 내게 말했다. 나는 이런 고명한 죄인의 가족과 알게 되어 아주 자랑스러웠다. 불그레한 얼굴에 말을 잘하고 무뚝뚝한 부그라의 전처는 재혼한 뒤, 자기 아들이 전 남편의 아이가 아니라고 선언했다. 나는 그녀가 전 남편을 완전히 실추시키기 위해 거짓말을 한 것이라고 상상했다. 그리고 부그라는 어떤 고뇌에 동정적이었던 모험가, 말하자면 중산계급적인 어떤 증오의 책모에서 희생자일 것이라 생각하고 이 사건을 소설의 소재로 삼을 계획을 막연하게 세우고 있었다.

부모님이 한 주 정도 다녀갔다. 아버지는 이스나르^(마르세유 최고급 식당)에서 우리에게 생선 요리를 사주었다. 나는 어머니와 함께 생트봄에 갔다. 사촌인 샤를 시르미온이 아내와 함께 마르세유에 들러, 우리는 대서양 횡단 정기선을 구경했다. 타피르와 여자친구도 이틀간 마르세유에 머물면서 나를 자동차로 보클뤼즈 샘(泉)에 데려가 주었다. 하지만 이런 것들은 대단한 기분전환도 아니었다. 나는 고독 속에서 안정을 되찾았다. 그리고 최대한 여가를 이용했다. 때때로 음악회에 가기도 했다. 완다 란도프스카의 연주를 들었다. 오페라 〈지옥의 오르페우스〉와 〈라 파보리타〉도 관람했다. 어느 시네마테크에서는 파리를 뒤흔든 〈황금시대〉를 보며 환호했다. 책은 손에 넣는 데 약간 힘이 들었다. 교사들에게 대출하는 도서관이 있었는데, 그다지 책이 갖추어져 있지 않았다. 나는 쥘 르나르의 《일기》, 스탕달의 《일기》와 편지, 그리고 스탕달에 관한 아르블레의 저서를 빌렸다. 그 도서관에는 특히 미술사 서적이 있어 교양을 쌓는 데 도움이 되었다.

나는 결코 지루하다고 생각하지 않았다. 마르세유는 풍요로워 바닥이 드러나는 일이 없었다. 나는 파도와 바람에 씻긴 방파제를 따라서 걸으며, 파도가 부서지는 돌들 사이에 서 있기도 했다. 더러운 물 밑에서 무엇인가 먹을 것을 잡고 있는 어부들이 보였다. 어쩐지 썰렁해 보이는 부두 안도 돌아다녔다. 엑스 문 부근이나 검푸른 얼굴의 사내들이 헌 구두나 헌 옷을 팔고 있는 구역도 어슬렁거렸다. 부트리 거리는 내가 평소에 신비화하고 있는 매음굴이므로 나는 어쩔 줄 모르고 들떴다. 그리고 짙게 화장을 한 여자들과, 반쯤 열려진 문을 통해 보이는 철제 침대 위에 붙어 있는 커다란 원색 포스터들을 바라보았다. 스핑크스(본래 파리에 있던)의 모자이크보다도 이쪽이 훨씬 시적이었다. 낡은 돌계단, 오래된 골목길, 어시장, 옛 항구 행상인들의 호객 소리에는, 나의 눈과 귀를 채워 주는 새로운 생명이 끊임없이 이어졌다.

나는 스스로에게 만족했다. 마르세유에 닿은 첫날, 시가지를 내려다보는 돌계단 위에 서서, 앞으로 반드시 해보리라 맹세하던 것을 하나씩 성취하고 있었다. 하루하루 나는 아무런 도움 없이 행복을 구축해 나갔다. 물론 조금 쓸쓸한 저녁도 있었다. 학교에서 나와 저녁 대신으로 먹는 과자나 치즈파이를 산 뒤 석양을 바라보며 집으로 돌아가면 아무것도 나를 기다리지 않는 빈 방이었다. 그러나 나는 파리의 시끄러움 속에서 결코 맛본 적이 없는 부드러움을 이 우수 속에서 발견했다. 육체의 평정함도 되찾았다. 끊임없이 만나고 만나지 않고를 되풀이하고 있을 때보다도 이렇게 해서 확실하게 헤어져 생활하는 편이 견뎌내기가 더 쉬웠다. 게다가 이미 말했듯이 모든 일은 연관되어 있어서, 육체가 고통을 겪을 때 나는 나를 경멸하는 일을 그만두었다는 사실로써 원망의 마음 없이 그 고통을 이겨냈다. 그해 나는 사르트르와 함께 정한 도덕 규칙—온갖 자아도취를 거부한다—을 조금 거스르고 말았다. 그 이유는 나의 생활을 바라보고 내 인생에 다양성을 부여했기 때문이다. 나는 캐서린 맨스필드의 단편과 《일기》, 《서간집》 등을 좋아했다. 나는 방돌(마르세유 근처 피서지) 올리브 숲에서 그 '고독한 여자'의 낭만적인 인물상, 그처럼 맨스필드에게 위압적인 여인이었던 한 인물을 찾아 헤맸다. 칸비에르 거리 오상트랄 식당 2층에서 점심식사를 하고 있을 때, 그리고 권투 선수들의 사진이 붙어 있는 어둡고 썰렁한 샤를레 안에서 저녁식사를 할 때면, 나도 그녀처럼 '한 여인'이란 인물을 연출해 보는 것이다, 독백을 했다. 경찰청 앞 광장 플라타너스 나무 밑에서 혼자 커피를 마시거나, 옛 항구가 내려다보이는 창가에 기대어 있을 때면 나는 외톨이가 된 기분이 들었다. 나는 이 장소가 특히 좋았다. 왼편에는 놋쇠 테를 끼운 나무통의 금색이 어스름 속에서 아련하게 빛나고, 목소리를 죽여 은밀하게 소곤거리는 얘기가 들려온다, 오른편에서는 전차가 덜커덩거리면서 지나간다, 대합과 성게를 파는 시끄러운 소리가 들린다, 후미로는 유람선의 출범을 알리는 다른 목소리도 들려온다, 나는 하늘과 통행인들과 운반차를 바라본다, 그리고 교정을 보던 학생의 숙제와 읽던 책에서 시선을 돌린다. 기분이 좋았다.

일을 하지 않기에는 너무나도 여가가 많았다. 나는 새로운 소설을 쓰기 시작했다. 지난해보다 더욱 엄격하게 나 자신을 다스렸지만 고심해서 종이 위에 나열하는 문장에는 만족할 수가 없었다. 그래서 나는 글쓰는 연습을 하려고, 경찰청 옆에 있는 마르세유식 내장 요리 식당 겸 카페에 자리를 잡았다. 그곳의 고풍스런 꽃무늬와 테로 장식한 벽은 누런 햇살을 받고 있었다. 나는 이런 모든 것을, 써서 표현하려고 생각했다. 하지만 곧 시시한 일임을 깨달았다. 다시 나는 본래의 이야기로 되돌아가 그것을 완성하는 일에 참을성 있게 몰두했다.

소설은 이전보다 애쓴 보람이 있었다. 나는 나 자신이 위험에 빠져 있다고 생각하면서부터, 과연 그것이 정확한 판단인지의 여부는 별도로 하더라도 인생과 나 사이에 간격을 두게 되었다. 두려움과 후회로 인생을 판단했던 것이다. 일찍이 자자에 대해서 그랬듯이, 나는 사르트르와의 관계에서 진실을 추구하기보다는, 나 자신의 자유를 개입시켜 위험을 무릅쓴 것을 자책했다. 만일 이런 과오를 소설 속에 성공적으로 되살려놓는다면, 나의 그 과오를 들추어내는 꼴이 될 성싶었다. 그런데 나에겐 말하고 싶은 것이 이제 겨우 생기기 시작했다. 그래서 지금까지 묘사한 모든 이야기에 가끔씩 나오는 주제를 다시 다루었다.* 그것은 상대방의 환영이다. 나는 사람들이 열정을 통속적 연애와 혼동하는 것을 원치 않았기 때문에 2명의 여주인공을 설정하기로 했다. 이렇게 하면—이런 생각은 다소 천진난만했는데—둘의 관계를 성적인 오해의 여지로부터 지킬 수 있다고 생각한 것이다. 나는 두 여주인공에게 저마다 내면에서 상반되는 두 방향, 즉 삶에 대한 정열과 작품을 완성하려는 욕망을 나누어 부여했다. 나는 삶에 대한 정열에 양보하면서도 작품에의 욕망에 더 많은 가치를 부여했다. 그리고 작품에의 욕망을 대표하는 프렐리안 부인에게 온갖 매력을 곁들였다. 프렐리안 부인은 르메르 부인과 같은 나이이고, 르메르 부인처럼 조신한 우아함과 처세술, 다소곳함과 침묵, 약간 인생에 질린 듯한 상냥한 비관론을 지녔다. 또한 조금 얌전을 빼는 여성으로 나온다. 많은 친구들에게 둘러싸여 있기는 한데 혼자 생활하며, 아무에게도 의존하지 않는다. 나는 프렐리안 부인에게 카미유가 지닌 예술적 감각과 창조에 대한 기호를 갖게 했다. 둘 가운데 어느 쪽을 택할 것인가? 나는 헷갈렸다. 위대한 작가나 화가를 그린다는 것은 언제나 어려운 점이 있고, 나에겐 도저히 불가능한 일이었다. 게다가 프렐리안 부인의 야심과 그 성공이 서로 너무나도 동떨어져 있다면 우스꽝스럽게 보이리라. 더 얌전한 분야에서 성공을 시키는 편이 좋다. 그래서 나는 그녀를 스스로 인형에서부터 의상까지 만들고, 인형극의 각본을 쓰는 여성으로 만들어냈다. 앞에서도 말한 바와 같이, 나는 이런 연극에 대단히 취미가 있었다. 인형들의 비인간적인 순수함이 프렐리안 부인이라는 인물과 조화를 잘 이루었다. 나는 아주 신중하게 그녀를 구성했는데, 그녀가 기분전환으로 하고 있는 일을 정당화하는 것에만 마음을 빼앗겨 더 진지한 문제인 그녀와 그녀 자신의 관계, 그녀와 사물과의 관계는 방치해 두었다. 또다시 나는 비현실적인 것을 만들고 말았다.

 나 자신의 성격은, 어느 부분을 조금 과장해서 묘사한 주느비에브란 인물 쪽에 더 가까워 보였다. 20세이고 추하지도 바보스럽지도 않으며 세련되지 못한 총명함을 지녔고, 우아함이 없어 섬세한 인상보다 둔중한 느낌을 더 준다. 주느비에브는 난폭하게 순간순간을 살고 있었다. 그녀는 뒤를 돌아보는 일도 없고, 남에게서 의견을 듣기 전에는 생각할 줄도 느낄 줄도 원할 줄도 몰랐다. 그녀는 프렐리안 부인을 무조건 숭배했다. 주느비에브의 이야기는 환멸이 아닌 하나의 수련 이야기이다. 그녀는 그 우상 뒤에서, 자신이 살과

---

* 나의 첫 소설 《초대받은 여인》에서도 이 주제가 상당한 위치를 차지한다.

뼈로 만들어진 한 인간이라는 사실을 새삼 발견했다. 프렐리안 부인은 한 남성을 사랑하고 있었는데, 운명이 둘을 갈라놓아 애대우고 있었다. 그녀도 여자이고 인간이었던 것이다. 그렇지만 프렐리안 부인은 여전히 존경이나 우정을 받을 만한 가치가 있는 사람이었으며 주느비에브를 실망시키지 않았다. 게다가 주느비에브는 누구도 프렐리안 부인에게서 인생의 무거운 짐을 덜어줄 수는 없다고 생각하고 그녀의 자유를 승낙한다.

프렐리안 부인은 자신의 퉁명스러운 태도에도 굽실거리는 이 처녀에게 공격적이기는 하지만 호감을 갖고 있다. 그러나 이것만으로는 소설의 줄거리를 짜는 데 충분하지 않았다. 그 밖에 나는 세계의 두께를 표현하기 위해 이야기 몇 개를 짜 넣는 것이 좋겠다고 생각했다. 나의 과거에는 자자의 죽음이란 비극적이며 로마네스크한 이야기가 있다. 그래서 나는 그것을 이야기로 만드는 일을 시작했다.

나는 자자에게 안이라는 이름을 붙이고 양식적인 한 부르주아와 결혼시킨다. 제1장에서 안은 리무쟁의 시골 별장에서 친구인 주느비에브를 맞이한다. 나는 지난날 로바르동의 분위기를 재현하려고 노력했다. 로바르동의 집과 할머니, 온갖 잼을 말이다. 안과 프렐리안 부인은 재회를 하고 두 사람 사이에 우정이 샘솟는다. 안은 남편을 사랑하면서도 자신이 갇혀 있는 남편의 테두리 안에서 점점 활기를 잃어간다. 안은 스스로에게 음악적 재능을 키우도록 격려한다. 그리고 프렐리안 부인의 모임에 들어갔을 때부터 재능은 꽃피기 시작한다. 그러나 남편은 그녀의 교제를 막는다. 사랑과 책임감, 종교심과 도피의 욕구 사이에서 갈가리 마음이 찢긴 안은 죽는다. 주느비에브와 프렐리안 부인은 위제르쉬에서 치러진 안의 장례식에 간다. 돌아오는 기차 안에서 주느비에브는 슬픔에 겨워 잠들고 만다. 프렐리안 부인은 그 상처받은 얼굴을 어떤 욕망을 담은 눈길로 바라본다. 밤에 파리에 닿자 프렐리안 부인은 전에 없는 고백을 털어놓으며, 주느비에브에게 말을 건넨다. 주느비에브를 고독과 진실로 되돌려준 것은 프렐리안 부인과의 대화이고 자신의 격렬한 비탄이었다. 기차 안의 일화는 주느비에브에게 유리하지 않다. 나는 그녀에게 호감은 가지고 있지만 그다지 칭찬을 해주고 싶지는 않았다. 내가 40살이 되면 프렐리안 부인처럼 되고 싶다는 생각을 했다. 스스로 자제할 수 있는 여성으로서, 뜨거운 눈물을 흘리는 일 따위는 불가능한, 얼마쯤 인생에 지친 여성 말이다. 하지만 나는 이 초탈한 영역에 도달하기 위해서 자신의 열정이나 현혹을 희생해야만 한다는 생각을 받아들이지 않았다. 그리고 이런 고집에 대해 후회는 없었다.

내 소설의 주된 약점은 안의 이야기가 조금도 진실성이 없다는 것이다. 소설 속의 안, 곧 자자의 이야기를 이해하려면 그녀의 유년시절로 거슬러 올라가야 한다. 가족 안에서의 그녀의 위치, 어떤 이성 간의 사랑도 비할 바가 못 되는 어머니에 대한 헌신적인 사랑 등을 말이다. 비록 편협한 사고나 권력 남용에 대해 불평이 있었더라도, 갓난아기 때부터 사랑하고 존경한 어머니는 대단한 영향력을 지니고 있었다. 비판과 비난을 받는 남편은 존경심을 불러일으키지도 못한다. 그래서 안의 남편은 그녀를 육체적으로 지배하지 못한다. 내가 그린 것은 도덕적 갈등이었기 때문이다. 인습적인 부르주아 남편에 대한 정서와 프렐리안 부인에 대한 감정에 의해서 안은 죽음에 이를 정도로 고뇌한 것일까? 믿기 어려운 일이다.

나의 과오는, 드라마에 진실성을 부여하는 환경을 그 극적인 요소들로부터 분리하고 만 것에 있다. 나는 한편으로는 이론적인 의미—부르주아적인 경화증과 인생에서의 투지와의 갈등—를, 다른 한편으로는 자자의 죽음이라는 적나라한 현실을 다루었다. 이것은 이중의 과오였다. 소설의 기술이 전환을 필요로 한다면, 그것은 지엽적인 이야기를 능가하는 것으로서, 추상적인 의미가 아닌 확고하게 인생에 가담한 의미를 백일하에 드러내는 전환이어야 한다.*

나의 소설에는 다른 결점도 있었다. 프렐리안 부인을 둘러싸고 있는 예술가들의 모임은 그녀 자신과 마찬가지로 인공적이며, 내가 그녀를 불편하게 한 인형극도 형편없었다. 게다가 나는 동시에 세 등장인물을 조종해 나갈 만큼 숙련된 수완을 지니고 있지 않았다. 나는 활기찬 모임을 묘사하려고 했는데, 그 결과는 몹시 졸렬한 것이었다. 나는 사람들의 대인관계에 흥미를 가졌다. 나 자신의 일만을 써서 '일기'처럼 만들고 싶지는 않았는데, 불행하게도 그와 같은 상태에서 벗어나지 못해 흔해빠진 이야기가 되고 말았다.

이들 초기 작품 가운데서 그런대로 쓸 만한 것은 나의 조명 방식이었다.

---

* 이 점에서 나는 사르트르와 블랑쇼가 발전시킨 사상을 나의 것으로 했다. 나의 실패는 부조리를 통해서 이 사상들을 확실한 형태로 보여주고 있다.

주느비에브는 안의 시각에 의해 비춰졌으므로, 그녀의 단순함에 얼마쯤 신비가 곁들여 있다. 프렐리안 부인과 안은 주느비에브에 의해 묘사된다. 그리고 주느비에브는 이 두 여성을 잘 이해하지 못하고 있다. 그녀의 관찰이 부족한 부분은 독자가 진실을 예측할 수 있도록 했다. 그렇기 때문에 진실은 털어놓지 않았다. 이처럼 용의주도하게 갖추었음에도 내 여주인공들은 깊이가 결여되어 있었다.

그러나 적어도 그해 나는 내 일을 귀찮아하지 않았다. 창가에 앉아 마르세유의 옛 항구를 바라보고 호흡했으며, 40살이 되었을 때 어떻게 사고하고 느끼며 고뇌할 것인지 자문해 보았다. 나는 서서히 빨려 들어가는 이 40세의 여성을 부러워하면서도 한편으론 두려워했다. 그리고 서둘러 그녀의 특징을 지상에 고정시키려고 했다. 나 자신에게 이 소설의 끝을 들려주면서 베르 연못가를 산책한 그 가을의 오후를 결코 잊지 못하리라. 어둠의 장막이 드리워지는 살롱 안에서 주느비에브는 창 유리에 이마를 대고 전봇대에 불이 켜지는 것을 바라보고 있다. 그녀 마음속에서 폭풍이 잔잔해진다. 그녀는 자기 자신을 자신의 손 안에 수습해 들인다. 인형들은 의자 위에 흐트러져 있다. 이 환각의 세계를 떠올릴 때, 나는 자신의 위쪽으로 나 자신을 들어 올리는 듯한 생각이 들었다. 살아 있는 몸 그대로 회화나 조각상, 소설의 주인공 세로 침입하는 것 같았다. 나는 이런 영광 속에서, 그 움직이는 갈대들을 소금기 머금은 향내와 바람의 속삭임에게로 데려갔다. 연못은 현실이며, 나 또한 현실이었다. 하지만 이 순간에 태어나는 작품의 아름다움과 필연성은 곧바로 현실을 변모시키고 있었다. 그리고 나는 비현실에 접하고 있었다. 수필이나 르포르타주의 계획은 결코 북돋워주는 분야가 된 적이 없었다. 내가 공상에 몸을 맡길 때마다 그 열정은 되살아났던 것이다.

나는 만성절에 파리로 향했다. 연휴일 때는 언제나 파리로 갔으므로 크리스마스 휴가도 파리에서 지냈다. 게다가 유행성 감기에 걸렸거나 간장의 발작을 일으켰다는 등의 꾀병을 부리며 빈둥거렸다. 나는 할머니의 아파트에서 나와, 게이뤼삭의 작은 호텔에 머물렀다. 사르트르와 나는 자주 편지를 주고받았지만 그래도 하고 싶은 말이 너무나 많았다. 우리는 무엇보다도 먼저 나의 일과 그의 일에 대해서 대화를 했다. 10월에 사르트르가 쓴《진실에 대한 전설》이 유럽 출판사를 경영하던 로베르 프랑스에게 거부당했다. 사르트르는 그것을 서랍 속에 처넣었다. 사르트르는 오랫동안 생각한 뒤에 이 작품을 별로 탐탁해하지 않았다. 생생하게 사상이 표현되었지만 허위로 작성한 고전적이며 과장된 문체 때문에 그런 느낌이 살지 못했다. 그는 '우연에 대한 공개장' 쪽에 낙관적인 예상을 걸고 있었다. 여기서 《구토》의 윤곽이 잡히게 된다.

10월에 사르트르가 보낸 편지 한 장은, 그에게 있어 중대한 위치를 차지하게 되는 '나무와의 첫 해후'의 전말을 들려주었다.

"나는 나무 한 그루를 보러 갔다. 그것을 보려면 포슈 거리의 아름다운 작은 공원 철문을 밀기만 하면 된다. 그 공원에서 희생자인 나무와 의자를 하나 택한다. 그러고는 바라보는 것이다. 내게서 멀지 않은 곳에, 원양항해를 하는 고급선원의 젊은 아내가 당신의 할머니에게 선원이란 직업의 불편함을 끝도 없이 이야기하고 있다.

그러자 당신 할머니는 고개를 가로저으면서 말한다.

"그게 우리의 이야기라오."

나는 나무를 보고 있다. 몹시 아름다운 나무였다. 나는 내 자서전에서 가치 있는 이 두 가지 자료를 여기에 쓰는 데 주저하지 않는다. 부르고스에서 나는 대사원이 무엇인가를 알았으며 르 아브르에서는 나무가 무엇인지를 알았다. 불행하게도 나는 그 나무의 이름을 잘 모른다. 그대는 나에게 가르쳐 주겠지. 그대는 알고 있다. 누군가 몹시 빠르게 회전시키면 바람으로 빙빙 도는 장난감들을 말이다, 그 나무의 작은 초록 가지들은 여기저기에 달려 익살극을 꾸미고 그 가지 위에는 이렇게 예닐곱 장의 잎이 정확히 달려 있다(크로키 한 장을 동봉, 그대의 답장을 바람). 20분이 지난 뒤, 이 나무에 대한 비교 자료가 다 떨어지고 말았기 때문에……, 울프 부인이 나무 말고 다른 것도 있다고 말했을 때, 나는 양심에 거리낌 없이 떠났던 것이다……."

우리가 만날 때마다 사르트르는 자신이 쓴 글을 내게 보여주었다. 첫 판본에서 새롭게 쓴 공개장은 아직도 대단히 《진실에 대한 전설》에 근접해 있었다. 이 작품은 우연에 대한 길고도 추상적인 명상이다. 나는 사르트르가 로캉탱의 발견에 소설적인 폭을 갖게 해야 한다고 주장했다. 그의 이야기 속에, 우리가 선호하는 추리소설의 긴장감을 넣어야 한다고 했다. 사르트르는 동의했다. 나는 사르트르의 의향을 확실하게 알고 있었기 때문에 독자로서 그가 목적을 달성했는지 못 했는지를 사르트르보다 더 잘 판단할 수 있었으며, 또 언제나 그는 나의 충고에 따랐다. 나는 사르트르를 세세하고 냉혹하게 비평했다. 그 가운데서도 특히 형용사와 비교의 남용을 비난했다. 그래도 나는 이번만은 성공할 가능성이 있다고 인정할 수밖에 없었다. 사르트르는 훨씬 전부터 이 책을 쓰고 있었고, 최선책을 찾아가며 쓰려고 노력했기 때문에 틀림없이 성공할 것이다.

파리 체류 기간이 짧아서 나는 사르트르와 동생만 보았지만, 만일 시간이 있었다면 친구들도 기꺼이 만났으리라. 니장은 부르에서 교사로 있었다. 그는 실업자 위원회를 구성해 C.G.T.U.(통일노동총동맹)에 가입하도록 권고했기 때문에 현지 신문으로부터 맹렬한 공격을 받았다. 니장에게서 '사회적 문맹자'로 불리자 크게 분개한 시(市) 고문은 아카데미 감찰관에게 밀고했고, 니장은 교사직이건 선동자의 역할이건 둘 중 하나를 택하라는 명령을 받았다. 그러나 니장은 여전히 집회를 열었으며, 선거에 나섰다. 리레트는 빨간 장갑을 끼고 니장의 선거운동에 따라다녔다. 하지만 니장은 불과 80표를 얻었을 뿐이었다. 파니에는 랭스에서 교사로 있었는데, 르메르 부인에게 샴페인 상자를 가지고 와서 우리는 그들과 함께 샴페인을 서너 병이나 비웠다. 사르트르와 마찬가지로 그도 언제나 대부분의 시간을 파리에서 보냈다. 카미유는 확고한 보조로 영광을 향해 나아가고 있었다. 이미 그녀가 영예를 차지했다는 생각이 들 정도였다.

뒬랭은 그 무렵 젊은 무명 작가를 배출할 목적으로 연극을 연속 상연하고 있었다. 그 프로그램에 카미유의 작품을 실었다. 《그림자》란 제목으로, 중세기 툴루즈 시를 배경으로 한 모략을 다루었다. 모든 점에서 빼어난 미인이 있다. 약제사와 결혼했지만, 두말할 것도 없이 그녀는 남편을 사랑하지 않았다. 아니, 남편을 사랑한 적이 한 번도 없었다. 어느 날 그녀는 가스통 퓌뷔스라는 대단히 매력 있는 영주와 우연히 마주친다. 둘은 얼굴 모습과 사고방식, 느낌 등, 여러 면에서 완전히 같다는 사실을 깨닫고 깜짝 놀란다. 젊은 유부녀는 자신과 꼭 닮은 이 남성에게 열중하게 되는데, 주위의 사정은 이 비범한 연애를 용인하지 않고 호되게 꾸짖는다. 이 사랑을 소멸시키지 않기 위해 여주인공은 자신의 정부를 독살하고 자신도 그를 따라 죽는다. 카미유는 약제사의 아름다운 아내 역할을 맡았다. 그녀는 언젠가 나를 리허설에 초청해 주었다. 뒬랭은 연출의 사소한 부분을 고친 것뿐이었으나 무대에서 그 역할을 하고 있는 카미유는 내게 상당히 매력적으로 보였다. 실제보다 무대 위에서의 매력이 더 나았다. 연극의 자아도취적인 주제가 반감을 느끼게 했지만 뒬랭은 상연을 해도 부끄럽지 않을 정도의 작품으로 생각했다. 카미유는 그 주인공을 재현하고 의기양양해했다. 첫날 나는 마르세유에, 사르트르는 르 아브르에 있었다. 르메르 부인과 파니에도 그곳에 참석했다. 무대장치도 의상도 몹시 아름다웠다. 남녀 주인공은 푸른 벨벳 의상을 입고 금발머리에 똑같은 베레모를 쓰고 있었다. 카미유는 아름다움으로 빛났으며, 자신 있게 역할을 해냈기 때문에 관중의 호감을 샀다.

"나는 인생의 따분한 날고기를 덥석 깨물고 늘어지고 싶었다."

그녀가 바닥에 엎드려 이같이 외쳤을 때 관중은 와! 소리 내어 웃기 시작했다. 마지막엔 야유 속에 막이 내렸다. 뒬랭 부인은 분장실 안을 달리면서 외쳤다.

"아틀리에 극단이 망신을 당했다!"

앙토냉 아르토 혼자만이 카미유의 손을 잡고 걸작이라고 말했다. 이틀 뒤, 사르트르는 가브리엘 거리로 갔는데 초인종이 끊겨 있었다. 아무런 대답도 없었다. 사흘 뒤, 사르트르는 다시 카미유에게로 가 보았다. 이번에는 카미유가 문을 열었다. 방바닥에는 신문 발췌 기사들이 흩어져 있었다.

"이 바보 같은 놈들을 그냥 두지 않겠어!"

그녀는 화가 나서 사나운 어조로 말했다. 카미유는 꼬박 이틀 밤낮을 루시퍼의 발밑에서 몸을 질질 끌고 주먹으로 가구를 치면서, 꼭 복수하겠다고 맹세했다는 것이다.

나는 성공을 숭배하지 않았기 때문에 사르트르에게서 이 얘기를 듣고 카미유의 격렬한 분노에 감탄했다. 그러나 카미유의 실패는 그다지 질적으로 좋게 보이지 않았다. 나는 그녀에게 비판 의식이 결여되어 있다고 비난했다. 카미유의 일을 생각할 때마다 나는 놀라움과 초조감으로 마음이 둘로 나뉘곤 했다.

나는 여기저기 구경하고픈 마음을 억제하지 못해 부활절 휴가 때 사르트르를 잡아끌고 브르타뉴로 갔다. 안개비가 내리고 있었다. 여행자들에게 잊혀진 몽생미셸은 잿빛 하늘과 바다 중간에 쓸쓸히 외따로 치솟아 있었다. 나는 폴 페발의 《모래밭의 요정》에 나오는 밀물과, 달리는 말의 필사적인 경쟁을 감동적으로 읽은 적이 있다. 이 아름다운 단어인 '모래밭'이 마음속에 항상 남아 있었다. 내 눈 아래 펼쳐진 창백하고 광대한 유동체는 그 이름 그대로 신비로웠다. 나는 생말로(사르트르의 고향)와 지방의 좁은 길들을 좋아했다. 일찍이 해적들을 출몰시킨 바다의 수런거림이 들리는 듯하다. 밀크 커피 같은 빛깔의 파도가 그랑 베에 밀어닥치고 있었다. 몹시 아름다웠다. 샤토 브리앙의 무덤은 언뜻 간소하게 보이기는 하지만 너무 지나치게 커서, 사르트르는 경멸하는 뜻으로 무덤 위에 배뇨를 했다. 모를레, 특히 로크로낭은 우리 마음에 꼭 들었다……. 화강암의 아름다운 광장과 우리가 크레이프를 먹고 사과주를 마신, 골동품이 가득 놓여 있던 오래된 호텔 등이 좋았다. 하지만 총체적으로 말해서 현실은 또다시 우리의 희망을 배신했다. 훗날 나는 브르타뉴 지방을 사랑했다. 그러나 그해는 아직 교통이 불편했고, 안개비가 내리고 있었다. 나는 광야를 보기 위해 생미셸다레의 작은 언덕에 올라 사르트르에게 그 부근을 40킬로미터 정도 걷게 했다. 나는 이 지방이 아주 좁게 느껴졌다.* 한편 브레스트(군항)에는 비가 왔다. 호텔 주인의 정중한 충고도 아랑곳하지 않고 우리는 브레스트의 '불건전한 지역'을 돌아다녔다. 카마레에서는 '산더미같이 쌓인 것들' 위에 비가 내리고 있었다. 라즈에서는 곶의 끝자락을 약간 현기증을 느끼면서도 용감하게 한 바퀴 돌고, 두아르느네에서는 비릿한 생선 냄새 속에서도 쾌청한 하루를 보냈다. 나는 지금도 부두 위 난간에, 빛바랜 분홍빛 바지를 입고 한 줄로 앉아 있는 어부들의 광경이 눈에 선하다. 밝은 색으로 칠해진 경쾌한 작은 배는 분홍빛 왕새우를 만나기 위해 먼 바다로 출항 준비를 하고 있다. 거친 날씨 때문에 우리는 캥페르를 벗어나 예정보다 이틀 먼저 파리로 돌아왔다. 나는 계획을 바꾼 것이 전혀 적이 없었는데, 이번에 비에 진 것이다. 이 여행 중에 어떤 이상한 이름이 처음으로 우리 눈에 띄었다. 우리는 특별한 감흥이 없던 생폴드레옹의 채광창이 달린 종루를 보고 온 뒤, 그 근처 시골에서 잠시 쉬었다. 사르트르는 〈신프랑

---

* 20년 뒤, 우리는 차로 이 일대를 드라이브했는데, 폭풍에 쫓겨 극적인 모양의 하늘 아래를 달렸다. 그때는 그 방대하고 야성적인 아름다움에 넋을 잃었다.

스 평론)의 책장을 넘기고 있었다. 그는 웃으면서 금세기 최고 작가 3명을 암시하는 구절을 읽어주었다. 프루스트, 조이스, 카프카? 이 이상한 이름에 나도 미소를 지었다. 카프카라는 사람이 진실로 위대한 작가였다면 우리가 그 이름을 모를 리 없다……

실제로 우리는 출판물 모두에 주목하고 있었다. 그해 문학은 부진했다. 그 대신 영화는 우리를 흡족하게 해주었다. 우리는 현재 토키영화의 승리에 만족했는데, 프랑스어 대사 녹음만은 참을 수 없었다. 미셸 뒬랭이 관객에게 더빙영화를 보이콧하도록 간청했을 때—헛수고에 그쳤다—우리도 찬성했다. 그러나 실제로는 그다지 지장도 없었다. 일류 영화관에서는 원어판을 상영하고 있었기 때문이다. 또 최근 미국에서 탄생한 익살극이라는 새로운 분야를 충분히 즐겼다. 버스터 키튼, 해럴드 로이드의 후기 작품이나 에디 캔터의 초기 작품 등은 희극의 오랜 전통—그 나름대로 매력이 있었는데—의 맥을 잇고 있었다. 그러나 〈백만 원을 받으면〉이나 〈백만 불짜리 다리〉에서 비로소 알게 된 W.C. 필즈의 영화는 맥 세네트의 코미디보다도 더 합리적으로 이성에 도전하고 훨씬 공격적이었다. 마르크스 형제의 영화에서는 난센스가 승리했다. 어떤 어릿광대 역도 이만큼 경이적인 방법으로 그럴듯하게 논리를 완전히 분쇄한 적은 한 번도 없었다. 〈신프랑스 평론〉에서 앙토냉 아르토는 마르크스 형제를 찬양했다. 그들의 색다른 언어와 행동은 공상이나 몽상의 심각함에까지 이르고 있다고 말했다. 나는 초현실주의자들이 회화나 문학을 말살하는 작품을 좋아했으며, 마르크스 형제를 통해서 영화가 죽음을 당하는 것을 보고 크게 기뻐했다. 마르크스 형제는 사회적 관습이나 조리 있는 사상, 또는 언어뿐만 아니라 사물의 의미 자체에 타격을 입혔다. 그렇게 함으로써 그런 것들을 개혁한 것이다. 그들이 맛있다는 듯이 아삭아삭 도자기 접시를 먹을 때, 접시는 기구가 아님을 우리에게 보여준다. 사르트르는 이런 풍자적 비판을 즐기면서, 르 아브르 거리 여러 곳에서 앙투완 로캉탱의 눈과 함께 멜빵바지 한 벌이나 전차의 긴 좌석 의자가 무섭게 변신하는 모습을 관찰했다. 파괴와 시(詩), 이것은 아름다운 프로그램이 아닌가! 너무나도 인간적인 짐을 벗어버린 세계는 그 대혼란을 속속들이 드러냈다.

점점 유행에 민감해지는 만화의 변형이나 판타지에는 신랄함과 비약이 부족했다. 미키 마우스 이후에 별나게 귀여운 베티 부프가 나타났는데, 그녀의 매력은 뉴욕 재판관들의 눈에는 몹시 불온하게 비쳤기 때문에 사형 선고를 받고 말았다. 그 대신에 플레이셔가 수병 뽀빠이의 모험을 이야기해 우리를 위로해 주었다.*

올해도 여전히 우리는 세상사에 무심했다. 가장 두드러진 일은 린드버그의 갓난아기 유괴 사건, 크뢰거의 자살, 아노 부인의 검거, '조르주 피리파르'의 비극적 결말이었다. 우리는 이들 사건에는 흥미를 느끼지 않았다. 오직 하나 고르궐로프의 재판에만 동요를 했는데 그 이유는 나중에 설명하게 될 것이다. 우리는 점점 공산주의자들에 대한 확실한 호감을 갖게 되었다. 5월 선거에서 공산당은 30만 표를 잃었다. 사르트르는 투표하지 않았다. 하지만 그 무엇도 우리를 반(反)정부주의에서 떼놓을 수는 없었다. 승리는 좌익의 카르텔, 즉 평화주의에 돌아갔다. 급진사회당까지 군축과 친독 정책을 취했다. 우익은 히틀러의 운동이 확산된 것을 강조해서 비난했는데, 결국 힌덴부르크가 히틀러에 대항해 독일 대통령에 당선되고 폰 파펜이 수상으로 선출되었으므로, 확실히 우익이 히틀러가 중요한 인물임을 과장하고 있는 듯이 보였다. 미래는 여전히 밝았다.

6월에 사르트르는 바칼로레아를 위해 휴가를 얻어 10일 정도 마르세유에 놀러왔다. 이번에는 내가 경험을 살려 그에게 안내해 줄 차례였다. 내가 좋아하는 곳―옛 항구의 식당이나 칸비에르의 카페, 이프 섬, 엑스, 카시스, 마르티그―을 사르트르도 마음에 들어하는 것을 보고, 나 자신이 이곳들을 발견했을 때와 같은 기쁨을 맛보았다. 나는 루앙으로 발령이 난 것을 알고 사르트르와 또다시 에스파냐로 갈 계획을 세웠다. 나는 바칼로레아 시험관으로 니스에 가게 되었다. 정말 기뻤다.

니스에서 나는 마세나 광장 맞은편에 있는, 발코니가 딸린 큰 방을 발견했다. 방세는 하루에 겨우 10프랑. 뜻밖의 행운이었다. 왜냐하면 파리 유람 등으로 매달 생활비가 부족했기 때문이다. 집주인은 짙게 화장을 한 50대 여성으로, 새틴 옷에 보석을 잔뜩 달고 매일 밤 도박장에 틀어박혀 지냈다. 그녀

---

* 그해 파리에서는 루벤 마물리언(Rouben Mammoulian)의 〈지킬박사와 하이드〉와 프리츠 랑의 〈M〉, 〈우리에게 자유를〉〈서푼짜리 오페라〉 등이 상영되었다.

는 교묘하게 돈을 버는 덕분에 수입이 있다는 것을 자랑했다. 확실히 좋은 운을 타고난 듯하다. 매일 아침 6시 잠자리에 들기 전에 그녀는 나를 깨워 주었다. 나는 버스정류장으로 달려가기도 하고, 해안이나 산 주위를 걷기도 했다. 풍경은 마르세유보다 친숙하지는 않지만, 더 매혹적이었다. 나는 모나코, 망통, 라 튀르비를 보았다. 또 산 레모(이탈리아의 리비에라)에서 이탈리아의 향기를 미리 음미했다. 저녁 7시쯤 돌아와서 카페에 앉아 샌드위치로 저녁을 때우며, 산더미처럼 쌓인 답안지를 고치고는, 집으로 돌아가 죽은 듯이 잠들었다.

구술시험을 치르는 동안 니스에서 떠나지 않았는데도 제법 즐거웠다. 시험장에 온 수험생들은 큰 밀짚모자를 쓰고, 두 팔을 드러낸 채, 맨발에 샌들을 신고 있었는데, 나도 그런 흉내를 냈다. 남학생도 햇볕에 그을린 늠름한 팔근육을 드러내, 스포츠 경기장에라도 온 것 같았다. 누구 한 사람 진지한 자세는 보이지 않았다. 물론 나 역시 학생들에게 권위가 서지 않았다. 현지 신문기자는 나이가 들어 보이는 키 큰 사내 앞에 앉은 나를 보더니 우리의 위치를 뒤바꿔 생각했다. 기자는 수험생을 시험관으로 착각하고 기사를 낸 것이다. 밤에 나는 카페나 바닷가 작은 댄스홀을 어슬렁거렸다. 낯선 남자들이 내 테이블에 와 앉거나 얘기를 걸어와도 상관하지 않고 내버려두었다. 아무도, 그 무엇도 나를 방해할 수 없을 정도로 나는 밤의 부드러움, 빛, 새들에 사로잡혀 있었던 것이다.

상장 수여식 전날 나는 마르세유에 들러 출석부에 출석으로 표시했다. 학교 측은 시상식장에 나오지 않아도 된다고 말해 주었다. 투르멜린 부인은 2, 3일 마르세유 출발을 늦춰 달라고 간청했지만, 나는 못들은 척했다. 사르트르는 일주일 동안 가족과 함께 지내고 있었으며, 나는 나르본에서 그와 만나기로 되어 있었다. 나는 나르본으로 여행 가방을 보내고, 쇼핑백을 한 손에 쥔 채 즈크화를 신고서 가도를 걷기 시작했다. 혼자서 긴 유람을 떠난 적은 있으나 완전히 혼자인 적은 없었다. 아침에, 그날 밤 어디서 묵을지 모른다는 것은 얼마나 기쁜 일인가! 나의 호기심은 잦아들기는커녕 그 반대였다. 아를 교회의 정문을 알고 있는 지금으로서는 생질의 것과 비교해 보지 않고는 마음이 놓이지 않았다. 일찍이 생각지도 않던 건축물의 세세한 부분을 보고 싶어 민감해져 있었다. 세계가 풍요로워질수록 내가 노력을 들여야 할 일은 늘어났다. 나는 마그론에 있는 토(Thou) 못가를 서성거리고, 세트와 '해변의 묘지'(발레리의 유명한 시의 묘지)를 산책했다. 그리고 생기엠르데제르, 몽펠리에, 미네르브, 각양각색의 바위, 협곡, 석회질 고원, 산간 협로를 보았다. '처녀들의 동굴'에도 내려갔다. 나는 기차와 버스를 타고 또 걸었다. 오솔길이나 큰 길거리를 통과하면서, 희희낙락하며 지냈던 지난 1년을 회상했다. 나는 별로 독서를 하지 않았고, 내가 쓴 소설은 아무런 가치도 없었다. 그러나 나는 지루하지 않게 맡은 일을 수행하며, 새로운 정열로 자신을 풍요롭게 했다. 스스로 시련을 극복한 것이다. 사랑하는 사람의 부재도, 고독도 나의 행복을 뒤흔들지는 못했다. 이제 자신에게 의존할 수 있을 듯한 생각이 들었다.

르메르 부인과 파니에는 자동차로 남에스파냐를 함께 여행하지 않겠느냐고 나에게 권했다. 그들과 만날 때까지 우리는 발레아레스 제도와 에스파냐령 모로코를 일주하기로 했다. 테투안에서 나는 모로코 시장의 혼잡, 그 그림자의 빛, 강렬한 색채, 가죽과 향료의 향, 놋쇠를 두드리는 소리 등을 발견하고 황홀해했다. 우리는 가정 공업을 인간 활동의 모범적인 형태 중 하나로 간주하고 있었기 때문에 아무런 저항을 느끼지 않고 이와 같은 광경에 융화되었다. 하지만 나는 판매대 옆에서 꼿꼿이 선 채로 아무것도 하지 않고 있는 행상인들에게는 분개했다.
"저 사람들은 무슨 생각을 하고 있을까?"
나는 물었다.
"아무것도 생각할 것이 없을 때는 아무것도 생각하지 않는 거야."
이같이 사르트르가 말했다. 그들은 자기 안에 공허를 가져온 것이다. 호의적으로 본다고 해도 그들은 꿈을 꾸고 있다. 이 식물적인 인내심에 나는 약간 곤혹스러웠다. 그러나 나는 슬리퍼를 깁거나 융단의 실을 잇는 빠른 손놀림을 바라보길 좋아했다. 자우앙에서는 난생처음으로 급류 밑바닥에 가득히 자라고 있는 협죽도(夾竹桃)를 보았다. 그런 다음 터번을 감고 다양한 색의 옷을 걸친 세탁부가 얼굴을 드러내고서 방망이로 세탁물을 두들기고 있는 모습도 보았다.
우리는 세비유로 향했다. 우리가 먼저 시몽 호텔에 도착했고, 한밤중에 르메르 부인과 파니에가 왔다. 우리는 서로 껴안고 기뻐했다. 르메르 부인은 녹색 비단 옷에 모자를 쓰고 있었다. 그녀가 이렇게 젊게 보인 적은 이제까지 한 번도 없었다. 파니에도 싱글벙글했다. 파니에가 손대는 것 모두가 행복으로 바뀌는 듯한 인상을 모두가 받았다.

정평이 난 세비유의 매력만으로도 우리를 매료하기에 충분했는데 이튿날 아침 쿠데타란 재미난 사건이 있었다. 우리가 묵은 호텔 창가에서 사람들이 웅성거렸다. 군인과 자동차가 지나갔다. 르메르 부인은 에스파냐어를 했으므로 하녀에게 물어 사건을 들을 수 있었다. 앞서 지나간 커다란 검은 자동차 안에 있던 두 군인 사이에 세비유 시장이 앉아 있었다는 것이다. 산후르호 장군이 시장을 체포했고, 새벽녘에 장군의 군대가 모든 요소(要所)를 점령했으며, 호텔 사무소에서는 공화국을 전복할 큰 음모가 있다고 했다. 건물 들목에 시민의 평정을 바라는 벽보가 붙었다. 산후르호 장군은 동란의 선동자들이 진압되었다고 보증했다. 거리에는 군인들이 많이 있었다. 보도 위에 총이 다발로 세워져 있었으나, 모든 것이 한가롭고 평안했다. 사적이나 박물관, 카페는 평온하게 여행객을 맞이하고 있었다. 이튿날 아침, 산후르호 장군이 도망갔다. 그는 마드리드의 지원을 기대하고 있었는데 마드리드는 움직이지 않았다. 군중이 거리를 달리기도 하고, 외치거나 노래 부르며 아우성쳤다. 우리가 따라가 보니 시에르페스 거리의 톨도스 피난처에서 귀족 클럽 몇 곳이 불타고 있었다. 소방관들이 특별히 서두는 기색도 없이 오자 사람들은 외쳤다.

"불 끄지 말아요!"

"걱정 마시오! 서두는 게 아닙니다."

소방관들이 대답했다. 그들은 건물 전체가 다 탈 때까지 소방 호스를 그쪽으로 돌리지 않았다. 그런데 갑자기, 우리로서는 이유를 알 수 없이, 군중이 공포에 사로잡혀 앞다투어 도망가기 시작했다.

"너무도 바보 같은 짓이야."

르메르 부인은 생각을 다시 한 듯 멈추어 서서 뒤돌아보며, 냉정해지도록 사람들을 타이르려고 했다. 파니에가 그녀의 손을 잡아끌었고, 우리는 다른 사람들과 함께 달렸다. 그날 오후, 우리는 히랄다 탑에 올라가 테라스에서 승리의 행진을 구경했다. 시장은 친구들에 의해 석방되어 거리를 천천히 걸었다. 어딘가 우리 발밑에서 타이어가 펑크났다. 군중은 총소리로 착각하고 당황해서 저마다 멋대로 쏜살같이 내달았다. 이러한 소동에 우리는 환호했다. 이튿날이 되니 소동은 진정되었다. 그러나 무언가가 아직 대기 속에 감돌고 있었다. 나는 르메르 부인과 함께 우체국에 들어갔다. 사람들이 묘한 눈초리로 나를 바라보았다. 한 사내가 퇴하면서 바닥에 침을 뱉고 투덜댔다.
"그런 것은 여기선 거절이오!"
나는 놀랐다. 그 뒤 곧 쿠크 여행안내소에 일이 있어 갔는데, 그곳에서도 사람들이 나를 보며 은밀하게 소곤거렸다. 한 고용인이 진홍 바탕에, 황색의 백합꽃을 뿌린 듯한 무늬의 내 스카프를 가리키면서 정중하게 물었다.
"이 색을 일부러 물들인 겁니까?"
어리둥절해하는 내 모습에 용기를 얻은 사내는 그것이 왕당파의 색이라고 가르쳐 주었다. 나는 서둘러 그 도발적인 액세서리를 치워 버렸다. 오후에 우리는 황량해진 트리아나 변두리를 산책했는데, 아무 일도 없었다. 밤에 나는 사르트르와 함께, 술통 위에서 비만한 에스파냐 여성들이 춤추고 있는 알라메다 근처의 서민적인 나이트클럽에 갔다. 아이들이 거리에서 감송(甘松) 꽃을 팔았고, 여자들은 그것을 머리에 꽂았다. 좋은 향기가 감도는 밤이었다.
나는 순진하게도, 마음이 맞는 친구일지라도 넷이서 함께하는 여행은 까다로운 기획이라는 것을 상상도 못하고 있었다. 우리는 여러 가지 점에서 의견이 같았다. 모두 에스파냐의 부르주아와 말이 교묘한 가톨릭 수사들을 증오했으며, 에피날의 판화처럼 단순하게 이 사회에서 뚱보보다는 마른 사람 편을 들었다. 그럼에도 사르트르와 파니에에게는 커다란 견해차가 있었다. 파니에는 절충파였는데, 사르트르는 단호한 의견의 소유자였다. 카딕스에서, 사르트르는 여러 교회들을 장식하고 있는 뮈리요 따위를 보면서 시간을 허비하고 싶지 않다고 말했다. 르메르 부인은 예의상 동의했으나, 파니에는 화가 난 듯 성벽을 일주하면서 계속 입을 꼭 다문 채 한 마디도 하지 않았다. 갑자기 '뮈리요에게 흥미가 있다'고 선언하며 파니에가 박물관 앞에서 걸음을 멈추었다. 르메르 부인은 그를 따라 안으로 들어갔고, 나는 사르트르와 남아서 바다를 바라보았다. 파니에 얼굴의 불쾌한 듯한 표정은 밤까지 가시지 않았다.
그라나다에서 우리는 4일간 알함브라 호텔에 묵었다. 각자 좋아하는 행동을 취했기 때문에 싸우지 않고 끝났다. 르메르 부인과 파니에는 대사원을 보러 가는 것 말고는 거리로 나가지 않았다 (알함브라 호텔은 알함브라 궁전과 같은 높이이다). 사르트르와 나는 과거만큼 현재에도 흥미가 있었다. 우리는 알함브라 궁전 안을 몇 시간이나 어슬렁거렸다. 하지만 동시에, 오늘날의 에스파냐가 살아 있는 거리나 광장에서 먼지에 절고 햇볕에 그은 하루를 보냈다. 사르트르에게는 론다가 진정한 아름다움이 없는 죽은 촌락처럼 비쳤다. 평범한 우아함을 갖춘 집, 안뜰, 가구, 골동품들이 그를 따분하게 했다.

"이 모두가 아무런 흥미도 없는 귀족의 집들이야."

이같이 사르트르가 말했다.

"분명 프롤레타리아의 주거지도 아니야."

파니에가 불쾌한 듯이 대응했다.

사르트르의 극단적인 선입관이 파니에를 화나게 했다. 그래도 파니에는 사르트르가 그것을 말로만 표현할 동안은 참고 있었는데, 일단 그것이 사르트르의 감정이나 사고, 태도에까지 영향을 주게 되자, 둘 사이는 더욱 멀어졌다. 파니에는 사르트르의 선입관을 비웃을 절호의 기회를 잡고 있었다. 사르트르의 말과 실제 행동이 모순되었기 때문이다. 사르트르는 안락한 소시민의 여행을 하면서, 거기에 대해서 별로 불만을 말하지 않았다. 자신이 속하지 않은 계급에 대한 그의 시선에는 과연 어떤 진실이 있었을까. 파니에는 시종일관 부르주아적 자유주의를 완전히 견지하고 그것에 불평하지 않았다. 사르트르는 프롤레타리아로 기울어 가는 자신의 호의를 나타낼 방법을 발견하지 못하고 있었다. 사르트르의 상황이 불리했다. 그래도 파니에는 자신의 부르주아적, 프로테스탄트적 확신이 사르트르의 좌익주의에 의해 부인되는 것을 유쾌하게 생각하지 않았다. 파니에는 사르트르가 되고 싶지 않다고 생각하는 교양 있는 휴머니스트의 모습을 그에게 보여주었기 때문에, 별로 특별한 인상을 남기지 못했던 것이다. 두 사람은 저마다 두려워하는 모습을 상대방에게서 보고 있었다. 자신들이 그 중요성을 예감했던 까닭에, 그것이 또한 그들 논쟁의 근본적인 이유가 되었다.

둘의 감정은 날이 갈수록 악화되어, 파니에가 우리와 있는 것을 별로 달가워하지 않을 정도까지 이르렀다. 파니에는 이제까지 이런 긴 여행을 르메르 부인과 함께한 적이 없었기 때문에 그녀와 둘이서만 있기를 원했음이 틀림없다. 운전을 한 사람도 그였다. 더운 데다 길도 나빠 파니에는 밤이면 몹시 지쳤다. 게다가 자동차도 손봐야 하고 차고에도 가야 했다. 훗날 파니에는 우리가 이런 수고에 협력해 주지 않았다고 비난했는데, 확실히 우리는 자동차에 관한 것은 모른다는 편리한 핑계를 방패로 삼았었다. 파니에는 불쾌해져서 노골적으로 화난 표정을 지었으며, 사르트르는 사르트르대로 분노했다.

"당신은 엔지니어 같아."

그의 얼굴이 굳어지면 나는 이렇게 말했다. 난폭하게 꾸짖으면 사르트르는 오히려 쾌활해지는데 물론 언제나 그렇지는 않았다. 코르도바에서 42도의 더위 아래, 두 학우—사르트르와 파니에—는 자칫하면 절교할 뻔했다.

한편 대단히 즐거운 한때를 지낸 적도 있었다. 우리는 똑같은 마음으로 온통 흰 벽으로 이루어진 안달루시아의 마을들과 껍질이 벗겨진 코르크나무들, 해안 절벽과 황혼의 산맥 등을 사랑했다. 멀리 바다와 아프리카 해안이 바라다보이는 눈앞의 장엄한 파노라마에도 우리는 타리파의 황량함에 공감했다. 점심으로 값싼 생선구이를 먹었다. 그때 12살쯤 된 소년이 우리 곁으로 와서 떠나지 않았다.

"당신들은 운이 좋아요."

그 아이의 말에 우리 가슴은 찢기는 듯했다.

"여행을 할 수 있다니, 난 결코 이곳에서 움직이지 못해요."

확실히 소년은 이 세상 끝에서 늙어갈 것이다. 그의 신상에 결코 아무 일도 없기를……. 그러나 4년 뒤 그에게 틀림없이 무슨 일인가가 일어났다. 그런데 무슨 일일까?

여행에서 돌아오면서 르메르 부인과 파니에는 파리로 갔고, 우리는 툴루즈에 남았다. 툴루즈에 있는 카미유는, 사르트르도 잘 알지 못하고 내게도 낯선 이 도시를 이틀에 걸쳐서 안내해 주었다. 카미유는 하나의 돌과 벽돌에 대해서도 많은 이야기를 알고 있어서 그것을 잘 설명해 주었다. 때때로 카미유는 있는 그대로의 세상에 흥미를 갖기 위해, 자신이 위대한 여배우라는 신화와 인물의 역할을 잊을 수도 있었다. 그러한 현실주의는 그녀에게 어울렸다. 저녁식사를 하러 가론 강가 길거리 식당으로 우리를 데려간 카미유는 툴루즈의 부르주아들에 대한 얘기를 해 우리를 몹시 재미있게 해주었다. 밀회의 집이나 그곳의 손님들, 그리고 그녀의 가족 이야기를 했다. 그녀의 말을 들으면서 나는 왜 그녀가 《그림자》 등 하찮은 희곡을 써서 시간을 낭비했을까 생각했다. 그녀가 지금 쓰고 있는 《담쟁이덩굴》이란 소설이 훨씬 승산이 있어 보였다. 이 소설은 그녀의 청춘시절에서 소재를 얻은 것으로, 지나도 등장한다. 날마다 한밤중부터 아침 6시까지 쓰고 있다고 카미유는 우리에게 말했다.

"그래, 그런 식으로 일해야 한다. 하루 6시간씩, 매일!"

그해 '공개장'을 조금밖에 쓰지 못해 후회하던 사르트르가 이렇게 맞장구를 쳤다. 카미유는 이제 내게 질투심도 선망도 일으키지 않았지만, 단 한 가지, 그녀의 경쟁심이 부러웠다. 나는 그녀의 열정을 모방하고자 다짐했다.

제3부

저마다 근무지로 떠나기 전에 사르트르와 나는 한 친구와 대단히 상징적인 대화를 했다. 나는 아직 그에 대해서 말한 바 없는데, 마르코라는 이름의 이 친구는 사르트르와 대학도시에서 알고 지낸 사이다. 마르코는 대학도시에서 문학 교수 자격시험 준비를 하고 있었다. 그는 북아프리카 본(Bône) 태생이며, 약간 경이적이라고 할 미모의 소유자였다. 짙은 갈색 머리, 거무스름한 살결, 불타는 듯한 눈동자는 그리스 조각상과 동시에 그레코의 화폭을 연상케 했다. 그런데 가장 비범한 면은 그 목소리였다. 그는 목소리를 연마하는 일에 광적일 정도로 부단한 노력을 기울였다. 최고의 교사 밑에서 개인지도를 받고 언젠가는 샬리아핀처럼 되리라 믿었다. 그는 미래의 영광을 기준으로 함으로써 현재 자기 생활의 평범함을 경멸했으며, 평범한 생활에 만족하는 모든 사람, 사르트르, 파니에, 그리고 나 같은 사람도 업신여겼다. 그가 보기에 우리는 전형적인 프랑카위(Frankaouis : 북아프리카 태생의 프랑스인들이 본국의 프랑스인을 경멸하는 호칭)라서, 단순히 우리를 바라보는 것만으로도 폭소를 터뜨릴 정도였다. 그는 친구들에게 상당한 배려를 하는 체하면서 더욱 조심하고, 모든 친절과 아첨을 다했다. 우리는 그의 장난에 놀아나지는 않았지만, 그가 그와 같은 장난을 우아하게 처리한다고 생각했다. 그의 간계에 대한 취미나 방자함, 욕설은 우리를 흥겹게 해주었다. 마르코는 단호하게 품행 방정을 내세웠다. 그는 세브르 여자고등사범 학교 학생과 관계를 가진 적이 있는데, 곧 오누이 같은 사이가 되었다. 그의 지론에 따르면 성적 교섭은 지능과 감각을 둔하게 한다. 친구들 가운데서 최근 여자관계가 있었던 자는 한눈에 간파할 수 있다고 호언까지 했다. 대학도시에서 그는 자신을 숭배하는 한 무리를 이끌고 있었다. 어느 날 밤, 그중 한 사람이 창문을 통해 침실로 숨어들자 마르코는 램프를 그 사내의 머리 위에 내리쳤다고 한다. 이 사건으로 마르코는 심하게 동요하고 있었는데, 사르트르와 파니에는 이 얘기를 약간 수상하게 생각했다. 또한 마르코는 여성에 대해 경멸적 무관심을 숨기지 않았으며, '훌륭한 인간'과의 '만남'에 대해 열정적으로 말하곤 했다. 그는 누가 봐도 잘생긴 청년이었다. 그러나 그는 그런 선택된 사람들과는 플라토닉한 정열밖에 교환하지 않는다고 말했는데, 모두가 예의상 그의 말을 믿는 척했다. 그날 오후, 우리는 클로즈리 데 릴라 테라스에 앉아 있었다. 마르코는 손님이나 통행인들을 바라보고 있다가 이윽고 우리에게 시선이 멎자 크게 분개하면서 이렇게 말했다.

"가련한 소시민들이여! 이런 생활에 만족하다니!"

그날은 하늘이 맑고 가을이 성큼 다가온 것처럼 기분이 좋아 우리는 그의 말처럼 만족해하고 있었다.

"언젠가 크고 하얀 차를 사면 일부러 보도를 아슬아슬하게 지나가 모두에게 흙탕물을 끼얹을 거야."

사르트르가 이런 식으로 기쁨의 허무함에 대해서 말하려고 하면, 마르코는 그의 독특한 폭소를 터뜨렸다.

"실례…… 하지만 나의 난폭한 욕망을 생각하면서 그대들의 이성적 기쁨에 대해 듣자니…… 웃지 않을 수 없군."

마르코도 우리를 웃겼다. 사르트르는 테니슨과 같은 생활은 하고 싶지 않다는 말을 반복했다. 우리는 우리에게도 그러한 일들이 일어나리라 기대하고 있었지만, 그것은 금전이나 평판으로 살 수 있는 것은 아니라고 생각했다. 이 세상의 억만장자들이나 그들의 요란한 허풍이 우리에게 일으키는 경멸의 마음은 약하지 않았다. 우리는 좀더 부자가 되고 싶었으며, 될 수 있으면 빨리 파리의 교직에 임명되길 바라고 있을 뿐이었다. 하지만 우리의 진정한 야심은 전혀 다른 종류였다. 재산을 축적하는 데 있는 것이 아니고, 우리 야심을 실현시키기 위해 우리 자신에게 초점을 맞추고 있었다.

그래서 우리는 별로 나쁘지 않은 감정으로 지방을 향해 출발했다. 사르트르는 비교적 르 아브르를 좋아했다. 나도 르 아브르에서 1시간 거리이며, 파리에서 1시간 반 거리인 루앙이 더없이 좋은 직장으로 생각되었다. 내가 가장 신경을 쓴 것은 철도 정기권을 사는 일이었다. 루앙에서 가르친 4년 동안 나에게 시의 중심은 언제나 역이었다. 중고등학교도 바로 역 옆에 있었다. 내가 여교장을 만나러 가자 그녀는 여러 가지 배려를 해주면서 하숙하기에 적당한 노부인의 주소를 건네주었다. 나는 훌륭한 단독주택의 초인종을 눌렸다. 노부인이 기품 있는 가구로 장식된 방을 보여주었다. 창문은 크고, 조용한 정원이 내려다보였다. 나는 그곳을 재빨리 빠져나와, 라 로슈푸코 호텔에 주거를 정했다. 이곳에서 들리는 기차의 기적 소리는 나를 편안하게 해주었다. 나는 역구내에서 신문을 산 뒤에 광장 끝 빨간 페인트 칠을 한 카페에서 아침식사를 했다. 파리에서 살고 있는 듯한 생각이 들기도 하고 먼 교외에 와 있는 듯한 느낌이 들기도 했다.

그런데 나는 오랜 세월 루앙에 갇혀 지내게 되었다. 사르트르와 나는 휴일인 목요일에는 이 도시에서 지내기 때문에 무언가 흥미로운 일이 없을까 찾아다녔다. 니장은 1, 2번 만난 적이 있는 나의 동료 여교사에 대해서 열띤 목소리로 말을 했다. 갈색 머리에 젊은 공산당원인 이 여성은 콜레트 오드리라고 한다. 나는 그녀에게 다가갔다. 시원한 눈동자에 인상이 좋은 데다, 사내아이처럼 아무렇게나 모자를 쓰고 양가죽 윗옷을 입고 있었다. 그녀 역시 역 근처에 살고 있었으며, 잠깐 머무는 집을 매력적으로 장식해 놓았다. 마루방에 돗자리가 깔려 있고, 벽에는 마직 태피스트리, 그리고 종이로 뒤덮인 책상, 책 등이 있었으며, 그중에 마르크스와 로자 룩셈부르크의 저서도 섞여 있었다. 우리는 첫 대화를 조금 망설였는데, 그래도 의기투합했다. 나는 그녀에게 사르트르를 소개했고 그들은 서로 호감을 가졌다. 그녀는 공산당원은 아니었으며, 트로츠키를 신봉하는 조직에 속해 있었다. 그녀는 에메 파트리, 시몬 베유, 수바린과 잘 아는 사이였고 미셸 콜리네를 내게 소개했다. 미셸은 남자중고등학교에서 수학을 가르치며, 콜레트를 이 그룹에 소개한 사람이다. 그는 단정적이었는데, 나 역시 그랬으므로 그가 나에게 왓슨과 그 행동주의 심리학에 대해 찬양했을 때, 나는 도전적으로 그것에 반대했다. 그는 이따금 자크 프레베르를 만났고, 한 번은 지드를 본 적도 있다. 그러나 그는 불필요한 얘기는 하지 않는 사람이라서, 단지 지드는 요요를 아주 잘 한다는 말만 했을 뿐이었다. 요요는 그 무렵에 크게 유행한 놀이다. 사람들이 한 손에 요요를 하나씩 들고 산책을 할 정도였으며, 사르트르도 아침부터 밤까지 열중해 있었다.

나머지 동료들은 마르세유의 친구들보다 더욱 거칠고 가까이하기 어려워 접근하지 않았다. 하이킹의 즐거움도 미리 체념했다. 문명화되고 비가 많으며 맥 빠진 노르망디는 내게 그와 같은 즐거움에 대한 욕망을 일으키지 못했다. 하지만 도시는 나름대로 매력이 있었다. 낡은 구역, 낡은 시장, 우수에 젖은 강변……. 나는 이 도시에서 곧 습관을 만들어냈다. 습관이란 이따금 동반자와 같다. 나는 일을 하고, 숙제를 고치며, 카페 겸 식당에서 점심을 먹었다. 그곳은 긴 복도와 같은 구조에다, 벽은 낡은 거울로 뒤덮여 있다. 가죽으로 씌운 의자의 갈라진 틈에서는 말의 털이 삐져나와 있었다. 안쪽은 방이 넓고 사내들이 당구와 브릿지놀이를 했다. 급사들은 고풍스런 검은 옷 위에 흰 앞치마를 걸쳤으며 모두가 노인이었다. 식사가 맛이 없어 손님은 별로 없었다. 그곳의 한가함, 무관심한 서비스, 누렇게 빛바랜 낡은 전등이 마음에 들었다. 시골의 황폐로부터 몸을 지키려면 투우에서 쓰는 말인 쿼렌시아(querencia)를 확보하는 게 좋다. 그것은 모든 일에서 벗어나 피난하는 듯한 기분으로 있을 수 있는 장소란 뜻이다. 낡고 빛바랜 이 비어홀은 그 역할을 해주었다. 나는 청결하고 썰렁하며 완벽한 행상인의 방인 내 방—나는 그곳에 완전히 익숙해져 있었는데—보다는 비어홀 쪽이 좋았다. 오후 4시나 5시쯤 수업을 마치고 나오면 이곳에 앉아서 글을 썼다. 저녁식사로는 메탈데힐드 풍로에 우유가 든 밥을 짓거나 초콜릿을 끓이기도 했다. 그러고는 책을 조금 읽다가 잠드는 것이다. 물론 마르코라면 이런 생활이 비루하다고 비판했으리라. 그러나 나는 마르코가 잘못됐다고 생각한다. 어느 날 아침, 나는 창과 마주하고 있는 교회를 보고 있었다. 미사를 마치고 나오는 신자들과 구교회에 딸린 거지들을 바라보았다. 그때 나는 갑자기 계시를 받았다.

"특권을 지닌 신분은 없다!"

어떤 신분이든 저마다 가치가 있다. 무엇이나 같은 정도의 진리를 지니고 있기 때문이다. 그럴싸한 생각이었다. 다행히 나는 불행한 사람들의 운명을 정당화하기 위해 이런 생각을 한 것은 아니었다. 나는 내 경우에 한정해서 판단하고 있었던 것이다. 내게는 어떤 행운도 비껴가지 않았다고 확신했다. 이 점에서 나는 내가 옳다고 생각한다. 나의 행운이란 다름이 아니라 세상 이곳저곳에 잠입하며, 남의 명령 없이 세상 안팎을 마음대로 드나들며 빈둥거리고, 여가와 고독을 즐기며, 모든 것에 시선을 돌리는 사람, 또는 자연과 자기 마음의 약간의 변화에도 흥미를 가지고, 권태와 스치면 그것을 피하는 사람, 내가 유일하게 그런 사람이라는 것이다. 대담무쌍한 청춘을 소유하고 있는 사람이라면 더 이상 좋은 조건은 상상할 수 없다.

이 은퇴생활을 견디게 해준 것은 사르트르의 잦은 방문이었다. 우리는 파리에도 자주 갔다. 파리에서는 카미유 덕분에 뒬랭과 알게 되었고, 그에게 매료되었다. 뒬랭은 말을 잘해서, 리옹이나 파리에서 데뷔할 당시의 이야기나 '라팽 아질'(상송이나 시를 들려주는 몽마르트르의 유서 깊은 카바레)에서 그가 비용의 시를 낭독한 빛나는 나날들, 그곳에서 벌어진 엄청난 싸움 이야기—어느 날 아침, 청소부 아줌마가 마루 위에서 사람의 눈알을 쓸어낸 일—는 정말 재미있었다. 그런데 연극에 관한 견해를 물어보면 뒬랭은 대답을 피하고 당장이라도 도망칠 기세로 시선을 천장으로 돌리는 것이다. 일을 하고 있을 때의 뒬랭을 보고 나는 그 이유를 알 수 있었다. 물론 그에게는 몇 가지 주의(主義)가 있었다. 사실주의와, 사탕발림식의 시각이나 안이한 인공적 수단으로 관중을 유혹하는 것을 거부했으며, 그런 점에서 바티를 비난하고 있었다. 그러나 그가 하나의 연극에 손을 댈 때, 선험적인 어떤 이해를 가지고 시작하지는 않았다. 그는 작가의 독특한 예술성에 맞춰 연출을 하려고 애썼으므로, 셰익스피어를 피란델로처럼 다루지 않았다. 그래서 헛된 질문을 할 필요가 없었다. 그의 일하는 모습을 보아야 하는 것이다. 뒬랭은 〈리처드 3세〉의 연습에 몇 번인가 우리를 참석하게 해주었는데, 우리는 깜짝 놀랐다. 그가 텍스트를 읽으면 마치 새로운 텍스트를 만들어낸 듯한 느낌이 들었던 것이다. 일의 어려움은 그가 창출한 악센트와 리듬과 억양을 배우에게 불어넣는 데 있었다. 그는 설명하지 않고 암시를 해서 사람의 마음을 사로잡았다. 뒬랭은 능숙하게 배우의 재능과 결점을 잘 이용하고, 배우는 차츰 등장인물이 되어 간다. 이 변신이 언제나 수월하게 완성되는 것은 아니었다. 뒬랭은 배우들의 자리배치, 연기, 조명, 게다가 자신의 역할도 연구했기 때문에, 무엇을 어떻게 결정해야 좋을지 모를 때가 있었다. 그런 때 그는 크게 폭발한다. 셰익스피어의 대사에다가, 그 어조를 바꾸지 않고 절망 또는 격앙의 저주를 더해 토해내는 것이다.

"오, 이렇게 되면, 모든 게 끝장이야! 따라오지 못하고 있잖아. 계속할 필요 없어."

그는 심한 욕설을 퍼부으며 가슴이 찢어지는 듯한 말을 한다. 연습도 하지 않고, 〈리처드 3세〉도 상연하지 않겠다는 것이다. 뒬랭 자신도 진정으로 자신의 말을 믿는 것은 아니며, 아무도 유명한 뒬랭의 분노를 진지하게 받아들이지는 않았는데, 조수는 화가 치밀지만 꾹 참으면서 공손하게 가만히 있었다. 갑자기 뒬랭은 다시 리처드 3세가 된다. 그는 아주 매력적이었고, 그 얼굴—움직이지 않는 코, 교활한 듯한 눈초리—은 잔혹함을 훌륭하게 표현했다. 소콜로프는 그 용모와 악센트로 완벽하게 독특한 버킹검 공작을 연기했는데, 그 인물에 비상한 생명과 힘을 주었기 때문에 보는 사람을 사로잡았다. 이런 연습 도중에 나는 대단한 미인인 마리 엘렌 다스테와 아는 사이가 되었다. 그녀는 아버지 자크 코포에게서 매끄러운 넓은 이마와 푸른 눈동자를 물려받았다. 그녀가 레이디 안을 연기했는데, 이 역할은 그녀에게 전혀 알맞은 배역이 아니었다. 뒬랭은 재미있는 착상의 장치를 생각해냈다. 굵은 줄로 무대를 이등분하는 것이다. 조명에 따라서 관객 바로 앞으로 무대를 가져올 수도 있고, 후방에서 연출해 거리를 낼 수도 있다.

나는 비밀인 연극 제작 현장에 초대받아 재미있었으며, 또 흐뭇하기도 했다. 콜레트 오드리가 그녀의 여동생인 자클린이 스크립터로 일하고 있는 영화 촬영장에 데려가 주었을 때도 몹시 기뻤다. 〈에티엔〉이라는 작품으로 자크 드발의 연극을 각색한 것이었다. 자클린은 매우 아름답고 우아하게 보였는데, 그래도 그녀보다 더욱 아름다운 치장을 한 여자들이 있었다. 그 가운데서도 한 여배우는 생기가 없긴 했지만 그녀의 쥐색 벨벳 양장에 나는 넋을 잃었다. 출연자들은 한구석에서 기다림에 지쳐 있었다. 자크 보메르가 어느 첫 신을 찍고 있었다. 중역에게 불려간 그가 독특하게 혀를 차면서 '위에서 지시하신 대로'라는 대사를 해야 하는 장면이 있다. 카메라맨이 조명과 위치 결정 모두에 불만이었기 때문에, 보메르는 목소리의 억양도 몸짓도 전혀 바꾸지 않고 13회를 되풀이해야 했다. 우리는 오랫동안 이것을 무서운 일로 기억했다.

오후 8시 생라자르 역에서 루앙과 르 아브르로 우리를 데려다줄 기차에 올라탈 때 우리는 역시 얼마간 우울했다. 급행에는 삼등칸이 없기 때문에 이등칸에 탑승했다. 노르망디나 브르타뉴의 이름난 곳 사진이 걸려 있는 이등칸 안은 언제나 무더웠다. 20년 지난 뒤에 겨우 구경을 한 쥐미에주 수도원이나 코드베크 교회, 크리크뵈프 늪지 등을 스쳐 지나면서 우리는 방 딘(Van Dine)의 소설이나 위트펠트의 피비린내 나는 이야기, 대실 해밋을 탐독했다. 비평가들은 해밋에게 '신소설'의 선각자로서 경의를 표했다. 내가 역 밖으로 나오자 시가는 잠들어 조용해지고 있었다. 가게 문을 닫으려는 메트로폴에서 크루아상을 먹고 내 방으로 돌아갔다.

   파리, 르 아브르, 루앙에서 우리의 주요 대화는 우리가 알고 지내는 사람들에 대한 얘기로 가득하다. 그들의 일이 너무나도 우리 마음에 가득 차 있었기 때문에 그런 화젯거리가 아니면, 우리가 자신에 대해 그리는 영상이 흐릿해진다. 그러나 확실한 이유가 있을 때 우리는 침묵을 지켜야 한다. 사실 서로 북적대는 타인들의 존재는 언제나 약간 예상 밖으로 가끔 놀라움을 던져주기도 하고, 또 일상을 채워주기도 하면서 단조로움에서 우리를 구해냈다. 그들에 대한 여러 질문이 끊임없이 제기되었다. 제제는 일찍이 한 데생 교사와 결혼했다. 그녀는 영합주의적이며 신심이 두터운 시댁 식구들과 맞지 않아 거의 매일같이 남편과 말다툼을 했다. 그녀는 남편에게 원한을 품으면서도 매료되어 있었다. 이러한 감정 대립을 그녀는 어떻게 느끼고 있었을까? 제제는 내 여동생과 변함없이 친했는데 각자 나름대로 성숙해 있었다. 둘의 우정도 복잡했다.

   자클린 르메르도 약혼을 할 것이다. 그녀를 숭배하는 남자들 가운데서 왜 이 청년을 택했을까? 전날 밤, 타피르와 리스토메르 부인이 싸운 이유는 무엇이었을까? 새로운 사람을 알게 되면 우리는 그들을 다양한 각도에서 점검하고 여러 가지로 가공을 해 어떻게든 그 사람의 확실한 인상을 만들어 보려고 무던히 노력했다. 동료들에게도 모두 이런 차례가 돌아갔다. 우리는 특히 콜레트 오드리에게 흥미를 가지고서 그녀의 정치, 연애, 여동생과의 관계, 그녀 자신과의 관계에 대해서 두루 생각을 했다. 사르트르도 그의 학생 중 대단히 머리가 좋은 한 학생에 대해 말했다. 그 학생이 집착하는 냉소주의에 사르트르는 흥미를 느꼈다. 맨 처음 이 소년은 식민 학교에 가기로 되어 있었지만, 사르트르가 철학 쪽으로 그를 이끈 것이다. 소년의 이름은 리오넬 드 룰레라고 한다. 부모님이 이혼한 뒤, 그는 천문학과 연금술에 몰두하고 있는 어머니와 함께 르 아브르에 살고 있었다. 그녀는 아들의 성격을 설명하면서, 이러저러한 메탈로이드(준금속)와의 연관관계 속에서 그의 운명을 예언했다. 소년은 힘겨웠던 어린시절에 대해 사르트르에게 이야기해 주었다. 사르트르는 그를 '나의 제자'라고 부르며 대단한 호감을 보였다.

   나도 사르트르만큼이나 개개인을 중시하면서 한 명 한 명에게 관심을 가졌고, 사르트르처럼 열심히 사람들을 파악하고 재구성하여 그 모습을 다시 매만졌다. 하지만 나는 인간을 보는 눈이 서툴렀다. 이를테면 나와 투르멜린 부인과의 일도 내가 얼마나 무지한지를 보여준다. 나는 인간을 이해하기보다는 판단하길 좋아했다. 이 도덕주의는 훨씬 과거로 거슬러 올라간다. 어릴 적 우리 가족이 지녔던 우월성은 내 거만함을 부추겼다. 훗날 고독으로 인해 나의 성향은 도전적인 거만함으로 기울면서, 점차 주변 상황이 더욱더 나를 엄격한 사람이 되게 했다. 많은 청년 모임처럼, 동료들 패거리도 선과 악으로 확실하게 양립했다. 나 역시 이 그룹에 끼어들자마자 그룹의 법칙에 거스르는 모든 사람을 전부 악으로 단정했다. 나는 사르트르나 파니에보다 더 파벌적이었다. 둘은 사람들을 격렬히 비판해도 그들의 행동에 대해 설명하려는 경향이 있었다. 사르트르와 파니에는 나의 심리적인 부족함을 다시 가다듬어 주었다. 그리고 즐거이 비웃어 주었다. 왜 나는 이 결점을 고치려 하지 않았을까? 젊어서부터 침묵과 신비에 대한 취향을 갖고 있었기 때문일지도 모른다. 초현실주의가 내게 강한 영향을 준 까닭도 거기서 초자연적인 어떤 것을 발견했기 때문이리라. 나는 사람을 상대하고 있으면 쉽게 반짝이는 겉모습에 매혹되어 호기심에 이끌리고, 그 뒷면에 무엇이 숨겨져 있을까 자문하지도 않았다. 하지만 나는 이런 심미주의를 뿌리칠 수도 있었다. 내가 심미주의에 열중한 것에는 중요한 이유가 있었다. 타인의 존재가 내게 하나의 위험으로 끊임없이 남아 있어, 나는 솔직하게 정면으로 맞설 결심이 서지 않았기 때문이다.

18살 때 나는 내 모습을 괴물로 바꾸는 마법에 대항하여 열심히 싸웠으며 그 이후부터 형태를 유지했다. 사르트르와의 관계는, '우리는 하나다'라고 선언하고 편리하게 생각하여 우리를 세계의 중심에 두었다. 그 주위를 추악하고 어리석은 사람들이나 우스꽝스러운 사람들이 중력에 의해 돌고 있는데, 그들은 나를 보는 안목을 갖추지 못했다. 나는 유일한 시선이었다. 나는 남의 의견을 넉살 좋게 무시했다. 세상에 대한 체면을 중요하게 여기지 않아 나는 종종 사르트르를 곤혹스럽게 했다. 당시 사르트르에게도 비슷한 면이 많았다. 어느 날, 우리는 싸움을 했다. 내가 르 아브르의 프라스카티라는 호화 건물에서 차를 마시고 싶어했기 때문이다. 그곳은 바다가 내려다보이는 조망이 멋진 곳이었다. 그러나 내 양말에 큰 구멍이 뚫려 있던 탓에 사르트르는 완강하게 거부했던 것이다. 언젠가 우리가 파리에 있을 때, 주머니에는 1프랑의 돈도 없고, 마침 빚을 얻을 만한 사람도 없었다. 나는 매주 묵는 블루아 호텔 관리인에게 부탁하면 어떻겠느냐고 사르트르에게 제안했다. 사르트르는 그가 자기를 불쾌하게 했다며 싫다고 말했다. 우리는 1시간 남짓 몽파르나스 거리를 어슬렁거리면서 의논을 했다.

"그가 당신을 싫어한다 해도 그건 그의 머릿속에 있을 뿐인데 무슨 상관이야!"

나는 말했다. 사르트르는 그 사내의 생각만으로도 자신은 공격을 받는다고 대답했다.

철저하게 과오 속에 사는 것은 불가능하다. 약간의 대화도 나와 상대방 사이에 호의적 태도를 갖게 한다. 사르트르는 르메르 부인과 파니에를 신뢰하고 있었으며, 또한 그들 자신의 권위도 있었기 때문에 그들의 비판이나 비아냥거림은 나에게 영향력이 있었다. 카미유의 자신감은 지금도 나를 흔들어 놓곤 한다. 콜레트 오드리는 때때로 시몬 베유에 대해서 이야기를 했다. 절대적인 호의를 가지고 말한 것도 아닌데, 이 미지의 여성이 내게 위압적이었다. 시몬 베유는 르 퓌에서 교수로 있었다. 그녀는 짐수레를 끄는 사람이 묵는 숙소에 살면서, 월초에 자신의 월급봉투를 책상 위에 두어 누구나 자유롭게 쓰도록 했다. 또 실업자 대표단의 지도자가 되어 그들의 요구 사항을 제출하기 위해 선로 인부들과 함께 일했다. 시몬 베유는 르 퓌 시장과 학부형들의 반감을 사서 대학에서 쫓겨날 뻔했다. 그녀의 총명함, 금욕주의, 과격주의, 용기는 내게 존경의 대상이었다. 그러나 만일 그녀가 나를 알았다면 그리 존경심을 품지 못했으리라는 점도 알고 있었다. 나는 그녀를 내 우주 속에 집어넣지 못해 막연하게 강박감을 느꼈다. 우리는 대단히 먼 거리를 사이에 두고 살았기 때문에 누가 뭐라 해도 별로 마음이 불편하지는 않았다. 날이 지나도 나는 나 자신의 용의주도함을 포기하지 않았다. 타인이 나와 똑같이 주체이며 의식일 수 있다는 사실을 직시하지 않고 피했다. 나는 타인의 상황이 되어 보기를 원하지 않았다. 같은 이유에서 일부러 빈정거렸다. 한 번도 아니고 여러 번 이러한 경솔한 선입관은 준엄함이나 악의, 과실로 나를 끌어들였다.

그렇지만 사르트르와 함께 있을 때는 언제까지고 이런저런 사람들을 재검토하는 데 거리낌이 없었다. 오히려 사람들은 기꺼이 나의 심사를 받고 있었던 것이다. 그 권위는 확고해졌다. 나는 서투른 관찰을 했지만 사람들을 이해하려는 논의 속에서는 내 의견을 고집했다. 우리에게는 일관된 어떤 해명 방식도 없었기 때문에 모든 노력을 기울여야 했다. 고전적인 프랑스 심리학을 경멸했고, 행동주의도 신봉하지 않았으며, 정신분석도 조금만 신뢰했다. 나는 이 의문에 대해서 콜레트 오드리와 여러 번 논의했다. 공산주의자들은 정신분석을 규탄하고 있었다. 폴리처는 《코뮌》에서 정신분석을 에너지 론으로 정의하고, 그런 이유로 마르크스주의와는 양립할 수 없는 이상주의라고 말했다. 반대로 트로츠키주의자들이나 반(反)공산주의자들은 정신분석에 매달리고 있었다. 콜레트 오드리와 그의 친구들은 자기의 감정, 소행, 실패로 돌아간 행동을 프로이트나 아들러의 도식을 통해 해석했다.

아들러의 《신경증 기질》은 프로이트 이상으로 우리를 만족시켰다. 아들러가 프로이트보다 섹스에 무게를 덜 두었기 때문이다. 하지만 우리는 '열등감'이 누구에게나 적용되는 관념은 아니라고 생각했다. 정신분석학자들이 인간을 이해하기보다는 인간을 분해하는 것에 대해 비난했다. 거의 자동적으로 응용되는 그들의 '열쇠'는 경험을 그럴싸하게 합리화하기 위해 사용되었는데, 그보다도 각자의 특이성을 파악해야만 하는 것이다. 사실상 이러한 비평은 일부밖에 뒷받침되지 않는다. 우리는 진지한 학자들—프로이트, 그의 몇몇 제자들과 학문상의 적수들—과, 어설픈 파벌주의로 대가들의 이론을 적용하는 비전문가들을 혼동하고 있었다. 비전문가들은 우리를 몹시 싫증나게 했다. 우리를 더 분개시킨 일은 콜레트의 동료 몇 사람이 그들 삶의 방향을 정신분석의에게 물어 그 답을 구하고자 한 데 있었다. 그들 가운데 한 사람은 두 여성 사이에서 갈등하다가, 많은 초현실주의자들을 진찰한 것으로 유명한 D박사에게 의문을 풀러 갔다.

"마른 잎새처럼 자기에게서 감정을 분리해야만 합니다."

박사는 이같이 대답했다고 한다. 콜레트가 이 얘기를 했을 때 우리는 화가 치밀었다. 인생에서 선택을 해야 할 순간에 자기 스스로 정하지 않고 마치 질병이라도 되는 듯 의사에게 진단서를 받는 것은 정말 못마땅한 일이다.

그러나 다른 많은 분야와 마찬가지로 이 경우에서도 만일 우리가 한 번의 과오라도 범해서는 안 된다면, 그 대신 어떤 진리로 대체해야 좋을지 우리는 알 수 없었으리라. 야스퍼스에게서 빌린 '이해'의 개념에서는 상당히 막연한 방향밖에 발견할 수 없었다. 개인을 그 개성 속에서 종합적으로 파악하려면 우리가 소유하고 있지 않은 도식이 필요했다. 그래서 수년 동안 우리의 노력은 도식에서 해방되고, 또한 그 도식을 발명하는 일에 집중되고 있었다. 그것이 일상적인 일이며 어떤 책보다도, 어떤 외부의 공헌보다도 우리를 풍요롭게 한다고 믿었다. 사르트르는 자기기만이라는 개념을 만들어서, 다른 사람들이 무의식으로 설명하는 온갖 현상을 이해했다. 우리는 모든 각도에서 그것—언어의 속임수, 기억의 착오, 도피, 대가, 승화—을 제거하려고 힘썼다. 새로운 비밀을 해독하거나 새로운 형태를 발견할 때마다 기뻐했다. 나의 동료 중 한 젊은 여성은 교원실에서 독단적인 의견을 큰 소리로 단언하는 극단적인 기분파였는데, 막상 내가 그녀와 얘기를 하려고 하면 확고한 것은 아무것도 없었다. 이와 같은 대조적인 불분명함에 나는 당황했다. 어느 날 나는 문득 깨달았다.

"알았어, 지네트 뤼미에르는 그저 외관뿐이지!"

나는 이같이 사르트르에게 말했다. 그 뒤로 우리는 확신과 감정이 없어도 그런 것을 지닌 척하는 사람들을 이렇게 불렀다. 또한 그것과는 다른 이름의 '역할'에 대한 사고(思考)를 발견했다. 사르트르는 인간 행위를 좀먹는 공허의 일부와 얼핏 넘쳐 보이는 감각이란 것에 특히 관심을 가지고 있었다. 그는 심한 신장통 발작을 일으킨 뒤에 사실은 조금도 아프지 않다고 말해 의사를 곤혹스럽게 했다. 사르트르는 고통을 구멍이 성성한 엉성함으로 여겨, 침대에서 꼼짝 못하고 있으면서도 그 고통을 감지하기 어려운 것으로 간주했다. 하나 더 우리가 전념한 문제가 있었다. 그것은 의식과 인체와의 관계이다. 우리는 무엇이 육체적 숙명에 의존하고 있으며 무엇이 자유로운 동의를 불러일으키는지에 대해 구분하려고 애썼다. 나는 사르트르가 자신의 육체를 가로무늬근 다발로 간주하면서, 육체의 교감 조직을 자기 육체에서 분리하는 것을 비난했다. 그의 말에 따르면, 눈물이나 히스테리, 뱃멀미에 몸을 내맡기는 까닭은 타협을 했기 때문이다. 나는 위나 눈물샘, 두뇌조차도 때로는 억제할 수 없는 힘에 지배된다고 주장했다.

이러한 탐험을 하는 동안 우리는 자기 나름의 수단이나 예상을 만들었는데, 우리 자신이 갇혀 있는 범위가 좁은 것을 탄식했다. 우리는 친구가 많지 않았고 유력한 지인도 거의 없었다. 한편으로는 이와 같은 가난을 면하기 위해 사회기사에 열렬한 흥미를 갖게 되었다. 나는 자주 〈탐정〉이란 잡지를 샀다. 그 무렵 이 잡지는 경찰이나 정통파 사상가들을 공격하고 있었다. 신경쇠약이나 정신병에 흥미를 느낀 것과 똑같은 이유에서 우리는 극단적인 경우에 마음이 끌렸다. 사회기사에는 이른바 정상으로 불리는 사람들의 정열이나 태도를 좀더 극단적으로 표현한, 가슴 섬뜩하게 하는 만평 그림을 볼 수 있었다. 또 다른 의미에서도 그와 같은 극단의 경우는 우리에게 특별하게 다가왔다. 모든 혼란은 우리의 아나키즘을 만족시켰다. 색다른 형식은 우리를 매료했다. 우리의 모순 가운데 하나는 무의식을 부정하면서도 지드나 초현실주의자, 그리고 저항감이 있는 프로이트까지 받아들여 모든 인간에게는 '파괴할 수 없는 밤의 핵'(앙드레 브르통)이 존재한다고 인정한 점이다. '밤의 핵'이란 평상시에는 사회 관례나 상투어를 깨뜨리지 못하는데, 때때로 심한 스캔들 형태로 폭발한다. 이러한 폭발시에는 언제나 진리가 밝혀진다. 우리는 자유를 해방하는 폭발이 엄청나다고 생각했다. 부르주아적 결함이나 위선을 벌거벗기거나, 마음이 위장하고 있는 겉치레를 쳐부수고 마는 광란의 소용돌이에는 특히 가치를 두었다. 범죄와 마찬가지로 재판도 우리의 관심을 끌었다. 그 가운데서 가장 우울한 점은 개인과 집단과의 관계에서 생기는 문제였다. 판결의 대부분은 우리를 분개하게 했다. 왜냐하면 사회는 소홀하게도 그 계급적 편견과 몽매주의를 재판에서 드러냈기 때문이다.

  물론 우리는 심리적 또는 사회적으로 중요성이 있는 경우에만 관심을 가졌다. 루앙에서 팔쿠가 재판을 받을 때는 법원 앞에 1500명이나 되는 시위 행렬이 있었다. 팔쿠는 내연녀를 불태워 죽인 혐의로 기소되었는데, 그는 루앙에서 대단히 인기 있는 사내였다. 그가 무죄 선고를 받았을 때 사람들은 승리를 축하하며 그를 어깨에 메고 돌아다녔다. 나는 이런 소동에는 무관심했다. 하지만 그다지 시끄럽지 않던 어느 사건에 대해서 오랫동안 사르트르와 함께 의문을 가졌다. 결혼생활 3년 동안 아주 행복한 가정을 꾸리던 젊은 화학자가 어느 날 밤 아내와 함께 카바레에서 만난 낯선 남녀 한 쌍을 집으로 데리고 왔다. 어떤 난잡한 일이 벌어졌는지 이튿날 아침 젊은 부부는 자살을 했다. 나는 이때의 기억으로 미루어 우리의 사고(思考)에는 아직 대담함이 부족하다고 생각했다. 우리는 사랑하고 행복했던 3년의 시간보다 일시적인 방황이 낫다는 데에 놀라워했다. 우리에겐 타당한 이유가 있었다. 그 뒤 정신분석의에게서 설명을 들었는데, 여러 악조건이 겹쳐 몸 안에 병의 원인이 생기지 않은 한, 외적인 쇼크는 중증 정신착란의 계기가 되지는 않는다고 한다. 그러나 우리는 그냥 어찌할 바를 모르고 있을 수만은 없어서, 신문의 판에 박은 듯한 문구를 인정하지 않고 부부 중심에서 출발해 두 사람의 진정한 관계를 상상해 보았다. 동반 자살 전날 밤에 남녀 두 쌍의 치정 사건은 확실히 단순한 우연은 아니었으리라. 하지만 우리는 이런 외관에 참견해 볼 생각은 하지도 않았던 것이다.

일단 사회질서가 동기가 되었을 경우, 우리는 재빠르게 그 기만을 밝혀내려고 했다. 파팽 자매가 저지른 비극의 큰 줄거리는 곧 우리에게 명확해졌다. 르 망과 마찬가지로 루앙에도, 어쩌면 내 학생들의 어머니 중에도 접시를 깼다고 해서 그 값을 급료에서 제하거나 흰 장갑을 끼고 가구 위 먼지를 확인하는 여성들이 있다. 우리 눈으로 보기에 그런 여성들은 백 번이라도 죽음을 당할 만했다. 몇몇 신문이 실은 파팽 자매의 옛 사진에서, 웨이브 머리에 흰 옷깃을 단 크리스틴과 레아는 얼마나 얌전해 보이는가! 그런데 공소 때 제공된, 사건 뒤의 사진에서 보이는 사나운 흉포함은 어떻게 된 것일까? 유년시절을 보낸 고아원, 예속, 선량한 사람들을 미치광이 짓이나 살인 방조, 괴물로 내몬 그 냉혹한 체계에 책임을 물어야 한다. 이 파괴적인 무서운 기계는, 무서운 본보기에 의해서만 공정하게 고발될 수 있다. 결국 자매는 스스로 어두운 정의의 도구, 그리고 희생자가 되어버린 것이다. 우리는 신문에서 그녀들이 서로 사랑했다는 사실을 알았다. 살풍경한 다락방에서 보낸 그들의 애증의 밤을 상상해 보았다. 그러나 예심 보고서를 읽고 나서 도무지 알 수 없게 되었다. 언니가 급성 편집병이었던 것은 분명한 사실이며, 동생은 언니의 정신착란을 따라간 것이다. 그러므로 그녀들의 극단적인 행동을 자유의 격렬한 폭발로 간주한 것은 잘못이었다. 그녀들은 혼란한 공포 속에 맹목적으로 덤벼든 것이다. 우리는 그렇게 믿고 싶지 않아서 남몰래 그녀들을 계속 존중했다. 하지만 담당 정신분석의가 자매의 정신에 이상이 없다고 발표했을 때, 우리는 역시 분개하고 말았다. 1933년 9월, 우리는 〈탐정〉지에서 배심원으로 뽑힌 뚱뚱한 농민들이나 영업 면허를 가지고 있는 상인들의 사진을 보았다. 그들은 '미친 새끼 양'의 운명을 결정하기에 걸맞게 도덕관이나 건강에도 자신만만한 모습이었다. 배심원들은 언니에게 사형 선고를 내렸다. 판결 이틀 뒤, 언니에게 정신병자용 억압복을 입혀야만 할 처지가 되었고, 그녀는 정신병자 보호소에 종신 수감되었다. 우리는 명백한 사실 앞에 양보했다. 크리스틴의 죄는 그녀의 질환에 의해서 약간 퇴색되었는데, 배심원들의 비열함은 그것으로 인해 배가되었다. 똑같은 판결로 고르궬로프(1932년 프랑스 대통령 두멜을 살해한 러시아인)를 단두대로 보냈다. 그도 묶어 두어야 할 정도의 정신병자였음은 누구나 아는 사실이었다. 만일 그가 보통 사람을 죽였다면 단두대로 가지는 않았으리라. 우리는 우리 사회가 원시사회보다 그다지 진보되지 못했음을 인정하며 기뻐했다. 만일 사회가 범죄와 범인 사이에 인과관계를 상정했다면, 사회는 고르궬로프와 파팽 자매에게 책임이 없다는 결론을 내려야 했다. 사실 사회는 살인범과 희생자 사이에 '참여'(레비브륄이 《미개사회의 사고》에서 사용한 개념)라는 관계를 만든 장본인이다. 그러므로 살해된 대통령과 토막 살해된 두 부르주아 여성을 위해 선험적 견지에서, 두 경우 모두 피비린내 나는 속죄가 필요했던 것이다. 결국 살인범은 제대로 심판을 받지 못했으며, 단지 '속죄양'이 되었다. 사르트르는 치밀하게 문명 세계에 우글거리는 논리 이전의 사상을 주의 깊게 살폈다. 사르트르가 엔지니어의 합리주의를 거부했다면, 그것은 가장 정당한 명료성의 형태라는 이름으로 행해진 것이다. 그러나 이 사회는 논리나 수학에 마술적 정신 상태의 잔존물을 겹쳐놓으면서, 진리에 대한 경멸을 끊임없이 보여주고 있을 뿐이었다.

르 망 학살 사건에 비하면 다른 대부분의 범죄는 하찮은 것이었다. 우리는 세상 사람들과 마찬가지로 이아생트 당스의 기이한 범죄에 대해서 말했다. '불레이의 현인'으로 불리던 이 사내는 '공포의 박물관'이 되어 버린 '은신처'에 정부와 그 어머니의 시신을 유기하고, 일찍이 자신의 교사였던 사람을 죽이기 전에 그곳에서 색다른 치정에 빠져 있었다. 이름 없는 선원에 의한 오스카 뒤프렌의 살인에는 전형적으로 비열한 수단이 사용되었다. 비올레트 노지에르라는 18세 처녀가 아버지를 독살한 이 사건은 우리의 관심을 눈뜨게 했다. 마침 파팽 자매 재판이 진행 중이어서, 어느 법정 기자는 이 두 사건에 공통성이 있다고 보고 '이들의 정도를 벗어난 청춘'에 대해서 가차 없는 준엄한 심판을 요구했다. 예심 시작부터, 아버지 살해자는 범인이라기보다 피해자처럼 보였다. "차라리 자살하는 게 낫다. 비올레트!" 이렇게 외치며 시민 편을 든 어머니로 인해 여론이 약간 헷갈리기는 했다. 그래도 예심에 출두한 증인들과 보도진 전체는 진실을 은폐하기에 힘썼다. 딸의 아버지에 대한 힐난이나 확증된 수많은 증거에도 그들은 그녀 아버지의 거룩한 인격을 핑계로 삼았다.

신문을 읽거나 친구들과 이야기하면서, 사람들에 대한 분명한 이해와 그들의 자유 수호를 목적으로 하는 계획이 있다는 말을 들으면, 우리는 곧 관심을 그곳으로 돌렸다. 히르슈펠트 박사는 베를린에 '성 과학연구소'를 설립할 즈음 개인의 권리 존중을 더욱 추진하면서, 일종의 성도착을 용서하길 바란다고 호소했다. 박사는 독일 법률에서 앞으로 변태성욕을 경범죄로 간주하지 않는다는 보장을 받아냈다. 9월 신학기 시작 얼마 전, 브르노에서 '성 개혁을 위한 국제회의'가 열렸다. 임신, 피임법, 일반우생학 등이 연구 주제였다. 우리는 인간을 사회 순응주의로부터 지켜, 인간을 자연에서 해방하고, 육체의 자제—특히 생식은 수동적이어서는 안 되며 명확하게 동의해야 한다—에 대한 노력을 인정했다. 또한 우리는 이와는 다른 체계의 사고로써 새로운 교육 방식을 발명한 생폴드방스의 프레네 교사에게 찬성했다. 그는 학생들에게 단순히 맹목적인 복종을 강요하지 않고 그들의 우정과 창의에 호소한다. 프레네는 학생의 영감을 존중해, 7세 학생에게서 또래의 아이가 그린 데생과 비슷한 정도로 생생하고 독창적인 작문을 얻기도 했다. 그는 〈꽃다발〉이라는 작은 잡지에 이 글을 발표했다. 시(市)의 성직자가 시민들을 그에게 맞서도록 부추겨 그들은 학교에 돌을 던졌다. 그러나 프레네는 완강했다. 교사 프레네의 성공은 우리의 가장 열렬한 확신, 즉 자유는 발명의 끊임없는 원천이며, 그 재능을 베풀 때마다 세계는 풍요로워진다는 의견과 일치하고 있었다.

기술의 진보는 이 해방에 도움이 되지 않는 듯했다. 미국 경제학자들은 머지않아 기술자들이 지상을 지배할 것이라고 예고했다. 이때는 기술주의라는 언어가 만들어진 시점이었다. 최초의 블랭식 사진 전송이 시작되었다. '원거리의 가시'는 거의 실현 단계에 들어섰다. 피카르 교수와 그 경쟁자들은 성층권 원정을 거듭하고 있었다. 메르모즈, 코도스와 로시, 아멜리아 에어하트(미국 여 류비행사)가 계속 기록을 깼다. 그 모험적인 탐험들이 우리에게 감동을 주었다. 하지만 신문이 감탄하는 온갖 새로운 기계류에 우리는 무관심했다. 우리의 지론에 따르면 증오를 박멸하는 데는 단 하나의 방법밖에 없었다. 그것은 지배계급을 타도하는 것이다. 20세 즈음 나는 지배층의 거짓, 바보스러움의 더하고 빼기, 외곬의 신심, 거짓의 덕을 참을 수가 없었다. 어느 날 밤 루앙에서 음악회에 갔다가, 내 주위의 관중이 아름다움의 배급을 맛보려고 대기하고 있는 것을 바라보았을 때 절망에 사로잡혔다. 그들은 어쩌면 그렇게도 숫자가 많은 데다 그렇게도 강력한지! 목적을 달성하는 일은 영구히 없을까? 앞으로 어느 정도의 세월에 걸쳐 그들에게 최고의 인간 가치를 나타내도록 해야 하는가? 언제까지 그들의 아이들에게 그 모습을 형성하게 할 것인가? 나의 학생 가운데 몇 명은 느낌이 좋았다. 학교가 파할 때, 나는 그녀들이 내가 그들과 비슷한 나이였을 때 숨 막혀했던 우리집과 똑같이 폐쇄적이고 따분한 가정으로 돌아가는구나, 생각했다. 그러자 내 마음이 단단히 짓눌리는 듯했다.

다행히도 자본주의의 청산은 급속도로 진전되고 있는 것처럼 보였다. 1929년에 시작된 공황은 자본주의를 격화시킬 뿐이며, 그 엄청난 양상은 완고한 사상을 고집하는 사람들에게조차 강한 영향을 미쳤다. 독일, 영국, 미국에는 몇 백만이나 되는 실업자가 나왔다.* 굶주린 사람들의 무리가 워싱턴으로 행진했다. 그런데도 한편에서는 커피나 밀가루 더미를 바다에 던져 버렸다. 미국 남부에서는 목화를 땅에 묻었다. 네덜란드인은 소를 죽여서 돼지의 사료로 주고, 덴마크인은 10만 마리의 새끼 돼지를 죽였다. 신문에는 파산, 스캔들, 실업가들과 금융 자본가들의 자살이 잇따랐다. 세계는 술렁이기 시작했다. 사르트르는 이 혁명에 힘을 쏟고 있는 사람들에게 함께 동참해야 하지 않겠느냐고 자주 물었다. 부두에 면한 루앙의 큰 카페, 빅토르 테라스에서의 대화를 나는 정확히 기억한다. 우리에게 관념적으로 알려진 부문에서도, 구체적인 사실에 맞닥뜨리는 경우라면 그것은 언제나 감동을 주었다. 우리는 그 일에 대해서 많은 보충 설명을 해보곤 했다. 그날 오후도 그랬다. 깔끔하게 푸른 작업복을 입은 부두 인부가 우리 테이블 옆에 앉았다. 점포 관리인은 그를 내쫓았다. 이 사건을 통해서 배운 것은 없었지만 그것은 에피날의 풍자화와 같은 순진함으로 계급 차별을 묘사했다. 그리고 우리에게 토

---

* B.I.T.(국제노동사무국)의 통계조사를 받은 실업자의 총수는 4천만 명에 달했다.

론의 한 동기가 되면서 원대한 문제로까지 전개되었다. 우리는 이와 같은 질문을 해보았다. 노동계급이 이끄는 계급투쟁에 호의를 표시하는 것만으로 과연 만족할 것인가? 그 투쟁에 참가해야만 하는 게 아닐까? 최근 수년 동안 사르트르는 여러 차례 공산당에 가입할지를 막연하게 생각한 적이 있다. 하지만 그의 사상, 계획, 성격이 거기에 맞지 않았으며 서로 어긋났다. 사르트르는 나 못지않게 자립에 대한 취향을 지니고 있었지만 나보다도 훨씬 더 책임의 의미를 알고 있었다. 그날 우리는 이렇게 결론을 내렸다. 물론 결론은 언제나 일시적이었다. 만일 우리가 프롤레타리아에 속한다면 공산당원에 가입해야 한다. 그러나 그들의 투쟁은 우리와 관계있어도 우리의 투쟁은 아니었던 것이다. 사람들은 늘 우리에게 그 투쟁에 가담하라고 요구했으나, 우리가 지향하는 바는 우리 자신의 일을 하는 것이지 공산당에 가입하거나 타협하는 게 아니었다.

우리는 반(反)공산당파와 한편이 되어 싸우는 일은 절대로 생각해 보지 않았다. 우리는 트로츠키에게 최고의 평가를 내렸고, 그의 '영구혁명론'은 한 국가의 사회주의 건설에 대한 생각보다도 우리의 아나키스트적인 경향을 만족시켰다. 하지만 우리는 트로츠키주의자들 사이에서도, 다른 반대파 그룹에서도 공산당의 것과 똑같은 관념적 독단론을 발견했다. 그래서 우리는 트로츠키주의자들의 영향력을 믿지 않았다. 콜레트 오드리가 자신의 계파—전부 5명—는 새로운 혁명이 소비에트에서 일어나기를 바라고 있다고 했을 때도 우리는 그녀에게 회의적인 감정을 숨기지 않았다. 우리는 반(反)스탈린파가 열중하고 있던 세르게 사건에 대해서 적당한 관심만 보였다. 그래도 그 일이 우리와 무관하다고는 생각지 않았다. 우리의 대화나 수업, 저서로 개인적인 행동을 할 생각이었던 것이다. 그것은 건설적이라기보다 비판적인 행동이었다. 그러나 그 시절, 프랑스 지식인들의 비판은 매우 유익하다고 믿었다.

그런 이유로 우리는 저작과 탐구에 계속 전념했다. 사르트르는 그의 분열된 사고를 논리정연하게 조직하려면 도움이 필요하다는 사실을 깨달았다. 당시 키에르케고르의 최초 번역판들이 발간되었지만 그것을 읽어야 할 어떤 필요성도 느끼지 못했기에 무관심했다. 한편 사르트르는 독일 현상학에 대한 얘기를 듣고 몹시 마음이 이끌렸다. 레몽 아롱은 그해를 베를린의 프랑스

학원에서 보내고, 역사 논문을 준비하면서 후설을 연구하고 있었다. 아롱은 파리에 와서 사르트르에게 후설에 대해 얘기했다. 우리는 그와 몽파르나스 거리 베크 드 가즈에서 저녁나절을 보냈는데 그 집의 특별 요리인 살구 칵테일을 주문했다. 아롱은 자신의 컵을 가리키며 말했다.

"자, 봐, 그대가 현상학자라면 이 칵테일에 대해서 말할 수 있지. 그것이 바로 철학이야!"

사르트르의 얼굴은 감동으로 창백해졌다. 거의 그런 얼굴빛이었다. 그것은 그가 오랫동안 바라던 바와 일치했다. 즉 사물에 대해서 이야기하는 것, 그가 접하는 그대로의 사물…… 그것이 철학이기를 바라고 있었던 것이다. 아롱은 현상학이 사르트르가 끊임없이 생각하는 문제에 정확하게 답하는 것이라고 사르트르를 설득했다. 이상주의와 현실주의를 동시에 뛰어넘는 것, 다시 말해 의식의 절대성과 우리에게 보이는 세계의 현존성을 동시에 긍정하는 그의 관심을 충족한다고 아롱은 설명했다. 사르트르는 생미셸 거리에서 후설에 관한 레비나스의 저서를 구했다. 그는 한시라도 빨리 알고 싶어 걸으면서 책장을 넘겼다. 그가 우유성(偶有性)에 대한 암시를 발견했을 때 심한 충격을 받았다. 자신이 연구하던 것을 몇 사람이 앞질렀다고 생각한 것이다. 앞부분을 더 읽은 뒤에 그는 비로소 안심했다. 후설의 체계에서 우유성은 중요한 역할을 하고 있지 않은 듯했다. 레비나스 역시 형식적이며 막연한 서술밖에 하고 있지 않았다. 사르트르는 이를 진지하게 연구해 볼 결심을 했다. 아롱의 권고로, 이듬해 1년을 '패거리'의 뒤를 이어 베를린의 프랑스 학원에서 보내게 된다.

세계를 향한 우리의 관심은 내가 앞서 말한 대로 상당히 엄격하게 방향이 정해져 있었다. 하지만 절충할 수 있는 것들에 대한 가능성을 생각하여, 출판되는 모든 책을 읽었다.[1] 그해 우리에게 가장 중요한 프랑스 책은 셀린의 《밤의 끝으로의 여행》이며, 우리는 많은 부분을 암기하고 있었다. 그의 아나키즘은 우리와 가깝게 느껴졌다.[2] 그는 전쟁, 식민주의, 평범하고 속됨, 상

---

[1] 그해 브르통의 《무염수태》, 미쇼의 《어느 사내》, 실로네의 《폰타마라》, 모라비아의 《무관심한 사람들》, 폰 살로몬의 《도시》, 마르셀 에메의 《초록 암말》이 출판되었다.

[2] 《사형집행유예》는 우리 눈을 뜨게 해주었다. 거기에는 온갖 프티부르주아적인 증오의 경멸감이 있으며, 그것은 프레파시스트적인 태도이다.

투어, 사회 등을 환상적인 문체와 리듬으로 공격했다. 셀린은 새로운 도구, 즉 얘기하는 듯한 생생한 문장을 발명했다. 지드, 알랭, 발레리의 대리석 같은 차가운 문장과는 달리 정말로 편안했다. 사르트르는 셀린의 문체를 본보기로 삼았다. 그는 《진실에 대한 전설》에서 이제껏 사용하고 있던 딱딱한 어조를 결정적으로 버렸다. 우리가 일기, 편지, 전기와 같이 마음속에 불어넣을 수 있는 글들을 대단히 좋아했던 것은 자연스러운 일이었다. 우리는 빌리의 《디드로》, 샤리에르 부인으로 친숙한 스코트의 《젤리드의 초상》, 유명한 악인들을 벌거벗긴 리튼 스트레치의 《빅토리아 시대의 유명인들》을 읽었다. 여기서 작자는 몇몇 악인에 대한 진실을 축소했다. 〈신프랑스 평론〉에 《인간 조건》이 발표되었는데, 우리는 이 작품을 좋게도 또 나쁘게도 생각했다. 우리는 작품의 전개보다 그의 야심 쪽에 가치를 두었다. 총체적으로 프랑스 소설가의 기교는 미국 대작가들에 비해서 대단히 초보적이라고 생각했다. 이때는 존 도스 파소스의 《북위 42도선》이 프랑스어로 번역된 시점이었다. 이 책은 시사하는 바가 많았다. 인간은 저마다 계급에 따라서 조건이 부여되는 한편, 어느 누구도 계급에 의해서 완전히 결정되지는 않는다. 우리는 두 진리 중 어느 쪽을 취해야 할지 혼란스러웠다. 도스 파소스는 심미적인 면에서 하나의 화해를 제시했으며, 우리는 그것을 훌륭하다고 생각했다. 그렇게 함으로써 그는 면밀한 개성으로 주인공들을 보여줌과 동시에 그들을 한낱 순수한 사회적 생산물로서 표시한 것이다. 주인공들에 대해서 같은 양으로 자유를 배분하지는 않았다. 가난, 피로, 일, 반항 속에서도 피착취자들에게는 충족과 성실의 순간이 있고, 그들은 살아 있었다. 그러나 그의 작품에서 상류계급의 자기상실감은 철저했다. 집단적인 죽음은 온갖 동작, 언어, 가장 친밀한 속삭임조차도 얼어붙게 했다. 사르트르는 5년 뒤에 〈신프랑스 평론〉에서 이 예술의 교묘한 수단을 분석하게 된다. 하지만 우리는 도스 파소스가 의식한 놀랄 만한 효과에 곧 마음이 사로잡히고 만다. 인간들 스스로가 정신적으로 열중하는 이 자유의 코미디를 통해서 그들 모두를 한꺼번에 보는 일은 잔혹하다. 상황에 따라 경직된 모습으로 반사되어 있는 그들을 한꺼번에 보는 것처럼 말이다. 사르트르와 나는 이따금, 남들과 우리 자신의 인생에 대한 이런 이중의 견해를 스스로에게 적용했다. 왜냐하면 우리는 확실한 자신감을 가지고 살아가면서도 자기 자신에 대해서 관대하지 못했기 때문이다. 도스 파소스는 우리에게 새로운 비판의 도구를 주고, 우리는 마음껏 그것을 사용했다. 이를테면 카페 빅토르에서의 대화를 도스 파소스식으로 이야기해 보았다.

"카페 관리인은 만족한 듯한 미소를 지었으나, 그들은 격한 분노를 느꼈다. 사르트르는 파이프 담배의 연기를 들이쉬며 자신이 단순히 혁명에 호의를 표하는 것만으로는 충분하지 않다고 말했다. 비버는 사르트르에게 그것만이 그가 해야 할 일이라고 반박했다. 그들은 맥주를 2잔 주문하고서, 타인에 대해서 어떤 의무가 있는지, 자기 자신에 대해서는 어떤 의무가 있는지를 아는 것이 대단히 어려운 일이라고 말했고, 만일 자신들이 부두의 인부였다면 틀림없이 공산당에 가입했을 것이라고 했다. 그러나 그들의 처지에서 자신들에게 요구할 수 있는 일은 프롤레타리아 측에 언제나 가세하는 것이라고 말했다."

소시민인 두 인텔리가 정치운동에 가담하지 않으려고 그들의 미래 작품을 끄집어낸 것이다. 바로 이것이 우리의 현실이었으며, 우리는 그 현실을 잊지 않으려고 애썼다.

《5만 달러》와 《해는 또다시 떠오른다》를 통해 우리는 헤밍웨이를 알게 되었다. 나는 영어로 된 그의 새 작품을 몇 권 더 읽었다. 그의 개인주의와 인간에 대한 관념은 우리와 아주 가까웠다. 주인공들의 두뇌, 감정, 육체에는 차이가 없다. 생트주느비에브의 언덕이나 팜플로나의 거리들을 방황하면서 지껄이고, 먹고 마시며 여자들과 자는 그의 주인공들은 결코 자기 자신에 대해 간직하고 있는 것이 없었다. 우리는 에로티즘의 개념—말로는 《인간 조건》에서 그것을 많이 사용하고 있는데—을 가장 싫어했다. 이는 에로티즘이 섹스를 극단으로 부추김과 동시에 그 가치를 낮추는 독특한 효과를 품고 있기 때문이다. 헤밍웨이의 연인들은 일분일초를 육체적으로나 정신적으로 서로 사랑한다. 성은 그들의 행동, 감동, 언어에 스며들어 있기 때문에 욕망과 쾌락을 향해 복받쳐 오를 때는, 성에 의해 연인들 모두가 하나로 결부된다. 또 하나 마음에 든 것은 인간이 모든 것에 존재하는 한, '야비한 상황'은 존재하지 않는다는 점이다. 우리는 산책, 낮잠, 대화 등 일상생활의 검소한 기쁨에 많은 가치를 두고 있었다. 헤밍웨이는 그런 것에 로마네스크한 매력을 주었다. 그는 소설의 인물들이 어떤 포도주나 고기를 좋아하며 술을 몇 잔 마셨는지 등을 상세하게 쓰고, 그들의 세세한 대화를 일일이 나열했다. 그의 펜 아래 하찮은 세밀함이 갑자기 의미를 지니게 된다. 그가 묘사하는 아름다운 사랑과 죽음의 이야기 뒤에서 친근한 우리의 세계를 발견했다. 그 무렵 우리는 이런 식이었기 때문에 이 같은 일치만으로도 충분했다. 우리 자신의 자유에 대한 사고에 헷갈려 하던 우리는 소설 속에서 사회적 모순을 지나쳐 버렸다. 개인주의는 세계 전체에 대한 하나의 확실한 태도의 표시임을 몰랐던 것이다.

겉보기에 능숙하고 단순한 헤밍웨이의 기법은 우리의 철학적 요구와 일치했다. 자기 안의 사물을 묘사하는 낡은 현실주의는 잘못된 전제 위에 근거한다. 프루스트와 조이스는 각자의 방법으로 주관주의를 택했는데, 우리는 이쪽에 더 근거가 있다고는 생각하지 않았다. 헤밍웨이에게 있어 세계는 불투명한 외관으로서 존재하지만 언제나 독자적인 한 주관을 전망할 때만 가능하다. 헤밍웨이는 외계와 일치하는 의식을 포착할 수 있는 것만을 독자에게 준다. 그는 사물에 중요한 현재성을 부여하는 데 성공했다. 주인공들의 행동과 그 대상물을 분리하지 않기 때문이다. 특히 그는 사물의 저항력을 이용해 시간의 흐름을 느끼게 하는 데 성공한다. 우리가 쓴 소설 속 법칙 대부분은 헤밍웨이에게서 영감을 얻은 것이다.

미국 소설은 이 밖에도 하나의 장점이 있다. 우리에게 미국을 보여준 것이다. 우리는 이 나라를, 영상을 뒤바꾸어 보여주는 프리즘을 통해서만 보고 있어 속 시원히 알 수 없었다. 그러나 재즈와 할리우드 영화로 미국은 우리 생활 속에 들어왔다. 우리 시대 청년들 대부분과 마찬가지로 우리는 '흑인영가'나 '노동의 노래', '블루스'에 감동했다. 또 〈올드 맨 리버〉〈세인트 제임스 인퍼머리〉〈썸 오브 디스 데이즈〉〈더 맨 아이 러브〉〈미스 한나〉〈세인트 루이즈 블루스〉〈블루 스카이〉를 뒤섞어서 사랑했다. 인간들의 호소, 잃어 버린 기쁨, 깨져 버린 희망 등은 기존 예술의 기품에 도전하는 하나의 목소리를 내기 위해, 암흑의 마음에서 분출하여 반항으로 흔들리는 하나의 목소리를 발견했다. 집단의 커다란 감동―각자의, 모두의―에 의해서 탄생한 것이기에, 그런 노래는 저마다에게, 또 모두에게 공통되는 마음 깊숙한 곳에 도달한다. 그리고 우리 안에 깃들어 몇 마디 모국어나 몇 개의 박자와 마찬가지로 우리를 길러준다. 미국은 이러한 노래로써 우리 안에 존재한 것이다.

영화는 외부 세계에 미국을 존재하게 했다. 화면 위와 대서양 건너편에 말이다. 처음에 미국은 카우보이의 나라였고, 아무도 없는 아득히 넓은 땅을 가로지르는 기마 행렬이었다. 하지만 토키영화의 발견으로 카우보이들은 쫓겨나서 모습을 감추었다. 이번에는 뉴욕, 시카고, 로스앤젤레스가 갱과 경찰로 가득 찼다.* 우리는 알 카포네나 딜린저에 관한 많은 기사와 그들의 무용담과 비슷한 피비린내 나는 소설을 읽었다. 갱들에게는 호감도 갖지 않았다. 그래도 그들이 동료끼리 서로 죽이거나 경찰에 저항하는 장면을 보는 일은 대단히 유쾌했다. 최근에 신문은 미국 경찰의 부패, 주류 밀수입자들과의 공모, 고문 등, 지나친 사건을 많이 폭로했다. 도덕운동이 발생하고 시나리오 작가가 도적 대신에 경관을 영웅으로 삼았을 때 우리는 탐정물을 완전히 멀리하게 되었다. 그러나 할리우드는 다른 즐거움도 많이 주었다. 그것은 눈부신 배우들의 얼굴이었다. 먼저 그레타 가르보, 마를레네 디트리히, 조안 크로포드, 실비아 시드니, 케이 프랜시스가 출연한 영화는 비록 평범하거나 나빠도 우리는 거의 빼놓지 않았다. 그해 〈레이디 루〉와 〈나는 천사가 아니야〉에서 풍만한 메이 웨스트를 보았다.

이와 같이 우리에게 미국은 제일 먼저 쉰 목소리와 깨진 리듬이 배경인 이미지의 무대였다. 〈할렐루야〉에서 흑인들의 실신상태, 춤, 하늘을 배경으로 우뚝 솟은 빌딩, 폭동이 일어난 교도소, 제철소, 파업, 비단처럼 매끄러운 다리, 기관차, 비행기, 야생마의 무리, 로데오……. 하지만 이 잡다한 사물들에서 눈을 돌릴 때면, 우리는 미국을 자본주의의 가장 추악한 압제가 승리를 거두고 있는 나라로 생각했다. 미국에서의 착취, 실업, 인종차별, 집단폭행을 증오했다. 그럼에도 선악을 초월해 그 땅의 생활에는 무언가 거대하고 격앙된 것이 있어 우리를 매료했다.

우리는 소비에트를 더욱 침착한 시선으로 바라보았다. 몇몇 소설은 우리가 몰랐던 혁명의 한 시기를 묘사했다. 즉 도시와 시골과의 관계, 징발 위원과 농업 집단화 위원, 소유권을 지키려는 농민과의 관계 등이다. 비교적 거칠고 세련되지 못한 작품이라도—판페로프의 《가난한 사람의 공동체》나 레오니트 레오노프의 《오소리》(이 저자는 서문에서 감히 도스토예프스키를 언

---

* 이해 파리에서는 〈암흑가의 보스〉〈가면의 미국〉〈빅 하우스〉가 상영되었다.

급했다)—이 문제의 넓이, 새로움, 복잡함에 우리는 열중했다. 그것은 숄로호프의 《일궈진 처녀지》에서 참으로 훌륭하게 이야기된다. 우리는 《고요한 돈강》으로 그를 알고 있었다. 이 긴 코사크의 서사시는 우리를 진절머리 나게 해 끝까지 다 읽지 못했다. 그러나 《일궈진 처녀지》는 숄로호프의 선배인, 위대한 작가의 작품과 같은 걸작으로 생각되었다. 숄로호프는 인간에게 생기를 주는 방법을 알고 있었다. 등장인물들은 모두 살아 있었다. 그는 반(反)혁명파 부호들의 모습을 그릴 때도 그들의 피부 속에, 이성 속에 숨어들어 있었던 것이다. 그는 '실재의 영웅'인 한 위원의 모습을 인간적이고도 매력 있게 묘사하는 데 성공했다. 동시에 자기의 보리를 지키기 위해 싸우는 노인들의 모습에도 흥미를 갖게 했다. 또한 구성된 이야기를 통해서 부정행위와 내분을 들여다보게 해주었다. 우리가 이와 같은 정교함을 러시아 영화 속에서 발견하지 못한 것은 정말 유감이었다. 영화는 확실히 교육적이었으며, 우리는 집단농장의 승리를 묘사한 영화는 꼼꼼하게 점검해 피했다. 고아들의 재교육 문제를 다룬 〈인생의 길〉에서 젊은 배우들, 특히 갱의 우두머리인 무스타파가 훌륭하게 연기를 했기 때문에, 이 '교육시'*는 무미건조함에서 구원받았다. 다만 이것은 어디까지나 예외였다.

이처럼 역설적으로 우리는 그 제도를 단죄하고 있는 미국에 마음이 이끌려, 러시아에서 이루어지고 있는 하나의 실험에 감탄하고 있었음에도 러시아에 냉담했다. 확실히 우리는 무엇에도 완전히 심취하지는 않았다. 앞서 말했듯이, 세계와 인간은 아직 무언가를 만들어내는 과정에 있는 것으로 우리 눈에 비쳤기 때문에 이것은 당연한 일처럼 생각되었다. 나는 이미 우리의 부정주의 속에 환멸이 개입돼 있지 않음을 지적했는데, 오히려 우리는 확실하게 실현될 미래라는 이름 아래 현재를 부인하고 있었다. 그리고 우리의 비평 자체가 미래를 만드는 데에 기여한다고 생각했다. 지식인들 대부분은 우리와 같은 태도를 취했다. 아나키즘은 우리 시대에서 우리를 멀리 떼어놓기는커녕 빛을 발하며, 우리를 시대와 결부시키고 있었던 것이다. 엘리트들에 대한 반대파 속에 우리는 많은 동맹자를 갖고 있었으며, 그 열정은 우리 시대 사람들의 과반수에게 반영되었다. 이를테면 공통적으로 재즈나 영화를 선호

---

* 소설의 제목이 영화 제목이다. 원작에 미적지근한 면은 없지만 시나리오가 원작의 엄격함을 충실하게 나타내지 못했다.

한다는 점에서, 우리 마음에 든 영화 대부분은 역시 대중의 환영을 받았다. 찰스 로턴의 출세작 〈헨리 8세의 사생활〉이 그렇다. 아주 평범한 성공을 거둔 브레히트의 〈쿨레 밤페〉에는 우리 역시 그다지 감격할 수 없었다. 영화 속에서 실업자로 분장한 헤르타 틸을 다시 보았다. 이 작품은 너무나도 신랄한 방법으로 정치적 태도를 나타냈기 때문에, 파펜 총리는 상영을 금지하기까지 했다. 영화에 대한 기대감이 컸는데, 이 작품은 무거울 뿐만 아니라 별로 예술적이지도 않았다. 어느 면에서 우리는 일반 관객과 다른 관점을 가지고 있었다. 그것은 프랑스 영화에 대한 반감이었다. 우리는 〈몽파르나스의 밤〉을 혐오감 없이 보았으며, 프레베르 형제의 〈자루 속의 사건〉도 재미있게 보았다. 프레베르 형제가 프랑스 영화의 특징이자 전혀 이국적 경향을 띠지 않는 현실주의—때로는 상스럽고 때로는 평범한—에서 벗어나 있었기 때문이다. 뮤직홀에서 우리는 남들과 마찬가지로 다미아, 마리 뒤바, 또 〈마른 풀 위에 누워서〉를 부른 몸집이 작은 미레유의 노래를 감상했다. 이 밖에 질과 쥘리앵이라는 새로운 스타가 파리 하늘에 반짝이기 시작했다. 아나키스트이며 반(反)군국주의자인 두 사람은 명확한 반항과 알뜰한 희망을 노래해 진보주의자들의 마음을 채워 주었다. 좌익 비평가들은 그들을 극찬했다. 몽마르트르의 카바레에서 노래를 처음 들었을 때, 그들은 턱시도를 입고 있어 거북해 보였다. 보비노의 무대에서는 검은 타이츠를 입고 〈학살의 놀이〉 〈달러〉 등 20곡 정도의 샹송으로 갈채를 받았다. 우리도 그들을 칭찬하는 데 결코 인색하지 않았다. 일반적으로 말해서 무용은 그다지 마음에 들지 않았는데, 다만 6월에 쿠르트 요스(독일의 무용가) 발레단이 비엔나에 와서 전위적이고 평화주의적인 발레 〈녹색 책상〉을 상연했을 때, 우리도 매일 밤 그들에게 박수갈채를 보내는 관객 속에 있었다.

우리는 부활절 휴가를 런던에서 보냈다. 파리보다도 한층 넓고 새로운 이 도시에서 거리를 몇 시간이고 돌아다녔다. 피카딜리, 시테, 햄스테드, 퍼트니, 그리니치를 모두 보기로 했다. 우리는 붉은 2층버스에 올라 가장 먼 곳까지 가서는 걸어서 돌아왔다. 라이언스의 식당이나 스트랜드의 낡은 선술집, 소호의 식당 등에서 점심식사를 하고 다시 출발했다. 비가 내릴 때는 어디에서 비를 피해야 할지 몰랐다. 파리식 카페가 없어서 우리는 당황했는데,

어느 날 오후에 지하철이 피난장소임을 발견했다. 우리는 기이하게 느껴지는 영국식 생활 습관—호텔 식당에서 아침식사를 하기 위해 여성들이 실내복인지 잠옷인지 분간하기 어려운 놀랄 만한 옷차림으로 나타나는 모습, 오후에 남성들이 우묵모자를 쓰고 손에 우산을 들고 있는 모습, 저녁에 하이드 파크 한구석에서 청중들이 설교를 듣고 있는 모습, 초라한 택시, 낡은 포스터, 찻집, 촌스런 쇼윈도—을 크게 즐긴 것이다. 내셔널 갤러리에서는 몇 시간씩 남아서 구경을 하고, 테이트 갤러리에서는 반 고흐의 노란색 의자들이나 해바라기 앞에서 걸음을 멈추었다. 밤에는 미녀 케이 프랜시스가 출연하는 영화 〈시나라(Cynara)〉를 보았다. "시나라여, 나는 나 나름의 방법으로 그대에게 충실했소." 이 명대사는 나에게 수년 동안 하나의 모토가 되었다. '마스키라인즈' 극장에서 나는 몹시 기뻐했다. 이곳에서는 마술사들이 어디에서도 본 적이 없는 세련된 연출로 경이적인 프로그램을 보여주었다.

사르트르와 나는 서로를 이해하면서도 우리 사이에 약간의 차이가 있었음을 인정한다. 나는 런던 한가운데서 셰익스피어와 디킨스의 자취를 더듬었다. 오래된 치스위크 하우스를 마음껏 걸어다녔다. 나는 사르트르를 거리의 모든 공원에 데려갔고, 큐 왕립식물원이나 햄프턴 궁전까지 끌고 갔다. 사르트르는 서민적인 시가지에서, 이 기쁨이 없는 거리에서, 몇 천의 실업자들이 어떻게 생활하고 어떻게 느끼는지를 알기 위해 좀처럼 떠나려 하지 않았다. 그는 나에게 만일 다음에 영국을 찾을 기회가 있을 때는 맨체스터나 버밍엄, 그 밖의 대공업 도시를 방문하자고 말했다. 그도 나름대로 열중해 있었던 것이다. 그는 부슬비가 내리는 날, 화이트채플 거리에서 한 작은 영화관을 찾느라고 온종일 나를 걷게 했다. 그 영화관에는 현재 상영중인, 케이 프랜시스와 윌리엄 파월의 〈돌아오지 않을 여로〉의 포스터가 걸려 있었다. 정말 좋은 영화였다! 그러나 이런 계획들을 세워 그것을 실행하는 데 더 열중한 쪽은 나였다. 평소 사르트르는 기분 좋게 내 계획에 따라주기 때문에, 그도 나와 같을 거라고 생각했다. 나는 나 편할 대로 우리 사이에는 모든 점에서 처음부터 조화가 이루어지고 있다고 믿었다. '우리는 하나다' 확신했다. 그러므로 나 자신의 욕망을 의심한 적이 전혀 없었다. 그래서 두 차례 사르트르와 충돌했을 때 몹시 놀랐다.

캔터베리에서 우리는 대성당이 매우 아름답다고 생각해 아무런 일도 없이 하루를 그곳에서 지냈다. 정원이나 옥스퍼드의 거리들은 사르트르의 마음에 들었다. 다만 그 전통인 영국 학생들의 속물근성에 화가 나서, 대학에 발걸음을 들여놓기를 거부했다. 나는 혼자서 학생들 2, 3명과 함께 교내로 들어갔고, 사르트르의 조금 지나친 변덕을 비난했다. 하지만 그때 그는 내 계획을 방해하지는 않았다. 그보다 더 내 마음에 충격을 준 일이 있었다. 어느 날 오후 내가 브리티시 박물관에 가자고 하자, 그는 전혀 가고 싶지 않다고, 가고 싶으면 혼자서 가도 좋다고 조용히 말하는 것이었다. 나는 그의 말대로 했다. 그러나 나는 릴리프나 조각, 좌상, 미라들 사이를 별다른 열의도 없이 돌아다녔다. 나는 이 사물들을 보는 것이 대단히 중요하다고 생각했다. 그런데 그렇지가 않았단 말인가? 나는 내 자유의사 속에 그가 변덕스럽게 자리하고 있다고는 생각지 않았다. 그것은 가치 있는 것에 입각해 있으며 나 자신의 절대적인 명령을 반영하고 있다. 사르트르만큼 문학에 중요성을 두지 않으면서도 나는 스스로의 생활에 문학을 도입할 필요성이 있었다. 그럴 경우 그는 무분별한 증거자료에 따르듯이 내 결정에 따라야만 했다. 그렇지 않으면 나의 호기심이나 탐욕은 단순한 성격의 표출, 오히려 나쁜 성격의 표출이 되고 말았으리라. 이제 나는 한 가지 목표에 무턱대고 따르지 않게 되었다.

나는 지적 위화감이 우리 두 사람 사이에 생길 수 있다는 사실을 생각해본 적이 없다. 진리를 믿었으며, 그것이 오직 하나라고 생각했었다. 우리는 사고나 느낌을 말하면서 의견이 일치할 때까지 만족하지 않았다. 대개의 경우 사르트르가 '이론(理論)'을 제기하고, 거기에 대해서 내가 비판하거나 느낌을 말했다. 때로는 그것을 물리치고 재고하게 했다. 그가 영국식 요리와 로크의 경험주의를 비교할 때, 나는 즐거이 받아들였다. 이 둘은 병렬된 것을 분석적으로 음미하는 원리 위에 성립한다고 사르트르는 설명했다. 템스 강변이나 내셔널 갤러리의 그림 앞에서 나는 그가 말한 대부분의 것을 인정했다. 그런데 어느 날 밤, 우리는 유스턴 역 가까이에 있는 식당에서 싸웠다. 그곳 2층에서 맛없는 식사를 하고 있을 때 지평선이 붉게 물들면서 갑자기 환해지는 것을 보았다. 부두 쪽에 화재가 발생한 것이다. 총괄적으로 사물을 보는 일에 언제나 정열을 갖고 있는 사르트르는 이때 런던을 종합적으로 정의하려고 했다. 나에게는 그가 그리는 도식이 아직 불충분하며, 색안경을 끼고 사물을 보고 있는 듯이 느껴졌고, 결국 그와 같은 일은 헛수고가 아닌가 싶었다. 그런 식으로 시도하는 그의 원칙 자체가 나를 화나게 했다. 우리는 2년 전 생클루 언덕 위에서의 논쟁을 이번에는 더욱 격렬하게 되풀이했다. 지금껏 여러 번 반복되던 논의였다. 나는 현실은 언어로 설명하는 것 이상으로 복잡하다고 주장했다. 단순히 언어로 의미를 축소하는 대신에, 그 현실의 애매함과 불투명함 속에서 의미를 갖게 해야 한다고 말했다. 사르트르는, 그럴 의지가 있으면 우리가 희망하듯이 사물을 자기에게 적응시킬 수 있으며, 사물을 방관하거나 그것에 감동하는 것만으로는 불충분하다고 대답했다. 그리고 사물의 의미를 파악해 언어로 정착시켜야 한다고 말했다. 우리 논의가 변질된 원인은, 12일간 체류하면서 사르트르가 런던이라는 대도시를 이해하지 못한 데 있다. 그는 많은 면을 그냥 지나쳐 버렸다. 이 점에서는 그의 결론을 인정하지 않은 내가 옳았다. 그러나 나는 르 아브르에 대해서 쓴 사르트르의 기록을 읽었을 때는 전혀 다른 반응을 나타냈다. 그때 나는 사르트르가 나에게 진리를 밝혀주었고 느낀 것이다. 어쨌든 이 충돌은 오랫동안 우리 사이에 남아 있었다. 나는 무엇보다 눈앞에 있는 인생에 중대한 관심을 갖고 있었는데, 사르트르에게 있어서는 쓰는 것이 더 중요했다. 하지만 나 자신도 글을 쓰고 싶었고, 그도 한편으로는 삶을 즐기고 있었기 때문에 우리는 별로 충돌하지 않았다.

사르트르는 독서는 즐기지 않았으며, 신문을 열심히 읽었다. 나는 신문에 그다지 신경을 쓰지 않았지만 그래도 매일 아침 〈외브르〉와 〈주르날〉을, 매주 〈카나르 앙셰네〉와 갈리마르가 갓 내보낸 〈마리안〉을 구독했다. 지구 건너편에서 일어나는 사건—중일전쟁이라든가 인도에서의 간디 운동—은 우리와 깊은 관련이 없는 듯했다. 아무도 당시에는 세계의 모든 지역이 그토록 밀접한 관계가 있으리라고는 느끼지 못한 것이다. 우리 관심사는 가까운 독일의 사건에만 한정되어 있었다. 프랑스의 전 좌익과 마찬가지로 상당히 냉정하게 독일을 주시했다.

독일 대통령에 힌덴부르크가 선출된 것은 나치가 급격하게 실추하고 있다는 독일 공산당의 예상과 맞아떨어졌다. 그런데 나치의 운동은 재개되어, 신문의 표현을 빌리자면 '급격한 팽창'을 나타내었으므로 환멸을 느낄 정도였다. 1933년 1월 히틀러가 수상이 되고, 2월 27일 독일 국회가 공산당 박멸의 계기를 만드는 것을 우리는 생생하게 보았다. 3월에 있었던 선거에서 히틀러의 승리가 확정되었으며, 5월 2일부터 파리의 독일 대사관에는 나치의 깃발이 휘날렸다. 수많은 독일 작가와 지식인들, 특히 이스라엘계 사람들이 망명했고, 그 가운데에는 아인슈타인도 포함되어 있었다. 성(性) 과학연구소는 폐쇄되었다. 히틀러 정권하 지식인들의 운명은 프랑스 여론에 커다란 동요를 일으켰다. 5월 베를린 오페라 광장의 대규모 소각으로, 2만 권이 넘는 책이 재로 변했다. 또 유대인에 대한 탄압이 마구잡이로 이루어졌다. 아직 유대 민족 근절까지 거론되지는 않았지만 일련의 조치는 유대인의 무산계급화를 확증했으며, 조직적 보이콧은 그들의 생존권을 앗아 갔다.

지금 생각해 보면 이 사건들을 우리가 비교적 차분하게 받아들였다는 사실이 놀랍다. 물론 우리는 이러한 일들에 대해서 분개했다. 나치즘은 무솔리니의 파시즘보다도 더욱 무서운 공포를 프랑스 좌익에 일으켰다. 그러나 프랑스 좌익은 세계를 뒤덮고 있는 위협적인 먹구름을 직시하지 않았다. 공산당원들은 서로 속이는 일에 열중했다. 융통성이 없는 낙천적인 독일 공산당은 독일 프롤레타리아를 약화시키는 다양한 대립, 그리고 당의 정치가 그 악화에 기여하고 있다는 중대한 사실을 등한시했다. 탤만은 1400만의 독일 프롤레타리아들이 파시즘을 결정적으로 독일에 뿌리내리게 하는 일은 절대 없을 것이며, 전쟁이 일어난다 해도 그들이 히틀러에게 동조하는 일 따위는 결코 있을 수 없다고 단언했다. 프랑스 공산당원이나 그 지지자들도 이러한 견해를 박수로 환영했다. 1933년 바르뷔스는 〈르 몽드〉지에, 히틀러는 독일 경제를 재건하지 못하고 몰락할 것이며, 독일 프롤레타리아는 히틀러가 남기고 간 유산을 다시 손에 넣게 될 것이라고 썼다. 물론 이와 같은 조건에서 평화는 위협을 당하지 않았다. 다만 하나의 위험이 있다면, 우익이 우리를 전쟁으로 끌어들이기 위해 프랑스 안에 공황의 씨앗을 뿌리려 애쓰고 있다는 점이었다. 1932년 로맹 롤랑은 〈유럽〉지와 〈르 몽드〉지에 성명서를 제출했다. '전쟁에 저항하는' 약속을 지식인들에게 요구한 것으로, 지드도 다른 사람들과 똑같이 서명했다. 1933년 7월, 혁명작가 동맹이 결성되었다. 바르뷔스, 지드, 로맹 롤랑, 바이양 쿠튀리에, 거기에 아라공과 니장이 편집국원이 되어 기관지 〈코뮌〉이 창간되었다. 처음 목적은 프랑스에서 파시즘에 대항해 싸우는 것이고, 국제적인 면에서는 가까운 장래에 프랑스 반(反)

파시스트 운동을 암스테르담의 대평화 운동과 결속하는 것이었다. 확실히 좌익 지식인들은 히틀러에게 고개를 숙이지 않았다. 그들—말로를 포함하여—은 라이프치히에서 재판의 부정을 폭로했으며, 9월에는 바그람 회장에서 모로 지아페리가 디미트로프를 변호하는 연설을 했다. 그러나 이 일은 바르뷔스가 소리 높여 전쟁에 반대할 때 아무런 장애가 되지 못했다. 좌익 전체가 바르뷔스를 지지했다. 〈마리안〉(에마뉘엘 베를이 주재하는 급진사회당계 주간지) 편집부원들은 평화주의를 역설하고, 히틀러 패배의 날이 가까워졌다는 기사를 계속 썼다. 알랭은 그의 《어록》에서, 전쟁이 있을 법하다고 믿는 것은 전쟁에 동의하는 것이라고 되풀이해 역설했다. 우리는 꿈에서라도 전쟁을 보고 싶지 않았다. 우익의 장난이 아니라면 전쟁의 가능성은 없다고 확신했다. 심지어 어떤 사람들은 1938년 9월까지, 또 패전에 이르기까지 역설적인 길을 고집했다. 새로운 현실을 과거 경험에 맹종케 하는 것은 위험하며, 때때로 불길하기도 했다. 하지만 과거는 그들에게 너무나도 중압감을 주고 있었기 때문에, 그 함정에 빠진 것은 이해가 가는 일이다. 1914년 지식인, 사회주의자, 모든 선량한 사상가들은 맹목적 애국심에 기만당했다—조레스는 막판에 살해되었다. 이런 붕괴를 목격한 이들은 '독일의 야만성'을 결코 되살리지 않겠다고 맹세했고, 만일 전쟁이 발발할 경우 그것이 올바른 전쟁이라고 선언하길 거부하겠다고 했다. 1920년 이래 작가, 철학자, 교수 대부분은 독일과 프랑스의 친목을 위해 노력해 왔다. 어리석은 국수주의자에 반대해 그 노력이 효과적임을 계속 단언했다. 요컨대 공산당원 가운데 급진적인 사람들과 좌익인들은 '파시스트 타도!'와 동시에 '군축!'을 외쳤던 것이다.

이처럼 우리 선배들은 전쟁이 가능하다는 예상을 금했다. 그러나 사르트르는 이 명령을 완전히 따르기에는 상상력이 풍부했으며, 공포로 기우는 경향이 지나치게 강했다. 사르트르의 뇌리를 가로지른 환상은 《구토》에 어느 정도 묘사되어 있다. 동란 중의 시가지, 내려진 셔터, 사거리나 식료품 가게 앞 마요네즈 위의 피……. 그런데 나는 나의 '정신분열병'적인 꿈을 정신없이 뒤쫓고 있었다. 세계는 수많은 주름이 달린 하나의 물체처럼 존재하고 있어 발견은 언제나 모험인데, 나를 방해할 정도의 세력은 아니었다. 나는 변덕스러운 방법으로 세계에 대한 지식을 얻었다. 경제와 사회문제가 흥미를 끌었지만 이론적인 측면이었을 뿐이며, 1년이나 수개월이 지난 문제 또는 화석화해서 물체가 되는 문제에만 전념했다. 나는 마르크스와 로자 룩셈부르크, 트로츠키의 《러시아 혁명》, 파르브만의 '5개년 계획'에 대한 서책, 그리고 신경제정책(N.E.P.)의 연구, 미국 노동자의 생활 연구, 영국의 위기 등에 대한 글을 읽었다. 하지만 정치 기사는 내게 모호하게만 보여 어떤 것이 옳은지 분간할 수가 없었다. 하나의 혼돈으로밖에 보이지 않는 여러 사건들을 꿰뚫어 보려면 장래를 예측해야 한다. 그러나 그런 것은 내가 원하는 바가 아니었다. 나는 먼 앞날을 믿었다. 그것은 나의 반항과 기대가 옳다는 사실을 알려주는 문답법에 의해 최종적으로 확인되곤 했다. 다만 아무래도 받아들일 수 없었던 점은 일상적인 일이나 우여곡절 속에 역사가 이루어지고, 예측할 수 없는 내일이 아무런 서막도 없이 지평선에 새겨진다는 것이었다. 그 경우 나는 신변의 위험을 느꼈다. 행복을 소중히 여기는 나는 수 주, 수 개월 뒤 다른 시간의 상황하에 있는 것을 단념할 필요를 느낀 동시에, 위협이 없는 부동의 평온한 상태에서 시간을 정지해야겠다는 생각을 했다.

사르트르는 이따금 나의 무사태평함을 꾸짖었으며, 나는 나대로 그가 너무 오래도록 신문을 읽고 있다고 화를 냈다. 나는 나 자신을 정당화하기 위해 '단독의 인간'이라는 이론을 떠올리게 했다. 그러자 사르트르는 '단독의 인간'이란 사물의 흐름에 무관심한 것이 아니라, 타인의 도움 없이 사물을 생각하는 인간이라고 반박했다. 그리고 '단독의 인간'이 무지를 택한다는 것에 반대했다. 이 반박은 나를 흔들어놓았지만 그래도 계속 외고집을 부렸다. 나는 랭보나 로트레아몽, 반 고흐가 그랬듯이 사람이 일상생활 속의 하찮은 우연성을 경멸하길 바랐다. 내가 스스로에게 요구하고 있던 태도는 조금도 적합하지 않았다. 나는 서정미도, 환상미도, 고독함도, 그 무엇 하나 지니고 있지 않았다. 사실은 도피했던 것이다. 내 몸을 안전하게 지키기 위해 귀를 막고 있었다. 그러면서 나의 미학을 되살리기도 하는 '인간성의 부정'을 고집했다. 나는 인간이 존재하지 않은 것처럼 보이는 풍경, 또 인간 존재를 숨기고 있는 듯한 변장을 좋아했다. 루앙에서 내가 좋아했던 곳은 오 드 로베크 거리였다. 뒤틀린 집들이 더러운 물에 잠겨 있는 모습은 우리와 다른 종족을 위해 있는 것처럼 보이기도 했다. 나는 이런저런 방식으로 자신의 인간성을 부정하고 있는 사람들, 정신병자, 매음부, 거지들에 끌리고 있었다.

사르트르의 처지 역시 동료들에 비해 그다지 명백하지 않았다. 그는 휴머니즘을 무시했다. 즉 그의 사고로는 '인간'의 본질을 사랑하는 것—증오하는 것도 마찬가지로—은 불가능하다고 여겼다. 그러면서도 우리 두 사람은 파리의 큰 거리나 축제, 마드리드나 발렌시아의 옥외 투우장 등, 모든 곳에서 군중과의 접촉을 즐겼다. 무엇 때문이었을까? 런던에서 우리는 왜 스트랜드의 더러운 집들을, 부두를, 창고를, 배를, 공장의 굴뚝을 그처럼 사랑했을까? 그것들은 예술작품도 아니고, 기이한 물품도 아니며, 시적인 사물도 아니었다. 이들 아름다움이 없는 집들이나 길들은 인간 조건을 넘는 것도, 그렇다고 해서 거기에서 비껴나 있지도 않았다. 다만 인간 조건을 구체화하고 있었을 뿐이다. 이와 같은 일에 정열적으로 이끌리고 있었다는 것은, 우리가 인간에게 냉담하지 않다는 사실을 증명한다. 우리는 답을 찾아내지 못해 스스로 되묻고 있었다. 확실히 사르트르는 《구토》 속 앙투안 로캉탱처럼 사회에서 일종의 유형적 인간을 혐오하고 있었지만, 결코 인류 전체에 대해 그런 태도를 취한 것은 아니었다. 그의 엄격함은 아첨하는 직업에 종사하는 자에게만 적용되었다. 몇 년 전에 고양이 10마리를 기르고 있던 부인이 장 주네에게 비난하듯 물었다.

"당신은 동물을 싫어하나요?"

"난 동물을 사랑하는 인간이 싫은 겁니다."

주네는 이렇게 대답했다. 이것이 바로 사르트르가 인류에게 똑같이 취한 태도였다.

어느 날 니장이 요즘 무슨 일을 하느냐고 은근히 물어, 나는 장편소설을 막 쓰기 시작했다고 대답했다.

"공상소설인가요?"

그는 되물었는데, 약간 빈정거리는 듯한 그 어조에 나는 몹시 기분이 상했다. 2년 넘게 몰두하고 있는 이 작품은 확실히 원대한 계획에 바탕을 두고 있었다. 나는 사회를 따끔하게 비판할 생각이었던 것이다. 콜레트 오드리의 소개로 주 2, 3회씩 내게 독일어를 가르치기 위해 와 있던 망명 독일인은 책상 위에 잔뜩 쌓여 가는 원고를 근심 어린 표정으로 바라보면서 말했다.

"사람들 대부분은 처음엔 단편을 쓰고, 조금 익숙해진 다음에야 장편에 손을 대죠."

나는 웃으면서 흘려 버렸다. 단편을 말하다니 당치도 않다. 나는 모든 것을 포괄한 작품을 쓰려고 했기 때문이다.

내 계획이 이렇게 야심적이 된 이유는, 그것이 내 멋대로의 생각에서 나왔기 때문이다. 나는 마르세유에서 이제까지 안고 있었던 의심이나 후회를 말끔히 씻어 버린 뒤 나 자신에 대해 초연해 있었다. 타인은 외부에서 바라보는 존재일 뿐, 나 자신은 그들과 연관이 있다고 생각하지 않았다. 또 그들에 대해서 이야기할 필요도 느끼지 않았다. 전체적으로 사물은 너무 무거워 보이거나 무의미했으므로 그런 것들을 말로 표현하고 싶지 않았다. 언어는 흡족한 나 자신만의 행복에 부딪쳐 산산이 흩어졌다. 그리고 일상생활의 사소한 일들은 써서 남길 가치가 없다고 생각했다. 한창 젊었을 때처럼 나는 이 세계에 대해서 말할 만한 세세한 것이 아무것도 없었기 때문에, 고스란히 꾸며낸 세계를 작품에 담으려고 결심한 것이다.

그렇지만 외부의 부르주아적 질서에 대한 나의 증오는 거짓이 아니었다. 내가 옛날이야기를 외면한 것은 그 때문이다. 나는 지난해에 심취해 있던 스탕달을 본보기로 삼았다. 그의 소설의 대담함을 모방해서 거의 자기 자신의 체험에 입각한 모험, 즉 침체한 이 사회에 대한 개인주의적인 반역을 얘기할 생각이었다. 제1차 세계대전 뒤의 사회상을 묘사하고, 대의명분을 내세우는 자들의 죄악을 폭로한다. 그리고 나의 도덕을 구현하는 주인공을 여기에 대립시키며, 주인공은 강한 공범 의식으로 맺어진 오누이로 한다. 이 둘의 맞춤은 나 자신의 경험이나 몽상과는 아무런 연관도 없고, 남과 여라는 이중 관점에서 수년간의 인생 수업을 얘기하기 위해 이용한 것이다.

이렇게 해서 나는 현대판 쥘리앵 소렐과 라미엘을 주요 인물로 하는 대작을 쓰기 시작했다. 주인공 오누이의 이름은 피에르 라브루스와 마들렌 라브루스로 붙였다. 그들은 나의 외조부모가 살던 곳을 고스란히 옮긴 아파트에서 울적한 유년시절을 보낸다. 청춘시절은 위제르쉬 부근을 무대로 전개된다. 오누이는 이 지방의 명문이면서 간통으로 맺어진 보몽, 에스티냐크 등 양가 아이들과 우정, 선망, 증오, 모멸의 감정을 나눈다. 나는 일찍이 나를 감동시킨 마그리트 드 테리쿠르의 단정한 우아함을 주인공에게 부여했다. 내 유년시절의 추억을 더듬으면서 첫 장을 썼다. 사르트르도 칭찬해 주었고, 내가 자진해서 상담 상대로 삼고 있던 파니에한테도 처음으로 찬사를 받았다. 그는 나의 이야기에서 영국 소설적인 매력이 발견된다고 평가했다.

그러나 곧 이야기의 상황은 바뀌어, 나는 야유와 풍자에 힘을 쏟았다. 부그라 사건과 연관하여 생각하는 바가 있었기 때문에, 여기에서 암시를 받았다. 아버지에게서 소탈한 생활을 강요받은 피에르는 부자가 되려고 연구를 계속하며, 생계를 위해 마그리트 드 보몽을 유혹해 결혼한다. 그는 이 대가족의 일원이 되어 냉혹하게 이용할 생각이었다. 이 가정을 나는, 내 힘이 미치는 한 잔혹하게 묘사했다. 하지만 나는 생각했다—지금도 같은 생각인데, 아랫사람을 우롱하는 자는 사실상 그들의 함정에 말려들게 된다. 피에르는 이 사실을 깨달아 깨끗이 관계를 끊고 이럭저럭 삶을 꾸려 나가면서 르메르 부인이나 레날 부인을 연상케 하는 한 부인과 감동적인 플라토닉 사랑을 계속한다. 암담한 엇갈림이 잇따라 겹치는 이야기의 끝에 피에르는 교수대로 보내지며, 그가 사랑하는 여성은 음독 자살을 한다. 그의 여동생은 일찍이 오빠의 결혼에 반대했는데, 자신은 단호하게 자유로운 독신생활을 택해 씩씩하고 거리낌 없는 생활을 즐긴다. 나는 첫 줄거리를 그다지 깊게 표현하지 않았다. 멜로드라마 같은 면이 마음에 들지 않았던 것이다. 게다가 나는 낙천가이므로 더 행복한 결말을 짓기로 마음먹었다.

마지막 원고에서 나는 유년시절의 장면을 그대로 두었다. 그 뒤에는 마들렌을 에스티냐크 집안의 못난 아들과 결혼시키려 하는 아버지와 피에르가 격렬한 싸움을 하는 장면이 나온다. 그는 파리로 나와 처음에는 중년의 부유한 숙모에게 의지하면서 행운을 누렸으나, 그녀를 떠나 카바레 가수가 된다. 이 카바레는 뒬랭이 내게 설명해 준 라팽 아질과 똑같다. 그리고 작품 속 피에르도 뒬랭처럼 배우 겸 연출가가 되어 새로운 연극을 하고 싶어했다. 그는 단순한 출세주의자가 아니며, 창조라는 더욱 숭고한 야심을 품은 것이다. 그런 까닭에 나는 그 무렵 내가 직면하고 있던 혼미함을 이 인물에게 부여할 수 있었다.

나는 피에르의 가족과 결별한 시기를 1920년으로 정했다. 그 당시 세태를 재현하기 위해 루앙 시립도서관에서 '일러스트레이션' 여러 권과 '휴머니티' 총서를 살펴보았다. 두 가지 책을 비교해 본 뒤 나는 망연해지고 말았다. 같은 때 같은 나라에서 발생한 사건을 전하고 있는데, 두 책 사이에는 공통점이 전혀 없었기 때문이다. 나는 이 점에 얽매이지 않기로 하고, 두세 가지 사실만을 이야기에 넣기로 했다. 피에르는 미술관 진열실을 둘러보고 그레코의 〈성 루이〉에 감동한다. 시청 앞 광장으로 나오자 때마침 그곳에서는 축전이 펼쳐지고, 푸앵카레가 파리를 무공훈장으로 장식하고 있다. 위선자들의 속임수에 진저리가 난 피에르는 잇따라 자신에게 되묻는다. 하급 관리의 얼굴을 묘사한 그림인데도 멋진 화폭이 가능한 이유를 어떻게 해석하면 좋을까? 예술의 진실은 어디에 있는가, 또 예술은 어떤 경우에 배신당하는가? 이윽고 그는 젊은 공산주의자들과 친해져 그들의 사고방식 중 많은 점에 공감하지만 그 결정론적인 세계관을 받아들일 수가 없다. 그들의 휴머니즘에 반(反)하여 그는 사물의 비인간적인 시적(詩的) 정취에 계속해서 애착을 보인다. 특히 집단적 이해보다도 개인적 가치를 존중한다. 그의 주장은 전혀 근거가 없는 게 아니다. 왜냐하면 나는 그를 개인적인 애정의 갈등에 투입함으로써, 자신의 심정과 사랑하는 사람의 그리운 옛 모습이 얼마나 소중한 것인가를 일상적으로 통감하도록 했기 때문이다.

사랑하는 사람의 옛 모습은, 자자의 것이다. 나는 이 여성에게 다시 안이라 이름 붙여 자자의 모습을 되살리려고 했다. 그녀는 에스티냐크 집안의 아들 가운데 가장 소질을 잘 타고난 사내와 결혼하는데, 위제르쉬 근교에서 휴가를 보낼 때 마들렌과 친해지면서 피에르를 알게 되고, 파리에서 그와 재회한다. 나는 연애 이야기를 평범하게 생각했다. 게다가 안의 경건한 신앙과 성실함은 그녀에 대한 피에르의 존경과 합쳐져서 흔해 빠진 정사는 얼씬도 못하게 한다. 나는 두 사람 사이에 플라토닉하고 대단히 깊은 애정을 설정했다. 지적으로나 감정적으로 안은 인생을 넓게 받아들이려고 한다. 그러나 그녀의 남편은 이와 같은 교류를 금한다. 내가 이전에 쓴 소설의 안과 마찬가지로, 그녀도 의무와 행복 사이에서 궁지에 빠져 죽는다. 이렇게 해서 풍자의 종말은 비극이 되며, 부르주아적 정신주의는 단순한 조소의 대상이 아닌, 생명을 앗아가는 것으로 묘사된다.

한편 마들렌은 파리에서 오빠와 만나고 부도덕한 행동을 한다. 남자들을 조종하는 데 능란한 그녀는 오빠와 더불어 그들을 이익의 희생물로 삼을 계획을 세운다. 그녀는 이런 게임을 쉽게 해치운다. 하지만 그녀에게도 고민은 있었다. 그것은 내게도 아직 완전히 치유되지 못하고 남아 있던 것으로, 바로 타인에 대한 부러움이다. 그녀는 어릴 때부터 귀여운 고수머리를 한 성

(城)의 공주 마그리트와 마주칠 때마다 '아아, 나도 마그리트처럼 되고 싶다'고 생각하곤 했다. 그녀는 오빠를 나무랄 데 없는 보호자로 믿었다. 그러나 그녀는 피에르의 친구인 라보르드라는 이름의 공산주의자 청년에게 열중하여 그의 강인함과 확신에 현혹된다. 그 뒤에는 완전히 자족하고 있는 이 청년을 중심으로 세계가 돌고, 그녀는 그의 위성 가운데 하나에 지나지 않게 된다. 그런데 실은 그 또한 그녀를 사랑하며, 필요로 하고 있었던 것이다. 라보르드가 그녀에게 진실을 알리는 순간, 공중누각은 무너져 내린다. 라보르드는 완전무결하지 않은 단순한 사내로서 그녀와 동류이다. 그녀는 그에게 흥미를 잃고, 스스로 생활의 중심으로서 자기 자신을 자랑스럽게 되찾는다.

이 소설에는 장점이 하나 있었다. 수많은 삽화와 주제에도 전체 구성에 확실한 짜임새가 있다는 점이다. 주요 인물을 도중에 잃게 되는 일은 한 번도 없다. 외면적 사건과 내면적 체험과는 자연스럽게 결부되어 있다. 나는 줄거리를 이야기하는 식으로 전개하면서 풍경을 들여오고, 사람들에게 말을 하게 했다. 하지만 이것은 완전한 실패작이었다. 또다시 자자의 생애를 소설에 옮기려고 하면서 나는 그 얘기를 배반한 꼴이 되었다. 어머니 대신에 남편을 사용하는 과오를 되풀이한 것이다. 때문에 남편의 질투가 전작(前作)보다 이해하기 쉬워졌어도, 역시 안의 절망을 받아들일 수는 없었다. 그녀가 남편과의 생활을 계속하는 이상, 그녀에게 있어 '구원'은 피에르를 만난 것만은 아니다. 그와의 이별로 그녀가 잃은 것은 하나의 우정일 뿐이며, 더구나 이 우정은 불붙는 격렬함조차도 없었다. 그래서 안의 죽음이 당연하다고 생각되지 않았다.

마들렌의 심경 변화는 더 부자연스럽다. 그녀의 성격으로 미루어, 전면적인 존경을 바치는 사내를 버리는 이유가, 단순히 그가 그녀를 사랑하기 때문이라는 것은 있을 수 없었다.

마지막으로 나는 피에르가 처한 환경에 대해서도 아무런 지식이 없었다. 부차적인 인물들에는 어떤 특성도, 진실미도 갖추어져 있지 않았다. 이 소설은 처음엔 성공했지만, 그 뒤에는 끝도 없이 지루하게 이어졌다. 나는 마지막 서너 장을 적당히 처리했다. 이 승부에서 진 것이다.

가장 공감이 가는 대목은 역시 마들렌의 고뇌를 묘사한 부분이다. 완전히 평정을 되찾았다고는 하지만, 인물이 예전에 체험한 자부심으로부터 자기비하로 빠져드는 마음을 부각한 채로 두었다. 자신의 주체성을 존중하는 마음과, 어쩔 수 없이 타자를 향해 밀려가는 감정을 양립시키고 중화한다는, 가장 중대한 문제를 이제껏 결정적으로 해결하지 않고 있었던 것이다.

그해 무솔리니가 '파시스트전(展)'을 로마에서 개최했기 때문에 이탈리아 국유철도는 외국인 관광객을 유치하기 위해 70%의 할인을 허용했다. 우리는 아무 거리낌 없이 이를 이용했다. 여러 가지 추한 것을 포함하고 있는 에스파냐와 달리 이탈리아에서는 한 덩어리의 석벽이라도 아름다움을 느낄 수밖에 없다. 나는 단번에 그 아름다움에 사로잡혔다. 사르트르는 달랐다. 피사의 사탑 밑에서 그는 나에게 이 나라는 너무나도 여유가 없어 전혀 즐길 수 없다고 불쾌한 어조로 말했다. 그 이유는, 검은 셔츠 차림에 몸집이 작은 파시스트들과 길에서 마주 지나치는 것을 견딜 수 없었기 때문이다.

나는 중부 이탈리아의 아름다운 도시들을 방문하고, 피렌체에서 2주간 머물렀다. 로마는 다음 여행의 즐거움으로 아껴두려고 4일밖에 있지 않았다. 우리가 묵은 판테온 광장의 호텔은, 가이드의 설명으로는 로마에서 가장 값싼 호텔이다. 알베르고 델 솔레라 하며, 세르반테스가 산 적이 있다고 한다. 우리는 광장과 분수, 조각상에 한눈에 반했다. 고대 로마 광장이 대정원의 아취를 나타내고, 로마 시대의 도로를 따라서 협죽도가 무성하며, 베스탈리아 샘물가에 빨간 장미가 피어 있는 것이 기뻤다. 틀림없이 나는 팔라티노 언덕을 걷고 있었다! 하지만 무솔리니의 존재는 이 도시에 중압감을 주었다. 다니는 곳마다 벽은 게시문 투성이였으며, 검은 셔츠의 당원은 제 세상인 양 거리를 활보했다. 밤이 되자 거리에는 사람의 그림자 하나 보이지 않는다. 오랜 역사가 돌로 변해서, 허무에 대해 장대하게 개가를 올리고 있는 이 도시가 부재 상태로 전락하는 것이다. 어느 날 밤 우리는 둘만이라도 증인이 되어 날이 밝을 때까지 이 도시를 지켜보자고 결심했다. 한밤중 우리는 인적이 끊긴 나보나 광장 분수 옆에 앉아서 이야기를 나누고 있었다. 셔터가 내려진 집에서는 한 줄기 빛도 새나오지 않았다. 검은 셔츠의 두 사람이 다가왔다.

"한밤중에 밖에서 뭣하고 있소?"

관광객이란 이유로 우리를 관대하게 봐 주었으나, 당장 숙소로 돌아가서 자라는 엄명을 받았다. 우리는 이에 따르지 않았다. 우리의 발소리 말고는 아무것도 들리지 않는 밤길에 로마의 작은 포석(鋪石)을 밟으며 걷는 것은 감동적이었다. 마치 밀림 속에 위치해, 인간의 눈으로부터 지켜진 마야의 고도에 기적적으로 착륙한 듯한 생각이 들었다. 3시쯤 콜로세움에 있던 우리를 회중전등의 불빛이 비추었다.

"뭘 하는 거요?"

아무리 관광객이라고는 하지만 우리 행동은 완전히 발칙했던 것 같다. 마드리드의 긴 밤을 그립게 회상하면서 결국 우리는 호텔로 돌아갔다. 할인 승차권 증명을 받기 위해 우리도 파시스트 전시회에 얼굴을 내밀어야 했다. 우리는 '파시스트 순교자'들의 권총이나 곤봉이 전시되고 있는 유리 선반을 보았다.

오르비에토에서 루카 시뇨렐리의 벽화를 보고, 볼로뉴의 붉은 벽돌 사이에서 서너 시간을 지냈다. 다음 가는 곳은 베네치아였다. 역을 나선 나는, 곤돌라에 탄 사람들에게 호텔 주소를 알리고 있는 여행자들을 보고 놀랐다. 그들은 숙소에 머무르며 짐을 풀고 얼굴을 씻을 생각인 것이다. 이런 유연한 기분은 딱 질색이라고 나는 생각했다. 우리는 여행 가방을 역에 잠시 보관하고, 몇 시간이고 돌아다녔다. 결코 두 번 다시 가질 수 없는 눈, 즉 처음 보는 자의 눈으로 베네치아를 바라보았다. 우리는 태어나서 처음으로 틴토레토의 〈그리스도 십자가상〉을 보았다. 또 태어나서 처음으로 갈색 셔츠의 나치스 돌격대원을 본 것도 베네치아의 리알토 다리 옆이었다. 그들은 몸집이 작은 검은 셔츠의 파시스트와는 전혀 다른 인간이었다. 키가 몹시 크고 얼빠진 눈초리에 걸음걸이는 딱딱했다. 30만이나 되는 갈색 셔츠의 파시스트들이 뉘른베르크 거리를 행진한다고 상상하는 것만으로 등골이 오싹해졌다. 사르트르는 앞으로 1개월 뒤에는 베를린 거리 모퉁이에서 매일 그들과 마주치게 되리라고 생각하자 심장이 멎는 듯하다고 했다.

밀라노에서 우리는 무일푼이 되었다. 그래서 쓸쓸하게 갈릴레이 동상 밑 도로를 어슬렁거렸다. 안으로 들어갈 수 없다고 생각하자 이곳의 식당도, 상점도 전대미문의 호화로운 곳으로 보였다. 호수 지방을 관광할 예정이었던 3일도 포기해야 했다. 나는 눈물을 흘리면서 아쉬워했으나, 그만큼 희생을 최대한 줄일 수 있었다. 우리는 파리로 돌아갔다.

사르트르가 베를린으로 가 버리자 나는 정치 정세에 완전히 무관심해졌다. 정치 노선에는 먹구름이 잔뜩 끼고 하늘이 갈라지듯 벼락이 치고 있었다. 히틀러는 국제연맹을 탈퇴했다. 11월 11일의 열광적인 연설에 이어서 그에게 승리를 가져다준 인민투표 결과는, 독일 국민이 이 강경책을 열렬히 환영한 사실을 명확히 해주었다. 히틀러가 독일은 '명예와 평등한 권리를 존중하는' 평화를 바란다고 분명하게 말했을 때, 그를 신용하는 사람은 아무도 없었다. 그러나 프랑스 좌익은 여전히 전쟁을 저지하는 일이야말로 프랑스의 사명이라고 계속 단언하고 있었다. 알랭은 1934년 초에 이렇게 썼다.

"공포의 파도에 거슬러라. 그러면 그 대가로 평화는 보장된다."

라이프치히에서의 국회 방화 사건의 판결—반 데르 루베(나치스가 좌익 측에 누명을 씌우려고 꾸민 자작극의 희생자)가 사형 선고를 받고 1월에 처형되었을 뿐, 다른 피고 전원이 무죄 석방된 사건—을 안 좌익은 나치스가 스스로 권력에 자신을 갖지 못했다고 단정했다. 좌익이 무엇보다도 두려워하고 있었던 것은 프랑스 국내에 파시즘이 대두되는 일이었다. 여러 우익단체는 국제정세와 경제공황을 핑계로 반(反)민주주의적이며 호전적인 국가주의를 선전하고 있었다. 12월에 발각된 스타비스키 사건은, 처음에는 사람들의 이목을 끌지 않다가 갑자기 엄청난 파장을 불러일으켰다. 우익은 이 사건을 대대적으로 들고 나와 좌익연합, 제3공화국, 의회, 민주주의 전체에 대한 공격에 이용했다. 애국청년동맹, 프랑스연대동맹, 재향군인회 전국동맹, 십자가단 등은 1월 초부터 계속해서 라스파유 거리, 생제르맹 거리, 의회 주변에서 난투극을 벌였다. 경찰 총감 시아프는 고의로 그들을 방임했다. 1월 26일 오페라 광장에 약 4만 명의 시위대가 동원된 결과, 내각은 총사직했다. 달라디에가 새 내각을 조직하고, 시아프를 경질했다. 2월 6일 새 내각이 처음으로 의회에 임한 날, 소동이 일어났다. 나는 이런 상황을 아주 먼 사건으로만 보고 있었다. 나와는 관계가 없는 일로 확신했던 것이다. 폭풍 뒤에 고요함이 오리라. 어쨌든 내게도 파급효과를 미치게 될 이 동란으로 골치를 썩을 필요는 없다고 생각했다. 온 유럽에 파시즘 세력이 증강해 전쟁의 기운은 무르익고 있었다. 그러나 나는 영구 평화의 아성에 틀어박혀 있었다.

이와 같은 무관심 상태에 머물러 있기 위해서는 상당한 완고함이 필요했다. 나에게는 틈이 없었던 것이 아니라 내가 시간을 주체하지 못하고 있었기 때문이다. 나는 시골의 따분함 속에 파묻혀 있었다. 새로운 동료에게는 별로 기대할 게 없었다. 영어 교사인 뤼카스 양은 큰 송이버섯을 닮았다. 그녀의 검은 벨벳 드레스는 복사뼈에 닿을 정도로 길었으며, 가슴은 활짝 벌어져 핑크색 앙고라토끼털로 짠 주름 장식이 드러나 있었다.

"난 어린애 같은 드레스가 좋은걸요."

그녀는 이렇게 말했다. 그녀는 학생들을 몹시 싫어했고, 학생들도 그녀에 대해서 그에 걸맞은 행동으로 보답하고 있었다. 오뱅 양은 세브르 여자고등사범학교 출신의 애송이이고 덜렁이였다. 그녀는 교원실 안을 어슬렁거리면서 말했다.

"제발 너그럽게! 너그럽기를 부탁하겠어요!"

그러고는 한숨을 짓는 것이었다. 시몬 라부르댕은 확실히 이 정도로 바보스럽지는 않았다. 그녀는 말로와 관계를 가졌으며, 르메르 부인이나 파니에와도 아는 사이였다. 갈색 머리, 몹시 아름다운 잿빛에 가까운 푸른 눈, 단정한 옆모습의 여성이었다. 그런데 치아가 더러웠다. 나와 그녀는 그다지 마음이 맞지는 않았지만, 그녀가 세브르 시절에 콜레트 오드리와 동급생이었으므로 자주 셋이서 북적대는 역 앞 식당에서 점심을 먹었다. 우리는 대화를 통해 서로에게 친근감을 느꼈다. 콜레트 오드리만은 적극적인 정치 활동을 하고 있어 빨갱이로 간주되었다. 하지만 시몬 라부르댕도, 나도 시국에 대한 견해는 그녀와 거의 같았다. 학내에서 우리는 젊음과 사고방식과 태도에 의해, 이른바 전위파를 대표했다. 우리는 복장에 크게 신경을 썼다. 콜레트는 대체로 라코스트형의 셔츠블라우스에 넥타이 차림이었는데, 색의 조화가 대담하고 훌륭했다. 시몬 라부르댕에게는 유명 양장점에서 옷을 맞추는 여자친구가 있어, 때때로 그녀가 시몬 라부르댕에게 빼어나게 단순한 앙상블을 선사하곤 했었다. 나는 서너 장의 스웨터를 유일한 멋으로 삼았다. 이 옷들은 어머니가 꼼꼼하게 디자인을 골라준 것이었는데, 학생들은 자주 똑같은 옷을 만들어 입고 왔다. 우리의 화장이나 머리 모양은 어느 학생의 아버지가 콜레트 오드리에게 칭찬으로 붙인 '속세의 수녀'라는 여교사 모습과는 어울리지 않았다.

그러면 우리는 무엇일까? 남편도 아이도 가정도 없으며, 사회적 기반도 전혀 없는 26세의 여자. 누구라도 이 나이가 되면 확실하게 대지 위에 서고 싶어한다. 콜레트는 정치에 투신하여 그 분야에서 삶의 보람을 발견하려고 분투하고 있었다. 나는 그때까지 삶의 즐거움과 문학상의 계획, 그리고 사르트르가 주는 보증으로 인해서 이 같은 고뇌에서 벗어나 있었다. 그런데 이제 사르트르는 없다. 그가 스스로 목을 맨 소설은 한심한 결과로 나왔으며, 루앙의 거리는 음산했고, 어쨌거나 모든 것이 내게 방향을 잃게 하고 있었다. 이 때문에 내가 시시한 일에 말려들게 되었다고 생각했다.

나는 파리로 나올 때면, 최근 아미앵 중고등학교에 임명된 마르코와 가끔 저녁식사를 함께했다. 그에게 이끌려 당시 유행한 시골 풍 식당으로 가서, 격자무늬 테이블보 위에서 소스를 듬뿍 친 요리를 먹었다. 마르코는 상냥하게 행동했으며, 그럴 때마다 대단한 매력을 발산했다. 그가 들려주는 이야기는 실화보다도 지어낸 얘기가 많았는데, 어쨌든 나는 재미있었다. 그가 가슴 속 비밀을 털어놓을 때, 그토록 신뢰감이 넘치는 모습에도 나는 속지 않았다. 나는 완벽하게 부풀린 고백으로 이에 대응했고, 그도 그것을 믿지 않았다. 그러나 이와 같은 거짓의 공범에도 그의 미모는 가치가 있었다. 그 무렵 나는 더욱 짓궂게 굴었다. 그가 시몬 라부르댕을 가차 없이 깎아내리는 것을 들으며 즐거워했다. 마르코는 그녀에게 심하게 불행한 꼴을 당하게 하고, 그것을 의기양양하게 말하곤 했다. 시몬 라부르댕의 마르코에 대한 정열이 한동안 그의 마음을 움직인 까닭은 무엇 때문일까? 나는 결국 알지 못했다. 사실 그는 남성에게만 흥미가 있었던 것이다. 이윽고 그는 금발의 미소년과 동거생활을 시작했고, 그 소년의 금잔화 향이 나는 머리를 찬양하는, 몹시 서툰 시를 짓기도 했다. 그들은 시몬이 그들의 아파트를 함께 쓰는 것에 동의했다.

"그녀를 벽장에 재우기로 하지."

마르코는 싱글싱글 웃으면서 이렇게 말했다. 그녀는 금발의 미소년을 유혹하려고 덤벼들었는데, 책략은 실패했다. 게다가 마르코는 아미앵으로, 시몬 라부르댕은 루앙으로 옮기게 되었다. 그녀는 마르코를 다시 만났으나 그를 정복하지도, 체념하지도 못한 채 있었다. 그녀는 그에게 무시당하면서, 그의 모멸에서 몸을 지키려고 열심히 노력했다. 마르코는 그녀의 일기 한 권을 가로채서 내게 읽게 했다.

"나는 지배하고 싶다. 지배하는 거다! 날카로운 손톱으로 무장해 사람도 사물도 그 밑에 제압해 주겠다."

그녀는 이같이 썼다. 그것은 우스꽝스럽다기보다도 애처로웠다. 마르코에게 너무 심하게 모욕을 당했기 때문에 그녀는 서툰 표현을 빌려서 재기하려 했지만, 나는 그녀를 동정할 생각이 더욱 없어졌고, 웃으면서 콜레트에게 이 애절한 주술을 다시 읽어주었다. 날마다 시몬 라부르댕은 마르코가 무시하지 못하도록 빛나는 모습으로 높이 올라가 풍요롭고 '변화가 풍부한' 생활을 구축해 보이겠다며 초조해하여, 나를 싫증나게 했다. 그녀는 현실을 위조해 자신의 체험을 과장했다. 마르코도 실은 엇비슷했다. 그러나 그의 방법은 우아하고 아무런 나쁜 동기도 없는 듯한 데 비해서, 그녀는 안타까울 정도로 진지하게 그것에 매달리고 있었다.

그녀가 나에게 노골적으로 적의를 표시하지 않았다면 나도 이토록 냉혹하게 그녀를 비판하지 않았으리라. 틀림없이 마르코는 내가 그와 함께 그녀를 비웃는 일을 숨기지 않았다고 생각했을 것이다. 그러니 그녀가 내게 우정을 느낄 리가 없었다.

사르트르가 없어서 나는 파니에와 더욱 친해졌다. 올해 나는 가끔 그와 마주 앉아서 저녁식사를 했다. 그리고 신변에 생긴 일을 모두 그에게 얘기했다. 의견이 듣고 싶을 때는 파니에에게 상담을 했으며, 그의 판단을 크게 신뢰했기 때문에 그는 나의 생활 가운데서 중요한 자리를 차지하고 있었다. 시몬 라부르댕은 내가 그에 대해서 말한, 사실은 매우 친근함이 담긴 감상을 짓궂게 왜곡해서 그에게 전달했고, 나는 그 때문에 몹시 화가 났다. 그 보복으로 그녀의 흥을 꺼뜨렸다. 때때로 틈이 나면 나는 젊은 학생 사감인 퐁티외 양과 차를 마시러 갔다. 그녀 얼굴에 있는 적자색 반점은 보기 흉했지만, 몸매가 아름다웠으며 옷맵시가 좋았다. 그녀는 파리의 실업가에게서 보조금을 받고 있었고, 남자중고등학교의 젊은 교사와도 교제 중이었다. 우리는 패션에 대한 얘기를 하거나, 남의 소문에 웃음꽃을 피우기도 했다. 지친 오후에는 다른 사람들을 흉보는 일에서 무기력한 즐거움을 발견했다. 집 밖은 시골 작은 도시의 안개와 어둠으로 가득했다. 그러나 이곳에는 카페의 따뜻함과 빛, 목을 축이는 홍차, 계속 지껄여서 온 우주를 언어로 말살할 수 있는 나 말고는 아무것도 존재하지 않았다. 시몬 라부르댕은 내 마음에 꼭 드는 먹잇감이었다.

어느 일요일, 나는 아미앵까지 마르코를 만나러 갔다. 그는 내게 대성당과 도시를 보여주고 평소보다도 더욱 친절하게 대해 주었다. 그리고 르메르 부인과 파니에 대해서, 사르트르와 나의 관계에 대해서 물었다. 나는 거짓말을 하거나 얼버무려서 얘기를 비껴갔다. 대화는 시종 각축을 벌이다가도, 그의 폭소로 중단되곤 했다. 나는 아주 쾌활한 하루를 지냈다. 저녁에 마르코는 엄숙한 표정으로 이제부터 매우 중요한 비밀을 털어놓겠다고 말했다. 가방에서 귀여운 사내아이의 사진을 꺼내 들더니 말했다.

"내 아들이야."

3년 전 알제리 해수욕장에서 여름휴가를 보내고 있었는데, 멀리 요트 한 척이 안개 속에 희미하게 보였다. 그가 그곳까지 헤엄쳐 가 배에 오르니 엄청난 미인인 영국 처녀가 있었다. 그녀는 금발에 기품이 있고 대단한 부자였다. 그는 밤마다 다녔다. 그리고 이 아이가 비밀리에 태어났다. 그 뒤 무슨 일이 있었는지, 이 초호화판 순애보의 결말이 어떻게 되었는지는 잊고 말았다. 지어낸 이 얘기의 세세한 부분에는 그다지 흥미가 없었기 때문에, 훗날 마르코는 사르트르에게 이 이야기를 다른 식으로 말했고, 파니에에게는 또 다른 줄거리를 들려주었다. 사실 그 금발의 아이는 그의 조카였던 것이다. 틀림없이 마르코는 나를 속였다고 생각해 의기양양했으리라. 과대망상중인 사람일수록 타인의 고지식함을 쉽게 믿기 때문이다. 어쨌든 그날 저녁 헤어질 무렵에는 전반적으로 내가 한 수 위였다. 그는 나를 위해 자기 하숙집 여주인에게 방 하나를 예약해 두고서는, 같은 침대에서 '오누이처럼' 자자고 제안했다. 나는 세간의 법도로는 일정 나이가 지나면 오누이는 따로따로 자야 한다고 대답했다. 그는 웃었지만 화가 난 듯했다. 어쨌든 나는 이런 엉뚱한 제의를 거부한 것이 틀림없는데, 더군다나 마르코는 시몬 라부르댕이 그를 만나러 아미앵에 올 때마다 기분전환으로 한 이불에서 완전히 순결한 밤을 지내고 있다고 내게 말했다. 그가 잠든 척하면서 그녀를 만지고 포옹할 성싶은 낌새를 보이면 그녀는 욕망에 괴로워한다는 것이다. 그는 미친 사람처럼 욕망으로 숨 가빠하는 그녀의 숨소리를 즐긴다고 한다. 나는 마르코에 대해서 얼음처럼 냉정한 마음으로 있었으며, 그의 손도 두려워하지 않았다. 다만 그의 자만이 무서웠다. 내가 꿈이라도 꾸고 탄식이라도 하는 날엔 그가 얼마나 의기양양해할까! 나는 아쉬운 표정의 그를 보고 만족했다. 루앙으로 돌아간 나는 주말의 사건을 퐁티외 양에게 재미있고 우스꽝스럽게 얘기했다. 거기에 덧붙여서 마르코가 시몬 라부르댕을 더 이상 괴롭힐 수 없을 것이며, 내게 대단히 호의를 가지고 있다고 말했다. 나중에 파니에를 통해서 들은 이야기인데, 시몬 라부르댕은 내가 마르코의 마음을 가로챘다고 의기양양해 있다는 말을 듣고 크게 웃었다고 한다. 말하자면 퐁티외 양은 나의 말을 그런 식으로 전달한 것이다. 나는 어처구니가 없었다. 나 역시 남의 말에 쉽게 넘어가고 만다. 이것은 누구도 이길 수 없는 대결임을 나는 깨달았다. 마음이 내키면 재미삼아 해도 좋은데 설욕이나 승리를 기대하지는 말아야 한다.

더욱 심각한 재난을 당한 일도 있다. 2월 7일 수요일 밤에 마르코와 만날 약속이 있었다. 그런데 마침 그날 르메르 부인과 파니에가 나를 만찬에 초대했다. 그들은 마르코와 나의 친밀함을 과장해서 생각하고 있었으며 별로 좋게 여기지 않았기 때문에, 그들에게 마르코와의 사이에서 있었던 일을 얘기하고 싶지 않았다. 실은 둘이 어떤 의미심장한 눈길을 주고받을지 두려웠던 것이다. 그래서 나는 여동생과 외출할 계획이라고 말했다. 2월 6일에 나는 루앙에 있었다. 저녁식사 뒤 마르코와 콩코르드 광장까지 가 보았다. 반쯤 검게 탄 자동차가 뒤집어진 채로 있었고, 많은 구경꾼들이 우글우글했다. 뜻하지 않게 우리는 파니에와 시몬 라부르댕과 마주치고 말았다. 파니에와 마르코는 건성으로 인사를 주고받았다. 하지만 나는 숨이 막힐 듯했다. 라틴어 텍스트 번역을 통째로 베껴 냈던 16세 때와 똑같은 함정에 또다시 빠졌음을 깨달았다. 별 의미 없는 행동도 뜻하지 않게 폭로되면 중대한 의미를 지니게 되는 것이다. 르메르 부인과 파니에는 이 은밀한 일을 냉혹하게 비난하고, 이를 근거로 마르코와 나의 관계를 완전히 수상하게 여기리라. 그들의 엷은 웃음에 대처하여 어떻게 나를 방어하고 이 일을 설명할 수 있을까? 그러나 이번에도 유일한 해결책은 어디까지나 거짓으로 일관하는 것이다. 다음 주에 나는 포도주 시장 옆 식당에서 파니에와 저녁식사를 했다. 나는 그에게 그날은 정말로 여동생과 외출할 생각이었는데, 시간이 다 되어서 갑자기 예정을 바꾼 것이라고 단언했다. 내가 아주 열심히 억울함을 주장했기 때문에 파니에는 거의 믿는 눈치였다. 반면에 르메르 부인은 이런 내 태도를 보고 거짓말이라고 단정했는지, 의심하는 속내를 은근히 드러냈다. 나는 부인의 신뢰를 잃고 만 것이 슬펐다. 사르트르는 부활절 휴가로 파리에 왔고, 그의 도움으로 나는 궁지에서 벗어날 수 있었다. 사르트르는 모두에게 진실을 알리고, 따뜻한 이해심으로 내 행동을 설명했다. 그러자 모두가 그의 말에 설득되었다. 어쩌면 그들은 사르트르에 대한 나의 성실함까지 의심하고 있었을지도 모른다. 사르트르가 유쾌한 표정을 짓고 있어, 자신들이 이 사건을 너무 심각하게 여기고 있었음을 깨달았다. 그들은 완전히 마음이 풀어져 나와 함께 웃었다. 하지만 이 경험은 대단히 뼈아픈 추억을 나에게 남겼다. 존경하는 사람들에게서 죄인 취급을 당하는 것만큼 저주스런 일은 없다고 나는 생각했다. 구제하기 어려운 유죄 선고를 받는다면, 우리가 자기 자신에 대해서, 타인에 대해서, 세상에 대해서 유지하고 있는 관계를 결정적으로 왜곡함으로써 평생 지울 수 없는 낙인이 찍히게 될 것이 틀림없다. 새삼 내가 운이 좋다고 생각했다. 혼자서만 무거운 비밀의 짐을 짊어지지 않아도 되기 때문이다.

2월 9일 밤, 공산당은 반(反)파시즘의 시위운동을 조직했는데, 경찰의 폭력적인 진압에 근로자 6명이 사망했다. 2월 12일 오후에는 수년만에 처음으로 사회주의자와 공산주의 근로자가 어깨를 나란히 하고, 뱅센 가로수 길을 시위행진했다. C.G.T.(노동자총동맹)는 이날 '파시즘의 위협에 대해서 정치적 자유를 옹호하는' 총파업에 들어갔으며, C.G.T.U(통일노동총동맹)도 이에 합류했다. 약 450만 명의 근로자가 이 지령에 따랐다. 루앙 여자중고등학교에서는 콜레트 오드리와 시몬 라부르댕, 그리고 조합 활동가 한 사람만 참가했다. 나는 그녀들과 행동을 함께하는 것 따위는 생각도 해보지 않았다. 그만큼 나는 온갖 정치 활동과 무관했다. 이렇게 행동을 보류한 데는 또 다른 이유가 있었다. 나는 나 자신의 사회적 신분을 인정하는 모든 행동을 싫어했기 때문이다. 교사였지만 교사로 완전히 변모하는 것에 여전히 거부감을 느꼈고, 노는 셈치고 강의를 하는 것이라고 결론 지을 수도 없었다. 내 직업이 속박으로 느껴졌다. 이 직업 때문에 루앙에 살아야 하고, 정각에 등교해야 하며……. 아무튼 그것은 내게 부과된 하나의 역할이었고 나는 그 역할을 수행하고는 있지만, 내면의 진실은 저 멀리 도망치는 듯했다. 공무원 조합의 투쟁에도 관심이 없었다. 나는 교실에서 또 다른 개인들을 향해 자신의 사상을 표현하는 자로서 행동하기를 물론 바라고 있었는데, 교육자의 한 사람으로서 자격을 내세우는 행동은 어떤 종류의 일이라도 하고 싶지 않았다.

그럼에도 나는 강의 내용 때문에 루앙의 부르주아들 사이에서 평판이 나빴다. 내가 부자인 공화국 상원의원의 둘째부인이란 소문이 나돌았다. 파니에가 자주 생라자르 역까지 나를 마중 나와 준 일과 그의 풍채가 훌륭한 데서 나온 소문일지도 모른다. 그렇더라도 그는 상원의원이라기에는 지나치게 젊고, 나의 생활이나 행동에도 보석으로 치장한 첩다운 면이 있을 리 만무했다. 하지만 모두 그런 것은 잘 생각하지도 않고서 시끄럽게 떠들어댔다. 나는 수업 중에도 함부로 말하지 않기로 했다. 학생에게 당치도 않은 책을 빌리는 일도 그만두었고, 실천윤리에 관해서는 퀴빌리에(객관주의적 전통을 옹호한 프랑스의 사회학자) 교과서를 보여주었다. 그렇지만 가족에 대한 이야기를 할 때 나는 여자의 유일한 사명이 아이를 낳는 것만은 아니라고 말했다.

수개월 전, 페탱 원수가 12월에 행한 연설에서 학교 교육을 군대와 직결해야 하는 필요성을 역설했고, 교사들에게 공문을 돌려 출산장려정책에 협력하라고 호소했다. 나는 빈정거리는 말투로 그것에 대해 언급했다. 순식간에 소문이 퍼졌다. 내가 부자 애인이 많은 것을 자랑 삼아 학생들에게 보이고, 이를 따르라고 권했다는 것이다. 게다가 학생 개개인에게 동의를 강요하기까지 했다고 소문이 났다. '품행 방정'한 몇몇 소녀만이 감히 이에 이의를 주장했다는 것이다. 2월의 소요 사태 결과, 두메르그가 수상이 된 뒤부터는 '도덕 질서'의 강력한 복구가 이루어졌다. 틀림없이 이런 이유로 '출생률 및 청소년 보호에 관해 도위원회'가 나서서 도지사에게 보고서를 제출했을 테고, '부적합한 교사' 하나가 가족 제도를 비판하는 교육을 행하고 있다고 고발했으리라. 나는 파니에의 조언을 얻어 분노로 가득 찬 회답을 써서 상사에게 맡겼다. 나를 공격한 그 학부형은 여성을 가정에 묶어 두라고 요구함으로써 히틀러주의를 지지하고 있다고 탄핵을 한 것이다. 관할 교육청 장학관은 몸에 맞지 않는 옷을 입은 키가 작은 노인으로, 지방의 대부르주아를 특별히 높이 평가하고 있는 것도 아니어서 웃으면서 내 편이 되어 주었다. 하지만 코르네유 중고등학교에서 내 동료인 트루드 씨가 수업 때마다 나를 인용해 가차 없이 비판을 하곤 했다.

콜레트와 시몬 라부르댕, 그리고 나를 포함한 세 사람을 둘러싼 전설은 편협함에 젖은 학생들 사이에서 더욱더 흥밋거리가 되었다. 특히 콜레트 오드리에게는 '열'을 올리는 아이들이 많이 나타났다. 우리는 이런 일을 별로 문제 삼지 않았는데, 그래도 젊은 만큼 우리를 매력적으로 생각하는 사람이 있다는 게 재미있었다. 앞에서도 말했듯이 마르코는 동성애자란 소문이 자자했고 가끔 '멋진 놈들'을 만나기도 했다. 시몬 라부르댕은 그 기묘한 놈들에게 대항할 수 있는 천재적이고 마음에 드는 여학생을 발견하려고 혈안이 되어 있었다. 콜레트는 특히 고학년 학생들에게 정치적 영향을 주려고 애썼다. 그래서 '청년공산동맹'에 가입하는 자가 속출했다. 한편 나는 내게 라틴어 수업을 받고 있는 3학년생들을 주인공으로 소설을 구상하고 있었다. 그 가운데 3, 4명은 아직 14살인데도 성숙한 여자와 같은 매력과 고뇌를 지녔다. 가장 예쁜 소녀는—나중에 여배우가 되었는데—그만 임신하고 말아 15세에 결혼하게 되었다. 철학 과목을 듣는 학생들은 이미 성인의 외모를 보이기 시작한 반면, 나는 그녀들이 미래에 갖게 될 부인의 모습에는 그다지 호감을 느낄 수 없었다.* 첫해에 나는 콜레트 오드리에게서 기숙생 가운데 색다른 아이가 있다는 말을 들었다. 그녀는 프랑스 여자와 결혼한 백인계 러시아인의 딸이어서 모두 '러시아 처녀'로 불렸는데, 어느 교사에게도 '개성이 있다'는 평가를 받는다고 했다. 금발 머리 아래의 창백한 얼굴은 나에겐 거의 아무런 흥미도 끌지 못했고, 그녀가 나에게 제출하는 숙제도 너무나도 간결해 판단하기 어려웠다. 그러나 2학기 리포트를 돌려줄 때 나는 이렇게 발표하게 되었다.

"놀랍게도 최고점을 받은 사람은…… 올가 D예요."

바칼로레아 전에는 '모의시험'이 한 번 있었다. 몹시 더운 날이어서 문제와 씨름을 하고 있는 학생들을 보는 것만으로도 축 늘어졌다. 그녀들은 잇따라 내 책상 위에 답안을 내고 나갔는데, 단 한 사람, 그 러시아 처녀만이 꼼짝도 하지 않았다. 내가 재촉하자 그녀는 와락 울음을 터뜨렸다. 이유를 묻자 전혀 쓸 수 없다는 것이었다. 어느 일요일 오후, 나는 그녀를 꾀어 외출

---

* 나의 예상이 빗나간 적도 있었다. 얌전하고 공부벌레인 자클린 네테르가 아슬아슬하게 교수형을 모면한 여성이 되리라곤 꿈에도 생각하지 못했다. 그녀는 용감한 자클린 게루지가 되어 알제 재판소에서 남편과 함께 사형 선고를 받았다.

을 했다. 강변을 함께 산책한 다음 비어홀 빅토르에서 차를 마셨다. 그녀는 나에게 보들레르와 신에 대한 얘기를 했다. 그녀는 신을 믿은 적은 없는데, '급진 사회당을 따르고 있는 처녀들'을 너무 싫어해 기숙생 사이에서는 신비주의 신자로 여겨졌다. 그녀는 우수한 성적으로 바칼로레아에 합격했다. 나에 대한 증오를 내 제자를 통해 표출하려던 트루드 씨가 매서운 질문을 했지만 효과는 별로 없었다.

신학기가 되자 뵈즈빌에 살고 있는 그녀의 부모님은 그녀가 루앙에서 P.C.N.(의학부 진학과정)을 준비하도록 했다. 그녀는 12살 때 무용가가 되려 했으며, 17살에는 건축가를 지망했다. 어쨌든 의학은 생각이 없었다. 귀족 출신인 아버지는 혁명을 피해 왔고, 어머니는 〈악시옹 프랑세즈〉의 애독자였다. 그럼에도 딸은 극우 성향의 루앙 학생들 대부분에게 혐오감을 느꼈다. 정치에는 흥미가 없어서, 그들의 저속함을 참지 못했다. 그녀가 교제하고 있던 쪽은 유대계 루마니아인이나 폴란드인 그룹이었고, 이들은 반(反)유대주의 정책에 의해 고국에서 추방된 뒤 파리보다 물가가 싸다는 이유로 루앙에서 배우고 있었던 것이다. 루마니아인은 얼마쯤 돈을 갖고 있어서 문제가 덜 심각했다. 올가는 특히 폴란드인과 친했다. 폴란드 학생들은 몹시 가난해 시오니즘이나 공산주의에 열중하고 있었다. 그들 가운데 한 사람은 바이올린을 연주했으며, 모두 음악을 사랑했다. 프랑스 양갓집 자녀들과 달리 그들은 음악회 표를 사거나 춤을 추러 가기 위해 가끔 식사를 거르기도 했다. 올가는 몇 달 동안 여학생 전용 하숙집에 있었는데, 그 뒤 동급생인 폴란드 처녀와 둘이서 가구가 딸린 방 하나를 빌렸다. 그녀는 때때로 졸업생들과도 만났다. 특히 청년공산동맹 회원인 뤼시 베르농은 올가를 여러 토론회에 데리고 갔다. 올가는 그중 한 가지 상황을 내게 얘기해 주었다. 그날 밤은 소련에서 합법적으로 이루어지는 임신중절에 대한 강연이 있었는데, 특히 여성과 관련된 문제여서 청중의 대부분이 젊은 여성이었다고 한다. 그곳에 왕당파청년동맹의 지도자이자 적어도 30세는 되었을 범한 만년 대학생이 큰 나비넥타이를 매고 스틱을 손에 들고서 토의에 끼어들어, 노골적인 방해를 했다. 강연을 들으러 온 처녀들은 음란한 속셈 따위는 전혀 없이, 여자로서의 문제를 진지하게 생각하려는 성실한 작은 반역자들이었기 때문에 당황하고 말았다. 이렇게 '프랑스 여성의 외설스러움'에 대한 분노가 폭발하자 그녀들은 숨이 막힐 듯했고 얼굴이 빨개졌다.

공안과는 항만 노동자 몇 명에게 장내 정리를 맡겼다. 그 가운데 한 사람이 왕당파청년동맹 쪽으로 다가가 말했다.

"나는 당신들만큼 배우지 못했어도, 처녀들에게 그런 식으로 말하지는 않소."

만년 대학생은 슬금슬금 도망치기 시작했다.

올가는 자신의 생활에 대해서 하나하나 내게 보고했다. 친구들 얘기도 해주었다. 하루는 '유대인'이란 정확하게 무엇을 의미하는지 물었다. 나는 위엄 있게 대답했다.

"아무런 의미도 없어. 유대인이란 존재하지 않아. 존재하는 것은 인간뿐이지."

훨씬 뒤에 올가가 말하기를, 그녀는 바이올린을 켜고 있는 친구의 방에 들어가면서 이같이 선언해 대성공을 거두었다고 한다.

"여러분, 여러분은 존재하지 않아요. 철학 선생님이 내게 그렇게 말했어요!"

많은 부문에서 나는—나보다 조금은 낫지만 사르트르 역시—한심할 정도로 추상적이었다. 나는 사회계급의 현실을 인정하고 있었다. 그러나 아버지가 지닌 이데올로기에 대한 반발로, 프랑스인은 이렇고 독일인은 저러며 유대인은 그렇다는 식의 화법에는 항의를 했다. 인간 개인만이 존재할 뿐이다. 내가 본질주의를 거부한 것은 정당했다. 이미 나는 슬라브 영혼, 유대적 성격, 미개인의 심리, 영원한 여성성 등과 같은 관념이 어떤 오류와 통하는지를 알고 있었다. 하지만 내가 신봉하던 보편주의는 나를 현실로부터 너무 멀리 떨어뜨려 놓았다. 그 무렵 내게 결여되어 있었던 것은 '상황'에 대한 개념이다. 상황이란 영구적인 숙명에 예속시키지 않고 인간 집단을 구체적으로 정의할 수 있는 유일한 것이다. 당시에는 일단 계급투쟁의 테두리를 벗어나면 누구에게서도 이것을 배울 수 없었다.

나는 올가의 이야기, 느낌, 사고방식을 사랑했다. 그럼에도 나에게 그녀는 아이에 불과했기 때문에 자주 만나지는 않았다. 일주일에 한 번 정도 그녀를 불러내어 비어홀에서 점심을 먹었다. 나중에 알게 되었는데, 그녀는 이런 식사 자리를 불쾌해했다. 음식을 먹으면서 동시에 말하는 일이 불가능하다고 생각했기 때문이다. 그래서 거의 먹지도 말하지도 않기로 결정한 것이다. 저녁식사 뒤 그녀를 불러낸 적도 3, 4번 있었다. 우리는 러시아 가극단의 〈보리스 고두노프〉를 보러 갔다. 또한 몇 번씩 들어도 질리지 않는 쥘과 쥘리앵의 공연에도 그녀를 데려 갔다. 무슨 문제였는지 잊었지만, 그녀를 따라서 콜레트 오드리 일파가 주최하는 토론회에 간 적도 있다. 그날은 각 당의 대표가 연설하기로 되어 있었다. 가장 인기를 모은 사람은 자크 도리오였는데, 그는 자신의 정치적 편향성을 해명하기 위해 모스크바에 가도록 명령을 받았으나 이를 거부했다. 단상의 인사들 가운데에는 콜레트 오드리와 미셸 콜리네의 얼굴도 보였다. 루앙의 공산주의자들이 대거 참석했다. 도리오가 입을 열자마자 여기저기에서 외치기 시작했다.

"모스크바로 가라! 모스크바로!"

머리 위로 의자가 날아다녔다. 콜레트와 그 동료는 연단 앞을 가로막고 서서 도리오를 지켰다. 한 항만 노동자가 콜레트를 쓰러뜨렸다. 도리오가 퇴장하자 장내는 조용해졌다. 청중은 몸집이 작고 창백한 사회주의자의 연설을 조용히 경청하고 박수를 보냈다. 관용을 존중하는 내 마음은 분노로 들끓었다.

이날 밤 사건은 루앙의 일상적인 단조로움을 깨뜨렸다. 자클린 오드리의 전격적인 방문도 또 하나의 좋은 기분전환이 되었다. 그녀는 내게 화장법과 눈썹 뽑는 방법을 가르쳐 주었다. 나는 밤에 콜레트와 자클린과 함께 버스를 타고 뒤클레르까지 오리 요리를 먹으러 갔다. 콜레트는 여러 가지 일과 문제를 안고 있었기 때문에 자주 만날 수는 없었다. 나는 마음이 내키지 않아도 소설을 쓰고, 독일어 개인지도를 계속 받아가면서, 사전의 도움을 빌려《우수 부인》,《카를과 안나》, 슈니츨러의 희곡을 읽었다. 그래도 시간이 남았다. 한 해가 무미건조한 사이에 완전히 사라져 버리지 않은 까닭은 하나의 비극, 즉 루이즈 페롱의 비화가 여기서 펼쳐졌기 때문이다.

루이즈 페롱은 루앙의 사립중고등학교 교사로 있었다. 거무스름한 못생긴 얼굴에 키가 큰 30세의 여성인 그녀는 비록 옷차림은 허술하지만 반짝이는 눈과 우아한 몸매를 지녔다. 그녀는 내가 있는 호텔 근처 낡은 집 다락방에 살고 있었다. 내가 루앙에 부임할 당시 그녀는 1년 전부터 콜레트 오드리와 친한 사이였다. 언젠가 루이즈의 고백을 들으면서 콜레트가 공교롭게도 히죽 웃어 버렸기 때문에, 그녀 대신에 내가 상담자로 선택된 것이다. 루이즈는 얼마 전 퐁티니에서 열린 연구집회에서 유명한 작가를 만났다. 그 사람을 J.B.로 부르기로 하자. 어느 날 밤 그녀가 도전적인 태도로 외쳤다.

"난 트로츠키주의자예요!"

그러자 J.B.는 흥미가 있다는 듯이—그녀가 이렇게 표현했는데—루이즈를 바라보았다. 그녀는 온갖 수단을 다 동원해 그에게 접근하고는, 수도원 뜰에서 그의 어깨를 물었다고 한다. 어쨌든 그를 자신의 침대에 눕히는 데 성공했으므로 그가 그녀의 첫 애인이라고 털어놓았다.

"이런, 이곳의 여자는 모두가 숫처녀이군."

J.B.는 질려 버렸다는 듯이 이같이 말했는데, 굳이 몸을 피하려고 하지는 않았다. 그는 유부남이었다. 루이즈는 그가 자기를 사랑해서 틀림없이 아내와 헤어질 거라고 믿었다. 그러나 J.B.는 파리로 돌아가자 곧 관계를 명확하게 했다. 이 연애 사건은 더 이상 지속되지 못했다. 그는 친구로서 교제하자고 제의한 것이다. 루이즈가 그것으로는 만족할 수 없다고 거절하자, 그는 차라리 깨끗이 헤어지는 편이 좋겠다며 편지를 보냈다. 루이즈는 그것이 그의 본심이라고는 믿지 않았다. 그는 재미로 잔혹한 장난을 하고 있거나 아내가 불쌍해서 거짓말을 하고 있는 것이라면서, 어쨌든 그가 그녀를 사랑한다고 했다. J.B.는 그녀와 만날 약속을 해주지 않았다. 하지만 그녀는 속임수에 넘어가지 않았다. 일요일마다 파리로 와서, J.B.의 아파트와 마주 보이는 호텔 방 하나를 빌려 그가 살고 있는 건물의 출입구를 감시했다. 그리고 그가 모습을 나타내자마자 마중을 나가 함께 차를 마시곤 했다. 루앙에 있을 때는 그의 애독서를 되풀이해서 읽었으며, 그가 좋아하는 그림의 복제품을 방 안 가득 장식해 놓고서, 무슨 일이건 그가 말하거나 생각하거나 느낄 성싶은 것들을 미루어 알려 애썼다. 어느 날 아침 내가 콜레트 오드리와 함께 역 앞 광장의 카페 메트로폴에서 커피를 마시고 있는데 그녀가 나타났다.

"J.B.에게 여자애가 태어났어요. 뤽스!"

그녀는 말하고는 바람처럼 사라졌다.

"뤽스라니! 이상야릇한 이름이군요!"

콜레트가 이렇게 말했다. 사실 루이즈는 머릿속에 광명처럼 번득인 어떤 깨달음을 말하려 한 것이다. J.B.가 이혼을 하지 않은 이유는 아내가 출산을 앞두고 있었기 때문이라고 말이다. 그녀는 J.B. 부인 앞으로 빨간 장미 다발과 루앙의 항구를 그린 축하 그림엽서를 보냈다. 그녀는 부활절 휴가 때 남프랑스로 갔다. 루앙으로 돌아온 뒤에도 상황은 좋아지지 않았다. 그녀가 전보를 쳐도, 전화를 걸어도, 속달편지를 붙여도 J.B.는 아무런 반응이 없었다. 나는 그녀를 설득하려고 애쓰며 말했다.

"그는 관계를 끊을 결심을 한 거예요."

그녀는 어깨를 움츠리며 대답했다.

"그럴 때는 미리 알리겠죠. 편지를 보낼 거예요."

어느 날 또 다른 생각이 그녀의 머릿속에 떠올랐다. '그는 질투를 하고 있다'는 것이다. 그녀는 그 이유를 설명해 주었다. 남프랑스에서 그에게 그림엽서를 보냈는데, 그 내용은 대략 다음과 같았다.

"누군가가 나와 닮았다고 말한 이 지방에서, 내 추억을 그대에게 보냅니다."

그녀는 이 글을 해석해 주었다.

"여기서 누군가라는 사람은 나의 연인이란 뜻이 되죠. 사실은 그렇지 않은데, 그는 그렇게 생각한 게 분명해요."

어느 날 밤, 그녀는 J.B.의 친구—그도 퐁티니에서 알게 되었는데—와 연극을 보러 갔다. 그동안 사내는 계속 이상한 표정을 짓고 있었다. 새 구두를 신고 와 발이 아프다고 말했는데, 루이즈가 그를 유혹할까 봐 걱정하고 있는 게 아닐까, J.B.가 친구를 매수해서 보낸 것은 아닐까? 그런 생각이 든 것이다. 그녀는 오해를 풀기 위해 긴 편지를 썼다. J.B.는 계속 침묵을 지켰다. 그때 그녀는 그 밖에도 실수한 일을 깨달았다. J.B. 부인에게 빨간 장미를 보냈는데, 그것은 피와 죽음의 색이었다. 게다가 루앙의 그림엽서에는 배 한 척이 그려져 있었다. 그것을 두 사람은 그녀가 연적을 향해 '귀찮은 사람을 내쫓듯이 내쫓겠다'는 통고를 했다고 해석한 게 아닌가 생각했다. 그녀는 다시 편지를 써서 사정을 명확히 설명했다. 6월의 어느 날 오후, 내가 역까지 사르트르를 마중 나가서 둘이 광장을 가로지르려 할 때, 이쪽으로 오고 있는 루이즈를 보았다. 그녀의 볼에는 눈물이 흐르고 있었다. 그녀는 나의 팔을 잡고 옆으로 데리고 가서 말했다.

"읽어줘요!"

J.B.에게서 단호하고 결정적인 편지를 받은 것이다. 그는 다음과 같은 말로 끝맺고 있었다.

"다시 만날 수 있을지는 우연에 맡기자."

"과연 3행 반이군요."

나는 말했다. 그녀는 화가 난 듯이 어깨를 치켜세우며 대답했다.

"무슨 말이에요. 인연을 끊자고 할 때는 편지 따윈 보내지 않아요."

그러고는 당치도 않은 해석을 내리기 시작했다. 그러나 나는 쉼표 하나에까지 J.B.의 자기기만이 나타나고 있다고 생각했다.

"우연, 당신은 이 말의 의미를 모르나요? 그는 내가 또 호텔로 와서 감시를 해 길에서 갑자기 마주치는 척만 해주면 된다고 생각하는 거예요. 하지만 왜 이런 수법을 쓰는지 몰라? 왜 그럴까요?"

이렇게 말하는 것이다. 그녀는 여름휴가 전에 J.B.를 만나려고 일을 꾸몄다. 그는 아무래도 예의 바르게 응답을 한 성싶다. 그녀는 자신이 그에게 어울리는 여자임을 증명하려는 듯한 긴 논문을, 그의 작품에 대해서 쓸 결심을 하고 산으로 떠났다. 그녀가 불행하다는 사실은 나도 잘 알고 있었다. 그러나 나는 이 사건을 우스꽝스러운 이야기로 여기고 웃어주었다. 6월의 어느 날 아침, 울고 있는 그녀를 보기 전까지는 딱하다는 생각이 들지 않았던 것이다.

신학기가 시작되고 며칠 뒤 나는 학교 근처에서 루이즈와 마주쳤다. 그녀는 내 손목을 잡고 자기 방으로 데려가서 차를 대접했다. 여름휴가 동안 그녀는 알프스의 작은 호텔에서 J.B.에 관한 평론을 쓴 다음, 9월 말에 그가 근무하고 있는 신문사로 그것을 가지고 갔다. 그는 친근한 듯이 그녀를 맞이했는데, 그때 그가 보여준 몇 가지 행동이 그녀에게는 기묘하게 생각되었다. 그는 그녀에게 등을 돌리고 오랫동안 유리에 이마를 밀어붙이고 있었다. 이 행동은 자신의 감정을 숨기기 위한 것이었다고 해석해도 좋으리라. 그렇다고 치자, 그 뒤 책상을 마주하고 앉은 그는 턱을 손으로 괸 채 손등에 있는 이빨 자국 3개를 과시하듯 보여주었다.

"물론 그건, 이제 부인과는 자지 않는다는 의미예요. 하지만 왜 내게 그런 사실을 알렸는지 몰라, 하필이면 나에게?"

루이즈는 이같이 말했다. 순간, 내 머리에는 쾅 하고 무언가가 와 닿았다. 이 사건은 더 이상 웃음거리로 생각할 수 없었다. 루이즈를 설득하거나 웃어 넘길 소동이 아니었다. 그 뒤 몇 주동안 그녀는 가끔 문 뒤에서 불쑥 나타나 내 팔에 매달리곤 했다.

"J.B.는 이런 식으로 나를 시험하는 걸까요? 아니면 보복을 할 생각인가? 만일 그렇다면 가장 좋은 해결책은 그를 죽이는 일이 아닐까요?"

루이즈는 그가 그걸 바라고 있는 것 같은 인상을 받았다고 말했다. 나는 지난 해와 마찬가지로 그녀의 마음을 달래기 위해 마르코나 시몬 라부르댕, 카미유와 뒬랭의 얘기를 해보았는데, 그녀는 들으려고도 하지 않고 자신의 추억을 더듬으면서 끝없이 집착을 이어갔다. 어느 날 밤, 라 로슈푸코 호텔 관리인 아주머니가 갈색빛을 띤 분홍 장미 꽃다발을 내게 건넸다.

"오해는 풀렸습니다. 나는 행복해요. 그래서 장미를 전합니다."

이 같은 추신이 있었다. 나는 가슴이 메는 듯한 심정으로 장미를 꽃병에 꽂았다. 이튿날 루이즈는 설명해 주었다. 그날 밤에도 잠들기 전에 그녀의 머리에 잡다한 비유적 생각들이 어김없이 잇따라 떠올랐다. 그중 한 비유가 갑자기 그녀의 이성을 잃게 했다. 알프스 호텔 소인이 찍힌 편지지에는 꽃꽂이 접시받침을 묘사한 장식 그림이 새겨져 있었다. 그런데 정신분석학의 해석법에 따르면, 꽃꽂이 접시받침은 실로 확실한 의미를 지닌다. 그렇기 때문에 J.B.는 이것을 '나에겐 연인이 있다!'는 루이즈의 도전적인 선언으로 받아들인 것이다. 그는 자존심에 상처를 입은 모양이다. 이것으로 그가 그녀를 괴롭힌 이유가 밝혀졌다. 그녀는 즉시 모든 것을 해명하는 편지를 속달로 보냈으며, 우체국에서 돌아오는 길에 내게 보낼 장미를 샀다. 이런 대화가 오가고 나서 몇 시간 뒤에 그녀는 다시 내 방에 있었다. 침대에 엎드린 그녀 곁에는 전보가 한 통 와 있었다.

"오해 없음. 상세한 것은 편지에 적혀 있음."

루이즈는 이제 스스로를 속이려고 하지 않았다. 모든 상황이 종료되었음을 인정한 것이다. 나는 실연당한 사람에게 하는 그런 말들을 두서없이 했다.

이 충격은 그녀에게 도움이 된 듯하다. 11월 한 달 동안 그녀는 진실을 호도하지 않았다. 콜레트와 나는 전보다 자주 루이즈와 만났고, 그녀에게 올가를 소개했다. 나의 권유로 그녀는 유년시절의 추억을 쓰기 시작했는데, 상당히 거친 문체가 내게는 바람직하게 생각되었다. 때때로 그녀는 기분이 좋아져서 J.B.를 잊을 결심을 한 것처럼 보였다. 그녀는 퐁티니에서 50대 사회주의자의 구애를 받았다. 루이즈는 그 사내에게 편지를 쓴 뒤 직접 만나서 역 근처 호텔까지 따라가 하룻밤을 함께했다.

이틀 뒤인 월요일에 나는 올가와 둘이 루이즈의 방에서 차를 마시기로 했다. 그러나 나는 일을 하고 싶었기 때문에 올가에게 먼저 가 있도록 이르고, 나는 저녁에 들르기로 했다. 내가 도착하자마자 올가는 도망치듯 가 버렸다.

"올가는 어릴 적 얘기를 많이 해주었어요."

루이즈는 내게 이렇게 말했는데, 똑바로 바라볼 수 없을 정도로 눈동자가 움직이지 않았다. 그녀는 입을 다물고 내 얼굴을 뚫어지게 계속 바라보았다. 나는 무언가 말을 하려고 했지만 아무런 생각도 떠오르지 않았다. 그녀의 눈 속에서 간파할 수 있는 증오보다 더 나를 섬뜩하게 한 것은, 나를 향해 그것을 설명하는 그녀의 거친 솔직함이었다. 우리는 한가한 대화의 세계 밖으로 뛰쳐나오고 말아, 도대체 내가 왜 미로에 빠져들었는지 알 수 없게 되었다. 갑자기 루이즈는 외면을 한 채 말하기 시작했다. 2시간 동안 숨 한 번 쉬지 않고 조르주 상드의 《콩쉬엘로》에 대해서 얘기했다.

나는 3일간을 빈둥거리다가 파리로 나가서 긴 크리스마스 휴가를 작정하고 온 사르트르와 함께 지냈다. 그는 목요일 밤, 루앙까지 나를 따라왔다. 금요일 아침 둘이 메트로폴에서 커피를 마시고 있는데, 콜레트 오드리가 흥분한 표정으로 찾아왔다. 오후에 루이즈와 만나기로 했는데 도저히 갈 마음이 들지 않는다는 것이다. 화요일 밤, 루이즈는 그녀를 식사에 초대했다. 방에는 12명 분의 식기가 놓여 있었다. 콜레트를 맞아들이면서 루이즈는 이렇게 말했다.

"모두들 어떻게 된 거예요? 더 많이 올 줄 알았는데!"

그녀는 난롯가에 있던 전보를 들면서 들뜬 어조로 말했다.

"알렉상드르는 못 온다네요!"

전에 〈리브르 프로포〉지의 주간이던 알렉상드르는 2년 전 루앙에서 교사로 있었는데, 지금은 런던에서 근무하고 있었다.

"런던에서 오기에는 너무 멀지요."

콜레트가 말했다. 루이즈는 어깨를 움츠리며 얼굴빛이 흐려졌다.

"먹을 만한 게 아무것도 없어요."
그러고는 갑자기 생각난 듯이 덧붙여 말했다.
"마카로니를 삶아야겠어요."
그녀들은 마카로니 한 접시로 만찬을 한 것이다.
다음다음 날인 목요일, 루이즈는 콜레트가 살고 있는 별채를 방문했다. 그녀는 콜레트 앞에 몸을 던져 울고불고하면서 자신은 전혀 나쁜 짓을 하지 않았다고 맹세했다. 그때 콜레트는 그녀가 불쌍하다는 생각이 들었다고 한다. 그녀는 루이즈가 근무하고 있는 학교에 전화를 걸어 보았다. 루이즈는 오늘 출근을 하지 않은 모양이었다. 그녀는 최근 몹시 지쳐 있었던 듯하다. 콜레트는 학교에 다시 가야 했기 때문에 내가 사르트르와 함께 루이즈를 위문하기로 했다.

가는 도중에, 나를 찾으러 온 올가를 만났다. 수요일 밤, 그녀는 이틀 전에 빌린 책을 돌려주기 위해 루이즈에게 갔다. 평소에 루이즈는 건물 초인종이 울리면 자기 방에서 움직이지 않고 아래층 문으로 통하는 버튼을 눌러 열곤 했다. 그런데 그날만은 아래층까지 내려왔다. 그리고 책을 받자마자 물었다.

"그런데 개를 때리는 회초리는요? 개 회초리를 가져오지 않았군요?"
계단을 오르면서 그녀는 이렇게 내뱉듯이 말했다고 한다.
"아아, 이 무슨 희극인가!"
올가는 덧붙여서 다음과 같이 얘기했다. 월요일 날 루이즈에게 갔을 때는 무거운 침묵에서 벗어나기 위해, 계속 어릴 적 추억을 이야기했으며, 대화 도중에 할머니에게 대들던 일도 곁들여 말했다. 4살이던 올가는 꼼짝달싹 못할 정도로 분해서 숨이 넘어갈 듯 이렇게 내뱉았다.
"아빠가 오면 개 회초리로 때려줄 거야."
그녀는 이 이야기를 공산주의자인 친구 뤼시 베르농에게 의논했다.
"그걸로 설명이 다 됐잖아!"
뤼시는 안심시키는 어조로 대답해 주었다. 세상을 합리적으로 사고하는 데에 익숙한 뤼시는 루이즈의 행동을 완전히 정상인의 것으로 판단했다. 하지만 올가는 가슴에 무거운 돌이 짓누르고 있는 듯한 느낌을 받았다.

사르트르와 나는, 그전 토요일 밤에 루이즈가 앞서 말한 50대 남성 사회주의자와 어떤 밤을 보냈을까 상상했다. 사르트르는 이를 주제로 중편소설을 쓰다가 잠시 중단했는데, 이것이 나중에 《방》의 기원이 되었다.

루이즈는 그 건물 5층, 가장 위층에 살고 있었다. 나는 그녀의 방으로 통하는 초인종을 눌렀는데 아무런 반응이 없었다. 다른 벨을 누르자 문이 열렸다. 우리는 계단을 올라갔다. 꼭대기에 올라가자 루이즈 방 문에 흰 얼룩이 보였다. 종이 한 장이 핀으로 고정되어 있었다. 거기에는 활자체로 '불사신의 피에로'라고 쓰여 있었다. 콜레트와 올가에게서 이야기를 들었는데도 나는 충격을 받았다. 문을 두드려도 대답이 없어 열쇠 구멍으로 들여다보니 루이즈가 난로 앞에 앉아 있었다. 납처럼 핏기 없는 얼굴에 숄을 두르고, 죽은 듯이 움직이지 않는다. 어떻게 하면 좋을까? 우리는 일단 거리로 나가 의논했다. 그리고 다시 올라갔다. 노크를 하고 문 너머로 루이즈에게, 기운을 내 문을 열도록 호소했다. 그녀가 문을 열었다. 내가 악수를 청하자 그녀는 자기의 손을 등 뒤로 돌리고 말았다. 방 안에 연기가 자욱했고, 난로에는 종이가 타고 있었으며, 바닥에 종이가 수북이 쌓여 있었다. 루이즈는 몸을 웅크리고서 종이 한 아름을 불에 태웠다.

"뭘 하고 있는 거죠?"

내가 묻자 그녀는 소리쳤다.

"이젠 더 말하지 않겠어요. 말하지 않아도 될 만큼 말했으니까!"

나는 그녀의 어깨에 손을 얹고 이렇게 권했다.

"우리 함께 가요. 뭐 좀 먹으러 나가요."

그녀는 몸을 떨고는 화난 표정으로 나를 노려보면서 말했다.

"당신이 무슨 말을 하고 있는지 알기나 하는 거예요?"

나는 무턱대고 외쳤다.

"난 당신 친구예요!"

"흥! 대단한 친구지!"

그녀는 그렇게 내뱉듯이 말했다.

"내버려두고 돌아가요!"

우리는 그녀를 남겨두고 떠났다. 그리고 궁여지책으로 오베르뉴 지방의 소도시에 살고 있는 그녀의 부모님에게 전보를 쳤다.

그날 오후, 나는 수업이 있었다. 그래서 2시쯤 사르트르는 콜레트 오드리와 함께 루이즈를 찾아갔다. 4층에 살고 있는 여성이 계단 중간에서 그들을 불러 세웠다. 3일 전부터 루이즈는 아침부터 밤까지 상판(床板)을 소리가 나도록 때렸고, 하녀의 말에 따르면 몇 주 전부터 큰 소리로 떠들어대고 있다는 것이다. 두 사람이 방으로 들어가자 루이즈는 콜레트의 팔에 매달려 울부짖었다.

"나는 병자예요!"

그녀는 과일을 사 오겠다는 사르트르의 제의를 승낙했다. 사르트르가 돌아왔을 때 콜레트는 거리에 서 있었다. 루이즈의 마음이 변해 쫓겨난 것이다. 그래서 이번에는 사르트르가 반은 열려진 채로 있는 루이즈의 방문을 밀자 그녀는 여전히 긴 의자 한구석에 앉은 채 흐리멍덩한 눈과 초췌한 얼굴을 보이고 있었다. 사르트르는 그녀 곁에 과일을 놓고 나왔다. 그러자 그의 등 뒤에서 큰 소리로 외치는 소리가 들렸다.

"이런 것 다 필요 없어요!"

그리고 요란한 발소리가 나는가 싶더니 배, 바나나, 오렌지 등이 계단으로 굴러 떨어졌다. 4층 여자가 문을 조금 열고는 물었다.

"주워도 괜찮을지 모르겠네, 버리기엔 너무 아까워서."

루앙의 우중충한 하늘과 거기에 걸맞은 거리가 이날 저녁만큼 음산하게 보인 적은 없었다. 나는 페롱 집안 사람들의 전보를 기다리며 호텔 사무소에 들러 보았다. 갈색 머리의 여성이 날 찾아왔다가 쪽지를 남겼다고 한다.

"내가 당신을 미워하고 있는 건 아니에요. 해야 할 얘기가 있어요. 기다릴 게요."

언제까지 성가시게 할 생각일까, 열렸다 싶으면 또 닫히는 그 문, 올라갔다 다시 내려오는 그 어두운 계단, 그리고 그 높은 방에서 그 머릿속에 이런 식으로 오가는 온갖 상념들! 한밤중에 루이즈의 방에 둘이서만 틀어박혀, 불 같은 그녀의 시선을 받으면서 벽에까지 들러붙은 격렬한 절망의 냄새를 맡는다, 그런 생각만으로도 나는 소름이 끼쳤다. 또다시 사르트르는 나와 함께 가 주었다. 루이즈는 우리에게 손을 내밀고는 싱긋이 웃었다. 그러고는 힘없는 목소리로 물었다.

"다름이 아니라 대화 상대가 되어 달라는 거예요. 당신들은 친구잖아요. 내가 살아야만 하는지 아니면 죽어야만 하는지 그런 것 말이에요."

"물론 살아야만 해요."

나는 서둘러 대답했다.

"좋아요. 하지만 어떻게? 어떻게 삶을 꾸려 나가죠?"

나는 그녀가 교사임을 상기시켰다. 그녀는 화가 난 듯 추스르면서 말했다.

"잠깐만! 난 사표를 냈어요! 앞으로 죽을 때까지 서투른 연극을 할 생각은 없으니까요."

원숭이였건 피에로였건, 어쨌든 그녀는 카라마조프의 아버지처럼 이 역할을 해왔지만 이제 끝났다. 다시 태어난 셈치고 자신의 손을 움직여 일하고 싶었다, 도로 청소를 해도 좋고, 가정부가 되어도 좋다는 것이다. 그녀는 외투를 입었다.

"구인 광고를 보기 위해 신문을 사 가지고 오겠어요."

"그래요."

내가 대답했다. 어떻게 말하면 좋을까? 그녀는 제정신이 아닌 표정으로 우리를 바라보고는 말했다.

"아아! 이렇게 해서 또 나는 연극을 하고 있는 거예요!"

그러면서 긴 의자 위에 망토를 벗어 던졌다.

"하지만 이것도 역시 연극이에요! 도대체 어떻게 하면 여기서 벗어날 수 있을까요?"

그녀는 두 손을 이마로 밀어붙이면서 말했다. 마지막에 겨우 마음을 가라앉히고 다시 웃음을 보였다.

"이제 됐어요. 여러 가지로 고마웠어요."

나는 아무것도 해준 것이 없다고 서둘러 응답했다.

"어머나! 거짓말하지 말아요!"

그녀는 화를 냈다. 나는 그녀 자신의 비천한 행동을 이해시키려고 무던히 애를 써 왔다. 그런 뜻에서 시몬 라부르댕이나 마르코, 카미유의 이야기를 한 것이고, 과연 그녀가 그런 객쩍은 연애 이야기에서 사랑을 믿을 정도로 한심한 영혼을 가졌는지 알고 싶었는데, 그녀는 그것을 믿었다. 그녀는 사람들 앞에서는 꽃병에 마음이 좌지우지되는 우유부단한 존재였다. 고독 속에서만 비로소 약간 분별을 되찾았다. 타인에 대한 이 수동적인 태도야말로 그녀의 비참한 일면이었다. 확실히 내가 그녀를 그 상황 속에 떨어뜨린 까닭은 그녀에게 반발심을 느끼게 해 벗어날 힘을 주기 위해서였다. 나는 그녀에게 어린시절에 대한 회상을 쓰도록 권함으로써 내 일을 마무리 지었다. 그것은 일종의 정신분석을 행하는 일 같기도 했다. 나는 루이즈의, 어쩐지 걱정스러운 듯한 감사의 표시를 굳이 마다하지 않기로 했다.

루이즈의 무대는 연극의 훌륭한 대사가 지니는 엄격함을 갖췄다. 그것은 내게 강한 인상을 주었다. 루이즈가 '연극'에서 벗어날 수 없다는 사실에 우리는 충격을 받았다. 이 사건은 우리의 생각을 전적으로 뒷받침해 주었다. 우리가 보기에, 루이즈의 과오는 불행한 연애에서 자신을 지키기 위해 자기 자신의 환영을 만들어내려 한 것이고, 그녀의 아름다운 점은 이제 자신을 완전히 꿰뚫어 보았다는 것이며, 그녀의 비극은 자신을 잊으려고 노력하면 할수록 자신을 잊을 수가 없다는 것이었다.

루이즈의 아버지는 이튿날 아침에 도착했다. 아베롱에서 술통을 만드는 기술자인 그는 경계하는 듯한 눈초리로 우리를 뚫어지게 바라보며 말했다.

"도대체 그 아이에게 어떻게 했기에?"

그는 명백히, 딸이 사내에게 걸려들어 심한 꼴을 당한 것으로 짐작했다. 루이즈보다 10살 아래로 고등사범학교에 다니는 그녀의 동생이 그날 저녁 도착했다. 그도 우리 모두가 적이라는 태도를 보였다. 그는 크리스마스 휴가 동안 누나와 함께 지내기로 했다. 콜레트는 루앙을 떠나기 전에 루이즈의 사표 제출을 없던 일로 하기 위해 교장을 만나러 갔다. 그녀를 맞이한 사람은 교감이었다. 교장이 사정을 듣기 위해 루이즈의 하숙을 찾았을 때 루이즈는 이렇게 외쳤다.

"나는 순수한 행위를 추구하고 있습니다!"

그러고는 교장을 내쫓았다. 교장은 충격을 받은 나머지 그 길로 침대 신세를 졌다고 한다.

나는 1월 초에 카페 메트로폴에서 루이즈를 만났다. 그녀는 야위어서 누렇게 쭈글쭈글해졌고, 손은 땀에 촉촉하게 젖어 있는 데다가 온몸을 떨고 있었다.

"나는 병에 걸렸던 거예요. 몹시 지독한 병이었지요."

그녀는 이렇게 말했다. 최근 2주 동안 그녀는 자신 안에 두 사람이 있는 듯한 느낌이 들었다고 했다. 그리고 끊임없이 자신을 보는 것이 얼마나 두려왔는지를 말해 주었다. 그녀는 울고 있었다. 이제 그녀에게 적의(敵意) 따위는 없었다. 그녀는 중상모략으로부터 자기를 지켜 달라고 애원했다.

"내 손은 순결해요. 그것만은 맹세할 수 있어요."

그녀는 테이블 위에 손을 펼치면서 말했다. 확실히 그녀는 자신의 글에서, J.B. 작품의 인물들이 한 손에 있는 5개의 손가락처럼 닮아 있다고 썼는데, 그 문장에는 아무런 저의도 없었다. 단 한 번도 J.B. 아들의 불행 따위를 원한 적이 없었다고 말했다. 그녀는 요양을 하기로 결심했다. 의사가 산으로 가도록 권했으므로 동생과 함께 2, 3주 머물기로 했다.

처음 받은 편지의 내용으로 보아 설경과 적절한 식이요법이 그녀의 상태를 호전시킨 듯했다. 스키를 타기도 한다면서, 호텔이나 풍경에 대한 설명도 써서 보냈다. 나를 위해서 희고 예쁜 스웨터를 짜고 있다고도 했다.

"다른 사람들에게는 다음 번에 인사할 생각이에요."

마지막 글 아래에 쓴 이 말만이 나를 불안하게 했다. 아니나 다를까, 다음 편지들은 낙관적인 전망을 할 수 없게 만들었다. 루이즈는 복사뼈를 삐었는데, 소파에 멍하게 누워 있는 사이에 또다시 과거를 떠올린 것이다. 잠에서 깨어나면 방 벽에 별이나 십자가가 보일 때도 있다고 한다. 누가? 왜 이런 짓을 한 걸까? 사르트르와 내가 그녀를 구할 생각인가? 내버려둘 생각인가? 그녀는 후자를 믿는 듯했다.

오후 9시에 역에 도착하는 그녀를 마중하러 가면서도 나는 개운치 않은 기분이었다. 그녀의 방에서 단둘이 있을 용기가 없었다. 나는 그녀가 조금은 무서웠고, 특히 나를 두려워하는 것이 무서웠다. 기차에서 내려오는 여행객의 물결 속에 그녀의 모습이 보였다. 여행 가방을 두 손에 든 그녀는 햇볕에 탄 강인한 모습이었다. 나를 보고 웃으려고도 하지 않았다. 나는 역 식당에서 잠시 쉬자고 말했다. 그녀는 마음이 내키지 않은 것 같았으나 나는 밀어붙였다. 그렇게 하길 잘했다고 생각한다. 왜냐하면 그녀에게 심문당하는 동안, 주변 사람들의 떠들썩함에 마음이 놓였기 때문이다. 그녀는 동맹을 맺은 사람들이 그녀를 생각해서 행동한 것인지, 그렇지 않으면 보복을 할 생각이 었는지 확실하게 대답하라고 요구했다. 그녀는 또렷한 어조로 말했으며, 몸 상태가 호전되었으므로 자신의 망상을 정연하게 설명할 수 있었다. 그것은 라이프니츠나 스피노자보다도 반론하기 어려운 실로 훌륭한 논법이었다. 내가 동맹 같은 것은 없다고 말했다.
"설마! 구름처럼 자연스럽게 한 덩어리로 되는 것은 아닐 테고!"
그녀는 이같이 외치고는 콜레트가 J.B.의 연인이란 사실을 알고 있다고 했다. 지난 여름 콜레트는 친구와 함께 노르웨이 여행을 했다. 한편 J.B.도 빈 정대는 말투로 노르웨이를 일주할 예정이라고 말했다는 것이다. 이것은 우연의 일치일까? 그렇지는 않다. 둘의 관계는 모두에게 널리 알려져 있었다. 모르는 사람은 루이즈뿐이다. 더구나 모두가 시종일관 그녀를 따돌린다고 했다. 언젠가 식당에서 나와 콜레트, 시몬 라부르댕은 똑같이 사과주를 주문했는데 루이즈만이 포도주를 시켰다는 것이다.
"어머나! 당신만 술이 다르네요!"
그때 내가 이렇게 말하며 비웃지 않았느냐고 물었다.
"아무거나 무턱대고 따지는 버릇이 있는 거 알아요?"
나는 이같이 반격에 나섰다. 그녀는 자신이 몇 시간 동안 소파에 누운 채로, 낮 동안 행한 동작이나 언어의 숨겨진 의미를 스스로에게 캐묻기도 했다고 내게 고백했다.
"그래요, 알고 있어요. 하지만 하나의 사실은 하나의 사실이던 걸요."
그녀는 태연하게 이렇게 대답했다. 여러 사실들, 그것을 그녀는 많이도 인용해 보였다. 언젠가 내가 그녀를 만났을 때 내려다보듯이 힐끗 보았다는 것, 콜레트와 얼굴을 마주치고는 히죽 웃었다는 것, 올가가 기묘한 억양을 붙여 말했다는 것, 내가 말한 한 마디 한 구절…… 이와 같은 명백한 증거와의 싸움은 불가능했다. 역을 나서면서 나는 동맹 같은 것은 없다고 단순히 되풀이하는 수밖에 없었다.
"좋아요, 당신이 나를 돕기 싫다고 말하는 이상 당분간 만나도 헛수고예요. 나는 혼자서 방침을 정하겠어요."
루이즈는 이 같은 말을 남기고 캄캄한 어둠 속으로 사라졌다.
그날 밤, 그리고 그 뒤에도 몇 날 밤을 나는 잠을 이루지 못했다. 루이즈가 입에서 거품을 내뿜으면서 내 방으로 들어온다, 나는 누군가의 도움을 빌려 그녀를 바이올린 상자 속에 밀어 넣는다, 나는 다시 잠들려고 하는데 난로 곁에 있는 상자가 마음에 걸린다, 그 안에는 생물이 있어 증오와 공포로 몸을 비비 꼬고 있는 것이다. 이 상황에서 나는 완전히 잠이 달아나 버리고 만다. 만일 한밤중에 루이즈가 노크를 한다면 어떻게 할까? 문을 열지 않을 수는 없다. 그런데 그때 이후로 나는 자꾸만 그녀가 무슨 일이건 저지르고 말 것 같은 생각이 들었다. 한낮에도 느닷없이 그녀와 마주치게 되지나 않을까 하는 두려움으로 마음을 놓을 수가 없었다. 그녀가 100미터 정도밖에 떨어져 있지 않은 곳에서 호흡하며 이것저것 생각하고 있다는 것만으로도, 15살 때 오데옹 극단의 무대를 방황하는 샤를 6세를 보고 느꼈던 그 무서운 불안이 되살아났다.

이렇게 해서 2주쯤 지났다. 콜레트와 나는 다음과 같은 내용의 편지를 받았다.

"2월 11일 일요일 12시 반부터 친근한 분들을 모시고 파리에서 오찬 모임을 갖기로 했으니 참석해 주셨으면 합니다."

장소도 표시되지 않은 이 회식은 콜레트가 출연한 지난날의 유령 향연을 연상케 했다. 루이즈의 부모님, 알렉상드르, J.B., 사회주의자, 그밖의 여러 명에게도 초대장을 보냈다고 한다. 그러나 그날이 오기 전에 루이즈는 J.B. 부인을 방문해 하염없이 울면서 그녀에게 몹쓸 짓을 할 생각은 없었다고 다짐했다. J.B. 부인은 그녀를 설득해 그날 바로 병원에 입원시켰다.

그녀는 한여름에 퇴원해 가을까지 부모님 집에서 지냈다. 그녀는 10월에 파리에 들르겠다며 돔에서 나를 만나고 싶다고 말했다. 나는 가게 안에서 기다리고 있었는데, 만감이 교차하면서 가슴이 벅찼다. 그녀는 제법 친근하게 다가오더니 내 앞에 놓인 책을 수상쩍다는 듯이 힐끗 보았다. 그것은 루이 기유가 번역한 영국 소설이었다.

"어째서 이런 걸 읽는 거죠?"

그녀가 물었다. 의사들이 그녀를 최면술이나 암시요법의 실험 대상으로 삼아 자신이 무서운 발작을 일으켰었다고 불만을 털어놓았다. 그녀는 평정을 되찾았지만, 여전히 동맹은 공격의 수를 늦추지 않고 있다고 단정했다. 콜레트가 최근에 보낸 편지의 소인은 셍제(Singer) 거리로 되어 있다. 이것을 풀이하면 '그대는 원숭이(singe)'란 뜻이다. 또 편지지에는 '가장 튼튼한 자'라는 영어의 함축어도 들어 있었다. 이는 '내가 더 강했다'라는 의미로 풀이된다. 그리고 지금도 여전히 내 태도에 애매모호한 점들이 있다는 것이다. 루이즈는 자신이 의미의 해석에 편집증적으로 매달린다는 점을 인정했다.

《시나》(피에르 코르네유 작)를 다시 읽으면서 이 음모의 줄거리는 자신의 일을 암시하고 있는 것이 아닌가 문득 생각한다. 그러고는 이 비극은 3세기 이전에 씌어진 것이군, 하며 다시 생각을 고친다. 하지만 도전적인 언어를 라디오로 듣거나 주간지에서 읽었을 때는 아무래도 현실이 그녀를 표적으로 삼고 있는 게 아닐까 생각한다. 동맹 측에는 방송이나 신문 기사의 후원자가 될 만한 재력 동원 수단이 충분하기 때문이다. 그녀는 자기 세계의 놀랄 만한 양상을 설명하기 시작했다. 그녀는 정신분석학의 상징, 해몽, 숫자의 상징적 의미, 꽃말, 철자 바꾸기와 같은 것을 총동원해서 아주 사소한 일이나 매우 하찮은 우발적인 일도 그녀를 적대시하는 수많은 의도에 포함시켰다. 그래서 이 세계에서는 잠깐이라도 무의미한 일은 없고, 한 치라도 중립지대는 없으며, 사소한 일 하나도 우연에 맡겨져 있지 않다. 그것은 철칙과도 같은 필연적 법칙에 지배되고, 보편적으로 의미심장한 세계이다. 그렇게 생각하면 그녀는 그녀 자신이 이 지상에서도, 지상의 느긋한 안일함 속에서도 멀리 떨어진 천국이나 지옥으로 끌려간 듯한 생각이 든다. 그것은 의심할 여지도 없이 지옥이었다. 루이즈의 표정은 어두웠고, 그녀는 한마디 한마디를 곱씹는 듯했다.

"나에게 생각할 수 있는 해결책은 둘밖에 없어요. 공산당에 가입하거나 살인을 하거나. 곤란한 점은, 누군가를 죽인다면, 내가 가장 소중하게 생각하는 사람부터 시작해야만 한다는 거예요."

나는 그녀 손의 움직임에서 시선을 뗄 수가 없었다. 그 손은 때때로 핸드백을 움켜쥐었다. 나중에 안 일이지만, 그녀는 그 안에 면도칼을 넣어 가지고 다녔다. 그러니 그것을 쓰게 될지도 모를 거라는 생각 때문이었다. 나는 나 자신을 안심시키기 위해, 그녀의 최초 희생자는 J.B.로 정해져 있고, 둘째 희생자에게까지 손을 대기는 쉽지 않을 것이라고 믿었다. 하지만 그것으로는 반밖에 안심할 수 없었다. 동시에 나는 루이즈가 살고 있는 세계의 북적대는 어두운 환각에 매료되었다. 나중에 클로즈리 데 릴라에서 사르트르와 콜레트 오드리를 만났는데, 나는 내가 그들과 동일한 지면에 서 있다는 생각이 들었다. 사르트르와의 대화가 평범하게 느껴진 것은 내 생애를 통해서 그때뿐이었다.

"사실이에요. 당신은 미친 사람은 아니에요!"

나는 루앙으로 돌아가는 기차 안에서 사르트르에게 불쾌한 듯이 이렇게 말했다. 나는 광기에 형이상학적인 존엄을 부여했다. 그 광기에 인간 조건에 대한 거부와 초월이 있다고 인정했던 것이다. 루이즈는 아베롱의 가족에게로 돌아갔다. 나는 그녀에게 편지를 써서, 앞으로 편지를 주고받자고 제의하면서 나의 변함없는 우정을 보여주었다. 그녀는 나에게 감사하고 이제 나를 미워하지 않는다는 답장을 보내왔다. 그러나 거기에는 다음 말이 적혀 있었다.

"유감이지만 현재 나는 무슨 일이건 성취할 수 있을 정도로 풍요로운 상태에 있지 않아요. 내 안에는 철봉과도 같은 단단한 응어리가 있어 온갖 열정, 욕망, 의지를 가로막고 말아요. 결국 내가 당신과 힘을 합쳐 어떤 훌륭한 일을 성취했다고 해도 그 토대에는 지뢰가 장치되어 있기에, 내 의지와는 반대로, 또 당신 의지와는 반대로, 둘이 모두 예기치 않은 순간에 다분히 일체가 되어 폭발하고 말 것 같은 생각이 들어요……. 내 성격이 때때로 심하게 추해져서 마음은 메마르고, 혼은 숯처럼 까맣게 된다고 가정해 봐요. 그런 때는 혼자가 아니라고 생각해도 위안이 되지 않아요. 그런 생각은 단순히 내가 1년이 넘게 빠져 있는―내가 태어난 뒤로 계속 그것의 포로가 되었던 것은 아니란 의미인데―무가치한 마조히즘에서 벗어나는 것을 도와, 내가 조금은 다른 시각으로 사물을 바라보도록 힘을 빌려줄 뿐이에요."

그래서 나는 그 뒤 한 번도 루이즈를 만나지 않았다. 그녀는 상당히 오랫동안 병적인 망상에 사로잡혀 있었는데, 결국 마지막에는 싫증이 났다. 그리고 다시 교단에 섰다. 그녀는 저항운동에 적극적으로 참가했으며, 공산당에도 입당했다.

나는 2월 말쯤 베를린에 가기로 마음먹었다. 학교에 결근할 수 있는 진단서를 의사에게 부탁하기 위해 나는 루이즈 페롱 사건을 이용할 생각을 했다. 콜레트가 D박사라는 정신과 의사를 내게 추천해 주었다. 그는 그녀의 한 친구에게 '모든 감정을 낙엽처럼 떨어뜨리는 것'이 좋다고 권한 사람이다. 나는 카르티에-라탱에 있는 침침한 2층 방에서 30분 정도를 기다렸는데, 가슴이 살짝 두근거렸다. '이 의사에게 멋대로 하라고 내맡겨지는 게 아닐까?' 생각하고 있는데 그가 문을 열었다. 흰 콧수염을 기른 위엄 있는 노인이다. 하지만 그의 바지에는 눈에 띌 만큼 크게 얼룩이 번져 있었다. 때문에 나는 쾌활해졌으며 공포심이 사라져 많은 말을 했다. 나는 루이즈 페롱의 증상에 대해서 그에게 상담하는 척했다. 그 무렵 그곳에 있었던 그녀는 여전히 입원하지 않은 상태였는데, 나는 그녀의 이 비극적인 사건 때문에 심리적으로 완전히 지쳤다고 말했다. 그는 내가 10일 내지 15일의 휴양을 필요로 한다는 내용의 진단서를 써 주었다. 베를린행 특급열차에 올라탔을 때, 나는 '침대차의 성모'(모리스 데코프 라의 작품명)라고 해도 좋을 만큼 국제적인 대여행가로 다시 태어난 기분이었다.

베를린 프랑스 학원에 묵고 있는 학생들의 나치즘에 대한 관측은 프랑스 좌익 전체의 것과 같았다. 그런데 그들이 접촉하는 범위는 히틀러주의가 괴멸 직전에 있다고 믿는 반(反)파시스트 학생이나 지식인에 한정되어 있었으며, 뉘른베르크의 당 대회나 11월 총선거를 집단적 히스테리로 해석하고 있었다. 그들에게는 반(反)유대주의도 진정으로 걱정을 하기에는 무의미하고 바보 같은 편견이었다. 학원에는 키가 크고 맵시가 좋은 미남 유대인과, 곱슬머리에 키가 작은 코르시카인이 있었다. 인종 편견을 지닌 독일인들은 정해 놓고, 후자를 유대계로 전자를 아리아계로 단정했다. 사르트르와 그 동료들은, 이 질리지도 않는 착각을 웃음거리로 여겼다. 하지만 그들도 나치스 광신의 숨통을 끊어놓지 않는 한, 그것이 하나의 위험을 표시하는 일임은 알고 있었다. 사르트르의 옛 친구 한 사람이 지난해 소문이 자자했던 부자 유대인 처녀와 친해졌다. 그는 프랑스 청년과 서신 왕래를 했다는 이유로 그녀가 피해를 입게 될까 봐 직접 그녀에게 편지를 쓰지는 않고, 사르트르 앞으로 보내 그녀에게 전해 주도록 했다. 사르트르는 베를린을 몹시 좋아했다. 그러나 갈색 셔츠와 마주칠 때마다 베네치아에서 처음으로 그것을 보았을 때처럼 가슴이 죄어드는 느낌을 받았다.

내가 체류하던 중에, 오스트리아 사회당은 노동계급의 불만을 이용해 나치스의 대두에 저항을 시도했다. 그들은 폭동을 일으켰는데, 돌푸스에 의해 유혈 진압되었다. 이 좌절은 우리의 마음을 조금 어둡게 했다. 우리는 역사의 수레바퀴를 돌리는 데는 협력하지 않았지만 그것이 올바른 방향으로 돌아가는 중이라고 믿고 싶었다. 만일 그렇지 않다면 생각해야 할 문제가 너무나도 많아지기 때문이다.

겉모습만 볼 때 여행자들이 느끼는 베를린은, 독재정치 아래 신음하는 도시로는 생각되지 않았다. 거리는 활기에 넘치고 즐거워 보였다. 그러나 거리는 깜짝 놀랄 정도로 더러웠다. 나는 런던의 추함을 사랑했지만 집들마다 그런 모습인 것은 상상도 한 적이 없었다. 겨우 한 구역만 이 불명예에서 벗어나, 최근 주변 지역에 건설된 일종의 전원도시로서 '엉클 톰의 오두막'이라 불렸다. 나치는 이 밖에도 교외에 상당히 쾌적한 노동자 주택가를 건설했는데, 실제로 살고 있는 이들은 프티부르주아였다. 쿠르퓌르스텐담 거리에서 알렉산더 광장까지 우리는 자주 산책을 했다. 영하 15도, 몹시 추운 날씨였다. 우리는 빠른 걸음으로 걸으면서 몇 번이고 쉬었다. 독일의 카페는 흡사 다방처럼 보여서 마음에 들지 않았고, 대신 묵직한 테이블이 있는 비어홀은 쾌적하다고 생각했다. 우리는 대부분 비어홀에서 점심을 먹었다. 나는 기름기가 많은 독일 요리, 붉은 양배추, 돼지고기 훈제 등을 굉장히 좋아했다. 고상한 분위기의 식당에서 내놓는 과일 설탕절임을 곁들인 사슴과 산돼지 고기, 크림을 많이 얹은 요리는 그보다 맛이 없었다. 식당들 중 기억나는 곳은 '꿈'이다. 그곳에서는 부드러운 벨벳 벽에 로이 풀러(현대무용 창시자)의 무대와 같은 조명이 비치고 있었다. 줄지어 선 기둥과 분수들, 확실히 작은 새도 있었던 것 같다. 사르트르는 일찍이 인텔리의 집합소였던 로마니셰스 카페에도 데려가 주었다. 1, 2년 전부터 그들은 이곳에 오지 않게 되었다고 한다. 그곳에서 내가 본 것은 작은 대리석 테이블과 단단한 등받이 의자가 가득한 큰 홀뿐이었다.

몇몇 유흥업소는 폐쇄되어 있었다. 맨 먼저 철퇴를 맞은 곳은 예전에 게이쇼를 한 '실루엣'이다. 그래도 현재 미풍양속이 잘 지켜지고 있는 것은 아니었다. 도착한 첫날 밤인가 그 이튿날에 우리는 사르트르의 친구이자 그쪽 사정을 잘 아는 캉탱과 함께 외출했다. 길모퉁이에서 캉탱은 엷은 베일 아래로 매우 아름다운 얼굴이 들여다보이는 키가 큰 우아한 여성에게 말을 걸었다. 그녀는 비단 양말에다 바늘처럼 뾰족한 하이힐을 신고 있었으며, 조금 굵은 목소리로 말했다. 그가 사내라는 사실이 믿어지지 않았다. 캉탱은 알렉산더 광장 근처 질 낮은 나이트클럽으로 우리를 안내했다. 벽에 '부인을 자극하는 일은 삼가시오'란 표지판이 걸려 있어 이상한 생각이 들었다. 이튿날부터는 사르트르가 좀더 부르주아적인 장소를 보여주었다. 나는 카바레에서 술을 마셨다. 이곳에는 테이블이 실내 마술 무대를 둘러싸고 있었고, 무대에서는 여자 곡마사가 곡예를 펼쳐 보였다. 몇 군데 엄청나게 큰 비어홀에서도 맥주를 마셨다. 그 가운데 한 곳은 홀이 잇따라 이어져 있었으며, 세 악단이 동시에 연주했다. 오전 11시인데도, 테이블마다 꽉 찼다. 사람들은 서로 팔짱을 끼고 몸을 흔들면서 노래를 불렀다.

"저게 정서란 거지."

사르트르가 설명해 주었다. 가장 큰 홀 안쪽에는 라인 강변을 본뜬 장치가 있었다. 갑자기 관악기의 요란한 울림 속에 폭풍이 휘몰아쳤다. 배경을 보여주는 천은 보라색에서 붉은색으로 바뀌고, 번개가 그 위에 무늬를 그리면서 천둥과 함께 억수 같은 비가 쏟아지는 소리가 울렸다. 관객은 우레와 같은 박수갈채를 보냈다.

우리는 짧은 여행도 했다. 하노버에서는 비가 내리는 가운데 라이프니츠가 사망한 집을 찾았다. 훌륭한 구조의 당당한 모양으로 짙은 녹색 창이 있었으며 몹시 화려했다. 힐데스하임의 고색창연한 집들, 정면보다 3배나 높은 다락방을 뒤덮은 붉은 지붕은 내 마음에 들었다. 쥐 죽은 듯이 인기척이 없는 거리는 세월의 흐름 속에 남겨진 듯했고, 나는 환상적인 영화 속을 방황하고 있는 것 같은 생각이 들었다. 당장이라도 조금 전의 길모퉁이에서 검은 프록코트에 실크 모자를 쓴 사내, 칼리가리 박사가 나타날 성싶었다.

나는 프랑스 학원에서 2, 3번 저녁식사를 했다. 유학생 대부분은 재미 삼아 외화 암거래를 하고 있었다. 국외 반출이 금지된 보통 마르크와, 여행자에게 할당되는 '동결 마르크'의 외환 시세는 상당히 차이가 있었다. 캉탱을 비롯한 많은 이들이 매월 돈 다발을 외투 안에 바느질로 숨기고 국경을 넘었다. 프랑스 은행이 돈을 높은 시세에 프랑으로 바꿔주면, 그들은 외국인 자격을 이용해 그 프랑으로 마르크를 싸게 되사는 것이다. 사르트르는 이와 같은 흥정에 흥미가 없었다. 그는 부지런히 일을 했다. 사르트르는 로캉탱의 이야기를 계속 쓰는 한편, 후설을 읽고 《자아의 초월》을 쓰고 있었다. 이것은 1936년 〈철학잡지〉에 발표되었다. 그는 후설적인 시야에서, 하지만 최근 몇 명의 후설 이론과는 약간의 거리를 두고, '나 자신'과 '의식'의 관계를 역설했다. 그는 '의식'과 '심적인 것' 사이에 구별을 확립했는데, 그것은 이후에 그의 지론이 되었다. '의식'은 그 자체가 직접적이고 분명한 존재인 데 반해서, '심적인 것'은 반사작용에 의해서만 파악되며, 또한 지각의 대상과 마찬가지로 측면밖에 표시되지 않는 대상들을 총괄한다. 이를테면 증오는 어떤 의식의 영역 밖의 일로서 '체험'을 통해 이해되는데, 그런 상황은 단순히 있을 법한 일이다. 나의 '자아'는 타인의 '자아'와 마찬가지로 완전히 세상 속의 한 존재자이다. 이렇게 해서 사르트르는 그의 가장 오래되고 가장 완고한 믿음 중 하나, 즉 무의식의 자율성이 있다는 확신을 가졌다. 나는 라로슈푸코나 프랑스 전통심리학에 따라 우리의 행동을 가장 무의식적인 것으로 변질시키고 있었는데, 그가 내게 이야기해 준 바로는 어떤 상황에 따라 행동이 특별해진다는 말로만 들렸다. 사르트르에게 한층 중요한 사실은 이 이론만이 우리를 독재론과 심적인 것, 그리고 자아에서 벗어나게 한다고 추정하는 것이었다. 독재론과 심적인 것, 자아는 모두 타인에게나 자신에게나 똑같이 객관적으로 존재하기 때문이다. 독재론을 매장해 버림으로써 우리는 사상의 함정을 피할 수가 있었다. 그렇기 때문에 사르트르는 그 결론 가운데서 명제의 실천적(도덕적이고도 정치적인) 의의를 강조하는 것이다. 아래에 그 서너 줄을 인용한다. 《자아의 초월》은 쉽게 손에 들어오지 않는 책이며, 다음 부분에는 사르트르의 관심사가 일관성 있게 나타나 있기 때문이다.

"나는 언제나 이런 생각을 한다. 역사적 유물론과 같은 풍부한 가설은 전혀 형이상학적 물질주의인 부조리를 토대로 하지 않는다. 실제로 정신적인 유사 가치가 사라져 도덕이 그 기반을 다시 현실 속에 발견하기 위해서는 객관이 주관보다 앞설 필요는 없다. '자아'는 전체적인 '세계'와 동시대적인 것이 되며, 순전한 논리적인 것에 지나지 않는 주관=객관이라는 이원성이 철학적 관심사에서 결정적으로 소멸되면 그것으로 충분하다……."

나중에는 이런 조건만으로 충분하다고 덧붙였다.

"'자아'는 '세계' 앞에서 '위기에 빠지는' 존재로 나타나는 것만으로도, 또는 (간접적으로, 상황을 매개로 해서) '세계'에서 그 내용을 끄집어내는 것만으로도 충분하다. 절대적인 실증 도덕과 정치를 철학적으로 기틀을 잡으려는 더 이상의 조치는 이제 불필요하다."*

사르트르는 학원에서의 생활을 즐기고 있었다. 고등사범학교 시절을 그토록 그립게 만든 자유와 일정한 우정을 다시 발견했다. 더욱이 그는 평소에 큰 가치가 있다고 생각하던, 한 여성과의 우정에 매진했다. 유학생 가운데

---

* 발표된 때는 1936년인데, 글이 씌어진 시기는 1934년이다.

한 사람이 언어학에는 정열을 쏟으면서 애정 문제에는 전혀 무관심했다. 그녀는 학원의 누구에게나 매력적이라는 말을 들었다. 마리 지라르라는 이 여성은 오랫동안 카르티앵-라탱을 방황하고 있었는데, 그 무렵엔 허술한 작은 호텔에 살고 있었다. 그녀는 몇 주 동안 방에 틀어박힌 채 오로지 담배만 피우면서 몽상에 잠기곤 했다. 자신이 무엇을 하기 위해 이 세상에 태어났는지 그녀는 도통 알 수가 없었다. 그녀는 깊은 안개에 싸인 채 세월을 보냈다. 다만 그 안개를 뚫고, 뿌리 깊고 분명한 몇 개의 빛줄기를 쏟는다. 이를테면 그녀는 애정의 고뇌를 믿지 않는다. 그런 것은 사치스런 고민, 부자의 고민이다. 그녀에게 진정한 불행은 가난함과 굶주림과 육체적인 고통 말고는 없었다. 행복은 어떤가 하면, 이 단어는 그녀에게 아무것도 의미하지 않았다. 마리 지라르는 예뻤다. 그녀는 천천히 아주 사랑스럽게 미소를 지었다. 무언가 생각에 잠긴 듯한, 혼란에 빠진 모습은 사르트르에게 강한 호감을 느끼게 했다. 그녀도 그에게 호감을 가졌다. 그들은 둘의 관계에 미래는 있을 수 없으며 현재만으로 충분하다는 점을 서로 양해한 뒤에 줄곧 만나고 있었다. 나도 그녀와 만났다. 그녀가 마음에 들었고, 조금도 질투를 느끼지 않았다. 그렇지만 내가 사르트르를 알게 된 이래, 다른 여자가 그에게 의미를 갖게 된 것은 이번이 처음이었다. 물론 질투라는 감정을 내가 얕보았던 것도, 원래 내게 없는 것도 아니었다. 이 사건은 전혀 뜻밖의 일이 아니었으며, 우리 둘의 생활에 대해서 내가 지니고 있던 이상을 손상하지도 않았다. 처음부터 사르트르는 외도를 할지도 모른다고 양해를 구했었기 때문이다. 나는 그 원칙을 받아들였고, 실제로도 어려움 없이 이해할 수 있었다. 사르트르가 그의 생애를 지배하는 계획, 즉 세계를 알고 그것을 표현하는 일에 얼마나 집착하고 있는지를 나는 알고 있었다. 그리고 나 자신이 그 계획에 아주 밀접하게 결부되어 있다고 확신했기 때문에 그의 생활의 신화적인 사건으로 기가 꺾이는 일은 없었다.

내가 파리에 도착했을 때 콜레트 오드리에게서 편지가 와 있었다. 학교에서 나의 결근을 이상한 눈으로 보고 있다는 것이었다. 사르트르는 나에게 일찌감치 체류를 끝내도록 충고했지만 나는 듣지 않았다. 진단서가 있으므로 문제없다고 단언했다. 그는 더욱 권하면서, 만일 내가 독일에 도피해 있다는 것이 남에게 알려지면 몹시 곤란해질 수도 있다고 말했다. 그것은 사실이었다. 하지만 나는 조심하기 위해 희생을 치러야 한다는 생각만으로도 분해서 몸이 떨렸다. 나는 머물렀다. 루앙으로 돌아갔을 때 나는 아무래도 잘했다는 생각이 들었다. 곤란한 일이 생기지 않았기 때문이다. 나는 이번 여행에 대해서 친구들에게 즐겁게 얘기해 주었다.

"그런데 여행지에서의 만남은 어땠어? 멋진 남자는 못 만났어?"

마르코는 내게 물었다. 내가 아무 일도 없었다고 대답하자 그는 동정 어린 눈길로 나를 바라보았다.

사르트르와 나는 변함없이 신간을 놓치지 않고 다 읽었다. 그해, 두 이름이 우리 마음에 아로새겨졌다. 한 사람은 포크너로 《임종의 자리에 누워서》와 《성역(聖域)》의 프랑스어 판이 거의 동시에 간행되었다. 그 이전에도 조이스, 버지니아 울프, 헤밍웨이, 그 밖에 3, 4명의 작가는 사실주의 소설의 거짓 객관성을 거부하고, 주관을 통해서 세계를 묘사해냈다. 그러나 포크너의 새로운 기법과 효과는 우리를 놀라게 했다. 그는 여러 관점들을 교묘하게도 대단한 관현악적 표현으로 옮겨놓았을 뿐만 아니라, 개개의 의식 속에 지식, 무지, 자기기만, 환각, 언어, 침묵을 조직적으로 연결함으로써 다양한 사건들을 대비되는 명암 속에 일단 침잠시킨 뒤, 거기에서 최대한의 신비와 입체감으로 다시 드러나게 했다. 그의 이야기는 그 기교와 주제에서 우리를 감동케 했다. 난폭한 악당 풍의 서사시라고도 할 수 있는 《임종의 자리에 누워서》는 어느 의미에서 초현실주의적인 발상으로 통한다.

"어머니는 물고기다."

이렇게 아이가 말한다. 낡은 짐수레에 불안정하게 잡아맨 관이 강으로 굴러떨어져 강물의 흐름에 따라 아래로 떠내려갈 때 어머니의 사체는 확실히 물고기처럼 생각된다. 소작인이 아픈 무릎을 덮는 시멘트 속에는 먹을 수 있는 도자기라든가, 마르크스 형제나 달리가 즐겨 사용한 대리석의 설탕과 같은 헛된 소재들을 볼 수 있다. 하지만 이와 같은 애매함이 포크너의 경우에는 유물론적인 깊이를 지닌다. 사물이나 관습이 엉뚱한 겉모습으로 독자 앞에 제시되는 것은, 인간과 사물과의 관계를 바꿈으로써 비참함과 빈곤이 사물의 외관을 바꾼다는 의미이다. 이 점이 바로 우리를 매혹했는데, 놀랍게도 발레리 라르보는 서문 가운데서 이 소설을 '농촌 풍속소설'로 정의하고 있다. 《성역》은 더욱 우리의 흥미를 끌었다. 우리는 프로이트를 이해할 수 없었으며 그에게 반발심을 느끼고 있었다. 그러나 누군가가 그의 발견을 우리에게 더욱 근접하기 쉬운 형태로 표현해 주면 우리는 순식간에 열중하곤 했다. 모든 인간의 마음속에 있는 '파괴할 수 없는 밤의 핵(核)'을 타파하기 위해 정신분석학자들이 제시하는 수단을 우리는 거부하고 있었다. 포크너의 예술은 거기에 메스를 가해 빨려들 것 같은 심연을 우리에게 엿보게 했다. 포크너는, 순결한 얼굴 뒤에 더러움이 꿈틀대고 있다고 말하는 것만으로는 만족하지 않는다. 그는 그것을 우리 눈앞에 들이댄다. 또한 청순한 미국 처녀의 가면을 벗긴다. 그는 세상을 변장시키는 달콤한 의식 뒤에 숨겨진 빈곤과 욕망, 그리고 그것들을 채우기 위한 악덕과 비극적인 폭력을 우리에게 가까이 들이댄다. 포크너에게 섹스는 문자 그대로 세계를 불길과 피 속에 던진다는 의미로서, 개인의 비극은 강간, 살인, 방화가 되어 표출된다. 《성역》의 마지막 쪽에서 한 사내를 횃불로 바꾸는 불꽃은 언뜻 보기에 석유통에서 불타고 있는 것에 지나지 않는데, 이것은 남녀의 하복부를 은밀히 못살게 구는 속 깊은 오욕의 불길에서 생긴 것이다.

두 번째 작가는 카프카이다. 그의 이름은 우리에게 포크너보다도 훨씬 큰 의미를 지녔다. 우리는 〈신프랑스 평론〉지에서 《변신》을 읽었으며, 카프카를 조이스나 프루스트와 같은 수준으로 평가한 비평가의 말이 농담이 아님을 알게 되었다. 《심판》의 프랑스어 판이 나왔는데 평은 그다지 좋지 않았다. 비평가들은 카프카보다 한스 팔라다를 더 높게 평가했다. 우리가 보기에 이것은 오래전부터 읽은 책 가운데서 매우 드물게 아름다운 작품이었다. 이 작품을 하나의 비유로 한정하거나 무언가의 상징을 통해 해석해서는 안 된다. 《심판》은 총체적인 세계상을 표현한 작품임을 우리는 곧 알 수 있었다. 카프카는 수단과 목적과의 관계를 왜곡함으로써, 단순히 도구나 직무, 역할, 인간 행위의 의미만이 아닌 세계에 대한 인간의 관계 전체를 의심한다. 그는 그것을 '뒤집어서' 보여주는 것만으로, 환상적이고 참을 수 없는 이미지를 보여준다.* K의 체험은 앙투완 로캉탱의 경우와는 아주 다르며 훨씬 극단적인 데다가 절망적이다. 하지만 두 작품 모두 주인공은 자신을 둘러싼 친근한

---

* 사르트르는 1943년 블랑쇼론에서 이 사고를 전개했다.

이야기를 하여 자신을 위해 거리를 둠으로써, 인간적 질서는 붕괴되고 기묘한 어둠 속에 오직 홀로 가라앉는다. 왜 그의 작품이 우리와 연관이 있다고 느껴지는지 확실히 알 수는 없었지만, 우리는 카프카에 대해서 순식간에 절대적인 존경을 바쳤다. 포크너도, 다른 모든 작가도 역시 먼 세계의 이야기를 우리에게 전하고 있는 데 반해, 카프카는 우리에게 말하고 있다. 신이 없는 세계, 그럼에도 자신의 구원이 그곳에 달려 있는 우리의 문제를 카프카는 발견해 주었다. 어떠한 '아버지 신'도 우주의 규율을 우리에게 구현해 주지 않았다. 그래서 그 규율은 우리 마음속에 확고히 새겨지지 않았으며, 그 보편적인 이성은 분명한 설명으로 해독될 수 없는 것이었다. 독특하면서도 완전한 비밀의 규율이므로, 만일 그것에 따르지 않으면 스스로 파멸하는 것임을 알면서도 그 문자를 더듬을 수가 없었던 것이다. 우리는 조제프 K나 측량사와 마찬가지로 정처 없이 외로이, 어떤 길과 목적지도 연결되지 않는 짙은 안개 속을 손으로 더듬고 있었다.

"써야만 한다."

하나의 목소리가 들려 왔다. 우리는 거기에 따랐다. 우리는 몇 장이나 되는 종이를 문제로 메웠다. 다다르는 곳은 어디일까? 어떤 사람이 우리가 쓴 글을 읽어줄까? 무엇을 이해해 줄까? 숙명이 우리를 이끌고 간 험한 길은 정체를 알 수 없는 어둠으로 깊게 깊게 빨려 들어간다. 때때로 순간의 번득임 속에 우리는 목적을 엿본다. 이 소설, 이 수필은 완성되어야 한다. 그것은 벌써 완결된 모습으로 빛을 발하고 있다. 그런데도, 한 장 또 한 장 나아가면서도 그곳까지 다가가기 위한 문장을 발견할 수가 없다. 다른 방향으로 가 버리거나 어디에도 도달하지 못할 것만 같다. 이미 우리는 우리 자신이 무엇을 끊임없이 계속 배워야 할지를 가늠할 수 있었다. 이 맹목적인 시도에는 종착점이 없고 또 제재도 없다는 것이다. 조제프 K처럼 판결도 내려지기 전에 죽음이 거칠게 엄습하리라. 모든 것은 미결인 채로 머물 것이다.

사르트르가 부활절 휴가로 파리에 왔을 때, 우리는 카프카와 포크너에 대해 많이 얘기했다. 그는 후설의 체계와 그 지향성의 윤곽을 설명해 주었다. 이 지향성의 개념은 바로 그가 바라던 것을 가져다주었다. 당시 그를 괴롭히던 모순에 대해서는 앞에서도 말했는데, 이들 모순을 극복할 가능성이 주어진 것이다. 그의 '내적 생활'이란 언제나 두려운 것이었다. 외부 대상물을 향한 의식을 끊임없이 초월하려는 의식이 내적 생활에서 철저하게 말살되었음을 알게 되었다. 모든 것은 외적으로 자리매김하고 있었다—사물도, 진리도, 감정도, 의미도, 그리고 자아 자체도. 그러므로 어떠한 주관적 요소도 우리에게 주어진 세상의 가치 있는 모든 것을 바꿔놓지 못한다. 사르트르가 훨씬 전부터 확증을 부여하고 싶어했던 대로 의식은 지상의 통치권을, 우주는 현실적 실재성을 유지할 수가 있는 것이다. 앞으로 심리학은 모두 재검토되어야 한다. 그래서 그는 벌써 《자아의 초월》과 함께 이 일에 손을 대고 있었다.

그가 떠난 뒤, 나는 3학기를 애써 마치려고 했다. 나는 동생과 가끔 만났다. 동생은 아직 부모님 집에서 살고 있었지만, 카스타냐리 거리 작은 방을 빌려 그림을 그리고 있었다. 그리고 얼음장처럼 추운 겨울과 찌는 듯이 더운 여름날의 오후에는 봉장 화랑에서 비서로 일해 약간의 돈을 벌었다. 아주 가끔은 영국인 무도회장에 춤을 추러 가기도 했으며, 프랑시스 그뤼베나 그 동료들과 함께 아틀리에 모임에 참석하기도 했는데, 그것은 보기 드문 기분전환이었다. 동생의 생활은 물질적으로 쪼들려 대단히 궁핍했는데도 명랑하게 이런 상황을 견디는 모습에 나는 감탄했다. 나는 자주 그녀를 데리고 연극을 보러 갔다. 아틀리에에서 존 포드의 〈가엾게도 그녀는 창녀〉*를 함께 보았는데 모두 다 마음에 들었다. 배우들은 발랑틴 위고가 《로미오와 줄리엣》을 위해 고안한 예쁜 프린트 모양의 옷차림을 하고 있었다. 동생과 나는 〈작은 아씨들〉을 보고 감동했다. 신인 여배우 캐서린 헵번이 연기한 '조 마치'는 내가 처녀시절 꿈꾼 대로 비통한 매력을 갖추고 있었다. 나는 10살이나 젊어진 느낌이었다. 우리는 그림 전시회에도 열심히 다녔다. 6월 말 봉장 화랑에서 열린 달리의 첫 대규모 개인전을 본 것도 동생과 둘이서였다. 나는 사르트르와 함께 그의 작품을 많이 본 기억이 있는데, 언제였는지는 잊고 말았다. 페르낭은 달리가 메소니에에게 심취해 시도한 기교적인 정밀화에 대해서 소극적인 비평을 했는데, 이 착색 석판화들을 닮은 화면은 우리를 매료했다. 소재와 대상물의 애매함으로 장난을 하는 초현실주의자의 기교는 일찍부터

---

* 이 연극의 제목은 〈가엾게도 그녀는 전문가〉로 광고되었다. 우리는 소상하게 표현된 이 제목이 원작과 극의 의미를 왜곡해 유감이었다. 사르트르는 자신의 희곡 《공손한 창녀》 제목에 창녀란 말을 사용하면서 포드를 염두에 두었다.

우리 호기심을 부추겼었기 때문에, 달리의 '흐느적거리는 시계'는 재미있었다. 특히 마음에 든 점은 그의 풍경화가 지닌 얼어붙은 투명함으로, 여기에서는 키리코(풍환적 화풍의 이탈리아 화가)가 그리는 길보다도 무한으로 멀어지는 헐벗은 공간이 주는 어지럽고 고통스러운 시정(詩情)이 발견되었다. 형상도 색채도, 허공을 변조시킨 것에 지나지 않는다. 그가 에스파냐의 깎아지른 해안의 세부를 그릴 때, 그는 우리의 온갖 경험보다도 저 아래에 있는 근접할 수 없는 것들을 내게 보여줌으로써, 나를 현실에서 더욱 멀리 떨어진 세계로 데려가는 것이다. 한편 당시에는 '인간적인 것으로의 복귀'에 전념하는 화가들도 있었다. 나는 그들의 의도에 찬성하지 않았으며, 작품을 보아도 석연치 않았다.

사르트르가 부재중일 때 나는 파리에 살고 있던 리오넬 드 룰레의 철학 개인교사로 있었다. 그는 여러 명의 동료와 '메로빙거 당'을 결성하고, 광고지나 전단을 통해서 쉴페릭(3세기 메로빙거 왕조의 왕) 자손의 왕위 복귀를 요구했다. 나는 그가 이런 미친 짓을 위해 시간을 지나치게 낭비한다고 생각했기 때문에 그를 꾸짖었다. 그러나 그에게는 철학적인 소질이 있었고, 이 점에 나는 크게 호감을 느꼈다. 그는 내 동생과 알게 되어 둘은 아주 친해졌다.

나는 파리 교외에 살고 있는 카미유와 될랭을 자주 방문했다. 사르트르가 떠난 뒤 처음으로 가브리엘 거리의 카미유를 방문했을 때 그녀는 내게 후한 대접을 해주었다. 그녀는 예쁜 검정 벨벳 드레스를 입고 벨트에 노란 심이 달린 검은색 작은 꽃을 장식했다.

"그대를 유혹해 보려구요."

그녀는 명랑하게 말했다. 그녀는 나에 대한 자신의 감정이 절대적이면서도 질투심을 느끼는 것 같다고, 즐거워하며 얘기했다. 나는 그녀 자신도 그다지 재미있다고 생각하지 않는 이 농담에 말려들지 않았고, 그녀도 다음에 만났을 때는 그만두었다. 내가 느끼기에도 그녀는 친근하고 관대한 마음으로 나를 보고 있는 듯했는데, 그녀의 자아도취와 아양 떠는 태도는 그녀를 깎아 내렸으며 그녀의 위력은 완전히 사라져 버렸다. 나는 은밀히 고민하는 일 따위는 전혀 하지 않고 그녀와 즐겁게 교제할 수 있었다.

될랭은 크레시앙브리에서 가까운 페롤에 집 한 채를 샀다. 기차로는 그곳까지 가기가 조금 번거로웠다. 퐁티외 양이 주말마다 남자친구들과 드라이브를 한다고 말해, 페롤까지 함께 태워 줄 수 없겠느냐고 물어보았다. 나는 유명인과 친해지는 일이 그들의 마음을 끌지 않을까 싶었는데, 그 생각이 들어맞았다. 어느 토요일 저녁나절에 우리는 크레시에 도착해 언덕 중턱에 있는 마을까지 올라갔다. 카미유가 우리를 마중 나와 포트와인을 대접했다. 우리 일행은 갈색 털로 짠 긴 드레스에 색색의 숄을 걸친 카미유의 시골식 분장을 멍청하게 바라보고 있었다. 카미유가 짐짓 점잖은 표정으로 '프리드리히와 알브레히트'라며 두 인형을 소개했을 때 그들의 놀라움은 절정에 달했다. 한편 될랭은 말없이 파이프 담배를 피우면서 이 표준형 프랑스인 커플을 감개무량한 듯이 바라보았다. 두 사람이 돌아간 뒤 나는 집 안을 살펴보았다. 낡은 농가를 될랭과 카미유가 직접 개조한 것으로 옛 모습을 그대로 간직하고 있었다. 장밋빛으로 회칠한 벽, 대들보가 드러나 있는 천장, 굵은 장작이 타는 난로. 실내 가구나 장식에는 훌륭한 골동품과 연극의 소도구가 대담하면서도 확실한 감각으로 배합되어 있었다. 나는 꼬박 하루를 이곳에서 지냈다. 그 뒤에도 가끔 찾아갔다. 될랭은 그가 소중하게 돌보고 있는 말이 끄는 포장마차에 타고서 크레시앙브리 역까지 마중을 나와 주었다. 말을 몰면서 그는 초콜릿을 먹고 있었는데, 카미유가 석연치 않은 이유에서 갑자기 담배를 금지했기 때문이다. 카미유가 차린 만찬에는 그녀가 멋을 부리는 것만큼이나 정성이 가득했다. 툴루즈에서 개똥지빠귀 파테와 거위 간 파테를 주문해 들여왔고, 여러 가지 맛있는 요리를 만들어 주었다. 여름에는 울창한 숲으로 둘러싸인 작은 정원에서 밤 한때를 지내기도 했다. 될랭은 많은 얘기를 들려주었으며 오래된 샹송을 흥얼거렸다. 그가 카미유에게 홀딱 반한 것은 확실했다. 하지만 그들의 실질적인 관계가 어떠한지는 짐작이 가질 않았다. 왜냐하면 제삼자가 있을 때 카미유는 자신의 생활을 연극으로 바꿔 버렸고 될랭도 거기에 동조하고 있었기 때문이다. 둘은 비위를 맞추거나 뾰로통해지고, 원망하거나 사랑하는 희극을 공연했는데, 그것은 그것대로 재미가 있었다.

나는 노르망디 지방을 별로 좋아하지 않았다. 그래도 올가와 둘이서 루앙 부근 빈약한 숲을 조금 거닐었다. 그리고 성령강림절 휴가 때 따뜻한 초원에서 뒹굴고 싶다는 생각을 했다. 어느 일요일, 나는 유명하다는 호텔을 보러 리옹라포레까지 갔다. 그곳은 지나치게 비쌌다. 나는 그 근처를 산책하다가, 로제 성(城) 목초지 한가운데서 쨍쨍 내리쬐는 햇볕을 창에 받으며 서 있는 가건물 한 채를 발견했다. 유리창에는 큰 글자로 '카페'라고 칠해져 있었다. 나는 들어가 주인에게 방을 빌릴 수 있느냐고 물었다. 주인은 그곳에서 50미터쯤 떨어진 곳에 있는 집을 빌리도록 권했다. 그곳 초가지붕에는 연미붓꽃이 피어 있었다. 일주일 뒤 나는 그 집에서 5일을 보냈다. 바닥에는 붉은 타일이 깔려 있었다. 시골 침대에서 폭신폭신한 깃털 이불을 덮고 잠들었으며, 아침 5시면 닭 우는 소리를 들었다. 나는 비몽사몽 중에 눈을 감은 채 조금 전까지의 여명과 덧문 건너편으로 떠오르는 햇빛 사이를 방황했다. 문을 열자 푸릇푸릇한 어린 풀과 꽃을 피우는 나무들이 보인다. 나는 커피를 마시러 나가서 사과나무 그늘에 테이블을 가져다놓는다. 그러고는 메리냐크의 개오동나무 밑에서 여름 방학 숙제를 하던 소녀시절로 되돌아갔다. 그 무렵 여러 가지로 상상의 나래를 펴고 시종 꿈꾸고 있었던 것—자신만의 작은 집—을 이제 그 어린 소녀에게 갖게 한 것이다.

  6월 말 나는 바칼로레아 감독을 위해 캉으로 출장 명령을 받았다. 수험생 중에는 라 플레슈 육군유년학교 출신자가 많았다. 그들은 푸른 나사지 제복을 입고서, 많은 땀을 흘려 막다른 지경에 내몰린 듯한 표정이었다. 이 야만적인 의식에서 내가 해야만 하는 역할은 조금도 유쾌하지 않았다. 나는 모두에게 적당히 점수를 주고 그럭저럭 넘겨 버렸다. 시험 시간 중에도 조금도 즐거운 일이 없어서, 여자 수도원 앞에서도 남자 수도원 앞에서도 마냥 서 있을 수가 없었다. 나는 책 한 권을 가지고 비어홀 샹디베르로 들어갔는데, 그 촌스러움에 맥이 빠지고 말았다. 어느 날 오후에는 동료와 오른 강에서 보트를 저었지만 별로 신이 나지 않았다. 르 아브르 중고등학교에서 사르트르를 대신해 교편을 잡고 있는 레몽 아롱도 시험관 중 한 사람이었으므로 함께 저녁식사를 했다. 그때는 상당히 유쾌했다. 당시 에브뢰에서 교사로 있던 폴리체르와도 다시 만났다. 그는 학생들에게 '관념론'이란 말을 꺼내면 반드시 와 하는 폭소가 터진다고 자랑했다. 그는 점심식사 때 시(市)의 가장 오래된 광장을 마주보고 있는, 한 단 낮은 구조로 된 작은 식당으로 나를 데리고 갔다. 공산주의자들이 도리오의 입을 막은 토론회의 일을 내가 분개해서 말하자 그는 나의 프티부르주아적 자유주의를 웃어넘겼다. 그 뒤에 폴리체르는 그가 정밀과학으로 여기는 필상학(筆相學)의 감정에 입각해 자신의 성격을 설명했다. 그의 필적에는 민감하고 불안정한 하부구조의 흔적과 동시에 견고한 상부구조의 존재가 인정되는데, 후자 때문에 자신을 잃지 않고 살 수 있는 것이라고 말했다. 그가 도전적으로 마르크스주의의 표현을 사용했으므로 나는 초조해졌다. 하지만 확실히 이 독단주의와 그의 얼굴에 감도는 매력 사이에는 두드러진 차이가 있었다. 그의 말보다도 훨씬 내 마음에 든 것은 그의 몸짓, 목소리, 그리고 사르트르가 앙투완 로캉탱을 위해 빌린 그의 아름답고 불타는 듯한 빨간 머리카락이었다.

구술시험은 7월 14일 축제일 며칠 전에 끝났다. 그리고 나는 이 세상의 모든 것을 봐 두겠다는 결의에 따라서 트루빌과 도빌 해안을 돌았는데, 몸에 와 닿는 상쾌함이 즐거웠다. 바이외에서는 왕비 마틸드가 입었다는 갖가지 실로 짠 옷 앞에 섰다. 그랑빌을 내려다보는 벼랑 위도 걸었다. 그 뒤 루앙으로 돌아갔다. 나는 콜레트 오드리, 시몬 라부르댕과 나란히 학위 수여식에 참석했다. 이틀 뒤에는 기차를 타고, 사르트르와 만나기로 약속한 함부르크로 향했다.

6월 30일 밤 사건 (에른스트 룀 외에 반히 틀러 분자의 대량학살)에도, 또 힌덴부르크의 퇴진 (1934년 8월 사망 이후 히틀러가 대통령이 된다)에도 불구하고 독일의 나치스 반대자들은 여전히 히틀러의 패퇴가 멀지 않다는 예언을 계속하고 있었다. 사르트르는 그들의 말을 믿고 싶어했지만 그래도 독일을 떠나게 된 것을 기뻐했다. 우리는 휴가를 이용해서 독일 일주를 한 다음, 독일에 이별을 고하고 르 아브르의 직장으로 돌아갈 예정이었다.

함부르크는 독일적이고도 나치스적인데, 무엇보다 그곳은 큰 항구도시였다. 출항하는 배, 입항하는 배, 선원을 위한 나이트클럽, 온갖 종류의 유흥이 있었다. 국민정신 부흥의 견지에서 공창 지대는 반나마 철거되었으나, 아직도 거리 어귀에는 판자 울타리를 둘러친 곳이 몇 군데 있었으며, 그곳에서는 파마머리를 한 짙은 화장의 창녀들이 깨끗이 닦은 유리창 너머로 손님을 기다리고 있었다. 그녀들의 표정에는 미동도 없어서, 마치 미용실 장식장 인형처럼 보였다. 나는 부두 주변을 걷고 알스터 호숫가에서 점심을 먹었다. 밤에는 수상한 지역을 탐험했다. 이곳의 활기는 마음에 들었다. 우리는 엘베 강을 배로 거슬러 올라가 나무 한 그루도 자라지 않는 헬골란트 섬까지 갔다. 한 독일인이 우리에게 말을 걸어왔다. 검은 사냥 모자를 쓴 40대 사내로 음침한 표정을 하고 있었다. 한동안 형식적인 대화가 오간 뒤, 그는 1914년부터 18년까지 보병으로 종군했다고 말했다. 그의 어조는 차츰 격렬해졌다.

"이번에 또 전쟁이 나면 독일은 패하지 않아요. 독일은 명예를 되찾을 겁니다."

그는 이같이 말했다. 사르트르는 전쟁을 일으켜서는 안 된다, 모두가 평화를 원한다고 대답했다. 그 군인은 말했다.

"명예가 중요하죠. 독일인은 무엇보다도 명예 회복을 바라고 있어요."

그의 광신적인 목소리는 나를 불안하게 만들었다. '그가 과거에 군인이었으니 군국주의자인 것도 무리는 아니다.' 나는 마음 편하게 생각했다. 그런데 이 사내처럼 보복의 순간을 지향하면서 살고 있는 독일인이 얼마나 될까? 나는 일찍이 인간의 얼굴에 이처럼 자랑스런 증오가 번쩍이는 것을 본 적이 없었다. 여행하는 동안 나는 그것을 지우려고 애썼는데 도저히 잊을 수가 없었다.

아름다운 붉은 교회가 있는 뤼베크 시의 조용한 거리에서도, 바닷바람이 즐거운 듯이 불어오는 슈트랄준트에서도 우리는 단호한 보조로 행진하는 갈색 셔츠의 무리를 목격했다. 그래도 사람들의 표정은 평화 그 자체였다. 그들은 사이좋게 앉아 맥주를 마시고 노래를 불렀다. 이렇게 인간의 따뜻함을 사랑하면서 살육을 꿈꿀 수가 있을까? 이 두 가지는 양립할 수 없는 것으로 생각되었지만 현실은 그렇지 않았다.

하지만 우리는 독일식의 중후한 휴머니즘에는 그다지 매력을 느끼지 못했다. 우리는 베를린을 지나, 포츠담을 구경하고 백조 섬에서 차를 마셨다. 주위에서 거품이 인 크림을 먹고 있는 군중의 얼굴은, 공감 또는 호기심조차도 일어나게 하지 않는 표정이었다. 우리는 에스파냐의 카페나 이탈리아의 테라스를 떠올리면서 우울해했다. 그곳에서 우리의 호기심에 찬 눈길은 이 테이블에서 저 테이블로 이어졌었다.

드레스덴은 베를린보다 더욱 추하다고 생각했다. 큰 돌계단이 있었다는 것과, 온화한 아름다운 풍경이 펼쳐지는 '작센의 스위스'를 멀리서 보았다는 것 말고는 아무 기억도 없다. 어느 카페 화장실에서 내가 화장을 고치고 있자, 안주인이 나를 보며 꾸짖었다.

"입술연지는 칠하지 말아요. 독일에서 립스틱 따위는 칠하지 않게 되어 있어요."

국경을 넘자 들이쉬는 공기도 가벼워졌다. 프랑스식 카페가 줄지은 프라하의 가로수 길에서 우리는 잊고 있던 쾌활함과 편안함을 되찾았다. 거리도, '소프라하'의 고풍스러운 광장도, 오래된 유대인 묘지도 모두가 우리를 매료했다. 밤에 우리는 낡은 다리 난간에 기대어, 몇 백 년이나 검은 흐름을 내려다보며 얼어붙은 듯 서 있는, 돌로 된 성인 조각상에 둘러싸여 한동안 서 있었다. 사람이 거의 없는 댄스홀에도 가 보았다. 지배인은 우리가 프랑스인임을 알자 곧바로 악단에게 〈라 마르세예즈〉를 연주하게 했다. 드문드문 있는 손님은 미소를 짓기 시작하며, 우리 머리 뒤에서 프랑스와 장 바르투 외상과 동(東)유럽 동맹에 박수를 보냈다. 마음이 괴로운 한때였다.

우리는 비엔나로 갈 생각이었다. 어느 날 아침 호텔을 나서자마자 거리에 사람들이 많이 모여 있는 것이 보였다. 모두들 큰 표제가 나붙은 신문을 먼저 사려고 아우성이다. 큰 글자로 돌푸스라는 이름과 우리조차도 그 의미를 미루어 알 수 있는 M으로 시작하는 단어가 있었다. 독일어로 말하며 지나치던 사내가 사르트르에게 상황을 설명해 주었다. 돌푸스가 숙청된 것이다(나치스에 의해 총살당함). 지금 생각해 보니 이 사건 때문에 잠깐이라도 지체하지 않고 빨리 비엔나에 가고 싶었던 듯하다. 그런데 그 무렵 우리는 세간의 낙관적인 분위기에 완전히 감염되어 있어서 이 세계의 진정한 모습을 평화로밖에 생각하지 않았다. 상(喪)을 치른 비엔나, 경쾌한 우아함을 잃은 비엔나는 이제 예전의 비엔나가 아니었다. 나는 순수하게 정신분열병적인 집착에서 예정을 변경하길 주저했는데, 사르트르는 시시한 비극으로 변모한 도시에 가서 따분한 생각을 하는 것은 질색이라고 깨끗이 반대했다. 우리는 돌푸스 총살 사건이 시시한 비극이기는커녕 오스트리아와 온 유럽의 진정한 모습을 폭로하는 것이라곤 생각지도 못했다. 어쩌면 사르트르는 그것을 깨닫고 있었는지도 모른다. 그리고 베를린에서 지낸 9개월 동안 아무래도 무시할 수 없던 불길한 현실에 정면으로 맞붙을 생각이 없었던 것인지도 모른다. 나치즘은 중부 유럽 전체에 만연해 있었다. 그것은 공산주의자들이 말하듯이, 모닥불처럼 이유 없이 사라지지는 않는 듯했다.

어쨌든 우리는 이 비극에 등을 돌리고 뮌헨으로 향했다. 미술관에서 피나코테크의 콜렉션을 보았으며, 베를린의 화장실보다도 추하고 괴이한 비어홀에도 갔다. 바이에른 지방에 대한 나의 인상은 주민들 때문에 얼마간 손상되었다. 몸집이 큰 바바루아 사내들이 털이 많은 정강이를 드러낸 채 소시지를 먹는 모습은 참을 수가 없었다. 우리는 뉘른베르크의 회화적인 아름다움을 크게 기대했었다. 그런데 집집마다 창에는 셀 수 없을 만큼 나치 깃발이 나부끼고 있었고, 뉴스에서 본 영상이 견디기 어려운 압박으로 우리에게 다가왔다―거대한 열병식, 똑바로 팔꿈치를 뻗은 거수의 물결, 일제히 고개를 오른쪽으로 돌리는 눈길, 열에 들뜬 군중……. 이 도시를 벗어났을 때 우리는 안도의 한숨을 쉬었다. 반면에 로텐부르크에서는 수백 년의 역사가 도시의 모습을 바꾸지 않고 그대로 지나가고 있었다. 게다가 이곳에 오는 사람은 공들여 몸을 가꾸고서 넋을 잃을 정도로 아름다운 이 중세의 세계를 정처없이 떠돌았다. 쾨니히스의 완벽한 아름다움은 내가 알고 있는 어떤 호수와도 비교할 수 없었다. 우리는 등산전차로 해발 3000미터가 넘는 추크슈피체 산에 올라갔다. 이렇게 다니면서도 우리는 골치 아픈 문제로 골머리를 앓았다. 어떤 식으로 체코슬로바키아에 입국했는지 잊어버렸지만, 어쨌든 우리는 인스브루크로 가기 위해 다시 한 번 국경을 넘어야 했고, 마르크의 반출은 금지되어 있었다. 우리는 소지한 마르크를 한 장의 고액지폐로 바꾸기로 했다. 그런데 어디에 숨길까? 결국 사르트르는 성냥갑 밑에 그것을 접어 넣었다. 이튿날 세관원은 우리 책의 책장을 넘기며 화장품 속까지 뒤졌다. 그러나 사르트르가 주머니에서 꺼낸 여러 가지 것에 섞여서 눈앞에 흐트러져 있던 성냥갑은 지나쳐 버렸다.

　오스트리아조차 독일보다는 분위기가 가벼운 듯했다. 인스브루크도 느낌이 좋았는데, 잘츠부르크는 더욱 멋진 곳이었다. 18세기의 집들은 덧문도 없이 유리창으로만 되어 있고, 정면에는 예쁜 동판을 곰, 백조, 독수리, 사슴 등의 모양으로 도려낸 정교한 간판이 걸려 있었다. 작은 극장에서는 인형극의 귀여운 인형들이 모차르트의 〈후궁으로부터의 도주〉를 연주했다. 우리는 관광버스로 잘츠카머구트 지방을 구경한 뒤 뮌헨으로 돌아갔다.

　될랭도 카미유도, 또 평판도 오버아머가우의 〈수난극〉만은 꼭 봐야 한다고 했다. 이 공연은 10년마다 하는데, 최근 공연이 1930년이었다. 그런데 다행히 1934년은 50년마다 있는 대제(大祭)의 해였다. 1633년에는 이 마을에 페스트가 유행했다. 액땜을 기념해 마을 사람이 처음으로 예수의 죽음을 장엄하게 재현한 것이 1634년이었다. 그래서 금년 제전은 특별히 성대하게 거행되어, 전에 없이 많은 관광객이 몰려들었다. 〈수난극〉은 2개월 전부터 매일 상연되고 있었다. 그럼에도 우리가 문의한 여행사는 방을 잡는 데 몹시 애를 먹었다. 우리는 저녁 버스로 도착해 억수같이 쏟아지는 빗속에서 숙소를 찾을 때까지 힘들게 돌아다녔다. 숙소는 마을에서 떨어진 양복집으로, 그 가족이 사는 집이었다. 우리는 그들과, 뮌헨에서 온 부부 투숙객과 함께 저녁식사를 했다. 나는 감자가 딸려 나오는, 순독일식 식사가 거북했다. 뮌헨의 두 손님은 의심스러운 눈초리로 사르트르를 관찰하면서 말했다.
"당신은 독일어가 정말 유창하군요."
그런 다음 나무라는 듯한 어조로 덧붙였다.
"사투리가 전혀 없어요."
사르트르는 의기양양했지만 겸연쩍은 표정이었다. 모두가 그를 스파이로 생각하고 있음을 생생하게 감지했기 때문이다. 빗발이 약해져 우리는 화려하게 칠을 한 집들이 줄지어 있는 거리를 어슬렁거렸다. 어느 집이나 정면은 꽃, 동물, 소용돌이 모양, 가짜 창 등으로 장식이 되어 있다. 밤이 깊은데도 끌이나 갈고리 소리가 들렸다. 마을 사람들은 거의 다 목각 기술자인 성싶었다. 작업장 창 너머로 몹시 악취미인 인형이 줄지어 있었다. 술집은 콩나물 시루였다. 수염을 길게 기른 장발의 사내들이 관광객과 마주앉아 있었는데, 그들은 몇 년 전부터 〈신비극〉의 인물이 될 준비를 해온 배우들이었다. 그리스도 역을 맡은 사람은 1930년 상연 때와 같은 사내이며, 그의 아버지도 1920년과 1910년에 그리스도 역을 했다고 한다. 오래전부터 이 역할은 그의 일족만이 떠맡고 있었다. 술집의 등불은 일찍감치 꺼졌다. 공연이 이튿날 아침 8시이기 때문이다. 우리는 숙소로 돌아갔다. 어느 방이나 만원이어서, 우리는 집게벌레가 들끓는 판대기와 톱밥이 널린 곳으로 밀려났다. 모퉁이에는 재단사용 인형이 초병처럼 서 있었다. 우리는 마룻바닥에 짚을 깔고 잤다. 빗물이 천장을 타고 뚝뚝 떨어졌다.

우리는 민속 행사에 대해서는 별로 흥미가 없었는데, 오버아머가우의 〈수난극〉은 본격적인 연극이었다. 터널 같은 통로를 빠져나가자, 2만 명의 관객을 수용할 수 있는 거대한 홀이 나왔다. 8시부터 정오까지 그리고 2시부터 6시까지 우리는 잠시도 마음이 산란해지지 않았다. 무대의 넓이와 깊이는 엄청난 군중의 등장을 가능케 했으며, 단역 한 사람 한 사람까지 위태롭지 않게 연기를 해냈기 때문에, 우리는 실제로 예루살렘에서 그리스도를 환호로 맞이하고, 그 다음에는 조소하며, 욕설을 퍼붓는 사람들에 휩쓸리는 듯한 생각이 들었다. 대사도 동작도 없는 '활인화(活人畫)'가 움직임으로 가득찬 장면과 교대로 나타난다. 대단히 아름다운 17세기의 노래를 부르는 여자 목소리의 코러스가 극의 줄거리를 설명한다. 여자들의 긴 머리가 어깨에 물결치는 모습은 전에 보았던 샴푸 광고를 연상케 했다. 배우의 연기를 본 뒬랭은 기뻐서 어찌할 바를 몰랐다. 연기가 꾸밈이 없고 효과적이었다. 그들이 도달한 진실은 실제 일어났던 일과는 무관했다. 이를테면 유다는 30개의 은화를 하나하나 헤아린다. 그러나 그의 동작은 전혀 뜻밖인 동시에 완전히 필연적인 리듬에 맞춰서 이루어지기 때문에 관객을 지루하게 하기는커녕 숨을 죽이고 지켜보게 했다. 오버아머가우 사람들은 브레히트의 연극 이론이 씌어지기 전에 그것을 실천하고 있었던 것이다. 정확함과 '거리 효과'의 독특한 융합이 이 〈수난극〉의 아름다움을 이루었다.

어쨌든 우리는 독일에 가서 손해는 보지 않았다. 8월 19일의 인민투표는 히틀러에게 독재권을 부여했으며, 그 이후로는 어느 누구도 절대로 이에 제약을 가할 수 없게 되었다. 오스트리아는 나치화되어 가고 있었다. 우리가 다시 프랑스 땅을 밟았을 때 한없는 기쁨이 솟아났다. 하지만 곧 실망도 했다. 두메르그 수상의 부자(父子)관계적 온정주의는 거의 독재정치와 다름없을 정도로 전제적이었다. 신문을 읽으면 가슴이 부글부글 끓었다. 이 불가사의한 도덕지상주의 간판 때문에 극우주의는 지반을 굳히게 되었다. 나는 전례에 따라 정치에는 눈을 감고 스트라스부르 시가지와 대성당, 그리고 '작은 파리'를 마음껏 즐겼다. 밤에는 최초의 컬러영화 가운데 하나인 〈밀랍 가면〉을 보았다. 파리에서 엄청난 비난을 받은 작품이다. 〈킹콩〉이래 공포영화 전문 여배우가 되고만 가엾은 페이 레이의 엄청난 외침은 우리를 재미있게 해주었다. 나는 알자스 지방의 마을이나 성, 나무, 호수, 완만한 언덕의 포도밭을 사랑했다. 숙소의 볕이 잘 드는 문 앞 테이블에서 리크위르나 트라미네르 와인을 마셨다. 거위 간 파테나 양배추 절임, 자두 파이도 먹었다. 우리는 콜마르도 구경했다. 가끔 사르트르는 그뤼네발트의 그림에 대해서 내게 말했다. 그는 청년시절의 믿음 때문에 눈이 먼 것은 아니었다. 나도 이 화가가 그린 가시관을 쓴 그리스도나, 고뇌 때문에 산 채로 석상이 된, 창백하게 실신한 마리아 등을 다시 볼 때마다 변함없는 감동을 느끼곤 했다.
 사르트르는 이곳을 몹시 마음에 들어했으며, 산봉우리를 따라서 걷자는 제안을 했다. 우리는 트루아제피 근처에서 3일 동안에, 호네크, 마르크슈타인, 발롱 달자스까지 갔다. 우리의 짐은 주머니에 들어갈 정도였다. 슐뤼슈 고개 가까이에서 만난 사르트르의 동료가 우리에게 어디에서 살고 있느냐고 물었을 때 사르트르는 이렇게 대답했다.
 "아무 데도 살지 않아. 다만 걷고 있을 뿐이지."
 상대는 여우에 홀린 듯한 표정을 지었다. 길을 가는 도중 사르트르는 샹송을 지어서 쾌활하게 노래를 불렀다. 하지만 그 가사는 불안한 세계 정세에서 암시를 받은 것이었다. 나는 그 가운데 하나를 기억한다.

 "아아! 아아! 아아! 아아! 누가 믿었는가
 우리 모두, 모두가, 모두가 죽으리라고.
 길가의 개들처럼 죽어 있으리라고.
 이게 그들이 말하는 진보라는 것이다!"

 그가 나중에 《출구 없음(Huis-clos)》의 한 장면에서 이네스에게 노래하게 하는 작품 〈흰 망토의 거리〉를 만든 것도 확실히 이때였다고 생각한다.
 사르트르는 2주 정도 가족과 함께 보내기 위해 뮐하우스에서 나와 헤어졌다. 파니에는 여동생과 두 사촌 여동생과 함께 코르시카에서 야영 중이었는데 나도 권유를 받았다. 나는 저녁에 마르세유에서 배를 탔다. 갑판 승선권을 사고, 접의자에 비스듬히 누워서 바다를 건넜다. 별을 보고 잔다는 것은 황홀한 일이라고 생각했다. 희미하게 눈을 뜨면 하늘이 그곳에 있었다! 새벽녘 불타는 듯한 가벼운 대지의 향기를 내뿜는 꽃다발이 배에 부딪쳐 흩어졌다. 밀림의 냄새였다.
 나는 캠핑의 즐거움을 발견했다. 저녁나절에 초원이나 밤나무 숲 이끼 위에 쳐진 텐트를 볼 때마다, 저리도 가벼워 불면 날아갈 듯하면서도 우리를 받아주고 지켜주는가 싶어 감동했다. 천막은 하늘과 대지에서 나를 겨우 떨어지지 않게 할 정도인데도, 두세 차례나 격렬한 폭풍으로부터 지켜주었던 것이다. 여기에서도 나는 옛 유랑극단의 마차나 쥘 베른의 《증기의 집》을 바탕으로 마음에 그렸던 어릴 적 꿈을 실현했다. 텐트에는 그보다 더 멋진 구석이 있다. 그것은 아침마다 모습을 감추고 저녁에 다른 장소에서 다시 태어난다. 산적의 잔당은 모두 체포되었는데, 섬을 찾는 사람은 드물었다. 우리는 한 사람의 캠프원도 한 사람의 관광객도 만나지 못했다. 그러나 풍경의 다채로움은 눈부셨다. 리무쟁의 밤나무 숲에서 지중해로 내려가는 데는 하루를 걷는 것만으로 충분했다. 섬을 떠나는 내 머릿속에는 붉은빛, 황금빛, 푸른빛의 추억이 소용돌이치고 있었다.

제4부

1934년 10월부터 1935년 3월에 걸친 국내 정세는 적어도 일반인들에게는 더욱더 혼돈스러웠으며 경제공황은 심각해졌다. 기업들이 조업을 중단하고 도산이 잇따르자 실업자 수는 200만에 달했다. 외국인을 배척하는 분위기가 고조되었다. 프랑스 노동자에게도 일자리가 부족한데 이탈리아인이나 폴란드인을 고용한다는 것은 절대 받아들일 수 없다는 것이다. 극우 학생들은 외국인 학생들을 배격하는 격렬한 시위를 했으며, 그들을 빵 도둑이라고 부르기도 했다. 내무성 검사관 보니의 소송건은 스타비스키 사건을 다시 들춰내며 확대되었다. 주간지 〈그랭구아르〉를 상대로 명예훼손으로 고소를 함으로써, 보니는 특히 코티용 양의 진술을 결정적인 증거로 공갈 및 부패를 입증했다. 한편 1월 자르 지방 주민투표에서는 90%라는 높은 찬성률로 독일로의 복귀가 정해져, 반민주주의적인 선전은 더욱 악랄해졌다. 십자화단(十字火團)의 운동은 날로 영역을 확대했다. 주간지 〈캉디드〉가 그 기관지가 되었으며, 라로크 중령은 '혁명'이란 주제로 그 계획을 떠들썩하게 선전했다. 카르뷔시아는 〈그랭구아르〉지를 통해 다른 형태의 파시즘을 옹호하고 있었는데, 이 주간지는 1934년에 발행부수가 65만부에 이르렀다. 나의 아버지도 이를 애독했다. 이들 국가주의적 우익은 모두가 프랑스에 히틀러의 시대가 도래하기를 열망하고, 독일 히틀러 총통에 대한 전쟁을 지지했다. 그리고 2년 병역제를 요구했다. 그동안에 라발이 외상으로 임명되었기 때문에 우파의 신평화주의가 대두되어 확립되었다. 그 무렵 무솔리니는 에티오피아 침략을 계획하고 있었는데, 라발은 그와 협정을 맺고 이를 묵인하고 말았다. 라발은 또한 히틀러와도 교섭했다. 지식인 중 일부는 이에 따랐다. 드리외 라 로셸은 나치스에 대한 공감을 표명하고, 라몽 페르난데스도 '발차하는 기차를 선호한다' 선언하며 혁명조직을 떠났다. 급진사회당계 주간지 〈마리안〉은 라발을 지지하는가 하면, 에마뉘엘 베를은 그 자신이 유대인임에도 다음과 같이 못을 박았다.

"가능한 한 정당하고도 우호적으로 독일을 따라가자고 결심한 이상, 사람들은 히틀러가 유대인에 대해서 이런저런 법령을 발포했다고 해서 그 결의를 재검토할 수는 없다."

그러나 좌익 진영은 당혹스러운 상태에 놓여 있었다. 이미 1934년 6월에 알랭과 랑주뱅, 리베, 피에르 제롬은 반동세력을 저지하기 위해 반파시즘위원회를 발족했다. 그들은 독일의 유대인 배척을 고발했으며 이탈리아에서의 탄압적인 투옥과 추방제도에 항의했다. 전쟁인가 평화인가 하는 가장 중대한 문제에 관해서 그들은 라 로크 중령의 정책에도, 라발의 정책에도 가담하길 바라지 않았다. 파시즘 반대자들은 한 사람도 예외 없이 '철저한 평화주의' 시대가 지나갔음을 인정했는데, 1932년에는 빅토르 마그리트도 지금은 공산주의자들이 만족스럽지 못하다는 점을 이해하고 그들의 견해에 반대해 강력하게 징병 기피를 주장했다. 그는 대중의 행동을 추진하려는 랑주뱅의 호소를 지지했다. 그 역시 대중만이 파시즘을 좌절시킬 수 있다고 생각한 것이다. 어찌됐든 그들 모두의 한결같은 생각에는, 전쟁은 피할 수 있고 또 피해야 했다. 알랭, 리베, 랑주뱅 등은 이 문제에 대해 다음과 같이 선언했다.

"반동적인 신문이 대서특필하고 있는 여러 거짓이 확산되지 않도록 유의하자."

궤헤노는 집요하게 '평화를 추구해야 한다'고 되풀이했다. 한편 공산주의자들의 최근 6개월 간 태도는 매우 애매했다. 2년 병역제에 관해서 반대투표를 한 반면, 독일의 재군비에 대항하기 위해서 프랑스 군대의 확충을 바라는 어중간한 태도를 보였던 것이다. 나는 이들의 망설임을 핑계로 전혀 관여하지 않기로 했다. '누구 한 사람 사태의 추이를 정확하게 이해하고 있지 않은 이상 중대한 일은 아무것도 일어나지 않는다고 여겨도 괜찮지 않을까?' 이런 생각에서 나는 평온한 일상생활로 돌아갔다.

나는 최근에 쓴 내 소설이 완전한 실패작임을 알고 있었기 때문에 또다시 실패할 성싶은 새 작품에 손을 댈 엄두가 나지 않았다. 그래서 책을 읽고 지식을 넓혀 좋은 착상이 떠오르길 기다리는 편이 나을 듯했다. 역사는 내가 서투른 분야 가운데 하나이다. 그래서 프랑스 혁명을 연구할 결심을 했다. 루앙의 도서관에서 뷔셰와 루가 편찬한 자료집을 조사해 오라르와 마티에를 읽고 조레스의 《프랑스 혁명사》를 탐독했다. 이 탐구는 뜻밖의 흥미로 나를 열중하게 했다. 과거를 뒤덮고 있던 수많은 불투명한 사건이 갑자기 나에게 명쾌한 것이 되었으며, 그 일련의 발전이 하나의 의미를 갖기 시작한 것이다. 나는 마치 수험 공부라도 하듯이 이 일에 정열을 쏟았다. 또한 후설에 대한 공부도 시작했다. 예전에 사르트르는 후설에 대해서 알고 있는 것을 나에게 남김없이 설명해 주었다. 그에게서 빌린 《내적 시간의식의 현상학적 강의》는 독일어판이었으나 그다지 힘들이지 않고 읽을 수 있었다. 사르트르와 만날 때마다 그 가운데 몇 부분에 대해서 토론을 했다. 현상학의 새로움과 풍부함은 나를 집중하게 했다. 일찍이 이처럼 진리에 접근한 적은 없었던 것 같았다.

이러한 공부 때문에 나는 상당히 바빠졌다. 루앙에서 만난 사람은 콜레트 오드리와 의학부 진학과정 유급생인 올가뿐이었다. 그녀는 작년 1학기에는 열심히 공부해 교사들의 평판도 좋았으나, 폴란드인 친구와 교제하면서부터 기숙사에서 나와 자유로운 생활에 도취되었다. 밤낮없이 산책을 하거나, 춤을 추거나, 음악을 듣거나, 수다를 떨거나, 독서삼매경에 빠져서 공부는 제쳐두고 만 것이다. 결국 낙제한 뒤 그녀는 완전히 초조해져서 휴가 중에 뒤처진 공부를 만회하려는 기력도 잃은 듯했다. 지금은 동료들이 뿔뿔이 흩어져 파리나 이탈리아로 가 버려서 서로 왕래가 있는 사람은, 그녀가 싫어하는 프랑스인뿐이다. 그녀는 공부에 대한 열의가 완전히 사라져 따분하다는 생각밖에 없는 데다, 또다시 낙제를 하게 되리라는 예감과 부모님의 불만으로 괴로워하고 있었다. 그녀가 그나마 자신과 삶에 대한 흥미를 느낀 것은 내 곁에 있을 때뿐이었다. 나는 그것에 감동해 자주 그녀와 외출을 했다. 루이즈 페롱은 오베르뉴에서 휴양을 하고 있었고, 시몬 라부르댕은 파리로 자리를 옮겼다. 퐁티외 양을 방문하는 일도 나는 그만두었다. 남는 시간에는 거의 사르트르와 지냈으므로 이제 소일거리를 찾을 필요가 없었던 것이다.

사르트르는 대단한 열정으로 작업을 하고 있었다. 그는 이미 베를린에서 《구토》의 교정을 거의 끝냈었다. 이번 작품은 내 마음에 들었다. 그렇지만 르메르 부인이나 파니에와 마찬가지로, 내 생각에도 사르트르는 형용사나 비유를 지나치게 많이 쓰는 듯하다. 그는 신중하게 전편을 검토해 고칠 생각이었으나, 알캉 서점에서 간행되는 전집물로 상상력에 관한 저작 의뢰를 받아둔 상태였다. 이 문제는 그의 연구과정 주제로 최수우 평가를 받은 것이다. 그는 빨리 처리할 생각으로 거의 쉼 없이 일에 매달렸다.

루앙보다 르 아브르가 활기찬 도시 같아서 우리는 대체로 르 아브르에서 만났다. 나는 낡은 부두나 선원들의 술집, 수상쩍은 호텔, 슬레이트 지붕의 출입구가 좁은 집들을 선호했다. 비늘 모양 판자로 모든 벽면을 뒤덮은 집도 있었다. 그 일대에서 가장 아름다운 곳은 가리옹 거리로, 저녁이 되면 다채로운 배색의 네온간판에 불이 켜졌다. 검은 고양이와 붉은 등, 장밋빛 풍차, 제비꽃 빛깔의 별이 반짝거려 르 아브르 사람들에겐 알려져 있는 거리였다. 뚱뚱한 아줌마가 감시를 하고 있는 창녀촌 사이에 유명한 식당인, 그로스 톤이 있었다. 우리는 노르망디식 서대기(생선의 한 종류)나 칼바도스를 넣은 수플레를 먹기 위해 가끔 그곳에 갔다. 평소에는 조용하고 평범한 비어홀, 파예트에서 식사를 했다. 사르트르가 작품을 쓰기 위해 자주 가는 기욤 텔이란 카페에서 우리는 몇 시간을 보냈다. 벨벳 의자와 밖으로 튀어나온 창이 있는 넓고 편안한 곳이었다. 사람들이 많은 거리에서 스치고 지나치는 군중은 루앙 사람들보다 다양하고 활기에 넘쳐 있었다. 부르주아들도 루앙 정도로 찌푸린 표정은 아닌 듯했다. 르 아브르가 항구도시이며, 전국 각지에서 모여든 사람들이 뒤섞여 개방적이기 때문이다. 근대적인 방법으로 대규모 거래가 척척 이루어진 곳이다. 사람들은 과거의 어둠에 눌러앉는 대신에 현재를 살고 있었다. 날씨가 좋은 날에 우리는 해변에서 가까운 무에트라는 작은 술집 베란다에 자리를 잡았다. 거친 녹색 바다를 멀리 바라보면서 나는 술에 절인 자두를 입에 물고 있었다. 우리는 도시 중심부의 넓은 가로수 길을 산책하거나 생트-아드레스(성채가 있는 고지대)에 오르거나 호화로운 별장이 즐비한 언덕길을 더듬었다. 루앙에서는 어디를 향해도 벽이 시야를 가리는데, 이곳에서는 수평선까지 확인할 수가 있으며 지구 끝에서 오는 매서운 바람이 뺨을 후려쳤다. 2, 3번 우리는 옹플뢰르까지 배로 가 보았다. 슬레이트로 완전히 뒤덮여 과거가 예전 그대로의 신선함을 계속 유지하고 있었던 듯싶다. 이 작은 항구도시는 우리를 매료했다.

때마침 사르트르는 기분전환을 위해 루앙으로 왔다. 10월에는 도시를 둘러싼 둥그런 모양의 큰 거리에 장이 열려서 우리는 슬롯머신으로 내기를 하고, 작은 오두막에서 멜리에스의 영화처럼 사랑스런 인형극을 구경했다. 살이 찐 여주인이 기구가 되어 우주 공간으로 올라간다. 어느 날 오후 우리는 콜레트 오드리의 권유로 미술관을 견학하기로 했다. 이 미술관이 자랑으로 삼고 있는 제라르 다비드의 고전적인 걸작은 우리에겐 아무런 감동도 주지 않았다. 우리를 즐겁게 해준 것은 자크 에밀 블랑슈 초상화의 컬렉션이었다. 그곳에는 드리외 라 로셸과 몽테를랑, 지드, 지로두 등, 현대 작가의 얼굴이 보였다. 나는 한 장의 그림 앞에 멈춰 섰다. 그것은 어릴 적에 《프랑스 어린이 그림책》 표지에서 복제화를 보고 강한 인상을 받았던 〈쥐미에주 수도원의 화난 사람들〉*이었다. 어린 마음에 어떻게 이들이 '에네르베'(현대어로는 '안절부절못했다'는 뜻) 했다는 것인지 몰라 이상하다는 생각이 들었었다. 다 죽어가던 두 사내는 사실 힘줄이 잘린 것인데 말이다. 두 남자는 납작한 작은 배에 나란히 누워 지복(至福)의 경지에라도 있는 듯이 축 처진 모습이지만, 사실 굶주림과 목마름에 시달리면서 물살에 따라 무서운 죽음을 향해 떠내려간다. 이 그림이 추악한 것은 나에게 문제가 되지 않았다. 나는 그것이 불러일으키는 조용한 공포를 오랫동안 잊을 수 없었다.

우리는 앉아서 얘기하기에 쾌적한 새로운 장소를 찾았다. 댄스홀 로열 맞은편에 있는 오세아닉이란 작은 바인데, 이곳에는 예술가인 양 거드름을 피우는 부르주아 청년들이 많이 모여서 서로 불한당으로 지칭하고 있었다. 밤이 되면 로열 소속 댄서들이 몰려와 한 잔 들이켜고는 이야기꽃을 피운다. 우리는 그곳 단골이 되었다. 또 비어홀 폴을 버려두고 '알렉상드르의 집'이란 찻집 겸 식당으로 갔다. 사르트르는 《구토》 속에서 '카미유의 집'이라는 이름으로 이 가게의 모습을 보여준다. 대리석 테이블이 6개이며, 여름이건 겨울이건 열대어의 수조와 같은 조명을 받고 있다. 주인아저씨는 음침한 표정의 대머리로 직접 서빙도 하고 있었다. 메뉴는 오로지 달걀과 통조림 카술레(흰 콩을 넣은 고기찜)뿐이라고 해도 좋을 정도였다. 우리가 무언가 공상적이고 기이한 것을 즐겨서 주인인 알렉상드르는 우리를 마약거래자일 거라고 멋대로 생각하는 듯했다. 첩으로 보이는 세 젊은 여성 말고는 거의 손님도 없었다. 이

---

* 쥐미에주는 루앙 강 하류, 센 강 계곡에 있는 수도원 유적지이다. 이곳에 남아 있는 13세기 무덤의 조각상은 클로비스 2세의 두 아들 것이라고 잘못 전해져 내려왔다. 전설에 따르면 그들은 부왕에게 반기를 들었다가 힘줄이 끊기는 벌을 받고 센 강에 던져져 이곳까지 떠내려 왔다고 한다.

여자들은 비교적 미인이고, 한결같이 아름다운 옷을 입기 위해 살고 있는 듯 싶었다. 그녀들의 대화에서도 희망, 절망, 환희, 자존심, 원한, 시샘 등, 온갖 감정의 움직임을 엿볼 수 있었는데, 그 감정의 동기라는 것은 거의 언제나 옷을 샀다거나 사지 못했다거나, 어울렸다거나 어울리지 않았다거나 하는 것이다. 방 한가운데 러시아식 당구대가 있어서 우리는 식사 전후에 당구를 치면서 놀았다. 아아, 그 무렵 우리에겐 정말 여가가 많았다! 사르트르는 나에게 체스를 가르쳐 주었다. 당시에는 크로스워드 퍼즐이 대유행이었기 때문에 우리는 수요일마다 〈마리안〉의 퍼즐에 열중했으며, 내친김에 거기에 실려 있는 그림찾기도 풀곤 했다. 또 최신 만화나 소구로우의 '어린 왕자' 그림이야기 등에 재미를 붙이기도 했다.

어쩌다 친구가 우리를 찾아올 때도 있었다. 마르코는 이듬해에 루앙 지역에 발령될 예정이었기 때문에 주의 깊게 시가지를 둘러보았다. 그리고는 '완전히 본(알제리의 항구도시)을 빼닮았다'고 결론을 내려 우리를 놀라게 했다. 그는 예전의 성악 교사보다 훨씬 우수한 스승에게서 배우고 있었다. 머지않아 그는 오페라 극단 연출자의 심사를 통과해 빛나는 성공으로의 첫발을 내딛게 된다.

페르낭과 스테파는 몽파르나스 부근 깨끗한 아틀리에에서 다시 파리 생활을 시작한 참이었다. 스테파는 르보브까지 어머니를 만나러 가서 중부 유럽에 며칠 머물다 왔다. 그녀는 하루를 루앙에서 지냈기 때문에 우리가 가끔씩 15프랑을 들여 맛있는 식사를 하는 비어홀 오페라로 그녀를 데려갔다. 스테파는 눈이 휘둥그레졌다.

"이렇게 큰 비프스테이크가, 딸기도! 크림도! 더구나 이게 바로 프티부르주아의 식사라니!"

르보브에서도 빈에서도 이와 같은 식사를 한다면 웬만큼 재산이 있다는 증거이다. 나는 나라마다 식사의 차이가 그러하리라곤 상상하지 못했다. 스테파가 원망스럽다는 듯이 되풀이해서 말했다.

"맛있는 것을 먹고 있군, 프랑스인은!"

나에겐 이 말이 기묘하게 들렸을 뿐이다.

르메르 부인과 파니에는 몇 번이나 우리를 찾아왔다. 우리는 쿠롱 호텔에서 거위요리를 함께 먹고 드라이브를 했다. 그들은 우리를 코드베크, 생방드릴, 쥐미에주 수도원으로 안내했다. 밤이 되어 센 강이 내려다보이는 길을 되돌아오는 도중, 우리는 강가 저편 환하게 불이 켜진 그랑-쿠론 공장이 보이는 곳에 차를 멈췄다. 누구라도 그 광경을 봤다면 검은 밤하늘에 조명탄이 얼음 조각처럼 굳어 있다고 말했으리라.

"아름답다."

파니에가 말했다. 사르트르는 코를 비틀면서 얘기했다.

"저건 모두가 야간작업을 하고 있는 공장이지."

파니에는 그래도 아름다운 것에 변함없다며 정색하고 주장했다. 사르트르는 파니에가 자기기만에 의해서 환상의 포로가 되었다고 단언했다. 노동, 피로, 착취, 그런 곳 어디에 아름다움이 있느냐면서. 나는 이 논리에 놀라 어리둥절한 채 있었다.*1

물론 가장 뜻하지 않은 손님은 니장이었는데, 그는 어느 토론회에 참석하기 위해 왔었다. 그는 수수한 옷차림에 새로 산 멋진 우산을 한 손에 들고 말했다.

"여비를 아껴서 샀지."

그는 자신에게 선물하길 좋아했다. 그는 1933년에 처녀작 《앙투안 블르와예》*2를 발표해 호평을 얻었으며 유망한 젊은 작가로 인정도 받고 있었다.

니장은 1년간 소비에트를 여행하고 귀국한 지 얼마 되지 않았다. 장 리샤르 블로크, 말로, 아라공과 함께 혁명적 작가회의에 출석한 것이다.

"몹시 얼빠지게 만드는 체류였지."

그는 손톱을 깨물면서 흐뭇한 표정으로 말했다. 보드카를 철철 넘치도록 부어주는 대연회, 그루지야산의 머리까지 도는 포도주, 침대차의 쾌적함, 호텔방의 호화로움에 대해서도 이야기했다. 아무렇지도 않은 듯 말하는 그의 어조는 이 사치가 국가의 융성을 반영하는 것임을 은근히 내비쳤다. 터키와의 국경 가까이에 있는 남부 어느 도시에 대해서도 설명을 해주었는데, 지방색이 넘치는 이 도시에서는 베일로 얼굴을 가린 여자들이나 다채로운 시장,

---

*1 《레 망다랭》에서 앙리와 나딘이 리스본의 등불을 바라보면서 벌이는 논쟁은 여기에서 암시를 받은 것이다.

*2 우리는 이 소설을 읽고 《아댕 아라비아》에 대한 것 이상으로 잘못된 평가를 내렸다. 이 작품을 일종의 민중주의 소설로 생각한 것이다. 사르트르는 니장 저작집 재판에 보낸 서문에서 이 견해가 오늘날에는 얼마나 잘못된 것인지를 설명했다.

특히 동양식의 시장을 볼 수 있다고 한다. 그의 교묘한 변설은 우리를 매료했다. 친근미가 있고 거의 털어놓다시피 하는 그의 화법에서, 선전을 노리는 속셈 따위는 조금도 느껴지지 않았다. 확실히 그는 거짓말을 하고 있지는 않았던 것이다. 그러나 그는 자신이 알고 있는 진실 가운데서 무정부주의적 형이상학자인, 사르트르라는 사랑할 만한 친구를 가장 유혹할 수 있는 것만을 택하고 있었다. 그는 아직 프랑스에는 알려져 있지 않은 올레샤라는 작가에 대해서 얘기했다. 이 작가는 1927년에 발표한 소설에 바탕을 둔 희곡 《감정의 음모》로 모스크바에서 대성공을 거두었다. 이 작품은 모호한 성격을 지니고 있으며, 관료주의의 폐해와 소비에트 사회에서의 인간성 상실을 들춰내면서—경계심에서 오는 것인가, 확신에 바탕을 둔 것인가—기묘한 발뺌으로 현 제도를 옹호하고 있다고 한다. 니장은 다음과 같이 말해, 우리의 호기심을 크게 부추겼다.*

"사르트르, 그는 올레샤야."

무엇보다도 흥미를 끈 것은 니장이 늘 관심을 가지고 있던 죽음의 문제에 대한 이야기였다. 그가 말로 표현하지는 않았지만, 언젠가는 이 세상에서 영원히 소멸하게 되리란 생각만으로도 얼마나 무서운 공포에 빠져 있는가를 우리는 알 수 있었다. 그는 그 공포에서 벗어나기 위해 며칠 동안이나 바에서 커다란 유리잔에다 적포도주를 마시며 헤매곤 했었다. 그는 사회주의의 신조가 이 공포를 뿌리치는 데 도움이 되지 않을까, 예전부터 생각하고 있었다. 그는 그것을 기대해 소비에트 청년들을 향해서 이 점을 충분히 캐물었다. 하지만 그들은 한결같이, 죽음에 직면하면 우애고 단결이고 아무런 소용이 없으며 그들 역시 죽음이 두렵다고 대답한 것이다. 공개 석상에서, 이를테면 토론회 등에서 소비에트 여행 보고를 할 때 니장은 이를 낙관적으로 해석했다. 방법상의 문제를 해결함에 따라 소련에서도 사랑과 죽음이 다시 중요한 문제가 되기 시작했고, 새로운 휴머니즘이 탄생하고 있다고 보았다. 그러나 우리와 얘기할 때는 그의 표현은 달랐다. 소련에서도 프랑스에서와 마찬가지로 사람은 고독하게 죽어가기 마련이며, 또 그들이 그것을 알고 있었다는 사실이 그에게 충격을 주었기 때문이다.

* 올레샤의 소설은 1936년에서야 '푀 크루아제' 총서의 하나인 《선망》이란 제목으로 간행되었다. 확실히 매력적인 해석에 헷갈리는 작품이었다.

그해 크리스마스 휴가에는 획기적인 대혁신이 일어났다. 내가 솔선해서 계획을 세운 것이다. 적어도 스스로는 그렇게 생각하고 있었다. 그런데 나의 착상은 이따금 동료 전체 의향의 단순한 반영에 지나지 않음을 나중에 깨달았다. 일찍이 소수 특권 계급이 독점하던 겨울 스포츠를 최근 몇 년 사이에 서민도 할 수 있게 되어 사람들은 이곳으로 몰려들기 시작했다. 알프스지방에서 자라 텔레마크와 크리스티아니아 기술에 정통한 리오넬 드 룰레는 지난해 나의 여동생과 제제, 그리고 친구 서너 명을 발디제르로 데려갔다. 작은 마을이고 시설이 나빴는데도 그들은 많이 즐긴 모양이다. 나도 쉽게 맛볼 수 있는 즐거움을 그대로 지나쳐 버릴 수 없어 사르트르를 설득했다. 우리는 이곳저곳에서 여행용품을 빌려 간단한 준비를 갖추고, 샤모니의 계곡이 내려다보이는 몬로크에다 식사를 겸할 수 있는 작은 숙소를 잡았다. 그리고 고물 스키를 빌렸다. 오전이건 오후건 정해 놓고 매일 완만한 경사가 있는 목장으로 올라가서는 아래까지 내려오는 것을 몇 번이고 되풀이했다. 초보자 3, 4명이 우리와 똑같이 그럭저럭 활강을 하고 있었다. 농가의 10살짜리 아이가 회전법을 우리에게 가르쳐 주었다. 단조로운 조작이었는데 재미가 있었다. 우리는 무슨 일이건 배우는 것이 즐거웠고, 게다가 나는 냄새도 색도 없이 드넓은 은세계에, 햇살이 무지갯빛 수정을 깔아놓은 듯한 이런 광경을 일찍이 한 번도 접해본 적이 없었던 것이다. 저녁나절에 스키를 어깨에 메고 곱은 손을 녹이면서 우리는 호텔로 돌아왔다. 차를 마시거나 인문지리학 책을 읽고 '평지주거'와 '고지주거'의 차이를 배웠다. 우리는 두터운 생리학 연구서도 가지고 있었다. 신경계통과 크로낙시에 관한 최근의 연구가 특히 흥미를 끌었다. 아침에 광대한 세계의 냉기 속으로 뛰쳐나가는 이 기쁨은 이루 말할 수 없다. 그리고 저녁에 사방이 벽으로 둘러싸인 둘만의 세계에서 따뜻함을 다시 발견하는 이 행복을 무엇으로 다 말할 수 있을까? 그것은 푸른 하늘 아래의 설원처럼 매끄럽고 눈부신 열흘이었다. 11월의 어느 날, 우리는 루앙의 카페 무에트에 앉아 우리 미래의 단조로움에 대해 오랫동안 푸념했다. 우리의 삶은 서로 깊게 결부되어 우정은 결정적으로 변함없게 되었으며, 장래의 전망도 정해져 일상이 우리를 개의치 않고 지나갔다. 아직 30살도 되지 않았는데 무엇 하나 새로운 일이 일어나지 않으리라. 결코! 나는 이런 불만은 그다지 진지하게 생각하지 않기로 마음먹었다. 그래도 때로는 느닷없이 천상에서 나락으로 떨어졌다. 포도주를 조금 과음한 날 밤에는 하염없이 울 때도 있었다. 예전에 느끼고 있던 절대적인 것에 대한 갈망이 다시 눈을 떠 인간이 부여안고 있는 목적의 허무함과 죽음의 절박함을 새삼 발견하고는, 사르트르가 삶이라는 가증스런 기만을 포착하는 데 싫증내는 점을 비난했다. 이튿날이 되어도 나는 전날 밤 번득였던 계시의 충격에서 벗어나지 못한 채로 있었다. 어느 날 오후 루앙의 센 강이 내려다보이는 흰 꽃으로 뒤덮인 석회암 언덕을 산책하면서 우리는 오랫동안 토론했다. 사르트르는 술을 마시거나 눈물을 흘릴 때는 진실을 발견할 수 없다고 단언했다. 그에 말에 따르면, 알코올이 나를 의기소침하게 했기 때문에, 나 자신이 그와 같은 상태에 그럴듯한 형이상학적인 이유를 억지로 갖다 붙인 것이다. 이에 대해서 나는 평생 견디기 힘든 명백한 사실로부터 우리를 보호하는 자제심이나 경계심을 취기가 제거해 주고 나에게 진실을 직시하게 한 것이라고 주장했다. 지금 돌이켜보면 나처럼 혜택받은 조건에 있는 사람에게 인생이란, 택일을 허용하지 않는 두 진실을 포함하고 있으며 동시에 이 두 가지에 맞서 나가야 하는 것이라고 생각한다. 즉 생존의 환희와 사멸의 공포가 그것이다. 그러나 그 무렵의 나는 환희와 공포, 이 두 진실 사이에서 중심을 잡지 못하고 흔들리고 있었다. 공포는 순간의 번개와 같은 계시로써 때때로 나를 사로잡았을 뿐이었는데, 나는 이쪽이 더 올바른 의미에서 진실인 듯했었다.

　마음에 걸리는 점이 또 하나 있었다. 내가 나이를 먹게 된 것이다. 몸에도 얼굴에도 노화의 징조는 없었으나 때때로 나는 내 주위의 모든 것이 빛바래지는 데에 탄식했다. '이제 아무것도 느끼지 못한다'고 중얼거렸다. 아직 '최면상태'에서 기억을 떠올릴 수는 있었는데, 그래도 돌이킬 수 없는 무언가를 잃고 말았음을 자각하고 있었다. 소르본을 갓 졸업했을 때의 여러 가지 발견의 신선함은 조금씩 맥을 잃어 갔다. 나의 호기심은 아직 먹잇감을 발견할 수는 있었으나 이제 섬광을 내뿜는 듯한 신선한 만남은 없어졌다. 하지만 내 주위에는 현실이 풍부하게 넘쳐나고 있었다. 단지 나는 현실의 깊은 곳까지 꿰뚫어 보려 하지 않았다는 점에서 오류를 범했던 것이다. 나는 현실을 많건 적건 낡아빠진 도식이나 허구, 이를테면 '회화적인 것'과 같은 틀 속에 밀어 넣고 있었다. 무엇이건 같은 일의 반복으로 보이는 이유는 나 자신이 과거의 반복에 머물러 있기 때문이라는 생각이 들었다. 그러나 이런 우울한 기분이 내 생활에 심각한 파문을 던지는 일은 없었다.

사르트르는 알캉 서점에 보낼, 들라크루아 교수로부터 의뢰받은 '상상력'에 관한 저작의 학설 비판 기술을 다 마쳐가고 있었다. 그는 제2부를 쓰고 있었는데, 이것은 훨씬 독창적인 것으로 그는 지향성의 현상학적 개념과 소재의 개념을 사용해 이미지의 문제를 근본적으로 재검토하려고 했다. 그가 의식의 절대적인 공무성(空無性)과 그 무화(無化)하는 힘이라는, 그의 철학 최초의 기본관념을 정리한 것은 이때이다. 이 탐구에서 그는 자기 자신의 경험만을 소재로 방법과 내용을 동시에 창조해야 했기 때문에 온 정신을 집중했다. 형식상의 배치는 일체 돌보지 않고 극도의 속도로 계속 써 내려가면서 사고의 속도를 따라잡게 하려고 무던히 애를 썼다. 문학작품과 달리 긴장을 풀 틈도 없는 이 급속한 창조는 그를 지치게 했다.

말할 것도 없이 그는 꿈이나 수면시 또는 각성시의 환각이나 지각이상에 관심이 있었다. 2월에 그의 옛 친구인 라가슈 박사가 파리 생트안 정신병원으로 와 메스카린 주사를 맞지 않겠느냐고 물었다.* 이 마약은 환각을 일으키는 특성이 있으므로 사르트르는 스스로 그 현상을 체험할 수 있을 거라고 말했다. 라가슈는 그다지 기분 좋은 모험은 아니지만 위험하지는 않다고 했다. 사르트르는 기껏해야 몇 시간 동안 '기묘한 언동'을 하는 데 그칠 것이라고 생각한 모양이었다.

그날 나는 르메르 부인과 파니에와 함께 라스파유 거리에서 하루를 지냈다. 저녁에 약속대로 생트안 병원에 전화를 걸었다. 사르트르는 졸린 목소리로, 지금 갈거미 떼와 격투를 벌이고 있었으며, 도저히 이길 가망이 없다고 생각하던 중이었는데 전화벨이 울려 해방되었다고 말했다. 그는 30분 늦게 도착했다. 그리고 햇빛이 희미하게 비쳐드는 병실 침대에 눕혀졌다. 환각은 없었는데 보이는 것이 기분 나쁘게 변형되었다. 우산이 독수리로 변하고, 구두가 해골이 되었으며, 사람 얼굴은 요괴처럼 보였다. 양쪽 겨드랑이며 등이며 가리지 않고 게나 갈거미가 우글우글 기어다녔다. 실험이 끝난 뒤, 함께 있던 인턴 한 사람은 깜짝 놀랐다고 한다. 그는 사르트르에게 메스카린은 자기에게는 전혀 다른 증상을 일으켰다고 말했다. 그는 꽃이 흐드러지게 핀 들

---

* 라가슈는 사르트르가 교수자격시험에 실패한 해에 합격해 의학부를 나와서 정신의학을 연구하고 있었다.

판을 절세의 미녀에게 둘러싸여 뛰어다녔다고 한다. 악몽을 기대하지 않고 즐거운 꿈을 꿀 생각으로 있었다면 황홀성 반응을 일으켰을지 모른다며 사르트르는 아쉬워했다. 그러나 사르트르는 라가슈의 예고에 영향을 받았던 것이다. 그는 바닥에 있는 전화기 코드를 의아한 표정으로 관찰하면서 침울한 목소리로 말했고, 기차 안에서도 조용했다. 그날 내가 신고 있던 구두는 도마뱀 가죽으로, 끈 끝이 술처럼 되어 있었다. 그는 그것이 거대한 풍뎅이로 변하기를, 이제나저제나 하고 지켜보고 있었다고 한다. 또 차량 지붕에 다리를 걸고 있는 오랑우탄 한 마리가 거꾸로 매달려 유리창에 무서운 얼굴을 밀어붙이고 있는 모습이 보였다는 것이다. 이튿날 사르트르는 완전히 원기를 되찾아 생트안 병원의 일을 냉정하게 얘기해 주었다.

얼마 뒤 일요일에 나는 콜레트 오드리를 데리고 르 아브르로 갔다. 평소 사르트르는 의기투합하는 사람과 함께 있을 때는 애교를 떨곤 했는데, 이날은 표정이 밝지 않아 놀랐다. 우리는 별 얘기 없이 해변을 산책했다. 사르트르는 콜레트와 내가 곁에서 무엇을 하고 있는지, 또 자기 자신이 무엇을 하고 있는지조차 깨닫지 못하는 듯했다. 나는 약간 기분이 언짢아진 채로 그와 헤어졌다.

다음에 만났을 때 그는 그 이유를 나에게 설명해 주었다. 며칠 전부터 사르트르는 때때로 심한 불안에 휩싸이곤 했다. 메스카린 후유증으로 흉한 물체들이 다시 떠올랐기 때문에 그는 겁이 났다. 지각에 변조를 가져오고, 집들은 기분 나쁘게 찌푸린 표정이며, 이르는 곳마다 눈알과 어금니를 드러내 상대를 해칠 것 같다. 어느 벽시계이건 문자판 대신 올빼미 얼굴로만 보여서, 자세히 들여다봐야만 정상대로 되었다. 물론 그는 그것이 집이고 벽시계임을 알고 있었다. 눈알이나 찌푸린 얼굴을 믿고 있지는 않았으나 언젠가는 믿게 될지도 모른다. 언젠가는 자기 뒤에서 왕새우가 강동강동 따라올지 모른다고 진짜로 믿어 버릴 수도 있다. 이미 그에게는 눈앞의 공간에 검은 얼룩이 어른거렸던 것이다. 어느 날 오후 우리는 레일이나 재목하치장, 소형 트럭, 그리고 군데군데 흙이 드러난 들판이 있는 루앙의 센 강 왼쪽 기슭을 산책하고 있었다. 갑자기 그가 나에게 말했다.

"난 이게 뭔지 알고 있어. 만성환각성 정신증이 시작된 거야."

그 당시 의학에서 그것은 10년 내에 결정적인 치매로 진행되는 질환으로 여겨졌다. 나는 그 말에 맹렬하게 반대했다. 더구나 이때만은 낙관적인 믿음에서가 아니라 양식에 따라서 그렇게 한 것이다. 사르트르의 상태는 환각성 정신증 초기증세와는 전혀 달랐다. 검은 얼룩만 해도, 어금니를 드러낸 집의 고정관념만 해도 불치의 정신병 징후는 아니다. 게다가 나는 사르트르의 상상력이 어떻게 쉽사리 최악의 사태로까지 앞지르는지를 알고 있었다. 나는 그에게 말했다.

"당신의 미치광이 같은 면은 자신이 미치광이로 단정하고 있을 때뿐이야."

"곧, 보게 돼."

그는 암담한 표정으로 말했다.

아무 일도 일어나지 않았다. 보이는 것은 단지 의기소침해 있는 사르트르가 거기에서 빠져나오려고 악전고투하는 모습뿐이었다. 가끔씩 그는 빠져나오는 데 성공했다. 부활절에 우리는 이탈리아의 호수 지방을 찾았다. 코모호에서 보트를 저을 때나, 벨라지오 뒷골목에서 횃불 행렬을 봤을 때 그는 몹시 쾌활했다. 그러나 파리로 돌아오자 건강한 척조차 할 수 없게 되었다. 페르낭이 봉장 화랑에서 개인전을 열었는데, 초대받은 날에 사르트르는 구석에 앉은 채로 말없이 멍해 있었다. 전에는 모든 것을 다 보던 그가 무엇에도 시선을 돌리려고 하지 않았다. 우리는 카페에 나란히 앉아 있을 때도 있었다. 한마디도 주고받지 않고 거리를 돌아다니기도 했다. 르메르 부인은 과로 탓이라며 사르트르에게 아는 의사를 소개해 주었다. 하지만 이 의사는 그에게 요양휴가 허가증을 주지 않았다. 사르트르에게는 한가한 시간이나 고독은 전혀 필요치 않다는 것이다. 결국 벨라데날을 아침저녁으로 복용하는 처방으로 마무리되었다. 그래서 사르트르는 강의와 집필을 계속하게 되었으며, 실제로 곁에 누군가가 있을 때는 공포에 사로잡히는 일이 거의 없는 듯했다. 그는 제자이자 친근함을 느끼고 있는 알베르 팔과 피에르 보스트의 제자인 자크 보스트와 함께 가끔 외출을 하게 되었다. 그 두 사람의 존재가 갑각류의 습격으로부터 그를 지켜주었다. 루앙에서는, 내가 강의를 하고 있는 동안, 올가가 사르트르 곁에서 시중을 들어주었다. 그녀는 간호사 역할을 정말로 충실히 수행했다. 사르트르는 그녀에게 재미있는 얘기를 많이 들려주었고, 그것이 그녀에게는 기분전환이 되었다.

의사들은 메스카린 후유증일 리가 절대로 없다고 단언했다. 생트안 병원에서의 실험은 사르트르에게 몇 가지 환각증의 형태를 제공했을 뿐이다. 다시 당시의 공포가 되살아난 것은 아마도 그의 철학적 노작에서 생긴 피로와 긴장 탓으로 추측되었다. 나중에 우리는 이와 같은 공포증이 심각한 불안의 표출이라고 생각하게 되었다. 사르트르는 '분별의 한창때' '장년기'로 접어드는 것에 견딜 수 없었으리라.

그가 고등사범학교 기숙사에 있었을 때 사범학교 출신이 거쳐야 할 운명을 노래한 대단히 아름다운 구절이 유행하고 있었다. 사르트르가 이 노래에 대해서 어떤 혐오를 보였는지는 앞에서 말한 그대로이다. 그가 교사생활의 첫 2년간을 어떻게든 참을 수 있었던 것은, 병역을 마친 기쁨이 컸던 데다 교직의 새로움까지 더해서였다. 베를린에서 그는 학생시절의 자유와 쾌활함을 재발견했는데, 그로 인해 심각증에 빠지는 고통만 더 커졌고, 그만큼 귀국 뒤에는 성인으로서 틀에 박힌 생활로 되돌아갔다. 카페 무에트에서 우리가 장래의 따분함에 대해서 주고받은 대화는 그에게 허튼소리는 아니었던 것이다. 그는 학생들을 사랑했으며 가르치는 것도 좋아했다. 그러나 교장, 교감, 동료, 학부형들과 교류하길 싫어했다. '변변치 않은' 자들이 그에게 느끼게 하는 혐오가 문학작품의 주제가 된 것만은 아니다. 그는 마치 자신이 부르주아 사회의 포로가 된 듯하여 숨이 막힐 것만 같았다. 독신이기에 상당히 자유롭기는 했다. 하지만 그의 생활은 나의 생활과 떨어질 수 없게 되었다. 요컨대 30살에 그의 진로는 결정된 것이다. 모험이라면 저작밖에는 없으리라. 그의 첫 작품은 거부된 터였고, 두 번째 작품은 아직 손질을 해야 했다. '이미지(像)'에 관한 저작으로 알캉 서점은 그중 제1부를 채택했을 뿐이다. 그가 강한 애착을 갖고 있는 제2부는 당분간 간행될 가망이 없다. 우리 모두 그의 앞날에 절대적인 확신을 가지고 있었다. 그러나 현재를 조명하는 데 미래만으로 만족할 수는 없다. 젊음에 엄청난 정열을 쏟은 사르트르에게는, 젊음을 잃어가고 있는 때 보충이 될 만한 강렬한 기쁨이 필요했던 것이다.

이미 말한 바와 같이 겉보기에는 어떻든 간에 내 상황은 사르트르의 처지와는 완전히 달랐다. 교수자격시험에 합격해 직장을 얻는 것, 그것은 그에게 매우 당연한 일이었다. 그런데 왜 나는 마르세유의 돌계단 위에 섰을 때 기쁨으로 현기증이 날 것만 같았을까? 운명에 따른 게 아니라 스스로 선택했다는 생각이 들었기 때문이다. 사르트르가 자신의 자유를 포기하는 대가로 생각한 직업이 나에게는 여전히 자유를 의미했다. 그리고 릴케가 로댕에 대해서 말했듯이 사르트르는 '스스로에게 적합한 천계(天界)'이고, 그렇기 때문에 그는 언제나 불확실한 것(부적절한 것)에 둘러싸여 물음을 계속하는 것이다. 하지만 그는 나에게 의문의 대상은 아니었다. 그가 보면 무엇으로나 정당화될 수 없는 세계도 나에게는 그의 존재에 의해서 정당화되었다.

따라서 나의 체험으로는 사르트르가 의욕을 잃고 있는 것을 이해할 수가 없었다. 게다가 심리학은 내가 좋아하는 분야가 아니었으며, 특히 사르트르를 대상으로 해서 그것을 이용할 생각은 없었다. 나에게 그는 순수한 의식이자 완전한 자유 자체였다. 나는 이유를 알 수 없는 사정에 농락되어 수동적으로 그를 생각하길 거부했다. 오히려 그가 일종의 자기기만에 의해서 스스로 공포와 오류를 창출하고 있다고 믿고 싶었다. 그의 위기는 나를 위협하기보다 오히려 격렬하고 초조하게 했다. 나는 그의 이론적 상황에 대해 토론을 하고, 합리적으로 검토한 뒤에, 그가 스스로를 포기해 버리는 점을 비난했다. 나는 그것을 배신으로 간주했다. 우리가 협력해서 건설하고 있는 것을 위협하는 기분 따위에 빠질 권리가 그에게 있을 리 없다고 말했다. 이런 식으로 진실에서 눈을 돌리는 내 방법은 확실히 비겁했다. 그러나 진실을 똑똑히 살펴도 그다지 도움은 되지 못했을 것이다. 사르트르가 대처하고 있는 진정한 문제를 내가 대신 해결할 수는 없었다. 일시적인 동요에서 그를 치유하기에는 나에겐 경험도 기술도 부족했다. 내가 그의 공포를 함께 할 수 있었다 해도 분명 도움이 되지 못했으리라. 나의 분노는 어쩌면 건전한 반응이었다.

사르트르의 병적인 증상은 호전되기도 악화되기도 하면서 여름 방학까지 오래 끌었다. 그것은 한 학기 동안 나의 온갖 추억에 어두운 그림자를 드리우고 있었다. 하지만 나는 예년처럼 지식을 넓히며 기분전환도 하려고 노력했다. '진실한 화가들'이란 대규모 전람회가 열려 이때 우리는 조르주 드 라 투르의 작품을 처음 보았다. 그르노블 시립미술관의 여러 걸작이 파리에 대출되어, 나는 에스파냐 여행 중에는 모른 채 지나치고 만 수르바란의 작품도 감상했다. 지난해부터 계속 오페라 극단에서 재공연되고 있는 모차르트의 〈돈 조반니〉도 들었다. 아틀리에 극단에서는 코포의 연출로 〈로잘린드〉와 될랭이 배역 중 하나를 연기한 칼데론의 〈내 명예의 의사〉도 보았다. 조안 크로포드, 조안 할로, 베티 데이비스, 제임스 캐그니, 진저 로저스, 프레스 아스테어가 출연하는 영화는 하나도 놓치지 않았는데, 그중 몇 개를 들면 〈그림자 없는 사내〉〈생활의 설계〉〈정열 없는 범죄〉〈나는 선인이다〉 등이다.

나의 신문 읽기는 여전히 대충 훑어보는 수준이었다. 앞에서도 말했듯이 나는 히틀러의 정책이 제기하는 여러 문제에 눈을 감고 있었으며, 그밖의 세계의 사건은 무관심으로 방관했다. 그리스에서는 베니젤로스가 쿠데타에 실패했고, 루이지애나 주지사 휴이 롱은 기묘한 독재정치를 행하고 있었다. 이와 같은 사건에 나는 아무런 상관이 없다고 생각했다. 단 하나 내 마음을 움직인 사건은 에스파냐 문제로, 카탈로니아와 아수투리아스에서 노동자 폭동이 발생해 당시 정권을 장악하고 있던 우익이 매우 야만적인 수단으로 이를 진압한 것이다.

그 당시 화제에 오른 작은 사건으로는 유고슬라비아 국왕 알렉산더 1세와 프랑스 외상 바르투의 암살, 마리나 공주의 결혼, 그리고 열차전복사건의 범인 마르투슈카가 부다페스트 법정에서 범죄의 책임을 어느 최면술사에게 전가한 사건, 갈라파고스 섬의 기괴한 살인사건 등이 있다. 이 가운데 어느 하나도 나를 열중하게 하지 못했다. 반대로 내가 사르트르와 함께 빠뜨리지 않고 읽은 것은 프랑스 의원의 죽음에 관한 기욤 검사관의 보고서였다. 이 사건은 크로프트 소설에 뒤지지 않을 정도로 우리의 호기심을 자극했다. 미인인 알레트 스타비스키의 신상은 나중에 내가 가장 절실하게 직면한 하나의 문제를 생각케 했다. '사랑하는 남녀가 반드시 서로 지켜야 할 성실함에는 한계가 있는 것일까? 있다면 어떤 한계인가?' 그 무렵 대서특필되던 문제 가운데 하나는 여성참정권이었는데, 지방선거 때 마리아 베론이나 루이스 바이스가 맹렬하게 성토했다. 그녀들의 주장은 올바른 것이었지만 나는 정치에 관심이 없었고 또 선거권을 행사할 생각도 없었기 때문에, 그런 권리가 인정이 되건 안 되건 전혀 상관이 없었다.

나의 관심과 분노를 부추긴 일이 있었다면 그것은 우리 사회에 추악한 모습을 드러내는 부당한 탄압이었다. 1934년 벨일에서 비행소년들이 탈주를 했다. 기특하게도 관광객까지 경찰에 협력해 그들을 추적했다. 자동차로 길을 막거나 헤드라이트로 수로를 비추었던 것이다. 소년들은 일망타진되었고, 그들의 신음소리를 들은 주민들 가운데는 분개하는 사람도 있었다. 언론이 소년감화원의 무서운 실태를 보도하고 불법감금과 거친 대우, 학대 등을 여론에 호소했다. 이러한 사실이 여론의 도마 위에 올랐음에도, 가장 악질적인 관리자가 경미한 처벌을 받았을 뿐 제도 자체는 개선되지 않았다. 비올레트 노지에르의 공판 때도 재판관들은 '사망한 부친의 명예를 훼손할' 우려가 있는 증거나 증언은 인정하지 않았다. 그 때문에 이 소녀는 정상참작의 여지가 전혀 없게 되었다. 소년 학대죄는 피해자가 죽은 경우에도 일반적으로 3년이나 4년의 징역으로 끝나는데, 자기 아버지를 살해한 소녀는 단두대로 보내지게 되었다.* 린드버그의 유아 유괴사건 용의자 하우프트만이 수용된 교도소 앞에서 분노한 미국의 군중이 그의 사형을 요구해 소란을 피운 사건도 우리에게 혐오감을 갖게 했다. 하우프트만은 460일간의 연기 끝에 결국 처형되었는데, 그의 유죄는 마지막까지 결정적으로 입증되지 않았다.

  인과응보라고나 할까. 사회질서의 가장 열렬한 옹호자 중 한 사람인 앙리오 검사, 그 준엄함으로 널리 알려져 '호랑이검사'의 별명을 얻은 앙리오의 아들이 살인범으로 검거되었다. 변절자에다 간질을 앓고 동물학대를 취미로 삼고 있던 미셸 앙리오는 부모님의 주선으로 어느 농촌 처녀와 결혼했다. 그녀는 불구이고 머리도 약간 모자랐지만 막대한 지참금이 있었던 것이다. 1년 동안 대서양에 있는 로크 기델의 외딴 집에서 그는 아내를 계속 구타했다. 그는 은여우 양식을 하고 있었는데, 잠자는 동안에도 총을 놓지 않았다. 남편이 자기를 죽일 거라며 젊은 아내는 언니에게 편지를 써 보냈다. 그 편지에서 자신이 어떤 박해를 받고 있는지 호소했지만 누구 한 사람 배려해 주지 않았다. 어느 날 밤, 남편은 총탄 6발을 쏘아 그녀를 사살했다. 우리가 극악무도하게 생각한 점은 이 폐인의 범죄보다도, 약삭 빠른 계산과 귀찮은 것을 제거할 목적에서 백치인 딸을 짐승과 같은 사내에게 맡겨 버린 두 집안의 공모였다. 파시스트인 필리프 앙리오의 사촌동생인 미셸은 징역 20년을 선고받았다.

  또 하나, 피고의 성격 때문에 우리의 주의를 끈 재판이 있었다. 말루 게랭

---

* 그녀의 처형이 한동안 실행되지 않았던 까닭은 프랑스에서 여성이 사형에 처해진 예가 없었기 때문이다.

이라는 이 여인은 연인인 나탕을 부추겨서 부유한 중년 여인에게 클로로포름을 맡게 한 뒤에 살인, 강도 행각을 벌이게 했다. 그녀의 책임을 경감하기 위해 변호인 앙리 토레스는 2, 3년 전에 발생한 중대한 사고와 그 쇼크를 인용했다. 우아한 모자에 반쯤 얼굴을 가린 말루는 예뻐 보였는데 그 태연한 태도가 배심원들을 분노하게 했다. 그녀와 연인은 마조히즘, 사디즘, 이식증(異食症) 등의 역겨운 악덕으로 맺어져 있는 것으로 알려졌다. 그러나 둘이 주고받는 눈길은 그들이 진정으로 사랑하고 있음을 말해 주었으며, 그녀는 그와의 공모를 부인하지 않았다. 브뤼셀 시의 배심원들은 사내에게 20년, 여자에게는—그녀는 살인에 직접 관여하지 않았는데—15년을 구형했다. 변호인 토레스는 그 자리에서 그녀의 모자를 벗겼다. 짜부라진 한쪽 눈, 푹 파인 이마, 흉하게 일그러진 머리. 만일 그녀가 사고로 인한 이 추악한 모습을 처음부터 공개했다면 더 유리하게 재판이 진행되었으리라.

사르트르와 함께 범죄나 재판, 판결 등을 비판하면서 나는 사형문제에 대해서 여러 가지로 생각했다. 그 원칙을 비난하는 것이 나에겐 탁상공론으로 여겨졌다. 내가 불쾌하게 생각한 점은 그 적용 방법이다. 우리는 길게 토론했는데, 나는 몹시 흥분했다. 하지만 결국은 격앙이건 혐오이건, 또 올바른 미래에 대한 희망이건, 이와 같은 태도는 모두 진부한 것이 되고 있었다. 확신하건대, 만일 내가 타성적인 자신의 생활에 틀어박히는 대신에 밖의 세계로 몸을 던지고 있었다면, 깊이 빠져들어 한곳에서 제자리걸음을 하고 있다는 느낌은 갖지 않았을 것이다. 세계는 정지하지 않고 빠르게 움직이며, 역사는 재촉받고 있었기 때문이다. 1935년 3월 히틀러가 징병제를 부활하자, 프랑스는 좌익도 우익도 한결같이 공포에 사로잡히게 되었다. 프랑스-소련 간에 조인된 상호원조조약은 새로운 시대의 획을 그었다. 스탈린이 프랑스 정부의 국방정책을 공공연하게 승인한 것이다. 프티부르주아 계급과 사회주의 및 공산주의 노동자를 갈라놓고 있던 장벽이 갑자기 제거되었다. 온갖 주의·주장의 신문이 일제히 모스크바와 강력한 적군에 대한 호의적인 기사를 앞다퉈 싣기 시작했다. 지방선거에서 공산당의 약진은 그들이 다른 두 좌익 정당에 접근하는 데 도움이 되어 6월 말, 파리 공제회관에서의 대동단결로 인민전선을 예고했다. 이 강력한 반격으로 평화는 결정적으로 보증된 것처럼 보였다. 히틀러는 과대망상광으로서 독일을 파산시키는 군비확장 경쟁에 돌입했다. 소련과 프랑스에게 협공을 당하면 전쟁에 이길 전망은 전혀 없었다. 히틀러도 그 사실을 알고 있었을 터이다. 무슨 일이 있어도 피폐한 나라를 절망적인 모험으로 끌어들이는 미친 행동은 하지 않을 것이다. 어떤 경우라도 독일 국민은 그를 따르지 않았으리라.

좌익은 대대적인 시위운동을 벌여 그 승리를 축하했다. 준비위원은 7월 14일 축제를 전에 없이 화려하게 장식했다. 나는 사르트르와 바스티유 광장으로 갔다. 50만 군중이 저마다 손에 삼색기를 흔들면서 노래하거나 외치며 행진을 했다. 사람들은 특히 '라 로크를 교수대로!' '인민전선만세!'를 외쳤다. 우리는 어느 정도는 이 감격에 공감했으나 함께 시위행진을 하거나 노래하거나 외치거나 하는 일은 생각조차 하지 못했다. 그 무렵 우리의 태도는 그랬었다. 여러 사건들이 분노와 두려움, 격한 감정을 부추기기는 했지만 우리는 거기에 몸을 던지지는 않았다. 그저 관객으로 머물고 있었다.

"그대들은 에스파냐도 이탈리아도 중부 유럽도 보았다. 그러면서도 프랑스는 조금도 모르지 않는가?"

이렇게 파니에는 우리를 비난했다. 사실 우리는 프랑스의 대부분을 몰랐다. 그해 우리는 빈털터리여서 외국여행은 바랄 수 없었기 때문에 프랑스를 탐험하기로 결정했다. 사르트르는 그에 앞서 그의 부모님과 함께 노르웨이 일주여행을 떠났다. 어느 날 아침 나는 옷과 담요 한 장, 자명종 시계, 《블루 가이드》, 미슐랭사의 여러 지도 등을 넣은 배낭을 짊어지고 기차에 올라, 라 셰즈디외를 기점으로 3주간 도보여행을 했다. 큰 길을 피해 들판이나 숲을 헤치고 들어가 모든 산정의 기분을 만끽하고 넓은 전망이나 호수, 폭포, 사람들에게 알려지지 않은 숲의 공터나 골짜기를 바라보았다. 전 재산을 짊어지고 걸으며 밤에 어디서 묵을지 생각하지도 않았고, 첫 번째 별이 반짝이기 시작해도 그날의 모험을 줄이지 않았다. 황혼 때 꽃잎과 함께 지상의 모든 것이 어둠 속에 가려질 무렵을 나는 사랑했다. 때때로 남이 돌보지 않고 햇빛으로부터도 버림받은 듯한 언덕의 정상을 걷고 있으면, 모든 장식을 가려주는 그 포착하기 어려운 부재가 나를 건드리고 있는 것 같았다. 나는 공포에 휩싸였다. 그것은 14살 때 더 이상 신이 존재하지 않는 '풍경화가 되어버린 뜰'에서 느꼈던 바와 같은 공포였다. 그때와 마찬가지로 나는 인간의 목소리를 찾아 내달았다. 나는 숙소에서 수프를 먹고 와인을 마셨다. 이따금 푸른 하늘이나 풀, 나무들과 떨어져 있는 것이 싫어져 그 향기만이라도 유지하고 싶다고 생각했다. 그래서 마을 숙소에 머무는 대신 7, 8킬로나 더 걸어서 작은 민가에 묵었다. 헛간에서 자는 틈새에, 꿈속으로 마른 풀 냄새의 노랫소리가 스며들었다.

가장 선명하게 남아 있는 추억은 메장크 산에서 지낸 하룻밤이다. 그날 나는 산기슭에 있는 레 제타블 마을에 묵을 예정이었다. 해가 지기 전 목적지에 도착했는데 그곳에서 걸어서 2시간 남짓한 산정에 오두막이 있다는 말을 들었다. 나는 빵과 초를 사고 펠트 덮개가 붙은 물통을 적포도주로 채운 다음 꽃이 흐드러지게 핀 목초지를 가로질러 올라갔다. 이윽고 날이 저물었다. 잿빛 돌로 된 오두막 어귀에 닿았을 때 근처는 캄캄했다. 오두막 안에는 테이블이 하나, 벤치가 하나, 기울어진 판자가 2장 갖춰져 있었다. 나는 테이블에 초를 세우고 빵을 먹은 다음 포도주를 다 마셨다. 이 산정의 고독으로 마음이 약간 불안했기 때문에 용기를 내려 했던 것이다. 벽의 돌 틈으로 바람이 계속 들어온다. 배낭을 베개 삼아 판자 위에 누워 담요를 뒤집어썼는데, 추위를 막을 수 없어 잠자리가 몹시 나빴다.

그러나 잠을 이루지 못한 채 나를 둘러싼 끝없는 밤의 무인지경을 느끼는 것은 기뻤다. 비행선을 타고 하늘을 나는 것처럼 나는 마을에서 멀리 떨어져 있었다. 6시에 잠을 깨자 하늘은 반짝이고 주변에는 풀과 유년시절의 향기가 자욱했다. 발밑으로 불투명한 구름이 지상에서 나를 떨어뜨려 놓았다. 나는 홀로 창공에 붕 떠 있는 것이다. 여전히 불어오는 바람에 담요로 몸을 감싸 보지만 바람을 안고 만다. 기다렸다. 발아래에서는 잿빛 뭉게구름이 끊기고, 그 갈라진 틈에서 햇빛에 싸인 초원이 군데군데 보였다. 나는 올라왔던 길과 반대쪽 비탈을 따라 내려갔다. 얼마나 뜨거운 햇빛이었을까? 무심코 양말을 신지 않고 내려와 발이 완전히 볕에 타고 말았다. 생타그레브에 닿자 몸이 너무 아파서 이곳에서 누운 채로 꼬박 하루를 머물 수밖에 없었다. 일어나는 게 고문 같아서 방 안을 기어다닐 정도였다. 다시 걷기 시작하자 이번에는 멈추는 것이 견딜 수 없을 정도로 쓰라렸다. 건어물 가게에서 식품을 살 때도 점원이 물품을 갖추는 동안 나는 우리 안에 갇힌 야수처럼 쉴 새 없이 왔다 갔다 했다. 겨우 통증이 가라앉자 이번에는 확실하게 양말을 신고 출발했다.

　또 어느 날 밤, 아르데슈 지방에서는 대기가 너무나도 시원해 나는 실내에 틀어박혀 있는 것이 싫었다. 그래서 밤나무 숲 이끼 위에 누워서 배낭을 베개 삼아 자명종 시계를 머리맡에 두고 날이 밝을 때까지 잤다. 눈을 뜬 순간 푸른 하늘이 보이다니, 이 얼마나 상쾌한 일인가! 가끔 잠을 깨는 것과 동시에 폭풍을 예감할 때도 있었다. 하늘에는 아직 아무런 징조도 나타나지 않았는데 나무숲에 가득 낀 눅눅한 향기를 맡고서 비가 곧 내릴 것을 감지했다. 고요한 풍경 속에 이윽고 밀어닥치려는 수런거림이 일어나 걸음을 재촉했다. 향내, 빛, 그림자, 산들바람, 회오리바람이 나의 혈관과 근육, 가슴속에 때로는 조용한, 때로는 시끄러운 파동이 되어 전해졌다. 마지막에는 요란한 매미 소리, 나무들을 쓰러뜨리는 돌풍이나 이끼가 짓밟아 뭉개지는 소리에서, 내 피가 흐르는 소리, 내 세포들의 웅성거림 등 내 안의 모든 신비적인 것, 즉 생명 자체를 느낄 수 있을 듯싶었다.

　엽록소와 창공을 만끽한 뒤에 시가지나 마을로 들어가 인간이 만들어낸 석조 건물 앞에 서는 것도 새로운 기쁨이었다. 나는 고독을 무거운 짐으로 느낀 적은 전혀 없었다. 사물이나 자기 자신의 존재에 계속 놀라면서도 질릴 줄 몰랐다. 한편 나의 강행군은 이 우연성을 필연성으로 바꾸고 있었다. 어쩌면 더 없는 행복의 의미—말로 표현할 수 없는 의미—는 여기에 있을 것이다. 승리에 들뜬 나의 자유는 제약과 동시에 변덕스러움에서도 벗어나 있었다. 세상의 다양한 장애는 나를 주눅 들게 하기는커녕 내 계획의 버팀목이 되고 자료를 제공해 주었다. 거리낌 없는 외고집의 방랑을 계속함으로써 나는 자신의 커다란 낙천적인 도취에 진리가 포함되어 있다고 생각했다. 나는 신들의 행복을 맛보았다. 바로 내가 나 자신을 만족시킬 선물을 새로 만들어 내는 창조주였던 것이다.

　어느 날 밤, 사르트르가 생트세실당도르주 역에 모습을 나타냈다. 그는 마음만 먹으면 아주 잘 걸었다. 이 지방의 나무가 없는 고원이나 색채가 풍부한 산들을 그는 마음에 들어했다. 그는 산책이나 소풍도 기쁘게 같이 움직여 주었다. 그러고는 늘 집 밖에서 삶은 계란과 살라미로 점심을 먹었다. 우리는 타른 협곡을 따라서 에구알 산에 올라가 고원을 돌아다녔다. 몽펠리에르 비외에서 길을 잃어 바위 사이로 위험한 하산을 하며 국도로 나온 적도 있었다. 라르자크 고원에는 귀뚜라미가 우글우글해 우리 발밑에서 소리를 내면서 짓밟혔다. 귀뚜라미는 우리의 보조에 맞추어서 규칙적으로 울어댔다. 마치 사하라 사막 같았다. 그 소리는 온종일 우리 발에서 떠나지 않았다. 라쿠베르투아라드에 닿았을 때는 벌써 해가 저물고 있었다. 빈약한 목초지에 둘러싸여 몇백 년 동안 잠들어 있던 이 성채가 갑자기 눈앞에 나타난 것은 감동적이었다. 낡고 아름다운 집들은 쐐기풀 밑에 반은 매몰되었다. 우리는 환상과도 같은 거리를 한밤중까지 정처없이 걸었다.

르 로지에서는, 마을에서 떨어진 고급 호텔에 묵었다. 우리의 방도, 저녁식사를 한 테라스도 타른 강의 녹색 물위로 떠올라 있었다. 이곳에서 우리는 파니에와 만나기로 했다. 그는 가장 어린 사촌 여동생과 함께 이 지방을 도보여행하고 있을 터이다. 나는 코르시카 섬에 갔을 때 테레즈라는 그의 사촌 여동생에게 크게 호감을 가졌었다. 그녀는 생기발랄하며 맵시가 좋은 금발의 아름다운 처녀인 데다가 인생과 대기와 파니에를 열애하고 있었다. 나이는 20살쯤으로 센에마른에서 초등학교 교원으로 있었다. 코르시카 섬에서 함께한 이후 파니에는 그녀에게 대단한 애착을 느꼈다. 지금 당장 가정을 꾸리려고 초조해하지는 않았지만 둘은 자주 만났고, 언젠가는 결혼할 생각이었다. 그들과 함께 우리는 몇 군데 '숭고한 정상'을 걸었으며, 메장 고원과 누아르 고원의 산등성이를 따라서 가재를 먹고, 타른 강에서 목욕을 했다. 하루는 테레즈가 없는 곳에서 파니에가 우리에게 그녀를 어떻게 생각하는지 물었다.

"나무랄 데가 없다."

사르트르가 대답을 했는데, 다만 그녀는 아직 어린애 같아 자기 가정의 일을 지나치게 함부로 말한다고 덧붙였다. 이 말의 꼬투리가 그만 파니에의 기분을 상하게 했다. 그는 테레즈에게 푹 빠져 있었기 때문에 겉으론 점잖은 체하면서도 무례한 화살을 그녀에게 돌리지 않을 수 없었다.

"나의 사랑스런 테레즈, 저분들은 그대의 머리가 좋다고 생각하지 않는다는 거야!"

그는 약간 어색한 표정으로 그녀에게 말했다. 그녀가 조금 슬퍼해서 우리는 당혹스러웠다. 하지만 헤어질 때는 서로 완전히 화해를 했다.

사르트르는 나무보다 돌을 좋아했다. 나는 그의 취향을 고려해 계획을 세워 두었다. 걷거나 버스를 타고 우리는 도시나 마을을 찾아다니며 수도원과 성을 구경했다. 어느 날 밤, 우리는 만원버스에 올라 타고 흔들리면서 카스텔노드몽미랄에 닿았다. 비가 내리고 있었다. 아케이드로 둘러싸인 광장에 내렸을 때 사르트르는 느닷없이 말했다.
"이젠 미치광이 짓에는 질려 버렸어."
이 여행 중에 그는 왕새우 떼에 시달리고 있었던 것이다. 그날 밤, 그는 왕새우를 몰아낼 작정이라고 말했다. 그는 약속을 지켰고, 그 뒤로 그가 쾌활함을 잃게 된 일은 없었다.

지난해, 나는 전혀 글을 쓰지 않았다. 그래서 무슨 일이 있어도 다시 진지한 일을 시작할 작정이었다. 하지만 무엇을 할까? 내가 철학 분야에서 실력을 시험해 볼 생각이 없었던 이유는 무엇이었을까? 사르트르는 내가 철학의 여러 학설, 특히 후설의 학설을 자신보다 빠르고 정확하게 이해할 수 있다고 말했다. 사실 그는 자신의 사고방식에 따라서 학설들을 해석하는 경향이 있다. 그로서는 자신을 잊고 전면적으로 타인의 견해를 채택할 수 없었던 것이다. 그에 비해 내겐 극복해야 할 저항이 없었다. 나의 사고방식은 이해하고자 하는 사상에 즉시 순응하곤 했다. 나는 그것을 소극적으로 받아들이지 않았다. 공명하는 정도에 따라서 결함이나 모순당착을 깨닫고 동시에 발전 가능성을 예감했다. 어떤 이론이 나를 정복한 경우에 그것은 더 이상 나의 외부의 것이 아니며, 세계와 나와의 관계를 바꿔놓고, 나의 체험에 어떤 성향을 주고 만다. 요컨대 나에게는 견실한 동화력과 발달된 비판력이 있으며, 철학은 나에게 있어서 살아 있는 현실이었던 것이다. 철학은 질리지 않는 신선한 만족을 안겨주었다.
그렇지만 나는 나 자신이 철학자라고는 생각하지 않았다. 철학서의 내용에 쉽게 들어간다는 것은 창의성이 부족하기 때문임을 잘 알고 있었다. 이 분야에서 진정으로 독창적인 정신을 가진 자는 너무나 드물기에, 내가 그들 사이에 끼려고 하지 않은 이유를 의아해하는 것은 무의미한 일이다. 오히려 어느 부류의 인간이 어떻게 해서 체계라는 정연한 망상을 이룰 수가 있는지, 또 자신의 통찰에 보편적인 원리라는 가치를 부여하려는 그들의 집념이 어디에서 생기는지를 설명해야 하리라. 이미 말한 대로 여자로서의 조건은 이러한 집요함에는 적합하지 않다.

적어도 내가 할 수 있을 성싶은 일이라면 한정된 문제, 이를테면 그다지 유명하지 않은 철학자나 정당하게 평가되지 못한 철학자에 대해서, 또는 논리학의 한 문제점에 대해서 무언가 고증적이고 비판적인 연구를 시도함으로써 어쩌면 솜씨 있게 정리할 수도 있을 것이다. 하지만 이와 같은 일은 전혀 나의 흥미를 끌지 않았다. 사르트르의 끈기와 대담함으로 미루어, 철학에 몰두하는 일은 도취와도 같은 기쁨일 것이라 짐작되었다. 다만 그것은 뼛속까지 하나의 사상에 사로잡힌 경우에 행해야 한다. 타인의 사상을 해설하거나, 전개하거나, 판단하거나, 수집하거나, 비판하는 것…… 등에는 전혀 흥미가 없었다. 핑크의 저작을 읽으면서 나는 의아스러웠다.

"도대체 어떻게 남의 제자인 것에 만족할 수 있을까?"

나중에 나도 가끔 이 역할을 해야 했다. 그러나 첫걸음을 막 내딛던 당시에는 너무나도 지적 야심에 넘쳐 있었기 때문에 그런 역할에는 만족할 수 없었다. 내 경험 속에 있는 독창적인 것을 남에게 전하고 싶었다. 그것을 수행하기 위해서 내가 나아갈 길이 문학이라는 사실을 깨달았다.

그때까지 나는 2편의 장편소설을 쓰고 있었는데, 첫 부분은 모두 그럭저럭 되었으나 후반은 볼썽사납게 어수선해지고 말았다. 나는 이번에야말로 비교적 짧은 이야기의 구상을 짜서 처음부터 끝까지 엄밀하게 써낼 결심을 했다. 동화 비슷한 것이나 값싸게 꾸며낸 이야기를 부풀리는 일은 단연코 하지 않으리라. 나조차 믿을 수 없는 줄거리를 지어내거나 전혀 모르는 사회를 묘사하는 일은 단념하자. 내가 알고 있는 사물이나 인물에 한정해서 나 자신이 개인적으로 느낀 진실을 생생하게 전하도록 애써야 한다. 그런 노력은, 얄궂게도 자크 마리탱의 《영성의 우위》라는 제목을 빌려 쓴 내 작품에 일관성을 줄 테고 또한 나의 주제를 표현해 줄 것이다.

전쟁을 다룬 이야기나 영화는 소녀시절에 나를 눈물 짓게 하고 내게 잊을 수 없는 감명을 남겼다. '죽은 자여 일어서라!'는 숭고한 명구나 몸짓은 전쟁터, 수많은 사체, '송아지의 폐장 그대로의 흉측한 형상'의 부상병들의 무서운 이미지를 불러일으켰다. 부상병을 이처럼 묘사한 작가는 엘렌 제나 스미스로, 소설 《고요함과는 좀 멀리》는 나에게 큰 충격을 주었다. 나는 자자가 그녀 주변의 도덕지상주의의 희생이 되어 광기와 죽음으로 내몰리는 모습을 보았다. 내가 앞에 쓴 소설 가운데서 가장 거짓이 없는 것은, 부르주아 사회에 대한 나의 혐오였다. 이 점에서도 다른 다양한 사실과 마찬가지로 나는 시대의 풍조와 일치하고 있었다. 이데올로기적으로 좌익은 건설적이라기보다는 오히려 비판적이었다. 혁명가는 반역자와 같은 언어로 말했으며, 지배계급의 도덕이나 예술관, 철학을 공격하는 일도 가볍게 생각하지 않았다. 즉 무엇이든지 내 계획에는 편리하게 여겨졌다. 나는 개인의 몇몇 신상 얘기를 통해서 그것을 초월하는 무언가를 표시하려고 했다. 정신주의의 기만 아래 숨겨진 극히 사소한, 또는 극히 중대한 죄악을 묘사하려고 한 것이다.

나는 내 소설의 다양한 인물들이 다소 활기 띤 연관을 갖도록 설정해 놓았는데, 하나하나의 이야기는 완전히 독립된 구성을 이루고 있다. 제1화에서는 옛날 친구 리사를 이야기하기로 했다. 소극적이지만 발랄한 한 소녀가 생트마리 학교의 신비주의와 여러 가지 음모에 시달려 차츰 생기를 잃어가는 양상을 묘사했다. 그녀는 육신의 고통에 남모르게 시달리면서 다른 모든 영혼과 같은 영혼을 가진 소녀가 되기 위해 헛된 내면 싸움을 계속 하는 것이다. 제2화에서는 르네라는 여성에게 마르세유에서 알게 된 의사 A의 여동생이 지닌 파리하고 넓은 이마를 부여했다. 유년시절에 나는 일종의 놀이가 지닌 마조히즘과 나의 신심 사이에 밀접한 관계가 있었음을 이해할 수 있었다. 또 숙모들 중에서도 가장 헌신적이고 경건한 부인이 밤마다 남편을 시켜 자신을 힘껏 굵은 회초리로 때리도록 하는 사실도 알고 있었다. 나는 성숙한 여자 가운데서 종교심이 외설행위로 타락해 가는 과정을 멋대로 상상하면서 즐겼다. 동시에 나는 '사회단체'를 희화화해서 헌신이라는 것의 애매함을 감지하게 하려고 했다. 이 두 이야기에는 도스 파소스를 모방하여 그 안에 야유를 담은 객관적인 어조를 사용하기로 했다.

다음 이야기에서는 시몬 라부르댕을 소재로 상탈이란 이름의 여자를 묘사했다. 세브르 여자고등사범학교를 졸업한 그녀는 루앙에서 문학을 가르치게 된다. 그녀는 서툴고 경직된 믿음으로 친구들을 사로잡을 수 있는 모습을 그녀 자신과 그녀의 인생에 만들어내려고 한다. 독자는 그녀의 일기와 내적 독백을 통해서, 그녀가 자기 체험을 모조리 변모시켜 환상을 추구하면서 눈부신 감수성으로 해방된 여성이라는 인물상을 만들어내는 것을 본다. 사실 그녀는 평판에 크게 신경을 쓴다. 그녀는 연기를 계속하려고 하는 이 집념 때문에 그녀를 숭배하는 두 학생을 당치도 않은 재난으로 끌어들이고, 결국 그녀들 앞에 자신의 정체를 드러내게 된다. 이 이야기는 진보의 자취를 볼 수 있다. 샹탈의 내적 독백은 그렇게 되려고 꿈꾸는 여인과 현실의 그녀를 동시에 묘사해냈다. 진정한 자신에게서 멀리 떨어진 자기기만을 표현하는 데에 성공한 것이다. 샹탈과 두 학생이 대화를 하는 장면도 상당히 교묘하게 씌어졌다. 소녀들의 호의적인 환영 저편에 젊은 여교사 내면의 단층이 예감되는 것이다. 뒤에 나는 《초대받은 여인》에서 엘리자베스의 기만을 표현하기 위해 이와 똑같은 수법을 사용했다.

　샹탈에게 부여한 다양한 결점이 내 마음에 쏙 든 것은, 시몬 라부르댕에게서 그것들을 발견했다기보다는 오히려 나 자신이 그와 같은 상태에 빠진 기억이 있었기 때문이다. 2, 3년 동안 나는 스스로의 삶을 거짓으로라도 훌륭하게 보이고 싶다는 유혹에 빠진 적이 여러 번 있었다. 마르세유에서의 고독한 생활이 이 결점을 거의 깨끗이 씻어주었지만 아직도 마음에 가책이 되었다. 《초대받은 여인》에서 프랑수아즈가 쓰고 있는 이야기는 이 주제를 둘러싼 것이다. 이것은 나에게 중대한 관심사였기 때문에 이 문제를 다루는 일에 나는 진정으로 기쁨을 느꼈다. 그러나 지금은, 샹탈의 이야기는 단순한 습작으로밖에 보이지 않는다. 나의 주인공은 장편소설 가운데서 조역은 할 수 있을 터이나, 그녀의 성공이나 실패에 독자의 관심을 끄는 데는 충분한 소질을 갖추고 있지 못하다.

　나는 다시 자자에게 생명을 불어넣었고 이번에는 전보다도 사실에 가까워지도록 했다. 안 비뇽은 20살의 처녀이고 자자와 똑같은 번민과 의혹에 사로잡혀 있다. 하지만 나는 그녀의 이야기를 누구나 이해할 수 있게 쓰지는 못했다. 첫머리에서 비뇽 부인의 긴 기도는 상당히 잘 표현했다. 이 기도의 진실과 허위가 그대로 묘사될 수 있었던 것이다. 그러나 후반에서 나는 과오를 범했다. 그만 안 주위 사람들을 모두 악인으로 취급하고 말았다. 친구로 샹탈을 등장시켰는데, 그녀는 확신도 없으며 안을 고독에서 구하기 위해 필요한 노력도 기울이지 않고 안을 고독으로 내몬다. 안은 주어진 역할을 할 뿐이다. 이 극적인 사태에 임하는 그녀의 사고방식에는 그녀의 (극적인) 무능함이 느껴지고 만다. 나는 신뢰할 만한 가치가 없는 인간을 신뢰하도록 묘사하고는, 그것도 모르고 안을 저속하게 만들었다. 결말은 자자가 프라델을 사랑한 것처럼 안이 사랑하고 있는 파스칼을 통해서 이야기를 전개하는데, 이것 역시 성공이라고 할 수 없었다. 이 청년을 등장시킨 것은 형편없진 않았지만 인물로서 깊이가 부족했다. 이제까지 시도한 것보다 그럴듯하고 호소력 있는 안의 초상을 묘사했는데, 그래도 그녀의 불행과 죽음의 강렬한 인상은 전해지지 않았다. 어쩌면 독자를 설득할 수 있는 유일한 수단은 사실을 그대로 말하는 것일지도 모른다. 《레 망다랭》을 쓴 뒤에 나는 또다시 자자의 비극적인 최후를 긴 이야기로 살리려고 시도했다. 작가로서의 수련을 쌓고는 있었지만 역시 목적을 달성할 수는 없었다.

마지막 이야기는 나의 소녀시절의 풍자였다. 나는 데지르 학교시절의 나 자신과 청춘기의 종교적 위기를 마그리트에게 맡겼다. 그녀는 환상적인 것에 매혹되는데, 차츰 눈을 떠 신비와 몽상이나 신화를 버리고 세계를 바로 볼 결의를 한다.

이 이야기는 뛰어나게 잘 쓸 수 있었다. 1인칭 시점으로 주인공에게 공감하면서 활기찬 문체로 썼다. 특히 자전적인 부분은 성공적이었으나 그녀가 진리에 눈을 뜨는 대목은 그다지 설득적이진 못했다. 이야기마다 결함이 있는 데다가 전편 구성이 잘 되지도 않았다. 중편소설도 아니고 장편소설도 아니다. 교훈적이고도 풍자적인 의도가 너무나도 노골적이다. 이번에도 나 자신을 작품 속에 넣는 것을 피하고 말았다. 지금의 나하고는 동떨어진 과거의 자신밖에 등장시키지 않았던 것이다. 이야기에 내 생명의 온기를 불어넣지 않았기 때문에 빈혈증의 주인공들이 어스레한 세계에서 이리저리 움직이게 되고 말았다. 그래도 내 곁에서 사르트르는 몇 군데를 칭찬해 주었다. 이 작품을 쓰는 데 소모한 2년 동안, 나는 어느 출판사가 이를 채택해 주기를 기대했다.

여름 동안에 중대한 사건이 잇따라 발생했다. 라발 내각이 반포한 여러 법령은 격렬한 반대를 불러일으켜 브레스트, 셰르부르, 로리앙 등의 주요 항구에서 폭동이 일어났다. 르 아브르와 툴롱에서는 노동자들이 전투경찰들에게 살해되었다. 노동자들은 결국 굴복할 수밖에 없었다. 그러나 이 패배는 그들의 희망을 좌절시키지 못했고, 앙리 바르뷔스의 장례식을 계기로 7월 14일에 뒤지지 않을 대규모 시위행진이 일어났다. 인민전선의 사상적 입장을 명확히 하는 한편 그 사상을 침투시키기 위해 앙드레 샹송, 앙드레 비오리스, 장 게에노 등의 작가는 새로운 주간지 〈금요일〉을 발간했다. 우익은 이른바 그들의 '불한당들'에 대항해 더욱 강력하게 단결했다. 십자화단의 증원은 대대적이었다. 그들은 국경을 넘어 이탈리아 파시스트의 지원을 요청했으나, 무솔리니는 온갖 중재를 거부하고 에티오피아 진격을 준비했기 때문에 국제연맹은 그에 대한 제재를 결의했다. 영국정부가 그 조치를 실행하려고 했을 때 이탈리아군은 이미 에티오피아 국경을 넘고 있었다. 프랑스 지식인 64명은 〈르 탕〉지 10월 4일호에 '서유럽의 옹호를 위해'라는 제재 반대 선언문을 발표했다. 바로 이날 무솔리니는 무고한 아두와 민중에게 폭격을 가하고 있었다. 파시즘에 반대하는 지식인들은 항의했다. 그 가운데에는 가톨릭교도도 있었다. 에마뉘엘 무니에를 주간으로 하는 〈에스프리〉는 〈코뮌〉에 접근했다. 일부 좌익 작가가 실천한 상징적인 보이콧, 이를테면 친자노를 앞으로 절대 마시지 않겠다는 합의 같은 일은 우리에게 우스꽝스럽게 생각되었다. 우리는 라발의 흥정에 신물이 나 있었다. 무솔리니는 빈틈없는 '완만한 제재'를 주장했기 때문에, 프랑스는 제멋대로 에티오피아의 부녀자를 살육하고 있는 이탈리아 비행사들의 잔학행위에 공범자가 되고 만 것이다. 다행히 우리는 프랑스가 정책을 곧 전환할 것으로 전망하고 있었다. 회의, 토론회, 시위행진이 잇따르고 민중의 대동단결은 날이 갈수록 견고해졌다. 좌우 두 진영의 활동가가 논쟁을 벌이면 이기는 쪽은 좌익이었다. 가까운 장래에 인민전선이 선거에서 승리하게 될 것은 의심할 여지도 없었다. '금전의 벽'(좌익 성향 정권에 대한 금융자본가의 방해)은 돌파될 터이며, '금융자본의 독재'는 붕괴해 200명의 대자본가는 권력이 박탈될 것이다. 노동자는 자신들의 요구를 관철하고 수많은 기업의 국영화를 실현시키리라. 미래는 크게 펼쳐져 있다. 이와 같은 낙관적인 전망 속에 새 학년이 시작되었다. 1학기 동안에 우스타시아 사건(1932~3년 크로아티아 농민의 소요사건)의 공판이 이루어지고 스타비스키 공판(스타비스키는 사건 폭로 뒤 급사했는데 많은 정치가가 연루되고 내각의 붕괴를 가져왔다)이 시작되었다. 어린 니콜 마레스코 살해 사건의 용의자는 1년 전부터 구치소에 들어가 있었는데, 이 무렵에 가까스로 피해자의 사체가 발견되었다. 그동안 수많은 점쟁이들이 쇼몽 일대를 지팡이로 샅샅이 뒤졌는데도 아무것도 발견하지 못했던 것이다. 이 점(占)을 유행시킨 것은 랑베르 신부이며, 이를 심각하게 여기고 있는 자들이 많다. 한편 자신은 결코 웃지 않으면서 우리를 포복절도하게 한 희극배우 버스터 키턴이 발광을 했다. 졸리오 퀴리 부부는 인공방사능에 관한 연구로 노벨상을 받았다. 스타하노프라는 인물이 소비에트 공장에 도입한 새로운 노동기준이 신문지상을 떠들썩하게 한 것도 이 무렵이다.

사르트르가 완쾌를 선언했기 때문에 우리의 사생활에는 이제 아무런 걱정거리도 없어졌다. 나는 라 로슈푸코 호텔을 나와 올가가 가르쳐준 프티 무통 호텔로 옮겼다. 전에 그녀의 동료인 폴란드인들이 묵었던 호텔로, 올가는 이곳을 매력적이라고 생각했다. 나도 이 호텔이 마음에 들었다. 프티 무통 호텔은 레퓌블리크 거리로 통하는 골목에 있다. 노르망디 풍의 낡은 3층 건물로 흰 벽에 대들보가 뚜렷하게 들어나 있으며 작은 창들이 많다. 여주인이 살고 있는 방을 경계로 2개 동으로 나뉘어 있고, 출입구도 계단도 별도로 되어 있다. 오른쪽은 남녀 동반자용, 왼쪽은 하숙용이며, 거주자 대부분은 젊은 부부이므로 한밤중 복도에는 관능적인 야릇한 숨소리가 들려오곤 했다. 내 이웃은 특무상사인데, 그는 밤마다 부인을 껴안기 전에 두들겨 패는 버릇이 있었다. 내 방 의자나 테이블은 모두 다리가 짝짝이기는 하지만 조금 때가 낀 침대보나 벽지, 커튼의 시원한 색상이 좋았다. 나는 자주 내 방에서 햄 한 조각으로 저녁을 때웠다. 처음에는 밤마다 비몽사몽간에 작은 발소리와 기묘하게 사각사각하는 소리가 들렸다. 내가 쓰레기통에 버린 파라핀지를 쥐가 바닥으로 끌고 가는 것이었다. 얼굴 위로 쥐가 올라탄 것을 느낄 때도 있었다. 주인아주머니는 살이 찐 데다 분홍빛 무명 양말을 신고 있었다. 마르코는 루앙에서 교직생활을 했기 때문에 프티 무통 호텔의 구석진 방에 자리를 잡았다. 그는 주인아주머니에게 당치도 않은 겉치레 말을 하며 그녀가 교태를 부리는 데 재미를 붙였다. 그는 또 호텔 문 앞에서 주인이 기르고 있는 큰 셰퍼드에게 공을 던지며 놀기도 했다.

휴가 중에 나는 올가에게서 절망적인 편지를 받았다. 그녀는 6월 의학부 진학과정 시험을 치르는 것조차 중단해 버렸다. 그리고 곧바로 뵈즈빌로 귀향하는 대신에 밤새 루앙 거리를 어슬렁거리거나 댄스홀 로열에서 춤을 추었다. 일주일 늦게 집에 도착한 그녀는 수척해져서 눈이 쑥 들어갔으며, 게다가 하수구 구멍에서 주은 고양이를 어깨에 올려놓고 있었다. 그녀의 부모님은 그녀를 칸의 기숙학교에 넣으려고 했다. 그녀는 완전히 겁에 질려, 만약 감화원에 보내진다고 해도 이보다 더 두렵지는 않을 거라 생각했다. 나는 그녀의 곤경에 동정을 하면서도 그녀가 루앙으로 돌아오지 못하게 된 사실이 유감이기도 했다. 왜냐하면 나는 그녀에게 강한 애정을 느끼기 시작했기 때문이다.

25년이 지난 지금도 아직 그녀가 내 생활 속에 특별한 위치를 차지하고 있는 것을 보면, 우리의 우정에는 나나 그녀나 확실한 근거가 있었던 것이다. 그러나 처음에 그것을 추구하고 구축한 사람은 올가였다. 그렇게 될 수밖에 없었던 것이다. 애착이란, 무언가에 반항해서 확인되었을 때 비로소 강해진다. 18살인 올가는 거의 모든 것에 반항하고 있었다. 그런데 나는 물을 얻은 물고기처럼 인생을 활보하고 있었고, 모든 것이 그녀를 좌절시키고 있을 때 나에겐 무거운 짐이 아무것도 없었다. 그녀가 나에게 기울이는 감정은 순식간에 격해졌으나 내가 그것을 받아들이는 데는 좀더 시간이 걸렸다.

올가의 아버지는 어릴 적에 뮌헨에서 기사자격을 취득했다. 혁명 뒤 그는 그것을 활용해서 스트라스부르와 그리스, 뵈즈빌로 옮기며 잇따라 직장을 구했다. 그리스의 늪지는 건강에 좋지 않았고 뵈즈빌에는 여학교가 없었다. 올가와 여동생은 몇 년 동안 앙굴렘과 루앙 여학교의 기숙사에서 생활하면서 휴가 때 부모님에게로 돌아갔다. 올가는 부모님을 몹시 사랑했다. D부인은 머리가 좋고 개방적이어서 거의 인습에 얽매이지 않으며, 소녀시절에는 마음에 안 드는 가정을 단호하게 단념하고 러시아로 가서 프랑스어 교사를 했을 정도이다. 프랑스로 돌아가 망명한 러시아인과 결혼한 그녀는, 조국에 있으면서도 남편과 마찬가지로 자신을 이방인으로 느꼈다. 알자스에서도 노르망디에서도 거의 프랑스인과는 교제를 하지 않았다. 그녀는 딸의 교육에 관해서는 오로지 자신의 판단에 따랐다. 딸들이 아주 어렸을 때부터 책을 읽게 하고, 상식으로는 지나치게 이른 듯한 얘기도 들려주었다. 어린 딸들에게 그리스 신화, 구약성서, 복음서, 불교 설화 등을 가르쳤는데, 그것은 아이들을 즐겁게 해주는 것과 동시에 이러한 이야기를 믿지 않도록 해주는 교육 방법이었다. 문학 교사들을 매혹하고, 다른 교사들 대부분의 반감을 산 올가의 조숙함은 어머니의 교육 때문이었던 것이다.

어머니는 이처럼 독특했으며 외국인인 아버지는 올가의 고국이 될 꿈과 같은 나라에 대해서 끊임없이 얘기를 들려주었기 때문에, 그녀는 자신이 다른 아이와 다르다는 점을 느끼고 있었다. 더구나 그녀는 이 차이를 언제나 자신의 우월감으로 이해했다. 그런데 그녀는 자신에게 부적합한 환경에 내몰린 듯한 느낌을 가지고 있었다. 이제 이 지상에는 존재하지 않는 러시아 귀족여학원에서 배우는 어느 소녀가 루앙의 여자 통학생 무리에 매몰된 올가 D를 오만하게 깔보고 있었던 것이다. 올가는 혼자서 이 양(羊)의 무리를 경멸하면서 자신을 같은 패거리로 생각하지 않았다. 그녀는 자신이 속해야 할 사회에 있었으나 어디에도 있을 자리가 없었다. 그것을 참을 수가 없었다. 그녀가 받은 교육의 모순은, 부모님에게서 관습이나 미신, 어리석음, 프랑스의 전통적인 미덕 등에 대한 혐오를 배운 뒤에 다시 여자 기숙학교를 지배하는 온갖 예의범절, 인습, 편견, 용렬함에 맡겨졌다는 점이다. 그 결과 상당히 심각한 마찰이 빚어졌지만 올가에게 그다지 영향을 주지는 않았다. 왜냐하면 부모님이 언제나 그녀 편이 되어 주었기 때문이다. 이따금 D부인이 걱정을 하면서 딸들이 '보통 사람'처럼 되길 소망할 때도 있었다. 부인의 이와 같은 생각은 사소한 분쟁을 불러일으켰는데 다행히 간단히 결말이 지어졌다. 사실 실정으로 보아 가망이 없는 계획이었기 때문이다. 올가가 여학교를 졸업했을 때 부모님은 그녀를 '정상적인' 궤도에 올려놓으려고 무던히 애를 썼다. 그들은 결혼을 취직으로 생각하지 않았고 딸의 능력을 믿고 있었기 때문에 전문적인 기능을 익히기를 바랐다. 그런데 무엇을 시킬까? 무용을 하고 싶다는 올가의 꿈은 진지하게 받아들여지지 않았으며, 무엇보다 지금부터 시작하기에는 너무 늦었다. 건축이 올가의 흥미를 끌었지만 아버지는 여자로서는 성공할 가망이 없다고 생각했다. 부모님이 택한 것은 의학이었다. 하지만 그들은 이 학문이 올가에게는 전혀 매력이 없다는 점을 고려하지 않았다. 그 결과 의학부진학과정 시험에는 1935년 6월과 10월, 계속 낙제하고 그 뒤 1년간의 유급생 생활은—부모님 의견에 따르면—완전히 쓸모가 없게 되었다. 그들은 이것을 몹시 불만스럽게 생각해 그녀에게 잔소리만 해댔다. 그녀는 뵈즈빌에 있는 동안 담배를 피우거나 밤을 지새거나 책을 읽는 일조차도 거의 금지되었으며 별도로 일과가 정해졌다. 부모님은 딸의 낭비벽과 나쁜 친구들과의 교제에 한숨을 지었다. 젊은이와 부모님과의 의견충돌이라는, 옛날부터 흔히 있는 현상은 그녀의 경우 더욱 견디기 힘들었다. 규율, 상식, 관습, 그녀가 소름 끼칠 듯한 심정으로 접근하고 있는 어른들 세계의 고루한 모든 것을 부모님은 이제까지 그녀에게 의식적으로 경멸하도록 가르쳐 왔는데, 갑자기 그들 자신이 그 화신이 되고 만 것이다. 그녀는 지금도 부모님이 자신의 가치를 인정해 주기를 열망했기 때문에 그들을 낙담시킨 자신을 남몰래 나무라고 있었다. 그러나 그들의 표변, 그들의 배신을 생각하면 원망으로 가득 찼다. 최근 1년 동안 그녀는 세상에 대해서, 또 자기 자신에 대해서 적의를 계속 안은 채 혼란과 분노 속에서 지냈다. 그녀가 몹시 사랑하는 여동생은 지나치게 어렸고, 친구라고 해도 표면적인 교제밖에 없었다. 그녀를 이 실의 속에서 구할 수 있는 사람이 아무도 없었던 것이다.

나 말고는 누구 한 사람도. 나는 그녀를 돕기에 아주 편안한 상황이었다. 그녀보다 9살 위인 나는 교사로서의 권위와 교양과 경험에 바탕을 둔 신뢰성을 갖추었고, 다른 교사나 루앙의 부르주아들과도 두드러지게 달랐다. 나는 관례를 무시한 삶을 살고 있었다. 올가는, 내 안에서, 그녀 자신의 혐오나 거부, 자유에 대한 갈망이 나이가 들어감에 따라서, 또 내가 지닌 것으로 상상한 예지에 의해서 바뀌고 강해지고 있음을 인정했다. 나는 여행도 해보았고 다양한 사람들과도 알고 지냈다. 루앙이나 뵈즈빌이라는 감옥에서 빠져나올 열쇠를 내가 지니고 있었던 것이다. 지평선 너머로 펼쳐지는 세계의 무한한 부와 새로움, 그런 것에 대해 그녀가 꿈을 꾸게 된 것은 나를 통해서였다. 그리고 사실, 최근 2년간 그녀는 나에게서 책, 음악, 사상 등, 많은 것을 얻고 있었다. 나는 그녀 앞에 넓은 미래를 제시했을 뿐만 아니라 그 이상으로 중요한 것, 즉 그녀가 자신의 길을 개척해 나갈 수 있도록 보증해 주었다. 부모님의 비난에 시달려 그녀는 자칫 패배주의에 빠질 뻔했다. 나로서는 그녀가 의학부진학과정 시험에 반발하는 심정도, 젊은 독립심에 사로잡히는 마음도 이해할 수 있었다. 나는 그녀를 신뢰했다. 그녀가 가장 필요로 하고 있었던 것은 이와 같은 평가이고 나와의 공모이며, 대체로 내가 그녀에게—처음에는 매우 인색하게—준 모든 것이었다. 그녀는 나에게 격렬한 애착을 느끼는 이유를 스스로 간파하지는 못했다. 내가 여러 가지 장점을 갖고 있기 때문이라고만 생각했다. 그러나 나를 그녀에게 귀중한, 그리고 무엇과도 바꿀 수 없는 인간이 되게 한 것은 바로 그녀 자신의 상황이었다.

반대로 나는 아무런 부족도 느끼지 않았다. 새롭게 흥미 있는 사람들을 만나면 기분 좋게 교제를 했으나, 강한 영향을 받은 적은 없었다. 온갖 아름다운 기질을 갖춘, 세상에 드문 인물이 나타났다고 해도 그 매력만으로 나의 무관심을 흔들 수는 없었으리라. 올가는 내 마음의 유일한 약점을—그녀에게는 내가 필요하다는 사실을 가지고—찔렀다. 몇 년 전이었다면 나는 이를 귀찮아했을 것이다. 무엇보다도 자신을 풍부하게 하는 일 말고는 생각하지 않았기 때문이다. 하지만 지금 나는 스스로를 인기 있는 사람으로 느끼고 있었다. 그리고 내 첫 선물에 대한 올가의 감격은 나에게 주는 기쁨을 발견하게 했다. 나는 받는 환희와 서로 주고받는 행복을 알았다. 나 자신이 누군가에게 도움이 되고 있다는 자각이 얼마나 감동적인 것인지, 누군가가 나를 필요로 한다고 느끼는 것이 이토록 마음을 설레게 하는 것인지 미처 몰랐다. 때때로 나 때문에 올가의 얼굴에 미소가 번질 때 내 가슴은 기쁨에 들떠, 이런 행복 없이는 살 수 없을 듯한 생각이 들기도 했다.

　물론 올가에게 내가 공감과 경의를 품을 수 없었다면 그녀의 미소도 나를 감동시키지는 못했으리라. 나는 그녀의 용모나 동작, 목소리, 말투, 이야기 등에 매력을 느꼈다. 그녀의 총명함과 감수성도 높이 평가하고 있었다. 그녀는 사람이나 책의 가치를 완전히 이해하지는 못해도 잘못 보는 일은 없었다. 그녀에게는 우리가 본질적인 미덕으로 생각하는 뭔가가 있었다. 요컨대, 그녀는 진국이었다. 절대 자신의 의견이나 인상을 속이지 못해서, 언젠가는 작문을 쓸 수가 없어 울기도 했다. 파리하고 약간 여린 금발의 소녀와는 딴판임을 나는 깨달았다. 그녀 속에는 자유분방하고 극단적인 것이 있고, 그것이 내 마음을 정복했다. 어릴 적에 그녀는 나보다도 더욱 강렬하게 격한 분노를 맛보았다. 그래서 지금도 정신이 멍해질 만큼 격정을 경험할 수 있었다. 그녀는 혐오나 반항을 격앙보다는 오히려 허탈로 표현했다. 이 수동적인 태도는 무기력이 아니라 온갖 포악에 대한 도전이었다. 올가는 기쁨에 한껏 몸을 맡겼다. 실신할 정도로 미칠 듯이 춤을 출 때도 있었다. 그녀는 온갖 것, 특히 인간을 끝없는 호기심으로 바라보았다. 아직도 어린애처럼 신선한 놀라움을 느낄 수가 있었으며 그것을 오랫동안 황홀하게 맛보았다. 올가에게 애기를 하는 것은 즐거웠다. 귀를 기울여서 들어주었기 때문이다. 그녀는 자신의 과거를 나에게 애기하고, 나도 나 자신에 대해서 많은 것을 털어놓았다. 나는 내가 하는 애기가 그녀의 흥미를 끌고 또한 이해해 주리라 언제나 확신하고 있었다. 같은 또래의 어느 여자친구들보다도 그녀와는 허심탄회하게 애기할 수 있었다. 그녀가 마음속으로 여러 가지 격한 감정을 불태우면서도 예의 바른 태도로 신중하며 사려 깊게 행동하고 말하는 것을 나는 바람직하게 생각했다. 나는 그녀가 무미건조한 따분함이나 후회 때문에 낭비하고 있는 자질을 살리도록 지원해 주고 싶었으나 한편으로 조심을 하고 있었다. 그녀의 삶의 방식을 고스란히 떠맡아 내 뜻대로 할 생각은 없었기 때문이다.

그녀 부모의 계획이 나의 결단을 재촉했다. 게다가 사르트르도 나에게 용기를 주었다. 그도 올가를 아주 마음에 들어했다. 그녀가 사르트르의 간호사 역할을 했을 때 사랑스런 소녀로 생각한 것이다. 올가가 칸의 기숙학교에 강제로 들어가는 것을 그대로 보고만 있을 수는 없다고 그는 말했다. 사르트르는 한 계책을 내놓았고 나도 그것을 좋은 방법이라고 생각했다. 올가는 이과 계열은 싫어했지만 철학에서는 우등생이다. 이 방면의 재능을 살려 보면 어떨까? 르 아브르에서 사르트르는 남녀 학생 3, 4명을 위해 학사과정 강의를 하고 있었다. 이 허가증을 얻을 수 있도록 내가 지도하면 그도 도와주겠다는 것이다. 나는 올가의 부모님에게 면담을 신청하여 뵈즈빌에 초대받았다. 약속시간보다 훨씬 빨리 도착했으나 한 정거장 먼저 내려 오후 시간을 올가와 함께 몹시 쌀쌀하고 을씨년스러운 시골길을 산책했다. 마을의 작은 카페로 들어가 난로에 몸을 녹이기도 하면서……. 그녀는 내가 분주하게 움직이는 것에 별로 기대를 걸지 않았으나 러시아식 즐거운 저녁식사 뒤에 나는 D부부에게 나의 계획을 전하고 올가를 나에게 맡기는 일에 양해를 얻었다. 루앙으로 돌아온 뒤 사르트르와 함께, 올가에게 줄 면밀한 강의시간표와 강독·비평·해설 등 그녀에게 부과할 숙제의 계획을 세웠다. 나는 그녀를 위해 프티 무통 호텔에 방을 예약했다.

새로운 공부는 올가의 마음에 든 것 같았다. 그녀는 우리의 설명을 열심히 듣고 잘 이해하는 듯했다. 그녀는 내가 사준 책들을 책상 위에 정돈해 두었다. 그러나 내가 베르그송 1장을 요약하라고 한 날, 올가는 500그램의 봉봉을 삼켜 공부를 할 수 없는 상태가 되고 말았다. 그녀가 어쨌든 해보려고 애쓰기보다는 아무것도 하지 않는 편이 낫다고 생각할 정도로 이렇게 실패를 두려워하게 된 까닭은 낙제를 나무란 부모님에 대한 반발에서일까, 그렇지 않으면 전부터 그녀가 지니고 있던 자존심 탓일까? 그녀는 첫 숙제에서 처음 한 줄조차 쓸 수 없었다. 결국 사르트르의 착상은 별로 좋은 생각이 되지 못했다. 소르본에서 멀리 떨어진 곳에서 학우도 없이 학위증을 받으려면 상당한 정열과 의지력이 필요할 것이다. 올가는 그 총명함으로 쉽게 철학 수석을 차지했으나, 사실 추상적인 사변(思辨)에는 그다지 흥미가 없었다. 게다가 그녀는 하나의 명령에 굴종할 수 없는 성격이다. 의학부진학과정을 준비하던 2년 동안 굳어진 그녀의 패배주의는 우발이 아닌 어떤 원인에 따른 것임을 알게 되었다. 곤란한 상황일수록 분발하는 사람도 있는 반면 올가는 용기가 꺾이고 만다. 어릴 적부터 자신과는 인연이 없는 사회에 내던져졌다고 단정해 버린 올가는, 이 사회에서 어떤 장래도 기대하고 있지 않았다. 내일이라는 것이 있는지 없는지조차 잘 몰랐으며, 내년은 아예 존재하지 않았다. 그녀는 계획과 꿈을 거의 구별하지 않는다. 무미건조한 일에 매달릴 때, 그녀에게는 버팀목이 되는 희망이 전혀 없는 것이다. 나는 그녀의 나태와 싸우려고 했다. 그러나 나의 질책도, 그녀의 후회도 그녀를 다시 일어서게 하기는커녕 무기력한 절망으로 침잠시킬 뿐이었다. 사르트르는 깨끗이 포기해 버렸고 나도 동조했다. 크리스마스 이후로 철학 수업은 거짓말처럼 잊혀 갔다.

　나는 실망했지만 곧 극복했다. 구속이 없는 나날을 보내게 된 올가는 생기가 넘쳤다. 그녀는 몹시 침울한 학생에서 돌변해 더없이 유쾌한 놀이친구가 되었다. 미래를 믿지 않은 만큼 더욱 격렬하게 현재에 몰입했다. 바라보고, 듣고, 말하고, 춤추고, 돌아다니고, 자신의 심장 맥박을 느끼며 질리는 법이 없었다. 그녀를 위해 우리는 르 아브르 대신 루앙을 본거지로 삼았다. 우리는 올가에게 이끌려 카페 빅토르의 테라스까지 미남 집시, 사샤 말로의 바이올린을 들으러 갔다. 말로가 그만 둔 뒤 투르의 큰 카페를 연상케 하는 여자들만의 악단이 연주하게 되었는데, 그녀들의 뛰어나게 우아한 모습은 우리를 아주 기쁘게 했다. 사르트르가 나중에 그녀들을 《유예》 속에 등장시켰을 정도였다. 우리는 대개 남성보다는 여성에게 호기심이 향한다. '알렉상드르의 집'의 사랑스런 부인들이나 오세아닉 바 댄서들의 말에는 변함없이 주의를 기울이려 했다. 오를로주 거리의 큰길에는 약간 마르세유의 것과 닮은 '사운드트랙'이 있었다. 나는 그곳에서 커피나 오렌지주스를 마시면서 올가와 포커 다이스를 하거나 사르트르와 얘기를 나누었다. 큰 양장점의 여주인이 자주 와서 테이블로 사용되고 있는 큰 술통에 둘러앉아 드나드는 상인이나 손님과 상담을 하고 있었다. 우리는 호의를 가지고 그녀를 관찰했다. 그 무렵엔 똑똑한 여성이나 여자 실업가 등이 흔치 않았다. 그녀의 우아하고 상쾌한 모습, 까다롭고 권위가 있는 태도를 우리는 훌륭하다고 생각했다. 콜레트 오드리는 파리에 갈 때면 작업장 열쇠를 우리에게 맡겼다. 우리는 그녀의 조리대에서 스파게티를 데치고 그녀의 레코드를 들으면서, 그녀가 기르는 비둘기와 놀았다. 월말이 되면 그녀는 전당포에 가지고 가도록 가끔 우리에게 축음기를 빌려주었다. 나는 할머니한테 받은 금브로치도 자주 저당 잡혔다.

사르트르가 없을 때 나는 자주 올가와 만났다. 스탕달, 프루스트, 콘래드 등 내가 좋아하는 작가의 작품을 그녀에게 읽게 했는데, 그녀는 때로는 들뜬 기분으로, 때로는 몹시 화를 내면서 감상을 말했다. 그녀는 그들과 살아 있는 인간처럼 생생하고 복잡한 교류를 가졌다. 특히 프루스트는 그녀에게 증오로 가득 찬 혐오와 넋을 잃은 찬미의 양극단을 오가는, 아무래도 중간을 취할 수 없는 불안정한 마음을 안겨주었다. 우리는 얘기를 하기 위해 오세아닉이나 사운드트랙, 나루터의 작은 바에 가끔 자리를 잡았다. 이 바는 커튼도, 의자의 모켓도, 거울도 모두 살굿빛을 띠고 있어 우릴 기쁘게 했다. 그곳에서 우리는 오로지 검은 구즈베리주를 마셨다. 나는 올가에게 체스를 가르치려고 그녀와 비어홀 오페라에서 3, 4번 내기를 했다. 그러나 우리의 무지는 분개한 사람들의 충고를 받게 되어 그 이후에는 둘이서만 은밀하게 하기로 했다. 내 방에 틀어박혀 수법을 생각하면서 체리 로셰를 철철 넘치도록 부어 마셨다. 우리는 이 리큐르에 푹 빠졌다. 어느 날 밤에는 이 술을 뒤집어쓰도록 마셔 올가는 내 방에서 나간 뒤 계단에 누워 하숙인 중 누군가의 발에 채일 때까지 그대로 잠들어 있었다. 우리는 이따금 마르코 방으로 가서 베토벤의 현악4중주곡 〈브란덴부르크협주곡〉과 스트라빈스키의 〈관악8중주곡〉 등 레코드를 들었다. 나는 거의 또는 전혀 모르던 곡에도 친숙해졌다. 한 곡이 끝날 때마다 마르코가 조롱하듯 나를 보았는데, 이 시험관과 같은 눈초리에 질려 버렸다. 우리는 감상을 궁리하기 위해 여러모로 애써야 했다.

어느 날 오후 마르코는, 그가 성악 공부를 하고 있는 스튜디오에 올가와 사르트르와 나를 불러 모았다. 그가 루앙 거리를 걸으면서 바흐의 〈파사칼리아〉나 베토벤의 숭고한 〈카바티나〉를 흥얼거릴 때 나는 그 목소리에 매료되었다. 그가 〈보리스 고두노프〉의 아리아를 시작했을 때는, 유리창이 흔들리고 당장에라도 고막이 터질 듯한 목소리여서 나는 어안이 벙벙했다. 다른 모임에서 또 이런 노래를 듣게 되는 사이에 슬픈 사실을 확인하고 말았다.

마르코의 목소리는 더욱더 커졌으며 노래는 점점 서툴러졌다. 그는 그것을 깨닫지 못한 채 머지않아 오페라 극단의 빛나는 첫 무대에 설 수 있으리라 여전히 확신하고 있었다. 반면에 그는, 내가 보기에 당치도 않은 불운과 필사적으로 계속 싸웠다. 머리숱이 적어지는 데에 신경을 쓰고 있었던 것이다. 매일 밤 유황이 든 로션으로 두피 마사지를 하는데, 가죽이 벗겨지는 듯한 고통을 느꼈다. 그는 5분 정도 창 손잡이에 매달려 신음소리를 참아냈다. 그 당시 그의 미모는 조금도 손상되지 않았으나 지금은 그 매력이 분명 어느 정도는 신선함을 잃었다. 그러나 올가는 그가 확실한 호감을 표시하면 기쁜 마음에 어쩔 줄 몰라했다. 둘은 자주 함께 외출했다.

어느 날 밤 둘에서 잔다르크 거리를 내려오는 도중, 올가는 스케이트 타는 사람 흉내를 냈다. 마르코는 그녀의 팔을 떠받치고 둘에서 고개를 뛰어내렸다. 마르코는 노래를 부르고 있었다. 그들은 갑자기 길 반대쪽에서 놀란 얼굴로 그들을 바라보고 있는 사람들을 보았다. 마르코의 학생 하나가 부모 사이에 서 있었다.

"젠장."

마르코가 내뱉듯이 말했다. 하지만 그는 올가를 놓지 않고 계속 뛰었다.

"어쩔 수 없다, 이대로 가자. 되돌릴 수 있는 일도 아니고."

이 교사는 학생 앞을 금발의 여성과 팔짱을 끼고 깡충깡충 뛰면서 지나쳤다.

마르코와 함께하면 잠깐의 산책도 모험이 되었다. 그는 올가를 위해 당치도 않은 허황된 거짓을 만들어내거나 보트에 몰래 잠입했으며, 모르는 사람에게 말을 걸어 술을 사고는 인생 이야기를 하게 했다. 어느 날 밤, 올가와 내가 며칠 전에 갔던 살굿빛 바에 있는데 영국 군함의 함장이란 사내가 다가왔다. 몹시 추남인 그는 술을 마신 듯했는데 군함 얘기를 해주었다. 우리는 그의 얘기에 반하고, 그는 올가의 영어를 칭찬했다. 며칠 뒤 올가는 마르코와 둘에서 다른 바에 갔을 때 그를 만났다.

"소개해 주시죠."

마르코는 이같이 말한 다음 프랑스어로 올가에게 속삭였다.

"나를 당신의 가족으로 승격해 줘요."

함장은 그를 올가의 오빠로 단정한 다음 술을 대접하고, 이제부터 자기 군함으로 가서 놀지 않겠느냐고 권했다. 마르코는 주저했다. 명백히 함장은 올가에게 딴 마음이 있던 것이다.

"그대부터 우리에게 오십시오."

그는 이렇게 말하고 이같이 덧붙이는 것을 잊지 않았다.

"다만, 아시겠지만 이 여자의 방에는 술이 전혀 없으니 한 병 사오셔야 합니다."

그 일대를 잘 아는 함장이 위스키를 사러 나가자 마르코는 그의 계획을 설명했다. 그 작자를 봉으로 삼는 거다. 처음에 2, 3분간 마르코는 함장을 올가와 단둘이 있게 해둔다. 함장은 올가에게 덤벼들 게 뻔하다. 그때 마르코가 갑자기 모습을 드러내 소문을 내겠다고 위협한다. 그러려면 어쨌든 그 희생자를 곤드레만드레 취하게 해야 한다. 그들은 올가의 방으로 올라가 조니워커를 비우기 시작했다. 함장은 계속 마셨고 두 사람은 술을 침대 위에—덕분에 그 뒤로 한 달쯤 침대에는 위스키 냄새가 코를 찔렀는데—슬며시 버렸다. 그런데 함장은 좀처럼 취하지 않았다. 그는 마르코에게 잠깐 복도에서 얘기를 하고 싶다고 말했다. 마르코가 함께 밖으로 나오자 얼마냐고 물었다. 마르코가 단념하게 하려고 터무니없는 금액을 요구했다. 상대는 불같이 화를 냈다. 함장을 회유하기 위해 결국 마르코는 가난 때문에 눈물로 누이동생을 팔 생각을 하게 된 것인데, 이와 같은 행위의 비열함을 깨닫고 다시 생각한 것이라고 설명했다. 그래도 함장의 분노는 가라앉지 않았다. 결국 마르코는 어쩔 수 없이 그의 두 어깨를 잡고 호텔 밖으로 밀어냈다. 그러나 함장은 별로 원망하지도 않았다. 며칠 뒤 올가와 내가 마르코의 방에서 레코드를 듣고 있는데 자동차 한 대가 길 모퉁이에 멈추었다. 함장은 오누이를 동정해 다시 생각을 한 것이다. 그래서 군함을 보여주려고 다시 왔다. 우리는 그를 따라가 대단한 환대를 받았다.

마르코가 가까이 있었고, 올가와의 우정도 원만했으며, 사르트르는 완쾌해 자기 일에 새로운 정열을 느낄 수 있어서, 한 학기 동안은 참으로 행복했다. 나는 일에 쫓겨 전처럼 탐욕스럽게 책을 읽을 수는 없었으나 그래도 신간은 보고 있었다. 지난해는 프랑스 문학에 거의 수확이 없었다. 우익은 장막상스의 형제이자 같은 파시스트인 로베르 프란시스의 작품을 치켜세웠다. 그는 《곡물창고의 세 미녀》와 《구호선》에서 알랭 푸르니에를 모방하려고 했다. 이 겨울에 앙드레 말로는 그의 최대 실패작 《모멸의 시대》를 발표했고 니장은 《트로이의 목마》를 공개했다. 그 주요 인물의 한 사람 랑주는 시골 교사로, 아나키스트에다 고독으로 거리를 방황하며 석조 건물을 바라보고 어두운 형이상학적 몽상에 빠졌다. 이 인물과 사르트르 사이에는 분명한 유사점이 있었다. 책의 끝부분에서 그는 파시즘에 가담한다. 니장은 아무렇지도 않은 듯, 그러나 확실하게, 이 인물의 모델은 브리스 파랭이라고 단언했다. 사르트르는 기분 좋은 표정으로 그 말은 전혀 믿지 않는다고 대답했다.

그해에 나온 유일하게 주목할 만한 책은 포크너의 《8월의 빛》 번역판이었다. 사르트르는 그의 문체를 좋아하지 않아 성서식의 장황함을 비난했지만 나는 오히려 그것이 마음에 들었다. 그러나 그 신선함과 과감한 시도를 칭찬하는 점에서 우리는 일치했다. 섹스의 불길에 몸을 불태우며 피로 얼룩진 포크너의 세계가 이처럼 비극적인 광채를 띤 적은 일찍이 없었다. 마치 삶이 그렇듯이, 크리스마스가 집단폭행자들에게 내처지는 사건이 죽음처럼 불가피하다는 사실에 나는 놀랐다. 미래를 빼앗겨 전설 말고는 진실이 없는 미국 남부에서는 가장 난폭한 격정의 폭발조차도 미리 운명에 의해 정해져 있는 것이다. 포크너는 이렇게 시간을 말살하면서 이야기에 지속성을 부여하는 데 성공했다. 그는 이 책 한가운데서 시간을 뒤집었다. 숙명이 승리하는 곳에서 과거와 미래는 같게 되며, 현재는 현실성을 상실한다. 크리스마스에 현재란 두 흐름 사이의 단층에 지나지 않는다. 하나는 그의 탄생일로 거슬러 올라가고 다른 하나는 그의 무서운 죽음의 순간으로 내려가는 이 두 흐름은 하나의 똑같은 저주, 즉 그 혈관들 속에 흐르는 검은 피를 표출한다. 그의 죄가 애매해지는 것은 그 때문이다. 포크너는 시공의 흐름을 뒤집음으로써 그의 기교를 풍부하게 했다. 빛과 그림자와의 배치는 다른 작품에서보다 한 단계 교묘하게 이루어져 있다. 이야기를 진행하는 박진감과 사건 하나하나를 돋보이게 하는 선명한 기량을 볼 때 《8월의 빛》은 모범적인 작품이다. 경구(警句)를 만드는 연습을 하고 있던 마르코는, 앞으로 소설은 공시적(共時的)으로 될 테고 그렇지 않다면 망할 거라고 선언했다. 어차피 전통적인 프랑스 소설의 시대는 끝났으며, 젊은 미국 작가들이 표시한 새로운 자유와 새로운 제약을 무시할 수는 없다고 우리는 생각했다.

자주 파리에 드나들지는 않았지만 우리는 파리에 머물 때마다 무언가 얻는 것이 있었다. 우리는 이탈리아 미술전에도 프랑스 미술전에도 갔다. 철거

중인 낡은 트로카데로의 건물을 보러 가서 얼마간 회고의 정에 젖기도 했다. 카지노 드 파리에서는 모리스 슈발리에가 〈자작이 자작을 만났을 때〉를 노래하고 있었다. 그는 놀랄 정도로 교묘하게 모방자의 흉내를 냈다. 영화는 〈여자만의 도시〉〈사내의 적〉〈땅끝을 가다〉가 상영되었다. 우리는 마그리트 자무아 주연의 〈마리안의 변덕〉도 보았고, 마드렌 오즐레가 주연한 〈아내학교〉의 '새끼 고양이가 죽었습니다' 대사도 들었다. 그러나 루이 주베의 불안함 없는 완벽함이 우리에게는 다소 지루했기 때문에 〈트로이 전쟁은 일어나지 않을 것이다〉는 생략했다. 아틀리에 극단에서는 카미유가 발자크로부터 대단히 교묘하게 번안한 〈야바위꾼〉의 초대공연을 보았다. 메르카데의 호사한 실내복을 걸친 뒬랭은 완전히 그 인물과 하나가 되어 있었다. 푸념을 늘어놓으면서 헛되게 빚의 변제를 계속 간청한다—가련한 채권자 비올레트 역할을 한 소콜로프의 관록은 한층 더 경이적이었다. 그것은 마술적이라고도 말할 수 있을 정도였다. 초대받은 날, 나는 처음으로 분장실에 들어가 보았다. 뒬랭과 카미유를 향해 쇄도하는 사람들의 아우성, 왁자지껄, 간살스러운 소리 때문에 나는 아무 소리도 낼 수 없었다. 덕분에 나는 뒬랭이나 카미유에게 겉치레 말을 할 필요는 없었다. 하지만 내가 소콜로프의 연기에 경탄했다고 카미유에게 말하자 그녀는 나를 소콜로프 쪽으로 밀면서 말했다.

"축하의 말을 건네줘요."

소콜로프는 비올레트의 실크 중절모를 무릎에 올려놓은 채 명한 표정으로 벤치에 앉아 있었다. 내가 조용히 말을 걸자 그는 주름진 눈꺼풀 사이로 놀란듯 눈을 번득이며 나를 바라보았다. 나는 얼굴이 빨갛게 달아올랐고 땀이 줄줄 흘렀다. 확실히 사교계에 맞지 않는다는 사실을 절실히 깨달았다.

지난해 크리스마스 휴가는 현란한 추억을 나에게 남겼다. 이해에 리오넬은 스위스 그슈타이그의 산막에서 연로한 숙모와 함께 겨울을 지내기로 했다. 내 여동생에게도 오라고 말했다. 나는 사르트르와 둘이서 그 근처의 아주 작고 아주 느낌이 좋은 호텔 방을 빌렸다. 이 마을의 모든 집처럼 이 호텔도 목조이며 도기로 된 큰 난로에 불을 피우게 되어 있었다. 눈길에는 전나무와 포도 넝쿨을 태우는 향이 감돌았다. 우리는 몽로크보다는 약간 험한 비탈에서 전처럼 연습을 했다. 리오넬은 스키는 정말 잘 탔지만 가르치는 것은 몹시 서툴렀다. 그의 숙모가 크리스마스 축하로 영국식 푸딩을 주문해 주었기 때문에 거기에 럼주를 뿌리고 불을 붙였다. 불이 꺼졌을 때 사르트르는 일부러 그런 것처럼 생각될 정도로 단호한 손놀림으로 과자를 바닥에 떨어뜨렸다. 그래도 우리는 깨끗이 먹어치웠다.

나는 올가와 아주 잘 통했는데, 사실 우리 둘은 서로 비슷한 점은 없었다. 나는 계획적으로 살았고 그녀는 미래를 부정했다. 그녀에게는 대체로 노력이란 경멸해야 할 것으로 생각되었으며, 신중함은 째째한 것, 인내는 자신을 속이는 일이었다. 그녀가 가치를 인정하는 것은 자신의 감정뿐이고 머리로 이해하는 것에는 흥미가 없었다. 그녀는 베토벤이나 바흐는 기꺼이 듣는 반면, 마르코가 스트라빈스키의 〈관악8중주곡〉을 틀으면 불쾌한 표정을 짓고는 이같이 말하곤 했다.
"음악이란 따분해, 내가 좋아하는 건 노래뿐이야."
그 무렵 우리가 즐겨 사용한 막스 셸러*의 말에 의하면, 그녀는 '생명적 가치'를 '정신적 가치'보다도 훨씬 상위에 두었다. 미술도 문학도 그 무엇도, 인간의 육체와 동작과 얼굴만큼 그녀를 감동시키지 못했다. 그녀는 오스카 와일드에게 열중했고, 나는 그의 탐미주의를 상당히 천박하게 생각했다. 하지만 나에게는 올가의 편견이 조금도 마음에 걸리지 않았다. 젊은 탓이라 여긴 데다 그녀가 나를 말로 이길 수 있을 것이라곤 상상할 수도 없었기 때문에 재미로 삼았다. 그녀와 사르트르 사이에는 아무 일도 없었다. 함께 있으면 즐거워했지만 무엇 하나 서로 요구하는 일은 없었다. 올가에겐 현재만으로 충분했던 것이다. 한계를 정하거나 제한하거나 약속하거나 예상만으로 그치는 말은 그녀에게는 전혀 걸맞지 않았다.
흔히 일어나듯이 일을 꼬이게 하는 것은 제삼자의 개입이었다. 올가는 마르코와 함께 외출하는 즐거움을 굳이 숨기지 않았다. 그래서 사르트르는 그녀가 자기보다 마르코를 더 좋아한다고 의심했다. 인간은 일단 비교를 시작하면, 즉 어림하기 시작하면 지금의 순간에 몰입할 수 없게 된다. 현재는 미래에 대한 단서에 지나지 않게 되고 의문이 생긴다. 사르트르는 자신에게, 또 올가에게 질문을 던지고 끝내 말다툼을 했다. 이 질투도, 그 뒤 이야기의

---

* 현재 우리는 그를 파시즘의 선구자로 간주하고 있다.

발전도 완전히 플라토닉한 단계에서의 일이다. 마르코는 여성을 상대로 했을 때는 아무런 어려움 없이 천사가 될 수 있는 기질이다. 어린애처럼 청순한 올가는 곧 겁을 내거나 존경을 나타내기 때문에 범하기 어려운 면이 있었다. 사르트르만 해도 순수하게 감정적인 지배욕만의 문제였던 것이다.

올가가 마르코에게 전혀 관심이 없었다고 해도 사르트르의 지배욕은 노골화했을까? 나는 그렇다고 생각한다. 마르코는 핑계에 지나지 않았다. 작년부터 사르트르는 올가에게 애착을 느끼고 있었던 것이다. 그는 그녀를 계속해서 간호사로 놔두지는 않았다. 처음에 그녀에게 얘기를 들려주거나 상송을 만들어 준 것은 그녀를 기쁘게 하기보다 자신의 마음을 달래기 위해서였다. 그는 내 곁에 있을 때는 그런 것을 해보려고 시도조차 하지 않았다. 그에게 나는 너무나도 친근한 존재였기 때문에 그는 자신의 참모습을 위장하지 않았다. 그러나 그는 자신을 가련한 신경병 환자로 믿고 있던 터여서 다른 여자에게 자신과 같은 환자와의 교제를 강요하는 게 싫었던 것이다. 그는 몇 시간 동안 환자가 아닌 훌륭한 익살꾼으로 변했다. 그래서 왕새우도 놀라 도망을 갔다. 그는 이렇게 해방될 때를 기다리게 되었다. 올가가 곁에 있어 주길 원하게 되었다. 사르트르에게 올가는 이제 수단이 아닌 목적이 된 것이다. 그 뒤 그는 오직 그녀를 기쁘게 하기 위해 열심히 익살맞게 굴었다. 미친 듯한 상태가 가라앉은 뒤에도, 사르트르는 올가가 낮 동안 그를 광기에서 지키고 있었을 때 그에게 느끼게 한 귀중한 존재로서의 모습을 유지하고 있었다. 일단 하려고 한 일을 중도에 그치지 않는 것이 사르트르의 기질이었다. 그러기에 올가에 대한 우정이 싹튼 이상 어떻게든 이를 절정까지 높여야 한다. 하지만 그는 둘 사이에 만들어내는 이 유대를 어떤 행위, 어떤 태도에 의해서도 결코 구체화할 생각은 없었다. 왜냐하면 올가는 신성하기 때문이다. 이 유대관계는 단지 그들의 특권적 성격이 나타낼 수 있는 부정적인 형태일 뿐으로, 사르트르는 이런 관계에서 독점권을 요구했다. 누구도 사르트르만큼 올가를 위해 계산해 줄 사람은 없었다.

올가의 미소, 시선, 언어 등은 그것이 신호가 되고 놀이가 된 순간부터 두려워할 만한 중요성을 띠었다. 한편 갑각류는 물러가면서 이른바 새로운 망상이 즉시 침입할 수 있는 광대한 해변을 남겨놓았다. 눈앞에 춤추는 흑점을 응시하는 대신에 사르트르는 똑같이 미친 듯 주의를 기울여서 올가의 깜박임 하나라도 놓치지 않으려 했다. 그녀가 깜박일 때마다 그는 하나의 세계를 발견하는 것이다. 그는 힐문이나 의심으로 그녀를 괴롭히는 일만은 주의 깊게 피했다. 나에게, 그는 가차 없이 물었다. 마르코보다 그가 한 점 앞서고 있는 것일까? 그가 요구한 철저한 편애를 올가가 이미 마르코에게 주었을까? 이렇게 우리는 몇 시간이나 계속 말을 늘어놓았다.

이런 일이 싫지는 않았다. 사르트르가 올가의 마음을 엿보고 있는 편이, 환각증이 악화되는 모습을 보는 것보다 더 좋았기 때문이다. 그러나 다른 일이 나를 불안하게 했다. 사르트르는 올가의 마음을 얻으려는 집념 때문에 그녀에게 무한한 가치를 부여했다. 갑자기 그녀의 의견, 취향, 모멸과 같은 것을 다루는 일이 금지되었다. 두 사람은 하나의 가치 체계를 결정해 버렸고, 그 체계는 나의 가치와 반대되었다. 나는 이 변화를 기꺼이 감수할 수는 없었다.

사르트르는 이런 논쟁을 싫어하지 않았다. 베를린에 있을 때 그가 마리 지라르에게 흥미를 갖게 된 주된 이유는 그녀가 무엇에 대해서나 집착하지 않고, 무엇 하나 하려 들지 않으며, 거의 아무것도, 문학이나 예술이 지고한 것도 믿지 않았기 때문이다. 이럴 때 사르트르의 마음에 의문이 끼어들거나 무언가를 쓰려고 하는 결의가 둔해지는 일은 절대 있을 수 없고, 아무런 방해도 없이 시간을 낭비하거나 정열을 느끼거나 제멋대로 말하거나 생각할 수 있었다. 그는 불안함이 없었다. 화상을 입을 우려가 없는 불장난은 자신을 위한 일이라고도 생각했다. 이렇게 해서 그는 자신의 계획이나 목표에 관해서도 자유로움을 믿었으며, 그가 가장 싫어하는 고지식함에서 벗어났다.

나는, 그 무렵 집필 중이던 작품에만 신경을 썼다. 하지만 최근 2년간 내가 작품에 매달린 이유는 나 자신의 과거에 충실하려고 했고, 사르트르에게 격려를 받았기 때문이었다. 나는 내 해법이 그토록 단호한 것이 아님을 알고 있었던 만큼 스스로 부과한 근신 명령들을 의문에 붙이기가 싫었다. 그래서 내 인생의 무게를 올가에게 너무 둘 때, 그녀가 나의 생활에 가져오게 될 혼란을 거부했다. 나는 전부터 내가 생각하던 그대로의 인간으로서 올가를 대하려고 힘쓰면서 진심으로 그녀를 사랑하고 존중했다. 그녀는 나를 매혹했다. 그러나 그녀에게는 진리를 좌우할 힘이 없다. 나는 온갖 것의 핵심을 차지하고 있는 최고의 위치를 그녀에게 양보할 생각은 없었다. 그럼에도 조금씩 나는 양보했다. 나에게는 사르트르와 완전히 일치하는 것이 너무나도 간절했기 때문에 그와 다른 눈으로 올가를 볼 수가 없었다.

친구들은 웃거나 분개했다. 누구나 이 어린 처녀가 우리에게 미치는 지배력에 놀랐다. 이것은 무엇보다도 올가의 뛰어난 기질을 생각하면 설명이 된다. 《초대받은 여인》의 자비에르란 인물을 창조할 때, 올가에게서 어느 정도 암시를 받았지만 작품에서 그녀는 철저하게 변형되었다. 두 여주인공을 잡아매는 갈등은, 만일 내가 자비에르의 매력적인 외모 밑에 구제할 길이 없는 에고이즘과 음험함을 숨겨놓지 않았다면, 격심한 심리적 고통을 구사해내지 못했을 것이다. 프랑수아즈가 결국 증오와 살인으로까지 내몰리기 위해서는 자비에르의 감정이 속임수의 변덕에 지나지 않아야 했다. 확실히 올가에게도 얼버무림이나 변덕스러움, 믿을 수 없는 면이 있었다. 하지만 그것은 자비에르의 경우와 반대로 그녀에게는 가장 표면적인 사실에 불과했다. 그녀의 고귀한 품성은(이 언어에 우리가 부여하고 있던 데카르트적 의미에서) 분명했고 그녀 마음의 깊이, 믿음직스러움, 성실함은—나중에 더욱더 확실해졌는데—의심할 여지도 없었다. 세간의 하찮은 일을 경멸하고 절대를 꿈꾼다는 점에서 그녀는 우리에게 매우 가까웠다. 만약 그녀가 우리의 정신적 요구를 본질적으로 만족시키지 못했거나 동질성이 없었다면, 우리는 우리와 대조적인 그녀의 성격에 매료되지 않았으리라. 이 유사성은 우리에게 분명했기 때문에 우리는 이에 대해서 말하지는 않고, 뜻밖이라 생각된 것만을 거론했다. 이것이야말로 우리와 올가의 관계에서 밑바탕이 되었다. 자비에르를 창조하기 위해 내가 이용한 사실은 우리가 올가를 바탕으로 만들어낸 신화—더구나 그것을 추하게 왜곡한 사실—에 지나지 않았다. 만일 올가가 사실상 그보다 무한하게 풍부한 존재가 아니었다면, 우리는 그녀에게 애정을 느끼지도 않았을 테고 신화도 탄생하지 않았을 것이다.

여기에 우리 주위 사람들을 당황하게 하는 약간의 이성적인 착오가 있는 것도 무리는 아니다. 그래서 우리는 올가와의 교제를 조용히 즐기는 대신에 올가의 신화로 바꿔놓았다. 이 같은 상식에 벗어남은 분명 우리가 성인에 대해서 품고 있던 혐오 때문이었다. 사르트르는 성인 틈에 끼는 것보다는 낫다고 신경병에 걸렸던 것이며, 나는 나대로 나이가 드는 것은 타락하는 일이라고 생각하고는 눈물을 흘렸던 것이다. 나는 날마다 올가에 비해서 나 자신의 원숙함을 자랑했다. 그렇지만 우리는 젊음과 그 시끄러움, 반항, 자유, 비타협성에 맹목적인 찬미를 바쳤다. 올가는 그 분망함과 과격함으로 인해 눈부실 정도로 젊음을 상징하고 있었다. 관례, 결정, 답습, 제한 등에 대해서 그녀는—단순히 언어에 의해서가 아니라 행위에 의해서도—맹렬하게 반항했다. 그녀는 배고픔도 졸음도 문제시하지 않았고 분별을 비웃었다. 그녀는 우리가 면목이 없다고 감내하는 인간 조건에서 벗어나야 한다고 말했다. 그래서 우리는 다양한 가치와 상징으로 그녀를 장식했다. 그녀는 랭보나 안티고네, 또는 무서운 아이가 되거나, 다이아몬드 천공의 높이에서 우리를 심판하는 검은 천사가 되었다. 그녀 자신은 이러한 변신의 계기를 부여하는 것과 같은 일은 아무것도 하지 않았다. 오히려 그녀는 이것을 초조하게 생각했다. 그녀는 자신을 대신하려는 가공의 인물이 너무 싫었던 것이다. 하지만 그 인물이 그녀를 다 먹어 치우는 것을 방해할 수는 없었다.

　우리는 과감하게 현재에 몰입하는 그녀를 찬미했다. 무엇보다 먼저 우리가 힘쓰고 있었던 것은 그녀를 위해 그리고 우리를 위해 미래를 건설하는 일이었다. 이제부터는 커플 대신에 트리오가 되자. 인간관계는 언제나 새롭게 발명되어야 하며, 선험적으로 특별히 우월한 형태도 불가능한 형태도 없다고 생각했다. 트리오란 형태는 우리에게 반드시 필요하다고 믿었다. 전에도 우리는 그것을 몽상한 적이 있었다. 사르트르가 군 복무를 하고 있을 때였다. 어느 날 밤 우리는 몽파르나스에서 매력적인 어린 소녀가 얼근하게 취해 몸을 가누지 못하고 있는 것을 발견했다. 우리는 그녀를 불러 한잔 마시게 하고 속사정을 들어주었다. 그때 우리는 상당히 나이가 들고 분별 있는 인간이 된 기분이었다. 그녀와 헤어질 때 우리는 그녀를 양녀로 삼을까 하는 말도 했다. 이제 우리는 완전히 성숙해 판단을 할 수 있었기 때문에, 도움을 주면서 보람을 느낄 만한 누군가를 위해 힘쓰는 게 적절하고 즐거운 일로 생각되었다. 처세술이 모자라는 올가에게는 우리의 지원이 필요했다. 그 대신 그녀는 우리의 눈에 빛바래 보이는 세계를 신선하게 해주었다. 우리는 세 사람 모두 만족할 수 있도록 둘이 또는 셋이 모이는 짝맞춤을 정했다.

　실제로 올가의 활기찬 열의로 인해 그녀의 시골티는 깨끗이 없어졌다. 루앙은 천변만화(千變萬化)의 도시가 되었고, 그녀는 우리를 정중하게 초대해 중국차와 그녀가 특별히 만든 샌드위치를 대접했다. 그녀는 우리에게 어린

시절 일과 그리스 여름 풍경을 얘기했다. 우리는 여행에 대해서 들려주었다. 사르트르는 그의 평소 레퍼토리인 샹송을 불렀다. 우리는 희극을 창안해 20살의 젊음으로 되돌아갔다. 봄이 찾아오자 일요일에 생타드리앵의 센 강을 따라서 석회암 절벽 기슭으로 떠났다. 그곳의 푸른 정자 아래서 모두가 춤을 추었고, 밤이 되면 나뭇가지에 단 제등(提燈)의 불빛이 화환을 만들었다. 우리는 숲에 둘러싸인 비행장 변두리에 있는 아에로 바를 발견했다. 그곳에는 댄스용 마루와 술을 마시거나 식사를 할 수 있는 박스석이 있었다. 오후에는 인적이 드물어 우리는 몇 시간이고 지낼 수가 있었다. 내가 한구석에서 일을 하고 있는 동안, 사르트르와 올가는 다른 한구석에서 대화를 했다. 나중엔 나도 그 틈에 끼었다. 아주 드물게 작은 비행기가 이륙하거나 착륙했다. 본디 사르트르는 여러 가지 일을 말로 표현하지 않으면 직성이 풀리지 않는 기질이어서 나도 그것에 익숙해져 있었는데, 무엇이건 놀라는 올가는 이 버릇에 박차를 가했다. 나는 때때로 초조해졌다. 검은 구즈베리 술맛이라든가, 누군가의 얼굴선이라든가에 대해서 끝없이 논의하고 있을 때 나는 '마치 고문(古文)의 주석을 붙이고 있는 것 같다'고 우리 자신을 비난하곤 했다. 하지만 어쨌든 우리는 자신이 지니고 있는 자금력을 최대한으로 활용할 수밖에 없었다.

부활절 휴가에는 올가도 우리와 함께 파리로 갔다. 우리는 그녀와 〈모던 타임스〉를 2회 연속으로 보았다. 가능하면 한 장면 한 장면을 전부 기억해 두고 싶을 정도였다. 채플린은 여기에서 처음으로 소리를 사용하는데, 그것은 전혀 사실적이지 않았다. 반대로 그는 한 음을 이용해 어느 인물을 비인간화하고 있다. 중역의 명령은 마이크를 통해 퍼부어지며, 축음기는 발명가의 사설을 끝도 없이 되풀이한다. 우리는 그가 〈티티나를 찾아서〉의 곡에 붙인 찬가(모던타임스의 주제가)를 빠뜨리지 않고 암송했다.

> "라 스피나치 오어 라 타코
> 시가레토 토를로 토토
> 에 루쇼 스파가레타
> 주 르 튀 르 튀 르 타바."

우리는 가끔 이 노래를 흥얼거렸는데 마르코는 소리를 내어 불렀다. 우리는 돔에서 사람을 바라보거나 술을 마시거나 이야기를 나누면서 몇 시간이고 보냈다. 에스파냐 요리점에서 저녁식사를 할 때도 있었다. 이곳에서는 좋은 기타 연주와 나이 든 여가수의 슬픈 목소리를 들을 수 있었다. 그녀는 춤도 추었으며 오동통한 몸이 경쾌해 보였다. 그녀는 때때로 모습을 감추었다가 다시 나오곤 했는데, 그때마다 그 얼굴에는 어딘지 모르게 의기양양함이 느껴졌다.

"헤로인을 사용하고 있는 거예요."

카미유는 약국 집안 딸이어서 마약에는 환하다는 듯이 우리에게 가르쳐주었다. 며칠 뒤에 올가는 뵈즈빌로 떠나야 했다. 부모님에게서 꼭 돌아오라는 명을 받았던 것이다. 올가는 절망하게 되면 기쁨에 젖어 있을 때를 능가하는 격렬함을 보여준다. 게다가 그녀에게 있어서 시간은 시시각각 붕괴되었기 때문에, 우리와 헤어질 때도 두 번 다시 만나리라곤 생각지 않았다. 우리 세 사람 모두 2시간 동안이나 돔의 의자에 앉은 채 말없이 긴 이별을 아쉬워했다. 그 뒤 무사히 루앙으로 돌아왔을 때도 올가는 우리와 재회할 수 있다는 기대를 거의 하지 못했기 때문에 역 대합실에서 가방을 떨어뜨렸을 정도였다. 사르트르와 나는 벨기에로 짧은 여행을 다녀왔고 여름휴가를 마쳤다. 브뤼셀, 브뤼주, 앙베르, 말린으로 돌아, 죽은 석조 건물과 살아 있는 큰 항구와 세상에서 가장 아름다운 회화를 보았다.

지난 학기에는 여러 친구들이 우리를 만나러 왔다. 카미유는 루앙에서 이틀을 지냈다. 그녀는 지방 도시를 좋아해 우리는 남김없이 안내를 했다. 그녀는 쿠론 호텔의 거위 요리를 맛보고 신트라에서 포트와인을 마셨다. 밤에 들어간 로열은 그녀에게 소녀시절 툴루즈의 초라한 댄스홀을 연상케 했다. 녹색으로 변한 금망이 벽을 뒤덮었으며 천장에는 종이꽃 장식이 둘러쳐져 있었다. 오렌지색 불빛 아래서 점원과 학생들이 춤을 추었고, 카미유는 샴페인을 주문하고 올가를 플로어로 끌어냈다. 악대가 에스파냐 무곡 〈파소 도블레〉를 연주하기 시작하자 그녀는 팔짱을 끼고 머리를 젖혀 발뒤꿈치로 마루를 차면서 여봐란 듯이 춤을 추었다. 프티 무통 호텔로 돌아오는 도중 그녀가 부르는 노랫소리가, 잠들어 조용해진 거리에 울려 퍼졌다. 아무리 생각해도 사르트르와 나는 아벨의 자손이 틀림없었다. 그러나 올가는 카미유와 마찬가지로 악마의 낙인이 찍혀 있었다. 그래서 카미유는 마왕에게 맹세코 올가를 자신의 대자(對自)로 삼는다고 선언했다.

지난해에 사르트르는 철학 학위를 취득하기 위해 수험 준비를 하고 있던 자크 보스트와 친해졌다. 사르트르는 루앙으로 그를 데리고 왔다. 그 뒤로 보스트는 가끔씩 들렀다. 19살인 그는 반짝이는 미소와 귀공자 같은 의젓함을 지니고 있었다. 독실한 신교도인 그는 이 지상에서는 누구라도 왕자일 수 있다고 생각했기 때문이다. 보스트는 원칙에서나 신념에서나 민주주의자였기에 누구에게도 우월감을 느끼지 않았다. 하지만 그는 남에게 빠져 지내거나 다른 시대의 삶을 누리는 것을 용인하는 사람들의 태도를 이해할 수 없었다. 우리의 눈에는, 그 역시 다른 의미에서 젊음을 상징했다. 그에게는 젊음의 매혹적인 아름다움이 있었으며, 그것은 대담하게 보일 정도로 멋진 느낌이었다. 더욱이 그는 미소년의 허약함도 지니고 있었다. 언젠가 기침을 하면서 피를 토한 적이 있었는데, 20살까지밖에 살 수 없다고 단정한 그를 설득하기 위해 사르트르는 의사에게 데려가야만 했다. 어른들—어쩌면 사르트르만은 제외하고—에 대해서 자크 보스트는 연민의 정이 섞인 놀라움을 느끼고 있었는데, 불안에서 벗어나고 싶은 마음에 그 어른들이 곁에 있어주길 바랐다. 우리는 그 당시 장난삼아 한 가공의 인물을 생각해내어 '꼬마 크란'이란 이름을 붙이고 때때로 인용했다. 내면생활은 이미 말한 대로 우리가 가장 싫어하는 것이었다. 꼬마 크란에게는 그것이 눈곱 만큼도 없다. 그는 늘 바깥 세계, 여러 상황이나 사물들 속에 있다. 신중하고 온화하며 완고한 그는 사물을 생각하는 것에 서툰데, 언제나 그가 말하고 싶은 바를 말하고 하고 싶은 일을 한다. 자크 보스트—우리는 형인 피에르를 '꼬마 보스트'로 불렀는데—는 우리에겐 꼬마 크란이 다시 태어난 듯이 생각되었다.* 그는 크란과 똑같이 대상에 밀착한다—마시고 있는 페르노주 한 잔이라든가, 남이 그에게 얘기하는 것이라든가. 그는 전혀 야심이 없는데도 많은 외고집의 욕망을 안고 있고, 그것을 만족시켰을 때는 대단히 기뻐했다. 그는 단 한 번도 그 자리에 어울리지 않는 엉뚱한 것을 말하거나 행한 적이 없다. 어느 때나 그럴 만한 반응—우리 자신이 같은 상황에 놓이면 틀림없이 그렇게 생각할

---

* 사르트르는 《이성의 시대》의 보리스에서, 적어도 그 무렵 우리의 눈에 비친 '꼬마 보스트'의 모습을 러시아인으로 설정해 묘사하고 있다.

반응이란 의미인데—을 정확하게 표시했다. 그의 지성은 창의력이 부족했다. '당치도 않은 말'을 몹시 두려워했으므로 무언가 생각이 머리에 떠올라도 애써 그것을 숨기려고 했다. 그는 머리 회전이 빠르고 익살스런 면이 있었는데, 그 익살스런 느낌은 그의 말과 태도에도 나타났다. 그것은 보스트가 받은 청교도적인 교육과 그의 신선한 충동과 충돌에서 생겨났다. 나와 사르트르와 마르코가 기다리고 있는 르 아브르의 카페에 그가 들어왔을 때의 일을 기억한다. 그는 서두르면서도 얌전하게, 기쁜 표정으로 주의 깊게 어색한 걸음걸이로 다가왔다. 그 서두르는 품과 몸에 밴 조심스러움의 배합은 우리에게 미소를 자아내게 했다. 그런 우리를 의심스런 눈길로 바라보며 그는 이렇게 물었다.

"세 분에게 무슨 일이 있습니까? 눈짓을 하시다니?"

이 말을 듣고 마르코가 결국 웃음을 터뜨렸다. 보스트는 루앙에서 모두의 마음을 사로잡았다. 마르코는 그를 뚫어지게 바라보았다. 올가는 그와 함께 돌아다녔다. 둘이서 친자노주 한 병을 들이켰는데 날이 밝아 눈을 떠보니 하수구에 누워 있었다고 한다. 나도 그가 카페 메트로폴의 문을 대담하고도 동시에 주눅이 든 모습으로 들어오는 것을 본 순간부터 친근함을 느꼈다. 그날 오후 사르트르는 올가와 함께 나갔고 나는 보스트와 산책을 했다. 그는 사르트르의 강의 방법에 대해 많은 얘기를 해주어 나를 기쁘게 했다. 그의 말에 따르면, 사르트르는 예의범절을 경멸하고 있으며 갑자기 화를 낼 때도 교사로서가 아니라 인생의 허황됨에 분노하는 인간으로서 분노한다. 이를테면 그는 설명을 도중에 중단하고 더 이상 할 수 없다는 눈길로 교실을 한 번 죽 둘러보고는 소리쳤다.

"이렇게 학생들이 많은 데도 지성의 번득임을 전혀 볼 수 없다니!"

이와 같은 분노의 폭발로 학생들 가운데 반은 위축되었으나 보스트는 웃음을 참느라 무던히 애를 먹었다.

나의 여동생은 상당히 오랫동안 프티 무통 호텔에 머물렀다. 그녀는 봉장 화랑에서 개최될 예정인 전람회 준비를 하고 있었다. 올가의 초상화를 그릴 생각이었으나 올가는 자세를 취하는 것이 고통스러워 지치고 말았다. 제제가 찾아온 것도 그 무렵이다. 우리는 올가 방에 모여 여러 가지 놀이를 생각해냈다. 제제는 밸리댄스를 추고, 마르코는 노래를 불렀으며, 보스트는 발가락으로 성냥을 문지르고, 사르트르는 여자로 분장을 했다. 기묘하게도 이 변장은 그에게 곧잘 어울렸다. 노르웨이 일주 중에 어느 가장무도회에서 그는 어머니의 검은 벨벳 드레스를 입고 금발의 긴 가발을 쓰고 나간 결과 미국인 동성애 여성이 밤새도록 집요하게 쫓아다녔다고 한다. 이튿날 아침 그녀는 어처구니가 없어 그에게서 도망쳐 버렸다.

당시 루앙을 떠들썩하게 한 큰 사건들은 특히 동생과 나를 크게 기쁘게 했다. 사립 여학교 시절 어느 '상품수여식' 때 우리는 식전을 주재한 빌라벨 주교 예하(猊下)의 십자가 자수정에 경건하게 입맞춤을 한 적이 있었다. 최근에 교황청은 배임과 품행상의 문제로 그에게 엄격한 제재를 가했다. 이 사건 때문에 한 소녀가 목숨을 잃었으며 몇몇 수녀가 말려들어 피해를 보았다. 대성당 밖에서는 사람들이 계속 수군거렸다. 주교를 옹호하는 자들도 있어, 그들은 주교의 가장 가까운 측근이 유일한 악인이라고 주장했다. 그러나 사실을 부정하는 사람은 아무도 없었다. 이 같은 일로 주교관 주위의, 수도원이 줄지어 있는 조용한 거리가 뜻하게 않게 조명을 받게 된 것이다.

동생은 비서를 하면서는 그림 그릴 여유가 없어 이미 그 일을 그만두었다. 그녀는 가죽 시장과 가까운 상퇴유 거리의 새로운 아틀리에에 자리를 잡았다. 허술하면서도 기분이 아늑한 큰 방이었는데, 곤란하게도 바람이 불면 가죽 무두질과 고기 썩는 냄새가 코를 찔렀다. 동생은 취사도구 일체를 가지고 와 그곳에서 자취를 했다. 사실 이곳이 그녀 삶의 터전으로, 그림물감은 비싸고 그녀는 무일푼이어서 매우 검소한 생활을 했다. 동생의 개인전은 6월 초에 열려 초대일에는 많은 사람이 왔으며 대단한 호평을 받았다. 그녀의 풍경화나 초상화에서는 확실히 재능을 엿볼 수 있었다. 마르코가 동생에게 사기를 치려고 했을 때 나는 몹시 분노했다. 루앙에서 그는 그의 장기인 겉치레 우정을 그녀에게 드러내기 시작한 것이다. 그는 파리의 고급 식당에서 2, 3번 그녀에게 점심을 사주었다. 그렇게 무턱대고 친절을 베풀며 자기 이야기를 하고는, 간사한 목소리로 사르트르와 내가 자신을 정당하게 평가해주지 않아서 슬프다고 호소했다. 아무것도 확실한 내색은 하지 않으면서도 그의 얼굴에는 순정이 넘쳐 흘렀다. 동생은 완전히 동정을 했다. 다행이 우리 자매는 정말로 사이가 좋았기 때문에 그녀는 나에게 조언을 바랐다. 내가 마르코가 어떤 인간인지 가르쳐 주자 여동생은 그렇게 쉽게 넘어간 것을 몹시 분하게 여겼다.
　마르코는 우리와 파니에 사이에도 이간질을 했는데, 이 경우에는 더욱 교묘했다. 파니에는 우리가 올가에게 열중하는 점을 엄하게 비난했다. 그는 친구들을 독점하고 싶었기에 올가가 마음에 들지 않았던 것이다. 우리는 멍청하게도 그의 당치도 않은 불안을 올가에게 전했다. 그러니 그녀로서도 그를 좋게 생각할 리가 없었다. 어느 날 밤, 그녀와 함께 나간 마르코는 파니에를 공격했다. 그녀는 그 기사도 수법에 넘어가 한술 더 뜨고 말았다. 파니에와 그의 사촌 여동생이 반은 약혼한 관계임을 마르코에게 알린 것이다. 파니에는 그 사실을 마르코가 알게 되길 원치 않았는데 마르코는 곧바로 파니에게 그것을 말하러 갔고, 파니에는 올가가 그를 미워해 느닷없이 폭로를 계획했다고 생각했다. 사실 그는 그녀와 우리를 원망했다. 우리는 올가에 대한 그의 악의가 신경에 거슬렸다. 그는 테레즈와 함께 루앙으로 와 프티 무통 호텔에서 하룻밤을 묵었다. 이튿날 아침 그는 옆방에서 남녀가 얘기하는 소리가 들려와 감동했다고 말했다. 정확히 알아듣지 못했지만, 번갈아 울리는 낮고 굵은 목소리와 가늘고 날카로운 목소리에는 부부의 영원한 노래가 느껴졌다고 했다. 우리는 단호하게 이의를 제기했다. 그는 부인을 때리는 그 특무상사 옆방에 묵었기 때문이다.
　"그런 것은 그다지 문제가 되지 않아. 어쨌든 그 이중창에는 상징적, 보편적, 감동적인 의미가 있었던 거야."
　파니에는 단언했다. 그와 우리 사이에서 생기는 이와 같은 알력은 드문 일이 아니었다. 그러나 예전에 우리가 그에게 느꼈던 특별한 친밀감은 잃어버리고 말았다. 그의 휴머니즘은 우리 사이에 메우기 어려운 갈등의 골을 만든 듯했다.
　우리는 마르코와 도저히 화해할 수 없었다. 그는 우리가 퍼붓는 비난을 무시해 이쪽의 기세를 꺾어 버렸다. 우리는 그의 악마주의에 이끌려 상당한 악취미의, 지금 돌이켜 보면 무엇이 재미있는지 모를 나쁜 장난을 한 적이 있다. 마르코는 폴 귀트라는 동료에게 반감을 가지고 있었다. 귀트가 권력자에게 지나치게 굽실거리며, 무턱대고 글재주를 뽐내곤 해서 마르코의 마음에 들지 않았던 것이다. 귀트는 책을 쓰면서 글솜씨를 역겨울 정도로 자화자찬해 마르코는 아무 소리도 못하게 혼내줄 생각이었다. 사르트르는 올가에게 기분전환을 시켜주는 셈치고 그를 힘껏 도와주기로 했다. 마르코는 귀트에게 이미 명성을 얻은 작가의 의견을 들어야 도움이 된다고 충고했다. 그리고 자신은 피에르 보스트와 친한데, 간혹 이 작가는 루앙에 오기도 하니 귀트의 원고를 보여주고 만날 수 있도록 주선하겠다고 제의했다. 이에 귀트는 동의했다.

약속한 날, 나는 누구보다도 먼저 프티 무통 옆 카페에 자리를 잡았다. 이윽고 마르코가 오동통하고 땅딸막한 사내를 데리고 들어왔다. 이 사내는 곧바로 나에게 자신의 작품 이야기를 시작했다. 귀트는 중고등학교 동급생들, 이를테면 브리지야크가 벌써 명성을 얻고 있는데도 충분이 그들과 대등한 재능을 지닌 자신이 세상에 알려지지 않는 것은 부당하고 도리에 어긋나는 일이라고 생각했다. 그러나 머지않아 자기도 유명해질 수 있음을 믿어 의심치 않는다고 말했다. 그는 주머니에서 지하철 차표와 빵조각을 끄집어내어, 이것이야말로 영감의 원천이며 인생의 현실과 접촉을 확보하는 자료라고 했다. 그의 작품은 한 인간—즉 작자 자신이자 보편적인 인간—이 어머니의 자궁 안에 깃든 순간부터 죽는 순간까지의 생애를 서사시적으로 말해 주는 것이었다. 다만 아직 제1장밖에 쓰지 못하고 있다. 귀트가 이 설명을 하고 있는 동안 올가가 카페로 들어와 나와 생판 남이란 표정으로 다른 테이블에 앉았다. 그녀는 창녀 역할을 하기로 했던 것이다. 몇 분 뒤에 사르트르가 나타났다. 스카프를 둘둘 감고 장부 같은 큰 노트를 안고 있었다. 마르코는 사르트르를 가리키며, 이분이 피에르 보스트라고 귀트에게 소개했다. 가짜 피에르 보스트가 된 사르트르는 원고를 펴고 마구 비방하기 시작했다. 처음부터 이 소설은 루앙의 하늘보다 더 잿빛이며 더 추악하고 기괴한 은유가 무턱대고 채워져 있다고 했다. 그는 단 하나 '혈(血)의 딸기'라는 표현이 마음에 든다고 말했는데, 사실 이것은 어느 생리학 교과서에나 실려 있는 '반점'을 말하는 것이다. 가짜 피에르 보스트는 그밖의 내용도 거의 모두 비판했는데, '내 정열의 기관차는 당신의 무관심의 레일 위를 달린다'는 식의 표현도 있었다. 정의롭다고는 말할 수 없다고 해도 적절한 처형식을 마치자 사르트르는 크게 놀란 귀트와 기쁨 가득한 마르코를 남겨 둔 채 떠났다.

이 사건은 계속되었다. 귀트가 진짜 피에르 보스트에게 편지를 보낸 것이다. 보스트는 회답을 보내 진상을 명확히 했다. 더욱이 그는 엉뚱하게도 동생인 자크에게 자신의 이름이 함부로 사용되는 게 불쾌하다고 말했다. 이 깐깐함이 우리에겐 지극히 유감스러운 고지식함의 표출로 생각되어 그를 비난했다. 솔직히 말해서 사르트르나 나도 만일 비슷한 상황에서 누군가가 함부로 우리처럼 행세를 했다면 몹시 불쾌했으리라. 하지만 질 나쁜 이 농담이 나에게 양심의 가책을 느끼게 하지는 않았다. 피해자가 아직도 지극히 건재하기 때문이다.

우리는 변함없이 일상적으로 접촉하는 사람들을 주의 깊게 관찰했다. 올가나 마르코를 상대로 그것에 대해 이야기할 때 그들은 기꺼이 우리 고찰에 동반자가 되어 주었다. 사르트르의 학급에서 생긴 한 사건은 아주 강한 인상을 남겼다. 학생 가운데 대단히 머리가 좋은 소년이 있는데, 사생아에다 파시스트이고 침울했다. 어느 날 그가 지붕에서 뛰어내려 자살을 한 것이다. 그날 아침 8시에 그는 밀크커피 한 잔을 마시고 편지 2통을 썼다. 한 통은 그의 할머니에게, 다른 한 통은 어느 소녀 앞으로. 그러고는 욕실로 가 면도칼로 목을 그었다. 그래도 죽지 않자 지붕으로 올라갔다.

"비키세요, 위험해요!"

그는 사람들을 향해 이렇게 외치고는 뛰어내렸다. 나는 오랫동안 가슴을 단단히 죄는 듯한 기분으로 생각에 잠겼다. 밀크커피 한 잔과 죽기 직전까지 그가 간직했던 타인에 대한 배려를.

루앙 교외에 큰 정신병원이 있어서 사르트르는 이곳을 견학할 생각을 했다. 그는 나와 두 학생, 즉 올가와 보스트를 동반할 허가를 얻었다. 병원장은 병원 어귀까지 우리를 마중 나왔다. 주변은 완전한 전원이었다. 과수원과 야채밭을 가로지르니 일하고 있는 사내들의 모습이 보였다. 모두 환자인데 흉포성은 없는 사람들이라고 병원장이 말했다. 정신질환자들이 곡괭이, 가래, 호미 등을 손에 들고 자유롭게 노동을 하고 있는 모습은 나에게 기묘한 느낌을 주었다. 원장은 본관까지 우리를 안내하고 그곳에서 젊은 의사에게 소개해 주었다. 우리는 첫 번째 병실로 들어갔다. 좁은 통로를 사이에 두고 좌우로 침대가 줄지어 있다. 공기는 사람의 냄새인지 짐승의 냄새인지 분간할 수 없는 후덥지근한 냄새가 감돌았다. 푸른 무명 옷을 입은 사내들이 통로 밖에 모여 있었는데 그 가운데 한 사람이 양복바지 앞을 벌렸다. 다른 사내들은 그를 나무라며 우리의 시선에서 가리려고 했다. 그들은 미안하다는 듯이 우리를 향해 미소 지었으나 나는 가슴이 답답해졌다. 올가도 보스트도 사르트르도 몹시 언짢은 표정이었다. 오직 한 사람, 의사만은 느긋하게 미소를 띤 채 침착한 어조로 말했다.

"저들에겐 투여기로 음식을 줘야 합니다."

그는 침대에 힘없이 누워 있는 두 사람을 가리키면서 말했다. 그는 몸을 구부리고 무언가 속삭였는데 사내는 눈을 크게 뜬 채 전혀 표정이 없었다. 우리는 두 번째 병실로 옮긴 다음 세 번째 병실로 갔다. 가는 곳마다 같은 냄새와, 푸른 옷을 입고 움직이지 않는 사내들뿐이었다. 갈색 머리의 큰 사내가 의사에게로 달려와 소리쳤다.

"라디오가 망가졌습니다!"

그는 정색을 하고 계속 외쳐댔다.

"이제까지도 이 막사에선 매일 재미가 없었는데, 라디오마저 고장나면 어떻게 시간을 때우란 말이요!"

의사는 애매한 대답을 했다.

"라디오 말인가, 그건 내 소관이 아니니까."

이런 식으로 대응한 것이다. '그래, 여기도 시공의 흐름은 있으니까 시간 때우기가 필요해.' 이렇게 나는 생각했다. 이 사내들은 아침부터 밤까지 무엇 하나 하는 일없이 침대 말고는 자신이 있을 곳조차 없는 처지였다. 나는 앞으로 걸어가면서 내 주위에 불행이 한층 짙게, 자욱하게 드리워져 있는 듯한 기분이 들었다.

작은 방 하나에는 책상이 있고 환자 3, 4명이 글쓰기를 했다. 그들은 노트에 훌륭한 필적으로 동음어 끝말잇기를 쓰고 있었다. 적어도 이들에겐 지루함이 없었다. 그 옆방에서는 떠들썩한 소리가 들려왔다. 편집증이나 환각성 정신증에 걸린 환자들이었다. 한 사람이 나에게 도움을 청했다. 누군가 그의 뱃속에 전화를 부착해 끊임없이 '헛소리'가 나온다는 것이다. 그의 화법은 매우 자연스러웠는데 완전히 지쳐 버린 표정이었다. 옆에 있던 사내는 우리에게 눈짓을 하고 자신의 이마를 두들기면서 이같이 중얼거렸다.

"이놈이 빙빙 돈단 말이오!"

그리고 우리에게 자신의 얘기를 시작했다. 그의 오른쪽 넓적다리에 있는 표시는 그가 남쪽 대양 임금의 적자임을 증명한다는 것이다. 다른 한 사람은 모처럼 자기가 발명했는데 특허를 도난당하고만 기계에 대해서 우리에게 설명하려고 했다. 나는 전에 생트안 병원에서 이들과 유사한 증상을 본 적이 있다. 그러나 그곳에서는 이런 것들이 어떤 사례에 지나지 않았다. 반면에 이곳에서는 사람들이 몸소 이렇게 일상생활을 꾸려 나가고 있었으며 앞으로도 계속 살아가야 할 미래를 떠안고 있었다. 그것은 최악의 상황이었다. 그들이 생생한 정열을 가슴에 안고 정상인과 다름없는 목소리와 표정으로 말하고 있는 동안, 나는 창 너머로 멍청한 얼굴과 기묘하게 찌푸린 얼굴을 보았다. 더 심한 백치 단계로 접어든 치매증 환자들이었다. 앞으로 10년이나 20년 뒤에는 이곳에 있는 환각 환자들도 숙명적으로 그들과 똑같은 암흑에 빠져 눈빛을 잃고 기억도 소멸되리라.

"가끔은 완쾌하는 사람도 있습니까?"

나는 의사에게 물었다. 의사는 어깨를 움츠렸다. 입원 환자 260명을 돌보는 의사는 하나뿐이었다. 감기나 간장병 치료를 해줄 정도이지 정신장애 처치를 할 틈은 1분도 없었다. 실상은 환자의 이름조차 기억할 수 없다고 했다. 한심한 일이라고, 그도 인정하고 있었다. 부당하게 감금된 경우라도 피해자가 해방될 기회가 전혀 없는 것을 알고 나는 소름이 끼쳤다. 게다가 이 사람들 중에는 불치가 아닌 사람이 분명 있는데 그들을 구할 대책을 아무도 강구하지 않았다. 일단 이곳에 들어오면 모든 희망을 버려야 하는 것이다.

의사는 문 하나를 열었다. 벽을 타일로 붙인 독방 중앙에는 철제 침대에 묶인 사내가 울부짖으며 몸부림치고 있었다. 같은 구조의 옆방에는 한 사내가 자고 있었다. 그들은 조울증 환자였다. 다음에는 뇌매독 환자 병동을 찾았다. 그들만이 규칙적인 치료를 받았다. 말라리아균을 접종해 질환이 황홀성 단계로 진행되지 않도록 했다. 그들은 모두에게 싱글싱글 웃거나 즐거운 듯이 혼잣말을 했다. 마지막은 치매증 환자가 있는 안뜰이었다. 앞서 쇠창살 너머로 보인 인간의 잔해는 이곳에 있었다. 살이 빠져 홀쭉해진 얼굴로 침을 흘리면서 한쪽 다리로 뛰는 자가 있는가 하면, 손가락을 비틀거나 앞뒤로 몸을 흔들고 있는 자도 있다. 그들이 끝없이 되풀이하는 동작은 일찍이 무언가를 상징하고 있었겠지만 지금은 아무런 의미도 지니고 있지 않다. 이 사람들도 전에는—오래전 아이였을 적엔—보통 인간과 닮았을 텐데, 왜 이곳에 오게 됐을까? 그리고 우리는 도대체 무엇 때문에 이 안뜰에서 그들을 바라보거나 생각에 잠겨 있는 걸까? 우리가 이곳에 있는 것은 그들을 모욕하는 듯싶었다.

병원장은 우리를 점심식사에 초대했다. 그는 별채에 살고 있었는데 우리가 도착하자 원장 부인이 맞아주었다. 그녀는 검은 옷을 입은 당당한 부인으로, 그 오만한 외모에는 '뇌도 마음도 헛소리를 하게 되어 있지는 않다'고 씌어 있는 듯했다. 심부름을 해준 하녀는 이곳의 환자였다. 발작을 일으킬 때가 있는데, 그때에는 반드시 2, 3일 전에 주인에게 예고해 주기로 약속했다. 그때는 다른 여자 환자가 대신 온다고 한다. 대화는 차분했다. 우리 네 사람 모두 오전 중에 병실을 둘러본 일로 실망감에 젖어 있었다. 원장 부부가 부자연스럽게 생각될 정도로 정상적인 화제에 맞장구를 치는 일은 고통이었다.

커피를 마신 뒤 원장은 우리를 '자비의' 환자전용 병동으로 안내했다. 모두 독실이었는데, 열리지 않게 된 유리창은 방범 철망이 설치되어 있었다. 들여다보는 구멍이 하나 있어 감시인이 한눈에 실내를 둘러볼 수 있었다. 이곳에서는 큰 방보다도 한층 더 막다른 곳으로 내몰린 느낌이 들 것이 분명했다.

이것으로 견학을 그칠 수는 없었다. 수염을 기른 중노인 의사가 부인병동으로 우리를 안내했다. 그녀들은 남자 환자처럼 여러 과로 나뉘어져 있지 않다. 치우, 우울증, 편집증, 조울증 환자 등이 뒤섞여 있었다. 침대나 테이블, 의자로 가득 차 있어 돌아볼 수 없을 정도였다. 환자복은 입지 않았다. 머리에 꽃을 꽂거나 기묘하게 반짝이는 천을 몸에 두르고 있는 환자들이 많았다. 날카롭게 외치는 소리, 노랫소리, 연설조의 독백 등이 들려왔다. 나는 산만한 연출의 익살극을 보는 듯한 생각이 들었다. 그러나 눈에 띄지 않는 복장을 하고 한구석에서 말없이 수를 놓고 있는 여자도 있었다. 의사는 한 여자를 가리키면서 어젯밤 창에서 뛰어내리려던 환자라고 말했다. 일곱 번째 자살미수라고 한다. 그는 그녀의 어깨에 손을 얹고 말했다.

"또 했다죠? 안 돼요! 봐요, 사는 것도 그다지 나쁘진 않아요. 말을 듣지 않으면 곤란해요······."

"네, 선생님."

여자는 눈을 내리깐 채 대답했다. 의사는 그 자리에서 환자에게 할 말을 했다. 정신질환은 정신질환이니까. 그는 환자가 사람들에 의해 치료될 수 있다거나 이해받을 수 있다고는 꿈에도 생각하고 있지 않았던 것이다. 흉포성 환자용 억압복을 입은 채 침대에 묶인 여자들은 절망과 증오가 담긴 시선으로 그를 바라보았다.

"얌전하게 있겠습니다, 약속하면 억압복은 벗겨주지."

의사는 꾸짖는 듯한 어조로 말했다. 나와 올가는 의자에 앉아 뜨개질을 하는 대단히 아름다운 한 노파 옆에 멈추어 섰다. 그녀의 상앗빛 볼을 따라서 조용히 눈물이 흐르고 있었다. 우리가 왜 울고 있는지 묻자, 그녀는 몹시 슬픈 표정으로 대답했다.

"나는 일 년 내내 울고 있어요. 남편도 자식들도 울고 있는 내 얼굴을 보고 있는 게 쓰라리고 견딜 수 없다고 말해 이곳으로 끌려온 거예요!"

그녀의 눈물은 점점 더 심하게 흘렀다. 마치 자신도 다른 누구도 어쩔 수 없는 숙명을 견디고 있다는 듯이. 그녀들은 아침부터 밤까지 얼굴을 마주대고 살고 있다―눈물로 지새며 절망하는 여자들과 날카로운 목소리로 노래하거나 치마를 걷어올리고 춤을 추는 여자들이 어떻게 서로 증오하지 않고 살아갈 수 있을까?

"지난주에도 한 환자가 한밤중에 옆 침대의 여자를 가위로 찔러 죽였습니다."

의사가 말했다.

카페 빅토르의 테라스에 앉아 일상적인 세계를 다시 발견했을 때, 우리는 혐오와 피로와 일종의 부끄러움으로 큰 타격을 입은 채였다.

모든 일은 우리가 기대한 대로 되어갔다. 올가는 우리 친구들과 알게 되어 우리와 함께 경험을 쌓았다. 우리는 그녀가 성장하도록 돕고, 그녀는 두 눈의 반짝임으로 우리 세계에 생기를 되살려 주었다. 망명한 특권층에 대한 그녀의 모멸은 우리의 반부르주아적 아나키즘과 일치했다. 우리는 모두 일요일의 군중이나 신사·숙녀, 시골, 가족, 아이들, 그리고 온갖 휴머니즘을 증오했다. 반면에 이국적인 음악과 센 강변, 전마선과 부랑자, 의심스러운 술집, 인적이 끊긴 밤을 사랑했다. 우리는 바 안쪽에 웅크리고, 루앙과 전 세계에서 우리를 지켜줄 누에꼬치로 언어와 미소의 생사를 만들었다. 주고받는 눈길에서 생기는 마력에 이끌려 저마다 자신이 마법사임과 동시에 마법에 걸린 사람인 듯한 생각이 들었다. 이런 순간에 우리 '트리오'는 빛나는 성공으로 여겨졌다. 하지만 이 아름다운 전당(殿堂)에는 순식간에 균열이 생기고 말았다.

　이 전당은 사르트르의 작품이었으나 그가 이것을 건설했다고 하면 지나친 말이리라. 그는 올가에게 애착을 느껴서 이 전당을 세웠을 뿐이다. 나는 이에 만족하려고 온갖 노력을 해보았지만 헛수고였다. 아무래도 마음이 편해지질 않았다. 나는 사르트르에게도 올가에게도 애정을 느끼고 있었는데, 이 두 가지는 전혀 다르며 비교할 수조차 없는 감정으로 제각기 배타적이었다. 두 사람에 대한 내 마음은 융합할 수 없는 것이었다. 처음부터 내가 올가에 대해서 품고 있던 감정은 깊었으나, 친근해지기 쉬운 일상적 감정이고 찬탄하는 마음은 전혀 없었다. 사르트르와 같은 눈으로 그녀를 보려고 결심했을 때, 나는 내 마음을 속이는 것만 같았다. 그녀의 존재, 그녀의 비위는 전보다도 강하게 여운을 남겨 그녀는 나에게 있어 더 큰 지배력을 갖게 되었다. 그러나 그녀에 대한 나의 반응을 제약하는 구속과도 같은 이 감정이 어느 의미에서 그녀로부터 나를 멀어지게 했다. 나는 그녀와 단둘이 있을 때조차 자유롭게 희노애락을 맛보지 못한다는 생각이 들었다. 왜냐하면 나는 비밀이나 무관심은 피하려 했기 때문이다. 일찍이 나에게 귀중하고 마음 편한 짝이었던 올가의 모습은 이제 찾아볼 수 없었다. 셋이서 외출을 할 때면 지난날의 올가는 완전히 어딘가로 사라져 버렸다. 사르트르가 요구하고 있는 것은 다른 올가였기 때문이다. 때때로 그녀는 이 기대에 호응해 나와 둘이 있을 때보다 여자다운 교태를 보여 자연스럽지 않을 때도 있었다. 때로는 화를 내고 당장이라도 덤벼들 듯한 태도로 나올 때도 있었다. 어쨌든 그녀는 그를 의식할 수밖에 없었으리라. 사르트르만 해도 나와 단둘이서 얘기하고 있을 때와 올가를 상대로 할 때는 딴 사람 같았다. 그러니 세 사람이 모두 모인 자리에서 나의 기대는 이중으로 배신을 당하곤 했다. 그와 같은 모임은 이따금 나 자신을 잊게 할 정도로 즐거웠지만, 이 트리오를 몇 년이나 걸어야 할 긴 행군이라고 생각하자 나는 공포에 사로잡혔다. 내가 사르트르와 함께 계획한 여행에 올가가 가담하는 일은 조금도 바람직하게 느껴지지 않았다. 한편 나는 이듬해 파리에 교직을 얻어 올가를 불러들일 생각이었다. 그러나 그녀의 행복이 나에게 의존하고 있는 것 이상으로 다분히 사르트르에게 달려 있음을 떠올리면 나의 즐거움은 헛것이 되어 버렸다. 올가의 생활 속에서 내가 차지하는 위치를 마지막에 사르트르에게 가로채이게 될지도 모른다는 걱정을 한 것은 아니다. 그와 나 사이의 어떤 사소한 엇박자도 나에겐 견디기 어려웠기 때문에 그를 상대로 올가를 빼앗는 일 따위는 생각조차 하지 않았다. 게다가 사르트르는 나에게는 보인 적이 없는 집요함으로 올가의 호의를 요구하고 있었기 때문에, 그가 나보다도 사랑을 받는 것은 당연했다. 사르트르는 나 따위는 미치지 못할 정도의 많은 시간과 배려를 그녀에게 바치고 있었으므로 나에겐 불평할 권리가 없었다. 하지만 이 논리도 나의 분함을 누그러뜨리지는 못했다. 스스로 이의를 제기하지도 않은 채 나는 이 상황을 만들어낸 사르트르와 올가를 원망했다. 그것은 혼돈스런 원망이었다. 그리고 그 혼돈스런 원망을 부끄러워하는 만큼 힘들었다. 아니, 내가 스스로 인정하지 않은 것을 그동안 따랐다는 사실에 더욱 견딜 수가 없었다. 나는 언어와 행위에 의해서 열심히 트리오의 발전에 기여하고 있었다. 동시에 나는 다른 두 사람에게도, 또 자신에게도 만족하지 못해 앞으로 어떻게 될지 두려웠다.

올가 역시 괴로운 처지였다. 처음에는 사르트르와의 사이에 아무런 충돌도 없었다. 그는 그녀의 흥미를 끌고 즐기게 하며 매료했다. 더구나 그 엉뚱함이 그녀를 끌어당겼던 것이다. 둘만의 산책에는 가슴 설레는 시적 정취가 있었고, 그녀는 자기의 어두운 몽상이나 그녀가 열중해서 읽은 《멜랑콜리아》(나중에 《구토》로 개제)를 통해서 사르트르가 이 지상의 따분함에서 멀리 벗어난 세계로 자신을 데려가 줄 수 있는, 약간 환상적인 인물로 생각했다.

"함께 와서 정말 즐거웠어요."

그녀는 자주 사르트르에게 말했다. 사르트르도 처음에는 그녀에게 질문을 퍼붓거나 고집을 부리지 않도록 조심했다. 그러나 지금은 마르코에게 이긴 것만으로는 만족할 수 없었다. 그는 올가에 대해서 연애 감정과 같은 정도로 절대적이고도 배타적인 우정을 요구해, 그녀가 언어이건 눈길이건 신호이건, 아무튼 확실한 증거를 보여 그것을 보증해 주길 바랐다. 올가는 누구의 속박도 받고 싶지 않았다. 특히 그녀가 마주대하는 단 하나뿐인 남성도 아닌데, 그에게 구속되는 일은 딱 질색이었다. 하지만 그녀는 사르트르에게 대단히 친근함을 느끼고 있었으며 그녀 나름대로 요염한 구석도 있었다. 그렇기에 때때로 사르트르가 기대하는 대로의 표정이나 행동을 보인 것이다. 그러나 이튿날엔 확 달라졌다. 사르트르는 그녀의 변덕을 나무라고, 그녀는 그의 폭군 같은 행동을 핑계 삼아 둘이서 싸우기도 했다. 때로는 화가 난 채로 헤어진 적도 있었다. 그러면 사르트르는 르 아브르에서 나에게 전화를 걸어 올가가 그를 원망하고 있는지의 아닌지를 확인하는 것이다. 마르코가 합석했을 때 때마침 이와 같은 경위를 듣고는 눈물이 날 정도로 웃었다.

언젠가 둘은 특별히 격렬하게 말다툼을 했는데, 사르트르가 떠난 뒤 2시간이 지나 올가는 전화 한 통을 받았다. 상대는 모르는 사람이었는데, 루앙에서 기차를 타고 온 키가 크고 화를 잘 내는 한 사내가, 키는 같은 정도지만 2배나 뚱뚱한 사내에게 싸움을 걸어 한쪽 눈이 짜부라졌다. 이 폭군은 병원으로 실려 와서 그때 올가 양에게 이 일을 알려달라고 말했다, 고 알린 것이다. 올가는 깜짝 놀라 내 방으로 뛰어들었다. 나는 다음 기차로 르 아브르에 가기 위해 코트를 입고 모자를 썼다. 아직 시간이 남아 있어 마르코의 방으로 갔다. 그는 사르트르가 평소대로 테이블에서 유연하게 작업을 하고 있을지도 모르니까 먼저 카페 기옴 텔에 전화를 거는 게 어떻겠느냐고 권했다. 사르트르는 전화를 받고 싹싹 빌었다. 그는 올가가 자기 말의 진의를 알아줄 테고, 이런 장난을 해 미친 사람처럼 행동을 하면 올가도 조금 전의 폭언을 이해해 주리라고 생각한 것이다. 나는 완전히 안심했다. 올가는 두 손 두 발 다 들었고 마르코는 희희낙락했다.

어느 싸움이건 이런 식의 웃음으로 끝난 것은 아니다. 사르트르와 올가는 번갈아 나에게 불만을 털어놓으며 자기 편이 되어 달라고 부탁했다. 나는 가끔 올가 편을 들었다. 그러나 올가에게 있어서 그녀와 나의 관계가 사르트르와 나의 관계만큼 중요하지 않음을 알고 있었다. 사르트르와 나는 그녀의 젊음을 우리의 경험보다도 높게 평가했다. 그렇다고는 해도 역시 그녀의 역할은 긴밀한 공범관계로 맺어진 한 쌍의 어른에 맞서는 아이에 지나지 않았다. 확실히 우리는 신탁이라도 요구하듯이 그녀의 의견을 들었는지 모르지만, 트리오의 지도권은 우리가 장악하고 있었다. 그녀와의 사이에 진정으로 평등한 관계를 확립했다기보다 오히려 그녀를 우리에게 끌어들인 것이다. 예를 들어 내가 일시적으로 사르트르를 비난하는 바람에 사르트르와 사이가 나빠지면, 그녀는 그녀에 대한 내 감정이 위태로워질까 봐 두려워할 정도였다. 이 우려는 그녀를 초조하게 했는데, 그것은 그녀가 사르트르보다 나에게 훨씬 강한 애정을 느끼고 있었기 때문이다. 그녀는 그에게 화를 내고 나에게도 화를 냈다. 사르트르가 그 독점욕에 의해서 올가와 나의 우정을 갈라놓으려 하는데도 내가 이의를 제기하지 않아, 올가의 눈에는 이런 소극적인 태도가 무관심으로 비쳤던 것이다. 그녀가 나를 원망하는 마음은 나를 잃을지도 모른다는 두려움에 의해서 더욱더 부추겨졌다. 그녀가 사르트르와 사이가 나빠질 때 나까지 그 적의에 말려들지 않는 일은 드물었다. 때때로 올가는 나의 우유부단한 태도에 보복을 할 생각으로 여봐란 듯이 사르트르에게 접근해 나를 냉담하게 대했다. 그러다가 갑자기 나와 적대하는 것이 견딜 수 없이 걱정이 되어 사르트르에게 쌀쌀맞게 굴었다.

　이런 일로 사르트르가 얻는 것은 별로 없었다. 그 이유는 단순히 망설임이나 주저나 변덕이 그를 분노하게 했을 뿐만 아니라, 사실 그 자신이 올가에게 무엇을 기대하고 있는지 몰랐기 때문이다. 그것은 언어로 표현하거나 마음에 묘사할 수 있는 성질의 것이 아니며, 획득할 수도 없었다. 그래서 이따금 올가의 존재나 그 우아함마저 그를 매혹함과 동시에 실망시킨 것이다. 그런 때 그는 확실한 이유에서라기보다도 오히려 자신의 욕망이나 기쁨 아래 둥지를 틀고 있는 공허를 거친 표현으로 얼버무리기 위해 분노를 털어놓았다. 이처럼 갑작스러운 회오리바람은 때때로 올가를 아연하게 했다. 사르트르는 변함없이 올가를 만난 이야기를 내게 하나하나 들려주었다. 처음에는 나도 사르트르의 보고와 그것에 이어지는 엄청난 주석을 친절하게 들어주었다. 그러나 지금은 사르트르가 올가의 찌푸린 눈썹이나 시무룩한 얼굴에 관해서 끝도 없이 자문자답할 때 나는 초조해졌으며, 또 그것을 숨기려고도 하지 않았다. 내가 그의 해석에 반대하면 그는 화를 냈고, 어쩌다가 올가가 옳다고 하면 더욱 화를 냈다. 이렇게 논쟁할 때 우리가 현상학에서 차용해 무턱대고 사용한 언어가 있다. '명증(明證)'이란 단어인데, 다양한 감정과 모든 '심적 대상물'은 개연적인 것에 지나지 않는다. 하지만 '체험'은 그 자체의 명징성을 갖추고 있다. 내 입을 막기 위해 사르트르는 말했다.

　"올가는 조금 전 내게 잔뜩 화를 냈지. 이것은 하나의 명징이야."

　나는 다른 명징을 몇 개 들어서 반박했다. 그가 이러한 즉석 명징에서 올가의 적의라든가 우정과 같은 가설적 진리의 명징으로 간단히 이행하는 것을 비난하게 되면, 우리의 논쟁은 끝없이 이어지고 끝내 나는 질려 버렸다.

이렇게 해서 우리 세 사람 모두 스스로 조립한 즐겁고도 악마적인 기계에 질질 끌려 휘둘리게 되고 말았다. 결국 우리는 무사히 그곳에서 벗어나 모든 것은 우정의 승리로 끝났는데, 이런 사소한 분쟁에는 상당히 많은 멍청함 또는 광기가 섞여 있었다. 다만 그곳에는 우리의 커다란 선의도 보태져 있었다. 우리 가운데 누구 하나도 끝까지 원한을 남겨 다른 누군가에게 안기는 일은 없었다. 그러나 우리는 저마다 몹시 우울한 한때를 경험했다. 서로 강한 애정을 느꼈던 만큼 의혹의 그림자가 조금만 비쳐도 순식간에 그것이 퍼져 하늘을 뒤덮는 암운이 되었다. 만일 우리가 파리에 살았다면 틀림없이 이렇게 심각한 일로 발전되지는 않았으리라. 친구라든가, 여러 가지 기분전환이라든가, 벗어날 방법은 얼마든지 있기 때문이다. 그런데 우리 트리오는 시골의 숨 막힐 듯한 고독 속에서, 유리에 뒤덮인 온실에 갇혀 살고 있었다. 괴로워 견딜 수 없을 때도 그것을 전환하는 단서는 무엇 하나 발견되지 않는다. 사르트르는 얼굴을 찡그리고 만다. 그것은 지난해 만큼 나를 불안하게 하지 않았지만 그렇다고 절대 기분 좋은 일은 아니었다. 올가도 가끔은 미친 듯한 행동을 했다. 부활절 휴가 때였다. 파리로 나와 모두가 카미유의 집을 방문했을 때, 그녀는 타고 있는 담배를 손에 밀어붙여 편집광과 같은 참을성으로 껐다. 이 일화는 《초대받은 여인》에 썼다. 이것은 복잡한 사태로 내몰린 올가가 혼란으로부터 몸을 지키기 위한 하나의 수단이었던 것이다. 그런데 나는 그때까지─죽음의 공포에 사로잡힌 짧은 발작적인 경험을 제외하면─무기력함과는 무관한 행복하고 강렬한 빛에 쌓여서 살아왔다. 그렇기 때문에 내가 슬픔의 맛을 알았을 때 나는 거의 망연자실했다. 지금도 떠오르는데, 어느 날 오후 올가와 나는 어깨를 나란히 하고 둘 다 음울한 기분으로 루앙의 무더운 여름 속을 어슬렁거렸다. 오드로베크 거리까지 오자 두 아이가 공중화장실 안에서 쫓고 쫓기는 놀이를 하고 있었고, 물에 잠긴 집들 가운데 한 집의 1층에서 끽끽거리는 바이올린 소리가 났으며, 거리에서 벗어난 곳에서는 한 사내가 접의자에 앉아 톱을 사용해 맥 빠진 목소리로 노래를 부르고 있었다.

"거리에 비가 내린다
밤은 깊은데, 들리는 소리.
길 잃은 마음이 듣는
그대의 발소리."

나도 우리의 발소리를 듣고 있었다. 내 마음도 천 갈래 만 갈래로 흐트러졌다. 나는 또 마르코와 함께 비어홀 오페라에서 점심식사를 하던 때를 회상한다. 올가는 나에게 쌀쌀맞게 '안녕'이란 말 한마디를 던지고는 사르트르와 함께 웃으면서 떠나 버렸다. 둘은 지금 꿈과 같은 즐거운 한때를 지내고 있으리라. 여러 가지 사물을 바라보면서 들떠 있는 두 사람은 온 세계를 독점하고 있다. 올가의 오기 때문에 나는 따돌림을 당했다. 나는 모든 것을 잃고 허무 속을 헤매고 있는 것이다. 가슴이 답답해 달걀부침을 한 입도 삼키지 못할 정도였다. 또한 마르코의 얘기도 끝없는 공허 속으로 빨려들고 말았다.

이런 심적 혼돈은 지금 내가 올가의 기분을 멀리서라도 전혀 볼 수 없었기 때문이다. 그렇다, 사람들의 다양한 사고는 그들 머릿속에 무해하고 사소한 연기처럼 존재하는 것은 아니다. 그래서 그들 머릿속의 다양한 생각이 이 땅을 점령했으며, 나는 그곳에 섞여 있었다. 올가 덕분에, 나는 앞에서도 말한 바와 같이 지금껏 피하려고 노력해 온 하나의 진리에 직면할 수밖에 없었다. 다른 사람도 나와 똑같은 이유로 나와 똑같은 현실적 명징성을 지니고 존재한다. 올가는 그 기질로 인해서, 또 트리오 가운데서 그녀에게 주어진 역할 때문에 완고하게 자신의 방식을 계속 유지하고 있었다. 그녀는 언젠가 긴 기간 동안 철저하게 모든 것을 우정에 바칠 수 있었지만, 늘 다시 자신을 되찾곤 했다. 여러 가지 계획을 함께하는 것만이 서로의 이해를 지속시켜 주는데, 올가와 나 사이에는 그것이 없었다. 나에게서 벗어나면 올가는 타인과 같은 시선으로 나를 바라보면서 사물을 대하듯 쳐다보았다. 내가 때로는 우상이 되기도 하고 적이 되기도 하는 것이다. 그녀의 어딘지 모르게 무서운 면이 과거를 잊고 미래를 거부했기 때문에 현재의 사실을 갑자기 거칠게 단정하곤 했다. 만일 나의 말이건 동작이건 결정이건 간에 그녀의 비위에 거슬리면 이제 나는 완전히, 영구히, 불쾌한 존재가 되고 말리라. 나는 또다시 나 자신의 윤곽을 정하고 한계를 표시하는 일에 맞닥뜨렸다. 칭찬할 만하다고 생각되어서 한 일에 문득 나의 결함이 폭로된다. 나의 도리는 과실이 되었다. 실제로 올가가 언제나 심술궂던 것은 아니었고 나에게도 방어수단은 있었다. 나는 마음속으로 그녀에게 화를 내고 비난하며 나름대로 심판을 했다. 그래서 극도의 엄격함으로 나 자신을 살필 수 없었다. 더욱이 나는 조금 자신감을 잃었다. 그것은 쓰라린 일이었다. 이런 계획에는 확신이 필요했는데, 나에게는 약간의 의혹도 현기증을 일으켰다.

한층 나를 동요시킨 것은 가끔 이런 일이 사르트르와 나 사이에 불화를 일으킨다는 사실이다. 그는 우리 관계를 바꿀 우려가 있는 일은 말하거나 행하지 않도록 언제나 충분히 배려를 했다. 우리의 논쟁은 원래 매우 활발하고, 조금도 험악하지 않았다. 그런데도 나는 그때까지 이치에 맞는 것으로 생각하던 몇 가지를 다시 생각해야만 했다. 이를테면 '우리'라는 너무나도 편리한 말의 애매함에 가려져 나 자신과 타인을 혼동하는 일이 올바르지 않음을 깨달았다. 사람에게는 저마다 자신에게 도움이 되는 경험이 있다. 전부터 나는 언어에 의해서는 현실의 존재 자체를 나타낼 수 없다고 주장했는데, 이제 거기에서 결론을 이끌어내야 한다. 일심동체라고 말할 때 나는 속이고 있었던 것이다. 둘 사이의 화합은 결코 주어지는 게 아니라 어디까지나 획득해 나가야 하며, 그런 사실 자체는 나도 곧 인정했다. 그러나 거기에는 더 고통스런 문제가 제기된다. '이 경우, 획득한다는 것은 실제로 무엇을 의미하는가?' 우리의 사고로—이 점에서 현상학은 우리가 훨씬 전부터 지니고 온 확신을 강화해 주었는데—시간은 찰나를 초월하고, 감정은 '되풀이되는 마음의 증상' 건너편에 존재했다. 만약 그것이 단순히 맹세의 말이나 좋은 몸가짐이나 약속에 의해 유지되는 것에 지나지 않는다면, 끝내는 실체가 없어져 성서 속 위선자처럼 되는 건 아닐까? 올가는 의지를 지탱해 주는 건설적인 것은 모두 심하게 경멸했다. 단지 그것뿐이라면 내가 동요할 리가 없었다. 그런데 그녀를 상대하고 있으면 사르트르까지 혼란스런 감정으로 이끌리고 마는 것이었다. 그는 나와 함께 있을 때는 경험한 적이 없는 불안이나 격노, 기쁨을 맛보았다. 그 때문에 내가 느낀 불쾌한 마음은 질투 이상이었다. 때때로 나는 나의 모든 행복이 커다란 허위 위에 세워지고 있는 게 아닐까 생각했다.

학년 말이 되자 매번 결정적인 징후를 띤 이별이 임박한 탓인지 사르트르와 올가 사이가 험악해졌다. 둘은 몇 번인가 심각한 말다툼을 한 뒤 절교하고 말았다. 올가는 본능적으로 이를 보충하기 위해 나에게 전에 없이 상냥하게 대했다. 나는 일에 지쳐 있었기 때문에 한숨 돌리기로 했다. 며칠 동안 우리는 거의 함께 지냈다. 밤에는 마르코가 낄 때도 있었다. 부두 뒤 골목길은 기분 좋은 밤 산책을 즐기는 외국 선원으로 가득했다. 마르코는 그들에게 말을 걸거나 '상륙자들'이 몰려드는 바로 우리를 데려가기도 했다. 마르코 없이도 우리는 그곳에 가 보았다. 올가는 영어를 유창하게 해 우리는 머나먼 나라에서 온 금발의 사내들과 오랫동안 이야기를 나누었다. 그 가운데서도 대단히 아름다운 한 노르웨이인에게는 여러 번 다가갔다. 그는 우리의 이름을 물었다.

"이 사람은 카스토르라고 해요."

올가는 나를 가리키면서 말했다.

"그러면 당신은 폴룩스겠군요."

그 선원은 쾌활하게 말했다 (카스토르는 보부아르의 별명. 그리스 신화의 쌍둥이 형제 카스토르와 폴룩스에 빗대어 말함). 그 뒤 그는 우리의 모습을 보면 달려와 신바람이 나서 떠들어댔다.

"야아, 카스토르와 폴룩스."

그리고 이렇게 이름을 부르면서 우리 볼에 키스를 했다. 마지막 밤 산책에는 새벽 4시까지 여는, 부잣집 아들들이 잘 가는 카페 겸 식당으로 갔다. '니코의 집'이라고 했는데 한밤중이 지나서 식사를 할 수 있는 곳은 여기뿐이었다. 나는 이와 같은 방랑과 다시 찾은 올가와 둘만의 친밀함을 즐겼다. 나는 사르트르가 그의 희생으로 실현한 이 역행을 몹시 불쾌하게 생각한다는 사실을 알고 있었다. 그에게 나쁜 짓을 하고 있는 듯한 죄책감이 들 정도였다. 어쨌든 한동안 그는 나를 자기 편으로 생각해 주지 않았다. 이 마음의 어긋남은 내가 숨 쉬는 공기를 맛없게 느끼게 했다.

올가는 학위를 얻기 위한 단계 가운데 단 하나도 취득하지 않았다. 그녀의 부모님은 불같은 화를 담아 편지를 보냈다. 그녀는 7월 초에 뵈즈빌로 돌아갔다. 나는 헤어지기가 섭섭했다. 반면에 트리오의 악의 몸부림을 둘러싼 분위기가 몹시 힘들어져 있었기 때문에, 이를 벗어나 가볍게 친구들 사이로 끼어들 수 있다고 생각하자 안도의 한숨이 나왔다. 마르코와 매우 사이가 좋아진 보스트는 프티 무통에 며칠 머물기 위해 왔다. 밤이 되자 우리 세 사람은 마르코가 알아낸 수상쩍은 나이트클럽들을 차례로 돌아다녔다. 코르들에 거리는 르 아브르의 가리옹만큼 매혹적이진 않았지만 그래도 제비꽃 빛깔의 별과 붉은 풍차, 녹색 고양이 등이 반짝이고 있었다. 어느 날 밤 마르코는 좁은 길에 앉아 있는 뚜쟁이 할머니에게 귀인인 체 인사를 하고 무언가 담판을 지었다. 그녀는 허술한 대합실 같은 방으로 우리를 안내했다. 소매가 긴 드레스를 입은 여자 3, 4명이 벤치에 앉아 있었다. 마르코는 비쩍 마른 금발 여자에게 술을 마시지 않겠느냐고 꾀어 아주 정중하게 여러 가지를 물었다. 금발 여자는 몸이 굳어진 채로 대답을 하고 있었으며, 나는 마르코의 방법이 서툴다고 생각했다. 하지만 대개의 경우 그는 거의 무엇이건 뜻대로 할 수 있었다. 그에게는 뭐라 말할 수 없는 매력이 있었기 때문이다. 사르트르도 올가가 귀향한 뒤로는 그녀와의 사이가 나빠진 것을 한동안 고통스러워하지 않았다. 그는 루앙에 와서도 아주 기분이 좋아 보였다. 나는 그와 초저녁을 함께 지내고 니코의 집에 달걀부침을 먹으러 갔다. 자정쯤 마르코가 사람들의 이목을 집중시키며 들어왔다. 그는 보스트를 어깨에 메고 왔는데, 페르노 주 2잔을 들이켠 보스트는 몸을 가누지 못할 정도로 취해 입을 크게 벌리고 웃고 있었다.

보스트의 쾌활함에 우리도 한데 어우러졌다. 마르코에게도 나에게도 루앙을 떠나야 할 때가 다가왔다. 우리에 대한 나쁜 소문이 심각해지고 있었다. 하지만 우리 둘은 모두 파리로 전임될 예정이었다. 이 승진에 나는 크게 만족했고, 사르트르도 이듬해에는 르 아브르를 떠날 계획이었다. 그 이유는 잊었지만—다분히 겸임 문제였던 것으로 기억하는데—르 아브르에서 새로운 철학 교수를 초빙했다. 그 대신에 사르트르에게는 리옹의 카뉴(고등사범학교 문과 수험준비반)를 맡게 한다는 얘기가 나왔다. 그의 부모님도 르메르 부인도 이를 승낙하도록 계속 권했다. 그러나 리옹은 멀었고 카뉴의 교사가 되면 영전이란 핑계로 오랫동안 다른 곳으로 옮길 수 없게 될 가능성이 있었다. 사르트르는 랑 중고등학교 최고학년을 맡는 편이 더 낫겠다고 말했다. 그렇게 하면 파리에는 더 가깝지만, 대신 조촐한 지위를 선택하는 셈이었다. 나는 강력하게 이를 지지했다.

나의 행복은 되살아났다. 사르트르의 마음도 안정이 된 듯하여 둘이서 로마 여행을 떠나기로 했다. 한편 사생활의 이런저런 분쟁 와중에 있으면서도 우리는 정치 정세를 주의 깊게 지켜보았다. 그리고 인민전선의 승리를 감격으로 맞이했다.

우리는 전부터 계속 이를 희망해 왔다. 그러나 우익이 이를 방해하려고 해서 완강하게 싸우고 있었던 것이다. 제즈 사건은 이 투쟁 가운데서도 가장 시끄럽게 처리된 일이었다. 파리대학 법학부 교수인 제즈는 일찍이 반동적인 견해를 자주 선언한 사람이다. 그런데 이해 5월에 그는 국제연맹에서 에티오피아 시찰위원단을 대표해 이탈리아에 대한 공격연설을 떠맡은 것이다. 11월 그의 첫 공개강의는 엄청난 야유 때문에 부득이 중지되었다. 그는 이듬해 1월 알릭스 법학부장 참관하에 학생들 앞에 섰으나 또다시 야유가 터져나왔다. 법학부는 폐쇄되었으며 파시스트 청년들은 카르티에-라탱에서 학생 동맹휴업을 호소했다. 동맹휴업은 실패로 끝났고, 의회에서는 정부에 폭력단체 해산권을 부여하는 법안을 채택했다. 2월에 이탈리아군이 아디스 아바바를 공격하고 프랑스 우익이 무솔리니에게 축전을 보내고 있을 때 법학부가 재개되었다. 제즈의 강의는 또다시 방해받았다. 법학부장은 그를 충분히 옹호하지 않았다는 비난을 받아 사직이 불가피했다. 제즈는 3월에 마지막 시도를 한 뒤 공개석상에 나서는 일을 결정적으로 단념했다.

가장 중대한 위해(危害)가 레옹 블룸에게 가해졌다. '애국자'들은 자크 뱅빌의 장례를 국장급으로 성대하게 치르려고 했다. 하지만 식장에서 철수하는 도중 그들은 생제르맹 거리에서 의회를 막 나선 레옹 블룸의 차와 마주쳤다. 그들은 차를 멈추게 한 뒤 타고 있는 사람들에게 싸움을 걸었으며, 제지하는 경관 앞에서 블룸에게 중상을 입혔다. 몇 사람이 검거되었다. 블룸에 대해 격렬한 비난기사를 쓰던 모라스는 살인교사죄로 수개월의 금고형을 선고받았다. 인민전선은 블룸의 가해자에 대해서 대규모 시위대를 조직하고 또다시 그 위력을 발휘했다. 많은 토론회와 시위행진이 승리가 가까워졌음을 보증하고, 에스파냐 정세는 이를 예고하는 듯이 보였다.

라 파시오나리아(*정열의 꽃* 에스파냐 공산당 돌로레스 이바루리의 애칭)는 웅변으로 공화파의 피를 끓게 했다. 우익은 선거에서 패했다. 프랑코 장군이 아무리 궐기하려고 해도 헛수고였다. 승리는 인민전선 쪽에 있었다. 프랑스 온건파 신문은 이를 '불량배들의 전선'으로 명명해 그 잔학행위를 묘사해내려고 했다. 여러 좌익 신문들은 앞다투어 이러한 과장을 비난하여 쉽게, 그러나 정당한 성공을 거두었다.

  히틀러가 라인란트를 점령하기에 이르렀는데도 평화주의자들은 여전히 인내를 역설하고 있었다. '저항하고 교섭하라'고 에마뉘엘 베를은 썼다. 하지만 자기 실력에 자신을 얻은 좌익은 강경해졌다. 평화는 끊임없이 후퇴해서는 오지 않는다고 그들은 선언했다. 히틀러의 호언장담이 성공하고 있는 이유는 프랑스 우익의 공모가 있기 때문으로, 단호한 적을 앞에 두면 히틀러는 퇴각할 것이다. 프랑스 대중은 전쟁을 원하지 않았다. 전쟁을 뿌리치기 위해 그들은 강경책에 기대를 걸었다.

  친구들 모두, 그리고 나 자신도 이 견해에는 찬성이었다. 대외적으로는 위기에 빠진 평화를 구하고 대내적으로는 언젠가 진정한 사회주의에 도달해야 할 운동을 개시하기 위해 우리는 인민전선에 기대를 걸었다. 사르트르도 나도 그 승리를 진심으로 바랐던 반면에, 우리의 개인주의는 이 '진보주의'에 브레이크를 걸어 1935년 7월 14일에는 방관자로서 일관한 태도를 그대로 지속하고 있었다. 5월 3일 총선거의 밤에 우리가 어디에서 지냈는지 이제 떠올릴 수 없다. 아마도 루앙의 어느 광장이었으리라. 확성기가 전하는 개표의 숫자는 우리를 완전히 만족시켰다. 그러나 사르트르는 투표하지 않았다. 좌익지식인의 정치적 포부는 그의 어깨를 움츠리게 했다. 자크 보스트는 파리에서 형과 외젠 다비, 앙드레 샹송 등과 함께 선거 결과를 들었다. 그는 그때 샹송이 개가를 올렸다고 말했다.

"드디어 일자리를 차지했구만!"

"샹송은 누구에게도 일을 맡기지 않았어."

사르트르는 안타깝다는 듯이 말했다. 장광설로 열변을 토하거나, 미사여구를 늘어놓거나, 시위행진을 하거나, 설교를 하거나, 정말로 허황된 선동이었다! 만일 우리에게 거기에 참가할 기회가 주어졌다면 그것을 똑같이 바보짓이라고 생각했을까? 나로서는 알 수 없다. 하지만 반대로 만약 우리가 효과적인 행동을 취할 수 있는 상황이었다면 아마도 틀림없이 그렇게 했으리라. 투표 거부와 같은 우리의 방관주의는 주로 우리의 힘이 없기 때문이었지 사회 움직임에 참여하는 일을 무조건적으로 거부했던 것은 아니다. 그 증거로 파업이 일제히 발생하고 동맹파업자들의 가두 캠페인이 줄을 이었을 때 우리는 우리가 할 수 있는 모든 일을 했다. 파니에는 그 일에 대해서 우리를 비난했다. 그때 비로소 그와 나 사이에 중대한 정치적 견해차가 생겼다. 그는 파업이 블룸의 실험(모든 폭력적 정치집회를 제재하려는 의회의 방침)을 위험에 노출시키는 행위라고 말했는데, 반대로 우리는 파업이야말로 행동노선을 급진전시키는 유일한 수단이라고 생각했다. 우리는 공장 점령을 커다란 감격으로 맞이했다. 노동자들과 사무직원들은 대규모 행동의 대담성, 전술의 교묘함, 규율, 명랑함으로 우리를 놀라게 했다. 요컨대 새롭고, 중대하며, 진정으로 혁명적인 무언가가 일어나고 있었던 것이다. 마티뇽 협정 체결로 우리는 기쁨에 가득 찼다. 단체협약제, 임금인상, 주 40시간 노동제, 유급휴가제 등이 노동자의 생활에 변화를 가져오게 되었다. 군수공장은 국영화되고 소맥관리국이 설치되었으며, 정부는 파시스트 단체 해산령을 내렸고 부정과 착취와 어리석음을 기반을 잃었다. 그것은 우리의 마음을 들뜨게 했다. 그러는 동안—모든 반대의견은 사라졌는데—비록 색채는 바뀌었어도 순응주의는 여전히 우리 마음에 들지 않았다. 우리는 프랑스 전역에 나부끼는 국수주의 깃발을 조금도 좋게 생각하지 않았다. 아라공은 프랑스 삼색기의 색채가 들어간 기사를 썼고, 알람브라 극장에서는 질과 쥘리앵이 〈아름다운 프랑스〉를 노래해 많은 박수를 받았다. 그것은 마치 데룰레드의 서투른 노래 같았다. 지난해엔 우리도 7월 14일 혁명제를 보러 갔으나 금년에는 외면하고 말았다. 자크 보스트가 제전에 참가했기 때문에 우리는 그 행동의 무의미함을 지적했다. 군중이 승리를 목표로 행진하는 모습은 아름다웠지만 그들이 그것을 손에 넣고 만 지금, 승리를 기념하는 그들을 바라보는 것이 우리에겐 따분하게 여겨졌다.

올 여름은 첫 유급휴가로 해안이나 시골로 떠나는 사람들의 모습을 볼 수 있었다. 2주, 그것은 길다고는 말할 수 없다. 어쨌든 생투앵이나 오베르빌리에 일대의 노동자들은 공장이나 뒷골목과는 다른 공기를 마시기 위해 떠난다. 파리 탈출의 기쁨과 7월 14일의 행복한 시끄러움에 섞여서 불안한 소문이 전해졌다. 이미 신문은 '에스파냐령 모로코에서의 반란'을 보도하고 있었다. 7월 12일부터 13일 밤에 걸쳐서 프랑코 장군은 에스파냐에 상륙했다. 그러나 에스파냐 국민은 확실하게 공화제를 택했다. 반란군의 패배는 의심할 여지가 없었고, 우리는 안심하고 여행 준비를 했다.

지난해 우리는 프랑스 탐험을 크게 즐겼다. 그곳에서 이탈리아까지 내려가기 전에 그르노블에 며칠 머물렀다. 매일 아침 버스를 타고 알프스 지방을 찾아가 밤에는 포르투 와인을 마셨다. 우리는 스탕달에 대해 이야기를 나누면서 산책을 했다. 사르트르는 그르노블 거리와 기품 있는 마음의 남자들, 그르네트 광장과 오염되지 않은 영혼의 처녀들을 주제로 자작한 샹송을 노래했다. 파니에가 가족과 함께 기예스트르에서 휴가를 보내고 있었기 때문에 우리는 그를 만나러 갔다. 그는 마르세유까지 차를 몰고 마중 나와 주었다.

로마에서 우리는 알베르고 델 솔레에 열흘 동안 머물고 판테온 광장에서 포르케타를 먹었다. 로마와 음식, 소음, 광장, 벽돌, 그리고 소나무를 나는 사랑했다.

나폴리는 우리의 호기심을 자극했다. 《블루 가이드》는 아무 설명 없이 나폴리가 매력적인 곳이라고 칭찬해 놓았다. 이탈리아 일주를 한 적이 있는 여동생은 이런 편지를 보냈다.

"조금도 아름답지 않아. 불결한 곳이야. 아니, 불결하다는 말로는 부족해."

역 앞 광장이나, 무표정하고 쓰레기 천지인 움베르토 1세 거리는 우리를 불안하게 했다. 이윽고 지도에서 비아 로마 옆에 표시되어 있는, 그물코처럼 복잡하게 뒤엉킨 작은 골목으로 접어들었다. 모르는 사이에 우리는 광신적 휴머니스트로 변해 있었던 것이다. 왜냐하면 양심적인 부르주아나 위생가, 공산주의자, 합리주의자와 진보주의자들은 모두 이와 같이 더러운 상태와 그것을 보존하는 우민정책을—무리도 없는데—규탄하고 있기 때문이다. 허심탄회해질 수가 있다면, 있어야 할 인간보다 있는 그대로의 인간을 사랑한다고 확실하게 말할 수 있으리라. 나폴리, 갑자기 남프랑스의 천지가 뒤집힌다. 태양은 이제 천공의 빛으로서가 아니라 거대한 그림자의 구덩이가 되어 지상에 군림한다. 그 쓰레기 더미 밑에는 광물질의 것은 이제 하나도 없다. 모든 것이 꿈틀거리고, 모든 것이 발효하고 있다. 돌조차도 해면처럼 질척질척하며 이끼나 지의류를 분비한다. 인생은 유기적인 몸과 내장의 열기 그대로를 노출하고 있다. 이런 양상에서 보는 삶은 우리를 망연하게 하고 구토를 일으키며 주술로 묶어 버린다.

우리는 그 무서움을 느꼈다. 부스럼 딱지투성이의 아이들, 종기, 불구자, 고름, 농양을 연상케 하는 납빛의 얼굴, 비위생적인 구역—'거주에 부적합'이라든가 '출입금지'가 게시되어 있는—, 그곳에도 서너 가족이 북적대고 있었다. 개골창에는 야채나 과일 씨, 썩은 고기가 떠다니고, 여기저기에서 손이 뻗어 이것을 서로 빼앗는다. 어느 거리 모퉁이나 성모상이 금빛 찬란한 엷은 옷을 걸치고 꽃과 촛불에 둘러싸여 미소를 짓고 있다. 그러나 우리는 이 무서움을 더 깊이 탐색하려고는 하지 않았다. 얼마간 여러 가지에 시선을 빼앗기고 있었던 것이다. 포르타 카푸아나 부근에서 우리는 피라미드형으로 쌓인 수박, 산처럼 수북한 토마토와 가지, 레몬, 딸기, 포도, 싱싱한 생선, 그리고 조개 장수가 조개껍데기와 해조로 만들어내는 몹시 아름다운 로코코풍 성체 안치대 등을 바라보았다. 한편에서는 굶어 죽는 사람들이 있는데도 식료품이 이처럼 강렬하게 과시되는 줄은 몰랐다. 이런 곤궁의 현실적 깊이를 지나쳐 버렸기 때문에 우리는 몇몇 현상을 사랑할 수가 있었고 인간을 떼어놓고 왜소화하는 울타리가 가난으로 완전히 제거되고 있는 모습이 우리 마음에 들었던 것이다. 이곳 사람들은 모두 하나의 태내에 살고 있었다. 밖이라든가 안이라든가 하는 말은 의미를 상실한 지 오래다. 희미한 불빛이 성인상을 비추는 어두운 동굴들은 골목길에 모두 노출되어 있어, 커다란 부부 침대에 잠들어 있는 환자들이 아무것도 덮지 않은 채 죽은 듯이 누워 있는 것이 보였다. 집들의 단란한 풍경이 펼쳐졌다. 양복점, 구둣방, 대장간, 꽃집, 장인들은 모두 가게 문 앞에서 일을 하고 있다. 여자들은 집 앞에 앉아서 아이의 이를 잡거나, 빨래를 하거나, 생선 내장을 가르면서 멀리 푸른 하늘 아래 늘어놓은 토마토즙 냄비를 지켜본다. 거리 끝에서 끝까지 친근감이 담긴 미소와 눈길과 목소리가 넘쳐나고 있다. 우리는 이 따뜻한 분위기에 포로가 되었다. 포르타 카푸아나 부근은 거의 언제나 천을 매단 기(旗)와 꽃장식, 인형극과 가구상으로 북적거렸다. 밤이 되면 촛불이 켜졌다. 그리고 상인이나 오가는 사람들의 부르는 소리, 말다툼, 몸짓, 손짓 등이 언제나 축제 분위기를 자아냈다. 한 농민이 수박을 산더미처럼 쌓은 짐차 위에 서서 재빠른 손놀림으로 그 가운데 하나에 칼집을 내, 빨갛고 큰 주사위를 만들어서는 칼끝으로 그것을 들어 보였다. 보시다시피 신선하고 잘 익었다는 뜻이다. 그는 수박을 살 사람에게 던지고 살 사람은 그것을 받았다. 눈이 핑 돌만큼 재빠른 움직임이었는데, 아직도 그 광경이 눈에 선하다. 우리는 역 근처 시가지 한가운데 있는 호텔에 짐을 풀고, 근처 공연장으로 민요를 들으러 갔다. 고급 바나 식당, 만을 따라 나 있는 호화로운 산책길은 모르고 지냈다. 그 대신 비아 로마 가까이 파파갈로에 있는 그늘지고 유쾌한 식당에서 즐겁게 점심을 먹었다. 이곳에서는 앵무새를 새장에 길렀으며 벽 가득히 이탈리아 각국 예술가들의 사진을 붙여놓았다. 저녁식사는 거리에서 샌드위치와 차가운 치킨을 사서 걸으면서 먹었다. 가끔 갈레리아에서 커피를 마시거나, 큰 과자점인 카프리슈에서 보기 좋게 구운 과자를 먹거나, 시청 광장의 카페 감브리누스 테라스에서 아이스크림을 먹으면서 나폴리의 가혹함에서 벗어나 즐거움을 발견했다. 그래도 어디에 가건 온종일 바람은 부두의 황량한 먼지와 눅눅하고 뭐라 말할 수 없는 냄새를 날라다주었다. 포시리포 산에 올랐을 때도 멀리 내려다보이는 나폴리의 위장된 희디흰 빛은 우리를 기만하지 않았다.

사르트르는 나와 마찬가지로 근면한 관광객이었다. 그는 주요한 명물은 하나도 빠뜨리지 않을 기세였다. 매일 아침 미국인을 가득 싣고 베수비오 화산 정상까지 나르는 등산전차가 있었다. 1인당 90프랑, 이렇게 되면 방법이 없다. 베수비오 산기슭 근처 작은 역에서 내려 걸어갈 수밖에. 먼저 검은 흙의 포도밭을 가로지르는 자갈길을 한동안 나아갔다. 그런 다음 용암이나 화산암, 재로 이루어지는 바위를 기어 올라갔다. 재의 층은 차츰 두꺼워지고 지면은 한 걸음 옮길 때마다 부스러져 걷기가 힘들었다. 마지막에 가파른 계단 모양으로 쌓인 철도의 밸러스트를 뛰어넘었다. 한 단 오를 때마다 숨이 찰 정도로 힘이 들었다. 우리를 다시 만난 행상인은 몸짓과 구호로 격려해주었고, 그 고장 사람 2, 3명이 우리 뒤를 따라오더니 종착역 옆에다 작은 좌판을 벌였다. 녹색을 띤 메달, 용암 조각, 가짜 유물 등이었는데, 그중 한 사람이 포도를 팔아서 우리는 호박색 포도 몇 송이를 샀다. 숨이 막힐 듯한 유황 증기를 무릅쓰고 우리는 오랫동안 화구 옆에 앉아 있었다. 그리고 '지각(地殼)'이라는 익숙해진 표현이 그대로 들어맞는 진실임을 발견하고 놀랐다. 이 지구는 얼마나 크게 구운 과자일까? 잘못 구워서, 너무 구워서, 타원으로 부풀고, 갈라지고, 금이 가고, 줄과 반점이 생기고, 구멍이 뚫리고, 연기에 그을리고, 아직도 용솟음치며 펄펄 끓고 있다. 우리는 한 무리의 관관객에 의해 방해를 받게 되었다. 그들은 가이드를 앞세우고 깊은 분화구 쪽으로 몰려갔다. 가이드는 함부로 숫자를 들어 화구의 폭, 길이, 깊이가 얼마이고 최근의 분화는 언제였는지 한꺼번에 설명해 관광객들의 기분을 조금 긴장시켰다. 그들은 토산품 값을 깎고 사진기 셔터를 계속 누르다가 30분 정도 지나자 안개처럼 사라졌다. 그 뒤 우리는 고독의 한때를 더 즐긴 다음 애써 올라온 산길을 내려갔다. 스스로를 자랑스럽게 생각하면서……

평소에 나는 다리를 내맡기고서 풍경을 정복하길 좋아했다. 카프리 섬에서도, 우리는 마리나 그란데 항구에서 아나카프리 시가로 통하는 고풍스런 돌계단을 올랐다. 그리고 바다가 내려다보이는 산정의 인적 드문 테라스에서 점심식사를 했다. 강렬하고 가벼운 햇빛, 부드러운 산들바람, 언덕에서 딴 포도주, 푸른 바다, 멀리 보이는 나폴리, 노릇노릇 알맞게 구워진 오믈렛, 희미한 현기증, 그것은 내 추억 가운데서도 가장 황홀한 순간들이다.

우리는 포추올리 시가지와 분화구를 보고 폼페이행 작은 전차에 탔다. 나폴리 미술관 견학은 사르트르에게 약간 의심을 품게 했다. 그는 올가에게 보낸 편지에 다음과 같이 썼다.

"무엇보다 나를 불쾌하게 한 점은, 기교를 부려 그들의 아주 작은 방을 크게 보이려고 하는 폼페이인의 버릇이다. 화가들은 그 뜻을 받들어 벽면을 속임수의 전망으로 뒤덮어 버렸다. 그들은 기둥과 그 맞은편에 차츰 작은 원경을 묘사함으로써 궁정과 같은 확대를 방에다 부여했다. 허영심이 강한 폼페이인들은 이 속임수에 넘어갔는지 몰라도 나였다면 편치 않은 두려운 마음이 들었을 테고, 이와 같은 성가신 그림을 볼 때 약간 열이 있다면 안 보려고 해도 그쪽으로 시선이 가고 말 듯한 생각이 들 것이다. 다음으로 나는 신화의 인물이나 장면을 그린 이른바 '좋은 시절'의 벽화에 상당히 실망했다. 폼페이까지 오면 학교에서 배운 로마가 아니라 더 싱싱하고 더 거친 진정한 로마인 생활의 계시 같은 것을 발견할 수 있으리라 조금은 기대하고 있었다. 그러나 고대 로마인이 야성적인 인간이었다고는 생각할 수 없게 되었다. 교실에서 싫증을 느꼈던 틀에 박힌 그레코로만 양식은 모두 18세기 탓이라 생각하고, 진정한 로마를 달리 발견할 계획이었다. 그런데 이 벽화를 보고 나서 내 기대가 잘못이었음을 깨달았다. 그레코로만풍은 본디 폼페이에 있었던 것이다. 그들이 벽면 가득 묘사한 신들이나 반신들을 보면, 먼 옛날부터 이미 그와 같은 것을 믿고 있지 않았다는 게 느껴진다. 종교적인 장면은 핑계에 지나지 않았는데 그것을 몰아낼 생각도 하지 않았던 것이다. 벽화투성이 방을 잇따라 도는 동안에 나는 판에 박힌 인물로 가득 찬 고전주의 독기(毒氣)에 중독이 되고 말았다. 아킬레우스나 테세우스의 똑같은 일화를 10번이고 20번이고 보았기 때문이다. 어쩐지 두려운 생각이 들었다. 한 도시의 주민이 집 벽에 이것 말고는 아무것도 가지고 있지 않았다니—그들의 눈에는 이미 죽은 문명이고, 은행가나 상인이나 선주인의 관심에서 동떨어진 이런 것만을 가지고 있는 것이다. 이같이 차갑고 고상한 모습과 완전히 인습적인 교양을 상상해 보건대, 고도의 기교를 요하는 아름다운 로마 조각상에서는 거리가 먼 듯싶었다. (카스토르가 틀림없이 알렸을 테지만 며칠 뒤 우리는 미술관 1층에서 구리눈 조각상을 많이 발견했다. 하지만 이들은 더 오랜 시대의 것이었다.) 미술관을 나섰을 때 나는 폼페이를 보고 싶다는 흥미를 거의 잃고 말아, 이런 로마인에 대해서 호기심과 혐오감이 뒤섞인 상당히 불쾌한 마음을 안게 되었다. 당신이 원한다면, 그들이 살아 있던 시대에서조차 그들은 벌써 고대 인물이 되어 이렇게 말해 줄 수 있을 성싶었다. '우리 고대 로마인은……'이라고. 어떤 희극 속 대사인지는 몰라도 말탄 기사들이 '우리 중세의 기사는 백년전쟁에 출진했다'고 극적으로 말했듯이."

  급격한 죽음 때문에 기적적으로 옛 모습을 남겨놓은 폼페이 시가지는 실제로 우리의 온갖 상상을 초월하고 있었다. 어쨌든 우리는 폐허 속을 돌아다녔는데 그곳에는 단순히 신전, 왕궁, 공공 건물뿐만 아니라 민가, 별장, 폐가, 상점, 선술집, 시장 등, 오늘날 나폴리처럼 복잡하고 시끄러운 도시의 양상이 고스란히 인정되었다. 무너진 벽 사이를 하늘 멀리까지 달렸다. 묵직한 포석의 길이 내 눈 가득히 비치고 있었다. 그러나 우리의 상상력은 그 길에 망자의 무리를 오가게 했다. 이러한 환상과 불투명한 현실과의 사이에 끼어서 나는 세계 어느 곳에서도 찾아볼 수 없는 신비에 접촉한 것이다. 우리는 서둘러 음식을 먹거나 베수비오의 온갖 찌꺼기를 포함한 포도주를 마시는 일 말고는 쉬지 않고 종일 유적 사이를 돌아다녔다.

  파에스툼에서 우리는 처음으로 그리스 신전을 보았다. 사르트르는 당황했다. 이곳에는 생각할 게 아무것도 없기 때문이라고 한다. 나에게도 이 아름다움은 너무나도 단순하고 너무나도 매끄럽게 보였다. 단서가 전혀 없는 듯했다. 내 기억에는 그 뒤 이틀 동안이 훨씬 선명하게 남아 있다. 사르트르는 바로 나폴리로 되돌아갔다. 나는 살레르노 다음 역에서 내려 아말피까지 20킬로를 배낭을 짊어지고 걸을 생각이었다. 합승마차 마부가 나를 불러 세워 8리라에 태워주겠다고 말했다. 뜻하지 않은 행운에 놀라면서 나는 마차에 올라타 깃털장식이 달린 펠트 모자를 쓴 말없는 이탈리아 청년 옆에 앉았다. 쿠션 위에 느긋하게 앉아 반짝반짝 빛나는 해안과 청색과 금색 도자기 벽돌로 장식한 오래된 그리스의 흰 마을들이 사라져가는 것을 바라보았다. 나는 아말피 대성당과 시가지를 구경한 뒤, 낡은 수도원을 개축한 호텔 루나에 머물렀다. 만일 경비원이 나의 고독을 달래주겠다고 집요하게 제의하지 않았다면, 나는 계속 테라스에 남아 진줏빛 바다 위에 뜬 수많은 작은 배들이 밝혀놓은 고기잡이 불을 바라보고 있었으리라. 이튿날 나는 라벨로 시내의 정원과 별장, 전망대에 들렀고, 〈황금시대〉의 개미에게 물렸다고 표현해도 좋을 대리석 흉상들이 무뚝뚝하게 바다에 등을 돌리고 줄지어 서 있는 난간을 보았다. 아말피에서 소렌토까지는 버스로, 세계에서 가장 아름다운 해안 길을 따라갔다.

내가 이런 즐거운 경험을 들려주었을 때, 사르트르는 전혀 아쉬워하지 않았다. 그는 그 나름대로 재미있는 일이 있었던 것이다. 어느 날 밤 그가 홀로 목적도 없이 서성거리자 한 청년이 술을 같이 마시지 않겠느냐고 권했다. 그는 선술집에서 선술집으로 사르트르를 끌고 다녔다. 그러고는 아주 좋은 쇼에 안내하겠다고 제의했다. 그것은 폼페이의 〈신비의 집〉이란 벽화에서 암시를 받아 활인화한 쇼라고 한다. 사르트르는 그를 따라서 그 쇼를 전문으로 하는 집까지 갔다. 먼저 적합한 요금을 지불하자 한 뚜쟁이 할머니가 주위를 완전히 거울로 둘러친 원형의 살롱으로 그를 안내했다. 벽을 따라서 붉은 비로드의 가늘고 긴 객석이 있었다. 그는 오직 혼자서 그곳에 앉게 되었는데, 뚜쟁이 할머니가 일행인 사내를 함께 들여보내지 않았기 때문이다. 두 여자가 나타났다. 나이 든 쪽은 오른손에 상아형 남근을 들고 남성 역할을 했다. 그녀들은 폼페이 벽화에 그려져 있는 다양한 정교의 모습을 모방했다. 다음으로 젊은 쪽이 북의 리듬에 맞추어 춤을 추었다. 손님은 추가요금을 지불하면 어느 쪽이건 마음에 맞는 여자와 별실로 옮길 수 있다고 했다. 사르트르는 그 특권을 포기했다. 밖으로 나오자 가이드가 문 앞에 있었다. 조금

전 둘이서 간 마지막 술집에서 사르트르가 산, 채 반밖에 마시지 않은 포도주 병을 들고서. 그는 그것을 비우기 위해 사르트르가 나오길 기다리고 있었던 것이다. 그리고 둘은 헤어졌다. 사르트르의 말에 따르면, 무엇보다도 그의 마음을 사로잡은 것은, 두 여자가 그를 위해 우스꽝스러우면서도 기계적인 일에 전념하고 있는 동안 그 진홍 살롱 안에 오직 혼자 앉아서 거울에 비치는 자신의 모습에 둘러싸여 있을 때 느꼈던, '타향에 있는' 기분이다. 그는 이듬해 《타향》이란 제목의 중편소설에 이 사건을 얘기하려고 했다.

나폴리에서 팔레르모까지 우리는 갑판 위에서 잤다. 나폴리의 가난에 익숙해져 있었으므로 나는 팔레르모의 가난—그것은 두려워할 만한 가난이었는데—에 견딜 수가 있었다. 여기에서도 역시 엄청난 식료품의 범람이 내 시야에서 기아를 가렸다. 어두운 골목, 낡은 세탁물, 노점, 수박의 피라미드 등, 다채로운 취향과 지방색이 넘쳐 흘러 나는 충분히 만족했다. 게다가 마차 옆구리에 그려 넣어져 도시에서 도시로 걸어다니는 로베르 기스카르(노르망 정복자)나 십자군 용사들의 그림이야기는 얼마나 사랑스럽게 생각했는지 모른다. 이 도시에는 인형들이 묘기를 보이는 작은 극장이 많았다. 어느 날 오후 우리는 그중 한 곳에 들어갔다. 나무벤치는 북적대는 아이들로 만원이었고 어른 관객은 우리뿐이었다. 샤를마뉴와 롤랑, 로베르 기스카르, 그 밖에 많은 기사들이 갑옷으로 무장하고 그리스도교의 적들을 단칼에 해치우는 것을 보았다. 가끔 떠드는 아이가 있었다. 그러자 한 사내가 장대 끝으로 그 아이를 가볍게 찔렀다. 우리는 찐득거리는 포도를 먹으면서 아주 행복해했다. 시가지 끝에서 끝까지 교회나 궁전을 구경하면서 돌았기 때문에 자주 마차를 이용했는데, 어느 날 밤 우리가 중앙의 큰길을 걷고 있자니 마차를 끄는 말이 날뛰는 모습이 보였다. 말발굽의 울림, 차바퀴의 삐걱거림이 저녁놀의 고요함을 깨뜨려 거리를 어슬렁거리던 사람들은 도망가기에 바빴다. 마치 환상적인 영화이거나 아니면 〈도메니카 델 코리엘레〉지 1면기사에나 나올 법한 광경이었다.

우리는 다시 그리스 신전을 찾아보았다. 변함없이 아무것도 할 말이 없었고 신전도 우리에게 무엇 하나 말하려고 하지 않았다. 다만 그 침묵은, 많은 수다보다 무게가 있었다. 우리는 셀리눈테에서 무너진 원기둥의 거대한 받침대 사이에 앉은 채 몇 시간 동안 지칠 줄 모르고 그 침묵을 견뎠다. 그때는 시야에 사람 하나 없었다. 우리는 물과 빵과 포도주를 가지고 왔기 때문에 도마뱀이 기어다니는 대리석 그늘에서 점심을 먹었다. 사르트르는 휘파람을 불어 도마뱀을 길들이려고 했다. 세제스타에서 우리는 처음으로 도리아식 줄기둥이 무엇인지 느낄 수가 있었다.

우리는 아그리젠토행은 체념했다. 여정이 너무나도 복잡했기 때문이다. 그것을 아쉬워하지 않아도 될 만큼 나는, 시라쿠사와 그 금속빛 바닷가 원형극장 계단에 쌓인 무늬 없는 알몸의 반짝이는 돌들, 당당한 뿔각을 지닌 '태양의 소'들이 무겁게 걷는 먼지가 이는 길, 에우리알레 성 부근의 맨땅 등이 마음에 들었다. 우리는 모든 것에서 아주 멀리 떨어져 성의 지하실이나 고불거리는 길, 바다에 침식된 쓸쓸한 황야를 오랫동안 돌아다녔다. 또 채석장 동굴에도 내려가 보았다. 내가 아는 한 공포가 시(詩)로 고양되는 곳은 이곳뿐이다. 메시나는 그 추함 때문에 대재앙의 무서움을 역력하게 말해 주고 있었는데, 우리는 이곳에서 연락선을 타고 아름다운 해협을 건넜다. 돌아오는 배가 푸른 파도를 가르며 나아가고 있는데 사르트르가 신문 따위를 읽고 있어 나는 불쾌해졌다. 그는 나에게 에스파냐와 독일과 그에게는 전혀 푸르고 맑다고 생각되지 않는 미래에 대해서 이야기했다.

빈약한 소형 범선이 우리를 메시나에서 나폴리로 되돌려주었다. 나는 불쾌한 하룻밤을 지냈다. 갑판에서 자는 것은 너무 추운 데다 배 안에는 견디기 어려운 냄새가 감돌았다. 우리는 며칠 더 로마에 머물렀다. 정말 느닷없이 사르트르의 기분이 바뀌었다. 여행이 끝날 때가 다가오자 그는 정국이라든가 올가와의 관계와 같은 여러 걱정거리를 떠올린 것이다. 나는 두려워졌다. 왕새우가 되살아나는 게 아닐까?

그는 절대 그런 일은 없다고 단언했다. 그래서 우리가 꼭 한 번 보고 싶어 했던 베네치아에 닿았을 때는 나도 그 일엔 더 이상 신경 쓰지 않았다. 우리는 이곳에서 4, 5일 지내고 나서 2년 전 로마에서 그랬듯이 하룻밤을 새우기로 했다. 이런저런 미련을 없애기 위해, 게다가 절약도 해야 해서 호텔비 계산을 마치고, 이 고장에서 우리의 근거지이던 방을 비웠다. 우리는 폐점시간까지 여기저기 카페를 찾아다녔으며, 생마르크 광장 돌계단에 앉아 있다가 다시 운하를 따라서 걸었다. 모든 것은 침묵하고, 열어젖힌 창을 통해서 흘러나오는 사람들의 숨소리만 느릿하게 들려왔다. 우리는 푼다멘타 누오바

운하 위 하늘이 하얘지는 광경을 보았다. 부두와 폐허 사이에 퍼지는 개펄의 수면을 폭넓고 납작한 작은 배들이 석호(潟湖)의 눈동자 위를 그림자처럼 미끄러지고, 뱃머리 사내가 고물 노를 젓고 있었다. 무라노 섬, 브라노 섬, 그밖의 섬들과 해변으로부터 그런 작은 배들이 야채나 과일을 싣고 오는 것이다. 우리는 도시 중심부로 되돌아갔다. 수박이나 오렌지, 생선으로 넘치는 대운하를 따라 늘어선 시장은 차츰 활기를 띠기 시작했고, 날이 밝았다. 카페가 문을 여니, 거리는 사람들로 가득 찬다. 우리는 이때서야 잠을 자기 위해 방을 구하러 나섰다. 사르트르는 그날 밤새도록 왕새우 한 마리가 그에게 따라붙었다고 나중에 고백했다.

제5부

　9월에 파리로 돌아온 우리는, 그 뒤 2년 반에 걸쳐서 우리의 모든 생활을 지배하게 되는 에스파냐 내란의 소용돌이 속에 뛰어들었다. 프랑코군은 우익의 희망대로 신속한 승리를 거두지 못했다. 하지만 우리가 기대한 만큼 간단하게 궤멸되지도 않았다. 마드리드를 지향하는 반란군의 진격은 저지되었으나 그들은 세비야, 사라고사, 오비에도 등에 기반을 잡았다. 국내 병력의 거의 모두―95%―와 거의 모든 무기 자재가 프랑코의 수중에 들어가 있었다. 공화국 자체를 지키기 위해 의존할 수 있는 것은 민중뿐이었다.
　민중은 한없는 열의로 공화국 구원에 나섰다. 신문 보도나 페르낭과 그 동료들이 전하는 정보는 우리 상상력을 불타오르게 했다. 마드리드에서, 또 바르셀로나에서 노동자들은 병영을 탈취해 자신들의 힘으로 무장했다. 마드리드 시민은 몬타냐의 병영에 적기를 높이 게양했다. 농민은 헛간에서 낡은 철포와 나팔총을 끄집어냈고, 도시와 마을에서도 민병들은 부족한 무기 대신에 봉(棒)으로 교련을 하고 있었다. 그 가운데는 많은 여성이 섞여 남자들에게 뒤지지 않는 왕성한 투지를 보였다. 인민돌격대는 프랑코군의 전차를 향해 수류탄이나 화염병을 던지곤 했다. 비무장 민중의 영웅적인 행동은 지주나 교회, 자본가가 그들을 겨냥하고 있는 장비와 훈련이 잘 된 군대의 진로를 저지하게 되리라. 그것은 감동적인 서사시였으며, 우리 자신에게 직접 연관된 일처럼 느껴졌다. 우리에게 에스파냐만큼 친근한 나라는 없었다. 페르낭은 우리의 가장 좋은 친구 중 한 사람으로, 마드리드 태양 아래 공화국 첫해 여름의 환희를 함께 나누었다. 산후르호 장군이 도망을 간 뒤 세비야에서는 민중이 귀족의 저택가에 불을 질렀고 소방관도 그 불을 끄려고 하지 않았는데, 그 끓어오르는 기쁨의 소용돌이 속에 우리도 몸을 던진 것이다. 우리는 부르주아나 사제들의 오만함과 농민의 비참함을 눈으로 확인하고, 공화국 정부가 그 공약을 남김없이 실현할 날이 하루라도 앞당겨지기를 간절히 소망했다. 2월에 라 파시오나리아의 목소리는 그와 같은 희망을 부추겼다. 때문에 만일 그들이 패배하면 우리는 우리 몸에 재해가 미치는 것과 같은 타격을 받으리라. 더구나 우리는 에스파냐 내란이 프랑스 국민의 장래를 좌우하는 일임을 알고 있었다. 좌익 신문은 프랑스에서 일어난 사건인 양 이 내란에 많은 지면을 할애했다. 어떤 일이 있어도 프랑스 국경에 새로운 파시즘이 확립되는 것을 허용해서는 안 되기 때문이었다.

그런 일은 일어나지 않을 거라고 우리는 확신했다. 주위의 어느 누구도 공화국의 승리를 의심하는 자는 없었다. 앞에서 쓴 에스파냐식 식당에는 오로지 공화파만 출입하고 있었는데, 어느 날 밤 그곳에서 식사 중에 생긴 일이 떠오른다. 한 에스파냐 여자 손님이 갑자기 일어나 조국과 자유를 찬양하는 시를 낭독했다. 우리는 그 말뜻을 몰랐지만—곁에 있던 사람이 대체적인 의미를 가르쳐 주었는데—젊은 여성의 목소리와 표정에 감동했다. 식사를 하고 있던 사람들은 모두 일어나 이렇게 외쳤다.

"에스파냐 공화국 만세!"

누구나 그 승리가 가까워졌음을 믿고 있었다. 라 파시오나리아는 파시스트를 향해서 '절대로 들어오지 못한다!'고 외쳤고, 그 외침은 에스파냐의 온 국토에 울려 퍼지고 있었던 것이다.

반면에 우리의 열광은 분노를 지니고 있었다. 승리를 앞당기기 위해서는 프랑스가 즉시 에스파냐 국민의 구원에 참가해 그들에게 시급히 필요한 대포, 기관총, 비행기, 소총 등을 보내야만 했으리라. 그런데 프랑스와 에스파냐 사이에 통상협정이 체결되어 있음에도 블룸은 이미 8월 초부터 '불간섭정책'을 취하기로 한 것이다. 그는 공화국에 대한 무기공급을 거부하고 개인적인 구원조치도 취하지 못하도록 국경을 폐쇄해 버렸다. 9월 5일 이룬 시는 방어할 무기가 없어 함락되었는데, 그곳에서 수백 미터 떨어진 곳에 소총을 가득 싣고 에스파냐로 향하던 화차 2대가 프랑스 정부의 명령으로 발이 묶여 있었다. 이 금지령 때문에 탈라베라라레이나는 함락 직전이었으며, 프랑코군은 에스트레마두라 주와 기푸스코아 주로 진출한 것이다. 히틀러와 무솔리니가 공공연하게 반란군에게 병력과 물자를 제공하고 있었던 만큼 블룸의 중립주의는 한층 더 분개할 만했다. 8월 28일에 처음으로 마드리드에 떨어진 폭탄은 독일의 융커기에 의해서 투하되었다. 우리는 공화국에 봉사하기 위해 현지로 간 앙드레 말로와 그 비행중대를 찬양했다. 하지만 어떻게 그들만으로 나치스 공군에 대항할 수 있을까? 생클루에서 열린 평화를 위한 대집회에 출석한 블룸을 맞이한 것은 성난 파도처럼 밀려드는 외침이었다.
"에스파냐에게 비행기를!"
노동자총동맹, 공산주의자들, 사회당의 대부분은 피레네의 국경재개를 요구하는 반면 사회당 일부와 급진사회당은 블룸을 지지하여 무엇보다도 평화를 지켜야 한다고 말했다. 실제로 그들은 파시즘을 좋아하지 않아도 에스파냐 인민전선의 버팀목이 되고 있는 혁명적 정열 쪽이 더 두려웠던 것이다. 이와 같은 의견의 엇갈림은 우리가 읽는 신문에 반영되고 있었다. 〈금요일〉지는 앙드레 비오리스나 평화주의자 로맹 롤랑조차도 에스파냐 공화국의 운명은 평화의 승리와 분리할 수 없는 것으로 생각하고 있었던 반면 게에노는 이제껏 '혁명을 위해 평화를 희생할 것'을 거부하고 있다고 했다. 〈카나르 앙셰네〉 기고가들 중 대부분은 원조를 주장했고, 갈티에 부아시에르는 이에 반대했다. 우리는 누구 못지않게 전쟁을 증오했기 때문에, 단 수십 정의 휴대 기관총과 수천 개의 소총만 있으면 공화파가 프랑코의 숨통을 끊어놓을 수 있는데도 그들에게 그것을 주길 거부하고 있는 것을 생각하자 참을 수가 없었다. 우리는 블룸의 우유부단함에 정나미가 떨어져 그의 이런 태도가 평화에 도움이 되리라곤 도저히 생각할 수 없었던 것이다. 반란군이 10월 초에 마드리드에 진입해 11월에 대학도시를 점령하는 한편 공화국 정부는 발렌시아로 이전했다는 뉴스를 들었을 때, 우리는 얼마나 마음이 쓰라렸는지 모른다. 그런데도 프랑스는 꼼짝하지 않았다. 다행히 소비에트는 단호한 태도로 나왔다. 탱크와 비행기, 기관총을 보낸 것이다. 그리고 국제의용군의 지원을 얻은 민병들이 마드리드를 구했다.
마드리드 공방전이 시작되었을 때 페르낭은 더 이상 파리에 머무를 수 없다고 말했다. 그는 싸우기 위해 출발할 결심을 했다. 이때 또다시 우리는 파니에와 대립했다. 파니에는 페르낭의 결의를 단순한 허세로밖에 간주하지 않으며, 르메르 부인도 페르낭은 영웅인 체 거드름을 피우는 대신에 아내를 생각해 가족 곁에 머물러야 한다고 말했다. 그들은 공화국에 협력하면서도 내란이 혁명의 승리로 끝나길 바라지 않는 사람들에 속해 있었다. 우리는 진심으로 페르낭을 지지했고, 스테파와 많은 친구들과 다같이 그를 역 앞까지 전송했다. 화가인 베르망도 그와 함께 출발했다. 플랫폼에 모인 모두가 몹시 감동하고 있었다. 공화파는 이길 것이다. 하지만 언제일까? 얼마나 희생을 치러야 할까?

무솔리니의 선동으로 야기된 프랑코의 반란은 독·일 협정에 의해 일본까지 포함된 주축국 측의 야망을 강화시켰다. 프랑스의 우익은 모두 프랑코의 승리에 박수를 보내고 있었다. 특히 '서구파 지식인'—막상스, 폴 샤크, 미오망드르, 보나르—은 요란하게 환성을 올렸다. 평소에 나는 아버지가 〈그랭구아르〉의 상식이나 스테판 로잔의 현명한 애국심을 찬양해도 눈을 찌푸리지 않고 들었다. 그러나 부모님이나 발뢰즈 사촌들이 '불한당 전선'의 소행을 일컬어 그들의 신문이 전하고 있는 여러 가지 잔학행위—교회 돌계단에서 몇 천인지도 모르는 수녀가 폭행을 당했다거나, 성가대 아이들이 참살을 당했다거나, 대성당이 재로 변했다거나—를 의기양양하게 말하거나, 알카사르 청년대의 용감성을 칭찬할 때는 어릴 적에 느낀 그들에 대한 격렬한 분노가 남몰래 새삼 일어났다. 그들 상황에서 보아도 나치스의 급강하 폭격기가 거둔 성과를 기뻐해야 할 일이라고는 도저히 이해할 수 없었다. 그들의 신문은 더욱 신랄함을 더해갔다. 카르뷔시아가 〈그랭구아르〉지를 통해 야기한 내무장관 로제 살랭그로에 대한 탄핵운동은 결국 살랭그로를 자살로 내몰았다. 자본가들은 다시 세력을 만회하기 시작해, 6월 파업 결과 어쩔 수 없이 내어준 것을 되찾으려 하고 있었다. 한편 생산량은 어느 정도 정상 궤도에 올라섰다. 주 40시간 노동제 덕분에 토요일 아침이 되면, 노동자 부부가 2인용 자전거를 타고 파리를 뒤로하고 페달을 밟는 모습이 목격되었다. 그들은 일요일 저녁에 손잡이 옆을 꽃이나 작은 가지 다발로 장식하고 파리로 돌아왔다. 젊은이들이 무리지어 배낭을 짊어지고 근교 숲이나 야영지로 떠났다. 분명 무언가 소득이 있었으며 남긴 바가 있었다. 에스파냐 내란 개입문제로 의견이 갈린 와중에도 좌익의 희망은 유지되고 있었던 것이다.

나는 몰리에르 여자중고등학교에서 교사로 있었다. 물론 높은 지대인 파시에 살게 되리라고는 꿈에도 생각지 못했다. 나는 임기가 끝나면 곧 떠날 생각이었으며, 게이테 거리의 검소한 로열브르타뉴 호텔에 묵고 있었다. 지난해 시몬 라부르댕이 빌린 '방 세 칸짜리 아파트'를 르메르 부인이 대단히 멋지다고 칭찬했을 때, 나는 왠지 모르게 작은 아파트를 빌려 내 취향대로 꾸미고 싶다는 생각이 들었다. 나는 먼저 보헤미안인 척 거드름을 피우고 싶진 않았던 것이다. 하지만 중개인과 집을 보러 다니거나 가구를 들여놓거나 하는 일을 생각만 해도 두려움이 앞섰다. 게다가 가구 살 돈은 어디를 털면 발견할 수 있을까? 호텔 생활에는 그와 같은 번잡함이 일체 없다. 방이 한 칸뿐이고, 더구나 매력적이지 않다고 해도 그다지 신경 쓰이지 않았다. 나에겐 파리와 그 거리, 광장, 카페가 있기 때문이다.

마르코는 루이르그랑 중고등학교에서 가르쳤는데, 그는 드랑부르 거리 외곽에 있는 나보다 약간 높은 호텔에 살고 있었다. 보스트는 소르본에서 학사 과정 마무리를 하는 중으로, 생제르맹데프레 광장에 있는 형 집의 독립된 작은 방에 살았다. 올가를 뵈즈빌에 버려둘 생각은 없었지만, 그녀의 부모님은 그녀가 학위를 하나도 취득하지 않은 사실을 알고 있어 떠나지 못하게 만류했다. 그래서 그녀는 부모님의 허락을 얻지 못한 채 기차에 타고 말았다. 그리고 내가 묵은 호텔에 방을 하나 얻었다. 철학에는 끝내 흥미를 갖지 못해서, 그녀는 앞으로 자신이 어떻게 하면 좋을지 불안한 자문자답을 되풀이했다. 한동안 그녀는 독서와 레코드 감상을 할 수 있는 생미셸 거리의 셀프서비스 식당에서 웨이트리스로 일했다. 그러나 그것이 해결책이 되리라곤, 나로선 생각할 수 없었다.

한 주에 2번씩 나는 북역까지 사르트르를 마중 나갔다. 베네치아에서 있었던 그런 조짐은 그 뒤 전혀 일어나지 않았다. 왕새우들은 결정적으로 무산되었다. 우리는 역 근처 카페에서 한숨 돌렸다. 지금은 없어진 가게인데, 우리는 이곳이 완전히 마음에 들었다. 한 단 낮은 곳에 위치한 방에는 벗겨져서 보기 흉한 거울과 가죽으로 둘러친 의자, 대리석 테이블, 청녹색 조명 등이 있었는데, 이런 것들은 비어홀 폴을 연상케 했다. 벽 한 면은 어지럽게 조각을 한 검은 판자로 뒤덮여 있어 나폴리의 영구차가 떠올랐다.

우리는 저마다 요즘 신변에 일어난 일을 얘기하고 뉴스에 대해서 서로 감상을 말했다. 그런 다음 몽파르나스 쪽으로 내려갔다. 우리는 카페 돔을 근거지로 삼았다. 학교에 가지 않는 날이면 나는 이곳에서 아침을 먹었으며, 내 방에서는 절대로 일하지 않고 카페 안 칸막이 좌석에서 일했다. 내 주위에서는 망명한 독일인들이 신문을 읽거나 체스를 두었고, 온갖 국적의 외국인들이 서로 열심히 그러나 말소리를 죽여가면서 의견을 나누었다. 그들의 속삭임은 내게 방해가 되지는 않았다. 흰 종이를 앞에 둔 고독은 냉혹했다. 나는 눈을 들어 사람들의 존재를 확인했다. 그것은 나에게 언젠가 누군가의 마음에 접하게 될지도 모를 언어를 엮어나갈 수 있는 용기를 주었다. 나는 사르트르나 올가와 이야기하고 있을 때 드나드는 사람을 바라보는 것을 몹시 좋아했다. 페르낭이나 스테파 덕분에 우리는 그 가운데 몇 사람의 얼굴과 이름을 결부할 수가 있었다. 멋진 수염을 기른 라포포르, 조각가 자드킨, 거구의 사내 도밍게스, 아주 몸집이 작은 마네 캐츠, 에스파냐 화가 플로레스, 프랑시스 그뤼베―내 여동생은 그와 상당히 친했다―그리고 키슬링. 탐스런 머리 밑에 작은 얼굴을 드러낸 에렌부르크도 있었고, 그밖에 유명·무명이 뒤섞여 많은 화가와 작가가 드나들었다. 특히 우리의 흥미를 끌며 누굴까 궁금하게 한 사내가 있었다. 예쁘장한 얼굴에 머리는 부석부석했는데, 그는 매일 밤 혼자거나 아니면 대단히 아름다운 한 여성과 함께 거리를 배회했다. 그는 바위처럼 견고하고 동시에 요정처럼 자유로운 모습이었다. 너무 멋져 보였다. 우리는 겉모습에 속아서는 안 된다는 사실을 알고 있었기에, 너무나도 매력적인 그의 풍모가 허울만 그럴 듯한 게 아닌가 의심했다. 그는 스위스인으로 조각가이며, 이름이 자코메티라고 했다. 전반적으로 우리는 파리에서도 루앙과 마찬가지로 남성보다 여성이 한층 재미있게 생각되었다. 밤이 되면 미국 여자들은 당당하게 술주정을 했다. 여류화가, 화가의 부인, 모델, 몽파르나스 극장의 말단 여배우, 얼마간 또는 완전히 딴살림을 차리고 있는 아름다운 창녀와 그다지 아름답지 않은 창녀들, 우리는 그녀들이 밀크커피 잔을 앞에 두고 몽상에 잠기거나 동료끼리 시시덕거리거나 단순히 수컷들에게 교태를 부리는 모습을 바라보면서 즐겼다. 그녀들의 옷차림은 돈을 들이지 않고도 제각기 취향을 살리고 있었다. 벼룩시장에서 사온 고색창연하고 매력에 넘치는 의상을 걸치고 있는 사람도 몇 있었다. 우리 사이에서 '스위스 여자'로 불리던 사람을 기억하고 있다. 그녀는 금발의 매끄러운 고수머리를 순수하게 1900년대식으로 땋아 올렸으며, 퍼프소매의 적갈색 태피터 블라우스를 입고서 유모차를 밀고 있었다. 때때로 셀렉트에서, 우리는 목덜미 털을 밀어내고 사내처럼 행세하는 여자들 사이에 앉았다. 그녀들은 넥타이를 매고 개중에는 외눈 안경을 끼고 있기도 했는데, 이와 같은 과시는 비위에 거슬렸다. 그들보다 환상가인 여자들이 보여주는 뜻밖의 희극들이 좋았다. 어느 날 밤, 나는 올가와 둘이서 무슈르프랭스 거리의 르 오가르를 발견했다. 그 무렵 그곳은 값싸고 수상쩍은 곳이었다. 실내장식이 빈약한 이국취미, 지하층에서 들려오는 뽐내는 듯한 노랫소리, 특히 그 나라 고유의 복장을 한 아랍인이 중국차를 넣어 가지고 온, 꽃모양이 돋보이는 유리잔이 우리를 매료했다. 아래에서는 가짜 울레드나일족(族)이 배춤을 추고 있었다. 윗방에는 다른 손님은 아무도 없고 오직 한 사람, 30세쯤 되어 보이는 조금도 아름답지 않은 여자가 좌석에 반쯤 누운 채 노래를 불렀다. 그 뒤로 우리는 돔에서도 가끔 그녀를 목격했다. 그녀는 언제나 외톨이였으며 더 이상 노래는 부르지 않았는데, 황홀한 듯한 표정으로 입술을 움직이고 있었다. 또 같은 또래로 보이는 강인한 모습의 한 여인은, 하늘 멀리 시선을 돌려 보이지 않는 상대에게 어리광을 부리듯이 호소하고 있었다. 우리는 그 상대가 신일 것이라고 상상했다. 색다르게 고독한 모습으로 있으면 있을수록 우리는 그 인물에게 호감을 갖게 되었다. 그런데 한편으로 마음을 조마조마하게 하는 사람도 있었다. 그중에서도 안구돌출증인 한 사내는 매주 만날 때마다 눈이 점점 더 튀어나오더니 어느 날인가는 갑자기 눈구멍에서 벗어나 바닥에 구르고 말았고, 또 한 사내는 우리가 마조히스트라 이름 붙였다. 하루는 쿠폴에서 나는 올가와 술을 마셨다. 올가는 인조 표범가죽 오버코트를 입었고 나는 상당히 사내 같은 느낌의 펠트 모자를 쓰고 있었다. 귀가 쫑긋하고 입언저리가 야무지지 못한 사내가 흐리멍덩한 눈으로 우리를 응시했다. 그는 우리 테이블에 신문을 놓았는데, 거기엔 크고 비스듬하게 '노예인가 개인가?'라고 쓰여 있었다. 우리는 서둘러 남은 잔을 비웠다. 그리고 나서 그 사내 앞을 지나가려고 하자 그는 이같이 속삭였다.

"이 방 끝에서 끝까지 기어서 가라고 명령을 내려주시오. 그대로 할 테니까!"

몇 주 뒤에 우리는 그를 다시 만났다. 그는 한 여성과 함께 거리를 걷고 있었다. 그 여성은 단단한 옷깃에 넥타이를 매고 편상화를 신었으며 짓궂은 듯한 표정이었고, 그는 잔뜩 주눅이 들어 있었다. 우리와 돔 밖에 있는 사람들 사이에는 일종의 친숙함이 무언중에 형성되어 있었다. 우리가 공무원이고 비교적 생활에 여유가 있다는 것을 어디에서 들었는지, 주정뱅이와 거지나 들치기가 자주 우리에게 용돈을 조르기 위해 왔다. 그들은 돈을 받는 대가로 새빨간 거짓말을 한바탕 늘어놓기 전에는 성에 차질 않아했다. 몰락자나 망명자, 낙오자, 과대망상광들인 이들은 시골의 단조로움에 질린 우리의 마음을 달래주었다. 반순응주의적 순응주의란 것이 있다고들 말한다. 그것은 단순한 순응주의보다 더 많은 변덕을 허용한다. 나에게 아주 가깝고 동시에 아주 멀리 느껴지는 이들, 인생을 암중모색하고 있는 사람들에 둘러싸여 고독하게 일을 계속하는 것에서 나는 강한 기쁨을 맛보았다.

파리가 주는 다양한 즐거움에도 우리 트리오는 이윽고 루앙 시절과 똑같은 어려움에 다시 빠져들고 말았다. 휴가 동안에 사르트르는 올가에게 몇 통이나 긴 편지를 보냈다―그 가운데 하나는 나폴리를 묘사한 것이어서, 그것은 중편소설 《타향》 창작의 계기가 되었다. 그녀는 그것에 회답을 보내어, 재회했을 때는 따뜻한 우정을 되찾았다. 둘은 함께 있는 기쁨에 한껏 들떠서 날이 샐 때까지 파리 거리를 돌아다니기도 했다. 그러다 올가는 갑자기 기분이 언짢아졌다. 사르트르는 둘의 우정이 호전되고 있다고 생각했기에 그만큼 올가의 쌀쌀한 태도에 한층 더 초조해지곤 했고, 올가는 올가대로 사르트르의 짜증을 참을 수 없었다. 몇 시간이나 웨이트리스 근무를 한 뒤라서 그녀는 흥분해 있을 때가 많았다. 장래의 전망이 전무한 것도 그녀를 두렵게 했다. 사르트르와 나 말고는 아는 사람이 마르코와 보스트밖에 없어 혼자서 긴 시간 동안 어슬렁거리다가 몸이 얼어서 돌아왔다. 몇 개월 전에 올가는 루앙에서 알코올의 영향을 실험하려고 했다. 그래서 카운터에서 페르노주 2잔을 계속해서 마셔 보았다. 결과는 그녀의 예상을 훨씬 웃돌았기 때문에 두 번 다시 그녀는 시도하지 않았다. 그러나 지금은 따분함과 불안함을 떨쳐버리려고 페르노주에 구원을 청해 어두운 망상에 사로잡히는 것이었다. 내가 호텔 방에 돌아와 보면 낙서를 한 분홍빛 종이가 문 밑에 끼워져 있을 때가 가끔 있었는데, 올가는 세상과 자신에 대한 혐오를 거기에 토해내고 있었다. 또 루이즈 페롱이 했듯이 자기 방문에 절망적인 의문의 말을 쓴 종이를 핀으로 고정해 둘 때도 있었다. 나는 올가의 일로 여러 가지 고민을 했으며, 그녀가 이따금 나에게 싫은 표정을 보이는 것을 전보다 더 부당하게 생각했다. 나는 파리에 오기만 하면 루앙에서의 고립 상태가 우리를 몰아넣던 미로에서 당연히 빠져나올 수 있으리라 기대했다. 그런데 그것은 당치도 않은 착각이었다. 사르트르는 여전히 올가의 일거일동에 대해서 끝없이 흠을 잡았고, 나는 타개책을 찾을 가망을 잃어 이와 같은 당당한 만남에 지쳐 버렸다. 잘 되기는커녕 상황은 세 사람 누구에게나 더욱더 견딜 수 없게 되고 말아, 나는 마르코나 보스트와 함께 지내는 저녁을 도피의 기회로 삼아 즐기곤 했다. 이 두 사람은 사이가 아주 좋아졌기 때문에 함께 영화나 음악회에 갔고, 보스트가 마음이 내킬 때면 언제라도 레코드를 들을 수 있도록 마르코는 자기 방 열쇠를 맡겼다. 보스트는 마르코의 매력과 재빠름, 친절에 민감했으며 젊은이다운 느긋한 단순함으로 그것을 받아들였다. 반대로 마르코가 어둡고 기운 없는 표정으로 있을 때도 보스트는 의심하지 않았다. 사업상 고민이 있으려니 생각했던 것이다. 마르코는 여름에 비시의 카지노에서 노래했는데, 때마침 그것을 들은 인기가수 라우리 볼피가 이같이 외쳤다고 한다.

"대단한 목소리다!"

유명한 가수가 신출내기에게 호의를 표시하는 경우는 드물었기 때문에, 이 뜻하지 않은 찬사는 마르코를 완전히 우쭐하게 했다. 10월에 그는 오페라 극단 연출자에게 오디션을 받았는데 연출가는 이렇게 말했다.

"아무튼 박자에 맞는 창법이 가능해지면 다시 오기 바라네."

보스트는 마르코의 우울을 이 실패 탓으로 여겼지만, 우리는 아무래도 무언가 석연치 않았다. 보스트는 차츰 진실을 인정할 수밖에 없었다. 마르코는 보스트에 대해서 우정보다도 훨씬 큰 것을 기대하고 있으며 이 희망에 생애의 행복을 걸고 있었다. 보스트는 마르코와의 우정을 체념하는 것도, 마르코의 정열에 굴하는 것도 바라지 않았다. 그 자신도 함정 속에서 발버둥치고 있었다. 마르코는 더 이상 숨기지 않았다. 그는 분노했고, 눈물을 흘렸으며, 보스트가 자기를 싫어해 사르트르에게 구원을 청한 것으로 의심했다. 어느 날 아침, 내가 돔에서 일을 하고 있는데 마르코가 갑자기 나타나서, 나는 조금 딱딱하지만 목이 메인 어조로 말했다.

"어서 와요."

나는 드랑부르 거리를 걸으면서 그의 눈에 눈물이 고이는 것을 보고 어리둥절했다. 전날 저녁 6시쯤 마르코는 호텔로 돌아와 그의 방에서 조용한 음악과 소근대는 소리를 들었던 것이다. 열쇠 구멍으로 들여다보자 올가와 보스트가 서로 껴안고 있는 모습이 보였다. 단지 그것뿐이었으나 올가의 조심성에 대해서 이미 겪은 바 있는 마르코는 이 장면에서 자신에게 비극적인 결론을 이끌어냈다.

 나중에 알게 되었는데, 그날 밤 마르코는 돔에서 사르트르와 올가 두 사람을 만나 비웃었는데, 사르트르는 마르코가 알고 있는 사실을 무시했으며, 올가는 그 사실을 마르코가 모르는 줄 알고 무심하게 군다며 불평을 했다고 한다. 그날 마르코는 하룻밤을 울면서 지샌 다음 자기가 앞으로 어떻게 해야 할지를 너무도 잘 알게 된 것이다. 오래전부터 20살의 젊은 두 사람은 서로 좋아하고 있었다. 어른들의 복잡함, 요구사항들에 대항해서 둘은 서로의 품 안에 뛰어들었던 것이다.

 나로서는, 아무래도 빠져나갈 수 없었던 악순환을 단절한 올가의 결단이 건전하다고 생각했다. 사르트르는 언제나 어떤 일에도 정면으로 대처할 수 있는 사람이기 때문에 트집을 잡는 일은 없었다. 마르코는 우리에게 올가와, 특히 보스트하고는 일체 상대를 하지 말라고 열심히 설득했다. 우리가 들어주지 않자 그는 우리도 싸잡아 원망했다. 그는 권총을 호주머니에 넣고 몽파르나스를 어슬렁거리다가, 우리의 비밀집회 현장을 덮치려고 느닷없이 돔에 들어오곤 했다. 마르코는 우리 네 사람이 그에 대한 나쁜 계획을 논의하기 위해 내 방에 모이는 것으로 단정하고 있었다. 창 하나를 엿보고, 유리에 그림자가 어른거릴 때마다 분노를 담아 권총의 총목을 꼭 쥐었다. 내가 살고 있는 곳은 그 방이 아니라고 일러주자 그는 당황했다. 그는 거만하게 행동하는 법을 잊고 말았다. 이내 고뇌와 슬픔을 그대로 드러냈다. 우리는 아무래도 보기가 딱해 샤모니까지 그를 데려가기로 했다.

 사르트르도 기분이 썩 좋지는 않았다. 트리오의 실패 뒤에, 또 하나의 실패가 그에게 훨씬 강한 타격을 주었기 때문이다. 그의 원고―그가 몹시 좋아하는 뒤러의 판화에서 취해 《멜랑콜리아》로 제목을 붙인 것―는 니장의 손을 거쳐 갈리마르 서점 심사원에게 건네졌다. 사르트르는 장 폴랑에게서 몇 가지 뛰어난 점은 인정하지만 작품은 채택되지 않았다는 통지를 받았다. 그는 《진실에 대한 전설》이 거부되었을 때는 태연하게 참을 수 있었다. 그러나 《멜랑콜리아》는 4년이나 걸려서 쓴 것이고, 그의 의도에 적합한 작품이었다. 그가 보기에도 또 내가 보기에도 성공작이었는데, 폴랑은 형이상학적인 진리와 감정을 문학 형식으로 표현하는 사르트르의 본뜻 자체를 인정하지 않았던 것이다. 이 계획은 사르트르 안에 너무나도 깊게, 너무나도 일찍 뿌리내리고 있었기에 그로서는 이 유죄판결에 승복할 수 없었다. 하지만 이 일로 우리는 당황해 있었다.

르메르 부인과 파니에가 이에 영향을 받아, 《멜랑콜리아》는 따분하고 표현이 서투르다고 말할 수 있을지도 모른다는 뜻을 은근히 내비쳤다. 그들의 변절 때문에 우리는 더 이상 어찌할 바를 몰랐다. '다른 사람과 우리는 왜 이렇게도 견해가 다를까?' 사르트르는 어쨌든 다른 출판사에 원고를 보여줄 생각이었다. 그러나 그에게는 온갖 이론에 즉시 대응할 수 있는 것이 있었으므로, 느긋하게 자신을 정당화하는 대신에 불쾌한 자문자답을 거듭했다.

이런 이유로 샤모니의 체류는 활기에 넘치지 못했던 데다, 그 겨울은 몹시 날씨가 나빴고 비와 얼음 때문에 스키장은 모두 폐쇄되어 있었다. 일주일 연습만으로 브레방을 활강해 보이겠다고 장담했던 한 중학생이 박살이 난 사체로 바위 사이에서 발견되었다. 사르트르와 나는 로프웨이로 프랑프라까지 올라가 완만한 슬로프를 조금씩 내려왔다. 마르코는 약간의 경사에도 수선을 떨어 불안하게 했다. 그는 개인강사에게 정확한 자세를 배운다고 하면서도 언제까지나 제동연습만 하고 있었다. 어느 날 오후 나는 사르트르와 보자 고개까지 갔다. 우리는 숲 사이를 누비면서 활강을 해 이럭저럭 레 우슈로 내려갔다. 호텔로 돌아오니 마르코가 기다리고 있었는데, 그는 밤이 가까워지자 더 우울해했다. 보스트도 함께 겨울 스포츠를 즐기러 왔으면 좋았을 거란 생각에 몹시 쓸쓸해 견딜 수 없었으리라. 저녁식사 뒤, 그는 악취를 내뿜는 유황이 든 로션으로 머리 마사지를 하기 위해 눈 속으로 나갔다. 나는 탈지면에 3방울을 떨어뜨려 머리에 살짝 바르기만 하기로 약속받고 해보았는데 두피가 벗겨질 듯이 쓰라렸다.

마르코는 밤에 홀로 있는 것을 도저히 견딜 수 없으니 셋이서 한방에서 같이 자자고 애원했다. 우리는 침대가 셋 있는 텅 빈 음습한 다락방 같은 곳에 묵었다. 눕자마자 마르코는 정말로 울기 시작해, 그 울음소리는 어둠속에서도 끝없이 이어졌다. 그는 이제까지 남을 사랑한 적도 있었고 열애라고 할 만한 경험도 했지만 영원한 맹세를 주고받고 싶은 상대를 만난 적은 없었다. 7월에 드디어 그 기회가 찾아왔다고 생각했는데 전날 결정적으로 날아가 버리고 말았다. 이 슬픔을 그는 평생 잊을 수 없었다. 그는 울부짖으면서 마음

속에 있는 사람과 함께 영위하지 못한 생활을 상상해 들려주었다. 그는 머지않아 얻게 될 명성과 부를 그 사람의 발아래 바칠 생각이었으며, 둘이서 뻔쩍이는 차에 타고 호화로운 호텔에 묵으면서 여행을 할 계획이었다고 했다. 우리는 그에게 그만 자라고 권했다. 그는 입을 다물고 한숨을 쉬고는 또다시 눈에 어른거리는 환영을 큰 소리로 말하기 시작했다. 보스트, 그 아이의 흰 머플러, 환한 미소, 젊음, 우아함, 그리고 그 무의식의 잔혹함······. 가슴이 터질 정도로 슬픈 다툼을 한 뒤에 함께 채플린이나 마르크 형제의 영화를 보러 갔을 때, 마르코는 쓰라린 마음으로 있는데 옆에서 보스트는 소리내어 웃고 있다! 마르코의 넋두리에는 루이즈 페롱의 허튼소리보다 한층 어둡고 집념 깊은 무언가가 있었다. 나에겐 그가 빼도 박도 못하는 지옥의 고통을 스스로 만들어내고 있는 듯한 생각이 들었다.

  새 학기가 되자 그는 온갖 욕지거리와 눈물로 보스트를 몰아세우기 시작해, 보스트는 이와 같은 승강이에 진저리를 냈다. 그는 우울해지고 있었다. 올가도 그랬다. 그녀는 사르트르와 만나는 일을 그만두지 않았으며, 사르트르도 전처럼 친근함을 유지하려 애썼다. 하지만 올가의 마음은 거기에 있지 않았고 여전히 미래에 의심을 품고 있었다. 가끔 기분전환을 위해 나를 꾀어 몽파르나스의 작은 댄스홀—라 보엠, 라크앵시엘—에 갈 때가 있었는데 그런 장소에서조차 나는 따분해서, 둘이서 지내는 저녁은 음울할 때가 많았다. 다행히 사르트르의 기분은 나아지고 있었다. 《멜랑콜리아》가 얼마쯤 희망을 보이게 된 것이다. 뒬랭은 가스통 갈리마르와 오랜 친구였기 때문에 거절된 사르트르의 원고를 갈리마르가 직접 봐주기 바란다는 편지를 써주었다. 한편 피에르 보스트는 사르트르를 추천하기 위해 갈리마르를 만나러 갔다. 그때 사르트르는 중편소설을 쓰며 그것을 크게 즐기고 있었다. 그는 노르웨이 일주 중에 이 분야를 처음으로 시도해 《한밤중의 태양》이란 단편을 썼는데, 이 원고를 산에서 잃어버린 뒤 다시 쓰려고는 하지 않았다. 그는 이해에 이미 《에로스트라트》를 완성했으며 《타향》*을 시작해놓은 상태였다.

  나는 두세 차례 사르트르를 따라서 라옹까지 갔다. 그는 낡고 눅눅한 곰팡내가 나는 호텔에 살고 있었다. 파리에서 우리는 고갱 전시회에 갔고 영화를

---

* 이 작품은 《벽》의 간행보다 훨씬 늦게 몇몇 단편과 함께 발표되었을 뿐이다.

봤으며 책도 읽었다. 게랭의 《파시즘과 국가독점자본주의》는 현시대를 이해하는 데 조금은 도움이 되었다. 우리는 슈테켈의 《여성의 불감증》에 열중했는데, 그것은 그가 무의식의 개념을 배제하는 정신분석을 제시했기 때문이다. 우리는 베르나노스와는 대체로 거리가 멀었다. 하지만 《시골사제의 일기》에는 탄복할 수밖에 없었다. 나는 그 단순함 밑에 가려진 기교에 놀라면서 몇 번이고 되풀이해서 읽었다. 이제까지 모르던 두 작가가 우리의 공감을 불러일으켰다. 《최후의 날들》의 레이몽 크노와 《성숙의 연령》의 미셸 레리스이다.

우리는 뒬랭이 연출하는 〈줄리어스 시저〉의 무대연습을 몇 번이나 보러 갔다. 카미유는 그 작품을 연극에 맞도록 각색하고 연출에도 적극적으로 참여했으며, 뒬랭은 상당히 손해를 보는 카시우스 역을 맡았으나 무대감독으로서 그 실력을 충분히 발휘했다. 그는 시저 역할에, 그다지 이름이 알려져 있지 않은 연기가 서툰 늙은 배우를 발탁했다. 부족한 재능을 어느 정도의 기예로 보완하고 있는 사내였는데, 용모가 시저를 빼닮았다. 뒬랭은 그에게 일거수일투족, 한마디 한마디를 교묘하게 가르쳐 끝내 그는 명배우로 믿을 정도가 되었다. 방데릭은 부루투스를 훌륭하게 표현했다. 고귀한 용모를 가진 제니카 아타나지우는 사투리가 강해도 마음을 뒤흔드는 듯한 목소리를 지니고 있었다. 한편 마르샤는 즉석에서 마르쿠스 안토니우스 역을 맡아 대단히 잘 소화해냈다. 나는 뒬랭이나 카미유, 모든 단원이 애쓴 작업의 진가를 인정하고 있었기 때문에 초대공연의 밤에는 카미유에게 이름을 들은 비평가들의 모습을 설레는 마음으로 지켜보았다. 대부분은 연로하고 깐깐한 듯 보였다. 겨울이라 그들은 기침을 해댔고 뤼네포는 작은 통에 가래를 뱉었다. 카미유가 달콤한 것을 신중하게 배제한 대사는 그들의 비위에 거슬린 듯싶었다. 그래도 공연은 대성공이었다. 목신제 장면에서는 두 젊은 노예가 채찍을 손에 들고 거의 알몸에 가까운 모습으로 무대를 달려 빠져나가게 되어 있었다. 언제나 그들은 광장 중앙에 서 있는 시저의 흉상을 뒤엎을 듯했는데 그날 밤은 교묘하게 피해서 지나갔다. 한 노예는 아름다움으로 모든 관객을 놀라게 했다. 장 콕토는 저게 누구냐고 물었다. 그는 장 마레였다.

나는 일에나 놀이에나 여느 때보다 열중하지 못했으며 온종일 피로감이 가시질 않았다. 올가와 교제하거나, 사르트르와 만나거나, 또는 그들 두 사람과 함께 밤을 샜다. 사르트르는 라옹에서 휴식을 취하고 올가는 그곳에서 낮에만 쉬었는데, 나는 전혀 그렇지 못했다. 나는 일에 열중해서 책을 완성하고 싶다는 생각을 하고 있었던 것이다. 아침이면 학교에 가기 위해 일찍 일어나서는, 지하철 안에서 이 다음 잘 때까지 어느 정도 시간이 있을까 불안한 마음으로 자주 계산해 보곤 했다.

"앞으로 16시간이나 깨어 있어야 한다."

지금 곧 언제까지라도 잘 수 있다면 무엇을 주어도 좋다는 생각이 들었다. 북역 옆 카페에서 사르트르를 기다리면서 눈을 감고 몇 분간 의식을 잃은 적도 있었다.

수면은 하나의 집념이 되었다. 예전에 교수자격시험 준비를 하면서 나는 처음으로 피로란 것을 알았다. 밤에 머리가 무거워지면 참지 못하고 잠들어 버렸다. 그런데 지금은 밤늦게까지 나 자신을 억제하며 깨어 있어야 했고, 잠이 부족한 기분으로 일어났다. 피로가 해소되지 못하리라, 결코 얻지 못할 휴식을 기대하면서 번번이 배신당하는 상태는 정말로 이겨낼 수 없다. 이때 나는 피로도 질환과 같은 맹위를 떨치는 것이며, 삶의 기쁨을 송두리째 빼앗고 만다는 사실을 알게 되었다.

한편 나는 인민전선의 발전을 너무나도 큰 기쁨으로 지켜보았기 때문에 그 몰락을 슬퍼할 수밖에 없었다. 중대한 재정적 위기에 빠진 블룸은 인민전선 강령의 '휴지(休止)'가 필요하다고 성명을 냈다. 최근 들어 극우 세력이 조직한 비밀결사가 무기를 매점해 히틀러의 스파이조직과 협력하고 있다는 것이 명백해졌다. 음모는 발각되었는데, 주모자의 이름이 공표되는 대신에 사건은 흐지부지되고 말았다. 영국도 프랑스와 마찬가지로 에스파냐에 대한 독일과 이탈리아 연합군의 개입을 태연하게 허용하고 있었다. 파시즘의 진로 차단을 진정으로 바랄 수 있는 나라는 오직 소비에트뿐이었다. 그런데 우리로서는 그 나라에서 이루어지고 있는 일들을 전혀 이해할 수 없었다. 앙드레 지드는 너무나도 조급하게 열을 올리는가 하면, 또 너무나도 조급하게 앞의 말을 취소했다. 그 때문에 우리는 그가 러시아에서 돌아온 뒤 바로 발표해 크게 알려진 《소비에트 기행》을 진지하게 받아들일 수가 없었다. 그나저나 모스크바에서 이루어지고 있는 그 수많은 재판은 무엇을 의미할까? 〈르 마탱〉지는 피고의 자백은 미국에서 몇 센트로 살 수 있는 '진실용 물약'의 힘을 빌려 실토하게 하는 것이라고, 농담 아닌 진실로 보도하고 있었다. 한심한 일이었다. 하지만 거기에 대해서 어떻게 해명하면 좋을까? 소비에트에서 행복한 1년을 지낸 적이 있는 니장은 몹시 곤혹스러워했다. 우리는 카페 마이외에서 그와 긴 시간에 걸쳐 이야기를 나누었다. 평소 그는 신중하게 생각한 다음이 아니면 자신의 감정을 털어놓지 않는데, 그때는 마음의 동요를 숨기려고 하지 않았다. 우리는 소비에트를 천국으로 상상한 적도 없었고, 더욱이 사회주의 건설에 대해 심각한 의문을 품은 적도 없었다. 민주주의 제국의 정치에 신물이 나 있는 오늘날, 소비에트를 문제 삼지 않을 수 없다는 것은 곤란한 이야기이다. 이 세계에는 희망을 맡길 수 있는 곳이 이젠 없는 걸까?

왜냐하면 에스파냐는 이미 희망의 땅이 아니었으며, 전망도 할 수 없는 전쟁터가 되고 있었기 때문이다. 페르낭은 2월에 휴가를 받아 돌아왔다. 그는 흥분해 있었으나 얘기를 듣고 있자니 상황은 불안한 것으로 생각되었다. 페르낭은 어떻게 그가 장교 계급장을 달게 되었는지를 얘기해 우리를 웃게 했다. 소규모 전투가 벌어졌을 때, 그는 전우와 함께 적에게 바로 보이는 평지에서 포화에 노출된 상황에 있었다. 순간 그는 작은 벽 쪽으로 동료를 끌고 가 그 뒤로 몸을 숨겼다. 이 기지로 많은 갈채를 받고 순식간에 대위가 된 다음 소령이 되었고, 결국엔 대장이 된 것 같다고 했다. 페르낭은 우리와 함께 이 승진을 재미있어하면서도 의용군에는 하사관과 훈련과 조직력이 얼마나 부족한지를 말했다. 사회적·정치적 혼란은 더욱 심각해져 공산주의자들과 급진파, 무정부주의적 조합주의자들은 공익에 봉사하지 않았다. 아나키스트는 혁명을 수행하기보다는 먼저 전쟁에 이겨야 한다는 사실을 이해하려고 하지 않았고, 일부 지방 특히 카탈루냐 노동자들은 공장생산에 노력해야 하는데도 소비에트를 확립하는 일만 생각했다. 시기 부적절한 아나키스트 그룹의 모험은 정부의 행동을 저해하고 있었다. 그들은 중앙정권에서 발포하는 명령에는 복종하지 않았다. 이와 같은 불협화음은 독·이 파견군의 강력한 지지를 얻고 있는 프랑코군의 견고한 체제 앞에서 놀랄만한 위협이 되었다.

페르낭이 마드리드에 대해서 말했을 때 우리는 가슴이 짓눌리는 듯했다. 알칼라에서는 집들이 무너지고 푸에르타 델 솔 부근 도로는 균열이 생겼으며 대학도시는 풍비박산이 되었다. 페르낭은 어떤 일이 있어도 마지막 승리는 공화국의 것이라고 보증하고 다시 에스파냐로 향했다. 그 뒤 전황은 실제로 그의 예언을 뒷받침하는 듯했다. 하라마와 과달라하라에서는 의용군이 프랑코의 마드리드 공세를 저지했다. 그러나 인민돌격대는 오비에도 탈환 시도에 실패했다. 남부에서는 말라가가 적의 수중에 떨어졌다.

이와 같은 패배의 이유는 언제나 하나였다. 무기 부족이다. '불간섭 정책'의 희극은 날이 갈수록 죄가 많다고 여겨졌다. 우리는 태어나서 처음으로—에스파냐의 운명은 우리에게 심각한 관심사였기 때문에—분개하는 것만을 분출구로 볼 수 없다는 생각이 들었다. 우리의 정치적인 무력(無力)이 알리바이가 되기는커녕 우리를 더욱 슬프게 했다. 우리는 완전히 무력했고 고립해 있었으며 아무것도 아니었다. 우리가 원조에 의한 개입을 지지하여 무엇을 말하고 무엇을 쓰건 전혀 아무런 영향도 줄 수 없는 것이다. 에스파냐를 향해 떠나는 일은 예외였다. 우리 생활에는 그와 같은 무모한 결심을 촉구하는 것이 아무것도 없었다. 게다가 특정의 기술적 또는 정치적 능력을 가지고 있지 않은 한, 독선적인 참견에 그치고 말 우려도 있었다. 시몬 베유는 민병으로 싸울 생각으로 국경을 넘었다. 그녀는 소총을 요구했지만 조리장으로 돌려져 펄펄 끓는 기름 냄비를 발아래 엎고 말았다. 콜레트 오드리는 바르셀로나에서 P.O.U.M.(마르크스주의 통일노동당) 지도자와 만나 집회에서 연설을 했다. 그녀는 흥분되어 기뻐서 돌아왔는데, 우리는 그녀의 강연이 어느 정도로 효과적이었는지 의문스러웠다.

보스트는 마르코와의 사소한 다툼 때문에 빠지게 된 침체에서 벗어남과 동시에 옛 연애를 청산하기 위해 떠나길 원했다. 2월 이후 국경은 단순히 무기에 관해서 뿐만이 아니고 종군지원자에 대해서도 폐쇄되어 있었기 때문에, 그는 니장이라면 비합법적 월경을 지원할 수 있지 않을까, 사르트르에게 물었다. 사르트르는 걱정스런 생각에 잠겼다. '보스트의 희망을 허용할 것인가 물리칠 것인가? 원칙적으로 타인의 자유는 존중해야 한다. 그러나 만일 보스트의 신상에 불행한 일이 생기기라도 하면 나는 책임을 느끼게 되리라…….' 결국 고민 끝에 그는 니장에게 조심스럽게 이야기를 붙였고, 니장은 보스트가 말로를 만나도록 주선해 주었다. 말로는 에스파냐 공화국에는 무기와 하사관과 전문가가 필요한데 경험이 없는 병졸은 필요치 않다고 설명했다.

"보스트, 자넨 기관총을 쏠 줄 아나?"

"모릅니다."

보스트는 솔직하게 말했다.

"그렇다면 가스틴레네트에서 훈련을 하면 된다."

말로는 이같이 진지하게 말해 보스트의 계획은 틀어지게 되었다.

어느 날 밤 10시쯤 셀렉트에서 보스트와 얘기를 나누던 중에 갑자기 나는 오한이 들었다. 평소에 유행성 감기나 편도선염, 열 정도는 아무렇지도 않게 생각했으나 그때는 몸이 너무 심하게 떨려서 집으로 돌아가야겠다고 말했다. 밤새 끙끙 앓고 잠에서 깨어나자 식은땀으로 흠뻑 젖어 있어, 그날 내내 누워 있었다. 저녁나절에 사르트르가 라옹에서 찾아왔을 때, 우리 둘 모두 그렇게 강한 약물투여로도 내 병이 낫지 않은 것을 보고 놀랐을 정도였다. 예전부터 카미유는 르메르 부인과 알고 지내길 원했는데, 마침 그날 우리를 부인과 함께 만찬에 초대했다. 나는 이 모임에 빠지고 싶지 않았고, 아무튼 병마 따위에 질 생각은 없었다. 밖은 몹시 추웠기 때문에 카미유의 집에 닿았을 때 나는 상당히 기분이 언짢았다. 카미유는 이사를 해 그 무렵엔 나바랭 거리의 큰 아틀리에에 살고 있었다. 페롤의 집과 마찬가지로 이번 집에도 연극 소도구와 골동품상에서 우연히 발견한 것과 자신이 만든 물건으로 완전히 가재도구를 갖춰놓았다. 엄청나게 큰 도기 난로가 방을 따뜻하게 해주었다. 그것은 장식으로도 아름답고 또 필수품이었는데, 동시에 친근감을 주어 정말로 화롯가에 있는 느낌이 들었다. 카미유는 정중하고 호사스런 대접을 해주었지만 나는 술병 비슷한 얼음이나 꽃, 다양한 색의 전체를 한 번 보는 것이 고작이었다. 모두가 먹고 마시고 떠들어대고 있는 동안 나는 고대 비단으로 뒤덮인 침대에 누워 겨우 숨을 쉬고 있었다. 결국 르메르 부인과 사르트르가 나를 데리고 밖으로 나왔는데 나는 계단에서 비틀거렸다. 밖에 차디찬 안개가 잔뜩 끼어 있었다. 택시를 잡으러 달려간 사르트르를 아파트 출구에서 기다리고 있는 동안 안개가 나의 폐로 들어오는 듯한 느낌이 들었다. 자리에 누웠을 때 온몸이 불덩이처럼 뜨겁고 오싹하는 한기가 있었다. 밤새 땀을 흘리며 부들부들 떨었다. 이튿날 사르트르가 돌아가는 기차에 타기 전에 불러준 의사는 겨자로 찜질을 하라고 했다. 이틀 동안 여동생과 르메르 부인이 간병을 해주었다. 그녀들은 푸딩이나 설탕을 끓인 물 등, 환자용 음식을 갖다주었는데 나는 아무것도 입에 대지 않았다. 약간 움직이기만 해도 왼쪽 가슴이 터질 듯이 아파, 간호사가 흡수성 고약을 붙여주었다. 그래도 밤새 열 때문에 땀을 흘려 파자마를 두 벌이나 흠뻑 적셨을 정도였다. 그다음 날 아침에는 의사도 불안해져 곧 입원해야 한다고 말했으나 나는 내키지 않았다. 다시 라옹에서 찾아온 사르트르가 말했다.

"르메르 부인의 도움으로 모든 준비가 됐으니 오늘 오후 침대차로 생클루까지 가는 거야."

나는 이 말에 하염없이 울었다. 이것으로 나 자신의 생활에서 분리되고 마는 듯한 생각이 든 것이다. 하지만 마음을 가다듬었다. 간호사가 나를 들것에 싣고 머리 쪽을 앞으로 해 계단을 내려왔을 때, 나는 정말 놀랐다. 문 앞에는 구경꾼들이 있었다. 나는 침대차 안으로 밀어넣어지면서 어안이 벙벙한 채 이 같은 생각을 하고 있었다. '결국은 당했구나, 나 역시.' 눈을 떴을 때 달세계에 있었다 해도 이 이상 망연해하지 않았으리라. 이대로 모든 일이, 모든 사람에게 일어날 수 있듯이 나에게도 일어날 수 있는 것이다. 그래, 이것은 혁명이다. 정당하게 자기 자신일 수 있는 것은 정말로 놀랄 만한 일이다. 이렇게 이상한 급진적인 첫 경험은 이 세상의 것이라는 사실과, 그리고 통계적 원인규명이 세워져 있다는 사실을 사람들이 고통으로 확인하는 것이다. 질환, 사고, 불행, 그와 같은 일은 타인에게만 일어난다. 그런데 호기심 많은 자들의 눈에 드러나 있는 이 '타인'이 갑자기 내가 된다. 모든 타인과 마찬가지로 나도 모든 타인에게는 타인이었다. 그렇다, 모두가 나의 생활, 그 안전한 생활에서 나를 분리해 무슨 일이 일어날지도 모르는 황무지로 내몰았다. 나를 지켜주는 것은 이제 아무것도 없다. 온갖 위험에 나는 노출되어 있다. 그때 나는 혼잣말로 중얼거리지는 않았지만, 분명 병원으로 후송되는 도중 계속 '이렇게 후송되는 환자가 바로 나다!'라는 망연자실한 느낌으로 있었다.

그 뒤에는 그다지 생각하지 않게 되었다. 나는 깔개의 시원한 촉감에 몸을 맡겼다. 모두들 나를 눕혀 주사를 맞춰주고 내 일을 완전히 떠맡아주었다. 이제까지 계속 주먹을 쥐고 살아온 나에게 이 얼마나 대단한 안식인가! 나중에 알게 된 사실인데, 입원 당시 나는 한쪽 폐가 마치 둔탁한 기계처럼 되어 있었고 다른 한쪽도 그렇게 변하고 있었다고 한다. 이렇게 되면 감염을 저지할 방법이 없어 오직 심장이 견딜 수 있도록 주사를 계속 놓는 수밖에 없었다. 그때 만일 또 다른 한쪽 폐까지 나를 버렸다면 나는 거기서 끝이었다. 나는 그런 사실을 털끝만치도 모른 채 완쾌만을 기다렸다. 베개를 겹쳐 상체를 높게 해서 잠을 자고, 낮에도 같은 자세로 누워 거의 잠을 깨는 일도 없이 시간의 관념도 희미해지고 있었다. 의식이 또렷해지면, 이번에는 열의 포로가 되었다. 열 때문에 아주 희미한 소리도, 약간의 빛의 흔들림도 끝없이 배가 되었다. 새벽녘 한 마리 새의 울음소리는 온 우주와 영원의 시를 한없이 채워주었다. 나는 학생들이 보내준 꽃다발과 침대 옆 테이블 위 오렌지에이드 병을 바라보고 더 이상 아무것도 바라지 않았다. 무엇이건 모두가 충분했다.

조금씩 나는 제정신으로 돌아왔다. 거의 매일 아침 어머니가 와주었고 사르트르도 라옹을 떠날 수 있는 날에는 오후가 되면 어김없이 찾아왔다. 동생과 올가, 르메르 부인, 보스트가 번갈아 머리맡을 지켜주었다. 나는 그들과 얘기를 나누었다. 티드 모니에의 처녀작 《짧은 길》 가운데서 남프랑스의 기분을 다시 맛보았다. 의사는 내 폐가 심하게 병에 걸려 있으면 안 된다며 X 레이 사진을 찍었다. 서 있는 게 얼마나 힘이 드는지 기절할 것만 같았다. 결과를 알기까지 이틀 동안, 나는 불안보다도 훨씬 강한 호기심에 사로잡혀 있었고, 호텔 방을 떠날 때는 눈물을 흘렸다. 하지만 지금은 요양원으로 가게 될지도 모른다는 생각에 싫지만은 않았다. '이것도 하나의 경험이다.' 이렇게 생각했다. 인생이 자신에게 무리하게 강요하는 것을 모두 이쪽에서 이용하려는 자세를 취하는 점에서 나는 바뀌지 않았다. 나는 세상살이가 똑같은 일의 반복이라고 개탄하고 있었는데, 보는 바와 같이 바야흐로 변화를 일으키려 하고 있었다. 트리오의 사소한 분쟁이나 번잡함은 결국 나에게 무거운 짐이 되었기 때문에 어딘가로 멀리 가면 안도할 수 있을 성싶었다. 그러나 이 깨달음은 그다지 근거가 없는 방어책에 지나지 않았을지도 모른다. 만일 내가 멀리서 오랫동안 요양을 해야 했다면 기분 좋게 갈 수 있었을까? 이 시험은 치르지 않고 끝낼 수 있었다. 회복기를 파리에서 지내도 좋다는 말을 들었기 때문이다.

사르트르는 나를 위해 로열 브르타뉴보다 넓고 쾌적한 방을 마르코의 호텔에 잡아주었다. 아직 누워 있어야 했지만 퇴원할 수 있는 것만으로도 얼마나 기뻤는지 모른다. 때마침 부활절 휴가여서 점심시간이 되자 사르트르는 쿠폴까지 그날의 정식을 가지러 가, 흘리지 않도록 조심하면서 내 방까지 날라다주었다. 밤에는 햄과 과일을 먹고 차츰 기력이 회복되었다. 질색인 것은 나에게 문병 올 생각을 한 사람들 모두에게 감사하는 마음으로 있는 일이었다. 게다가 이렇게 틀어박힌 채로 지내는 것이 고통이 되기 시작했다. 방 안을 걷는 연습을 했는데 머리가 어지러웠다. 서 있는 것부터 다시 생각해야 했다. 사르트르가 라옹에 있을 때였으므로 나에게 맨 처음 외출을 시켜준 사람은, 그 무렵엔 겉으로만 화해를 한 마르코와 보스트였다. 그들은 양쪽에서 나를 부축해 뤽상부르 공원까지 데리고 갔다. 대기와 햇빛에 머리는 멍해지고 다리는 비틀거렸다.

나는 다시 신문을 읽기 시작했다. 전에 읽던 것 말고도 3월 초에 창간된 〈프랑스 수아르〉지를 보기로 했다. 이 신문은 아라공에게 영향을 주었으며, 니장에게는 외교정책에 대한 충전의 기회를 제공했다. 블룸이 '휴지(休止)'를 선언했음에도 재계는 그의 내각을 타도하려고 일관된 책동을 계속했다. 파시스트 단체는 해산되었는데 라 로크 중령은 즉시 프랑스 사회당을, 뒤따라 자크 드리오는 프랑스인민당—라몽 페르난데스는 여기에 입당했다—을 결성했다. 프랑스 사회당 집회에 대해서 클리쉬의 노동자들은 강력한 시위 행진으로 대응했는데, 전투경찰대에게 저지되어 5명의 사망자를 냈다. 에스파냐 내란의 형세는 악화되어 갔다. 프랑코군은 마드리드와 바스크 지방을 폭격했다. 두랑고에서는 부녀자 대살육이 행해졌고 독일군 비행기는 빌바오를 공습했다. 4월 말 게르니카의 대학살은 일부 가톨릭교도를 분격케 해 모리아크, 마둘, 베르나노스, 마리탱은 항의를 했다. 프랑스에서는 소년 감화원의 학대에 관한 언론의 공격이 다시 시작되었다. 아이세에서는 19세 보호 소년이 심한 학대에 희생되었다. 정부는 무엇이건 잘 될 것이라고 약속했는데, 아이세에서도 아미앵에서도 또 메트레에서도 무엇하나 개선된 점이 없었다. 세상의 불행과 싸울 능력이 없는 나는 한결같이 그것을 잊지 않으려고 생각할 뿐이었다. 3주간은 남프랑스로 가서 휴양하라는 의사의 지시에 나는 기꺼이 따랐다.

올가는 기차까지 바래다주었다. 객실이 지나치게 더워 잠을 이룰 수 없어서 앙드레 바이용의 《뢱상부르의 집게벌레》를 읽으며 밤을 샜다. 날이 밝아올 때 툴롱은 미모사와 생선 냄새가 났다. 나는 가솔린차를 타고 해안을 따라서 고부라진 길을 아슬아슬하게 달리며, 모퉁이를 지날 때마다 탈선하지 않을까 조마조마해했다. 의사는 나에게 해안과 장거리 산책, 그리고 모든 피로를 금지했기 때문에 나는 보름레미모사를 점찍은 것이다. 그 역은 마치 폐가(廢家) 같았고, 그곳에서 내린 사람은 나 혼자뿐 역무원도 없었다. 정오였는데, 태양과 남프랑스의 모든 냄새가 나에게 덮쳐와 몽롱한 회복기를 겨우 벗어난 몸을 찬란히 소생되게 해주었다. 마을까지 이어진 비탈길에 다다르니 한 사내가 마중 나와 옷가방을 들어주었다. 광장에 서자 바로 가까이에 바다와 이에르 제도가 보였다. 나는 바다와 나 사이의 거리는 이것으로 충분하다고 믿었다. 이제 전혀 환자 같은 생각이 들지 않았다. 시골에 머무는 것은 태어나서 처음이었기 때문에 재미있었다. 나는 가장 고급 호텔―세끼 식사에 30프랑―에 짐을 풀고, 베란다 아래서 블롯(카드놀이의 하나)을 하고 있는 노처녀들을 바라보면서 식사했으며, 소나무 숲 사이를 산책했다. 숲을 가로지르는 아름다운 좁다란 모랫길을 그 고장 사람은 과장해서 '가로수 길'로 불렀다. 향이 없고 빛깔이 선명한 솜털투성이 큰 꽃과 옛날에 손끝으로 주무르길 좋아하던 코를 찌르는 향내 나는 풀을 발견했다. 포크너의 중편소설을 읽고 태양을 가슴 가득히 빨아들였다. 그러나 사흘이 지나자 식사 때마다 같은 얼굴을 보는 것을 참을 수 없었다. 나는 배낭을 짊어지고 나섰다. 의사의 충고도 아랑곳하지 않고 포르크롤드 섬과 포르크로 섬까지 내친김에 발길을 뻗쳤다. 콜로브리에르에서는 비를 만나 어느 호텔에 오직 하나뿐인 손님이 되어 이틀을 머물었다. 식당 바닥에 빨간 타일이 깔려 있었는데, 이곳에서는 마조드 라 로슈의 《한 병졸 카트린》과 《자르나》를 읽고도 싫증이 났으며 모르간의 《발생학과 유전학》도 별로 재미가 없었다. 나는 살이 쪄야 한다는 권고를 받았다. 그래서 크림을 넣어 만든 밤을 부지런히 먹었다. 이것은 이 지방의 명물로, 소녀시절의 밤나무 숲 추억을 되살아나게 해주었다. 나는 10시에 잠자리에 들고 멋대로 게으름을 피웠다. 장거리를 걷지 말라는 지시를 받았지만 전에 자주 하던 대로 조금씩 멀리 가기 시작했다. 나는 모르 산지를 답파하고, 타는 듯한 숲을 빠져나가 폭풍우가 몰아칠 듯한 하늘 밑을 걸어 라

베른 수도원까지 갔다. 생트로페 반도 산허리에 매달린 마을들과 일찍이 세관 관리가 사용한 해안 샛길, 그리고 떨기나무 숲에 매달리면서 가는 수밖에 없는 황량한 곳을 탐험했다. 내가 읽는 책과 풍경은 변덕으로 뒤얽혔다. 에스테렐 산의 붉은 바위로 둘러싸인, 이름 그대로 악마적인 더위의 '지옥골짜기'에서는 오웰의 《미친 황소》에 열중했다. 비네그르 산의 뾰족한 정상까지 기어오르기도 했다. 타네롱에서는 흐드러지게 핀 미모사 향을 마음껏 빨아들였다. 내 혈관 속에서 다시 건강과 환희가 약동하기 시작했다.

마을 우체국으로 가면 사르트르의 편지가 언제나 뜻하지 않은 선물처럼 나를 기다리고 있었다. 그는 세르반테스의 희곡을 바탕으로 장 루이 발로가 연출하고, 마송의 무대장치로 상연된 〈누만시아〉에 대해서 쓰고 있었다. 완전히 신선하고 대단히 아름다운 장면이 많은 연극이었다고 한다. 그가 알려준 큰 뉴스는 나를 뛸 듯이 기쁘게 해주었다. 갈리마르 서점에서 그를 불렀다. 《멜랑콜리아》가 채택이 된 것이다. 사르트르는 다음과 같이 이 일을 전했다.

아무튼 3시 20분 전에 나는 북역에 내렸는데, 보스트가 마중을 나와 있었다. 우린 택시를 탔다. 그러고는 호텔까지 《에로스트라트》를 가지러 갔다. 둘이서 돔에 들러 다른 두 중편소설, 《타향》과 《벽》의 타이프 교정을 하고 있는 푸페트와 만나 우리 셋이 매달려 그 일을 정각 4시에 마쳤다. 얼마 전에 〈신프랑스 평론〉지에 게재가 거부된 원고를 풀이 죽어서 받으러 간 동안, 내가 기다리고 있었던 그 작은 카페에 보스트를 남겨두고 떠났다. 나는 의기양양하게 들어갔다. 2층에는 브리스 파랭, 이르슈, 젤리히만 등 기다리고 있는 녀석들이 7명 있었다. 나는 책상에 마주 앉아 전화를 계속 걸고 있는 아주머니에게 이름을 알리고 폴랑을 만나고 싶다고 말했다. 그녀는 그가운데 한 수화기를 들어 전했다. 5분쯤 기다려 달라는 대답이어서, 나는 구석진 곳에 있는 주방 의자 같은 데 앉아 있었다. 브리스 파랭이 지나가는 것을 보았는데 그는 무심코 바라보았을 뿐 얼굴을 기억하지 못하는 듯했다. 나는 기분전환을 위해, 또 《타향》이 몹시 허술한 생각이 들어 얼마쯤 자신을 갖기 위해 《벽》을 다시 읽기 시작했다. 활동적이고 시원시원한 한 작은 사내가 나타났다. 눈부실 정도로 흰 와이셔츠, 넥타이핀, 검은 상의, 줄무늬 바지, 스패츠, 약간 뒤로 젖혀 쓴 중산모자, 대충 이런 옷차림이다. 거기에다 불그레한 얼굴에 뾰족한 코, 험상궂은 표정이었다. 쥘 로맹이었다. 다른 곳에 있는 것보다는 그곳에 자연스럽게 어울리는 사람이었으며, 게다가 자기 이름을 밝혔기 때문에 확실했다. 어쨌든 이렇게 모두가 내 존재를 잊었을 쯤에 전화 받는 아주머니가 다가와 나 말고도 아직 남아 있는 4명의 사내에게 불을 빌려 달라고 말했다. 네 사람 모두 불을 가지고 있지 않았다. 그러자 아주머니는 못마땅하다는 듯이 말했다.

"아니, 사내가 넷이나 되는데 불이 없다뇨?"

나는 고개를 들었다. 그녀는 이쪽을 보고 머뭇거리면서 다시 말을 했다.

"……다섯 사람."

그러고는 물었다.

"왜 그곳에 있는 거죠?"

"나는 폴랑 씨를 만나기 위해 왔습니다."

"그렇다면 어서 위로!"

내가 3층으로 올라가자 눈앞에 키가 크고 햇볕에 탄 사내가 있었다. 차츰 잿빛을 띠기 시작한 긴 검은 수염에 여린 색 옷을 입은 그는 약간 뚱뚱한 브라질 사람 같은 느낌을 주었다. 그가 폴랑이었다. 그는 나를 자기 방으로 데리고 갔다. 여자처럼 날카로우면서도 차분한 목소리였다. 나는 가죽으로 씌운 팔걸이의자에 엉덩이만 붙이고 앉았다. 그는 곧 말했다.

"도대체 이 오해는 어디서부터 생긴 겁니까? 편지 말인데, 나는 알 수가 없군요."

"오해의 원인은 접니다. 저는 잡지에 실을 생각은 처음부터 없었으니까요."

내가 대답하자 그는 말했다.

"그것은 불가능했던 겁니다. 무엇보다 너무 길어서. 그거라면 6개월분이 되고 말 겁니다. 게다가 2회째에는 독자가 이유를 알 수 없게 될 성싶고. 그러나 대단합니다."

그 다음은 당신도 상상이 가겠지만, '정말로 개성적인 필치'라니 하면서 많은 칭찬의 형용사가 이어졌다. 나는 몹시 겸연쩍었다. '이 뒤에 중편소설은 아무래도 허술하다고 말하겠지.' 이 같은 생각을 하고 있었기 때문이다. 폴랑의 비평 따위는 신경쓸 바 아니라고 말할 테지만, 그가 《멜랑콜리아》를 칭찬한 것에 나는 너무 흡족했기 때문에, 중편은 틀림없이 혹평을 하겠거니 생각하고는 우울해졌다. 그동안에 그는 이런 말을 했다.

"카프카를 알고 있습니까? 물론 여러 가지로 차이는 있지만, 근대문학에서 비교될 작품이 있다면 그건 카프카뿐이라고 생각해요."

그는 일어나서 〈메쥐르〉지 하나를 나에게 건네면서 말했다.

"귀하의 중편소설 하나는 〈메쥐르〉에 주고, 하나는 〈신프랑스 평론〉을 위해 채택해 두겠습니다."

"그 중편은 좀…… 또…… 그…… 노골적입니다만 나는 이를테면 섹스문제 같은 것을 언급하고 있어서……."

나는 말했다. 그는 느긋하게 미소를 지으며 대답했다.

"그 점은 〈메쥐르〉가 꽤 까다롭죠. 그러나 〈신프랑스 평론〉에선 무엇이든 싣고 있습니다."

그쯤에서 나는 내게 2편이 더 있다고 말했다.

"그렇습니까? 그럼 그것도 받고 싶군요. 그렇게 하면 호에 따라서 적당한 작품을 고를 수 있으니까요. 어떻습니까?"

그는 크게 만족한 듯이 말했다. 나는 편지를 쓰는 시간을 염두에 두고 《방》이 마무리되는 일주일 뒤에 새로운 2편을 가져오기로 했다. 그는 말했다.

"귀하의 원고는 브리스 파랭에게 건넸습니다. 그는 나와 완전히 의견이 일치하고 있지는 않습니다. 그는 장황하다거나 생기가 없는 장면이 많다고 말했습니다. 하지만 나는 그에게 찬성하지 않습니다. 빛나는 부분을 부각하려면 그림자도 필요하다고 생각합니다."

나는 쥐처럼 질려 있었다. 그는 마지막으로 이같이 덧붙였다.

"어쨌든 귀하의 작품은 틀림없이 채택됩니다. 갈리마르가 그것을 채택하지 않을 리 없습니다. 그럼 이제 파랭에게 안내하죠."

우리는 2층으로 내려와 파랭의 방으로 갔다. 이렇게 보니 파랭은 콩스탕 레미와 꼭 닮았고 오직 머리카락이 푸석푸석한 점이 다를 뿐이다.

"이쪽이 사르트르……."

"그럴 거라 생각하고 있었지……. 사르트르는 한 사람 뿐이니까."

파랭은 마음을 터놓은 어조로 말했다. 순식간에 허물없이 자네와 나로 부르기 시작했다. 폴랑은 자기 방으로 돌아가고, 파랭은 팔걸이의자와 그 의자에 앉아 있는 사람들로 가득 찬 끽연실을 가로질러 볕이 잘 드는 정원 테라스로 나를 데리고 갔다. 우리는 에나멜 칠을 한 나무 테이블을 사이에 두고 흰 에나멜 칠을 한 나무 팔걸이의자에 앉았다. 그는 《멜랑콜리아》에 대해서 말하기 시작했는데, 세밀한 점까지 전하긴 어려우나 대충 말해서 다음과 같은 이야기였다. 파랭은 처음 30쪽을 읽었을 때 '이것은 도스토예프스키에 나올 법한 인물이다. 그 상황이 계속 이어져 이놈에게 엉뚱한 사건이 일어나야만 해. 어쨌든 사회의 테두리 밖에 있는 인물이니까' 생각했다. 그런데 30페이지부터는 너무 맥 빠진 민중주의식으로만 전개되어 짜증이 나고 말았으며, 밤의 호텔 장면(하녀 둘이 나오는 장면)이 지나치게 길다고 생각했다. 근대 작가라면 누구나 그런 식으로 밤의 호텔을 쓸 테니까 말이다. 또 남자와 여자가 길에서 다투는 장면이 '몹시 좋다'고 해도 빅토르누아르 거리 묘사 역시 지나치게 장황하다. 독학자는 너무 생기가 없고 너무 희화화(戱畵化)되어 있어 바람직하지 않다. 그것과 반대로 구역질, 거울(전형적인 등장인물이 거울에 열중할 때), 비어홀에서의 사건, 선량한 사람들의 인사나 대화 등은 마음에 들었다. 파랭은 여기까지 읽고 나머지는 아직 못 봤다고 했다. 그는 만일 내가 이 소설의 '환상적'인 부분을 민중주의로 '연결'하지 않았다면 '일기식'의 그런 생경한 느낌이 적어졌을 것이라고 말했다. 그리고 민중주의(도시라든가, 맥 빠진 느낌, "나는 비어홀인 베즐리즈에서 과식을 하고 말았다"와 같은 문장)는 말할 것도 없고, 연결 부분은 가능한 한 모두 삭제하는 편이 낫다고 생각했다. 그는 롤봉 씨를 아주 마음에 들어했다. 나는 어쨌든 일요일부터 앞으로는 그런 연결이(공포, 박물관, 존재의 발견, 독학자와의 대화, 우연성, 또는 그것에 결부된 것) 없을 것이라고 말했다.

"우린 젊은 작가의 작품이고, 약간 바꿀 수 있다고 생각되는 것은 수정을 하도록 돌려주고 있소. 그 사람을 위한 일이니까. 하지만 고쳐 쓴다는 게 몹시 어렵다는 사실을 나도 알고 있소. 당신도 해보고 만일 안 되면 우리는 수정 없이 이대로 결론을 내리겠소."

그는 이렇게 덧붙였다. 그는 보호자인 듯한 티를 내며 '젊은 선배'인 체 거드름을 피웠다. 그는 볼일이 있다며 나와 헤어졌는데 일이 끝나면 한잔 사겠다고 말했다. 문득 나를 기다리고 있는 보스트에게 장난을 치고 싶었다.

무심코《멜랑콜리아》의 원고를 돌려주지 않고 그대로 가지고 있었기 때문에 나는 카페로 들어가자 말없이 그것을 내던졌다. 보스트가 약간 창백해지면서 나를 보았다.

"다 틀렸어."

나는 쾌활함을 가장한 한심스런 표정으로 말했다.

"설마! 아니 왜?"

"너무 시시해서 싫증이 난다는 거야."

보스트는 넋을 잃고 있었는데 곧 모든 사실을 말해 주자 크게 기뻐했다. 나는 다시 그를 그곳에 남기고 파랭과 함께 술을 마시러 갔다. 바크 거리 작은 카페에서 나눈 대화는 생략하겠다. 파랭은 상당히 머리가 좋은 사내이기는 하지만 그뿐이다. 그는 폴랑과 마찬가지로 언어적으로 생각한다. 그것이 그들의 관심사이다. 누구나 알고 있는 낡은 수법인데, 다음과 같은 식이다.

"인간은 결코 언어의 의미를 다 사용할 수 없다. 다 사용할 수 있다면 모든 것은 변증법적이고……."

그는 거기에 대해서 논문을 쓸 생각이라고 한다. 나는 그와 헤어졌다. 일주일쯤 지나서 편지를 주기로 했다. 《멜랑콜리아》에 변경을 가할지 말지는 물론 그대가 돌아오면 둘이서 결정할 생각이다……. 이상이 사르트르가 내게 알려준 내용이다.

내가 파리로 돌아오자 사르트르는 《멜랑콜리아》 사건에 대해서 자세한 설명을 해주었다. 폴랑은 그것을 〈신프랑스 평론〉에 싣는 것만을 거부하고 단행본 출판에 대해서는 공정한 판정을 위해 심사원에게 맡겼는데, 그는 어떻게 생각하면 좋을지 모르고 있었다. 피에르 보스트가 사르트르를 추천했음을 알고서 그는 이렇게 카드에 적었다.

"이 작가에게 재능이 있는지 없는지는 피에르 보스트에게 물어라."

그 뒤 갈리마르가 그 작품을 읽고 흥미를 느낀 모양이다. 다만 제목이 마음에 안 들었던 듯하다. 갈리마르는 《구토》라는 제목이 어떻겠느냐고 제안했다. 나는 반대했지만 나중에 내가 잘못 생각했다는 것을 깨달았다. 다만 그때는 《구토》란 제목을 보고 사람들이 이 글을 자연주의 소설이라고 착각할까 봐 걱정했다. 이 작품은 1938년에 간행하기로 정해졌다. 7월에 폴랑은 〈신프랑스 평론〉에 사르트르의 《벽》을 발표했다. 무명작가의 이 중편소설은 모두를 놀라게 했다. 사르트르는 많은 편지를 받았다. 그리고 얼마 전 뇌이유의 파스퇴르 중고등학교로 옮겨 갔다. 나는 《영성의 우위》를 다시 보고, 여동생에게 타자를 쳐 달라고 부탁했다. 10월 신학기에 사르트르가 그것을 브리스 파랭에게 추천해 주기로 했다.

나는 원래대로 완전히 쾌활해져 파리 생활을 마음껏 즐겼다. 뉴욕 코튼 클럽의 흑인 댄서들을 보고 미국에 대한 꿈에 사로잡혔다. 국제미술전이 시작되자 우리는 프랑스 미술의 걸작 앞에 몇 시간이나 멈춰 서 있었으며, 고흐의 작품이 전시된 서너 곳에서는 가장 오랜 시간을 소비했다. 청년기의 검은 소묘에서부터 오벨 시절의 연미붓꽃과 새에 이르는 그의 작품을 한꺼번에 보는 것은 이번이 처음이었다. 에스파냐관은 7월 중순에 공개되어 우리는 갓 완성된 피카소의 〈게르니카〉에 충격을 받았다.

니장은 공습 중에 마드리드에서 열린 '작가대회'에서 돌아왔다. 그는 공습 때 대회 참가자가 보인 태도를 우스꽝스럽게 들려주었다. 어떤 자는 태연자약해 있었고 어떤 자는 당황해서 허둥댔다. 그런 가운데서도 어떤 사람은 약간의 폭음만 들려와도 책상 밑으로 기어들어갔다고 한다. 니장은 타격을 입은 마드리드의 사기는 조금도 떨어지지 않았다고 말했다. 하지만 상황은 위기였다. 5월 초에는 바르셀로나를 피바다로 만든 무정부주의적 조합주의자들의 폭동 때문에 카탈루냐 지방이 자칫하면 파시스트 손에 함락될 뻔했다. 네그린이 새로운 내각을 조직하여, 대(對) 프랑코 투쟁의 원조를 흐트리고 있는 아나키스트나 트로츠키스트의 무질서에 메스를 가하려 하고 있었다. 공산주의자들이 '변절자의 모임'이라고 비난하던 P.O.U.M.의 지도자들이 체포되었다. 그러나 아나키스트나 사회당 일부는 네그린과 스탈린주의자들이 대중운동을 선동하여 공화국을 압살하고 있다고 규탄했다. 이와 같은 대립으로 장래의 전망은 비관적이 되었다. 나치스 공군은 마드리드나 바르셀로나에 더 빈번하게 공습을 하고 있었고, 북부에서는 프랑코군의 공세가 어느 때보다 격렬함을 더해 가고 있었다. 6월 19일 빌바오가 함락되었다. 프랑스 좌익의 중립주의자도 자신들의 과오를 깨닫기 시작했다. 게에노는 〈금요일〉 지면에 자기비판으로써 다음과 같이 썼다.

"내 연령에 도달한 자의 마음속에는 자신을 마비시키는 추억이 많이 있다."

그는 이렇게 글을 맺었다.
"평화를 구하기 위해서는 전쟁으로 휩쓸리게 될 위험을 받아들여야 한다."
 많은 사람들이 이와 비슷한 반성을 보이기 시작했다. 하지만 정부는 태도를 바꾸려 하지 않았다. 지나치게 신중한 정책에도 블룸 내각은 철도와 보험, 은행의 공세 앞에 붕괴되었다. 새 수상 쇼탕이 개입을 결의할 가망은 없었다. 내각이 새로 구성되었으나 좌익은 정권에 머물러 있었다. 〈카날 앙세네〉지가 인민전선은 곧 공산당과 사회당, 급진사회당을 뺀 전혀 새로운 것이 되리라고 예언한 것은 웃어넘기고 말 일이 아니었다.

 7월 14일 밤, 우리는 몽파르나스나 바스티유 외곽 작은 댄스홀에서 춤을 추었다. 그 뒤 나는 앞으로 며칠간 파리에 있어야 하는 사르트르를 남기고 출발했다. 이제까지 답파한 어느 곳보다도 높은 지방에 도전할 생각이었다. 파니에는 달로스 고개 부근을 추천했다. 나는 정오에 로제를 출발해 트루아 제베세 기슭의 산막에서 자고 이튿날 아침 등산을 시작했다. 《블루 가이드》가 가르쳐준 샛길은 거의 분간할 수가 없었다. 이윽고 나는 발밑이 절벽임을 깨닫고 오싹해졌다. 아래를 보지 않으려고 위로위로 기어 올라가 발밑 허공은 더욱 깊어만 갔다. 걸음을 멈추었다. 이 길로는 도저히 산정에 오를 수 없었다. 그렇다고 해서 쉽게 내려갈 수 있는 것도 아니었다. 나는 비탈면에 매달린 채 가슴이 두근거렸다. 한 발을 내딛으려다 피로와 공포로 흔들려 몸의 균형을 되찾기 위해 배낭을 내던졌다. 그것은 골짜기를 향해 수직으로 떨어졌다. 무사히 나의 배낭과 재회하려면 어떻게 해야 할까? 다시 나는 한 발을 내딛고 1미터 1미터씩 천천히 전진했다. 갑자기 헛발을 디뎌 미끄러졌다. 돌에 매달리자 그 돌은 나와 함께 굴렀다.
 "이제 결국 당하는구나. 결국 나도 당한다. 끝장이다!"
 이같이 생각했다. 정신을 차렸을 때는 골짜기에 있었다. 허벅지 살갗이 벗겨져 있었는데 뼈는 아무렇지도 않았다. 죽음의 문턱에 이르렀다고 생각한 순간 약간의 감동밖에 느끼지 않았던 것에 스스로도 놀랐다. 나는 배낭을 주워 메고 로제까지 빠른 걸음으로 걸었고, 자동차를 세워 산 반대쪽인 달로스 고개의 산장 호텔에 도착한 다음 '꼬박 하루를 손해봤다'고 풀이 죽어 잠에 빠져버렸다.

그날의 손실은 며칠 내에 회복할 수 있었다. 나는 하얗게 쌓인 만년설로 반짝이는 고산과 무성한 쐐기풀, 뱀이 설치는 대로 맡겨진 마을들이 드문드문 있는 고원을 돌아다녔다. 마지막 밤은 리에 시의 벤치에서 잤다. 지붕들의 기왓장이 밝아오는 하늘 아래 빛바래질 무렵 나는 마르세유행 관광버스에 올랐다. 그날 오후 그곳에서 사르트르와 보스트를 만나 피레우스 항에 가기로 했던 것이다.

우리는 오래전부터 그리스 여행을 계획했었다. 이번에도 다른 많은 경우와 마찬가지로 우리가 어떤 하나의 유행을 좇은 것은 아니었지만 적어도 주위 사정의 영향을 받고 있었다. 그다지 부자가 아닌 많은 인텔리들이 멀기는 해도 환시세가 낮은 그리스를 싼 비용으로 구경하는 방법을 찾아냈다. 제제는 지난해에 다녀왔다. 그녀는 거기에서 말라리아에 걸렸는데도 완전히 감격한 채 돌아와 우리에게 귀중한 정보를 제공해주었다. 보스트는 우리를 따라오고 싶어서 안절부절못했다. 그래서 2, 3주 함께 여행하게 된 것이다.

나는 역에서 사르트르와 보스트를 만났다. 그리고 셋이서 식료품을 사러 다녔다. 우리가 산 갑판승선권은 항해만 가능하고 식사는 할 수 없었다. 이 절약 덕택에 주머니가 두둑해서 우리는 파라디 거리의 햄소시지 상점에서 맛있는 것을 모조리 구입했다. 산다기보다는 강탈하는 듯한 느낌이어서 나는 완전히 들떠 있었다. 우리는 카이로 시티호에 올라탔는데, 갑판 승객들이 두 그룹으로 갈리는 것을 깨달았다. 고국에 돌아가기 위해 배를 탄 사람들과 벌이에 나선 가난한 사람들은 보따리를 안고 뱃머리 쪽에 자리를 잡았다. 우리는 갑판 의자를 빌려 배낭과 담요—우리는 침낭조차도 가지고 오지 않았기 때문에—그리고 이 원정의 기술 담당인 보스트가 지참한 알코올램프 등을 늘어놓았다. 30세쯤 되어 보이는 부부 두 쌍이, 똑같은 야영 준비를 갖추었다. 한 부인은 우리가 몽파르나스에서 본 적이 있는 사람이었다. 그녀의 남편은 키가 크고 금발에 구릿빛으로 탄 미남이어서 우리는 '기분 좋은 키다리'라고 별명을 붙였다. 그는 등가죽이 일찌감치 햇볕에 타 심하게 벗겨져서 부인이 연고를 발라주고 있었다. 오전 6시 선원들이 호스로 갑판에 물을 뿌릴 때 그들은 수영복을 입고 찬 물보라를 맞으면서 깡충깡충 뛰어다녔는데, 몹시 행복해 보였다.

우리도 행복했다. 보스트의 알코올램프는 순식간에 고장이 났다. 하지만 요리사들이 우리에게 조리대를 사용하게 해주어 초절임이나 양배추, 콩이 든 볶음요리를 할 수가 있었다. 그들은 포도와 복숭아도 주었다. 우리는 먹고, 잠자고, 책을 읽고, 대화를 했다. 흔들리는 배 안에서 태양에 머리를 쬐일 때 우리 마음은 즐겁게 물결쳤다. 나는 메시나 해협을 다시 보았다. 밤하늘에 스트롬볼리가 불을 내뿜었다. 배는 조용히 미끄러지며 코린토스 운하에 다다라 이윽고 피레우스(피레에프스의 옛 이름)에 닿았다. 우리는 온통 갈라진 길을 택시로 아테네까지 갔다.

1936년 이래 이 나라는 메타크사스의 독재하에 있다. 때때로 병사들이 광장을 행진하는 모습이 보였다. 그러나 아테네는 군국주의 국가의 수도답게 보이지는 않았다. 어수선하고 음산하며 몹시 가난했다. 처음 보았을 때는 아크로폴리스를 둘러싼 복잡한 거리가 대단히 매력적이었다. 장밋빛이나 푸른색의 아주 낮은 집들에는 옥상과 옥외 계단이 있었다. 어느 날 우리가 지나가자 아이들이 돌을 던졌다. '아마 외국인은 별로 좋아하지 않나 봐.' 이렇게 생각하고 우리는 태연했다. 훗날 나는 가난한 나라를 여행하면서 사람들의 증오 어린 시선을 느낄 때면 심하게 양심의 가책을 느꼈다. 1930년대의 우리는 세상의 부정에 분노를 느끼면서도, 특별히 풍부하고 화려한 것에 시선을 빼앗기는 여행지에서는 그것을 자연스러운 사실로 받아들일 때가 많았다. 그리스 아이들이 던진 돌에 대해서도 우리는 언제나 핑계를 댔다. 말하자면, 그들의 분노의 표적이 되고 있는 관광객은 사실 우리가 아니다, 라고 생각한 것이다. 객관적인 사정으로 볼 때 우리는 당연히 우리 자신의 신분을 결코 우리의 것으로 인정하지 않았다. 우리는 멍청함과 자기기만으로 여름 휴가를 망쳐버릴 우려가 있는 현실 속에서 몸을 지키고 있었다. 그렇다고 해도 피레우스 항구도시 이곳저곳에서 휘황찬란하지만 가난에 찌든 막사가 즐비한 광경을 보았을 때는, 어딘지 모르게 마음이 편치 않았다. 이 지역으로 어쩔 수 없이 밀려들어온 사람들은 나폴리 서민이 느끼는 바와 같은 따뜻함을 그들의 삶 속에서는 발견할 수 없었다. 그들은 유랑민이고 철새이며, 이방인, 뜨내기, 비인간에 지나지 않는다. 누더기를 걸치고 굶주림과 부스럼에 시달리는 그들에게는 이탈리아의 따뜻한 인정도 쾌활함도 찾아볼 수 없다. 우글우글한 거지는 적의에 찬 눈으로 그 상처를 과시한다. 병약한 아이들, 기형아, 시각장애 또는 불구의 아이는 두려워할 만한 숫자에 이른다. 피레우스 부두에서 나는 뇌수종에 걸린 아이를 보았는데, 거의 눈코의 구별도 안 되는 거대한 혹을 머리 대신에 달고 있었다. 총체적으로 말해서 모든 아테네 시민은 소부르주아 대부르주아 할 것 없이 왠지 서글퍼 보였다. 카페 테라스에는 수수한 옷을 입은 약간 부은 얼굴의 사내가 말없이 호박 염주를 하나하나 굴려 넘기고 있을 뿐이고, 사려는 물건이 가게에 없거나, 달라고 하는 신문이 아직 도착해 있지 않거나 하면 상인의 얼굴에는 경멸과 경악의 빛이 떠올랐다. 그는 고개를 가로저으면서 프랑스인이 '그렇습니다'라고 말할 때 하는 몸짓을 흉내내어 보였다. 그것은 이 세상의 모든 불행을 반영하고 있는 몸짓이었다.

우리는 오모니아 광장 가까이에 있는 허술한 호텔에 방을 예약했다. 호텔 주인은 보스트가 공짜로 옥상에서 자도록 허락해주었다. 때때로 보스트는 이곳보다도 프닉스의 소나무 밑에서 자는 것을 좋아했다. 아침식사를 하기 위해 우리는 호화로운—다른 곳에 비하면—스타디우 거리 변두리까지 올라갔다. 오전 9시인데도 이미 섭씨 35도 가까이 되었다. 우리는 유명한 과자점 테라스에 땀을 흠뻑 흘린 채로 앉아 걸쭉한 우유가 든 초콜릿에 달걀노란자를 섞은 음료를 마셨다. 그것이 하루 중 최상의 식사였다. 값비싼 프랑스 요리점은 우리와는 거리가 멀었고, 이 광장의 값싼 식당은 너무 맛이 없었다. 메뉴에는 엉터리 프랑스어로 '양의 장 꼬치구이'라고 써 있었는데, 쌀은 찐득하고 묘하게 기름 냄새가 났다. 근처 거리에서는 가는 곳마다 양 내장을 굽고 있었으나 전혀 식욕이 나지 않았다. 게다가 나는 아테네 시장에서 양들의 우둔한 얼굴을 나란히 늘어놓고 핏기가 없는 비틀린 살을 드러낸 광경을 보고 입맛이 싹 달아나 버렸다. 잘 기억하고 있는 일인데, 어느 날 우리는 식당을 찾아 한낮의 태양이 뜨겁게 내리쬐는 스타디우 거리를 걷고 있었다. 사르트르는 눈에 띄는 모든 것이 싫다고 말했다. 그리고 삼복더위 때문에 짜증을 약간 폭발시켰다. 그는 짐짓 미소 짓고 있었으나 쓴 웃음이었다.

"1937년 7월 28일, 애송이에게 지속적 짜증 발생."

이렇게 그는 우리가 쓰지도 않는 항해 일지를 적는 식으로 중얼거렸다. 이날이었는지 아니면 그 앞뒤의 날이었는지 우리는 나무 그늘이 있는 독일식 비어홀을 발견하고 그곳에서 거의 바우에른프뤼슈틱만을 먹었다. 카페에서는 작은 컵에 든 커피라는 검은 액즙을 마셨는데, 나는 이것을 아주 좋아했다. 또 받침접시에 앵두잼을 한 술 얹어 함께 가져오는 살균한 찬 물을 큰 컵으로 몇 잔이나 마셨다.

　우리는 낮 동안에 거리나 시장, 부두, 리카페토스 언덕, 박물관, 특히 아크로폴리스와 이곳이 내려다보는 프닉스에서 지냈다. 아름다움은 행복 이상으로 표현하기가 어렵다. 만일 "나는 아크로폴리스를 보았다. 박물관에서는 처녀상을 보았다"고 말하면, 그 이상 아무것도 덧붙일 필요가 없거나 그렇지 않으면 별도로 책을 한 권 써야 한다. 내가 여기서 묘사하는 것은 그리스 자체가 아니고 그곳에서의 우리 생활이다. 이 무렵 우리는 그리스 신전을 앞에 두고 벙어리가 된 적은 없었다. 말로 그것을 표현할 수 있게 된 것이다. 프닉스 위에서 우리는 유구한 역사를, 고대 아테네 의회, 군중, 웅성거림을 서로 얘기했다. 그러나 감동한 나머지 입을 다물고 있을 때가 가장 많았다. 해가 질 무렵 히메투스 산이 정말로 딸깃빛을 띠고 있음을 확인했다. 그 시각이 되면 경비원은 우리를 아크로폴리스에서 내쫓았다. 사르트르와 보스트는 '오물을 버리지 말 것' 세움 간판이 있는 대리석 계단을 꼭대기에서 아래까지 달려 내려가는 내기를 했다. 이 간판에서 영감을 얻은 사르트르는 클로델식 운율로 다음과 같은 시구를 만들었다.

　　대리석 계단 위에
　　오물을 남기는 것이 허용되지 않음을 알고,
　　남겨진 꼬마 보스트는
　　길을 서두는구나.

　우리는 키클라데스 제도인 미코노스, 델로스, 시로스, 산토리니 등의 섬 일주 계획을 신중하게 세웠다. 카이로 시티호에서처럼 우리는 작은 연안 항해선의 갑판에서 잤다. 피레우스 항을 떠난 밤에는 아주 큰 붉은 달이 하늘에 떴고 대기는 말할 수 없이 상쾌했기 때문에 나의 마음은 어찌할 바를 몰랐다. 너무 행복한 나머지 여러 번 잠에서 깼다. 눈을 뜨자 큰곰자리가 보였다. 우리는 미코노스 섬에서 커피를 마시고 풍차를 바라보았다. 작은 배 한 척이 우리를 델로스까지 데려다주었다. 바다가 거칠어져 나는 토하기 시작했다.

"델로스에는 4시간 있기로 할까, 그렇지 않으면 3일?"

사르트르는 경련으로 몹시 괴로워하는 내 사정엔 아랑곳 않고 물었다. 그는 이런 것이 내 의지력이 부실한 탓이라고 말했다.

"4시간? 그렇지 않으면 3일? 빨리 결정해야 해."

나는 그럴 상황이 아니었다. 모든 게 귀찮았다.

"지금 결정해야만 해."

연거푸 대답을 재촉했다.

"3일."

나는 말하자마자 반은 의식을 잃고 말았다. 정신을 차렸을 때는 관광 숙소로 가는 길을 비틀거리면서 걷고 있었다. 그곳에 있는 방 2개는 얼룩 한 점 없는 순백의 짧은 바지를 입은 영국 청년이 사용하고 있었다. 관리인은 우리를 도와 옥상에 짐을 두게 해주었다. 사르트르는 숙소에 남고 보스트와 나는 수영을 하러 갔다. 해수욕 덕분에 구역질은 가라앉았는데 일광욕 때문에 등이 따끔따끔했다. 하지만 매우 만족스러웠기 때문에 그 아픔도 극기력으로 참았다. 신전 대리석 사이에 있는 생각에 잠긴 사자상들의 모습은 귀엽게 보였다. 폼페이와 마찬가지로 이곳에서도 폐허의 대부분이, 살아 있는 도시의 모습으로 남아 있다는 사실이 정말로 기뻤다. 그곳은 상점이나 창고, 선원용 바(bar)까지 있는 항구도시였다! 아침 일찍 미코노스 섬 여자들이 향토색이 짙은 복장으로 항구에 도착해 부두 위에 토산물을 늘어놓았다. 숄, 융단, 천으로 된 모자, 값싼 액세서리와 같은 잡동사니뿐이었다. 11시쯤 섬 일주 유람선이 닿고 베수비오 분화구에서 본 사람과 똑같이 단호한 가이드에게 인도되어 관광객이 내려왔다. 그들은 고작 3시간 정도밖에 섬에 머물지 않았으며, 대부분이 호텔에서 점심식사를 했다. 그리고 폐허 구경을 잰걸음으로 마쳤다. 가끔 모험을 좋아하는 자들이 킨토스 산에 오르겠다고 말을 꺼내도 가이드는 호각을 불어 부두로 몰아넣었다. 그들이 잡동사니를 다 사고 배에 오르는 모습을 바라보면서 우리는 유쾌한 우월감에 잠겼다. 상인들도 그들의 작은 배로 돌아갔다. 섬은 다시 우리만의 영토가 되었다. 이윽고 우리는 킨토스 산에 올라 멀리 있는 섬들이 한동안 반짝 비치고는 연보랏빛 저녁 어둠으로 빨려 들어가는 것을 바라보았다. 델로스는 내가 낙원을 소유한 듯한 기분에 젖어들 수 있었던 곳 가운데 하나이다.

시로스까지 가는 증기선에서는 악취를 내뿜는 닭장 사이에서 잤다. 아침에 나는 매우 낡은 집들 사이의 돌계단을 오르락내리락했다. 오후에는 보스트와 함께 그곳에서 10킬로 정도 떨어진 섬의 반대쪽까지 수영을 하러 갔다. 이튿날 아침 3시에 산토리니행 배를 타기로 했기 때문에 우리 세 사람은 모두 항구의 모래언덕에서 잤다. 나는 잠이 푹 들었다. 새벽녘에 우리의 배는 닻을 올리고, 이튿날 새벽 잠에서 깨자 산토리니 벼랑 바로 밑에 와 있었다. 증기선은 해안에서 떨어진 곳에 정박했으며, 주변에는 온통 시끄럽게 소리 내는 작은 배들이 모여 있었다. 털북숭이 세 프랑스 청년이 '약점을 잡히지' 않으려 하면서 적극적으로 뱃삯을 깎고 있었는데, 그 오만한 태도에서 그들의 인색한 근성이 드러났다. 그들은 가난한 나라를 여행하고 있을 때 현지인을 착취하지 않으면 자신들이 착취당할지도 모른다고 생각한 것이다. 우리는 남몰래 그들을 비난했는데 당연한 일이었다. 동시에 나는 그들을 가련하게도 생각했다. 짙푸른 바다에 솟은 붉은 벼랑 위 하얀 집들이 반짝반짝 빛을 발하고 있다. 이 반짝이는 것의 출현을 헛되게 하고 말다니 얼마나 어리석은 일인가! 우리는 나룻배를 타고 좁은 돌계단 길을 따라 마을에 닿자 근거지로 삼을 불카누스 호텔로 가는 길을 물었다. 사람들은 슬픈 듯이 고개를 가로젓거나 미소지을 뿐이었다. 그 가운데 한 사람이 벽에 입을 벌리고 있는 구멍을 가리켰다. 선술집이었다. 그곳 주인은 우리에게 짙은 커피와 빨대를 가지고 왔다. 보스트와 사르트르는 번갈아 가며 열심히 빨대로 들이켰다. 이곳에서도 불카누스 호텔로 가는 길을 물었더니 그는 겨우 질문하는 뜻을 이해하고 우리가 다른 마을로 오고 말았다고 설명해주었다. 우리는 이 섬의 주요 도시인 티라가 아닌 북단의 오이아로 나오고 만 것이다. 대단한 일은 아니었다. 벼랑을 따라서 뻗어 있는 좁은 길을 3시간 남짓 걸으면 끝나는 일이었다. 나는 벼랑이 완전히 붉은색이 아님을 깨달았다. 그것은 파이의 껍질처럼 여러 겹으로 되어 있고 빨간색, 초콜릿색, 황토색, 벚꽃색, 오렌지색, 레몬색 등의 지층이 겹쳐져 있었다. 정면에는 카메니 섬이 무연탄과 같은 아름다움을 보이고 있었다. 빈대가 무서워서 우리는 주인에게 지붕 위에서 자게 해달라고 부탁을 했다. 주인은 승낙을 했다. 나는 또다시 낙원과 같은 밤을 경험했다. 시멘트의 단단함도 나를 거북하게 하지 않았다. 담요를 뒤집어쓰고 있자 머리 위에서 소근대는 소리와 발소리를 죽이고 살금살금 걷는 소리가 들렸다. 다른 옥상을 사람이나 개가 걷고 있는 것이다. 이 도시의 집들은 평평한 지붕이 서로 층을 이루고 있기 때문이다. 숙소 주인의 딸이 물통과 대야를 가지고 우리를 깨우러 왔다. 우리 눈 아래에는 석회로 희게 된 둥근 지붕과 풀을 칠한 듯 납작한 지붕이 보였으며, 더욱이 아찔해질 것만 같은 바다 속에 카메니의 유황과 용암이 있었다. 눈을 뜬 순간부터 나는 강렬한 빛줄기 속으로 들어갔는데, 그 예리한 빛이 내 안의 무엇인가를 쏘아 부수는 듯한 느낌이었다.

아침이면 우리는 호텔에서 커피를 마시고 저녁식사도 이곳에서 했다. 피레우스 시장에서 양들과 나란히 가련한 모습을 드러내고 있던 뼈만 앙상한 병아리가 밤의 식탁에 올랐다. 낮에는 언제나 소풍을 갔다. 가장 오래 걸었던 것은 테라시아의 폐허와 스타보스 신전에 갔을 때이다. 포도밭 사이의 재로 뒤덮인 좁은 길을 걸을 때는 발이 빠져 세 걸음으로 겨우 한 걸음분을 걷는 상황이어서 완전히 지치고 말았다. 군데군데 빈약한 무화과나무가 자라고 있다. 낮은 흰 벽을 따라 나 있는 길을 더듬어가는 우리의 머리에 태양은 사정없이 내리쬐었으며, 게다가 약간 길을 헤맸다. 사르트르는 화를 벌컥 내며 중얼거렸다.

"정말 어처구니없군!"

그렇게까지 말할 정도는 아니었는데도 그는 투덜댔다.

"굉장한 여행을 할 작정으로 왔는데 보이스카우트 놀이를 하게 만드는군."

그의 기분은 풀어졌지만 점심식사를 할 예정이었던 엠보리오 마을로 들어섰을 때 세 사람은 모두 지칠 대로 지쳐 있었다. 완전히 문을 닫아버린 집들이 즐비한 뜨거운 거리에는 사람이 하나도 없었다. 그러다가 검은 옷을 입은 여인을 발견하고 다가가자 그녀는 도망가기 시작했다.* 우리는 작열하는 이 도가니 속을 당당히 돌았다. 겨우 한 카페를 발견하고 들어가니 수많은 파리가 윙윙거리고 있었다. 점원이 가지고 온 토마토 샐러드에는 죽은 파리가 널려 있었으며, 타리파의 기름보다 더 구역질이 나는 기름에 절여져 있었다. 갈증을 덜어줄 것이라고는 세 사람 모두 도저히 마실 성싶지 않은 송진이 든 포도주나 흙탕물이 섞인 빗물밖에 없었다. 나는 포도주와 물을 한 입씩 번갈

---

* 《파리》 제1막의 아르고스를 묘사할 때 사르트르는 엠보리오에서 암시를 받았다.

아 마시면 맛을 모르지 않을까 생각해보았는데 결국 체념할 수밖에 없었다.*

우리는 작은 배로 카메니 섬까지 갔다. 발이 탈 듯한 유황이 섞인 지면에서 연기가 나고 있었다. 푸른 해면 사이에 노란 반점이 있는 검은 분화구가 입을 벌리고 있는 것은 놀랄 만한 조망이었다. 섬에서 그다지 멀지 않은 곳에서 사르트르와 보스트는 물에 뛰어들어 작은 배 주위를 헤엄치며 돌았다. 물은 때때로 화상을 입을 만큼 뜨거워졌고 밑은 끝없는 심연이었으므로 불안해졌는지 두 사람은 곧 배로 올라왔다.

우리는 산토리니에서 똑바로 아테네로 돌아왔다. 사르트르와 보스트는 갑판에 웅크리고 앉아 파이프로 그리스 음악을 연주했다. 둘은 콧소리를 내면서 아주 잘 불렀다. 기항할 때마다 보스트는 바다에 뛰어들어 배 주위를 헤엄쳤다. 그는 피레우스에 남아 배를 타고 프랑스에 돌아가기로 했다. 나중에 만났을 때 그는 그리스에서의 마지막 밤을 몹시 낡은 숙소에서 지냈다고 말했다. 우리가 '오물저장소'라고 부르는 곳에 가보려던 보스트가 주인아주머니에게 묻자 그녀는 바다를 가리키면서 이국적인 목소리로 외쳤다고 한다.

"바다! 바다!"

나는 사르트르와 델포이로 갔다. 대리석이 올리브나무와 부드럽게 평생을 같이할 듯 멀리 바다를 마주하고 있는 그 광경의 아름다움은 지구상의 어느 곳보다도 장관이었다. 우리가 처음 밤을 지낸 스타디움은 바람이 매우 세서 이튿날은 호텔에 방을 잡았다. 운이 좋았다. 그날 저녁부터 폐허나 나무들이 거센 바람에 쓰러질 정도가 되었기 때문이다. 제우스가 분노하여 던진 천둥번개가 나무들 위에 내리치는 소리를 듣는 행운을 서로 기뻐했다. 우리는 이테아까지 내려가 허술한 여관에서 3, 4시간 잠을 잤다. 배에 타기 위해 한밤중에 깨어난 나는 어느 방의 열린 문 안쪽에서 소매가 길고 검은 옷을 입은 여인이 검은 머리를 빗고 있는 뒷모습을 보았다. 그녀는 뒤돌아보았다. 수염을 기른 그리스정교 사제였다. 그들 일행은 우리와 함께 해협을 건넜다. 나는 산 쪽에서 올림피아에 당도하도록 우회로를 생각해냈다. 우선 아프트식 철도로 메가스 피레온의 수도원까지 올라갔다. 이곳은 유명한 수도원인데, 3년 전 화재로 폐허가 되었다. 그리고 몹시 허술한 탕치장(湯治場)으로 나

---

* 이듬해 파니에는 우리에게 엠보리오는 매력적인 마을이라고 말했다. 그는 테레즈와 함께 느낌이 좋은 여관에서 대단히 맛있는 점심식사를 한 것이다.

와 점심식사를 했다. 거기에서 40킬로까지 렌터카로 달려 길이 격류로 막힌 곳에서 차를 세웠다. 그러고는 계속 걸어 나아갔다. 구불구불한 길의 좌우 언덕은 자수정 또는 서양자두와 같은 빛을 띠었으며, 키가 작은 짙은 녹색 풀이 비로드처럼 언덕을 뒤덮었다. 사르트르는 배낭을 짊어지고 큰 밀짚모자에 지팡이를 짚고 있었다. 나는 종이상자를 안고 있었다. 사람이라고는 하나도 보이지 않았다. 다만 가끔씩 누런 개가 나타나면 사르트르는 돌을 던져서 쫓아버렸다. 그는 개를 몹시 싫어했다. 4시간 걸은 뒤 나는 아무리 그리스라고 해도 해발 1200미터 이상인 곳에서 야영을 하려면 장비가 필요함을 깨달았다. 나는 차츰 어둠이 더해가는 하늘을 불안한 마음으로 올려다보았다. 길모퉁이에서 갑자기 마을이 확 눈앞에 나타나고 나무 발코니에 '여관'이라고 쓰어진 글자가 눈에 들어왔다. 아침에 나는 깔개가 눈부실 정도로 하얗다는 것과 올림포스까지 내려가는 버스가 있는 사실을 알았다. 우리는 검은 포도를 말려 엮어서 늘어놓은 밭을 흔들리는 버스를 타고 지나갔다.

3일 동안 우리는 올림피아 언덕에서 벼락을 맞은 거대한 원기둥 사이를 돌아다녔다. 이 조용한 폐허는 델로스나 델포이만큼의 감명을 주지는 않았다. 밤에 우리는 작은 크로니온 산의 산허리에서 소나무를 지붕 삼아 잠자리를 마련하고, 모기를 쫓기 위해 냄새가 강한 꼬아놓은 녹색 풀을 머리맡에서 태웠다. 우리는 파자마를 입고 담요를 뒤집어썼다. 밤의 고요함을 깨는 시끄러운 소리가 들려왔다. 사르트르가 소나무 낙엽으로 뒤덮인 비탈을 아래까지 굴러 떨어진 것이다. 그는 다리가 긁힌 채 올라왔다. 한참 지나서 나는 발소리를 듣고 횃불을 보았다. '기분 좋은 키다리'와 그 일행이 우리보다 몇 미터 위에서 자고 있었다. 우리는 조금 전 마을에서 그들이 저택의 정원 정자에 앉아 변함없이 즐겁게 술을 마시고 있는 것을 보았었다.

오후의 더위는 타는 듯했기 때문에 이른 아침이나 저녁 때가 아니면 걸을 수 없었다. 우리는 오후 5시에 안드리트세나를 향해 떠났다. 그곳의 갈대 밭에서 돌아오는 두 영국인과 마주쳤다. 그들은 가이드를 데리고 당나귀로 짐을 실어 나르고 있었다. '왜 번거로운 일을 하는 걸까' 우리는 생각했다. 우리는 어느 나무 아래서 자고 새벽에 또다시 걷기 시작했다. 계획대로 가면 아직 해가 중천에 오르기 전인 10시쯤에 제제가 칭찬하던 크리스토폴로스 씨의 호텔에 닿을 수 있을 것이다. 《블루 가이드》에서는 알피오스 강을 건너기가 그다지 어렵지 않다고 했다. 실제로 이것은 히틀러처럼 수많은 팔을 벌린 강이며 배꼽까지 닿을 정도로 깊었다. 이곳을 건너는 데 2시간 남짓 걸렸다. 게다가 나는 필요한 시간을 지나치게 적게 예상했다. 오후 1시에 40도를 넘는 더위 속에서 잔돌투성이의 언덕 기슭에 있었기 때문에, 쉬려고 해도 그늘이 전혀 없었다. 사르트르는 두 다리를 모두 가시에 찔렸고, 우리 둘은 목에 뜨거운 인두를 댄 듯했다. 자갈들 사이에 털썩 주저앉아 절망했다가는 다시 일어나 걸어 올라갔다. 이윽고 작은 집이 눈에 띄어 나는 물을 얻기 위해 달려가 정신없이 마셨다. 사르트르 곁으로 돌아왔을 때 그는 밀짚모자 아래 얼굴이 빨개지면서 지팡이를 휘둘러 몹시 사나운 누런 개와 싸우고 있는 중이었다. 그도 물을 마시고 원기를 회복했다. 1시간 뒤에 우리는 큰길로 나와 마을에 닿았다. 한 선술집으로 뛰어들어가 크리스토폴로스 씨에게 전화를 걸어 차로 마중을 와달라고 부탁했다. 그를 기다리는 동안 우리는 점심식사 대신에 삶은 계란을 먹었다. 그밖에는 먹을 것이 아무것도 없었다. 빵조차 없었다. 안드리트세나의 호텔과 그 요리는 우리에게 대단한 사치로 생각되었다.

우리는 당나귀를 타고 바세의 신전까지 올라갔다. 관광버스로 스파르타에 갔는데 그곳에는 볼만한 게 전혀 없었다. 미스트라에도 갔는데, 철거된 대저택이 있던 자리에서 잤다. 눈을 뜨자 검은 베일로 가려진 얼굴 5, 6명이, 당혹한 표정으로 우리를 들여다보고 있었다. 우리는 압도적인 비잔틴 예술의 발견에 놀라고도 매료되어 온갖 교회와 온갖 벽화를 구경했다. '뼈의 산'에서 사르트르는 해골 하나를 훔쳐 둘이서 가지고 돌아왔다. 폭군의 궁전 그늘에 앉아 있었을 때 우리는 둘의 일생을 통해서 가장 기억에 남을 만한 두세 가지 논쟁 중에서 그 하나를 했다. 나는 타이게테 산에 오를 계획이었다. 올라가는 데 9시간 반, 내려오는 데 5시간 반, 휴게소와 샘이 있음, 이런 조건이다. 사르트르는 단호하게 반대했다. 몸이 중요하다는 것이다. 나도 길을 잃기 쉬운 이런 돌사막 한가운데서는 확실히 일사병으로 죽을 우려가 있다는 생각을 하기는 했다. 하지만 타이게테 산 위에서 일출을 볼 수 있다는 이 기적적인 경험을 놓칠 수가 있을까? 그러나 우리는 그것을 놓쳤다.

미케네의 분묘 안에서, 즉 사자의 문 앞에서 우리는 아크로폴리스에 섰을 때처럼, 앙드레 브르통이 적절하게도 '관모처럼 퍼지는 전율'로 부른 절대적인 미와의 해후에서 생기는 전율을 맛보았다. 지상의 경치 가운데서 가장 찬미해야 할 것은 어쩌면 이 성의 손잡이에 기대서서 아가멤논이 돌아오길 기다리며 바다 건너편을 바라보고 있던 클리타임네스트라의 눈에 비치었던 이 광경이리라. 우리는 이름에 매혹되어 '우아한 헬레네와 메넬라오스 왕의 호텔'에 이틀이나 묵었다.

나프폴리오에서 우리는 바다로 나왔다. 만의 위쪽 멀리, 바르바리 무화과나무가 맥 빠진 시큼한 냄새를 풍기는 썩은 열매를 달고 무성해 있는 언덕 위에 감옥이 있었다. 한 간수가 선인장과 녹슨 철조망 사이를 오가고 있었다. 그는 자랑스런 몸짓으로 철문이 닫힌 창 하나를 가리키면서 프랑스어로 말했다.

"저 안에는 전 그리스 공산당원이 모두 투옥되어 있다!"

그때 우리는 메타크사스의 일을 떠올렸다. 하지만 에피다우로스 계단석 아래에서 잠을 잤을 때도, 잠에서 깨어났을 때도 그런 것은 다 잊고 있었다. 천장 대신에 저 원형 하늘을 지붕 삼아 잤는데, 자신의 죽음과 동시에 사라지고 마는 것이라고는 생각하고 싶지 않은 추억 가운데 하나이다.

다음은 코린토스로 시시한 곳이었다. 다시 아테네로 가서 아이기나 섬과 세련되게 꾸며진 항구, 대단히 좋은 향을 내뿜는 소나무 숲 속에 우아한 모습으로 서 있는 신전을 보았다. 그리고 우리는 마케도니아로 향했다. 이제 8월 말이고 우리의 호주머니는 비어가고 있었다. 보스트가 우리 급료를 받아 전신환으로 살로니카(테살로니키의 옛 이름)에 보내주기로 했으나, 승선한 날에 돈이 너무 적게 남아 있었기 때문에 나는 하루분 식품으로 빵과 잼 한 병, 큰 양파를 3, 4개를 샀을 뿐이다. 물어보니 우편환이 도착하지 않았다. 유일한 해결책은 식사가 따라 나오는 호텔에 묵는 것으로, 일주일 뒤에 방값과 함께 식비를 지불하면 된다. 그러나 운이 나쁘려니 이곳에는 식사를 주는 호텔이 한 곳도 없었다. 우리는 가장 쾌적해 보이는 호텔로 가서 세끼 식사를 겸하게 해달라고 애걸을 하다시피 했다. 질려버린 주인은 결국 이 도시에서 가장 고급인 항구 옆 비어홀과 교섭하여 해결해주었다. 이렇게 해서 우리는 식사와 숙박을 확보할 수 있게 되었다. 하지만 용돈은 좀스럽게 계산해서 사용해야만 했다. 그래도 우리는 야외 영화회에서 〈덧없는 사랑〉을 보고 시시해하거나, 그 무렵 아직 이름을 모르던 히치콕의 〈39야(夜)〉를 보고 대만족을 했다. 사르트르가 담배를 한 갑 사기 전에, 또 내가 좋아하는 '크라비에'라는 먼지가 앉은 케이크를 하나 사기 전에 얼마나 주저하며 이것저것 따져보았는지 모른다. 우리는 매일 2번씩 우체국에 들렀다. 여전히 아무것도 도착하지 않았다. 위기상황이었다: 문자 그대로 무일푼이었다. 우리는 거리에서 장 프레보를 보았다. 그는 피에르 보스트의 친한 친구이므로 우리가 빚을 청하면 싫다고는 말하지 않을 테지만 그에게 말을 걸 용기가 나지 않았다. 우리는 살로니카에 이렇게 오래 머물 예정이 아니었던 참이라 마지막엔 이곳 바실리카 회당의 우아한 정원이나 둥근 지붕의 매력적인 시원함에도 싫증이 나고 말았다.

우편환이 도착하자마자 우리는 짐을 챙겼다. 나는 메테오라의 보기 드문 좋은 경치가 보고 싶었으나 보로스에서 기차로 왕복 14시간이 걸리고, 대자연의 훌륭한 경치에는 전혀 냉담한 사르트르가 맹렬하게 반대했다. 그는 대개의 경우 나를 기쁘게 해주기 위해 무엇이건 찬성했으므로—결국은 내게 불평을 해대고 말았지만—나의 신경질적인 '정신분열병'도 그의 거절을 인정할 수밖에 없었다. 물론 저항을 느끼지 않은 것은 아니었다. 혼자서 선실에 틀어박혀 분한 나머지 눈물을 흘렸다. 배는 큰 해면(海綿)과 경석(輕石) 사이를 뚫고 항해하고 있었다. 나는 에우보이아 바닷가를 바라보았다. 경이적인 것이 나를 기다려주고 있는데 나는 갈 수 없구나, 생각했다.

아테네에서는 테오필 고티에호에 승선하기 전에 프랑스 요리점에서 마음껏 호화로운 식사를 했다. 이 큰 객선에는 카이로 시티호와 같은 즐거운 일은 없었다. 이곳에서도 역시 자연히 두 무리, 이민자와 관광객으로 갈라졌다. 돈벌이에 나선 사람은 카이로 시티호보다도 더욱 숫자가 많았으며 더욱 비참하고 지저분했다. 나는 식품을 조금밖에 사두지 않았다. 배에서 근무하는 사람은 아무것도 팔아서는 안 되었는데, 그들은 과일이나 과자를 많이 주었다. 그래도 우리는 속이 비어 있었고 9월도 중반이어서 추웠다. 파도는 거세어 나는 머리끝에서 발끝까지 귀국하고 싶은 슬픔에 젖어 있었다.

사르트르와 함께 마르세유에서 지낸 이틀 동안 나는 원기를 회복했다. 사르트르는 파리로 돌아가고 나와 올가는 알자스 지방으로 조촐한 여행을 떠났다. 스트라스부르에서는 올가가 유년시절의 추억이 담긴 장소로 안내해주었으며, 밤에는 둘이서 댄스홀로 가 알자스인의 탱고춤을 보고 놀랐다. 우리는 바르와 오베르네를 구경하고 만화 《실리 심포니》식으로 채색된 마을이 잇따라 나타나는 것을 보았다. 특히 우리 마음에 든 곳은 전나무 숲 위쪽에 홀로 우뚝 솟은 장밋빛 화강암의 성채였다. 올가는 완만한 언덕이나 깊은 숲을 대단히 힘차게 걸었다. 우리는 가난했으며 음식은 대체로 양파파이와 큰 자두뿐이었다. 밤이 되면 나는 백포도주를 마시고 산막이나 나무꾼의 오두막, 유스호스텔에 묵었다. 그래도 추위 때문에 도보 여행의 즐거움이 반감되어 파리로 돌아가는 것이 아주 나쁘지는 않았다.

리오넬 드 룰레는 르 아브르에서 파리로 옮겨와 있었다. 하지만 그는 1년 전부터 신장결핵에 걸려 휴학중이었으며, 내가 폐충혈의 처치를 받은 생클루 병원에서 수개월을 지낸 뒤 브로카 거리 작은 아파트로 돌아갔다. 그는 힘든 치료와 매우 아픈 수술을 받았다. 병은 낫는가 싶으면 재발하곤 했다. 그는 이 불안정한 상태에도, 이따금 무섭고 격렬해지는 고통에도 의연하게 견디고 있었다. 그리고 질환에 대한 자신의 반응을 연구대상으로 논문을 쓰기 시작했다. 그의 체험은 사르트르가 생각하고 있었던 것에 확증을 주었다. 격심한 통증이 극한에 달하면 일종의 진공상태가 되어 어디가 아픈지, 어떤 아픔인지를 확인할 수도 없게 된다고 한다. 그는 무엇이건 열중하는 기질이 있기 때문에 이 연구는 기분전환을 하는 데 도움이 되었다. 그러나 6월쯤에 결핵성골수염으로 악화되었고 의사들은 그를 베르크로 보냈다. 신학기가 시작되기 전인 9월 말, 우리는 그에게 문병을 가 그곳에서 이틀을 지냈다. 베르크에 관해서는 대단히 여러 가지를 읽고 있었는데 막상 가서 보자 상상하던 것보다도 훨씬 음산한 곳이었다. 피부를 찌르는 듯한 강풍이 몰아치고 하늘도 바다도 콜타르와 같은 색을 띠고 있었다. 병원도 기괴하여 병실에는 가구가 거의 없었으며, 식당에 테이블도 없어 시간이 되면 간호사가 손으로 미는 수레를 준비했다. 그래도 리오넬은 지쳐 있지는 않은 듯했다. 그는 자기를 둘러싼 모든 것에 흥미를 가지고 거의 그것을 즐길 수가 있었다. 이 호기심 덕분에 그는 어떤 해탈에 도달해 있었다. 그는 이 이질적인 세계의 풍습을 우리에게 이야기하고, 특히 환자끼리 또는 환자와 간호사와의 연애에 대해서 많은 일화를 들려주었다. 이들 이야기의 강렬한 사실성과 베르크의 분위기 전체에서 암시를 받아 사르트르가 《유예》 속에 쓴 일화는 정통파적인 사고를 지닌 자들에게서 가장 격렬한 비난을 받았다.

　우리는 건달패 생활을 마치고 결국 둘이 모두 파리에서 살게 되었다. 이제 기차로 왕복하거나 역에서 기다리지 않아도 되었다. 내가 남프랑스에서 휴양하고 있는 동안 사르트르가 로열 브르타뉴보다 훨씬 분위기가 좋은 호텔을 발견했는데, 우리는 거기에 정착한 것이다. 그곳은 멘 거리와 몽파르나스 묘지 사이에 있었다. 내 방에는 긴 의자와 책장, 아주 편리한 책상이 있었다. 나는 습관을 바꿨다. 아침에는 '트루아 무스크테르(삼총사)'라고 붉게 칠한 약간은 시끄러운 비어홀 카운터에서 커피를 마셨으며 크루아상을 먹기도 하고 일은 가끔 내 방에서 했다. 사르트르는 내 방 바로 위층에 살았다. 이렇게 해서 우리는 공동생활의 편리함을 남김없이 소유하고 불편한 점은 모두 제거할 수 있었다.
　나는 중편소설을 완성했는데 다음번에는 무엇을 쓸까? 몇 개의 주제가 훨씬 전부터 내 머릿속을 오가고 있었지만 어떤 식으로 손을 대면 좋을지 몰랐다. 신학기로 접어든지 얼마 안 된 어느 날 밤, 나는 사르트르와 돔 안쪽에 앉아 있었다. 우리 이야기는 내 작업에 대한 것이었고 사르트르는 나의 겁많음을 비난했다. 나는 이번에 쓴 소설 속에서 나의 절실한 관심사를 다루었는데, 그것은 반감이나 애매한 호의밖에 지니고 있지 않은 인물을 통해서였다. 이를테면 샹탈의 눈을 통해서 안을 묘사한 점은 유감스러운 일이다.
　"그래서 말인데, 왜 당신은 자기 자신을 쓰려고 하지 않는 거야? 당신은 르네나 리사 등을 모두 모은 것보다도 흥미 있는 인물인데……."
　사르트르는 갑자기 열을 내면서 이렇게 말했다. 나는 볼이 빨개지는 것을 느꼈다. 날씨가 더운 데다 우리 주위에 담배연기가 자욱했으며, 나는 머리를 한 대 맞은 듯한 기분이었다.
　"아무래도 용기가 나질 않네!"
　나는 이같이 대답을 했다. 자신을 있는 그대로 책 속에 드러내는 것, 거리를 두지 않는 것, 자신을 끌어들이는 것, 그것은 질색이다. 생각만 해도 나는 소름이 끼쳤다.
　"용기를 내봐."
　사르트르는 내가 독특한 느낌이나 반응 방법을 알고 있으므로 그것을 완전하게 써야 한다고 부추겼다. 그가 하나의 계획에 열중할 때는 언제나 그랬는데, 그의 말은 어떤 가능성과 희망을 대대적으로 부각하곤 했다. 하지만 나는 두려웠다. 정확하게 말해서 무엇이 두려웠을까? 나의 나날들을 적당한 정신적 자양분으로 채우기 시작한 그날부터 문학은 행복과 죽음의 무게와 같게 될 거라는 생각이 들었던 것이다.

그 뒤 며칠 동안 나는 사르트르의 충고에 대해서 반성을 했다. 그는 내가 적어도 최근 3년간 이따금 생각하고 있는 주제를 진지하게 깊이 탐구해보도록 권했다. 나는 그 주제를 언급한 적은 있으나 다시 한 번 검토해야 하는 것이다. 한 번도 죽음과 마주한 적이 없는 사람들이 죽음에 대해 말하듯이, 타인의 의식도 나에게는 '누군가 이렇게 말하고 있다'는 형태로밖에 생각할 수 없었다. 누군가 말한 그것이 때마침 현실로 존재하는 것임을 체험했을 때 나는 죽음과 같은 정도의 소동에 맞서려는 느낌이 들었다. 게다가 내가 체험한 이 의식은 타인의 의식을 소멸시킬 수 있으며, 내가 타인의 목숨을 빼앗아버리면 타인은 세계에 대해서나 나에게 대해서나 모든 지배력을 잃는 것이다.* 1934년에 발생한 한 사건은 나에게 아주 강한 인상을 주었다. 한 청년이 택시기사를 살해했다.

"요금을 지불할 수 없었기 때문입니다."

그는 자신의 행위를 이렇게 변명했다. 그는 부끄러움보다도 범죄를 택한 것이다. 어느 의미에서든 나는 그를 이해할 수 없었다. 내가 이 사회기사에 대해서 생각한 까닭은 그것이 내 안에 있는 일련의 관심사와 연관되었기 때문이다. 나는 죽음을 감수할 생각은 들지 않았다. 비명의 죽음을 상상하는 것만으로도 숨이 막혔다. 나의 의식은 어릴 적에 내가 발뒤꿈치로 밟아 죽인 배가 불룩한 바구미처럼 일순간에 파열될 수 있다. 한순간에 나는 타인의 의식을 폭발시킬 수 있는 것이다. 살인의 형이상학적인 면이 나를 매혹했다. 동시에 윤리적인 이유에서, 범죄는 내가 자주 보는 환각 가운데 하나가 되었다. 나는 검사나 판사, 배심원이나 방청석을 앞에 두고 피고석에 앉아 나 자신이 행한 것으로 기억되는 행위의 무게를 짊어지고 있는 스스로의 모습을 마음에 그렸다. 그 무게를 혼자 지고서……. 사르트르를 만나고 나서 나는

---

* 나는 그 무렵 "각자의 의식은 다른 의식의 죽음을 추구한다"는 헤겔의 말을 몰랐다. 나는 1940년이 되어서야 겨우 그것을 읽은 것이다.

내 삶의 방식을 정당화하는 일을 그에게 완전히 맡겨버렸다. 비도덕적인 태도이기는 하지만 그것을 고칠 실제적인 수단을 발견하지 못했기 때문이다. 유일한 해결책은 나를 대신해서 그 결과를 떠맡는 것이 누구에게나 가능하도록 하는 일이다. 그러나 그렇게 하기 위해서는 사회가 개입해야만 한다. 그렇지 않으면 사르트르가 나와 함께 그 결과들을 나누게 되기 때문이다. 다시 나를 고독하게 할 수 있는 것은 뚜렷한 범죄 말고는 없었다. 이따금 나는 반은 재미 삼아 이와 같은 주제를 많건 적건 엄밀하게 조립해 보았다. 하나의 의식이 뚜렷한 무게가 있는 존재로서 내 앞에 나타난다. 질투와 선망으로 나는 하나의 과오를 범하고 나 자신을 타인의 지배하에 둔다. 그리고 상대를 말살함으로써 나는 구원을 발견한다. 나는 일찍이 시몬 베유의 영감을 받은 주인공을 내가 보는 앞에서 옷을 차려입히려고 생각했다. 사르트르에게 그 얘기를 하자 그는, 온 세계와 보편적 이성을 통한 교류에 몸을 바치는 베유와 같은 여성은 자기만의 세계에 틀어박힌 의식으로 보이지 않을 것이라면서 반대했다. 올가라면, 그 젊음과 트리오의 졸렬한 시도로 생긴 침묵이나 불쾌감 때문에 나와 동떨어져 있으므로 베유보다 훨씬 적당할 것이라고 말했다. 나는 즉석에서 과연 그럴 성싶다고 생각했다. 하지만《초대받은 여인》의 구상은 내 경우가 되기 전에 이미 완성되어 있었다.

나는 즉시 본 줄거리로 들어가 30세 여성인 나 자신을 문제로 삼을 용기가 없었다. 나는 우회를 했다. 이것은 내 기량이 모자랐기 때문이기도 하다. 나는 반드시 내 주인공에게—나에게 강한 인상을 준 D.H. 로렌스의 말을 빌리자면—'뿌리'를 갖게 하고 싶었다. 나는《8월의 빛》에서 포크너가 시간을 뒤집은 방법을 훌륭하게 생각했었다. 그러나 그의 수법은 운명의 소인이 찍힌 이야기에 걸맞은 반면, 내가 다루려 하는 것은 예언할 수 없는 자유로운 행위이다. 게다가 과거를 환기함으로써 이야기의 전개가 단절되면 답답한 느낌이 든다는 것을 나는 알고 있었다. 그래서 나는 나를 모델로 하고, 어머니의 이름을 따 프랑수아즈로 이름을 붙인 인물의 유년시절과 청춘시절을 그대로 이야기하기로 정했다. 나의 실제 추억을 프랑수아즈에게 부여하는 방식을 취하지 않았으며, 조금 거리를 두고 멀리서 다시 한 번 도스 파소스 스타일을 모방하여 그녀를 묘사했다. 나는 '정신적인 것의 우위'에서 샹탈을 묘사했을 때 이용한 주제를 다시 채택했다. 젊은 처녀가 자신을 훌륭하게 보이기 위해 어떤 속임수에 빠지기 쉬운지를 보여주려고 한 것이다. 나는 프랑수아즈에게 여자친구를 한 사람 주고, 자자하고는 전혀 딴판인 인물이지만 이 소녀를 엘리자베스로 이름을 붙였다. 엘리자베스에게는 내 3학년 학생들 중 한 소녀의 외모를 주었다. 이 아이는 15살임에도 요부의 분위기를 풍겨, 금발 머리를 풍성하게 물결치듯 하면서 몸에 꼭 맞는 검은 드레스를 입고 있었다. 이렇게 해서 엘리자베스는 도발적인 자신감으로 가득 찬 인생길을 걸으면서 반친구인 프랑수아즈를 압도하게 된다. 또다시 나는 타인을 신기루처럼 제시했다. 실제로 엘리자베스는 오빠인 피에르의 그림자에 불과한데, 이야기 처음에 프랑수아즈는 피에르의 모습을 거의 본 적이 없는 것이다. 나는 에르보를 닮은 젊은 미술 교사와 프랑수아즈의 애매한 관계를 상당히 길게 묘사했다. 결국 프랑수아즈는 피에르 라브루스와 알게 되고 둘은 그들의 삶을 함께한다. 오빠에 대해서 격렬하지만 억제된 애정을 품고 있는 엘리자베스는 프랑수아즈를 질투하며, 더욱이 이제까지와는 반대로 프랑수아즈에게 압도당하게 된다. 이 처음 부분을 쓰는 데 한 해가 꼬박 걸렸다.

한편 사르트르는 〈푸쉬케〉라는 현상학적 심리학 논문을 쓰고 있었는데, 이것은 뒤에 그 발췌본만이 《현상학적 정서론 소묘》란 제목으로 발표되었다. 그는 《자아의 초월》에서 일단 언급된 심적 대상물의 이론을 이 논문에서 전개했다. 하지만 그로서는 그것이 거의 습작에 지나지 않았으므로 400페이지에서 중단하고 중편소설의 완성을 서둘렀다.

올가는 그녀의 부모님과 화해하고 뵈즈빌에서 휴가를 지냈다. 부모님은 상당히 마음이 넓은 사람들이었기 때문에 그녀가 시골에서 때를 벗지 못하고 있으니 파리에서 운을 시험해보는 것이 좋겠다고 인정했다. 6월에 나는 그녀에게 연극을 하라고 권했다. 여전히 그녀를 '나의 대녀'로 부르고 있는 카미유도 격려했다. 올가는 10월에 아틀리에 극단 양성소로 들어가 내가 연습을 도와준 메리메의 〈사건〉의 독백을 뒬랭 앞에서 연기해 보였다. 시험이 끝났을 때 그녀는 울었는데 뒬랭이 칭찬을 해주었기 때문이다. 올가는 몇 주 동안 아주 즐겁게 개인지도를 받으러 다녔다. 뒬랭은 그녀에게 새로운 역할을 공부하게 했으며 그녀는 그것을 암기했다. 그러나 그녀는 양성소에 아는 사람 하나 없이, 구석진 곳에 앉아 다른 학생과 전혀 대화를 하려고도 하지 않고 누군가에게 상대역을 부탁할 용기도 갖지 못했다. 뒬랭이 심사를 하려고 그녀를 불러들였을 때, 그녀는 한심한 듯이 말했다.

"상대역이 돼줄 사람이 없어요."

뒬랭은 하늘을 향해 눈과 두 팔을 들어 직무상 어쩔 수 없이 상대역을 지명했다. 그는 두 사람에게 이튿날부터 함께 연습해 일주일 뒤에 심사를 받도록 지시했고, 놀란 올가는 그 뒤 수개월 동안 아틀리에 극단으로 발길을 돌리려고 하지 않았다. 그녀는 뒬랭의 개인지도에 기뻐서 어쩔 줄 몰랐기에 일이 이렇게 된 것이 슬퍼서 견딜 수 없었다. 이 좌절감을 나에게 털어놓지 않고 말없이 있었기 때문에 그녀의 마음은 무거워졌고, 자책감은 자신의 삶의 방식을 어렵게 만들고 있었다. 베르크로 유배를 가게 된 리오넬은 아파트를 한때 그녀에게 양보했다. 그녀는 거의 그곳에 칩거하면서 몹시 흐트러진 가운데 줄담배를 피우면서 음울한 몽상에 빠져 있었다. 그녀의 언짢은 기분은 나와의 교제에서도 확실하게 나타났다. 우리 두 사람의 우정을 생각해볼 때 가장 답답한 시기였다.

그때는 내 생애의 가장 갑갑한 시기 가운데 하나였다. 나는 전쟁이 다가오고 있는 것도, 전쟁의 가능성이 있는 것도 인정하고 싶지 않았다. 하지만 아무리 내가 타조처럼 머리만 숨기고 도망갈 생각을 해보았자 헛수고였다. 주위로 확산되는 위협은 나를 좌절케 했다.

프랑스에서는 인민전선이 수개월 동안 임종의 고난을 계속 겪다가 사회당이 쇼탕 내각을 포기했을 때 결국 와해되었다. 좌익이 붕괴하고 있는 데 반해서 파시스트의 위협은 증대하고 있었다. 프레스브르크 습격사건에 관한 조사 결과 악시옹 프랑세즈가 '카굴단'으로 명명한 비밀조직의 규모가 밝혀졌다. 이제까지 미궁에 빠진 많은 살인사건은 카굴단의 소행이었다. 불로뉴 숲에서 사체로 발견된 기술자 나바신, 포르 도레 부근 지하철 차량 안에서 타살된 라에티티아 투로, 반파시스트운동 '정의와 자유'의 창시자인 로셀리 형제, 이들 모두가 그들에게 살해된 것이었다. 1월 말에는 카굴단원 40명이 투옥되었다. 밀러 장군의 실종으로 다수의 백계 러시아인으로 구성된 파시스트의 음모가 유럽과 미국에 걸쳐 있었다는 사실이 밝혀졌다. 이러한 움직임은 그 자체가 그다지 중대한 위협은 아니었다. 그러나 온 세계에 잠복해 있는 국제적 존재를 말해 주었다. 그것은 공공연한 군사행동으로도 나타나고 있었다. 극동에서 최근 주축국은 새로운 전쟁을 일으켰다. 마르코 폴로

교(橋) 사건에 이어서 일본군은 베이징을 점거하고 중국 전토를 점령할 결의를 굳히고 있었다. 그렇다고 해도 얼마나 값비싼 대가인가. 난징은 쑥밭이 되었다. 상하이 북방에 퍼져 있는 빈민가 샤페이는 불바다가 되었다. 신문에는 눈을 가리고 싶은 사진이 실렸다. 일본군 폭격으로 살해된 부녀자의 사체가 널려 있었다.*

프랑스 바로 이웃에서도 무솔리니와 히틀러가 에스파냐를 정복하려고 했다. 8월 26일 이탈리아군은 산탄데르에 입성했다. 10월 말 히혼이 함락되었다. 그 뒤 파시스트는 아스투리아스의 석탄과 비스케의 철을 손안에 넣었다. 그들은 에스파냐 북부를 완전히 지배하고 있었다. 그들을 격퇴하려는 시도는 모두 실패했다. 정부가 10월에 이전한 바르셀로나는 무서운 공습으로 황폐해졌으며 발렌시아, 마드리드, 레리다도 폭격을 당해 부녀자의 사체가 길가에 산처럼 쌓였다. 파리에서 개최된 대집회에서 라 파시오나리아는 아직도 '못들여 보낸다' 맹세하고 공화파는 테루엘에서 승리를 얻었다. 그들은 도시를 포위해 점령했으나 다시 내놓을 수밖에 없었다. 더욱이 프랑코는 카탈루냐를 위협했다. 만일 프랑스와 영국이 끝까지 중립 정책으로 일관한다면 에스파냐는 파멸이다. 두 나라는 중립을 계속 지켰다. 에스파냐 공화국은 두 나라로부터 대포 한 대, 비행기 한 대조차도 받을 수 없었다. 이와는 반대로 이탈리아와 독일은 더욱더 강력한 무기를 프랑코에게 보내주었고 3월에 파시스트군은 동부 전선을 돌파했다. 그들의 비행기는 카탈루냐 해안 도시를 모조리 분쇄했다. 액체 공기폭탄은 바로셀로나 상공업지대를 전멸시켰으며 도시 중심부에 심각한 피해를 주었다. 불과 이틀 만에 1300명 이상의 사망자와 부상자 4000명이 발생했다. 페르티우스 고개에는 비참한 피난민의 행렬이 잇따라 밀어닥쳤다. 바르셀로나에서는 레지스탕스가 조직되었다. 그러나 공습 때문에 생산은 거의 제로가 되어 있었고, 동쪽도 중앙 쪽도 길이 끊긴 카탈루냐는 절망적인 상태였다. 페르낭은 휴가로 또 파리에 왔다. 그는 완전히 변하고 말아 이젠 미소를 짓지도 않았다.

"프랑스 놈들!"

이렇게 그는 내뱉었다. 페르낭은 사르트르와 나를 그 원한에 관련시키고

---

* '프랑스 경영자연맹' 소속 건물 2개 동이 폭파되어 경찰관 2명이 사망했다. 이것은 우익이 꾸민 도발행위였다.

있는 듯했다. 그것이 나에겐 부당하게 생각되었다. 왜냐하면 우리는 프랑스가 그의 조국을 구원해주기를 진정으로 바라고 있었기 때문이다. 하지만 그의 분노는 우리의 그런 표현에 상관없이 계속되었다.

에스파냐의 비극은 우리를 슬프게 했으며, 독일의 사건은 우리를 두렵게 했다. 9월에 뉘른베르크에서 히틀러는 30만의 나치스와 100만의 청중을 앞에 두고 가장 도전적인 연설을 했다. 무솔리니의 뮌헨 방문과 베를린 방문 이후 두 독재자의 제휴가 견고해졌다. 군의 쿠데타가 실패했기 때문에 독일 국방군은 직접 히틀러의 지휘 아래 놓이게 되었다. 히틀러가 내무상으로 되어 있어 게슈타포가 의기양양해지고, 빈에서는 히틀러 파인 자이스인크바르트가 권력을 장악했다. 히틀러는 또다시 대연설을 한 뒤 오스트리아로 진출했다. 독일·오스트리아 연합이 실현되었다. 빈이 공포의 구렁텅이에 빠져 있는 한편, 체코슬로바키아에서는 스데트 지방의 독일인들이 단호하게 자치권을 요구하기 시작했다. 사르트르는 이제 기만당하지 않았다. 평화를 지킬 수 있는 가망은 더욱더 희미해졌으며, 보스트는 자신이 이제 곧 전쟁터로 가게 되리라 확신했다. 그리고 아무래도 그곳에서 생명을 잃게 될지 모른다는 생각을 했다.

나는 아직도 나 자신을 속이려 하고 있었다. 나는 상황을 똑바로 바라보지 않았다. 그러나 미래가 내 발밑에서 무너져내리는 듯하여 고민에 가까운 불안을 느꼈다. 이해에 대해서 희미한 추억밖에 남아 있지 않은 까닭은 아마도 그 때문이리라. 사생활에서는 무엇 하나 두드러진 사건이 생각나질 않는다. 지난해보다 몸을 더 돌보고 밤샘도 적당히 했으며 외출도 삼갔다. 10월인가 11월에 나는 올가와 사르트르와 함께 자살 미수사건 뒤에 마리안 오스발트가 가보 홀에서 베푼 축제에 갔다. 검은 드레스로 몸을 감싸고 여봐란듯이 붉은 털을 세운 그녀는 파팽 자매의 미쳐버릴 것 같은 반역에 대한 분노를 억누르는 듯한 목소리로 콕토의 '우아한 안나'를 낭독했다. 그녀는 프레베르의 샹송을 많이 불렀는데, 그 가운데는 벨일 감화원 소년들의 탈주 미수사건에서 착상을 얻은 곡이 있었다.

악당, 건달, 도적놈, 별것 아니다!
사냥개로 일찌감치 변신한 나리님들

자식 사냥을 하고 계시는군.

프레베르의 아나키즘에는 나를 만족시키는 신랄함이 있었다. 나는 마리안 오스발트의 매끄럽지 못한 뜨거운 목소리, 고뇌로 일그러진 표정, 그녀의 몸짓이나 손짓, 그리고 노래하는 샹송 가사 속에 있는 미묘한 어긋남을 사랑했다.

내가 사르트르와 함께 베토벤의 현악4중주곡 전곡을 처음으로 들은 것도 가보 홀에서였다. 우리는 그곳에서 카미유를 보았다. 그녀는 자신이 따분하다고 생각하는 곡이 연주되는 동안은 계속 종잇조각에 무언가를 쓰고 있었다.

"소설을 쓰기 위해 생각난 것을 적고 있어요."

그녀는 우리에게 말했다. 그런 식으로 한 번에 여러 가지 일을 할 수 있다니, 나는 생각에 잠겼다.

크리스마스 휴가에 우리는 메제브로 갔다. 그곳에서 간단한 식사가 제공되는 숙소에 묵었다. 동생과 제제는 친구 3, 4명과 가까운 산막을 빌렸으며 보스트는 우리와 합류했다. 우리는 개인지도를 받기로 했다. 나는 민첩하지도 용감하지도 않은데 날로 익숙해졌고, 알부아와 로슈브린의 슬로프에서는 즐거운 한때를 보냈다. 밤에는 사뮈엘 페퓌스의 《일기》나 스위프트의 《스텔라에게 보내는 일기》를 읽었다. 이것들은 모두 프랑스어판으로 갓 나온 책들이었다. 우리가 문학의 테두리를 훨씬 넘는 감격으로 말로의 《희망》을 읽은 것은 그 무렵이었거나 어쩌면 파리로 돌아간 직후일 것이다. 말로의 소설은 언제나 그렇지만 여기에서도 인물의 살붙임이 부족하다. 그러나 그런 단점은 대단치 않다. 왜냐하면 인물보다도 사건 쪽이 훨씬 중요한 의미를 지니고 있으며, 매우 교묘하게 그것을 전하고 있기 때문이다. '묵시록'을 좋아하는 점도, 열광과 규율 사이에 있는 모순의 느낌도, 말로는 우리에게 가까웠다. 그는 문학에서 완전히 새로운 주제를 다루었다. 그 주제는 개인주의적 도덕과 정치적 실천과의 관계, 전쟁의 와중에서도 여전히 인간적인 제 가치를 유지할 가능성 등이다. 민중의 군대인 전투원은 군인이기 이전에 한 시민이고, 인간이며, 또한 그것을 잊지 않고 있기 때문이다. 우리는 그들의 갈등에 관심을 가졌지만, 그 갈등 상태가 어느 지점에 나타났는지는 간과하지 못했다. 곧 그런 정도의 갈등에도 시들해져 이제는 모든 인간적 상호관계를 말살시키고야 마는 총체적 전쟁에 관심을 갖게 되었다. 말로는 이 인간적 상호관계에 전념했으며 우리 역시 아주 중요하게 여겼다.

마드리드의 공습과 각지의 전투에서의 승리나 패배 등에 비하면 전에 내 호기심을 채워주던 온갖 것은 완전히 빛바래 보였다. 나는 신문 사회기사조차 제대로 읽지 않았다. 바이스만 공판 때는 언론이 명백히 견제를 시사해 이 기사로 지면을 다 메우고 있었으나 나는 무관심했다. 지나가는 사람을 바라보며 즐기는 일도 옛날 같지 않았다.

1월에 우리는 이따금 아틀리에 극단에 다니면서 카미유가 아리스토파네스에서 매우 자유롭게 각색한 〈프루투스〉 무대연습을 보았다. 그녀는 쿠토의 장치, 다리우스 미요의 음악으로 시사희극 같은 것을 만들어내고 있었는데, 전체로서는 그다지 의미가 없지만 즐거운 장면들이 많이 있었다. 뒬랭은 무대를 이끌어주었다. 마리 엘렌 다스테는 짐짓 태를 낸 우아함으로 '가난' 역할을 살려냈다. 이 연극에서 단연 돋보인 것은 마르코의 출연이었다. 그는 무대에서 노래 연습을 하고 싶어했으며, 뒬랭의 뒷받침만 있으면 장래에 유리해질 거라고 생각한 것이다. 그는 정강이가 드러나는 짧은 튜닉에 샌들 차림으로 농민의 코러스를 리드했다. 그러나 오페라 극단 연출가가 가차 없이 지적한 대로 그에게는 박자 감각이 전혀 없었기 때문에 지휘하는 것이 어려웠다. 그의 노래는 반주에 따르지 않았고 무대를 돌아다닐 때에도 발의 움직임이 리듬에 맞지 않았다. 그래도 아틀리에 극단 작은 홀에서 그의 목소리는 매우 효과적이었다.

이 밖에 내가 이해에 사르트르와 함께 본 연극은 주베가 연출한 마르셀 아샤르의 〈해적〉뿐이었다. 시나리오는 상당히 박력이 부족했으며 거리감이 2배나 멀게 느껴지는 장면들의 상투적인 연출은—〈햄릿〉에서 배우가 궁정을 배경으로 연극을 하듯이—조금도 독창적이지 않았다. 하지만 가공세계에 침입해 들어가는 허구에는 역시 매력이 있다.

연극을 보는 대신 우리는 변함없이 자주 영화를 보러 갔다. 프레베르와 위고를 제외하면—거기에 〈여자들만의 도시〉도 예외였는데—프랑스 영화는 우리를 따분하게 했다. 시나리오는 단조롭고 화면은 맥이 빠져 있으며 배우의 대사는 빌려온 듯했다. 게다가 우리는 전쟁물을 좋아하지 않았기 때문에 르누아르의 〈크나큰 환영〉조차 마음에 들지 않았다. 거기에 비해서 미국 희극영화는 크게 즐길 수 있었다. 〈돌아오지 않는 여행〉〈뉴욕—마이애미〉

〈내 남자 갓프리〉〈미스터 디즈〉〈푸른 수염의 8번째 아내〉 등이 그랬다. 영화 줄거리는 모두 형편없었지만 훌륭하게 구성되어 있었다. 몇 겹이나 되는 실로써 전체에 결부되어 있지 않은 삽화는—발레리의 가르침과 같이—하나도 없다. 우리는 이 구성을 클래식 소나타의 그것과 같은 정도로 훌륭하다고 생각했다. 게다가 우리에게 있어서 이들 영화의 리얼리즘은 이국정서의 베일을 쓰고 있었다. 한 줄의 길, 계단, 호각, 약간의 장식이나 세부적인 소재조차도 타향을 느끼게 했다. 연인들이 대체로 적의를 품고 대립하고 있는 것이 우리에게는 세련된 착상으로 보였다. 우리는 그것이 미국에서의 남녀간 세력다툼을 반영하고 있는 줄은 몰랐다. 이들 희극 가운데 꼴도 보기 싫은 여성을 안고 침수된 들판을 가로질러 가는 주인공이 웅덩이에 그녀를 내던지는 장면이 있었다. 이것은 여성에 대한 미국 남성의 잠재적인 적의를 말해주는 삽화인데도 우리는 대담한 시도라고 감탄했다. 모두가 이런 식이었다. 대서양을 횡단하는 도중에 진실과 허위는 확실하게 구별할 수 없게 되어, 그 혼란이 우리에게 유쾌한 환상을 낳은 것이다. 더구나 이들 영화의 대부분은 틀림없이 뜻밖에 발견한 것을 포함하고 있었다. 이해에 할리우드는 최대 히트작 중 하나이며 우리가 전혀 예상하지 못한 걸작 〈초록 목장〉을 가져왔다. 이것은 코넬리의 희곡에서 착상을 얻은, 흑인이 전하고 연기하는 성서 이야기이다. 검은 피부의 수염이 덥수룩한 하느님이 '흑인영가'를 부르는 검은 천사에 둘러싸여 엄청나게 굵은 잎담배를 피우고 있다. 날개가 있는 '천사'들이 격자무늬 웃옷을 입고 하느님의 궁전을 비로 쓸고 있다. 카인의 아들은 서로 총질을 한다. 천국의 사람들은 낚싯줄을 드리우고 낚은 고기로 만든 튀김 요리에 입맛을 다신다. 우리는 이 이야기가 잃어버린 낙원의 신선함을 지니고 있으며, 부자연스러운 순진함에 빠져 있지 않다고 생각했다.

1933년 이래 우리는 색채 연속만화 《실리 심포니》에 친숙해 왔고 사르트르는 도날드 흉내를 냈다. 나는 어릴 적에 즐겨 읽던 동화 중 하나인 《세 마리 새끼돼지》를 다시 만나게 되어 대만족이었다. 몇 년 동안 우리는 그 무렵에 누구나 그랬듯이 이렇게 흥얼거렸다.

"짓궂은 큰 늑대는 누구일까?"

이 겨울에 가장 주목해야 할 사건은 1938년 1월 17일부터 생토로네 거리 보자르 화랑에서 개최된 초현실주의 화가전이다. 출입구에는 달리가 고안한, 비에 흠뻑 젖은 택시 안에서 금발 인형이 달팽이가 우글우글한 샐러드와 상추에 파묻혀 기절해가고 있었다. 맨 레이, 막스 에른스트, 도밍게스, 모리스 앙리에 의해서 옷이 입혀지거나 벗겨진 인형들이 '초현실주의자'를 흥청거리게 하고 있다. 특히 우리 마음에 든 것은 마송의 인형이었는데, 얼굴은 새장에 넣어져 재갈이 물려 있었다. 가장 중요한 방은 마르셀 뒤샹이 설치한 곳으로, 늪과 화로 둘레에 나란히 놓인 침대 4개가 있는 동굴이었다. 천장은 석탄자루로 되어 있다. 브라질 커피 향이 자욱한데, 치밀하게 안배된 어둠 속에서 여러 물체가 떠오른다. 모피로 된 식기, 여자의 다리로 받혀진 걸상, 문, 벽, 꽃병, 이르는 곳마다 인간의 손이 삐져나와 있다. 나는 초현실주의가 우리에게 직접적인 영향을 준다고는 생각지 않는다. 그러나 그것은 우리가 숨 쉬는 공기 속에 침투해 있었다. 이를테면 내가 사르트르나 올가와 자주 일요일 오후를 보낸 벼룩시장을 유행시킨 것도 초현실주의자였다.

이렇게 우리의 기분전환에는 부족함이 없었다. 하지만 우정 면에서는 전보다 쓸쓸해지고 있었다. 마르코는 우리에 대한 적의를 숨기려 하지 않았기 때문에 우리는 그와 만나지 않았으며, 만나도 전혀 즐겁지 않았다. 파니에는 우리 생활 가운데서 사라졌다. 그는 사르트르의 정치적 과격주의와 올가에 대한 우리의 애착에 기분이 상했고, 우리가 그의 사촌에 대해서 호의를 갖지 않았다며 부당하게 의심했다. 우리는 싸운 것은 아니지만 서로 얼굴을 마주 대하지 않았다. 어느 날 오후 나는 돔에서 결혼반지를 끼고 있는 테레즈를 목격했다. 그녀는 나에게 최근 동료 한 사람과 결혼했다고 말했다. 그녀는 파니에를, 나는 사르트르를 기다리고 있었다. 우리는 넷이서 함께 1, 2시간을 보냈다. 사르트르와 나는 파니에와 테레즈가 왜 결혼을 체념했을까, 은근히 자문자답하고 있었으나 그들이 설명을 해주지 않아 서로의 서먹서먹함은 시간이 갈수록 더해져가던 참이었다. 며칠 뒤 우리는 르메르 부인에게서 둘이 확실히 결혼했다는 말을 전해 들었다. 마르코가 결혼서약에서 증인을 섰다고 한다. 그리고 한동안 시간이 지난 뒤 우리는 또 그들과 교제하게 되었다. 그러나 왜 그들이 이런 재수 없는 연극을 했는지는 결국 알 수 없었다. 한편 올가와 나 사이도 개운치가 않았다. 게다가 내 동생도 리오넬의 병 때문에 몹시 고민을 하고 있었다. 그녀는 내 얼굴을 볼 때마다 거의 울음을 터뜨리곤 했다. 이때 나는 이런저런 허전함이나 걱정거리 탓도 있어 완전히 풀이 죽어 있었다. 문학적인 성공은 이 같은 나를 격려해 줄 수 있었으리라. 하지만 나로서는 기대하기 어려운 일이다. 어느 날 오후 사르트르는 갈리마르 서점으로 가서 내 원고가 어떻게 되었는지 물어보겠다고 말했다. 나는 돔에서 별로 애태울 것도 없이 일을 하면서 그를 기다렸다. 원고는 거부되었다. 브리스 파랭의 의견으로는, 전체 구성이 허술하며 세부적으로 생기가 부족하다는 것이었다.

"다른 출판사에 내보자."

사르트르는 이렇게 말하고 그라세 서점에 추천을 부탁했다. 나는 적어도 당장은 실망하지 않았다. 그러나 이 좌절이 나를 더욱더 주눅 들게 했다. 현재 쓰고 있는 소설도 그다지 마음의 버팀목이 되지 못했다. 프랑수아즈의 유년시절이나 청춘시절 이야기는 나 자신에게조차 이해가 되지 않았다. 게다가 건강 상태도 상당히 불안했다. 부활절 휴가 직전에 또다시 병이 도져서, 대단하지는 않았지만 며칠 누워 있어야 했다.

내가 걸을 수 있게 되자 곧 우리는 파리를 떠났다. 처음에는 알제리로 갈 계획이었는데, 시간이 부족해서 바욘까지 기차로 가서 바스크 지방을 한 바퀴 돌았다. 봄이 한창 무르익을 무렵에 꽃이 흐드러지게 피어 우리도 기분이 상쾌해졌다. 이크타수에서 우리가 묵은 방에는 별실처럼 나무 한 그루가 축을 이루고 있었는데, 트랩을 지나면 초목의 잔가지와 잎새 사이에 마련해놓은 플랫폼이 있었다. 내가 근처 언덕을 뛰어다니고 있는 사이에 사르트르는 그곳에 자리를 잡고 일을 했다. 나는 햇빛과 자두꽃의 복숭앗빛이 가득한 가운데를 고사리류를 밟고 걸었다. 돌아오는 길에 우리는 사르트르가 어릴 적에 지낸 라 로셸과 생트에 들렀다. 항구의 요새 주변과 아케이드가 있는 거리를 걸으면서 사르트르가 집필 중인 《한 지도자의 유년시절》을 어떻게 할 것인지에 대해서 논의했다. 사르트르는 이야기가 실제로 끝나고 있는 장면, 즉 뤼시앵이 청춘기를 벗어나는 시점에서 끊어버릴지 말지 갈피를 못잡고 있었다. 나는 더 앞까지 써야 한다, 그렇지 않으면 독자는 아쉬움을 느끼게 될 거라고 말했지만 지금은 잘못된 것으로 생각한다.

대기와 산책과 여행의 자극은 몸에 많은 도움이 되었기 때문에 나는 성령강림제에 다시 여행에 나섰다. 이번에는 혼자서만 배낭을 짊어지고 오베르뉴 지방을 걸었다. 생플루르 근처 뜨거운 협곡에서 지낸 오후는 특히 기억에 남는다. 나는 어릴 때를 회상하고 있었다. 그때 가장 오랜 기억의 하나가 되살아났다. 내가 들고 있는 꽃이 알리스 숙모의 정원에서 따온 것이라고 꾸지람을 들었다. 나는 아득히 먼 옛날의 이 소녀를 언젠가 소설 속에서 되살리고 싶었다. 하지만 그런 좋은 날이 결코 찾아오지 않을 성싶었다.

나는 사르트르와 함께 가장 가까운 과거였던 루앙을 방문했다. 무엇 하나 변한 게 없었고 여러 가지 일들이 되살아났다. 그런데도 우리는 배신당한 듯한 생각이 들었다. 우리가 살고 있던 열기로 가득 찬 온실 대신에 그곳에 있는 것은 정확한 윤곽만을 유지하고 있는 향 없는 압엽표본이었다. 예전에는 미래이던 것이 실현되어 겉모습은 모두 변했으며, 지금은 길에, 그리고 우리 기억 속에 옛것이라고는 오직 뼈대만이 남아 있었다.

그러면 우리가 옛 모습을 그리며 루앙을 돌아보고 살던 시절의 앞에는 어떤 미래가 있었을까? 지금도 가끔씩 들르는 북역 옆 영구차 같은 카페에서 사르트르와 이야기한 일이 생각난다. 나는 비평가들이 일종의 사건으로 받아들였던《구토》의 성공과,〈신프랑스 평론〉과〈메쥐르〉지 두 곳에 실린《내밀》과《방》에 관해 그가 받은 여러 가지 편지에 대해서 유쾌하게 이야기하고 있었다.

"유명한 작가가 되는 일은 정말로 재미있겠군."

나는 그에게 이렇게 말했다. 세속적인 성공이 내 머리를 스치고 내 마음을 끈 것은 이때가 처음이었다. 그렇게 하면 다른 사람들과 다른 사물들에 대해 알 수가 있을 테고, 이제까지는 모호하게만 여기던 모두가 아주 새로운 것이 되리라고 생각했다. 그때까지 나는 나 자신의 행복을 확보하기 위해 내 힘에만 의존했으며, 내일은 오늘의 반복이면 좋겠다는 생각을 하고 있었다. 그런데 그때 갑자기 외부로부터 무언가 다른 것이 내 신상에 일어나길 바랐던 것이다. 지난 9년 동안 우리 생활을 키워준 모든 것은 이제 닳아서 바닥이 드러나기 시작했다. 그 보충으로 나는 명성을 꿈꾸기보다는 불확실한 계획을 세우고 있었다. 머지않아 우리 월급은 자동차를 살 수 있을 정도가 되리라. 세상 사람들이 아파트나 가구를 갖추는 데에는 돈을 써도 자동차를 사려고 하지 않는다는 사실이 나에겐 말이 안 되었다. 운전을 배우자. 그렇게 하면 여행 중에 얼마나 자유롭게 돌아다닐 수 있을까? 우리는 언젠가 파리―런던 간 비행기에 탈 날을 꿈꾸고 있었다. 우리는―올해는 안 되겠지만 다분히

1939년에는 싫은 단체여행을 참고서라도—가이드의 안내로 소비에트 관광을 할 생각이었다. 미국은 수평선 너머로 다른 나라보다 눈부시게 번쩍이고 있었는데 그곳까지 발을 뻗칠 가능성은 우리로서는 거의 없었다. 어쨌든 당장에는 미국은 문제 밖이었다.

글라세 서점은 내 원고를 거부했다. 나는 이렇게 될 것을 각오하고 있었다. 심사를 맡은 앙리 뮬러는 다음과 같은 편지를 보냈다.

"이 작품은 전쟁 뒤에 처녀들이 그 시대의 사조로부터 다양한 영향을 받으면서 운명을 거쳐온 모습을 묘사한 것으로서, 그 지성과 분석과 관찰 면에서 확실히 뛰어납니다. 그 무렵 어느 사회의 묘사는 상당히 정확하다고 생각됩니다. 그러나 이 소설에서 가장 비판할 점은 독창성이 깊지 않다는 겁니다. 다시 말해서 귀하가 시도한 풍속 묘사는 최근 20년 동안 이미 몇 번이고 묘사된 것입니다. 귀하는 붕괴되고 있는 세계를 묘사함으로써 우리를 새로운 세계의 어귀에 남겨두는 것만으로 만족해, 새로운 세계의 독자적인 영광을 충분하고도 정확하게 보여주지 않고 있습니다. ……《영성의 우위》에는 장래에 귀하가 훌륭한 작품을 쓰게 될 것으로 기대하게 하는 자질이 엿보입니다……."

나는 놀랐다. 나는 풍속 묘사를 하려던 게 아니다. 음영이 풍부한 심리 연구를 한 것이었다. '독창성이 없다'는 비난은 나를 당황하게 했다. 내가 묘사한 여성들은 살아 있는 인간으로서 내가 알고 있는 사람들이며, 나보다 먼저 그녀들에 대해서 이야기한 자는 아무도 없다. 그녀들은 모두 색다르고 독특했다. 나는 훨씬 뒤에, 내가 보기에 평범한 것만을 써놓은 원고를 가지고 와 '독창적'인 경험을 표현했다고 자처하는 작가지망생들을 이때의 나와 마찬가지로 놀라게 한 적이 있다. 반대로 가장 흔한 사실도 작가의 펜에 따라서 전혀 새로운 빛으로 조명되는 것이다. 여기에 실생활에서 작품으로 이어지는 문제의 모든 것, 문학예술 문제의 모든 것이 가로놓여 있다. 어쨌든 내가 오해를 받은 이유는 자신을 알리도록 쓰지 못했기 때문이라고 생각했다. 실망하지는 말자. 이 다음에는 틀림없이 목적을 달성할 수 있으리라. 여름휴가가 가까워졌으며 마음을 들뜨게 하는 계획도 있었기에 나는 《영성의 우위》를 웃으면서 버릴 수가 있었다.

사르트르는 바로 파리를 떠날 수가 없었기 때문에 나는 알프스 지방으로 여행을 갔다. 내 체력은 내가 생각해도 대단한 것 같다. 밤 기차로 닿자마자 바로 들을 지나고 산을 넘어 넉넉히 9시간은 걸었다. 이 몸 상태는 무너지지 않았다. 샤모니에서 티뉴까지, 나는 혼자서 갈 수 있는 산정은 모두 답파했다. 티뉴에서는 사르트르의 편지를 받았다. 그는 7월 초에 《한 지도자의 유년시절》을 완성하고 장편소설을 계획 중이었다. 그는 다음과 같이 써서 보냈다.

"나는 이번에 쓰는 장편소설의 주제와 구성, 제목을 단숨에 발견했다. 완전히 당신이 바라는 대로라고 생각하지만 주제는 '자유'다."

그가 활자체로 표시했던 제목은 '루시퍼'였다. 제1권은 '반역' 제2권은 '서약'으로 할 예정이었다. 눈에 띄는 문구가 하나 있었다.

"불행, 그것은 우리에게 자유이다."

우리는 마르세유에서 모로코행 배를 탈 계획이었다. 구입한 배표는 3등석이었는데, 파케사에 근무하고 있는 사르트르의 옛 친구가 2등석을 잡아주었다. 나는 이 기회를 절대로 놓치지 않을 결심으로 약속 장소인 생샤를 역에 일찍감치 도착했다. 그러나 유감스럽게도 원칙적으로는 배 시간에 맞추어 연결되도록 10시에 닿기로 되어 있는 파리발 기차가 몹시 늦어지고 있었다. 12시가 되어도 도착하지 않고 2시가 되어도 오지 않았다. 나는 초조해서 안절부절못하는 동안에 절망하고 말았다. 내가 지쳐버린 상태에서 사르트르를 만난 것은 4시였다.

"아무튼 항구로 가보자."

그는 말했다. 택시가 부두에 닿았을 때는 막 트랩을 들어 올리려고 하는 참이어서 나는 트랩으로 뛰어올랐다. 사르트르는 선원에게 잡아끌려 배와 육지 사이의 도랑 너머로 안아 올려졌다. 나는 카이로 시티호와 작은 그리스 범선 여행을 떠올렸다. 이 항해의 쾌적함은 꿈과 같았다. 푹신한 갑판 의자에 느긋하게 앉아 날치가 튀어오르는 모습을 바라보면서 일광욕을 하니 나는 전혀 늙지 않고, 인생에서 가장 좋은 20살이 된 기분이 들었다.

카사블랑카에서 유럽인의 거리는 시시했다. 우리는 어렵지 않게 발견되는 빈민가를 찾았다. 그곳 생활은 아테네의 가장 비참한 변두리보다도 더 열악했는데, 그것은 프랑스 탓이었다. 우리는 잰걸음으로 그곳을 빠져나갔다. 부끄러웠다. 지드, 라르보, 모랑, 그밖에 많은 추종자들이 전설을 낳은 것은 앞에서도 말했는데 우리는 그 전설을 믿고 부스비르까지 갔다. 오후의 나른함 속에 그것은 마치 아랍인 지구와 유대인 지구로 나뉜, 박람회 등에서 볼 수 있는 장식 마을처럼 보였다. 그곳에 건어물 가게와 카페가 있는 것은 놀라웠다. 문신과 장신구와 긴 옷으로 몸을 감싼 아랍 여인이 우리를 어느 술집으로 안내하고는 자기 방으로 데리고 들어갔다. 그러고는 옷을 벗고 복춤을 춘 다음 성적인 묘기를 보였다.

 라바트에 관해서 특히 생각나는 것은, 황새 무리가 협죽도 사이에 있는 누른 빵 빛깔을 띤 총안에 앉아 탭댄스 소리를 내고 있었던 광경이다. 우리는 밤에 페스에 도착해 자르나이 성에 머물 생각이었다. 마차 한 대가 우리를 태우고 흰 벽을 따라서 인적이 없는 길을 나아갔다. 규칙적인 말발굽 소리 말고는 아무 소리도 들리지 않았다. 가도 가도 도착할 기색은 없고 어둠과 정적만이 우릴 위협했다. 어떤 위험한 곳으로 끌려가는 것일까? 5, 6킬로 달린 뒤 마부는 닫혀진 어느 문 앞에서 딱하다는 표정을 지으면서 멈추었다. 분명히 그는 여름 동안 호텔이 휴업하는 사실을 알고도 어쨌든 이곳까지 오면 운임은 받을 수 있으므로 돈줄을 놓치고 싶지 않았으리라. 우리는 실망한 채 유럽인 거리로 돌아왔다. 머리 위에 반짝이는 별이 그나마 위안이었다. 우리는 현지인 마을에서 3킬로나 떨어진 곳에 묵었기 때문에 매일 아침 분함을 참고 땡볕 길을 걸었다. 하지만 도착한 순간 얼마나 즐거웠는지 모른다. 베일로 얼굴을 가린 여인들, 닫힌 궁전, 출입금지의 고등학교와 회교사원과 함께 그렇게도 감춰진 페스, 그리고 화려하게 장식된 점포, 상인의 외침이나 몸짓에 그렇게도 넉넉하게 맡겨진 페스를 우리는 얼마나 사랑했는지 모른다. 말하자면 페스는 드러내기보다 숨기길 좋아하는 도시이다. 저녁 무렵, 우리가 등불이 좌우로 흔들리는 중심가를 벗어날 때쯤 되자 경관들은 어둑한 골목 어귀에 사슬을 건네 출입을 금지했다. 시장의 문이 닫히고, 이윽고 우리 뒤에서 도시의 큰 성문이 닫힌다. 어느 날 밤 시장의 미로에서 나올 수 없게 된 우리는 안내를 제의한 한 청년의 뒤를 따라갔다. 얼마 있다가 그가 일부러 길을 헷갈리게 하고 있음을 감지했다.

 "그놈과 함께 가서는 안 돼요!"

 약간 나이 든 회교도가 외쳤다. 갑자기 우리의 가이드는 쏜살같이 도망가기 시작했다. 그는 우리를 등칠 생각이었을까? 낮에도 미로의 공기는 육계

(肉桂), 정향(丁香), 갓 무두질한 가죽 등에서 피어오르는 냄새와 온갖 아라비아 향으로 무겁고 탁해서 숨이 찼다. 지하도를 헤매고 있는 듯한 느낌이 든다. 작은 당나귀가 날뛰어 교통을 방해하기도 하고, 때때로 흰색 제복을 입은 관리가 장식한 말을 타고 지나치면 사람들은 길옆으로 몸을 피했다. 몸도 움직일 수 없는 이 터널 안에서 화재라도 나는 날이면, 상상하자 식은땀이 흘렀다. 그러나 이 막연한 불안은 이곳 냄새와 맛과 색채를 한층 강렬하게 했다. 만일 사람을 홀린다는 언어의 의미를 내가 느낀 적이 있다면 그것은 바로 페스에서였을 것이다. 우리는 허술한 유럽식 호텔에 예정보다 이틀이나 더 머물 처지에 내몰렸다. 관광객을 상대하는 식당인데 느낌이 좋았다. 제철이 아니어서 그런지 텅 빈 점포가 있었기 때문에 우리는 이곳에서 향토음식을 마음껏 맛보았다. 땅바닥에 앉아 파스틸라와 레몬을 곁들인 병아리, 양고기, 쿠스쿠스, 녹용을 먹었다. 가게를 나섰을 때 조금도 위가 트릿하지 않은 느낌이어서 우리는 흐뭇했다. 그리고 이것은 포도주를 마시지 않았기 때문이라고 단정했다. 그런데 호텔로 돌아오자마자 사르트르는 간장이 아프기 시작해 이틀이나 잠자리에서 일어날 수 없었다.

메크네스는 페스보다 조용하고, 아름다움은 떨어지며, 답답함은 덜했다. 우리는 메크네스에서 나온 뒤 버스로 볼루빌리스와 물라이 이드리스의 로마 시대 유적을 찾았다. 성도(聖都)는 약간 따분했다. 볼 만한 것은 회교사원뿐이었다. 이들 사원은 모두 100미터 남짓 바로 앞에서 출입금지였고, 쇠사슬과 통나무 울타리, 리요테 총독의 정책을 내건 알림판이 가는 곳마다 있었다. 우리를 기쁘게 한 점은 도시 안 어디에도―8월의 혹서 탓으로―우리 말고는 유럽인의 모습을 볼 수 없다는 사실이었다. 무어식의 좁고 답답한 카페―돌담에 구멍을 뚫은 듯한 점포―의 돗자리에 앉아 우리는 여행 중 더 없는 수확인 타향 생각에 빠져들었다. 우리는 몹시 가난한 모로코인들에 둘러싸여 있었다. 중국 찻잔을 입으로 가져가면서 매독을 앓는 사람의 입이 여기에 닿았을 거라고 생각했다. 하지만 결연하게 마셨다. 카페 주인은 사르트르에게 긴 담뱃대를 내주었다. 아주 작은 대통에는 인도 마(麻)의 가는 분말이 채워져 있었다. 사르트르가 연기를 빨아들이는 모습을 보고 주인도 그 동료도 친근한 듯이 웃었다. 사르트르는 모두가 예고한 바와 같은 어지러움은 느끼지 않았으나 그래도 크게 기뻐했다. 돌아오는 길에 버스기사는 뛰어난 솜씨로 운전하면서 절대로 브레이크를 밟지 않았다. 버스가—만원인 승객은 모두 현지인이었는데—너무 흔들려 내 뒤에 있던 한 손님이 토하는 바람에 블라우스도 사르트르의 풀오버도 피해를 입고 말았다.

  마라케시에서 우리는 페스처럼 현지인의 거리에서 멀리 떨어져 있는 것은 좋지 않다고 생각했다. 여기에서도 좋은 호텔은 모두 휴업 중이어서 우리는 아랍식 호텔에 묵었다. 호텔은 먼지투성이였으며 제마 엘 푸나 광장을 바라보고 있었다. 밤에도 건물 안에서는 더워 죽을 것만 같아서 처마 밑 빈약한 뜰에 침대를 끌어냈다. 이 야외 침실은 매력이 있었다. 한참 뜨거울 때는 광장 외곽의 카페에서 지냈다. 이곳 옥상에서 우리는 저녁식사를 했다. 넓은 둑 위에 밤낮없이 펼쳐지는 시끄러운 도시 풍경은 언제까지 보아도 싫증이 나지 않았다. 그곳에서는 북부 사람들과는 아주 다른 생김새의 사내들을 볼 수 있었다. 키가 크고 마른 체구에 피부가 울퉁불퉁하고 구릿빛으로 타서 마치 세례자 요한과 같은 사람들이었으며, 틀림없이 그들도 메뚜기를 먹었을 것이다. 그들은 사막에서 왔다. 그들도 우리와 마찬가지로 놀란 눈을 크게 뜨고 뱀을 마음대로 조종하거나 검을 삼키는 마술을 바라보고 있었다. 그리고 야담가 둘레에 둥글게 선 채, 또는 책상다리를 하고 앉아 이야기꾼이 느렸다 빨랐다 노래하듯이 리듬을 붙여서 하는 얘기에 귀를 기울였다. 천막 밑에서는 양 허벅다리로 꼬치구이를 만들어 팔고 있었다. 큰 냄비에 노란 스튜가 부글부글 끓고 있다. 팔거나 사거나 지껄이거나 외치거나, 감탄하거나 싸우거나 정말로 어수선하다. 저녁 더위도 한풀 꺾이면 촛불이 희미하게 좌판을 비추고 단조로운 노랫소리가 밤하늘에 울려 퍼진다. 나는 북부에서도 낙타를 보았는데, 그 고귀함과 우아함을 안 것은 마라케시의 테라코타 성벽 아래, 야자수와 샘물 사이에서였다. 무릎을 꿇거나 일어서거나 느긋한 걸음으로 걷는 낙타의 모습을 나는 언제까지나 지켜보았다. 시장은 페스보다 넓고 밝으며 또 낡아 있었다. 이곳에서는 부유한 상인보다도 장인의 일하는 모습이 인상적이었다. 염색 거리는 나를 매료했다. 그들의 색채는 사물의 성질이 아닌 하나의 실체이다. 물이 눈, 안개, 얼음, 서리, 수증기로 되듯이 색도 실체로 변신을 한다. 보라와 빨강은 액체가 되어 하수구로 흐르고 냄비 속은 크림처럼 짙어진다. 그리고 실타래의 형태를 취해 발에다 말리면 양모의 푸근한 따뜻함을 지니게 되는 것이다. 소박한 모습으로 돌아가 원시적인 기술로 가공되고 있는 이들 물질—양모, 구리, 가죽, 나무—에 둘러싸여 있으면 어릴 적 여러 가지 꿈을 키운 공작 연습을 다시 하고 있는 듯한 생각이 들었다.

다양한 정보와 지도, 열쇠와 저장식품에 의존해 우리는 아틀라스 산 일대를 도보로 여행했다. 고개까지 우리를 날라다준 버스가 그곳에서 우리를 다시 태운 것은 사흘 뒤였다. 그동안 우리는 웅장하고 아름다운 붉은 산을 가로지른 인적 없는 샛길을 더듬어 베르베르족 마을 아래쪽에 있는 오두막에서 잤다. 푸른 눈을 가진 농부로부터 그들이 빵 대신 먹는, 효모를 사용하지 않은 과자를 사서 오두막 창에 기대 살라미 소시지와 함께 먹었다. 가장 기억에 남는 것은 처음에 묵은 오두막에서 우리 눈앞에 우뚝 솟아 있던 산맥이다. 사르트르는 그 산정이 그리는 선은 상승하고 있는 것인가 그렇지 않으면 하강하고 있는 것인가, 고개를 갸웃했다. 우리 쪽에서 보면 그것은 명백히 상승하고 있었다. 하지만 급하게 하강하고 있는 것으로도 볼 수 있다. 그래서 우리는 오랫동안 응시하면서 시험해 보았다.

우리는 버스로 남부에 도착했다. 유럽인은 우리뿐이었기 때문에 유럽인 운전기사는 우리를 운전대 옆에 앉혔다. 모터의 엄청난 열기와 가솔린 냄새를 바로 코앞에서 맡게 되어 나는 여러 번 뇌충혈을 일으킬 뻔했다. 열린 창쪽으로 팔을 뻗자 따가운 공기가 살을 태운다. 한참 뜨겁게 달아오른 가마솥 안을 달리고 있는 듯했다. 이 지방 주민들은 한 번도 배불리 먹어 본 적이 없으며 가뭄과 굶주림은 만성병처럼 맹위를 떨친다고 한다. 그해도 흉년이었다. 난민 무리는 필사적으로 북상하려 해 당국은 도로를 막고 그들에게 약간의 수프를 주어 돌려보냈다. 사람들은 파리처럼 힘없이 쓰러져 죽어갔다. 살아남은 자도 중환자나 다름이 없었다. 버스는 가끔 마을에서 정차했다. 그런 마을의 간이식당 겸 건어물 가게는 언제나 검은 둥근 모자를 쓰고 있는 유대인이 경영하고 있었는데, 우리는 그곳에서 물을 몇 컵이나 마셨다. 나는 누더기를 걸치고 안색이 안 좋은 마을사람들이 버스 주위에 몰려드는 것이 싫었다. 그들은 시에 주문한 물품—그것은 대체로 비료였는데—을 망설이면서 요구했다. 운전기사는 관리처럼 행세했다. 그는 은혜라도 베풀 듯이 짐을 밖으로 내던졌다. 그 할당은 오로지 그의 불공평과 변덕에 의해서 결정되는 것 같았다. 때때로 그는 차를 세우려고도 하지 않고 야자나무 그늘에 가만히 서 있는 사람들 앞을 통과했다. 조수 노릇을 하는 현지 소년이 버스 위에서 자루나 작은 보따리를 내려놓는 동안에도 거의 속도를 늦추지 않았다.

열풍과 뜨거운 햇살에 나무 한 그루 자라지 않는 토지를, 때로는 몇 시간이나 버스로 계속 달릴 때가 있었다. 우리가 들른 인(燐) 광산의 지면은 녹색, 녹청색, 레몬색, 등색, 탁한 분홍색 등, 독기를 품은 이상한 빛을 나타냈다. 우리는 광산 기사와 함께 직원 식당에서 아니스주를 마시고 점심식사를 했다. 도시는 몹시 음침해 보였다. 우리가 가장 오래 머문 곳은 와르자자트였다. 너무나도 견디기 어려운 더위여서 오후에는 외출하지 않았다. 거의 눈에 보이지 않을 정도의 작은 모기가 무리를 지어 우리 피를 빨기 위해 몰려들었지만, 우리는 위험을 무릅쓰고 식후 한잠 자려고 애썼다. 그런 다음 덧문을 꼭 닫은 호텔 식당에서 검은 구즈베리 술을 희석해서 마셨다. 저녁이 되면 밖으로 나와 빈약한 야자나무 사이를 걸으며 무한한 하늘과 융합하는 평원의 침묵에 감동했다. 우리는 호텔 주인에게 크게 호감을 느꼈다. 그는 헐렁한 바지를 입고 심하게 가래를 토하며, 얼마 전 이 지방에 창궐한 티푸스에 대해서 얘기해 주었다.* 매일 정오가 되면 그는 아이들에게 직접 지은 밥을 무료로 먹여주었다. 아이들은 10킬로나 떨어진 곳에서 찾아왔다. 그것은 내가 일찍이 본 적이 없는 비참한 광경이었다. 건강한 눈을 지닌 아이는 거의 한 명도 없고, 모두 트라코마에 걸려 있거나 속눈썹에 찔려 각막을 다친 시각장애 아이, 애꾸눈의 아이들뿐이었다. 두 다리가 심하게 비틀려 발뒤꿈치가 앞에 달려 있는 듯한 아이도 많았다. 그것은 가장 눈에 띄는 애처로운 기형이었다. 이 작은 괴물들은 안뜰에 놓인 큰 냄비를 둘러싸고 일제히—특별히 더 먹는 사람이 없도록 규칙적으로 박자를 맞추면서—맨손으로 밥을 움켜쥐었다.

남부의 지옥을 뒤로 했을 때 우리는 가슴을 짓누르고 있던 무거운 돌이 제거된 것 같은 느낌이 들었다. 그리고 해안을 따라 카사블랑카로 돌아갔다. 사피나 모가도르에서는 가슴 가득히 신선한 공기를 들이마셨다. 그런 다음 프랑스로 돌아갔다.

이 여행 중에 사르트르는 체코슬로바키아에서 이루어지고 있던 교섭의 추

---

* 사르트르가 이 이야기를 살려서 쓴 시나리오 〈티푸스〉는 뒤에 완전히 변형되어 〈오만한 자들〉이 되었다.

세를 불안한 마음으로 지켜보고 있었다. 독일·오스트리아 합병 이래 슈데텐 (체코인과 독일인이 섞여 사는 체코 북부의 독일 접경 지역) 독일당은 시끄러워졌다. 그들은 전국적으로 통일된 국가를 폐하고 연방조직의 이점을 취함으로써 독일인에게 완전한 자치를 보장할 것을 요구하고 있었다. 시읍면 선거에서 슈데텐 독일당이 인민의 지지를 획득하자 체코슬로바키아 나치스당의 수령 헨라인은 자치제론자들을 대독일국으로 돌려보낼 것을 요구했다. 히틀러가 국경에 군대를 집결시켰기 때문에 프라하에서는 동원령이 내려졌다. 런시먼 경은 평화적 중재의 사명을 띠고 8월 초 프라하에 도착했다. 그는 슈데텐 주민들은 스스로 선택할 권리가 있다고 선언했기 때문에 그들은 이에 힘을 얻어 요구를 강화했다. 상황은 더욱더 긴박해졌다. 슈데텐 대표의 무성의는 프라하의 체코 정부와의 모든 타협을 불가능하게 했다. 8월 31일 교섭은 결렬 직전에 있었다. 런시먼 경이 위기일발의 시점에 이를 구하고, 9월 초순에 영국은 일관적으로 활발한 외교공작을 계속했다. 체임벌린과 핼리팩스 경은 잇따른 회담을 열고 있었다. 9월 13일, 내가 마르세유에서 올가와 만나기 전날 프라하에서는 계엄령이 선포되었으며 헨라인은 체코 정부의 최후 제안을 거부했다. 전쟁이 눈앞에 다가온 것이다. 나는 사르트르와 함께 곧 파리로 돌아가려 했는데, 이튿날 뉴스는 얼마쯤 우리를 안심케 했다. 체임벌린이 베르히테스가덴으로 가서 히틀러와 직접 담판을 짓기로 한 것이다. 사르트르는 나에게 예정을 바꾸지 말도록 권했다. 만일 사태가 심각해지면 우체국 유치(留置)전보를 보낸다고 했다. 나는 '정신분열병' 덕분에 쉽게 불안을 극복하고 사르트르가 혼자서 기차에 타는 것을 태연하게 전송했다.

기묘한 나날이 이어졌다. 올가는 상당히 긴 휴가 동안 보스트와 둘이서 마르세유의 옛 항구가 바라다보이는 작은 호텔에서 지내고 있는 중이었다. 그녀는 붉은 타일을 깐 몹시 허술한 방에 묵고 있었는데 볕이 잘 들었으며 즐거운 듯한 수런거림이 들려온다. 내가 그녀를 만난 것은 이 방에서였다. 나는 마르세유에서 이틀 밤을 지낸 다음 올가와 둘이서 배낭을 짊어지고 먼저 버스로, 다음에는 걸어서 바스알프를 여행했다. 우리가 산에 오를 때에 올가는 자주 마음이 조마조마해서 지팡이로 산을 내리치는 듯했다. 하지만 그녀는 나와 마찬가지로 작은 흰 돌과 빨간 흙이 이어지는 광활한 경치를 좋아했고, 떨기나무 향이 감도는 길을 걸으면서 입을 벌린 무화과를 잡아 뜯거나 산허리에 매달린 오래된 마을로 통하는 돌계단으로 오르는 것을 좋아했다. 그녀는 산길을 걸으면서 향이 강한 풀을 뜯어 저녁에 숙소로 돌아오면 그것으로 묘한 수프를 만들었다. 한편 나는 숙박하는 곳마다 유치전보를 찾기 위해 우체국으로 달려갔다. 9월 20일, 퓌제테니에르에서는 사르트르에게서 매우 낙관적인 전보가 와 있었다. 그러나 25일 가프에서 받은 것에는 즉시 파리로 돌아오라고 되어 있었다. 그 음침한 도청 소재지의 더위 속에서 내가 어떤 정신적 공황에 엄습되어 있었는지를 지금도 새삼 기억한다. 기차 안에서 나는 나 자신의 낙관주의와 계획에 집착하는 완고함에 발을 동동 구르면서 후회했다. 내가 파리에 닿았을 때 신문은 '비상사태'라는 큰 표제를 내걸고 있었다. 제2, 제3예비역이 이미 소집되었다. 히틀러의 최후통첩은 체코 정부가 6일 이내에 양보할 것을 요구했다. 이에 대해서 체코 정부의 태도는 완고했다. 이번에야말로 전쟁은 불가피해 보였다. 나는 필사적으로 그것을 믿지 않으려고 했다. 그런 당치도 않은 재난이 나에게 덮치다니, 있을 수 없다. 돔에서 메를로 퐁티를 만난 일을 기억하고 있다. 그와는 장송드사이 중고등학교에서 실습을 한 뒤로는 거의 얼굴을 마주친 적이 없었는데, 그날은 오랫동안 이야기를 나누었다. 나는 그에게 체코슬로바키아가 영국과 프랑스의 배신에 대해서 분개하는 것은 당연하지만, 어떤 일이건 가장 잔혹한 거절조차도 전쟁보다는 낫다고 말했다. 내 관점에 대해 메를로 퐁티는 사르트르도 내게 말했듯이 근시안적이라고 했다.

"끝도 없이 히틀러에게 양보할 수는 없어."

사르트르는 나에게 말했다. 그러나 그 역시 머리로는 전쟁을 받아들이면서도 정말로 전쟁이 시작된다고 생각하면 짜증이 나 견딜 수 없었던 것이다. 우리는 어두운 나날을 지냈다. 가끔 영화를 보러 가거나 신문을 모조리 읽거나 했다. 사르트르는 결의를 굳히고 자신의 정치사상과 개인적인 감정을 일치시키려고 애쓰는 반면, 나는 완전히 어찌할 바를 모르고 있었다. 갑자기 전운은 작렬하는 일 없이 멀어져 갔다. 뮌헨 협정이 조인된 것이다. 나는 아무런 양심의 가책도 느끼지 않아 기뻤다. 이제는 죽음을 면한 듯한 생각이 들었다. 그것도 영구히. 나의 안도에는 득의양양한 무엇인가가 섞여 있었다. 결단코 나는 내가 불행한 꼴을 당하는 일은 없다고 완전히 꿰뚫고 있었다.

뮌헨 협정 뒤에도 내 시각은 곧바로 열리지 못했으며, 오히려 전쟁이 멀리 물러갔으니 이제 미래에 대한 신뢰를 되찾았다고 생각했다. 우리가 얻게 된 평화의 가치를 둘러싸고 좌익의 의견은 제각각이었다. 〈카나르 앙세네〉지는 일찍이 자사 간부 몇 명이 정부의 전쟁 불간섭 정책을 공격했던 일도 잊은 듯이 이제는 (프랑스의 평화적인 분위기에) 기뻐서 어찌할 바를 모르고 있었다. 〈외브르〉지는 판단이 헷갈리고 있었다. 〈금요일〉지는 너무나도 의견 대립이 격심했기 때문에 그 정치적 역할을 포기했으며, 〈르플레〉라는 이름 아래 문화면에만 틀어박히고 말았다. 지오노나 알랭은 변함없이 절대적 평화주의를 주장했다. 많은 지식인은 그들에게 동조해 다음과 같이 되풀이했다.

"민주주의 제국은 온 세계에 평화를 선언했다."

더 나아가 이런 강령도 확산되고 있었다.

"평화는 민주주의 제국에 공헌한다."

공산당은 뮌헨 협정 반대를 결의했다. 하지만 그들도 단순히 분개만 되풀이하고 있을 수는 없었다. 당이 유지하고 있는 표면상의 낙관주의를—내심으로는 어떤 확신을 품고 있건—단호하게 관철해야 했다. 그들은 프랑스가 국내 정책을 전면적으로 고쳐 소련과 협정을 맺고 군사력을 강화해 히틀러의 호언장담에 대항할 결의를 대대적으로 과시할 것을 요구했다. 이 방침을 주장하는 그들의 열의는 (노동자들의) 희망을 되살아나게 했다. 이렇게 해서 평화가 구출되었다고 믿는 자가 있는가 하면 평화를 쟁취하는 방법을 제시해주는 자도 있어서, 누구 한 사람 내가 평화를 믿는 것을 방해하는 사람은 없었다.

평정을 되찾자마자 나는 또 일을 시작했다. 장편소설의 처음 100페이지, 즉 프랑수아즈의 유년시절 부분을 타이핑해 브리스 파랭에게 건네주었다. 그러나 파랭은 이것이 내 중편소설보다도 못하다고 생각했으며 사르트르도 같은 의견이었다. 그래서 나는 프랑수아즈와 피에르의 만남, 그들의 8년간 공동생활 등을 모두 있었던 일로 하기로 했다. 이야기는 또 다른 한 여성이 그들의 생활에 끼어들게 되는 시점부터 시작하게 되었다. 나는 대체적인 계획을 세웠는데, 트리오의 탄생, 자비에르의 의식 폭로, 프랑수아즈의 질투와 과실 등이다. 그녀는 피에르와 자비에르 사이에 비열한 방법으로 개입한다. 자비에르는 프랑수아즈를 경멸로 주눅이 들게 하고, 프랑수아즈는 거기에서 자신을 지키기 위해 자비에르를 죽인다. 이렇게 되면 너무나도 직선적이었다. 사르트르는 나에게 충고를 하나 해주었다. 프랑수아즈가 피에르와 함께 구축한 행복에 얼마나 집착하고 있는지를 강조하기 위해, 소설의 제1장에서 그녀가 그를 위해 무언가를 희생하는 것으로 하면 좋을 거라고 말했다. 나는 제르베르를 등장시켰다. 그의 젊음과 매력에 이끌리면서도 프랑수아즈는 그를 단념한다. 나중에 제르베르가 자비에르의 사랑을 얻은 다음 프랑수아즈는 그의 팔에 몸을 맡긴다. 그녀는 살인이란 행위로 배신을 지워버리려고 한다. 줄거리는 복잡해짐과 동시에 긴밀해졌다. 나는 단순히 인물 자체에 흥미를 가졌던 엘리자베스에게도 확실한 역할을 부여할 수가 있었다.

나는 사르트르와 내가 근본적인 것으로 생각하는 법칙에 따랐다. 이것은 뒤에 사르트르가 모리아크와 프랑스 소설에 관한 평론에 역설한 것으로, 나는 각 장마다 내가 묘사하는 주인공들 가운데 한 인물과 일체가 되어 인물 자신에 대해 그보다 더 많이 알거나 사고하는 것을 나에게 금했다. 대체로 나는 프랑수아즈의 견해를 채택했는데, 이 인물에게는 나 자신의 체험을 대폭적으로 변경하면서 빌려주었다. 그녀는 자신을 순수의식, 유일무이의 의식으로 믿고 있었다. 그녀는 그녀의 지배권에 피에르를 참여시킨다. 그들 둘이서 세계의 중심에 자리를 차지하며, 그녀는 세계의 중심을 파헤치는 일을 자기의 절대적인 사명으로 생각한다. 이 특권의 대가로서, 그녀는 모든 것과 일체가 되어 자신의 눈으로 명확한 윤곽을 포착하지 못한다. 나는 일찍이 나 자신을 자자와 비교했을 때 이와 같은 결점을 깨달았다. 나의 첫 소설에도 예지가 뛰어난 프렐리안 부인은 눈물로 얼굴을 더럽히는 주느비에브를 보고 향수를 느낀다. 마찬가지로 프랑수아즈도 댄스홀에서 슬픔에 입술을 떠는 엘리자베스나 무아경에 빠져드는 자비에르를 막연하게 부러워한다. 〈줄리어스 시저〉 상연 100회 기념회 중에 다음과 같이 중얼거릴 때 그녀의 오만함에는 슬픔이 숨어드는 것이다.*

"나는 아무도 아니다."

어느 날 오후, 피에르와 자비에르에게서 벗어나 홀로 된 프랑수아즈는 자기 안에 구원을 추구하려고 하지만 아무것도 발견하지 못한다. 그녀에게는

---

* 《레 망다랭》의 안도 해방 후 크리스마스이브에 이렇게 생각하는데, 그녀는 오만하거나 분개하는 게 아니라 냉정하게 술회하고 있는 것이다.

자아가 전혀 없다. 순수하게 무색투명하며 얼굴도 개성도 없는 존재인 것이다. 격정의 지옥으로 끌려 들어간 뒤에 오직 하나, 그녀의 전락을 달래주는 게 있다. 자신의 한계와 상처받기 쉬운 기질을 알았을 때, 그녀는 뚜렷한 윤곽을 지니고 지상의 한 점에 명확한 위치를 차지하는 인간이 된다.

  이것이 프랑수아즈의 첫 변신이다. 그녀는 모든 것을 포용하는 절대적인 주체에서 단숨에 우주의 매우 미세한 한 조각으로 변한다. 질환의 경험으로, 나의 경우와 마찬가지로 그녀도 이것을 철저히 깨닫는다. 그녀는 많은 인간 중 하나에 지나지 않으며 특별한 인간이 아닌 것이다. 그때 하나의 위험이 소리 없이 다가온다. 이것은 내가 소녀시절부터 뿌리치려고 힘써 온 것인데, 타인에게 세계를 도둑맞을 뿐만 아니라 자신의 존재마저 타인에게 장악되어 꼼짝할 수 없게 되는 위험이다. 자비에르는 그 악의와 격노에 의해서 프랑수아즈를 왜곡하고 만다. 발버둥을 치면 칠수록 그녀는 함정에 더욱더 깊이 빠져든다. 너무나도 추악해진 자신의 모습을 보고 그녀는 영구히 자기혐오에 빠지거나, 그렇지 않으면 자신을 결박(주술의 힘으로 꼼짝 못하게 만드는)하는 여자의 목숨을 빼앗음으로써 해방되어야 하는 상황에 놓이게 된다. 그래서 그녀는 자신의 진리가 승리하도록 하는 것이다.

  이런 결말은 이따금 비판을 받았는데, 확실히 이 작품 중 최대 약점이 되고 있다. 나는 살인의 계기가 된 한 가지에 대해서는 결점을 인정한다. 그것은 프랑수아즈가 제르베르와 맺은 유쾌하고 순순한 밤과, 그것으로 인해서 생기는 자비에르에 대한 어두운 배신과 대조를 이룬다. 인간 존재들의 대립과 갈등 때문에 행복, 아름다움, 신선함은 가끔 추악함이나 죄악이란 이면을 지닌다. 우리는 이것을 인생의 어떤 굴곡에서도 발견한다. 그러나 그것을 즉시 살인의 동기로 삼게 되면 문제는 다르다. 현실에서는 살인을 꿈꾸는 것과 살인 자체 사이에는 깊은 단절이 있다는 사실을 소설가는 때때로 잊어버린다. 사람을 죽이는 일은 흔히 일어나는 사건이 아니다. 내가 묘사한 프랑수아즈는 나 자신과 마찬가지로 도저히 그와 같은 일을 할 수 있는 인간이 아니다. 한편 자비에르가 프랑수아즈를 시기와 격노의 소용돌이 속으로 떨어뜨리는 상황을 독자에게 이해하게 한다 해도, 첫 부분에서 자비에르에게 준 극도의 이기주의와 음흉함을 후반에서 극한까지 밀어붙인다 해도, 자비에르에게는 프랑수아즈와의 사이에 진정으로 검은 증오를 부를 정도의 사악함도 집요함도 없다. 그녀는 유치하고 변덕스러운 인물에 지나지 않으며 프랑수아즈에게 뼛속까지 상처를 입혀 요괴로 바꿀 수는 없다. 게다가 이를 위해 필요한 힘을 지니고 있는 유일한 인물이 있다고 한다면 그것은 피에르이다. 더욱이 나는 이 폭력행위에 의해 프랑수아즈가 구원받지 못한다는 비판을 받았다. 이 행위는 자비에르가 그녀에게 가져다준 형벌을 없애주지는 못한다. 나는 이 비판에 승복할 수 없다. 프랑수아즈는 타인과의 공존 문제에서 윤리적 해결안을 찾기를 단념한다. '타인'을 어찌할 도리가 없는 괘씸한 자로 여기고 있을 뿐이며, '타인'과 마찬가지로 폭력적이고 불합리한 살인행위를 이 세계에 불러일으킴으로써 자신을 지키려고 한다. 그녀가 올바르건 그르건 나에게는 별 의미가 없다. 《초대받은 여인》은 문제소설에 속지 않기 때문에 사람들이 저마다 의견을 제기하며 그것을 믿어주는 것으로 나는 만족하려 한다.

그런데 그것이 안 된다. 일상성을 비극으로 바꾸는 데에 실패했기 때문에 나의 계산착오는 명백하게 드러난다. 하지만 문학이 살아 있는 행위인 한 나는 반드시 이 결말을 고수할 필요가 있었다. 그것은 나를 정화하는 가치를 지녔다. 첫째로 올가를 지상에서 죽임으로써 나는 그녀에 대해서 느꼈을지도 모를 초조함이나 악의를 물에 흘려보내고, 우리의 좋은 추억에 섞여 있는 싫은 추억은 씻어냈다. 특히 피에르에 대한 사랑으로 종속상태에 갇혀 있던 프랑수아즈를 범죄에 의해 해방시킨 것은 나 자신의 주체성을 되찾게 했다. 역설처럼 보이지만 나는 그것을 회복하기 위해 무엇 하나 속죄하기 어려운 행위를 범할 필요는 없었으며 단순히 작품 속에서 그것을 말하기만 하면 되었다. 왜냐하면 설령 남에게서 친절한 격려나 충고를 받는 일은 있다고 해도, 쓴다는 것은 아무하고도 책임을 분담할 수 없는 행위이기 때문이다.

나는 이 소설에서 나 자신을 속속들이 드러내고 때로는 스스로의 마음을 말로 옮기는 데 넘기 어려운 저항을 느낄 정도의 모험도 마다하지 않았다. 그러나 이 관념적인 승리를 그대로 가공 세계로 투입하는 것만으로는 현실의 무게를 갖게 하기에 부족했으리라. 내가 프랑수아즈에게 고독을 불어넣어 그녀를 궁지에 빠뜨리려고 생각한 이상, 나의 환각을 철저하게 추구해 무엇 하나 생략하거나 추가하지 않고 실체화해야만 했다. 그리고 실제로 일체화되었다. 오늘날에는 경직되어 생명력이 없어진 결말 부분을 다시 읽어보면, 이것을 썼을 때 정말로 나 자신이 살인의 무거운 짐을 짊어진 듯한 답답함을 느꼈으리라곤 도저히 믿어지지 않는다. 하지만 확실히 그랬다. 펜을 손에 들고 나는 일종의 공포를 맛보면서 이별을 체험했다. 자비에르 살해는 작자가 결말을 짓지 못한 비극의 성급하고 졸렬한 해결책으로 보일지도 모른다. 반대로 그것이야말로 작품 전체의 원동력이며 존재 이유였다.

나는 나 자신의 세계에 틀어박힌 의식의 불투명함을 자비에르 속에 구현했다. 따라서 그녀의 내면을 쓰는 일은 하지 않았다. 이와는 반대로 나는 몇몇 장에서 엘리자베스를 판단의 기준점으로 삼았다. 악의는 그녀의 명석함을 손상하지 않았고 도리어 더욱 연마케 했다. 그녀는 트리오의 사건을, 흔히 제삼자가 본 정열이 그렇듯이 우습기 짝이 없는 사소한 일로 치부해 버렸다. 나는 타인이 그런 애매한 이중성을 취하는 것을 내가 지켜본 만큼 보여주려고 했다. 프랑수아즈가 비극적인 양상하에 맛본 체험은 타인에게는 미소를 자아내게 할 수 있었던 것이다.

그러나 엘리자베스는 단순한 조역이 아니다. 나는 그 인물을 아주 중요하게 여겼다. 나를 괴롭힌 문제 중 하나는 성실함과 의지의 관계인데, 엘리자베스는 자신의 겉모습과 존재 전체를 속이고 있다. 프랑수아즈는 자기 삶의 통일을 거짓 없이 실현하려 한다. 그녀는 친구를 관찰하면서 진정한 구조물과 거짓된 구조물을 구별해주는 무엇인가를 요구하기에 이른다. 자비에르는 이 두 사람을 종종 같은 선상에 놓고 경멸하는데, 둘 사이에는 내가 본질적인 것으로 간주하는 차이가 있다. 모든 인간의 마음에 둥지를 틀고 있는 허무를 프랑수아즈가 신경을 쓰는 일은 전혀 없다. 그녀는 피에르를 사랑하며 세상에도, 다양한 사상에도, 인간에게도, 자신의 일에도 흥미를 가지고 있다. 엘리자베스의 불행은—나는 그녀의 유년시절에 그 원인이 있는 것으로 했는데—아무것도, 어떤 인간도 순수하고 따뜻하게 그녀에게 다가오지 않는다는 데 있다. 그녀는 이 무관심을 정치나 회화에 대한 정열로 외견상 치장했는데, 그녀는 그것이 속임수임을 잘 알고 있다. 그녀는 감동이나 확신을 추구하면서도 자신은 결코 그것을 진정으로 맛볼 수 없으리라 느낀다. 그녀는 이 무능력을 스스로 꾸짖고 자신이 붙잡은 그 경멸 속에 틀어박혀 세상을 삭막하다고 여긴다. 자신에게 주어진 사물이나 자신의 신상에 생기는 사건의 가치를 일체 인정하지 않는다. 한 번 그녀의 손에 닿으면 모든 사물은 재생지로 변하는 것이다. 엘리자베스는 내가 자자 옆에서, 또는 카미유와 마주해 있는 순간 느낀 적이 있는 현기증에 지고 만다. 세계의 진리, 더 나아가 그녀 존재의 진리조차도 타인인 피에르나 프랑수아즈에게 장악되고 있다. 그녀가 겉모습에 매달리는 까닭은 자기방어를 위한 것이다. 나는 그녀의 초상을 묘사할 때—특히 내적 독백에서—이전에 샹탈에게 준 자기기만이라든가 언어만의 허세와 같은 많은 단점을 다시 받아들였다. 그리고 한층 화면을 어둡게 했다. 엘리자베스는—발작을 일으켰을 때의 루이즈 페롱과 마찬가지로—자신이 혼자 연극을 하고 있음을 알고 있는데, 그곳에서 벗어나려고 노력할수록 더욱 움직일 수가 없게 된다. 프랑수아즈는 친구인 엘리자베스에 대해서 연민의 정이 담긴 공감을 느끼고 있다. 그녀는 엘리자베스에게서 자신의 모습을 발견한다. 더구나 이 희화(戲畵)는 때때로 그녀 자신의 진리에 의문을 품게 한다.*

엘리자베스의 눈에 비친 트리오의 모습을 같은 제삼자의 의견이지만 호의적인 견해로 수정하기 위해 나는 어느 장에서 제르베르에게 발언을 하게 했다. 하지만 나는 그것을 표면적으로 다루었으며 어쨌든 제르베르는 단역에 지나지 않는다. 내가 피에르의 눈을 통해서 세계를 보지 않은 데는 여러 가지 이유가 있다. 나는 그에게 적어도 프랑수아즈 못지않은 감성과 지성을 갖게 했다. 만일 내가 그 생생함과 풍부함을 묘사하기 시작했다면 소설은 균형을 잃고 말았으리라. 왜냐하면 내가 말하려고 택한 것은 프랑수아즈의 이야기이기 때문이다. 게다가 나는 자비에르가 지닌 저항감과 피에르의 언뜻 보기에 반투명한 모습을 대칭이 되도록 하고 싶었기 때문이다. 이 둘은 프랑수아즈의 눈을 통해 전해져야 한다. 내가 유감으로 생각하는 점은 프랑수아즈가 본 그대로 굴곡이 뚜렷한 인물로서 피에르를 그려내지 못했다는 사실이다. 어쩌면 근본적인 그 하나의 원인을 나는 알고 있을지도 모른다. 나는 프랑수아즈 속에 너무나도 많이 나 자신을 투영했으므로 나와 전혀 무관하게 생각되는 남성과 그녀를 결부할 수 없었던 것이다. 나의 상상력은 이와 같은

---

* 나는 내가 쓰는 소설의 대부분에서 중심이 되는 여성 곁에 그 사람을 돋보이게 하는 역을 곁들이고 있다. 《타인의 피》에서는 엘렌에 대해서 드니즈, 《레 망다랭》에서는 안에 대해서 폴을 배치했다. 그러나 프랑수아즈와 엘리자베스의 관계는 더욱 밀접하다. 엘리자베스는 프랑수아즈를 불안하게 하는 부정적인 요인인 것이다.

대용품을 받아들이지 못했다. 그렇다고 해서 내가 알고 있는 사르트르의 모습을 독자의 눈에 속속들이 드러내는 것은 싫었기 때문에 나는 절충안을 택하기로 했다. 피에르는 나의 두 번째 장편소설 주인공과 똑같은 이름과 야심을 지니게 되었다. 나는 될랭에게서 약간의 표면적인 특징을 빌렸다. 사르트르에게서 얻은 것도 있는데 그때 나는 그런 특징을 두드러지지 않게 했다. 이야기 진행상 내가 창조한 인물도 몇 사람 있다. 나는 여러 가지 장애와 스스로를 경계하는 구조에 자유를 빼앗겨 한 인물을 창조할 수도 초상화를 그릴 수도 없었다. 그 결과 피에르는—처음부터 프랑수아즈가 본질적으로 피에르와의 관계에 규정되고 있는 이상 그는 이야기의 뿌리가 되는 인물인데—다른 주요 인물보다도 깊이감도 없으며 박진감도 떨어지고 말았다.

《초대받은 여인》은 이른바 '소설화'의 이점과 불편을 뚜렷하게 보여준다. 루앙보다 파리 거리나 연극의 세계, 몽파르나스, 벼룩시장, 그밖에 내가 좋아하는 곳을 묘사하는 것이 재미있고 즐거웠다. 다만 파리로 무대를 옮기면 트리오 이야기의 진실성이나 의미를 대부분 잃게 되고 만다. 19세 소녀에 대한 두 성인의 편집광적인 애정은 시골 생활이라는 배경과 분리해서는 거의 이해할 수 없다. 약간의 욕망이나 후회가 망상으로 변하고 온갖 감정이 비극적인 강렬함을 띠어 하나의 미소가 하늘을 불타게 할 수 있도록 하기 위해서는 그 숨막히는 분위기가 필요했다. 나는 두 이름 없는 젊은 교사 대신에 우정과 교제, 쾌락, 일에 둘러싸인 완전히 파리적인 인물을 만들어냈다. 그 때문에 주변으로부터 고립해 있는 세 사람의 지옥과 같이 아슬아슬하며 때로는 기적과도 같은 경험은 변질되고 말았다.

《초대받은 여인》을 쓰기 시작했을 때 나는 자비에르의 살해를 피에르가 집을 비운 사이에 일어난 사건으로 만들기 위해 그가 지방 공연에 가 있는 것으로 할까, 생각했다. 전쟁은 그를 멀리 보낼 수 있는 더할 나위 없는 핑계를 나에게 제공해 주었다. 사내들에게 버림받은 도시에서 두 여인이 얼굴을 맞대고 사는 생활은 평시보다도 쉽게 극도의 긴장에 도달할 성싶었다. 그러나 사회 전체의 커다란 비극 속에서 프랑수아즈—내가 묘사한 바와 같은 그녀—가 개인적인 고뇌에서 깨어나지 못할 리가 없다. 자비에르와의 관계는 무기력함 속에서 지속하게 될 테고 그녀를 죽일 정도의 확신을 갖기에 이르지는 않을 것이다. 그 결말은 오히려 평화로운 시대에 시골에서 생긴 일로 설정하면 더욱 이해하기 쉬웠으리라. 어쨌든 이 시점에서는 장소와 때를 바꾸는 것이 나에겐 불리했다.

《초대받은 여인》이 미학적으로 어떤 원칙에 의거하고 있는지는 앞에서 말했는데 나는 그것을 지켜서 정말 다행이라고 생각한다. 이 작품의 가장 좋은 부분은 그 덕택이다. 작중인물을 암중모색의 상태에 두었기 때문에 삽화는 이따금 아가사 크리스티의 걸작에서처럼 신비스러운 것이 되었다. 그 점이 얼마나 중요한지는 독자에겐 곧바로 보이지 않는다. 새로운 전개나 논의를 통해서 서서히 그 뜻밖의 장면이 밝혀지게 된다. 자비에르의 모든 동작은 프랑수아즈에게는 거의 신경이 쓰이지 않는데, 피에르는 끊임없이 이를 뒤틀며 그것에 대한 결정적인 해석은 마지막까지 주어지지 않는다. 그 이유는 어느 누구도 진리를 파악하지 못하기 때문이다. 이 소설의 잘된 부분에서는 우리가 현실에서 맞닥뜨리는 의의의 모호함을 느끼게 해준다. 나는 여러 행위가 천편일률적인 인과관계에 따라서 생기는 것이 아니라, 실생활 자체에서처럼 이해하기 쉬우면서도 우발적이길 바랐다. 프랑수아즈가 제르베르와 자는 것은 자비에르에게 복수하기 위함과 동시에 전부터 계속 그녀가 그것을 원했었기 때문이고, 그녀의 도덕적인 억제가 통하지 않게 되었기 때문이며, 자신이 나이가 들었다고 생각한 동시에 아직 젊다고 느꼈기 때문이고, 온갖 명확한 이유를 초월한 다양한 이유 때문이다. 작중인물의 복잡한 여러 갈래의 의식을 단숨에 해석하는 것을 피하는 한편 나는 시대 흐름에 개입하는 일도 삼갔다. 각 장과 장 사이에서 어느 정도 시간의 경과를 생략하고는 있으나, 그 공백들을 대화나 사건의 요약 없이 시간을 그대로 제시해 놓았다.

엄격한 규칙은 아니었지만 대실 해밋이나 도스토예프스키를 읽고 알게 된 효과와 법칙도 여기에 적용해보았다. 그것은 모든 대화가 그 기능을 발휘하게 하는, 즉 대화가 인물 관계나 상황 전체를 바꾸는 방법이다. 더욱이 대화가 오가는 동안에 밖에서는 다른 중요한 일이 발생해야 한다. 이렇게 해서 독자는 몇 페이지인가 먼저 발견하게 될 사건에 이끌려 작중인물과 똑같이 시간의 저항과 추이를 느끼는 것이다.

내가 받은 영향 가운데서 가장 확실한 것은 많은 비평가도 지적하듯이 헤밍웨이의 영향이다. 그의 서술 특색 중 내 마음에 든 하나는 이른바 객관적인 묘사를 거부하는 점이었다. 풍경, 실내장식, 물품 등은 언제나 작중인물

시점에 서서 줄거리의 전망에 곁들여져 제시된다. 나도 이를 시도했다. 또한 그를 모방해 반복이나 하찮은 수다를 두려워하지 않고 대화의 어조와 리듬을 모방하려고 힘썼다.*

그밖의 점에서 나는—미국 작가를 따라서—약간의 전통적인 기법을 받아들였다. 그것이 어떤 비판을 받을지, 이러한 기법이 어떤 점에서 올바른지 나는 알고 있다. 이 일에 대해서는 《레 망다랭》을 다룰 때 다시 거론하고 싶다. 왜냐하면 《초대받은 여인》을 쓸 무렵의 나는 이와 같은 것을 문제 삼지 않았기 때문이다. 나는 소설을 쓰려고 했다. 그뿐이었다. 그것만으로도 큰일이었기 때문이다.

이렇게 해서 나도 겨우 책을 쓰기 시작하면서 이 작품이 완성되어 틀림없이 출판될 것이라는 확신을 갖게 되었다. 나는 일찍이 어느 개인 가을날에 베르 연못가에서 느낀 환희를 다시 맛보았다. 점토와 같은 일상생활에서 빠져나와 온몸으로 빛나는 상상의 세계로 뛰어든 것이다. 1년이나 2년 안에는 확실히 존재하게 될 이 소설은 나의 미래를 구현하고 있었다. 그리고 나는 기쁨에 가득 차 그것에 다가서는 것이다. 나는 내 나이가 많다는 생각 따위는 전혀 하지 않았다. 이 겨울에는 특히 공을 들여서 멋을 부렸다. 계란색 고급 울로 양복 한 벌, 검은 주름치마 한 장, 거기에 검정과 누런 셔츠블라우스를 서너 장 새로 맞추고 제각기 황색과 검은색 넥타이를 맞추었다. 머리 모양도 유행에 따라서 바꾸었다. 봄에는 모자를 사 작은 베일을 달아서 썼다. 나 자신이 기품이 있다고 생각해 흐뭇했다.

사르트르도 활기에 넘쳐 있었다. 그는 언젠가 나에게 편지로 예고한 장편 소설을 쓰고 있었는데, '뤼시퍼'가 아닌 '자유에의 길'로 제목을 바꾸었다. 《구토》의 성공은 변함없이 여전했으며, 1939년 초에 발표한 《벽》도 대호평이었다. 폴랑과 카수가 그에게 〈신프랑스 평론〉지와 〈유럽〉지에 기고를 의뢰해왔다. 그는 기꺼이 떠맡았고 그에 관련된 기사가 사방에 기재되어 독자들이 편지를 보내왔다. 그리고 많은 작가, 특히 폴랑과 교제하게 되었다. 하지만 그는 새롭게 친구를 만들지는 않았다. 우리에게는 옛 친구들만으로 충

---

* 여기에서 내가 말하는 바는 모방이지 복사는 아니다. 왜냐하면 실제 대화는 몇 마디 말이며 소설 속에서 이를 그대로 재현하는 것과 다르기 때문이다.

분했다. 마르코와는 서먹서먹했으나 파니에 부부와는 다시 사이가 좋아졌다. 니장은 그의 가장 뛰어난 작품 《음모》를 출판한 지 얼마 되지 않았다. 완전히 우리 마음에 든 이 작품은 앵테랄리에 상을 받았다.

쓸쓸했던 점은 보스트가 없다는 것이었다. 그는 2등병으로 아미앵에서 군복무를 하고 있었다. 성실한 신교도인 그는 극우 민주주의자였다. 남에게 호령을 하기보다는 오히려 우격다짐으로 그에게 명령을 내리는 말단 하사관에 대한 분노를 맛보는 쪽이 더 낫다고 생각했다. 그의 학력과 교양을 아니꼽게 생각하는 상관들은 간부 후보생이 되라며 기를 쓰고 권했다. 그러나 그가 완고하게 거부해 그들은 격앙되었고 보스트는 그것을 바라보고는 대만족이었다. 그의 동료는 피카르 지방의 순박한 농민들이며, 보스트는 그들과 의기투합했다. 그래도 병영은 좋아할 수 없었다. 다행히 그는 일요일에 자주 파리에 나올 수 있었다.

나는 교사생활이 지루하다고는 생각지 않았다. 교수회는 따분해서 견뎌낼 수 없었으나 시간표 때문에 규칙적인 생활이 강요되는 것은 싫지 않았다. 그것은 나의 하루의 기본구조로 되어 있었다. 수업은 1주 16시간뿐이었으므로 시간을 빼앗겨 곤란한 적은 없었지만, 동료와의 연대는 계속 모두 거부했다. 현재 내가 교육관계자 전체에 품고 있는 존경심을 갖게 되었을 때는 조금 후회스런 마음이 들었다. 사실 내가 동료와의 사이에 거리를 두려고 했다면 그것은 나 자신에게 거리를 두기 위함이었던 것이다. 나는 철학 교수로서의 책무를 수행하고는 있어도 철학교수는 아니었으며, 남들에게서 성인으로 간주되고 있었지만 그 성인조차도 아니었다. 나는 어떤 범주에 꼭 들어맞지 않는 개인적인 모험의 삶을 살고 있었다. 강의에 관한 한 나는 즐기면서 하고 있었다. 그것은 공부라기보다 오히려 개인 대 개인의 대화였다. 나는 철학서를 읽고 사르트르와 그것을 논했으며, 이렇게 해서 얻은 지식을 학생들에게 제공했다. 그 덕분에 정해진 몇몇 주제를 제외하면 몇 번이고 같은 수업을 되풀이하지 않고 끝낼 수 있었다. 게다가 1년마다 학생들의 얼굴도 바뀌었다. 어느 학급이나 특색이 있어 새로운 문제를 나에게 제기했다. 처음에 나는 앞으로 나의 사고방식을 넣어줘야 할 40명의 소녀들을 둘러보고는 어찌할 바를 몰랐다. '이 가운데 누가 나를 따라올 수 있을까? 어느 정도까지?' 나는 너무 재빠르게 반짝이는 눈이나 너무 현명한 듯이 미소를 짓는 입은 신뢰할 수 없음을 알았다. 이윽고 조금씩 구별을 하게 된다. 반감과 호감의 대상이 정해진다. 나는 나 자신의 반감이나 호의를 거의 숨기려 하지 않았기 때문에 그것에 걸맞게 상당히 확실한 감정을 학생에게 안겨주었다. 마르세유 동료들의 예언과는 반대로 나는 7년 동안 교편을 잡은 뒤에도 학생들과 대화하는 것을 좋아했다. 그녀들은 '형이상학적인 나이'인 것이다. 그녀들에게 인생은 사고(思考)밖에 존재하지 않는다. 그녀들의 생각이 그렇게도 활기찬 것은 그 때문이다. 나는 수업 시간에 학생들이 많이 말하게 했으며 수업이 끝난 뒤에도 토론을 계속했다. 바칼로레아를 치른 후에도 철학을 전공하기로 한 학생들과는 때때로 만나곤 했다. 비앙카 비엔펠드의 경우도 그랬다. 그녀는 지난해 반 수석을 차지했는데 소르본에서는 사르트르의 제자 그룹과 교제를 하고 있었다. 그 가운데는 장 카나파가 있었다. 그들은 텍스트를 해석할 때도 논문을 쓸 때도 현상학적 방법을 인식시키려 했다. 비앙카는 아주 열심히 공부고 세계의 움직임에 대해서 격렬한 반응을 보였다. 우리는 친구가 되었다.

파시에는 백계 러시아인 거리가 있는데, 그해 나의 가장 우수한 학생도 백계 러시아인이었다. 17세인 그녀는 금발 머리를 앞가르마 탔기 때문에 나이가 들어 보이는 데다 발에 맞지 않은 구두를 신었으며, 지나치게 긴 치마를 입었다. 리즈 오블라노프는 그 도전적인 태도로 순식간에 우리의 흥미를 끌었다. 그녀는 난폭하게 이같이 외치곤 했다.

"잘 모르겠습니다!"

그래서 강의가 중단되기 일쑤였다. 때로는 아무리 설명을 해도 언제까지나 받아들이지 않아 나는 어쩔 수 없이 무시하기로 했다. 그러자 그녀는 여봐란듯이 팔짱을 끼고는 잡아먹을 듯한 눈으로 나를 노려보는 것이다. 어느 날 아침 트로카데로 지하철역에서 열차를 갈아탈 때 그녀와 마주쳤다. 그녀는 생긋 웃으면서 다가와 말했다.

"선생님, 전부터 말씀을 드리려고 했는데, 선생님 강의는 전체적으로 대단히 재미있다고 생각해요."

우리는 교문에 닿을 때까지 대화를 계속했다. 나는 자주 아침에 같은 역에서 그녀를 만나게 되었고, 곧 그것이 우연이 아님을 깨달았다. 그녀는 나를 기다리고 있었던 것이다. 둘이서만 이야기할 수 있는 기회를 이용해 교실에서 얻을 수 없던 설명을 요구했다. 그녀는 철학공부를 계속할 생각이었다. 그런데 그녀 부모님이 귀화하지 않았고, 더욱이 무국적으로는 교직에 오를 수 없었기 때문에 아버지에게서 화학공업 기술자가 되라는 말을 들었다. 그녀는 몇 년 전부터 몰리에르 여자중고등학교에 다니고 있는데 친구는 한 사람밖에 만들지 못했다. 그 아이 역시 러시아인으로 자활하기 위해 3년 전에 학교를 그만두었다고 한다. 그녀에게는 다른 급우들이 하찮게 보였다. 그녀는 모두를 아주 냉혹하게 비판했다. 그녀는 멀리서 짓궂게 무관심으로 관찰하는 이 사회에 자신은 속해 있지 않다고 생각했다. 그녀가 지적인 면에서 그처럼 신경질적으로 된 것은 이 거리감 때문이었다. 그녀는 자신과 이질적인 이 문화를 아예 신뢰하지 않는다. 보편적인 이성의 빛에 의해 증명된 진리밖에는 받아들일 수 없었다. 더욱이 망명자라는 상황은 그녀에게 사물이나 인간에 관해서 엉뚱하고도 기묘한 견해를 갖게 했다.

 나는 한가한 시간을 사용하는 데 최근 몇 년과는 조금 다른 방법을 취하게 되어 몽파르나스에는 가지 않았다. 올가는 다시 아틀리에 극단에 다니기 시작했다. 그녀는 슬그머니 돌아와 그 뒤 동료 한 사람의 상대역이 되어 주기 위해 셰익스피어의 《12야(夜)》 중 올리비아 역을 연습했다. 둘이서 심사를 받았을 때 뒬랭의 눈에 띈 것은 올가였다. 그는 그녀를 극구 칭찬했다. 순식간에 모든 동료가 그녀와 교제하기를 원했으며, 그보다 좋았던 일은 올가가 자신을 갖게 되었다는 점이다. 그녀는 규칙적으로 양성소에 다녔고 지금은 누구보다도 근면한 학생이 되었다. 특히 그녀는 낭송법을 연마해 대사를 되풀이하는 연습을 열심히 했다. 또 여러 교사에게서 즉흥대사를 하는 훈련을 받았으며, 장루이 바로의 지도로 판토마임도 공부했다. 뒬랭은 그녀의 재능을 인정한다고 본인에게도 말했지만 나에게도 가끔 그녀 얘기를 하며 계속 감탄하고 있었다. 올가는 당쿠르 광장 호텔로 옮겼기 때문에 나는 자주 그녀를 불러내 극장 옆 작은 식당에서 저녁식사를 했다. 그곳은 아틀리에 극단 배우나 양성소 학생의 단골집이었다. 올가는 그들에 대해서 이것저것 소문을 말해주었다. 미인인 마들렌 로뱅송은 이미 여러 번 무대나 영화에 출연했지만 여전히 수업을 계속 받고 있었다. 그녀는 인기에 들뜬 듯한 형편없는 생활을 하고 있어 물 쓰듯이 돈을 썼으며, 입고 있는 드레스는 언제나 황홀할 정도로 예뻤으나 모두 약간 낡아 있었다. 그녀는 예의, 신중함, 체면 등을 경멸했다. 그리고 올가는 그런 점에서 그녀를 존경했다. 베르트 티생은 신출내기 여배우 가운데서 가장 성공할 것이라는 말을 될랭에게서 듣고 있었다. 그녀는 몸집이 작은 룩셈부르크인인데, 못생겼지만 뛰어난 소질을 지녔다. 《마리아에게 고함》에 등장하는 마라를 연기해 급우의 눈물을 흘리게 한 적도 있다. 앙드레 크레망이란 예명으로 긴 갈색 머리를 늘어뜨린 정열적인 모습의 처녀도 크게 기대되었다. 그녀는 뒤필로라는 풍부한 재능을 지닌 독특한 청년과 아주 사이가 좋았다. 나는 연극 지망생이면서도 철학 학사과정을 공부하고 있는 세실리아 베르탱을 알게 되었다. 반짝이는 눈과 튀어나온 광대뼈와 거무스름한 피부를 지닌 그녀가 원색 숄을 걸친 모습은 마치 집시 같았다. 그녀에겐 매력은 있었으나 자연스러움이 없었다. 올가는 검은 머리털을 지닌 유고슬라비아인과도 상당히 친해졌다. 내가 몽파르나스에서 가끔 목격한 여자로, 그녀 이름 역시 올가라고 했다. 그러나 양성소의 남녀 친구들 중에서 우리의 올가가 가장 마음에 들어한 친구는 이미 2, 3편의 영화에 출연해 유명해진 마르셀 물루지였다. 16세인 그는 소년기에 보이는 어색함이 없었으며 아이의 진지함과 신선함을 유지하고 있었다. 그는 자크 프레베르와 그 동료, 특히 마르셀 뒤아멜의 도움을 받았고, 그들과 교류하면서 기묘하게 부조화된 교양을 몸에 익히고 있었다. 그는 아는 것도 모르는 것도 질려버릴 정도로 많았다. 훨씬 전부터 초현실주의 시(詩)나 미국 소설에 친숙해 있으면서도 이제 와서 알렉상드르 뒤마를 발견하고 경탄하는 식이다. 그는 그 성장과정과 성공으로 인해서 사회의 테두리 밖에 놓여 있으며, 젊음의 고집스러움과 프롤레타리아적 냉혹함으로 그 사회를 비판했다.

"노동자는 그런 것은 하지 않는다."

그는 가끔 나무라듯이 말했다. 부르주아도 보헤미안도 그가 보면 똑같이 부패되고 있는 것이다. 어찌할 도리가 없을 정도로 부끄러움을 잘 타는 편이고, 정에 넘쳐 선악을 확실하게 구별하는가 하면, 어떻게 하면 좋을지 모를 만큼 갈피를 잡지 못할 때도 있다. 물루지는 민감하고, 개방적이며, 갑자기 심하게 완고해지고, 더할 나위 없이 상냥하며, 적의를 품기도 하고, 필요하다면 비열한 일도 서슴지 않는 완전히 매혹적인 작은 괴물이었다. 그가 올가와 마음이 맞은 까닭은 올가 안에도 어린애다운 무언가가 손상되지 않고 있었기 때문이다.

올가는 자주 몽마르트르 언덕을 내려가 생제르맹데프레에 찾아왔다. 처음에 나를 카페 플로르로 데리고 간 사람은 확실히 올가였다. 나는 그녀와 사르트르와 함께 이곳에서 초저녁을 지내는 습관이 붙었다. 이곳에는 영화감독, 배우, 스크립터, 필름편집자 등, 영화관계자들이 모여들었다. 자크 프레베르와 피에르 프레베르, 그레미용, 오랑슈, 시나리오 작가인 샤반, 지난날 '옥토브르' 그룹 동료인 실뱅 이트킨, 로제 블랑, 파비앵 로리스, 뷔시에르, 바케, 이브 드니오, 마르셀 뒤아멜 등. 대단히 예쁜 아가씨들도 볼 수 있었다. 소니아 모세가 가장 눈에 띄었는데 그녀의 얼굴과 날씬한 몸매—20세치고는 약간 풍만한데—는 드랭을 비롯한 많은 조각가와 화가에게 영감을 주었다. 그녀는 멋진 금발 머리를 목덜미까지 잘 감아올렸으며, 수수하고 독창적인 장신구나 옷맵시는 나의 넋을 잃게 했다. 특히 감탄한 점은 완전히 단순한 디자인인데, 최상급의 오래된 캐시미어로 만든 드레스였다. 갈색 머리를 쇼트커트하고 사내처럼 걸음을 걷는 유쾌한 여자가 대체로 그녀와 동행하곤 했다. 때때로 자클린 브르통이 조개껍데기 귀고리를 늘어뜨리고 인조 속눈썹을 붙이고는 팔찌를 달랑달랑 울리며 도발적인 손톱이 눈에 띄는 손을 휘두르면서 들어오곤 했다. 이곳 여성 가운데서 가장 평범한 유형은 우리가 '가련한 여자들'이라고 부른 사람들이었다. 그녀들은 윤기 없는 머리에 약간씩 마약이나 알코올에 중독되었거나 인생에 병이 든 여자들이고 슬픈 듯한 입매와 끝 모를 눈빛을 지니고 있었다.

플로르에는 특유의 풍속과 이데올로기가 있었다. 매일 그곳에 모이는 작은 패거리 집단은 완전한 보헤미안도 또 완전한 부르주아도 아니었다. 대부분은 영화나 연극세계에 무언가 연관이 있으며 불규칙한 수입과 변통, 희망으로 살고 있었다. 그들의 신(神), 신탁, 사고방식의 본보기가 된 것은 자크 프레베르이고 일동은 그의 영화나 시를 존경해 그 표현이나 재치를 모방하려 애썼다. 우리도 프레베르의 시나 샹송을 바람직하게 생각했다. 몽상적이며 약간 이치에 맞지 않는 그의 아나키즘은 우리에게 꼭 들어맞았다. 그의 옛 작품 〈거래는 순조로웠다〉와 카르네 감독, 발로·주베·프랑수아즈 로제 주연의 최근작 〈괴상한 드라마〉는 우리를 매료했다. 특히 우리가 좋아하던 〈안개 낀 부두〉에서 가뱅, 브라쉐르, 미셸 시몽, 그리고 미셸 모르강 등 신인들의 연기는 훌륭했다. 프레베르의 대사, 카르네의 화면, 전편에 자욱하게 낀 몽롱한 절망에 우리는 감동하여, 〈안개 낀 부두〉를 프랑스 영화 최대 걸작으로 간주하는 그 무렵의 풍조에 동의했다. 반면에 플로르의 할 일 없는 젊은 사람들은 우리에게 초조함이 섞인 공감을 느끼게 했다. 그들의 반(反)순응주의는 무엇보다도 그들의 무기력을 정당화하는 데 도움이 되었다. 그들은 몹시 따분해했으며, 주된 기분전환은 '가련한 여자들'이었다. 젊은이들은 저마다 그녀들 가운데 하나를 택해 불안정한 기간만큼 교제하는데, 대체로 오래 가지는 않는다. 한 차례 끝나면 처음부터 다시 시작한다. 그것은 단조롭지 않을 수 없다. 그들은 온종일 하품을 하면서 시시하게 더듬거리는 말로 자신들의 불만을 토해냈다. 그리고 끝도 없이 인간의 어리석음에 계속 한숨을 지었다.

일요일 밤에는 모두 회의주의자인 체 거드름을 피우고, 일부로 블로메 거리 흑인들의 번쩍이는 동물성에 열광했다. 나는 이 댄스홀에 올가와 함께 여러 번 갔다. 소니아와 그의 여자친구들도 와 있었다. 나는 이곳에서 베를린에서 봤던 모습 그대로 거의 변하지 않은 마리 지라르를 만났다. 그녀는 몽파르나스와 그곳 주민이 드나드는 곳을 서성거리고 있었다. 우리는 예외였다. 그 무렵엔 흑인들 틈에 들어가는 백인 여성이 별로 없었기 때문이다. 하물며 무대에서 춤을 출 용기가 있는 사람은 매우 적었다. 나긋나긋한 아프리카인이나 미묘하게 몸을 흔드는 앤틸리스인 앞에서 백인 여성의 어색한 몸짓은 참담했다. 거기에서 탈피하려고 하면 실신하기 직전의 히스테리 여성처럼 되고 말았다. 나는 플로르 패거리의 속물근성에 물들지 않았기 때문에 그들처럼 아프리카의 위대한 에로티시즘의 신비에 참여하고 있다고는 생각지 않았다. 다만 무용수를 바라보면서 즐기고 펀치를 마시면서 웅성거림이나 담배연기, 술 냄새, 오케스트라의 격렬한 리듬에 취해 황홀해져 있었다. 자욱한 연기 속을 아름답고 행복해 보이는 얼굴이 지나간다. 마지막 카드리유 춤곡이 요란하게 울려 퍼지기 시작하자 나의 가슴은 끓어올랐다. 나는 고주망태가 된 육체의 소용돌이 안에서 나 자신의 생생한 정열에 접하는 느낌이 들었다.

원래 뒬랭의 제자였던 아녜스 카프리가 소니아 모세와 또 다른 출자자의 후원을 얻어 1939년 초에 몰리에르 거리에 카바레를 개업했는데, 여기에도 '카페 플로르' 정신이 지배하고 있었다. 이곳에는 붉은 융단으로 구분이 된 작은 무대가 벽을 가죽으로 씌운 작은 홀 안쪽을 차지하고 있다. 아녜스 카프리가 날카로운 얼굴에 무심한 표정을 띠우고 프레베르의 샹송을 노래했다. 그의 시와 아폴리네르의 시구 낭독도 했다. 나는 그녀의 날카로우면서 시원한 목소리가 좋았다. 그 목소리를 통해서 〈고래잡이〉를 듣거나 그녀가 입술 사이에 콜히쿰 독초를 물고 있는 모습에 싫증이 나는 줄 몰랐다. 이브 드니오는 넥타이를 매는 기계의 효능을 설명해 놀랄 만한 소상인의 솜씨를 보여주었다. 그가 파비앵 로리스와 짜고 연기를 한 〈수염의 사내〉는 우리를 눈물이 날 정도로 웃겼다. 그들은 1900년대 샹송의 멋진 레퍼토리를 갖고 있었는데, 특히 한 독일군 장교가 등장하는 샹송을 부를 때 크게 갈채를 받았다. 이 장교는 어떤 애매한 사정 때문에 젖먹이를 안고 있었으며, 갓난아기는 배고픔으로 죽어가고 있다. 그는 알자스인 젊은 부인에게 한 재산을 줄 터이니 아기에게 젖을 먹여달라고 부탁을 한다.

당치도 않은 말씀, 싫어요. 내 젖은 프랑스제인 걸요.
독일인 아이에게 물리게 하다니 딱 질색이에요.

금이 간 종소리 같은 목소리로 이같이 대답하면서 알자스 여인은 가슴을 누른다. 비아냥과 풍자는 카프리 공연물의 중심이 되고 있었다. 낡은 세대를 우롱함으로써 우리는 집단적인 자아도취의 미묘한 기쁨을 맛보았다. 우리는 우리의 두뇌가 명석하고, 우리가 현실을 깨닫고 있으며, 비판력과 지성이 풍부하다고 느낀 것이다. 1년 뒤에 나 자신의 맹목과 무지를 깨달았을 때 나는 이와 같은 신랄한 비아냥이 완전히 싫어지고 말았다.

우리는 플로르 패거리보다도 초라한 엉뚱한 자들이 드나들고 있는 돔을 완전히 포기하지는 않았다. 우리가 우연한 계기로 알게 된 거한인 도밍게스가 어느 날 밤 올가와 나를 그의 아틀리에로 초대했다. 그곳에는 그 무렵 그와 동거를 하고 있던 그리스계 루마니아인 로마와 화가 플로레스 말고도 10명 가량의 동료가 있었다. 나는 태어나서 처음으로 딱 한 번 초현실주의자들이 열중하고 있는 진실게임에 가담했다. 앞으로 이런 일은 없으리라. 질문은 거의 모두 섹스에 관계된, 외설이라고 해도 좋을 정도의 것이었다. 모두 로마에게 왜 도밍게스와 자는 게 좋으냐고 물었다. 그녀는 매력에 넘치는 나긋나긋한 손놀림으로 허공에 거대한 물체를 그리면서 이렇게 말했다.
"이렇게 대단한걸!"

전체적으로 질문도 대답도 평범하고 공허했다. 우리는 즐거운 듯한 표정을 보이는 데 몹시 애를 먹었다. 차츰 좌중의 분위기는 〈카나르 앙셰네〉지 등에 실린 표현처럼 '과감한 분위기'라 부를 수 있는 것으로 바뀌었다. 참가자 중 한 사람은 말이 떨어지자마자 행동으로 옮기려 했으며 우리는 도망가기 시작했다.

〈안개 낀 부두〉에 비하면 새로운 프랑스 영화는 문제가 되지 않았다. 하지만 〈천사들의 지옥〉의 물루지는 사랑스러웠다. 미국 영화도 시시해지고 있었다. 모두가 갱을 괴롭히고 경관을 영웅시했다. 〈더럽혀진 얼굴의 천사〉에서도 불량소년단의 범죄에 정나미가 떨어지도록 제임스 캐그니가 비겁한 죽음을 당했다. 〈스미스 씨 워싱턴에 가다〉와 〈우리집의 낙원〉은 능숙하게 정리된 희극에다 연기도 좋고 우스꽝스럽기도 했는데, '자본주의는 휴머니즘이어야만 한다'는 교훈을 밀어붙이고 있었다.

장 제이가 카르텔의 연출가들을 기용하게 된 뒤부터 코미디 프랑세즈 극단에서는 좋은 연극을 볼 수 있게 되었다. 나는 15년 전에 아틀리에 극단에서 피란델로작 〈각자가 그 진실을〉을 본 적이 있다. 뒬랭은 이것을 코미디 프랑세즈 무대에서 더욱 대규모로 재연했다. 원근법 효과에 의해 끝도 없이 이어지는 것처럼 보이는 긴 복도 안쪽에서 상복 차림의 르두와 베르트 보비가 뛰쳐나오자, 무대에 있는 배우도 관객도 모두 비통한 경악에 엄습을 당했다. 뒬랭은 〈피가로의 결혼〉으로 격렬한 논쟁을 불러일으켰다. 셰뤼뱅을 연기한 작은 몸집의 클로디오는 12세 정도로밖에 보이지 않았다. 여기에선 지나치게 어렸다. 또 뒬랭이 이 작품의 사회적·정치적인 성격을 충분히 강조하고 있지 않다는 비판도 있었다. 나로서는 그가 이것을 가볍게 다루면서도 그 신랄함은 조금도 약화시키지 않았다고 생각했다. 나는 살라크루의 〈지구는 둥글다〉의 초대공연에 갔었는데, 좋건 나쁘건 사교계의 일대사건이란 생각이 들었다. 뤼시엔 살라크루가 요염하게 이브닝드레스를 입고 높게 땋아올린 머리에 값비싼 핀을 꽂은 모습은 아주 멋있다고 생각했다. 가까이에서 보는 진짜 실비아 바타유는 번쩍이는 깃털의 작은 보닛을 써서 얼마나 예뻤는지 모른다. 나 자신은 파리 사교계 인사들 틈에 끼어 성장한 모습을 뽐내고픈 생각은 전혀 없었지만 유명인사와 아름다운 치장을 가까이에서 보는 일은 재미있었다.

딜랭은 바로에게 아틀리에 극단을 빌려주어 〈굶주림〉을 공연하게 했다. 올가는 이 극에서 여러 단역을 맡았다. 공연은 라포르그 번안, 그랑발 연출의 〈햄릿〉으로 시작되었고, 바로는 관객에게 애교를 선물했다. 〈굶주림〉에서는 그의 '전체 연극' 구상을 처음으로 철저하게 구현하려고 시도했다. 크누트 함슨의 소설에서 그는 대도시 한가운데서 굶주린 사내가 맛보는 희망 없는 고독이라는 전체적인 착상을 얻었을 뿐인데, 이 주제에 결부해 평소 관심이 많았던 또 하나의 주제를 전개하고 있었다. 그것은 인간과 그 분신의 문제이다. 바로가 분장시킨 주인공에게는 한 사람의 '내면의 동생'이 그림자처럼 따라붙는다. 로제 블랭이 남에게 불안을 느끼게 하는 얼굴로 이 역할을 했다. 이 연극에서 대사는 부차적인 중요성밖에 지니고 있지 않다. 그 대신에 가끔 '중세의 풍자시적 요소'가 이용되었다. 아직 사용된 적이 없는 이 수법에서 바로는 대단한 효과를 끌어냈다. 그러나 그가 특별히 선호해서 사용한 전달수단은 무엇보다도 판토마임이었다. 판토마임을 부활시키는 일에 일생을 바친 드크루의 제자인 바로는, 이 예술이 그 자체로 충분하다고는 생각지 않았으며, 단지 그 가능성을 이용해 극의 전개에 도움을 주려 했다. 그는 〈굶주림〉에 약간의 과감한 시도를 끼워넣고 싶은 유혹에 지고 말았다. 이를테면 갑자기 눈에 보이지 않는 계단을 오른다. 이 동작은 전체에서 유리되어 리듬을 파괴했다. 내가 이보다 훨씬 좋다고 생각한 점은 몸짓이, 진정한 연극표현의 양식으로 되어 있는 부분이었다. 주인공이 너무나도 무기력하기 때문에 소망하는 여인을 소유할 수 없는 장면을 나타내는 무언극은 대담한 데다가 비속하지 않아 주목할 만한 성공을 거두었다. 이 연극은 평이 좋아서 50회 이상 상연되었다. 〈누만시아〉와 〈죽음의 잠자리에서〉에 이어지는 〈굶주림〉은 현재 그 필요성이 통감되고 있는 혁신을 바로가 연극계에 가져올 것이라고 예측하게 했다. 이러한 연극 카르텔은 그들로서 가능한 모든 것을 주었으나 이제 무엇 하나 새로운 창조를 행하지 않고 있었다. 영화가 사실주의로 기울어져 가는 오늘날, 사람들은 현실 상황을 대신할 완전히 참신한 양식이 무대에 나타나길 바랐다. 대본과 배우, 대본과 무대, 무대와 관객의 관계 등, 모두가 다시 만들어져야 했다. 아마도 바로는 그 일에 성공하지 않을까?

크리스마스 휴가에 우리는 다시 메제브로 갔다. 우리는 일단 만족할 만큼 스키를 탈 수 있었다. 그 이상의 야심은 없었다. 부활절에는 남프랑스로 여행을 했다. 나는 기차와 버스로 닿은 도시나 마을에 사르트르를 남겨두고 혼자서 뤼베롱의 산길이나 디뉴 주변 아직 눈이 녹지 않은 산지를 돌아다녔다. 마노스크에서는 어느 신문잡지 매장이나 책방이든 지오노의 소설이 진열되어 있었다. 그는 흙으로 돌아갈 것을 제창하기 시작했다. 내가 배낭을 짊어지고 콩타두르 부근 샛길을 걷고 있을 때 농부들이 개척단 사람이냐고 물었다. 사르트르는 이해 초부터 코르뱅의 번역판과 독일어 원서판으로 하이데거를 읽고 있었다. 그는 시스트롱에서 처음으로 그것에 대해서 나에게 진지하게 이야기를 했다. 그때 둘이서 앉은 돌 벤치가 지금도 눈에 선하다. 그는 '먼 미래의 존재'라는 인간의 정의는 어떤 의미인가, 또 어떻게 '세계는 고장난 도구의 수평선에서 나타나는가'를 설명해주었다. 하지만 나는 하이데거가 미래에 어떤 양상을 부여하고 있는지를 쉽게 이해할 수 없었다. 세계의 현실을 왜곡하지 않는 것을 언제나 무엇보다도 중요하게 생각하는 사르트르는, 하이데거 철학의 객관과 주관을 조화시키는 방법을 높이 평가했다. 매우 엄밀한 철학이라고는 말할 수 없으나 시사하는 바가 크다고 생각한 것이다.

나는 며칠씩 여유가 생길 때마다 파리를 벗어났다. 성령 강림제에는 모르방 지방을 찾아 디종, 오세르, 베즐레를 보았다. 6월에 바칼로레아 일주일 휴가 때는 쥐라로 갔다. 봉우리란 봉우리는 남김없이 올랐다. 너무 몸을 혹사했는지 무릎이 부어서 걷는 게 몹시 고통스러웠다. 나는 기차로 즈네브로 가 다리를 절면서 돌아다녔다. 에스파냐 정부가 프라도 미술관의 컬렉션을 폭격에서 지키기 위해 즈네브로 이관했기 때문에 어느 날 오후를 고야와 그레코, 벨라스케스의 작품에 둘러싸여 지냈다. 나는 가슴을 짓누르는 듯한 느낌이 들었다. 왜냐하면 앞으로 오랫동안 에스파냐를 다시 찾지 못할 것을 알고 있었기 때문이다.

한 해 동안 나는 아직도 현실에 안주해 순간순간을 이용하려고 애썼다. 그래도 내 주변의 세계를 완전히 잊을 수는 없었다. 1936년 6월의 희망은 완전히 깨져버려 노동 계급은 기득권 대부분을 되찾는 데 실패했다. 11월 30일 동맹파업에 대항해서 경영자 측은 대대적으로 공장을 폐쇄하는 반격을 가했다. 불타는 광저우나 한커우 함락에 동요할 정도의 상상력은 나에게 없었다. 그러나 에스파냐 공화파의 패퇴는 내 몸의 불행과도 같은 타격이었다. 그들의 내부 대립이나 바르셀로나에서 이루어지고 있는 마르크스주의 통일 노동당 공판은 우리 마음을 혼란스럽게 했다. 스탈린주의자들이 혁명을 말살했다고 생각하는 게 사실일까? 아니면 아나키스트들이 반란군의 선봉에 섰다고 믿어야 할까? 반란군은 승리했고 바르셀로나는 빈사상태였다. 휴가를 얻어 파리에 온 페르낭은 폭격과 식량난을 우리에게 전했다. 가끔 배급되는 이집트 콩 한 줌 말고는 아무것도 먹을 게 없다. 공복을 달래려고 해도 담배는 없다. 줍고 싶어도 거리에는 담배꽁초 하나 떨어져 있지 않다. 아이들은 뼈와 가죽만 남아 바짝 말랐으며 배만 불룩하게 부풀어 있다. 1월에 액체 공기폭탄에 의해서 황폐해진 도시는 적의 손안에 들어갔다. 국경으로 밀려드는 누더기 차림의 반광란적 피난민의 수는 더욱더 늘어만 갔다. 마드리드는 아직 저항을 하고 있다. 하지만 영국은 이미 프랑코 정권을 승인했다. 프랑스도 페탱을 대사로 임명해 부르고스에 보냈다. 최후의 저항을 시도한 뒤 마드리드는 함락되었다. 프랑스의 모든 좌익은 비탄에 잠겨 깊은 죄의식을 느꼈다. 블룸은 1936년 8월에 신속하게 무기를 공급했더라면 공화국을 구할 수 있었으므로, 불간섭은 어리석은 정책이었음을 인정했다. 어째서 여론은 그에게 다른 정책을 취하게 할 수 없었을까? 나는 나 자신의 정치적 무기력이 무죄의 보증이 될 수 없음을 이해하기 시작했으며, 페르낭이 다음과 같이 중얼거릴 때 나도 그 가운데 한 사람이라고 느껴졌다.

"빌어먹을 프랑스 놈들!"

그러면 라인 강 건너편의 비극을 앞에 두고 나는 다시 소극적인 태도를 취할 수 있을까? 나치스는 보헤미아와 오스트리아에서 공포정치를 펴고 있었다. 몇천인지 모를 유대인과 반파시스트가 감금되어 있는 다하우 강제수용소의 존재가 신문에 보도되었다. 비앙카 비엔펠트에 사촌 한 사람이 찾아왔다. 그는 게슈타포에게 체포되어 하룻밤을 새운 뒤 빈을 탈출하는 데 성공했다고 한다. 몇 시간이나 매를 맞아 얼굴에는 아직 푸른 멍과 담뱃불로 지진 자국이 여기저기 남아 있었다. 그의 말에 따르면, 폰 라트가 암살된 날 한밤중에 그의 친척이 있는 소도시에서, 유대인은 남김없이 깨워진 다음 광장에 집합되어 옷이 벗겨진 채 불태워졌다. 독일 전역에 이 암살사건을 구실로 천인공노할 무서운 유대인 학살행위가 자행되었다. 남아 있는 유대 교회당은 모두 불에 탔고, 유대인이 경영하는 상점은 약탈당했으며, 몇천 명의 유대인이 수용소에 처넣어졌다.

"이런 일이 벌어지고 있는데 공부를 하거나 놀 수 있을까? 살아갈 수 있을까?"

비앙카는 울먹이면서 나에게 말했다. 완고하게 행복을 추구하고 있던 나는 내 이기주의를 부끄럽게 생각했다.

하지만 아직 미련을 버리지 못하고, 전쟁이 일어나지 않을 거라고 믿으려 했다. 이탈리아는 독일에 이어서 그 '생명선'을 요구하면서, 이탈리아·프랑스 협정의 폐기를 선언하고 튀니지에서 소란을 일으켜 지부티를 위협했다. 이탈리아군이 프랑코군과 어깨를 나란히 하고 입성한 날, 로마의 군중은 요란한 시위행진을 했다. 그들은 독재자의 승리를 축하함과 동시에 이렇게 외쳤다.

"튀니지를 반환하라! 코르시카를 반환하라!"

그때도 나는 평화주의의 마지막 강령으로 불안을 떨쳐내고 있었다.

"설마 지부티 때문에 전쟁을 하지는 않겠지!"

확실히 전쟁으로 발전될 성싶지도 않았다. 히틀러는 무솔리니를 적당히 지지하고 있을 뿐이었다. 루즈벨트는 유럽의 민주주의 제국이 공격받을 경우에는 편을 들어주겠다고 약속을 했지만 슬로바키아와 우크라이나는 독일의 보호를 받게 되었다.

3월 16일 히틀러는 프라하에 입성했으며, 영국에서는 징병법이 제정되었다. 프랑스에서는 달라디에가 정권을 장악하고 방독마스크가 배포되는가 하면 군비 증강을 위해 주 40시간 노동제가 사라졌다. 평화는 하루하루 후퇴하고 있었다. 무솔리니는 알바니아를 공격했으며 히틀러는 메멜 지방을 위협해 단치히를 요구했다. 영국은 강경책을 취하기로 하고 폴란드와의 사이에 군사동맹을 체결했다. 영국·프랑스·러시아 사이에 협정이 맺어지면 히틀러는 뒷걸음질치게 되지 않을까? 그러나 소련과의 교섭은 좀처럼 성립되지 않았다. 곧 전쟁이냐 새로운 양보냐의 양자택일을 해야 할 상황으로 내몰리게 될 것이다. 마르셀 데아가 〈외브르〉지에 쓴 〈단치히를 위해 죽으라는 것인가?)라는 논문은 파란을 불러일으켰다. 그는 논문에서 프랑스인에게 모든 것을 포기하라고 호소했다. 급진사회당에서 공산당에 이르기까지 좌익은 거의 만장일치로 분개했다.

이 일에 관해서 콜레트 오드리와 사르트르 사이에 벌어진 논쟁을 떠올린다. 그녀는 에스파냐의 패배로 완전히 평정을 잃은 뒤부터 정치에 대한 것은 아무것도 믿지 않았다.

"무슨 일이건 전쟁보다는 낫죠."

그녀는 이같이 말했다.

"무슨 일이건, 이라곤 말할 수 없어요. 파시즘 쪽은 나빠요."

사르트르는 이렇게 반대했다. 그는 호전적인 인간은 아니다. 9월 30일에도 그가 순간적으로 느낀 것은 시민 생활을 계속할 수 있다면 나쁘지 않다는 마음이었다. 하지만 그가 뮌헨 협정을 과실로 간주하는 점에는 변함이 없었으며, 더 이상 양보하는 일은 죄악으로 생각했다. 타협하면 우리는 온갖 박해와 대량학살의 공범자가 되고 만다. 나로서도 이렇게 생각하자 소름이 끼쳤다. 수용소나 고문을 벗어나려고 온 세계를 떠돌고 있는 유대인은 몇만 명이나 되었다. 세인트루이스호의 얘기를 들었을 때 우리는 그들의 두려움을 함께 느끼고 있었다. 918명의 유대인이 함부르크에서 배를 타고 쿠바로 향했다. 쿠바 정부가 그들을 돌려보냈기 때문에 선장은 다시 독일로 뱃머리를 돌렸다. 배에 탄 난민 모두는 함부르크로 돌아갈 바엔 전원 죽음을 택하자고 결의했다. 그들이 몇 주 동안 방황한 끝에 결국 네덜란드·영국·프랑스가 그들을 받아들이기로 했다. 이 밖에도 많은 배가 이렇게 항구에서 항구로 어느 나라에서나 따돌림을 당하는 비참한 승객을 나르고 있었는데, 이제 우리의 이기주의가 오랫동안 지나쳐버렸던 이와 같은 불쾌한 일에 마침표를 찍을 때가 온 것이다.

내 마음에 제1차세계대전의 기억이 되살아났다. 인도주의의 이름 아래 백만 프랑스인을 죽음으로 내몰다니 이 무슨 모순이란 말인가! 사르트르는 그것은 인도주의도, 어떤 추상적인 도덕도 아니라고 대답했다. 문제는 우리 자신이 위험에 빠져 있다는 점이다. 만일 히틀러를 타도하지 않으면 프랑스도 오스트리아와 다름없는 운명을 걷게 될 것이라는 말이다. 나는 콜레트 오드리나 알랭의 제자 대부분과 마찬가지로 말했다.

"프랑스가 전쟁을 하다니, 프랑스가 나치로 되는 것보다 나쁜 일이야!"
그러자 사르트르는 고개를 가로저으면서 말했다.
"나는 내 원고를 입에 처넣게 되는 게 싫다. 니장이 숟갈로 눈알을 도려내게 되는 것은 싫다고!"

확실히 나치의 지배는 지식인들의 삶의 의미를 뿌리째 빼앗고 말리라. 그러나 만약 우리가 결정권을 쥐고 있다면, 자유를 지키기 위해 바스알프의 양치기나 두아르느네의 어부들을 사지로 내모는 일을 감히 할 수 있을까? 그들에게도 연관이 있는 일이라고 사르트르는 말했다. 히틀러에 대항해서 무기를 들지 않으면 틀림없이 언젠가는 그들을 위해서 싸울 것을 강요당하게 된다. 프랑스가 독일에 합병되거나 속국이 된다면 노동자도 농민도 부르주아도 모두 고통받아야 한다. 누구나 패배자가 되어 사람 취급을 받지 못한 채 독일의 영광을 위해 가혹한 희생을 지불하게 되리라.

그는 나를 이해시켰다. 이제 전쟁은 회피할 수 없다. 그런데 왜 이렇게 되고 말았을까? 나에게 탄식할 권리는 없었다. 나는 전쟁을 저지하기 위해 손 하나 까딱하지 않았던 것이다. 나는 내 죄를 깊게 느꼈다. '좋다! 죗값을 치르자. 나의 맹목과 멍청함이 가져온 결과를 자진해 떠맡음으로써 그 죗값을 치르는 것이다.' 적어도 이렇게만 생각해도 좋을 텐데 나는 보스트를, 또 그와 같은 세대의 젊은이들을 생각했다. 그들은 세계의 움직임에 대해 행동을 취할 기회를 전혀 갖지 못했다. 그들에게는 그들의 선배를 고발할 정당한 권리가 있었다.

"우리는 20살이다. 그리고 당신네들이 범한 과오 때문에 우리는 죽으러 간다."

니장은 정치 참여는 어떻든 간에 피할 수 없으므로 아무 일도 하지 않는 것은 하나의 태도를 취하는 게 된다고 주장했는데, 확실히 그대로였다. 후회가 나의 가슴을 꿰뚫었다.

그 무렵 내 안에 생겨난 스스로의 대화가 하루 동안이었는지 한 주간이었는지 한 달이나 계속되었는지는 단언할 수는 없다. 그러나 1939년 봄이 나의 생애에 한 획을 그은 것만은 확실하다. 나는 개인주의와 반(反)휴머니즘을 단념했다. 나는 연대(連帶)를 배웠다. 이 새로운 시기에 대해 말하기 전에 과거 10년 동안 나에게 일어난 일들을 간단하게 정리하려고 한다.

나 자신의 생애를 몇 개로 구분하는 것은 제멋대로의 이야기이다. 하지만 1929년은 나에게 학생생활의 종말, 경제적인 해방, 부모로부터의 독립, 낡은 우정의 청산과 사르트르와 만남의 해로, 명백히 새로운 시대를 열어주었다. 1939년, 나의 존재는 이때처럼 뒤집혔다. 역사가 나를 붙잡았고 그 뒤로 나는 거기에서 벗어날 수 없게 되었다. 동시에 나는 문학세계에 깊게 그리고 평생 숨어들게 되었다. 한 시기가 그 막을 내린 것이다. 지금 이야기한 시기에 나는 젊음에서 성숙의 단계로 접어들었다. 두 관심사가 당시의 나를 지배하고 있었다. 산다는 것과, 그때까지는 추상적인 것에 지나지 않았던 작가로서의 사명을 실현하는 일, 즉 나 자신의 생활 속에 문학을 뿌리내리게 할 곳을 발견한 것이다.
　우선 산다는 것, 무엇을 하건 살아 있을 수 있다. 그러나 사람이 지나치는 순간을 통일하는 방법에는 여러 가지가 있다. 이를테면 하나의 행동에 모든 순간들을 종속시킨다든가, 하나의 작품에 그것을 쏟아붓는다든가 하는 일 말이다. 나에게 있어, 내가 기획한 사업은 나의 삶 자체였다. 나는 내 손안에 내 인생을 확실하게 장악하고 있다고 생각했다. 인생은 두 요소를 만족시켜야 했다. 행복해지기와 세계를 나 자신의 것으로 만들기. 낙천적인 나는 이 두 가지를 분리해서 생각하지 않았다. 불행은 위장된 현실밖에 남기지 않을 거라고 믿었기 때문이다. 사르트르와의 상호 이해로 행복은 보증되었으므로, 나는 거기에 가능한 한 풍부한 경험을 쌓아두기로 마음먹고 이것에 전념했다. 나의 다양한 발견은 어린시절처럼 확실하게 직선을 따라가지는 않았다. 하루가 다르게 진보하는 듯한 느낌을 가질 수 없었다. 하지만 혼란스럽고 복잡하게 뒤얽힌 것들을 발견하면서 나는 만족했다. 여러 가지 일을 직접 체험하고 그때까지 내 좁은 세계 속에서 예상하고 있었던 것과 비교하면서 뜻하지 않은 일이 있음을 깨달았다. 내가 나 자신의 탐구를 어떻게 집요하게 계속했는지는 이제까지 본 그대로이다. 오랫동안 나는 사물의 절대 진리는 나의 의식에, 더구나 내 의식에만—다분히 사르트르만은 예외인데—주어지는 것이라는 환상을 갖고 있었다. 물론 나는 많은 사람이 나보다도 그림이나 소나타를 더 잘 이해할 수 있다는 사실을 알고 있었다. 그러나 어느 대상이 나의 경험에 받아들여진 순간부터 특권적인 조명을 받게 되는 듯한 생각이 막연하게나마 있었던 것이다. 한 지방만 해도 직접 내 눈으로 확인하지 않는 한 일찍이 사람의 눈에 띈 적이 없는 것과 마찬가지였다.

  30세가 되기까지 나는 젊은 사람들보다는 늙었고, 어른들보다는 젊다고 느꼈었다. 젊은이들은 너무나도 사려가 부족한 듯했으며 어른들은 너무나도 차분했다. 존재는 내 안에서만 모범적인 형태를 취하고 어떤 사소한 일도 이런 완벽함의 은혜를 입었다. 그러므로 내가 우주의 모든 것을 아는 것은 나에게도 우주에도 긴급하고도 필요한 사항이었다. 이 끊이지 않는 임무에 비하면 향락은 이차적이었다. 나는 즐거움을 환영하기는 했지만 스스로 추구하지는 않았다. 나는 스트라빈스키의 〈관악8중주곡〉—아직 아무런 기쁨도 나에게 주지 않는—을 귀에 익숙해진 〈카바티나〉를 듣는 것보다도 좋아했다. 나의 호기심에는 어딘가 경박스러운 면이 있었다. 어릴 때처럼 나는 하나의 곡이건, 도시이건, 소설이건 그것의 첫 실마리만으로도 이미 그 본질을 파악했다고 믿었다. 반복보다는 다양성을 더 좋아했으며, 베네치아를 다시 찾기보다는 처음으로 나폴리를 보는 게 낫다고 생각했다. 어느 의미에서는 이런 왕성한 탐욕에도 정당한 근거가 있었다. 하나의 대상을 파악하기 위해서는 그것이 속하는 것에 조화롭게 자리매김해서 봐야 한다. 〈카바티나〉는 베토벤 작품 전체에 눈을 돌리게 하고, 그 다음 하이든에, 다음은 음악의 기원에, 나아가서는 후대의 발전에까지 미치게 된다. 이 사실을 나 스스로는 알고 있었는데, 이것은 단순히 내가 스피노자를 공부했기 때문만은 아니며 이미 말했듯이 총합의 개념이 사르트르와 나의 사상을 지배하고 있었기 때문이다. 만일 내가 이 세계의 아주 미세한 한 조각을 소유하고 싶다고 생각한다면 우주 전체를 목표로 해야 한다. 이제까지 본 바와 같이 모순은 우리를 머뭇거리게 하지 않았다. 우리는 작은 가지를 치고 큰 가지를 잘라내 베어서 쓰러뜨리기도 했다. 무리요나 브람스를 허무 속에 장사지낸 한편 하나를 선택하는 것도 거부했다. 대체로 존재하는 것은 우리를 위해 존재해야만 한다.

  이 일이 무한인 이상 내가 끊임없이 다양한 계획에 사로잡혀 있었던 것은 당연하다. 하나의 정복은 통과해야 할 한 단계에 지나지 않는다. 지극히 당연한 일이지만 이러한 점은 우리가 통과해야 할 들판이 넓고 크다는 이유만으로 설명할 수는 없다. 왜냐하면 현재 나는 철저히 정복하는 것을 단념했으며 더구나 다시 시작할 생각도 없기 때문이다. 나는 계획을 세우는 기질이어서 우연성은 나를 겁나게 하고, 미래를 기대와 호소, 요구로 채움으로써 현재에 필연성을 부여한다. 하지만 전에도 말했듯이 나는 휴지의 상태도 경험했다. 그리고 명상에 빠졌다. 나와 너의 구별이 없어지듯이 존재를 위한 긴장감이 사물의 풍부함 속에 소멸하는 이와 같은 한때는 그야말로 꿈과도 같았다.

사르트르와 내가 세계를 우리 자신에게 병합하기 위해 계속하고 있던 이 탐구는 사회가 마련해놓은 관습이나 장벽과는 융합되지 않았다. 따라서 우리는 그런 일을 꺼렸다. 우리는 인간이 새롭게 창조되어야만 하는 존재라고 생각했다. 콜레트 오드리는 극히 정치적 의식이 강한 친구에게서 그녀가 우리와 교제하면서 시간을 낭비하고 있다는 비난을 받았을 때 이렇게 속 시원히 대꾸했다.

"나는 내일의 인간을 준비하고 있어요."

그녀와 함께 이 말에 웃기는 했지만 그것이 반드시 거짓으로 생각되지는 않았다. 사람들은 언젠가 그들의 딱딱해진 껍질을 훌훌 벗어버리고 자유롭게 자기 삶의 방식을 발명할 것이다. 우리의 포부는 거기에 있었다. 실제로 우리 대부분은 시대의 풍조에 떠밀려오고 있다. 겨울 스포츠를 하거나 그리스 여행을 가거나, 재즈 콘서트를 듣거나 미국 영화를 보거나 질과 쥘리앵에게 박수를 보내는 까닭은 그 때문이었다. 그렇지만 우리는 어느 상황에 접하든 어떤 규범에도 좌우되지 않았으며, 그 상황을 다시 만들어낼 권리가 있다고 생각했다. 우리는 우리 둘의 관계에서 자유와 친밀함과 솔직함을 창조했다. 이 정도로 잘 되지는 않았지만 트리오도 만들었다. 우리의 여행 방법도 독창적이었다. 이 독창성은 어느 정도 우리가 조직적으로 일을 진행하는 데 게을리했기 때문에 생긴 것이지만, 그 경솔함 자체가 우리의 끈질긴 독립심을 반영하고 있었다. 또한 우리 식으로 그리스 여행을 했다. 이탈리아에서도 에스파냐에서도 모로코에서도 마음 가는 대로 사치와 검소, 노력과 나태를 짜 맞추었다. 특히 우리는 태도나 이론, 사고방식을 발명했으며 그것에 우리 자신을 얽매이게 하지는 않았다. 영구적 혁명을 실천하고 있었던 것이다. 이런 점은 주위 사람들을 때때로 당혹하게 했다. 아무튼 그들은 우리를 충실하게 따라올 생각이었는데, 우리는 일찌감치 엉뚱한 곳으로 가버리고 있었기 때문이다.

"당신들과의 교제에서 지치는 점은, 당신들과 같은 순간에 같은 의견을 교환해야 한다는 사실이다."

언젠가 보스트는 우리에게 이같이 말했다. 실제로 우리는 우리 자신에 대해서 잇따라 발견하고 있는 반박을, 막상 친근한 사람들에게서 받게 되면 견딜 수가 없었다. 다시 말해 그들에게 항변할 여지가 없는 이론을 퍼붓고는 이틀 뒤에 그 이론을 스스로 완전히 뒤집는 식이었다.

이와 같은 의견의 변경과 사물에 대한 조심성 덕분에 우리는 현실에 밀착해 있다고 생각했다. 장 발과 레몽 아롱 등이 '구체적인 것'을 끝까지 추적해야 한다고 쓰거나 말했는데, 이것은 우리를 웃음짓게 했다. 우리는 두 손으로 구체적인 것을 휘젓고 있다고 확신했기 때문이다. 하지만 우리 생활도 이 점에서는 프티부르주아 지식인과 마찬가지로 비현실적인 것으로 특징지어졌다. 우리는 직업을 갖고 있었으며 충실하게 직무를 수행하고 있었는데, 그렇다고 언어의 세계에서 멀리 떨어져 있지는 않았다. 지적으로 우리는 성실하고 열심이었다. 일찍이 사르트르가 나에게 말했듯이, 우리는 '진리에 대한 현실적 감각'을 지니고 있었으며 그것만으로도 확실히 무언가 충분한 요소가 되었다. 그러나 그것은 우리가 지닌 '현실에 대한 진정한 감각'과는 전혀 별개였다.* 우리는 단순히 모든 부르주아와 마찬가지로 가난을 회피했고, 모든 공무원과 마찬가지로 불안정을 꺼려했을 뿐만 아니라, 아이도 가족도 책임도 없는 선인이었다. 우리가 제공하는 노동은 결국은 재미있고 전혀 힘이 안 드는 것으로, 그 노동과 우리가 받는 돈 사이에는 뚜렷한 구속이 전혀 존재하지 않았다. 돈은 그것에 상응하는 무거운 짐을 부과하지 않았다. 어떠한 상황에도 얽매이는 일이 없었기에 우리는 돈을 마음대로 썼다. 월말까지 충분히 버티기도 했으며 버티지 못할 때도 있었다. 이와 같이 닥치는 대로 썼기 때문에 우리가 처한 상황에서 경제적 현실을 발견하지 못하거나 무시하고 지내면서, 들판의 백합처럼 쑥쑥 뻗어나갔다. 다양한 환경이 우리의 기대를 편들어주었다. 우리는 건강하며 활기에 차 있다. 우리의 몸은 엉망으로 망가지지 않는 한 생각한 대로 되었다. 몸에 큰 노력을 요구할 수 있는 덕분에 우리 몸속의 자원을 겸손하게 보상받을 수 있었다. 우리는 부자와 다름없

---

* 부르주아 대부분과 사교계 사람 모두는 진리에 대한 감각이 완전히 비현실적이었다.

는 기분으로 여러 나라를 보았는데, 그것은 우리가 야영을 하거나 값싼 음식으로 끼니를 때우거나 걷는 일을 아무렇지도 않게 생각했기 때문이다. 어느 의미에서 우리는 기뻐할 만한 일을 했다고 말할 수 있다. 우리가 그것을 위해 지불할 대가는 다른 사람이라면 망설였을 터였다. 그러나 이와 같은 방법으로 기쁨을 얻게 된 것은 행운이었다. 행운이라면 그밖에도 또 있다. 어떤 이유에서인지 우리의 내연관계는 정식 결혼과 거의 같은 정도로 존중받았다. 총장학관인 파로디 씨는 이를 알고 있어, 사르트르를 르 아브르에 임명한 뒤 친절한 배려에서 나를 루앙으로 발령을 내준 것이다. 이렇게 보면 사회 관습에 반하는 일을 하고도 벌을 받지 않아도 될 성싶다. 이 일로 우리는 더 자유로운 마음이 되었다. 우리는 이것을 분명히 느꼈기 때문에 세상의 역경에서 가려져 있었다. 우리는 제멋대로 꿈을 좇고 있었다. 나는 아직도 내 삶이 '내가 말하기에 따라서 정말로 이루어지는 아름다운 이야기'이길 바랐다. 그것을 스스로에게 말하면서 나는 이따금 아름답게 꾸미려고 했다. 나의 한심한 작중인물 샹탈처럼 2, 3년 동안 나는 그것을 상징이나 신화로 장식했다. 그 뒤 대단한 옛날이야기 비슷한 것은 단념했다. 그러나 있는 그대로 인간을 보는 나를 방해하던 도덕지상주의도 민중주의도, 또 추상적인 보편주의도 나를 치료하지 못했다. 나는 여전히 부르주아적 이상주의와 탐미주의에 물들어 있었으며, 특히 행복에 대한 나의 정신분열병적인 집착은 정치 현실에 대해서 나를 맹목적으로 만들었다. 이 맹목은 나 한 사람만의 것이 아니어서 동시대인 거의 모두가 같은 증상을 보이고 있었다. 뮌헨 협정 직후에 〈금요일〉지 제작진(전원 에누리 없는 '좌익'이었는데)이 혼돈을 거듭한 나머지 분열한 것은 인상적이다. 사르트르가 《유예》에서 표현했듯이 우리는 모두 평화를 실체로 하는 거짓 생활을 하고 있었던 것이다. 바야흐로 재편되고 있는 세계, 모든 것을 이해하지 않는 한 무엇 하나 알 수 없는 이 세계 전체를 확인하기 위해 필요한 단서를 지니고 있는 자는 아무도 없었다. 그렇더라도 '역사'와 그 위험에 대한 나의 거부는 유별나게 심했다.

그러면 이제까지 말한 내 경험 속에 인정할 만한 것이 있다고 한다면 무엇일까? 나에게는 그것이 너무나도 무지와 자기기만으로 오염되고 있는 듯이 보여 내 과거의 이 시기에 대해서 괘씸한 생각밖에 들지 않을 때가 있다. 나는 움브리아의 들을 바라보았다. 그것은 더없이 잊기 어려운 순간이었다. 그러나 실제로 움브리아는 나의 시선이 닿지 않는 곳에 있었던 것이다. 나는 깜박깜박 움직이는 빛을 바라보았고 내 멋대로 전설을 만들었다. 이 대지의 가혹함이나 그것을 일구는 농부들의 기쁨이 없는 생활, 그런 것들을 나는 보고 있지 않았다. 확실히 외견의 진리라는 것도 있기는 했다. 단 그것은 외견임을 알아본 다음의 이야기인데, 내 경우에는 그렇지 않았다. 나는 끝없는 지식욕에 사로잡혀 속임수로 만족하고 있었던 것이다. 때때로 나는 속임수를 감지했다. 그랑쿠론 공장의 등불 앞에서 파니에와 사르트르를 싸우게 만든 논의에 내가 그처럼 귀를 기울인 까닭은 그 때문이라고 생각한다. 하지만 나는 일찌감치 잊어버리고 말았다.

돌이켜 보면 이 세월은 나에게 방대한 것을 준 듯하다. 그렇게도 많은 책, 회화, 도시, 얼굴, 사고, 감동, 감정을! 모두가 허위였던 것은 아니다. 만일 오류가 불완전한 진리라면, 만약 진리가 그 불완전한 형상의 발전을 통해서 실현될 수밖에 없다면, 진실은 비록 기만을 통해서라도 그 모습을 나타낼 수 있음을 이해할 수 있으리라. 내가 습득한 불완전한 교양은 그런 교양 자체를 극복하기 위해 필요했다. 축적한 자료를 우리가 몹시 서투르게 이용했다고 해도 그것을 그러모으는 일은 역시 유익했다. 우리 자신의 일탈을 내가 관대하게 다루고자 한 이유는 확신을 안은 때조차도 우리가 결코 그 자리에 머물려고 하지 않았기 때문이다. 우리에게 미래는 언제나 앞에 열려 있었으며, 진리는 집행유예 상태에 있었던 것이다.

어쨌든 우리가 좀더 통찰력을 갖추었다 해도 우리 삶의 방식은 그다지 달라지지 않았으리라. 왜냐하면 우리에게 중요한 것은 정확하게 우리 자신을 자리매김하는 게 아니고 어디까지나 전진하는 일이었기 때문이다. 내가 그 안에서 버둥대고 있었던 혼미 자체가 일찍부터 좋든 싫든 내가 정하고 있었던 목표, 즉 책을 쓰는 길로 내몰았다.

그것이야말로 첫째 문제와 분리할 수 없게 결부되어 있던 나의 둘째 문제였다. 내 삶의 방식에 만족하기 위해서 나는 문학이 차지해야 할 자리를 부여하지 않으면 안 되었다. 소녀시절과 청춘기에 막 들어섰을 때 나의 사명감은 진지했지만 공허했다. 나는 다만 '작가가 되고 싶다'고 선언했을 뿐이었다. 그러나 지금은 내가 무엇을 쓰고 싶은지, 나 자신에게 어느 정도 그것이 가능한지를 발견해야 했다. 그리고 쓰지 않으면 안 되었다. 예전에 나는 22

세까지 모든 것을 다 말한 대작을 완성하기로 스스로 맹세했었다. 최초로 간행된 소설 《초대받은 여인》을 시작했을 때 나는 이미 30세로 접어들고 있었다. 가족이나 어릴 적 친구들 사이에서는 내가 낙오자라는 험담이 나돌았다. 아버지는 초조한 마음에 이렇게 말했다.

"뱃속에 가진 게 있으면 내보이는 게 좋다."

나 자신은 안달복달하지 않았다. 허무와 자기 자신 안에서 제대로 된 처녀작을 이끌어내는 일, 그 일은 웬만큼 행운이 따르지 않는 한 방대한 습작과 노력, 막대한 시간을 필요로 한다는 사실을 나는 알고 있었다. 무언가를 쓰는 것은, 쓰면서 습득하는 직업이라고 나는 생각했다. 그래도 10년은 길다. 그리고 그동안 나는 많은 종이를 더럽혔다. 나는 이토록 집요한 좌절의 원인이 나 자신의 미경험만으로 설명할 수 있다고는 생각지 않는다. 《초대받은 여인》을 쓰기 시작한 무렵만 해도 나는 거의 그 이상 숙달되어 있지 않았다. 전에는 아무것도 말할 만한 게 없었던 내가 그때에 이르러 '주제에 맞닥뜨렸다'고 인정해야만 했을까? 하지만 내 주변에는 언제나 세계가 존재하고 있었을 것이다. '아무것도 할 말이 없다'는 것은 어떤 의미일까? 어떤 경우에, 왜, 어떤 모습으로, 사물은 '말해야 하는' 것으로 모습을 드러내는가?

문학은 인생 가운데서 무언가가 흐트러졌을 때 나타난다. 쓰기 위해서는 —블랑쇼가 '에트레의 역설'에서 교묘하게 말하듯이—첫째 조건으로서 현실이 '자명한 일'이 아닐 수도 있다. 그때 비로소 현실을 보고 타인 또한 보게 할 수가 있다. 처녀시절의 따분함과 예속에서 갓 벗어난 나는 떠밀리고, 망연해졌으며, 앞뒤를 가리지 않았다. 게다가 행복 속에 빠져 있으니 그것에서 벗어나고 싶다는 욕망을 이해하는 일이 어찌 가능했을까? 그 행복에 하나의 검은 구름이 덮쳐 내가 불안 속에서 일종의 고독을 되찾는 날까지, 일에 대한 나의 의무감은 공허한 채로 있었다. 트리오의 한심한 처지는 단순히 소설의 주제를 제공했을 뿐만 아니라 훨씬 큰 의미가 있었다. 그것은 나에게 그 주제를 다룰 가능성을 부여한 것이다.*

---

* 그 뒤 내가 쓴 것은 모두가 내 인생의 이러한 후회 개념의 중요성을 확인해주고 있다. 나 자신에게 그렇게도 의미가 있었던 여행이나 풍경을 내가 그다지 말하지 않는 까닭은 내가 그것과 일체되어 있기 때문이다. 포르투갈에 갔을 때 나는 관광여행의 즐거움과 부끄럽게 여겨야 할 성격에 대해서 생각을 했다. 나는 그 기만을 간파했다. 그 점에 대해서 내 마음을

자신의 무능과 거듭되는 좌절에도 나는 언젠가는 출판해주는 책을 쓸 수 있다고 확신했다. 오로지 소설만 쓰겠다는 생각을 했다. 내 눈에는 이 분야가 다른 모든 분야를 능가하는 듯이 비쳤다. 그렇기 때문에 사르트르가 〈신 프랑스 평론〉이나 〈유럽〉지를 위해 짧은 기사나 비평을 쓰는 것을 보고 헛수고를 한다고 느꼈을 정도이다. 나는 대중이 내 작품을 사랑해주길 열망했다. 그렇게 하면 내가 조지 엘리엇을 마기 튈리버와 동일인으로 생각하듯이 나도 가공의 인물이 될 테고, 그것에 걸맞은 필연성과 아름다움, 천변만화의 반짝임이 있는 투명함을 지니리라. 나의 야심이 목표로 하고 있었던 바는 이런 변신이었다. 나는 창유리나 수면에 춤추는 빛의 변화에 마음이 끌렸으며 지금도 끌린다. 오랫동안 그것을 뚫어지게 보았다. 나 자신의 분신을 만들어 사람들의 마음을 꿰뚫고 그곳에 자주 드나드는 그림자가 될 것을 꿈꾸었다. 이 그림자는 피가 통하는 진짜 인간과 연관을 지닐 필요가 없었으며 익명으로 해두어도 전혀 상관이 없을 정도였다. 나도 유명해지고 그 대가로 여러 새로운 사람과 알고 지내는 사이가 되고 싶다고 잠깐 바랐던 것은 앞에서도 말했듯이 1938년에 접어든 뒤부터이다.

  나의 세계가 바뀐 것은 이것과는 다른 방법에 의해서였다. 그러나 그 일에 대해서 말하기 전에 약간 깨달은 점을 기술하고 싶다. 나의 이 자전을 읽으면서 귀신의 목이라도 벨 듯이 기고만장해지는 비평가가 몇 사람 있다는 사실을 나는 알고 있다. 그들은 이것이 《제2의 성》과 명백히 모순된다고 말할 것이다. 그들은 이미 나의 《처녀시절》에 대해서 그와 같이 말했다. 그것은 그들이 나의 시론을 이해하지 않고 있으며 아마 읽지도 않고 말하는 것이리라. 도대체 내가 여자는 남자라고 쓴 적이 있는가? 여자가 아니고 남자라고 주장한 적이 있는가? 반대로 내가 노력한 것은 나 자신이 놓여 있는 여자로서의 조건을 여자의 특성으로 정의를 부여하는 일이었다. 나는 여자로서 교육을 받았다. 학업을 마친 뒤의 내 처지도 남과 여를 확연하게 둘로 나눈 세

설명하고 싶었던 것이다. 내가 미국에 대해서 생각하던 바와 현실과의 사이에는 아주 큰 차이가 있었다. 이 어긋남이 나에게 나 자신의 발견을 말하게 한 것이다. 마지막으로 중국은 나에게 많은 문제를 제기해 어느 의미에서 양심의 가책을 느끼게 했다. 그래서 이를 전함으로써 저항한 것이다. 그러나 이탈리아, 에스파냐, 그리스, 모로코, 그밖에 아무런 속셈도 없이 뛰어든 많은 나라에 대해 말하자면, 그곳을 떠날 때 나에겐 그들 나라에 대해서 말할 이유가 완전히 없어졌다. 나에겐 아무것도 말할 게 없었고, 실제로 말하지도 않았다.

습적 계급을 구성하고 있는 사회 속에서의 여자, 바로 그것이었다. 대부분의 경우 나는 여자로서 반응한다.*1 《제2의 성》에서 나는 여자가 머리 위에 하늘을 받들 필요를 남자 이상으로 느끼는 이유들에 대해 논하고 있다. 프로이트가 사용한 의미에서의 모험자가 될 소지는 여자에게 부여되지 않는다. 여자는 세계를 철저하게 문제로 삼는 것도, 그 책임을 떠맡는 것도 주저한다. 그렇기 때문에 자신보다 뛰어나다고 생각하는 남성 곁에서 사는 게 편리하다. 나의 야심은 끈질긴데 겁이 많고, 세계의 움직임은 내 관심을 끌기는 해도 역시 나 자신의 문제는 아니었다. 하지만 이제까지 본 대로 나는 내 생활의 현실적인 조건은 그다지 중요시하지 않았다. 나는 스스로가 여자임을 부인할 생각도, 또 여자다워지려는 시도도 하지 않았다. 그와 같은 것에 대해서 생각하지 않았다. 나는 남자와 똑같은 자유와 책임을 느꼈다. 여자 대부분에게 덮치는 저주의 종속에서 나는 벗어나 있었다.*2 자활, 그 자체는 목적이 아니다. 그러나 사람은 그것에 의해서만 확고한 내적 자립에 도달할 수가 있다. 마르세유에 도착한 날의 일을 내가 감동으로 떠올리는 까닭은 내 직업이, 그리고 그 때문에 직면해야 할 여러 가지 장애조차도 나에게 얼마나 강한 힘이 되는지를 커다란 돌계단 위에서 느꼈기 때문이다. 물질적으로 타인의 지원을 필요로 하지 않는 것, 그것은 자신이 완전한 개인임을 느끼는 일이다. 그 기반에 서서 나는 정신적 기생(寄生)과 그 위험한 안이함을 거부할 수가 있었다. 동시에 사르트르도, 남자친구들도 나에 대해서 우월감을 표시하는 일은 결코 없었다. 그렇기 때문에 나는 내가 불리하다는 생각을 이제까지 한 번도 하지 않은 것이다. 현재 나는 나 자신을 묘사하려면 먼저 '나는 여자다' 말해야만 한다는 사실을 알고 있다. 하지만 여자임이 나에게는 속박도 핑계도 아니다. 아무튼 그것은 내 생애의 하나의 조건일망정 해명은 아니다.

 이 밖에도 내가 경계하는 부분적인 해석이 있다. 나는 다양한 사실들을 가능한 한 솔직하게 말하고, 그 애매함을 정정하거나 잘못된 총합 속에 사실을

---

*1 나의 여성론을 전통적인 여성론과 구별하는 것은, 나에게 여자라는 사실은 본질도 아니고 본성도 아니며, 약간의 생리학적 여건에서 출발해 문명사회가 창출한 상황이란 점이다.

*2 그녀들이 그것을 고통으로 느끼건, 순응하건, 또는 기뻐하건 결국 그것이 저주임에는 변함이 없다. 《제2의 성》을 쓴 뒤로 이 점에 관한 나의 확신은 더욱더 굳어졌다.

숨기는 일은 피하려고 애썼다. 그 사실들의 해석은 독자의 의견에 따랐다고는 하지만, 극단적으로 단순한 일종의 정신분석에 의해서 멋대로 이러한 사실을 부인하는 일은 이해할 수 없다. 다분히 사르트르는 나에게 아버지의 분신이며, 올가는 어린애의 대용품으로 치부되고 말리라. 이와 같은 이론주의자에게 성인끼리의 관계는 결코 존재하지 않는다. 그들은 어린아이부터 성인에 이르기까지—나로서도 그 출발점이 되는 근원이 극히 중요한 것임을 무시할 생각은 전혀 없는데—애정관계들을 변화해 나가는 변증법을 모르는 것이다. 이들의 애정관계는 그들을 보호하지만 초월한다. 그러한 초월을 통해 애정의 감정이 전혀 새롭게 비추는 대상이 존재하게 된다. 확실히 사르트르에 대한 나의 애정은 내 유년시절과 관계가 있다고 해도, 그가 그런 인간이었기 때문이기도 한 것이다. 어쩌면 올가에게 관심을 갖기 위해서 필요했던 여유로움과 누군가의 힘이 되어주고 싶다는 욕망이 아직 채워지지 못한 상황이었으리라. 그러나 우리 우정의 현실성과 독자성을 가져온 것은 올가의 인품이었다. 단서는 이것뿐인데, 나는 현재도 아직 '초월적 자아'설을 믿고 있다. 자아는 개인적인 대상에 지나지 않으며, '나'로 일컫고 있는 자는 그 자아의 측면밖에 파악하지 못한다. 타자 쪽이 더욱 선명하고 더욱 정확한 모습을 지닐 수도 있다. 되풀이해서 말하는데, 어떤 명백한 설명을 여기에 제시하고자 함은 절대 아니다. 뿐만 아니라 내가 이를 기획한 주된 이유는, 인간은 결코 자신을 알 수가 없으며 오직 자신을 말할 수 있을 뿐이란 사실을 알고 있기 때문이다.

제6부

1939년 초여름, 나는 아직 완전히 희망을 버리지는 않았다. 가슴 한구석에서 집요하게 속삭이는 목소리가 있었다.
"내게 전쟁 따위가 닥칠 리 없어. 나에겐……."
히틀러가 폴란드로 진격할 리는 없다. 결국은 영국, 프랑스, 소련의 3국 협정이 체결되어 히틀러는 꽁무니를 빼게 되리라. 나는 그때까지도 천하태평의 계획을 세우고 있었다. 전부터 예정했던 대로 소련의 여행사 인투리스트를 이용해 소련을 방문하는 일은 이제는 무리였다. 하지만 정세가 가라앉으면 포르투갈을 구경하는 정도는 가능할 것이다.
"물론이지."
사르트르는 말했다. 그렇지만 그는 정세가 안정되는 일은 아마도 없을 거라고 덧붙였다. 그는 내게 경고했다. 진실과 정면으로 맞부딪치는 편이 낫다고. 그러지 않고 막상 일이 닥치게 되면 내가 그것을 견딜 마음이 없어 주저앉고 말리라고. 나는 생각했다. '무서운 일을 각오할 마음이라니, 대체 그런 마음을 어떻게 가질 수 있담?' 그런 마음을 가져보려고 했지만 소용이 없었다. 헛고생만 할 게 뻔하다. 어쨌든 나로선 일이 닥친 다음에 결판을 낼 도리밖에 없다. 나는 내 상상력이 향하는 곳을 일부러 가로막았다.
르메르 부인은 쥐앵레팽에 있는 그녀의 별장에서 8월 초순을 보내라며 우리를 초대했다. 7월 15일, 나는 혼자서 배낭을 지고 남프랑스로 떠났다. 뱅투 산, 뤼르 산, 바스알프, 케라스, 알프마리팀—나의 도보여행 중에서 가장 근사한 곳들이었다. 스테파와 함께 니스에 머무르던 페르낭은 며칠 동안 나와 행동을 함께하기로 했다. 퓌제테니에르에서 나와 합류했을 때 그는 징이 박힌 훌륭한 신발을 신고 있었다. 첫째 날에 우리는 붉은 언덕을 넘어서 8시간 동안 유쾌하게 걸었다. 다음 날은 기음에서 산을 타고 9시간을 가서 생테티엔드티네에 도착했다. 그날 밤, 페르낭은 고열과 오한에 시달리면서 잠자리에 들었다. 나는 이튿날도 그를 숙소에 남겨 둔 채 오랫동안 도보여행을 하고 저녁나절에 돌아왔다. 그는 니스로 돌아갈 마음을 먹었고, 나는 혼자서 여행을 계속했다. 해발 3000미터가 넘는 생베랑에 올라 사람도 다니지 않는 봉우리에서 산양에게 위협을 받기도 했다. 이탈리아 접경 지역을 걸을 때는 훈련 중인 병사들과 마주쳤다. 장교들이 2번이나 신분증 제시를 요구했으며 수상쩍다는 듯 검열을 했다. 어느 날 저녁, 평소보다 한층 더한 강행군의 일정을 마치고 라르슈에 이르렀는데 도시를 군대가 점령하고 있어서 방은커녕 침대 한 칸도 구하지 못했다. 나는 전원(田園)감시인의 아내인, 작은 체구에 고운 외모를 지닌 할머니와 함께 자게 되었다. 내 머릿속에는 오로지 동물과 꽃, 돌멩이, 지평선, 그리고 성한 다리와 위, 폐를 지닌 희열, 나의 기록을 깨는 기쁨 등으로 꽉 차 있을 뿐이었다.

마르세유에서는 사르트르와 휴가 중인 보스트를 만났다. 그들은 모두 전쟁은 불가피하다고 여겼다. 이미 독일군은 단치히로 쳐들어오고 있었다. 히틀러가 침범을 단념하는 일도, 영국이 폴란드에 대한 굳은 약속을 등지는 일도 생각할 수 없었다. 게다가 사르트르는 제2의 뮌헨 협정을 전혀 기대하고 있지 않았다. 그렇다고 그가 기꺼이 동원을 기다리는 것도 아니었다. 우리는 마르티그까지 부야베스를 먹으러 갔다. 햇빛은 가지각색의 작은 배들 위로, 그리고 어부의 그물 위로 눈부시게 쏟아지고 있었다. 우리는 물가에 삐죽 솟아난 커다란 바위에 걸터앉았다. 앉은자리가 편하지는 않았지만 사르트르는 그 불편함을 마음에 들어했다. 푸른 하늘을 앞에 두고 우리는 속에 있는 말들을 마음껏 주고받았다. 장님이 되어 돌아오는 것과, 얼굴 전체에 부상을 입는 것 중에 어느 쪽이 나을까? 앉은뱅이가 된다면 어떨까? 팔을 잃는 것은? 파리는 공습을 당할까? 독가스를 사용할까? 보스트는 이틀 뒤에 우리와 헤어졌고, 사르트르와 나는 2, 3일 더 마르세유에 있었다. 어느 날 오후 우리가 항구 근처 브륄뢰드루프의 테라스에서 쉬고 있으려는데, 니장이 엄청나게 커다란 고무 백조를 옆구리에 끼고서 왔다. 부인과 아이들을 데리고 오늘 밤 코르시카 섬으로 떠난다고 했다. 그곳에서 로랑 카사노바와 만나기로 되어 있다고 한다. 그는 우리와 함께 한잔 마시며 매우 은밀하게, 하지만 과시하는 듯한 어조로 마침내 3국 협정이 체결되기에 이르렀다고 했다. 평소에는 그토록 수줍어하던 그가 이때만큼은 열띤 기쁨으로 가득 차서 선언했다.

"독일도 납작코가 될걸!"

그는 〈프랑스 수아르〉지 외교문제를 담당하고 있어서 당연히 극비 사정에 밝았으므로, 우리는 그의 낙관적인 전망에 한숨 놓고는 평화롭고 행복한 여름휴가를 즐기자고 했다. 그리고 니장은 우리에게서 떠나갔다. 백조를 끼고서, 영원히.

르메르 부인의 아버지는 그 일대 해안이 아직 열려 있지 않은 무렵에, 별장 '푸에르타 델 솔'을 세웠다. 집 주위에는 소나무를 심은 정원이 있었으며, 그 정원을 따라 프로방스 지방 해변 끝의 바다까지 나갈 수 있게 되어 있었다. 우리는 푸른 파도를 일으키는 수상 스키를 바라보고, 모터보트의 우렁찬 소리를 들으면서 테라스에서 아침을 먹었다. 어느 날 아침에는 수상스키의 회전 묘기를 보며 즐거워했다. 사르트르는 글을 쓰고, 나는 책을 읽었다. 당시에는 일과 여가를 제대로 조화시키기가 어려웠다. 한낮이 되면 바다로 내려가 사르트르에게 수영을 배우기도 했다. 나는 떠 있을 수는 있어도 10미터 이상 나아가는 것은 절대 불가능했는데, 사르트르는 1000미터쯤은 아무렇지도 않게 헤엄을 쳤다. 다만 그는 혼자 바다로 나가면 당장에라도 바닷속에서 거대한 성게가 솟아올라 자기를 깊은 바다로 끌고 갈 것이 분명하다고 진지한 상상을 했다. 그래서 허겁지겁 육지로 되돌아오곤 했다. 2시쯤에 덧문까지 완전히 닫은 별장의 그늘로 돌아오는 일이 즐거웠다. 우리는 니스 풍 샐러드와 차가운 생선요리를 먹었으며, 점심에도 저녁에도 반드시 손님이 있었다. 르메르 집안 아이들이 친구를 데려왔는데 그 수가 꽤 많았다. 마르코도 '푸에르타 델 솔'에 머물렀다. 그는 오페라 극장으로 가는 길을 열어줄 심사에 또다시 떨어진 참에, 새로운 실연의 아픔까지 겪은 데다가 전쟁의 위협에 떨고 있었다. 머리는 벗겨지기 시작하고 불필요한 살이 쪄서 차츰 보기 흉해졌으며, 성격에도 가시가 돋혔다. 그는 르메르 부인과 사르트르와 내가 합세하여 그를 악한 취급한다고 상상하고는 우리의 대화를 몰래 엿들었다. 한번은 그가 문 뒤에 숨어 있는 것을 발견했고, 언젠가는 창 밑에 있는 것을 발견했다. 그는 큰 소리로 껄껄 웃으며 사과했는데, 전부터 들어온 그 웃음소리도 지금은 완전히 거짓처럼 들렸다. 그는 자기편을 만들려고 갖은 음모를 꾸몄다. 르메르 가에 드나드는 사람들 중에는 서로 마음이 맞지 않는 이들도 있었다. 우리는 그들의 사소한 일에 열중해서는 그것에 대해 르메르 부인과 이야기하거나, 활발한 억측을 하거나, 우리 멋대로 비난을 퍼부었다. 마르코는 모두에게 상처를 입히는 기쁨을 맛보기 위해 여전히 불화의 씨앗을 퍼뜨렸다. 그는 사르트르가 말했다면서 자클린 르메르에게 상처를 줄 만한 험담을 천연덕스럽게 전했다. 그녀는 버럭 화가 나서 무시무시한 일 대 일 승부를 전개하기에 이르렀던 것이다! 사르트르는 이따금 조용히 분노를 표출하곤 했지만 정색을 하고 화를 내는 경우는 드물었다. 일단 그런 경우가 되면 그는 무서운 표정에 두세 마디 말로 상대의 생가죽을 벗겨버리는 재주가 있다. 마르코는 울었다. 화해의 표시로 그는 르메르 부인과 우리를 칸에 있는 나이트클럽으로 데려갔다. 그런데도 나는 일을 하지 않기 때문인지 하루하루가 따분하기만 했고, 파란 하늘과 푸른 바다가 때때로 견딜 수 없었다. 나도 사르트르처럼 그 푸름 아래에 뭔가가 감춰져 있는 듯한 느낌을 받았다. 성게는 아니라도 독액 같은 것이 말이다. 이 고즈넉함, 이 태양은 외양뿐인 게 아닐까? 느닷없이 모든 것이 산산조각 나지는 않을까?

과연 모든 것은 엉망이 되었다. 어느 날 아침, 우리는 신문을 보고 독일과 소련의 불가침조약 체결을 알게 되었다. 엄청난 충격이었다! 스탈린은 히틀러가 유럽 전체를 마음껏 공격하도록 허락할 마음인 것이다. 평화는 결정적으로 사라졌다. 이 사실이 우리 가슴을 옥죄었다. 게다가 우리는 비록 비판의 여지가 있기는 하더라도 소련이야말로 세계혁명에 봉사하는 나라라고 믿었다. 이 조약은 트로츠키 당들과 콜레트 오드리, 좌익 반대파가 옳다는 사실을 확실히 드러냈다. 소련도 제국주의의 대국이 되었기에 다른 제국주의 여러 국가와 마찬가지로 자국의 이익을 지키는 데 급급했다. 스탈린에게는 유럽 전체의 프롤레타리아가 어찌 되든 알 바 아니었으리라. 점점 깊어지는 암흑 속에서도 소련에 대한 기대가 있어 커다란 희망의 등불이 보였건만 오늘 그것이 꺼져버렸다. 밤의 어둠이 땅을 뒤덮고, 우리의 뼛속까지 파고들었다.

사르트르와 나는 며칠 동안 단둘이 보내고 싶어서 쥐앵레펭을 떠났다. 곧장 파리로 돌아간다 해도 도움될 것이 없었다. 피레네 산을 여행하기로 하고 르메르 부인에게 작별을 고할 때, 우리는 왠지 가슴이 뻐근했다. 마르코에게도 그랬다. 이 다음 다시 만날 때는 서로 어떻게 되어 있을까? 쥐앵에서 카르카손으로 가는 기차는 휴가에서 돌아오는 병사들로 만원이었다. 그들은 재빨리 예전에 전투원으로 지낸 대가를 주장했다.
"우리는 당장 내일 죽을지도 모르는 인간이야."
그들은 이러면서 뻔뻔스레 예약석까지 점령했다. 카르카손의 성벽은 추악하다고 생각되었지만, 옛 도시의 작은 길은 무척 마음에 들었다. 우리는 인적 없는 한적한 찻집에서 백포도주를 마시면서 전쟁과 전쟁 뒤의 일을 이야기하고, 둘이서 함께 불행에 맞설 수 있다는 행복감을 느꼈다. 그리고 버스를 타거나 걸어서 소도시와 교회, 수도원을 구경했다. 몽루이에서는 비가 내렸다. 여기에서 처음으로 벽에 붙은 동원 공고를 보고는 파리로 돌아갈 결정을 내렸으나 하루 더 푸와에서 보냈다. 바르바칸 호텔에서는 성대한 오찬을 즐겼는데 전채요리, 붉은 연어, 푸아그라, 치즈에 과일, 그리고 그 고장 술이 있었다. 사르트르는 《자유에의 길》 제3권은, 독·소 조약에 정나미가 떨어진 브뤼네가 어떻게 해서 공산당을 탈당하게 되는지를 쓴 것이라고 설명해 주었다. 브뤼네는 마티외에게 도움을 청하러 가리라. 제1권에서 묘사된 상황은 반드시 역전된다고 사르트르는 말했다. 그 뒤 우리는 하얗게 흐르는 강물을 따라서 산책했다. 어떤 일이 있어도 이 전원, 고요하고 작은 이 마을은 전쟁의 피해를 입는 일이 없을 터이며, 전쟁이 '끝난 뒤에'도 전혀 달라지지 않은 모습을 다시 볼 수 있을 거라고 생각했다. 그곳은 우리에게 하나의 의지처를 제공했다. 이제 우리는 싫든 좋든 어쩔 수 없다. 이 전쟁에 대한 결심이 섰다고 의견 일치를 보았다. 우리는 유유히 걸으면서 이 차분한 태도와 평화로운 풍경은 우리의 결연한 심경을 반영한다고 믿으려 했다. 이 속임수는 그리 오래 가지 않았다. 우리는 19시 30분 열차로 툴루즈에 가서 거기서 곧장 파리행 특급을 타리라. 그러나 특급은 만원이었기 때문에, 캄캄한 어둠 속에 작은 보라색 전등들이 불안스레 점점 켜져 있는 복잡한 역에서 2시간 반이나 기다려야 했다. 불안에 떠는 군중과 어둠은 대재앙을 예고하고 있어 이미 나는 거기서 몸을 뒤챌 도리도 없었다. 그 불안한 예감은 뼛속까지 파고들었다. 다음 특급열차가 도착하고 군중들이 몰려든다. 우리는 꽤 일찍 올라타서 두 자리를 확보했다.

8월이어서 파리는 식당이나 극장, 상점이 모두 닫혀 있었으며 친구들은 아무도 돌아오지 않았다. 올가는 뵈즈빌에, 보스트는 아미앵의 병영에, 파니에는 아내의 고향에, 내 동생은 부모님과 라 그리에르에, 니장은 코르시카에 있었다. 우리가 특히 이야기를 나누고 싶었던 니장이 그토록 정보에 어둡다는 사실이 이해되지 않았다. 〈프랑스 수아르〉지의 유력자 중에 니장을 좋게 생각하지 않는 사람이 있다는 말은 그에게서 들었지만, 이렇게 중대한 시기에는 적대감도 사라지기 마련이다. 니장은 조약을 어떻게 받아들였을까? 사생활이든 어떤 색깔의 당 활동이든 그는 속임수를 쓸 사람이 아니다. 그가 보기에 공산주의는 이 조약에 반론을 제기할 만했다. 우리는 줄곧 그를 생각했고, 어느 모로 보나 공산주의자들의 운명은 우리의 걱정거리였다. 몇몇 공산주의 전투원들이 체포되었으며, 〈휴머니티〉와 〈프랑스 수아르〉는 발행이 금지되었다. 그것은 모순으로 가득찬 불쾌한 상황이다. 왜냐하면 결국 프랑스 공산주의자들이야말로 반(反)파시즘 투쟁의 선두에 서 있었기 때문이다. 그 밖에도 신문 기사나 카페 테라스에서 들려오는 이야기에는 신경 쓰이는 일들이 많았다. 훨씬 전부터 언론이 '제5열'의 책동을 고발한 것은 당연했다. 그것이 진정 두려워해야 할 위험이 되었음은 의심할 여지도 없다. 그러나 이것이 핑계가 되어 1914년부터 1918년에 걸쳐 맹위를 떨친 '스파이 공포증' 이상으로 악질적인 풍조가 확대될 듯한 우려가 있었다. 허장성세와 겁쟁이, 얼뜨기, 경박함과 공포가 뒤섞인 공기를 맡고 있으려니 구역질이 났다.

시간은 천천히 흘러갔다. 우리는 아무것도 하는 일이 없었고, 가게 문이 닫힌 거리를 배회하면서 이제나 저제나 신문이 나오기만을 기다리는 일이 고작이었다. 밤엔 새로 나온 미국 영화를 보러 갔다. 그중에서도 포드의 걸작 〈역마차〉는 우리가 옛 서부극 중에서 좋아했던 모든 것을 신선한 스타일로 되살려놓아 무더위 속 한 줄기 소나기가 되어주었다. 영화관을 나오면 다시 샹젤리제 거리로 돌아가 최종판 〈파리 수아르〉지를 향해 돌진했다. 매일 밤 잠들기 전에 '내일은 어떻게 될까' 생각했다. 눈을 뜨면서 불안도 되살아났다. 어째서 이렇게 되어야만 할까? 서른을 갓 넘긴 나이, 인생에 막 눈뜨기 시작한 참인데 가차 없이 그것을 압수당하고 말다니. 다시 돌려받을 수 있을까? 어떤 대가와 맞바꿀 것인가? 푸와의 고요한 오후는 정지된 순간에 지나지 않았다. 우리는 너무나 많은 것에 너무나도 강한 애착을 갖고 있어서 빠른 단념이 불가능했다. 불안과 은밀한 반항을 저마다 가슴에 가득 담고서, 서로 상대의 냉정한 겉모습에 속지 않았다. 나는 군 복무 시절의 사르트르가 가졌던 불만, 즉 무의미한 군대 규율과 시간 낭비에 대한 혐오를 기억하고 있다. 현재의 그는 분노는 물론 씁쓸한 생각마저 품지 않으려 했다. 그렇지만 나는 사라트르를 잘 안다. 그는 누구보다도 자제력이 강한 사람이기는 하지만, 다른 누구보다도 고통스러워하고 있었다. '분별의 나이'의 명령에 따르는 비싼 대가를 치러 왔으며, 불평 없이 입대하려 했다. 그러나 그런 그의 마음은 찢어질 듯 긴장하고 있는 것이다. 이미 우리는 전쟁 돌입을 의심하지 않았다. 프랑스 각 신문사의 베를린 특파원들의 보도에 따르면, 금요일에 독·소 조약을 발표한 히틀러는 토요일 오전 5시에 폴란드를 침입할 예정이었다. 그는 그것이 실패하자 헨더슨을 베르히테스가덴으로 불러냈다. 히틀러는 이탈리아를 통해 폴란드 정부와 교섭하려던 것은 아닐까? 사르트르는 이런 소문을 전혀 믿지 않았다. 대신에 그는 모두 생각하듯이 이 전쟁은 오래 가지 않을 터이며, 다시 민주주의 여러 국가가 승리할 게 틀림없다고 확신했다. 신문에는 '전쟁 말기에 어쩔 수 없이 빵 배급제를 시작할 수는 있지만, 개전과 동시에 빵 배급제를 시작하는 일은 없다"는 샤하트(독일의 재정 전문가)의 말이 인용되고 있었다. 독일에는 식량, 철, 석유 등 모든 물자가 부족했다. 독일 국민은 전멸을 바라지 않으며, 또 어떤 충돌도 원하지 않을 것이므로 도움을 받지 못한 라이히는 반드시 붕괴한다. 이 전망에 의하면 전쟁도 하나의 의미를 지니게 된다. 우리는 돔에서 페르낭을 만났고, 플로르에서는 공산당 지지자들의 이야기에 귀를 기울였다. 소련이 독일의 전쟁 도발을 허용한 까닭은 세계 혁명을 기대하고 있기 때문이라고 그들은 말했다. 이런 식으로 독·소 조약을 정당화하는 일은 우리에겐 유토피아적으로 생각되었다. 단지 우리가 바라는 것은 파시즘이 해체되어, 프랑스를 비롯한 유럽 전체에 사회주의가 신장되는 일이었다. 때문에 사르트르가 전쟁에 참여할 자신의 운명에 거스르지 않았던 것이다. 그는 운명에 따라야 한다고 스스로에게 있는 힘껏 되뇌고 있었다. 8월 말에 메를로퐁티를 만났을 때, 나는 우리의 견해를 설명했다. 어떤 종류의 지저분한 행위를 멈추게 하려면 전쟁은 결국 용인되어야 할 하나의 수단이라고. 그는 약간 비아냥을 담아서 작년엔 그토록 전쟁을 두려워하더니 어떻게 올해는 그렇게 태연하게 전쟁을 받아들일 마음이 생겼느냐고 물었다. 그를 미소 짓게 한 원인은, 내가 겨우 최근에야 도달한 신조를 무척이나 열렬하게 변호했기 때문인 듯싶다. 이런 경우가 가끔 있기는 하지만, 나의 의견 변경은 당시의 거의 모든 사람과 의견을 같이한 것이다. 뮌헨 협정 때에는 전쟁을 피할 수 있다고 믿던 사람들 대부분이 지난 12개월 동안 차츰 전쟁도 부득이하다고 생각하기에 이르렀다. 나 개인으로서 이러한 체념의 주된 이유는, 전쟁이 불가피하다고 깨달았기 때문이었다. 나는 마음의 평화를 유지하기 위해, 운명에 맞서기보다는 나 자신을 내면적으로 극복하려 했다. 나는 가능한 한—1940년 5월 11일까지—이러한 데카르트의 준칙을 고수하려 했는데, 말만큼 냉정하지는 못했다. 나는 두려웠다. 목숨이 아까워서가 아니라 파리를 떠나 피난하는 일 따위는 한순간도 생각해보지 않았기 때문이다. 나는 사르트르가 걱정되었다. 그는 분명 후방 공군 기지 근처에 있게 될 것이라며 나를 안심시키려 했다. 위험보다 따분함이 훨씬 무섭다는 둥 얼버무렸다. 나는 그의 말을 반밖엔 믿지 않았다. 그리고 우리는 보스트의 안위를 염려했다. 보병 2등병, 그야말로 완전한 육탄(肉彈)이 아닌가. 더구나 그는 21살밖에 되지 않은 젊은 나이였다. 이 전쟁은 과거의 전쟁과는 다르리라 예측하는 사람도 있었다. 분명 그렇게 되리라. 우리는 전황이 어떤 경과를 거칠지, 그리고 '그 뒤에' 무슨 일이 닥칠지 예상할 수 있다면 얼마나 좋을까 생각했다. 사르트르와 함께 있으면서 둘이서 대화할 수 있는 동안은, 호기심과 열에 들뜬 기분이 코앞에 닥친 이별의 슬픔보다 강하게 작용했다.

그러던 어느 날 아침, 드디어 올 것이 오고야 말았다. 그때부터 고독과 불안 속에 나는 일기를 쓰기 시작했다. 지금 내가 그 당시 기분을 바탕으로 늘어놓는 어떠한 회상도, 그 무렵 일기문 자체의 생생한 색채와 정확성을 따르지 못할 것이므로 그대로 옮기려 한다. 일기 가운데 쓸데없는 자잘한 일들과 너무 개인적인 감상, 되풀이되는 것 등은 빼버렸다.

9월 1일

오전 10시. 신문은 히틀러의 요구사항을 전하고 있다. 논평은 전혀 없다. 우려할 만한 소식임을 강조하지도 않고, 그렇다고 희망적이라고 말하지도 않는다. 할 일 없고 가라앉지 않는 기분에 돔으로 가본다. 손님은 드문드문 있다. 커피를 주문하기도 전에 한 청년이 외친다.

"놈들은 폴란드에 선전포고를 했어!"

가게 안에서 〈파리-미디〉를 읽던 손님이다. 모두 그의 곁으로 몰려들고,

다시 신문 가판대를 향해 돌진한다. 〈파리-미디〉는 아직 그곳에 도착하지 않았다. 나는 자리에서 일어나 호텔로 돌아온다. 통행인들은 아직 아무것도 모른 채 전과 똑같이 웃는 얼굴이다. 멘 거리에서 〈파리-미디〉를 들고 있는 몇 사람이 눈에 띈다. 사람들은 그들을 불러 세워 머리기사를 읽으려 한다. 사르트르는 호텔에 있었다. 함께 파시까지 가서 그는 부모님을 찾아뵙고, 나는 지하철 고가도로 밑에서 기다린다. 파시 교외는 그저 적막할 뿐 지나다니는 아이 한 명도 눈에 띄지 않지만, 강가에는 옷가방과 아이들을 가득 실은 자동차가 쉴 새 없이 지나간다. 경찰차마저 지나간다. 나는 아무 생각도 않는다. 얼빠진 듯이. 사르트르가 돌아온다. 동원령이 선포되었다. 신문에 따르면 내일이 동원 개시라고 한다. 아직 시간이 조금 있다. 호텔에 들러 지하실에서 배낭과 신발을 찾아낸다. 집합장소에 늦게 도착할까 봐 사르트르가 매우 걱정을 해서 우리는 택시로 에베르 광장까지 갔다. 포르트 드 라 샤펠 옆 작은 광장이다. 광장은 텅 비었다. 중앙에 '제4집합소' 푯말이 있고, 그 밑에 헌병 2명이 있다. 포스터를 벽에 내붙인 참이다. 파리 시민을 향한 대대적 동원령이 삼색기도 생략한 채 9월 2일 오전 0시 출발을 알렸다. 사르트르는 헌병에게 다가가 군대수첩을 보였다. 그는 낭시 방면 배속이라고 했다.

"오전 0시에 오시오. 당신 하나 때문에 열차를 출발시킬 수는 없으니까."

헌병이 말했다. 우리는 걸어서 플로르로 갔다. 소니아는 머리에 붉은 두건을 둘렀으며, 아녜스 카프리는 희고 커다란 리본이 달린 밀짚모자를 쓴 활달한 모습이다. 괴로운 표정의 여자가 눈물을 흘리고 있다.

"이번엔 아무래도 심상치가 않아."

한 청년이 말한다. 하지만 사람들은 여전히 웃고 있다. 나는 아무 생각도 하지 않았는데 두통이 난다. 생제르맹데프레 교회 위 하늘에 달이 둥실 떠 있다. 마치 시골 교회 같다. 그러나 이 모든 것의 뒤에는, 가는 곳마다 견디기 힘든 공포가 도사리고 있다. 어떤 예견도 할 수 없고, 어떤 상상도 불가능하며, 어떤 말도 하지 못한 채.

피곤한데도 밤이 무섭다. 잠이 오지 않는다. 달빛이 방 안 가득 쏟아져 들어온다. 갑자기 귀가 찢어질 듯한 비명소리가 난다. 창으로 내다보니 한 여자가 울부짖고 있다. 웅성거림, 보도를 지나는 발소리, 손전등……. 그만

자야겠다.

9월 2일

3시에 자명종이 울렸다. 우리는 걸어서 돔으로 갔다. 바깥은 무척 따뜻하다. 돔도 로통드도 희미하게 불이 들어와 있다. 돔은 어수선했으며 군복 차림이 많다. 테라스에서는 창녀 2명이 장교 둘과 팔짱을 끼고 있다. 창녀 하나는 기계적으로 콧소리를 내지만 장교들은 상대하지 않는다. 가게 안에서 비명소리, 웃음소리가 들린다. 우리는 택시를 타고 텅 빈 따뜻한 밤거리를 지나 에베르 광장으로 향한다. 달이 비추기 시작한 광장은 고즈넉하다. 2명의 헌병은 여전히 그 자리에 있다. 마치 카프카의 소설처럼. 사르트르의 몸가짐은 완전히 자유롭고 무심하게 보이지만, 그의 내부로부터 나오는 냉혹한 숙명이 느껴진다. 헌병들은 친근하면서도 무관심한 표정으로 그를 맞았다.

"동(東)역으로 가시오."

그런데 왠지 사르트르를 편집광 취급하는 듯한 어조였다. 우리는 선로를 가로지르는 커다란 철교를 건넜다. 하늘이 붉고 무척 아름답다. 역은 텅 비어 있다. 6시 24분 기차가 있으나 7시 50분에 타기로 했다. 우리는 카페 테라스에 앉았다. 사르트르는 나를 향해 기상(氣象)대 소속이니 아무 위험도 없다고 거듭 말한다. 우리는 역구내로 들어선 뒤에도 철책 너머로 말을 연신 주고받았으며, 그리고 그는 떠났다. 나는 지금 걸어서 몽파르나스로 돌아온다. 가을의 청명한 아침, 세바스토폴 거리에는 당근과 양배추의 상큼한 냄새가 감돌고 있다……

오후 5시에 극장을 나서자 바깥 공기가 무겁고 답답하다. 거리는 완전한 고요에 빠져 있다. 〈랭트랑지장〉지에는 어떤 외교 교섭이 이루어지고 있는 듯이 쓰여 있다. 폴란드가 강경하게 저항했으므로 라이히가 겁을 먹었다나. 기쁨이 함께하지 않는, 마비상태보다 괴로운 한순간에도 남아 있는 희망. 오페라 거리에는 방독면 배급을 받으려는 사람들이 줄지어 있다. 몽파르나스 거리의 책방은 쇼윈도에 손으로 쓴 쪽지를 붙여놓았다.

"본 점포는 프랑스인의 것임. 아들은 1914년에 출정……. 오늘부터 9일째 날에 동원 예정."

페르낭의 집에 가본다. 그는 비통한 표정으로 나를 맞으며 외친다.

"당신이 동정심이 있는 여자인지 아닌지 이걸로 알 수 있어! 에렌부르크의 저작도 이제 끝이야!"

에렌부르크는 독·소 조약 때문에 이제 먹지도 자지도 못한다. 자살할 마음인지도 모른다고 한다. 나는 사실 그 정도로 마음이 동요되지는 않았다. 우리는 몽파르나스 거리의 브르타뉴식 구이 집에 갔다. 밖은 어두웠다. 고작해야 길 맞은편 벽에 붙은 '방공호'라는 커다란 표지판과, 보도를 지나다니는 창녀의 모습과, 푸른빛이 하나둘 보일 뿐이다. 구이 집은 재료가 들어오지 않아 빵도 밀가루도 부족하다. 나는 거의 식욕이 없다. 오늘 밤 카페는 11시 폐점, 나이트클럽도 휴업이다. 나는 도저히 내 방으로 돌아갈 마음이 내키지 않아 페르낭의 집에서 자기로 한다. 계단 밑 긴 의자에 깔개를 깐다. 좀처럼 잠이 오지 않지만, 그래도 잔다.

9월 3일

8시 반에 눈을 뜨니 비가 내리고 있다. '이건 현실이야!' 생각이 먼저 떠올랐다. 나는 정확히는 슬프지도 불행하지도 않다. 내 안에 슬픔이 있는 듯한 느낌이 들지 않는다. 어수선한 것은 바깥 세계이다. 라디오를 듣는다. 지금까지 프랑스와 영국이 보낸 통첩에는 회답이 없고, 폴란드에서는 여전히 전투가 계속되고 있다고 한다. 생각하기도 싫은 일이다. 오늘 뒤에는 내일이 있고, 모레가 있으며, 다음 날도 또 다음 날도 오늘보다 훨씬 나쁜 날이 되리라. 왜냐하면 전쟁은 계속될 테니까. 눈물을 참을 수 있게 하는 것은, 완전히 눈물을 흘리게 할 만큼의 강한 안상이다.

지드의 《일기》를 읽는다. 시간은 천천히 흘러간다. 11시, 베를린에서 최후의 교섭. 오늘 중으로 회답이 판명되리라. 희망은 없다. 만약 누군가가 '전쟁은 일어나지 않는다'고 해도 내가 어떤 기쁨을 느낄지 상상할 수 없다. 틀림없이 아무런 기쁨도 느끼지 않으리라.

제제에게서 전화가 왔다. 걸어서 그녀의 집으로 간다. 모든 거리가 실로 지름길처럼 짧아져 1킬로미터 걸으면 어쨌든 10분이 걸린다. 거리의 경찰들은 갓 생산된 훌륭한 철모를 쓰고, 작은 카키색 주머니에 든 방독면을 어깨에 늘어뜨리고 있다. 시민 중에도 그와 같이 방독면을 들고 있는 사람이 있다. 지하철 역도 출입구에 사슬을 둘러쳐 놓은 곳이 많았으며, 그곳에서 가장 가까운 역을 알려주는 글귀가 나붙어 있다. 파랗게 칠한 자동차 라이트는 거대한 보석 같았다. 돔에서 파르도(제제의 두 번째 남편), 제제, 그리고 새파란 눈동자의 영국인과 점심식사를 했다. 파르도는 제제와 나의 의견과는 반대로 전쟁은 일어나지 않는다고 잘라 말했다. 영국인도 그와 똑같은 의견이다. 그러나 영국이 이미 선전포고를 했다는 소문이 퍼지고 있다. 제제가 리모주에서 파리로 돌아오는 도중의 일을 말해준다. 택시와, 이불을 가득 실은 자동차의 끝없는 행렬이 지나쳤다고 한다. 파리로 향하는 자동차는 거의 없고, 있어도 오로지 소집에 응하는 병사 몇 명뿐이었다. 몇몇 남자가 돔의 유리문에 두꺼운 감색 커튼을 치고 있다. 3시 반, 느닷없는 〈파리 수아르〉지의 보도. '영국은 11시에 선전포고, 프랑스도 오후 5시 선전포고 결정' 어마어마한 충격……

몽파르나스 광장에서 소동이 있었다. 어떤 남자가 한 여자가 자기를 외국인 취급했다면서 그녀에게 욕을 퍼부었던 것이다. 주위에 있던 사람들이 이를 비난했다. 경비원은 그 남자의 머리칼을 붙잡았고 이번에는 군중이 그 경비원을 비난했다. 경비원은 난처한 모습으로 모두를 해산시켰다. 총체적으로 보건대 '외국인'을 적대시하는 일은 다들 좋지 않다고 생각하는 성싶다.

저녁에는 제제와 함께 플로르에 틀어박혀 있었다. 사람들은 전쟁이 다시 시작된 것을 믿지 못하겠다고 하면서도 음울한 표정이다. 아셰트 출판사에서 일하는 남자가, 트럭은 남김없이 징발당했고 지하철 역의 책방은 졸지에 거리로 나앉았다고 말한다. 우리는 렌 거리로 돌아왔다. 캄캄한 밤길에 보라와 파랑으로 빛나는 자동차 불빛이 아름답다. 돔에선 경찰이 지배인을 설득하여 창에도 두꺼운 파랑 커튼을 치게 했다. 군복 차림의 포즈네르와 헝가리인이 보인다. 11시, 카페는 손님을 모두 내보내어, 모두들 길가에서 우물쭈물한다. 아무도 집으로 돌아가고 싶지 않은 것이다. 나는 제제의 집으로 자러 간다. 파르도가 약을 한 봉지 주어서 그것으로 잠든다.

9월 4일

우체국에서 몰리에르 여자고등학교로 전화했다. 전화 한 번 거는데도 신분증을 보여야 하다니. 택시가 좀처럼 잡히지 않는다. 누군가가 내리는 순간을 포착하지 않으면 타지 못한다. 몽파르나스 역에서 겨우 1대 잡는다. 교장은 손수 내 얼굴의 치수를 재어서 소형 방독면을 건네며 취급방법을 설명해 준다. 나는 그 원통형 자루를 어깨에 걸고 학교를 나섰다. 생라자르 역에서 제제와 만나 지하철로 돌아오늘 길, 엄청난 행렬이다. 지하철은 몇 개의 역을 서지도 않고 내처 달린다. 묘한 기분이다. 나는 솔페리노 역에서 내려, 편지를 쓰려고 플로르까지 간다. 파르도와 그의 친구인 아셰트사 직원이 다가온다. 그에게서 '결사대' 이야기를 들었다. '죽은 자여 일어나라!'는 명문구를 토해냈던 페리카르의 발상으로, 모든 불구나 저능인 등을 향해 어차피 너희는 목숨을 잃어봐야 아무것도 잃을 게 없으니 조국을 위해 목숨을 바치라고 외쳤다고 한다. 그는 페리카르가 받아든 편지를 암송해 주었다.

"저는 32세에 외팔, 외눈의 사내올습니다. 제 인생에는 어떤 의미도 없다고 생각해 왔습니다만 각하는 '의용봉공'이라는 말의 위대함을 제 마음에 불러일으킴으로써, 저의 존재가치를 일깨워 주셨습니다."

이 편지를 쓴 이는 반미치광이로 국가에 도움이 되기를 희망하고 있다. 한편, 플로르의 지배인은 내일부터 가게 문을 닫는다고 발표했다. 아쉽다. 즐겁고 작은 피난처였건만. 군인이 된 아는 사람을 만나는 일은 재미있다. 플로르에서는 장교 차림의 부르통, 돔에서는 제1차세계대전 당시의 군복을 입은 마네 캐츠를 만났다.

그 헝가리인이 내 앞에 앉아서 짐짓 거드름을 피우는 자세로 지원병이 되겠다고 더듬더듬 프랑스어로 말한다. 내가 까닭을 묻자 그는 애매한 몸짓을 보였다. 꽤 술에 취한, 머리가 좀 이상한 비행사가 그를 향해 잘난 체를 했다.

"실례지만 술 한잔 받아주지 않으려오?"

그들은 코냑을 마시면서 외인부대를 논하고 있다. 헝가리인도 도둑 패거리와 함께 싸울 마음은 없는 모양이다. 비행사가 공습 이야기를 한다. 독일군은 독가스를 사용하지 않겠지만, 액체 공기폭탄을 투하할지도 모른다고 하며, 방공호에 들어가는 것이 좋다고 말한다. 모두들 야간 경보를 화제로 삼고 있다. 파리가 이렇게 어두운 적은 아직껏 없었다. 나는 다시 파르도 부부의 집에 묵으러 간다.

밤중에 제제가 내 방으로 들어온다. 사이렌이 울렸다. 우리는 창가로 가보았다. 아름다운 별이 빛나는 하늘 아래서 모두들 방공호로 뛰어 들어간다. 우리가 관리실로 내려가 보니 관리인 아주머니는 어느새 방독면을 쓰고 있었다. 우리는 오보였다고 믿고 올라간다. 4시다. 나는 7시까지 뒤척이다가 경보 해제 사이렌 소리에 일어났다. 모두 방공호에서 나온다. 꽃무늬 실내복을 입고 머리에 수건을 감은 여자가 둘 있다. 분명 방독면을 대신할 생각이었으리라. 방독면을 어깨에 메고 자전거에 탄 사내가 지나가며 외친다.

"와! 엄청나군!"

9월 5일

신문은 '전방에서는 서서히 접촉이 이루어지고 있다' 보도한다. 얼마나 아름답고 예의 바른 표현이랴! 파르도와 제제는 짐을 꾸리고 있다. 그곳에 그들과 함께 떠날 젊은 여비서가 다가온다. 그녀의 머리칼은 부스스하다. 그녀는 이제 여자들은 화장을 하거나 머리를 매만지지 말아야 한다고 했다. 꽤 맞는 말이다. 그녀의 말로는 그저께 오브레에서 굉장한 열차 사고가 있었는데 사망자가 120명에 이르고, 도로에는 엄청난 자동차가 밀려 있다.

9월 2일 저녁 낭시에서 보낸 사르트르의 편지. 군복 차림의 키슬링이 돔에 들렀는데, 페르낭드 바레가 그를 불러 세워 동정한다.

"어이쿠, 그런 걸 다시 입다니 당신도 꽤 사랑스러운걸!"

〈외브르〉지에서 타뷔는 '전쟁은 없다'며 여전히 낙천적이다.

프랑스 주재 독일인에 대한 명령. 이것은 모두 수용소에 집어넣을 작정인 것이다.

유니프리 슈퍼마켓의 각 지점들은 안내문을 내놓았다. '본 점포는 순수한 프랑스 회사임. 프랑스인이 경영. 프랑스 자본.'

플로르는 휴업. 나는 뒤마고 테라스에 앉아서 지드의 1914년 《일기》를 읽는다. 현재의 상태와 많이 닮아 있다. 내 옆에는 아녜스 카프리, 소니아, 그리고 그녀와 친한 갈색 머리 여자가 있다. 그녀들은 한시라도 빨리 파리에서 도망치려 한다. 카프리는 뉴욕으로 갈 예정이다. 너도 나도 어젯밤의 경보에 대해 불안스레 이야기하고 있다. 독일 비행기가 정찰 목적으로 국경을 넘어온 것이라고 한다. 모두가 시큰둥해하며 별다른 소식으로 생각지 않는다. 아직은 진짜 전쟁이라는 기분이 들지 않아 기다리고 있다. 무엇을 기다리는 걸까? 처참한 첫 번째 전투인가? 지금으로선 전투가 마치 짜고 치는 고스톱인 것이다. 방독면을 가지고 있는 사람들, 그 심각한 표정, 등화관제용 커튼을

친 카페. 공식 발표는 '작전 행동은 순조로운 전개 중'이라는 것뿐, 확실히 알 수 없다. 어느새 전사자가 나온 것일까?

매우 천천히, 아침부터 저녁까지 하루하루가 불길한 쪽을 향해 미끄러져 간다. 느리게, 아주 느리게. 생제르맹데프레 광장은 햇볕 아래서 죽은 듯이 누워 있다. 작업복 차림의 남자들이 모래주머니를 옮기고 있다. 작은 플루트를 불고 있는 남자가 있다. 땅콩팔이가 있다.

몽파르나스 거리의 가게 테라스에서 헝가리인과 저녁을 먹었다. 적포도주를 잔뜩 마시고, 이어 무덤 속 같은 바이킹으로 가서 아크바비트 술을 마셨다. 그는 헝가리로 귀국할 수도 없었으며, 프랑스에서 법적인 보증을 받을 가망도 없어서 군대에 지원했다고 설명해주었다. 그가 자기의 성생활에 대해 이것저것 털어놓는 바람에 나중에는 짜증이 났다. 호텔로 돌아오니 창녀들이 방독면을 옆구리에 늘어뜨리고 손님을 부르고 있다.

작열하는 소리에 잠에서 깼다.

"기관총이에요."

층계참으로 나가자 외치는 소리가 들렸다. 1시간 전에 사이렌이 울렸다고 한다. 옷을 입고 아래층으로 내려갔으나 아무것도 듣지 못하고 방으로 돌아와 다시 잠들었다.

9월 6일

카페 삼총사에서 신문을 읽다. 〈마리안〉지는 크로스워드 퍼즐을 싣지 않게 되었다. 이런 퀴즈는 암호문에 이용될 우려가 있어서 금지된 것이다. 느닷없이 철제문이 내려와 모두들 바깥으로 나왔다. 사이렌이다. 사람들은 소그룹으로 나뉘어 거리에서 웅성대고 있지만 지극히 냉정하다. 나는 호텔로 돌아온다. 마담은 부엌 뒷정리를 계속하고, 나는 방에서 지드를 읽다가 경보가 해제된 뒤에 돔으로 향한다. 〈파리―미디〉에 따르면 전방에서는 아직 본격적인 전투는 벌어지지 않고 있다. 페르낭은 이 전쟁은 사람을 바보로 만드는 빛 좋은 개살구이며, 겉으론 그럴싸하지만 실제로는 아무것도 아닌 것 같다고 한다. 계속 이럴까?

9월 7일

　나는 이곳 몽파르나스 사거리에 깊은 애착을 느낀다. 반은 빈자리가 된 테라스, 그리고 돔에서 보는 전화교환원의 얼굴은 내게 가족과 함께 있는 듯한 기분을 들게 해 불안감이 옅어진다. 커피를 마시면서 지드를 읽고 있는데 돔에서 자주 마주친 적이 있는, 눈이 약간 튀어나온 남자가 말했다.

　"앙드레 지드를 읽는 분을 만나 뵙게 되다니! 마치 이런 얼토당토않은 법석 따위는 존재하지도 않는 것 같군요!"

　그는 브르통의 부인이 어제 돔의 테라스에서 '가믈랭, 이 나쁜 자식!'이라고 절규하여 추문을 일으켰다고 말해주었다. 그는 아다모프라 불리는 사람으로 초현실주의자 몇 명을 막연히 알고 있다.

　아직 낭시에 있는 사르트르에게서 두 번째 편지가 도착.

　〈마리 클레르〉지를 사다. 전쟁이라는 단어는 한 번도 사용하지 않고 있지만 이번 호는 현재 상황을 완전히 반영한다. 돔의 화장실에서 창녀가 화장을 하고 있다. 그녀는 자기도 할 말이 있다는 듯 강변했다.

　"난 눈썹에 마스카라는 하지 않아. 독가스가 무섭거든."

9월 8일

　페르낭이 바뱅 거리의 식당까지 나를 만나러 와서 둘이 함께 커피를 마셨다. 그는 어제 에렌부르크와 말로를 만났다. 말로는 강제로 외인부대에 입대하게 된 외국인들을 도우려 애를 쓰고 있다. 슬로바키아 부대가 편성되었다. 미국에 있는 15만의 유대인이 원정군을 조직할 것을 요청했지만, 중립법이 강화될 듯하여 성사될 가망은 없다고 한다. 신문은 '우리 군의 위치 호전'이라고, '라인, 모젤 두 강의 중간지대에서는 격전'이 벌어졌다고 전하고 있다. 페르낭은 지크프리트 전선의 작은 보루 몇 곳이 이미 탈취되었다고 주장한다. 호텔에 들르니 종업원이 전하기를, 보스트와 함께 징병을 당해 제1선에 보내진 청년이 폭격을 맞았다고 한다. 보스트가 걱정이다. 뭐니 뭐니 해도 사르트르가 제일 걱정이다.

　이제 8일을 싸웠다. 하지만 무엇 때문에 싸운단 말인가? 나는 기적이 일어나기를 기다리고 있지만, 8일이 지나도 한 발짝도 앞으로 나가지 못하고 모든 것은 이제 겨우 시작일 뿐이다. 아무리 생각을 거듭해도 결국 다다르는 것은, 내가 생각할 수가 없다는 사실이다. 전쟁을 어디서부터 파악해야 좋을지 나로선 알 길이 없다. 리오넬이 병에 걸렸을 때처럼 아무런 손을 쓸 수가 없다. 그러면서 이 무방비 상태는 끊임없는 위협이 되고 있는 것이다. 때에 따라 다음과 같이 생각하기도 한다. '이 공포상태를 나는 의무를 다해야 할 위기로서 받아들인다. 이것을 억제하려고 많은 노력을 해야 한다.' 때로는 이렇게 생각될 때도 있다. '이 공포상태야말로 진실의 순간이며, 다른 것은 도피다.' 전에 내가 행복을 느꼈던 장소를 다시 찾아가도 아무런 감동도 없다. 만약 이곳이 파괴되어 있다면 오히려 그런 감동을 가졌으리라. 파괴 속에서는 아직 남아 있는 세계가 포기되기 마련이다. 아직 남아 있는 세계마저 우리를 도처에 매달아 그 찢기는 듯한 고통을 주었다. 이 세상은 결정적으로 파괴되고, 남아 있는 것은 일그러진 세상뿐이다. 어떤 애수도, 어떤 고통도 금지되어 있다. 그나마 희망이라도 있으면 좋으련만.

에드가 퀴네 광장에선 사람들이 목을 빼고 장밋빛을 띤 회색 하늘에 회색 소시지 모양의 계류기구가 올라가는 것을 보고 있다. 나는 이것을 기록하기 위해 돔에 진을 친다. 지금은 어느 카페든 경보가 울리면 그 즉시 나가야 하며, 주문한 것을 가져오면 곧바로 계산을 해야 한다.

한밤중에 방으로 돌아오니 쪽지가 있다.

"여기에 와 있습니다. 복도 끝 20호실입니다. 올가."

20호실 문을 두드리자 남자의 굵은 목소리가 들려왔다. 나는 촛불 빛에 의지해(이틀 전부터 호텔은 정전이다) 귀를 쫑긋 세우고 복도를 오갔다. 맞은편 방에서는 빨강 머리 여자가 나와서 성가시다는 듯 나를 빤히 쳐다본다. 마침내 17호실을 두드려서야 잠이 덜 깬 올가를 찾아냈다. 새벽 3시까지 이야기했다.

9월 9일

올가의 말로는 현재 보스트는 안전하다. 우편배달부가 사르트르의 편지를 전해주었는데, 그도 아주 편안한 듯하다. 불안이 가신다. 이것은 육체적인 해방감이다. 나는 단숨에 추억까지는 가지 않았지만 적어도 미래를 다시 발견한다.

올가와 돔에 갔다. 우리 옆에 동성애 여자 둘이 있는데 그중 하나는 종업원에게 덤볐다.
 "나는 남자하고는 말 안 해."
 그녀가 말하자 수염을 기른 얼굴에 사람 좋은 종업원도 위협을 한다.
 "하지만 남자에겐 귀가 있어서 들리는 걸요. 들은 걸 폭로할 수도 있고요. 게다가 뱅센 감옥이 바로 코앞이고."
 올가는 전쟁으로 뵈즈빌이 어떻게 변했는지 말해준다. 피난온 여자들이 잔뜩 멋을 내고 거리를 살랑살랑 오가며, 끊임없이 지나가는 기차에는 구슬프게 우는 말과 입을 꾹 다문 군사들이 가득 실려 있고, 그중에서도 흑인 병사들만이 노래했다고 한다. 피난민을 실은 열차도 지나간다. 보이스카우트들이 아이들을 붙잡아서는 억지로 농축 우유를 먹인다고 한다. 페르낭이 나타난다. 폴란드의 형세는 좋지 않다. 바르샤바는 함락될 것이라고 한다. 나는 올가와 둘이서 빈집이 된 제제의 아파트로 옮겼다.

9월 10일
 오전 내내 할머니의 집에서 보냈다. 내가 도착했을 때, 할머니는 당신에게 피난을 떠나라고 권하는 방범대 아주머니와 싸우고 있었다.
 "먼저 어린이와 노인을 피난시켜야 해요."
 아주머니는 말한다. 할머니는 동그랗고 작은 배에 두 손을 올려놓고 말귀를 알아듣지 못하는 고집스런 표정으로 대답한다.
 "아, 글쎄 나는 어린애가 아니라니까."
 할머니가 엄마에게서 받은 편지에 따르면, 생제르맹레벨에서는 파리와 툴루즈 간 운행 열차의 전복을 꾀했다는 스파이 하나가 체포되었다.
 집으로 돌아오니 사르트르에게서 온 편지와 비앙카가 보낸 듯한 전보 통지서가 와 있다. 그러나 전보를 받으려면 경찰서에서 통지서에 검인을 받아야만 하고, 그러려면 거주증명서가 필요하다. 그런 다음에 드디어 우체국으로 전보를 받으러 가는 것이다.
 밤 11시, 펄벅의 시시한 소설 《어머니》를 읽고 있으려니 길에서 외침 소리가 들린다.
 "불을 끄시오! 불을!"
 내가 항의하려 하자 다시 외친다.

"창문에 총알을 박아버려…… 스파이 노릇을 하려거든 다른 데 가서 하시지!"

어쩔 수 없이 나도 불을 끄기로 했다.

새벽 4시, 잠깐 동안 경보가 발령되었다. 우리는 방공호로 내려간다. 바닥에 판자가 깔려 있고 의자가 있다. 몇몇 사람들은 작은 접이의자를 가지고 있다. 관리인의 말로는 의자에 다 임자가 있으므로 앉으면 안 된다고 한다. 우리는 의자를 가지러 간다고 하고는 방으로 올라와 해제가 될 때까지 수다를 떨었다.

오늘 아침에 식당에서 한 병사가 큰 소리로 이야기하기를, 그의 병영에는 제1선에 가기 싫어서 목을 맨 병사가 2명이나 있다고 한다. 그중 하나는 4명의 자녀를 버리고 싶지 않다고 했다는 것이다.

9월 11일

끝없이 여가가 있을 듯한 느낌. 시간의 가치가 없어져 버렸다. 비앙카의 전보를 받으러 간다. 캥페르로 오라고 한다. 가자. 편지를 여러 통 썼다. 다시 일에 매달리고 싶은 의욕이 솟구쳤지만 기다려야 한다. 돔에서 수염 난 종업원에게서 제1차세계대전의 추억담을 듣는다.

"내가 최초로 해치운 독일 놈은 어땠냐 하면 엄청나게 덩치가 커서 들어다가 손수레에 실으려 해도 여간해선 태울 수가 없더군. 나는 어찌나 심한 충격을 받았던지 부상을 당했을 때 피가 굳질 않더라니까."

올가가 나와 함께 사 온 파랑 가루를 물과 기름, 그리고 제제의 선탠로션까지 녹여서 유리창에 바르는 동안 나는 레코드를 틀고 많은 편지를 썼다. 9시에 둘이서 외출했다. 우리 방 유리창은 멋진 파랑이다. 돔으로 가는 도중에 엄청난 암흑이어서 길가 턱에 발이 걸리기까지 했다. 우리는 페르낭의 테이블에 앉았다. 무척 잘생긴 그리스인과 몇몇 스페인 사람, 그리고 초현실주의 출신의 시인인지 뭔지 하는, 지방덩어리처럼 뚱뚱하지만 근사한 살결과 눈과 치아를 지닌 여자가 있었다. 그녀는 노발대발하고 있었다. 왜냐하면 그녀의 남자친구 하나가 본 적도 없는 2명의 사내에게 그녀를 소개했기 때문이다. 그 남자는 남편(남편은 아니라고 그녀는 잘라 말했지만)의 소식을 물었는데, 그녀가 애매한 대답으로 얼버무리자 둘 중 하나가 말했다.

"부인 말이 내 마음에 들지 않는걸요."

두 사내는 경찰의 끄나풀이었던 듯하다. 그녀는 지나온 이야기를 20번은 되풀이했는데 매우 겁에 질려 있는 것 같았다. 이들 외국인은 모두 경찰의 감시를 받았고, 틈을 봐서 도망치는 자도 많았다. 페르낭은 우리 모두를 자기 집으로 초대해 한잔 낼 예정이었는데, 소동을 피워 빈축을 사지 않을까 두려워했다.

9월 12일

회색빛 아침. 청소 트럭이 오는 것도 겨우 10시가 되어서다. 작은 석고상이 길 한가운데 내팽개쳐져 있다. 여전히 똑같은 뉴스. 우리의 제1선에서 부분적인 전진이 있었으며, 바르샤바는 항전을 계속하고 있다. 사르트르에게서 오는 편지도 나를 불안하게 한다. 그는 항공대가 아니라 포병대 소속이다. 내 편지는 하나도 전해지지 않는다. 다시 두려워진다. 모든 것이 독기를 띠고 있어 섬뜩하기만 하다.

9월 14일

전쟁 소식은 변함이 없다. 폴란드는 항전을 계속하고 있다. 비 때문에 독일군의 전진이 지연되고 있다. 독일 내에서 엄중한 통제가 이루어져 불만이 일어나고 있다고 한다. 프랑스군 제1선에는 거의 움직임이 없다. 앞으로 닥칠 사태에 대비하여 예비역이 소집되었다. 요컨대 우리에게 전쟁은 아직 본격적으로 시작되지 않은 것이다. 적군과 아군이 전투를 하고, 파리가 공습을 당하면 모든 것은 아주 달라지리라. 그렇게 되리라고는 아직 믿지 못하기 때문에 지난 며칠 기묘한 전쟁 분위기 상태가 일어났던 것이다. 이제 영화관, 바, 댄스홀 등은 다시 23시까지 영업하게 되었다. 모든 것은 다시 정상에 가까워지고 있다.

나는 죽은 듯이 가라앉은 뤽상부르 공원을 지났다. 연못에는 아무것도 없고 물은 잔잔하다. 상원 의사당 주위에는 모래주머니가 쌓여 있다. 뤽상부르 소궁(小宮)은 의자를 쌓아올린 튼튼치 못한 흙벽으로 둘러싸여 있다. 그 안쪽에서 땅을 파고 있는 병사의 모습과, 잘려 넘어진 나뭇가지를 쌓아놓은 커다란 더미가 보인다. 그들은 무엇을 하는 것일까?

밤에 극장에 갔다. 잠자리에서 헨리 제임스의 《어느 부인의 초상》을 읽었다.

9월 15일

우리는 사르트르와 보스트를 위해 책과 담배를 넣은 커다란 짐을 꾸렸다. 우체국 앞에서 르빌랭(악시옹 프랑세즈에 속한 루앙 고등학교 졸업생)과 마주쳤다. 기병장교 차림의 그는 씩씩해 보인다. 우리와 이야기하면서 채찍으로 장화를 찰싹찰싹 때리고 있다. 완벽한 장교의 모습이다. 사르트르나 보스트가 이런 녀석들에게 경의를 표해야 하다니 우스꽝스럽기 짝이 없다.

우체국에는 줄이 길게 늘어서 있다. 전에 마르코가 머물던 호텔 여주인도 행렬 속에 있었는데 어떤 남자와 서로 욕지거리를 해대기 시작했다. 최근에는 지극히 사소한 말다툼도 순식간에 국가와 우주의 문제가 되고, 그 와중에 기특한 중재자는 신성한 거국일치 정신을 구현하는 듯한 기분에 사로잡히게 된다.

올가와 〈백설공주〉를 보러 갔다. 따분했다.

9월 16일

사르트르에게서 온 편지. 그는 알자스 지방의 한적한 시골에서 글을 쓰고 있다.

올가가 짐 꾸리는 것을 돕고 몽파르나스 역까지 배웅한 뒤에 동역에 가서 기차를 탔다. 나는 다시 외톨이가 되어 비극적 인류의 한 조각으로서 전쟁의 소용돌이 속으로 뛰어들고 있다. 에스블리의 카페에서 크레시행 기차를 기다리는 지금 가슴이 죄어온다. 나는 창밖의 어슴푸레한 테라스에 있지만, 다른 손님은 가게 안 밝은 창가에서 떠들고 있다. 그들은 '부군, 명예로운 전사'라는 전보를 받아든 여자를 화제로 약간 분개한다. 보통은 마을의 장(長)이 찾아와 통고하기 마련이다.

"사실은 부인, 안됐습니다만 남편께서 중상을 입었습니다."

이것이 전보보다 덜 냉혹하다. 내가 잘 모르는 어느 마을의 장은 이런 전보를 15통이나 들고 있었는데, 가족에게 말로 전할 용기가 나지 않아서 이런 전보를 보낸 것이라고 한다. 그들은 우편배달부가 지나갈 때의 광경에 대해 이야기하고, 또 불안한 마음으로 소식을 기다리며 끊임없이 우체국에 물으러 다니는 아내들에 대해 이야기한다. 그러고는 묻는다.

"독일군 사망자는 1만 5000명이라는군. 프랑스군은 어느 정도나 죽었을까?"

모두 포르트나 페르노를 마시고 있다. 그중 한 명이 분개한다.

"초상을 치르는 것도 금지야. 그걸 어겼다간 강제수용소행이라니까!"

여자들은 초상을 치르는 일은 아무 의미도 없다고 대답한다. 해는 완전히 기울고 자동차가 지나다닌다. 한 여자가 중얼거린다.

"사랑하고 있지만 아무것도 해줄 수 없는 사람들이 있고……."

열차가 통과한다. 침묵한 병사를 가득 싣고서. 내가 조금 전까지 머물던 카페에서도 다들 군대와 전쟁 이야기뿐이었다. 전쟁은 이 도시 도처에 있으며, 내 마음 깊은 곳까지 침투해 있다.

나는 크레시까지 1시간이면 갈 수 있을 줄 알았는데 열차의 운행 시간이 완전히 엉망이 되었다. 오랫동안 열차 문 옆에 선 채로 깊이 생각에 잠겼다가 7시에 겨우 에스블리에 닿았다. 세상 밖으로 내팽개쳐진 듯한 느낌이다. '나는 나 자신을 완전히 낮출 수 있다'고 생각해도 전혀 두렵지가 않다. 그런데도 나는 행복이란 어떤 것이었는지 똑똑히 떠올릴 수 있다. 에스블리에 도착했을 때 1시간 기다려야만 한다고 했다. 나는 이미 카페 두 군데에서 쫓겨나 세 번째 카페에서 이 글을 쓰고 있다. 이 휴식, 이 어둠, 그리고 열차의 메아리가 마음에 든다. 이것은 멈춤이 아니다. 이것이야말로 진실인 것이다. 집도 없고 친구도 없이, 목적도 없고 앞날의 예측도 없이 비극적인 밤으로 둘러싸인 채, 진정 작은 고뇌로 존재한다는 사실이.

나는 다시 캄캄한 어둠 속에서 작은 열차에 몸을 싣는다. 천장에는 푸른 램프가 희미하게 켜져 있지만 차 안을 비추지는 않는다. 나는 줄곧 문 옆에 있었다. 열차는 둔덕 위에 네모난 빛을 던진다. 작은 역에서는 역무원이 역 이름을 외치면서 칸델라 등을 흔들고 있었다. 홈을 나서자마자 숄을 두른 될랭을 만났다. 그는 두 팔로 나를 끌어안다시피 하여 낡은 마차에 태웠다. 안에는 검정개가 있어 무척 성가셨다. 마차에는 등화관제용 등이 없기 때문에 될랭은 크레시를 완전히 벗어날 때까지 마치 음모가라도 되는 듯한 표정을 짓고 있었다. 춥지는 않았다. 담요 덕분에 다리는 따뜻했으며, 밤길에 철제 발굽이 울려 퍼지는 소리도 즐거웠다. 아무것도 보이지 않는다. 마을에 다다르자 신분증을 제시하라고 요구한다. 뒬랭은 그의 주특기인 '비극 배우' 같은 목소리로 거듭 중얼댄다.

"이건 너무해, 정말로 너무하다고!"

그는 총알 뒤에서 서성이는 사람들, 특히 검열관과 동원에서 제외된 사람들, 그리고 지로두 덕분에 영화계 거물이 되어서는 외눈 안경을 과시하며 장군인 체하는 루이 주베에 대해 역겨워하고 있었다. 주베는 현재에도 여전히 촬영 중인 작품이 많아 공공연하게 떠들고 다녔다.

"우선 찍고 있는 작품을 완성해놓은 다음에, 영화 제작 장려에 나서야만 해."

그는 또 이런 말도 한다.

"라디오에는 사기를 북돋우는 프로그램, 밝고 유쾌하며, 이해하기 쉬운 것이 필요하다. 클로델의 《비단구두》나 페기의 《잔 다르크》 등은 괜찮지만 외국 작가는 안 된다."

바티는 전부터 뒬랭과 의논하여 미국이나 여러 중립 국가에서 공연할 계획을 세웠으나, 뒬랭은 미국을 좋아하지 않는 데다가 그렇게 했다간 빈털터리가 될 거라고 했다. 그는 오히려 프랑스에서 이동극장 같은 것을 시도하는 편이 낫다고 생각했지만, 이것은 실현 가능성이 낮았다.

우리가 페롤 마을로 들어서자 작고 푸른 램프의 불빛을 받은 검은 그림자가 갑자기 나타났다. 카미유다. 그녀는 램프 빛 마차를 따라오고, 병사 2명이 고색창연한 마차를 몰고 우리 뒤를 이어 마을로 들어섰다. 어딜 보나 병사들뿐이다. J부인—카미유의 어머니—의 집은 군대 의무실을 겸하고 있다. 자유로운 곳은 침실뿐이다. 화장실마저 공동으로 썼으며 모퉁이에는 'X반, Y반' 표찰이 서 있다. 뒬랭은 마구간으로 말을 끌고 가서 불빛이 밖으로 새어나가지 않도록 세심한 주의를 기울여 마차를 풀었다. 여기서도 파리와 마찬가지로 엄중한 경계를 하고 있는 것이다. 이어 식당으로 들어가니 J부인이 무서운 얼굴로 우리를 쳐다보았다. 뒬랭에게는 마치 헐뜯을 준비가 된 듯한 표정을 지었다.

그런데도 그녀는 내 두 뺨에 키스해 주었다. 그녀는 왠지 기분 나쁜 사람으로, 빨강 머리에 새로 난 머리칼은 백발이고, 눈은 툭 튀어나온 데다 입매는 야무지지 못하며, 축 처진 얼굴에 목소리는 매섭고 윤기가 없다. 식사 때 그녀는 살라미 소시지 한 조각을 놓고 뒬랭과 지저분한 말다툼을 했다. 그러면서도 그를 롤로라고 부르며, 침실로 건너가기 전에는 키스를 하는 것이었다. 카미유는 나와 단둘이 되었을 때, 자기 어머니가 에테르 중독이라 온 마을에 망신살이 뻗쳤다고 했다. 특히 기면성 뇌염에 걸린 그녀의 아버지 곁에서 간병을 하던 이 마약 환자가 침상을 뒹굴고, 침대에 머리를 부딪칠 때는 굉장했다고 한다. 마침내 아버지는 라니의 병원으로 옮겼으며, 카미유는 그가 숨을 거두기 전 일주일 동안 자리를 지켰다고 한다. 그녀가 데 쥐르생 부인을 다룬 자작 희곡의 프롤로그와 1막을 빌려주어서 침대에 누워 읽는다. 푹 자느라 11시까지 눈이 떠지지 않았다.

9월 17일
잠에서 깼을 때의 쓸쓸함. 초록으로 칠해진 작은 창으로는 밝은 햇빛이 비쳐들고 있건만 나는 지독히도 슬픈 기분에 잠긴다. 전에는 슬플 때 가장 괴로웠던 점이 무엇이었냐 하면, 슬픔이 나를 놀라게 할까 봐 끊임없이 반항하고 싶어지는 것이었다. 그런데 지금은 슬픔을 순순히, 뭔가 친근한 것인 양 느끼면서 받아들이고 있다.

카미유가 문 너머에서 무슨 말을 하고 있다. 뒬랭과 둘이서 물건을 사러 간다고 했다. 나는 세수를 끝내고 아래층으로 내려간다. 이 집이 무척 좋다. 그들은 '해적의 방'을 매우 아름답게 꾸며놓았다. 그곳에는 고풍스럽고 근사한 트렁크와 호화선을 수놓은 빨강색 침대보가 있다. 마리에트가 정원에 내놓은 목제 테이블로 내 커피를 가져다준다. 꽃이 피고 햇볕이 잘 든다. 부엌에서는 냄비 소리와 국이 끓는 소리가 난다. 모든 것은 얼마나 행복해 보이는가! 나는 카미유의 희곡을 다 읽고 편지를 쓴다. 정원 맞은편에 군대가 있다. 어딜 가나 병사들뿐이어서 마을은 완전히 뒤바뀌고 말았다.

카미유와 뒬랭이 돌아왔다. 다 함께 장봐온 짐을 풀고 회랑에서 점심을 먹었다. 볼이 미어터질 듯한 식사였다. 풍미 가득한 포도주와 마크 술도 있다. 뒬랭과 J부인은 서로 대할 때 여전히 연기에 휩싸여 있다. 그곳에 약간 기형인 친척 아가씨가 와서 뒬랭에게 키스하고 돌아가며 모두에게 인사한 뒤, 소련군이 폴란드로 들어갔다고 알려준다. 소비에트 측은 이것이 다른 여러 국가에 대한 중립을 파기하는 의미가 되지는 않는다고 주장한다. 소련은 일본이나 터키와도 조약을 맺은 모양이다. 그것은 이 전쟁이 3년, 5년, 이어지는 장기전이 될 것임을 의미했다. 나는 지금껏 단 한 번도 장기전을 예상한 적이 없었다. 뒬랭은 다시 제1차세계대전 이야기를 한다. 그는 입대한 뒤 3년 동안의 참호 생활에도 가벼운 상처 하나 입지 않았다. 유독 그가 강조한 것은 육체적인 고통과 추위였다. 또한 독가스, 화염방사기, 포격, 검이 달린 철포와 수류탄을 무기로 내세워 습격하는 적병 등, 보병 부대가 겪는 운명을 말했다. 셀린이 '영웅적이고 나태한 영혼'이라고 부르는 것을 뒬랭이 예찬하는 듯해서 나는 못마땅했다.

얇은 구름이 무척이나 아름다운 하늘 아래로, 카미유와 함께 들판을 가로질러 산보한다. 과수원에는 사과가 가지가 휠 정도로 열려 있다. 빨강 지붕의 평화로운 마을이다. 처마 끝에는 작두콩이 마르고 있다. 우리는 역 앞 작은 길을 벗어나 발을 멈추고 호텔 테라스에서 레모네이드를 마셨다. 두 병사가 경계 근무를 서고 있다. 수염 난 쪽은 크레시의 화가이며, 다른 하나는 경찰봉을 들고 있다. 자동차가 여러 대 지나간다. 장교를 가득 태운 차도 많다. 우리는 들판과 마을을 지나 돌아왔는데, 그것은 아주 강렬한 순간이었다. 나는 사르트르가 아비뇽에서 한 말이 떠올랐는데 정말 맞는 얘기라고 생각했다.

"사람은 현재 사면초가의 위협으로 둘러싸여 있어도 매우 온화한 마음으로 살아갈 수가 있다." 나는 전쟁이나 이별, 죽음을 조금도 잊지 않고 있으며, 미래는 내게서 차단되어 있다. 그럼에도 그 어떤 것도 이 풍경의 평온함과 빛을 없애지 못한다. 마치 누구의 신상과도 관계가 없는 그런 만족스런 생각에 잠겨서, 나 자신의 신상에서도 떨어져 나가 돌연 완전히 초연한 기분이 드는 것이다.

돌아와서 라디오를 듣는다. 뉴스는 구름을 쥔 듯 불분명한 전황을 알려준다. 소비에트 개입의 중요성을 감추려 하고 있다. 어렵고 확실치 않은 전망에 우리는 오랫동안 속고 있었다. 저녁식사 때 뒬랭은 활기 있게 지드와 게옹에 대해 재미난 이야기를 해주었다.

9월 18일
11시에 아래층으로 내려가 난롯가에 앉는다. 뒬랭은 열심히 글을 쓰고 있다. 일의 계획을 세우는 모양이다. 나는 전에 영어로 읽다 만, 한 번도 끝까지 읽은 적이 없는 셰익스피어의 《헨리 4세》 첫 부분을 읽는다. 12시쯤에 카미유가 실내복 차림으로 나타난다. 함께 쿠프랭의 소곡을 듣는다. 이어 뉴스가 들린다. 프랑스군의 전선에선 전면적으로 평온한 하룻밤이 지났지만, 폴란드가 배후에서 공격을 받아 피해가 막대하다. 밖에서는 병사들의 외침소리가 나고 있다. 구령, 호령 한마디에도 불길한 울림이 있다. 카미유가 개를 끌고 크레시까지 배웅해준다. 그녀는 생기발랄하며 아름답다. 우리는 캔에 든 사과술을 마신다. 크레시는 군대와 징발된 자동차로 가득하다. 나는 열차에 오른다. 5시다. 파리까지 2시간 반이나 걸린다. 또다시 에스블리에서 30분을 기다려야 하기 때문이다. 텅 빈, 길기만 한 기차가 동쪽을 향해 내달린다. 또 1대, 군대와 대포를 실은 차가 지나간다. 그 차가 도달하는 곳에는 상상을 초월하는 다른 세계가 있다. 동역은 암흑이다. 지하철 통로도 푸르게 칠해진 전구가 있을 뿐 온통 어둡기만 하다. 푸른 등이 켜진 내 방은 음산하다. 밤늦게까지 책을 읽는다. 내일은 캥페르로 떠난다.

9월 19일
돔의 테라스에서 콜레트 오드리를 기다린다. 날씨가 좋다. 나는 여행을 떠나는 일과 이런 가을날, 그리고 어제 받아든 편지에 만족스러워하고 있다. 거의 희열에 가까운 기분이다. 내일을 기약할 수 없는 기쁨이긴 하지만 누가 뭐라 해도 나는 살아 있다는 것이 정말로 즐겁다.
콜레트 오드리는 니켈이 번쩍번쩍 광을 내는 훌륭한 자동차를 타고 왔다. 선전포고와 동시에 샀다고 하는데 900프랑이나 주었으니 돈을 몽땅 털어 쓴 모양이다. 그녀는 센에투아즈에 갔다가 돌아오는 길이다. 그녀는 병역이 면제된 멩데르와 결혼했다. 그녀의 동생은 지금 장관 부인이 되어 크게 활개를 친다고 한다. 연줄만 있으면 뭐든지 가능하여, 남편 면회를 가기 위한 통행허가증을 얻을 수도 있는 모양이다. 하지만 연줄을 만들려면 어떻게 해야 좋단 말인가? 그녀는 카티아 랑도의 이야기를 했지만 카티아의 남편은 납치된 뒤 아무도 그를 본 사람이 없으며, 그녀 자신은 독일 국적의 유대인이어서 여간 고생이 아니라고 한다. 우리는 5분 가량 라보와 이야기를 나누었다. 그의 말로는 군대의 사기는 한심스러운 상태로, 제1선에 나서지 않아도 될 요행수만 바라고 있다고 한다. 그곳에 페르낭의 동생 알프레도가 왔다. 그는 페르낭이 체포되었다고 작은 소리로 알려주었다. 스테파의 집에 가니 그녀의 얼굴은 눈물범벅이다. 어제 남자들 몇 명이 페르낭을 데리러 왔다 간 뒤로 자취를 보이지 않는다는 것이다. 빌리제르가 매우 비통한 표정으로 찾아왔다. 그는 어젯밤 페르낭과 함께 보냈다고 한다. 어제 빌리제르가 로통드에서 나오는데 신분증 제시를 요구하더란다. 그는 오스트리아인이 소지하는 통행허가증을 갖고 있었다. 이미 한 번 콜롱브의 수용소에 갇힌 적이 있어, 그때 파리로 돌아오기 위한 허가증을 교부받았던 것이다. 그럼에도 그는 경찰서까지 연행되었고, 경찰은 그의 통행허가증을 박박 찢어버렸다. 이어 경찰청으로 이송되었는데, 거기서 생각지도 않게 한 무리의 스페인 사람들 속에서 페르낭을 발견했다. 그들은 빵 한 조각을 받아들고 석탄 하치장이 된 동굴 같은 곳에 갇혔다. 스페인 사람들은, 몇 달 전부터 프랑스에 거주해 온 상인까지 포함하여 남김없이 끌려온 것이었다.

일단 오늘 아침에 빌리제르는 석방되었지만, 안타깝게도 다시 콜롱브로 돌아가지 않으면 안 된다. 그래서 스테파는 페르낭을 위해 일용품과 식용 소금을 준비했다. 페르낭은 구류된 채로 있는 듯하다. 스테파는 이웃에 사는 육감적인 젊은 창부가 사회당 대의원과 각별한 사이라서 그녀를 통해 석방 운동을 하고 있다. 나는 알프레도한테 콜레트 오드리(그녀는 스테파와 페르낭을 잘 알았다)를 찾아가 보도록 권했다. 그녀라면 무엇인가를 마련해주리라. 나는 스테파와 브르타뉴식 크레페 가게에서 점심을 먹었다. 그녀는 르보브에 있는 어머니를 끔찍이 걱정했지만, 기분이 조금은 나아졌다.

전에 만난 적이 있는 라울 레비(사르트르의 제자로 비앙, 카, 장 카나파의 동급생)를 돔에서 만났다. 그는 무슨 일에든 확률의 법칙에 따른다. 그는 전사할 가망이 크다고 생각하면서도 거의 신경 쓰지 않는다. 카나파 역시 그렇다고 한다. 그에게서 독일의 대 프랑스 선전전에 대해 들었다. 지크프리트선(線) 독일 부대는 다음과 같이 쓰인 현수막을 세웠다.

"우리는 프랑스에 원한은 없다. 우리는 너희 군대보다 먼저 발포하는 일은 하지 않을 것이다."(1745년 퐁트누아 전투에서 영·프 양군의 지휘관이 '귀 군대 먼저'라며 서로 선공을 마다했는데, 결국 영국군이 먼저 발포한 일을 비꼬아 하는 말) 한 독일 부인이 라디오를 통해 프랑스의 어머니들에게 모두 영국 잘못이니 영국을 위해 프랑스 청년들을 개죽음시키지 말라고 연설했다고 한다. 또한 레비는 마시스가 '독일 철학은 변화의 철학이다. 그렇기 때문에 독일인은 약속을 초월하고 지키지 않는 것이다'라고 논(論)한 기사 얘기를 했다. '독일 놈들은 머리가 나쁘다'는 논설에 대해서도 알려주었다. 그는 500만 명의 인간도 1명의 인간과 똑같다고 주장했다. 왜냐하면 전체를 생각하는 사람은 아무도 없기 때문이다.

열차에 오르다. 높은 지대에서 긴 열차의 행렬이 멘 거리를 내려다보며 거칠게 숨을 토해낸다. 많은 승객보다 선반에 높다랗게 빼곡히 쌓인 여행가방 더미에 더 놀란다. 차내의 불빛은 너무나 어두워서 책을 읽을 수 없다. 꾸벅꾸벅 존다. 깊이 만족하고 있는 내 삶의 방식에 대해 생각한다. 행복에 대해 생각한다. 나에게 행복이란 무엇보다 세계를 파악하기 위한 특권적인 방법이다. 만약 세상이 이 방법에 의해 파악되지 못할 정도로 달라진다면 행복은 이미 그만한 가치를 잃게 된다. 내 칸의 일행 중에는 아주머니 7명과 남자 1명이 있다. 남자와 여자 2명은 여행가방에 은제 식기를 채워 왔다. 인상이 좋지 않은 여자가 스파이 이야기를 재잘재잘 지껄이다가 작은 불빛만 발견해도 놀란 듯이 호들갑을 떤다. 공황의 분위기. 마치 이 열차 지붕 위에도, 차량 밑에도 폭탄을 품은 음모자가 숨어 있기라도 한 성싶다. 모두 사방팔방으로 정신을 쏟고 있다.

"뭔가 빛났어요."

누군가가 말하면 다른 사람도 뒤돌아보고 외친다.

"이상한 냄새가 났어요."

세 번째 사람도 말한다.

"무슨 소리가 났습니다."

변기 뚜껑이 덜그럭거리는 소리이건만 사람들은 폭탄이 작렬했다고 지레 겁을 먹는다. 기차는 때때로 무서운 기세로 급정거를 한다. 지금 운전하고 있는 사람은 직장에 다시 불려나온 나이든 기관사뿐이기 때문이다. 또다시 급정차를 했을 때, 한 여자가 속이 메스꺼워져 달달 떨기 시작했다. 누군가가 차를 마시게 했다. 다들 탈선이 분명하다고 믿는다. 실제로 어떤 칸에서는 여행가방이 머리 위로 떨어져서 기절한 남자가 있었다. 오랫동안 정지된 밤. 권태는 느껴지지 않는다. 천천히 날이 밝아오고, 예전에 본 브르타뉴의 고즈넉한 전원과 키 작은 회색 교회의 종루가 나타난다.

9월 20일

비앙카가 플랫폼으로 마중 나와 있다. 나의 숙소인 호텔까지 안내해준다. 예전에는 꽤 고급 호텔이었지만, 내 방은 12프랑짜리로 사실 무척이나 작았다. 프티 무통과 조금 비슷한 곳이다. 투숙객은 장교 한 사람과 나뿐이다. 브르타뉴 출신의 호텔 안주인이 거의 항상 바깥문을 닫아놓기 때문에 석탄 창고 같은 곳과 악취를 풍기는 뒤뜰을 지나서만 부엌문으로 드나들 수 있다. 그런데도 매우 호젓한 호텔이다. 이곳에 머물게 되어 기쁘다. 평화와 망각의 하루. 아주 상쾌한 날씨. 히스 초원과 광야를 지나 오데 강 쪽으로 내려가본다. 백장미로 둘러싸인 회색의 사랑스런 농가가 있다. 그렇지만 그 안에는 눈을 허옇게 뜬 백치와 환자, 잔뜩 겁에 질린 어린아이들이 있다. 비앙카는 독일의 반(反)영국 선전에 대해 말하면서, 이 근처 사람은 대부분 그의 영향을 받고 있다고 했다. 그녀는 저녁식사를 위해 집으로 돌아간다. 나는 싼 식당을 찾는다. 요즘 무척 빈곤해서 내가 뛰어든 곳은 지저분한 술집이다. 빵이 든 수프를 먹는 동안 라디오는 처참한 폴란드 전선의 상황을 전하고 있었다. 8시에 맥주홀 레페로 편지를 쓰러 간다. 8시 반이 되자 두껍고 푸른 커튼이 쳐지고, 나는 카운터 옆으로 쫓겨난다. 등을 거의 꺼버린다. 음산하기 짝이 없다. 손님이 있는 테이블은 둘뿐이다. 나와 창부를 기다리는 2명의 남자뿐이다. 이제 돌아가서 자자.

9월 21일

해초와 개흙 냄새가 나는 오데 강을 따라 산책한다. 수다를 떤다. 밤에는 클로델의 《황금 머리》를 다시 읽는다. 아름답다. 특히 세베스의 죽는 장면이 좋은데, 이것은 파시스트적·나치적이라고 할 수 있는 희곡이다. 오늘은 철제문까지 내려져 있지만 어제의 카페보다는 덜 쓸쓸해 뵈는 가게를 골랐다. 적어도 여기는 불이 켜져 있으며, 2개의 테이블에 손님이 있다.

9월 22일

콩카르노로 소풍. 사방이 성벽으로 둘러싸인 오래되고 '폐쇄된 마을'은 작은 생말로라고 할 수 있을 만큼 바다 위로 튀어나와 있다. 성벽 위에서부터 어선에 푸른 그물을 말리고 있는 것을 보았다.

9월 23일

 우체국에 가보니 르메르 부인의 엽서가 와 있는데, 라 푸에즈로 오라고 한다. 무척 기쁘다. 마르코는 콩스탕틴에, 파니에는 디종에 있다. 커다란 카키색 오토바이에 탄 캐나다 병사가 마르셰 광장을 지나간다. 모두 구경하고 있다. 점심을 먹으면서 술집 라디오로 폴란드의 정세를 듣는다. 커다란 흰 모자를 쓴 브르타뉴 여자들이 라디오 쪽을 돌아다본다. 볕에 그을린 그 얼굴 위를 폴란드의 참상이 평화롭게 흘러 지나간다. 그 뒤, 프랑스 농민에게 하는 연설이 이어지고 나는 듣고 있을 수가 없어 도망쳐 나온다. 비앙카와 함께 베그메이로 간다. 해변은 인기척이 없으며, 하얀 모래와 바위가 장엄하게 펼쳐져 있다. 차가운 물이 상쾌하게 피부를 자극한다.

9월 24일

 또다시 광야를 산책한다. 이곳 소나무와 쓸쓸한 가시금작화, 회색빛 물은 아름답다. 나는 우유를 마시고 크레페를 먹는다. 사람이 너무 많아서 번잡하다. 잔뜩 치장한 피난민들이 자동차를 타고 돌아다니며 기분전환이 되지 않는다고 투덜거린다. 정세는 바뀌지 않는다. 독일과 소련이 폴란드를 분단시켰다. 우리 군의 전선에서 약간의 '교전'이 있다.

9월 25일

 앞으로 사흘 동안 혼자서 어떻게 여행을 할지 저절로 흥미진진해진다. 등산용 배낭을 가져올 용기가 없어서 수영복과 알람시계와 책 2권을 보자기에 싸서 안았는데, 이것이 줄창 풀렸다. 난처하게도 나는 거의 무일푼이다. 2시간쯤 흔들리는 버스에 의지한 채 모르가에 도착한다. 이 작은 항구는 마음에 쏙 든다. 어느새 배가 고팠지만 절약을 위해 아무것도 먹지 않고 바닷가를 따라 걷기 시작한다. 드문드문 마을이 있으며, 사람들은 스파이라도 보는 듯한 눈길로 나를 쳐다본다. 아주머니들은 지나가는 나를 쳐다보며 브르타뉴 사투리로 뭐라고 수군댄다. 표준말을 쓰는 사람은 아무도 없다. 나는 셰브르 곶으로 가려 했지만 군 당국의 명령으로 500미터 앞에서부터 진입금지에 걸렸다. 나는 옆길로 빠져 디낭 곶에 닿았다. 빵집에서 빵 한 조각과 초콜릿과 어지간히 맛없는 쿠키를 먹는다.

하늘과 바다와 돌의 고요한 흰빛과 들판의 푸른색의 조합이 아름답다. 널찍하게 펼쳐진 들판에도, 화강암 집들과 풍차 사이에도, 가는 곳마다 바다의 존재가 느껴진다. 버스로 로크로낭에 닿았을 때는 햇빛과 바람 때문에 머리가 띵했다. 아무것도 먹지 않은 탓이리라. 이곳은 와본 기억이 있다. 다시 오고 싶었던 호텔도 찾아냈다. 하지만 그곳은 크레페 가게로 개조되었고, 그나마 닫혀 있다. 호텔은 맞은편의 훌륭한 르네상스식 건물로 이전해 있었다. 그곳에서 저녁을 먹는다. 식당 그릇과 두꺼운 대들보, 전망이 근사하지만 손님은 하나도 없다. 여주인은 한창 짐을 싸는 중이며, 돈벌이가 제대로 되지 않아 내일부터는 가게문을 닫는다고 한다. 나는 다시 버스로 두아르느네로 나간다. 그 항구, 붉은 바지의 어부, 어선, 푸른 그물과 다시 만난다. 월출과 낙조가 동시에 나타났는데 달이 훨씬 우세하다. 제방에선 아가씨들이 깔깔거리고, 청년들이 노래한다. 나는 너무 평화로운 해질녘 정경에 눈물이 넘쳐흐른다.

9월 26일

6시 반이 되어도 아직 어둡다. 바닷가를 따라 작은 길을 걷는다. 마을에는 카페가 보이지 않았으며, 테이블 없이 카운터만 있는 술집뿐이다. 산속의 비인간적인 휑뎅그렁함보다도, 번잡한 인간 사회의 황폐함이 훨씬 가슴을 얼어붙게 만든다. 요란스레 비행기가 바닷가 하늘을 교차하며 날고, 몇 척이나 되는 순양함이 바다 위에 떠 있다. 길에서 마주치는 것은 여자나 아이들과 병자들뿐, 남자는 자취를 감추었다. 나는 24킬로미터를 걸은 뒤, 톱날 같은 벼랑 아래 보라와 파랑이 섞인 바다에서 수영을 한다. 좁은 길을 더듬어 라즈 곶 꼭대기로 나가 오랫동안 앉아 있었다. 어떠한 미래도 나에게서 빼앗아가지 못하는, 오늘까지의 내 삶을 뒤돌아본다. 죽음은 이제 나를 두렵게 하지 않는다.

등대 근처에 호텔이 네 군데 있지만 3개는 닫혀 있고, 네 번째 곳만이 영업을 하고 있다. 옛날 물건들로 가득 찬 작은 방을 정돈하고 내게 빌려준다. 석유램프가 실내를 비추고 있다. 저녁을 먹으면서 《그라몽 백작의 회고록》을 읽고 조금 재미있다는 생각을 한다. 달밤이어서 근처를 어슬렁거리는데 수병 제복을 입은 남자 2명이 다가와서 묻는다.

"이 지역 분이십니까?"
"아닌데요."
"산책하십니까?"
"네."
"이렇게 늦게요? 아무것도 보이지 않는데요?"
"달이 보이잖아요."
"아, 달빛, 달이라면 캥페르에서도, 랑데르노에서도 훤히 보입니다."
 말이 오가는 동안, 끝내 완전히 모욕적이고 고압적인 투가 되었다. 내가 신분증을 내밀자 그들은 손전등을 비추어 점검하고는 어영부영 사과로 상황을 얼버무렸다. 내 방은 1층이어서 들판과 바다가 보인다. 대부분 야영을 하는 성싶다.

9월 27일
 아직까지 캄캄한 6시에 일어난다. 나즈막이 촛불이 켜져 있어서 버스를 기다리면서 《그라몽 백작의 회고록》을 계속해서 읽는다. 춥다. 오디에른행 버스에 흔들려 가는 도중에, 해가 들판 너머에서 떠오른다. 갈아탈 버스가 올 때까지 술집과 담배 가게를 겸한 간이식당에서 거무칙칙한 술을 마신다. 퐁라베에서 생구에놀레까지 모래언덕을 걷고 버스를 타고 캥페르로 돌아간다. 고깔모자 같은 것을 쓰고 하얀 분을 바른 브르타뉴 여자들은 괴상야릇하다.
 앙제까지 만원 열차를 탄다. 해가 저문다. 들판은 무미건조하게 펼쳐져 있긴 하지만 달빛에 아름답게 보인다.
 "마치 영화 속 같아."
 황홀한 광경에 한 여자가 이렇게 말한다. 브르타뉴산 버터가 얼마나 맛있는지에 대해 말다툼을 하는 사람들도 있다. 콩깍지 같은 푸르스름한 램프 빛 아래에서는 책을 읽을 수도 없다. 하지만 나에게는 무한한 인내력이 있는 듯이 느껴진다. 이것은 전쟁이 내게 내린 은총과도 같은 일이다.
 새벽 2시에 앙제 도착. 역을 나오자마자 군인 하나가 내 이름을 부르며 말을 걸어 왔다. S양(르메르 부인의 친구)에게서 전화가 왔었다면서 뭐라고 주절주절 말을 잇는다.
 그는 나의 여행가방을 들었다.

"제가 당신의 아버지를 대신할 수 있기를 바랍니다."

그는 말하면서 내 팔을 잡고 나를 위해 예약해 둔 방으로 안내했다. 맥주와 바나나, 샌드위치까지 가져다주었다. 나는 극진한 환대에 기분이 좋아졌다. 오전 3시에 낯선 도시에서 낯선 군인과 호텔 방에 함께 있으니 매우 유쾌하면서도 비현실적으로 생각되었다. 게다가 상대방의 태도가 어딘지 수상쩍다. 기묘한 표정을 지으며 한동안 이곳에 있어달라고 하니 말이다. 내가 그의 끈질긴 시선을 이기지 못해 선 채로 있노라니 앉으라고 말한다. 나는 의자를 잡아당겼다.

"침대에 앉으시지요."

그는 권했지만 나는 의자에 걸터앉아서 맥주를 따랐다.

"저도 이 잔으로 마셔야만 할 것 같은데 괜찮으신지요? 부디 잘 부탁드립니다."

나는 이런 식으로 사교계의 대화조로 지껄였다. 결국 그는 호텔 직원에게 나의 아침식사를 부탁해놓았다는 말과 함께 방을 나갔다.

9월 28일

나는 랄리망 광장의 커다란 카페에서 편지를 쓰고 있지만, 주머니에 한 푼도 없어 조금은 불안하다. 르메르 부인이 딸과 함께 자동차로 온다. 그녀들과 만나니 정말 기쁘다. 1시간가량 혼자 있게 되어 앙제를 구경하고 다닌다. 차갑도록 맑게 갠 태양 아래에서 기분이 흡족하다. 우리는 보기 흉한 들판을 가로질러 살풍경한 마을에 도착한 다음 매혹적인 집으로 들어간다. 다락방에 책이 가득 채워진 서가가 3개나 있어, 나는 잡히는 대로 그중 몇 권을 빌린다. 파니에는 어떤 사령부의 전화교환원이 되었으며, 마르코는 여전히 콩트탕틴에 있다는 소식을 듣는다. 나는 식당에서 잔다. 난롯불이 붉디붉게 타오르고 있어 기분이 좋기에 새벽 1시까지 책을 읽는다.

9월 29일

다락방에서 책을 한 아름 들고 내려와 종일 독서 삼매경에 빠진다. 바르샤바가 함락되고, 소련과 독일은 우호조약과 동부국경협정을 맺었다. 독일은 민주주의 국가들에 화평교섭 기회를 줄 용의가 있다고 선언했다. 우리는 그것을 거부할 테고, 그렇다면 이번에야말로 전쟁이 확실하다. 이런 생각을 하면서 제1차세계대전을 다룬 책을 읽어보지만 아직 실감이 나지 않는다.

9월 30일

르메르 씨가 1914년부터 1918년까지의 제1차세계대전에 관한 〈르 크라푸이요〉지를 모아서 가져다주었다. 나는 그것을 보고 라테나우와 카우츠키의 작품을 읽는다. 장작이 타고 있다. 자클린 르메르는 타자기를 두드리고 있다. 비가 내린다. 이렇게 느긋한 기분에 잠긴 것은 매우 오랜만이다.

10월 1일

히틀러의 '평화공세.' 현재 무슨 일이 일어나고 있는지, 앞으로 어떤 일이 일어날지 분명치 않다. 나는 편안한 나날을 보내고 있다. 르메르 부인은 식사 때마다 나를 지하저장고로 데려가 오래된 포도주를 고르게 한다. 나는 훌륭한 음식과 독서를 천천히 음미하고 있다.

10월 2일

얼마나 좋은 날씨인지! 커다란 포플러 밑에서 해바라기를 하면서 책을 읽는다. 이 기분이 리무쟁을 떠올리게 한다. 사과나무에는 커다란 열매가 반짝반짝 빛나고 있다. 행복한 가을날의 풍요로움.

10월 3일

우리는 기묘한 하루하루를 맞고 있다. 히틀러와의 화평은 어느 누구도 이해하지 못한다. 그렇다면 어떤 전쟁을 할 작정일까? 전쟁이라는 단어는 정확하게 무엇을 의미할까? 한 달 전에 이 단어가 대문자로 신문에 인쇄되었을 때는, 불명확한 공포가 혼란스럽지만 온갖 명분으로 가득 차 있었다. 지금 그것은 어디에도 눈에 띄지 않으며, 그 무엇도 아니다. 나는 맥 빠지고 멍한 기분으로 뭔지도 모르는 것을 마냥 기다린다. 다들 뭔가를 기다리는 듯하다. 피에르푀의 저서와 1914년 전쟁의 역사를 읽고 있는데 가장 인상적인 부분은 전혀 무익하기만 한 몇몇 살육행위로 마감된 4년 동안의 기억이다. 그리고 시간만이 허겁지겁 움직이고 있다. 오직 시간만이.

10월 4일

나는 지금까지 휴가 중이었다. 앞으로는 전시의 생활로 접어들리라. 이런 생활은 음울하다. 그런데 오늘 아침, 마치 공황에 휩싸인 듯이 현재의 고요함을 피해 뭔가를 확고하게 붙들고픈 욕망에 사로잡혔다. 그와 동시에 사르트르의 최근 소식은 그를 만나러 갈 수 있을지도 모른다는 막연한 희망을 갖게 했다. 또한 공포감과 초조감이 되살아났다. 나는 오늘 출발하기로 결정하여 7시에 앙제까지 배웅을 받았다. 지금 역 근처 카페에 있는데 너무나 음산하다! 나는 영화를 볼 생각인데, 창부들이 병사들의 소매를 잡아끌고, 술집에는 군인들이 넘쳐난다. 영화관은 휴관이었다. 나는 꺼림칙한 거리를 되돌아 나왔다. 새삼 나의 안과 밖에서 전쟁을 감지하고는 어찌할 수 없는 불안을 느낀다.

10월 5일

파리. 경찰서로 달려가 잠깐이라도 좋으니 출정 중인 약혼자를 만나러 가겠다고 말했다. 직원은 그런 허가 요청은 접수하지 않도록 규정되어 있거니와, 내가 무리하게 찾아간다 해도 약혼자가 처벌을 받을 것이라고 대답했다. 나는 다른 관할 경찰서로 가서 좀더 끈질기게 매달려보기로 마음먹었다. 봉마르세 백화점으로 사진을 찍으러 갔다. 즉석사진방 옆 스낵바에서 돼지고기와 작두콩 요리 한 접시를 비운다. 등골이 오싹해지는 사진이 나왔다. 가장 어려운 문제는 새로운 거주증명을 손에 넣는 일이다.

"하지만 당신은 이제 여기 살지 않는데 그럼 가짜 증명서가 되겠네요."

렌 거리 마르탕 부인은 지독히도 매정하게 거절했다. 역시 지금은 전시이다. 관리인은 모두 지평선 위로 떠오르는 교수대를 머리에 그리는 것이다. 카미유세 여자고등학교로 간다. 당당한 학교 건물이다. 교장은 아주 젊고 날씬한 데다가 지적인 여성으로, 화장을 했는데도 분가루 밑으로 푸른 턱이 비쳐 보인다. 활발하고 변덕스러우며 서슬 퍼런 티가 풀풀 난다.

"나는 상당히 콧김이 센 편이라서."

태연히 말한다. 아무래도 일을 맡기가 힘들 성싶다. 전교생이 200명밖에 되지 않았으며 내가 담당하는 학생은 20명뿐이다. 여교사는 너무 많아서 처치가 곤란할 지경이었다.

아사스 거리로 돌아온다. 제제의 아파트 관리인은 재봉틀을 돌리고 있었다. 나는 임차인의 임차인이므로 증명서는 안 된다고 한다. 나는 그녀 앞에 우뚝 선 채로 꼼짝하지 않았고, 그녀는 재봉틀질을 계속하며 거의 아무 말도 하지 않은 채 긴 시간이 흘렀다. 갑자기 그녀가 벌떡 일어나더니 9월 14일 이후의 거주증명서를 주었다. 내가 50프랑을 쥐어주자 그녀는 무슨 소리냐며 다시 내밀었다.

"그럼 반만 받겠어요."

그러더니 생각이 바뀌었는지 모두 받았다. 경찰서에서는 일사천리로 진행되었다. 나는 골수염을 앓는 동생이 있어서 마르무티에까지 혼자 가야 한다고 신청했다. 금세 친해진 담당직원은 예쁜 글씨로 정성껏 허가증을 써주었다. 반면 한 금발 여자는 센에마른에 있는 남편을 만나러 가고 싶다고 했는데, 그런 사유로는 안 된다는 말을 듣고 풀이 죽는다.

"그럼 다른 이유는 괜찮아요?"

그녀가 묻는다.

"네, 그렇지만 그럴듯한 핑계라야만 해요."

나는 월요일이나 화요일 중에 통행권을 받기로 했다. 스테파와 페르낭의 집에 가서 한잔 마셨다. 페르낭은 나흘 동안 갇혀 있었다. 그는 '거류 외국인의 외인부대 편입 반대운동' 때문에 고발당했는데, 그 사연인즉 한 남자가 자기는 백계 러시아인인데 스페인에 입국할 수 없겠냐고 그에게 물었다고 한다. 페르낭은 대답했다.

"물론 되고말고요."

"하지만 여권이 없는데 어쩌죠?"

"국경까지 가서 계속 걸어가면 들어갈 수 있지 않겠습니까?"

그 남자는 경찰의 스파이였던 것이다. 페르낭은 경찰서로 이송되어 거기서 강제수용소에 갇혔다. 다행히 졸병이나 하사관 모두 매우 친절했다. 그중 하나는 페르낭이 스페인에서 싸운 적이 있다고 하자 담배를 주었다. 더욱이 그가 장교였다고 하자 한 갑을 더 얹어주었다. 친구들은 그가 이렇게 일찍 석방된 것을 뜻밖으로 여겨 약간은 그를 경계하는 듯했다고 페르낭은 말했다. 그는 경찰에게 감시당하는 것 같아서 에렌부르크를 만나러 가지 못한다. 말로는 전차부대에 지원했지만 안면신경통 때문에 받아들여지지 않을 듯하다.

니장은 뒤클로에게 다음과 같은 지극히 간단한 탈당성명서를 보냈다.

"나는 지금 프랑스 공산당에 대한 탈당성명을 보내는 것이다. 현재 내가 소집에 응한 군인이라는 사실은 더 이상의 설명을 필요로 하지 않는다."

쿠폴에서 저녁을 먹다. 만원이다. 몽파르나스에는 군인과 한 떼의 낯선 얼굴들이 밀고 들어와 과거 사람들은 시대에 뒤떨어진 느낌이 든다. 내가 무심코 뮌헨 맥주 작은 잔을 주문하자 종업원이 웃으며 말했다.

"지크프리트 전선을 돌파할 때까지 기다려주십시오."

파리의 밤은 굉장히 인상적이다. 나는 깡그리 잊고 있었던 것이다. 바뱅 사거리 하늘에는 큰곰자리가 반짝인다. 그것은 심상치 않을 만큼 아름답다. 카페 테라스에는 이제 손님이 거의 없다. 너무 추운 계절이 시작되었으니까. 모든 것이 지난달보다 한층 을씨년스럽다. 터널처럼 캄캄한 길을 지나 집으로 간다.

10월 6일

제제가 한밤중에 돌아와 나를 깨운다. 그녀는 카스텔 노벨에서 돌아온 것이다. 그곳엔 아녀자와 스페인 난민이 떼 지어 있다고 한다. 6시 반쯤에 사이렌이 울리기 시작했지만 소리는 약하다. 다들 창밖으로 고개를 내민다. 공습경보일까? 아니, 기계가 고장을 일으켰을 따름이다. 우편배달부가 온다. 사르트르의 편지 가운데 검열을 받은 게 한 통 있다. 처음 있는 일이다. 실망! 그는 10월 3일에 어딘가로 이송되고 말았다. 내 계획은 송두리째 날아가 버렸다. 물건을 사러 나섰지만 가슴이 먹먹하다. 지난 3주일, 그것은 진실 없는 휴식이었다. 이제 다시 절망과 공포가 찾아왔다. 그리고 이것이 계속되리란 생각이 들자 분노가 솟구친다. 이젠 아무것도 모르겠다. 특히 나에 대해 아무런 흥미도 없어졌다. 의무적으로 일기를 쓰고 있다. 사르트르를 위해 《백치》와 그린의 《일기》를 샀지만, 〈신프랑스 평론〉지는 어느새 판매를 중지했으며 예약구독만 가능하다고 한다.

10월 7일

음울한 하루. 오후에 마리냥에서 오드리 자매와 만날 약속이 있었으나 가보니 그 카페는 군 당국의 명령으로 영업정지가 되어 있다. 23시 넘어서까지 영업을 했기 때문이다. 나는 맞은편 콜리제에 자리를 잡았다. 화려한 매춘부들과 '침대에서 죽을' 장교들, 그리고 동원을 회피한 후방의 편한 병사들로 이루어져 있는 저열한 군중, 이들은 〈르 크라푸이요〉지에서 보았던 1916년의 군중과 완전히 똑같다. 오드리 자매는 근래 제작하기로 한 선전영화는 자랑거리가 못된다고 말한다. 어느새 겨울을 느끼게 하는, 비극적이도록 아름다운 안개 낀 밤. 파리에는 도처에 이변(異變)이 존재했으며, 그것을 의식하는 것만으로도 머리가 터질 듯하다.

10월 10일
파르도가 오늘 돌아오므로 지난밤은 내가 제제의 아파트에서 보낸 마지막 밤이 되었다. 바뱅 거리 호텔로 이사했다. 방은 마음에 들었다. 두텁고 붉은 커튼이 있어 밤에도 불을 켤 수 있을 것 같다. 리즈 오블라노프가 파리로 돌아왔다. 그녀는 자기의 불운을 한탄하고 있다. 신분증이 없으면 소르본 대학에 등록하지 못하고, 소르본에 등록하지 않으면 신분증을 받지 못한다. 그런 이유로 일의 진척을 보지 못한 채 다람쥐 쳇바퀴 돌 듯하고 있다. 그녀의 아버지는 이미 수입이 한 푼도 없었으며, 어머니는 직업을 구할 권리가 없다.
"N에게는 모든 것이 허락되어 있는데 어째서 나는 안 된다는 거지?"
그녀는 울며불며 내게 하소연한다.
돔에 있으려니 아다모프가 내 앞에 앉는다. 참담한 표정이다. 그 역시 한 푼도 벌지 못하고 있는 것이다. 그는 군대 수첩을 갖고 있고, 출정을 기다리고 있다. 돔은 이런 형편의 패잔병들로 가득하다.
페르낭의 말로는 1000명가량의 제1선 병사가 들고일어나 기차를 타고 비합법적 귀향을 감행했는데, 감히 제지하려 나선 사람이 아무도 없었다고 한다.

10월 11일
다시 일에 전념하려 한다. 오늘은 나의 소설을 다시 읽으며 하루를 보냈다. 하지 않으면 안 될 일들이 잔뜩 있다.

10월 12일
일을 한다. 저녁 때 돔에서 마리 지라르와 재회한다. 우리 옆에는 푸른 작업복을 입은 이상한 노인이 미사 전서 같은 장정의 《과학과 건강》이라는 영문판 책을 읽고 있다. 어떤 술주정뱅이가 그에게 시비를 걸어오는 바람에 둘은 싸우는 지경에 이르렀다. 술주정뱅이는 우리 쪽을 돌아보며 말했다.

"난 말야, 어깨는 좁아. 하지만 머리는 묵직하다고."

마리는 되받았다.

"그래도 난 당신 어깨에 미쳐 있어요!"

주정뱅이 일행 2명이 그를 우리 테이블에서 끌어냈다. 우리는 크레페 전문점에서 저녁을 먹고 '슈베르트'의 지하로 갔다. 텅 비었지만 재즈를 연주하는 피아니스트가 있어서 얼마간 기분이 풀렸다.

"대체 다들 어디로 가버린 걸까!"

마리가 큰 소리로 외치는 바람에 종업원이 핀잔을 주었다. 우리는 11시에 쫓겨났다. 이어 센 강을 따라 산보한다. 어둠 속에서 순찰 경찰들의 커다란 망토와 번쩍이는 헬멧이 움직인다. 그들은 걷거나 자전거를 타고 다가와서는 통행인들의 얼굴에 손전등을 들이대고, 남자면 닥치는 대로 불러 세워 신분증을 요구한다. 공중화장실에서까지 검문하고 있다. 마리는 나에게 스페인 망명자와의 연애담을 들려주었다. 22살의, 황홀하리만큼 미남인 그를 만나기 위해 마리는 그가 거의 알몸으로 쫓겨나 생활하고 있는 산속까지 몰래 다닌다는 것이었다. 이런 망명자들을 마을 사람들은 증오하고 있다. 입대를 거부할 때 주먹으로 몇 사람을 죽인 자들도 있다고 그녀는 믿었다. 때문에 그녀도 어지간히 신중하지 않으면 안 된다. 어느 날 밤, 그녀는 길을 잃은 데다 신발까지 잃어버려서 맨발로 덤불 속을 5킬로나 걸었다고 한다. 상대인 스페인 사람은 프랑스어를 제대로 하지 못한다. 마리의 머릿속에는 그를 만나러 가고 싶다는 생각밖에 없는 듯하다. 그녀는 달라디에가 인민전선을 붕괴시키기 위해 히틀러에게 전쟁도발을 요청한 게 틀림없다고 확신한다. 그녀는 패배주의적인 말을 늘어놓는다. 언젠가도 기차 안에서 옆에 있던 군인들에게 지오노(프랑스 작가. 무저항주의와 반전을 내세워 1939년에 소집령 거부로 투옥되고, 제2차세계대전 중에는 비시정부를 지지하여 다시 투옥되었다)의 운명에 동정해야 한다고 했더니 그중 한 명이 엄중히 나무라더란다.

"그런 얘기를 젊은 군인들에게 하지 마시오."

그녀는 차라리 감옥에 갇히면 속이 편하겠다, 그만큼 절약되어 돈이 모아지지 않겠느냐고 한다. 그녀의 말은 무척 재미있었다.

10월 13일

  마리가 오늘 밤에 함께 유키 데스노스의 집으로 가자고 하기에 승낙했다. 식당은 담배연기와 사람들, 적포도주가 든 유리잔으로 가득하다. 벽에는 후지타의 그림이 걸려 있고, 그중 하나에는 나체의 유키가 사자와 함께 그려져 있다. 여기에는 색깔이 사용되었다. 유키가 후지타에게 선으로만 그린 작품이 아닌 다른 그림도 그릴 수 있는지 증명하라고 했기 때문이다. 나에겐 그다지 아름답다는 생각은 들지 않았다. 유키는 아름다운 팔뚝과 가슴께를 고스란히 드러내는 기모노를 입고 주인 역을 다하고 있다. 그녀는 금발의 상당한 미인이다. 파스킨의 옛 애인으로 신비주의에 빠지기 시작한 여자도 그곳에 있었는데, 차분하지 않은 시선이 남자 때문에 얼마나 괴로워하는지를 면면히 말해준다. 그녀의 남편은 거친 느낌의 노출광으로 옆방에서 카드 점을 치고 있다. 그는 '인류'의 운명을 점치고 있는데 좀처럼 좋은 점괘가 나오지 않는다. 그 밖에 인기가 떨어진 여배우와 파이프를 문 작은 체구의 동성애 여자도 있었으며, 다른 여자 두 명, 말없는 청년들, 버스터 키턴과 똑같이 생긴 휴가 중인 병사도 있었다. 제1선에서 안온한 날들을 보내고 있다는 데스노스의 편지를 유키가 읽자 일동은 격분했다. 그것은 저항 한 번 해보지 못하고 있다는 뜻이다. 병사가 비통한 목소리로 반박한다. 완벽한 희극이다. 전투원들 사이에서, 편협하고 냉소적인 무정부주의나, 편협과 총대 뒤의 국민정신에 정나미가 떨어진 듯한 비겁하고 저열한 말들이 난무한다.

  "빌어먹을! 똥이라도 뿌려주고 싶군!"

  이런 부자연스런 한 마디 한 마디를 내뱉는다. 마치 이 사람들은 죄다 발정이 난 듯하다. 한 병사가 말한다.

  "거기서 여자들과 레슬링이나 하고 있군! 당신 친구들에게 전해. 우린 너희 따위는 기다리지 않고 스스로 한다니까."

  여자 하나가 되받는다.

  "그 친구들에게 말해줘요. 여자들도 당신네들 따윈 기다리지 않는다고. 하긴 우린 스스로 하진 않지만."

  그들은 제1차세계대전 당시의 군가를 비꼬아 개사하여 노래하며, 반전 노래도 부른다. 이런 상황이 새벽 4시까지 이어졌다.

10월 16일

신학기 수업이 시작된다. 카미유세 여자고등학교에서 나는 파랑 웃옷을 입은, 무척이나 어른스런 9명의 소녀들 앞에서 2시간 동안 가르쳤다. 비현실적이고 바보스러운 짓 같다. 이어 페늘롱 여자고등학교 터에 있는 앙리 4세 고등학교로 간다. 새 건물이지만 지독히도 열악한 한 동짜리 교실이다. 비좁은 복도에는 '제1 방공호', '제5 방공호' 등의 표지가 붙어 있고, 검정 옷을 입고 카키색 자루를 어깨에 늘어뜨린 여자들이 오고가고 있다. 내가 가르치는 학생은 24명. 외출복을 입고 몸가짐도 예의 바르며 화장까지 했으니 완전한 카르티에-라탱 같다. 그녀들은 방독면을 교실로 들고 들어와 책상 옆에 놓아두었다.

올가가 어제 파리로 돌아왔다. 그녀에게서 보스트의 소식을 들었는데 그의 생활도 썩 유쾌하지는 않은 모양이다.

서부 전선에서 독일군이 활발한 움직임을 보여, 또다시 히틀러의 평화공세가 이어진다.

10월 17일

슬슬 본격적인 전쟁이 시작될 조짐이다. 독일의 공격, 프랑스군의 반격, 독일군의 스코틀랜드 해안 지방 공습. 스탈린은 어떻게 나올까? 나는 일종의 무관심으로 이런 모든 것을 신문에서 읽는다. 마취당한 듯한 기분이 된다.

앙리 4세 고등학교에 가기 위해 단풍이 들고 진창 천지인 뢱상부르 공원을 가로지른다. 그 뒤 카플라드의 카운터에서 커피를 마신다. 2시간 반의 수업 도중에 피난 연습이 있었다. 여자 교장은 모자를 쓰고 호루라기를 입에 문 채 복도를 이리저리 뛰어다니면서 요란한 경적 소리를 뿜어댄다. 모두들 앞뒤 간격 없이 세로로 줄을 지어 훌륭하게 정비된 방공호로 들어가서 정원 의자에 앉는다. 방독면 훈련이다. 교장은 재빨리 모자를 벗고 마스크 밑에서 외친다.

"선생님들도 어서!"

하지만 내겐 마스크가 없다. 학생들은 서로 방독면을 착용한 얼굴을 마주 보고 킥킥댄다. 교장이 꾸짖는다.

"뭡니까? 지금이 웃을 때입니까?"

방공호 속에서는 산소를 절약하기 위해 떠들거나 움직여서는 안 된다고 설명한다.

다시 문을 연 플로르에서 올가와 잠깐 시간을 보낸다. 플로르는 묵직한 푸른 커튼을 둘러치고, 새로 빨강 의자를 갖춰놓아 근사하다. 카페가 이제는 등화관제 방식에 충분히 익숙해져서 가게 안 전등을 모두 켜놓기 때문에 외부에서 들어오면 깜짝 놀랄 정도로 환하다.

10월 18일

오스테를리츠 역까지 동생을 마중 나간다. 역은 음침하다. 엄청난 숫자의 군대가 도착한다. 경찰이 그들의 앞길을 가로막고 일일이 휴가증명서를 검열한다. 푸페트를 밀크바로 데려간다. 그녀의 말로는 생제르맹레벨에서는 사람들이 6주일 전부터 아그노의 피난민을 받아들일 태세를 갖추고서, 거리 모퉁이에서는 북을 치며 이렇게 외치고 다닌다고 한다.

"알자스 사람도 프랑스 국민임을 잊지 말아주세요."

사르트르에게서 편지를 받았다. 브뤼마스에 있음을 암호로 알려왔다.

10월 21일

저녁에 동생이랑 올가와 함께 자키에 간다. 텅 비었다. 실내는 무척 깨끗하고 전보다 넓어졌으며, 벽에는 여전히 영화 포스터가 붙어 있다. 그것도 더럽혀지지 않은 채 그대로 있고, 중앙에는 댄스용 무대까지 있다. 피아노 옆에서 빨강 머리 여가수가 샹송 연습을 하고 있다. 주인이 다가와서 월요일부터 25프랑에 샹송을 들으면서 저녁을 먹을 수 있다고 알린다. 어느 나이트클럽이든 식사를 내는 것이 새로운 경향이라고 한다. 주인은 세빌리아의 댄스홀을 본떠 가게를 열었다고 설명해주었다. 나는 알라메다의 홀을 떠올렸다. 스페인도 그렇고, 우리도 그렇고 이게 얼마나 커다란 변화인가! 시간의 경과가 돌이키지 못할 역사적인 일로 생각된 것은 이번이 처음이다. 가게는 차츰 만원이 되어 간다. 중년 부부 일행, 입대 등록번호를 달고 있지 않은 감색 군복 차림의 사람들로 가득하다. 빨강 머리 여자가 노래한다. 전시 상황이라서 춤은 추지 않는다. 11시에 알람시계가 울리고 오케스트라는 소등 신호 멜로디를 연주한다. 거리로 나오기는 했지만 좀처럼 떠나지 못하는 그룹이 많다. 1시 반까지 케스틀러의 《스페인 유언》을 읽는다. 1시 반쯤에 큰 소리로 욕지거리를 퍼붓는 소리, 계단을 오르는 발소리가 나고 여자가 뭐라고 외친다. 문을 빠끔히 열고 내다보았지만 여자의 말에는 지독한 사투리가 섞여서 좀처럼 알아듣기 어렵다. 아마도 노르웨이의 금발 미인인 듯하다. 호텔에서 나가라고 하는 모양이다.

"비겁자! 비겁자!"

이렇게 떠들어댄다. 호텔 여주인이 올라와서 작은 목소리로 나무란다.

10월 23일

통행허가증을 받는 절차를 다시 밟는다. 15구역 경찰서에서 서류를 작성한다. 이렇게 하면 추궁당하지 않아도 되리라.

9시, 동생과 제제와 함께 아녜스 카프리의 가게에 간다. 어찌나 시끌벅적하던지 마치 무대 연극을 하느라 등을 끈 극장 같다. 한 테이블에 하얀 모피숄을 두른 카프리와 검정 모피를 입은 소니아가 마리 엘렌과, 빨강 베일이 달린 이상하게 작은 모자를 쓴 제르멘 몽테로와 함께 있다. 예스러운 '수염 남'들처럼 턱시도를 차려입은 드뒤오는 저녁식사를 한다. 르뒤크가 시중을 들고 있다. 다른 테이블에는 토니가 처음 보는 매혹적인 여자와 앉아 있다. 품위 있는 새 얼굴의 부부 2쌍도 보인다. 드뉘오가 〈제비꽃 파는 아가씨〉를 불렀는데 너무 저속해서 불쾌하다. 카프리는 검정과 금색 드레스에, 무지막지하게 높은 뒷굽만이 금색으로 되어 있는 검정 구두를 신고 있어 무척이나 매력적이다. 그녀의 샹송은 대부분 검열에 걸렸지만 그런데도 여전히 근사함이 남아 있다.

봄까지는 프랑스 전선에 아무 변화도 없으리라는 소문이다. 넉 달에 열흘 꼴로 휴가를 받게 될 것이라는 말들을 한다.

10월 25일

올가는 아틀리에 극단 양성소가 재개될 전망이라며 기뻐하고 있다. 그녀는 생제르맹 거리에서 코트를 사고 싶다고 한다. 그렇지만 쇼윈도를 들여다보고 그녀가 고른 것이 군인용 외투여서 우리는 판매원에게 바보 취급을 당했다. 그녀의 동생도 뵈즈빌에서 올라와서 우리가 묵고 있는 호텔에 방을 빌렸다.

밤엔 영화 〈크녹〉을 보았다. 페르낭이 신문 기사는 죄다 엉터리이며 이 전쟁은 길어질 거라고 한다. 이제 나는 이런 예측에 전혀 반박하지 않는다. 나는 소설을 쓰고, 수업을 했으며, 얼빠진 것처럼 나날을 보내고 있다. 미래의 일에는 도무지 현실감을 가질 수가 없다.

10월 27일

페늘롱 여자고등학교 교장은 매일 2번씩 알림장을 돌려서 긴급 경보시에 창을 닫는 지도교관이나 자원봉사자들 명단을 확인케 한다.

산 도밍고의 독재자(도미니카 공화국 트루히요 대통령)는 10만 명의 망명자를 받아들일 용의가 있으며, 특히 지식인을 환영한다고 한다. 페르낭과 스테파는 떠날 생각이다. 우리는 지오노, 알랭, 데아가 서명한 '즉시 평화' 요구 전단에 대해 이야기했다. 현재 그들은 자기들의 성의가 악용되었다며 벌써부터 항의하고 있다. 알랭은 이렇게 말했다고 한다.

"나는 평화라는 글자를 본 다음, 다른 부분은 읽지도 않고 서명했다."

10월 29일

이 호텔 7호실에는 빈에서 온 '남자인 동시에 여자'인 사람이 있다. 호적에는 남자로 되어 있지만 여자의 유방과 성기를 가졌으며, 동시에 남자의 성기와 수염, 가슴털을 지니고 있다는 것이다. 히르슈펠트 박사 전성시대에 그녀는 빈에서 유명인사였다. 독일·오스트리아 병합 뒤에 히틀러가 '이런 인간이 우리나라에 있는 것은 용서할 수 없다!'고 선언했기 때문에 그녀는 나라 밖으로 도망쳐야 했다. 그녀에게는 애정의 고민이 산더미처럼 쌓여 있다. 그도 그럴 것이 그녀 자신은 진짜 남자다운 남자만을 좋아할 수 있건만 그녀를 좋아해주는 것은 남색가뿐이기 때문이다. 그녀는 더 심각한 문제도 안고 있다. 독일은 그녀에게 병역에 따를 것을 요구했고, 프랑스는 그녀를 강제수용소에 집어넣었다. 그녀가 옷을 벗자 일동은 눈이 휘둥그레져 여자임을 인정했다고 한다. 그녀는 시종일관 울고 있다. 한편, 언젠가 밤에 울부짖던 노르웨이 여자는 엄청나게 주량이 셌다. 한번은 술에 잔뜩 취해 난동을 피우는 그녀를 진정시키기 위해 남자가 때렸다고 한다.

10월 30일

리즈가 경찰서까지 함께 가주었다. 조금 기다리다가 내가 이름을 대자 직원은 가망이 있는 듯한 표정을 지었다. 드디어 허가증을 받았다! 순간 기쁨이 밀려온다. 유효기간은 월요일까지다. 낚시에 들러야만 하는데, 그렇더라도 의사가 신속하게 진단서를 끊어주면 5일이면 충분하다. 나는 장을 보고 수업을 끝낸 뒤 집으로 가서 침대에 누워 의사를 불렀다. 8시 반까지 책을 읽으며 기다린다. 마치 진짜 병이 난 듯한 기분이다. 의사가 왔다. 포마드를 발라 머리를 완전히 뒤로 넘긴, 두꺼운 안경을 쓴 의사가 나의 맥을 짚었다. 그러나 어쩌랴! 슬픈지고, 단순한 과로인 듯하다고 진단했다. 그는 크녹과 똑같은 말투로 물었다.

"미끌미끌한 밧줄을 기어 올라가거나 하지 않았나요? 무거운 트렁크를 든 기억은 없습니까? 정말 이상하군요."

그러더니 진지한 얼굴로 물었다.

"이따금 돌 위에 앉아 있는 것 같은 느낌이 들지는 않나요?"

일단은 맹장염이 아닌가 확인해야겠다며 의사는 자잘한 기구들을 가지러 갔다. 그는 내 손가락을 바늘로 찌르고 작은 피펫으로 피를 뽑아서 초록색 액체에 그것을 녹여 보았다. 백혈구 수치가 1만 1000. 높은 수치이지만, 급성맹장염이라기에는 너무 적다. 그는 나를 진찰한 뒤 다리를 차게 하면 어떻게 해로운지 설명하면서 자기 바지를 걷어 긴 속바지를 보여주었다. 흑인이나 에스키모의 장 혈액순환 체계에 대해서도 말했다.

"흑인들은 오두막을 나와 맨발로 젖은 풀을 밟는 순간에 장의 반사적 반응을 느꼈어요."

그는 이렇게 말했다. 마침내 다음 주 월요일까지 휴강할 수 있을 만한 진단서에 서명을 받고는 곧장 박차고 일어나 짐을 싸기 시작한다.

10월 31일

6시 반. 돔과 로통드는 모두 잠에서 깨지 않아 조용하다. 두 달 전에 사르트르가 출발했던 역에서 당시와 똑같은 열차에 몸을 싣는다. 군인들로 가득하다. 내 옆 좌석의 남자는 손이 쇠발굽 같으며 얼굴은 새빨개서 아둔한 느낌이다. 다른 사람들은 농번기 휴가를 끝내고 전선으로 돌아가는, 상당히 괄

괄한 농부들이다. 그들은 블로트 놀이를 하고 있다. 얘기는 별로 하지 않는다. 이들은 얼마 안 있어 가혹한 일을 겪으리라는 생각을 하면서도 그것이 믿어지지 않는다. 아무래도 연습이거나 전쟁놀이 같다. 밭은 물에 잠겨 있다. 넓디넓은 수면 위로 숲과 산울타리가 있는 모습은 시적이면서도 심상치 않음을 느끼게 한다.

오후 1시 낭시에 닿았다. 허가증을 요구하지도 않는다. 작은 여행가방을 들고 큰길로 나서니 죽은 듯이 고요하다. 가게 앞은 화려하다. 과자 가게에는 방금 만든 듯한 사탕과 커다란 캐러멜이 넘치고 있건만 사람의 그림자는 전혀 찾아볼 수 없다. 강제 퇴거 마을인가 여겨질 정도로 매우 인상적이다. 나는 스타니슬라스 광장에 이르렀다. 이곳은 바레스의 《뿌리 뽑힌 사람들》에서, 신비로운 금색 격자로 둘러싸인 아주 매력적인 광장이리라고 상상했던 곳이다. 확실히 파란 하늘 아래 공원의 적갈색 숲을 배경으로 하여 인기척 없이 고요에 잠긴 광장은 아름답다. 다른 광장에 있는 사령부를 찾아갔더니 헌병대로 가라는 말을 했지만 헌병대는 아직 열려 있지 않다. 먼저 점심을 먹기로 하고 예쁘게 단풍이 든 넓은 공원을 가로지른다. 갑자기 요란하게 사이렌이 울린다. 사람들은 당황하는 기색도 없다. 반대로 아까보다도 훨씬 사람이 많아졌다. 이것은 분명 방공연습인데 낭시 시민은 익숙해져 있는 모양이다. 그렇더라도 어지간히 놀랐다. 나중에 겨우 알았는데 나는 한창 경보발령 중에 도착했으며, 지금 울린 것은 경보해제 사이렌이었다. 이제 거리에 사람들이 북적인다. 나는 유니프리 슈퍼마켓과 영화관, 맥주홀 등이 늘어서 있는 중심가로 나왔다. 스트라스부르가 연상됐지만 그곳만큼 아름답지는 않다. 거의 모든 집이 판자를 두르고 있다. 도시 전체가 거대한 야영지 같다.

"당신을 보니 파리 번화가에 있는 듯한 기분이 드는군요."

어떤 남자가 나를 향해 외쳤다. 나의 노랑색 터번과 하이힐, 그리고 귀걸이 때문이다. 맥주홀에서 점심을 먹고 헌병대로 다시 찾아간다. 너무나 번잡해서 발을 밟거나 밟혀야 하는 형국이다. 정맥염을 앓는 할머니가 소리치고 있다. 지금 막 아들의 죽음을 알았다며 눈물 범벅인 여자도 있다. 밀하우스 거리는 통행금지라는 사령관의 명령이다. 모두 독일어로 말하고 있다. 병사들마저 그렇다. 30분쯤 지나 나는 겨우 줄 맨 앞에 있었다. 서류 제시를 요구한다. 담당직원은 '브뤼마스'라고 읽으면서 고개를 흔들고 부관에게로 간다. 나는 그 뒤를 따랐다. 부관은 안경 너머로 나를 올려다본다.

"좋아하는 사람을 만나러 가는 것은 아니겠죠?"

"어머! 당치도 않습니다!"

진심을 다해 대답했다. 그는 24시간의 허가를 내주었다. 나는 실망하여 허둥지둥 그곳을 나왔다. 겨우 24시간이라니. 연장할 수 있을까? 쓸쓸한 기분으로 운하를 따라 걸었다.

6시. 역의 홈에 섰다. 추운 데다가 하이힐을 신고 너무 오래 걸은 탓에 다리가 아프다. 민간인과 군인이 뒤섞인 무리가 기차를 기다리고 있다. 캄캄하다. 노선에 파랑, 빨강, 하양 불빛이 춤추고 있지만 그것은 열차가 아니라 호롱불이다. 이따금 열차가 도착하지만 우리가 탈 차는 좀처럼 나타나지 않는다. 7시, 7시 반. 피곤과 추위…… 모든 것이 비현실적으로 생각된다. 마침내 열차가 온다. 모두들 몰려들어 초만원이다. 하지만 나는 자리를 잡았다. 알자스인으로 가득하다. 살찐 여자 하나가 지독하게 코를 고는 바람에 객실 전체가 웃고 있다. 아무도 프랑스어로 말하지 않는다. 모두들 냉정해서 도무지 전선으로 향하는 기차 같지가 않을 정도다. 은제 식기를 끌어안고 캥페르로 도망치는 파리 시민들의 혼란상과는 얼마나 다른가! 창밖에는 황황한 달빛과 들판이 평탄하고 차갑게 펼쳐져 있다. 열차는 역마다 정차한다. 나는 역 이름을 놓치지 않도록 신경을 곤두세운다. 자르부르, 사베른을 지나자 차 안은 텅 비어서 나와 군인 1명만 남았다. 모험이 실감난다. 앞으로 다섯 역만 지나면 이 거짓말 같은 이야기가 사실이 된다.

브뤼마스. 휑뎅그렁한 역에 내려서 사람들 뒤를 따라 간다. 출구에서는 아무것도 묻지 않는다. 병사들은 있지만 나를 불러 세우려 하지도 않는다. 역 근처 여관에 등불이 보인다. 나는 달빛을 받으며 사막 같은 들판을 가로질렀다. '사르트르가 이 마을 어딘가에 있다'는 생각을 하자 반신반의의 경이로움이 밀려온다. 저기 보이는 타베른 뒤 세르는, 편지에 따르면 그가 아침을 먹으러 오는 곳이다. 나는 리옹 도르 호텔 문을 두드렸다. 아무 대답도 없고, 대신에 손전등 불빛이 나를 비추었다. 순찰 경관이다. 한밤중에 길거리를 돌아다니는 것은 금지되어 있다고 한다. 내가 증명서를 보이자 병사 2명이 친절하게도 호위를 하겠다고 나섰다. 파리 출신인 모양이다. 그들은 에크르비스 호텔의 덧창문을 개머리판으로 두드렸지만 아무도 나오지 않는다.

30분쯤 서성인다. 결국 빌 드 파리 호텔까지 와서 헛간으로 몰래 들어가 뒤뜰을 지나 본채로 갔다. 문 하나에 '주인'이라고 쓰여 있다. 노크를 하자 금발의 뚱뚱한 알자스 남자가 문을 열었다. 그는 얼어 죽을 듯이 추운 방을 빌려주었다. 나는 오들오들 떨면서 세수를 마치고 나서 알람시계를 7시에 맞춰놓고, 얼음장 같은 침대로 파고들었다.

11월 1일

알람이 울린다. 회색의 새벽. 집들은 모두 닫혀 있다. 몇몇 군인 말고는 도로 위에 사람 그림자도 없다. 나팔소리가 들린다. 행복한 기분이 들기는커녕 불안하기만 하다. 사르트르에게 어떻게 알릴 것인가? 어떤 방법으로 체류 연장 허가를 받을까? 사방팔방에서 위협받고 있는 듯하다. 나의 운명은 단 한 명의 장교의 변덕에도, 오직 한 사람의 헌병의 입김에도 변할 수 있으리라. 마을이 언제 잠에서 깨어날지는 묘연하다. 창 가까이 트럭 몇 대가 멈춘다. 발소리, 이야기 소리가 난다. 사람을 태우는 모양이다. 혹시 일이 잘못되어서 사르트르가 저 트럭에 타고 이 마을을 떠난다면 어쩌지? 나는 타베른 뒤 세르로 달려갔다. 길고 조붓한 나무 탁자, 왕골 의자, 커다란 도자기 난로가 있다. 모든 것은 아직 잠에서 깨어나지 않았으며 창문은 열려 있는 채여서 나는 위험에 노출된 듯한 느낌이 든다. 이곳의 두 여자는 사람을 좋아하는 성싶다. 내가 학교 주소를 묻자 그녀들은 '사령부'라고 대답했다. 나는 사르트르 앞으로 '당신은 타베른 뒤 세르에 파이프를 놓고 갔습니다. 파이프는 당신이 찾으러 오기를 기다리고 있습니다'라고 갈겨 쓴 다음 진창길로 나섰다. 현관을 지나 공터를 가로지르자 푸르게 칠한 유리창이 있는, 빨강 벽돌의 묵직한 근대 건축물이 보였다. 건물 앞에는 많은 군인들이 있다. 그중 하나에게 쪽지를 전해줄 수 있겠느냐고 물었다.

"사무국 소속이 틀림없소?"

그는 당혹스럽다는 듯 말하고 조금 시간을 끌더니 쪽지를 전해주겠다고 약속했다. 타베른 뒤 세르로 되돌아오려는데 길 저편에 사르트르의 모습이 보였다. 걸음걸이, 몸집, 파이프로 보아 그임을 대번에 알 수 있었지만, 텁수룩하게 기른 턱수염 탓에 얼굴이 달라 보였다. 그는 내 전보를 받지 못했기 때문에 오라는 생각을 하지 않은 것이다. 카페에 드나드는 일이 금지되어 있어서 나는 사르트르를 내 방으로 데려갔다. 1시간밖에 이야기를 나누지 못했는데, 그는 부대로 돌아가야 했고 나는 다시 뒤 세르로 왔다. 사르트르가 이곳 헌병대는 살벌하다고 말한 까닭에 나는 여전히 불안해서 견딜 수가 없다. 그는 말끔하게 수염을 깎고 11시에 내 앞에 다시 나타났다. 그와 그의 부하만이 항공대 감색 제복을 입고 있었다. 전방의 군인이면 모두 달아야 하는 등록번호도 달고 있지 않았다. 카키색 군복을 입고 베레모나 약식모자를 쓴 군인들이 잔뜩 있다. 전투태세를 갖춘 것이다. 민간인은 거의 눈에 띄지 않는데도 식당은 만원이다. 틀림없이 11월 1일(만성절)이기 때문이리라. 우리는 안쪽 깊숙한 곳의 테이블에서 점심을 먹었다. 사르트르가 '병든 누이동생'을 찾는다고 써먹었던 핑계 대신에 사촌누이를 찾고 있는 것으로 다시 짰다. 식당 여자들이 친절한 눈길로 우리를 쳐다보았으므로 쫓기는 듯하던 나의 기분도 많이 누그러졌다.

사르트르가 돌아가자 나는 침대에 누웠다. 너무 피곤하다. 3시간을 죽은 짐승처럼 잤다. 알람 소리에 소스라쳐 일어났다. 호텔 안주인이 알자스 사투리로, 남편을 찾으러 오는 어떤 내연녀에게 이 방을 빌려주기로 했다고 말한다. 주민들은 이런 일을 당연하게 생각했으며 한통속이 되어주었다. 두려운 것은 헌병뿐이다. 나는 짐을 챙겨 에크르비스나 리옹 도르로 방을 구하러 나서 보았지만 헛일이었다. 사르트르를 만났다. 내가 헌병대에 가 있는 동안, 그가 방 구하는 일을 도맡았다. 헌병들은 나에게 마을 사무소로 가라고 명령했다. 촌장은 하사관 1명과 살찐 민간인 2명을 상대로 열띠게 알자스 사투리로 토론 중이었는데 좀처럼 결말이 나지 않는다. 겨우 내 서류에 눈길을 주었을 때 연장 요청에 대해서는 자세히 묻지도 않고 서명을 해주었다. 촌장에게 구원을 요청하러 온 한 헌병은 파리 시청 인장에 감격하여 나의 체류증명은 일요일 밤까지 유효하다고 선언했다. 이로써 일단은 안심! 나는 군인들로 가득한 뒤 세르로 돌아왔다. 카운터에 걸터앉는다. 입수염을 살짝 기른 키가 크고 꽤 잘생긴 전투기 조종사가 다가온다. 술 냄새가 진동을 한다.

"아니? 당신은 아직도 이곳에 있었소? 에크르비스에서 계속 당신을 기다렸는데."

그가 말한다. 그러고 보니 헌병대에 들어가려 할 때, 어떤 남자 2명이 나중에 에크르비스에서 만나자고 외쳤지만 나는 신경도 쓰지 않았던 것이다.

"나는 기다리는 사람이 있어요."

"어째서 나는 안 된다는 거지?"

그가 나를 끌어안으려 해서 불쾌했다. 웃음을 파는 여자로 여긴 게 틀림없다.

"당신이 여기까지 전쟁을 하려고 온 건 아니잖아."

그는 말했다. 나는 일을 시끄럽게 만들고 싶지 않다. 뒤가 켕기는 구석이 있는지라……. 일행인 듯 뚱뚱한 남자가 너무 오래 기다려서 좀이 쑤신다는 듯 내게 묻는다.

"자, 올 거야, 안 올 거야?"

다른 한 명이 내게 속삭인다.

"모른 척해."

"정말로 이 사람들이 나를 모른 척해주면 좋겠네요."

나는 절망을 담아 대답했다. 술에 취한 전투기 조종사는 나를 협박하다가 비위를 맞춘다. 그러더니 내 눈을 들여다보며 말한다.

"그러니까 넌 아군이냐, 적군이냐?"

"어느 쪽도 아니에요."

"알자스인이냐, 프랑스인이냐?"

"프랑스인."

"내가 묻고 싶었던 건 그것뿐이야."

그는 만족스러운 듯이, 그리고 의미 있다는 듯이 말했다. 그는 마디진 두꺼운 곤봉 같은 지팡이를 주려 했지만 나는 받지 않았다. 사르트르가 왔다. 그의 숙소에 묵을 예정이었지만 안주인에게 거절당했다. 그도 그럴 것이 그가 아내가 오기로 했다고 말하자, 그녀가 충격을 받은 듯이 이렇게 되물었던 것이다.

"하지만 당신은 결혼을 안 하지 않았던가요?"

그래서 사르트르는 약혼자라고 정정할 수밖에 없었다. 우리는 리옹 도르에서 저녁을 먹었다. 이곳은 손님으로 가득했는데, 남편을 만나러 왔음이 분명해 뵈는 여자도 있었다. 추위에 어둠으로 감싸인 불안한 모험과 알자스 풍의 질박한 안락함이 뒤섞인 모습은 경이로웠다. 굵은 목소리, 연기, 열기, 초절임 양배추 냄새가 그랬다. 사르트르는 자기가 여자와 동행했기 때문에 사람들이 그를 민간인에게처럼 '존대'한다고 가르쳐주었다. 여자와 함께 있다는 사실이 그를 한 개인으로 돌아오게 한 것이다. 우리는 서둘러 헤어졌다. 군인은 9시가 넘으면 외출금지이다. 내 방은 희미하나마 난방이 들어왔으나 깔개는 얼음장 같다. 벽에는 독일어로 '마음 편히 잠들라'고 수를 놓은 천이 걸려 있다.

11월 2일

사르트르와 아침을 먹기 위해 6시에 일어났다. 온통 캄캄하고 뼈에 사무치도록 춥다. 등불이 드문드문 켜져 있다. 타베른 뒤 세르도 무척 어둡다. 전구에는 푸른 종이 덮개가 씌워져 있는데, 그것도 전기가 들어오는 것은 하나뿐이다. 방은 거의 비어 있다. 식당 여자들은 잠이 덜 깬 모습으로 난로에 불을 지피고 있다. 하늘이 밝아오기 시작한다. 기다릴 새도 없이 사르트르가 나타났다.

"이분이, 오늘은 웃기도 하고 말도 하네요. 평소엔 늘 저기서 책만 읽더니."

식당 여자 하나가 마치 기계가 말하는 것을 보기나 한 듯이 호들갑을 떤다. 그녀는 내가 들고 온 책을 지그시 누르며 공범자 같은 투로 말한다.

"오늘은 책 따윈 읽지 말아요."

그녀는 알자스식 커피를 서비스로 주었지만, 여느 숙소에서 나오는 것보다 어찌나 맛이 없던지 지독했다. 1시간쯤 이야기를 나눈 뒤 사르트르는 무슨 조사를 하러 나갔고, 나는 차츰 밝아오는, 텅 빈 커다란 방에 남겨졌다. 밖에서는 군대가 삽을 메고 행진하고 있다. 식당의 빨강 머리 처녀가 커피와 럼주를 창틀에 올려놓자, 사거리에 서 있던 교통정리 병사가 와서 연신 눈치를 살피며 마신다. 그는 두터운 털장갑을 끼고 있다. 날숨이 연기처럼 하얗게 보인다. 나는 사르트르의 소설을 읽는다. 100페이지. 한꺼번에 이렇게 많이 읽은 적은 처음이지만 굉장하다는 생각이 든다. 생각난 것들, 특히 마르셀의 성격에 대해 몇 가지 메모를 한다. 그러고는 사르트르와 점심을 먹기로 약속한 카페로 갔다. 그의 부하 2명이 그를 찾아와서 방을 알아보려고 함께 나갔다. 그들은 사르트르와 나를 위해 방 하나를 베프 누아르에서 찾아냈다. 마을 사람들은 자기들의 생계를 돕는 군대를 소중히 여겼으며, 일반인을 대하는 것보다 훨씬 붙임성 있게 그들을 대한다. 그래서 모든 것이 조정된다. 천천히 이야기를 나누었다. 사르트르도 사람들이 전투를 하는 일은 없을 거라고 한다. 이 전쟁은 마치 근대 회화에 주제가 없고, 음악에 멜로디가 없으며, 물리학에 물질이 없는 것처럼 살육 없는 근대전이라고 그는 생각하고 있다.

11월 3일

어제 아침, 아무리 애써도 확실하게 할 수가 없었던 그 무의식적 기억, 그것은 겨울 스포츠의 추억이었다. 그때의 어둠, 추위, 그리고 앞으로 다가올 즐거움을 위해 한층 긴장하며 새벽녘 얼어붙은 세계로 뛰어드는 것은, 호텔 복도에 서서 눅눅한 장작 냄새를 맡는 일과 똑같다. 병사들은 와인 감식자처럼, 샤모니에서 카운터에 팔을 괴고 있다. 겨울철 새벽녘의 상쾌한 한순간이다. 나는 사르트르와 단둘이서 마을의 휴일을 즐기고 있다. 이 인상은 날이 밝아옴에 따라 옅어져 가지만 처음에는 무척이나 강렬하다. 베프 누아르의 식당은 나비 표본과 사슴머리, 박제된 새가 장식되어 있어 느낌이 좋다. 나는 사르트르의 수첩(그는 날마다 이 수첩에 생활을 기록했는데 이것을 자기 과거의 총결산이라고 했다)을 정신없이 읽었다. 그가 돌아왔을 때, 둘이서 그것에 대해 이야기했다.

오후에 나는 한 식료품 가게에서 겨자가 듬뿍 담긴 거대한 냄비를 앞에 두고 있는 두 병사를 보았다. 이렇게 많은 양의 겨자를 본 것은 처음이다. 그들은 이것을 부대까지 가져가려 하는데 가게 안주인이 냄비를 빌려줄 수 없다고 한다.

"그렇다고 겨자를 손에 쥐고 갈 수는 없지 않소?"

병사 하나가 투덜거린다. 그는 원망스럽다는 듯 불평을 한다.

"알자스인은 장사에 서툴러."

이런 반감은 가는 곳마다 느낄 수 있다. 외부로 나가면 독일 놈 취급을 당하기 때문에 이곳 사람들은 피난을 원치 않는다. 다만 이곳은 제1선에서 겨우 10킬로미터밖에 떨어져 있지 않은데도 그들은 매우 냉정하다.

나는 내 일기를 사르트르에게 보였다. 그는 스스로에 대한 얘기는 좀더 깊이 다루어야 한다고 말한다. 나도 그렇게 하고 싶다. 나는 줄곧 내가 확신한 어떤 것이 되고 싶어한다는 사실을 안다. 이제 곧 32살이 되며, 또 성숙한 여자라고 느끼고 있지만 그것이 어떤 여자인지 알고 싶다. 이를테면 나는 어떤 점에서 여자일까? 어느 정도까지 여자가 아닐까? 그리고 전체적으로 나는 현재 나의 인생과 사상에서 무엇을 추구하는 걸까? 시간이 나면 이런 것들도 이 수첩에 적어보리라.

11월 5일

어제는 무척 따뜻했다. 오늘은 서리가 내렸다. 나는 이 멋진 풍경을 보러 마을을 잠깐 산보한다. 사거리에서 군인들이 공놀이를 하고 있다. 벤치에 걸터앉아서 맑은 공기를 마시는 사람들도 있다. 거의 군복밖에는 눈에 띄지 않는다. 자동차는 모두 위장되어 있으며, 말과 트럭이 줄지어 간다. 그러나 그런 와중에도 평화가 전쟁을 뚫고 나간다. 운하 옆에는 파란 길 안내판이 아직도 서 있고, 그곳에는 '무슨 무슨 방면에 이른다'고 쓰여 있다. 그 길에 이제 통행금지라는 경고는 없다. 집들의 지붕에는 이상한 이끼가 나 있고, 나무들은 오만하게 나무 자신을 위해 존재하는 것처럼 보이며, 브뤼마스는 조심스레 자기 개성을 되찾아 단순한 주둔지가 아님을 보이고 있다. 그렇기는 한데……, 내 눈앞에 낡은 시골버스가 와 있다. 차체는 위장되어 있고, 운전사는 군복 차림이며, 유리창에는 마을 이름 대신에 '우편반'이라는 글자가 보인다. 진창길은 철조망으로 차단되어 있다.

베프 누아르에서는 사무국에 근무하는 병사 하나가 말을 걸어온다. 그에게서 스트라스부르 상황을 듣는다. 도시는 비었으며, 공무원이 몇 명 있을 뿐이다. 일반 시민은 짐을 가지러 올 수는 있지만, 도시에 머무를 수는 없다. 담배 가게도 닫혀 모든 것이 죽은 듯한데도 사람들은 크리스마스에는 평화로워지기를 기대한다. 그 병사도 역시 전쟁의 불이 튀지 않는 '외교전'의 가능성을 믿고 있다고 한다. 사람들이 제1선으로부터 다가올수록 전쟁의 그림자가 옅어진다. 파리에서는 뵈즈빌이나 캥페르에서 온 사람들이 안심할 수 있고, 브뤼마스에서는 파리에서 온 사람들이 안심할 수 있다.

4시에 사르트르가 와서, 뒷방에서 커피를 마셨다. 병사는 아직 카페에 들어오면 안 되는 시각이기 때문이다. 파랑과 하양 덮개가 씌워진 긴 테이블 구석에서 느긋하게 대화를 나눌 수 있다. 이따금 누군가가 문을 열지만 실례했다는 듯 황급히 물러간다. 나는 그저께 말했던 자기검토를 지금 당장 할 마음은 없다고 사르트르에게 말했다. 나는 소설을 완성하고 싶다. 나를 검토하기보다는 활동적으로 살고 싶은 것이다. 5시가 되자 우리는 커다란 방으로 옮겨서 소시지와 감자를 먹었다. 별이 빛나는 넓디넓은 하늘 아래 사르트르는 역 앞 광장까지 나를 배웅해주고는 다시 어둠 속으로 사라졌다.

대합실은 어둡다. 많은 병사가 있고 짐을 든 민간인도 있다. 대부분 배낭을 등에 지고 있다. 플랫폼에는 체리주의 강한 냄새가 감돈다. 열차가 도착했지만 사람이 너무 많아서 문도 간신히 열고 있다. 맨 앞에 서서 종을 울리는 병사에게 매달려 나는 운 좋게 올라탔다. 사베른까지는 역마다 정차한다.

9시 사베른 도착. 복잡하고 검고 커다란 역이다. 대합실 겸 식당이 하나 있을 뿐인데 거기서는 아무것도 마실 수가 없다. 도로에 나서니 비행사 하나가 바로 뒤를 따라왔다. 완전히 암흑인 광장을 가로지른 곳에서 그는 한 호텔 문을 두드려 여주인을 불러냈다. 여주인은 그와 아는 사이인 듯, 우리를 안으로 들여보내 주었다. 한적한 식당에서 여급을 희롱하고 있는 비행사와 마주앉아서 나는 레모네이드를 마셨다. 하지만 그것도 잠시뿐, 어느새 쫓겨나고 만다. 급행열차는 한밤중에 출발하므로 나는 조바심이 나기 시작했다. 대합실에는 전쟁 냄새가 진동을 한다. 테이블 위에는 슬픈 짐들이 산더미처럼 쌓여 있다. 이불, 담요 등, 피난민의 물건들이다. 피난민들은 뭉게뭉게 솟는 담배연기와 일산화탄소를 뿜어내는 난로의 비위생적인 따뜻함 속에서 의자에 웅크리고 있다. 나는 한쪽 구석에 선 채로 책을 읽다가 밖으로 나왔다. 지하도에는 배낭이 쌓여 있고, 그 위에 걸터앉은 병사들이 뭔가 먹고 있다. 계단에 쭈그리고 앉아 있는 사람들도 있다. 플랫폼은 군인들로 넘쳐나 한 발짝도 앞으로 나아갈 수가 없다. 나는 고행자처럼 우뚝 선 채로 깊은 생각에 빠져서 마지막 대기 시간이 지나가는 것도 알아채지 못했을 정도였다. 이 전쟁은 사르트르가 말했듯이 '희귀한' 것이기 때문에 오히려 이르는 곳마다 보인다. 이 플랫폼, 이것이 바로 전쟁이다.

맨 처음 도착한 열차가 병사들을 모조리 집어삼켰다. 그 뒤에 급행열차가 왔다. 나는 좌석에 초록 가죽을 씌운 쾌적한 침대칸으로 들어섰다.

"혼자입니까? 그렇다면 들어와도 괜찮아요."

뚱뚱한 알자스인 병사가 말한다. 나는 구석에 걸터앉았다. 고깔모자를 전투모로 고쳐 쓴 민간인이 1명, 세브르 농촌 출신 병사가 2명 있다. 그들은 특별 임무를 띠고 3일 예정으로 나왔노라고 했다. 알자스인은 아들을 라인 강 지역에 남겨놓고 고향으로 돌아가는 참이라고 한다. 그는 여자와 함께 여행하는 기쁨에 대해 농담을 하다가, 내가 책을 읽으려 하자 좌석에 올라서서 전구에 칠해진 푸른 페인트를 주머니칼로 깎아내어 밝게 해주었다. 나의 코와 눈, 턱 주위가 밝아지고 글자를 읽을 수 있게 되었다. 마침내 내가 자려 하자 알자스인은 군용 외투를 덮어주었으며, 경쟁심이 발동한 민간인은 폭신하고 깨끗한 베개를 빌려주었다. 나는 오랫동안 잤다. 다리가 알자스인에게 닿기에 끌어당기자 그는 말했다.

"자, 괜찮아요. 여자분과 접촉하는 것은 12주 만이거든요."

모두 알자스산 마크주를 돌아가며 마신다. 나는 8분의 1을 마셨다. 무척 감칠맛이 난다. 덕분에 금세 잠이 온다. 꾸벅꾸벅 졸면서 그들의 이야기를 듣는다. 또다시 평화공세 얘기다. 라인 강을 사이에 두고 독일 병사와 프랑스 병사가 낚싯줄을 드리우고 있다거나, 한번은 독일군이 기관총을 갑작스럽게 발포하고는 '프랑스군 장교여, 용서하게. 귀군을 겨냥한 것은 아닌데 익숙치 않은 자가 발포하고 말았네'라고 쓴 글귀를 들어 올리더라나. 스트라스부르와 고향을 떠나는 비애도 화제에 오른다. 한 남자가 집으로 돌아가 보니 집이 완전히 엉망이 되어 있어서 울면서 돌아왔다고 한다. 병사들은 분개했다. 그들은 부대가 접수한 민간인 집에서 거울이 달린 양복장에 못을 박고 토끼 가죽을 벗겨낸 병사가 있었다고 얘기하면서, 그 정도로 훌륭한 가구를 못 쓰게 만들었다고 생각하니 참을 수가 없었다고 한다. 그들은 장교에게 호의를 갖고 있는 듯하다. 중대장은 밤이 되면 몸소 피엑스(PX)까지 가서 부하를 위해 술을 사온다고도 했다. 그렇지만 세브르의 농민들은 이 전쟁을 전혀 이해하지 못한다. 알자스인이 연설을 시작한다.

"암 산양 2마리가 있고 수 산양 2마리가 있으니, 당신들은 2마리의 수 산양이로구먼."

이렇게 놀려대고 웃는다. 그는 내 다리를 붙잡고 구두를 벗기더니 자기 무릎에 내 발을 올려놓으면서, 이렇게 하니 좋으냐고 묻는다.

"내 다리를 원하시는 대로 해도 상관없어요."

나는 무심코 대답하고 말았다. 한밤중에 나는 복사뼈가 부드럽게 눌리는 느낌에 눈을 떴다. 내가 다리를 잡아당기자 그는 더 이상 끈덕지게 달라붙으려고는 하지 않았다.

　파리로 돌아온 뒤에도 나는 일기를 계속 썼는데, 그것은 어떤 확신이 있어서가 아니었다. 나는 전쟁의 한가운데 서 있었고, 전쟁은 파리에 자리잡고 있었다. 그곳은 이미 전과 똑같은 도시가 아니었다. 첫째는 젊은 남자보다 여자나 어린이, 노인이 훨씬 많이 눈에 띄었다. 특히 파리는 1, 2년 전에 카유아가 《대도시의 신화》에서 묘사했던, 그런 매혹적인 깊이와 신비로움을 잃어버렸다. 스치고 지나치는 이 사람들의 미래도 나의 미래도 동일한 어떤 것, 즉 '전쟁의 종말'이다. 이런 전망으로 맺어진 단단한 끈이 과거의 '정글'을 친근한 마을로 변모시켰다. 나는 내가 도시 사람이 아니라 시골 사람이 된 듯한 기분이 들었다. 맑게 갠 밤에는 은하수가 빛났으며, 해질녘에는 뤽상부르 공원의 철책 너머로 병사들의 외침과 올빼미의 울음소리가 들려왔다.
　부모님은 파리로 돌아왔고, 여동생은 리무쟁에 남았다. 상퇴유 거리의 내 여동생 방에서는 추위와 등화관제 때문에 그림을 그릴 수 없었다. 게다가 그녀의 남자친구 리오넬은 병중이어서 시골 공기가 필요했다. 그는 숙모와 함께 생제르맹레벨로 옮겨 어떤 의사의 집에서 하숙하고 있었다. 내가 만나는 사람들은 여전히 철학 학사과정을 밟고 있는 비앙카와 다시 될랭 밑에서 공부를 시작한 올가 등, 거의가 여자였다. 우리는 지난해의 습관을 고수했다. 플로르에는 몇몇 새로운 얼굴이 등장했다. 그중 하나인 시몬 시뇨레는 매우 젊고, 과감하게 짧게 자른 검은 머리에 베일을 써서 여학생다웠다. 빨강 머리의 롤라는 한 테이블을 고정석으로 삼고는 입도 무겁게, 멍한 눈길로 몇 시간이고 깊은 생각에 빠지곤 했다. 그녀는 자기가 얼마나 아름다운지 꿈에도 생각지 않는 듯했다. 남성 진영에는 새로운 얼굴 하나가 출현하여 모두의 존재를 무색케 했다. 그리스인과 에티오피아인 사이의 혼혈인 니코는 당시 20세로 눈이 부실 정도로 젊고 생기발랄했다. 그는 카바레 발 네그르에서 현란하게, 더구나 우아하고 아름답게 춤을 추었다. 전체적으로 플로르족은 전과 다름이 없었다. 이 사람들과 얼굴을 마주하는 것은 즐거웠지만 친해지고 싶은 마음은 전혀 없었다.
　나는 너무 많아진 시간을 부수기 위해 음악을 듣기 시작했다. 늘 그렇듯이 편집광 같은 열성으로 공부에 파고들었다. 이것은 내게 무척 도움이 되었다.

소녀시절의 가장 충실했던 시간과 마찬가지로 즐거움과 지식은 하나로 녹아들었다. 누군가가 축음기를 빌려주어, 레코드를 사방에서 빌렸다. 소리를 감춘 채 침묵을 지키고 있는 둥근 판을 앞에 두고 있으면, 개학식 날 새 책을 앞에 두었던 때와 똑같은 흥분을 느꼈다. 나는 빨리 그 소리가 듣고 싶었다. 하지만 소리가 귀를 스치는 것만으로는 성이 차지 않았다. 동시에 이해하고 도취하고 싶었다. 나는 똑같은 레코드를 10번이나 계속해서 틀고, 곡마다 분석했으며, 다시 그것을 전체적으로 파악하려 했다. 음악사와 여러 작곡가에 관한 평론도 많이 읽고 생미셸 거리의 '샹트클렉'에도 뻔질나게 드나들었다. 나는 팔걸이의자에 진을 치고 리시버를 귀에 꽂았다. 곡은 몹시 직직대는 지독한 잡음을 통해 들려왔지만, 이 불쾌함은 자유롭게 프로그램을 결정하는 나의 기쁨으로 상쇄될 수 있었다. 이렇게 하여 그때까지 나에게 결여되어 있던 많은 것들을 보충했다. 나는 음악회에 자주 갔으며, 특히 샤를 뮌슈가 지휘하는 국립음악원 콘서트에는 정기적으로 다녔다. 뮌슈는 어찌나 대단한 열연을 하던지 곡목 사이에 와이셔츠를 갈아입어야 될 정도였다. 토요일 오전 총연습에도 자주 들렀고, 일요일 오후 연주는 무슨 일이 있어도 빼먹지 않았다. 그곳에는 콕토와, 맨발에 샌들을 신은 콜레트를 비롯한 유명인사가 모습을 보였다. 나는 오페라 극장에서 글루크의 〈알체스테〉도 들었다. 지금은 VIP석조차도 잘 차려입고 오는 사람이 없으며, 어느 극장이나 다 그렇듯이 입장료는 현저하게 싸졌다. 내가 구입한 표에는 원래의 요금 33프랑이 지워지고 대신 12프랑이라고 기재되어 있었다. 비록 스트라빈스키에 그치는 것이었지만. 나는 특히 현대 음악에 흥미를 가졌다. 마음에 드는 작곡가는 라벨이었는데, 나는 그의 작품을 가능한 한 철저하게 연구했다. 2년 동안 나는 음악에 깊이 몰두했다.

이따금, 아니 아주 드물게 나는 올가와 자키에서 술을 마셨다. 12월 9일부터 사람들은 나이트클럽에서 다시 춤을 출 수 있게 되었다. 무용수들은 라 마르세예즈를 부르고, 삼색 셔츠와 영국 국기 색깔의 짧은 치마를 입고 있었다. 경찰의 기습검열이 자주 있었는데, 반짝이는 철모를 쓰고 배에 라이트를 켠 경관들이 손님의 신분증을 조사했다. 때때로 밤중에 경보가 울렸지만 이제는 신경도 쓰지 않았다. 올가 자매는 1, 2명의 친구들을 불러다놓고 차를 마시거나 수다를 떨었으며, 나는 다음 날까지 피로가 남는 게 싫어서 귀마개를 하고 숙면하는 쪽을 택했다.

　이처럼 고통스러우리만큼 단조로운 생활 속에서는 지극히 하찮은 기분전환도 대사건이 된다. 일기에 적어놓은 그러한 사건들의 기록을 여기에 다시 인용해야겠다.

12월 3일

　올가와 페롤에서 즐거운 하루를 보내다. 낡고 작은 완행전차 대신에 호화로운 가솔린 자동차가 에스블리에서 크레시까지 우리를 싣고 갔다. 그런데 이게 웬일! 개표구에 경비대원 2명이 서서 우리를 파리로 송환하겠다고 한다. 우리에겐 통행허가증이 없다. 내가 끈질기게 맞서자 대원 하나가 지쳤는지 결정하기 어렵다는 듯 상관에게로 데려갔다. 상관은 대원에게 무턱대고 소리치기 시작했다. 나도 지지 않고 땍땍거리면서 여권을 내밀었다. 옆에 있던 여자가 병든 어머니를 문병하러 가기 위해 기다리다가 개표구를 통과해 역으로 나갈 수 있었는데 우리도 함께 허가해주었다. 올가가 외국인 이름이기 때문에 그들은 그녀의 여권을 뚫어져라 점검했지만 트집 잡을 만한 것은 하나도 없었다. 우리는 기세등등하여 역을 나섰다.

　급경사를 걸어 올라간다. 해가 쨍쨍 내리쬐어 나는 외투를 벗었다. 페롤에 도착해서 나는 J부인 집을 올가에게 가르쳐준다. 말에게 편자를 박고 있는 남자가 있다. 뒬랭이었다. 능직 코듀로이 바지에 거친 포대용 마직의 커다란 앞치마를 두른 모습이다. 그는 우리에게 인사를 건네고서, 2층에서 우리를 부르고 있는 카미유를 만나러 가보라고 한다. 집 안으로 들어가니 아주 새것인 작은 장의자가 있고, 방 깊숙이에는 조화가 꽂혀 있으며, 벽에는 예쁜 새 그림이 걸려 있다. 카미유가 내려온다. 자주색 실내복을 입고 땋아 내린 머리에 빨강 리본과 보석을 장식해 무척 근사하다. 손가락에는 베르베르족 반지를 끼고 팔찌와 목걸이도 했다. 강아지와 고양이가 사이좋게 함께 놀고 있다. 뒬랭이 와서 아보카도주를 나눠 마신다. 감미롭다. J부인은 얼마 전에 만났을 때만큼 무섭지는 않지만 머리칼이 삼색이다. 앞은 희고, 정수리는 빨강, 목덜미에는 회색 머리칼이 섞여 드리워져 있다. 점심식사 뒤에 뒬랭은 이번에 재연하는 〈리처드 3세〉 장치 제작에 들어갔다. 그는 톱으로 자르고 갖풀로 붙여 작은 런던탑을 만들고 있다. J부인은 그것을 바라보며 말한다.

"원 세상에! 무대장치가 이렇게나 복잡한 것인 줄 몰랐다니까. 그냥 가구를 갖다놓기만 하면 되는 줄 알았는데!"

한편 올가는 〈리처드 3세〉의 한 장면을 베껴 썼으며, 카미유는 빨강과 하양 양말을 뜨개질하고 있다. 오후는 이렇게 보내고, 우리는 카미유에게서 빌린 작고 푸른 손전등을 들고서 밤길을 돌아왔다.

12월 8일

마이외에서 일을 하고 있는데, 갈아 끼울 그림을 파는 아저씨가 왔다. 고릴라나 돼지, 코끼리 몸체에 히틀러의 머리를 단 것이다. 이런 장사치를 보는 것은 처음이다. 세실리아 베르탱(그녀는 철학 학사시험에 합격했는데 아틀리에 극장을 그만두고 주베 밑에서 공부하고 있었다)이 내 테이블로 다가왔다. 빨강 비로드 드레스를 입고, 머리는 밀랍처럼 창백하며, 볼에는 분홍 반점이 있다. 그녀는 말했다.

"생각지 않게도 여기서 너를 만나게 되었군."

그녀는 생캉탱의 사립 남자고등학교에서 문학을 가르친 적이 있다. 그녀는 1학년 조무래기들에게 피에르 코르네유의 고전비극 《오라스》를 해설해주었는데, 내게 이렇게 토로했다.

"나는 집에 돌아오자마자 엉엉 울면서 코르네유에게 잘못을 빌었어!"

세실리아는 최상위 반도 담당하고 있었다.

"나는 처음에는 상급반 아이들에게 베를렌이나 보들레르를 읽어줬어. 학생들은 아무것도 몰랐지만 내가 고뇌를 담아서 읽고 있다는 것을 느꼈던 거야. 그래서 나의 거짓 없는 고뇌가 그들의 마음을 사로잡았었지."

세실리아는 국립연극학교 시험을 치르기 위해 학교를 그만두었다. 주베가 편의를 봐주겠다는 편지를 보내기는 했지만 실제로 그는 아무것도 해준 게 없다. 그녀는 주베에 대해 루이즈 페롱과 마찬가지로 현저한 망상에 사로잡혀 있었다. 주베는 사랑하는 여자에게 속수무책으로 빠져드는 성격이기 때문에 연애를 두려워하여 피하는 것이라고 그녀는 설명한다.

"그래서 그 사람은 이제 복도나 계단참 같은 데가 아니면 나와 마주치지 않게 되었어. 아! 우리는 서로를 얼마나 괴롭히고 있는지 몰라!"

탄식도 한다. 주베가 보이는 무관심함은 모두 그 정열의 증거가 된다고 한다. 그녀는 그가 질투한다고 굳게 믿고 있다. 주베가 추위를 막기 위해서라며 그녀의 외투 깃을 세워주면, 그녀는 '그는 내게 가면을 씌워 다른 남자에게 얼굴이 보이지 않게 해야 한다고 생각한다'고 여긴다. 또는 그가 자기 뒤를 따라왔다고 상상하고, 마이외에서도 그가 자기를 보고 있다고 믿어버린다. 토요일 아침에 그녀가 개인교습을 쉬었더니 그는 그날 오후에 심한 말을 했다.

"오늘 아침엔 어째서 오지 않았지? 돌아와."

그러더니 오지 않은 복수로 그녀의 눈앞에서 한 예쁜 소녀에게 키스를 했다는 것이다. 세실리아가 에르미온(라신의 비극《앙드로마크》에 나오는 인물) 역을 맡았을 때,

"아! 내가 너를 사랑하지 않았다니 한탄스러운지고!"

이런 대사를 읊자 그는 감동을 감추기 위해 얼굴을 덮어버렸다고 한다. 그는 지금껏 단 한 번도 그녀를 칭찬한 적이 없다. 그녀는 자신의 천재성을 기르는 고독과 고뇌에 대해 내게 말했다. 그녀는 '고독의 폭발' 속에서 페드르(라신이 지은 이 작품의 주인공) 역의 멋진 효과를 발견했다고 한다. 그것은 '내면적인' 효과라고 단서를 달았다. 세실리아는 주베에게 몸을 허락하지 않은 것을 자랑으로 여겼지만, 사실 주베 쪽에선 아무것도 요구한 적이 없었다. 그녀는 아무도 만나지 않고 호텔 생활을 계속하면서 '먼저 언어의 의미를 비사회화하기 위해, 시에 이어 그런 언어를 사용한 중편소설을 쓰고' 있다. 국립연극학교 시험에 떨어지던 날 밤에 그녀는 주베를 만나러 갔다. 그때 세실리아는 차분하게 가라앉은 심정이었다. 주베는 그녀의 손을 잡고 눈을 들여다보며 물었다.

"너는 냉정하니?"

세실리아가 그렇다고 대답하자 그는 평소와 다른 눈길로 그녀를 쳐다보면서 그녀의 손에 키스했다.

"그 눈길은 평생토록 찾아 헤매던 것을 마침내 찾아낸 사람의 것이었어."

그녀는 말했다.

"나는 낙제한 것이 기뻐. 그 눈길을 받았다고 생각하면."

그녀는 술회했다. 주베는 이 세상에서 오직 한 사람, 세실리아만을 필요로 한다. 그러나 그는 자신의 까탈스런 성격은 어떤 여자와도 관계하는 것을 허락하지 못한다는 사실을 알고 있다. 때문에 차라리 그녀와 절교하는 쪽을 택한 것이다. 그녀는 눈을 반짝반짝 빛내면서 물었다.

"너는 나에 대해 어떻게 생각해?"

나는 말꼬리를 흐렸다.

니장은 11월 말에 휴가를 얻어 파리에 왔다. 하지만 나는 그와 만나지 못했다. 두고두고 유감이다. 그때 우리는 그의 소식을 들을 수는 있었다. 우리가 상상했던 대로 독·소 불가침 조약은 그를 뒤흔들었다. 코르시카 섬에 있던 동료 공산주의자들은 그들이 꾀하던 일에 대해 그에게는 한마디 귀띔도 해주지 않았던 것이다. 니장은 모두가 일부러 그를 따돌렸다고 생각해 참기 힘든 충격을 받았다. 그가 탈당한 이유는 우리로서는 충분히 이해가 갔다. 하지만 우리는 그를 직접 만나서 좀더 자세한 설명을 듣고 싶었다. 그는 전에 사르트르 앞으로 짤막한 편지를 보냈는데, 거기서는 자세한 이야기를 하지 않았다. 사르트르는 그에게 답장을 보냈으며, 니장에게서 12월 8일자로 된 두 번째 편지를 받았다. 이것은 니장이 우리에게 보낸 살아 있다는 마지막 증거였다.

"그리운 친구여. 엽서 고맙네. 파리에 갔다가 돌아와 보니 자네의 편지가 와 있더군. 파리는 기묘해. 그리고 내가 만난 사람들은 기막히도록 우스꽝스러웠지. 자네나 나는 검열위원회에도, 지로두의 정보국에도 속하지 않는 6, 7명의 축복받은 작가 중에 끼어 있더군. 다들 빈정거림을 담지 않고는 우리를 쳐다볼 수 없는 모양이야. 우리는 우리의 소설을 쓰도록 하세. 자네와 마찬가지로 나도 다시금 나를 검토하고 있네. 하지만 기상 관측반이 공병보다는 분명 한가할 걸세. 나는 아직 2권째야. 이런 것은 모두 당분간은 간행되지 않겠지. 소설조차도 정나미가 딱 떨어지는 방식으로 검열을 받을 정도이니 내가 지금 공산당을 탈당한 이유를 굳이 설명할 필요가 있겠나? 프티장을 만났네. 부상은 매우 가볍지만 지독한 영웅심에 사로잡혀 있더군. 비정규군으로서 자기 자신을 바람직하다, 명상적인 인간이다, 믿고 있었어. 그가 우리에게 신의 모든 사정을 설명하려면 10년은 걸릴 걸세. 아롱과 그는 철학에서 좋은 맞수가 될 거야. 이렇게 페기 2세와 딜타이 2세 사이에 끼어 우리는 웃지는 않아도 우스워 보이기는 하겠군. 나는 파리에서 시간이 별로 없어서, 카스토르를 만나고 싶었지만 그러지 못했다네. 자네가 부디 잘 말해주게. 자네의 108지구에서 편지를 기다리고 있겠네. 건강하길. 니장."

나는 올가를 통해 보스트의 소식을 자주 들었다. 그는 전혀 위험에 노출되어 있지 않지만 일상이 너무나 동물적임을 한탄하고 있다. 한편, 사르트르는 여전히 브뤼마스의 술집에 다니거나 관측 일을 하고 있다. 그는 매일 내게 편지를 주었지만, 나는 파리를 탈출하는 와중에 그만 이때부터의 편지를 잃어버리고 말았다. 폴랑 앞으로 보낸 편지에서(폴랑이 아드리엔 모니에게 이 편지를 보였을 때 그녀는 어떤 팸플릿에 이 편지의 일부를 신고 싶어져서, 타이프로 복사하여 사르트르에게 보내 발표 허가를 요청했으나 그는 거절했다) 그는 다음과 같이 자기의 생활을 전하고 있다.

"여기서 나의 임무는 기구를 하늘에 띄워서 망원경으로 조망하는 일이야. 이런 걸 이른바 '기상관측을 실시한다'고 하지. 그것을 끝내면 포병대 장교에게 바람의 방향을 전화로 알려. 그것을 어떻게 이용하는지는 그들이 알아서 할 일이고. 젊은 팀은 그 정보를 활용하지만, 나이 든 팀은 휴지통에 던져넣지. 이 둘의 방식은 우월할 것도 뒤떨어질 것도 없어. 어쨌든 대포는 쏘지 않을 테니까. 이 지극히 평화적인 일(이것 이상의 감미롭고 시적인 군 복무를 하는 것은 비둘기 소식담당—군대에 그런 것이 지금도 있다면—뿐이라고 생각하지만)은 충분한 여가가 주어지기 때문에, 그것을 이용하여 속속 소설을 완성하고 있어. 몇 달 뒤에 이것을 발표했으면 하는 생각이야. 검열위원회가 이 소설에 어떤 제재를 가할지 감이 잡히질 않는군. '건전한 도덕성'이 결여되어 있다고 한다면 이해하겠는데. 하지만 이런 인간으로 태어난 이상 달라질 수 없으니 어쩌겠나?"

이리하여 기묘한 전쟁은 미적미적 계속되었다. 전방에서도 후방에서도 문제는 시간을 죽이는 일이며, 두려움이라고 해야 할지 공포라고 해야 할지 모를 이런 대기상태의 끝이 어디든 그곳까지 참을성 있게 당도하는 일이었다. 한 학기가 끝나고 나서 크리스마스 휴가에 나는 스키를 타고 싶었다. 안 될 까닭은 없지 않은가? 곤혹스럽게도 함께 가줄 사람이 없다. 뭐니뭐니 해도 스키장에선 누군가와 경쟁해야 재미있고, 혼자서 마운틴 스키를 타는 것은 위험하기도 하다. 비앙카는 장 카나파가 나와 똑같은 입장에 있다고 귀띔해주었다. 우리는 서로 거의 아는 바가 없었지만 그래도 함께 메제브로 출발했다. 우리는 아르부아 산꼭대기 오두막 호텔, 이데알 스포츠에 묵기로 했다. 당시에 이 호텔은 어느 정도 설비가 갖춰져 있었으며 위치도 좋았는데, 그에 비해 값은 저렴했다. 그럼에도 그해 겨울은 거의 손님이 없었고 일요일에만 로슈브륀의 로프웨이행 행렬이 생겼다. 다른 날은 이 은세계를 마치 혼자서 차지하고 있는 듯했다. 나와 카나파는 기묘하게도 부정적인 의미에서는 마음이 잘 맞았다. 열흘 동안 우리는 단 한 번도 대화를 하려 하지 않았던 것이다. 식탁에서도 마주 앉은 채, 서로에게 개의치 않고 책에 빠져들었다. 내가 재미있다고 생각하는 것—오두막에 있는 다른 손님들이라든가 그들이 나누는 이야기나 거동 등—은 그의 흥미를 끌지 않았는데, 대체 그에겐 어떤 것이 재미있을까? 나는 끝내 발견할 수 없었다. 스키에 관한 한 우리 실력은 비슷해서 어깨를 나란히 하고 침묵한 채 미끄러져 내려왔다. 우리는 프라리옹에서 생제르베 쪽으로 새 눈을 밟으며 멋진 활강을 했다. 카나파와의 약속은 마음에 들었다. 사고가 났을 때는 곁에 누군가가 있어주어야 하지만, 일상생활 때는 아무도 없는 것과 마찬가지였으니까. 5시쯤에 숙소로 돌아오면 나는 큰 홀의 테이블에 앉아서 곁에 있는 라디오를 독점했다. 재미있을 만한 음악 프로를 찾아 다이얼을 돌리면 제대로 맞을 때도 가끔 있어서 나는 이 보물이 무척 마음에 들었다. 1월에는 사르트르가 휴가를 받기로 되어 있었기에, 음악과 눈 등 모든 것을 한층 밝은 기분으로 만끽할 수 있었다.

파리로 돌아와 나는 사르트르가 오기를 손꼽아 기다렸다. 이달에 단 한 가지 주목할 사건은 아틀리에 극장의 〈리처드 3세〉 초대공연이다.

1월 10일

〈리처드 3세〉의 초대공연. 훌륭한 장치, 멋진 의상. 마리 엘렌 다스테는 검정 옷에 하얀 원뿔형 모자를 써서 호사스러웠고, 블랭은 버킹검 공의 하얀 옷을 입어 화려했다. 뒬랭만이 밝은색 상의를 입었는데 자못 악당답다. 여배우들의 연기도 훌륭하지만 뒬랭이 탁월하다. 다른 남자배우들은, 블랭까지 포함해서 약간 서툴렀다. 물루지는 유령의 나이트가운 차림으로 돌아다녔다. 뒬랭은 물루지가 '촌극'이라고 부르는 것을 속속 선보인다. 무대에 서서 군중에게 연설하는 장면에서 뒬랭은 특별히 주의를 기울여 화내는 모습을 보였다.

"카미유는 기관지염이에요."

그는 내게 인사를 하며, 평소 카미유 얘기를 할 때마다 보이는 정중하고도 음험한 표정으로 말했다.

2월 초에 나는 동역까지 사르트르를 마중 나갔다. 그주는 산책과 대화로 날이 새고 저물었다. 사르트르는 전후의 일을 줄곧 생각했다. 그는 앞으로 정치의 움직임에서 멀어지는 일은 하지 않겠다고 굳게 마음먹고 있었다. 그가 진정 개념을 바탕으로 실천하려고 노력하는 새로운 도덕은 인간이 자기 '상황'을 '받아들일' 것을 요구한다. 때문에 유일한 수단은 하나의 행동에 참가함으로써 그 상황을 초월하는 데 있다. 그 밖의 태도는 모든 자기기만에 기초한 도피이고 공허한 주장이며 허위이다. 이리하여 하나의 중대한 변화가 그의 내부와 그의 견해에, 그리고 즉석에서 공감한 나의 내부에 생겨났던 것이다. 왜냐하면 과거 우리의 첫 번째 관심사는 우리가 처한 상황을 음모, 미끼, 거짓 등을 이용해 멀리 떼어놓는 일이었기 때문이다. 이 이론의 전개에 대해서는 사르트르가 나중에 충분히 설명하므로 내가 더 이상 말할 필요는 없을 성싶다. 그의 정치 참여가 정확히 어디서부터 성립하는지는 그도 아직 알지 못했다. 미리 알 수는 없었으며, 그는 섣부른 예측은 바라지도 않았다. 그러나 그가 확신했던 점은 자기 후배들에 대해 의무가 있다는 사실이었다. 제1차세계대전 당시의 젊은 병사처럼 전후에 그들이 '잃어버린 세대'라고 느끼는 일이 있어서는 안 된다고 사르트르는 생각했다. 그는 이 세대 개념에 대해 브리스 파랭과 상당히 격렬한 논쟁을 했다. 파랭은 같은 또래인 사람이 공격을 당하면 어느새 자기도 그것에 돌입할 마음을 먹곤 했다. 예컨대 우리는 드리외 라 로셸의 《질》이 질색이었지만, 파랭은 우리 비판으로 자기가 상처를 받았다고 느끼는 것이다. 파랭 앞으로 보낸 편지―다만 이것은 끝내 부치지 않았지만―에 사르트르는 다음과 같이 썼다.

"드리외가 내가 경험한 적 없는 외적 조건 아래서 나와는 다르게 형성된 정신을 부정할 생각은 없다. 그런 것은 바보짓이다. 하지만 내가 드리외를 비판하려는데 그를 어딘가에 감춰놓고 느닷없이 그와 바꿔치기하여 그의 '세대'를 들이밀고는 둘이 똑같다고 해서는 안 된다. 물론 개인으로서의 드리외는 그 세대에 속해 있거니와 그는 그 세대의 다양한 문제를 알고 있다. 그러나 그를 곧 세대라고 해서는 안 된다. 세대란 계급이나 국적과 마찬가지로 하나의 '상황'이지 소질은 아니다.

정치에 대해서는 걱정하지 않아도 된다. 나는 홀로 이 소동에 휘말릴 작정이며, 또 누구의 흉내를 낼 수도 없다. 나를 따르고 싶어하는 사람들은 따라올 것이다. 하지만 무엇보다 먼저 지난번 전쟁에 참가했던, 당시의 자네와 같은 나이에 들어선 젊은이들이 이번 전쟁에서 '불행한 의식'을 지닌 채 전후를 맞이하는 일이 없도록 해야 한다. 이것을 할 수 있는 사람은 그들과 함께 이 전쟁에 참가했던 선배 말고는 없다고 생각한다."

휴가는 끝났다.

2월 15일

사르트르는 다시 군복을 입는다. 우리는 9시 15분쯤 역에 도착했다. 커다란 표찰이 있다. '귀대자 전용열차는 모두 9시 25분에 발차.' 부인의 찬찬한 시중을 받던 병사들이 역의 지하도로 통하는 차도로 흘러들어 간다. 나는 냉정하다. 그러나 이 출발을 하나의 집단적인 사건으로 보고 있으려니 마음이 흔들린다. 플랫폼에서 어색하게 손을 꼭 쥐고 있는 남녀의 모습이 가슴을 죄어온다. 좌우로 만원 열차가 한 대씩 서 있다. 먼저 오른쪽 열차가 출발한다. 차를 떠나 보내며 돌아 나오는 여자들의 행렬. 어머니, 특히 아내나 연인들이 눈이 빨개진 채 한곳을 응시하고서 멀어져 간다. 훌쩍이는 여자도 있다. 연로한 아버지들이 10명이 채 못 되게 여자들 속에 섞여 있다. 남자는 무리지어 멀리 떠나가고 여자는 마을로 돌아간다. 이들 남녀의 이별은 원시적인 것을 느끼게 한다. 다른 열차의 출발을 기다리는 여자들 중에는 우는 사람이 거의 없다. 그렇지만 몇몇은 남자의 목에 매달려 울고 있다. 그녀들의 등 뒤에는 뜨거운 하룻밤과 수면부족, 서두르던 아침의 피로가 묻어난다. 병사들은 농지거리를 한다.

"어이쿠, 눈물홍수가 나겠구먼!"

하지만 그들의 기분도 같음을 알 수 있다. 발차 순간이 되자 창문으로 병사들이 몰려든다. 내가 있는 곳에서는 어슴푸레한 차 안에 있는 사르트르의 모자와 안경, 이따금 흔드는 손밖에는 보이지 않는다. 안내인이 차문 밖으로 나오면서, 한 여자에게 키스를 하고 있는 남자에게 자리를 양보하며 말한다.

"다음은 누구지?"

여자들은 줄을 지어 디딤대에 오른다. 나도 올라갔다. 그리고 사르트르는 다시 안으로 모습을 감추고 말았다. 집단적인 세찬 긴박감. 이 기차는 이제 곧 떠난다. 마치 몸의 일부가 떨어져나가는 듯하다. 마침내 발차한다. 나는 가장 먼저, 재빨리 플랫폼을 떠났다.

사르트르가 출발한 다음 날엔 눈보라가 파리를 뒤덮었다. 일손 부족으로 도로는 눈이 치워지지 않았다. 번화가의 큰길조차도 다들 쌓인 눈을 밟고 걸어다니고 있다. 도로를 건너려면 보도와의 경계에 높이 쌓인 눈을 타넘어야 한다. 차도는 진흙탕 같아서 발목까지 푹푹 빠진다. 지나다니는 사람은 추운 듯, 약간 겁에 질린 얼굴을 하고 있다. 대자연이 도시로 와락 침입했고, 인간은 그것을 차단할 방법을 모를 만큼 두려운 대변동의 예고 같은 느낌을 받는다. 온통 얼어붙을 듯한 그런 날, 보스트가 휴가를 받아서 파리에 왔다. 제1선에서조차도 이 전쟁은 허깨비 전쟁처럼 느껴진다고 한다. 어딜 봐도 독일군은 그림자도 형태도 없다. 보스트는 몇몇 동료를 매우 마음에 들어했지만 터무니없이 따분했다. 그는 트럼프를 하고 곧 잠이 들 뿐이었다. 한번은 자포자기 심정이 되어 60시간이나 죽은 듯이 잠을 잤다. 앞으로 1년, 2년, 기약도 없이 사육되다가 죽음을 당한다는 생각이 들면 비관에 빠져들곤 했다. 전쟁이 끝나면 사르트르는 정치활동을 할 예정이라고 내가 말하자 그는 흥미를 보였다.

겨울은 지나갔다. 최초의 제한이 시작되었다. 이제 곧 빵 배급권이 배부될 터였다. 과자류는 제조 금지되었으며, 과자 가게는 주 3일 휴업이었다. 고급 초콜릿은 가게에서 사라지고 술 없는 날 3일이 제정되었다. 식당에서도 음식을 두 접시밖에는 주문하지 못하게 되었으며, 그중에 육류는 한 접시로 제한되었다. 이런 모든 것은 그리 크게 불편한 느낌을 주지 않았다. 전쟁은 여전히 '흔히 볼 수 없는' 상태였다. 핀란드와 소비에트의 강화조약이 모스크바에서 조인되고, 4월 초에 히틀러는 6월 15일자로 파리에 입성하겠다고 큰 소리를 쳤다. 하지만 이런 허튼 소리를 믿는 사람은 아무도 없었다. 폴란드 점령에 대해 참혹한 소문이 퍼졌다. 애국자들이 강제수용소에 갇히고, 독일군 손에 의해 조직적인 굶겨 죽이기 작전이 자행되고 있다는 것이다. 또한 장갑열차에 그들을 가두고 차내에 독가스를 살포한다는 말까지 들려왔다. 도저히 믿지 못할 소문이었다. 다들 지난번 대전 중에 유포되던 유언비어를 떠올리고는 과대선전을 경계하고 있었다.

나는 그동안 하던 대로 일을 계속하고, 학교에 다니며, 친구를 만나는 등 그럭저럭 유쾌하게 보내고 있다. 마음을 종잡을 수 없고, 고독이 무거운 짐으로 느껴졌다. 리즈가 이런저런 방법으로 내 생활에 파고들려 했을 때 단호하게 내치지 않았던 것은 그 때문이다. 아침 8시에 내가 호텔을 나서면 리즈가 스카프를 턱 밑에 묶고 눈에 눈물을 잔뜩 머금고는 자주 문에서 기다리고 있곤 했다.

"나, 가출했어요. 아버지가 나를 죽이려 했단 말야!"

이렇게 그녀는 콧물을 훌쩍이며 하소연한다. 그도 아니면 어머니에게 맞았다거나 아버지가 엄마를 때렸다는 둥 불만을 토로했다. 어쨌든 그녀에게는 위로받을 권리가 있었다. 나는 동정하고, 그녀는 나를 따라 한적한 뤽상부르 공원을 나와 학교까지 간다. 수업이 끝난 뒤에도 그녀는 보도에 서서 기다리다가 다시 나를 붙잡고 매달려 함께 차를 마시자고 했다. 또다시 울 일이 시작된다. 그녀는 아버지의 명령에 따라 화학 공부를 하고 있지만 이론 강의는 따분하며, 실험은 무서워서 어쩔 도리가 없다. 시험관이 깨지고, 손가락에 상처가 나는 판국이다 보니 낙제가 뻔하다고 한다. 그녀는 자기 부모가 얼마나 가난하고 심술궂으며 난폭한지를 열띠게 설명했다. 이따금은 바보짓을 그만두고 사랑스럽게 어린시절의 추억을 이야기할 때도 있었다. 14살 때, 그녀는 친구 타니아와 함께 갤러리 라파예트 백화점에서 물건을 훔치다가 차츰 값나가는 물건에 손을 댔다. 그리고 꽤 수입이 되는 폭력적 행위도 계속 무난히 넘겼다. 어느 날은 결국 큰길 모퉁이에서 사고를 치다가 상복을 입은 한 여자의 손에 어깨를 붙들려 파출소로 끌려갔다. 리즈는 울고, 그녀의 부모님이 엎드려 빌어서 풀려나기는 했지만 집으로 돌아온 뒤에 단단히 벌을 받았다.

"그런 거 아니에요! 하지만 엄마가 사오라는 것을 내가 훔쳐다주면 엄마는 앉아서 돈을 버는 거 아닌가요?"

그녀는 말했다. 같은 시기에 걸스카우트 야영장에서 여름 방학을 보내던 중에 그녀는 스카우트 단장을 유혹했다. 그는 50살 가량의 백계 러시아인이었는데, 밤중에 리즈와 만나서 미친 듯이 키스를 했다. 그러나 그에게는 부인도 있었고 세상 사람들의 이목도 부담스러웠다. 파리로 돌아오자 그는 비겁하게도 그녀를 버렸다고 한다.

사실 이 남자가 겁먹은 것을 나는 이해한다. 수난자처럼 보이는 이 소녀는 자기를 보호할 방법을 충분히 갖추고 있었다. 그녀의 눈과 이마에는 입가의 겁먹은 듯한 부드러움과는 대조적인 격렬함이 있다. 어린시절부터 그녀는 고집, 소박한 분노, 요구, 혼돈스런 부분을 그대로 지니고 있다. 그리고 그녀가 나를 필요로 한다는 점이 내 마음을 움직이게 했다. 그녀는 자기만의 달력에, 나와 만난 날에는 빨강 표시를, 내가 없던 날에는 회색 표시를 했다. 검정 표시는 그날 지독히 불행한 사건이 있었음을 의미했다. 나는 매주 규칙적으로 몇 시간을 그녀와 함께 보내게 되었는데, 그녀는 그것에 만족하지 않았다. 언젠가 그녀는 이렇게 말했다.

"내가 계산해 봤는데, 당신은 자기 생활의 140분의 1만큼도 나를 위해 희생하지 않아!"

내게는 일이 있고 소설도 쓰기 때문이라고 내가 설명하자, 그녀는 분개했다.

"나를 만나지 못하는 이유가 고작 그런 것 때문이야? 실제로 있지도 않은 지어낸 얘기를 쓰기 위해서?"

내가 사르트르 얘기를 조금 하자 그녀는 그가 군대에 있어 다행이라고 말한다. 그렇지 않았더라면 나는 그녀 따윈 눈길도 주지 않았을 거라고 했다. 언젠가 그녀는 홧김에 이렇게까지 말했다.

"그 사람이 죽어버리면 좋겠어!"

때에 따라서 나는 혼자 있고 싶을 때가 있다. 나쁜 뉴스를 전해 들으면 나는 불안과 슬픔에 휩싸인다. 그럴 때 나는 리즈에게 교문까지 마중 나오는 일은 하지 말아 달라고 부탁한다. 그러나 그녀는 어김없이 와 있었다. 오늘은 말할 기분이 아니니까 먼저 돌아가라고 해도 그녀는 내 곁을 떠나지 않고 2인분이나 지껄인다. 나는 귀찮아서 더 이상 견딜 수 없을 때면 불쾌해졌다. 그녀는 그것을 비웃고, 그러다가는 끝내 울음을 터뜨려 나를 안절부절못하게 만든다. 그녀는 정말로 상처받기 쉬운 듯이 나는 그녀 앞에 있으면 어찌할 바를 몰랐다.

휴가가 자주 돌아왔다. 사르트르는 4월 중순에도 파리에 왔기 때문에, 우리는 지난번 대화에 이어 저마다, 그러나 동시에 그동안 읽은 책에 대해 이야기를 나누었다. 사르트르는 생텍쥐페리의 《인간의 대지》가 마음에 들었는데, 여기에는 하이데거 철학으로 통하는 데가 있다고 생각했다(그는 《문학이란 무엇인가》에서 이에 대해 다룬다). 비행사의 세계를 묘사함으로써 생텍쥐페리도 주관성에 대한 대립과 객관성에 대한 대립을 모두 초월했다. 그는 다양한 진실이 다양한 기술에 의해 베일이 걷힐 때 어떤 모습을 나타내는지를 말하고, 더구나 그것 하나하나가 현실의 실재성을 실험하고 있어서 상호관계에 의한 특권을 누구도 가지고 있지 않음을 보였던 것이다. 사랑하는 비행기의 조종간을 쥔 비행사가 체험하는 그 대지와 하늘의 변신을, 그는 우리가 생생하게 맛볼 수 있도록 해주었다. 그것은 하이데거의 견해에 대한 가장 훌륭하고, 가장 구체적이며, 가장 설득력 있는 해명이었다. 특별한 분야의 것으로는 라우쉬닝의 저서가 우리를 사로잡았다. 《히틀러는 이렇게 말했다》와 특히 《니힐리즘 혁명》은 우리에게 나치즘의 역사를 이해하게 했다. 《성(城)》의 프랑스어 번역도 막 간행된 참이었다. 그것은 《심판》보다 더욱 놀랄 만한 책이었다. 특히 카프카는 그가 희망을 거는, 그 매혹적이고 기만으로 가득 찬 사자의 말을 통해 우리의 당면 문제인 '의지의 소통'을 말하고 있었다. 그가 묘사해낸 측량사의 '조수' 2명에 대한 초상 또한 우리를 경탄케 했다. 그들은 충직하다 못해 얼빠진 조수가 되어, 애당초 가능성이 희박한 성공 기회를 그 충실함에 의해 모조리 엉망으로 만들어버린다. 사르트르는 자기 '부하' 2명에게서 이러한 '조수'의 면모를 인정했으며, 우리는 그 뒤에도 이런 사람들과 자주 부딪쳐야 했다.

우리는 극장에도 다니고 연극도 몇 편 보았다. 콕토의 〈성스런 괴물〉의 주제는 나를 감동케 했다. 그것은 《초대받은 여인》의 주제와 매우 가까웠다. 여기서도 긴 과거에 대한 이해와 공통된 의도로 맺어진 한 쌍의 남녀가 나오는데, 그 둘 사이가 젊음의 유혹에 의해 돌연 위기로 치닫는다.

《상상력》이 마침내 갈리마르 서점에서 간행되었다. 사르트르는 당시 깊이 연구하고 있던 '공무화(空無化)' 이론을 여기에 펼쳐 보였다. 그는 가죽 수첩에 하루하루 생활과 자신에 대해, 또 자기 과거에 대해 생각한 것을 메모하고 있었는데, 거기에는 철학이론의 초안도 기재되어 있었다. 어느 날 밤, 둘이서 북역 근처를 거닐다가 그는 나에게 그 대강의 구상을 설명해주었다. 거리는 온통 어둡고 음침해서 나는 치유할 길 없는 쓸쓸함을 느꼈다. 나는 너무나 격렬하게 절대적인 것을 추구했으며, 《존재와 무》에서 나타나듯이, 존재를 향한 헛된 계획이 내 안에 없음을 알고는 그 절대적인 것의 부재에 괴로워했다. 인간의 존재를 닳아 문드러지게 하는 무한히 허망하고 무한히 반복되는 이 탐구는 얼마나 슬픈 기만인가! 그 뒤 며칠 동안 우리는 몇몇 개별적인 문제, 특히 현실 상황과 자유의 관계에 대해 논의했다. 나는 사르트르가 정의한 자유—즉 금욕주의적 체념이 아니라 여건의 적극적인 초월—에서 보면 다양한 상황에 따라 중요도가 다르다고 주장했다. 이를테면 강제로 후궁으로 들어간 여자에게 어떤 초월이 가능하겠는가? 사르트르는 그런 유폐 속에서도 삶의 여러 가지 보편적 방식이 있다고 했다. 나는 쉽게 주장을 굽히지 않고서 혀끝으로만 끝을 냈다. 사실 내가 옳았다. 그러나 나의 위치를 지키기 위해서는 우리의 개인주의적인, 다시 말해서 이상적인 도덕 기반을 내다버려야만 했으리라.

우리는 다시 뿔뿔이 흩어졌다. 내일의 전망은 어둡기만 했다. 미국은 쉽게 전쟁에 끼어들 결심을 하지 못했으며, 독일군은 스칸디나비아를 공격하고 있었다. 나르비크(노르웨이 북부 도시)에서 전투가 개시되었을 때, 레이노는 라디오를 통해 역설했다.

"철길은 끊겼고, 앞으로도 끊겨 있을 것이다."

사실은 끊겨 있지 않았다. 연합군은 해로로 도망쳐 돌아왔다. 히틀러는 여전히 노르웨이와 노르웨이의 철광자원을 호시탐탐 노리고 있었다.

5월 10일 아침, 나는 바뱅 사거리에서 신문을 사서 라스파유 거리를 걸으면서 펼쳐보았다. 머리기사가 눈에 들어왔다.

"오늘 새벽, 독일군 네덜란드 침공. 벨기에, 룩상부르 양국을 공격. 프·영 군 벨기에 국내로 향하다."

나는 가로수 밑 벤치에 앉아 울기 시작했다.

"오늘 아침 당신이 울고 있더군."

페르낭이 위로하는 투로 내게 말했다. 스페인 내란 이후로 모든 프랑스인에게 원한을 품은 그로서는 프랑스의 불행이 슬프지 않았다. 다음 날, 그리고 그다음 며칠 동안 나는 가슴을 두근거리며 신문으로 달려들었다. 방어선은 순식간에 돌파되었다. '돌파구'가 열려 영·프 연합군이 활기차게 그 고립 지역을 격퇴할 것이라고들 수근거렸으나, 어느새 5월 14일에 코랍 장군이 이끄는 사단이 전면적으로 궤멸되었다는 소문이 퍼졌다. 7만의 병사가 총을 버리고 적에게 등을 향했다. 배신이 있었던 걸까? 그것 말고는 이해할 만한 해석은 없을 성싶다.

국경은 폐쇄되었지만 중립국과의 편지는 가능했다. 동생에게서 편지를 받았는데, 리오넬은 몇 주 전에 포르투갈인 화가와 재혼한 어머니와 지내기 위해 리무쟁을 떠나 파로로 향했다고 한다. 그들은 2, 3주 동안 놀다가라고 동생을 초대했으며, 동생은 3등 열차에 올라 사흘 만에 스페인을 횡단해 기진맥진한 상태로 리스본에 닿았다. 그녀가 카페 테라스에 앉았을 때 그녀 말고는 여자가 한 사람도 없었다. 웨이터는 곧장 그녀를 주목하고 커피를 가져다 주며 물었다.

"프랑스 분인가요?"

동생이 그렇다고 대답하자 웨이터는 이렇게 말했다.

"그래요? 독일군이 네덜란드와 벨기에로 쳐들어갔어요."

동생은 광장으로 달려 나갔다. 그녀에게는 거의 해독이 되지 않는 말로 쓰인 뉴스가 게시판에 붙어 있었다. 그런데도 그것을 충분히 이해한 그녀는 울음을 터뜨리고 말았다. 사람들은 '프랑스인이다!' 외치며 그녀를 에워쌌다. 동생은 전쟁 중에 줄곧 외국에 체류했다.

5월 말 어느 날 밤에 나는 카풀라드의 바에서 올가를 만났다. 그녀의 얼굴은 고뇌로 잔뜩 일그러져 있었다.

"보스트가 부상을 당했어."

그녀는 알렸다. 보스트에게서 포탄 파편에 복부를 다쳤다는 짧은 편지가 온 것이다. 보스트는 위험한 상태가 아니라고 단언했으며, 후방으로 이송될 예정이라고 썼다. 만약 그렇다면 이 부상은 오히려 행운이겠지만 그의 말을 믿어도 될까? 일주일이 채 못 되는 사이에 보스트의 연대는 궤멸되었고, 그의 친한 동료들은 목숨을 잃었다. 죽음은 일상생활 속의 존재가 되어 다른 것은 아무것도 생각할 수 없다. 사르트르는 나를 안심케 하는 편지를 보내왔지만, 그는 전방에 있는 데다 또 무슨 일이 일어날지 아무도 몰랐다.

온갖 일이, 최악의 사태가 일어났다. 하루가 다르게 독일군이 다가오고 있었다.

"기적만이 프랑스를 구할 수 있다고 내게 말하는 자가 있다면 나는 대답할 것이다. '나는 기적을 믿는다. 왜냐하면 나는 프랑스를 믿기 때문에.'"

폴 레이노의 이런 음성이 라디오를 타고 흘러 나왔다. 이 말은 모든 것이 상실되었음을 분명히 의미했다. 나는 이제 일을 할 기운도, 책을 읽을 기력도 없어 영화를 보거나 음악을 들었다. 오페라 극장에서 될랭이 연출하고 마송이 장치한 다리우스 미요의 〈메데이아〉가 상연되었다. 음악은 무척 아름답고 전체적으로 훌륭한 공연이었다. 가면을 쓰고 자루 같은 의상에 싸여서 꼼짝 못하고 노래하는 합창 말고도 무언의 합창단이 등장했다. 그들은 춤이라기보다는 오히려 팬터마임에 가까운 몸짓으로 극의 한부분을 강조했다. 이것을 지도한 사람은 분명 장루이 바로라는 생각이 들었는데, 그는 이런 연출로 커다란 효과를 거두고 있었다.. 몇 시간 동안 나는 세상을 잊었다. 하지만 어느새 현실로 돌아오고 말았다. 5월 29일, 〈외브르〉지를 펼친 나의 눈에 커다란 글자가 들어왔다.

"레오폴드 3세 배신하다."

그렇다면 히틀러의 말은 허풍이 아니었단 말인가? 그가 정말로 6월 15일에 파리에 입성한단 말인가? 어찌해야 좋을까? 물론 사르트르는 남쪽으로 전근하기로 결정되어 있다. 그와 연락이 끊긴 채 있고 싶지 않았기에 나는 라 푸에즈로 가고 싶었다. 소문처럼 군대가 루아르 강 왼쪽 기슭에 집결하면 라 푸에즈에서 쉽사리 루아르 강을 건널 수 있으리라. 그러나 나는 교직을 떠날 수가 없다.

6월 4일에, 파리 주변에 공습이 있어 많은 희생자가 나왔다. 올가의 부모님은 올가에게 동생과 함께 뵈즈빌로 돌아오라고 했고 나 또한 그렇게 권했다. 자매는 출발했다. 스테파와 페르낭은 스페인 국경으로 향했다. 그들은 몰래 스페인을 횡단하여 미국이나 멕시코로 가려고 했다(실제로 그들은 뉴욕으로 망명했다). 나는 6월 10일에 바칼로레아를 시행해야 하기 때문에 파리에 꼬박 박혀 있었다. 돔의 테라스에서 나는 가슴을 옥죄는 아픔을 느끼며 독일군의 도착과 그들이 파리에 있는 광경을 상상했다. 싫다. 요새화한 이 도시

안에 전쟁이 끝날 때까지 갇혀 있는 게 정말 싫다. 몇 달, 어쩌면 그 이상 포로가 되어 살고 싶지는 않다. 하지만 물질적으로든 정신적으로든 여기서 움직일 수 없었다. 결정적으로 인생은 나의 의지를 따르지 않았던 것이다.

갑자기 모든 것이 뒤집혔다. 나는 6월 말쯤에 이날의 기록을 정리했다. 전쟁 중의 일기와 마찬가지로 약간의 삭제를 했을 뿐인 이 기록을 그대로 옮긴다.

1940년 6월 9일 이후

일요일이었다. 어제 5시 뉴스는 좋지 않았다. 엔 강 방면에서 후퇴가 이루어진 모양이다. 나는 비앙카와 오페라 극장에서 잠깐 시간을 보냈다. 〈아리안과 푸른 수염〉이 상연되었는데, 객석은 텅 비었다. 적을 코앞에 두고 허세를 부리며 상징적인 최후의 시위를 벌이는 듯한 느낌이 들었다. 우리는 당황한 모습이었고, 둘 다 신경이 잔뜩 곤두서 있었다. 그 커다란 계단과 예쁜 빨강 드레스를 입은 비앙카의 모습이 지금도 눈에 선하다. 우리는 패전에 대해 이야기하며 걸어서 돌아왔다. 비앙카는 여차하면 자살이라는 방법이 있다고 했고, 나는 사람은 대개는 자살하지 않는 법이라고 대답했다. 날카롭고 응어리진 기분으로 호텔로 돌아왔다. 일요일은 지난 2주일 동안과 다름이 없었다. 오전에 책을 읽고, 1시에서 3시까지 샹트클렉에서 음악을 들었으며, 영화관에 들어가서 전에 본 적이 있는 〈유령 서쪽으로 가다〉와 처음 보는 〈수수께끼 방문객〉을 감상했다. 그 뒤에 마이외로 가서 사르트르에게 편지를 썼다. 고사포가 사격을 개시해 하늘에는 뿌연 연기가 자욱했으며, 테라스의 손님들은 도망가버렸다. 독일군의 접근이 남의 일이 아닌 위협으로 다가왔다. 내 머리에는 한 가지 생각밖에 없었다―사르트르와 연락이 단절되지 않는 것, 점령당한 파리에 그가 덫에 걸린 쥐처럼 붙잡혀 있지 않는 것. 나는 다시 음악을 조금 듣고 나서 10시쯤에 호텔로 돌아왔다. 비앙카의 메모가 있었다. 종일 나를 찾아 헤맸고, 무척 중대한 뉴스가 있으니 플로르에서 기다려달라는 내용이었다. 어쩌면 오늘 밤 안으로 파리를 떠날거라고 쓰여 있었다. 나는 택시를 타려고 했지만 없어서 대신 지하철을 탔다. 비앙카는 친구들과 함께 플로르의 테라스에 있었다. 나는 그녀와 둘이서 카페를 나왔다. 그녀는 아버지가 사령부 사람한테서 들은 거라고 하면서 내일 퇴각 예정이며 학교 시험은 중지, 교사는 자유로운 몸이 되었다고 알렸다. 나는 차가운 물을 뒤집어쓴 듯했다. 이제는 돌이키지 못한다. 독일군은 이틀 뒤면 파리에 들어온다. 나는 비앙카와 앙제까지 피난하는 것 말고는 달리 도리가 없었다. 게다가 비앙카는 마지노선이 후면공격을 받을 것이 확실하다고 했다. 그래서 나는 사르트르가 포로로 잡혀 언제 돌아올지도 모른 채 공포 속에서 살게 될 테고, 나는 그에 대해 아무것도 알 수 없게 되는 것임을 깨달았다. 태어나 처음으로 나는 일종의 히스테리 발작을 일으켰다. 이 전쟁 중에 가장 참기 힘든 순간이었다. 극히 소중한 것만 여행가방에 챙겼다(사르트르의 편지는 하나도 빼지 않고 넣었다. 그런데 그것이 언제 어디서 없어졌는지 지금도 나는 알지 못한다). 나는 비앙카를 따라 루아예콜라르 거리 호텔까지 갔다. 그녀의 소르본 동급생과 스위스인 친구 2명이 기다리고 있었다. 모두 함께 4시까지 토론했다. 주위에 사람이 있어서 시끌벅적한 것이 오히려 마음이 놓였다. 다들 여전히 승리의 가능성을 믿었다. 파리 후방에서 미국의 지원군이 오기를 기다리면 된다는 것이다.

이튿날, 즉 6월 10일 나는 아침 7시에 일어났다. 운 좋게 잡은 택시로 카미유세 학교까지 갔다. 몇몇 학생이 이런 상황에서도 바칼로레아가 있을지도 모른다며 확인하러 와 있었다. 교장은 나에게 퇴거 명령을 전했다. 학교는 낭트로 이전하게 된 것이다. 나는 카르티에-라탱으로 돌아갔다. 앙리 4세 고등학교 학생들을 만났더니 모두 기쁜 듯이 웃고 있다. 학생들 대부분에게는 이런 혼란과, 휴가 동안에 맞이한 시험 없는 시험일이 축제 기분인 모양이다. 그들은 쾌활하게 수플로 거리를 활보하며 즐거워했다. 그러나 카페 테라스에는 거의 인적이 없었으며, 큰길 가에는 이미 엄청나게 많은 자동차가 줄을 잇기 시작했다. 나는 매우 참혹한 기분으로 루아예콜라르 호텔로 가서 강제수용소로 끌려간 오스트리아 여자가 남기고 간 싸구려 샴페인을 스위스인들과 함께 마셨다. 조금 기운이 났다. 이어 비앙카와 둘이서 사부와 요리점에서 점심을 먹었다. 식당 주인은 오늘 밤 떠날 예정이라고 했다. 너도나도 파리를 떠난다. 마이외의 화장실지기 여자도 짐을 꾸리기 시작하고, 클로드베르나르 거리 건어물 가게도 문을 닫았으며, 이제 거리는 텅 비게 되리라.

우리는 마이외의 테라스에서 비앙카의 아버지를 기다렸다. 기다리기가 몹시 지루하여 조바심이 났다. 그는 2시에서 5시 사이에 오기로 했는데 그가 과연 제시간에 올지, 파리를 떠나지 못하게 되는 것은 아닌지 불안했다. 나는 특히 모든 것을 서둘러 정리하고 싶어서 좀이 쑤셨다. 질질 끄는 파리와의 결별을 견딜 수가 없었다. 자동차 행렬은 끝없이 이어지고 사람들은 혈안이 되어 택시를 찾아 달려들지만, 그 택시도 거의 움직이지 못했다. 그날 정오 무렵에 나는 그 뒤 여러 곳에서 빈번히 맞닥뜨리게 되는 피난민의 짐마차들을 처음으로 보았다. 수레 10대 가량 마른풀을 잔뜩 싣고 한쪽에만 초록 덮개를 씌운 채 각각 4, 5마리의 말에게 이끌려 갔다. 양쪽 가장자리에는 자전거나 옷가방을 싣고, 가운데는 커다란 우산을 쓴 사람들이 한데 모여서 꼼짝도 않는다. 그것은 브뤼겔의 화폭만큼이나 배려된 구도를 이루고 있었다. 마치 엄숙하고 아름다운 축제 행렬 같았다. 비앙카는 울기 시작했으며, 내 눈에도 눈물이 고였다. 날씨는 지독히도 무더워서, 우리는 거의 잠을 자지 못해 눈이 따가웠다. 과거의 일이 눈부신 빛을 내뿜으며 번개처럼 때때로 가슴속에 되살아났다. 길 맞은편에서 느긋하게 가로등을 청소하는 남자가 있다. 그의 동작은, 기약할 수 없는 미래를 창조하고 있었다.

드디어 자동차가 도착했다. B씨는 여자 사무원을 한 명 데리고 왔다. 그녀는 옷가방 더미에 둘러싸여 뒷좌석에 앉았고, 우리는 조수석에 끼어 탔다. 우리가 타려 할 때 호텔 여주인이 흥분하여 외쳤다.

"소련군과 영국군이 함부르크에 상륙했대요."

이 뉴스를 퍼뜨린 사람은 발드그라스의 육군병원에서 온 병사였다. 나중에서야 알았지만, 파리는 그 뒤로 며칠 동안 온통 소련 참전 소문으로 들끓었다고 한다(나중에 사르트르에게서 들은 바로는, 이 소문은 군대에도 퍼져 있었다). 이 참전 소식은 내 가슴에 터무니없는 충격을 안겼다. 그러나 나는 곧 4시 반에 라디오에서 아무 말도 하지 않는 것을 보고 유언비어임을 알았다. 우리는 '아직 모든 것을 잃은 것은 아니다'라는 막연한 기대감을 안고 출발했다. 포르트 도를레앙으로 나온다. 차는 많지만 그다지 심하게 혼잡하지는 않았다. 자전거 몇 대만 있을 뿐, 보행자는 전혀 없다. 우리는 인파가 밀려들기 전에 출발했던 것이다. 크루아드베르니에서는 잔뜩 지친 병사들을 가득 실은 트럭을 보내기 위해 15분가량 서 있어야 했다. 그 뒤 우리는 좁은 길을 지나 슈브뢰즈 골짜기 쪽으로 향했다. 하늘은 맑게 개었고, 꽃이 핀 산장 앞을 지날 때는 마치 주말여행에라도 나선 듯한 기분이 든다. 샤르트르 근처에서 우리는 도로 밖으로 밀려나고 말았다. 여기서부터 서로 시비를 걸어 혼잡을 빚는 광경이 부쩍 눈에 띄었다. 우리는 정지되어 있는 자동차의 기다란 행렬 때문에 앞으로 나아갈 수 없었다. 다들 밭 가운데로 뛰어나가 뿔뿔이 흩어졌다. 한동안 무슨 영문인지 모르고 있는데, 젊은 병사들이 자동차 문을 차례로 들여다보며 경보가 발령되었다고 외쳤다. 우리도 차에서 내려 작은 숲 귀퉁이에 앉아 식사를 했다. 그 뒤로 1시간여 동안 거의 앞으로 나가지 못한 채 늘어서 있다가 느릿느릿 달릴 정도가 되었는데, 어느 마을을 지날 때 한 병사가 작은 나팔을 불며 외쳤다.

"공습경보 발령! 마을에서 떨어진 곳으로 대피해 주십시오!"

그런데도 우리는 거리를 질주했다. 사거리에 있던 젊은 병사가 이탈리아가 참전했다고 알려주었다. 전부터 예상했던 일이었다. 날이 저물었다. 헤드라이트 앞에 매어놓은 자전거가 불을 막고 있어 비치지 않는다. 우리는 일리에에서 차를 멈췄다. 아주 작은 마을이지만 다행히도 갑상선 병에 걸린 노인의 호텔에 방 2개를 잡을 수 있었다. 한잔 마시러 카페로 가니 격자문을 닫으려는 참이었다. 사람들은 정찰과 마을 행정 문제를 토의하던 중에 우리에게 파리 어디에서 왔느냐고 꼬치꼬치 캐물었다. 우리는 자려고 방으로 돌아왔다. 비앙카는 아버지 방에 매트리스를 깔고 자고, 나는 널찍한 침대에서 여사무원과 함께 잤다. 요란스런 괘종시계가 숙면을 방해할 듯해 우리는 시계추를 붙잡아 매어놓았다.

다음 날 아침 8시에 나는 창문 너머로 회색 하늘과 장방형의 정원, 그 맞은편에 펼쳐진 매우 살풍경한 평야를 바라보았다. 나는 카페로 달려가서 희망도 없이 사르트르에게 편지를 썼다. 카페 안쪽에서 라디오가 뉴스를 전하고 한 여자는 훌쩍이며 성명을 듣고 있었는데, 나도 그녀가 하는 대로 했다. 오늘 아침은 패전을 의심할 수가 없다. 아나운서의 말에도, 목소리에도, 마을 전체에도, 이르는 곳마다 패전이 감지된다.

"절망적인가요? 파리는 점령되었나요?"

다들 우리에게 물었다. 한 남자가 일리에의 석벽에 이탈리아인에 관련된 전단을 붙이고 있었다. 마을의 사거리마다 피난민의 자동차가 눈에 띄었다.

우리는 9시에 출발했다. 이번엔 수월하게 여행이 계속되었다. 우리는 생미셸 거리에서 보던 것과 똑같은 짐마차 행렬을 추월했다. 그들의 짐은 이미 상당히 붕괴되어 마른풀의 일부는 사라졌으며, 사람들은 마차에서 내려 걸어갔다. 어제저녁에 우리는 이런 일행이 야영에 대비하여 마차에서 말을 떼어내고 식사하는 모습을 보았다. 르 망에는 영국군이 넘친다. 우리는 피난민이 득실대는 라발에 도착했다. 불꽃 도시로 변한 에브뢰를 지나와서 그런지 타이어가 새카맣게 된 차와 마주쳤는데, 나는 올가가 걱정되어 안절부절못했다. 피난민의 대부분은 노르망디에서 온 사람들로, 라발은 보도 옆에 자동차가 빼곡히 늘어서서 어느 광장이나 장소를 막론하고 짐에 둘러싸여 쭈그리고 있는 사람들로 넘쳐났다. 카페 테라스는 순식간에 만원이 되었다. 역으로 가니 파리에서 내려오는 열차가 도중에 행방불명이 되었다는 등의 소문이 퍼지고 있었다. 나는 앙제로 가는 버스가 5시 반에 떠난다는 것을 알아낸 다음 비앙카와 함께 식당을 찾았다. 그랑 호텔에는 이미 햄 한 조각도 남아 있지 않아서 우리는 오히려 비웃음을 당하고, 이번에는 맥주홀로 들어갔다. 벽을 타일로 붙인 이 가게는 게임이나 주사위 놀이 세트가 창가에 놓여 있어, 며칠 전까지 분명 지극히 한산한 가게였음을 알 수 있었다. 지금은 역구내 식당처럼 검정 테이블을 잇대어 놓았으며, 어느 손님에게나 일률적으로 송아지 고기와 완두콩 접시를 내놓기에 우리도 그것을 먹었다. 나는 옷가방을 들고 비앙카에게 작별을 말한 뒤 그녀의 아버지에게도 고맙다는 인사를 했다. 짐은 버스 정류소의 임시보관소에 맡기고 라 푸에즈로 전화하기 위해 우체국으로 갔다. 어찌나 혼잡하던지 전화를 하는 데 1시간 이상 기다려야 했다. 어느 초췌한 피난민 여자가 교환원에게 다가가 부탁했다.

"저를 위해 전화 좀 걸어줄 수 있어요?"

교환원은 웃음을 터뜨렸다. 나는 할 일이 없던 터라 그 아주머니를 도와주었다. 그녀가 이러이러한 지역으로 전화하고 싶다고 하기에 나는 전화번호부를 뒤져서 가입자의 이름을 찾았다. 그런데 내가 어떤 이름을 대도 그녀는, 그 사람은 다른 데로 가버렸다, 이 사람은 지금 밭에 나가 있을 것이다, 하는 식이어서 결국 그녀를 모른 체 하기로 했다. 나는 너무나 피곤해서 조바심이 나 있었으므로 전화 저편에서 르메르 부인의 목소리가 들렸을 때는 가슴이 벌렁거리고 목소리마저 떨려 나왔다. 르메르 부인은 그녀의 집도 안팎으로 뒤집어져 정신이 없지만 저녁식사 후에 앙제까지 마중을 보내겠다고 말했다. 나는 버스에 타서도 내내 앉지 못한 채 서서 오다가 루앙 시절의 제자를 만났다. 그녀는 배낭을 지고 버스를 갈아타면서 피난 중이었다. 우리는 옛날 얘기로 꽃을 피웠다.

저녁 8시 앙제 도착. 역 앞 광장은 자기 몸뚱이 하나도 주체 못하는 피난민으로 발 디딜 틈이 없었다. 그들이 묵을 곳 따윈 어디에도 없는 것이다. 정신이 나간 듯한 한 여자가 담요를 몸에 두르고 옷가방을 실은 손수레를 밀면서 광장 주위를 끝도 없이 절망적으로 빙빙 돌고 있었다. 나는 카페 테라스에 앉았다. 해는 완전히 저물고 가랑비마저 내린다. 점점 시간이 흐르면서 피로가 몰려들던 참에 드디어 자동차 한 대가 섰다. 자클린 르메르와 그녀의 올케가 타고 있었다. 독일계 여자인 이 올케는 차에 타고 있는 동안, 프랑스 군인은 이상(理想)이 없다며 내내 비난했다. 나는 저녁을 조금 먹고 스프링이 없는 기묘한 침대에서 잤다. 매트리스가 침대 나무틀 밑으로 꺼져버려서 꼭 배 바닥에 있는 느낌이었다.

사흘 동안 오로지 추리소설 읽기와 절망으로 날이 샜다가는 또 졌다. 르메르 부인은 남편의 베갯머리를 한시도 떠나지 않았다. 그녀는 르메르 씨가 매일 밤 무서운 전쟁 악몽에 시달렸기 때문에 내내 그 곁을 지키느라 잠시도 잠을 자지 못했다. 마을에는 친척과 친구가 많이 와 있었다. 다들 열에 들떠서 온갖 뉴스에 귀를 기울였다. 어느 날 저녁 9시쯤 벨이 울렸는데, 낙하산병을 발견했으니 5킬로 떨어져 있는 헌병대까지 르메르 부인이 자동차로 알리러 가주면 좋겠다는 것이었다. 다음 날, 이 낙하산 병은 단지 기구였음이 판명되었다…….

나는 여기서 기록을 멈추었다. 내가 그 뒤 며칠을 어떻게 보냈는지는 《타인의 피》에서 엘렌의 체험을 통해 대강 이야기했다. 날마다 알랑송과 레글에서 오는 트럭이 마을을 통과했다. 르메르 부인의 신세를 지고 있는 수많은 식객 중에는 심하게 겁을 먹은 이도 있는데, 그들은 보르도까지 피난하면 좋겠다, 독일군이 오면 남자는 남김없이 두 손이 절단될 거다, 말하면서 마을 사람들을 떨게 만들었다. 그러나 르메르 씨를 이 집에서 데리고 나가는 일은 감히 생각할 수도 없었으며, 도망쳐 봤자 소용이 없을 듯했다. 나는 사르트르가 포로가 되었다고 믿었기 때문에 라 푸에즈보다 보르도로 가는 편이 나을 이유가 전혀 없었다. 게다가 카미유세 고등학교가 낭트로 퇴거되었다는 사실도 일단은 고려할 가치가 있었기에 오히려 그 근방에 있는 편이 나았던 것이다. 결국 아무도 다른 곳으로 옮기지 않았다. 남자들은 밤이 되면 총을 메고 거리를 순찰했지만, 무엇을 위해서인지는 잘 알지 못했다. 어느 날 밤, 한 트럭에서 누군가가 외쳤다.

"적이 르망까지 와 있다!"

다음 날 아침 마을 사람들은 소형 트럭, 마차, 자전거 등으로 피난에 나서거나 들판으로 흩어져 갔다. 이제 총을 메고 거리를 오가는 사람은 아무도 없었다. 마을은 인기척이 없고, 문이란 문은 죄다 잠겼으며, 창문도 남김없이 닫혀 있었다. 포성과 작렬하는 소리, 그러고 나서 앙제의 석유탱크가 폭발했다. 쥐 죽은 듯 고요한 대로를 트럭이 프랑스군을 가득 태우고 노랫소리가 요란하게 지나갔다. 한 자동차에서 말쑥하고 활기찬 장교 4명이 내려섰다.

"이것이 숄레로 가는 길 맞습니까?"

한 중위가 자클린 르메르에게 물었다.

"그렇습니다."

그녀가 대답했는데도 그들은 떠나지 않고 우물쭈물하고 있었다. 루아르강 방면에서 '저지작전'에 나서려고 하는데 독일군이 앙제에 들어왔는지 아닌지를 알고 싶다며 우체국으로 안내해 달라고 했다. 우체국 안에서는 전화가 울리고 있었으나 문에 자물쇠가 걸려 있었다. 자클린이 가서 도끼를 빌려 오고, 그들은 그녀가 가져온 도끼로 잠금장치를 부쉈다. 그들은 전화를 걸고 나서는 우리에게 집으로 돌아가 꼼짝 말고 있으라고 했다. 이윽고 그들은 출발했다. 그 뒤를 이어 몇몇 군인이 철모도 쓰지 않고, 총도 들지 않은 채 지팡이에 의지해 지나갔다. 이어 전차부대가 적을 등지고 행진해 간 뒤로는 아무것도 오지 않았다. 르메르 집안 사람들 대부분은 마당 깊숙한 곳으로 물러났다. 르메르 씨는 내가 한 번도 들어가 본 적이 없는 자기 방에 꼼짝 않고 누워 있었으며, 르메르 부인은 온 집안의 덧창문을 모조리 닫고는 남편의 베갯머리로 돌아갔다. 창가에 홀로 남아서 해가 쨍쨍 내리쬐는 버림받은 거리를 창문 틈으로 내다보고 있자니, 나는 내가 아직 쓰지 않은 소설 속 인물이 된 느낌이었다. 마을은 여전히 낯익은데도 시간은 흔들리며 지나가고 있다. 나는 내 생애에 속하지 않는 어떤 순간으로 내몰렸다. 여기는 이제 프랑스가 아니고, 또한 아직 독일 땅도 아니다. 하나의 중간지대인 것이다. 마침내 집

창문 밑에서 뭔가가 터지고, 맞은편 식당 유리창이 산산조각이 나며 흩어졌다. 목 깊숙이 잠겼던 목소리가 이국의 언어를 말하는가 싶더니 그들이 모습을 드러냈다. 다들 키가 상당히 크고 완전한 금발에 장밋빛 얼굴을 하고 있었다. 그들은 발을 맞춰 걸으면서 곁눈질도 하지 않았다. 행렬은 길고 길게 이어졌다. 그 뒤로 말, 전차, 트럭, 대포, 주방차 등이 지나갔다.

대규모 분견대가 마을에 주둔하게 되었다. 저녁나절에 농민들은 겁에 질려 집으로 돌아갔으며 카페도 문을 닫았다. 독일군은 어린아이의 손을 절단하지는 않았고, 또 먹고 마시거나 농가에서 달걀을 살 때는 제대로 돈을 치르고 말본새도 공손했다. 상인들은 모두 그들에게 웃는 표정을 지었다. 그들은 즉각 민심을 수습하는 활동에 들어갔다. 내가 들판에서 책을 읽고 있는데 독일군 2명이 다가와 간결한 프랑스어로 띄엄띄엄 말했다. 그들은 나에게 프랑스 국민에 대한 우정을 보증했다. 프랑스를 이런 혼란에 빠뜨린 것은 영국인과 유대인이라고 했다. 수다스런 대화에 나는 놀라지는 않았다. 어리둥절하게 느낀 점은, 거리에서 스치는 초록 군복의 남자들이 세상의 모든 군대와 똑같다는 사실이었다. 이틀째인가 사흘째 되던 날 밤에 그들 중 하나가 마당의 담을 뛰어넘어 집으로 몰래 들어왔다. 그는 독일어로—르메르 부인은 독일어를 할 줄 알았다—점호 시각에 늦어서 특무하사관에게 잡히는 것이 두렵다고 속삭였다. 약간 취한 듯했고 당황하여 허둥지둥하는 모습이 역력했다. 그는 오랫동안 그곳에 숨어 있다가 이윽고 돌아갔다.

한편 나는 아침에 눈을 뜨는 순간부터 밤늦게까지 모든 방송에 귀를 곤두세웠다. 6월 17일 아침, 아나운서는 레이노가 사직하고 르브룅 대통령은 페탱에게 새 내각의 폐쇄를 요청했다고 알렸다. 12시 반에 군인 투의 보호자 같은 목소리가 식당 가득 울려 퍼졌다.

"나는 프랑스의 불행을 줄이기 위해, 이 한 몸을 프랑스에 바칩니다……. 오늘 국민에게 전투를 중지해야만 한다고 고하는 것은 나로서는 참으로 가슴이 메는 일입니다."

페탱은 베르됭 전투 책임자이자 프랑코의 승리에 축사를 하기 위해 달려온 대사로서, 그의 설교조의 말은 내 속을 메스껍게 했다. 동시에 나는 프랑스인이 더 이상 피를 흘리는 일은 없으리란 사실을 알고 안도했다. 저항의 흉내를 내기 위해 많은 사람이 죽어가는 저 '저지작전' 따위는 얼마나 터무니없는 바보짓인가! 나는 '전투를 중지한 다음에 명예를 존중하고, 전쟁상태를 종결할 방법을 군인들끼리 검토한다'는 말의 의미가 잘 이해되지 않아, 군사적 항복이라고 생각했다. 정전의 진정한 중대함을 이해하기까지는 며칠이 걸렸다. 6월 21일 정전 협정의 내용이 공표되었을 때 내가 가장 관심을 가졌던 점은 포로에 관한 조항이었지만, 그것은 명확하지 않았다. 적어도 나는 애매하다고 믿고 싶었다. 독일 내에 수용되어 있는 포로는 전쟁이 끝날 때까지 그대로 머문다고 약정되어 있었던 것이다. 그러나 독일군은 도중에 주위 모은 몇 십만의 사람들을 독일로 데려가지 않으리라. 그들에게 먹을 것을 주어야 하니까. 그런다고 무슨 이득이 될까? 아무런 득이 되지 않는다. 그러므로 그들은 가정으로 송환될 게 분명하다. 온갖 소문이 떠다녔다. 지하 창고나 덤불 속에 숨어서 점령군에게 잡히지 않고 넘어간 군인들이 있는데 그들은 평상복 차림으로 고향 마을이나 농장에 느닷없이 나타났다고 한다. 어쩌면 사르트르도 어찌어찌하여 파리로 돌아와 있을지도 모른다. 어떻게 하면 그것을 알 수 있을까? 전화도 불통이고 우편도 불통이니 파리에서 무슨 일이 일어나는지 도통 알 도리가 없다. 유일한 해결책은 그곳으로 돌아가는 것이었다. 라 푸에즈로 피난한 사람 중에 젊은 아내와 장모를 데려온 네덜란드인이 있었다. 리옹 역 근처에서 염색 가게를 하는 사람으로, 그 가족은 파리로 돌아가려 했는데 나의 동반을 승낙해주었다. 이 귀로의 기록을 당시의 것 그대로 여기에 옮기고자 한다.

6월 28일 이후

나흘 전부터 나는 잠시도 가만히 있지를 못했다. 사르트르는 곧장 파리로 돌아왔을 게 틀림없고, 적어도 파리에 가면 그의 소식을 알 수 있다고 굳게 믿었기 때문이다. 게다가 나는 점령당한 파리라도 어쨌든 보고 싶었으며, 이렇게 있는 것이 따분하기도 했다. 네덜란드인 가족은 파리로 돌아가기로 결정하고 나를 데려가 주기로 했다. 나는 5시에 일어나서 모두에게 작별을 고했다. 그리고 출발을 앞두고 흥분되어 있었다. 파리에서 나를 기다리고 있는 공백을 생각하면 불안했지만 아무튼 뭔가 해볼 수 있다는 사실이 기뻤다. 네덜란드인 가족은 1시간이나 걸려서 자동차에 짐을 실었다. 동작이 어찌나 느리던지 죽여버리고 싶었다. 남자는 차의 지붕에 매트리스를 싣더니, 뒤에는 옷가방을 산더미처럼 쌓았다. 젊은 아내는 작은 보따리를 엄청나게 많이 끌어안고 있었다. 산딸기 병조림까지 소중히 쌌다. 어제 저녁에 먹고 남은 것인데 끝끝내 버리려 하지 않는다. 깔개 끄트머리의 빈 공간이 남자의 장모와 나에게 주어졌으며, 젊은 아내는 남편 옆에 앉았다. 그녀와 어머니는 모자를 쓰고 하얀 새틴 블라우스를 입고 있었다.

어느 길이든 자동차로 가득했고, 군데군데 폭격의 흔적이 눈에 띄었다. 길가에 전복된 전차(戰車)와 트럭, 철모와 십자가가 바쳐진 독일 병사의 무덤, 검게 그을린 수많은 자동차 등이 있었다. 라 플레슈에 닿았을 때, 나는 이 자동차가 겨우 10리터의 연료를 넣고 출발했음을 알았다. 이 네덜란드인은 '가는 길 내내 가솔린이 곳곳에서 배급된다'는 독일군의 말을 믿었던 것이다. 며칠 전에 그는 25리터를 받을 수 있었으나 겨우 30분쯤 기다리면 될 것을 줄 서기가 싫어서 돌아오고 말았다. 그래서 그는 라 플레슈에 닿자 강기슭의 당당한 저택에 진을 치고 있는 독일군 사령부까지 갔다. 나는 빛바랜 검정 빛깔을 띤 회색 군복을 여기서 처음 보았다. 라 푸에즈의 독일군 군복은 모두 초록색이었으니까. 나는 이 두 여자와 마을을 산책했으며 〈라 사르트〉지를 사서 정전 조건을 읽었다. 이미 라디오를 통해 듣고 분개했었던 망명 독일인의 인도 조건에 관한 조항은 무시하고, 포로에 관한 부분을 샅샅이 읽었다. 이미 독일에 들어가 있는 사람들만 억류될 것임이 확실한 듯했다. 이렇게 생각한 덕분에 나는 이틀 동안 기력을 잃지 않았으며, 파리로의 귀향 여행에 흥미마저 가질 수 있었다.

네덜란드인은 가솔린을 5리터밖에 얻을 수 없고, 그것도 오후 2시까지 기다려야 한다고 알렸다. 아직 11시. 그는 르 망까지 가기로 결정했다. 그곳까지라면 가솔린은 충분하리라고 '믿었다.' 우리 차가 10킬로쯤 갔을 때, 르 망에는 이미 가솔린이 떨어져서 300대나 되는 자동차가 늘어선 채 오도 가도 못하고 있으니 가지 말라는 주의를 들었다. 결국 차는 가솔린이 다 떨어져 멈추고 말았다. 그러나 운 좋게도 한 농가에서 영국군이 남기고 간 가솔린을 5리터쯤 손에 넣을 수가 있었다.

정오가 되어 차는 르 망에 들어섰고, 독일군 사령부가 있는 광장과 군청이 있는 광장 중간에 멈췄다. 아직 닫혀 있는 군청의 철책 앞에 200명은 족히 되는 사람들이 저마다 주전자나 깡통, 물뿌리개 따위를 들고는 밀고 당기며 웅성대고 있었다. 깃털 장식이 달린 모자를 쓴, 우스꽝스러우리만큼 키가 작은 국민공회 대의원의 동상 주위에는 엄청나게 많은 자동차와, 매트리스나 가재도구를 실은 트럭이 서 있었다. 피난민들은 어린이와 짐에 둘러싸여 지저분하고 초라하게 먹거나 졸면서 기다리고 있었다. 그들은 투덜대면서 일주일이나 군청과 사령부 사이를 쉴 새 없이 오가며 목이 빠져라 기다렸다고 한다. 파리에는 식량이 부족하다는 소문이 돌았다. 네덜란드인은 한가운데로 내리쬐는 햇빛에 머리를 고스란히 드러낸 채 바보처럼 헤벌쭉 웃고 있었다. 그는 줄 서기가 싫다고 했지만, 아내의 말에 나도 거들어서 억지로 줄에 밀어 넣었다. 부인은 아양 떠는 목소리로 연신 외쳤다.

"나 배가 고파요, 배가 고파."

그녀는 주위 사람에게서 냄새가 난다며 투덜대고, 남편의 머리를 햇볕에서 보호하기 위해 종이로 모자를 만들어주었다. 사람들은 먼저 번호표를 받은 다음 그것을 들고 가서 배급표와 바꾸어 두면, 언젠가 연료가 도착할 때 그 배급표로 받을 수 있을 거라고 말했다. 2시 반에 철책이 열렸다. 다들 우르르 몰려들었다. 그러나 사무원이 나타나 3시에는 1만 리터를 실은 급유차가 도착할 예정이니, 원하는 만큼의 가솔린을 받을 수 있다며 군중을 돌려보냈다. 그런데도 꼼짝 않는 사람이 몇몇 있었다. 그들은 배급표를 받아 근처 주유소에서 5리터씩 받아갔다. 네덜란드인이 허기가 진다고 말해서 우리는 대광장으로 나갔다. 그곳 분위기는 먼지가 자욱한 견본시장이나 박람회 같았으며, 햇빛이 들끓어 땅 위에 부서져 내렸다. 회색 군복의 무리, 독일군 자동차, 피난민들의 몇 백이나 되는 트럭과 승용차가 있었다. 어느 카페나 독일 병사로 초만원이었다. 반듯한 차림새에 예의 바르고 싱글벙글하는 그들과, 프랑스를 상징하는 이 처참한 군중이 너무나 비교되어 나는 큰 충격을 받았다. 군용 트럭과 라디오카, 오토바이가 요란한 소리를 내며 돌고 확성기에서는 귀가 찢어질 듯한 군가, 그리고 프랑스어와 독일어 성명서가 울려나오고 있었다. 마치 지옥 같았다. 모든 독일인의 얼굴은 승리감으로 빛나고, 모든 프랑스인의 얼굴에는 패배의 빛이 역력했다.

카페에는 먹을 게 아무것도 없었다. 우리는 저장 식량을 받으러 갔다. 독일군은 나가고 들어올 때마다 소리 높여 발뒤꿈치를 맞추며 경례를 붙였다. 그들은 술을 마시고 웃으며 예의 바른 모습을 드러내 보였는데, 내가 뭔가를 떨어뜨렸을 때는 한 병사가 황급히 주워 주기도 했다. 이어 우리는 길가에 세워둔 자동차 옆에 쭈그려 앉았다. 사람들의 행렬은 군청과 사령부 사이를 여전히 오가고 있지만 손에 든 통은 그대로 비어 있다. 개중에는 주석 깡통을 의자 삼아 급유차와 1만 리터의 가솔린이라는 기적을 기다리고 앉아 있는 사람도 있다. 1, 2시간 흘렀을까? 네덜란드인은 이번에도 또 줄 서는 게 싫어서 빈손으로 돌아왔다. 우리는 한 가게에서 적으나마 빵과 소시지를 찾아냈다. 과자 가게에서는 젊은 독일군이 떼 지어 아이스크림이나 사탕을 물고 있었다. 우리는 다시 기다렸다. 8시쯤에 네덜란드인이 5리터의 가솔린을 손에 들고 나타났다. 삶아질 듯한 장소를 뒤로 하고 널따란 들판을 차로 달려 나가니 기분이 가라앉았다. 우리는 농가 하나를 발견해 짚 더미 위에서 잠을 잤다.

여자들은 훌쩍훌쩍 울었다. 나이 든 시어머니는 좌골신경통이 일어났다고 한다. 젊은 며느리는 날카로운 목소리로 외친다.

"독일군 바보 자식들! 아아! 그 얼간이 독일 놈들, 그냥 내 손에 걸리기만 하면 흠씬 두들겨 패줄 텐데."

남편은 밀짚이 무릎을 콕콕 찌른다며 투덜댄다. 농가의 안주인은 우리에게 우유와 달걀을 아주 싸게 내주었다.

또다시 자동차, 마른풀과 농부를 실은 짐마차, 자전거의 행렬이 이어진다. 걸어서 가는 사람도 드문드문 있다. 라 페르테베르나르에는 독일군 트럭으로 여기까지 와서는 날이 저물어 버림받은 피난민들로 가득했다. 그들은 다른 독일군이 오기를 기다렸다. 또다시 빈 물통과 유언비어가 난무했다. 오늘은 가솔린 배급이 없다. 나는 더 이상 견딜 수가 없어 내 힘으로 파리로 돌아가기로 결심했다. 역으로 가니 파리행 열차가 떠날 참이었다. 이것은 철도 종업원을 송환하기 위한 전용차로, 비어 있는 차량이 몇 대나 있는데도 나 하나를 태워주지 않는다. 파리로 가는 여객은 절대 받지 말라는 지령이 나와 있는 것이다. 샤르트르까지라면 허락되지만, 그러려면 샤르트르에 살았었다는 거주증명을 해야만 한다. 다들 며칠 전부터 아침마다 이곳에 와 보아도 항상 헛걸음이라고 하며, 파리는 식량난 때문에 피난민을 돌아오지 못하게 하는 거라고 한다. 그러나 신문과 라디오는 이구동성으로 파리로 돌아가라고 권했고, 독일군 트럭은 피난민을 자기 집까지 그대로 태워 갔다. 게다가 라 페르테도 식량난을 겪고 있어서 그곳에서도 굶어 죽지 않는다는 보장이 없었다. 나는 돌아와서 난감한 심정으로 자동차 발판에 걸터앉아 있다가 뭔가 먹을 것을 사야겠다는 생각에 다시 나섰다. 하지만 짜고 거친 빵 한 조각 말고는 아무것도 구하지 못해 쓸쓸하게 그것을 목으로 넘겼다. 3일 안에는 가솔린이 오지 않으리란 이야기가 나돌았다. 나는 어찌할 바를 몰라 옷가방을 네덜란드인에게 맡기고는 무턱대고 떠나기로 했다. 파리까지 170킬로미터. '여차하면 걸어서 가겠다'는 말은 쉽지만 아스팔트 도로를, 그것도 이렇게 태양이 이글거리는 170킬로미터를 걷는다고 생각하니 용솟음치던 용기가 푹 꺾여 결국 보도에 쭈그려 앉았다. 주머니에 있는 1000프랑은 많은 돈도 아니어서 없는 것이나 마찬가지였다. 어제 자동차 한 좌석 요금으로 1500프랑을 지불한 사람이 있었지만, 오늘은 이 가격으로는 구하지 못하리라. 남자 2명이 팔띠를 두르고 도로 한가운데 버티고 서서 조금이라도 빈자리가 있어 뵈는 자동차가 있으면 불러 세웠다. 하지만 막상 들여다보면 탈 여유가 전혀 없다. 마침내 독일군 트럭 한 대가 멈춰 섰다. 2명의 여자가 돌진했고 나도 그녀들을 따라 차 뒤의 판에 올랐다. 트럭은 망트에 닿았다. 파리까지는 겨우 40킬로미터 남았다. 매우 가까운 곳까지 가게 된 것이다. 덮개 밑은 지독히 더웠으며, 사람이 빼곡히 들어차 있는 데다가 가솔린 냄새가 그득했다. 나는 차의 후미에서 누군가의 옷가방에 걸터앉아 흔들릴 때마다 몸이 튕겨졌다. 더구나 차가 달리는 방향과 반대로 앉아 있어서 괴로웠고, 한심하게도 속이 메스껍기 시작했다. 나는 조금 전에 밀어 넣은 빵을 남김없이 토하고 말았다. 그런데도 아무도 그것을 알아챈 것 같지 않았다. 트럭이 서고, 다른 사람들이 식사를 하는 동안 나는 흙바닥에 누워 있었다. 한 독일 병사가 내 어깨에 손을 얹고 뭐 좀 먹겠느냐고 물었다. 나는 먹고 싶지 않다고 대답했다. 이 병사는 조금 뒤에 다시 와서 친절하게도 나를 일으켜주었다. 한 노파의 말로는, 이 트럭 운전사와 조수들이 지난 이틀 동안 담배와 먹을 것과 샴페인을 아낌없이 주었다고 한다. 그들은 어찌나 친절한지 명령을 수행하는 게 아니라 자발적으로 서비스하는 듯했다. 노장르로트루는 전쟁의 상처가 심각했다. 샤르트르는 그다지 손해를 입지 않았으며, 드뢰는 거의 그대로였다. 포탄 때문에 도로 이곳저곳에 구멍이 나 있었다. 우리는 수많은 군용 트럭을 스쳐 지나갔다. 군인들은 대개 우리를 향해 '하일(안녕)!'

외쳤다. 전원이 군복에 호화로운 빨강 장미를 실은 트럭도 있었다. 그러나 한편에선 피난민의 행렬이 서로 부딪칠 정도로 이어져 있었다. 망트에 도착한 뒤에 나는 조금 당황하여 이리저리 돌아다녔다. 그러다가 발차 직전인 듯한 적십자 자동차에 끼어 탔다. 나는 안쪽으로 들어가 에레디아 가문의 딸에, 더구나 그 사실을 잠시도 잊지 않는 유달리 세련된 간호사와, 키가 크고 안경을 쓴 걸스카우트 단장 사이에 앉았다. 앞좌석에는 다른 간호사 한 명과 프랑스 귀족 출신 신사가 있었는데 그가 운전을 했다. 그녀들은 프랑스 의사들이 누구보다 먼저 피난을 가는 바람에 사설병원이든 국립병원이든 간호사만 남아 있다고 말했다. 또 파리 부근의 전쟁 흔적과 에탕프에서 2줄로 서서 오도 가도 못하던 자동차가 불에 탄 일, 파리 탈출 대소동, 구호대책의 부족, 방위력의 볼품없는 빈약함 등에 대해 이야기했다. 독일군들은 프랑스군의 방공호를 보고 포복절도했던 모양이다. 그녀들은 지독히도 영국을 혐오했다. 그녀들 중 하나가 3주일 동안 권총을 자기 손에서 떼지 않았다고 말했다. 그 이유는 영국과 프랑스 병사들이 더 빨리 달아나려고 그녀들의 차를 둘러싸고는 협박했기 때문이라는 것이다. 우리는 생제르맹에서 쉬었다. 머리는 혼란스러웠으며 거울을 들여다보니 얼굴은 먼지로 새카맸다. 우리는 폐허가 된 도시에서 페퍼민트를 마셨다. 파리에 이르기까지 어딜 가나 모조리 절멸된 상태였다. 센 강의 다리는 폭파되었다. 그 뒤에는 폭탄이 낸 구멍, 부서진 집, 그리고 가는 곳마다 달세계 같은 정적이 있었다. 프랑수아 1세 거리, 적십자 사옥 앞에는 포로의 소식을 구하러 온 사람들이 줄지어 서 있다. 푸줏간 앞에도 몇 명 있기는 한데 가게 대부분은 문을 내리고 있다. 너무나 텅 빈 거리! 이렇게까지 인적이 없는 파리를 보게 되리라곤 전혀 예상치 못했다.

바뱅 거리의 호텔 여주인은 내 짐을 모조리 내다버렸으니 이 일을 어쩌면 좋겠느냐고 소란이다. 나는 아무래도 상관이 없었다. 6월 9일에 보낸, 아직 낙관적인 사르트르의 편지를 그녀에게서 받아들고는, 대강 씻은 뒤 전화를 걸 수 있을까 싶어 우체국으로 향했다. 뒤메닐의 테라스를 보니 아버지가 있었다. 둘이 함께 샌드위치를 먹고 맥주를 마셨다. 독일군도 몇 명 있었지만 그들의 존재는 라 푸에즈보다는 훨씬 멀게 느껴졌다. 아버지는, 독일군은 매우 예의가 바르다, 당연한 얘기지만 파리에서는 이제 독일 측 보도밖엔 듣지 못한다, 외화는 봉쇄되었다, 포로는 전쟁이 끝날 때까지 석방되지 않는다, 가르슈와 앙토니 등에는 아사 직전의 거대한 수용소가 있어서 '죽은 개'를 먹게 한다는 이야기를 했다. 그리고 독일 점령 아래 있는 프랑스도 독일과 같기 때문에 포로는 전원 이곳에 억류되리라고 했다. 우체국은 닫혀 있었다. 나는 엄마에게 들렀다. 8시 반에 엄마와 헤어졌을 때, 그녀는 통행금지 시간이 머지 않으니 서둘러 돌아가라고 했다. 돌아오는 길에, 지끈거리는 머리를 감싸 쥐고 잔뜩 충혈된 눈으로 사납게 찌푸린 하늘 아래 인적 없는 길을 황망히 걸으며, 지금 사르트르는 글자 그대로 굶어 죽어가고 있다는 생각에, 최악의 참혹한 심경에 빠졌다. 주택, 상점, 뤽상부르 공원의 나무들도 모두 원래 모습 그대로였다. 그러나 사람은 사라져버렸고 다시는 그 모습을 드러내지 않으리라. 나는 내가 왜 헛되이 삶을 연장하고 있는지 알지 못했다. 나는 가망 없는 절망에 휩싸인 채 잠자리에 들었다.

6월 30일

그들은 돌아올 것인가? 돌아오지 않을 것인가? 소문에 따르면 전혀 뜻밖의 순간에 홀연히 평복으로 돌아오는 병사가 있다고 한다. 실은 나도 돔의 테라스에서 싱글싱글 웃으며 마을 문턱에 들어서는 사르트르를 발견할 수 있을지도 모른다고 은근히 기대했다. 하지만 헛일이다. 라 푸에즈에 있을 때와 똑같은 고독밖에 없다. 더구나 지금의 고독은 돌이키지 못할 정도이다. 그러나 〈르 마탱〉지에는 약간 안심할 만한 기사가 났다. 동원 해제 전이라도 가족이 병사와 연락을 취할 수 있도록 허가하지 않겠느냐는 추측이다. 그렇다면 수용소에 있는 병사들은 어쩌면 차츰 복귀하는 걸까? 무심결에 희망을 갖게 된다. 따뜻한 날이다. 나는 돔에 가서 텅 빈 테라스의 늘 같은 자리에 앉았다. 오늘의 특별요리가 적혀 있다. 나는 근사한 과일과 신선한 햄을 늘어놓은 가게 앞을 바라보았다. 르 망이나 샤르트르에 비하면 자못 풍요한 느낌이다. 큰길에는 인적이 거의 없다. 트럭 2대가 회색 제복을 입은 독일군을 싣고 간다. 최근엔 너무 자주 목격하기 때문에 이상하다는 느낌조차 없다. 돌연 나는 남아 있는 모든 힘을 쥐어짜서 '훗날'이 있음을 믿으려고 애썼다. 그 증거로 노트와 잉크를 사서 이렇게 며칠 동안의 일들을 기록한 것이다. 지난 3주일 동안 나 자신은 어딘가에 은둔해 있었으며, 특수한 생리적 불안 때문에 생겨난 집단적 대사건만이 존재했다. 나는 다시 한 번 과거와 미래를 지닌 평범한 인간이 되고 싶었다. 분명 파리에서라면 잘되리라. 만약 봉급을 받을 수 있다면 줄곧 이곳에 있으리라.

파리는 이상하리만큼 공허하다. 9월보다 훨씬 심하다. 하늘, 대기의 따뜻함, 고요함 등은 거의 그 시절 그대로다. 몇 안 되지만 영업을 계속하는 식료품 가게 앞에는 줄이 늘어서 있고, 독일군도 드문드문 눈에 띈다. 하지만 진정한 차이는 다른 곳에 있다. 9월에는 뭔가가 시작되려 하고 있었다. 그것은 두렵기는 했지만 격렬한 흥미를 느끼게 하는 일이었다. 그러나 지금은 모든 것이 끝난 상황이다. 내 앞에는 완전히 침체된 시간이 펼쳐져 있다. 나는 앞으로 몇 년 동안이나 계속 황폐해 있으리라. 파시, 오퇴이유 부근은 모두 망가져, 초록 잎과 보리수 냄새만이 지난 여름휴가 이전을 떠올리게 한다. 문지기들마저 어디론가 가버렸다. 나는 그르넬 거리에 있는 옛 여성 강제수용소 앞을 지나갔다. 정전협정 조문에 따르면 망명 독일인은 모조리 독일로 송환하게 되어 있다. 그보다 더 나를 오싹하게 만드는 조항은 없다. 카르티에-라탱으로 돌아가니 인적은 없지만 카페는 열려 있다. 테라스에 띄엄띄엄 손님이 있고, 근처에 독일인은 거의 없다.

돔으로 돌아간다. 이곳엔 손님이 가득하다. 스위스인 조각가와 오가르의 부인 등. 젊었을 때 미인이었던 그녀는 기묘한 골프 바지를 입고서 작은 두건을 쓰고 있다. 이곳에 독일 병사들이 와락 밀려든다. 이상한 기분이어서 이것도 추상적으로 생각된다. 그들은 무기력한 표정에 마치 관광객 같았다. 르 망과 달리 그들은 집단적인 압박을 느끼게 하지 않는다. 하나하나 살펴보면 도저히 흥미가 일지 않는 생김새이다. 그들을 보아도 아무 느낌도 일지 않는다. 게다가 요즘 나는 대개의 경우 아무것도 느끼지 않게 되었다. 온종일 비행기가 파리 하늘 위를 지나갔다. 반짝반짝 빛나는 날개에 엄청나게 커다란 검정 철십자를 달고 지붕에 닿을락 말락 날아간다. 테라스에는 겨우 3, 4명의 창부가 있다. 그녀들은 독일인 손님을 찾고 있는데 영업이 꽤 잘되는 듯하다.

7월 1일

오늘은 창부가 카페 앞을 완전히 점령하고 있어서 매음굴로 들어가는 듯한 기분이 든다. 하나가 울고 있다.

"편지가 오지 않고 있어. 요즘은 어느 누구도 편지를 보내지 않아. 그렇게 끙끙 앓을 필요 없어."

옆에서 위로한다. 어딜 가나 똑같은 말이다. 지하철 안에서도, 집집마다 문간에서도 여자들은 서로 묻는다.

"소식이 있어요?"

"아뇨. 틀림없이 포로가 된 거예요."

"언제쯤이면 명단을 알 수 있을까요?"

이런 식이다. 소용없다. 강화조약이 체결될 때까지는 아무도 석방되지 않는다. 그러나 '파리 어귀까지 와서 붙잡혔다, 독일군은 평상복을 준다'는 소문은 여전히 떠다니고 있다. 그렇다면 역시 기적은 있을 수 있다. 복권만큼 허망하며 초조하고 안달하는 것임에도 파리의 모든 여자가 그런 기대에 사로잡혀 있다. 나에게는 이런 애매모호한 상태가 견딜 수 없었지만 인내력은 이런 곳에까지 자리잡기 마련이다. 어쩌면 일주일 뒤에는 소식을 얻을 수 있겠지, 명단도 알려지고, 편지도 오리라. 일주일만 기다리자. 시간에는 돈이 들지 않으니까……

나는 심심풀이 삼아 교외로 하이킹을 갔다. 자기 집으로 돌아오는 사람들과 마주쳤다.

"몽토뱅에서 왔습니다. 이럴 줄 알았으면 나가는 게 아니었는데!"

길 곳곳에서 이런 말만 들려왔다. 자전거를 탄 남자가 한 무리를 불러 세워 뭐라고 물었다.

"당신 어머니요? 벌써 돌아와 있어요!"

모두들 그를 둘러싸고 집과 어머니의 소식을 전해주었다. 근처 사람들이 서로를 알아보고 인사를 나눈다. 장미와 구즈베리가 흐드러지게 핀 정원과 개양귀비가 드문드문 있는 밀밭이 보이고, 제방을 따라 싸리가 진한 향기를 내뿜는다. 문을 닫은 산장 주위로 밝은 전원이 펼쳐져 있다. 몇 개의 문에는 '빈집 아님'이라고 쓰여 있다. 프랑스어보다 독일어로 쓴 것이 더 많다. 나는 파리로 돌아오기 위해 지나가는 차를 세웠다. 작고 낡은 자동차 한 대가 나를 구원해주었다. 운전대를 잡은 남자는 아쟁에서 돌아오는 길이었다. 그도 '이럴 줄 알았더라면'이라고 했다. 그는 아내와 둘이서 오토바이로 700킬로

미터나 달렸기 때문에 아내는 척추가 휘고 말았다. 그는 아내뿐만 아니라 자기에게도 그것이 얼마나 괴로웠는지를 말한다.

"당신은 나이가 있으니까 말할 수 있습니다만, 여기 허벅지 안쪽이 어찌나 아프던지요. 독일 점령지가 아닌 군에서는 군수가 파리로 돌아가지 못하게 막았어요. 비에르종에서 발이 묶일 거라고요. 하지만 비에르종에는 검문소 같은 덴 없었어요."

그는 센 강을 따라 차를 달렸다. 사람들은 그랑드자트 근처에서 배를 젓거나 헤엄을 치고 있었다. 여름휴가 기분이기는 하지만 보기 딱하다. 자동차가 다리 옆에서 정차했을 때 독일군 하나가 트럭 위에서 초콜릿 한 자루를 던져주었다. 길가에도 예쁜 아가씨들과 유쾌한 듯이 담소하고 있는 독일 병사가 있었다. 그러자 운전하는 남자가 내게 말했다.

"이제 어설픈 가짜 독일인도 잔뜩 생겨날 거요!"

나는 이 말을 10번도 더 들었지만 거기에는 손톱만큼의 비난도 들어 있지 않았다.

"뻔해요. 말로 지껄이지 않아도 그렇게 될걸요."

그는 말한다. 나는 누구의 얼굴에서도 증오의 빛을 찾지 못했다. 다만 시골 사람들은 겁에 질려 있었다. 그러다 그들은 기우에 지나지 않았음을 알고는 눈을 동그랗게 뜨고 감사의 빛을 띠우는 것이다.

나는 리즈와 재회했다. 그녀는 목요일에 자동차로 파리를 떠나려 했다고 한다. 그녀는 독일군 승용차와 나란히 국도를 달렸는데, 어느새 트럭의 행렬 사이에 끼여 차를 돌리라는 명령을 받고 자동차와 함께 트럭에 실려서 되돌아온 것이다. 리즈는 내게 자전거 타는 방법을 가르쳐주고 싶어했다.

부모님은 먹을 것이 부족하다고 불평하고 있다. 저녁은 수프와 마카로니다. 벌써 여러 날 전부터 식사다운 식사를 하지 못하고 있다. 파리는 식량난에 빠졌다. 아버지가 가이용 광장의 고급 식당 메뉴를 가르쳐주었다. 오이샐러드 8프랑, 치즈가 든 오믈렛 12프랑, 게 필라프 20프랑, 스파게티 8프랑, 나무딸기 18프랑. 이 밖에 다른 요리는 없다. 나는 파리가 포위되기 전에 고급 식당이었던 마그니와 브레방에서 가졌던 만찬을 상기한다.

7월 2일

날씨 흐림. 조금 춥다. 어디에도 인적이 없다. 지하철 옆 신문 판매대 주위에 겨우 6명이 있을 뿐이다. 나는 2종류의 신문을 샀다. 어찌나 내용이 없고 빈약하던지! 독일 예찬의 감상적인 선전문구, 가련한 프랑스 국민에 대해 깔보는 듯하면서도 인정미가 담뿍 담긴, 불쌍하고 가련하다는 연민조의 말들, 게다가 철도가 복구된다거나 우편도 복구될 예정이라는 공약들이다.

나는 카미유의 집으로 전화했다. J부인이 받아서 카미유는 지나와 함께 배낭을 지고 걸어서 나갔는데 그 뒤로 행방불명이라고 말한다. 뒬랭도 산전수전을 다 겪었다고 한다. 내일 뒬랭을 만나러 가기로 하고, 보스트의 동생에게 전화해 보았다. 보스트는 아비뇽으로 후송되었으며, 그의 형은 포로가 되어 있다.

나는 봉급 건을 문의하러 소르본에 갔다. 내가 서류를 기재하고 있는데 한 장학관이 뛰어왔다.

"철학 교사입니까? 마침 의뢰가 들어왔어요."

그는 뒤뤼이 고등학교로 전화를 걸었고, 나는 내일부터 그곳에 가게 되었다. 주 8시간 근무면 싫을 까닭이 없다.

7월 3일

바뱅 거리 옆 한적한 골목에서 리즈한테 자전거 타는 방법을 배웠다. 나는 곧 균형을 잡을 수 있게 되었으며, 혼자서 타는 법과 커브를 트는 법도 익혔다. 뒤뤼이에서 강의하고 4시 15분이 지나서 아틀리에 극장으로 뒬랭을 만나러 갔다. 몽마르트르는 무섭도록 한적했다. 현관지기 여자는 말한다.

"뒬랭 씨는 면회가 안 돼요."

나를 들여보내지 않으려 했다. 그녀는 이내 깜짝 놀란 얼굴로 돌아오더니 나더러 운 좋은 사람이다, 뒬랭 씨가 기다리고 있다, 고 했다. 들어가 보니 뒬랭은 웃옷을 벗고 배에 앞치마를 두르고 오래된 서류와 찢어진 사진에 둘러싸여 참담한 표정을 짓고 있었다. 그는 내 손을 꼭 잡으며 카미유가 너무 걱정된다고 마음을 털어놓았다. 뒬랭은 화요일에 출발하여 나이 든 J부인을 데리러 페롤에 들렸고, 한편 카미유와 지나는 오르세 역에서 기차를 탔다. 뒬랭은 그녀들과 투르에서 만나기로 약속했지만 그곳에 가지 못해 카미유의 소식을 전혀 알지 못하는 것이다. 될랭이 J부인을 마차에 태웠을 즈음에 크레시는 완전히 비어 있었다. 그들은 루아르 강을 목표로 출발했다. 그러나 피난민 무리에 뒤섞여 13일 동안이나 마차에서 자면서 거의 아무것도 먹지 못했으며, 이따금 기총소사까지 받아 그 주위를 맴돌기만 할 뿐 아무리 해도 루아르 강을 건널 수가 없었다. 나이 든 하녀 하나도 데리고 갔지만 그녀는 정신이 이상해지고 말았다. 온종일 먹을 것 얘기만 하던 끝에 달걀을 찾으러 간다면서 숲 속으로 들어간 뒤로 다시는 모습을 나타내지 않았던 것이다. 될랭 등은 결국 독일군에게 발견되어 돌아가라는 명령을 받았다. 될랭은 독일군이 자기 얼굴을 알까 봐 너무나 두려워서 농부로 믿게 하려고 무척 신경썼다. 그런데도 호송 중인 포로들과 스쳐 지나갈 때 다들 '될랭!' 하고 불렀고, 그는 굳게 입을 다물었다.

7월 5일

모든 신문이 부끄러움을 모른다. 읽으면 속이 울렁거리며 우울해지고 만다. 리즈와 둘이서 팔레루아얄까지 포로 명단을 보러 갔다. 팔레루아얄은 닫혀 있었다. 터무니없이 기다랗게 줄을 서 있지만 파리 근교 수용소에 대한 소식밖에 알 수 없다고 한다. 게다가 나는 사르트르가 포로로 잡혔다는 사실은 알고 있는 터였으므로 유일한 관심사는 그가 언제 석방되는가였다. 우리는 카페 드 라 페에서 잠깐 쉬었다. 이곳은 무척 말쑥해 뵈는 독일 장교로 가득하지만 그것 말고는 삭막하고 지독히도 음침하다. 나는 현재 부모님과 함께 살고 있는 할머니의 아파트로 이사했다. 편지를 띄울 수 있게 되어 수도 없이 편지를 썼으나 여전히 회복하기 힘든 고독을 느낀다.

7월 6일

돔에 알림글이 나붙어 있다. '본 점포는 독일인 출입을 금함.' 왜일까? 어쨌든 그 군복을 보지 않아도 된다니 기쁘다.

국립도서관으로 갔다. 열람증을 받고 헤겔의 《정신현상학》을 읽기 시작했다. 지금으로썬 명쾌하게 이해되지 않는다. 나는 날마다 2시에서 5시까지 헤겔 공부를 하기로 결심했다. 이보다 더 기분을 가라앉혀 주는 일은 찾지 못했다.

될랭에게 전화해 보니, 그가 크레시에 갔을 때 그곳은 프랑스군에 의해 무섭도록 망가져 있었다고 한다. 카미유가 투르 근처에 있다고 들었으므로 될랭은 트럭으로 급히 가볼 참이라고 한다.

올해 들어서 죽음은 이제 나에게 당치않은 일로는 조금도 여겨지지 않는다. 결국 인간은 집행유예 중인 사형수 말고 아무것도 아님을 나는 너무나 잘 안다.

7월 7일

리즈와 자전거로 파리를 돌다. 검정 제복의 독일 병사를 태운 장갑 자동차 무리와 스쳐 지나갔다. 그들의 커다란 베레모가 바람에 흔들리고 있었다. 그것은 상당히 아름답고 불길한 느낌이었다. 국립도서관에서 헤겔을 읽었지만 아직 좀처럼 이해되지 않는다. 나는 내 소설의 명구로 쓸 만한 한 구절을 발견하고 그것을 적어놓았다.

다시 파리에서는 원하는 만큼의 감자를 살 수 있었으며, 고기와 버터도 나돌기 시작했다. 돔에서는 평소 수준의 식사가 가능하다. 식량난은 전혀 느껴지지 않는다. 내가 심히 부족하게 느끼는 부분은 영화인데, 지금 상영되는 것은 도저히 봐주기 힘든 작품뿐이다.

독일 시간으로 11시 이후는 야간 통행금지라서 아직 하늘이 훤한데도 방 안에 틀어박혀 있으려니 우스운 느낌이 든다. 나는 세상의 어떤 것도 믿기지 않는다는 듯 오랫동안 베란다에 쭈그리고 앉아 있었다.

7월 11일

사르트르에게서 연필로 갈겨 쓴 편지가 오다. 개봉된 봉투에는 우체국 소인과 파리 정부의 인장이 찍혀 있다. 받아드는 순간 나는 그 글씨를 읽기 보다는, 마치 사르트르로부터 직접 손에 쥐어 진 듯 여겨지는 그 편지의 표정을 살펴보았다. 이달 말까지 돌아갈지도 모르지만, 아직은 '그럴지도 모른다는 정도'일 뿐이라고 쓰여 있다. 다시 편지를 쓰겠다고 했으나 과연 그 편지가 도착될지 어떨지 나로선 종잡을 수가 없었다. 그는 현재 불행하지 않다고 한다. 그 이상은 쓰지 못하는 것이다. 나는 그가 실제로 어떤 상황인지 알 도리도 없다. 이 편지는 내게 대단한 동시에 아무것도 아니다. 그런데도 나는 얼마간 마음이 편안해졌다.

7월 14일

파리는 음산한 비가 내렸다. 나는 누군가와 이야기하고픈 마음을 가눌 길 없어 뒬랭에게 전화를 걸었다. 놀랍게도 전화에 대답한 사람은 카미유였다. 그래서 나는 6시에 그녀를 만나러 갔다. 그녀는 실내복을 입고 있었으며 얼굴은 좀 부었지만 꽤 건강해 보였다. 곁에는 역시 검정 실내복 차림의 뒬랭과 J부인, 방데리크가 있었다. 방데리크는 벨기에군에 가담했었다. 그의 말로는 무기도 없이 전방으로 옮겨져 3일을 보낸 다음, 무기도 받지 못한 채 출발했다고 한다. 카미유는 그녀의 피난 이야기를 해주었다. 그녀는 화요일에 투르로 짐을 보냈다. 거기엔 원고와 노트가 잔뜩 들어 있었는데, 이것은 아마도 분실된 듯하다. 이어 그녀는 지나와 둘이서 각자 배낭을 지고 나섰다. 카미유는 프리드리히와 알브레히트를 넣은 옷가방을 들고 출발했다. 둘은 기차로 이틀이나 걸려서 느베르에 도착한 다음 거기서 트럭으로 투르까지 가려 했다. 쉬운 일은 아니었지만 어쨌든 도착했다. 투르는 텅 비어 있었다. 다리에는 지뢰가 설치되어 있었고, 매일 밤마다 공습이 있었다. 뒬랭과의 연락은 우체국 유치우편을 통해서 했는데 우체국이 닫혔다. 그녀들은 도시를 떠나 들판 한가운데서, 벌써 여러 날 전부터 기관차도 없이 서서 오도 가도 못하는 열차를 발견했다. 그리고 그것에 올라탔다. 열차 안에 모여 있던 사람들은 밤사이에 독일군이 오지는 않을까 다들 불안에 떨고 있었다. 결국 카미유와 지나는 건널목지기의 집으로 피난하여 방 하나를 빌렸고, 둘은 농부 아낙의 복장을 하고서 따분함을 삼키며 그곳에 줄곧 있었던 것이다. 그러는 사이에 열차 안 사람이 차츰 줄어들기 시작했다. 어느 날 밤 한 대위가 와서 다음 날 '약간의 대포 사격'이 있을 테니 대피하라고 하여 모두들 동굴로 들어가 잤지만 짧은 전투가 끝나자 자기 집으로 돌아갔다. 카미유는 독일군이 피난민을 심하게 다루리라고 굳게 믿었으므로 건널목지기의 친척 행세를 했다. 그녀는 뒬랭에게 편지를 보낼 수가 있었다. 뒬랭은 카미유에게서 편지가 온 것을 알았을 때, 손에 들고 있던 꾸러미를 모조리 떨어뜨리고 바들바들 떠는 바람에 J부인은 그가 기절하는 줄 알았다. 그 뒤 카미유는 트럭에 올라타고 돌아왔다.

여기서 일기는 다시 중단되었다. 특별히 기록할 만한 게 없었다. 초록과 회색의 군복도, 상원의 지붕에 펼쳐진 철십자 깃발도 익숙해졌다. 나는 뒤리이 고등학교에서 강의를 했으며, 이제 아침 녘부터 문을 여는 국립도서관에서 헤겔을 읽었다. 헤겔은 얼마간 내 마음을 가라앉혀 주었다. 20살 때 사촌 오빠 자크 때문에 가슴 아파하면서 '자신과 자신의 특수한 고통 사이에 인류 전체를 끌어들이려고' 호메로스를 읽었던 것처럼, 나는 '세계의 흐름' 속에 현재 내가 살고 있는 순간을 녹여 넣으려 했다. 내 주위에는 몇 천 권인지 알 수도 없는 책들이 속에 향을 간직하고 과거를 잠재워두고 있었고, 현재는 내게 접근해오는 과거로 보였다. 그렇게 현재의 나 자신은 내 과거에 파묻혀 사라지고 말았다. 이런 공상을 하는 동안 나는 어떤 방법으로도 결코 파시즘을 지지하지는 않았다. 만약 내가 낙천가였다면, 나는 파시즘을 부르주아적 자유주의에 필요한 반대명제, 즉 우리가 갈망하는 총체적 명제인 사회주의로 가는 한 단계로 간주할 수도 있었으리라. 하지만 언젠가 그 사회주의를 초월하려면 먼저 그것을 거부하는 일부터 시작해야 한다. 어떤 철학도 내게 사회주의를 받아들이게 하지는 못했을 것이다. 그것은 내 삶의 기반을 이뤄 온 모든 가치와 모순된다. 더구나 내가 그 사회주의를 혐오할 만한 새로운 이유가 날이 갈수록 추가되었다. 아침에 〈르 마탱〉지와 〈라 빅투아르〉지를 펼치고 정복자가 우리에게 퍼붓는 훌륭한 독일 옹호론과 오만한 설교를 읽을 때마다 얼마나 속이 쓰렸던가! 7월 말에는 어떤 가게의 유리에 '유대인 출입금지'라는 종이가 나붙었다. 〈르 마탱〉지는 '게토(유대인 거주지역)'에 관한 비열한 보고서를 발표하고, 그 지역의 철거를 요구했다. 비시 방송은 프랑스를 버린 '유대인 도망자'를 고발했다. 페탱은 유대인 배척운동 금지령을 철폐했다. 유대인 배척 시위가 비시, 툴루즈, 마르세유, 리옹의 각 도시, 나아가 샹젤리제의 큰길에서 일어났다. 많은 공장에서는 '유대계 외국인' 노동자가 해고되었다. 순식간에 격화된 이 운동에 나는 소스라치게 놀랐다. 어디까지 갈 것인가? 하다못해 나의 불안, 특히 나의 분노를 누군가와 함께 나눌 수만 있다면 하는 마음이었다. 나를 지탱해주는 것은 사르트르가 바카라(로렌 지방의 도시)에서 보내오는 편지뿐이었다. 그는 우리 사상과 희망이 최후의 승리를 차지한다고 단언하면서, 나아가 9월 초에 석방될 가망이 있다고 보내왔다. 몇몇 직종에 속하는 공무원은 복원을 인정받을 듯하다. 돔의 테라스에서 2년 전의 제막식 때 물의를 일으켰던 로댕의 발자크 상을 바라보고 있으려니, 당장에라도 저쪽에서 사르트르가 웃으면서 경쾌한 걸음으로 다가올 성싶었다. 때에 따라서는 앞으로 3년이나 4년쯤 그를 만나지 못할 듯해서, 그때까지 줄곧 잠을 잤으면 좋겠다는 생각도 들었다. 분명히 말하건대 그 당시에도 나는 평화가 가까웠다고 생각한 적은 한 번도 없었다. 조급한 해결은 나치즘의 승리를 의미하는 게 되리라. 자기 마음 깊은 곳에서부터 철저하게 거부하는 것을 믿을 수 있을까? 그것은 불가능하다. 적어도 그리 간단하지는 않다. 마침내 소련과 미국이 참전할 것이다. 언젠가는 히틀러도 패퇴하리라. 그것은 긴 전쟁을, 그리고 긴 이별을 예상케 했다.

  철도가 복구되자마자 올가가 나를 만나러 왔다. 그녀는 6시간 동안 통로에 서서 온 것이다. 차 안은 화장실까지 꽉 들어찼기 때문에 아이들은 승강구에다, 할머니들은 바닥에다 용변을 보았다고 한다. 뵈즈빌 역은 포격을 받았다. 올가의 가족은 역에서 30미터 떨어진 곳에 살고 있었는데, 그때 그녀는 조금 멀리 있는 친구의 집에 피난해 있었다. 돌아와 보니 집 유리창은 모조리 산산조각이 나 있었다. 올가는 우리 할머니 아파트에서 며칠 묵은 다음 다시 그녀의 부모님에게 돌아갔다. 비앙카도 파리에 들렀다. 그녀는 브르타뉴의 농가에서 2주일 동안 완두콩 거두는 일을 도왔다고 했다. 그녀는 앞으로 엄마와 언니가 있는 욘에서 남은 여름휴가를 보낼 계획이었다. 그녀의 아버지는 아리안계 친구에게서 사업 경영권을 인수했는데, 그는 지금 최악의 사태를 예상하고 있었다. 비앙카도 그랬다. 그녀는 지독한 불안에 휩싸여 있었지만 나는 아무 도움이 되지 못했다. 나와 마주하고 있어도 그녀는 오직 혼자였다. 나는 올가에게 '유대인이란 존재하지 않아. 있는 것은 인간뿐이야!' 외치던 시절을 떠올렸다. 나는 얼마나 추상적이었던가! 이미 1939년에 비앙카가 빈의 사촌들 이야기를 했을 때부터, 나는 수치심 비슷한 기분과 함께 그녀의 운명이 나의 운명과 같지 않음을 예감했던 것이다. 지금으로서는 모든 것이 분명했다. 나에겐 이렇다 하게 두려운 일은 없지만 비앙카는 위험에 빠져 있다. 우리의 친근감도 우정도 둘 사이에 가로놓인 이 깊은 골을 메우지는 못했다. 그녀나 나나 이 골의 깊이를 알려고도 하지 않았다. 어쩌면 그녀는 관용 정신으로 그것을 나보다 더 피하고 있었으리라. 하지만 설령 그녀가 고뇌를 잊으려 한다 해도 나는 양심의 가책과도 비슷한 편치 않은 마음에서 벗어날 수 없었다.

비앙카가 떠나고 나자 나는 다시 이야기 상대가 하나도 없게 되었다. 부모님은 뭐가 뭔지 모른 채 살고 있었다. 아버지는 파리의 신문 중에서도 가장 명료한 성찰과 풍부한 애국심을 대표하는 〈르 마탱〉지가 어째서 가장 먼저 독일에게 몸을 팔았는지 이해하지 못했다. 아버지는 녀석들이 '보슈'이기 때문에 싫다고 했다. 나는 '보슈'라는 말이 지닌 배척성이 마음에 걸려서 아무래도 입에 담을 수가 없었다. 내가 증오하는 것은 나치로서의 독일인이다. 그러나 적어도 이런 의미의 애매함은 말장난에 지나지 않는다고 생각해서 나는 부모님과 부딪치지 않고 지나갔다. 나는 자주 리즈를 만났다. 프랑스로부터 학대당한 리즈는 독일군의 점령을 무관심하게 바라보고 있었다. 그런데도 그녀는 나에게 커다란 의지가 되었다. 그녀는 건강하고 용감하며, 남자처럼 실행력이 있기 때문에 나는 그녀를 상대로 많은 재미난 일들을 했다. 그녀는 나에게 자전거를 선물했다. 그녀가 매우 불법적인 수단으로 그것을 손에 넣었는데도 나는 개의치 않고 받았다. 우리는 파리 교외에서 자전거를 탔다. 8월에 방학이 시작된 뒤로는 더 멀리 나갔다. 나는 일드프랑스 지방의 숲과 성, 수도원을 구경했다. 폐허로 변한 콩피에뉴, 보베, 노르망디를 보았다. 이런 황폐함은 이제 거의 자연스럽게 생각되었다. 나는 연신 페달을 밟았다. 육체적인 노고 말고는 머리에 없었다. 그리고 리즈의 독특한 방식은 나를 웃게 했는데, 격식을 전혀 차리지 않는 나조차도 때로는 입을 다물 수밖에 없었다. 그녀는 일부러 빈축을 살 만한 행동을 했다. 에브뢰에서 구경하러 교회에 들어갔을 때, 그녀는 성수로 손을 씻었다. 루비에에서는 식당 앞 복도에 세면대가 있었는데, 웨이트리스와 손님이 어이없어하며 보고 있는데도 그 앞에서 얼굴에 비누칠을 하며 박박 씻었다.

"어째서 안 된다는 거지?"

그녀는 조금 도전적으로 내게 묻는다. 지극히 엄밀하게 뒷받침되는 이유가 아니라면, 어떤 대답도 그녀는 인정하지 않는다. 냅킨으로 코를 풀려는 그녀를 제지하기 위해서는 하나의 철학 체계를 총동원할 각오가 필요했다. 게다가 그녀는 진정으로 철학을 좋아했다. 그래서 나는 약간의 개인교습을 해주었다. 그녀는 데카르트에게 열중했다. 데카르트가 모든 것을 백지로 환원하고 명증성에 바탕한 세계를 재건했기 때문이었다. 그러나 그녀는 데카르트의 저서를 한 장은커녕 한 구절도 정리해 읽으려고는 하지 않았다. 그녀는 한마디 한마디를 잡고 늘어졌기 때문에 교습 시간은 자주 파란만장해졌다. 나는 시련을 좋아하지 않았지만 리즈는 그것을 매우 좋아했다. 작년에 그녀가 나를 따라다니며 내 호텔에서 기다리는 핑계로 써먹었던 집안의 사소한 일들은 대개 지어낸 이야기였다고 그녀는 웃으며 털어놓았다. 그런데도 내가 그녀를 믿고 열심히 위로해주었던 까닭은 그녀의 지배권을 인정했기 때문이라고 자신의 권리를 주장했다. 내가 6월에 그녀를 데려가지 않고 파리를 떠났던 일을 그녀는 맹렬히 비난했다. 그녀는 내가 그녀의 상대가 되기보다는 혼자 있고 싶어하는 것도 받아들이지 않았다. 내가 일기에 썼던 교외 산보를 했던 때도, 리즈는 '함께 가고 싶다'고 완강하게 외치면서 포르트 도를레앙까지 따라왔다. 그때는 내가 화가 났으므로 그녀도 얌전해졌다. 하지만 그녀의 드센 고집에 걸려들면 애원도 협박도 소용이 없을 때가 많았다. 밤에 내 방에서 공부하거나 수다를 떨 때도 야간 통행금지 때문에 나는 그녀를 일찍 돌려보내야 했다. 나는 괘종시계에 주의하고 있다가 말했다.

"이제 갈 시간이야."

어느 날, 그녀는 태연히 선언했다.

"싫어. 나는 돌아가지 않겠어."

그러고는 격한 목소리로 쫓아내는 건 실례다, 여기서 자지 못할 것도 없다, 아파트는 충분히 넓고 올가를 재운 적도 있지 않느냐, 고 했다. 나의 유일한 핑곗거리는 그녀가 남아 있기를 내가 바라지 않는다는 것이었는데, 그녀는 아랑곳하지 않았다. 나는 다가오는 통행금지 시각을 화를 삼키며 지켜보다가 어쩔 수 없이 할머니 침실에 리즈를 재웠다. 하루 숙박에 성공한 그녀는 한층 대담해져서 또다시 이 수법을 써먹으려 했다. 이번엔 나도 눈물이 나올 만큼 격분해서 어디서 그런 힘이 나왔는지 모르겠지만―리즈는 나보다 훨씬 힘이 세었으므로―어쨌든 그녀를 계단까지 밀어냈다. 분명 그녀의 강한 고집이 그때 잠깐 꺾였던 것이리라. 그러나 그녀는 즉각 생각을 고쳐먹고 거칠게 벨을 누르기 시작했다. 나는 지지 않았다. 내가 귀마개를 하고 자려 했을 때도 그녀는 여전히 이따금씩 초인종을 눌렀다. 다음 날 아침에 나는 발을 터는 깔개 위에서, 얼굴이 온통 눈물과 때로 범벅이 되어 잠들어 있는 리즈를 발견했다. 내 아파트는 꼭대기층이라 리즈는 누구의 방해도 받지 않고 잠을 잤던 것이다. 나는 그녀가 이번 일로 단단히 뉘우치기를 바랐지만 그렇지 않았다. 리즈는 손을 댈 수 없는 아이였다. 우리는 여전히 무척이나 죽이 잘 맞았으며, 또 자주 싸움을 했다.

8월이 지나고 9월이 시작되었다. 15일쯤에, 사르트르에게서 독일로 이송될 예정이라는 통지가 왔다. 늘 그렇듯 그는 건강하게 그리고 아주 유쾌하게 지내고 있다고 했다. 하지만 그가 하루빨리 돌아오기를 애타게 기다리던 나는 충격을 받았다. 내가 다시 일기를 쓰려 했던 노트에는 다음과 같이 쓰여 있다.

"이번엔 정말로 불행하다. 작년엔 내 주위의 세계가 비극적이어서 나는 그것과 하나가 되어 살게 되었지만 적어도 불행은 아니었다. 지난 9월에 커다란 집단적 대사건 가운데 한 조각에 불과하다고 느꼈던 일을 잘 기억한다. 그러나 일주일 전부터 사정은 달라졌다. 어찌되었든 세상은 추하다. 불행은 잘 보이지 않는 특수한 병처럼 내 안에 있다. 단지 불면과 악몽과 두통의 연속⋯⋯. 눈앞에 어슴푸레하게 독일 지도가 펼쳐지고, 검은 가시철망을 친 국경이 보인다. 이어 '실레지아'라는 말이 어딘가에서 들리고, '모두 굶어 죽을 것이다' 말하는 듯한 음성이 들린다."

나는 계속 쓸 용기가 없었다. 종이를 마주 대하는 일이 견디기 힘들었다.

그런데도 나는 9월의 마지막 쾌청한 가을날들을 활용했다. 파리로 돌아온 비앙카는 자전거 여행으로 나를 꾀었다. 이제 사르트르를 기다릴 수도 없는 노릇이어서 승낙했다. 우리는 브리에르의 작은 마을까지 기차로 갔는데, 이 지방을 탐방하는 일은 흥미로웠다. 얼룩 하나 없이 희게 칠한 벽과 넝쿨장미 지붕이 늘어선 마을들은 거의 무대장치의 느낌을 주는 반면, 마을을 둘러싼 풀이 무성한 늪지의 거친 느낌은 나를 별로 감동시키지 않았다. 옛 성벽으로 둘러싸인 평화로운 게랑드, 모르비앙의 부드러운 햇빛을 받는 언덕과 소나무 숲, 모래사장, 바위, 작은 만, 가을 하늘, 우거진 히스, 그리고 로슈포르 앙테르의 붉은 제라늄으로 장식된 회색 화강암 집들도 보았다. 우리는 왕새우, 크레이프, 달콤한 과자를 먹었다. 독일군과 마주치는 경우는 없었지만, 숙소에 돌아와서는 자주 그들에 대한 이야기를 들었다. 독일군은 달걀을 5개나 섞은 오믈렛과 사발에 든 많은 분량의 크림을 게 눈 감추듯 먹어치우더란다. 이렇게 많이 먹는 사람은 본 적이 없다고 한다.

"질색이에요! 그놈들은 식탐이 많아 게걸스레 먹는다니까요!"

렌의 카페 종업원도 이렇게 우리에게 말했다. 어쨌든 지난 2주일 동안 나는 거의 독일군을 잊고 있었다. 예전에 내가 살아가는 즐거움이라고 부르던 것의 일부가 되살아났다. 이윽고 우리는 귀로에 올랐다.

제7부

시간의 흐름은 번복되지 않았다. 어김없이 계절이 바뀌고 새 학년이 시작되었다. 변변치 못한 시작이었다. 카미유세 고등학교에서—어느 고등학교나 다 마찬가지였지만—나는 '프리메이슨에 가입하지도 않았으며 유대인도 아님을 맹세한다'는 요지의 서약서에 서명해야 했다. 이런 것에 서명하는 일이 질색할 정도로 싫었지만 누구 한 사람 거부하는 이가 없었다. 동료들 대부분이나 나 자신도 달리 어쩔 도리가 없었다.

나는 할머니의 아파트를 나와서 다시 바뱅 거리 단마르크 호텔로 옮겼다. 파리는 음침했다. 가솔린은 바닥이 났고 자동차들은 거리에서 자취를 감추었다. 이따금 지나가는 버스는 가스를 연료로 썼다. 교통수단은 대개 자전거뿐이었다. 아직 폐쇄된 지하철역도 많았다. 야간 통행금지는 자정까지 연장되었으며, 공중이 모이는 장소는 11시에 폐쇄되었다. 나는 영화관에는 거의 발을 들여놓지 않았다. 상영작은 독일 영화이거나 최악의 프랑스 영화뿐이었다. 독일군 당국은 뉴스영화 상영 중에 박수치는 것을 금지했다. 그들은 이런 집단적 감정의 표시가 모욕적이라고 판단했던 것이다. 렉스 관을 비롯해 엄청나게 많은 영화관이 '독일군 전용 영화관'으로 바뀌었다. 나는 아직도 꽤 괜찮은 요리를 내주는 작은 식당에서 식사를 했다. 시장이나 식료품 가게에는 물건이 매우 부족했다. 9월 말에 배급통장이 교부되었는데도 식량을 손에 넣기가 좀처럼 쉽지 않았다. 부모님의 식탁에는 제1차세계대전 당시를 떠올리게 하는 돼지감자와 순무 등 야채가 다시 모습을 드러냈다.

그러는 동안 사람들은 파리로 돌아왔다. 돔에서 마르코를 만났는데, 그도 다시 루이르그랑 고등학교에서 가르치고 있다고 한다. 말끝에 그는 말했다.

"나는 필립 페탱에게 신임을 얻었어."

그것은 그가 알리베르 법무장관과 아주 오래전부터 친하게 지내던 어떤 사람을 알고 있는 것을 가지고 하는 말이었다. 자랑할 만한 일이 아니라고 나는 생각했다. 그보다 파니에를 만난 일이 훨씬 기뻤다. 그는 모 대위의 운전사로 전직했는데, 48시간 동안 거의 잠도 자지 않고 쉬지도 못한 채 계속 운전했다고 한다. 비시 정부에 대한 나의 분개에 동조하지 않는다며 나를 당황케 하고서, 그는 페탱의 험담을 하는 것은 프랑스 전체를 나치 지배하에 두고 싶어하는 사람들에게 장단을 맞추는 일이라고 힘주어 말했다.

"하지만 그 다음은 어떻게 되는 거야?"

내가 물었다. 어쨌든 비시 정부의 조치는 독일의 말 그대로였다. 10월 2일, 독일은 모든 유대인의 등록과 모든 유대계 기업의 신고 법령을 발표했다. 19일에는 비시 정부가 '유대인 법'을 공표하여 유대인은 공직 및 자유업에 종사하는 것이 금지되었다.

"과거 우리에게 그토록 커다란 피해를 안겨준 거짓과 착각을 나는 증오한다."(휴전 당시 페탱의 말. 이에 덧붙여 '거짓말을 하지 않는 대지로 돌아가라'고 장려했다)

이렇게 대담하게 잘라 말했던 남자의 위선적인 노예 근성은 나의 분노를 부채질했다. 옛날, 아버지 친구인 자노 씨가 자선 연극에서 했듯이 페탱도 도덕혁명을 핑계로 대지로 돌아가라고 설교한 것이며, 사실 그는 정복자의 뜻에 따라 프랑스를 독일의 단순한 곡물 생산기지로 만들려 했었다. 모두가 거짓말을 하고 있다. 군인이나 유력자들은 인민전선보다 히틀러가 낫다고 생각하여 항전을 기피해놓고는, 지금에 와서 패전을 초래한 원인이 프랑스 국민의 '향락적인 정신'이라고 선언하고 있는 것이다. 이 급진적 애국자들은 프랑스의 패전을 계기로 프랑스 국민을 모욕했다. 그들은 프랑스를 위해 매진하고 있다고 아양 떠는 목소리로 변명을 했다. 대체 그들이 말하는 프랑스는 어떤 프랑스일까? 그들은 독일군의 존재를 이용하여 과거 카굴라르(혁명비밀 행동위원회)의 프로그램에 부응하려 했던 것이다. 페탱 원수의 '메시지'는 나에게 가치 있는 것을 모조리 공격하고 있었다. 그 첫 번째가 '자유'이다. 앞으로는 가정이 지상의 근원이 되고, 미덕이 세상을 지배하며, 학교에서는 경건한 태도로 신에 대해 이야기해야만 하리라. 나는 나의 소녀시절을 어둡게 했던 그 어리석은 열광을 떠올렸다. 지금은 그것이 공공연하게 프랑스 전체를 짓누르고 있다. 히틀러, 나치즘, 그것들은 이른바 남의 세상이며, 나는 이것들을 멀리서 일종의 냉정함으로 증오하고 있었다. 페탱이나 국민혁명으로 향하는 나의 증오는 낯익은 것이고, 이에 대한 분노가 날이 갈수록 타올랐다. 비시(독립행)에서 행해지고 있는 타협과 양보의 자잘한 점들은 나의 관심을 전혀 끌지 못했다. 왜냐하면 비시 전체가 나에게는 부끄럽기만 한, 용서하기 힘든 것이었으니까.

올가는 본격적으로 파리로 돌아와 동생과 둘이서 쥘샤프랭 호텔에 자리잡았다. 보스트도 그곳에 들어왔다. 그는 오랜 회복기를 몽펠리에서 마치고 지금은 건강이 좋아졌다. 몇 개월이나 여자들끼리만 보낸 뒤여서 남자친구들과의 교제가 귀중했다. 보스트와 나는 모든 점에서 의견이 일치했지만, 그는 나보다 더 앞을 내다보지는 못했다. 미래는 제한되어 있으며, 애당초 현재조차도 파악할 길이 없다. 유일한 뉴스 원천은 독일 신문일 뿐, 나는 정치세계와의 접촉이 전혀 없었다. 아롱은 런던으로 가버렸고, 페르낭과 스테파도 프랑스를 떠났으며, 콜레트 오드리는 남편과 함께 그르노블에 정착했다. 보스트의 형은 포로가 되었다. 누구에게 정보를 들어야 한단 말인가? 나는 외톨이라는 생각에 견딜 수 없었다. 이 당시에 이미 장 텍시에의 〈점령하 국민에게 주는 충고〉나 〈팡타그뤼엘〉 등 몇몇 불법 인쇄물이 유포되고 있었지만, 나는 그 존재조차 알지 못했기 때문에 신프랑스 평론 출판사에 가서 브리스 파랭과 대화를 했다. 잡지가 복간되었는데, 폴랑이 독일 검열하에서 편집하는 것을 거부했기 때문에 드리외 라 로셸이 대신하게 되었다고 했다. 파랭은 '오토 명단'에 대해 이야기했다. 그것은 출판사나 소매점에서 시판이 금지된 도서 목록이었다. 하이네, 토마스 만, 프로이트, 슈테켈, 모루아, 드골 장군에 관한 책, 기타 등등이 포함되어 있다고 한다. 그러나 내가 파랭에게서 들은 얘기 가운데서도 중요한 것은 단 한 가지, 니장이 죽었다는 소식이다. 그가 어디서 어떻게 죽음을 당했는지는 명확하지 않지만 죽은 것은 확실하다고 한다. 그의 아내와 아이들은 미국으로 건너갔다. 나는 정신이 멍했다. 그토록 죽음을 싫어하던 니장이, 죽어가는 자신을 바라보고 있었단 말인가? 그는 매우 훌륭한 작품인 그의 최대 걸작 《음모》를 썼고, 조금 뒤 그의 발밑 대지가 뒤흔들렸으며, 그래서 자신을 새삼 재검토하게 되었다. 그리고 자기 자신에 대한 새로운 작품을 쓰겠다고 결심하자마자 죽었다. 때마침 이 순간에 그가 미래를 빼앗겼다는 사실이 나에게는 특히 부조리로 여겨졌다. 며칠 뒤에 나는 니장의 과거마저 왜곡되고 있음을 알고 다시 망연해졌다.

사르트르는 편지로, 같은 수용소에 있는 공산주의자 한 명이 최근에 석방

되었다고 알려왔다. 석방 이유는 언급하지 않았으며, 그의 주소를 써 보냈다. 나는 당장 B에게 전화하여 면회를 요청했다. 공산주의자들 사이에서 무슨 일이 일어나고 있는지는 별로 알려져 있지 않았다. 일부는 〈위마니테〉지를 비밀리에 출판하고 있었다. 이것은 반제국주의적이기는 했지만 독일에 대해서는 일종의 중립적인 태도를 취했다. 독일에 대한 협력을 운운하면서 자칭 공산주의자 전단도 내고 있었다. 한편, 공산주의자의 태반은 반독일 선전활동을 조직하고 있다는 소문도 있었다. 어쨌든 사르트르가 B를 만나라고 권한 이상, B는 사르트르와 본질적인 것에 관한 한 의견이 일치하는 동지이리라. 그래서 나는 안락해 보이는 B의 서재로 들어가면서 바람직한 이야기를 들을 수 있을 거라고 기대했다. 그는 무척 상냥하게 나를 맞이하여 사르트르의 근황을 알려주었으므로 나는 살아갈 의욕을 되찾았다. 포로생활은 적어도 독일 내 수용소에서는 지극히 견딜 만한 것이다. 먹을 것은 적지만 노동을 하지 않아도 된다. 사르트르는 여가 시간에 계속 글을 쓰고 있으며, 친구도 많이 생겨서 그 생활에 흥미를 갖고 있다고 했다. 그의 편지에 분명 그렇게 쓰여 있기는 했지만 그동안 나는 반신반의했었다. 이어 나는 B에게 현정세에 관해 뭔가 확실한 전망을 갖고 있느냐고 물었다. 현재 우리는 어떻게 되어가고 있는가? 바랄 수 있는 게 무엇인가? 두려워할 것은 무엇인가? B는 드골 장군의 해방운동에 대해, 그것에 감격하는 사람은 감상적인 할망구들뿐일 거라며 모멸적으로 말했다. 그는 구원이 다른 데서 올 것을 암시했다. 나는 자세한 내용을 끌어내려 하지 않았고, 그에겐 그것을 말할 논리도 없었다. 그러나 나는 독·소 조약이 소비에트에 대해, 나뿐만 아니라 많은 사람이 품었던 호의를 뒤흔들고 공산당을 신뢰하려던 마음에 찬물을 끼얹었다고 말했다. 그는 폭소를 터뜨렸다. 정치적 훈련을 받지 않은 소시민만이 스탈린의 치밀함을 잘못 인식할 수 있다는 것이다. 하지만 나는 골수 공산주의자도 회의적으로 동요하지 않았느냐고 반문하면서 니장을 인용했다. B는 진지한 표정을 지으며 독·소 조약 때문에 탈당하는 행위는 변절자가 아니면 할 수 없다고 말했고, 나는 니장은 변절자가 아니라고 대답했다. 그는 어깨를 으쓱했다. 그러고는 탈당한 공산당원은 2명밖에 없다고, 차분함을 되찾으며 거만하게 단언했다. 한 명은 어느 낙태 사건에 휘말려 경찰에 잡혀간 젊은 여성 활동가였다. 다른 한 명은 니장인데, 그가 오래전부터 내무성에 매수되어 있었음은 세상이 다 아는 사실이었다고 말했다. 나는 분개한 나머지 숨도 제대로 쉴 수 없었다. 누가 알고 있었다는 것인가? 어떻게 알았다는 말인가? B는 니장의 변절은 모두가 알고 있었던 사실이고, 게다가 그는 탈당하지 않았느냐고 한다. 나는 항의했지만 헛일이었다. 속이 부글부글 끓어올라 벌떡 일어났다. 그런데도 나는 아직 그날의 이런 중상모략이 얼마나 가혹한 일인지는 몰랐다. 나는 틀림없이 B가 니장에 대해 알지도 못하는 사람에게서 적당히 듣고 착각한 거라고 생각했다. 사실 니장을 잘 아는 사람들에 의해 파렴치하게 조작된 책동이었음은 꿈에도 생각지 못하고 말이다.

나는 어떤 비밀스런 방법으로 포로를 귀국시키는 데 성공한 2명의 작가가 있다고 브리스 파랭에게서 들었다. 이 정보가 허위였는지, 아니면 내 방법이 서툴렀는지 하여간 내가 시도했던 일은 실패로 끝났다. 사르트르에게서 며칠 편지가 끊겼지만 나는 걱정하지 않았다. B와의 면담은 적어도 사르트르의 신상에 관한 한 나를 깊이 안심시키는 효과가 있었다. 그래서 나는 다시 글을 쓸 결심을 했다. 그것이 신앙의 행위이자 희망의 행위인 것 같았다. 독일의 패퇴를 믿을 근거는 어디서도 발견되지 않았다. 히틀러는 지금까지 단 한 번의 전투에도 패배한 적이 없고 런던은 무참한 공습으로 무너졌으니 반드시 나치 군단은 곧 영국에 상륙하리라. 미국은 한 발짝도 내딛지 않았으며, 소련은 여전히 소극적인 태도를 유지하고 있다. 나는 일종의 내기를 했다. 만약 내일이라도 모든 것이 사라진다면 글쓰기에 몇 시간을 허비하건 말건 무슨 차이가 있는가? 하지만 세계와 나의 인생, 그리고 문학이 다시 의미를 갖게 된다면, 그때는 아무것도 하지 않고 오랜 세월을 잃어버린 것을 후회하리라. 그래서 아침나절과 해질 녘에는 돔에 진을 치고 소설의 끝부분 몇 장을 쓰기로 하고 전체적인 재검토를 했다. 그것은 나의 정열을 불러일으키지는 못했다. 이 소설은 내 과거의 한 시기를 표현하고 있었지만, 바로 그렇기 때문에 나는 빨리 그것으로부터 도망치고 싶어 악착같이 일에 매달렸다.

나는 헤겔을 계속 읽어 전보다 깊이 이해할 수 있게 되었다. 세부적으로는 그의 풍부함이 나를 매료했으며, 그 체계의 전모는 현기증을 느끼게 했다. 보편적인 것을 위해 자신의 존재를 감추고, 역사의 목적이라는 관점에 입각하여 자기의 생명을, 또 죽음까지도 담담한 심경으로 조망하는 일은 확실히 매력적이다. 그렇게 하면 세계의 흐름 속에서는 미세한 한 조각에 지나지 않는 이 순간과 한 개인, 나 자신이 얼마나 하찮게 보이겠는가? 겨우 지금 여기서 나의 신상에 일어나는 일과 나를 둘러싼 것 때문에 심란해할 필요가 어디에 있겠는가? 그러나 이런 사변(思辨)도 내 마음의 극히 작은 움직임에 의해 거부되고 말았다. 희망, 분노, 기대, 불안 등이 저마다 모든 초월에 저항해 자기주장을 하기 때문이다. 보편적인 것으로의 도피는 사실 내 개인적 모험의 한 삽화에 불과했다. 나는 전에 열중하여 읽은 적이 있는 키에르케고르를 다시 펼쳤다. 그가 주장하는 진리는 데카르트적 명증과 마찬가지로 당당하게 회의에 도전하고 있었다. 체계나 역사는 악마와 마찬가지로, '이 순간, 이 장소에 나는 있다. 나는 존재한다'는 경험적 확신을 막지는 못한다. 나는 이런 갈등 속에서, 소녀시절에 스피노자와 도스토예프스키를 번갈아 읽으면서 문학이 쓸데없는 잡음으로 생각되고, 형이상학이 공허하고 고된 일로 여겨지던 그 젊음의 미혹을 기억했다. 나는 지금 존재에 밀착한 철학을 공부하고 있다. 그것은 지상에서의 내 존재에 가치를 부여하며, 나는 전면적으로 그것을 받아들일 수가 있다. 그럼에도 현재 직면해 있는 갖가지 곤란 때문에 때때로 나는 그 고요한 무관심이라는 꿈에 강하게 이끌렸고, 이때 존재와 무는 같은 것이 되었다. 머리로 생각하면 우주와 개인의 만남은 평범하기 짝이 없다. 하지만 나에게 있어 그것은 타인의 의식을 새로이 발견한 일과 마찬가지로 독창적이며 구체적인 체험이었다. 나는 이것을 다음번 소설의 주제로 삼기로 했다.

 읽어가면 갈수록—변함없는 존경을 품으면서도—나는 헤겔에게서 멀어졌다. 지금 나는 동시대인과 뼛속까지 맺어져 있음을 깨달았다. 이렇게 맺어진 의존의 이면을 발견했는데, 그 이면이란 바로 나의 '책임'이었다. 하이데거 덕분에 나는 '인간적 현실'이 존재자 개인 속에서 각각 완성되고 표현되는 것임을 확신했다. 바꾸어 말하면, 존재자는 저마다 인간적 현실 전체를 구속하고 연좌하는 것이다. 하나의 집단사회가 자유를 향해 나아가거나 무기력한 예속에 익숙해질 때, 개인은 인간들 가운데 한 인간으로서, 또는 개미굴 속 한 마리 개미로서 자기를 파악하게 된다. 그러나 우리는 누구나 집단적 선택을 검토하고 이것을 기피하거나 확인할 권한을 갖는다. 나는 이 애매한 연대를 날마다 느꼈다. 점령당한 프랑스에서는 숨 쉬는 일만으로도 이미 탄압에 동의하는 것이었다. 설령 자살을 한다고 해도 그것으로부터 해방되지는 않고 오히려 자기의 패배를 결정적으로 인정하는 일이리라. 나의 구원은 나라 전체의 구원과 일체가 되어 있었다. 내게 주어진 상황은 돌이킬 수는 없지만, 생각해 보면 나 자신도 그 상황을 야기하는 데 얼마간 도움을 주었다. 개인은 그를 둘러싼 세계에 흡수당하지 않는다. 세계의 무게에 견디면서 세계 위에서 움직이며, 심지어 세계가 정체상태에 있더라도 개인으로서 존재한다. 이러한 진리는 내 안에 깊게 뿌리를 내렸다. 다만 불행하게도 나는 거기서 실천적인 결론을 이끌어낼 방법을 찾지 못했다. 과거의 내 무기력을 비난하면서, 지금보다 나아지기를 기대하면서도, 살아가기 위해 살아남기 위해 무엇을 어떻게 해야 좋을지 몰랐던 것이다.

극장은 다시 문을 열었다. 야간 통행금지 때문에 상영 시간은 8시부터 11시까지였다. 될랭은 테아트르 드 파리로 옮겨서 〈플루토스〉를 재연했다. 마르코는 배역을 그만두었다. 될랭은 짧은 출연이지만 재미있는 역할을 올가에게 맡겼는데, 그녀는 그것을 매우 잘해냈다. 뢱상부르인인 티상 양은 날카로운 독창성을 보여 비평가의 주목을 받았다. 얼마 지나 11월 중순쯤에 될랭은 아틀리에 극장의 레퍼토리에 들어 있는 벤 존슨의 〈말 없는 여자〉를 상연했다. 나는 올가, 방다와 함께 초대공연에 가기로 했다. 옷을 갈아입고 호텔을 나서는데 우편함에 사르트르 동료 포로의 부인에게서 온 편지가 들어 있었다. 사르트르의 새 주소를 알려준 것이다. 이내 나는 창백해졌다. 'D.12 포로수용소, 병동'이라니, 사르트르의 걱정을 그만두려 했건만 그는 병동에 있었다. 티푸스에 걸린 건 아닐까? 어쩌면 빈사상태일지도 모른다. 그래도 일단 나는 극장에 들러서, 오늘 밤 공연에는 오지 못하겠다고 전했다. 독일어를 아는 티상은 사르트르가 있는 곳은 병동이 틀림없다고 했다. 나는 이 주소를 우편으로 알려준 부인을 만나려고 지하철을 탔다. 내 가슴은 두려움으로 떨리고, 눈은 참혹한 환영으로 흐려져 있었다. 문을 연 부인은 불안이 가득한 내 목소리와 얼굴을 보고 어리둥절해했다. 분명 그녀의 남편도 사르트르가 있는 병동에 있었는데, 사르트르와 그는 괜찮은 안전지대를 발견했다고 기뻐하고 있다는 것이다. 그들은 간호병을 자칭하고 허드렛일을 하면서 막사보다 훌륭하고 난방도 잘 들어오는 방에서 지내고 있다고 한다. 나는 1막이 끝났을 즈음 극장에 도착했다. 상들리에, 진한 빨강 깔개, 소곤

거리며 휴게실에 나와 있는 관객의 무리, 이런 것들은 내 머리를 지금까지 점령하고 있던 지저분한 침대, 고열로 사경을 헤매는 뼈와 가죽뿐인 환자, 사체 등의 영상과 얼마나 강렬한 대조를 이루는 것인가? 5월 10일 이후로 두 세계가 공존하고 있었다. 낯익고 때로는 쾌활하기까지 한 세계와 모골이 송연해질 듯한 세계가 말이다. 둘을 동시에 생각하는 일은 불가능했다. 한쪽에서 다른 한쪽으로의 난폭한 이행이 끊임없이 되풀이되면서 내 마음과 신경을 거칠게 갉아냈다.

  사르트르에게서 온 편지는 나를 완전히 안심시켰다. 그는 편지 2통을 보냈는데, 하나는 규정대로 연필로 씌어 있고 종이의 크기도 제한되어 있어서 20줄쯤 되었다. 다른 하나는 보통의 긴 편지인데, 수용소 밖에서 노동자로 일하는 동료가 우표를 붙여서 몰래 우체통에 넣어준 것이었다. 사르트르는 현재 상태에 지극히 만족하고 있으며 매우 바쁘다. 그는 예수회 수도사들과 동정녀 마리아를 두고 논쟁했다. 이제 곧 파리로 돌아올 계획이지만 그가 크리스마스 축제를 위해 쓴 희곡의 연출을 맡고 있어서 지금 당장은 아니었다. 그것이 끝나면 머뭇거리지 않겠다고 한다. 마치 마음만 내키면 언제든지 귀국할 수 있는 듯했다. 그는 도망을 치려는 걸까? 나는 탈주라는 것은 앞뒤를 가리지 않는 행동이라고 생각했다. 보초는 사살하려 할 테고 개를 사용해 추적하리라. 나는 무서웠다. 하지만 사르트르는 곧 본국으로 송환될 민간인에 대해 자기가 송환을 주선해 준 듯한 투로 말하고 있다. 분명 그는 몰래 뭔가를 도모하고 있는 것이다. 나는 안달하지 않기로 했다.

  나는 거의 평정을 되찾았다. 그러나 여전히 이 고립은 괴로웠다. 11월 11일, 학생들이 샹젤리제 거리에서 독일군에 대항해 아주 용감하게 도전을 감행했기 때문에 독일군은 그 보복으로 대학을 폐쇄했다. 대학 문은 12월 20일이 되어서야 겨우 다시 열렸다. 이것은 프랑스·독일 양국의 우정을 굳히고자, 나폴레옹의 아들 라이히슈타트 공의 유해를 프랑스로 인도한 잔꾀에 대한 멋진 반격이었다. 나는 나치즘에 대해 공공연한 반대를 외친 젊은이들을 개인적으로는 단 한 명도 알지 못했다. 내가 만나는 이들은 나처럼 기댈 데 없는 사람들뿐이었다. 내게는 라디오가 없어서 BBC방송을 듣는 것조차 불가능했으며, 거짓투성이 신문에만 의존하고 있는데 어떻게 정세를 판단할 수 있겠는가? 〈라 빅투아르〉나 〈르 마탱〉에 이어 지금은 〈외브르〉와 〈탕

누보〉 등의 신문까지 매일 발행되어 일제히, 프랑스 국민을 심연에 빠뜨린 것은 지드, 콕토, 초등학교 교사들, 유대인, '안개 낀 선착장'이라고 역설하고 있다. 〈카나르 앙셰네〉가 잘나갈 때 내가 좋아한 언론인들—앙리 장송, 갈티에브와시에르 등—은 〈오주르뒤〉지에 근거하여 얼마간의 자유를 지켜내려 했다. 하지만 그들도 독일군의 성명서나 엄청나게 많은 친독일 기사를 게재하지 않을 도리가 없었다. 이런 타협의 부분은 그들의 미약한 계략적 기사보다도 커다란 비중을 차지했다. 그런데도 장송의 몇몇 기사는 여전히 너무 비판적이었다. 그는 몇 주 동안 투옥되었고, 그의 직원은 숙청되었다. 수아레스가 후임 주간이 된 뒤 이 신문도 다른 신문과 동급으로 후퇴하고 말았다. 드리외의 〈신프랑스 평론〉지가 12월에 간행되었다. 알랭은 평화주의를 너무도 열광적으로 고집했기 때문에 그가 이 잡지에 과감히 협조적으로 기고한 것은 나에겐 의외가 아니었다. 그러나 지드는 어째서 일기의 발췌문들을 실었단 말인가? 돔에서 장 발을 만났는데 그도 마찬가지로 의아해하고 있었다. 가까운 친구 말고도 누군가와 분노를 함께 삭일 수 있다는 것이 적잖이 나를 진정케 해주었다.

이와 반대로 앞으로 며칠 뒤에 나는 생각지도 않게 불쾌한 기분을 맛보게 되었다. 전에 될랭과 대화할 때, 그는 '보슈'에 대해 제1차세계대전의 '용사' 다운 배타적 애국심으로 가득 찬 연설을 했었다. 나는 테아트르 드 파리의 식당에서 그와 카미유와 함께 셋이서 식사를 했다. 한창 식사 중에 카미유가 단호한 어조로 자신의 신조를 피력했는데 될랭은 한마디도 하지 않고 태연히 듣고 있었다. 그녀의 논지는 이러했다. 나치즘이 승승장구하고 있는 이상 그 진영에 따라야 한다, 그녀가 명성을 획득할 시기는 지금밖에 없다, 자기 시대를 탄핵했으니 그 시대를 발판으로 삼을 수가 없지 않은가. 그녀는 진심으로 이렇게 믿고 지금이야말로 기회가 찾아왔다고 생각한 것이었다. 나는 그녀의 말을 가로막으며, 변명의 여지도 없다고 보는 '유대인 박해'를 들어 반박했다. 그녀는 말했다.

"아, 그래. 베른슈타인은 너무 오랫동안 연극계를 휘어잡았지! 이제 누군가가 그를 대신할 차례야."

나도 지지 않고 수선스런 반박을 토해내기 시작했다. 카미유는 몹시 거만한 표정을 짓고는 손을 부들부들 떨면서 입술에 미묘한 미소를 지으며 말했다.

"박해를 당하든 않든 뱃속이 제대로 된 인간이면 누구라도 어떻게든 극복하기 마련이야."

현재 같은 정세 속에서 이런 경박한 서푼짜리 니체 철학을 듣게 되다니, 나는 참을 수 없었다. 나는 여차하면 자리를 박차고 돌아갈 참이었다. 될랭의 배려와 부드러움이 나를 붙잡았다. 그러나 나는 기운 빠지게 하는 바보 같은 마지막 한마디를 듣자마자 벌떡 일어섰다. 가슴이 부글부글 끓는 듯했고 슬프기도 했다. 나는 그 뒤로 오랫동안 두 사람을 만나지 않았다.

12월 28일에 생미셸 거리를 내려오는 도중에, 나는 붉은 벽보 앞에 사람들이 모여 있는 것을 보았다. 그곳에는 이렇게 쓰여 있었다.

알림
파리 출신의 기술자 자크 봉세르장은 독일군 일원에 대해 폭력 행위를 자행한 연유로 독일 군사법정에서 사형 선고를 받았다.
그는 오늘 아침 총살되었다.

이 남자는 누구일까? 무슨 행동을 했던 것일까? 나는 전혀 알 도리가 없었다(나중에 나는 봉세르장이 친구 대신 르 아브르 거리에서 한 독일 장교와 시비 끝에 충돌하여 죄를 범했음을 알게 되었다). 어쨌든 이때 예의 바른 점령군은, 몸과 고개를 낮추지 않은 죄를 저지른 한 프랑스인의 처형을 비로소 처음으로 공식 통고했던 것이다.

배가 고픈 사람들 사이에서도 의견이 완전히 일치하지 않기 마련이다. 파리의 언론은 라발의 정책을 지지했지만, 페탱은 그의 사임을 요구하고 대신에 먼저 프랑댕을, 이어 다를랑을 수상에 임명했다. 데아가 1941년 1월에 결성했던 국민민중연합(R.N.P.)은 몇 가지 점에서 도리오의 프랑스인민당(P.P.F.)과도, 뷔카르의 프란시즘과도 대립하고 있었다. 하지만 그들은 모두 비시 정부의 대독일 협력이라는 미온한 태도를 비난했다. 한편 비점령지역에서도 페탱의 프랑스 의용단이 '국민혁명'을 추진하면서, 앙드레 지드가 니스에서 미쇼에 관해 강연하는 것을 금지했다. 이러한 갈등과 불화, 혼란, 분위기는 대독일 협력 자체를 전면적으로 거부하는 사람들에게는 아무 의미도 없었다. 대독일 협력을 칭찬하는 사람은 모두 똑같은 증오의 대상일 뿐이었다. 그런데도 2월에 주간지 〈주 쉬 파르투〉가 복간되었을 때 나는 움찔했다. 이 편집자들은 집단적 편집증에 걸려 있는 듯했다. 그들은 제3공화국의 지도자, 공산주의자, 유대인을 모두 죽이기를 바랄 뿐만 아니라, 가능성이 극히 제한된 비점령지역에서 작가들이 자기의 사상을 포기하지 않고 충실하게 표현하는 것을 공격했다. 그들은 미친 듯이 고발을 계속했다. 브라지야크는 다음과 같이 썼다. 그리고 그들은 빈틈없이 그 권리를 행사했다.

"우리는 다른 한 가지 권리를 요구한다. 그것은 배신자를 적발하는 권리이다."

올 겨울은 지난해보다 추위가 한층 혹독했다. 여러 날 계속해서 수은주는 영하로 내려가는데, 석탄 부족으로 내 방은 난방이 되지 않았다. 나는 스키바지를 입고 스웨터를 입은 채 얼음장 같은 침대보 속으로 파고들었다. 그리고 덜덜 떨면서 세수를 했다. 독일식 시간제 때문에 내가 집을 나섰을 때는 거리가 아직 어두웠다. 나는 그나마 따뜻함을 찾아 돔으로 뛰어들었다. 지금은 독일군 출입금지가 아니었으므로 내가 커피 대용음료를 홀짝이는 동안에 그 '회색 쥐새끼들'은 테이블에 버터와 잼을 늘어놓고 진짜 홍차 봉지를 웨이터에게 건넸다. 나는 전과 마찬가지로 가게 안쪽의 박스석에서 일을 했는데, 지금은 신문을 읽거나 체스를 두는 망명자는 한 사람도 없었다. 외국인들은 대부분 자취를 감추었으며 내가 얼굴을 아는 사람도 거의 없었다. 언제나 캐묻기를 멈추지 않는 아다모프가 때때로 그 큰 눈을 더욱 크게 뜨고서 내 테이블에 와락 얼굴을 내밀었다.

"안녕?"

그는 하나하나 떼어서 말한다. 그리고 힐문의 총구를 느닷없이 내 얼굴로 향한다.

"당신은 생각해본 적 있어요? '가는 놈'들은 뭐고, '가지 않는 놈'들은 뭐죠?"

내가 보기에 그는 그 시대의 민중어원과 전형적 인물에 대해 지나치게 생각하고 있었다. 그와 아는 사이가 된 올가는 그가 아일랜드의 전설과 많은 아름다운 이야기를 들려준다고 말했다. 그가 자주 데리고 다니는 여자들은 분명 그 때문에 그에게 매료되었으리라. 그녀들은 모두가 하나같이 '희한한 여자들'이기는 했지만, 그중에서는 가장 품위 있는 부류였다. 유감스럽게도 나를 상대하면 그는 공격적인 대화를 하고 싶어했으며 우리는 서로 파장이 맞지 않았다. 그는 나의 원고를 뚫어져라 바라보았다. 언젠가 물은 적이 있다.
"그런데 당신은 무엇을 쓰는 거죠?"
나는 용기를 내어 대답했다.
"소설."
"소설? 진짜로 소설? 시작이 있고, 중간이 있고, 끝이 있는 것 말이죠?"
그는 되물었다. 그는 옛날 아버지의 친구가 막스 자코브의 시를 읽었을 때와 똑같이 몹시 놀란 표정을 지었다. 그는 초등학생용 노트에 아무렇게나 쓴 《고백》의 초안을 내게 보여주었는데, 그때 나는 아연실색했으며 나중에 그 자신도 놀라게 했다.
나는 저녁식사 후의 시간을 대개 플로르에서 보냈다. 점령군은 한 사람도 이곳에 발을 들여놓지 않았다. 나이트클럽은 어디나 독일군이 침입해 있어서 가지 않았고, 카바레 르 발 네그르는 휴업이었다. 영화의 즐거움을 빼앗긴 나는 연극으로 무료함을 달랬다. 내가 어째서 지금껏 뒬랭의 〈수전노〉를 한 번도 보지 않았는지 의아스러웠다. 이 역을 연기하는 그는 다른 어떤 역할보다 훨씬 걸출했다. 그는 반백의 머리칼을 휘날리며 험상궂은 모습으로, 사랑에 미친 노인처럼 쉰 목소리를 쥐어짜가며 잃어버린 금고를 찾아 헤맸다. 그는 마법에 걸린 마법사 같았다. 마튀랭 극장에서 보았던 페이도의 〈손이 미치다〉는 별로 열정이 담겨 있지 않아서 나는 웃을 수 없었다. 콕토가 연출한 부페파리지앵 극장의 〈브리타니쿠스〉는 상당한 물의를 일으켰다. 아그리핀을 연기한 도르지아의 기품은 모자 가게 주인 수준이었다. 그러나 장 마레의 젊음과 격정은 네로를 근대적인 영웅으로 만들었고, 라신의 원작은 생생한 생명을 되찾고 있었다. 브리타니쿠스 역은 유망주 레지아니가 연기했다. 나는 앙드레에프 작, 루로 연출로, 올가도 출연한 〈사람의 일생〉 무대연습 때도 레지아니를 보았다. 또 한 사람, 희극배우로서 촉망받고 있는 파레데스라는 젊은 배우가 빛나고 있었다. 대체적으로 나는 거의 외출을 하지 않았다. 주된 기분전환은 음악 듣기와 책 읽기였으며, 올가, 보스트, 비앙카, 리즈와 대화하는 것이었다.
리즈는 나에게 어린애처럼 행동했지만, 이도 저도 아닌 애매한 나이는 지나 있었다. 걸음걸이나 몸동작은 러시아 농민처럼 둔했으나 매끄러운 금발

머리 아래의 얼굴은 무척 아름다웠다. 그녀가 플로르에 들어오면 다들 화들짝 놀랐다. 그녀는 신선한 아름다움과 돌발적인 행동으로 어딜 가나 남의 이목을 끌었다. 그녀는 카페에도 그냥 들어오지 않았다. 처음엔 웨이터에게 악수를 청하고, '무슈'라고 불렀다. 나는 그녀의 기분을 잘 알았다. 무국적자인 데다가 원만하지 않은 부모에게서 애정도 받지 못하고 자란 그녀는 모든 점에서 욕구불만을 느끼고 있었던 것이다. 그 반동으로 그녀는 세상이 뭐라고 하건 자기에게는 모든 것에 대해 절대적인 권리가 있다고 믿었다. 그녀에게 있어 타인과의 관계는 선험적으로 권리를 찾기 위한 항쟁이었다. 무국적에다 가난한 타니아에 대해서는 그녀도 관대할 수 있었다. 하지만 프랑스인은 모조리 비열한 특권계급이기 때문에 가능한 한 착취해야 한다고 믿었다. 뭘 받아도 '이런 것으로 만족하겠느냐'고 생각했다. 그녀는 소르본에 입학하여 철학 학사과정을 이수하면서 친구를 만들어보려고 했다. 그녀는 마음에 든 남학생이나 여학생이 있으면 다짜고짜 접근하는 바람에 대개는 상대가 움찔하고 말았다. 그래서 그녀가 만나자고 한 날에 나오지 않거나, 한 번 만나고 나면 그길로 달아나곤 했다. 그녀는 마침내 20살가량의 학생인, 상당한 미남에 말쑥한 차림의 대지주 집 아들을 낚는 데 성공했다. 그는 쾌적한 독신자 아파트에서 살았는데, 그녀에게 그곳에서 동거하지 않겠냐고 제안했다. 리즈는 부모님에게서 조금이라도 빨리 벗어나고 싶었으므로 이 말에 솔깃했다. 어느 날 아침 내가 돔에 갔더니 그녀가 달려와서 외쳤다.

"있잖아, 나 앙드레 모로하고 잤어. 진짜 좋았어!"

그러나 그녀는 곧 앙드레가 싫어졌다. 그는 돈과 건강을 지나치게 소중히 여겼으며, 습관이나 관례를 하나에서 열까지 중요시했다. 손톱 끝까지 프랑스인이라는 것이다. 그는 늘 사랑을 원했기 때문에 결국 리즈는 진절머리가 나기 시작했다. 그녀는 앙드레와의 성생활을 숨김없이 말했다. 리즈의 어머니는 앙드레와의 동거를 계속하라고 격려했다. 멋진 상대다, 분명 결국에는 정식 부인으로 받아들일 거야, 라면서 어머니가 앙드레와 한통속이 된 것에 리즈는 격분했다. 그녀는 만약 나에게서 매달 얼마간의 돈을 받을 수 있으면 그 둘을 내쫓을 작정이라고 했다. 하지만 나는 돈을 줄 형편이 못되어서 리즈는 마치 내가 그녀에게 몸을 팔도록 시키기라도 한 것처럼 나를 원망했다. 내가 그녀를 위해 쓰는 시간을 아까워하는 것도 여전히 그녀의 불만거리였다.

"당신은 마치 냉장고에 들어 있는 추시계 같아!"

그녀는 부르짖었다. 그녀는 올가하고는 전혀 마음이 맞지 않았지만, 방다에게는 친근감을 느끼는지 이따금 함께 외출했다. 어느 초대공연이 있던 밤에도 둘은 함께 나갔는데, 쉬는 시간이 되자 리즈가 좌석에 앉은 채로 마늘이 들어간 두꺼운 살라미 소시지를 꺼내 우적우적 먹는 바람에 방다도 두 손 들었다. 리즈는 보스트에게도 호감을 가졌지만, 우리가 사르트르 이야기를 하자 그녀는 모두에 대해 노발대발했다.

"당신의 사르트르는 천재인 척하는 사기꾼이야!"

그녀는 내게 말했다. 사르트르가 포로로 잡혀 있는 것을 스스로 축하하면서 빙글빙글 웃으며 이렇게 선언할 때도 있었다.

"그렇지 않았더라면 당신은 나 따윈 돌아다보지도 않았을 게 분명해!"

"당신한테 사소한 걱정거리가 생기는 게 나는 꼭 싫지만은 않아."

사회의 일원으로서 인정받는 사람들에 대한 이런 적개심은 앞에서 말했던 그녀의 악취미와 회의주의가 어디에서 온 것인지를 분명하게 한다. 그녀는 아무도 믿지 않고 오로지 논리와 경험만을 믿었으며, 용감하기는 했지만 위험하다고 생각되면 도망쳤다. 나는 여자가 아무리 완력이 세도 남자의 힘이 더 강하다는 사실을 끝내 그녀에게 이해시키지 못했다. 어느 오후 카르티에-라탱의 한적한 거리에서, 맞은편에서 오던 3명의 청년 가운데 하나가 지나가면서 그녀의 허리를 꼬집었다. 그녀는 그 남자에게 주먹을 한 방 먹였다. 리즈가 정신을 차렸을 때는 코피가 흐르고 이가 하나 부러진 채로 땅바닥에 쓰러져 있어서 그녀는 깜짝 놀랐다. 그 뒤로 그녀는 남자와의 힘겨루기를 피하게 되었다. 그러나 자기에게 승산이 있다고 생각되면 나의 잔소리는 귓등으로도 듣지 않고 기꺼이 폭력을 휘둘렀다. 전에 그녀와 동급생이었던 주느비에브 눌레는 거의 벙어리에 가까운 데다 어떻게 바칼로레아 1차 시험에 합격했는지 이해가 가지 않을 정도로 머리가 둔했다. 그런데 이 아가씨도 때때로 카미유세 고등학교 문 앞에서 나를 기다리는 것이었다. 나는 그녀에게 말을 걸지 않으려 했지만 그녀는 내 뒤를 졸졸 따라와서 길을 건너 지하철 구내에까지 쫓아왔다. 그러고는 내 소매를 부여잡고 외쳤다.

"선생님, 나는 선생님의 친구가 되고 싶어요!"

나는 항상 쫓아 보냈다. 그러면 그녀는 다음과 같은 늘 정해진 문구의 짧은 편지를 보냈다.

"내일 루브르 박물관까지 함께 가시지 않겠어요? 저는 3시에 지하철 세브르크루아루주 역에 있겠습니다."

나는 답장을 하지 않았다. 그러면 그녀는 다시 교문에서 내가 나오기를 기다렸다. 이따금 리즈가 나를 기다리다가 그녀와 마주치면 리즈는 그녀를 향해 돌진하며 외쳤다.

"빨리 꺼져!"

"나도 여기 있을 권리가 있어!"

벙어리 소녀가 말을 했다. 하지만 대개는 무서워서 도망친다. 그런데 한번은 리즈가 하는 방법을 그대로 흉내내어 우리 뒤를 따라온 적이 있다. 리즈는 내가 끼어들 틈도 없이 그녀에게 달려들어 때려눕혀 버렸다. 눌레는 울면서 돌아갔다. 그날 밤, 그녀는 내 부모님 집을 찾아와 엄마에게 커다란 장미꽃 다발을 내밀었다. 허락을 청하는 카드와 함께였다. 얼마 지나서 나는 그녀에게서 편지 한 통을 받았다.

"선생님, 집에 있으나 어딜 가나 우두머리가 되는 일은 너무 힘들어요. 이제 그런 일도 할 만큼 했으니 그만둘까 해요. 앞으로는 저를 선생님께 바치겠어요. 제가 가진 매력은 선생님의 것이고, 저도 선생님의 매력을 뜨겁게 사랑할 거예요. 이 소식을 주위 분들에게 널리 퍼뜨려주세요."

그 뒤로 눌레가 어떻게 되었는지 나는 전혀 알지 못한다. 그러나 리즈는 그녀를 미워하는 일이 어찌나 즐겁던지 눌레가 정신착란을 일으킨 사실을 인정하려 하지 않았다. 리즈는 모르는 편이 이득이 되거나 기분 좋다고 생각되면 완전히 눈을 감아버렸다. 반대로 이해하고 싶어지는 일은 제대로 이해했다. 그리고 뛰어난 지능의 소유자여서 소르본에서도 교수들이 그녀에게 관심을 보였으며, 질송 교수 시간에 그녀가 한 해설은 굉장한 칭찬을 받았다. 그녀는 내가 소설을 쓰는 것을 보고 화를 냈지만 자기도 흉내낼 마음이 생겼다. 그녀는 자기의 유년시절과 가정, 걸스카우트 단장과의 연애에 대해 팔팔하고 활기찬, 아주 재미난 회상을 쓰기 시작했다. 그녀는 독특하고 매력적인 소묘를 그리며 즐거워할 때도 있었다. 내가 볼 때 그녀의 생명력과 자질은 그녀의 불행한 처지를 능가하고도 남는 것이었다.

3월 말의 어느 날 밤, 저녁식사를 마치고 호텔로 돌아온 나는 우편함에 들어 있는 사르트르의 쪽지를 발견했다.
"나는 카페 삼총사에 있소."
나는 드랑브르 거리와 괴테 거리를 지나, 실내조명으로 붉게 물든 두꺼운 푸른 커튼의 카페로 숨이 끊어져라 뛰어갔다. 아무도 없다. 나는 의자 하나를 잡아 털썩 주저앉았다. 얼굴을 아는 웨이터가 다가와서 쪽지 하나를 내밀었다. 사르트르는 2시간을 기다리다가 초조한 마음을 달래기 위해 한 바퀴 산책하고 돌아오겠노라고 했다.

그때까지 우리는 재회할 때마다 서로 이해하기 어렵다고 느낀 적은 한 번도 없었다. 하지만 이 밤, 그리고 그다음 날, 나아가 며칠 동안 사르트르는 나를 당황하게 했다. 내가 지난 몇 달 동안 살아온 세계는 그에게는 상상하기 힘든 것이고, 동시에 그가 살아온 세계도 나로서는 상상하기 어려운 것이었다. 그래서 우리는 왠지 같은 언어로 이야기하고 있지 않은 듯했다. 그는 먼저 탈출 정황을 이야기했다. 뤽상부르와의 국경이 가까웠기 때문에 상당히 많은 포로가 탈출에 성공했다. 수용소 안에는 하나의 조직이 생겨나서 포로들을 위해 신분증과 옷가지를 조달하고, 그들의 탈출을 가능케 하는 여러 책략을 고안해냈다. 이 조직의 구성원은 모두 목숨을 건 반면에 탈주하려는 사람들은 전혀 위험을 겪지 않았다. 설령 잡힌다 해도 거의 벌을 받지 않았다. 사르트르도 도보로 뤽상부르까지 도망칠 계획인 어떤 작은 그룹에 참가할 생각이었다. 그러던 차에 꽤 오래전부터 고려하고 있던 기회가 찾아왔다. 수용소에는 길거리나 마을에서 납치된 민간인이 꽤 있었는데, 독일군이 그들을 반드시 석방하겠다고 한 약속이 어느 날 마침내 결정된 것이다. 민간인임을 증명하기 위해 병역수첩을 보인다. 군대에 가기에는 너무 어리다거나 나이가 많다거나, 허약해서 병역면제를 받은 사실이 판명되면 석방했다. 병역수첩을 조작하는 일은 식은 죽 먹기였다. 전문 기술자가 분업하여 훌륭한 가짜 인감을 만들었다. 독일군이 눈치채고서 병역면제자들을 심문하겠다고 나설 경우에는 곤란했지만, 그들은 이것을 국가적 업무로 다루지는 않았다. 민간인이라는 명목으로 일정 수의 포로를 송환하라는 명령만을 받았기 때문에, 그 선발의 엄정성 여부는 그들에게 큰 문제가 되지 않았던 것이다. 때문에 검사는 간단했으며, 의사의 판정은 제멋대로였다. 사르트르 앞에 있던 어떤 포로는 연기력이 부족했다.

"어디가 좋지 않지?"

이 질문에 그는 대답했다.

"두근거립니다."

이 핑계는 전혀 무의미했다. 이런 증상은 너무나 흔한 꾀병으로, 그 자리에서 확인되는 것도 아니기 때문에 이 눈치 없는 남자는 발로 채여 다시 수용소로 보내졌다. 사르트르는 자기 차례가 되자 눈을 감다시피 내리뜨고 거의 보이지 않는 쪽의 눈을 뒤집어 보이면서 '평형장애'라고 말했다. 의사는 이 확증에 만족하여 사르트르를 민간인 그룹에 넣었다. 사르트르는 만약 실패했더라면 처음에 계획했던 대로 걸어서 탈출할 작정이었다. 어쨌든 그는 포로생활이 몇 년이고 계속될지 모른다고 생각한 적은 한 번도 없었다. 그의 낙관주의는 상황에 굴하지 않았다.

그 일은 그가 이야기해준 지난 9개월 동안의 활약상이나 그런 활약을 하게 한 호기심과 마찬가지로 그리 놀랍지 않았다. 나를 당황하게 한 점은 그의 도덕관이 견고했다는 것이었다. 그가 나에게 암거래를 했느냐고 물어서 이따금 홍차를 샀다고 대답하자 '한심하다'는 대답이 돌아왔다. 내가 프리메이슨이나 유대인이 아니라는 서약서에 서명한 일도 잘못이라고 말했다. 사르트르는 전부터 자기 생각이나 환멸, 기호를 말과 행동으로 동시에 단호히 주장했다. 하지만 그는 결코 그것을 보편적인 좌우명 같은 형태로 표현한 적이 없었다. 의무에 대한 추상적인 개념은 그를 싫증나게 했다. 그래서 그가 여러 확신과 분노, 계획에 휩싸여 돌아오리라는 예상은 했지만 설마 원칙의 갑옷을 입고 돌아올 줄은 생각도 못했다. 그러나 나는 그 원칙을 차츰 이해하게 됐다. 독일군이나 독일 협력자 또는 무관심한 사람들과 늘 대결하는 수용소의 반나치주의자들은, 말하자면 형제 같은 끈으로 굳게 연결되어 있었다. 극히 제한된 인원이기는 하지만 그들은 '굽히지 않을 것, 모든 타협을 배제할 것'이라는 암묵적 맹세로 맺어져 있었다. 서로 뿔뿔이 흩어져도 제각기 이 엄명을 굳게 지키기로 결의했던 것이다. 하지만 숨 쉬기만으로도 타협한 것이 되는 파리에 비하면 수용소의 상황은 단순했다. 사르트르는 포로생활의 긴장과 명확성에 미련이 남았지만 포기했다. 결국 시민생활 속에서는 그의 철두철미함이 형식주의가 되고 말리라. 그래서 그도 조금씩 새로운 환경에 실제적으로 적응하기 시작했다.

첫째 날 밤, 그는 뜻밖의 의미에서 나를 더욱 놀라게 했다. 그가 파리로 돌아온 까닭은 감미로운 자유를 느긋하게 맛보기 위해서가 아니라 행동하기 위해서였던 것이다. '어떻게?' 나는 어리둥절하여 반문했다. 우리는 이렇게 고립되어 있고, 또 이렇게 무력한데! 바로 그렇기 때문에 고립을 타파하고 단결하여 저항운동을 조직해야만 한다고 그는 말했다. 그는 회의적이었다. 전부터 사르트르가 두세 마디 말로 뜻밖의 가능성을 탄생시키는 것은 숱하게 보아 왔지만, 이때만큼은 그가 환상의 포로가 된 것이 아닐까 하는 생각에 두려웠다.

그는 실행으로 옮기기 전에 잠깐 쉬기로 하고, 파리를 산책하며 친구를 만났다. 그는 리즈하고도 아는 사이가 되었는데 그 과정이 그에게는 재미가 있었다. 리즈는 사르트르 귀환 뉴스를 듣고 불쾌해졌다. 사르트르가 부모님 집에 처음으로 점심을 먹으러 간 날, 사르트르는 파시의 집 근처에서 나와 만났다. 날씨가 좋아서 우리는 걸어서 몽파르나스로 향했다. 한 건물의 문 뒤에서 리즈의 모습이 언뜻 보였지만 그녀는 재빨리 숨었다. 몽파르나스에 도착할 때까지 줄곧 리즈는 지하철의 고가도로 기둥 뒤에 서투르게 숨으면서 우리를 따라왔다. 우리가 카페 비아르의 테라스에 앉자 그녀는 반대쪽 보도에 우뚝 선 채 심술궂은 눈초리로 이쪽을 흘겨보고 있었다. 내가 손짓을 하자 그녀는 꼴사납게 몸을 흔들면서 다가왔다. 사르트르는 빙긋 웃으며 그녀에게 의자를 권했다. 마침내 리즈도 미소를 보여 더 이상 우리를 뒤쫓지 않겠다고 말하고는 사르트르를 향해 덧붙였다. 만약 사르트르가 그처럼 붙임성 있게 대해주지 않았거나 그녀의 마음에 들지 않았더라면 준비해 온 굵은 안전핀으로 피가 나도록 그를 찔러줄 작정이었다는 것이다. 이렇게 위협해도 사르트르가 두려워하지 않자 리즈는 분해했다. 그러나 리즈는 쉽사리 물러서지 않았다. 며칠 뒤 돔에서 사르트르를 기다리고 있던 나는 차츰 걱정이 되기 시작했다. 평소 그는 나처럼 정확하게 시간을 지켰었는데 그날은 벌써 1시간이나 늦고 있었다. 성가신 일이 일어난 게 아닐까? 그의 현재 신분이 합법적이지 않기 때문에 나는 불안해지기 시작했다. 그때 그가 나타났다. 그 뒤로 리즈가 고개를 숙이고 머리칼로 얼굴을 가리다시피 하고 온다.

"이 친구 혼내지 마!"

사르트르가 말했다. 리즈는 돔의 입구에서 사르트르를 잡아챘다. 그리고는 사르트르에게 꾸며대기를, 마르코가 사르트르와 나를 방해하려고 나를 집에서 몇 시간이나 붙들고 있다. 그래서 내가 마르코를 따돌린 다음 사르트르를 삼총사에서 만날 터이니 사르트르에게 그렇게 전해 달라고 했다고 말한 것이다. 이어 그녀는 사르트르와 함께 삼총사로 가서 이야기를 나누었다. 사르트르가 내가 너무 늦는다며 걱정하기 시작하자 리즈는 태연히 말했다.

"시몬은 오지 않아요. 약속장소는 여기가 아니거든요."

"그런데, 왜 그런 거짓말을 했지?"

사르트르가 어이가 없어 물었다.

"당신과 이야기하고 싶었어요. 적의 정체를 알기 위해서요."

리즈는 대답했다. 그녀의 정체를 알기 위해 사르트르는 고초를 겪었다. 이 일이 있은 뒤로 리즈는 사르트르의 존재를 인정했으며 그와 친해지기까지 했다.

사르트르는 합법적인 신분을 얻으려면 비점령지역인 부르에서 동원해제 수속을 밟아야 했다. 하지만 대학 당국은 이런 신분의 합법 여부에 대해 자세히 살피지는 않았다. 그는 파스퇴르 고등학교에 복직했다. 얼마 뒤에 그는 독일군, 비시 정부, 대독일 협력 등에 대해 다비 시학감과 이야기를 나누었는데 많은 말을 할 것도 없이 서로 이해했다. 그리고 다비는 내년에 콩도르세 고등학교의 고등사범학교 입시반을 사르트르에게 맡길 것을 약속했다.

이리하여 사르트르는 부활절 휴가 뒤부터 강의를 시작했으며, 그 무렵부터 정치적인 접촉을 적극적으로 추구하게 되었다. 그는 옛 제자와 다시 만났다. 보병 중위로 싸우고 온 메를로퐁티와도 만났는데, 그는 지각(知覺)에 관한 논문을 준비 중이었다. 또한 그는 고등사범에서 철학교수 자격시험을 준비하는 맹렬한 독일 혐오가들을 몇몇 알고 있었다. 그중에는 현상학과 마르크시즘 모두에 흥미를 갖고 있는 쿠쟁과 드장티가 있었다. 어느 오후, 다시 우리의 숙소가 된 미스트랄 호텔 방에서 우리의 제1회 모임이 열렸다. 모인 사람들은 쿠쟁과 드장티, 그들의 친구 3, 4명, 보스트, 장 푸이용, 메를로퐁티, 사르트르, 그리고 나였다. 드장티는 명랑하고도 살벌한 말투로 한 사람씩 해치우자고 제안했다. 그러나 우리 중 어느 누구도 자신이 폭탄을 제조하거나 수류탄을 던질 사람이라고는 생각지 않았다. 우리 활동은 당장 회원을 늘리면서 정보를 수집하고 그것을 기관지와 전단을 통해 유포하는 일이 되리라. 얼마 안 있어 우리와 같은 종류의 조직이 존재한다는 사실을 알았다. '판타곤'의 지도자들은 우익이었지만 사르트르는 그들과 관계를 텄다. 그의 어릴 적 친구로 영어 교사인 알프레드 페롱은 영국에 정보를 제공하는 일을 하고 있었는데, 사르트르는 그와도 연락을 취했다. 사르트르는 클레르몽에서 '최후의 부대'를 조직했으며, 오베르뉴 지방과 파리 사이를 오가는 카바이에스와도 자주 만났다. 나는 클로즈리 데 릴라에서 열린 그들의 회담에 사르트르를 따라간 적이 한 번 있다. 카바이에스가 회의 장소로 지정한 곳은 클로즈리 데 릴라나 프티릭상부르였다. 이런 그룹에게는 공통점이 있었는데 첫째는 소수 인원이고, 둘째는 그들의 경솔함이다. 우리는 벽에도 귀가 있을 듯한 호텔 방이나 학교 안에서 모임을 가졌다. 보스트는 등사판 기계를 안고 거리를 활보했다. 푸이용도 전단이 가득 든 가방을 들고 다녔다.

연락과 보도를 하는 일 말고도 우리는 하나의 원대한 목표를 갖고 있었다. 미래를 준비해야만 한다고 생각한 것이다. 민주주의국가들이 이기면 좌익에게는 새로운 이론이 필요하게 되리라. 우리는 일련의 신중한 반성과 토의와 연구로 그 이론의 확립에 진력하지 않으면 안 되었다. 우리 계획의 주안점은 2개의 단어, 즉 '사회주의와 자유'로 표현할 수 있었다. 다만 그 둘을 양립하려면 엄청나게 많은 문제를 해결해야 했지만, 그것은 우리 운동의 명칭이 되었다. 반대로 우리가 패배할 수도 있으리란 생각에 사르트르는 기관지 제1호에서, 독일이 승전국이 될 경우에 우리의 임무는 그들의 평화를 교란하는 일이라고 논했다. 실제로 우리에게 아군의 승리를 믿게 할 만한 객관적인 근거는 거의 없었다. '사막의 전쟁'은 주축국(독일·이탈리아·일본) 측에 유리하게 전개되었다. 이집트에서는 롬멜 장군 휘하 독일군과 이탈리아군이 마르사마트루크까지 진출해 있었다. 이탈리아군은 그리스 전체를 지배했다. 발칸 반도에서 쫓겨난 영국은 이제 유럽의 어디에도 군사기지가 없었다. 대독일 협력자들은 제 세상 만난 듯이 활개치고 있었으며, 유대인 박해는 점점 규모가 커졌다. 유대인이 기업을 소유하거나 관리, 경영하는 일은 일절 금지되었다. 비시 정부는 그들의 호적 조사를 명하고 유대인 대학생에 대해 등록 제한 제도를 두었다. 몇 천 명에 이르는 유대계 외국인이 피티비에 강제수용소에 보내졌고, 이제는 독일로 보내지기 시작했다. 라이히의 선전기관은 그들 수단을 정당화하기 위해 파리의 극장에서 〈사랑해야 할 유대인〉을 상영하게 했다. 이 필름 상영관은 텅텅 비었었다고 한다. 많은 파리 시민과 마찬가지로 나도 독일 영화는 일절 보지 않기로 했다. 우리는 희망을 버리지는 않았지만 미래는 어두웠다.

그런데도 우리는 루돌프 헤스가 낙하산을 타고 영국에 내려간 이야기를 듣고 배를 움켜쥐었다. 헤스의 모험의 진실을 숨기려는 독일군의 노심초사와, 그 변장이 실패했을 때 그들의 낭패는 2, 3일 동안 우리를 웃게 만들었다. 나아가 독일 국방군이 영국 본토 상륙을 시도하다 격퇴당했다는 소문이 퍼졌다. 심한 화상을 입은 독일군의 모습을 병원에서 보았다는 이야기도 들었다. 어쨌든 히틀러가 작년에 영국 점령이 가까웠다고 큰소리쳤던 것은 허풍이었다. 6월에는 히틀러가 소련 공격을 개시하여, 다시 '전격전'에 성공할 우려가 있었다. 붉은 군대는 후퇴하고, 스탈린 라인은 돌파되었으며, 키에프는 함락, 레닌그라드는 포위되었다. 그러나 소련 국토가 어지간히 넓기 때문에 폴란드나 프랑스보다 정복하기 어려울 것이다. 몇 달만 기다리면, 나폴레옹을 굴복시킬 수 있었던 유명한 러시아의 겨울이 독일군을 물리칠 게 틀림없다.

소비에트의 참전으로 프랑스에서는 데아와 드롱클, 그밖의 옛 카굴라르 회원들을 지도자로 하는 반볼셰비키 의용단(L.V.F.)이 결성되었다. 이 의용단은 공산주의자의 처지를 비극적인 수법으로 명확히 알게 해주었다. 훨씬 전부터 프랑스 언론은 공산주의가 친영국적이고 드골주의적임을 비난했었고, 또 그들이 비합법적 저항운동을 조직한다고도 알려져 있었다. 지금은 모든 모호성이 제거되어, 그들은 공공연한 적이 되었다. 파리 지구에선 즉각 1200명의 공산주의자가 체포되었다.

파리 지역의 석벽이나 지하철역의 타일 벽면이 영국 승리의 상징인 대문자 V자로 장식되기에 이른 무렵이다. 이 문자의 범람을 저지하지 못한 독일군은 역수를 써서 '승리(빅토리아)'를 강령으로 채택하고 의사당 정면과 에펠탑을 비롯해 시내에 V 문자를 내걸었다. 드골 파를 상징하는 로렌 십자가도 엄청나게 많이 눈에 띄게 되었다.

사르트르는 다시 저술에 힘썼다. 알자스 지방에서, 나아가 수용소에서 구상을 다듬은 철학논문을 집필하기 전에 그는 《이성의 시대》를 완성하려 했던 것이다. 사르트르가 호감을 갖고 있던 노장의 언론인 들랑주가 주간이 되어 주간지 〈코메디아〉가 다시 발행되었고, 들랑주는 사르트르에게 잡지의 문예시평 담당을 부탁했다. 들랑주는 이 주간지는 순수하게 문학과 미술을 다룰 것이므로, 독일의 어떠한 검열 대상도 되지 않는다고 잘라 말했다. 사르트르는 승낙했다. 《백경》의 프랑스어 번역이 막 간행된 참이어서, 그는 이 놀랄 만한 작품에 대해 말하고 싶어서 첫 번째 비평을 이 소설에 바쳤으나 그것은 처음이자 마지막이 되었다. 왜냐하면 제1호를 받아든 사르트르는 〈코메디아〉가 들랑주가 말한 대로, 또 어쩌면 들랑주 자신이 희망했던 대로 독립적이지 않음을 알았기 때문이다. 그런데도 들랑주는 자기 주간지에 대해 다른 간행물들과 확연하게 다른 분위기를 갖게 하는 데는 성공했다. 그는 〈주 쉬 파르투〉지가 줄곧 하고 있던 고발에 항의하고, 파시스트적 가치관이나 비시의 도덕주의에 반대하는 작품을 옹호했다. 그렇기는 해도 저항운동에 참여하는 지식인 모두가 제1원칙으로 여겼던 점은 독일 점령지역 신문에는 집필하지 않는다는 것이었다.

사르트르가 돌아온 뒤로 내 마음은 평화로워졌지만, 그것은 옛날과는 전혀 다른 편안함이었다. 외적인 사건들이 나를 바꿔버렸다. 전에 사르트르가 나의 '정신분열병'이라고 했던 것은 벌로서 내 병에 부담지워진, 현실이라는 부정적 사실에 굴복함으로써 끝이 났다. 마침내 나도 내 삶이 옳다고 여길 만한 하나의 이야기가 아니라 세계와 나 사이의 타협임을 인정했다. 그 순간부터 내 눈에는 곤란이나 역경 따위가 지금까지처럼 부당한 것으로 비치지 않게 되었다. 그것들에게 반항할 필요는 없었다. 그것을 피하든지 아니면 그것에 견딜 수단을 찾아내야만 한다. 나는 앞으로도 매우 괴로운 시간들을 보내야 한다. 어쩌면 나는 영원히 거기서 헤어나지 못할지도 모른다. 그러나 이렇게 생각하면서도 나는 그것을 받아들이기 힘들다고는 여기지 않았다. 이런 체념 덕분에 그때까지 알지 못했던 편안함을 얻었다. 나는 봄을 기다리고, 여름을 기대하며, 소설을 완성하고, 다음에 쓸 작품을 구상했다.

우리는 연극도 몇 편 보았는데 그리 괜찮은 작품을 만나지는 못했다. 〈말괄량이 길들이기〉의 마그리트 자무아는 그다지 감탄할 정도가 못 되었고, 콕토의 〈타이프라이터〉는 그의 다른 작품에 비해 뒤떨어졌다. 로부뢰가 〈주 쉬 파르투〉지에서 콕토를 매도한 일로 장 마레가 그의 얼굴을 구타했다는 얘기에는 속이 다 후련했다. 원래 그룹 '10월'의 회원이었던 마가리티스 형제가 연출한 〈체스터폴리스〉는 그 발상과 몇몇 장면으로 전쟁 직전의 시대를 쓸쓸하게 되살려놓았다. 여기서는 드니오가 수염 기른 사내와 행상인으로 등장했다. 바로는 롤랑가로 경기장에서 에우리피데스의 〈구원을 바라는 여자들〉을 상연했다. 음악은 오네게르, 장치는 라비스였다. 배우들은 마리 엘렌 다스테가 고안한 의상을 입고, 가면을 썼으며, 굽이 높은 신발을 신고 있었다. 엄청나게 많은 단역들이 등장했다. 이 비극 전에 오베이의 짧은 희곡 〈800미터〉를 공연했다. 이것은 스포츠를 기리는 하찮은 작품이었지만 바로의 문하에 있는 퀴니와 뒤필로, 르장틸, 그리고 장 마레의 아름다움을 감상하게 해주었다. 사르트르가 희곡을 쓰겠다고 생각한 것은 〈구원을 바라는 여자들〉 상연 때였다. 이 무대에는 2명의 올가가 등장한다. 둘 다 바로의 아낌을 받았는데, 연습 때 두 사람은 진정한 역할을 해내려면 어떻게 해야 하는지 바로에게 물었다.

"가장 좋은 방법은, 당신들이 어떻게 해야 할지를 누군가가 희곡으로 써주는 것이지."

바로는 말했다. 그래서 사르트르는 '내가 쓰면 되지 않을까' 생각했다. 수용소 시절에 그는 희곡 《바리오나》를 쓰고 연출했다. 이 '신비극'의 표면적인 주제는 그리스도의 탄신이었다. 하지만 사실 이것은 로마군의 팔레스티나 점령을 다룬 작품으로, 팔레스티나인 포로들은 그 상황에 속지 않았다. 그리고 크리스마스이브에, 저항운동의 권유에 박수를 보냈다. 이것이야말로 진정한 연극이라고 사르트르는 생각했다. 이 연극은 공통된 상황으로 맺어진 관중에게 손짓을 하고 있었다. 독일군과 비시 정부에 의해 밤낮 복종을 강요당하는 모든 프랑스인에게는 상황의 공통성이 있었다. 그들은 반항과 자유를 표현할 수단을 찾아낼 수 있으리라. 사르트르는 너무 대담하지 않게, 그러면서도 의도를 간파할 수 있는 주제를 찾기 시작했다.

그해 봄에 우리에게는 새로운 친구가 생겼다. 리즈 덕분에 자코메티와 알게 되었다. 앞에서 말했지만, 우리는 훨씬 전부터 그 얼굴의 광물적 아름다움과 부스스한 머리칼, 부랑자 같은 태도에 주목하고 있었다. 나는 그가 조각가에다 스위스인이며 또 자동차에 깔렸던 일도 알고 있다. 그가 지팡이를 짚고 절룩이며 걷는 것은 그 때문이다. 그는 자주 고운 여자와 함께 있었다. 돔에서 그가 리즈를 발견하고 말을 걸었을 때, 리즈는 그를 즐겁게 해주어 그로 하여금 호의를 품게 했다. 리즈는 그의 머리가 나쁘다고 말했다. 데카르트를 좋아하느냐고 물었더니 엉뚱한 대답을 했기 때문이라고 한다. 그렇게 해서 따분한 남자라고 결론을 내렸으나 그는 돔에서 리즈에게 그녀로서는 꿈만 같은 저녁을 샀던 것이다. 젊고 튼튼하며 식욕이 왕성한 리즈는 항상 다니는 학생식당에서는 배가 차지 않았으므로 너무 기뻐서 자코메티의 초대에 응했다. 그러나 마지막 한입을 삼키자마자 그녀는 입을 싹 닦고 일어났다. 자코메티는 그녀를 붙잡기 위해 1인분을 더 주문했다. 그녀는 처음 1인분처럼 이것도 게 눈 감추듯 먹어치우고는 뒤도 돌아보지 않고 돌아가버렸다.

"순수 그대로의 아가씨군!"

자코메티는 일종의 감탄을 담아 말하면서 앙갚음으로 리즈의 장딴지를 지팡이로 쿡 찔렀다. 자코메티는 리즈가 기절할 정도로 질력내는 사람들만을 모아놓고 그녀를 라 팔레트에 초대했다고 한다. 그녀는 그들이 지껄이는 동안 계속 하품만 했다고 말하기에, 나중에 우리는 그 성가신 사람들의 이름을 알아냈다. 도라 마르와 피카소였다. 자코메티의 아틀리에는 안뜰로 통해 있었기 때문에, 리즈는 이곳을 본거지로 삼으면 그녀가 파리 도처에서 훔쳐오는 자동차를 숨기는 데 안성맞춤이라고 생각했다. 나는 그녀에게 자코메티의 조각이 어떻더냐고 물었다. 리즈는 여우에게 홀린 듯한 얼굴로 웃으며 자코메티의 조각은 핀 머리 만하다고 잘라 말한다.

"음, 모르겠어. 너무 작기만 하던걸!"

어떻게 판단해야 할지! 리즈는 자코메티가 실로 기묘하게 일을 한다고 덧붙였다. 낮에 만든 것은 밤사이에 모조리 부숴버리고, 밤에 제작하면 낮에 부수었다. 어느 날 그는 아틀리에에 가득 찬 조각을 손수레에 싣고 센 강에 내다 버리러 갔다고 한다.

우리가 자코메티와 처음으로 이야기를 나누던 때의 사정은 잊어버렸다. 아마도 리프에서 만났던 듯하다. 우리는 자코메티의 지성에 관해 리즈가 잘못 알고 있음을 금세 알았다. 그에게는 차고 넘칠 정도의, 더구나 지극히 뛰어난 지성이 있었다. 그것은 현실에 밀착하여 그 참된 의미를 캐내려는 지성이었다. 그는 '~인 것 같다'거나 '대체로~'에는 절대로 만족하지 않는다. 그는 사물을 정면에서 마주하고 그것을 무한한 참을성으로 공격해 넘어뜨리려 한다. 때때로 그는 성공하여 버선 속 뒤집듯 사물을 뒤집어 보인다. 모든 것이 그의 흥미를 끌어, 인생에 대한 그의 열렬한 사랑도 호기심이라는 형태를 띠었다. 그는 자동차에 치일 때조차도 즐거움과 비슷한 기분으로 '죽는 것은 이런 걸까? 나는 앞으로 어떻게 될까?' 생각했다. 죽음마저도 그에게는 생생한 체험이었다. 입원 중에도 시시각각 전혀 뜻밖의 발견이 있었기 때문에 퇴원하기가 아쉬울 정도였다. 그의 이런 심미적 탐욕스러움은 내 가슴에 자극이 되었다. 자코메티는 언어를 멋지게 구사하여 인물이나 정경에 살을 붙이고, 그것에 생명을 부여했다. 게다가 그는 상대의 말에 귀를 기울임으로써 상대방을 풍요롭게 하는 아주 드문 인물의 하나였다. 그와 사르트르 사이에는 보다 깊은 친근감이 있었다. 그들은 한쪽은 문학에, 다른 한쪽은 미술에 모든 것을 건 인간이었다. 편집광적인 점에서는 어느 쪽이 심한지 가늠하기 어려웠다. 성공, 명성, 돈, 그것들은 자코메티의 안중에 없었다. 그는 탐구해내려 했다. 정확히는 무엇을 추구했던 것일까? 나도 처음에 그의 조각을 보았을 때는 당황했다. 확실히 가장 큰 것이라고 해봐야 완두콩 만했다. 자주 대화를 나누는 동안에 그는 설명해주었다. 그는 전에 초현실주의 작가들과 교제했었다고 한다. 그러고 보니 《미친 사랑》에서 그의 이름과 작품 사진을 본 기억이 난다. 당시에 그는 브르통과 그의 동료들이 좋아할 만한 '오브제'를 제작했다. 이 작품은 현실과의 사이에 암시적인 관계밖에 지니지 않은 것들이었다. 그러나 2, 3년 전부터 그에게는 이 방식이 막다른 골목에 이르렀다는 생각이 들었다. 그는 현재 자신이 조각의 진정한 과제라고 생각하는 것으로 되돌아가려 하고 있었다. 그것은 인간의 얼굴을 다시 창조하는 일이다. 브르통은 이 말을 듣고 빈정대듯 말했다.

"얼굴이 뭐냐고? 그건 누구나 아는 게 아닌가!"

이번엔 자코메티가 빈정대며 그 말을 반복한다. '누구나 다 알지.' 하지만 그의 의견으로는 조각이든 소조든 인간의 훌륭한 얼굴을 재현하는 데 성공한 사람은 아무도 없으니 0에서부터 다시 출발하지 않으면 안 된다. 한 인간의 얼굴은 분할할 수 없는 하나의 전체이며, 하나의 의미이자 하나의 표현이다. 반대로 대리석, 브론즈, 석고 등 생명이 없는 재료는 무한히 분할되는 것이므로, 그중 어느 미세한 조각이 고립되어 전체와 모순되면, 그로 인해 전체가 파괴되어 버린다. 자코메티는 가능한 한 재료를 지워내려 했다. 그래서 그는 거의 볼륨이 없는 머리를 본뜨기에 이르렀으며, 거기에는 인간의 살아 있는 눈길에 헌신하는 인간 얼굴의 단일성이 새겨져 있다고 그는 생각했다. 현기증이 날 정도의 공간 확산을 멈추게 하고 단일성을 이끌어내는 다른 방법을 언젠가는 발견할 수 있을지 모른다. 학창시절부터 현실을 그 종합적인 진정한 모습으로 이해하고자 힘써 왔던 사르트르는 자코메티의 이러한 탐구에 특히 감동했다. 자코메티의 견해는 현상학의 방식과 일치했다. 왜냐하면 그는 타인과 연계된 하나의 '현실적인' 얼굴을 거리를 두고 조각함으로써, 주관적 관념론의 오류와 거짓 객관성의 오류를 초월하고자 했기 때문이다. 자코메티는 예술이 외형을 반짝이게 묘사해내는 데에 만족해야 한다고 생각한 적은 한 번도 없었다. 반대로 입체주의자나 초현실주의자의 영향을 받던 무렵의 그는 당시의 많은 예술가와 마찬가지로 상상에 속하는 것과 현실에 속하는 것을 혼동하게 되어, 상당히 오랫동안 물질적인 동류(同類) 대리물을 통해, 현실을 표현하는 게 아니라 사물을 날조하는 일에 힘썼다. 현재 그는 동료나 그 자신에 대해서도 이러한 착오를 비판하고 있었다. 그는 몬드리안의 예를 들었다. 이 화가는 캔버스가 평면인 이상, 그곳에 상상력에 의한 3차원을 그려서는 안 된다고 생각한다.

"하지만 2개의 선이 교차할 때는 어차피 한 선이 다른 한 선의 위를 지나게 돼. 그의 그림은 완전한 평면이 아니야!"

자코메티는 난처한 미소를 띠며 말했다. 자코메티가 무척 아끼는 마르셀 뒤샹만큼 이 막다른 골목에 깊이 들어간 이는 없다. 처음에 그는 그림 몇 점을 그렸다. 그중에는 유명한 〈자신의 구혼자들에 의해 발가벗겨진 신부〉가 있다. 그러나 회화가 존재하려면 그것에 생명을 부여할 눈이 필요하다. 뒤샹은 자기가 창조한 작품이 어떤 도움도 받지 않고 건강할 수 있기를 바랐다. 그는 대리석을 써서 각설탕과 똑같은 것을 만들기 시작했다. 이 모조 각설탕은 그를 만족시키지 못했다. 그는 완전히 현실적인 일용품을 제작하고, 장기판까지 만든 다음, 마침내는 접시와 컵을 사다놓고 그것에 서명만 하게 되었다. 마지막에는 수수방관하는 일 말고는 아무것도 없었다. 자코메티에게 이런 것들은 진정한 문제도, 깊은 관심 대상도 아니었다. 그의 참된 관심은 공간의 무한성과 두려운 허무로부터 자신을 지키는 일이었다. 꽤 오랫동안 그는 길을 걸을 때 반드시 한 손으로 튼튼한 석벽을 잡지 않으면, 바로 앞 발치에 입을 벌리고 있는 심연으로 빨려들 듯한 기분에 휩싸였다. 또 어떤 시기에는 모든 것에 무게가 없는 듯한 느낌이었다. 가로수도 광장도, 통행인들마저도 뭉실뭉실 허공을 떠다녔다. 리프에서 그는 어수선한 장식으로 빼곡한 벽을 가리키며 기쁜 듯이 외쳤다.

"구멍이 하나도 없군. 빈 곳이 한 군데도 없다고! 절대적인 충일이야!"

나는 자코메티의 말을 들을 때마다 잠자코 있지 못했다. 그런데 이번만큼은 진심을 속이지 않았다. 그의 얼굴이 확인해주는 것, 그것을 자코메티는 표현했으며, 보면 볼수록 그의 생김새가 평범한 사람이 아님은 자명했다. 그가 공간을 제압하는 데 실패한다면 과연 그가 '조각의 목을 조르는'(프랑스 시의 전통을 부정한 베를렌의 《시 작법》의 한 구절. '웅변을 부여잡고 그것의 목을 졸라라'에 빗댄 표현) 행동을 하게 될 것인지 아닌지는 예언할 수 없었다. 하지만 그의 시도 자체로서 이미 많은 성공보다 훨씬 매혹적이었다.

내 동생은 그해에 적십자를 통해 소식을 보내왔다. 그녀는 파로에서 프랑스어 개인교습을 하면서 어렵게 지내고 있었다. 그러나 그림은 그리고 있으며 리오넬도 조금씩 건강해지고 있다고 했다. 동생은 우리가 무서운 위험에 처해 있다는 터무니없는 생각만 하지 않으면 행복할 수 있었다. 우리가 자주 엽서를 보내 동생을 안심시키려고 노력했는데도, 멀리 떨어져 있으면 쉽게 불안해지기 때문에 동생은 모골이 송연해질 듯한 환영에 괴로워하곤 했다.

동생과 다시 만나지 못한 채로 아버지는 7월에 돌아가셨다. 아버지는 전립선 수술을 받았는데, 처음에는 멋지게 다시 일어설 듯했다. 하지만 몇 달이나 계속된 식량부족과, 특히 패전과 점령의 충격으로 몸이 완전히 쇠약해져 있었다. 그러다 노인성 결핵에 걸려 얼마 안 있어 세상을 떠났다. 아버지는 깜짝 놀랄 만큼 담담한 태도로 죽음을 맞이했다. 평소 아버지는 어차피 인간은 죽음을 면치 못하므로 언제 죽음을 맞이하든 큰 차이가 없다고 말했었다. 게다가 그로서는 기다릴 분명한 까닭을 알지 못하게 되어버린 이 시대에 살아 있을 이유도 별로 없었다. 아버지는 이 시대에 아무런 방해도 하지 않았는데 말이다. 그럴더라도 이렇게 평화롭게 허무로 돌아가 버린 아버지에게 나는 감탄했다. 아버지가 나에게 엄마를 힘들게 하지 않도록 직접 사제를 불러줄 수 있겠느냐고 물었기 때문에 나는 그가 헛된 희망을 갖지 않았음을 알았다. 엄마는 아버지의 뜻을 따랐다. 나는 아버지의 마지막을 지켰다. 생명이 스스로를 멸해 가는, 그 살아 있는 고역을 지켜보면서 나는 어디로 가는지도 모르는 그 여행길의 신비를 알아내려고 부질없는 노력을 계속했다. 마지막 몸부림이 가라앉은 뒤에도 나는 계속해서 홀로 아버지 곁에 있었다. 아버지가 돌아가신 다음에도 그곳에 있었다. 그것은 분명 아버지였다. 이윽고 나는 어지러울 정도로 빠르게 아버지가 당신 자신에게서 멀어져 가는 것을 보았다. 정신을 차리고 보니 나는 하나의 사체를 들여다보고 있었다.

짐 없이 맨손으로 떠나면 경계선을 넘는 일은 그리 어렵지 않았다. 사르트르는 여름휴가를 나와 둘이서 비점령지역에서 보내기로 했다. 그렇게 하면 그는 동원해제 절차를 밟을 수도 있다. 그러나 특히 그가 하고 싶어한 것은 '사회주의와 자유' 운동, 그리고 비점령지역에 있는 몇몇 인물과 연락을 취하는 일이었다. 리즈는 훔친 자전거를 사르트르에게 선물했다. 어차피 주인에게 돌려줄 생각은 없다고 리즈가 공언하기에, 사르트르도 이 선물을 마다할 마음은 없었다. 보스트는 천막과 간단한 장비를 빌려주었다. 점령지역과 비점령지역 사이에서도 작은 짐의 우송은 용인되었기 때문에, 우리는 사르트르보다 일주일 뒤에 수용소를 걸어서 탈출하여 로안으로 돌아온 한 신부 앞으로 자전거와 짐을 먼저 보냈다. 그리고 몽소레민으로 가는 표를 샀다. 경계를 넘게 해줄 안내인이 있는 카페 주소를 알아냈던 것이다.

카페 주인의 말로는 그 안내인이 며칠 전에 체포되었지만 다른 누군가에게 다시 의뢰해 볼 수 있을 거라고 했다. 우리는 카페에서 오후 내내 드나드는 사람을 바라보며 즐거운 전율을 맛보았다. 저녁나절 가까이 되어 검정 옷을 입은 40살 가량의 여자가 우리 테이블에 앉았다. 합당한 금액을 지불하면 오늘 밤 길 안내를 해주겠노라고 했다. 우리에게 큰 위험은 없지만 그녀로서는 매우 심각한 일이므로 그녀는 조심 또 조심했다. 말없이 그녀의 뒤를 따라 신선한 밤 향기가 나는 들판과 숲을 가로질렀다. 그녀는 철조망에 양말이 걸렸다고 내내 투덜거리면서, 이따금씩 뒤돌아 멈추어 서서 우리에게 꼼짝 말고 있으라고 신호했다. 갑자기 그녀는 경계선은 넘었다고 알렸다. 빠른 걸음으로 마을 쪽으로 내려가니 여관에는 우리와 마찬가지로 '넘어'온 사람들로 가득했다. 이미 6명이나 자고 있는 방에 들어가 매트리스 위에서 잤다. 갓난아기가 울고 있었다. 그러나 다음 날 아침에 로안으로 가는 열차가 올

때까지 거리를 산책할 때는 얼마나 기쁘던지! 금지령을 위반함으로써 우리는 자유를 되찾은 듯한 기분에 빠져들었다.

로안에 도착한 뒤 카페에 들어가 비점령지역의 신문을 읽었다. 점령지역의 신문과 별로 다를 게 없었다. 우리는 짐을 찾으러 P신부에게 갔지만 신부는 부재중이었다. 나는 거기 도착해 있는 자전거에 짐을 단단히 묶었다. 이 자전거는 우리를 꽤 고생시켰다. 새 타이어를 얻기는 거의 불가능한데, 우리 것은 누덕누덕 기운 것이어서 이곳저곳이 기묘하게 부풀어 올라 있었다. 튜브 상태도 다를 바 없어, 마을을 채 벗어나기도 전에 사르트르의 자전거 앞 타이어가 펑크 났다. 이런 대모험에 나서면서 어째서 자전거 수리법을 배워오지 않았는지 이해할 수 없었지만, 어쨌든 나로서는 고칠 수가 없었다. 운 좋게 한 기술자가 다가와 타이어를 분리하는 방법과 테이프 붙이는 법을 가르쳐주어 우리는 다시 출발했다. 지난 몇 년 동안 사르트르는 자전거로 장거리 여행을 한 적이 없었기 때문에 40킬로를 달리자 완전히 녹초가 되었다. 호텔에 묵은 다음 날은 그도 훨씬 힘차게 달릴 수 있게 되어 저녁나절에는 마콩의 마을 어귀에서 널찍한 초원에 천막쳤다. 우리 둘은 손재주가 좋은 편이 아니어서, 이것 또한 만만한 일이 아니었다. 그런데도 며칠 지나자 눈 깜짝할 사이에 천막을 치고 걷을 수 있게 되었다. 대개는 도시나 마을 가까이에서 야영을 했다. 사르트르가 온종일 전원에서 보낸 뒤에 담배연기가 가득한 주점에는 도저히 들어가지 못하겠다고 했기 때문이다. 그는 부르에서 동원해제를 받았다.

가짜 병역수첩을 검열한 장교는 무뚝뚝하게 말했다.

"병역수첩을 변조한 것은 안 돼."

"그럼 어떻게 해야 합니까? 줄곧 독일에 있으라는 말입니까?"

사르트르가 반문했다.

"병역수첩은 불성실한 마음가짐으로 다뤄선 안 돼."

장교는 대답했다.

사르트르가 받아쳤다.

"계속해서 포로 신세로 있으라는 말씀이로군요?"

장교는 어깨를 으쓱했다. 그는 자기 주장을 관철할 용기는 없었지만 몸짓으로 보건대 다음과 같이 생각한다는 사실을 뚜렷하게 알 수 있었다. '어째서 그러면 안 된다는 거지?' 그런데도 어쨌든 그는 사르트르에게 동원해제증명을 주었다.

우리는 리옹의 붉은 언덕을 산책했다. 그리고 미국 영화를 상영하고 있는 극장으로 뛰어 들어갔다. 생테티엔을 지났을 때 사르트르는 전에 그의 부모님이 살았던 집을 가르쳐주었다. 우리는 그곳에서 남쪽으로 내려가 르 퓌까지 갔다. 사르트르는 도보 여행은 단조롭고 싫증이 난다면서 자전거로 가는 것을 훨씬 좋아했다. 자전거는 힘이 드는 정도도, 나아가는 속도도 끊임없이 변화한다. 사르트르는 언덕에 다다르면 재미있어하며 맹렬히 속력을 냈다. 그러면 나는 그보다 훨씬 뒤처져서 헉헉대며 쫓아갔다. 평지에서는 그는 아주 느리게 가기 때문에 2, 3번 웅덩이에 빠지고 말았다.

"깊이 생각할 게 있었거든."

그는 둘러댔다. 그도 나도 통쾌한 내리막길을 좋아했다. 게다가 전망도 걸어갈 때보다 훨씬 빠르게 바뀐다. 나도 이번 새로운 즐거움을 위해 예전에 그토록 좋아했던 도보 여행을 기꺼이 팽개쳤다.

그렇지만 나에게 이번 여행이 지금까지의 여행과 매우 달랐던 까닭은 무엇보다 나의 마음가짐 때문이었다. 이제는 정신분열병적인 꿈에 집착하지 않고 유쾌한 자유를 느끼고 있었다. 이렇게 사르트르와 나란히, 느리게, 세벤의 산길을 자전거로 가는 것이 정말 행복했다. 사르트르의 존재와 모든 행복을 잃는 게 아닐까 그토록 두려워하던 나였다! 어떤 의미에서 나는 일단 모든 것을 잃었었다. 그리고 그 뒤에 모든 것이 다시 되돌아왔다. 지금 나의 기쁨은 하나하나가 당연한 일이 아니라, 전혀 뜻밖의 선물인 듯이 여겨졌다. 앞서 말했던 느리고 대범한 무관심을 나는 파리에 있을 때보다 한층 강하게 느꼈다. 이것은 하나의 작은 사건을 통해 스스로 깨닫게 되었다. 르 퓌에 도착했을 때, 사르트르의 자전거 앞 타이어는 결정적으로 못쓰게 되었다. 이것을 교체하지 못하면 아직 시작에 불과한 우리의 원정을 단념해야 한다. 사르트르는 마을을 뒤지고 다녔으며, 나는 카페 테라스에서 짐을 지키고 있었다. 옛날 같으면 이 여행이 내 허락도 없이 느닷없이 중지된다는 생각만으로도 나는 노발대발했으리라. 그런 내가 입술에 미소를 띠고 기다리고 있었다. 하지만 사르트르가 새것이나 다름없는 오렌지색 앞 타이어가 달린 자전거를 타고 나타났을 때는 펄쩍 뛰어오를 정도로 기뻤다. 어느 기술자가 어쩐 일인지 사르트르에게 그 타이어를 양보해 준 것이다. 이로써 몇 백 킬로를 달릴 준비가 끝났다.

  사르트르는 카바이에스를 통해, 고등사범학교 시절의 친구로 저항운동에 참가하고 있는 칸의 주소를 알고 있었다. 우리는 꼬불꼬불한 작은 오솔길을 지나 밤나무 숲으로 메워진 마을에 도착했다. 칸은 인상 좋고 차분한 부인과, 와자지껄한 아이들과 함께 여기서 여름휴가를 보내고 있었다. 갈색 머리를 세 갈래로 땋은 푸른 눈의 소녀도 묵으러 와 있었는데 그녀는 카바이에스의 딸이었다. 붉은 바닥 돌을 깐 널따란 부엌에서 우리는 맛있는 식사를 했다. 식후에는 커다란 접시에 월귤이 몇 번이고 나왔다. 사르트르와 칸은 숲의 이끼 위에 앉아서 오랫동안 이야기를 나누었다. 나는 그것을 듣고 있었지만 이런 여름 광채에 둘러싸여서 이렇게 평화로운 집 곁에 있으려니, 행동이라든가 그에 수반된 갖가지 위험의 현실성이 믿어지지 않았다. 아이들의 웃음소리, 야생과일의 싱싱함, 이날의 온화한 분위기는 온갖 위협을 배척하고 있었다. 그렇다. 지난 2년 동안 많은 것을 배웠음에도 나는 칸이 그 뒤 얼마 안 있어 처자식을 떠나, 그것도 영원히 돌아오지 않을 길을 나서게 될 것도, 갈색 머리 소녀의 아버지가 어느 아침에 벽에 등을 기대고 총살을 당할 것도 전혀 예상치 못했다.

  아르데슈 강 상류에서 론 강에 이르기까지 꼬박 하루 동안 끊임없이 변모하는 경치는 나를 도취하게 했다. 하늘의 푸름은 경쾌해지고, 지면은 차츰 건조해지며, 양치 냄새는 라벤더 향기 속에 묻히고, 흙은 오크색, 빨강, 보랏빛으로 타는 듯한 색조를 띠고 있었다. 최초의 삼나무가, 그리고 최초의 올리브 나무가 등장했다. 평생토록 나는 산악지대에서 지중해 연안의 평지로 내려갈 때마다 언제나 변함없는 강렬한 감동을 느꼈다. 사르트르도 이 내리막길의 아름다움에 감격하고 있었다. 다만 라르장티에르에서 잠깐 쉰 것만이 이날의 즐거움에 오점을 남겼다. 중부 지방과 남프랑스의 경계에 있는 이 작은 도시를 나는 잘 알고 있었으며 매우 좋아하기도 했다. 그런데 그날은 공교롭게도 프랑스 의용단의 축제일이었던 것이다. 나이가 많건 적건 바스크 베레를 쓰고, 삼색휘장을 두른 남자들이 파랑, 하양, 빨강의 국기로 장식된 거리에 북적대며 술을 마시거나 떠들고 있었다. 우리는 갈증과 피로에 어쩔 수 없이 자전거를 세웠는데 불건전한 호기심에 휩싸이는 바람에 한동안 떠나기가 어려웠다.

우리는 몽텔리마르를 내려다보는 언덕에서 야영을 했다. 아침에 자전거에 오르려던 사르트르는 눈은 뜨고 있었지만 잠에서 덜 깬 상태여서 핸들이 휘청거렸다. 트리카스탱 큰길에서는 바람을 타고 날개 돋친 듯이 거의 페달도 밟지 않고 언덕길을 올랐다. 우리는 멀리 돌아서 아를로 내려갔고, 거기서 마르세유로 출발했다.

마르세유에서는 싼 값에 비해 아주 예쁘며 비외포르트가 바라다보이는 방을 구했다. 우리는 세계가 평화로웠던 시절에, 또한 전쟁의 위협이 시시각각 가까워지던 시절에 걸었던 길을 감개무량하게 산책했다. 라 칸비에르 거리 영화관에서는 미국 영화를 상영하고 있었으며, 오전 10시에 개관하는 곳도 있어 때로는 하루에 3번이나 보러 갔다. 우리는 〈죽음을 넘어서〉에 나오는 에드워드 로빈슨, 제임스 캐그니, 베티 데이비스를 보고 옛 친구와 재회한 느낌을 받았다. 미국 영화를 보는 것만으로도 어찌나 기쁜던지 닥치는 대로 영화를 보았는데 우리 가슴에 과거가 시간을 거슬러 와락 달려드는 듯했다.

사르트르는 마르세유에서 다니엘 마이에를 만나 '사회주의와 자유'에 대해 이야기했다. 우리의 운동에 관련하여 그에게서 받을 지시는 없는지, 제안할 임무는 없는지에 대하여도. 다니엘 마이에는 레옹 블룸에게 생일 축하 편지를 보내라고 했고, 사르트르는 실망하여 그의 곁을 떠났다.

남프랑스의 식량 사정은 파리보다도 중부보다도 나빴다. 주식은 토마토라서 토마토를 끔찍이 싫어하는 사르트르는 영양 보급에 힘겨워했다. 포르크롤르 섬에 내렸을 때는 문을 연 식당이 한 군데도 없어서 우리는 포도와 빵, 포도주로 점심을 먹었다. 나는 그랑랑구스티에 거리를 산보했으며, 사르트르는 카페에 남아서 일을 했다. 그는 '아트레우스의 후예'를 다룬 비극의 첫머리 대사를 썼다. 사르트르의 경우에 새로운 착상은 거의 언제나 신화의 형태를 띠었다. 나는 그가 결국은 엘렉트라나 오레스테스, 또는 그 일족을 이 희곡에서 추방하리라고 짐작했다.

사르트르는 명단에 앙드레 지드의 이름을 써넣고, 그 옆에 도저히 읽지 못할 글씨로 그의 주소를 갈겨썼다. 카롤리스인지? 바롤리스인지? 아니 분명 바롤리스다. 우리는 지중해 연안의 느낌 좋은 길을 따라 바롤리스까지 갔다. 관청에 들러서 앙드레 지드가 사는 곳을 물었다. 직원은 되물었다.

"사진사 지드 씨 말인가요?"

그밖에 지드라는 사람은 모른다고 한다. 나는 다시 읽기 힘든 주소들을 검토하고 지도에서 그럴듯한 지명을 찾아냈다. 그러자 영감이 떠올랐다. 카브리스다. 쨍쨍 내리쬐는 햇볕 아래 험난한 좁은 길을 힘들여 올라 꼭대기에 이르러 내려다보니, 올리브 나무가 계단을 이루며 푸른 바다까지 이어져 델포이에서 이테아를 바라보는 조망처럼 장중한 아름다움이 펼쳐져 있었다. 우리는 한 여관의 포도덩굴 아래에서 점심을 먹었다. 그 뒤 사르트르는 지드의 집을 찾아갔다. 문을 여니 사르트르의 눈에 지드의 얼굴이 들어오긴 했는데 그 아래의 몸통은 어린 소녀의 것이어서 깜짝 놀랐다. 카트린 지드였다. 그녀는 사르트르에게, 아버지는 카브리스를 떠나 지금은 그라스에 있다고 했다. 우리는 다시 산길을 내려갔다. 도착했을 때는 나의 한쪽 타이어가 완전히 망가져 있어서 분수 옆에 진을 치고 수선에 돌입했다. 사르트르는 지드가 묵고 있는 호텔로 가는 도중에 그의 모습을 보았다. 뒤따라간 사르트르는 급브레이크를 밟아 찢어지는 듯한 소리와 함께 한쪽 발을 보도에 내려놓았다.

"어이쿠, 이것 보게!"

지드는 '조심하라'는 듯한 몸짓으로 외쳤다. 둘은 카페로 들어갔다. 사르트르의 말에 따르면 지드는 다른 손님을 경계하는 듯이 둘러보며 세 차례나 자리를 옮겼다. 지드는 무엇을 해야 좋을지 몰라 했다. 그는 애매한 몸짓으로 말했다. 그로서는 개인적으로 이렇게밖에 말할 게 없었다.

"헤르바르트에게 이야기해 보겠소."

"글쎄요, 헤르바르트……."

사르트르는 다음 날 말로와 만날 약속이 되어 있다고 알렸다. 지드는 헤어질 때 이렇게 말했다.

"그럼 이것으로! 말로에게선 좋은 성과가 있기를 바라겠소."

말로는 조제트 클로티스와 함께 살고 있는 아름다운 별장에서 사르트르를 맞이했다. 그들은 호화롭게 담긴 미국식 닭고기 구이로 점심을 먹었다. 말로는 예의 바르게 사르트르의 말에 귀를 기울였지만, 당장은 유효한 행동이 하나도 없는 것 같다고 말했다. 그는 전쟁에 이기기 위해 필요한 것으로 소비에트의 전차와 미국의 비행기를 꼽았다.

우리는 니스에서 알프스를 향해 가다가 달로스 고개를 통과했다. 햇빛에 감싸여 있는 아침, 우리는 콜레트 오드리가 있는 그르노블을 향한 여정에 접어들었으며, 고갯마루에서 점심을 먹을 때 나는 백포도주를 마셨다. 많은 양은 아니었는데 햇살이 강해서 머리가 꽤 어질어질했다. 우리는 고갯길을 내려가기 시작했다. 사르트르는 나의 20미터쯤 앞을 달리고 있었다. 갑자기 맞은편에서 2대의 자전거가 길 한가운데를 그들의 왼편으로 치우쳐 달려왔다. 나는 그들과 마주 달리던 터이라 비켜가려고 비어 있는 왼쪽으로 방향을 틀었는데, 그들은 그들대로 당황하여 급히 다시 오른쪽으로 기울이는 바람에 눈과 코를 그들과 맞대고 말았다. 내 브레이크는 거의 듣지 않는다. 큰일이다, 세울 수가 없다. 나는 좀전보다 훨씬 왼쪽으로 틀며 길가 자갈 위에 넘어졌다. 겨우 몇 센티 옆이 천길 낭떠러지였다.

"그렇지! 우측통행이 옳았어!"

그런 생각이 순간 머리를 스쳤다.

"이런 것일까? 죽음이란!"

그래서 나는 죽었다. 눈을 떴을 때, 나는 서 있었다. 사르트르가 팔을 부축하고 있다. 그인 줄은 알았지만 내 머릿속은 새하얗기만 했다. 우리는 왔던 길을 되짚어서 어떤 집으로 들어갔고, 나는 마크주를 한 잔 마셨다. 사르트르가 의사를 부르러 마을까지 간 사이에 누군가가 내 얼굴을 씻어주었다. 의사는 왕진을 거부했다고 한다. 사르트르가 돌아왔을 때는 거의 의식을 회복했다. 우리는 여행 중이었으며 콜레트 오드리를 만나러 가던 길이었음이 생각났다. 사르트르는 앞으로 겨우 15킬로 거리이고, 더구나 내리막이니까 다시 자전거로 가자고 했다. 그러나 나는 온몸의 세포가 서로 딱딱 부딪치는 것만 같아서 다시 자전거를 탈 마음이 들지 않았다. 우리는 작은 등산전차를 탔다. 주위 사람들은 겁에 질린 듯한 표정으로 내 얼굴을 뚫어져라 쳐다보았다. 콜레트 오드리의 집 초인종을 누르니 그녀는 나를 알아보지 못하고 작은 비명을 질렀다. 나는 거울로 내 얼굴을 보았다. 이가 하나 없어지고 한쪽 눈이 감겼으며, 얼굴이 2배로 부어오른 데다 피부는 상처투성이다. 입술이 터져서 포도알 하나를 물고 있기도 어려웠다. 아무것도 먹지 않고 누웠으나 언젠가 다시 원래 얼굴로 돌아가리라고는 거의 기대할 수 없었다.

다음 날 아침에도 어제와 마찬가지로 험상궂은 모습이었으나 용기를 내어 자전거에 올랐다. 일요일이어서 샹베리로 통하는 도로에는 사이클링을 하는 사람이 많았다. 나와 스쳐 지나갈 때, 사람들 대부분은 일단 놀란 다음 휘파람을 불거나 깔깔 웃기도 했다. 그 뒤로 며칠은 가게에 들어갈 때마다 모두의 시선이 내게 집중되었다.

"어머…… 사고당했어요?"

내게 걱정스레 묻는 여자도 있었다.

"아뇨, 날 때부터 그래요."

그때 나는 이렇게 대답하지 못한 것을 두고두고 후회했다. 어느 오후에 나는 사르트르보다 앞서서 가다가 교차로에서 기다리고 있었다. 한 남자가 내게 웃으며 말을 걸었다.

"그러고도 남자를 기다리는 게요? 그런 험악한 꼴을 하고도!"

이러는 동안에도 쥐라의 산길에는 가을이 찾아왔음을 느낄 수 있었다. 아침에 우리가 호텔을 나설 무렵에는 하얀 안개가 산을 뒤덮었고, 그것을 뚫고 단풍잎 냄새가 솟아올랐다. 태양이 서서히 그 안개를 걷어내면 따뜻함이 몸속으로 스며들어 나는 어린애처럼 커다란 기쁨을 피부로 느꼈다. 어느 저녁, 숙소 테이블에서 사르트르는 다시 희곡을 썼다. 초안(初案)과 달리 '아트레우스의 후예'에 매여 있지 않았다. 그는 현재의 도덕적 질서를 공격하기 위해, 비시 정부와 독일이 우리를 강압하려는 일에 대한 후회를 거부하고 자유를 주장하기 위해, 이 전설의 역사를 이용하는 방법을 찾아낸 것이다. 제1장을 쓸 때, 그는 과거 우리에게 불길한 첫 번째 인상을 주었던 생토랭 섬의 앙보리오 마을과, 그 마을의 창 없는 벽, 찌는 듯한 태양에서 암시를 얻었다.

콜레트 오드리는 우리에게 살롱 근처에 '국경을 넘기 쉬운' 마을이 있다고 가르쳐주었다. 아침에 분명 우리같이 국경을 넘으려고 국도를 지났을 사람의 숫자는 어느 정도였을까? 오후에 안내인 한 사람을 둘러싸고 자전거로 달리는 사람들은 20명이 넘었다. 나는 그들 가운데 플로르에서 자주 마주쳤던 두 사람을 보았다. 금색 턱수염을 희미하게 기른 금발의 잘생긴 청년과 역시 금발의 체코 출신 미소녀이다. 수풀 사이 작은 길을 따라가니 철조망을 두른 큰길이 나왔다. 우리는 그 아래를 빠져나가 가능한 한 빨리 흩어졌다. 독일군 보초와 한통속이었던 듯싶다. 왜냐하면 안내인은 전혀 경계하지 않았으니까.

부르고뉴 지방은 포도밭이 가을 햇빛에 풍요로운 색조를 띠어 참으로 아름다웠다. 그렇지만 우리는 한푼도 없는 처지가 되어 소액환이 도착해 있을 옥세르까지 쫄쫄 굶어야 했다. 소액환을 받자마자 식당으로 달려가니 나온 음식은 시금치 한 접시뿐이었다. 우리는 열차에 올라 파리로 돌아갔다.

나는 이렇게 행복한 몇 주일을 보냈다. 게다가 2, 3년 이상 잊지 못할 만큼 인상 깊은 체험도 했다. 그것은 죽기 직전까지 갔던 일이다. 항상 죽음은 나에게 공포의 대상이었으므로, 그토록 죽음에 근접했다는 사실은 매우 의미가 있었다. '다시는 눈을 뜨지 못했을지도 모른다.' 생각하면 죽음이 대번에 터무니없이 쉽게만 느껴졌다. 전에 《루크레티우스》를 읽고 머리로만 알았던 사실을 실감한 것이다. 실로 죽음은 아무것도 아니다. 그래서 사람은 결코 죽지 않으리라. 아무도 죽음을 감당하지 못할 것이다. 나는 지금까지의 공포에서 결정적으로 해방되었다고 생각했다.

우리는 르메르 부인 집에서 나머지 휴가를 보내고 학년 초에 다시 파리로 돌아왔다. 여름 동안에 파리의 정치적 공기는 달라져 있었다. 8월 13일, 사회주의자들이 포르트 생드니 부근에서 폭동을 일으켰으며, 19일에는 시위 참가자 2명이 총살되었다. 23일에는 독일군 1명이 살해되었다. 28일, 소비에트 전선으로 향하는 반볼셰비키 의용단 발대식 종료 직후에 폴 콜레트가 라발과 데아를 저격하는 사건도 있었고, 철도 파업도 빈발했다. 프랑스 정부 당국은 범인 체포에 협력한 사람에게 100만 프랑의 포상금을 약속했으며, 퓌쇠 내무장관은 프랑스 두 지역의 공산주의자에 대한 대규모 치안유지 작전을 개시했다. 독일군은 이제 친선을 외치지 않고 위협 전술을 폈다. 그들은 공산주의 선전을 편다고 확인된 자는 모조리 사형에 처한다는 요지의 강령을 발표한 가운데, 반독일 활동으로 기소된 사람을 재판하기 위해 특별법정을 설치했다. 또한 독일군은 8월 22일에 보복 제도의 시작을 알렸다. 독일 국방군 장병이 살해되는 경우에는 독일군 1명 당 인질 몇 명을 총살하겠다는 것이다. 8월 30일에는 5명의 공산주의자와 3명의 '스파이'가 처형되었다는 발표가 나왔다. 그 뒤로 파리 시내에는 열 달 전 내 가슴을 후벼 팠을 때처럼 검은 틀로 둘러싸인 빨강 노랑의 벽보가 차례로 나붙었다. 총살당하는 인질은 대개 공산주의자나 유대인이었다. 10월에 낭트와 보르도에서 각각 1명의 독일군 장교가 살해된 까닭에 98명의 프랑스인이 벽을 등지고 총살되었다. 그 가운데 27명은 행정적인 조치에 의해 샤토브리앙의 강제수용소에 구류되어 있던 사람들이었다.

런던의 지령에 의해, 독일군에 대한 개별 습격은 정지되었다. 그러나 11월에는 독일군이 접수한 식당과 호텔에 수류탄이 투척되었다. 독일의 탄압에 굴하지 않고 '폭력' 행위는 차츰 늘어났다. 대독일 협력자들은 이 저항운동을 거세게 비난하며 들고 일어났다. 파리의 각 신문은 피의 희생을 요구하며, 폭력에 대한 리옴 재판의 정체와 경찰의 무능에 분개하고 있었다. 브라지야크는 '조국을 장사지내는 자에게 연민은 필요 없다'고 썼다. 그들은 히틀러의 승리를 의심하지 않았으므로 교만해져서 경멸적인 논조를 바꾸려 하지 않았다. 소비에트 전선까지 진군한 독일군은 10월 초에 모스크바 공격을 개시했다. 그들의 진로는 저지되었고, 붉은 적군의 반격 또한 실패로 끝났다. 진주만 기습으로 인해 미국은 전쟁에 돌입했으나 일본군이 태평양에서 전격적 승리를 거두고 있었다. 그들은 보르네오, 말레이시아, 홍콩, 필리핀, 말라카 반도, 수마트라, 자바를 침략했다.

독일의 승리는 인정하고 싶지도 않고, 패배를 기대할 수도 없는 우리에게 무척 애매한 시기였으므로 내 머리에 남은 당시의 기억조차도 혼돈스럽기만 하다. 평화가 다시 돌아온 뒤에, 그 시절을 체험하지 않은 사람에게 그 무렵 이야기를 하는 일이 얼마나 힘이 드는지를 나는 자주 뼈저리게 느꼈다. 20년 가까이 지난 지금으로서는 나를 위해 진실을 되살리려 해도 잘 되지 않는다. 당시의 얼마 안 되는 몇 가지 특색, 몇 개의 삽화를 건져낼 수 있을 따름이다.

정치적으로 우리는 완전한 무력상태에 있었다. 사르트르는 '사회주의와 자유'를 발족할 즈음 이 그룹이 보다 광범위한 운동의 일환이 되기를 바랐다. 그러나 우리의 여행은 별 성과를 올리지 못했고, 파리로 돌아와서도 비슷한 실망만 되풀이했다. 이미 초기의 운동은 죄다 좌절되거나 붕괴 직전이었다. 우리 동아리와 마찬가지로 초기 운동들은 개인이 주도했으며, 비밀활동은커녕 단편적 행동에도 익숙하지 않은 부르주아나 지식인 집단이었다. 게다가 파리에서는 비점령지역에서보다 의지의 소통과 통일이 어려웠다. 이런 시도들은 산발적인 것에 그쳤고, 손발이 서로 맞지 않아 결국은 실망스러울 정도로 효과가 나지 않았다. 사회주의자(공산주의자)들에게는 장비와 조직과 훈련이 있었다. 그들은 참가를 결의한 그날부터 눈이 번쩍 뜨일 만한 성과를 거두었다. 우파 애국자들은 그들과의 제휴를 거부했다. 하지만 비공산주의 좌익은 사회주의에 접근하는 것을 마다하지 않았으리라. 그들은 독·소 조약을 1939년 당시만큼 혹독하게 비난하지 않았다. 독일의 도발을 수수방관했던 소련은 어쩌면 휴식을 갖는 일 말고는 독일군에게 저항할 길이 없었을 것이다. 만일 사람들이 스탈린의 공작을 무조건 시인하기를 망설인다면 그 스탈린 공작을 감히 철저하게 강요할 수도 없으리라. 어쨌든 사르트르는 현재 프랑스로서는 공동 전선을 확립하는 것이 반드시 필요하다고 생각했다. 그래서 그는 사회주의자와의 접촉을 시도했다. 그러나 그들은 당의 외부에서 결성된 그룹을 모조리 경계했으며, 특히 '프티부르주아 인텔리'는 믿지 않았다. 그들은 우리 동료 중 하나에게, 독일군이 사르트르를 석방한 것은 그가 선동 스파이로서 독일에 협력하기로 약속한 때문이라고 공언까지 했다. 그들이 정말로 이렇게 믿었는지 나로선 알 수 없다. 어쨌든 그들은 우리와의 사이에 넘기 힘든 담을 쌓은 것이다. 우리가 빠져든 고립상태로 인해 우리의 열의는 꺾이고, 꽤 많은 사람이 무리에서 떨어져 나갔다. 게다가 무리 가운데 가장 확고하고 가장 유능한 젊은 철학자인 쿠쟁이 신장결핵에 걸려 남프랑스로 요양을 가야 했다. 사르트르는 이 와해를 굳이 저지하려 하지는 않았다. 이미 6월부터 그는 여러 걱정거리로 골치를 썩이고 있었다. 게슈타포는 많은 수의 '판타곤' 요원을 체포했으며 사르트르의 나이 어린 친구인 페롱은 국외로 납치되었다. 우리와 꽤 가까운 그룹에서, 내가 교육실습을 지도해 준 적이 있는 우수한 여자 철학도 이본 피카르도 같은 운명을 겪었다. 그들은 돌아올까? 만약 죽는다면 얼마나 터무니없는 일인가! 그들은 아무런 단역도 맡지 않았었다. 지금껏 내 동료들은 다행히 아무도 무서운 일을 겪지 않았다. 그러나 사르트르는 만약 이대로 '사회주의와 자유'를 존속시키는 경우에 동료들이 무익하게 어떤 위험에 처하게 될지를 고려했다. 10월 한 달 내내 우리는 이것에 대해 끝도 없는 토론을 거듭했다. 우리의 의견은 같았으므로 그는 사실 자기 자신과 토의한 것과 다를 바 없었다. 단지 고집 때문에 누군가를 죽게 만든다면 쉽사리 자신을 용서할 수 없다. 사르트르로서는 수용소에서 오랫동안 다듬었고, 몇 주 동안 기쁨으로 노력해 왔던 계획인 만큼 포기하는 일이 괴로웠지만, 어쩔 수 없이 '사회주의와 자유'를 포기했다. 그러고는 오기로 쓰던 희곡에 매달렸다. 그것이 그가 할 수 있는 유일한 저항이었기 때문이다.

우리는 억척스레 일을 했다. 사르트르는 이 희곡 말고도 철학논문도 쓰고 있었다. 그리고 〈콩플뤼앙스〉지와 〈카이에 뒤 쉬드〉에서 의뢰한 원고도 썼다. 그는 나의 첫 소설을 브리스 파랭에게 맡겼고, 나는 다음 소설에 손을 댔다. 점령기가 끝날 때까지는 이 소설이 햇빛을 보지 못하리란 사실을 나도 알고 있었다. 그렇지만 우리는 최후의 승리를 믿어 의심치 않는 듯이 살아갈 결심을 했던 것이다. 이 결의는 우리의 버팀대가 되었다. 하지만 그것만으로는 마음의 평화를 얻지 못했다. 내기를 거는 것, 희망을 갖는 것, 그것은 저절로 알게 되는 일도 믿게 되는 일도 아니었다. 때때로 나의 상상은 소름 끼치는 세계를 헤맸다. 만약 나치즘이 10년, 20년이나 계속되고 우리가 그것을 줄곧 거부하면, 우리는 페롱이나 이본 피카르와 똑같은 운명을 밟게 되리라. 나는 강제수용소의 실상을 짐작할 수조차 없었다. 유형은 나에게 무조건 이별과 침묵을 의미했다. 그러나 그뿐이라면 어떻게든 견딜 수 있으리라! 지금까지 나는 어떤 힘든 불행에 대해서도 자살이라는 도망칠 길이 있다고 생각해왔다. 돌연 이 길이 끊어져 버렸다. 10년 동안이건 20년 동안이건, 사르트르는 이제 죽었을지도 모른다고 생각하게 되더라도 한편으론 아직 살아 있을지도 모른다는 생각에 나는 결코 자살의 결단을 내리지 못하리라. 이미 내가 이 올가미에 걸린 듯해 괴로워서 망상을 털어냈다. 최악의 사태도 받아들일 용의가 있다고 스스로에게 되뇌고, 때로는 확실히 그렇게 이해할 수 있었다. 평정심으로 돌아와 현재 속에 틀어박혔으나, 현재라는 것도 전에는 풍부하고 즐거운 계획이었으며 또 미래로 채워져 있었지만 이렇게 현재에만 한정되면 먼지로 전락하고 말았다. 시간과 마찬가지로 공간도 위축되었다. 2년 전의 파리는 나의 호기심 앞에 넓게 펼쳐지는 세계의 중심을 차지했었다. 지금의 프랑스는 지구상의 다른 부분에서 분리되어 적의 감시하에 있는 주거지였다. 우리가 그토록 사랑했던 이탈리아와 스페인은 적대지역이 되어 있었다. 미국은 어둠과 화재의 먹구름에 가려 보이지 않는 나라였고, 국경을 넘어 우리의 귀에 다다르는 목소리는 BBC방송뿐이었다. 우리는 무지라는 덮개에 가려 질식할 성싶었다.

그나마 위안은 지난해와 달리 내가 고립해 있지 않다는 점이었다. 감격,

기대, 불안, 적개심, 나는 그것들을 얼굴 없는 군중, 그러나 그 존재가 오싹하게 느껴지는 군중과 공유하고 있었다. 그들은 어느 곳에서나 존재했다. 나의 바깥에도 안에도. 내게 있어 군중은 내 심장의 고동을 통해 감동하고 증오하는 것이었다. 나는 지금까지 증오를 알지 못하고 단지 추상적인 분노만을 느껴 왔음을 깨달았다. 이제 나는 증오의 맛을 알았다. 나와 가까운 적일수록 나의 증오는 한층 뜨거워졌다. 페탱의 연설은 내게 히틀러의 연설보다 더욱 깊게 상처를 냈다. 나는 모든 독일 협력자를 용서할 수 없었던 반면에 나와 동류인 지식인, 언론인, 작가 등에 대해서는 가슴속 깊이 급소를 찌르는 고통스런 혐오를 느꼈다. 문학가나 화가가 정복자에 대한 프랑스 국민의 정신적 지지를 보증해주기 위해 독일에 엎드릴 때, 나는 내가 개인적으로 배신을 당한 듯한 기분이었다. 나는 데아나 브라지야크의 논설, 그들의 밀고, 그리고 다를랑의 활동만큼 용서하기 힘든 범죄, 즉 살인에의 그들의 호소를 생각했다.

공포, 분노, 맹목적인 무력감, 이런 것들이 내 일상생활의 바닥에 있다. 하지만 거기에는 이따금 희망의 불길이 타올랐으며, 나는 아직 직접적인 위협이나 피해를 입은 적도 없었다. 소중한 사람이나 가까운 사람은 한 사람도 잃지 않았다. 사르트르는 포로생활에서 돌아와 건강도 기질도 변함이 없었다. 그의 곁에 있으면 음울한 시간을 보내는 일 따윈 도저히 불가능하다. 우리가 밀려들어 간 세계가 아무리 좁아도 그의 호기심과 정열은 그 구석구석까지 생생하게 만들었다. 파리, 시골길 같은 파리의 거리, 농촌의 하늘처럼 넓디넓은 파리의 하늘, 우리 주위의 사람들, 그들의 얼굴들, 그들의 신상…… 보거나 이해하거나 사랑하는 것이 아직 이렇게나 많이 있다! 나는 편안한 마음, 하늘에 다다를 것 같은 환희, 그런 것들은 잊었지만 날마다 쾌활했다. 그리고 뭐니 뭐니 해도 이런 씁쓸한 쾌활함 역시 행복이 틀림없다고 나 자신에게 자주 되뇌었다.

물질적인 생활은 겨울보다 훨씬 고통스러웠다. 게다가 사르트르와 나는 남을 보살피기까지 하고 있었다. 리즈는 앙드레 모로와 헤어질 결심을 했지만 부모님에게 돌아갈 생각을 않고 드랑브르 거리의 초라한 호텔로 이사했다. 우리는 그녀의 생활을 돕고, 빈곤상태에 있는 올가, 방다, 보스트를 돌보았다. 노루라면서 정체 모를 짐승 고기를 내놓는 4급 식당조차도 우리에게는 사치였다. 나는 미스트랄 호텔에 부엌 딸린 방을 얻었다. 이어 동생의 아틀리에에 가서 스튜 냄비, 바닥이 평평한 냄비, 식기류 등을 가져와 앞으로는 자취를 하기로 했다. 보스트에게도 자주 대접했다. 나는 집안일을 별로 좋아하지 않았으므로 그에 적응하기 위해 먼저 평소 익숙한 수단을 동원했다. 식사 걱정 때문에 편집적으로 3년 동안 집착해온 것인데, 배급권이 나오기를 기다려 단 한 장도 놓지 않았으며, 길을 걸을 때도 가게의 모양뿐인 진열대 어딘가에 자유판매 물건이 없을까 샅샅이 훑었다. 이 보물찾기는 나를 즐겁게 했다. 사탕무 1개, 양배추 1통이라도 눈에 띄기만 하면 곧장 손아귀에 넣었다! 내 방에서 만든 첫 번째 점심은 '순무 양배추 절임'이었는데, 나는 여기에 네모진 고체 수프를 넣어서 조금이나마 더 맛을 내려고 했다. 사르트르는 꽤 괜찮다고 말했다. 그는 거의 어떤 음식이든 잘 먹었고, 때로는 식사를 거르고도 쉽게 넘겼다. 나는 그만큼 금욕적이지는 않아 자주 배고픔을 느꼈으며 그것이 고통스러웠다. 봉지에 든 마카로니, 건조 야채, 병조림 귀리 등의 식료품을 얻거나 낚으려고 내가 그토록 열심이었던 까닭은 바로 그 때문이기도 했다.

나는 소녀시절의 놀이 때 즐겨 사용했던 방식을 다시 끄집어냈다. 물자 결핍 속에서 엄밀한 관리 체제를 가다듬는 것이다. 내 보물들을 꼼꼼히 살피고 눈으로 하루치 식량을 가늠하는 식으로 식료품 찬장 속에 미래를 저장해놓았다. 한 톨의 밀알도 소홀히 해선 안 되었다. 나는 인색함과 그 기쁨을 이해했다. 그러나 시간을 아까워하지는 않았다. 보스트나 리즈는 이런 일을 기꺼이 도와주었지만 나는 그들과 이야기하면서 몇 시간이나 걸려서 콩꼬투리를 까거나, 벌레 먹은 완두를 골라내기도 했다. 재료 준비는 후딱 해치웠고, 요리의 연금술은 내 마음에 들었다. 12월 초 어느 오후에 벌어진 독일 병사 습격 사건 때문에 통행금지 시각이 6시로 당겨져서 방에 틀어박혀 있던 때도 생각난다. 나는 뭔가를 쓰고 있었다. 바깥은 무인지경의 깊은 정적. 난로에 올려놓은 야채수프가 맛난 냄새를 풍기며 끓고 있다. 빠져들 듯한 이 냄새와 쏙쏙하는 가스 소리는 나의 동무가 되어주었다. 내 생활은 가정부인과 같은 것은 아니었으나 그럴 때의 그녀들의 기쁨 한 귀퉁이를 알 수 있을 성싶었다.

그렇지만 생활의 심각성에 닿아 있지 않다는 점에서는 전과 다를 바가 없었다. 우리의 나이나 건강상태로 볼 때, 빠듯한 식생활 때문에 몸이 축날 우려는 없었다. 단지 텅 빈 뱃속이 요동치는 것이 불쾌하기만 할 뿐 큰일은 아니었다. 나는 담배도 쉽게 끊었다. 사실 그전에도 그다지 좋아하지는 않았으며, 일하는 도중에 머리를 식히기 위해 담배에 불을 붙였을 따름이지 연기를 들이마시지도 않았었다. 그러나 사르트르에게는 담배 부족이 훨씬 심각했다. 그는 길거리나 삼총사 깔개 밑에서 '꽁초'를 주워와 파이프에 채우곤 했다. 일부 담배광들은 약으로 쓰는 풀을 사용하는 바람에 플로르 카페 같은 데서는 약초 가게 냄새가 났다. 사르트르는 이 약초를 파이프에 채울 마음은 먹지 않았다.

입는 일 또한 문제였다. 암거래는 양심에 어긋나는 일이었으며, 무엇보다도 우리의 수완으로는 불가능했다. 한편 의류배급권은 빠듯하나마 배정이 되었다. 나는 아버지가 돌아가셨을 때 받은 특별배급으로 드레스와 외투를 만들어서 그것을 소중하게 입었다. 늦가을이 되자 치마를 넣어두고 그보다 따뜻한 바지로 갈아입는 여자가 늘었다. 나도 따라했다. 학교에 갈 때 말고는 스키복에다 헐거운 신을 신고 외출했다. 멋 부리기가 기분전환의 하나였던 시절에는 나도 그것을 꽤 즐겼지만, 지금은 쓸데없는 일로 삶을 복잡하게 하고 싶지가 않았으므로 차림에 신경을 쓰지 않기로 했다. 최소한의 것으로 예의에 벗어나지 않는 데만도 대단한 노력이 필요했다. 나무로 바닥을 댄 신발이 나와서 나는 그것으로 견뎠다. 드라이클리닝 가게는 눈알이 튀어나올 정도의 요금을 내야 했고, 직접 세탁을 하려 해도 벤젠을 구하기가 힘들었다. 전력 부족으로 미용실 영업은 불규칙했으며, 세팅 한 번 하는 것도 큰일이었으므로 터번이 유행했다. 터번은 모자와 머리 손질을 대신하게 되었다. 편리한 데다가 나한테 어울리기도 해서 이따금 터번을 썼는데 결국은 터번 애호가가 되었다. 어떤 것이든 나는 가장 간단한 쪽을 선택했다. 내 얼굴은 조금씩 부기가 가라앉았으며, 까진 피부도 딱지가 앉기 시작했다. 하지만 그르노블 큰길에서 빠졌던 이를 아직 해 넣지 못했다. 턱에는 꽤 볼썽사나운 종기가 나서 좀처럼 고름이 빠지질 않고 질금질금 흘러 나오고 있었지만 치료를 하지 않았다. 그런데 어느 아침에는 어찌나 답답하던지 견딜 수가 없어서 거울 앞에 앉아 그곳을 눌러보았더니 희끄무레한 것이 나오기 시작했다. 나는 좀더 세게 눌렀다. 순간 턱 한가운데에 눈이 생겨나, 나는 초현실주의의 악몽을 지상에서 꾸는 듯했다. 이 하나가 튀어나왔다. 자전거 사고 때 빠진 이인데 몇 주 동안이나 박힌 채로 있었던 것이다. 내가 친구들에게 이 이야기를 하자 다들 배를 움켜쥐고 웃었다.

나는 극히 제한된 사람하고만 교제를 했으므로 차림새에 별 신경을 쓰지 않아도 되었다. 자코메티는 스위스로 돌아갔고, 우리는 이제 두 아이가 생긴 파니에의 집에서 이따금씩 저녁을 함께 먹었다. 그는 생미셸 거리 건물 6층에 살았는데, 그의 아파트에서는 뤽상부르 공원과 파리의 일부가 넓게 바라다보였다. 파니에는 비시 정부를 변호하는 일은 모두 그만두었다. 우리는 의견이 맞았고, 부인도 느낌이 좋았다. 그러나 20살 시절 파니에의 은근한 무례함은 지금은 음험함으로 변질되어 있었다. 결혼 초에 그는 들떠서 우리에게 이렇게 말했다.

"당신 두 사람은 글을 쓰고 있지. 나는 다른 일에 성공한 거야. 가정과 행복을 만드는 일. 이것도 나쁘진 않을걸."

그렇지만 끊임없이 그는 우리가 자기를 따분한 사람으로 생각한다며 힐난했다. 그리곤 그렇지 않다는 우리의 변명을 듣지 않기 위해 있는 힘껏 이야기해 우리를 따분하게 했다. 그는 우리에게 가장 흥미 없는 화제, 이를테면 육아라든가 요리 등에 대해 일부러 강의를 펼치곤 했다. 때로는 과거의 허물없던 기분이 되살아나기도 했지만 그것은 극히 한순간이었다. 마르코와 우리 사이에는 친밀감이 상실되었다. 마르코는 이마가 벗겨지고 얼굴의 윤기는 사라졌으며, 축 처진 엉덩이를 하고는 미친 듯이 사랑을 찾아 끊임없이 몽파르나스의 번화가를 돌아다니고 있었다. 이따금 우리와 한잔할 때도 있었다.

"이 사람은 주먹꾼 중의 주먹꾼이야."

들뜬 목소리로 이렇게 말하면서 젊은 건달을 소개할 때도 있었다.

"이 녀석은 강도!"

언젠가는 이런 소개를 하기도 했다.

"이 녀석은 살인자!"

우리는 올가, 방다, 보스트, 리즈로 구성된 작은 그룹을 '가족'이라고 부르며 거의 이들하고만 어울렸다. 그들끼리 있을 때, 또는 사르트르와 내가 각자 그들을 대할 경우에도 다양한 느낌을 지닌 관계가 있었고, 우리는 각각의 특색을 중요하게 생각했다. 보스트와 만날 때 나는 대개 사르트르와 함께였으나, 그가 가까이에 있을 때를 제외하고는 '둘씩의 만남'이 단연코 우세했다. 플로르에서 내가 올가나 리즈와 이야기를 나눌 때, 사르트르가 방다와 둘이서 외출할 때, 또는 리즈와 방다가 대화할 때, 다른 사람들은 아무도 그 둘의 테이블에 가세하려 하지 않았다. 이 습관은 남이 볼 때는 유별났지만 우리에겐 당연하게 여겨졌다. '가족'이 지닌 젊음은 이것을 정당화하는 하나의 요소였다. 그들은 저마다 아직 자기의 독자성에 갇혀 있어서 상대가 배려해주기를 바랐다. 그러나 사르트르나 나는 여전히—그 뒤로도 줄곧—머리를 맞대고 앉아 있는 취미를 고수했다. 제삼자가 있을 때는 아무리 하찮은 화제라도 우리 둘만의 친밀함만 있으면 우리는 그것을 즐길 수가 있었다. 기분 차이나 친근감, 추억, 흥미도 상대에 따라 달라진다. 여러 사람과 상대하면 대화는 특수한 경우를 제외하고는 사교적이 되기 마련이다. 그렇게 많은 사람이 갖는 모임은 재미있고, 바보 같으며, 피곤하기까지 한 심심풀이여서 우리가 바라는 진정한 교류와는 거리가 멀었다.

우리는 몽파르나스에는 거의 가지 않았다. 아침은 카페 삼총사에서 먹었는데, 나는 때때로 이 가게에서 라디오의 절규조차 압도할 만큼 시끄러운 이야기 소리와 식기 부딪는 소리를 참아내며 일을 했다. 저녁에는 맥주나 커피의 대용 음료밖엔 마시지 못하게 된 플로르에서 친구를 만났다. 플로르 패거리의 일부는 마르세유로 옮겨 소규모의 건조 과일 공장을 차렸다고 한다. 당시는 아프리카에서 배로 들여온 대추야자나 무화과 열매 껍질로 만든 그 시커먼 식품이 여전히 파리에서도 팔리고 있었다. 하지만 전체적으로 플로르에 오는 손님들의 하나하나는 별로 바뀌지 않았다. 여전히 아름답고 우아한 소니아는 이 여성적인 작은 궁정 한가운데서 군림하고 있었다. 우리와 함께 국경을 넘은 금발의 연인들도 다시 모습을 드러냈다. 그 청년의 이름은 조지옹이라고 하는데 글을 쓰고 있었다. 그의 연인은 체코 출신의 유대계로, 이 두 사람 역시 같은 또래의 연인들과 사이가 좋았다. 갈색 머리에 체구가 작고 크림 같은 피부를 한 벨라도 유대계인데, 황홀하리만큼 사랑스러우며 늘 웃는 표정이었다. 새로운 얼굴 중에 우리의 눈길을 끈 여자는 청순하고 무척 아름다운 금발의 아가씨로 조엘 르 푀브라고 했다. 그녀는 테이블에 홀로 앉아서 거의 아무하고도 이야기를 하지 않았다. 우리는 그녀의 연약해 보이는 아름답고 우아한 느낌에 매료되었다. 행운을 잡기 위해 플로르에 오는 '슬픈 여인들'과 '추파를 던지는 여인들'도 전과 다름없이 우리의 관심거리였다. 우리는 그녀들의 부부 같은 행각을 염탐하고, 과거생활을 캐물으며, 미래의 운세를 점쳤다. 집단적인 격동도 우리가 개개의 인간에 대해 품는 흥미를 약화시키지 못했다.

우리는 크리스마스에 라 푸에즈로 갔다. 르메르 부인은 이제 자가용 차를 갖고 있지 않았다. 우리는 자전거를 기차에 싣고 가서 앙제에서 마을까지 20킬로미터를 가는 데 사용했다. 혹독한 현실은 이 풍요로운 전원에까지 손길을 뻗쳤다. 그런데도 크리스마스이브에는 칠면조가 있었고, 점심에 고기를 먹는 일도 자주 있었다. 우리는 저녁 메뉴로는 배를 잔뜩 불릴 수 있는 사과 크레이프를 부탁하기로 했다. 식후에 르메르 부인은 뼛속까지 따뜻해지는 독한 증류주를 내주었다. 방에는 장작이 활활 타고 있어서 춥지는 않았다. 이 쾌적함은 내 마음에 쏙 들었으므로 우리는 집 밖으로 한 발짝도 나가지 않았다. 글을 쓰거나, 읽거나, 아니면 전혀 파리로 나가지 않게 된 르메르 부인과 이야기를 나누었다.

우리는 책은 읽었지만 책방의 쇼윈도는 우리의 식탐을 일으키지 않았다. 영국 소설도 미국 소설도 없고, 신간도 드물었기 때문이다. 당시 포로 신분이던 레몽 게랭의 《죽음이 찾아올 때》에는 직장암에 걸린 그의 아버지가 겪는 긴 단말마의 고통이 극명하게 묘사되어 있었다. 나는 이 오싹할 만한 기록에 매료되었다. 신화나 신화학에 관한 뒤메질의 저서에 커다란 흥미를 가졌으며, 역사 공부도 계속했다. 나는 고대까지 거슬러 올라갔다. 특히 에트루리아인에 관한 1권은 나를 경탄케 했다. 나는 그들의 장례 정경을 사르트르에게 말했고, 그는 《파리》의 2막에서 그것을 이용했다.

연극 분야에서도 크게 매력을 지닌 작품은 찾지 못했다. 〈무서운 부모들〉의 재연은 알랭 로부뢰의 간섭으로 금지되었다. 우리는 〈주피터〉—꽤 속악한 희극이지만 후에 파뇰 부인이 되는 자클린 부비에의 요정 같은 존재에 의해 얼마간 나아졌다—와 크롬렝크의 〈당당한 코퀴〉를 보았다. 〈서쪽 나라에서 온 플레이보이〉는 젊은 시절 우리가 무척 좋아하던 신화를 제공해주었지만 그것이 마튀랭 극장에서 평범한 연출로 상연된 것을 보고 몹시 실망했다. 1942년 1월에 베르모렐은 그의 최초 희곡인 〈잔은 우리와 함께〉를 상연했다. 잔 역은 먼저 조엘 르 푀브에게 돌아갔다. 그녀의 첫 무대인 탓에 언론은 꽤 대대적인 선전을 했다. 그 뒤에 신문은 그녀가 건강상의 이유로 연습을 계속할 수 없게 되었다고 보도했다. 플로르에서는 조엘이 이 큰 역을 해내지 못할 줄 알았다고 수군거리는 사람도 있었다. 우리는 그녀가 늘 앉는 테이블에 여전히 혼자서 추운 듯이 앉아 있는 모습을 보았지만, 그녀의 굴욕과 실의를 상상하면 가슴이 아팠다. 그녀는 정말로 허약했는데, 이 일로 한층 몸이 나빠졌는지 몇 달 뒤에 폐결핵으로 죽었다. 우리는 그녀에 대해 거의 알지 못했다. 그러나 이 운명에는 우리의 가슴을 옥죄는 부조리한 무엇인가가 있었다.

잔 다르크를 연기한 이는 베르트 티생이었다. 체구가 작고 뤽상부르 사투리가 있음에도 그녀는 관객의 마음을 사로잡았다. 베르모렐의 희곡은 교묘하게 쓰여 있었다. 이 작품은 영국군을 공격하는 것으로, 여기서 영국군은 '점령군'으로 등장한다. 코숑 주교와 그 일파는 그 영국군의 '협력자'이다. 거기서 잔 다르크가 퍼부어댄 만족스런 대사에 박수를 보내면서, 관객들은 사실 독일군과 비시 정부에게 명백한 시위를 하고 있었다.

될랭은 카미유에게 동요되어 '테아트르 드 라 시테'로 이름을 고친 사라 베르나르 극장 지배인의 뒤를 이었다. 그는 거기서 가장 먼저 카미유의 희곡 〈프랭세즈 데 위르생〉을 상연했는데, 이것은 적중하지 않았다. 코메디 프랑세즈 극장에서 바로가 연기했던 햄릿은, 매력적이기는 했지만 온몸이 뼈와 신경인 느낌이어서 셰익스피어의 인물이라기보다는 라포르그의 재탕에 어울렸다. 몽파르나스 극장에서는 장 다르캉트가 〈라 셀레스틴〉을 올렸지만 불행하게도 각색에 감각이 결여되어 있었다.

3월 3일 밤, 우리가 〈라 셀레스틴〉을 보고 나오려는데 하늘이 빛나고 있었으며, 어디선가 들은 기억이 있는 소리가 들려왔다. 고사포였다. 그리고 사이렌이 울렸다. 사람들은 하늘을 올려다본 채 보도에 우뚝 서 있다. 대체 무슨 일이람? 영국군이 파리에 폭탄을 투하하는 걸까? 아니면 독일군이 착각하여 경계 태세를 취한 것일까? 우리는 반신반의하며 그대로 잠자리에 들었다. 다음 날 신문은 기세가 대단했다. 영국군이 프랑스 국민에게 피를 흘리게 했다는 것이다. 그들은 비양쿠르에 있는 르노 공장을 겨냥해 그 주변에서 엄청난 희생자를 냈다. 독일 선전 기관은 이 공습을 대대적으로 이용했다.

사르트르와 친했던 포로 중 하나가 3월쯤 돌아왔다. 쿠르보라는 예술 애호가로 잠깐 언론관계 일을 한 적도 있고, 마음이 내키면 그림도 그리는 남자였다. 그는 르 아브르에서 가장 유력한 변호사의 딸과 결혼했다. 수용소에서 〈바리오나〉를 상연했을 때, 그는 장치를 도맡았으며 필라트 역을 연기했다. 그는 불안한 듯이 자기 일생을 어떻게 사용해야 할지를 자문자답하고 있었다. 그의 부르주아다운 예민한 생김새에는 나의 사촌오빠 자크를 떠올리게 하는 데가 있었다. 그는 아내와 함께 장인의 광대한 저택에 살고 있었는데, 이틀 정도 그곳에 우리를 초대했다. 부활절 휴가 첫째 날 아침에 우리는 자전거로 파리를 출발해 루앙 마을과 황폐한 코드베크를 지났다. 르 아부르 근교에서도 많은 집들이 폭풍으로 날아갔다.

"나중에 훨씬 멋진 것을 보여드리지요!"

베르나데 씨—쿠르보의 장인—는 자랑스런 어조로 우리에게 말했다. 그의 저택은 항구에서 그리 멀지 않은 높은 지역에 세워져 있다. 공습이 있는 밤이면 여기는 특등석이었다. 그는 유리창 너머로 보이는 장대한 광경과 커다란 목표물에 폭탄이 명중했을 때의 통쾌함을 우리에게 장황하게 설명했다. 내가 무섭지 않으냐고 물었더니 대답한다.

"익숙한 걸요!"

그는 우리를 폐허로 안내했다. 이 저택 부근에서도 엄청나게 많은 수의 별장이 영국 공군(R.A.F.)에 의해 부서지거나 손해를 입은 상태였다. 더 낮은 곳에는 광대한 피폭지대가 이어져 있다. 베르나데 씨는 설명했다.

"여기는 전에 제유(製油)공장이 있던 곳이에요. 보는 바와 같이 아무것도 남아 있지 않죠······. 저쪽은 창고가 있었던 곳이고요."

붙임성 있는 그의 목소리를 듣고 있노라면 마치 성주가 귀빈에게 영지를 보이며 걷는 듯한 기분이 들었다. 이어 우리는 쿠르보와 함께 옛 생프랑수아 경계로 갔다. 그곳은 풀이 무성한 공터로 변해 있었다. 갈리옹 큰 길가의 모습이 사라지고 옛 선거(船渠)도, 선원용 나이트클럽도, 우리가 그토록 좋아했던 슬레이트 벽 집도 없다. 나는 1933년 어느 날, 사르트르와 둘이서 카페 데 무에트에 앉아 이보다 더 중대한 일은 우리에게 일어나지 않으리라고 쓸쓸하게 서로 고개를 끄덕이던 일을 떠올렸다. 그때 누군가 마법의 유리구슬을 통해 1942년 이 봄의 광경을 보여주었다면, 우리는 얼마나 아연해했을까? 평화와 무지의 그 시절을 나는 후회했었나? 아니다, 나는 너무나 강하게 진실에 사로잡혀서 환영, 더구나 성적인 유희에 괴로워 신음했다.

재료는 순무와 꽃양배추이지만 사치스럽게 조리된 저녁식사가 끝나면 우리는 BBC방송을 들었다. 12시가 가까워지면 각자 방으로 돌아간다. 자리에 눕자마자 나는 사이렌을 들었다. 그 직후에 엄청난 폭발음. 고사포 진지가 사격을 개시했다. 이때만큼은 나도 위험을 느끼고 두려워서 어떻게 할까 망설였다. 하지만 어찌나 졸리던지 오로지 깨어 있겠다는 생각에, 귀를 쫑긋 세우고, 숨을 죽이며, 낙담해서 앉아 있었다. '올 것이 오겠지' 생각했다. 그리고 그 무렵에 매일 밤 사용하게 된 '퀴에스' 귀마개를 양쪽 귀에 박아 넣었다. 지금 생각하면 이런 여유가 어디서 나왔는지 스스로도 어리둥절하다. 틀림없이 나는 그때까지 그리 중요하지 않은 경보만 경험했기 때문에, 또는 온갖 일들을 다 겪은 탓에 일시적으로 전쟁에 익숙했기 때문이리라. 어쨌든 내가 아침까지 내처 잤던 것은 사실이다. 쿠르보는 마당에 떨어져 있던 고사포탄 파편을 내게 보여주었다. 100미터쯤 떨어진 곳에서는 많은 집들이 피해를 입었다.

사르트르와 쿠르보는 수용소와 그곳 동료들, 특히 젊은 성직자 파주 신부에 대해 큰 소리로 이야기했다. 파주 신부는 매력적인 데다 자기의 신념과 행동을 일치시키는 엄격한 태도로 사르트르의 마음을 사로잡은 사람이었다. 18개월 전에 성직자의 석방 가능성에 대한 소식이 전해진 적이 있었다. 허위 선전이었음이 나중에 밝혀졌지만, 다른 성직자라면 당시 이 좋은 기회를 덥석 잡으려고 덤벼들었을 텐데 파주 신부만은 거부했다. 그는 성직이 자신에게 어떤 특권을 부여한다고 생각지 않았다. 또 탈주할 마음도 없었다. 수용소야말로 자기가 반드시 있어야 할 곳이라고 여긴 것이다. 그는 항상 가장 힘든 일을 자진해서 하는 사람이었다. 본디 세벤 산악지방의 작은 마을 교구 사제였는데, 그 마을을 선택한 이유도 그곳이 보통 사람이라면 질색할 만한 미개지였기 때문이다. 그는 자유에 대한 날카로운 감각을 지니고 있었다. 파시즘은 인간을 노예상태로 둠으로써 신의 의지에 도전한다고 주장했다.

"신은 피조물인 인간이 완전무결하기를 바라면서도 오히려 자유롭기를 더 바랄 정도로 자유를 존중한다."

파주 신부는 이렇게 말했다. 이런 신념과, 나아가 그의 깊은 휴머니즘이 그와 사르트르를 가깝게 했다. 토론을 아주 좋아하는 사르트르는 그와 끝도 없는 논쟁을 자주 벌였는데, 그럴 때의 파주 신부는 수용소에 있는 예수회 수도사와 반대로 그리스도의 완전한 인간성을 주장했다—예수는 모든 갓난아이와 마찬가지로 상처와 고통 가운데서 태어났다, 성모마리아는 기적에 의해 예수를 낳은 게 아니다. 사르트르는 그를 지지했다. 인간화한 신의 신화는, 만약 그것이 그리스도에게 인간 조건의 모든 비참성을 짐 지우지 않았다면 아름다운 것이 되지 못한다. 파주 신부는 성직자의 독신 제도에 반대하지는 않았다. 그러나 그는 인류의 반인 여자가 그에게 금기가 된 것은 이해할 수 없었다. 그는 여자친구들도 사귀었다. 그 우정은 매우 건전했지만, 툭 터놓은 자상한 애정이었기 때문에 윗사람이 볼 때는 당치 않은 일이었다. 그는 기꺼이 사르트르에게 마음을 열었다. 그는 사르트르를 너무나 좋아했기 때문에 거리낌 없이 선언할 정도였다.

"만약 신이 당신을 꼭 지옥에 떨어뜨려야만 한다면, 나도 신의 천국에 가기 싫습니다."

그는 전쟁이 끝날 때까지 포로생활을 계속했으며 석방 뒤에 파리로 왔다. 그 무렵 쿠르보가 살던 테르트르 광장의 작은 아파트에서 나는 사르트르하고 파주 신부와 점심을 먹었다. 그는 사제복을 입고 있지 않았는데, 무척 매력적인 인물이었다. 그는 음산한 세벤 마을로 돌아갔다.

우리는 가장 가까운 선착장에서 센 강을 건넜다. 노르망디 지방은 꽃이 피기 시작했다. 퐁토드메르, 리지외, 프레르를 지나 우리는 라 푸에즈에 도착했고, 여기서 휴가를 보냈다. 돌아올 때는 기차를 타고, 달걀을 가지고 왔다. 르메르 부인은 그 뒤 매월 두세 차례 반드시 소포를 보내주었다. 그녀는 이런 식으로 셀 수 없을 정도의 사람에게 식량을 보내주었다. 유감스러웠던 점은 수송이 신속하지 않았다는 것이다. 내가 받아든 첫 번째 소포는 커다란 돼지고기 덩이였는데 갈색으로 그을려서 무척 맛있게 보였다. 그렇지만 자세히 보니 작고 하얀 벌레가 있었다.

"어쩔 수 없어!"

나는 중얼거렸다. 우리는 반드시 고기를 먹지 않으면 안 된다, 그렇지 않으면 끝내 빈혈이 생길 거라고 확신했다. 그래서 그 덩어리를 귀퉁이부터 떼어내어 표면을 싹 걷어내고 깨끗이 씻었다. 이런 조작을 리즈에게 들키고 말앉다. 하지만 나와 마찬가지로 그녀에게도 배고픔은 혐오를 극복하고도 남았다. 다만 우리는 사르트르에게는 사실을 밝히지 않기로 했다. 그 뒤에도 소포는 자주 악취를 풍기며 도착했다. 나는 냄새 나는 쇠고기 덩어리를 식초로 말끔히 닦은 다음 그것을 몇 시간이고 삶아 강렬한 향신료로 맛을 낸 스튜를 만들어 대개는 성공을 거두었다. 사르트르가 접시를 물리치면 나는 분함을 견딜 수 없었다. 언젠가 사르트르는 내가 소포를 풀고 둘로 나뉜 토끼를 꺼내는 것을 보았다. 그는 눈 깜짝할 사이에 그것을 잡아채서는 계단을 뛰어 내려가 쓰레기통에 처박았다.

리즈는 들랑부르 거리에서 미스트랄 호텔로 이사를 했다. 그녀는 나를 도와 집안일을 나누어 맡았다. 가족 같은 이 친근함도 우리의 관계를 완전히 바꾸지는 못했다. 싸움과 화해를 거듭하면서 나는 웃음과 격앙 사이를 오갔다. 이번 학기에는 경보가 자주 발령되었다. 그러면 리즈는 내 방 문을 쾅쾅 두드리면서 외쳤다.

"무서워! 방공호로 가야 되니까 나와!"

파리의 중심부는 한 번도 폭격을 당한 적이 없었다. 나는 일어나지도 않고 소리쳤다.

"혼자 가!"

"싫어!"

그녀는 내 이기주의를 탓하면서 문을 덜컹덜컹 흔들어댔다. 나는 결코 양보하지 않았다. 그랬더니 방공호로 사용하는 지하철역까지 혼자서 뛰어가는 습관이 그녀에게 생겼다.

우리는 이 공습을 복잡한 기분으로 맞이했다. 목숨을 걸고 독일군의 방어벽을 뚫고 오는 젊은 비행사들에 대해서는 뜨거운 공감을 느꼈지만 그들이 떨어뜨리는 폭탄에 의해 남자들, 여자들, 어린이들이 죽어갔으며, 우리는 거기서 아무 위험이 없는 곳을 서로 차지하려는 옹색한 상황에 있었다. 그렇지만 고사포가 날아가는 소리와 먼 폭발음이 들릴 때마다 우리 가슴에 한층 강하게 느껴지는 것은 희망이었다. 영국 공군이 독일 본토의 공습에 성공했다는 소문이 퍼졌다. 콜로뉴, 루르, 함부르크는 엄청난 피해를 입은 모양이다. 만약 영국군이 제공권을 쥐면 연합국의 승리는 훨씬 실현 가능성이 커진다.

그러나 당시는 여전히 모든 것이, 희망마저도 멀기만 했다. 영국은 기세를 올렸으며 독일의 태도는 굳어졌다. 프랑스 사정은 차츰 악화되었다. 라발이 수상에 임명되자 극단적인 대독일 협력 정책이 활기를 띠어 독일 점령지역에서는 매우 과격한 유대인 탄압이 가해졌다. 2월 2일의 명령에 의해 앞으로 유대인은 주소 변경도, 20시 이후의 외출도 금지되었다. 6월 17일에는 그들에게 노란 별 마크를 달아야 한다는 명령이 내려졌다. 이 뉴스는 파리를 온통 분노케 했으며 망연자실하게 했다. 그만큼 우리는 어떤 일만은, 무슨 일이 있어도 프랑스 안에서는 벌어지지 않으리라고 확신했던 것이다. 모두의 마음에는 낙관주의가 강하고 뿌리 깊게 남아 있었으므로 유대인의 일부, 특히 재산도 없는 서민들 사이에서는 이 법령을 지키기만 하면 더 이상의 가혹한 일은 겪지 않으리라고 순진하게 믿는 사람도 있었다. 하지만 이 별을 단 사람들 중에서 살아남은 이는 거의 없었다. 한편 이와 비슷한 소박함으로 이런 법령 따위는 전연 무시해도 괜찮다고 믿는 사람들도 있었다. 나는 몽파르나스나 생제르맹데프레 외곽에서 별을 단 사람을 본 적이 없다. 소니아도, 사랑스런 체코 아가씨도, 벨라도, 또 그녀들의 친구들도 어느 한 사람 지금까지의 습관을 바꾸려 하지 않았다. 7월 15일 이후에 유대인의 공공장소—식당, 영화관, 도서관 등등—출입이 금지된 뒤에도 그녀들은 전처럼 플로르에 나타나 문을 닫을 때까지 이야기를 나누었다. 그렇기는 해도 게슈타포가 프랑스 관청의 협조를 얻어 일제 검거를 개시했다는 소문이 들렸다. 아이를 엄마에게서 떼어내 드랑시로 보내거나, 가는 곳도 모른 채 끌려간다고 했다. 프랑스 국적을 지닌 유대인 중에는 피티비에르 강제수용소에 갇힌 사람도 있었으며, 독일로 납치되는 사람도 엄청난 숫자에 이르렀다. 그 와중에도 생명이 위협당하고 있음을 마침내 인정하고 경계선을 넘어서 몸을 숨기려는 사람도 꽤 있었다. 비앙카의 부모님은 비점령지구로 도망했고, 비앙카는 등록 제한이 마음에 들지 않는다며 올해는 한 번도 소르본에 발길을 들여놓지 않았다. 그녀는 어떤 국경 안내인과 이야기를 했다. 그 남자는 막대한 돈과 맞바꿔 비앙카를 물랭으로 데려간 다음 몇 시간 뒤에 부르러 오기로 약속하고는, 그녀를 호텔에 남겨둔 채 나갔다. 그는 그 길로 자취를 감추었다. 이런 사기는 곳곳에서 벌어지고 있었다. 그러나 어쨌든 비앙카는 친구가 많이 있는 엑스까지 남하하는 데 성공했다. 그들은 미묘한 '신분증 위조법을 고안해냈다. 먼저 어떤 핑계를 대고서 대학의 학생등록명부를 얻어낸다, 거기서 대충 자기와 비슷한 또래의 남학생 또는 여학생의 이름과 출생지를 뽑는다, 그리고 그 이름을 빌려서 호적원본이 보관되어 있는 관청에 편지를 보내 초본을 모은다. 이때는 그들이 빌려온 명의로 우편신청을 하게 함으로써 쉽고도 용의주도한 방법을 사용했다. 일단 초본만 손에 넣으면 어디서 구했든 상관없는 2명의 증인과, 가짜 이름, 자신의 사진, 자신의 지문만으로도 위원회는 신분증을 내어주었다.

 5월 말에 우리는 폴리체르가 고문을 받던 끝에 총살당했음을 알았다. 펠드만도 7월에 사형되었다. 많은 사회주의자가 그들과 같은 운명을 걸었고, 지하철역 타일 벽에는 노랑과 빨강 '공고문'이 한층 어지럽게 나붙었다가는 떼어지기를 거듭했다. 7월에는 오베르그 장군이 서명한 공고가 나붙었는데, 앞으로의 탄압은 테러리스트의 가족에게도 미친다는 내용이었다. 테러리스트의 근친 남자는 총살, 여자는 유형, 어린이는 강제수용된다고 한다. 그럼에도 습격사건과 태업(怠業)은 전혀 줄어들지 않았다. 라발은 교환제도(프랑스 포로 1명과 프랑스 숙련 노동자 3명을 교환하는 노동 징용제도)를 주장하기 시작했다. 우리는 포로에 대한 이런 공갈 행위를 단호히 혐오했다. 하지만 프랑스의 노동자는 말대로 되지 않았다. 독일군은 지적(知的) 협력체제를 창출하려 고심했지만 성공하지 못했다. 그들이 카르티에-라탱의 다르쿠르 기숙사 자리에 설치한 '리브 고슈' 서점에는 수류탄이 투척되었다. 그들이 대대적으로 선전하여 오랑주리 미술관에서 개최한 아르노 브레커의 전시회는 프랑스 지식인들로부터 거의 완전하게 무시당했다. 문교장관에 임명된 아벨 보나르는 선임자들의 직무 태만을 비난하면서, 독일의 지적 협력체제 구축에 대학도 '참가'해야 한다고 요구했지만, 이것도 구호로만 끝났다. 사르트르와 나는 학교에서는 자기의 생각대로 강의를 계속했으며, 누구의 보고도 요구도 받지 않았다. 학생들은 카르티에-라탱에서 반독일 시위를 했다. 진지한 시위도, 대강 하는 시위도 있었지만 어쨌든 그것은 점령군을 화나게 했다. 일부 청년들은 '국민혁명'에 대한 반감을 표시하되, 보다 기발하고 도덕 질서의 옹호자를 노발대발하게 할 만한 방식으로 표현했다. 옥스퍼드처럼 머리를 기르고 앞머리를 지지고 팔에 양산을 걸친 '재즈족'은 '파티'를 열고 '스윙' 음악에 열광했다. 그들의 영국 혐오, 그들의 무정부주의는 반항의 한 형태를 대표했다. 그들은 플로르에도 모습을 나타냈다. 거슬리기는 했지만 우리는 도리어 호감을 가졌다.

유대인 박해, 관청의 탄압, 식량난. 파리 공기는 숨이 막힐 듯했다. 비시 정권에는 비극과 희극이 겹쳐서 때때로 우리를 웃게 했다. 비점령지구에서 몰리에르의 〈위선자〉가 상연 금지되었다는 말을 듣고 우리는 화가 났다. 독일의 포로수용소에서 탈주한 지로 장군이 페탱 앞에서 자초지종을 이야기하려고 왔다가 페탱을 내동댕이쳤다는 당황스런 이야기를 듣고 우리는 즐거워했다.

우리와 같은 처지인 작가들은 다같이 몇 가지 규약을 암묵적으로 받아들이고 있었다. 점령지구의 신문과 잡지에 기고한다, 파리 방송을 통해서는 발언하지 않는다, 비점령지구에서의 출판이나 비시 방송의 일을 해도 된다, 다만 모든 것은 그 원고나 방송 프로그램의 의미에 따라 가려서 정한다, 등이었다. 경계선 반대편 지역에서 쓴 작품의 출판은 완전하게 합법적이었다. 그러나 여기에도 문제가 있었다. 작품의 내용 여하에 따른다고 되어 있는 것이다. 사르트르는 《이성의 시대》를 책상 서랍에 집어넣고 말았지만, 그것은 이런 발칙한 소설의 간행을 받아들일 출판사는 없다고 보아서였다. 하지만 그는 내 소설은 갈리마르 서점으로 가져갔다. 한편 연극에 관해서 예를 들면, 〈잔은 우리와 함께〉를 상연하게 했던 베르모렐은 규탄받아야 했을까? 그것을 단정할 자격은 어느 누구에게도 없었다. 사르트르는 〈파리〉에서 프랑스 국민을 향해, 후회 따위는 내다버려라, 현재의 질서에 반항하고 자기의 자유를 요구하라고 격려했다. 그는 모두에게 이 말을 들려주고 싶어했다. 그래서 주저하지 않고 바로에게 이 희곡을 보였다. 애당초 사르트르에게 이 작품을 쓸 계기를 부여한 것은 바로의 암시였기 때문이다. 그러나 상연에 즈음하여 주인공 2명을 모두 신인 여배우에게 맡기는 데는 상당한 용기가 필요했다. 바로는 발뺌을 했다. 그래서 사르트르는 금발의 올가와 검정 머리칼의 올가 둘을 가장 후하게 평가한 될랭과 상의했다. 그렇지만 그는 재정이 어려웠다. 테아트르 드 라 시테에서 상연한 연극이 적자였기 때문이다. 〈파리〉는 많은 단역을 써야 하는 연극이어서 엄청난 비용이 든다. 될랭에게는 재정적인 원조가 필요했다. 우리가 아는 사람 중에는 그것을 제공할 여유가 있는 사람은 없었다. 우리에게서 이런 교섭의 사정을 들은 메를로퐁티가 굉장히 부유한 어떤 후원자가 '사르트르와 만나기를 원하며, 또 그의 작품에 투자하기를 열망한다'고 우리에게 알렸을 때, 우리는 이것이야말로 하늘이 보살핌이라고 생각했다.

만남은 플로르에서 있었다. 그 남자는 네롱이라는 근사한 이름에 걸맞은 인물이었다. 나이는 35살쯤 되었을까? 밀랍처럼 창백한 약간 퇴폐적인 얼굴, 필리페 2세 같은 턱, 충치투성이에 눈빛이 반짝인다. 길고 사치스런 양복저고리를 입고, 높다란 깃에 캐시미어 넥타이를 유행에 따라 아주 작게 매고 있다. 그의 차림새는 어딘지 모르게 재즈족 같은 구석이 있었는데, 그것은 그의 심각한 표정과 따로 노는 느낌이었다. 손가락에는 커다랗고 납작한 보석이 달린 지가 빛나고 있었다. 그의 애인인 르네 마르티노는 갈색 머리에 사랑스러운 여자였다. 세련된 차림을 거의 볼 수 없던 당시로서는 경이적으로 우아하게 보였다. 그즈음 우리는 모자를 쓰지 않거나 기껏해야 터번을 둘렀다. 모자 가게에서 팔기 시작한 꽃장식이 달린 오란스런 모자는 엄청나게 값이 비싼 데다가 종종 웃음거리가 되기도 했다. 르네는 한쪽을 온통 장미로 장식한 그 모자를 쓰고 있었는데, 차림새에 딱 들어맞았기 때문에 우스꽝스럽기는커녕 매우 튀어 보였다. 네롱은 대화를 주도하면서 위엄 있고 거드름 피우는 투로 말했다. 그에게 돈이란 작가나 화가 등과 교제할 기회를 부여하기 때문에 의미가 있었다. 그 자신도 철학을 아주 좋아하여 헤겔이나 현상학은 상당히 깊이 안다고 말한다. 특히 시간의 문제는 이른바 그의 최대 관심사였다. 그는 사기(詐欺)에 대한 논문을 쓰기 시작했으며, 사기를 시간개념의 변질과 같은 것으로 생각한다고도 했다. 그의 견해에 따르면 사기는 일종의 '시간의 단축'을 용인하는 것이다. 그는 〈파리〉 원고를 읽고 나서 감명을 받아, 상연에 필요한 돈을 뒬랭에게 건네기로 약속했다. 그의 지적인 우월감은 거슬렸지만 후원자에게 이런저런 주문을 할 수도 없는 노릇이다. 그와 헤어진 뒤 우리는 크게 만족했다.

나는 그 뒤로 며칠 동안 계속해서 플로르에서 그를 만났다. 그는 열심히 뭔가를 쓰고 있었다. 그는 무슨 말끝에 나에게 헤겔의 미발표 논문을 손에 넣었다고 밝혔다. 그것은 이상하리만큼 하이데거 철학을 예감하게 하는 글이라는데, 그는 자기가 현재 이 점에 대해 쓰고 있는 논문이 완성될 때까지는 더 이상 밝히고 싶지 않다고 했다. 그 대신 자신의 사생활에 대해 어느 날 우리에게 털어놓았다. 그에게는 2명의 정부가 있는데 하나는 갈색 머리,

다른 하나는 금발이지만 그는 둘 다 르네라고 부른다. 두 르네는 서로의 존재를 모른다. 네롱은 둘에게 똑같은 선물을 하고, 대체로 똑같은 차림을 하도록 하며, 비슷한 아파트에 살게 했다. 그 자신은 2명의 르네가 알지 못하는 제3의 아파트를 파시에 갖고 있다. 그는 우리를 그곳으로 안내했다. 하늘까지 다다를 듯이 높고 뾰족한 등받이가 달린 스페인 양식의 의자, 양가죽을 씌운 팔걸이의자, 엄청나게 많은 크리스털 글라스, 양탄자, 샹들리에 등이 있었던 것을 기억한다. 서가에는 가죽 장정의 초호화본 책들이 들어차 있었다. 돈을 아끼지 않은 사치스러운 실내장식은 그 추악함과 차가운 청결함으로 나를 놀라게 했다. 분명 이 의자에는 아무도 앉은 적이 없고, 1개비의 담배도 이 재떨이를 더럽힌 적이 없으며, 어떤 손도 이 책들의 페이지를 넘긴 적이 없으리라.

네롱은 2명의 정부를 완전히 똑같이 취급하지 않는 듯했다. 우리는 르네 마르티노 말고 다른 르네를 만난 적은 없기 때문이다. 그녀가 살고 있는 몽파르나스의 아파트 역시 사치스럽기 짝이 없었으나 터무니없을 정도는 아니었다. 그녀는 올가와 나를 그곳에 초대했다. 암시장에서 산 과자와 술들을 듬뿍 내어주었다. 어느 날 플로르에서 리즈에게 저 사람이 르네라고 가르쳐주었더니 리즈는 낯익은 얼굴이라고 했다. 그 여자는 몇 달 전에 리즈가 살았던 들랑부르 거리 싸구려 호텔에서 초라한 방을 빌려 3명의 아이들과 살았다고 한다. 그러면 르네는 최근에 네롱을 알게 된 걸까? 그렇지만 그녀는 오랫동안 부유한 생활에 젖어 있었던 것처럼 보였다.

됭랭은 5월의 어느 맑은 날에 르네와 네롱을 페롤에 초대했다. 나와 사르트르도 올가와 함께 그곳에 갔다. 우리는 작은 회랑에서 점심을 먹었다. 카미유는 갖은 솜씨를 발휘하여 대접했고, 네롱은 활발하게 박학한 교양을 과시했다. 그는 전문가 뺨치는 수준이었다. 중국의 연극에 대해 그는 됭랭도 모르는 것을 상세하게 말했다. 안드레아 팔라디오가 지은 극장이 볼로뉴에 있는데 그것은 같은 건축가가 지은 비상스의 극장보다 훨씬 아름답다는 새로운 지식도 제공해주었다. 공증인을 불러 됭랭, 사르트르, 네롱이 모인 자리에서 네롱이 현금으로 100만 프랑을 증여할 날짜를 잡았다.

약속한 날 아침에 내가 방에서 일을 하고 있는데 전화가 왔다. 사르트르였다.

"일이 정말 이상하게 되었어!"

네롱이 그날 새벽에 불로뉴의 숲 속 호수로 뛰어들었다는 것이다. 독일 장교가 그를 구조해 지금 병원에 있다고 했다. 그는 무일푼이어서 자살을 기도했다.

그는 곧 깨어나 얼마간 자랑스러운 듯이 우리에게 진실을 밝혔다. 그는 사기(詐欺)에 대해 논문을 쓰고 있다고 했지만, 사실은 그것을 실천하고 있었다. 6개월 전까지 그는 초등학교 졸업장밖에 없는 하급 은행원이었다. 다만 그는 책을 많이 읽고 꿈을 꾸고 있었다. 그는 실업계의 속사정을 잘 알았고, 배짱이 두둑하며, 말재간이 능했다. 그는 은행 거래처 명단을 빼내어 조금이라도 구린 데가 있어 뵈는 사업가 앞으로 면회를 신청했다. 그러고는 그들에게 투자를 권했는데, 은행 이자가 턱없이 비싸서 상대는 무턱대고 덤벼들지 않는 편이 좋겠다고 생각했다. 합법적인 투자가 아님은 불을 보듯 훤하기 때문이었다. 그러나 첫 번째 이익금을 받아들자 네롱에 대한 그들의 신뢰는 커져서 마침내 거액을 그에게 맡기게 되었다. 네롱은 A에게서 인출한 돈을 B에게 주고, A에게는 C에게서 후린 돈을 지불했다. 그리고 자기는 맨 처음 원금에서 화려한 생활에 필요한 액수를 떼어냈던 것이다. 이런 단순한 술수는 물론 금세 탄로 나기 마련이지만 그는 개의치 않았다. 그는 호사스런 생활을 맛보고 싶어서 해보았다고 한다. 마지막 궁지에 몰렸을 때는 자살이라는 도피처가 있었다. 원래 그는 자살을 그리 혐오하지 않았으며, 사실 이번이 처음도 아니었다. 한편 그의 박식함도 모두 가짜였다. 헤겔의 미발표 논문도, 팔라디오가 지었다는 볼로뉴의 극장도 존재하지 않는다. 중국의 연극에 대해 뒬랭에게 말한 내용도 그의 창작이었다. 네롱의 말은 끝없이 이어졌고 나는 어리둥절하여 듣고 있었다. 강력한 후원자 대신 제정신이 아닌 하급 은행원이 등장한 것이다. 한편으로 우리는 그에게 연민을 느꼈다. 큰손인 듯, 거드름 피우는 그의 모습은 우리를 짜증나게 했다. 사실 그것은 매우 기이한 허세처럼 보였기 때문이다. 박식함을 과시하는 네롱이 바보처럼 보였다. 하지만 그렇게 능숙하게 자신의 무식함을 속이려면 얼마만한 교활함이 필요했으랴! 우리는 현학이나 속물근성보다는 차라리 과대망상 쪽이 훨씬 좋았다. 그가 거금을 뿌려가며 지식인과의 교제를 산 일은 쾌씸했다. 그러나 한때나마 자기 인생을 누리는 방식을 바꾸기 위해 그가 발휘한 대담성과 교묘함은 우리를 경탄케 했다. 어떻게 리즈가 밑바닥에 가까운 호텔에서 르네를 만났는지도 알았다. 르네에게도 과감하게 모험을 저지를 만한 소질이 있었다. 때문에 그녀에 대한 나의 흥미는 한층 강해졌다. 네롱은 곧 감옥에 들어갔으나 피해자들은 비상식적인 이유를 모른 척 받은 이상 크든 적든 공범이었다. 그래서 이 사건은 깊이 캐려는 사람이 아무도 없어 조용히 가라앉았다. 게다가 네롱은 폐결핵에 걸려서 일찌감치 감옥에서 나와 시골에서 요양을 하게 되었다.

사르트르와 될랭은 어수룩하게 그의 속임수에 넘어간 것을 함께 웃어넘겼다. 그래도 사라진 100만 프랑을 생각하면 한숨이 나왔다.

"하지만 그 연극은 어떻게든 상연하겠어."

될랭은 말했다. 우리는 그가 약속을 지킬 거라고 믿었다. 그러나 끈기 있게 기다려야만 한다.

한편 나는 1월에 브리스 파랭에게서 작품 《정당방위》에 대한 의견을 들었다. 그는 말했다.

"요컨대 프랑수아즈는 격리된 여자라고요!"

나는 너무 놀랐다. 그의 말대로 사실 나는 내 안에서 발견한 의사소통의 취향과 필요성을 그녀에게 부여했던 것이다. 파랭은 내 의견에 대해 더욱 분명하게도 프랑수아즈에게는 본디 살인범의 소질이 없다고 변호해주었다. 그는 이 소설이 출판할 가치가 있다고 보았지만 그 전에 폴랭의 견해를 확인하고자 했다. 폴랭은 꽤 오랫동안 원고를 갖고 있었다. 6월에 나는 사르트르와 함께, 뤼테스 고대 격투장이 내려다보이는 아파트에 사는 폴랭을 만나러 갔다. 맑게 갠 날이어서 나는 꽤 흥분해 있었다. 폴랭은 흥미진진해하는 표정으로 될랭이 정말로 책 속의 피에르 같은 인물이냐고 내게 물었다. 그는 내 문체가 너무 평이하다고 생각해 친절한 어조로 제안했다.

"이 책을 처음부터 끝까지 다시 쓰자고 한다면 무척 싫겠지요?"

나는 외쳤다.

"네에? 그건 불가능해요. 이미 4년이나 걸린 걸요."

폴랭은 내 말에 대꾸했다.

"그랬군요! 그렇다면 이대로 내도록 합시다. 정말 괜찮은 소설입니다."

그가 나를 칭찬해준 것인지, 아니면 내 소설이 상업적으로 좋은 소설에 속한다는 의미인지 분명하지 않았다. 하지만 중요한 것은 이 책이 선택되었다는 사실이다. 출판은 이듬해 초여름에 하기로 했다. 나는 기쁨보다는 한없는 안도감을 느꼈다. 내가 붙인 '정당방위'라는 제목은 전혀 내용과 맞지 않는다고 했기 때문에, 나는 수많은 글귀와 단어를 쥐어짠 끝에 '초대받은 여인'이라는 제목을 내놓았고 이것으로 선택되었다.

우리는 기분전환을 위해 비점령지구로 다시 가고 싶었다. 바스크 지방으로 나가기는 특히 쉽다고 했다. 우리는 어떤 사람에게서 소부테르의 한 지역에 대한 정보를 얻었다. 보스트도 동행하여 정오 무렵 자전거에 탄 우리는 길잡이의 안내를 받으며 좁은 길을 나아갔다. 500미터쯤 갔을 때 길잡이가 말했다.
"자, 도착했습니다."
우리는 나바랑스에서 점심을 먹었다. 여관은 여행객이 아니라 경계선을 넘어온 망명자—대부분 유대인—로 만원이었다. 그들은 몹시 지쳐 있었다. 우리는 피레네 산맥 지대를 도는 여행을 했다. 높은 산의 풍경은 알프스만큼의 광채는 없었지만 생베르트랑드코멩주와 그 수도원, 알비주아의 군사가 북에서 온 원정군을 괴롭혔던 곳으로 유명한 몽세귀르 등 저지대가 마음에 들었다. 나는 보스트를 루르드까지 데려갔다. 개신교도인 그는 '로자리오의 궁전'과 악기를 든 성모상, 인광을 내는 동굴, 기적의 환약 등을 보고 눈을 동그랗게 떴다. 사르트르는 함께 가지 않았다. 그는 번번이 우리만 산책길에 내놓고 자기는 일을 했다. 어느 날엔가 나는 보스트와 둘이 투르마레 골짜기에서 미디드비고르 정상까지 걸어서 올라갔다. 그동안 사르트르는 줄곧 풀밭에 앉아서 바람을 맞으며 무릎을 책상 삼아 글을 썼다. 우리가 돌아와 보니 그는 돌풍이 부는 대도 버티면서, 원고를 몇 장이나 쓰고는 무척 흡족해하고 있었다. 이번 여행은 험난한 산길과 타이어 사정 때문에 상당히 피곤했다. 타이어는 끝없이 고쳐야 했다. 게다가 먹을 것이 너무나 부족했다. 우리는 마을에서 과일이나 토마토를 사서 점심으로 먹었다. 저녁은 대개 깔끔한 수프에 빈약한 야채요리였다. 고기는 지극히 드물었으므로 언젠가 내가 일기에 '점심으로 고기가 2접시!'라고 특별히 적어놓았을 정도다. 호텔에 방을 구하기가 쉽지 않아서 우리는 자주 헛간에서 잤다. 우리는 다시 푸아 마을을 찾아갔다. 전쟁이 가까이 다가왔을 무렵에 이곳의 급류 옆에서 나누던 대화를 떠올렸다. 우리가 그토록 준비하고 있었건만 지금은 아직 '전후'가 아니다. 보스트는 푸아에서 우리와 헤어졌다. 그는 리옹에서 친구를 만나고 파리로 돌아갈 계획이었다. 그러나 경계선을 넘으려다가 붙들려 샬롱 감옥에서 2주 동안 절치부심했다. 기아에 시달려 비틀거리면서 석방된 그는 2인분의 점심을 단숨에 해치웠다.

피레네조리앙탈로부터 이리저리 길을 돌아 우리는 프로방스 지방으로 나왔다. 묵을 곳도 먹을 것도 날이 갈수록 구하기 어려웠다. 길가에 포도밭이 보이면 우리는 자전거에서 내려 몇 킬로그램이나 포도 서리를 했다. 그것이 우리를 굶주림에서 구해주었다.

마르세유의 식량난은 지난해보다 한층 심각했다. 우리는 이 도시를 너무나 좋아했고, 또 미국 영화를 볼 수 있다는 사실에 기뻐서 며칠 동안 이곳에 머물렀다. 우리는 거친 빵에 달걀 없이 입안이 얼얼하도록 아욜리를 발라서 굶주림을 견뎠다. 식료품 가게에서 자유롭게 판매되는 식품은 거의 이것뿐이었던 것이다. 입천장이 아린 아픔을 삭이기 위해 초록 분홍의 아이스크림을 물었지만, 이것은 이름만 아이스크림이지 착색한 얼음일 뿐이어서 아무 맛도 없었다. 플로르의 옛 거리를 방불케 하는 '말린 과일'은 엄청나게 나돌았으나 이것은 채플린 영화 〈황금광 시대〉의 구두끈보다도 소화가 안 되었다.

"'푸딩이라는 증거는 먹어봐야 안다'던 윌리엄 제임스의 말을 이제 알겠어."
나는 사르트르에게 말했다. 우리의 위장이 이렇게 저항하는 걸 보면 소화가 잘 된다고 속여 팔고 있는 식품들의 대부분이 전혀 그렇지 않음이 증명되었다. 전에 농어 구이, 참치 요리, 진품 아욜리 등을 먹었던 식당 앞을 지나노라면, 나는 채플린처럼 갖가지 환각에 시달려야 했다. 그런 가게에는 훌륭하게 차려입은 신사숙녀가 드나들고 있다. 우리의 가난한 지갑으로는 단 한 번도 발을 들여놓을 수가 없었다.

이렇게 허기져서 배를 움켜쥐면서도 나는 이 여행을 계속하겠다고 고집을 피웠고, 모처럼의 즐거움을 빼앗고 싶지 않았던 사르트르도 반대하지 않았다. 우리는 레구알과 쿠베르투아라드 지방을 다시 찾았으며, 하이데거와 생텍쥐페리에게서 배운 것을 실제로 확인했다. 즉 도구가 달라지면 세상이 얼마만큼 다르게 보이는가 하는 점이다. 지금 자전거로 가로지르는 라르자크

고원은 언젠가 귀뚜라미를 밟으며 걷던 그 고원과 같은 곳이 아니었다. 하지만 어느 쪽이건 똑같이 진실했다.

우리는 점령지구로 돌아오기 위해 누구의 도움도 필요 없는, 왔던 길을 되돌아가면 되리라고 생각하고 포로 향하는 열차에 탔다. 자전거의 도착이 더뎠으므로 꼬박 하루를 기다려야 했다. 돈은 다 쓰고 없었다. 낮에는 벤치에 앉아 과일을 먹고, 저녁은 굶었다. 다음 날 나바랑스에 도착했지만 한 조각의 빵도, 한 개의 토마토도 구하지 못했다. 무사히 경계선을 넘으면 파리로 송금 의뢰 전보를 칠 수 있을 줄 알았으나 경계선 인접지역에서 전보를 치는 일은 금지되어 있었다. 상황은 위기였다. 나의 부모님과 아는 사이인 부인이 그곳에서 20킬로 떨어진 아두르 강 언저리에 살고 있어 나는 그곳으로 갔다. 돈을 빌리고 점심도 맛있게 얻어먹었다. 오리고기와 완두를 우적우적 먹었다. 그러나 사르트르는 나와 함께 가기를 거부했기 때문에, 둘이 닥스에 도착해서 작두콩 한 접시를 저녁으로 먹을 때까지 그는 내리 단식을 했다. 우리는 앙제행 표를 샀는데 보르도에서 하룻밤을 새야만 했다. 호텔에 방이 하나도 없어 역 대합실에서 잤다. 앙제까지는 꼬박 하루가 걸렸다. 더구나 찌는 듯한 더위였다. 역에 정차할 때마다 우리는 플랫폼에서 대용 커피나 이도 들어가지 않는 비스킷 등 파는 것들을 모두 사 모았다. 앙제 역에서부터 20킬로미터나 자전거를 달릴 힘이 어디서 나왔는지 모른다. 어쨌든 라 푸에즈에 도착한 우리는 먼저 샤워를 한 다음 식당으로 돌진했다. 사르트르는 포타주를 몇 숟갈 뜨는 둥 마는 둥 하다가 창백한 얼굴로 일어나는가 싶더니 장의자에 털썩 쓰러져 의식을 잃었다. 그는 3일이나 일어나지 못했다. 때때로 수프나 과일 설탕조림을 가져가면 한쪽 눈을 뜨고 얌전히 그릇을 비우고는 다시 잠들었다. 르메르 부인이 의사를 부르자고 했을 때 돌연 그는 벌떡 일어나서 이제 기운이 난다고 선언했다. 그는 평소대로의 생활을 할 수 있게 되었다. 나는 8킬로나 빠졌으며 온몸에 종기가 났다.

우리는 체력 회복과 보양으로 한 달을 보냈다. 여기서의 체류—그 매력은 10년이 지나도 전혀 사라지지 않았다—는 우리에게 은총의 한때였다. 그것이 오래 이어지면 이어질수록 한층 행복한 기분이 들었다. 이 주변은 풍광이 뛰어나지도 않거니와 마을이나 저택 내의 정원도 아름답지 않았다. 크기만 할 뿐 흔한 집들과 그렇고 그런 실내장식에, 어디에도 특별히 눈에 띌 만한 것은 없었다. 하지만 르메르 부인은 파리에 있을 때와 마찬가지로 시골에서도 주위 사람들을 기분 좋게 하는 타고난 재능이 있었다. 그녀는 2층에 있는 커다란 방을 썼다. 바닥에는 빨강 포석이 깔렸고 천장에는 큰 대들보가 그대로 드러난 채, 벽은 흰 칠이 되어 있었다. 옷가지와 책, 온갖 잡동사니가 침대와 의자, 옷장, 테이블 위에 어지럽게 내던져져 있었다. 이 방은 하나의 품격이었다. 윗부분이 우아한 반원형으로 되어 있는 문을 사이에 두고 사르트르의 방이 있었다. 이곳도 꽤 넓어서 나는 여기에 책상을 들여놓고 내 방은 잘 때만 사용했다. 자클린 르메르는 어머니의 침대 옆에 칸막이를 하고 그곳에서 잤다. 같은 2층에 르메르 부인이 거둔 82살 곱사등이 노파가 살고 있었다. 코르셋과 긴 바지를 입은 그녀의 모습을 복도에서 발견하곤 했다. 러시아 귀부인은 1층의 주민이었다. 무척 나이가 들고 가는귀가 먹은 그녀는 자기 방에서 한 발짝도 나오지 않았다. 그곳에서 작은 하얀 개와 함께 살았는데 복슬복슬한 털에 거만하고 멍청한 이 개를, 그녀는 실성한 사람처럼 귀여워했다. 르메르 부인이 기르던 엄청나게 커다란 집 지키는 개는 전쟁이 시작된 뒤 사흘 밤낮을 캄캄한 화물 열차에 갇혀 있는 바람에 미친 개처럼 되어버려 무턱대고 아이들과 작은 동물에게 덤벼들었다. 이 개는 묶어놓았는데도 어느 밤에 그 흰 개의 배를 물어뜯었다. 귀부인은 몇 시간이나 울었다. 2명의 노부인은 자기 방에서 식사를 했다. 우리는 점심과 저녁을 르메르 부인, 자클린과 넷이서 함께 먹고 대개는 사르트르의 방에서 밤늦게까지 이야기를 나누었다. 종소리가 우리의 대화를 중단시켰다. 르메르 씨의 호출이다. 그는 선전포고 이후로 자리에 누웠다. 그리고 심한 불안에 휩싸여 식은땀을 흠뻑 흘렸다. 종이 울리면 부인이나 딸 자클린이 달려가 때로는 몇 시간이나 옆에 붙어서 안심시킬 만한 이야기를 해주었다. 르메르 씨는 자기 주위를 온통 캄캄하게 하라고 했으므로 방에는 작은 램프밖에 없었다. 때에 따라서 그는 전혀 몸을 움직이지 않았으며, 담요 밖으로 손을 내미는 일조차 허락하지 않았다. 마음이 내키면 나라 안팎의 일에도 흥미를 보이고, 신문이나 책도 읽는다. 마을 사람들은 그의 의견을 들으러 왔다. 나는 한 번도 그의 곁에 가지 않았다. 붙임성 없고 신심이 도타운 노처녀 조세핀이 노예 같은 헌신성으로 그의 시중을 들었다. 그녀는 르메르 씨가 아닌 다른 사람에게는 폭군이었다. 실제로는 모든 일이 그녀의 말대로 되었다. 그녀는 사르트르와 나를 성가신 눈길로 보았던 반면에 우리를 소중히 대해 준 사람은, 예전에 파리에서 르메르 부인의 집안일을 돕던 대머리의 80세 노파 나네트였다. 그녀는 르메르 부인에게 우리에 대해 무척 진지하게 단언했다.

"저분들은 올바르고 분별이 있습니다!"

르메르 부인과 자클린은 간호하는 일 말고는 식료품을 사거나 소포를 꾸려 파리의 친구들에게 보내기 위해 많은 수고를 했다. 그녀들은 밤에도 편히 자지 못했으며 잠시도 쉬지 않았다. 사르트르와 나는 날마다 쓰거나 읽으며 보냈다. 때때로 나는 사르트르를 집 밖으로 데려가는 데 성공했다. 우리는 자전거를 탈 때도 있었지만 걷기를 좋아했다. 대화를 하는 데는 그쪽이 더 편리했다. 날씨가 좋을 때면 나는 들판에서 보냈다. 소녀시절의 냄새가 나는 사과나무 밑에서 풀밭을 뒹굴며 《지혜의 일곱 기둥》(영화 《아라비아의 로렌스》의 원작)을 읽었다. 우리는 BBC방송은 빠짐없이 듣고, 가끔 음악도 들었다. 9월 말에 사르트르는 당시 비평가 사이에서 문학적인 일대 사건으로 평가되던, 알베르 카뮈의 《이방인》에 대해 〈카이에 뒤 쉬드〉지에 썼다. 우리는 전에 〈코메디아〉지에 소개된 이 소설의 첫 몇 줄을 읽고 순식간에 매료되었던 것이다. 이야기의 흐름, '이방인'의 태도, 감상적인 틀에 대한 그의 거부 등이 마음에 들었다. 사르트르는 비평에서 이 소설을 드러내놓고 칭찬하지는 않았지만 크게 주목할 작품으로 다루었다. 프랑스의 신진 작가가 이토록 우리에게 생생한 감명을 준 것은 무척 오랜만의 일이었다.

신문은 8월 20일에 디에프에서 있었던 영국군 상륙 실패를 시시콜콜 보도했다. 그러나 10월에 들어선 뒤의 사태는 히틀러의 계산대로는 흘러가지 않음이 신문의 구석구석에서 심심찮게 눈에 띄었다. 신문은 훨씬 전부터 알라메인과 소련 전선 스탈린그라드에서 주축국이 승리를 거두고 있다고 알렸는데, 지금 다시 그들이 분발해 용감하게 싸우고 있다고 전했다. 주축국 쪽이 수세에 몰린 것이다. 프랑스에선 레지스탕스와 런던 사이에 긴밀한 연락이 취해졌다. 테러리스트들의 행동이 확대되었으며 보복 수단이 새로이 격화되었다. 노르망디뿐만 아니라 프랑스 점령지역 전체에 걸쳐, 영국과 내통한다는 이유로 디에프 사건 이후 많은 프랑스인이 잡히거나 처형되었다. '적'과 한통속이 된 자에 대한 강박적인 통고가 시민에게 표시되고, 낙하산 투하에 따른 모든 활동은 즉각 알리지 않으면 사형시킨다고 했다. 가렌팔라스와 렉스 극장의 시한폭탄, 오풀 거리의 독일 분대에 던져진 수류탄 등에 값비싼 대가를 지불하게 했다. 로맹빌 요새에서 사회주의자 인질 46명이, 보르도에서 70명이 총살되었다. 그럼에도 몽파르나스 역, 동부역에서 다시 2개의 폭탄으로 독일군 3명이 죽었다. 지금은 프랑스인 대부분이 어려운 상황에서 참을성 있게 독일의 패배를 기다리고 있었다. 영국 공군의 폭탄에 항의하여 시민을 선동하려는 구호도 소용이 없었다. 프랑스는 지난 2년 동안 너무나 고통스러웠던 것이다. 공포도, 미려한 글귀도, 원한을 마비시키지는 못했다. 라발의 '근무교대제'에 대한 반복된 선전이나 포로에 대한 공감도 너무나 적은 효과밖에 거두지 못하자 이번에는 독일군이 무력으로 개입했다. 하지만 의무봉사(S.T.O.)로 지명된 노동자의 대부분은 회피하려 했고, 젊은 사람들 중 몇몇은 프랑스 비점령지구에서 무장 레지스탕스를 속속 조직하여 반독일 저항운동에 몸을 던졌다.

돌연, 11월 8일에, 환희가 바로 앞에서 우리의 가슴을 세게 쳤다! 영국과 미군이 북아프리카에 상륙한 것이다. 도망간 뒤로 지로는 감시 아래 있었지만 알제리로 빠져나갔고, 다를랑도 아프리카의 프랑스인을 모아 독일에 맞섰다. 독일의 성명, 비시 정부의 발표, 독일 협력파에 대한 비난 등이 우리 기쁨에 합세했다. 독일군은 지중해 연안을 '지키기' 위해 즉각 공격을 가한 끝에 경계선을 넘었다. 그러나 '자유' 지역의 협정이 사라져도 우리에겐 전혀 상관이 없었다. 이때 이후로 신문을 펼치는 일이 즐거움이 되었다. 툴롱에서는 군함대가 독일군의 손에 떨어지지 않기 위해 자발적으로 배 바닥에 구멍을 내고, 드 라트르 드 타시니는 은신처로 피했으며, 다를랑은 당하고 말았다. 비시의 신문과 라디오는 이들 '배신자'들을 거칠게 비난했다. 또한 '반독일 세력' 사이에서는 지로와 드골의 사이가 나빠서 원만하지 않다고 위협하는 듯한 투로 전했다. 그런 것은 아무래도 좋았다. 연합군이 북아프리카에 교두보를 마련했다는 것, 그 점이 중요하다. 영·미군의 이탈리아, 프랑스 상륙 시도는 모두 실패로 돌아갈 운명이라고 끊임없이 떠드는 나치의 선동은 오히려 영·미군의 상륙이 코앞에 다가왔음을 알게 해주었다.

이 승리의 대가로 새로운 일대 검거가 이어졌다. 프랑스 시민에 대한 테러리스트들과 인질의 처형 발표는 차츰 적어지다가 끝내 사라져버렸다. 게슈타포가 이런 선전을 바라지 않았기 때문이다. 하지만 교도소는 구류자로 만원이었다. 소세 거리나 로리스통 거리에서는 아무렇게나 고문이 자행되었다. 독일군의 선동에 의해 비시 정부는 외인부대를 반독일 세력에 대항하는 국민군으로 다시 편성했으며, 다르낭의 지휘 아래 '국내 반독일' 활동을 저해하고자 그들을 S.S.(나치스의 친위대) 이상으로 대담하게 추궁하여, 유형자들의 기차가 대량으로 독일을 향해 출발했다. 이들 기차는 경찰이 프랑스 전역에 걸쳐 일제히 검거한 '정치범'과 유대인들로 가득했다. 이제는 프랑스계 유대인과 외국계 유대인을 구별하지 않았다. 유대인은 모두 근절될 운명에 놓여 있었다. 그때까지는 '비점령지구'가 그들의 피난처가 되었지만 현재로선 이 출구조차 막혀버렸다. 많은 사람들은 자살을 택했고 이들의 무서운 운명에 우리는 괴로워했다. 그러나 이 망령된 집착은 공포에 비교하면 보잘것없는 것이다. 너무나 지독한 공포였기 때문에 남자 여자 할 것 없이 그 공포를 죽음에 이를 때까지 마음속 깊이, 그리고 신체의 깊은 바닥에 간직했다. 그들의 불행은 우리와 무관하였으나, 그들의 불행이 우리가 마시는 공기를 독기 서리게 한 것은 사실이다.

우리는 내가 무척 좋아했던 마르세유의 구시가지를 마지막으로 산책했다. 독일군들이 자주 드나들던 매음굴이 습격을 받은 사건 뒤로 히틀러가 마르세유의 구시가지를 없애라는 명령을 내렸다는 말을 듣고 나는 가슴이 철렁 내려앉았다. 페탱의 경찰은 시민들이 철수하는 데 몇 시간의 여유밖에 주지 않아, 2만 명 가량의 사람들이 집을 잃어 프레쥐스와 콩피에뉴의 야영 막사에 수용되었다. 그리고 그들의 집은 뿌리째 파괴되었다.

그런데도 BBC방송의 뉴스는 우리의 힘을 북돋웠다. 우리에게 다시 미래가 주어졌다. 조금만 더 참으면 된다. 우리는 참을성이라면 남에게 나눠주고도 남을 만큼 많았다. 나는 불편한 생활에도 익숙해져서 날이 갈수록 심각해지는 물질적 어려움도 가벼운 마음으로 견뎠다. 먼저 파리로 돌아왔는데 불쾌한 일이 기다리고 있었다. 호텔 주인이 내 방을 잡아두지 않았던 것이다. 가구가 딸리고 부엌이 있는 곳을 찾기가 몹시 어려워서 나는 며칠 동안 생제르맹데프레와 몽파르나스의 호텔을 뒤지고 다녔다. 가까스로 도핀 거리에서 내게 맞는 방을 찾았지만 너무 누추했다. 벗겨진 벽에 철제 침대, 옷장, 테이블, 나무 의자 2개, 천장에는 진노랑 전등이 하나. 부엌은 세면실로도 쓰였다. 호텔은 지저분한 오두막처럼 곰팡이가 피었으며 뭐라고 할 수 없는 악취가 났다. 그리고 지독히 차가운 돌계단이 있었다. 하지만 나는 타박할 처지가 아니었다.

이사를 하려고 손수레를 빌렸다. 지금껏 나는 체면을 중요하게 여기지 않았지만 그래도 점령 전에는 직접 손수레를 끌게 되리라는 생각은 꿈에도 한 적이 없었다. 지금으로선 '남이 뭐라고 할까' 따위의 사치스런 체면을 차리는 사람은 소수여서 나도 그중의 하나는 못되었다. 리즈의 도움을 받아 옷가방과 몇 개의 책 보따리를 손수레에 싣고 파리 시내를 활기차게 끌고 갔다. 아무도 이상하다고 생각하는 사람은 없었을 테고, 설령 생제르맹에서 지인을 만난다 해도 지극히 태연했으리라. 사람들은 다들 그렇게 살고 있었다. 그것이 당시의 좋은 면이었다. 많은 관례와 체면치레가 사라졌다. 필요성이 진실된 본질로 환원된 것이다. 그 점은 내 마음에 들었다. 또한 우리에게 부과된 거의 평등한 상태도 좋았다. 나는 지금까지 한 번도 특권에 대한 기호를 가진 적이 없었다. 사회주의 제도가 극단적인 금욕주의에 의한 것일지라도 정당한 이유가 있는 토대 위에 세워졌다면 어렵지 않게 그것에 순응할 수 있을 성싶었다. 부정직한 부르주아 계급 속에 있는 것보다 훨씬 편하게 느껴졌다. 다만 내가 포기해야 될 한 가지 희생이 안타까웠을 뿐인데, 그것은 나의 1년을 풍요롭게 해주던 기나긴 여행을 단념하는 일이었다. 내 인생의 지난 즐거움 가운데 진정으로 내가 그리워하는 것은 그것뿐이다. 다른 즐거움은 아직 그대로 남아 있거나 아니면 없어도 괜찮았다.

내가 정착한 호텔은 내 희망보다 훨씬 비참한 곳이었다. 나와 같은 층에 남자로 살아가고 있는 여자가 있었는데, 그녀에게는 4살 난 아이들이 있었다. 그녀는 자주 아이를 때렸고, 아이는 늘 울었다. 손님을 방으로 데려올 때는 아이를 밖으로 내쫓아서, 남자아이는 계단에 앉아 몇 시간이고 코를 훌쩍이며 떨고 있었다. 그해에 내 방의 위층에서 이상한 사건이 있었다. 젊은 여자 숙박인이 여주인을 도와서 호텔 청소 등의 잡일을 했는데, 그러다 보니 자기 방은 자기가 직접 청소를 했으며 아무도 그녀의 방에 들어간 적이 없었다. 어느 날엔가 그 방에서 이상한 냄새가 난다면서 이웃 사람들의 항의가 빗발쳤다. 여주인은 열쇠로 따고 들어가 보았다. 바닥에는 대변이 흩어져 있고, 찬장에는 가게에 작은 과자들이 진열되어 있는 것처럼 대변 덩이가 늘어서 있었다. 커다란 소동이 일어났다. 범인은 곧바로 엄청난 욕을 먹으면서 울며불며 호텔을 쫓겨났다.

내가 고심하여 모은 식량을 얼마나 소중하게 사용했는지는 앞에서도 말했다. 스파게티 봉지를 열었을 때 벌레가 있으면 실망도 하고 분개도 했다. 많은 상인들은 거리낌 없이 오래된 물건을 처분했다. 어느 날, 작두콩과 완두콩을 넣은 자루에 나 있는 구멍을 발견하고 깜짝 놀랐다. 남아 있는 콩에는 생쥐의 똥이 섞여 있었다. 생쥐가 찬장의 재목을 갉아내고 안으로 숨어든 것이다. 나는 주석 상자를 장만해 식량을 지켰다. 그러나 밤이면 자주 부스럭대는 소리와 주석이 덜거덕거리는 소리가 들렸다. 적이 공격하고 있었다. 파리에 쥐가 급속히 번식하고 있어서 프티 무통 호텔의 무해한 손님보다도 나를 훨씬 더 불안하게 했다. 쥐 때문에 결국은 내 집이 싫어질 정도였다.

그럼에도 쿠르보가 내 집을 방문할 때까지 나는 그곳이 그토록 지독한 오두막이라고 생각하지 않았다. 쿠르보는 아내와 함께 파리에 왔고, 나는 그들을 저녁식사에 초대했다. 식사에 정성을 쏟아 감자에 달걀을 2개 넣거나, 당근 요리에 몇 그램인가 버터를 넣기도 했다. 그들은 안으로 들어오더니 믿기지 않는 듯한 시선을 나누는 바람에, 나는 그들의 르 아부르 집과 나의 누추한 집이 얼마나 커다란 차이가 나는지를 깨달았다. 나는 준비한 맛없는 수프를 꺼림칙한 기분으로 테이블 위에 올려놓았다. 우리는 나중에 이때의 일을 서로 이야기했으며, 쿠르보와 그의 아내도 당시에 그들이 얼마나 놀랐는지 인정했다.

나는 여전히 좁은 범위 속에서 살고 있었다. 그런데도 '가족'에게 새 회원이 추가되었다. 부를라라고 하는 유대계 젊은 스페인 사람으로, 1941년에 파스퇴르 고등학교에서 사르트르의 강의를 들은 학생이었다. 그는 사르트르를 만나러 플로르와 뒤 마고 카페에 이따금 왔다. 그의 아버지는 큰 사업을 하고 있었으며, 스페인 영사관의 보호가 있으므로 독일인들을 두려워할 필요가 없다고 생각했다. 부를라는 18세. 사람에 따라서는 추남으로도, 미남으로도 보였다. 곱슬거리는 새카만 머리칼과 활기 있게 빛나는 검은 눈, 그리고 부드러움과 정열을 담은 모습이었다. 그는 파란으로 점철된 어린애 같은 방법으로, 또한 세련되지 못하고 정열적인 불굴의 방법으로 세상에 맞서고 있었다. 그는 스피노자와 칸트를 열심히 읽고 좀더 있다가 철학교수 자격시험을 치를 계획이었다. 어느 날, 그와 미래에 대해 이야기하면서 사르트르는 물었다.

"만약 독일이 이긴다면?"

"독일의 승리는 저의 계획 속에 들어 있지 않습니다."

부를라는 단호하게 대답했다. 그는 시를 쓰고 있었으며, 우리는 그의 시를 읽고 그가 참다운 시인이 될 기회가 있으리라 믿었다. 언젠가 그는 하얀 페이지 위에 글자를 쓰는 일이 그에게 얼마나 손쉽고, 또 얼마나 어려운지를 우리에게 설명하려 했다.

"저에게 필요한 것은 여백에 신뢰를 갖는 일입니다."

이 한 마디는 내게 충격이었다. 나는 항상 그가 말하는 중요성이라는 것에 주의를 기울였다. 그것은 그가 진실이 검증될 때까지 아무것도 진전시키지 않기 때문이다.

부를라는 리즈를 만나 그녀와 친해졌다. 그들은 함께 살기로 결정하고는 도핀 거리에 있는 내 호텔에 방을 잡았다. 그들은 늘 다퉜지만 서로에게 깊이 빠져 있었다. 그는 리즈에게 좋은 영향을 주었다. 자기에게 아무런 권리도 없다고 믿고서 그가 갖고 있는 것은 모두 줘버렸다. 소년용 배급 초콜릿, 스웨터, 아버지에게서 받은 돈 등등. 아버지 부를라 씨는 서랍 속에 금화가 든 종이봉투를 갖고 있었는데, 부를라는 두세 차례 그 꾸러미를 몰래 빼내서는 리즈에게 암시장의 근사한 식사를 대접했다. 둘은 아이스크림이나 소시지 등을 마구 집어삼켰다. 부를라의 후한 인심은 리즈를 기쁘게 했으며, 그녀에게까지 그것을 흉내내고 싶은 기분이 들게 했다. 무척 키가 큰 금발의 리즈가 농부 여인의 당당한 발걸음으로 새카맣고 민첩하며 눈도 두 팔도 빈틈이 없는 부를라와 함께 걷는 모습은 보기만 해도 즐거웠다. 나는 부를라가 약간은 지나치게 이성적이라고 생각했지만 그는 나를 좋아했다. 밤에 리즈는 나더러 자기들에게 밤 인사를 해달라고 했다. 내가 리즈에게 키스하면 부를라도 이마를 내밀고는 말했다.

"나는? 내게는 키스해주지 않나요?"

나는 그에게도 키스해주었다.

그해 겨울은 혹독했다. 석탄뿐만 아니라 전기도 없고, 지하철역은 대부분 닫혀 있었다. 영화관에서는 낮 상영을 중단했다. 잦은 정전 때문에 그동안은 촛불을 켰는데 이제는 초도 좀처럼 구하기가 쉽지 않았다. 얼어붙을 듯한 내 방의 습기 속에서 공부하는 일은 도저히 불가능했다. 플로르는 춥지 않았으며, 전등이 꺼졌을 때도 아세틸렌 램프 빛이 조금 있었다. 이때부터 우리는 틈만 나면 카페 플로르로 가서 자리를 잡는 습관이 생겼다. 비교적 시설이 좋았던 그곳이 우리의 은신처였다. 우리는 자기 집에 있는 듯한 편안한 기분을 느꼈다.

특히 겨울이면 나는 문 여는 시간에 와서 가장 좋은 난로 옆 상석에 앉았다. 아직 텅 빈 카페 안에서 허리에 앞치마를 두른 부발이 자신의 작은 세계를 준비하는 모습을 바라보는 일이 아주 좋았다. 그는 카페 위층에서 살았는데, 그 아파트는 내부 계단으로 드나들 수 있었으며 2층 층계창으로 통해 있었다. 그는 8시 전에 그곳으로 내려와 가게 출입문 자물쇠를 열었다. 오베르뉴 지방 남자다운 다부진 얼굴로 눈이 충혈된 채 1, 2시간은 기분이 좋지 않아, 카운터 옆에 있는 선반에서 상자나 병을 꺼내고 있는 접시닦이에게 닦달하는 어조로 명령한다. 그런 다음엔 장과 파스칼이라는 종업원을 상대로 전날 밤의 갖가지 사건에 대해 주석을 달았다. 그는 냄새나는 대용 커피를 구했는데 손님들은 눈썹 하나 까딱하지 않고 그것을 마셨다. 그는 폭소를 터뜨렸지만 화가 난 어조로 말했다.

"똥을 내놓아도 그들은 먹어치울 거야!"

그는 늘 그런 불쾌한 투로 손님들의 주문에 거절하거나 응한다. 바닥에 꿇어 엎드려 기운차게 타일을 닦는 청소부는 자기 직업에 자부심을 갖고 있었다.

"나는 말이죠, 지금까지 남자의 도움 따윈 받은 적이 없답니다. 나 혼자서 여기까지 온 걸요."

어느 날 그녀는 이렇게 접시닦이에게 말했다. 부발이 조용해지고 앞치마를 벗을 때가 되면 이번엔 금발 웨이브에, 장밋빛 볼, 그리고 깔끔한 차림새의 아내가 내려와서 카운터에 앉을 차례이다. 손님들이 하나 둘 오기 시작한다. 나는 항상 보나파르트 거리의 책방 여주인을 부러운 듯이 쳐다봤다. 그녀는 빨강 머리에 말 같은 느낌의 여자로 항상 잘생긴 남자를 데리고 다녔으며, 터무니없이 비싼 홍차와 작은 병에 든 잼을 주문했다. 손님의 대부분은 나처럼 거무칙칙한 음료로 버티고 있었다. 2년쯤 모습을 감췄던 소니아와 아녜스 카프리의 친구인 진한 갈색의 여자가 어느 아침에 작은 테이블에 앉더니 간단히 '카페 크림'을 주문했다. 그러자 카페의 모두가 다함께 웃음을 터트렸다. 비난의 느낌을 담아. 나는 이 두 마디가 얼마나 돌발적인 말이 되어버렸는가에 깜짝 놀라고, 또 평소 그런 것에 별로 놀라지 않았던 나에게 특히 놀랐다. 1938년이나 39년에 독일인들이 도토리를 끓인 차를 아무렇지 않게 마신다는 얘기를 들었을 때 나는 깜짝 놀랐었다. 하얀 구더기를 먹는 미개인들과 마찬가지로 그들이 동떨어진 인종에 속한다고 생각했었다. 그런데 이런 형편이 되고 말다니! 요즘은 옛날에 카페 플로르에서 오렌지 주스와 달걀부침을 먹던 일을 떠올리려면 한참 애써야 했다.

항상 오는 몇몇 사람은 나처럼 책을 읽거나 일을 하기 위해 대리석 테이블에 앉았다. 맞은편 타란 호텔에 사는 티에리 모니에, 도미니크 오리, 오디베르티, 그리고 창백한 맨발에 샌들을 신은 아다모프 등이었는데, 이들 중에서도 가장 성실한 축에 드는 물루지는 훨씬 전부터 시를 쓰거나 변덕스레 일기 비슷한 것을 쓰고 있었다. 그는 나에게 습작들을 보여주었으므로 나는 그를 격려했다. 당시에 나는 이 세상에서 글쓰기만큼 좋은 일은 없다고 믿었으며, 또 그에게도 확실히 재능이 있었다. 그는 유년시절의 기억을 소설 형식으로 쓰고 있었다. 때때로 나는 그의 철자나 구성법을 고쳐주거나 충고를 하기도 했는데, 그의 문체의 간교한 천진난만함을 존중하여 조심스럽게 다루었다. 부발은 물루지를 싫어했다. 왜냐하면 그는 초라한 몰골을 하고 있었고, 머리도 엉망인 데다 몇 시간이나 테이블을 차지하고는 음료도 두 번째 주문은 하지 않기 때문이었다. 물루지는 이따금 영화에 출연하여 돈을 벌면 곧장 아버지와 형에게 보내고 동료들에게도 나눠주었다. 그래서 그는 항상 무일푼이었다. 그는 마르세유에서 롤라와 알게 되었다. 내가 플로르에서 자주 매료되었던 두터운 입술에 멍한 눈이 아름다운 빨강 머리 여성이다. 물루지는 '가족'에 속하지는 않았지만 친한 사이였다. 그는 예전에 친했던 올가와도 사이가 좋았고, 방다하고도 의견이 맞았으며, 리즈하고도 잘 통했다. 리즈는 롤라와 상당히 친해졌다.

날마다 오전 10시쯤이면 2명의 신문기자가 안쪽 자리에 나란히 앉아서 〈르 마탱〉지를 펼쳤다. 그중에 머리가 벗겨진 쪽은 〈르 필로리〉지에, 다른 하나는 〈라 제르브〉지에 글을 쓰고 있었다. 그들은 내키지 않는 얼굴로 갖가지 사건에 대해 의견을 말하곤 했다.

"사람들을 모두 거대한 배에 태워버리는 거야. 바다에서 정확히 둘로 쪼개지는 배에 말야. 이런 식으로는 절대로 유대인들을 정리하지 못해!"

어느 날 대머리가 말했다. 상대는 그렇다, 맞다, 맞장구를 치며 고개를 끄덕였다. 나는 그들의 이야기를 듣는 것이 싫지는 않았다. 그들의 얼굴이나 대화는 뭔가 너무나 우스꽝스런 면이 있었으므로 독일 협력이나 파시즘, 반유대주의는 몇 가지 정신의 본보기들을 기분전환용으로 만들어놓은 익살극처럼 언뜻 느껴졌다. 그러고 나서는 망연해져 생각을 바꾸게 되었다. 그들은 동료를 해칠 수가 있는 것이다, 속속 해칠 수도 있는 것이다. 그들은 〈주 쉬 파르투〉로 그들의 동료인 트자라와 발드마르 조르주, 그밖의 많은 사람들의 은신처를 고발하고 그들의 검거를 요구했다. 그들은 반독일 설교를 한 리에나르 추기경의 유형을 요구했다. 그들의 무능 자체가 그들을 위험한 사람으로 만드는 것이다.

갈색 곱슬머리에 체구가 작은 남자로 라발의 비서라고 칭하는 남자 말고는 아무도 이들 독일 협력자와 교제하는 이가 없었다. 이 남자는 말수가 적으며 눈은 딴 데를 보고 있었다. 그의 직업상 자주 몇 시간 동안 카페에서 어슬렁거리는 것을 보노라니 그저 놀라웠다. 지지 뒤고미에는 그런 몸짓은 보이지 않았지만 같은 일파에 속하는 사람인지도 모른다는 생각이 들었다. 그녀는 뾰족한 얼굴에다 유별난 화장을 한 노처녀로, 아침부터 저녁까지 리지외의 성 테레즈나 수태고지 그림을 그리거나 색을 칠했다. 어느 날, 그녀는 내게 말을 걸었다. 자기는 묘사 화가인데 뭔가 일이 없겠느냐고 물었다. 그녀는 게슈타포와 연락을 한다는 소문이 돌았다. 그녀는 자주 화장실에 오랫동안 틀어박혀 있었다. 그 안에서 보고서를 쓴다고 하는데 누구 얘기를? 무엇을 쓴다는 걸까? 그녀는 전화를 도청한다는 말도 있었다. 1941년에 손님 몇몇이 너무나도 위험한 얘기를 큰 소리로 말해서 부발이 전화 부스의 유리를 깨버린 사실이 있다. 그 뒤에는 유리라는 마음 놓을 방어벽이 없어졌으므로 아무리 경솔한 사람이라도 말에 주의하게 되었다. 그런 까닭에 지금 지지는 경찰이 흥미를 가질 만한 것을 전혀 도청할 수 없었다. 그녀가 돈벌이를 위해서가 아니라 취미로 게슈타포의 끄나풀 연기를 한 게 아니냐는 말이 진실인 듯했다. 1944년 6월에 그녀가 자취를 감춘 뒤로 아무도 그녀를 본 사람이 없었다.

달리 밀고자가 있었던 걸까? 독일군 점령 초기에 플로르에 늘 드나들던 사람 2, 3명이 검거되었다. 누가 그들을 고발했을까? 전혀 모른다. 어쨌든 현재로선 아무도 경솔한 음모를 계획하는 사람은 없으며, 비록 몇몇 레지스탕스가 카페에 침입했다 하더라도 그것은 겉 간판을 내걸기 위해서였다. 오전 11시쯤이면 피에르 베나르가 출입구와 계단 중간의 똑같은 자리에 앉아서 늘 혼자 마셨다. 살이 찌고 약간 충혈된 얼굴의 그는 달리 이렇다 할 활동을 하는 것 같지는 않았다. 그밖에 온종일 마시거나 담배를 피우거나 여자와 노닥거리거나 하품을 하는 아니꼽고 무기력한 젊은이들이 있었는데, 나는 그들에 대해 오해를 하고 있었다. 훨씬 나중이 되어서 그들 인성의 진면목을 안 것이다. 전체적으로 플로르의 손님은 파시즘과 독일 협력에 분명한 반감을 갖고 있었으며, 그것을 감추려 하지 않았다. 점령군 당국은 그것을 알았으리라. 그들은 한 번도 이곳에 발을 들여놓지 않았다. 한 번은 젊은 독일 장교가 문을 열고 들어와서 한쪽 구석에 앉아 책을 읽기 시작했다. 어느 한 사람 몸을 움직이는 이가 없었지만 뭔가 다른 분위기를 느꼈는지 그 장교는 곧 책을 덮고 계산을 한 다음 나가버렸다.

아침나절에, 조금씩 카페 안의 손님이 늘다가 아페리티프가 나올 시간이 되면 가득 찼다. 피카소는 커다란 개를 묶어두고 도라 마르에게 미소 짓고, 레옹폴 파르그는 입을 다물고 있으며, 자크 프레베르는 이야기를 하고 있었다. 1939년 이래로 날마다 이곳에 모여드는 영화인들의 테이블은 토론으로 꽃이 피었다. 이 밖에 이 구역의 주민인 몇몇 나이 든 신사들이 이 시끄러운 사람들 사이에 섞여 있었다. 하나는 전립선을 앓는 환자로 바지 한쪽이 기계 때문에 부풀어 올라 있었다. 후작이나 드골 파라는 이름으로 불리는 다른 한 신사는, 사람들 말로는 사치에 빠진 2명의 젊은 첩과 도미노 게임을 하고 있었다. 등이 굽고 고개가 처졌으며, 아래턱이 내려간 그 남자가 지금 막 듣고 온 BBC 뉴스를 장과 파스칼에게 들려주면 그것은 이내 테이블에서 테이블로 전해졌다. 그러는 동안 2명의 신문기자는 유대민족 근절의 꿈을 공공연하게 꾸고 있었다. 나는 점심을 먹으러 호텔로 돌아왔다가 학교에 가지 않을 때는 다시 플로르의 내 자리로 돌아갔다. 저녁에도 식사를 위해 그곳에서 나왔다가 되돌아가 문을 닫을 때까지 있었다. 춥고 어두운 밤에 아름다운 빨강과 파랑 벽지에 전등을 켠 따뜻한 이 은신처에 들어서면 항상 격한 기쁨이 밀려왔다. 이따금 '가족' 모두가 플로르에 있을 때도 있었다. 그러나 때로는 주의를 기울여 여기저기 구석에 흩어져 있었다. 이를테면 사르트르가 한 테이블에서 방다와 이야기를 하거나, 리즈가 부를라 등과 하나의 테이블에, 그리고 나는 나대로 올가 옆에 앉아 있는 식이었다. 하지만 매일 밤 플로르의 붙박이 의자를 떠나지 않는 사람은 사르트르와 나뿐이었다.

"저 둘이 죽은 다음엔 의자 밑에 무덤을 파줘야 할 거야."

부를라가 질렸다는 투로 이렇게 말하기도 했다.

어느 저녁에 우리가 플로르에 갔는데, 번쩍 하는가 싶더니 커다란 폭발음이 났다. 유리창이 산산조각으로 흩어져서 사람들은 아우성이었다. '병사 기숙사'로 개조한 생브누아 거리의 호텔에 수류탄이 투척된 것이다. 근처 카페는 모두 아수라장이었다. 이 지역의 습격은 드문 일이었다.

오후나 밤에 자주 경보가 울렸다. 그러면 부발은 서둘러 손님을 내쫓고 문에 자물쇠를 채운다. 하지만 사르트르와 나, 그밖의 두세 손님만은 특별 대우를 해주었다. 2층으로 올라가서 경보 해제 때까지 있게 해줬다. 자리를 바꾸는 불편함과 아래층의 시끌벅적함을 피하기 위해 나는 오후면 대개 2층에 있는 게 습관이 되었다. 다른 문필가 몇몇도 나와 같은 이유에선지 2층에 진을 치고 펜을 날리고 있었다. 마치 질서 있는 교실 같은 느낌이었다. 나는 사람들이 지지 뒤고미에게 품었던 호기심과는 다른 의미에서 전화 대화에 열심히 귀를 기울였다. 어느 날은, 중년의 못생긴 진짜 여배우가 연기하는 이별의 장면을 지켜보았다. 간격을 두고 이야기하는가 싶다가 성급한 분위기가 되고, 한층 높아지는가 싶더니 비장해졌으며, 비아냥거리다가 아무 소용이 없을 꾸짖음과 빈정거림과 떨리는 목소리를 적절히 섞은 기교를 부렸다. 전화기 저편에서 전화가 걸려오기를 기다리는 남자의 초조한 침묵이 들려오는 듯했다. 이렇게 얼굴을 마주하고 지내다 보면 서로의 신상에 대해 깊이 알게 되고, 비록 말을 주고받은 적은 없어도 연대감을 갖게 된다. 우리는 평소 인사는 하지 않았지만 플로르에 거의 살다시피하는 사람 둘이 뒤 마고에서 얼굴을 마주치면 미소나 끄덕임으로 낯익음을 나타내곤 했는데, 그런 경우는 아주 드물었다. 이 두 카페 사이에는 완전하다고 해도 될 정도로 확연한 구분이 있었다. 플로르의 남자 손님이든 여자 손님이든 공식 연인을 배신할 때면 비합법적인 데이트를 뒤 마고에서 몰래 한다. 적어도 그런 묵계가 있었다.

통제나 경보에도 불구하고 우리는 플로르에서 평화 시절의 희미한 추억을 떠올리곤 했다. 그러나 전쟁은 우리의 은신처에도 스며들기 시작했다. 어느 아침에 우리는 소니아가 잡혔다는 소식을 들었다. 여자의 질투에 희생된 것이라는데 어쨌든 누군가가 밀고를 했다. 드랑시 수용소에서 그녀는 스웨터와 양말을 보내달라고 부탁했다. 그 뒤로는 아무것도 부탁하지 않았다. 조지옹과 동거하던 금발의 체코 아가씨가 모습을 감춘 며칠 뒤에 게슈타포가 새벽에 문을 두드렸을 때 그 사랑하는 청년의 품에서 벨라가 잠들어 있었다. 그리고 그녀는 연행되었다. 그들 친구 중 하나는 양갓집 아들과 동거하고 있었다. 상대는 그녀와 결혼하고 싶어했지만 미래의 시아버지에게 밀고당한 것이다. 우리는 수용소에 대해 아직 충분한 지식은 없었다. 하지만 아름답고 쾌활한 아가씨들을 집어삼킨 침묵은 무시무시하다. 조지옹과 그의 친구들은 여전히 플로르에 와서 같은 자리에 앉았다. 그들은 약간 위협적이고 격앙된 투로 서로 이야기했다. 빨강 붙박이 의자 위에는 그들 옆에 파인 깊은 구렁을 나타내주는 아무 표시도 없다. 나는 그 빨강 의자 위의 부재상태가 가장 참기 힘들게 생각되었다. 즉 그 부재는 전혀 아무것도 아닌 부재는 아니란 뜻이다. 그러는 동안에도 베라나 금발의 체코 아가씨의 모습은 내 기억에서 지워지지 않았다. 그녀들의 모습은 다른 몇 천의 모습들을 의미했다. 희망이 다시 솟아났지만, 다시는 과거의 그 순수함이 되살아나지 않으리란 사실을 나는 알고 있었다.

크리스마스 휴가 동안에 우리는 라 푸에즈에서 날마다 BBC의 스탈린그라드 전황 뉴스를 들었다. 폰 파울루스 장군의 군대는 포위되어 헛되이 탈출을 시도하고 있었다. 2월 4일자 신문에서 유럽 군대의 영웅적 저항은 종말을 고했다는 기사를 읽었다. 신문은 베를린과 독일 전역에서 며칠 동안 나라 전체가 초상집이었음을 감추려 하지 않았다.

신문, 라디오의 어조, 히틀러의 연설 분위기마저 변했다. '유럽을 건설한다'는 위압적인 말은 이제 나오지 않았으며, 유럽을 구한다며 간청하고, 볼셰비키의 위험에 대해, 그리고 '만약 독일이 패한다면' 전 세계를 뒤덮을 온갖 재앙에 대해 다루었다. 1년 전이었다면 이 가정은 모독으로 비쳤으리라.

그러나 이러한 가정은 바야흐로 모든 펜에 의해 반복해서 씌어졌다. 히틀러는 전선과 농촌, 공장에 독일 국민 총동원령을 내렸다. 그는 그것을 점령지역으로까지 확대하려 했다. 라발은 2월 16일에 청년 병사들을 2년 동안 의무봉사에 동원하는 법령을 발포했다. 공고문은 '그들은 피를 바치고 있다. 볼셰비즘으로부터 유럽을 구하기 위해 제군의 노동력을 바치라'고 격려했다. 많은 청년들은 이에 따르지 않고 신분증을 위조하거나 몸을 숨기거나 반독일 지하운동에 몸을 던졌다. 반독일 지하운동군은 갑자기 인원이 늘어났다. 스위스와 영국 신문에 이상한 뉴스가 떴다. '오트사부아 지방에 반역군'은 과장이었다. 하지만 실제로 사부아와 중부 지방에 무장군대가 편성되어 게릴라전을 준비하고 있었다. 데아는 〈외브르〉지에서 프랑스를 '유럽의 방데'라고 했다. 왜냐하면 옛날 방데 지방은 프랑스 혁명을 거부했고, 오늘날의 프랑스도 '유럽의 혁명'에 맞서고 있기 때문이다.

지식인의 레지스탕스도 조직되었다. 1943년 초에 사회주의자 지식인들은 사르트르에게 C.N.E.(국민작가위원회)에 들지 않겠느냐고 권했다. 사르트르는 돌아온 양을 무리에 넣고 싶으냐고 그들에게 반문했고, 그들은 1941년에 그들이 사르트르에 관해 퍼뜨렸던 소문은 전혀 아는 바가 없다고 했다. 그래서 사르트르는 엘뤼아르가 사회를 보는 모임에 참가했으며, 〈레트르 프랑세즈〉지에 협력했다. 나는 아직 책을 한 권도 내지 않았기 때문에 사르트르를 따라가지 않았다. 유감스러웠다. 새로운 사람들과 사귀고 싶었으나 사르트르가 그들에 관해 미주알고주알 말해주었으므로 나는 거의 내 눈으로 직접 그들을 본 듯한 인상을 갖게 되었고, '사회주의와 자유'에 정열을 불태웠다. 왜냐하면 그때 그가 모험적인 즉흥에 동요되어 있었기 때문이다. 그렇지만 사르트르가 C.N.E.의 회의는 융통성 없이 틀에 박힌 것 같다고 했으므로 나도 별로 내키지 않았다. 그가 회의에 갈 때마다, 그리고 그가 없는 동안 내내 나는 약간 걱정이 되었다. 그래도 나는 우리가 고립상태에서 벗어난 게 기뻤다. 소극적인 태도가 사르트르의 마음을 얼마나 무겁게 짓누르는지를 자주 느꼈기 때문이다.

우리가 교제하던 사람들은 모두 우리와 같은 편이었다. 그런데도 마리 지라르는 어느 날 코가 닿을락 말락 한 곳까지 다가와서는 말했다.

"독일의 패배는 영국과 미국 자본주의의 승리야."

그녀는 독일 협력 파와도, 또 반독일 세력과도 일정한 간격을 두고 있는 트로츠키주의 지식인들의 의견 대부분을 반영하고 있었다. 사실 그들은 규모가 커지는 스탈린의 권력과 권위를 미국의 지도권보다 훨씬 두려워했다. 우리는 아무튼 그들이 긴급한 문제의 순서를 잘못 파악하고 있다고 생각했다. 먼저 유럽은 파시즘을 제거해야만 한다. 현재로선 가까운 장래에 그것이 분쇄되리라는 확신이 가능했다. 영국 공군은 프랑스의 공업 중심지와 항구를 공격하고 라인란트, 루르, 함부르크, 베를린을 폭격했다. 5월 14일, 튀니지 전투는 대전의 주축국 측 패배로 끝났다. 독일군은 대서양의 축대 벽 구축에 있는 힘을 다 쏟았다. 양군 진영에서는 모두 상륙작전이 코앞에 닥쳤다고 생각했다.

문학은 겨우 목숨을 유지하고 있었다. 크노는 《우리 친구 피에로》를 냈지만 그 해학은 내게 지나친 비약으로 비쳤다. 블랑쇼의 《아미나다브》에서 어떤 부분은 나를 감동시켰다. 그중에서도 자신의 의지와 달리 사형 집행인이 되는 부분은 현재 내 관심에 맞았으므로 가슴에 와 닿았다. 총체적으로 말해서 블랑쇼의 소설은 카프카 소설의 아류로 보였다. 《물과 꿈》에서 바슐라르는 실존주의 철학의 정신분석과 매우 근접한 방식을 상상력에 적용했다. 아직은 거의 아무도 감히 이런 탐구를 한 사람이 없었으므로 이 책은 우리의 흥미를 끌었다. 생텍쥐페리의 신작 《전투 조종사》는 커다란 반향을 일으켰다. 그는 아주 교묘하게 붕괴하는 프랑스 비행사로서의 체험을 그렸으나 이 서술에 길고 난해한 논의를 붙여놓았으며, 상당히 애매한 그 휴머니즘 덕분에 〈파리-미디〉〈오주르뒤〉〈누보 탕〉의 비평가들에게조차 박수로 환영을 받았다. 〈주 쉬 파르투〉만이 공격했을 정도다.

프랑스 영화는 그때 움트기 시작해 신인 감독이 등장했다. 들라누아는 〈퐁카랄〉과 〈유희의 지옥〉, 베케르는 〈붉은 손의 구피〉, 클루조는 〈살인범은 21번지에 산다〉, 다캥은 〈만성절의 나그네〉. 이 영화에서 몇 분 동안인가 시몬 시뇨레가 등장한다. 우리는 이토록 아름다운 아가씨가 어째서 아직껏 중요한 역을 맡지 못했는지 의아해했다. 가장 재미있었던 영화는 샤방스의 시나리오로 레르비에가 감독한 〈환상의 밤〉이었는데, 이 영화는 관객을 무척 당황하게 했다. 레뮈는 〈집안의 낯선 사람들〉에서 멋진 활약을 펼쳤지만 시나리오는 인종 편견을 인정한 불쾌한 것이었다. 물루지가 연기한 살인범은 유대인임을 확연히 나타내지는 않았지만 거류 외국인이었다. 프레베르의 시나리오로 카르네가 촬영한 〈악마는 밤에 온다〉는 괜찮은 곳도, 그렇지 않은 부분도 있었으며, 아름다운 이미지와 문학적으로 지나친 데도 있었다. 번쩍이는 새 성은 진짜 성 같지가 않고 극히 최근에 커다란 누가(nougat) 덩어리로 만든 듯했다. 그것은 풍경을 망가뜨렸다. 나는 그레미용과 공동 제작한 프레베르의 〈여름의 빛〉이 훨씬 좋았다.

뒬랭은 약속을 지켰다. 봄이 되자 두 올가와 〈파리〉 읽기에 돌입했다. 이 텍스트를 거의 암기하고 있던 나는 이 희곡이 연극으로 바뀌어 가는 과정을 줄곧 지켜보면서, 나도 연극을 쓰고 싶다는 욕망에 사로잡혔다. 그러나 일은 순조롭게 풀리지 않아 무대장치와 의상이 정해지기까지 상당한 동요가 있었다. 주피터와 아폴론 상은 연기 속에서 중요한 역할을 하기 때문에 뒬랭은 조각가를 찾아보기로 했다. 그는 점잖고 큰 체구에 무척 인상이 좋은 아담을 골랐다. 그의 아내는 얼굴이 묻힐 정도로 붕 뜨고 곱슬거리는 검은 머리칼을 가졌다. 작고 기분 좋게 동글동글 살이 찐 몸에 꼭 맞는 검정 옷을 입고 가지각색의 장신구들을 주렁주렁 달고 다녔다. 크리스틴 거리에 있는 그들의 아파트는 전혀 색다른 유형이었는데, 카미유의 아파트 만큼 매력적이었다. 빨강 타일을 깐 식당에 창은 붉은 면으로 된 얇은 커튼으로 덮여 있고, 두터운 한 장의 긴 판자 테이블과 벤치, 그리고 놋쇠 항아리와 도자기 함에는 윤기 나는 야채가 가득 들어 있었다. 아궁이가 깊은 난로 옆으로, 천장의 대들보에는 양파 자루와 옥수수 이삭 두루미가 매달려 있었다. 아담은 우리에게 자기 아틀리에의 오래된 난간 깎는 기계와 복잡하고도 분명한 용도의 각종 도구를 보여주었다. 그는 그 도구들로 깎거나 새겼다. 커다란 돌덩이가 책 위에서 뒹굴고 있었다. 그는 〈파리〉를 위해 도전적인 양식의 장치와 마스크, 오래된 상을 제작했다.

단역이 많아서 사라 베르나르 극장의 널따란 무대 위에 여자아이, 노인 등의 민중을 세워야 했다. 뒬랭은 아틀리에 극장의 무대만큼 일을 척척 진행하지 못하는 듯했다. 오레스트를 연기하는 배우는 경험이 부족했고, 올가도 마찬가지인 데다 엘렉트르 역은 지나치게 무거웠다. 어떻게든 연기를 하기는 했지만 그녀도, 또 상대역도 호평을 얻을 만한 연기는 아니었다. 뒬랭은 심하게 화를 냈다.

"그 쩨쩨한 연기는 대체 뭐야!"

그는 사정없이 고함을 질렀다. 올가는 화가 나 울고, 뒬랭은 누그러지는 듯 하다가도 다시 분노를 폭발시켰다. 그러다 올가는 반항한다. 둘 다 심신을 격한 논쟁에 쏟아 부어, 얼토당토않은 다툼과 집안문제를 뒤섞는 느낌이었다. 양성소의 여자 동료들은 올가가 어디 한 군데 깨지지는 않을까 하는 희망을 가지면서 이들 분쟁을 지켜봤지만 이내 낙담해야 했다. 올가의 재능, 뒬랭의 수완, 둘의 일에 대한 공통된 정열이 승리를 했다. 마지막 연습에서 올가는 노련한 여배우 같은 연기를 펼쳐 무대를 독차지했다.

첫날은 오후에 공연이 있었다. 밤에는 정전의 우려가 있기 때문이다. 사르트르가 접수처 옆 홀에 있을 때 갈색 머리의 청년이 다가왔는데, 그는 알베르 카뮈였다. 막이 올랐을 때 나는 얼마나 감동을 했던지! 이 연극이 말하고자 하는 의미를 잘못 파악하는 일은 없으리라. 오레스트의 입에서 나오는 자유라는 단어는 섬광을 발하며 폭발했다. 〈파리저 자이퉁〉지의 독일 비평가는 이 연극을 제대로 이해하기는 했으나, 그 긍정적인 결과가 자기들의 공인 듯한 인상을 풍겼다. 〈레트르 프랑세즈〉지에서 미셸 레리스는 이 연극의 정치적 의미를 강조하여 〈파리〉를 온갖 말로 칭찬했다. 많은 비평가들은 이 연극에서 아무런 암시도 받지 않은 척했다. 그리고는 순수하게 문학적인 구실을 사용해 이 연극을 지독히 두들겨 팼다. 지로두의 희곡에서 영감을 얻었지만 성공하지 못했다는 둥, 농지거리에 지나친 의심이 섞여 있고 따분하다는 둥 하면서. 그러나 올가의 재능은 인정했다. 그녀로서는 훌륭한 성공이었다. 그에 반해 비평가들은 연출과 장치, 의상을 공격했다. 관객은 많지 않았다. 어느새 6월이기도 했고 극장은 한여름 휴업으로 닫아야만 했다. 뒬랭은 10월에 다시 다른 연극과 번갈아가며 〈파리〉를 공연했다.

수업은 예전만큼 나를 재미있게 해주지 못했다. 카미유세 고등학교에서 나는 세브르 여자고등사범학교 입학시험 준비반을 맡고 있었다. 덕분에 몇 몇 과목은 상당히 깊이 다룰 수가 있었다. 하지만 이 나이 든 처녀들에게 있어 철학은 이제 눈뜬 것이 아니어서, 나는 그녀들에게서 잘못된 사상을 제거해내는 일도 해야만 했다. 게다가 그녀들의 계획표는 잠시도 헛되이 할 수 없을 만큼 빡빡했기 때문에 빠르게 진행해야 했다. 이런 무거운 분위기는 나를 짓눌렀다. 공부뿐만 아니라 생활 전체가 그녀들에게 과로였다. 아이들이 많은 가정에서는, 물질적인 가난에 맞서기 위해 녹초가 된 어머니들의 도움이 반드시 필요했다. 영양 부족 때문에 학생들은 자주 병을 앓았다. 나의 가장 뛰어난 제자는 그해에 결핵성 척수염에 걸리고 말았다. 학생들은 거의 웃는 일도 없어서 자연히 우리의 토론도 활기를 잃었다. 더구나 나도 12년 동안 가르쳤으므로 지치기 시작했던 것이다.

그런데도 대학을 떠날 결심을 한 사람은 내가 아니었다. 딸이 좋은 혼처를 마다하고 부를라와 동거한 것에 분개한 리즈의 어머니는 내게 나의 영향력을 발휘해 그녀를 첫 번째 연인에게 되돌리라는 엄명을 내렸다. 내가 그것을 거부하자 그녀는 나를 미성년자 유괴라나 뭐라나 하면서 비난을 했다. 전쟁 전이었다면 아무 일도 없었겠지만 아벨 보나르 아래서는 그렇게 되지 않았다. 학년 말에 나는 푸른 턱을 가진 여교장에게서 대학 추방 명령을 받았다 (프랑스 해방 때 복직되었지만 나는 다시 교직으로 돌아가지 않았다).

나는 오래도록 반복하던 일을 그만두는 게 싫지 않았다. 다만 한 가지 문제는 어떻게 먹고 살 것인가였는데, 마침내 국립방송국에 직장을 얻었다. 앞에서 말했지만 우리의 규약에 따르면 나는 그곳에서 일할 권리가 있었다. 무엇을 하느냐가 문제였다. 나는 점잖은 프로그램을 제안했다. 중세에서 현대까지의 오래된 축제를 노래와 효과음을 넣어서 다시 제작하는 일이었다. 내가 제안한 그 프로그램은 받아들여졌다.

나는 1941년 여름에 《초대받은 여인》을 탈고했다. 그러나 이해 1월이 되자 이 소설은 낡은 이야기가 되었다. 현재 내 마음을 차지하고 있는 문제에 대해 빨리 쓰고 싶었다. 주된 문제는 나와 타인들과의 관계였다. 나는 과거에 이 관계의 복잡성을 보다 더 잘 이해하고 있었다. 나의 새로운 주인공 장 블로마르는 프랑수아즈와는 달리 타인들 앞에서 독특한 주제로 머물 것을 요구하지 않았다. 그는 거칠고 불투명한 문제들과 함께 타인의 존재에 개입하고, 그들에게 하나의 오브제가 되기를 거부했다. 그에게 있어 문제란 반투명의 자유 대 자유 관계를 타인들과의 사이에 설정하여 앞서 말한 불미스런 상황을 극복하는 데 있었다.

나는 이 소설을 주인공의 유년시절로부터 출발했다. 부유한 인쇄소의 아들로 그가 사는 집의 분위기는 레귀용 집안에서 영감을 얻었다. 그는 자기의 특권에 대해 반항하고 아버지의 사업장에 직공으로 고용된다. 이와 같이 우연에 따른 부당성을 없앰으로써 그는 자기 자신에 대한 선택과 일치할 수 있다고 믿었다. 하지만 이 환상을 일찌감치 잃고 만다. 그의 친구가 정치적인 난투극으로 목숨을 잃는다. 이것은 그의 의지보다는 훨씬 더한 책임 때문에 친구를 끌어들인 일이었다. 그래서 그는 정치적 중립, 연애 거부처럼 의지표시의 뒤로 숨어버린다. 그러나 이런 도피와 침묵도 동작이나 언어와 마찬가지로 무게가 있었다. 공동체의 역사와 그의 개인적인 체험이 그에게 그것을 인식케 해서 그는 괴로워했다. 그의 숙명이었던 무기력한 죄과를 인정하지 않았지만, 그렇다고 대담하게 행동할 결심도 서지 않았다. 왜냐하면 모든 행동은 선택이며, 모든 선택은 변덕인 것 같았기 때문이다. 인간은 더하거나 곱하거나 뺄 수 있는 단위가 아니다. 그들은 어떤 등식에도 적용되지 않는다. 그들의 존재는 측정할 수 없기 때문이다. 10명을 구하기 위해 하나를 희생시킨다면 그것은 부조리에 동의하는 일이다. 마지막에, 패전과 점령으로 그는 결심을 해야만 했다. 온갖 추리, 온갖 계산을 거쳐 그는 자기 안에서 거절과 절대적 명령을 발견한다. 그는 고르디오스의 매듭 (이것을 푸는 사람은 아시아의 왕이 된다는 신탁을 듣고 알렉산더 대왕이 그것을 단칼에 끊어버렸다)을 풀기를 단념하고 그것을 단칼에 끊어버리기로 결심함으로써 기나긴 평화주의 뒤에 폭력을 수락한다. 그리고 보복 수단을 가리지 않고 습격을 기획한다. 하지만 이 결심도 그의 마음을 평정하게 하지 못해 그는 이제 그것을 더 이상 추구하지 않는다. 그는 불안 속의 삶을 달게 받아들인다. 처음 몇 쪽에서 그는 사랑하고, 그로 인해 그 여성은 그의 곁에서 죽어가면서 그를 양심의 의혹에서 해방시킨다. 타인의 운명에 있어서 당신은 하나의 도구일 따름입니다, 당신도, 외부의 그 어떤 것도 자유를 침해할 수 없어요, 나의 죽음을 바랐던 이는 바로 나입니다, 라고 그녀는 그에게 말한다. 블로마르는 가치 있는 목적을 향해 나아가는 일이라면 각자 자기의 길을 나아갈 권리가 있다고 결론을 내린다.

엘렌이라는 다 죽어가는 여성의 이야기가 책의 대부분을 차지한다. 젊은 시절에 엘렌은 블로마르와 정반대의 상황에 있었다. 그녀는 근본적으로 공동체와는 격리되어 있다고 믿었다. 자신의 개인적인 구원 말고 다른 것은 생각지 않았다. 그녀가 진보하면서 익힌 것은 연대의식이었다.

나는 《초대받은 여인》의 첫머리와 똑같은 실수를 저질렀다. 엘렌의 유년시절을 지면에 되살려야만 한다고 생각한 것이다. 그것은 나의 유년시절에서 암시를 얻었다. 아울러서 나는 유년시절의 과거를 짧은 암시만 주기로 했다. 소설의 시작 부분에서 엘렌은 18세이다. 그녀는 신의 부재를 자기 자신에 대한 흥미로 대신 메우려고 시도한다. 그러나 그녀는 실패한다. 흥미로운 자신을 위한 증인도 없는 그녀라는 고독한 존재는 단지 공허한 삶의 방식으로 보인다. 인상은 좋지만 관록이 너무 없는 남자친구와의 사랑도 이 침묵에서 그녀를 구해내지는 못한다. 블로마르와 해후했을 때, 그녀는 그에게 능력과 확신이 있다고 믿고 정신없이 빠져든다. 그리고 바라던 사랑—그녀 자신의 절대적인 정당화—을 그가 가져다주었다고 믿는다. 하지만 그는 배신한다. 실망하고 분노한 엘렌은 세상 전체에 대해, 또 자기 자신의 인생에 대해 무심해진다. 그녀는 프랑스의 패배와 점령을 역사의 명징한 공평함으로 바라보려 한다. 우정, 혐오, 분노가 그녀의 상황이 유인하는 거짓된 사려 분별을 이긴다. 커다란 동지애와 행동에 의해 그녀는 마침내 내재성과 그로 인한 우연한 사건에서 인간을 구하는 재인식—헤겔 철학이 말하는 의미에서의—을 얻어낸다. 그녀는 이 단계에서 죽는다. 그러나 여기서 죽음조차도 깨달음에 다다른 그녀에게 맞서지 못하는 것이다.

나는 세 번째 인물에게 크게 무게를 두었다. 자코메티와 그에게서 들은 뒤샹의 이야기에 따른 인물인데, 화가이자 조각가인 마르셀은 블로마르가 정신적인 면에서 추구하는 바를 미적인 측면으로 추구한다. 절대적인 창작에 도달하려는 것이다. 나는 과거에 회화와 조각들을 특히 편애했었는데, 그 걸작들은 마치 인간의 지배를 초월한 듯 보였다. 마르셀은 자기 작품이 타인의 찬미가 없어도 가치가 있기를 바랐다. 이 점에 있어서 그는 한때 남의 도움이 없어도 자기는 행복할 수 있다고 믿었던 엘렌과 닮았다. 그는 또다시 실패한다. 그런 뒤 암담한 기벽(奇癖)에 빠지고 이어 전쟁에 나가 포로가 된다. 수용소에서 그는 동료가 연기하는 무대장치를 그리는 작업으로 우정의 따뜻함을 알게 되면서 인간과 예술에 대한 견해가 서서히 바뀐다. 그리고 모든 창작은 타인의 공모를 요구한다는 사실을 받아들인다.

나는 마르셀에게 드니즈라는 아내를 갖게 했다. 또한 《초대받은 여인》에서의 엘리자베스처럼 그녀를 한결 돋보이게 했다. 친구들 사이에서 그녀는 홀로 절대적일 것을 갈망하지 않고 사교적인 가치를 지향한다. 마르셀에게 증오를 품게 만드는 드니즈는 서서히 미쳐간다. 나는 아직 경험이 적었지만 평범한 여자가 광신적인 창작자와 함께 생활할 경우에 얼마나 위험한지 예감할 수 있었다. 그는 사람들 대부분이 만족하는 온건한 만족감에 대한 경멸 때문에 그것들을 드니즈에게 금지한다. 그는 드니즈가 이상적 환경에 도달하는 수단을 주지 않는다. 모든 장소로부터 격리되고, 기대는 어긋나며, 모욕당하고, 원한의 심정으로 가득한 드니즈는 모순 속에 갇히는데 그것은 결정적으로 그녀가 실수를 저지르게 할 위험이었다.

나는 이 소설이 앞의 소설과 비슷하기를 바라지 않았으므로 전법을 바꾸었다. 두 가지 견해, 즉 엘렌의 견해와 블로마르의 견해를 장마다 번갈아가며 조합했다. 엘렌을 중심으로 한 이야기에는《초대받은 여인》과 동일한 규약을 지켜 엘렌을 3인칭으로 썼다. 그러나 블로마르에게는 다른 방법을 썼다. 나는 블로마르를 죽어가는 엘렌의 침대 곁에 놓고, 그가 인생을 되돌아보면서 이야기하게 했다. 그가 과거로 돌아가서 자기 자신을 이야기할 때는 1인칭으로, 간격을 두고 타인의 눈에 비치는 자신의 모습을 이야기할 때는 3인칭으로 했다. 이처럼 그의 과거를 더듬어가는 것처럼 보임으로써 나는《초대받은 여인》보다 훨씬 많은 자유를 가질 수가 있었다. 그리고 이야기의 흐름을 늦추거나 당기면서 요약과 생략, 축약을 구사했다. 대화는 별로 넣지 않았다. 연대순서는 존중했지만 때때로 현재의 문제가 과거의 추억을 좌절시키는 경우도 있었다. 또한 그곳에 블로마르가 밤사이에 느낀 감동과 생각 등을 이탤릭체로 강조하면서 짜 넣었다. 그의 되새김질이 무의미해지지 않도록 하기 위해 나는 긴장감을 마련했다. 새벽녘에 그는 새로운 습격의 신호를 보낼까? 보내지 않을까? 시간의 모든 차원은 이 호기심 어린 어두운 첫새벽에 집중되어 있었다. 요컨대 주인공은 현재 그 속에서 살고 있고, 그 과거를 통해 그의 미래를 좌우할 결단에 대해 자문하는 것이다. 이 구성은 작품의 주제에 안성맞춤이었다. 나는 개개인이 타인과 상호존재하는 데 따르는 근원적인 저주를 조명해보고자 생각했다. 블로마르에게 있어서 여러 사건들은 크게 중요하지 않다. 그보다는 이 사건의 모든 감각이 비극적인 항구성을 가지고 나타나는 쪽이 중요했다. 때문에 오늘이 어제와 내일을 가두는 것이 좋았다.

　이처럼 나의 두 번째 소설은 첫 번째보다 더 기교를 갖고 구성되어서, 사람과 사람 관계의 보다 넓고 진실한 모습을 나타내고 있다. 하지만—1945년 주위의 상황도 도움이 되어 이 책은 열광적인 환영을 받았다—일반의 의견, 내가 평가하는 사람들, 나 자신의 의견은 《초대받은 여인》보다 뒤떨어진 게 분명했다. 왜일까?

　블랑쇼는 '경향소설'에 관한 수필에서 하나의 작품이 어떤 의미를 나타낸다고 비난하는 일은 바보짓이라고 아주 적절하게 설명하고 있다. 그는 일정한 의미를 지니는 것과 나타내는 것에는 커다란 차이가 있다, 존재는 결코 뭔가를 증명하는 것은 아니지만 반드시 뭔가를 의미한다고 덧붙인다. 작가의 목적은 존재를 언어로 다시 창조해내고, 증명해 보이는 것처럼 만드는 일이다. 작가가 이 애매한 성질을 존중하지 않았을 경우, 존재를 배신하고 허약해지고 만다. 블랑쇼는 《초대받은 여인》을 경향소설로 다루지 않는다. 결말이 나 있지 않기 때문에 거기서 교훈을 이끌어낼 수가 없다. 그는 반대로 격언과 개념으로 요약할 수 있는 포괄적 결론에 도달하는 《타인의 피》를 이 범주에 넣고 있다. 나도 그와 같은 의견이다. 그러나 그가 지적해내는 결점은 이 소설의 마지막 몇 쪽만 손상하는 것은 아니다. 처음부터 끝까지의 선천적인 결함이다.

　오늘 이 소설을 다시 읽어보니 나의 주인공들이 얼마나 깊이가 부족한지를 강하게 느낀다. 그들은 정신적 태도에 의해 자기를 나타내고 있으나 나는 그들의 살아 있는 근원을 파악하려 탐구하지 않았다. 나는 블로마르에게 내 유년시절의 몇 가지 감동을 얹었는데, 그것은 블로마르의 생애를 무겁게 짓누르는 죄의식을 정당화하는 정도는 아니었다. 나는 그런 상황을 잘 알고 있었으므로 블로마르가 20살 때 본의 아니게 친구를 죽게 만드는 상황을 가정했다. 그렇지만 사고는 한 존재의 선을 결정하기엔 부족하다. 아울러 블로마르는 내가 할당한 존재에 너무나 딱 들어맞는다. 나는 조합의 투쟁에 대해 아무것도 몰랐다. 내가 블로마르를 던져 넣은 세계는 진정한 투사(鬪士)가 맛보아야 할 복잡성을 띠고 있지 않다. 블로마르로 나타낸 인물과 체험은 추상적인 구성이지 진실성이 없었다. 엘렌에게는 더 혈기가 통하고 있다. 나는 그녀에게 나 자신을 더 주입했다. 그녀의 사고방식이 드러난 장은 다른 장에 비해 그리 나쁘지 않다. 파리로 돌아오는 피난 장면에서 이야기는 이론을 능가한다. 가장 좋은 곳은 그녀가 자기가 고집하던 것을 침통한 기분으로 포기하려 결심하는 부분이라고 생각한다. 엘렌은 자기가 쥐고 있던 헛된 상징, 환상, 속임수를 버리고 끝내는 행복에서도 이탈하고 만다. 그 부분에서 나는 아무것도 명시하지 않았다. 그렇더라도 그녀의 초상화는 너무나 조직적이고 허약하다. 마르셀은 뭐랄까, 그는 항상 친구들이, 그것도 그가 놀라게 만드는 친구들이 외부로부터 조망하는 인물이다. 때문에 나는 간격을 두고 그를 묘사하게 놔두었다. 나는 다른 등장인물들보다도 그가 좀더 굴곡이 뚜렷하다고 생각한다. 마르셀과 블로마르에게 완전히 똑같은 고민을 하게 한 점이 유감스럽다. 이 소설에 대한 나의 또 하나의 비난은 구성에는 빈틈이 없지만 소재가 튼실하지 않다는 사실이다. 풍부한 대신에 모든 것이 한곳으로 집중되어 있다. 내가 주인공을 통해서 한 말—특히 블로마르의 말—조차 거슬린다. 블로마르의 말은 긴장되고 억제되어 조마조마하기 때문이다. 여기서 다시 문학적 성실성이라는 어려운 문제에 부딪힌다. 나는 직접적으로 독자와 대화하고 싶었으며, 나아가 대화하고 있다고 믿었다. 그러나 내부에서 비장하고 설교적인, 강한 욕망의 인간을 잉태해낸 것이다. 검증된 체험에서 출발하고 상투어를 주절주절 늘어놓았다. 인간 존재의 어떤 순간을 생생함에 맡겼을 때, 틀림없이 평범함을 피할 수 있다. 왜냐하면 그것은 다시 반복되지 않을 테니까. 하지만 작가가 순수이론적으로 생각하는 순간 필연적으로 평범함에 빠지고 만다. 어떤 관념의 독창성이란 단서나 미공개의 방법을 부여하여 새로워진 훈련의 맥락 속에서 명확해지는 것이 아니기 때문이다. 사상은 사교계의 응접실이나 소설 속에서 발명되는 게 아니다. 문제를 내세운 작품은 아무것도 드러내지 않을 뿐만 아니라 쓸데없는 객설만 늘어놓게 된다.

나는 머릿속으로 《타인의 피》의 주제를 구상하기 시작하면서 이런 위험을 느꼈다. '사회문제의 체험을 표현하는 일은 실로 어렵다! 이것이 교화적이고 설교풍이 되지 않게 하려면 어떻게 해야 좋단 말인가?' 사실 내가 '사회적인 체험'이라고 부르는 것은 선험적이지도 않지만 그렇다고 교화적이지도 않다. 내 소설이 교훈적이 되고 만 까닭은 '사회적인 체험'의 취급 방식에 원인이 있다. 다음과 같이 쓴 기록을 읽어보면 이런 내 결점에 대해 이해할 수 있다.

"나는 다음 소설에서 진정으로 복잡한 타인과의 관계를 묘사하려 한다. 타인의 의식을 말살하는 것은 유치하다. 소설의 줄거리는 나의 첫 번째 작품보다 더 밀접하게 사회문제와 결부되어야 한다. 사회적으로 평가 받는 행동에 도달해야만 한다(그러나 이것을 발견해내기란 여간 어렵지 않다)."

훗날 나는 《타인의 피》를 '레지스탕스를 묘사한 소설'로 했다. 사실상 내가 다루려던 주제를 구현하는 '사회적' 행동을 발명하기는 어렵다고 생각했기 때문에 이 소설은 당시의 사건과 직접적 관계없이 내 안에서 싹튼 것이었다. 10월이 되어 내가 이 소설을 쓰기 시작했을 때, 습격과 보복수단을 사용할 생각이 솟아올랐다. 이 책의 심원한 주제와, 내가 만들어놓은 일화 사이의 분열은 《타인의 피》가 《초대받은 여인》과 전혀 다른 방법으로 쓰여진 작품임을 나타낸다. 《초대받은 여인》에서는 몇 년에 걸쳐 내가 축적한 것이 하나로 정리되어 환각의 형태로 나타나 있다. 물론 이번에도 내 개인적인 경험에서 출발한 것이기는 하지만 그것을 공상적으로 살리는 대신에 추상적으로 표현했다. 나는 그 이유를 알고 있다.

전쟁이 일어나기 전 나는 나의 길을 가고 있었다. 세상을 배우고 내 행복을 쌓았으며, 도덕은 실천과 동일시되었다. 그것은 황금시대였다. 나의 경험은 한정되었지만 거기에 심신을 쏟아 부었고, 그것을 이야기할 마음도 없었다. 그러다 내 경험을 타인에게 드러내기 위해 필요한 만큼 뒤로 물러나 보았다. 그런데 1939년 이래로 모든 것이 변해 세상은 무질서 상태로 바뀌었으며, 나에게는 아무것도 쌓지 않게 되었다. 입으로 외치는 소원 말고는 달리 기댈 방도가 없었다. 추상적인 도덕밖에 없었다. 내가 나에게 부과한 것에의 추종을 정당화하기 위해 나는 도리와 정의를 원했고, 바라던 것을 발견했으며, 지금도 그것들을 믿고 있다. 나는 연대의식과 나의 책임, 그리고 인생에 의의를 부여하기 위해서는 죽음도 마다하지 않는 가능성을 발견했다. 그러나 이 진실들은, 말하자면 나 자신에게 항거하여 익혔던 것이다. 이 진실들을 맞이하라고 스스로를 설득하기 위해 언어를 사용해 자신에게 설명하고, 설득하며, 교훈을 주었다. 그리고 이 교훈을 전달하고자 노력했으나 그것이 독자에게 반드시 나와 똑같은 신선함을 지니지는 않는다는 점을 몰랐다.

이와 같이 나는 나의 문학 생활의 '도덕 시대'라 부를 수 있는 시기로 들어섰고, 그것이 몇 년 동안 계속되었다. 나는 이제 내 솔직성을 기준으로 하지 않았기 때문에 나의 주의나 목적에 대해 자문하는 결과가 되었다. 그리고 얼마쯤 망설인 끝에 나는 이 문제에 대해 수필을 쓰는 방법을 배웠다.

1943년 초에 《타인의 피》를 완성했을 때, 플로르에서 사르트르는 최근에 알게 된 장 그르니에게 나를 소개했다. 장 그르니에는 당시의 이데올로기적 경향을 나타내는 수필을 한 권의 책으로 정리할 계획을 갖고 있었다. 그르니에는 나를 보고 물었다.

"그러면 당신은 실존주의자입니까?"

나는 지금도 그때의 당혹감을 기억한다. 예전에 키에르케고르를 읽은 적이 있었고, 훨씬 전부터 하이데거에 대한 '실존주의' 철학 이야기는 듣고 있었지만, 가브리엘 마르셀이 문단에 갓 발표한 '실존주의'라는 말의 의미는 몰랐다. 게다가 그르니에의 질문은 나의 깊은 조심성과 자존심을 찔렀다. 나는 아직 무슨 무슨 주의를 가치 있다고 여길 만큼 객관적인 중요성을 충분히 인식하지 못했었다. 그리고 내 사상은 진실을 반영하는 것이지 학설적인 편견이 아님을 확신했다. 그르니에는 그가 담당하는 선집에 협력해 달라고 내게 청했으나 처음에 나는 거절했다. 앞에서도 말했듯이 철학에 관한 한 나는 나의 한계를 알고 있었기 때문이다. 《존재와 무》는 아직 출판되지 않았어도 원고를 수도 없이 되풀이해서 읽었다. 그리고 그것에 추가할 내용은 아무것도 없다고 생각했다. 그르니에는 내가 좋아하는 주제를 선택해도 좋다면서 몇 번이고 권했다.

사르트르도 내게 격려를 했다.

"한번 해봐!"

나는 《타인의 피》에서 제기했던 문제 가운데 아직 하고픈 말이 남아 있었다. 특히 개인적인 체험과 보편적인 현실 관계에 대해서이다. 나는 이 주제에 대해 하나의 비극을 묘사했다. 어떤 도시가 그 도시에서 가장 높은 지위에 있는 사람에게 인명의 희생을 요구한다고 가정했다. 틀림없이 사랑하는 사람의 희생이리라. 처음에 주인공은 거부한다. 그러나 공공복지를 생각하는 마음이 그를 이긴다. 그는 그것에 동의하지만 끝내 누구에 대해서도, 어느 것에 대해서도 무관심한 상태에 빠지고 만다. 생사가 걸린 위험에 직면한 도시는 헛되이 그의 구원을 요청한다. 누군가, 아마도 한 여성이 그에게 이기주의적인 정열을 다시 용솟음치게 하는 데 성공한다. 그때가 되어 비로소 그는 동포를 구할 의지를 발견하는 것이다. 이 그림은 너무나 추상적이어서 작품은 확고한 형태를 띠지 않았다. 하지만 내가 줄곧 생각하던 문제를 솔직하게 다룰 기회를 얻었으니 어찌 이용하지 않을 수 있으랴? 나는 생각했다. 이런 이유로 나는 《피리우스와 시네아스》를 쓰기 시작했고, 그것은 석 달에 걸려 마침내 작은 책이 되었다.

만약 인간이 '멀리 보이는 존재'(하이데거의 말)였다면 어째서 좀더 멀리까지 초월하지 못하고 거기서 멈추었을까? 그의 계획의 한계는 어떻게 한정지어진 걸까? 나는 제1부에서 이렇게 자문하고 있다. 나는 순간의 도덕과, 영원을 문제로 다루는 도덕을 모조리 거부했다. 개별적인 인간은 사실 무한—신 또는 휴머니티라고 부르는 것—과 관계를 맺지 못한다. 나는 사르트르가 《존재와 무》에 도입한 '시추에이션'의 생각의 중요성과 진실성을 나타냈다. 모든 소외를 공격했으며, 타인을 알리바이로 사용하는 일을 금했다. 또한 전투하는 세계의 중심부에 있어서 모든 계획은 자유로운 선택이고, 《타인의 피》의 블로마르처럼 폭력에 동의하지 않으면 안 된다. 오늘날 이 비판적 논술 전체는 매우 간략해보이지만, 그러나 옳다고 믿는다.

제2부에서는 실증적인 토대를 도덕에서 발견하는 일이 문제였다. 나는 막 끝낸 내 소설의 결론에서 보다 세부적인 것을 추가하여 그것을 다시 다루었다. 즉 자유는 모든 인간적 가치의 기초이며, 인간의 일을 정당화할 수 있는 유일한 목적이라는 것이었다. 내가 사르트르의 이론에 공감한 부분은, 어떠한 상황에서든 우리는 그 상황을 초월할 자유를 갖는다는 점이다. 만약 그 자유가 우리에게 주어졌다면 어떻게 그 자유를 목적지로 간주할 수 있을까? 나는 자유의 두 가지 면을 구별했다. 자유는 인간 존재의 모습 자체이고, 싫든 좋든 그리고 어떤 방법으로든 외부에서 오는 모든 것을 다시 자기 것으로 만든다. 이 내적인 움직임은 불가분하기 때문에, 각자에 있어 전체이다. 그에 반해 사람들에 대해 열려 있는 구체적인 가능성은 같지 않다. 그중 몇 사람만이 인류 전체가 지닌 구체적인 가능성의 극히 적은 부분에 도달하게 된다. 그들의 노력은 애당초 혜택받은 사람들이 출발한 플랫폼에 사람들을 근접시키는 일에 불과하다. 그들의 초월성은 내재성이라는 얼굴 밑의 공동체속에서 그 힘을 상실한다. 그렇지만 혜택받은 사람들의 상황에 있어서 계획은 반대로 가치 있는 초탈이며 새로운 미래를 구축한다. 활동은 그것이 자기

와 타인을 위해 특권적인 상황을 획득할 목적인 경우는 괜찮다—즉 자유를 자유롭게 한다. 이와 같이 나는 사르트르의 생각과, 긴 토론 가운데서 내가 그에게 반항하고 고수했던 경향을 화해시키려 했다. 나는 상황들 사이에 계층을 설정했으나 주관적으로 말하면 어쨌든 구원은 가능했다. 그러나 무지보다 지식을, 질병보다 건강을, 빈궁보다 번영을 선호했다.

나는 실존주의 도덕에 물질적인 내용을 부여하려는 내 의도를 비난하지는 않았으나, 내가 개인주의에서 벗어나겠다고 생각한 순간, 나 자신이 그 안에 몰입되어 있을 때는 난처했다. 개인은 타인을 재인식함으로써 인간적 차원을 얻게 된다고 나는 생각했다. 그렇지만 내 수필에서 공존은 각자가 극복하지 않으면 안 될 일종의 사고처럼 보인다. 저마다 고독에 그 계획을 새기려고 하며, 아울러 공동체에게 그것을 인정하게 하려 한다. 사실, 사회는 내가 태어나던 시점부터 나에게 투자했다. 그 사회란 내 가족 안에 있고, 또한 내가 결정한 나와 사회와의 관계 안에 존재한다. 나의 주관론은 필연적으로 내 관념에서 거의 모두 이해 가능한 지적 범위를 제외한 관념주의와 겹쳐 있었다. 이 최초의 수필은 나의 진보의 순간만을 중시하기 때문에 지금은 내 흥미를 끌지 못한다.

피리우스와 시네아스가 나누는 대화는 내 안에서 오간 나 자신과의 대화를 방불케 한다. 이 대화는 내가 20살이 되던 날의 일기에 나타나 있는 것으로, 두 경우 모두 한 목소리로 '그런 것을 한다고 해서 무슨 소용이 있는가?' 자문하고 있다. 1927년 그 목소리는 절대와 영원의 이름으로 지상 활동의 허무함을 지적하고, 1943년에는 보편적인 역사를 기이한 계획의 유한성에 맞서게 하고 있으나 여전한 무관심과 회피를 유도하고 있다. 어제와 마찬가지로 오늘도 답은 똑같다. 나는 무력한 이성, 허무, 그리고 모든 생생한 긍정의 필연적 증거에 맞섰다. 키에르케고르와 사르트르의 사고에 합류하여 '실존주의자'가 되는 것이 이토록 자연스럽게 느껴진 까닭도, 나의 과거 전체가 나를 이 사고로 이끌었기 때문이다. 유년시절부터 내 성격은 내 욕망과 의지에 신뢰를 두고 있었다. 나에게 지적인 틀을 이루게 한 학설 가운데서 나는 이 경향을 강화하는 쪽을 선택했다. 19살 즈음 인간은 자기 인생에 의의를 부여할 수가 있으며, 자기만으로도 충분하다고 확신했었다. 그러나 그럼에도, 나는 내 인생에서 이 현기증 나는 공백과 보이지 않는 어둠을 저버리지 않았다. 내 삶의 이러한 어두운 면들에서도 여러 가지 '도약'이 떠올랐다. 나는 이것에 대해 언제고 쓸 생각이다.

《피리우스와 시네아스》는 7월에 완성해서 갈리마르 서점에 넘겼다. 《초대받은 여인》은 한두 달 뒤에 출간 예정이었다. 《타인의 피》에 의해 나는 진보를 했다고 생각했다. 그리고 만족스러웠다. 나의 두 번째 작품은 프랑스 해방 이후에나 가능했는데, 나는 서두르지 않았다. 중요한 것은 다시 미래가 전개되는 날이 온다는 사실이었다. 현재 우리는 그것을 의심하지 않았다. 그리 오래 기다리지 않아도 될 것 같다는 믿음이었다. 다 끝났다고 믿었던 모든 행복이 다시 꽃피었다. 행복이 이렇게까지 가슴 벅차게 생각된 적은 없었다.

제8부

　세브르 여자고등사범학교의 입학시험은 6월에 있었고, 나는 그달 말부터 자유로운 몸이 되었다. 이번 여름휴가 때도 여기저기 돌아다니고 싶었지만, 우리는 프랑스에서 가장 식량이 풍부한 중부지방을 골랐다. 나는 사르트르와 7월 15일에 만날 약속을 하고 로안으로 가는 기차에 몸을 실었다. 좌석을 예약하고 출발 시각보다 미리 가서 앉아 있었다. 그렇지 않으면 플랫폼에 남겨질 우려가 있기 때문이다. 사람들은 계단에 선 채로 여행하거나, 화장실 안에서 콩나물시루가 되었다. 역마다 기차에 탈 수 없어 오열하는 부인들이 있었다. 우연히 함께 여행하는 사람들이 긴 시간에 걸쳐 《구토》에 대해 이야기했으며, 《구토》를 《이방인》과 동격으로 다루었다. 이어 그들은 〈파리〉에 대해 토론을 하고, 나는 사르트르에게 편지로 그것을 전했다.
　"그중 한 사람은 어째서 이 희곡이 더 큰 성공을 거두지 않는지 이상하다고 말했어. 그리고 자기는 알퀴에에게서 들었는데 발레리가 〈파리〉를 탐탁해하지 않아서 사르트르가 곤혹스러워 한다(?)고 하더군. 하지만 자기는 이 희곡이 흥미 없다고는 도저히 생각되지 않는다는 거야."
　같은 편지에서 나는 말했다.
　"로안도 무척 빈궁하게 보여. 파리와 비슷한 정도로. 그런데도 아침식사로 밀크 커피를 마셨어. 25프랑에 무와 시금치 요리가 듬뿍 나왔는데 시금치가 꽤 맛있었고 또 감자 크로켓과 맛없는 살구를 2개 먹었어. 2인분을 내주었는데 내 옆자리 사람이 아무것도 먹지 않아서 충분히 먹을 수 있었지. 파리보다 식량 사정은 좋은 듯해. 그렇지만 최상급 호텔에서조차 메뉴에 시금치와 사탕무밖에 없었어."
　이 몇 줄을 왜 이곳에 싣는가 하면, 당시에 받은 편지를 다시 읽어보면 편지를 보낸 사람 모두가 얼마만큼 꼼꼼하게 식사에 대해 설명하는지 알 수 있기 때문이다. 올가마저도 식사에 대해 써 보냈다. 먹는 것은 중요한 문제였다.

나는 3주 동안 여행을 계속하다가 다시 리무쟁을 방문했다. 메리냐크의 사촌언니 잔의 집에서 금발의 아이들이 오밀조밀한 가운데 하루를 보냈다. 집은 증축되었고 장작 헛간, 차고, 세탁장도 개조되어 있었다. 나무들 밑에는 성모마리아 상이 몇 개 서 있었으며, 풍경화 같은 정원은 철조망이 둘러쳐져 있었다. 옛날 모습은 별로 없었다.

나는 자전거 때문에 고생을 했다. 150킬로미터마다 타이어 하나가 망가졌기 때문이다. 사르트르에게 편지를 보내 작은 차고 주소 하나를 알려주면서 보스트의 먼 친척이라고 하면 250프랑에 새 타이어 튜브를 살 수 있다고 썼다. 사르트르가 위제르쉬 역 플랫폼에 내렸을 때, 그는 손에 자전거 수리 도구 자루를 2개 쥐고 어깨에는 고무 타이어를 걸고 있었다. 베제르 강을 내려다보는 호텔 샤반에서 그는 파리에 대해 이야기했다. 그가 파테사(社)에 고용되었고, 새로 쓸 시나리오의 대가로 정기적으로 상당히 큰 금액의 사례를 받기로 했다고 전했다. 그리고 만약 이 일이 순조롭게 흘러가면 이듬해부터 교사는 그만두겠다고 했다.

이번에는 쓸데없는 여행을 하지 않고 단거리 일정으로 마음에 드는 곳에서 오래 머물었다. 때때로 비를 만나면, 자전거용 노랑 망토 밑에서 빗속의 야영을 했다. 사르트르가 나무 밑으로 피해 망토 아래로 젖은 머리를 내밀고 용감하게 웃으면서 비에 젖은 안경을 닦던 모습이 지금도 눈에 선하다. 우리가 볼리외에 도착하던 날은 늦었으므로 호텔 현관 앞 보도에 자전거를 세운 채 곧장 저녁을 먹으러 갔다. 그 사이에 별안간 세찬 폭풍이 불어 사르트르가 밖으로 뛰어나가 자전거를 들여놓을 틈도 없이 자전거는 넘어졌고, 누런 흙탕물이 도구 자루를 덮쳐 사르트르의 《유예》 원고는 물살 속으로 떠내려갔다. 우리는 원고를 건지기는 했지만 진흙탕에 젖은 페이지 위로 잉크가 번져 흘러내렸다. 그것들을 말려 텍스트를 복구하는 데 많은 시간이 걸렸다. 집들은 물에 잠겼다. 다음 날 한낮이 되어도 여전히 주부들은 황토로 더러워진 바닥을 닦거나 청소하는 등 분주하게 일을 했다.

하지만 이윽고 태양이 빛나서 우리는 무리한 여행을 하지 않아도 되었으며 식사도 배불리 할 수 있었다. 농가가 보이면 달걀을 사기 위해 먼 길을 돌았다. 그렇게 해서 자주 달걀을 손에 넣었다. 숙소에서는 우리가 정식 말고도 오믈렛을 만들어달라고 하는 것을 당연하게 받아들였다. 대개는 숙박하는 일로 고생하지 않았는데, 그런데도 라 로슈카니야크에는 빈 방이 하나도 없었다. 한참 후에야 겨우 멀리 떨어진 곳에 손님을 묵게 해주는 농가가 하나 있다는 정보를 얻었다. 우리는 어둠 속을 오랫동안 헤맸다. 우리가 농가에 다다랐을 때, 사람들은 저녁을 막 끝내려는 참이었다. 10명 가량이 테이블을 둘러싸고 커다란 사과 파이를 먹고 있었는데 우리에게도 한 조각 나눠주었다. 농부는 친근한 표정으로 어젯밤은 헛간이 만원이었지만, 오늘 밤은 편히 쉬다 가라고 했다. 분명 농부는 우리를 어젯밤의 손님들과 똑같은 사람들, 즉 레지스탕스라고 생각한 모양이다.

다시 타른 협곡으로 갔다. 통칭 레 비뉴라고 불리는 곳으로 우리는 할머니가 혼자서 경영하는 작은 호텔을 발견했다. 손님은 우리뿐이어서 햄을 많이 먹을 수 있었다. 여기서 며칠을 보냈는데, 할머니는 아직 도로도 없고 관광객도 없던 시절의, 그리고 타른 강이 아직 아름답고 한적한 강이던 시절의 일을 향수를 담아 이야기했다. 우리는 르 로, 에스팔리옹, 앙트레그, 에스탱, 콩크를 다시 찾아갔다. 콩크에는 방이 없었다. 시장은 피난민을 위해 마련해놓은 학교 교실의 밀짚 위에서 우리를 묵게 해주었다. 바우르에서는 점심으로 파테가 나왔는데 너무나 감격하여 저녁식사 때까지 남기로 했다. 방이 없었지만 그래도 좋았다. 우리는 마구간에서 잤다. 밤에 진드기에게 물리기는 했어도 배는 불렀다.

여행은 툴루즈에서 종말을 고했다. 부모님 집에 머물고 있는 도미니크 드 장티와 몇 잔인가 술을 나눴으며, 로트만과도 만났다. 사르트르는 로트만을 잘 알지 못해 별 얘기도 나누지 않았다. 몇 달 뒤에 우리는 그가 처형되었음을 알았다.

8월 말에 우리는 라 푸에즈에 이르렀고, 9월은 그곳에서 행복감에 젖어 생활했다. 7월에 연합군은 시칠리아 섬을 정복하고 9월 초에는 칼라브리아와 살레르노에 상륙했다. 무솔리니의 사임과, 신문이 '바돌리오 장군의 돌아눕기'라고 부른 사건에 의해 독일과 이탈리아의 관계는 완전히 뒤집어졌다. 이탈리아군은 무조건 항복을 했으므로 롬멜 장군 지휘 아래에 있는 독일군이 이탈리아 전역을 점령했다. 그랑 사소 산상으로 유형을 간 무솔리니는 독일의 낙하산부대에 의해 극적으로 구출되었지만 이 사건도 정치적인 결과는 아무것도 초래하지 않았다. 많은 독일군 군단이 결정적으로 이탈리아에 갇혀 있는 동부전선에서는 유럽 주둔군이 전선을 축소하기 위한 퇴각 작전을 하고 있다는 성명을 발표했는데, 이 말이 어떠한 패배를 은폐하고 있는지 지도를 잠깐 보기만 해도 이해가 갔다. J의 날(전투 개시일) 미·영 연합군이 프랑스 연안에 교두보를 차지하던 새벽에는 독일 육해공군이 동시에 전선을 지키는 일은 불가능했다.

우리는 BBC방송을 듣고 서로 축하를 나누며 활기차게 일을 했다. 나는 세 번째 소설을 시작하고 《인간은 모두 죽는다》는 제목을 붙였다. 사르트르는 《유예》를 계속 쓰고 있었다. 우리가 파리로 돌아왔을 때, 그는 새로운 희곡을 쓰기 위해 《유예》를 중지했다. 사르트르의 첫 희곡과 마찬가지로 이 작품도 신인을 위해 썼다. 올가의 언니인 방다 역시 연극을 하고 싶어 뒬랭의 양성소에 다니고 있었는데, 10월에 뒬랭에게서 〈파리〉의 작은 역을 받았다. 한편 갈색 머리 올가는 리옹 근교에서 제약 공장을 경영하는 마르크 바르브자와 얼마 전 결혼했다. 바르브자는 〈라르발레트〉라는 사치스런 잡지를 1년에 3번 자비로 출판하고 있었는데 자기 손으로 직접 인쇄했다. 그는 아내가 여배우라는 직업에 충실하기를 바라서, 사르트르에게 프랑스를 순회하면서 상연할 수 있을 만한 희곡을 아내와 방다를 위해 써달라고 제안했다. 그럴 만한 비용은 갖고 있다고 했다. 등장인물은 2, 3명에, 단 하나의 무대장치, 그리고 매우 짧은 비극이란 점이 사르트르의 창작 의욕을 부추겼다. 그는 즉각 '출구 없음'이라는 시추에이션을 생각해냈다. 즉 장기 폭격 상황하의 지하실에 갇혀 있는 사람들이었다. 아울러 사르트르에게는 주인공들을 영원히 지옥에 가둔다는 영감이 떠올랐다. 그는 쉽사리 〈출구 없음〉을 구성해냈다. 처음에는 《타인들》이라는 제목이 붙었는데, 〈라르발레트〉지에는 이 제목으로 발표되었다.

나는 도핀 거리에서 절대로 두 해째는 살지 않겠노라고 스스로에게 맹세했다. 여름휴가 훨씬 전에 나는 카페 플로르의 구성원들이 살고 있는 센 거리의 호텔 루이지안 주인을 소개받았다. 나는 10월에 그곳으로 이사했다. 내 방에는 책장과 두껍고 커다란 테이블이 있고, 벽에는 영국 기병의 포스터가 붙어 있었다. 이사하던 날 사르트르가 양탄자 위에 잉크를 엎지르는 바람에 호텔 여주인은 즉각 그것을 걷어갔다. 그러나 판자가 깔린 바닥도 양탄자와 마찬가지로 마음에 들었다. 부엌도 있고, 창밖으로는 지붕이 줄줄이 이어져 있었다. 지금까지 이곳만큼 내 이상(理想)에 가까웠던 곳은 없었다. 나는 죽을 때까지 이곳에 있겠다고 마음먹었다. 사르트르는 복도 맞은편 끝의 좁은 방에 진을 치고 있었다. 그 방은 어찌나 살풍경하던지 오는 사람마다 깜짝 놀라곤 했다. 사르트르는 책도 갖고 있지 않았다. 우리가 산 책은 남에게 빌려주면 다시 돌아오지 않았다. 리즈와 부를라는 한 층 아래의 둥글고 커다란 방에서 살았다. 복도에서 물루지와 아름다운 롤라를 자주 마주쳤다. 호텔 루이지안에서 그녀는 엄청난 인기를 누렸다. 왜냐하면 그녀가 플로르에서 만나는 4, 5명의 와이셔츠를 세탁해 다림질을 해주기 때문이었다. 당시의 비누는 거품이 일지 않아서 무료로 세탁하기에는 어지간한 봉사정신 없이는 불가능했다.

우리는 물질적으로는 지난해보다 궁핍하지 않았다. 예정대로 사르트르는 콩도르세 고등학교에서 '준비과정'을 담당하면서 파테사(社)를 위해 시나리오를 썼다. 처음에 그가 써서 가져간 것은 《내기는 벌어졌다》였는데 전문가들의 호평을 얻지 못했다. 될랭은 사르트르에게 카미유와 교대로 연극사 강의를 맡게 했다. 《존재와 무》는 갈리마르 서점에서 나오기는 했지만 별로 화제가 되지도 팔리지도 않아서, 사르트르의 이름은 거의 오르내리지 않았다. 나는 정해진 시간에 일을 하지 않아도 되어서 좋았다. 일주일에 고작 1, 2번 국립도서관에 갈 뿐이었고 보스트의 도움을 받아서 샹송이나 코미디, 모놀로그, 애가(哀歌)의 옛 책을 솎아내 라디오용으로 몽타주를 했다. 이들 방송은 무미건조했지만 그래도 준비는 꽤 재미있었다. 이런 변화들이 내 생활을 즐겁게 해주었으며, 특히 두 가지 사정, 즉 《초대받은 여인》의 출판과 갑자기 꽃핀 많은 우정에 의해 내 생활은 다행히도 새로워졌다.

내가 라 푸에즈에 도착했을 때, 《초대받은 여인》이 막 나온 참이었다. 이 책이 어떤 반향을 불러일으킬지 나는 도무지 예상할 수 없었다. 사르트르도 내 일을 조명하기 위해 깊이 관여하고 있었다. 친구들은 좋다고 말해주기는 했지만 그건 친구 얘기다. 마르코는 심하게 격식을 차린 어조로 말했다.

"정말 깜짝 놀랐어요. 단숨에 읽어 내려갈 정도로 무척 재미있었죠. 하지만 역 가판대용 소설이더군요."

나는 그의 험담을 각오했기 때문에 별로 동요하지 않았다. 그래도 나는 겸손하기로 했다. 4년 동안 이 책을 쓰기 위해 고심했거니와 내 모든 것을 이 책에 걸었다. 그러나 현재로선 초탈해 있었다. 나의 낙천주의는 내 생활이 끝없이 진보할 것을 요구했으며, 또 지금으로서 경박한 연애물이라고 생각하는 초심자의 이 작품을 가벼운 마음으로 경멸할 수 있었다. 현재 나는 정치 참여적인 방대한 소설을 꿈꾸고 있다. 나의 엄격함 속에는 많은 신중성이 들어 있다. 그 조심성은 기대에서 벗어나리란 것을 미리 알리고, 실력 이상으로 나를 평가하는 우스꽝스러움을 피하게 한다.

　8월 하순에 사르트르는 C.N.E.(국민작가위원회)라는 레지스탕스 모임에 참여하기 위해 파리에 갔다. C.N.E.는 5월 말에 제1차 총회가 있었고, 재조직이 이루어졌다. 나는 앙제로 가서 사르트르를 기다렸다. 역 앞 카페 테라스에서 나는 신문을 흔들며 급한 걸음으로 다가오는 사르트르를 보았다. 《초대받은 여인》의 최초 비평이 마르셀 아를랑의 서명으로 〈코메디아〉지에 실렸다. 이 기사만큼 나를 기쁘게 한 것은 그 뒤로 없었다. 아를랑은 조금 조심스럽기는 했지만 열정을 담아 내 소설을 이야기했으며, 또 진지하게 다루는 듯했다. 이 점이 특히 나를 기쁘게 했다. 오래전부터 품어온 소망에 정확하게 도달하는 것은 자주 있는 일이 아니다. 진짜 비평가가 쓴 이 기사는 진짜 신문에 인쇄되어 내가 진짜 책을 구성했고, 내가 갑자기 진짜 작가가 되었음을 보증해주었다. 나는 나의 환희를 솔직하게 받아들였다.

　파리로 돌아왔을 때에도 이와 같은 기쁨은 수그러들지 않았다. 이 밖에도 상당수의 비평이 있었는데 대부분은 칭찬이었다. 하지만 대체로 비평은 내가 묘사한 층의 부도덕을 지적했다. 아를랑조차도 내 주인공들이 침대의 헛된 고집에 매여 있다고 유감스러워했다. 분명 비시 정부 아래의 그 시절은 〈타르튀프〉의 공연이 금지되고 낙태를 한 여자의 목이 달아났었다. 모든 여성은 정절을 지키고, 모든 아가씨는 처녀이며, 모든 남성은 품행이 방정하고, 모든 아이는 순진무구하다고 보았다. 그렇더라도 이 신경과민일 정도의 신중함에는 깜짝 놀랐다. 왜냐하면 《초대받은 여인》은 남녀가 자는 부분이 아주 조금뿐이니까! 그에 반해 나는 티에리 모니에의 프랑수아즈에 관한 고찰―그녀의 행복에 대한 뜨거운 열정―을 읽고서 놀라고 또 기뻤다. 모니에의 연구는 올바른 동시에 나에겐 뜻밖이었다. 그렇다면 나의 책은 대상의 밀도를 갖는 것이다. 대상은 나에게서 어느 정도 떨어져 있었다. 그런데도 그 대상이 내 의도를 배신하지 않음을 알고 무척 기뻤다. 가브리엘 마르셀은 나에게 무척 친절한 편지를 보냈다. 자비에르는 '타인'의 완전한 구현인 것처럼 생각된다고 썼다. 어떤 나이 든 남성은 마르코를 통해 나와 만나서 이야기를 나누고 싶다고 청했다. 그는 매우 어두운 어떤 정치 드라마에 대해 말했는데, 자신이 관여하고 있는 작품으로 《초대받은 여인》에서처럼 두 의식이 죽을 때까지 싸운다고 했다. 그런 까닭에 나는 내 출발점이었던 주제가 도중에 타락하지 않았다는 확신을 가졌다. 다른 데서도 편지가 왔다. 한 통은 장 콕토, 다른 한 통은 아마도 모리아크에게서였던 듯하다. 카페 플로르에 결코 발을 들이지 않는 라몽 페르난데스가 나를 만나기 위해 플로르로 찾아왔다. 그는 적의 진영에 있었으므로 그의 후의에 나는 적잖이 당황했다. 젊은 시절에 나는 그의 책을 무척 좋아했고, 또 그의 배신은 나를 슬프게 했다. 그는 살찐 체구에 하얀 행전을 차고 있었다. 그는 프루스트의 성생활에 대해 말했고, 나는 그 이야기에 아연해했다.

사교계에 원만히 발을 들여놓은 마르코는 살롱(사교계의 응접실)에서 나에 대한 호의적인 말을 듣고 와서 애매한 어조로 내게 그 말을 전해주었다.

"당신은 친구들이 옳은 평가를 해주지 않았다고 생각하겠지요?"

그는 말했다. 나는 분통을 터뜨리는 그의 모습에 정말 기뻤다. 또 카페 플로르 2층에서 사르트르가 조금 알고 지내던 운 나쁜 소설가는 내게 이렇게 말했다.

"그녀는 운이 좋군! 좋은 주제를 잡아낸 거야."

이어 그는 고개를 끄덕이며 말했다.

"아냐, 확실히 훌륭한 주제야. 그녀는 정말로 운이 좋았어!"

나는 아다모프의 경멸을 각오하고 그에게 말했다.

"어떻게 생각해요? 시작이 있고 중간이 있고, 끝이 있는 진정한 소설 아니에요? 분명 당신 마음에는 들지 않겠지만요."

끄덕이는 아다모프의 시선은 무겁게 그늘이 졌다.

"그렇지도 않아…… 자비에르가 있으니까, 자비에르가."

그는 말했다. 카페 플로르의 회원 중에는 자비에르 덕분에 나를 정상참작해 준 사람도 있었지만, 대부분은 악의적인 눈길로 나를 보았다. 그들은 올가나 물루지에게 불만을 말했다. 내가 발 네그르에 대해 참담하게 말했으며, 그 훌륭한 동물성을 이야기했기 때문이다. 그들은 이 소설 속에서 그들 나름의 신화를 찾아내지 못하고, 또 프랑수아즈라는 인물을 못마땅해했다. 특히 남자들은 나를 단죄했다. 여자들 사이에서는 의견이 더 나뉘어 있었다. 그중 몇몇 사람은 내게 다가왔다.

"이따금 만나주지 않겠어요?"

내가 피하면 그녀들은 퉁명스러워졌다. 내가 훨씬 전부터 얼굴만 알던 상당한 미모의 청년 프랑시스 뱅트농은 좀더 우아한 방식으로 내게 찬성의 뜻을 표현하며, 당시에 귀중한 선물이었던 영국제 담배 한 상자를 주었다. 그 뒤에도 그는 내게 자주 담배와 영국 소설을 가져다주었다. 그가 완전한 무일푼임을 나는 잘 알고 있었건만······.

이와 같이 나는 내 책을 통해 호기심, 안달, 호의를 불러일으켰다. 내 책을 좋아하는 사람들도 있었다. 나는 15살 때 했던 맹세를 드디어 이루었고, 오랜 기간에 걸쳐 마음이 쓰이던 일에 대한 대가를 거두었다! 나는 분별없는 문제로 내 기쁨을 허사로 돌릴 만한 일은 하지 않았다. 내 책의 절대적 가치가 무엇인지, 또 시간에 항거하여 존재할 수 있을지도 자문하지 않았다. 미래가 그것을 결정하리라. 현재로선 첫 발자국을 뗀 것만으로 충분했다. 《초대받은 여인》은 다른 사람에게도 존재했으며, 나는 공적인 생활로 접어들었다.

나는 이따금 '타인'에 대한 공중누각을 스스로에게 비난했다. 그리고 그것을 《초대받은 여인》에서 다시 들추어냈다. 하지만 내가 다른 여자의 얼굴을 빌려서 나 자신과 해후했을 때, 나는 그것에 속았던 것이다. 갈리마르 서점에 대해서 쓴 어떤 기자는 나에 대해 '갈리마르 서점의 신진 여류작가'라고 불렀다. 이 말이 내 머릿속에서 방울 같은 경쾌한 소리를 내며 울려 퍼졌다. 작가의 경력에 발을 내디딘 성실한 생김새의 젊은 여성, 그 사람이 내 이름이 아닌 다른 이름의 소유자였다면 나는 얼마나 그녀를 부러워했을까? 그렇지만 그 여자는 바로 나다. 나의 체험은 너무나도 신선했기 때문에 나는 나의 인상과 뒤섞이는 데 성공을 거두는 동시에, 이미지를 높이는 모든 축복을 받았다. 만약 그해에 공쿠르 상을 받았더라면 무척 기뻤으리라. 문제가 제기되었는데, 내가 그 상을 받을 가능성이 있다고 3월에 갈리마르 서점에서 진지하게 검토되었다는 말을 들었다. C.N.E.는 내가 신문에 기사나 회견을 싣지만 않으면 공쿠르 상을 받는 데 지장이 없다고 했다며 사르트르는 말했다. 공쿠르 상 심의회가 있던 오후에 나는 여느 때처럼 카페 플로르 2층에서 일을 하고 있었다. 그러나 결과를 알리는 전화를 조마조마해하면서 기다리고 있었다. 나는 라 푸에즈에서 르메르 부인 감독 아래 만들어진, 대용품이기는 했지만 아름다운 파랑 새 옷을 입고, 터번 대신에 높이 묶어서 한껏 정성을 들인 머리 모양을 하고 있었다. 당장에라도 내 주위에서 엄청난 소동이 일어날지도 모른다는 생각에 나는 겁이 나다가도 유혹에 휩싸였다. 하지만 상이 마리우스 그루에게 돌아갔을 때, 나는 동요하지 않았다. 며칠 뒤에 나는 르노도 상의 유력 후보에 올랐다는 소식을 들었다. 신문에서 르노도 수상자가 수비랑 박사였음을 알았을 때 나는 라 푸에즈에 있었는데, 이때는 어두운 유감의 빛이 전혀 없었다. 이런 깊은 실망을 쉽게 받아들일 수 있었던 까닭은 오만함 때문도, 무관심 때문도 아니다. 내가 맺은 몇몇 우정이 나의 자존심을 지탱해주었고 또한 그런 일에 너무 무게를 두지 않도록 해주었던 것이다.

  내 옛 우정은 거의 남아 있지 않았다. 시간이 우정을 무뎌지게 하거나 지리적인 거리와 부재 때문에 단절되고 말았다. 우리는 거의 '가족'하고만 교제했으므로 지인의 범위가 확대되었을 때, 그것은 나의 생활에 커다란 변화를 초래했다.
  우리는 미셸 레리스의 《아프리카의 환영》과 《성숙의 연령》에서 그의 반듯한 성실성, 서정성, 동시에 초탈한 문체의 번득임에 강한 충격을 받았으므로, 작자와 알고 지내고 싶었다. 사르트르는 그를 C.N.E.에서 만났다. 그들이 〈레트르 프랑세즈〉지에 〈파리〉에 대해 글을 쓴 것은 앞에서 말했다. 7월 내가 부재중이던 때에 사르트르는 레리스의 집에 초대를 받았고, 10월에는 그들이 나를 사르트르와 함께 초대해주었는데, 사르트르가 번지수를 까먹는 바람에 집을 찾기까지 30분가량 그랑조귀스탱 강가를 헤매야 했다. 레리스는 상냥한 미소에도 불구하고 완전히 밀어버린 머리와 빈틈없는 복장, 그리고 잰 체하는 동작으로 나를 약간 당황하게 했다. 그러나 제트(레리스부인)는 대번에 나를 편안하게 해주었다. 그녀의 파란 눈동자에는 아직 소녀다운 데가 있음에도 목소리나 손님을 대하는 태도는 모성적이라고 할 만큼 푸근했다. 아파트는 부르주아적인 가구로 꾸몄고, 서적과 피카소, 마송, 미로, 그리고 무척 아름다운 후안 그리스 등의 근대 회화로 가득했다. 서재의 의자는 후안 그리스의 도안에 기초하여 짠 태피스트리로 덮여 있었다. 창은 물과 돌의 드넓은 풍경과 잇닿아 있었다. 레리스는 인류박물관에서 일하고 있었다. 제트는 입체파 화가들 대부분을 세상에 내놓았으며 피카소의 방대한 컬렉션을 소장하고 있는 그녀의 형부 칸바일러의 화랑을 경영했다. 그녀의 형부는 유대인과 반독일파의 피난소로 쓰이는 이 아파트에서 비밀리에 지내고 있었다. 레리스 부부는 유명인을 많이 알고 있어서 그들에 대해 이야기를 들려주었다. 이 부부는 자코메티와도 친밀하여 그의 얘기도 많이 해주었고, 초현실주의 전성기 때의 일도 들려주었다. 레리스는 초현실주의의 모험에 열중하여, 당시 그는 얼굴을 새하얗게 칠하고 박박 민 머리 위에 풍경화를 그렸다. 그는 제1차세계대전 직후에 클로즈리 데 릴라 2층에서 개최된 생폴 루의 연회에 참석하여 활짝 열린 창밖에 대고, 감격하여 외쳤다.

"독일 만세!"

지나던 사람들은 아래층으로 내려와 이야기를 하자고 했고, 그것을 실행한 그가 나중에 정신을 차렸을 때는 병원이었다고 한다. 마조히즘과 과격주의, 관념주의가 뒤섞인 그 주의(主義) 덕분에 레리스는 과격하고 돌출된 체험을 많이 했다. 그는 그 체험들을 약간 놀라는 투로 공평하게 말해주었다.

크노는 레리스의 친구 중 하나다. 크노와의 만남이 어떻게 이루어졌는지 기억나지 않지만 그것은 카페 플로르에서 열렸으며, 우리는 크노에게 《진흙탕의 아이들》을 매우 좋아한다고 말했다. 그의 최초 계획은, 불가능한 문제인 둥글게 쌓는 방법과 영구 운동 탐구로 몸을 마멸시키는 환상가(幻想家)를 진지하게 연구하는 일이었다. 나는 그가 대수를 기막히게 풀고, 부르바키(수학자단체)를 쉽사리 읽어낸다는 말을 듣고 깜짝 놀랐다. 그는 많은 부문에 걸쳐서 놀랄 만한 학식을 갖추고 있었다. 그는 그것을 과시하는 일이 결코 없었지만 그의 일화나 비교, 통찰 등으로 그것을 알 수 있었다. 그와의 대화는 즐거웠다. 왜냐하면 그는 사람들의 이야기를 모두 즐겁게 들었고, 그가 한 이야기는 그보다 훨씬 더 재미있었기 때문이다. 안경 속에서 그는 두 눈을 반짝반짝 빛내며 폭소를 터뜨렸다. 잘 생각해보면 그 웃음의 의미가 확실치 않을 때도 있었지만, 어쨌든 타인에게 전염되는 유쾌함이었다. 크노 부인은 자명한 일이나 무례한 발언을 너무나 천진난만하게 하는 바람에 때때로 분위기에 물을 끼얹을 때도 있었지만, 그녀에게는 익살맞은 데가 있었다.

〈파리〉공연 첫날, 사르트르는 카뮈에게 호감을 가졌다. 내가 카뮈를 처음 만난 것은 사르트르와 함께 카페 플로르에서였다. 약간 머뭇거리기도 했지만 문학에 관한 이야기, 그중에서도 카뮈가 사르트르와 마찬가지로 평가하고 있는 풍주의 시 〈사물의 선입관〉에 대해서 대화를 나누었다. 주위 상황이 우리 사이의 얼음을 어느새 녹여버렸다. 카뮈는 연극에 푹 빠져 있었다. 사르트르는 자기의 새 희곡 이야기를 하고, 카뮈에게 주인공 역과 연출을 맡지 않겠느냐고 청했다. 카뮈는 잠깐 주저했지만 사르트르가 줄곧 권하자 승낙했다. 첫 번째 연습은 방다, 올가, 바르브자, 호텔 종업원 역의 쇼파르 등과 함께 내 방에서 했다. 쇼파르는 사르트르의 제자로 글을 쓰고 있었지만 배우가 되고 싶어서 뒬랭 밑에서 공부하고 있었다. 이 모험에 뛰어든 카뮈의 신속함, 그의 자유로운 신분 등이 그에 대한 우리의 우정을 고취했다. 카뮈는 파리에 온 지 얼마 안 되었다. 결혼했지만 아내는 북아프리카에 남아 있었고, 나이는 나보다 조금 아래였다. 그의 젊음과 자립이 우리와 닮아 있었다. 우리는 어떤 파와도 관련 없는 외로운 그룹이었다. 우리에게는 가정도 없고, 속된 말로 계층이란 것도 없었다. 카뮈도 우리처럼 개인주의에서 정치 참가로 옮겨갔다. 그는 그것을 절대로 암시하지 않았지만 우리는 그가 '콩바' 운동에서 중요한 책임을 맡고 있음을 알았다. 그는 성공과 명성을 기꺼이 맞이했으며, 그것을 감추려 하지도 않았다. 감격해하지 않는 모습을 보였더라면 오히려 자연스럽게 보이지 않았으리라. 때때로 카뮈는 라스티냐크(고리오 영감의 등장인물) 같은 냉소적인 면을 보였지만, 그것을 진지하게 받아들이는 것 같지는 않았다. 그는 거드름을 피우지 않고 쾌활했으며, 유쾌하고 가벼운 농담도 싫어하지 않았다. 그리고 파스칼이라는 카페 플로르의 점원을 데카르트라고 불렀지만, 그이기 때문에 그런 농담도 할 수 있었다. 왜냐하면 아랑곳 않는 성격과 정열이 적당히 섞인 그의 매력 덕분에 그것이 천박해지지 않기 때문이다. 내가 특히 마음에 들었던 것은 그가 일과 쾌락, 우정에 격렬하게 자신을 내던지면서도 사물과 사람에게서 초탈하여 미소 지을 줄 안다는 점이었다.

우리는 때로는 몇몇이서, 때로는 모두 모여서 카페 플로르나 근처 소박한 식당에서 모였고, 이따금씩은 레리스 집에 모였다. 나는 가끔 레리스 부부와 크노 부부, 카뮈 등을 저녁식사에 초대했다. 큰 무리 없이 내 테이블 주위에 8명이 앉았다. 요리를 조금 할 줄 아는 보스트가 나를 도와주었다. 제트가 이따금 나눠주는 소량의 고기 덕분에 지난해보다 식료품 사정이 좋아져서 손님들에게 한 냄비 가득한 콩과 커다란 접시에 든 쇠고기를 내놓고, 포도주는 충분히 준비를 했다.

"질은 대단하지는 않지만, 양은 많군."

카뮈는 말하곤 했다. 전에는 사람을 초대한 적이 전혀 없었는데 이제는 기분전환이 되었다.

이런 모임들은 우리의 시간을 꽤 빼앗았지만 우리는 이것에 취미, 의견, 호기심만으로는 다 설명하기 힘든 가치를 두고 있었다. 그것은 실제적인 연대감에서 나온다. 우리는 BBC방송을 듣고, 뉴스를 서로 전하며, 의견을 나누었다. 함께 기뻐하고, 걱정하며, 분개하고, 증오하며 희망을 가졌다. 비나 맑은 하늘에 대해 이야기할 때면, 으레 그곳에 또한 우리의 기다림과 두려움이 나타나도록 물밑 대화가 이어졌다. 함께 있다는 것만으로도 우리의 단결을 알 수 있었고, 우리의 강함이 느껴졌다. 우리는 우리를 단죄하는 사람들, 사상, 조직에 대해 영원히 단결해 나가기로 맹세했다. 적의 패배 소식이 울려 퍼지려 하고 있었다. 그리고 그때 펼쳐질 미래는 어쩌면 정치적으로, 여하튼 지적인 면에서는 우리 손에 의해 건설될 미래이다. 다시 말해 우리는 전후에 하나의 이데올로기를 부여해야만 한다. 우리에게는 상세한 계획이 있었다. 갈리마르 서점은 《백과전서》의 철학만을 모은 책을 발행할 준비를 하고 있었으며, 우리는 윤리 부문을 철학에서 분리하고자 했다. 즉 카뮈, 메를로퐁티, 사르트르, 그리고 내가 집단 성명을 내려는 것이다. 사르트르는 우리 모두가 주재하는 잡지를 만들 결심이었다. 우리는 새벽녘 전에 도착했는데 이제야 날이 밝으려 하고 있다. 팔꿈치와 팔꿈치를 서로 맞대고 완전히 새로운 출발을 하게 되리라. 그런 상황이었으므로, 나는 35살이었음에도 이 우정에서 젊은 시절의 얼떨떨한 우정의 신선함을 발견했던 것이다.

내가 문학적 삶에 접어든 순간에 이 우정에 접촉하게 된 것은 나로서는 행운이었다. 그것은 내 야심을 결정짓는 데 도움이 되었다. 몇 세기에 걸친 대리석상을 갈망했던 건 아니지만, 시끌벅적한 박수갈채만으로는 만족하지 않앉으리라. 나는 나의 욕망이 이룩되었을 때 느끼는 기쁨을 통해 내 진정한 욕망을 알게 되었다. 내가 방에서 개최한 최초의 저녁식사 때, 제트 레리스와 자니 크노는 그녀들이 9월에 시골길을 자전거로 달리면서 나눈 대화를 떠올리며 말했다. 당시 그녀들은 《초대받은 여인》의 프랑수아즈와 피에르의 관계, 둘의 자비에르에 대한 태도, 부정과 성실, 질투, 신뢰에 대해 이야기를 했던 것이다. 이런 토론을 하면서 그녀들이 개인의 문제에 대해 스스로에게 자문한 점을 내게 암시했다. 나는 두 사람의 이야기를 듣는 동안 내 안에 일었던 흥분을 기억한다. 그리고 카뮈의 한 마디도 나를 감동시켰다. 나는 《타인의 피》의 타이프 복사본을 그에게 빌려주었다. 어느 날 레리스 집의 주방에 있다가 저녁을 먹으러 식탁으로 가려 할 때, 카뮈가 나를 옆으로 불렀다.

"이건 우애적인 책이오."

그는 열정을 담아 말했고, 나는 '말로써 우애를 창출해낼 수가 있다면 글을 쓰는 보람이 있다'고 생각했다. 나의 목소리를 들으면 사람들 자신이 말하는 듯한 기분이 든다. 이것이야말로 내가 바라던 바였다. 만약 나의 목소리가 1000개의 마음속에 번식한다면, 내 존재는 갱신되고 변모하며 어떤 방법으로든 구원을 받으리라.

내 책이 한 권 출판된 현재 C.N.E. 모임에 출석하는 것은 정상이었다. 그러나 불안감이 나를 그 모임에서 멀어지게 했다. 그 뒤에도 가끔 불안해져서 뒤로 물러서곤 했다. 나와 사르트르의 일치가 너무나도 완벽했기 때문에 나의 출석은 그의 출석을 무익하게 했다. 쓸모없는 출석이라는 생각이 들자 그것은 시기가 부적절한, 잰 체하는 것으로 비치기 시작했다. 타인의 악의가 두렵지는 않았지만, 나 자신의 꺼림칙한 기분이 겁났다. 어쩌면 분별없는 과시에 나를 맡기고 싶은 기분이 들었을지도 모른다. 만약 내가 처음부터 사르트르를 따라 C.N.E.에 출석했더라면 이와 같은 잠재의식을 억압하는 힘이 작용하지 않았을 것이다. 그리고 내가 만약 C.N.E. 모임에 빠져 있었더라면 그런 일은 아무래도 상관없었으리라. 하지만 사르트르는 뭐랄까, C.N.E. 모임을 따분하게 생각하고 있었다. 카뮈에게서 《타인의 피》를 '심야총서'로 주지 않겠느냐는 말을 듣고 나는 기뻤다. '뭔가 하고 싶다'는 생각을 하고는 있었지만 상징적인 참가는 선뜻 내키지 않았으므로 나는 그냥 집에 남기로 했다.

문학은 휴면상태였지만 상당한 활기를 띤 연극 시즌이 있었다. 바로가 코미디 프랑세즈 극장에서 〈새틴 신발〉을 상연했다. 몇 년 전에 이 드라마를 읽었을 때, 거기에는 우리와 충돌하는 것이 많이 있었다. 그렇지만 클로델이 사랑 속에 하늘과 땅을 지탱할 수 있었던 점을 칭찬했었다. 클로델이 〈페탱 원수에게 바치는 시〉를 쓴 뒤로 우리는 그에게 완전한 혐오감을 느끼고 있었다. 그래도 그의 연극 대사를 듣고 싶었으며 바로가 어떤 식으로 연출했을지도 궁금해서 보러 갔다. 연극은 6시에 시작되어 4시간 이상 계속되었다. 그동안에 우리는 숨을 죽이고 보았다. 가장한 마리 벨은 약간 거슬렸다. 나는 속으로 프루에즈 부인에게는 좀더 사람좋고 너그러운 우아함을 그려 넣었지만, 마리 벨의 목소리에는 놀랐다. 그것은 아프리카, 아메리카 여러 국가, 사막, 대양을 불태우고 사람들의 마음을 태웠다. 이 타오르는 가시덤불 한가운데의 바로는 너무도 가냘픈 로드릭이었다. 그의 연출은 모순된 점이 있었다. 하지만 인간들의 움직임으로 파도를 표현할 때 다행히 바로는 중국의 연극에서 영감을 얻고 있었다. 다른 노력을 보아도 〈굶주림〉의 혁신자다운 점이 인정되었지만 막은 샤틀레에 어울리는 만반의 무대장치 위에 올려졌다. 연극이 끝난 뒤에 우리는 바로가 앞으로 어떤 길을 과감하게 걸어갈지 궁금했다. 조금 뒤에 포슈 극장에서 어떤 젊은 극단이 스트린드베리 원작의 〈폭풍〉을 상연했다. 연출가 겸 출연자인 장 빌라르는 장래가 기대되었다. 우리는 지로두의 연극은 별로 좋아하지 않았지만 무슨 까닭인지 몰라도 〈소돔과 고모라〉를 보러 갔다. 우리는 모두와 마찬가지로 제라르 필립이라는 천사의 출현에 주목했다.

　클루조는 샤방스의 시나리오로 〈까마귀〉를 촬영했다. 반독일파 몇몇은 그가 적의 허위선전에 동조하고 있다고 비난했다. 만약 이 영화가 독일에서 상영된다면 프랑스에 대한 매우 혐오스런 이미지를 줄 거라고 했다. 이 영화는 실제로는 나라 밖으로 나가지 않았다. 클루조의 친구들은 이 영화가 무명 투서를 공격하는 것이다, 그러나 점령군은 프랑스인에게 이웃을 밀고하라고 슬그머니 권고하는 것이 아니냐고 주장했다. 우리는 〈까마귀〉가 도덕적인 효력을 갖고 있다고는 전혀 생각하지 않았으며, 애국적 분노를 야기할 만한 작품도 아니라고 생각했다. 다만 클루조에게 재능이 있다는 생각은 들었다.

1월 초순에 나는 스키를 타러 갔다. 사르트르는 함께 가지 않았지만 보스트가 나와 함께 모르진으로 갔다. 모르진에는 친구들이 집을 하나 빌려놓았다. 시골의 하얀 지붕과 빼곡히 채운 장작 냄새 나는 길은 나의 과거를 은은하게 떠올리게 했다. 하지만 실망스런 일이 있었다. 프랑스의 스키 타는 방법이 바뀌어 스키 강사들은 스템 사용을 완전 금지했다. 처음부터 다시 배워야만 해서 나는 무척 고생을 했다.

"골짜기를 도는 크리스차니아(1/4회전하여 급히 멈추기)의 후속단계를 배울 수만 있다면 르노도 상과 바꿔도 좋아."

나는 이렇게 사르트르에게 썼다. 그런데도 무척 즐거웠고, 많이 먹었다.

어느 아침, 늘 스키에 왁스를 바르러 가던 운동기구점에 갔더니 몹시 혼잡했다. 전날 밤, 마키(반독일 유격대)가 가게를 들쑤셔놓고 갔다고 한다. 가게 주인이 그들이 요구하는 기부금을 거부했기 때문에 모든 것은 주인 탓이라고, 다른 상인들이 내게 말했다. 어쨌든 모르진에선 마키가 세력을 확장하고 있었다. 다른 하나의 사건이 이 사실을 확증했다. 나는 사르트르에게 이 사건을 편지로 알렸다.

"호텔은 무척 어수선해. 1시간 전인 저녁 6시 반쯤, 총을 든 마키 대원 3명이 들이닥쳐서는 오데트라는 여자를 내놓으라고 하더군. 문제의 여성은 우아하지만 인상이 좋지 않은 투숙객으로 항상 우리 테이블 가까이에서 식사를 하곤 했어. 이야기에 의하면 그녀가 게슈타포를 위해 일하고 있다든가. 마키들은 최근 오데트와 친해진 약간 모자란 소녀를 붙잡아 오데트의 방으로 올라간 뒤 정중하게 그녀의 신분증을 조사하고, 다시 아래층 홀로 내려와 호텔 주인이 아페리티프 술을 내놓겠다고 해도 싫다고 했어. 투숙객들은 모두 그들에게 넘치는 호의를 갖고 있는 듯해. 그들은 오데트가 돌아오기를 기다렸지만 저녁식사는 그녀의 모습을 보지 못한 채 끝났고, 모두의 시선은 물 끄러미 텅 빈 테이블로 향해 있었어. 그녀는 많은 사람을 밀고했고, 호텔에서는 모두들 그 사실에 대해 알고 있더군. 나도 그녀가 사람들과 쉽게 어울린다는 것은 알았지만 그저 단순한 교태로만 생각했거든. 밤에 그녀는 스키 강사들과 외출했는데, 미사에도 나가는 양갓집 규수 같은 모습이었어. 3명의 마키들은 그녀를 찾아내기만 하면 살려두지 않겠다고 선언했는데 모두들, 그리고 그녀와 며칠 사귄 친구까지도 그녀에게 이 사실을 알려주는 것 같지 않았어. 또 오늘 오후에는 스키장에서 엄숙하게 스키 연습을 하던 군복 입은 독일인을 2명 보니 자전거를 탄 회교도 여성을 보는 것만큼이나 놀랍 더군.”

한편, 오데트는 누가 알렸는지 호텔에 다시는 발을 들여놓지 않았다. 3일 뒤에 나는 파리로 돌아오기 위해 갈아탈 기차를 기다리고 있었는데, 맞은편 플랫폼에서 그녀의 빨강 블레이저코트를 발견했다. 그녀는 어떤 사람과 이야기를 하고 있는 완전히 태평한 모습이었다.

연합국 공군은 제공권을 제패했다. 신문은 '앵글로색슨의 폭력행위'에 분개하면서도 BBC방송 뉴스를 확인했다. 라인란트, 쾰른, 함부르크, 베를린은 폐허로 변했다. 동부전선에서는 독일군이 소련군의 공격에 밀려 퇴각하고 있었다. 연합군은 2월에 네투노에 상륙했다. 이 새로운 지원군과 합류하기 위해 살레르노에서 서쪽으로 전진한 군대는 카시노에서 저지당해 치열한 격전이 있었는데, 그로 인해 그곳의 유명한 수도원은 완전히 파괴되었다. 그러나 미·영국군은 다시 전진하여 곧 로마 입성을 앞두고 있었다. 프랑스 해방도 앞으로 몇 달, 혹은 몇 주의 문제였다. R.A.T.는 프랑스 상륙 준비로 공습을 급격히 증가시켰고 공장, 역, 항만 등이 폭격을 당했다. 낭트는 완전히 파괴되고, 파리 근교도 심하게 망가졌다. 국내 레지스탕스가 이에 대응하여 독일군 트럭을 파괴하거나, 철도 종업원이 기관차나 수송장비 등을 파괴하기도 했다. 사부아, 리무쟁, 오베르뉴 지방에서는 마키가 증가했다. 때때로 독일군은 그들을 공격하여 붙잡거나 총살했다. 우리는 줄곧 신문에서 15명의 '레프락테르'(프랑스 점령 당시 독일에의 협력을 거부한 사람들)나 20명의 '갱', '매국노'의 한패가 죽음을 당했다는 기사를 읽었다. 북부와 도르도뉴, 중부에서 독일군이 마을의 남자들을 모두 사살하고 부녀자를 추방하며, 집집마다 불을 질렀다는 소문이 퍼졌다. 파리에서 점령군은 이제 거리에 벽보를 붙이지는 않았지만, 2월 18일에 사형선고를 내린 '외국인 테러리스트들'의 사진을 붙이고, 그중 22명은 3월 4일에 처형했다. 마구 붙여진 그림임에도 우리에게 증오심을 일으키게 하려는 이들의 얼굴은 감명 깊고, 아름답기까지 했다. 나는 지하철역에서 오랫동안 그 얼굴들을 바라보았다. 그리고 언젠가 이 얼굴들도 잊혀지고 말리라는 슬픈 기분이 들었다. 이 밖에도 우리의 눈에서 감춰져 있던 많은 영웅과 피해자가 있었다. 폭력행위와 보복수단이 격화되면서, 확실히 이즈음에 로트만이 툴루즈에서 처형당했으며, 나는 카바이에스의 죽음와 칸의 유형에 대해 들었다. 나는 한적한 밤나무 숲 한가운데에 있는 빨강 기와에 돌이 깔린 집과, 노란 머리를 세 갈래로 딴 어린 여자아이를 떠올렸다. 행복이 한순간에 사라져버릴 수 있음을 도저히 믿을 수가 없었다. 하지만 그것은 진실이었다. 사르트르는 일주일에 3번 C.N.E.와 C.N.T.h. 모임에 출석했다. 그의 귀가가 늦으면 나는 목이 죄는 듯했다. 5분, 10분은 아직 괜찮았다. 그러나 2시간이 지나고, 3시간이 지나도 돌아오지 않으면…… 어쩌면 좋을까? 우리는 히틀러의 패배를 열렬히 갈망했다. 하지만 그 전에 우리의 목숨이 사라질지도 몰랐다. 우리 마음속에 환희와 불안이 동시에 자리잡고 있었다.

어느 아침에 카페 플로르에 갔다가 완전히 엉망이 된 물루지를 만났다. 올가 바르브자와 롤라가 붙잡힌 것이다. 그녀들은 상당히 친밀한 사이였다. 모두 정치적인 활동은 하지 않았지만, 전날 레지스탕스 친구 집에 차를 마시러 갔는데 경찰이 그곳에 함께 있던 사람들을 모조리 검거해버렸다. 사르트르는 라발의 비서에게 그 이야기를 전하며 의논을 청했지만 그 사람은 매우 곤혹스런 표정을 지었다. 물루지와 바르브자의 노력에도 두 여성의 석방은 불가능했다. 어쨌든 그녀들이 외국의 수용소로 보내지지 않았다는 확증만은 얻었다. 사실 그녀들은 6월까지 프렌에 있었다.

그러나 우리는 걱정이 즐거움을 엉망으로 만들어버리지 않을 정도로 단련되어 있었다. 2월 26일, 갈리마르 서점이 새로 제정한 플레야드 상을 받은 물루지를 우리는 유쾌하게 축하해주었다. 심사위원은 엘뤼아르, 말로, 폴랑, 카뮈, 블랑쇼, 크노, 아를랑, 롤랑 튀알, 그리고 사르트르였고, 르마르샹이 사무장이었다. 미발표 작품에 상을 수여한 것이다. 수상자에게는 10만 프랑의 상금이 주어지고, 갈리마르 서점이 그것을 출판하기로 되어 있었다. 사르트르는 《엔리코》에 투표했으며 카뮈도 지지했다. 물루지는 이렇다 할 적수도 없이, 손쉽게 영예를 차지했다. 물루지는 그해 겨울에 가난의 바닥에 있느라 외투조차 없이 길거리에서 저고리 깃을 세우고 떨고 있었으므로 아주 잘된 일이었다. 그와 같은 고향의 북아프리카 출신 작가들 몇몇이 모여 그를 위해 오가르에서 축하연을 열었다. 나는 사르트르와 함께 초대를 받았다. 메인 코스로 양의 뼈가 달린 커틀릿이 나왔는데 내 것은 지방이 조금 달렸을 뿐인

뼈가 나와서 이만저만 실망이 아니었다. 물루지가 받은 거금은 부발을 놀라게 했고, 또 그를 분개하게 했다. 《엔리코》가 출판되었을 때(1945년 1월), 부발은 책장을 넘기면서 소리쳤다.

"이런 바보 같은 것을 쓰고 10만 프랑이라니! 어머니와 함께 잔 것을 써서 10만 프랑? 그 돈이라면 나도 이거보다 더한 얘기도 쓰겠어!"

물루지는 그 뒤에 곧 다시 글을 써서 〈라르발레트〉에 실었다. 서평은 물루지가 이야기한 '결핍주의(사회적 참상 묘사주의)'를 비난했지만 그래도 비교적 호평을 받았다.

그로부터 얼마 안 있어 우리는 다른 하나의 문학적 시위에 맞닥뜨렸다. 피카소가 〈엉덩이를 붙잡는 욕망〉이라는, 1920년대 작품을 방불케 하는 희곡을 쓴 것이다. 이것은 풀랑크의 오페라 〈틸레지아스의 유방〉을 막연하게 반영한 작품이었다. 레리스 부부가 공개 독서회를 하자고 제안해 우리도 찬성했다. 카뮈가 사회자가 되기로 했다. 카뮈는 두 손에 굵은 지팡이를 들고 배경이 바뀔 때마다 바닥을 두드리고, 무대장치를 설명하며, 등장인물들을 소개했다. 그리고 레리스가 고른 배우들을 지휘하고, 며칠 동안 오후 시간 내내 연습을 했다. 레리스는 주역을 맡아 열심히 〈커다란 발걸음〉이라는 모놀로그를 읊었다. 사르트르는 〈부드러운 끝맺음〉, 도라 마르는 〈끈적이는 고통〉, 시인 유네의 아내는 〈야윈 고통〉을 연기하고, 대단한 미인인 자니 캉팡—편집자 장 오비에의 부인으로 연극을 하고 싶어하는 여성—은 〈타르트〉의 화신이 되었으며, 나는 〈사촌〉을 연기했다.

독서회는 오후 7시부터 레리스의 살롱에서 개최되었다. 살롱에는 의자를 몇 줄 늘어놓았지만 청중이 많이 왔으므로 사람들 대부분은 구석이나 옆방에서 선 채로 보았다. 우리는 창을 등지고 귀를 기울이며 박수를 보내고 있는 청중에게 얼굴을 향하고 한곳에 모였다. 사르트르와 카뮈, 나에게 이것은 반쯤 놀이삼아 하는 일이었지만, 이 서클에서는—적어도 표면만이라도—피카소의 모든 작업과 동작을 진지하게 지켜보고 있었다. 피카소도 와 있어서 모두가 저마다 축하의 말을 건넸다. 나는 장 루이 바로의 얼굴을 보았다. 또 브라크의 잘생긴 얼굴도 누군가가 가르쳐주었다. 일부 청중은 돌아가고 우리는 식당으로 들어갔다. 제트의 훌륭한 솜씨와 넉넉한 기부 덕분에 전쟁 이전 같은 식탁이었다. 파리의 일류 예술가들에게 주택 장식을 의뢰하는 아르헨티나의 억만장자들—피카소도 그들을 위해 문짝 그림을 한 장 그려준 적이 있는—이 거대한 초콜릿 케이크를 가져왔다. 확실히 그날 밤 처음으로 뤼시엔과 아르망 살라크루, 조르주 바타유, 조르주 랭부르, 실비아 바타유, 라캉 등과 가까워졌다. 희곡, 책, 아름다운 화폭이 살아 있는 인간들이 되어 나타난 것이다. 나도 아주 조금은 그들을 위해 존재하고 있었으리라. 몇 달 만에 세상은 얼마나 광대하고 풍요로워졌는가! 나는 삶의 보람을 느끼고 기뻤다. 그리고 멋을 내기 시작했다. 올가는 나에게 무척 아름다운 빨강 앙골라 스웨터를 빌려주었고, 방다는 커다란 청색 진주 목걸이를 빌려주었다. 이 배색을 피카소가 칭찬해주었을 때 나는 무척 기뻤다. 내가 미소 짓고, 사람들이 내게 미소를 건네는 가운데 나는 다른 사람들에게나 나 자신에게 만족했다. 허영심이 자극되어 매우 기분이 좋았고, 우정은 나를 둥실 떠오르게 했다. 농담, 허튼소리, 예의, 고백…… 하지만 뭔가가, 이들 사교 예절을 미적지근함에서 구해내고 있었다. 이것들에는 비밀스러우며 뜨거운 뒷맛이 있었다. 1년 전에는 우리가 모두 모여서 이런 시끌벅적하고 현혹적인 시간을 보내리라고는 꿈에도 생각지 않았다. 우리 대부분의 머리 위를 무겁게 짓누르던 위험에 항거하여 우리는 미리 승리를 축복했다.

　오후 11시쯤에 손님 대부분이 돌아가고, 레리스 부부는 희곡을 연기한 사람들과 몇몇 친한 친구들만 모았다. 새벽 5시까지 파티를 계속하려는 게 아닌가? 우리는 동의했다. 우리들은 돌이킬 수 없는 결정을 내리고는 무척 즐거워했다. 12시가 되자 우리는 이중구속에 묶였다. 이제는 바라건 바라지 않건 우리는 금단의 도시로 둘러싸인 이 아파트 안에 새벽까지 갇혀버렸다. 밤을 새는 습관이 사라진 상태였으나 다행히 잠을 쫓아줄 포도주가 충분히 남아 있었다. 춤은 추지 않았지만 아래층 사람들에게 양해를 구한 뒤 레리스가 낮은 소리로 재즈 레코드를 틀었다. 물루지가 아직 어린애 같은 아름다운 목소리로 〈작은 돌단〉을 불렀고, 사람들은 사르트르에게 〈나방〉과 〈나는 악마에게 영혼을 팔았다〉 등을 노래하라고 졸랐다. 카뮈는 멜로드라마의 장면을 읽었다. 다른 사람들도 각자 뭔가 하려고 했다. 이따금 나는 졸려서 나른해졌다. 그럴 때, 오히려 나는 이 특별한 밤을 뜨겁게 느꼈다. 집 바깥은 점령군과 그의 보호자들을 위한 길 역할을 제외하고는 울타리로 변해 있었다. 거리는 건물과 건물을 잇는 대신에 그것들을 고립시킴으로써 건물들을 본디 모습을 띠게 했다. 파리는 광대한 수용소였다. 우리는 이 사방의 울타리들을 없애고자 했다. 우리가 법령을 위반한 건 아니라 해도 그 법령의 허를 찔렀다. 어둠 속에서 모두와 함께 마시거나 떠드는 것, 그것은 너무나도 끝없는 즐거움이었기 때문에 우리는 그 일을 법령 위반처럼 느끼면서 비합법의 우아한 행복을 맛보았다. 날이 밝아옴에 따라 우리는 새로운 지인을 만들었다. 1, 2년 전에 우리는 데스노스의 집에서 도라 마르, 피카소와 함께 저녁을 먹었는데, 그때의 대화는 침체한 분위기였다. 그 뒤 피카소의 희곡 연습과 독서회에서 데스노스를 다시 만났다. 피카소는 도라 마르와 함께 항상 식사를 하는 카탈랑이라는 식당에 우리를 초대했다. 이후 몇 차례 그의 아틀리에에도 초대해주었다. 대개 우리는 레리스와 함께 아침에 그의 아틀리에로 놀러 갔다. 피카소는 그랑조귀스탱 거리에 살았는데, 감옥처럼 살풍경한 방에서 지냈다. 그가 일을 하던 다락방에도 가구는 거의 없었다. 굴뚝이 몇 개나 나 있는 난로 하나와 벽에 마주 걸려 있는 그림 도구가 전부였다. 나는 그의 여러 전람회를 보고 피카소가 한 장의 화폭 주제를 어떤 수법으로 바꿔 다른 화폭에 묘사해 가는지를 알고 있었다. 당시에 그는 노트르담 사원의 뒷모습과 하나의 촛불, 그리고 벚꽃 다발을 그리고 있었다. 서로 다른 다양한 해석을 통해 그가 궁리해낸 갖가지 기교와 진보, 멈춤과 변덕을 확실하게 파악할 수 있었다. 이전 작품에 비해 이 그림들은 새롭다기보다 좀더 완전했다. 그러나 이 완전함에는 그 나름의 가치가 있었다. 나는 작품이 창작되는 그 장소에서 창조되는 그 순간에 이들 작품을 보기를 좋아했다. 피카소는 항상 우리를 쾌활하게 맞아주었다. 그의 말은 유쾌하며 재기가 넘쳤지만 사람들은 그와 객담을 즐기지는 않았다. 그가 독백에 몰두한다고 하는 편이 적절했다. 그리고 피카소는 낡아빠진 패러독스로 그 독백을 결단 내고 말았다. 나는 특히 피카소의 용모와 몸짓, 냉엄한 눈빛을 좋아했다. 언젠가 피카소는 도라와 레리스 부부와 함께 내 방에서 저녁을 먹었다. 그는 기발한 생각을 해내고는 샐러드 볼에 월귤나무 열매와 구즈베리를 듬뿍 담아 내와서 모두에게서 칭찬을 받았다.

우리는 살라크루 부부와 더 친해졌다. 살라크루는 사람을 쏘는 듯한 눈빛과 걸핏하면 터지는 웃음, 신랄함, 냉소주의를 지녔다. 그는 자주 그 냉소주의를 자기 자신에게로 향하게 했다. 그럴 때 그의 냉소주의는 기분 좋은 술직함과 닮아 있었다. 그의 매력 하나는—모두와 마찬가지로 스스로를 속이면서도—사람들이 속고 있는 많은 일들을 숨김없이 털어놓는 점이었다. 이를테면 그의 공포와 허영 등에 대해서.

우리는 자주 레리스 집에서 조르주 바타유와 랭부르를 만났다. 바타유가 지은 《내면적 경험》은 나를 불쾌하게 하는 부분도 있었지만 또한 무척 감동시킨 곳도 있었다. 랭부르의 《바닐라나무》는 내가 아주 좋아하는 소설이었다. 작가란 작품을 통해서만 아는 편이 낫다, 실제로 만나보면 실망한다, 이런 말을 많이 하지만, 이 말만큼 잘못된 선입견이 없다는 사실을 발견했다. 이 만남의 미래가 어떻게 되든 나는 내가 평가한 작품의 저자와 가까워져서 실망한 적은 단 한 번도 없었다. 그들은 모두 세상에 대해 저마다 개별적인 유형으로 관심을 갖고 있었다. 신랄함, 열중, 문체, 어조 등이 통상의 평범함과는 전혀 달랐다. 매력이란 것은 세월이 흐르면 너무 익숙해 맛이 없거나 얼어붙어 버리지만 그래도 늘 존재하고 있다. 첫 번째 말을 주고받자마자 이내 매력이 생겨나는 것이다.

우리가 참여한 이 모임이 지닌 매력의 하나는 회원들이 거의 과거—비교적 과거로 거슬러 올라간다—에 초현실주의자들이었다는 점이다. 사르트르와 나의 나이, 우리 둘이 받은 대학 교육 등이 사르트르와 나를 이 운동에서 멀어지게 했었지만, 초현실주의 운동은 우리에게 간접적으로 대단히 중요했다. 우리가 그들의 재산도 실패도 물려받고 있었기 때문이다. 랭부르가 우리에게 자동필기에 대해 이야기하거나, 레리스와 크노가 브르통에게서 받은 파문 선고, 그의 강제조약과 분노 등을 회상할 때 그들의 말은 어떤 책보다도 훨씬 상세하고, 보다 생생하며, 한층 진실해서 우리의 앞선 시대를 직접 보는 듯했다. 언젠가 플로르의 2층에서 사르트르가 크노에게 초현실주의에 참가한 뒤, 지금은 무엇이 남아 있느냐고 물었다.

"청춘을 가졌던 적이 있다는 느낌이야."

그는 우리에게 말했다. 우리는 그의 대답에 충격을 받고 그를 부러워했다.

옛 초현실주의자들과 교제하는 동안 이 밖에도 유익한 점이 있었다. 나는 내 또래의 여성은 알고 지내는 이가 많지 않았으며, 아무도 전형적인 주부의 삶을 사는 사람이 없었다. 스테파, 카미유, 루이즈 페롱, 콜레트 오드리, 그리고 나 자신에 대한 문제는 각자 개인적인 문제이지 여성 고유의 문제라고는 생각지 않았었다. 나는 내가 전쟁 전에 여러 가지 면에서 얼마만큼의 추상적인 죄를 저질렀는지를 알았다. 유대인이 되는 것과 아리아인이 되는 것은 서로 같지 않다. 현재는 그것을 나도 알고 있지만 그때까지 여자의 조건이 존재한다는 사실을 깨닫지 못했었다. 돌연 나는 마흔을 넘긴 많은 여자들과 만났다. 그녀들은 저마다 다양한 기회와 재능을 통해 누구나 동일한 경험을 해왔다. 즉 '상대적 존재'로서 살아왔다. 내가 작가이고 내 처지가 그녀들의 상황과 달랐기 때문에, 또 내가 그녀들의 말에 열심히 귀를 기울였기 때문이라고 생각하지만 그녀들은 많은 일들을 내게 말해주었다. 여성들 대부분이 인생길에서 부딪치는 곤란, 거짓, 올가미, 장애물 등을 나는 이해하기 시작했다. 또한 그녀들이 어떠한 범주에 있어서 작게 쪼그라들고, 나아가 풍요로워지는가를 알았다. 지금까지 나는 나와 직접적인 관계가 없는 문제에는 별로 무게를 두지 않았었다. 그러나 나의 지각은 깨어났다.

많은 적든 여러 그룹에서 술을 마시거나 식사를 하는 일만으론 부족했다. 〈엉덩이를 붙잡는 욕망〉을 읽은 뒤에 보냈던 그 밤을 다시 한 번 보내고 싶었다. 그래서 레리스 부부가 '피에스타'라고 부른 파티를 3월과 4월에 열었다. 첫 번째 모임은 로앙의 안뜰로 이어진 조르주 바타유의 아파트에서 했다. 르네 레이보비츠가 아내와 함께 그곳에 숨어 있었다. 이어 2주 뒤에 보스트의 어머니가 타베르니의 별장을 우리에게 빌려주었다. 목사의 미망인으로 70세의 노부인인 그녀에게는 너무 넓다는 생각이 들었다. 그녀는 중요한 가구와 골동품을 창고로 옮겨둔 뒤 자물쇠로 잠그고, 장기를 테이블 위에 내놓고는 다른 곳으로 자러 갔다. 6월에 카미유의 집에서도 '피에스타'가 있었다. 나는 지금까지도 곧잘 떠들썩하게 놀곤 했지만 이들 파티에서 처음으로 축제의 참된 말뜻을 알았다.

나에게 미래의 불안과 마주하고 있는 축제는 무엇보다도 현재의 격렬한 찬양이다. 평온하고 행복한 나날은 잔치를 벌이지 않는다. 그렇지만 만약 불행의 한가운데서 희망이 생겨나, 다시 세상과 시간에 대한 파악을 하기 시작하면 순간은 불탄다. 사람은 그곳에 자기를 가두고 그 순간 속에 자기를 다 태워 없앨 수가 있다. 그것이 축제이다. 지평선 너머 저 먼 곳은 항상 어슴푸레하다. 그곳에는 위협이 희망과 뒤섞여 있다. 그래서 모든 축제는 비장하다. 축제는 이 두 가지 성질에 맞서 있으며 거기서 몸을 돌리려 하지 않는다. 사랑이 싹트는 밤의 축제, 승리의 순간 군중의 축제, 생생한 도취의 바닥에는 반드시 죽음이 도사리고 있다. 그러나 죽음은 번득이는 순간에 무(無)로 축소되고 만다. 우리는 겁에 질려 있었다. 안도의 바로 다음 순간에 얼마나 많은 부정과 슬픔이, 그리고 몇 달, 몇 년이라는 길고 불확실한 혼란이 우리를 기다리고 있을지……. 우리는 꿈꾸고 있는 게 아니었다. 단지 우리는 이 혼란으로부터 얼마 되지 않는 기쁨의 금덩이를 억지로 빼앗아내, 그 휘황함에 도취되고 싶었던 것이다. 희망이 없는 내일에 굽히지 않고 말이다.

우리는 서로에 대한 익숙함 덕분에 그것에 성공할 수가 있었다. 이들 파티의 자잘한 부분은 중요하지 않았다. 그저 모두 함께 있다는 것만으로 충분했다. 각자의 얼굴에 빛나는 쾌활함은 우리를 둘러싼 모든 얼굴 위에서 태양이 되어 우리를 비추었다. 연합군의 전과와 마찬가지로 우정도 커다란 역할을 차지했다. 우리의 특수한 상황은 앞에서 말했던 씩씩함과 청춘을 추상적인 방법으로 단단히 결부했다. 침묵의 영역과 밤이 우리를 모든 것에서 격리했다. 들어갈 수도 나올 수도 없는 노아의 방주 속에서 살고 있었던 것이다. 우리는 우애 관계로 맺어진 덩어리가 되어 숨어서 비밀의 제전에 미친 듯이 빠져들었다. 왜냐하면 연합군은 아직 상륙하지 않았고, 파리는 해방되지 않았으며, 히틀러도 죽지 않았으니까. 아직 수행되지 않은 사건을 어떻게 축하할 수가 있으랴! 하지만 공간과 시간의 거리를 없애는 마법의 전달이 존재한다. 그것은 감동이다. 우리는 모든 희망을 들어줄 하나의 광대한 공동의 감동을 모아 세웠다. 승리는 스스로 불붙인 열기 속에서 감지할 수 있게 되리라.

우리는 이 불꽃을 부채질하는 데 가장 먼저 전형적인 방법을 썼다. 무엇보다 맛있는 음식이었다. 축제란 모두 폭음폭식으로 정상적 경제를 파괴하기 마련이다. 우리의 경우도 거창하지는 않았지만 역시 그러했다. 뷔페 테이블에 늘어선 진수성찬과 술병을 모을 때마다 엄청 고생해야 했고, 아껴 써야만 했다. 그러나 서둘러 양껏 먹고 마셨다! 과시하기 위해 넘쳐나는 진수성찬은 혐오감을 일으키지만, 공복에는 열광적인 희열이 된다. 우리는 수치도 남의 눈도 아랑곳 않고 주린 배를 채웠다. 이때 우리들의 파티에서는 남녀 간의 노닥거림은 별로 보이지 않았다. 주로 알코올이 우리를 일상생활로부터 잠시 벗어날 수 있도록 도와주었다. 알코올에는 아무도 싫은 낯빛을 하지 않앉다. 우리 사이에서 술에 취하는 것을 싫어하는 사람은 하나도 없었다. 오히려 취하는 것을 의무로 생각하는 사람들도 있었으니까. 레리스는 누구보다도 열중하여 술에 취하려 하면서 그것을 무척 능숙하게 해냈다. 타베르니의 계단을 엉금엉금 기어서 내려가던 레리스의 모습이 지금도 눈에 선하다. 레리스는 헛웃음을 지으며 계단을 하나씩 내려갔는데, 그런데도 그 엄격한 품위를 끝내 버리지 않았었다.

우리는 저마다 이런 식으로 마술을 펼쳤으며, 여흥에는 빠지지 않았다. 마술사와 허풍쟁이, 비위를 맞추고 주흥을 돋우는 사람 등으로 혼인 잔치 같은 법석을 떨었다. 도라 마르는 투우 흉내를 내고, 사르트르는 책장 안에서 오케스트라를 지휘했으며, 랭부르는 식인종 흉내를 내면서 햄을 잘랐다. 크노와 바타유는 칼 대신 술병으로 결투를 하고, 카뮈와 르마르샹은 냄비 바닥을 두들기면서 군대행진곡을 연주했다. 노래할 줄 아는 사람들은 노래하고, 할 줄 모르는 사람들은 판토마임이나 연극을 하거나 독설을 토했으며, 모놀로그를 하거나 고백을 했다. 즉흥 여흥은 무한한 대환영을 받았다. 레코드를 틀고 춤도 추었는데 능숙한 사람들—올가, 방다, 카뮈—도 있었지만 다른 사람들은 변변치 못했다. 살아 있다는 행복감에 젖으면서 나는 산다는 것은 행복일 수 있고, 또 행복이어야만 한다는 나의 옛 확신을 다시 발견했다. 이 확신은 새벽녘의 고요함 속에서 살아 견뎠다. 그 뒤 죽음으로 절단되지 않고, 커다란 희망이 다시 시작되었다.

부활절 휴가 때 우리는 라 푸에즈에 갔다. 우리가 없는 동안 파리는 밤마다 심한 폭격을 당해 보스트는 지역방위대의 반장이라도 될까 생각 중이라고 우리에게 편지를 써 보냈다. 천장이 머리 위로 떨어져 내리는 것을 아무 대책도 없이 팔짱을 끼고 기다릴 수 없었으리라. 그는 몽파르나스 역에서 100미터쯤 떨어진 곳에 살고 있었다. R.A.F.는 조직적으로 역을 모조리 파괴해 나갔으므로 철도 기관을 완전히 엉망으로 만들었다. 그래서 보스트는 타베르니에 가는 데 여느 때 같으면 20분이면 될 것을 3시간이나 걸렸다. 먼저 처음 기차 2대는 앉을 곳은커녕 객차와 객차 사이에 매달릴 수조차 없어 그냥 나오고 말았다. 다음에 간신히 올라탄 기차는 파리 근교를 기묘하게 지그재그로 달리고, 2킬로미터마다 정차했다. 우리가 파리로 돌아오던 날은 북역, 리옹역, 동역이 모두 폐쇄되어 있었다. 리옹에 가려면 주비지에서 출발하고, 보르도에 가려면 당페르로슈로에서 출발해야 했다. 어느 밤, 천지가 폭발하는가 싶을 정도의 폭격이 있었다. 호텔 벽은 흔들리고 나는 떨고 있는데 마침 사르트르가 와서 나를 테라스로 데리고 나갔다. 지평선은 새빨갛고 공중에서는 아라비아 기병의 기예처럼 폭탄이 작렬했다. 나는 정신없이 보느라 공포도 잊었다. 이 소란스런 관람은 2시간 넘게 계속되었다. 다음 날 샤펠 역이 산산조각이 나 잔해로 뒤덮였다는 소식을 들었다. 사크레쾨르 교회 언덕 기슭에도 몇 개의 폭탄이 떨어졌다고 한다.

통제는 차츰 엄중해졌다. 전력이 끊기는 횟수가 늘어났다. 지하철은 오후 10시에 끊어졌으며 공연장이나 영화관의 상연 횟수도 감소했다. 식료품은 완전히 없어졌다. 다행히 제트가 먹을거리를 손에 넣는 방법을 알려주었다. 뇌이유수클레르몽의 생고뱅 공장 문지기가 고기를 판다고 한다. 나는 보스트와 함께 꽤 이득이 되는 구매를 몇 번인가 했다. 자전거를 기차에 싣고 샹티까지 가서 거기서 20킬로쯤 자전거로 달린다. 그곳 공장 문지기에게서 물건을 사고 마을 여관에서 잔뜩 먹는다. 마을에서 떨어진 곳에 과거 채석장이 있는데 예전에 거기서 보배 대성당의 돌을 잘랐다. 지금은 양송이버섯을 재배하고 있었다. 우리는 매번 몇 킬로그램에 달하는 양송이버섯을 갖고 돌아왔다. 거리에서 자주 폭발음과 D.C.A.(방공부대)가 쏘는 총소리를 들었다. 크레이 역과 그 부근은 완전히 망가져 있었다. 그럼에도 어느 오후에 우리가 크레이의 폐허를 지날 때 경보가 울렸다. 철로 위 육교를 건널 때, 나는 더위에도 굴하지 않고 무아지경으로 페달을 밟았다. 우리 주위에는 개 한 마리 지나다니지 않았다! 멀리 저편에선 평온한 초원과 들판의 향내가 독기 서린 비밀을 몰래 감추고 있었다. 길에 반짝이는 종이리본이 흩어져 있는데 그것이 무엇인지 알 길이 없었다. 뭔가 불길했다. 그런데도 나는 내 방으로 돌아와 신선한 쇠고기 꾸러미를 펼치고는 의기양양했다.

어느 날, 우리는 파리의 벽에 나붙은 독일군의 전단에서 이탈리아 연안에 있는 미·영국군을 나타내는 달팽이 표시(독일군이 미·영국군의 전진이 달팽이처럼 느린 것을 나타냄)를 보았다. 그리고 얼마 안 있어 연합군이 로마를 향해 나아가고 있음을 알았다. 신문은 연합군의 상륙이 다가왔음을 감추지 않았다. 카페 플로르의 분위기가 확 바뀌었다. 프란시스 뱅트농은 레지스탕스에 참여하고 온 참이라고 나에게 살며시 털어놓았다. 라발의 가짜 비서도 지지 뒤고미에처럼 모습을 감췄다. 〈르 필로리〉지와 〈라 제르브〉지의 편집자들은 퉁퉁 부어 있었다. 신문이 퓌쇠의 처형을 발표하던 아침에 그들은 말할 기운조차 없는 모습으로 고개만 살짝 숙여 인사를 했다. 하나가 간신히 입을 열었다.

"이건 우리의 재판이야."

"응, 그렇지."

다른 하나가 대답했다. 그들의 시선은 멍했다. 〈르 필로리〉지의 협력자는 해방 뒤에 교수형을 당했으며, 그의 동료가 어떻게 되었는지는 모른다.

갑자기 우리 머리 위로 검은 구름이 뒤덮였다. 부를라가 체포되었다. 배불리 먹지도 못한 데다 폭격으로 불면증에 걸린 리즈는 라 푸에즈로 떠났지만 부를라는 남아서 그들의 방에서 지냈다. 그런데 꼭 한 번 아버지의 집에 자러 갔던 것이다. 다음 날 새벽 5시에 독일군이 초인종을 눌렀고, 그들 부자를 드랑시 수용소로 보내기 위해 잡아갔다. 부를라의 아버지는 금발의 아리아 여자와 동거하고 있었으나 그녀는 무사했다. 부를라는 집을 나올 때 여자에게 작별을 고했다.

"나는 죽지 않아. 왜냐하면 나는 죽고 싶지 않으니까."

그녀는 어떻게 줄이 닿았는지 모르지만 자칭 펠릭스라고 하는 독일인과 연락을 취했다. 펠릭스는 300만인가 400만 프랑의 몸값으로 부자를 구해내겠다고 약속하고 수용소의 문지기를 매수했다. 너무 걱정되어 파리로 돌아온 리즈는 부를라에게서 종잇조각에 갈겨 쓴 쪽지를 받아들었다. 약간 거친 대우를 받고는 있지만 둘 다 건강하다는 내용이었다. 그들은 펠릭스를 신뢰하고 있었다. 그리고 믿을 근거도 있는 듯이 보였다. 어느 날 아침, 펠릭스는 금발 여자에게 드랑시 수용소에 억류되어 있던 사람들은 모두 독일로 이송되었지만 부를라 부자만은 남겨놓는 데 성공했다고 말했다. 오후에 나는 리즈와 함께 드랑시로 갔다. 역 근처 카페에서 어젯밤 장갑열차가 출발한 뒤 수용소 건물은 텅 비었다는 말을 들었다. 우리는 철조망으로 다가갔다. 아무도 없었다. 가지고 간 망원경으로 살펴보니 저 멀리 두 사람이 우리 쪽에 대고 인사를 하고 있었다. 부를라가 박박 깎은 머리를 보이면서 베레모를 벗어 기쁜 듯이 흔들어댔다. 역시 펠릭스는 약속을 지켜주었던 것이다. 이틀 뒤, 펠릭스는 금발 여자에게 부를라 부자는 미국인 포로수용소로 이송되었다고 알렸다. 이제 곧 수용소에서 빼내 주겠다, 먹을 것도 괜찮고 그들은 일광욕을 하고 있다, 속옷이 필요하다, 고 말했다. 금발 여자와 리즈는 속옷과 수건 등을 옷가방 가득 채웠다. 리즈는 펠릭스를 한 번도 만난 적이 없었다. 단지 그녀는 금발 여자의 말만 들었던 것이다. 금발 여자는 펠릭스에게 반했다면서 스웨터를 뜨고 있었다. 리즈는 부를라에게서 전갈을 받아다 달라고 부탁했다. 하지만 펠릭스는 아무것도 가져오지 않았다. 리즈는 줄곧 우겼다. 그가 몸에서 결코 떼지 않는, 그녀가 선물한 반지를 갖다달라고도 했다. 그러나 반지도 가져오지 않았다. 리즈는 갑자기 두려워졌다. 이 침묵은 무엇이지? 미국인 포로수용소란 대체 어디에 있는 걸까? 금발 여자는 곤혹스러워하는 듯했다. 그녀는 펠릭스에게 속았을까? 아니면 펠릭스와 한통속이었던 것일까? 그도 아니면 가능한 한 오랫동안 리즈에게 진실을 밝히기를 꺼렸던 걸까? 어쨌든 금발 여자는 며칠 동안 리즈에게 닦달을 당한 끝에 겨우 펠릭스의 답장을 가져왔다.

"이미 오래전에 그들은 죽음을 당했소!"

나는 미치도록 슬퍼하는 리즈의 모습에 당황했다. 또한 나 자신의 슬픔에도. 이미 많은 죽음이 나를 분노케 했다. 하지만 이번 죽음은 내게 직접 상처를 입혔다. 나는 부를라와 무척 친했다. 나는 진심으로 그를 좋아했다. 그리고 그는 아직 19살이었다. 사르트르는 어떤 의미에 있어서 모든 인생은 완수된 것이다, 19살로 죽든 80살로 죽든 부조리하기는 마찬가지라고 나를 힘껏 설득하려 했지만 나는 믿지 않았다. 부를라가 사랑했을 수많은 도시와 사람들의 얼굴, 그는 이제 그 모두를 보지 못한다! 아침마다 눈을 뜰 때면 나는 그에게서 세상을 훔쳐내는 것이다. 아니, 그보다 더 나쁘게도 나는 누구에게서도 세상을 훔쳐내고 있지 않았다. '내게서 세상을 빼앗아갔다'고 하는 이가 아무도 없으니 말이다. 아무도⋯⋯. 그리고 어디에도 그의 부재가 형태를 띠고 되살아나지 않는다. 무덤도 없고, 유체도 없으며, 뼈도 없이⋯⋯. 마치 아무 일도 없었던 듯이. 나중에 부를라가 써서 남긴 쪽지가 발견되었다.

"나는 죽지 않는다. 우린 다만 떨어져 있을 뿐."

그것은 다른 시대의 말이었다. 현재는, '우리는 떨어져 있다'고 말하는 사람도 없다, 떨어져 있어도. 이 허무함에 내 마음은 방황했다. 나는 다시 지상으로 돌아왔지만 대지는 나를 들볶았다. 어째서 이렇게 되었단 말인가? 어째서 부를라는 그날 밤에만 하필 아버지의 집에서 잤단 말인가? 어째서 부를라의 아버지는 자기의 집이 안전하다고 믿었던 걸까? 그리고 우리는 그것을 왜 믿었을까? 그 금발 여자와 몇 백만 프랑과 펠릭스가 그를 죽게 한 게 아닌가? 차라리 국외 강제수용소에 갔더라면 살아남았을지 모른다. 소용없는 질문들이었지만, 그래도 나는 지독히 자신을 채근했다. 한 가지 더, 내가 공포감으로 스스로에게 했던 질문이 있다. 부를라는 말했다.

"나는 죽지 않아. 왜냐하면 나는 죽고 싶지 않으니까."

그는 죽음과의 대면을 택하지 않았다. 죽음이 그의 동의 없이 그의 머리 위를 덮친 것이다. 그는 몇 초 동안이나 죽음과 대치했을까? 둘 중 어느 쪽이 먼저 죽음을 당했을까? 아버지일까, 그일까? 부를라는 죽는다는 것을 알고 크고 높은 목소리로, 또는 침묵으로 '싫어!'라고 외쳤음이 틀림없다. 그리고 이 무서운 놀라움의 비명은 영원히, 그리고 헛되이 영원 속에 얼어붙고 말았다. 그는 '싫다'고 외쳤고, 그 다음은 아무것도 존재하지 않았다. 나는 견디지 못할 사건이라고 생각했다. 하지만 나는 견뎠다.

당시 내 삶의 참된 모습을 되살리는 일은 다른 어떤 시기보다 훨씬 어렵다. 이 4년 동안은 공포와 희망, 인내와 분노, 비탄과 환희의 연속과 타협의 계속이었다. 그러나 돌연 모든 화해가 불가능하게 여겨졌다. 나는 몸이 갈가리 찢겼다. 그러다 지난 몇 달 동안 나는 다시 살아나고, 다시 생명이 나를 현혹하기 시작하고 있었는데……. 그런데 부를라가 사라져버렸다. 나는 이때만큼 분명하게 죽을 운명인 인간 조건의 변덕스런 공포와 부딪친 적이 없었다. 이들 대립에 별로 놀라지 않는다기보다는 더 현명한, 또는 좀더 무관심하다고 할 수 있는 사람들이 있다. 그런 사람들에게 있어 이런 대립은 몽롱한 노을 속에 녹아들어, 거기서 그들의 생명이 흐르고, 여기저기에 어슴푸레한 몇몇 그림자가 겨우 형태를 띤다. 하지만 나는 항상 어둠을 빛과 나누어 왔다. 나는 어둠을 비탄이나 눈물로 보냈다. 그 대가로 탁하지 않은 깨끗하고 맑은 하늘을 나 자신을 위해 떼어놓았다. 며칠인가 순수한 비탄 뒤에 나는 다시 이 똑같은 율동에 흔들리면서 부를라를 위해 눈물을 흘렸다. 그의 죽음과, 그 죽음이 나타내는 모든 것 때문에. 그것은 말로 표현할 수 없는 일이라고 생각하고 절망했다. 그것은 내가 전에 한 번도 알지 못했던 강렬한 것이었다. 틀림없는 지옥이었다. 그러나 일단 그곳에서 탈출하자마자 나는 다시 미래의 막연한 빛과 하루하루 나의 행복을 형태지어 주는 모든 것에게 마음을 갈퀴질 당했다.

콕토가 교도소에서 발견해 현대 최고의 작가라는 보증을 한, 이미 9번의 절도 전과가 있는 장 주네를 재판하는 제19재판소장 앞으로, 1943년 6월에 보낸 그의 편지에는 적어도 그렇게 쓰여 있다. 우리는 그가 무명 시인이라는 소문을 몇 달 전부터 들었다. 바르브자는 〈라르발레트〉지에 주네의 산문 하나와 시 몇 편을 실을 예정이었다. 바르브자의 아내인 올가가 이따금 교도소로 주네를 찾아갔다. 나는 그녀에게서 주네의 존재와 그의 경력에 대해 자세히 들었다. 주네는 태어나자마자 빈민구제소에서 농부의 집으로 보내졌고, 소년시절의 대부분을 감화원에서 지냈다. 그는 온 세상을 돌아다니면서 날치기와 강도짓을 한 데다가 남색가였다. 교도소에서 독서를 하고, 한 권의 책을 썼다. 올가 바르브자는 주네를 절찬했다. 나는 젊을 때처럼 남의 말을 진심으로 믿지 않았다. 천재 부랑자라는 말은 어딘가 상투적인 인물 같았다. 콕토의 희한한 것에 대한 남다른 취향과 신인 발견 취미를 알기 때문에, 나는 콕토의 지나친 평가가 아닐까 생각했었다. 그런데 〈라르발레트〉지에 《꽃의 노트르담》 일부가 실렸을 때 우리는 매우 감탄했다. 주네는 분명 프루스트와 콕토, 주앙도의 영향을 받고 있었지만 그만의 독특한, 타인이 흉내내지 못할 음색이 있었다. 한 권의 책을 읽고 그것으로 자기의 문학열을 새롭게 하는 경우는 아주 드물었지만 주네의 글은 언어의 위력을 새로이 발견하게 해주었다. 콕토의 판단은 옳았다. 위대한 작가가 출현한 것이다.

쥬네가 교도소에서 나왔다는 소식을 들었다. 5월의 어느 오후에 내가 사르트르와 카뮈와 함께 카페 플로르에 있는데 주네가 우리 테이블로 다가와서 느닷없이 물었다.

"당신이 사르트르인가요?"

머리를 박박 깎고 입술을 일그러뜨린, 용의주도해 보이는, 거의 도전적이기까지 한 눈길의 주네를 우리는 악당 같다고 생각했다. 그는 허리를 굽혔지만 아주 약간뿐이었다. 하지만 주네는 다시 찾아왔고 우리는 그 뒤로 자주 만나게 되었다. 그는 확고한 신념의 소유자였다. 그가 첫 울음을 터뜨리던 순간부터 그를 쫓아낸 이 사회를 문제 삼지도 않았다. 그의 눈동자는 미소 지을 줄을 알았으며, 입가는 놀랄 만큼 어린애다움을 간직하고 있었다. 그는 훌륭한 이야기 상대였다. 남의 말을 귀 기울여 들었고, 대답할 때 보면 결코 독학을 한 사람 같지 않았다. 그의 취미와 판단에는 자연스레 교양이 몸에 밴 사람들이 지니는 소탈함과 과감성이 감돌기는 했지만, 또한 동시에 훌륭한 안목과 식견이 있었다. 이따금 그는 시인과 그의 사명에 대해 과장된 말로 늘어놓을 때가 있었다. 그는 살롱의 우아함과 사치스러움을 가장하고 그 속물근성을 즐겼지만, 이런 부자연스러움을 오래 견디지는 못했다. 너무나 강한 호기심을 가진 데다 지나치게 정열적이었던 그의 흥미는 확연하게 한정되어 있었으며, 일화나 회화적인 것은 질색했다. 어느 저녁, 우리는 내가 묵는 호텔 테라스에 나와 있었다. 내가 주네에게 저쪽으로 이어진 지붕을 가리키자 그가 유머를 섞어 말했다.

"도대체 나더러 어쩌란 말입니까?"

그는 '나는 나 자신의 일로도 벅차며, 외부의 경치 따위와는 무관하다'고 했다. 확실히 그는 사물의 조망에 탁월했다. 어떤 사물, 사건, 인간이 그에게 있어 의미를 지닐 때, 그는 그것들을 가장 참되고 곧게, 가장 올바른 언어를 써서 말했다. 다만 그는 뭐든지 문제 삼지는 않았다. 그에게는 어떤 특정한 진리가 필요해, 자주 기묘한 우회를 하면서 그 진리들을 밝힐 열쇠를 찾고 있었다. 그는 일종의 파벌적 경향을 갖고 탐색했으며, 그러면서도 내가 아는 한 최고의 예지를 갖고 탐색했다. 당시 그의 패러독스는 자기의 태도를 고수하면서도, 다시 말해 그다지 개방적이지 않으면서도 완전히 자유로운 정신을 지니고 있었다. 사르트르와 의기투합한 그 바탕에는 이런 자유가 존재했다. 그를 주눅 들게 하는 것은 아무것도 없었다. 구속하는 모든 것에 대한 두 사람의 공통된 혐오감, 고귀한 영혼, 영원한 도덕, 보편적 정의, 거드름 피우는 말투, 훌륭한 주의, 제도와 이상주의 등. 주네는 자신이 쓴 글과 마찬가지로 대화할 때도 일부러 무뚝뚝한 말씨를 썼다. 그는 친구를 배반하거나 친구의 물건을 훔치는 일을 망설이지 않는다고 잘라 말했는데, 나는 그가 다른 사람 험담을 하는 것을 들은 기억이 없다. 그는 콕토를 욕한 적도 없다. 우리는 주네의 추상적인 도전보다도 그의 태도에 매료되어 그와 알고 지냈으며 그에게 호의를 가졌다.

우리가 주네와 알고 지내게 되었을 즈음에 우리는 새로운 '피에스타'를 계획하고 있었다. 나는 기꺼이 주네를 초대하고 싶었지만, 사르트르는 주네가 그런 파티를 좋아하지 않을 거라며 반대했다. 확실히 이 세상에 확고하게 뿌리를 내린 소시민에게는 잠깐이나마 알코올과 잡음 속에서 자기를 잊는 것도 좋겠지만, 주네는 그런 기분전환에 전혀 취미가 없었다. 그는 인생의 출발점에서 자기를 잃었지만, 지금은 두 다리로 단단히 대지를 느끼기를 고집하고 있었다.

카미유는 우리를 위해 당시 그녀가 뒬랭과 동거하던 투르도베르뉴 거리의 널따란 아파트를 제공해주었다. 이 아파트는 과거 쥘리에트 드루에의 것이었다. 우리는 6월 5일 밤에 친구들을 그곳으로 초대했다. 지나가 문을 열어주었다. 꽃과 리본, 화환, 아름다운 장식품들이 현관홀부터 식당, 크고 둥근 살롱에 넘쳐 있었으며, 그 다음은 정원이 펼쳐져 있었다. 지나는 흥분된 모습으로 포도주 냄새를 풍겼다.

"언니는 상태가 좋지 않거든!"

지나가 말했다. 카미유는 일찍부터 파티 준비를 하느라 녹초가 되었는데 기운을 북돋우기 위해 마신 적포도주가 지나쳐 끝내 드러눕고 말았다. 지나도 카미유 혼자 마시게 내버려두지는 않았지만 아직은 제 발로 걸을 수 있었다. 뒬랭은 우리를 환대해주었다. 이런 때소동까지도 말이다. 그밖에 늘 모이는 살라크루와 보스트의 친구인 로베르 시피옹이 왔다. 그는 《구토》의 재미난 패러디를 쓴 사람이다. 카뮈는 마튀랭 극장에서 〈오해〉를 연습 중인 마리아 카자레스를 데려왔다. 그녀는 로샤스 가게에서 만든 자주와 보라색 줄무늬 옷을 입었으며, 검은 머리를 바짝 올리고 있었다. 약간 날카로운 웃음소리로 그 젊고 흰 이를 드러내 무척 아름다웠다. 카미유와 뒬랭은 양성소 제자들 몇 명과, 친한 친구인 모르방 르베스크를 초대했다. 온 사람들이 제각각인 데다가 카미유가 빠져서 왠지 어색한 분위기였다. 뒬랭은 비용의 시를 아주 훌륭하게 낭독했지만 분위기를 돋우지는 못했다. 자니 크노는 어색함을 쇄신하고자 무시무시한 어린이를 연기하고 짧은 서사시 끝에 개 짖는 흉내를 냈다. 올가는 이 장난을 가장하려고 무척 자연스런 몸짓으로 집에서 기르는 개 시늉을 했다. 우리는 레코드를 틀고 춤을 추거나 술을 마시는 동안에 늘 그렇듯 모조리 취해버렸다. 시피옹은 아직 익숙지 않아서 술을 몇 잔 비우더니 바닥에 쓰러져 잠이 들었다. 새벽 5시쯤에 눈꺼풀을 붉게 칠하고 볼에 파랑 아이섀도를 바른, 스카프와 보석으로 뒤덮은 카미유가 나타나 제트 레리스의 발밑에 엎드려 용서를 빌었다. 이어 그녀는 카뮈와 비틀거리면서 춤을 추었다. 우리는 올가, 보스트와 함께 지하철 첫차를 타고 그들을 몽파나스까지 데려다주었다. 새벽녘의 어슴푸레함 속에서 렌 광장은 인적이 없었다. 역의 벽에는 모든 기차가 일시 정지되었다는 게시문이 붙어 있었다. 무슨 일이 일어났을까? 나는 사르트르와 함께 센 강가까지 걸었다. 너무 졸려서 아무것도 상상할 기운이 없었지만 그래도 심한 불안이 목 언저리를 휘감았다. 나는 5, 6시간쯤 잤다. 눈을 떴을 때, 창에서 라디오 방송이 들려왔다. 그 목소리는 우리가 예상했던, 하지만 믿어지지 않는 소식을 알리고 있었다. 나는 침대에서 벌떡 일어났다. 미·영국군이 노르망디에 상륙한 것이다. 카미유의 아파트 세입자들은 우리가 비밀정보를 쥐고 그날 밤 미·영국군 상륙 축하를 했다고 굳게 믿고 있었다.

그로부터 며칠 동안은 긴 축제였다. 사람들의 얼굴은 웃음으로 가득하고 태양은 빛났다. 거리가 확실히 활기를 띤다고 할까? 여자들은 자전거로 거리를 다니게 된 뒤로 다양한 색채의 스카프를 둘렀다. 그해에 여자들은 스카프를 합쳐 꿰맨 스카프를 쓰고 있었다. 우아한 부인들은 화려한 스카프를 사용했다. 생제르맹데프레에서 사람들은 대개 무명으로 때우고 있었다. 리즈는 나에게 무척 예쁜 빨강색을 구해다주었지만 그리 비싸지는 않았다. 이어 롤라, 올가 바르브자도 석방되었다. 롤라는 리즈와 다른 호텔 손님들과 함께 일광욕을 하러 테라스로 올라왔다. 나는 딱딱한 시멘트 위의 뜨거운 일광욕을 견디지 못했지만 저녁나절에 옥상으로 가서 책을 읽거나 대화를 나누었다. 나는 사르트르, 그리고 친구들과 플로르의 테라스에서 대용 튀랭진을 마시거나, 마티니 럼의 대용 펀치를 마시기도 했다. 우리는 크게 기뻐하며 미래의 계획을 세웠다.

6월 10일 밤에 〈출구 없음〉이 공개되었다. 올가 바르브자가 검거되자 사르트르는 이 희곡을 순회공연으로 가져갈 계획을 포기했다(게다가 순회공연 계획은 그다지 원만하게 진행되지 않았다). 비외콜롱비에 극장의 책임자 바델이 이 희곡에 흥미를 보였다. 카뮈는 자기에겐 노련한 배우들을 지휘할 만한 능력도 없거니와 파리의 극장에서 공연할 힘도 없다고 사르트르에게 짧은 편지를 보내 두 사람의 약속을 깨뜨렸다. 바델은 연출을 룰로에게 맡기고, 이름난 배우들을 고용했다. 바델의 아내인 가비 실비아, 발라쇼바, 비톨드 등이었다. 쇼파르만이 이전의 역을 계속 연기했다. 첫날은 대성공이었다.

"우리에겐 전력(電力)이 원하는 만큼 있습니다."

이 대사는 사르트르가 예기치 못했던 웃음을 폭발시켰다. 그는 무대 뒤에서 보고 있었는데 끝날 즈음에는 관중 속에 섞였다. 그가 홀을 가로지르는데 한 낯선 남자가 다가와서 비밀 이야기가 있다고 했다. 확실한 소식통에 따르면 독일군이 사르트르를 잡아서 총살하려 한다는 것이다.

"그들이 당신에게 총부리를 향하거든 나를 상기해주십시오."

이렇게 말하고는 사르트르에게 숨는 게 좋다고 충고했다. 그러다가 그 남자는 사르트르와 다음 날 정오에 생제르맹데프레 교회 앞에서 만나기로 했다. 교회 시계탑이 12시를 치자마자 통행인들은 어깨를 포옹을 하고, 교회의 종은 울려 퍼지며, 지상에 평화가 내려올 거라고 했다.

안심한 사르트르는 자기 집으로 돌아가서 잤다. 이튿날 예의상 약속시간에 생제르맹데프레 교회 앞으로 나갔다. 사내는 사르트르에게 미소를 건네면서 말했다.

"이제 5분만 지나면!"

그는 굳게 믿는 모습으로 교회의 시계탑을 바라보고 있었다. 정오를 알리는 종이 울렸다. 한 번, 두 번……. 남자는 조금 기다리다가 낭패했는지 사과하는 어조로 말했다.

"날짜가 틀렸나?"

한편 비외콜롱비에 극장에서는 〈출구 없음〉 뒤에 툴레의 코미디를 상연했지만 너무나 무미건조해서 관객은 휴식시간에 하나둘씩 돌아갔다. 그래서 바델은 툴레의 코미디를 먼저 공연하기로 했지만 프로그램을 바꾸지는 않았다. 어느 밤, 사르트르가 비외콜롱비에 거리를 걷고 있는데 극장 앞을 관객들이 어슬렁대고 있었다. 15분 전에 막을 올렸지만 정전 때문에 중단된 것이다. 사르트르는 클로드 모르강을 발견하고 악수를 나눴지만 모르강은 곤혹스러워하는 표정이었다.

"확실하게 말하건대 나는 모르겠소. 〈파리〉 다음에 어째서 이런 걸 썼습니까?"

그는 툴레의 〈가장행렬〉을 사르트르의 공연이라고 생각한 것이다. 그는 첫 장면만 보고도 아직껏 망연자실해 있었다.

며칠 뒤에 정기강연회를 주최하는 빌라르가 사르트르에게 연극에 관해 이야기해 달라고 청해 왔다. 강연회는 센 강변에 있는 살롱 몇 개를 튼 곳에서 열렸다. 많은 사람들이 왔다. 바로, 카뮈, 그리고 콕토도 와서 사르트르와 토론했다. 나는 그때 처음으로 콕토를 가까이서 보았다. 강연회가 끝나고 많은 부인들이 사르트르에게 사인을 요청했다. 나는 마리 르 아르두앵과 멋진 밀짚모자를 쓴 마리로르 드 노아유(사교계의 알려진 귀부인들)를 보았다. 콕토는 아직 〈출구 없음〉을 읽지 않았다. 콕토는 주네와 함께 이 강연회에 와서 주위 사람들에게 열렬히 칭찬하고 있었다. 이러한 친절한 태도는 작가들 사이에서는 비교적 자주 눈에 띄지만, 극작가들 사이에서는 예가 드물다. 주네의 소개로 사르트르와 콕토는 당시 한 모임에서 유행하던 자코브 거리의 생티브 호텔 바에서 만날 약속을 했다. 콕토와 그의 저서, 그의 외젠(콕토가 지은 〈포토막〉의 등장인물)들은 나의 청춘시절에 커다란 위치를 차지했었기 때문에, 나는 사르트르를 따라 약속 장소에 나갔다. 콕토는 그가 묘사하는 이미지와 닮아 있었다. 그의 달변에 내 머리는 핑핑 돌았다. 콕토도 피카소와 마찬가지로 혼자 지껄였는데, 그의 경우에 말은 그의 언어여서 그것을 곡예사 같은 기교로 구사했다. 나는 황홀하게 그의 입술과 손동작을 좇았다. 때때로 콕토가 막히는 것처럼 보이지만, 웬걸 그는 멋지게 이야기를 다시 이어 나갔다. 그는 공간 속에서 복잡하고 매력적인 새로운 소용돌이를 그려냈다. 사르트르에게 〈출구 없음〉을 좋아한다고 말하기 위해 아주 우아한 문장을 구사했으며, 콕토 자신이 연극에 데뷔하던 무렵의 일, 특히 〈오르페〉 때의 일을 회상했다. 우리는 콕토가 자기 자신에게 매우 신경 쓰고 있음을 눈치채기는 했다. 하지만 그의 그런 나르시시즘은 전혀 협소한 것도, 그를 고립시키는 것도 아님을, 그가 사르트르에게 보인 흥미와 주네에 대해 말하는 태도로 알 수 있었다. 바의 문을 닫았으므로 우리는 보나파르트 거리를 내려가 센 강 기슭까지 갔다. 우리가 다리 위에서 센 강의 검은 물살을 바라보고 있을 때, 경보가 울렸다. 로켓이 공중에서 작렬하고, 빛을 내뿜는 빗자루가 하늘을 청소했다. 우리는 이런 어수선함에 익숙했지만 이때의 것은 무척 아름답게 보였다. 게다가 무슨 우연인지 콕토와 셋이서만 이 버려진 강기슭에 우뚝 서 있다니! D.C.A.의 응사가 울려 퍼지기 시작하자 우리의 발소리와 콕토의 목소리밖에 들리지 않았다. 콕토는 시인이란 시대로부터 자기 자신을 지켜야 하며, 전쟁이나 정치의 광기에 무관심해야만 한다고 했다.

"시끄러워 죽겠어. 다들…… 독일인이나 미국인이나 다 똑같아……. 성가시다니까."

우리는 전혀 동의하지 않았지만 콕토에게 호감을 갖고 있었다. 희망의 색으로 채색된 그날 밤, 우리는 뜻밖에도 콕토와 함께 있으면서 왠지 이상한 기분으로 그의 존재를 느꼈다.

아침마다 BBC방송과 신문이 우리의 기대감을 부추겼다. 연합군이 다가오고 있다, 함부르크는 황린소이탄으로 파괴되었다, 파리 근교에서는 독일군에 대한 테러와 사보타지가 속속 일어났다, 6월 28일 아침에 필립 앙리오가 살해되었다, 등등. 그럼에도 코앞에 닥친 패배에 당황한 독일군은 주민에게 보복을 했다. 오라두르쉬르글란의 비극을 말한 편지가 사람들의 손에서 손으로 전달되었다. 6월 10일, 1300명—대부분 여자와 어린이—이 도망쳐 들어간 교회와 자기 집에서 불타 죽었다. 튈에서는 히틀러 친위대 S.S.가 번화가의 발코니에다 85명의 '반항자들'을 목 매달았다. 또한 남프랑스에서는 푸줏간 갈고리에 어린이들이 목 매달린 것을 사람들이 목격했다. 우리 주위에서도 검거가 있었다. 어느 오후 우리가 데스노스 집에 가니 부인인 유키가 어제 데스노스가 게슈타포에게 연행되었다고 알렸다. 친구들이 새벽에 전화로 알려주었는데, 데스노스는 파자마 차림으로 곧장 도망치는 대신에 옷을 갈아입기 시작했다. 하지만 신발을 다 신기도 전에 초인종이 울려버렸다.

막연한 공포가 우리의 희망에 숨어들기 시작했다. 사람들은 훨씬 전부터 히틀러가 준비했다는 비밀 무기에 대해 이야기했다. 6월 말에 'V2탄'이 런던에 떨어졌다. 그것들은 시도 때도 없이 아무런 예고도 없이 떨어져 내렸다. 언제 어디서 사랑하는 사람 누군가가 죽음을 당할지 몰랐다. 이런 불안과 착란상태는 최악의 시련처럼 여겨져 언젠가 그런 일을 내가 당하는 게 아닐까 두려웠다.

현재로선 우리는 그런 것을 몰랐다. 산보를 하거나 술을 마시거나 대화를 나누었다. 우리는 가스통 갈리마르가 후원하는 프레야드 음악회에 다니거나, 블랑쇼가 막 출판한 《헛발질》이라는 비평 선집을 읽거나, 크노의 《지오》

에서 한 구절을 낭독하거나 했다.

"우리들 도마뱀은 여신들을 사랑한다
그리고 여신들은 예술을 사랑한다"

7월 초에 우리는 카뮈의 〈오해〉 첫 공연에 갔다. 몇 달 전인가 이 희곡의 복사본을 읽었는데 〈칼리귤라〉 쪽이 훨씬 좋았다고 우리는 카뮈에게 말했다. 카자레스의 재능에도 이 연극은 실패였다. 그러나 우리는 이 실패를 중대하게 여기지 않았으며, 카뮈에 대한 우정도 변함없었다. 우리를 불쾌하게 한 것은 비평가들이 크게 만족스러워한다는 사실이다. 그들은 카뮈가 어떤 의견을 갖고 있는지를 알고 있으므로 대사의 빈약함을 강조하며 비웃었다. 하지만 우리 쪽에서도 휴식시간에 경박하고 무례하게 성큼성큼 활보하고 다니는 그들을 보고 웃었다. 그들은 높은 소리로 이야기하고, 알랭 로브로는 허세를 부렸다. 우리는 이야기했다.
"저들은 알고 있어."
분명 이것이 그들의 마지막 리허설이리라. 곧 그들은 신문으로부터, 프랑스로부터, 미래로부터 추방될 것이다. 그리고 그들은 그것을 알고 있었다. 그런데도 그들은 그 신랄한 말과 허위에 의기양양한 표정으로 오만함을 부정하려고 하지 않았다. 나는 그들의 패배를 바랄 의무가 우리에게 있다고 분명하게 생각했다. 이렇게 드물게 있는 사정 덕분에 나는 증오 또한 유쾌한 감정일 수 있음을 경험했다.

나는 그 한 해 동안에 많은 일을 했다. 9월에 시작한 새로운 소설에 대해서는 나중에 다시 이야기하겠지만, 그것을 완성하는 데는 오랜 시일이 걸렸다. 석 달 전에 쓰기 시작한 〈밥벌레〉라는 제목을 단 희곡도 7월에 마무리했다.
사르트르의 희곡 〈파리〉의 읽기 모임에 참석한 때부터 나도 희곡을 쓰겠다고 마음먹었다. 《초대받은 여인》에서 가장 괜찮은 부분은 대화라는 말을 들었다. 무대 언어와 소설 언어가 다르다는 점을 알고는 있었지만 그렇다면 더더욱 해보고 싶다는 기분에 휩싸였다. 희곡에 쓰이는 언어는 극단적으로까지 간결하지 않으면 안 된다는 게 나의 의견이었다. 〈파리〉에 쓰인 언어는 지나치게 풍부하고 윤택한 듯하여 나는 〈출구 없음〉의 건조한 담백함과 높은 밀도 쪽을 좋아했다.

그러나 먼저 주제를 정해야만 했다. 나는 머릿속으로 구상하던 주제 하나를 결정했다가 이내 그만두었다. 부활절 휴가 동안에 사르트르가 어떤 도서관에서 빌려다준 시스몽디의 이탈리아 연대기 12권을 라 푸에즈에서 읽었다. 나는 내 주인공이 청년시절에 이 책 속에 나오는 도시 하나를 통치하게 하고 싶었다. 왜냐하면 이들 몇몇 도시에서 벌어진 어떤 사실에 크게 자극을 받았기 때문이다. 어떤 공방전에서, 기아를 막기 위해 병사들이 아녀자와 노인들, 쓸모없는 사람들 모두를 구덩이 속으로 밀어 떨어뜨린 일이 있었다. 나는 이 일화를 작품 속에 쓰려 했다. 그런데 갑자기 막혔다. 사실은 매우 드라마틱한 상황을 발견한 줄 알았던 것이다. 나는 세찬 동요에 휩싸여 눈을 고정한 채로 오랫동안 가만히 생각했다. 결정된 때부터 처형까지 시간이 있고, 때로는 그 기간이 상당히 길다. 그러면 희생자들과 그들의 처분을 판결한 아버지, 형제, 애인, 남편, 자식들은 어떤 기분이었을까? 죽은 사람들은 침묵한다. 하지만 만약 죽은 사람들이 입을 갖고 있다면 살아남은 사람들은 어떤 식으로 그들의 절망과 분노를 견뎌냈을까? 나는 먼저 사랑받는 사람들을 집행유예 중인 죽은 사람으로 변신시키고, 살찐 인간들과 뼈만 남은 인간들이 화난 유령들과 갖는 관계는 어떠한가를 보이러 했다.

그러나 계획은 바뀌었다. 만약 나의 주인공들이 단순히 운명에 따르는 데서만 그친다면 나는 그들의 신음소리에서 연약한 행동밖에 이끌어내지 못한다. 그들의 운명은 다시 그들의 손에 맡겨야만 한다. 나는 도시에서 가장 존경받는 행정관과 그의 아내를 주인공으로 골랐다. 그들의 투쟁이 하나의 포학행위가, 다른 형태를 띤 포학행위로 옮겨가는 게 아니라 보다 흥미로운 승부를 의미하는 것처럼 만들고 싶었다. 나는 이야기를 플랑드르로 옮겨갔다. 플랑드르에서도 똑같은 사건이 일어난 적이 있었다. 민주 정체를 획득한 한 도시가 한 사람의 막무가내 정치가 때문에 겁에 질려 있었다. 바로 그때, 목적과 수단이 문제가 된다. 시민 전체의 미래를 위해 개인을 희생할 권리가 있을까? 한편으론 소설이 사리에 맞아야 하기 때문에, 다른 한편으론 그것이 당시 내 경향이기도 했기 때문에, 나는 도덕주의로 빠져들었다.

나는《타인의 피》에서 저지른 실수를 되풀이했다. 게다가《타인의 피》에서 많은 주제를 따왔다. 내 작품 속의 인물들은 도덕적인 태도를 취하는 작은 인간들과 다름 없었다. 젊은 미남 주인공 장 피에르는 장 블로마르와 마찬가지로 모든 인간에게 정의를 이행하는 행동을 발견하지 못한다. 그래서 그는 기권을 선택한다.
　"눈물 한 방울의 무게와 피 한 방울의 무게를 어떻게 비교할 수 있지?"
　그는 묻는다. 마침내 그는 그의 기권과 은거가 그의 참여 없이 벌어진 범죄에 가담한 셈이었음을 알아챈다. 그래서 블로마르처럼 행동에 돌입한다. 클라리스는 엘렌과 마찬가지로—자비에르에 필적할 용모를 지니기는 했지만—개인주의인가 싶다가도 어느새 관대해지기도 하는 성격을 지녔다. 악은 그녀의 오빠이자 파시스트인 조르주와 야심적인 프랑수아 로스부르 안에서 화한다. 그들은 탄압에 의한 것이 아닌 계책을 통해 악을 나타낸다. 그러나 탄압은 일단 사회에 침투하면 사회 전체를 부패시킨다. 수단은 목적으로부터 격리되지 못한다. 수단이 목적과 모순될 때, 수단은 목적을 왜곡한다. 자유를 찾기 위해 독재 수단을 취한 보크셀의 시민들은 도시를 폭정에 맡긴다. 하지만 결국 시민들은 눈을 뜨고 병사들과 '밥벌레'의 연관성을 분명히 인정한다. 모두 함께 탈출을 시도한다. 결말은 확실하지 않은 채로 끝난다.
　나는 이 희곡이 전혀 쓸모가 없다고 생각하지는 않는다. 특히 전반은 대화에 상당한 박력이 있으며, 어떤 부분은 극적이고 근사한 긴장감도 있다. 무대에 도시 전체를 등장하게 한 것은 약간 지나친 감이 있다. 그러나 당시에는 자발적으로 모두가 '역사'의 첨단에 살고 있었기 때문에 이 대담성도 변호가 가능하다. 대체로 다른 희곡에 비해 좋을 것도 나쁠 것도 없다. 이 희곡의 실패는 정치문제를 추상적인 도덕의 표현으로 제출한 데 있다. 〈밥벌레〉에 스며 있는 관념론이 조금 거슬리고, 나의 교훈적 취미는 유감스럽게 생각한다. 〈밥벌레〉는《타인의 피》《피리우스와 시네아스》와 같은 계열의 작품이지만, 이들이 지닌 공통적 결점도 극작(劇作)으로는 더더욱 참기 어렵다.

　사르트르는 C.N.E.와 C.N.T.h.에 가입해 있었다. 그는 카뮈를 통해〈콩바〉지의 운동에 관계했다. 7월 중순에 지하운동 요원 하나가 검거되어 다른 요원들의 이름을 자백했다고 했다. 카뮈는 우리에게 피하라고 충고했으며, 레리스 부부는 우리를 숨겨주었다. 마치 외국인처럼 파리에서 친구 집에 머무는 것은 즐거운 일이다. 우리는 레리스 집안의 밝고 커다란 방에서 며칠을 보내고, 레리스는 나에게 레몽 루셀의 작품을 읽게 했다. 이어 우리는 기차를 타거나 자전거를 타고 뇌이유수클레르몽에 가서 시골의 야채 가게를 겸한 여관에서 하숙을 했다. 전황이 급진전해도 거기서라면 파리로 돌아오기가 쉬울 터이기에 그곳에서 3주가량 머물렀다. 우리는 마을 사람들이 트럼프를 하거나 당구를 치거나 싸우기도 하는 커다란 홀에서, 일을 하거나 점심과 저녁을 먹곤 했다. 오후에는 풀이 뒤덮인 오솔길과, 여물기 시작한 밀이 물결치는 언덕에 오르기도 했다. 나는 자주 나무 그루터기에 앉아 글을 썼다. 미·영국군이 길을 지나는 독일 수송대를 폭격하고 있었다. 한두 번도 아니고 수도 없이 나의 바로 옆에서 기관총 소리가 났다. 밤 10시쯤이면 V1탄이 높은 하늘을 피융피융 날았다. 공중에 뭔가 붉은 게 보일 때마다 나는 자문했다.

"런던에 다다른 것일까? 사망자가 나왔을까?"

어느 날 오후에 제트와 미셸 레리스가 놀러 왔다. 언젠가는 올가와 보스트의 방문을 받았다. 그들에게서 신문에 실리지 않은 갖가지 소식, 특히 반독일파에 대한 독일군의 습격 소식을 들었다. 마을들은 재와 먼지로 변했고, 몇백 명의 농부와 반독일파들이 학살당했다. 장 프레보도 죽었다. 쿠쟁도 마르세유에서 처형당했다. 독일 협력군이 오래종에 덫을 놓았다. 그것을 안 쿠쟁은 동지에게 알리려고 하다가 의용군에게 잡혀 독일군에게 인도된 것이다.

8월 11일, 신문과 라디오는 미군이 샤르트르 근처까지 왔음을 알렸다. 우리는 급히 서둘러 짐을 꾸려 자전거에 올라탔다. R.A.F.의 공격을 당하고 있는 독일군이 퇴각하고 있으므로 넓은 길은 도저히 지나지 못한다고 했다. 그래서 우리는 우회로를 택해 보몽을 지나 샹티이로 가는 길로 들어섰다. 직사광선에도 아랑곳하지 않고 우리는 열에 들뜬 듯이 페달을 밟았다. 파리에 가기도 전에 차단을 당하면 큰일이라는 공포에 휩싸이면서. 우리는 파리 해방의 날을 놓치고 싶지 않았다. 샹티이에서 몇 대인가 파리행 기차가 출발하고 있었으므로 자전거를 짐칸에 싣고 열차의 중간쯤 되는 객차에 자리를 잡았다. 기차는 몇 킬로미터를 달려 작은 역을 곧장 통과하더니 멈춰버렸다. 그러자 비행기의 폭음이 들려오고 총탄이 날았다. 나는 아무 감동도 느끼지 못하고 바닥에 엎드려 있었다. 왠지 거짓말 같았다. 기관소사가 끝나자 비행기는 사라졌다. 사람들은 웅덩이 쪽을 향해 뛰기 시작했다. 우리도 그들의 뒤를 따랐다. 구호반이 즉각 현장으로 달려와 앞쪽 객차로 올라가 초록색으로 칠한 들것으로 부상자들—어쩌면 죽은 사람일지도 모르는—을 날랐다. 한 여자는 다리 하나가 사라졌다. 나중에서야 공포가 엄습해왔다. 사람들은 중얼거렸다.

"어째서 우리 프랑스인을 쏘는 거야?"
"그들은 기관차를 겨냥한 거야. 객차가 연결되어 있는 것을 몰랐던 거라고."

누군가가 설명했다. 불만의 목소리는 그것으로 가라앉았다. 우리는 영국군 조종사들이 얼마나 효과적으로 파리 근교의 철도를 마비상태로 만들었는지를 알기 때문에 기꺼이 그들을 용서하기로 했다. 기관사가 기적을 울렸다. 기차는 다시 움직이기 시작했다. 더 이상 기차에 타고 싶어하지 않는 사람들도 있었다. 나는 사르트르와 함께 기차에 탔지만 전혀 무섭지 않았던 것은 아니었다. 그 뒤부터는 웃는 사람이나 이야기를 하는 사람이 하나도 없었다. 오후의 찌는 듯한 더위에 등심 고기를 싼 꾸러미에서 내가 너무나도 잘 아는 그 익숙한 비린내가 풍기기 시작했다. 조금 아까 보았던 피투성이가 된 사람의 모습이 눈앞에 어른거렸다. 이제 다시는 고기를 먹을 마음이 내키지 않을 성싶었다.

우리는 조심스럽게 루이지안 호텔에는 가지 않고 그곳에서 10미터쯤 앞인 센 거리와 생제르맹 거리 모퉁이에 있는 웰컴 호텔에서 잤다. 하늘의 모양이 수상했다. 우리는 카뮈와 플로르의 테라스에 앉아서 '뛰랭-진'을 마셨다. 파리는 파리 시민에 의해 해방된 것이 아니라는 의견에 레지스탕스 지도자들 모두가 만장일치였다고 카뮈가 말했다. 이 봉기는 어떤 형태를 띠게 될까? 얼마만큼 계속될까? 어쨌든 유혈사태는 피할 수 없다. 파리의 겉모습은 이미 비정상적이었다. 지하철은 폐쇄되고 자전거만 오가고 있었다. 전기는 부족했으며, 그나마 양초도 모자라 갈색을 띤 대용품으로 불을 밝혔다. 식료품은 아무것도 없었다. 저장한 식품을 먹어야만 하는데, 몇 킬로그램의 감자와 몇 다발의 스파게티 국수밖에 없었다. 어느새 단 한 명의 경찰도 거리에서 볼 수 없게 되었다. 종적을 감춰버린 것이다. 8월 16일에는 가스가 끊겨서,

우리는 식사 시간이 되면 보스트가 묶은 신문을 태울 수 있도록 고안해 만든 풍로를 설치한 호텔 샤플랭으로 모였다. 한 줌의 스파게티를 삶는 것도 크나큰 일이었다. 궁핍한 생활은 극에 달했기 때문에 마지막 결전이 가까이 다가왔음이 확실했다. 내일이나 모레라도 뭔가가 발발할 성싶었다. 그러나 이 확신에도 불안이 섞여 있었다. 독일군은 어떤 반응을 보일까? 그들은 교도소와 동역 옆, 옛 요새 근처에서 일제 사격을 했다. 그들은 아직도 검거를 하거나 국외 수용소로 사람들을 보냈기 때문에 우리 모두는 위험에 노출되어 있었다. 독일군은 퇴각 때 파리를 폭파할 수도 있는 것이다. 정통한 소식통에 따르면 상원 주위의 지하에는 다이너마이트가 설치되어 있다고 한다. 센 거리도 몽파르나스와 마찬가지로 산산조각 폐허가 되리라. 하지만 일어날 수 있는 이러한 사건들을 피할 수단은 하나도 없기 때문에 노심초사, 전전긍긍한다 해도 소용이 없었다.

    8월 18일 오후에 나는 생미셸 거리에서 병사와 짐을 잔뜩 실은 트럭이 북쪽으로 도망가는 것을 목격했다. 거리의 사람들은 이 광경을 바라보고 있었다.

    "놈들은 떠나는 거야!"

    르클레르 사단은 이미 파리 어귀까지 와 있었다. 어쩌면 점령군은 총알 하나 쏘지 않고 달아날지도 모른다. 그들은 사무소에서 철수하면서 그 틈에 서류를 태워 없앤다고 한다.

    "내일이면 모든 것이 끝날지도 몰라."

    나는 잠자리에 들면서 생각했다.

    이튿날 눈을 뜨자마자 창밖으로 고개를 내밀어 보니 상원에 하켄크로이츠(갈고리 십자가, 나치즘의 상징) 깃발이 아직 나부끼고 있었다. 언제나처럼 주부들이 센 거리에서 물건을 사고, 빵 가게 문 앞에 사람들이 길게 줄을 서 있었다. 그곳에 자전거를 탄 남자 2명이 지나가면서 소리쳤다.

    "경찰청을 점령했어!"

    그와 동시에 상원에서 독일 파견대가 나와서 생제르맹 거리를 향해 행진해 왔다. 길 모퉁이를 돌기 직전에 병사들은 기총소사를 했다. 거리에선 지나던 사람들이 이리저리 뛰다가, 건물 출입구에서 피난처를 찾았다. 문은 폐쇄되어 있었다. 한 남자가 문을 탕탕 두드리다가 털썩 쓰러졌다. 다른 사람들도 길 한가운데에 쓰러졌다. 독일군들이 대로 쪽으로 가버리자 어디서랄 것도 없이 들것들이 나타나 부상자들을 싣고 갔다. 건물 출입문이 열리더니 여자 관리인 하나가 문 앞에 흐르고 있는 피를 태연히 닦아내기 시작했다. 사람들은 그 여자에게 욕을 했다. 거리는 다시 평소의 모습으로 돌아왔고, 할머니들은 벤치 위에 앉아서 이야기를 나누었다. 나는 창가를 떠났다. 사르트르가 코미디 프랑세즈 극장의 C.N.T.h.에 가 있는 동안 나는 레리스 집을 방문했다. 그들의 아파트 창문으로 경찰청에 프랑스 국기가 나부끼는 모습이 보였다. 어젯밤 파리 시민이 봉기했던 것이다. 시청, 리옹 역, 경찰서 몇 군데, 공공 건물 대부분은 파리 시민의 손에 떨어졌다. 퐁뇌프 다리 위에서는 트럭에서 내린 F.F.I.(프랑스 국군)가 독일군에게 사격을 했으며, 독일군의 자동차가 불탔다. 전화가 종일 울려대고, 그중 몇 사람은 다녀가면서 소식을 전해주었다. 지금 독일군과 한창 교섭 중이므로 이제 곧 정전이 될 거라고 한다. 밤에 제트와 미셸 레리스가 나를 자전거로 호텔 샤플랭까지 데려다주었는데, 그곳에 사르트르도 와 있었다. 우리가 정어리 통조림을 하나 열었을 때, 토마토를 가득 실은 이동판매점이 브레아 거리를 내려갔다. 모두 토마토를 사려고 급히 뛰어갔다. 그때, 자전거에 탄 젊은이들이 독일군이 정전 요청을 했다고 큰 소리로 외쳤다.

  밤에 소나기가 내렸다. 아침에도 하켄크로이츠 깃발은 여전히 걸려 있었다. 나는 사르트르와 함께 밖으로 나왔다. 주위가 왠지 긴장되어 있었다. 르클레르 사단은 이미 파리 6킬로 지점까지 와 있다고 했다. 집집마다 창이란 창에는 삼색기가 휘날렸다. 그럼에도 비시 사거리에서 물건을 사던 주부들이 기총소사를 당했다. F.F.I.는 센 거리의 한 건물을 포위하고 지붕 위로 올라가 있는 한 떼의 일본인을 연행했다. 우리는 온종일 근처를 어슬렁댔다. 4시쯤에 확성기를 단 자동차가 생제르맹 거리를 달리면서, 전투가 정식으로 종결되었다, 독일군을 파리에서 퇴각시키는 교환 조건으로 프랑스 포로를 인도하기로 했다, 고 외치고 다녔다. 그런데도 고블랭 부근과 이탈리아 광장, 다른 구역에서 기총소사가 있었다고 사람들은 말했다. 저녁나절, 왠지 불안하던 군중은 생제르맹데프레 광장을 느릿느릿 왔다 갔다 하고 있었다. 그 속에 섞여서 잔뜩 지친 모습으로 자전거를 밀며 걷던 한 나이 든 여자가 우리에게 말했다.

"최초의 총소리와 함께 독일군은 파리를 공중폭격할 거예요. 포는 파리로 집중되어 있습니다. 이 소식을 모두에게 전해주세요."

그 여자는 갈라진 목소리로 반복해서 말하면서 다시 걷기 시작했다. 제5열의 스파이거나 아니면 정신착란자였을까? 아무도 그녀에게 신경 쓰지 않았다. 하지만 그것은 이 불안했던 하룻밤에 어울리는 음울한 예언이었다. 아직 많은 사건이 발발할 가능성이 있다.

다음 날, 사르트르는 코미디 프랑세즈 극장으로 돌아갔고, 나는 레리스 집에 갔다. 미셸은 그가 속해 있는 그룹과 만나기 위해 인류박물관으로 갔다. 나는 제트와 그의 친구 중 하나와 생탕드레데자르 거리에서 F.F.I.의 식사를 돕는 여성을 만났다. 전투가 다시 개시된 것이다. 오전에는 평온해 보였다. 센 강에서 낚시를 하는 사람들, 수영복 차림으로 일광욕을 하는 청년들도 몇몇 있었다. 그러나 F.F.I.는 강가 난간 뒤와 근처 건물, 생미셸 광장, 지하철 계단 등에 숨어 있다고 제트가 내게 말했다. 우리의 창 밑으로, 기관총을 든 금발의 어린 병사 2명을 태운 독일 트럭이 지나갔다. 20미터 앞에 죽음이 기다리고 있었다.

"위험해!"

우리는 소리치고 싶었다. 기관총이 불을 뿜고 그들은 쓰러졌다. F.F.I.는 센 강가를 달리면서 보이지 않는 동료들에게 외치고 있었다.

"총알은 있나?"

다시 독일군 트럭과 장갑차가 지나가는 것이 보였다. 제트의 친구는 저쪽에서 이쪽으로, 왔다 갔다 했다. 그녀는 봉기군이 시장과 동역, 전화국을 점령했다고 우리에게 알려주었다. 또한 그들은 독일과 협력했던 신문사 사람들이 달아난 뒤에 사무실과 인쇄소를 점령했으며, 거리에서는 〈콩바〉와 〈리베라시옹〉(둘 다 반 독일파 신문)이 팔리고 있다고 한다. 하지만 그녀는 다시 불안한 소식을 가져왔다. 독일군 장갑차가 다가오고 있으며, 강가의 건물을 일제 사격하리라는 것이다. 그렇지만 제트는 차분했고 다행히 아무 일도 일어나지 않았다. 저녁나절에 나는 제트의 곁을 떠났다. 나는 샤플랭 호텔로 옮기기로 마음먹었다. 왜냐하면 센 거리는 정말로 위험했기 때문이다. 독일군 장갑차가 상원에서 나올 때마다 센 거리에 대고 총질을 했다. 그래도 나는 먼저 살던 호텔로 일용품과 감자 몇 개를 가지러 가고 싶었다. 그것은 커다란 모험이었다. 생탕드레데자르 거리 모퉁이에 피가 흐르고 있었다. 총알이 사방에서 날아다녔다.

"기다려!"

F.F.I.가 지나는 사람을 제지하며 외치는가 싶더니 갑자기 다시 소리쳤다.

"가도 좋아!"

그래서 우리는 서둘러 길을 건넜다.

다음 날, 사르트르는 〈파리 수아르〉지의 사무실로 옮긴 카뮈와 만날 약속이 있었다. 카뮈는 〈콩바〉지의 편집을 맡고 있었다. 정오가 지나서 그들은 걸어서 센 강을 향해 내려갔다. 좁은 뒷골목에는 아이들이 돌차기를 하고 놀거나 사람들이 여유로운 모습으로 느리게 산보하고 있었다. 하지만 센 강 기슭으로 나왔을 때, 우리는 깜짝 놀라 우뚝 멈춰 섰다. 도로는 한산하기만 한데 단지 총알만 핑핑 소리를 내고 있었다. 우리 뒤편에는 느긋하고 여유로운 한여름의 오후가 펼쳐져 있는데, 우리 앞에서는 생명이 자취를 감춘 황량한 무인지대가 가로놓여 있었다. 우리는 그곳을 뛰어 지나갔다. 다리 위에서는 통행인들이 몸을 굽히고 난간을 방패삼아 지나다녔다. 센 강 오른편은 한 줌의 영혼조차 오가지 않았으나, 그 너머 더 멀리에는 평화의 빛에 잠긴 구역이 있었다. 파리 해방은 이루어졌다. 우리는 레오뮈르 거리 100번지를 한바퀴 돌아서 기관총으로 무장한 젊은이들이 경비하는 뒷문의 초인종을 눌렀다. 건물은 위에서 아래까지 엄청난 혼란에 휩싸여 있으면서도 무척 활기찼다. 카뮈도 매우 기뻐하고 있었다. 우리는 다시 왼편 기슭으로 돌아왔다. 생제르맹데프레 광장과 그 길가에서는 남자들이 방어벽을 치고 있었다. 어깨에서 총을 내려놓고 빨강 수건을 목에 두른 용맹하고 건장한 프란시스 뱅트농과 스쳐 지나갔다. 몽파르나스 거리에는 자전거에 탄 전달요원이 소리치고 있었다. 그들은 통행인들에게 방어벽을 치러 가라고 권고하면서 집합장소를 가르쳐주었다. 간간히 히틀러 친위대를 가득 실은 장갑차와 무장차가 라스파유 거리를 지나갔다. 동시에 부상자들을 가득 태운 적십자 자동차도 지나갔다. 어딘가에서 포성이 들려오고, 다시 갑작스레 걱정이 되었다. 연합군은 어째서 이토록 더딘 걸까? 독일군이 파리를 폭격하는 건 아닐까?

내일은 어떻게 될까?

다음 날 아침, 파리는 평온해 보였다. 우리는 포슈 거리에 있는 살라크루의 집으로 점심을 먹으러 갔다. 그들 가족이 보고 있는 앞에서 집의 건물 지붕에 사격이 가해졌고 살롱 벽에 탄흔이 생겼다. 우리는 안뜰로 이어진 방에서 점심을 먹었다. 커피가 나왔을 때 살라크루와 사르트르는 라디오를 듣기 위해 조심스레 살롱으로 돌아갔다. 총성이 들려오는데 BBC방송은 파리 해방이 완수되었으므로 전투는 멈췄다고 자랑스레 알리고 있었다.

사르트르는 살라크루와 함께 C.N.T.h.가 차지했던 코미디 프랑세즈 극장으로 돌아가 그곳에서 묵었다. 이튿날 온종일 나는 파리 시내를 쏘다녔다. 이곳저곳에 식료품을 사러 가야만 했고, 또 사르트르의 르포르타주 일부를 카뮈에게 전달하러 갔었던 듯싶다. 나는 그 기묘하고도 타서 눌어붙은 듯한 거리의 침묵을 지금도 기억한다. 아직 몇몇 독일군 장갑차가 순찰을 하고 있었으며 여기저기서 총알이 신음하고 있었다. 특히 강한 집념으로 푸르 거리를 겨냥하고 있었다. 우리는 두 차례에 걸친 일제 사격 사이의 틈을 타서 뛰었다. 나는 올가, 반다, 보스트, 리즈 등과 함께 감자 2개씩을 저녁으로 먹었다. 르클레르 사단이 시청 광장에 도착했음을 자전거에 탄 전달요원이 알렸다. 우리는 급히 서둘러 몽파르나스 사거리로 뛰기 시작했다. 어느 길에서든 사람들이 뛰고 있었다. 대포가 울려 퍼지고, 파리 시 전체의 교회 종이 일제히 울리기 시작했다. 모든 건물에 등이 켜졌으며, 누군가가 거리에 축하의 불을 피웠다. 우리는 모두 손에 손을 잡고 그 주위를 돌았다. 그때였다.

"장갑차다!"

별안간 외치는 음성이 있었다. 독일군 장갑차 한 대가 당페르로슈로 거리로 내려왔다. 제각기 집 안으로 들어갔다. 하지만 우리는 오랫동안 호텔 뜰에서 다른 손님들과 이야기를 나누었다.

"만약 그들이 파리를 폭파한다면 그건 오늘 밤일 거예요."

한 여자가 말했다.

다음 날 아침 6시에 나는 라스파유 거리를 뛰어 올라갔다. 르클레르 사단이 오를레앙 거리를 행진해 오고, 보도에 인산인해를 이룬 군중이 환호성을 올리고 있었다. 당페르로슈로 거리에서는 삼색기 배지를 별처럼 단 고아원의 아이들이 작은 국기를 흔들고 있었다. 마리테레즈 병원 문앞에는 나병 환자들을 위해 의자들이 늘어서 있었다. 이따금 총소리가 울리고, 이내 누군가는 옥상에서 사격을 당해 쓰러졌다. 부상자가 실려 간 뒤에도 사람들은 꿈쩍도 하지 않았다. 희열이 공포를 지워버렸다.

종일 나는 삼색기로 장식된 파리를 사르트르와 돌아다녔다. 가장 아름다운 나들이 옷을 입은 여자들이 병사들의 목덜미에 매달리는 모습을 보았다. 에펠탑 꼭대기에 삼색기가 휘날리고 있는데, 마음이 어수선하다! 오랫동안 기다리던 기쁨과 꼭 맞는 기분이 드는 일은 드물다. 바로 그런 일이 내게 일어난 것이다. 우리는 걱정스레 눈살을 찌푸린 지인들과도 만났다.

"이제부터 갖가지 곤란에 부딪칠 겁니다!"

나는 그들을 동정했다. 이 열기와 환희는 그들에게서 도망쳐 나온 것이다. 왜냐하면 그들은 그것을 갈망할 줄을 몰랐기 때문에. 우리도 그들 이상으로 맹목적이지는 않았지만, 앞으로 무슨 일이 일어나든 내게서 이 순간들을 몰아내는 것은 불가능하다. 어떤 일도 나에게서 이 순간들을 몰아낼 수는 없었다. 그것은 나의 과거 속에서 찬연하고 후회 없이 빛나고 있다.

우리 친구들 몇몇은 마지못해 이 축제에서 따돌림을 당했다. 우리가 레리스 집에 갔더니, 자니와 장 오비에가 기어서 그들의 집에 전화를 건 뒤 왔다고 했다. 오비에 집 부근에서 전투가 벌어지고 있었다. 독일군들은 뤽상부르 공원 안 참호에 틀어박혀 움직이려 하지 않는다는 것이다.

다음 날 오후에 드골이 샹젤리제를 행진했다. 사르트르는 루브르 호텔 발코니에서 이 행진을 바라보았다. 나는 올가와 레리스 부부와 함께 개선문으로 갔다. 드골은 경찰, 군인, F.F.I. 등 가지각색의 복장을 하고 팔짱을 끼거나 웃고 있는 무리들의 한가운데를 걷고 있었다. 우리도 많은 군중과 섞여서, 군대의 퍼레이드가 아니라 혼란스런 민중의 무리이지만 이 근사한 카니발에 박수를 보냈다. 갑자기 막연하게 예상했던, 귀에 익숙한 어떤 소리가 났다. 총성. 사람들은 샹젤리제 거리와 수직을 이룬 골목으로 도망쳐 들어갔고, 나도 올가의 팔을 붙잡고 그들의 뒤를 따랐다. 우리는 길을 돌아서 다른 길을 택했다. 총알이 핑핑 날았다. 아스팔트 위에 엎드린 사람들도 있었지만 나는 뛰었다. 어느 문이나 다 닫혀 있었다. 마침맞게 남자들이 문 하나를 부순 덕에 바로 앞에 생겨난 좋은 피난 장소로 우리도 숨었다. 그곳은 낮은 지대 쪽으로 있는 상점으로 가게 안은 골판지와 포장지로 가득했다. 우리는 일단 안도하고 있다가 바깥이 서서히 조용해지자 그곳에서 나왔다. 올가와 알마 광장으로 내려가는 도중에 구급차와 들것이 부상자들을 나르고 있는 모습을 보았다. 레리스 부부는 어떻게 되었을까 약간 걱정이 되었다. 그들의 집으로 가니 조금 뒤에 그들도 무사히 돌아왔다. 사르트르는 그랑조귀스탱 강가에서 만났다. 그가 C.N.T.h.의 다른 회원들과 함께 발코니에 나와 있을 때 총성이 일어났다. F.F.I가 독일 협력파라고 오해하여 그들을 겨냥해 쏘았던 것이다. 그들은 깜짝 놀라 안쪽 방으로 뛰어들었다. 우리는 장 주네와 레리스, 그들의 친구인 파트리스 발베르그라는 미국인과 함께 저녁을 먹었다. 그는 우리가 말을 튼 최초의 미군이어서 우리는 눈을 크게 뜨고 그의 군복을 바라보았다. 그는 드뢰와 베르사이유에 들어갔을 때 그곳 주민들과 자기의 감동을 말했다. 우리가 테이블을 떠난 바로 뒤에 비행기의 폭음이 들렸다. 마치 우리의 지붕 바로 위에서 선회하는 듯한 소리였다. 바로 옆에서 커다란 폭발이 일어났다. 나는 그때, 진정으로 공포란 것을 알았다. 독일군 비행기가 패배의 분노에 불타서 파리 상공을 날고 있다, 폭탄과 증오를 품고서……. 연합군 편대보다 훨씬 무서웠다. 우리는 5층에 있었으므로 나는 1층으로 내려가려 했다. 발베르그는 나의 기겁하는 모습에 미소 지었다. 다른 사람들은 어느 정도나 안심하고 있었는지 모르지만 별 의견도 없었다. 세입자들 대부분은 안뜰에 모여 있었다. 또다시 폭발이 있었으며 유리창이 진동했다. 밤에는 다시 가라앉았다. 다음 날, 폭탄이 그다지 멀지 않은 곳에 떨어졌음을 알았다. 포도주 시장이 타고, 몽주 거리가 날아갔다.

이것으로 끝이 났다. 파리는 해방되었다. 세상이, 미래가 우리에게 다시 돌아왔다. 우리는 그 속으로 뛰어 들어갔다. 그러나 나는 먼저 지난 5년 동안 무엇을 배웠는지 그 요점을 말하고자 한다.

전쟁이 시작되던 즈음에 갈리마르 서점의 어떤 사람이, 이 서점의 작가와 결혼한 젊고 아름다운 여성이 그러더라면서 내게 말했다.

"무엇을 바라죠? 전쟁이 나와 몇 포기 풀과의 관계를 바꾸지는 않을 텐데요?"

나도 이 의견에 찬성이라고 말했다. 나는 이 평정함에 매료됨과 동시에 왠지 꺼림칙한 기분이 들었다. 나에게 이제 확실히 초목은 그다지 중요하지 않았다. 당장에 나의 당혹감은 사라졌다. 전쟁은 모든 것에 대한 나의 관계를 바꿨을 뿐만 아니라 모든 것 자체의 속성을 바꿔버렸다. 파리의 하늘도, 브르타뉴의 마을들도, 여자의 입술도, 아이들의 눈동자도……. 1940년 6월 이후로 나는 본 기억이 있는 사물, 사람, 시간, 장소, 그리고 나 자신조차도 분간할 수가 없게 되었다. 같은 장소에서 10년 동안 맴돌던 시간이 돌연 움직이기 시작하고, 나를 끌어당겼다. 나는 파리의 거리에 있으면서도 옛날 바다를 건너던 때보다도 훨씬 낯선 곳에 있는 듯한 느낌이 들었다. 절대의 수직선밖에 없다고 믿는 어린아이처럼 단순하게 나는 세상의 진실은 고정된 것이라고 생각했었다. 진실은 세월이 닳게 하는 암초 밑에 반쯤 묻힌 상태로 있거나, 아니면 혁명에 의해 돌연 부서져 없어지리라. 하지만 진실은 실체상으로 존재하고 있었다. 우리에게 주어진 평화 속에서 정의와 도리가 동요하기 시작했었다. 나는 부동의 별자리 아래서, 확고한 지반 위에서 행복을 구축하고 있다고 믿었었다.

그것은 얼마나 엉뚱한 오해였던가! 나는 영원의 한 조각을 살았던 게 아니라 전쟁 전이라는, 변화가 임박한 시대를 살았던 것이다. 지구는 나에게 다른 면모를 보였다. 폭력이, 그리고 부정, 어리석음, 언어도단 등, 참화가 맹위를 떨쳤다. 승리마저도 시간을 역류케 하지는 못했으며, 일시적으로 방해받고 있던 질서를 되살리지도 못했다. 그것은 새로운 시대, 전쟁 후 시대가 전개되게 했다. 풀 한 포기에도, 들판에도, 나의 어떤 시선 아래에도, 지난날의 추억은 결코 돌아오지 않으리라. 하루살이가 내게 주어진 운명이었던 가보다. 그리고 역사는 영광의 한 순간과 함께 치유될 수 없는 거대한 고뇌의 퇴적을 거듭 거듭 휩쓸어 갔다.

그래도 1944년 8월 말에 나는 신뢰를 갖고 역사를 주시하고 있었다. 그것은 내게 적의를 품지는 않았다. 왜냐하면 결국은 내 희망이 승리를 거두었으니까. 역사는 내가 지금껏 맛본 적이 없는 뜨거운 기쁨을 나눠주었다. 나는 많은 여행에서, 나무들과 돌 등의 사이에 몸을 숨기거나 뒤섞이기를 얼마나 좋아했던가! 내가 온갖 대소동의 퇴적 속에서 나를 잃었을 때, 나는 보다 결정적인 힘으로 나에게서 나를 떼어냈다. 파리 전체가 내 안에서 다시 살아났다. 하나하나의 얼굴들에서 나와 똑같은 감정을 확인했다. 나는 나 자신의 존재의 강렬함에 현혹되었으며, 그것은 놀랄 만큼 친밀하게 다른 사람들의 존재를 가져다주었다. 나에게 날개가 돋아난 것이다. 이 순간부터 편협한 내 인생은 상공을, 공동체의 창공 속을 날아다니리라. 나의 행복에는 새로이 창조되려 하는 세계의 멋진 모험이 반영되리라. 나는 세상의 어두운 얼굴을 잊지 않았다. 그래도 내가 말했던 도덕주의가 그것과 마주하는 일을 도와주었다. 모든 사람과 함께 행동하고 투쟁하며, 인생을 의미 있는 것으로 유지하기 위해서는 죽음도 아깝지 않다는 사실 등등의 계율들을 꽉 붙듦으로써, 나는 인간들의 하소연이 치고 올라오는 어둠을 제어할 수가 있다고 생각했다.

하지만 그렇지는 않았다. 이들 하소연은 나의 방책을 뚫고, 그것을 아래로 던져버렸다. 옛 낙천주의에 안주하는 일은 불가능했다. 언어도단, 실패, 참화, 그것들을 보상할 수도 초탈할 수도 없다. 그것을 나는 절대 잊지 않으리라. 나는 이제, 몇 년 동안 우주를 나의 계획에 거짓으로 뒤따르게 했던 '정신분열'적인 망상에 결코 빠지지 않는다. 나는 사람들이 진지하게 받아들이는 다양한 사건들에 무관심했지만 내 삶은 놀이이기를 그만두었다. 나의 근원을 알기 때문에 이제 내 상황에서 벗어나는 척 하지 않으며, 그것을 받아들이려 했다. 그때부터 현실의 무게를 느꼈던 것이다. 때때로 나는 그것에 만족하는 일이 역겹게 느껴졌다. 많은 환상을 단념함으로써 비타협성, 자존심과 결별했기 때문이다.

이것이 내 안에서 일어난 가장 커다란 변화였는지도 모른다. 그리고 나는 이따금 그것에 대해 낙심한 후회를 맛보았다. 《초대받은 여인》에서 프랑수아즈는 분노하면서 자문한다.

"나는 포기한 여자가 되는 걸까?"

그 순간은 그녀를 살인자로 만든 것이나 그 어떤 일이라도, 포기하는 것보다는 낫다고 생각했기 때문이다. 현재 내 뒤에 남겨진 그 수많은 죽음, 나의 분노, 반항에도 불구하고 내가 현실을 달게 받아들이는 까닭은, 많은 타격에도 지지 않고 내가 행복 속으로 속속 회복하고 있기 때문이다. 어떠한 타격도 나를 분쇄하지 못했다. 나는 살아남았다. 그리고 무사하기까지 했다. 이것은 얼마나 무신경하고 무정견한가! 그것은 다른 사람들의 무신경함이나 무정견함에 비해 적지도 뒤떨어지지도 않았다. 나는 나를 부끄러워하는 것과 마찬가지로 그들 때문에 부끄러워했던 것이다. 그러나 나는 나의 보람 없음을 너무나 쾌활하게 등에 지고 있었기에 어쩌다 그것이 짧은 시간 동안 폭발할 때 말고는 그것을 느끼지도 못했다.

내가 부딪쳤던 그 말도 안 되는 일들, 이 실패에는 분명한 이름이 있었다.

죽음이다. 때로는 그것을 거부하고, 때로는 그것에 복종하며, 때로는 나의 순종에 화를 내고, 때로는 내 운명이라고 체념했다. 지난 몇 년 동안 나의 죽음, 그리고 다른 사람들의 죽음이 이토록 절실하게 내 마음을 차지했던 적은 결코 없었다.

나는 내가 죽을 수밖에 없음을 이해한 순간부터 죽음을 두려워했다. 세상이 평화로웠던 시절, 행복이 확실한 것으로 비치던 시절, 나는 자주 15살 무렵의 현기증을 떠올렸는데, 그것은 어느 날인가부터 영원히, 모든 것으로부터 내가 사라져버린 뒤에 오게 될 모든 것의 부재 앞에서였다. 이 소멸감은 엄청난 공포심을 일으켰기 때문에 인간이 냉정하게 죽음에 맞선다는 사실을 인정할 수 없었다. 사람들이 용기라고 부르는 것 속에서 나는 맹목적인 경박함밖에 보지 못했다. 그럼에도 이 세월 동안, 또 그 뒤에도 나는 유별난 겁쟁이는 아니었다. 스키를 타거나 헤엄을 칠 때 나는 용기가 없었다. 눈 위에서는 속도를 내지 못했고, 바다에서는 발이 닿지 않는 곳에 가지 않았다. 나는 신체 활동이 서툴렀기 때문에 다리가 부러지거나 숨이 막혀서 다른 사람들에게 도움을 받아야만 하는 상황에 빠지지 않을까 걱정이 되었다. 죽음이 문제였던 건 아니다. 반대로 나는 혼자서 한 발짝만 헛디디면 목숨을 잃고 마는 깎아지른 산의 만년설 위나 무너진 바위 위를 즈크화를 신고 건너는 일은 아무렇지도 않았다. 상당히 높은 곳에서 계곡물 속으로 떨어지던 아침에도 나는 이상한 기분이 들면서, 이제 끝이다, 내게 이런 일도 일어나는구나! 생각했었다. 자전거를 타다 굴러서 정신을 잃었을 때에도 이와 똑같은 반응이었다. 매우 초탈한 기분으로 이 뜻밖의, 그러면서도 아주 평범한 나의 죽음을 관찰하고 있었다. 이 두 경우 모두 갑작스런 일이어서 나로서는 생각할 여유가 없었다. 만약 내가 중대한 위험에 맞닥뜨렸을 때, 나에게 상상할 여유가 있다면 내가 어떤 행동을 취할지는 모르겠다. 지금까지 내 비겁함과 용기를 재어볼 기회가 없었지만, 파리와 르 아브르 공습은 나의 수면을 방해하지 않았다. 나는 극히 작은 위험에만 가담했었다. 분명한 점은 내가 처했던 상황에서는 공포가 내 길을 가로막았던 적이 결코 없었다는 사실이다. 나의 낙천주의에 의해 지나친 신중함을 피했다. 죽음이 내 삶의 어떤 순간에 모습을 드러내는 한 죽는다는 것 자체를 두려워하지는 않았다. 그것은 종점이 되겠지만 아직 인생에 속해 있다. 내가 죽음에 직면했다고 생각한 사건의 순간에, 나는 이 살아 있는 모험에 평정하게 몸을 맡겼으며, 저편에 열려 있는 허무를 생각하지 않았다. 내가 있는 힘껏 거부했던 것은 이 어두운 밤의 공포였다. 그러나 어두운 밤은 결코 두려워할 필요가 없으리라. 왜냐하면 그것은 절대 무서운 것이 아니기 때문이다. 그것이 존재한다는 사실이 나는 두려웠다. 내 인생이 하루살이라는 것, 끝났다는 것, 그리고 대양의 물 한 방울 맛으로 느껴지는 것을 견딜 수 없었다. 때로는 나의 모든 일이 허무하게 느껴지고, 행복은 하나의 착각이며, 세상은 허무의 공허한 면으로 보일 때가 있었다.

적어도 죽음은 극도의 고통에서 나를 지켜주었다. '단념할 정도라면 자살하겠어.' 나는 생각했다. 전쟁이 발발하던 때에 이 결심은 더욱 굳어졌다. 불행은 일상적인 일이었다. 죽음조차도. 난생처음 나는 죽음에 대해 반항하기를 그만두었다. 1939년 9월, 라즈의 곶에 앉아서 생각했다. '나는 내가 바라던 인생을 얻었다. 지금이라면 그것이 끝나도 좋다. 인생은 존재했었던 것이다.' 얼굴을 바람에 내맡기고 기차 문밖으로 몸을 내밀기를 반복하던 나의 모습을 떠올린다. '그래, 어쩌면 단념할 때가 올지도 모른다. 그렇다 해도 좋다. 나는 그것에 동의하리라.' 나는 버둥거리지 않고 죽음을 마음속으로 받아들인 뒤로는 사람들이 죽음을 대수롭지 않게 여기는 것이 이해가 갔다. 죽음으로부터 도망치기를 멈추자마자, 몇 년 더 오래 살든 적게 살든 인간이 획득하는 이 자유, 이 무신경함의 가치에는 큰 차이가 없었다. 공허하게만 느껴지던 그 단어의 진실을 나는 친숙하게 발견했다. 다시 말해 죽음 말고는 인생을 구할 다른 방도가 없을 때는 죽음을 달게 받아들여야만 한다, 죽음이 항상 고독하고 부조리한 사고에 그치지만은 않는다는 것이다. 때로 죽음은 다른 사람과 살아 있는 연대를 만들어낸다. 그럴 때 죽음에는 의식이 있으며 죽음은 정당화된다. 그로부터 얼마 안 있어, 나는 죽음에 직면한 경험을 했었다고, 또 그것은 전혀 아무것도 아니었다고 믿었다. 나는 한동안 죽음을 두려워하기를 그만두었으며, 죽음에 대해 생각하는 일조차 멈추었다.

그러나 이대로 무관심하기만 했던 것은 아니다. 어느 여름 밤, 〈파리〉의 초대공연 며칠 전에 나는 사르트르와 함께 카뮈의 집에서 저녁을 먹었다. 몽마르트르에서 걸어서 돌아오는 길에 공습 경보를 만나 우리는 대학가에 있는 한 호텔에 묵었다. 나는 그날 약간 취했던 모양이다. 붉은 벽지로 둘러싸인 내 침실로 돌연 죽음이 모습을 드러냈다. 나는 15살 시절의 치열함과 똑같이 두 손을 맞잡고 울면서 벽에 머리를 부딪쳤다.

  1944년 6월의 어느 저녁, 나는 언어를 사용해 죽음을 떨쳐내려 했다. 펜이 흐르는 대로 쓴 몇 개의 메모를 여기에 밝히고자 한다.

  "나는 매트리스 위에 엎드려 무릎과 발을 흙 속에 묻은 채로 침대에 누워 있었다. 한밤중에 정적은 나뭇잎과 물의 소음으로, 유년시절의 커다란 목소리로 바뀌었다. 죽음이 나를 감쌌다. 이제 조금만 견디면 나는 세상 저편의, 절대로 빛이 비치지 않는 지대 속으로 미끄러져 가리라. 나는 다른 사람들에게서 멀어져, 그 순수한 존재 속에 홀로 살아갈 것이다. 그것은 어쩌면 죽음의 확실한 이면으로서 내가 꿈속에서밖에는 알아보지 못했던 것인지도 모른다. 나는 때때로 산과 들과 고원의 인적 없는 곳에서 그것을 헛되이 찾아 헤맸다. 고독은 사람들이 눈을 뜬 채로 지켜보고 있으면 결코 완성되지 않는 법이다. 나는 신비로운 차원을 따라 도망치려 했는데, 그렇게 하니 내 인생을 심판하여 내 순수한 존재성에 닿게 되었다. 그 순수한 존재성의 끝에서 나는 죽음, 내가 매번 결정적인 가치로서 받아들이는 죽음의 꿈과 마주칠지도 모른다. 그때 나는 일종의 포기와 함께 허무의 바닥으로 미끄러지며 이렇게 울부짖는 소리를 듣는다. '이번에야말로 진짜다. 이제 다시는 꿈꾸지 않으리라.' 그러면 누군가가 남아 있다가 이렇게 말한다. '나는 죽은 거야.' 그리고 살아 있는 인간이 죽음을 꿈꾸듯이, 이 기적적인 순간에 생명은 맨몸뚱이인 내 존재의 극도의 순수함에 도달한다. 나는 매주 그 불안과 확신의 놀이를 했다. 하지만 오늘 밤, 내 몸은 수면의 안락함을, 꿈속에서조차 죽음에 몸을 내맡기거나 잠들기를 거부하고 있다. 내 안에는 불안이 전혀 없었다. 죽음과 수면에 대한 거부는 너무나도 강렬했기 때문에 죽음이 그 중요성을 잃었던 것이다. 타인과 미래의 도움 없이도 시간은 소멸했으며 존재는 분명해졌다. 그러나 이 불꽃은 하나의 양식(糧食)을 요구하고 있었다. 때에 따라 그것은 추억을, 언어를—그 언어들이 목 언저리에서 형태를 이루는 것만으로도 내 가슴은 뛰었다—불태웠다. 생명은 팽창하며 나를 재촉했다. 하지만 자물쇠가 채워진 도시 한가운데, 이 방의 어둠 속에서 어떻게 살아야 좋단 말인가! 나는 전등을 켜고 침대에 누워서 이것들을 쓴다. 나는 내가 너무나 쓰고 싶었던, 그리고 죽음에 항거하는 최고의 수단인 이 책의 첫머리를 썼다. 지난 몇 년 동안의 일은 나에게 글을 쓸 용기와 핑계를 부여하기 위한 것이었는지도 모른다."

"그래서 평생토록 나를 두려움에 떨게 한 이 죽음은 한순간에 사라져버릴지도 모른다. 그렇지만 나는 그것을 깨닫지 못하리라. 사고를 당하든 병에 걸리든 그것은 매우 손쉬운 일일지도 모른다. 하나의 체념이 다른 하나의 체념으로 이끈다. 나는 다른 사람들에게 있어 죽어 있고, 나는 내가 죽는 것을 보지 않으리라."

"틀림없이 나는 침대 속에서 죽을 것이다. 침대가 무섭다. 한 척의 배가 나를 데려간다. 현기증이 난다. 나는 멀어지면서, 강기슭에서 멀어지면서, 웃으며 이야기하는 누군가의 곁에 가만히 있다. 내가 뛰어드는 수면으로 그 얼굴은 사라진다. 나는 뛰어들고 미끄러지며 출발한다. 어디로 출발하는지도 모른 채 침대 위에서 한 줄기 물을 따라, 시간과 밤의 끈을 따라 출발하리라."

위의 몇 줄에서 내가 암기했던 꿈은, 내 죽음과의 말다툼에서 커다란 역할을 하고 있다. 나는 몇 번을 심장 한가운데에 총알을 맞았는지 모르며, 꺼져 들어가는 모래에 파묻혔는지 모른다. 팔다리는 마비되고 나는 정신을 잃는다. 나는 없어져 갔다. 그리고 나는 내가 동의한 이 소멸에서 깊은 안도감을 발견한다. 전쟁과 이별을 실감하기를 헛되이 바랐듯이 나는 나의 죽음을 실감했다. 이런 깨달음 덕분에 그 주위를 맴돌며, 그 꿈들을 파악하고 없어지게 할 수가 있었다. 나는 죽음을 돌파했다, 동화 속 앨리스가 거울을 뚫고 지나간 것처럼. 그리고 일단 저편으로 갔을 때, 나는 죽음을 넘어섰음을 알았다. 나는 죽음이나 꿈속에 녹아드는 대신에 내 안으로 그것을 빨아들였다. 즉 나는 그것을 따라갔다. 나는 숨을 거두면서 혼잣말로 중얼거린다. '이번에야말로 진짜다, 다시는 꿈꾸지 않으리라!' 누군가가 남아 있다가 말한다. '나는 죽었다.' 이 입회자가 죽음을 누그러뜨렸다. 나는 죽고 있다, 그런데 속삭이는 목소리가 들렸다. '나는 거기에 있다.' 이어 내가 눈을 뜨면 진실이 눈 속으로 와락 떨어든다. 내가 죽었을 때는, 이제 목소리는 아무것도 말하지 않게 되리라. 만약 내가 나의 죽는 순간에 마침 지켜볼 수가 있다면, 그래서 내가 죽음과 얼굴을 마주하고 있다면 나도 생명을 주리라고 때때로 생각했다. 그렇다면 그것은 죽음을 구하는 하나의 방법이다. 하지만 그것은 불가능하다. 결코 죽음은 나에게 주어지지 않으리라, 결국 죽음이 불안 속에서 내게 일으키는 공포를 나는 절대 맛보지 못하리라, 나는 생각했다. 죽음은 방책 없이 미지근하고 작은 공포, 비몽사몽의 생각, 그리고 어둡고 우울한 울타리의 평범한 이미지로 머물면서, 세월을 나타내는 측정된 공간의 연속을 끊는다. 죽음 뒤의 페이지는 백지인 채로 남으리라. 나는 그것을 느끼지 않을 것이다. 나는 내 인생의 맛과 혼돈스런 이 거짓의 맛밖에는 보지 못하리라. 그래서 나이 드는 게 두려웠다. 내 얼굴 모습이 바뀌고 힘이 줄어드는 것 때문이 아니라 이 맛이 짙어 가기 때문이며, 냉혹하게 다가오는 검은 울타리에 의해 매 시간 부패되기 때문이다.

검은 울타리는 다시 저 멀리로 사라졌다. 하지만 부재와 이별은 숙명적으로 다가오리라. 나는 자전거로 달리고 있었다. 태양과 생명으로 빛나는 들판을 바라보고 있자니 심장이 경련을 일으켰다. 이 들판은 앞으로도 존재하겠지만 더 이상 나를 위해서는 아닐 것이다. 어렸을 적에 나는 아직 육체를 지니지도, 세상에 태어나지도 않은 작은 영혼 하나를 도중에 붙잡아서 그 영혼 대신에 '나'라고 말해보려 했다. 현재로선 먼 훗날 누군가가 나에게 의식을 빌려주고, 나는 그 사람의 눈으로 세상을 보리라고 상상한다. 에밀리 브론테는 이 달과, 붉은빛의 얇은 비단 같은 광채를 바라보며 생각했다. 언젠가 나는 이 달을 보지 못하리라고. 우리 모두의 눈동자 속에 있는 똑같은 달. 그러나 왜 우리는 시간과 공간을 통해 서로 공통된 기준을 갖고 있지 않을까? 모두에게 공통된 죽음을 저마다 홀로 감당하고 있다. 삶의 견지에서 보면 사람은 함께 죽을 수도 있지만 죽음, 그것은 세상 밖으로 미끄러져 나가기 때문에 '함께'라는 말은 더 이상 의미를 갖지 못한다. 내가 이 세상에서 가장 바라던 일은 사랑하는 사람과 함께 죽는 것이었다. 하지만 비록 우리가 주검과 주검을 끌어안고 누워 있다고 한들 그것은 착각에 불과하다. 무에서 무로 향한 것일 뿐, 서로를 잇는 굴레는 존재하지 않는다.

나는 이 추한 밤을, 나의 죽음이 아닌 타인들의 죽음을 통해 예감했다. 자자가 있었다. 아직도 그녀는 장밋빛 모자 아래 노래진 얼굴로 밤에 나를 찾아왔다. 니장이 있었다. 그리고 바로 곁에 부를라가 있었다. 부를라는 침묵 속으로, 부재 속으로 가라앉았다. 어느 날, 우리는 이 부재에 죽음이라는 명칭을 부여해야만 한다는 사실을 알았다. 그로부터 세월이 흘렀다. 부를라는 우리 기억 속에서 죽지 않았다. 결코 죽지 않으리라. 자주, 특히 밤이면 나는 이렇게 생각하곤 했다.
"부를라를 묻어버리자. 그래서 잊어버리자!"
얼마나 소중한 보물인가! 세상의 장례식은! 죽은 사람은 죽음과 함께 무덤 속에서 보이지 않게 된다. 사람은 그 위에 흙을 덮고 발길을 돌린다. 그로써 줄 것도 받을 것도 없이 대차관계는 끝이다. 혹은 이따금 사람은 죽음이 고시되어 있는 그 장소에 찾아와 운다. 죽음이 어디에 있는지 안다. 게다가 보통 인간은 침대 위, 집에서 죽는다. 그들의 부재는 과거 그들 존재의 반대이다. 그의 의자는 비어 있다고 사람들은 말한다. 이 시간에 그는 열쇠구멍에 열쇠를 꽂고 돌렸으리라고. 그렇지만 부를라, 내가 파리 시내를 거닐 때 나는 이렇게 말하려 애를 썼다. 그는 없다, 그러나 어쨌든 그는 내가 함께 있던 때의 그가 아닐 터이다. 그는 어디로 사라진 걸까? 어디엘 가도 없었고, 또 어디엘 가도 그는 있었다. 그의 부재는 세상 전체를 메마르게 했다. 하지만 그럼에도 이 세상은 충만해 있었다. 자기가 있을 장소를 더 이상 잡지 않는 사람을 위해서는 자리가 남아 있지 않았다. 이 무슨 이별이요, 이 무슨 배반인가! 심장이 고동칠 때마다 우리는 그의 생명과 죽음을 부정했다. 언젠가 우리는 그를 완전히 잊게 되리라. 언젠가 이 부재, 이 잊혀진 사람은 나일 것이다.
그러나 나는 이 저주로부터 벗어나기를 바랄 수조차 없었다. 무한했다면 우리 생명은 보편적인 무관심 속에 녹고 말리라. 죽음은 우리의 존재를 인정하지 않는다. 죽음이 존재의 의식을 부여하는 것이다. 절대의 이별은 죽음에 의해 완료된다. 반면에 죽음은 모든 교류의 열쇠이기도 하다. 나는 《타인의 피》에서 죽음이 생명의 충만에 의해 분쇄되는 것을 그리려고 시도했다. 그리고 《피리우스와 시네아스》에서, 죽음 없이는 계획도 가치도 없음을 보이려 했다. 〈밥벌레〉에서는 거꾸로 살아 있는 인간과 죽은 사람과의 사이에 존재하는 거리에 대한 두려움을 묘사하려 계획했었다. 1943년에 내가 《인간은 모두 죽는다》를 쓰기 시작했을 때, 이 책을 무엇보다도 죽음을 둘러싼 기나긴 방황으로 여겼었다.

이 소설에 대해서는 나중에 말하겠다. 왜냐하면 전쟁이 끝난 뒤 첫 해에 이 작품이 평가받기 때문이다. 다만 한 가지 지적해두고 싶은 것은, 《초대받은 여인》을 쓰기 전에 나는 여러 해 동안 암중모색을 했는데, 그 탐색을 시작한 순간부터 온갖 사건 때문에 미치도록 바빴거나 아니면 그때문에 마비상태에 빠졌던 짧은 기간을 빼고는 끊임없이 글을 썼다는 사실이다. 문학에 내 체험을 표현하는 일은 이제 중요한 문제가 아니었다. 이것은 작가들 대부분에게도 마찬가지였으며 나만의 특별한 경우는 아니었다. 때문에 가까이서 그것을 고찰하는 것은 당연히 있을 수 있는 일이라고 생각한다. 어째서 나는 그때 이후로 늘 '뭔가 말하고 싶은 것'이 있는 걸까?

먼저 나는 내 일에 대해 전보다 더 잘 알았으며 자신감도 있었다. 책을 쓰려고 머릿속으로 구상할 때, 그 책이 출판된다는 확신이 있었다. 나는 책의 존재에 신뢰를 가졌는데, 그것이 책을 세상에 나오게 하는 데 도움이 되었다. 하지만 보다 본질적인 이유가 있다. 앞에서도 말했지만 내 체험에 하나의 결점이 생겼을 때 비로소 나는 뒤로 잠시 물러서서 그것에 대해 말할 수가 있었다. 선전포고 이래로 세상 일은 본디 모습이기를 결정적으로 그만두었다. 불행이 온 세상으로 방사되었다. 문학은 내가 마시는 공기처럼 나에게 필요한 존재가 되었다. 나는 문학이 절대적인 절망에 항거하는 수단이라고는 생각지 않는다. 나는 그 정도의 극한 역경 속으로 밀려들어간 상태는 아니었다. 오히려 나의 개인적인 체험은 인간 상황의 비장한 모호함이었는데, 이것은 추하면서도 흥미를 불러일으켰다. 이 두 가지 면을 동시에 파악하는 일은 불가능하다는 사실을 나는 깨달았다. 나 자신에게 그중 어느 것도 확실하게 말할 수 없었던 것처럼 말이다. 나는 늘 인생의 승리와 잔학 행위의 코앞에 머물러 있었다. 실제로 내가 느낀 바를 격리하는 큰 차이를 의식하고서, 나는 나의 어떠한 감정의 움직임과도 합치하지 않는 하나의 정의를 가치로 옮겨놓기 위해서 글을 쓸 필요를 느꼈다. 비슷한 이유로 많은 작가가 글을 쓰기 시작하리라. 문학적 성실성은 일반적으로 사람이 상상하는 것과는 다르다. 그것은 매 순간 자기를 관통하는 생각과 감동을 베껴 쓰는 일이 아니라, 우리가 도달하지 못하고 겨우 보이기만 하는, 그러나 저편에 존재하는 다양한 지평선을 나타내는 것이다. 그렇기 때문에 작품으로 작가의 살아 있는 개성을 이해하려면 대단한 노력을 기울여야만 한다. 작가가 관련된 일의 깊이는 헤아릴 수 없다. 왜냐하면 그의 저작 하나 하나가 너무 많이 기술하거나 아니면 너무 적게 기술하거나 둘 중 하나이기 때문이다. 10년 넘는 세월 동안 되풀이하고 수정하면서도 그는 그가 그의 육체와 마음속에 부여해온 현실을 결코 종이 위에 붙잡아놓지 못하리라. 그 현실들을 붙잡아놓으려는 잦은 노력은 작품 안에서 일종의 변증법을 구성한다. 나의 경우에 그것은 분명하게 나타나 있다. 《초대받은 여인》의 결말은 나에게 만족을 주지 못했다. 살인은 공존에 의해 야기된 다양한 어려움을 극복하는 수단이 아니다. 나는 그것들에게서 몸을 돌리는 대신 정면으로 맞서려고, 《타인의 피》와 《피리우스와 시네아스》에서 타인과의 올바른 관계를 완성하려 했다. 좋든 싫든 우리는 타인들의 운명에 참가하는 것이며, 이 책임을 받아들여야만 한다고 나는 마음먹었다. 하지만 이 결론은 하나의 반대설을 초래했다. 왜냐하면 그러한 책임이 있음과 동시에 우리로서 어찌할 수도 없다는 사실을 절실히 느꼈으니까. 이 무력감이 《인간은 모두 죽는다》에서 내가 설정한 주된 주제였다. 나는 이 작품에서, 죽음을 묘사하면서 먼저 썼던 두 작품의 윤리적인 낙천주의를 수정하고자 했다. 죽음을 한 사람 한 사람의 개인과 전체와의 관계로 설정했을 뿐만 아니라 고독과 이별의 언어도단으로 간주하기도 했다. 그래서 그 이후로 하나의 작품을 쓸 때마다 나는 새로운 작품으로 향했다. 세상은 내가 체험하고, 알며, 글로 묘사할 수 있는 모든 것을 능가하는 모습으로 내 앞에 나타났기 때문이다.

보부아르의 생애 사상 작품

여성들이여, 지금 자신의 인생에서 무언가를 이루고 싶다면, 그리고 새로운 삶의 길을 찾고 싶다면 지금 바로 이 책 《처녀시절》《여자 한창때》를 읽기 바란다. 이 작품들은 언제나 그대들이 가고자 하는 길을 밝혀주며 끊임없이 격려해 주리라 믿는다.

현대 지성을 대표하는 여성 보부아르의 젊은 영혼과 생활이 솔직하게 이 책에 담겨 있다. 영민하고 감수성이 풍부한 한 소녀의 의문, 고뇌, 긍지를 관통하는 성장의 역사서인 셈이다. 그녀의 흥미로운 생애를 엿보면서, 그대들은 자신의 과거를 돌아보고 현재를 인식하며 미래를 꿈꾸게 될 것이다.

보부아르의 시대가 현대라는 점, 그녀가 자란 가정이 프랑스의 전형적인 중산계급이라는 점은 현재를 살아가는 우리 모습과 닮아 있다. 그러므로 독자는 이 작품들을 읽으며 자신이 느껴왔던 것, 자신과 같은 의문과 고뇌의 망설임을 찾아 그녀와 한층 더 가까워지리라 생각한다.

시몬 드 보부아르(Simone de Beauvoir, 1908. 1. 9.~1986. 4. 14.)는 1908년 프랑스 파리에서 태어났다. 아버지 조르주 드 보부아르는 변호사였으며 어머니 프랑수아즈 브라쇠르는 유복한 은행가의 딸로 성실한 가톨릭 신자였다. 그녀는 여섯 살에 상류계급 자녀들이 들어가는, 데지르 사립학교에 입학해 공부하며 신앙생활도 열심히 했다. 보부아르의 도덕 교육은 신앙심이 강한 어머니가, 학과 공부는 합리주의자이며 회의론자인 아버지가 맡았으나 여느 아이들처럼 그녀도 어머니의 영향을 많이 받고 자랐다.

풍족했던 유년시절과는 대조적으로 그녀는 고통에 찬 성장기를 맞이한다. 그녀가 인간으로서 자립하려고 계획한 미래가, 어머니와 아버지가 바라는 바와 대립했기 때문이다.

보부아르는 14세 때 신앙을 버렸다. 이로 인해 그녀가 다니던 데지르 사

"……나는 그가 내 인생에서 절대로 떼어놓을 수 없는 존재임을 깨달았다." 그리하여 보부아르는 평생을 사르트르와 함께한다.

립학교와 어머니와의 관계가 악화되었다. 그러나 그녀는 바칼로레아에 합격함으로써 이 학교를 끝마칠 수가 있었다. '언제나 모든 것을 알고 싶다고 생각'하던 그녀는 소르본 대학교에서 철학을 공부하고 싶어했으며, 대학 졸업증으로 얻을 수 있는 직업인 교직, 그것도 공립학교의 교직을 원했다. 1925년 10월부터 학생 생활이 시작되었다. 하지만 그녀는 소르본 대학교의 강의에 썩 만족하지 못했다.

사르트르와의 만남

1929년 6월, 21세 때 그녀는 철학과 대학교수 자격시험을 준비하던 중에 사르트르를 만났다.

보부아르는 사르트르와의 만남에 대해서 다음과 같이 말하고 있다.

"사르트르는 나의 15살 시절의 소망에 딱 들어맞았다. 그는 또 다른 나이고, 내 모든 열정을 극단적으로 지니고 있었다. 그와는 언제 어디서나 함께 나눌 수 있었다. 여름 방학 동안 그와 헤어져 있던 8월 초에 나는 그가 내 인생에서 이젠 절대로 떼어놓을 수 없는 존재임을 깨달았다."

부르주아적 질서에 대한 '증오'가 두 사람을 의기투합하게 만들었다. 자기들을 질식시키려고 하는 사회에 대한 '개인주의적인 반역'이 두 사람의 인생 출발점에 자리잡고 있었던 것이다.

"어떤 뜻에 있어 우리 두 사람은 모두 집이 없었고, 또 이런 상황을 우리의 원칙으로 삼았다."

보부아르가 이렇게 아무렇지 않은 듯 말했으나 사실 그들은 심각한 현실에 맞서 있었다.

계약결혼

21살 나이에 그녀는 부모를 떠나 할머니 집에서 하숙을 시작했다. 개인교수나 중고등학교 시간강사를 하면서 생활비를 벌어 완전히 독립된 생활을 누렸다. 그녀는 '자유에 열중'했다. 그리고 자신보다 세 살 위인 사르트르가 제안한 2년간의 계약결혼에 합의

보부아르, 그녀의 인생은 본질적인 일관성이었다. 즉 아는 것과 쓰는 것에 대한 충실성이었다.

한다. 결코 '남남이 되지 않고' 절대 '속박이나 습관에 빠지지 않는' 자유롭고 친밀한 관계를 지향한 것이다.

1931년 사르트르는 르 아브르에서, 보부아르는 마르세유에서 교편을 잡게 되었다. 마르세유는 파리에서 800킬로미터나 떨어져 있어서 휴가 때 말고는 만날 수 없으나 두 사람은 결혼이라는 편리한 방법을 감히 선택하지 않았다. 결혼은 보부아르와 사르트르의 주의에 위배되는 일이었다.

"우리의 아나키즘은 낡은 절대 자유주의자들의 것과 마찬가지로 견고했으며, 사회가 사생활에 개입하는 것을 거부했다. 사회 제도에 반감을 품었던 까닭도 자유가 거기에서 멀어져 있었기 때문이고, 부르주아에 반감을 가진 이유도 이 사회 제도가 부르주아에서 발생하고 있었기 때문이다. 자신의 신념에 바탕을 두고 행동하는 것이 당연하게 생각되었다. 그래서 독신은 우리

에게 자연스러운 일이었다. 웬만큼 중요한 이유가 없으면 혐오스러운 사회의 여러 관습에 양보할 결심은 하지 않았으리라."

1932년 24세 때, 보부아르는 루앙으로 전근을 갔다. 그 뒤 1936년 사르트르는 랑으로, 보부아르는 파리의 몰리에르 중고등학교로 전임했다.

전쟁이 시작되기 전까지 두 사람은 파리 근처에 직장을 얻은 덕택으로 일주일에 한 번은 같이 지낼 수가 있었다. 소수의 친구들과 교제하며 그들은 작가가 되겠다는 야심을 품고 하나하나 준비를 해나갔다. 맹렬한 정열을 기울여 신간 서적을 모두 읽고 서로의 의견을 나누었다. 그리고 방학이 되면 영국, 이탈리아, 시칠리아, 독일, 중유럽, 그리스 등으로 여행을 했다.

1929년부터 1939년까지 10년 동안 그들은 젊음을 밑천으로 자유로운 생활을 만끽한다.

제2의 전환점

1929년 사르트르와의 만남은 보부아르 일생의 전환점이었으나 1939년 역시 하나의 중요한 전환점이었다. 자유로운 영혼과 같은 생활을 접고 문학에 깊이 얽매게 된 것이다. 보부아르는 여러 실패작을 겪은 끝에 소설 《초대받은 여인》을 쓰기 시작했다. 소설가가 되고 싶다는 그녀의 소원이 마침내 이루어지려 했다.

보부아르는 늘 소설가를 지망했다. 처음부터 철학자로서의 자기를 생각하지 않았다. 그녀에게 철학은 '싫증나지 않는 신선한 만족'을 주는 것이었다. 그녀는 '남의 사상을 해설하거나 전개하거나 판단하거나 긁어모으거나 비판하는 일'은 좋아하지 않았다. 그것보다 '자기 경험 속에 있는 독창적인 것을 남에게 전달하고 싶다'는 생각으로 문학의 길을 선택했다.

개인주의의 변모

1939년에 시작된 제2차세계대전은 보부아르의 사상에 결정적인 영향을 주었다. 먼저 사르트르가 병사로 소집되고 얼마 뒤 포로로 잡혔다. 그리고 파리는 독일군에 점령되었다. 보부아르가 배척하면서도 안주하고 있었던 질서는 완전히 붕괴된 것이다. 세계는 전쟁에 의해 혼란스럽고 무질서해졌다. 그녀의 개인주의는 근본적으로 재검토되어만 했다.

사르트르는 다행히도 탈출에 성공하여 파리로 돌아온다. 이로써 보부아르의 마음은 평화를 되찾았으나 그것은 '옛날과는 다른 아늑함'이었다.

그녀는 다음과 같이 말하고 있다.

"외적인 사건들이 나를 바꿔버렸다. 전에 사르트르가 나의 '정신분열병'이라고 했던 것은 벌로서 내 병에 부담지워진, 현실이라는 부정적 사실에 굴복함으로써 끝이 났다. 마침내 나도 내 삶이 옳다고 여길 만한 하나의 이야기가 아니라 세계와 나 사이의 타협임을 인정했다."

그녀는 《제2의 성》을 씀으로 해서 많은 사람들에 대해 '사는 방법'을 생각하게 하는 데 성공한다.

레지스탕스

전쟁은 그녀뿐만 아니라 사르트르도 바꾸었다. 그것은 두 가지 측면에서였다. 첫 번째는 전쟁이 이제까지의 질서 그 자체를—그것을 사르트르는 탄핵하고 있었는데—붕괴시켰다는 점이다. 이것은 반대로, 그로 하여금 '자기가 얼마만큼 그 질서에 밀착하고 있었던가'를 이해하게 했다.

두 번째는 그가 포로가 되었다는 사실이다. 포로로서의 연대의식 속에서 그의 반역적 개인주의가 붕괴되었다. 아버지의 부재로 내부에 뿌리 깊이 존재하고 있던 사생아적 감각도 사라졌다. 그는 자기만이 의붓자식이라는 생각을 벗어던지고 기꺼이 공동생활로 뛰어들었다. 특권을 증오하고 있는 그는 '집단 속으로 들어가 모두와 마찬가지로 하나의 번호'가 되어 '제로에서 출발해서 자기 계획을 실현하는 일에 한없는 만족감을 맛보았다.'

'점령하 프랑스에서는 숨 쉬기만으로도 이미 탄압에 동의하는 것이 된다.'

보부아르는 이렇게 생각하고 있었다. 레지스탕스 투사들, 그리고 바로 어제까지 그녀의 친구였던 사람들이 죽어갔을 때 그녀는 자기가 살아 있다는 사실을 부끄러워했다.

마침 그때 사르트르는 작가들의 레지스탕스 회합인 C.N.E.(국민작가위원회)에 참가하여 이 운동을 통해서 많은 작가와 알게 되었다. 레리스, 크노, 카뮈, 주네 등. 연합군의 승리가 눈앞에 다가온 가운데 우정이 꽃피었으며, 보부아르는 마침내 작가로서의 삶을 시작했다.

작가의 책임

보부아르는 세계에 대한 책임을 짊어지고 살아간다는 자세를 결코 버리지 않았다. 두려워하지 않고 현실과 사람들 속으로 직접 발을 내밀었다.

이른바 해빙기에 공산주의 지식인과의 대화가 실현되었다. 1954년 러시아 작가들은 사르트르와 보부아르를 모스크바로 초청했다. 그들은 에렌부르크를 비롯하여 몇몇 작가와 친교를 가졌다. 또한 1962~1966년까지 여름마다 수 주일을 소련에서 보냈다. 그러나 이윽고 소련 당국의 태도가 엄격해져서 소련 작가에 대한 탄압사건이 자주 일어나게 되었다. 1966년 그들은 소련 작가 동맹대회 출석을 거부했다. 그리고 1968년 8월 체코 사건에 이르러 결정적으로 결별을 고했다. 사르트르는 회견에서 '소련을 전쟁범죄인'이라고 불렀다.

보부아르는 세계에서 일어나고 있는 사건에 관해서 지칠 줄 모르는 관심을 보이고 있었다. 필요하면 바로 조사하러 가서 직접 정보를 얻으려고 했다. 가볍게 대중과 행동을 같이한 것이다. 이것은 그녀 인생의 본질적인 일관성이었다. 즉 '아는 것과 쓰는 것에 대한 충실성'이었다. 그녀는 뼛속까지 작가였다. 작가로서 세계와 함께 살았다.

"나의 생애를 통해서, 나에게 가장 많은 가치를 가지고 있었던 것은 동시대인과 나의 관계—협력, 투쟁, 대화—이다."

그녀의 자전적 이야기는 그녀 개인의 생애를 넘어서 그녀가 산 시대의 증언이기도 하다.

참다운 타인과의 관계

보부아르의 삶에서 가장 중요한 점은 사르트르와의 관계를 비롯한 개인과

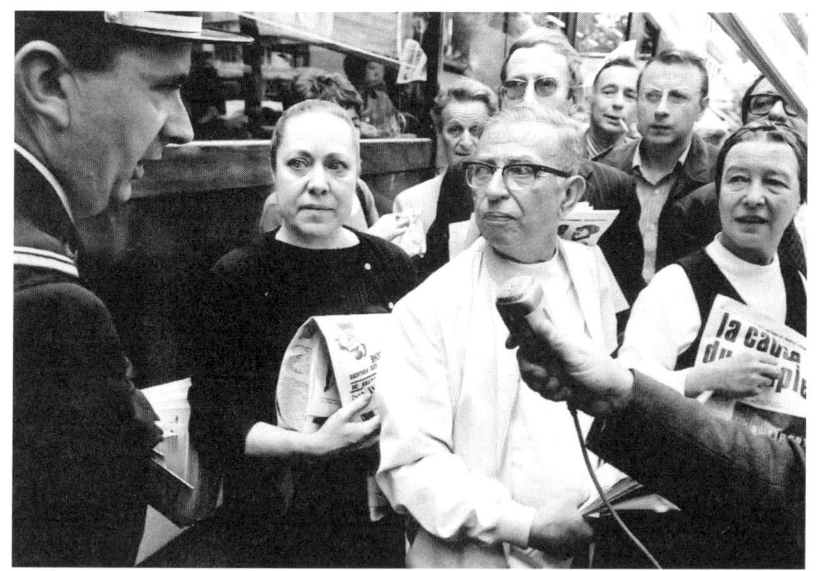

사르트르와 보부아르가 함께 당국의 제지에도 불구하고 프랑스 5월혁명의 좌익운동을 위한 거리활동을 하고 있다.

개인의 유대였다. 그녀는 구체적인 개인과 개인의 관여를 소중하게 여겼다. 한 사람 한 사람 꿈틀거리고 있는 세계 속에서 개인과 개인이 진실하게 서로 관여하는 의미와 그 조건을 추구하고 있는 것이다.

이를테면, 보부아르에게 자기를 존재하게 하는 행동은 '글쓰기'였다. '쓴다'는 일이 그녀의 개성으로서는 가장 본질적인 행위였다. 그녀는 《제2의 성》을 씀으로써 많은 사람에 대해서 '사는 방법'을 생각하게 하는 데에 성공했다. 보부아르는 그녀의 자전적 작품을 씀으로써 프랑스 남성들 대부분에게서 비난을 받았다. 그러나 그녀는 사르트르를 포함한 몇 안 되는 이들의 동의만으로 만족했다. 그녀는 말한다. "만약에 내가 절대적인 애정으로 한 남자를 사랑한다면 그의 동의만으로도 나는 충분합니다." "내 인생 최대의 성공은 사르트르입니다."

《처녀시절》《여자 한창때》

이 책은 1958년 9월, 갈리마르 사가 발행한 SIMONE DE BEAUVOIR의 《MÉMOIRES D'UNE JEUNE FILLE RANGÉE(처녀시절)》의 원문을 옮긴 것

이다. 제목 그대로 시몬 드 보부아르의 유년기부터 처녀시절까지의 회상기(回想記)이다. 'JEUNE FILLE RANGÉE'는 기성질서에 적합하게 성장한 다소곳한 처녀라는 의미로, 보부아르가 자라난 가정환경을 가리킨다. 하지만 그녀는 이런 편견이 가득한 자신의 신분에서 탈출해 보편적인 지식인의 세계에 들어서게 된다.

보부아르는 현대 프랑스 여류작가의 제1인자인 동시에, 사르트르의 실존주의철학의 지지자이며 사생활 면에서도 그와 깊은 친교를 나누었다. 마르세유, 루앙, 파리의 중고등학교에서 아이들을 가르치며 1943년 《초대받은 여인》을 발표, 작가생활로 들어섰다.

《처녀시절》의 속편인 《LA FORCE DE L'ÂGE》의 프롤로그에서 보부아르가 말했듯, 그녀 인생에서 20살까지는 그녀가 항상 이야기하고 싶어한 부분이다. 50살이 되었을 때 그녀는, 깊숙한 한편에 버려지고 잊혀진 어린 여자아이와 소녀였던 자신을 종이 위에 되살릴 시기가 왔다고 생각해서 이 글을 쓴 것이다.

자전적 작품인 《처녀시절》과 《여자 한창때》에서 보부아르는 사르트르와 공통된 친구들, 그녀가 경험한 여행, 책, 연극, 영화, 음악을 이야기함과 동시에 그즈음 젊은 지식인들의 생각이나 행동, 사르트르 철학의 착상, 여러 차례의 실패에도 아랑곳하지 않고 가치 있는 작품을 쓰려고 하는 그녀의 끊임없는 노력, 그 시대 정치의 움직임 등을 쉬운 문체로 적고 있다.

마지막 부분에서는 보부아르의 처녀작 《초대받은 여인》이 인정을 받고 사르트르도 소설 《구토》와 희곡 〈파리〉를 발표함으로써, 무명이었던 두 사람이 단숨에 파리 문단에 등장하는 과정이 그려진다. 한편 프랑스도 오랜 암흑기인 4년간의 나치 점령에서 벗어나 그토록 희망하던 평화가 다시 찾아오는 감동적인 순간으로 끝맺고 있다.

보부아르의 작품들

《초대받은 여인(1943)》, 《피리우스와 시네아스(1944)》, 《타인의 피(1945)》(소설), 〈밥벌레(1945)〉(희곡), 《인간은 모두 죽는다(1946)》(소설), 《모호함의 윤리학(1947)》(에세이), 《미국에서의 나날(1948)》(에세이), 《실존주의와 상식(1948)》(평론), 《제2의 성(1949)》(여성론), 《레 망다랭(1954)》(소설), 《특권(1955)》(평론), 《대장정 : 중국에 대한 에세이(1957)》, 《처녀시절(1958)》(자전적 소설), 《여자 한창때(1960)》(자전적 소설), 《자밀라 부파차(1962)》, 《사물의 힘(1963)》(자전적 소설), 《조용한 죽음(1964)》(자전적 소설), 《아름다운 영상(1966)》(소설), 《위기의 여자(1968)》(소설), 《노년(1970)》(평론), 《결국(1972)》, 《영성의 우위에 대하여(1979)》(소설), 《작별의 의식(1981)》(자전적 소설).

보부아르 연보

1908년 1월 9일, 프랑스 파리에서 출생. 아버지 조르주 드 보부아르는 변호사, 어머니 프랑수아즈 브라쇠르는 은행가의 딸로 가톨릭 신자.
1910년(2세) 2월, 동생 엘렌 태어나다.
1913년(5세) 데지르 사립학교에 들어가다.
1917년(9세) 자자를 만나다.
1918년(10세) 뫼즈 은행장인 외할아버지 귀스타브 브라쇠르 파산, 아버지는 상류사회에 대한 희망을 버림.
1922년(14세) 신앙을 버리다.
1925년(17세) 10월, 소르본 대학교에 입학(뇌이유에서 가릭의 문학 강의를, 가톨릭 학교에서 일반수학 강의를 받음).
1926년(18세) 가릭의 '사회과대'에 들어가다. 소르본에서 철학강의를 받다.
1927년(19세) 소르본에서 문학과 철학의 최종자격증을 취득하다(철학에선 시몬 베이유에 이어 두 번째).
1928년(20세) 소르본과 에콜노르말에서 상급증서로서 철학 대학교수 자격시험(아그레가시옹)의 수험준비를 시작하다.
1929년(21세) 6월, 사르트르와 만나다.
10월, 빅토르뒤뤼이 중고등학교 시간강사, 개인교수 등으로 경제적으로 자립. 집을 나와서 할머니 집에서 하숙.
사르트르와 2년간 계약결혼을 하다.
11월, 사르트르가 18개월의 병역에 들어가다.
1931년(23세) 마르세유 학교로 부임.
1932년(24세) 루앙으로 전근.
1936년(28세) 파리의 몰리에르 중고등학교로 전근.

1939년(31세)	사르트르, 소집을 받아 알자스에 주둔.
	10월, 카미유세 여자고등학교, 페늘롱 여자고등학교에서 가르치다.
1940년(32세)	사르트르, 포로가 되다.
1941년(33세)	사르트르, 수용소를 탈출하여 파리로 돌아오다.
	소설 《초대받은 여인》(1938년부터 쓰기 시작하여 이해에 끝마쳤다), 갈리마르 사에서 받아들임.
	소설 《타인의 피》를 쓰기 시작.
1943년(35세)	《초대받은 여인》이 출판되어 신진여류작가로 데뷔. 교직을 떠나다.
	레지스탕스를 통하여 미셸 레리스, 카뮈, 메를로퐁티 등과 알게 되다.
1944년(36세)	철학적 에세이 《피리우스와 시네아스》를 출판.
1945년(37세)	《타인의 피》출판. 희곡 〈밥벌레〉 출판.
	사르트르도 교직을 떠나다. 두 사람 모두 유명인이 되다.
	잡지 〈현대〉 창간.
1946년(38세)	소설 《인간은 모두 죽는다》 출판.
1947년(39세)	철학적 에세이 《모호함의 윤리학》 출판.
	제1차 미국 여행. 여러 대학에서 강연.
1948년(40세)	에세이 《미국에서의 나날》, 평론 《실존주의와 상식》 간행.
1949년(41세)	여성론 《제2의 성》 출판.
1950년(42세)	봄, 북아프리카 여행.
	6월, 11월, 미국 여행.
1952년(44세)	7월, 노르웨이, 영국(스코틀랜드) 여행.
1953년(45세)	사르트르, 공산당에 접근.
1954년(46세)	소설 《레 망다랭》 출판. 공쿠르상을 받아 작가로서의 지위가 확고해지다.
1955년(47세)	사르트르와 함께 중국과 소련을 방문.
	평론 《특권》 간행.
1957년(49세)	평론 《긴 여정》을 간행.

1958년(50세)	자전적 소설 《처녀시절》 출판.
	알제리 문제로 공산당과 공동투쟁. 반드골 시위에 참가.
1959년(51세)	사르트르 〈알토나의 유폐자들〉 초연되어 프랑스인에게 깊은 감명을 주다.
1960년(52세)	자전적 소설 《여자 한창때》 간행.
	'121인선서'(알제리전쟁에 대한 불복종의 권리선언)에 서명.
1961년(53세)	우익 테러의 표적이 되다.
1962년(54세)	우익의 플라스틱 폭탄에 의해 사르트르의 방이 파괴되다.
	《자밀라 부파차》 간행.
1963년(55세)	자전적 소설 《사물의 힘》 출판.
1964년(56세)	소설 《조용한 죽음》 출판.
1965년(57세)	자동차 사고를 겪다.
1966년(58세)	소설 《아름다운 영상》 출판.
1967년(59세)	스톡홀름의 러셀 법정에 출석하다.
1968년(60세)	소설 《위기의 여자》 출판.
1969년(61세)	프랑스 신좌익에게 공감을 보이다.
1970년(62세)	평론 《노년》 출판.
	여성해방운동(우먼리브) 시위에 참가.
1972년(64세)	자전적 소설 《결국》 간행.
1978년(70세)	영화 〈보부아르, 자신을 말하다〉 상영.
1979년(71세)	자전적 소설 《영성의 우위에 대하여》 출판.
1980년(72세)	4월 15일, 사르트르 세상을 떠나다(향년 75세).
1981년(73세)	사르트르의 말년에 대한 회고적 소설 《작별의 의식》 출판.
1983년(75세)	사르트르 서간집 《카스트로에게 보내는 편지》 출판.
1986년(78세)	4월 14일 파리에서 폐렴으로 세상을 떠나다.

이혜윤(李惠允)
가톨릭대학교 불어불문학과 졸업. 이화여자대학교 일반대학원 불문과 석사과정 수료.
옮긴책 동화일러스트판 도로테 드 몽프리드 《이젠 나도 알아요》 이자벨 주니오 《이젠 나도 느껴요》 라 퐁텐 《라 퐁텐 우화집》 페로동화집 《장화신은 고양이》 등이 있다.

109

Simone de Beauvoir
MÉMOIRES D'UNE JEUNE FILLE RANGÉE
LA FORCE DE L'ÂGE
처녀시절/여자 한창때
시몬 드 보부아르/이혜윤 옮김
1판 1쇄 발행/1994. 12. 1
2판 1쇄 발행/2010. 3. 10
2판 2쇄 발행/2016. 9. 1
발행인 고정일
발행처 동서문화사
창업 1956. 12. 12. 등록 16-3799
서울 중구 다산로 12길 6(신당동, 4층)
☎ 546-0331~6 (FAX) 545-0331
www.dongsuhbook.com

*

이 책은 저작권법(5015호) 부칙 제4조 회복저작물 이용권에 의해 중판발행합니다.
이 책의 한국어 문장권 의장권 편집권은 저작권 법에 의해 보호받으므로
무단전재 무단복제 무단표절 할 수 없습니다.
이 책의 법적문제는 「하재홍법률사무소 jhha@naralaw.net」에서 전담합니다.

*

사업자등록번호 211-87-75330
ISBN 978-89-497-0660-3 04080
ISBN 978-89-497-0382-4 (세트)